电力强国崛起

中国电力技术创新与发展

上 册

陆燕荪　刘吉臻　周鹤良　主 编

中国电力出版社
CHINA ELECTRIC POWER PRESS

内 容 提 要

在纪念中国共产党成立 100 周年之际，回顾 100 年波澜壮阔的奋斗历程，中国共产党改变了中国的命运，实现了中国人从站起来、富起来到强起来的巨大转变，特别是近年来"中国崛起"已成为不争的事实，而"电力强国崛起"正是"中国崛起"在一个行业中的体现。

本书全面系统地总结和梳理了改革开放 40 多年来，我国电力装备和电力技术的发展历程，是一本以我国电力装备创新发展为突破口，展示我国电力科技重大成果、重点工程、重要事件，通俗可读的中国电力科技创新与发展史话。全书共分为七篇，包括概论、火力发电（含锅炉、汽轮机、发电机、重型燃气轮机、火电环保、发电厂自动化系统）、水力发电、核能发电、新能源发电、输变电设备和低压配电设备。自改革开放以来，从引进国外先进技术到立足国内自主开发，再到优化创新并奋力向世界顶峰冲刺，我国电力装备及技术实现了跨越式的发展，总体已处于国际先进水平。其中清洁高效超超临界燃煤发电机组、百万千瓦级大型水电机组、特高压交直流输变电设备处于引领世界发展的地位，我国自主研发的第三代核电机组已进入世界先进核电技术的主力堆型，风力发电和太阳能发电继续以"中国速度"领跑世界新能源发电的发展，充分显示了我国电力技术水平已跨入世界电力强国之列。

本书可供能源与电力相关领域的管理人员，从事电力装备设计、制造及电力建设、运行维修人员和相关专业的高等院校师生参考阅读。

图书在版编目（CIP）数据

电力强国崛起：中国电力技术创新与发展：全 2 册 / 陆燕荪，刘吉臻，周鹤良主编．—北京：中国电力出版社，2021.7

ISBN 978-7-5198-4206-2

Ⅰ．①电…　Ⅱ．①陆…②刘…③周…　Ⅲ．①电力工业–工业发展–研究–中国　Ⅳ．①F426.61

中国版本图书馆 CIP 数据核字（2020）第 022707 号

出版发行：中国电力出版社
地　　址：北京市东城区北京站西街 19 号（邮政编码 100005）
网　　址：http://www.cepp.sgcc.com.cn
责任编辑：周　娟　杨淑玲（010-63412602）　王杏芸　未翠霞　梁　瑶　王晓蕾　丁　钊　杨　扬
责任校对：黄　蓓　常燕昆　郝军燕
装帧设计：王红柳
责任印制：杨晓东

印　　刷：北京雅昌艺术印刷有限公司
版　　次：2021 年 7 月第一版
印　　次：2021 年 7 月北京第一次印刷
开　　本：889 毫米×1194 毫米　16 开本
印　　张：52.25
字　　数：1232 千字
定　　价：398.00 元（上、下册）

电力强国崛起
中 国 电 力 技 术 创 新 与 发 展

编 辑 委 员 会

序

　　《电力强国崛起　中国电力技术创新与发展》一书即将与读者见面，编委会希望我为本书写序，我想不能忘记老一代电工行业前辈所作出的贡献，就从回忆改革开放前后对我国机械工业发展意义非同寻常的几次访问开始，和读者一起重温中国电力装备和电力技术所经历的改革开放发展之路。

　　党的十一届三中全会召开前夕，正值国家经济体制转变的时刻，全国各行各业百废待兴，在哪个领域突破是一个关键问题。经慎重研究后，国务院决定由国家领导人带队出访学习发达国家的先进技术和管理经验。

　　1978年5月6日至6月6日，国务院副总理谷牧率领中国政府高级代表团考察访问法国、瑞士、丹麦、比利时和联邦德国五国。代表团完成所有考察行程后，经过反复讨论和修改，最终形成《关于访问欧洲五国的情况报告》，主要包括扩大进出口贸易、发展科学技术、经济体制改革、加强农业基础和电力交通先行四个部分，并对我国经济建设和改革开放提出了操作性强而且具有深远影响的建议，得到中央支持。

　　1978年10月至12月间，经国务院批准，一机部同时组织了赴欧洲、日本两个技术考察访问团。这次被称为"破冰之旅"的出访调研，主要是了解情况、找出差距并探讨引进技术、利用外资、合作生产的渠道及方式。其中，赴欧洲的中国机械代表团一行14人，由周子健部长任团长、时任外事局局长江泽民任秘书长，代表团先后访问了罗马尼亚、南斯拉夫、意大利、瑞士、联邦德国和法国6个国家，共到了37个城市、97个单位，访问内容涵盖机械工业多个领域，包括汽车、电工、机床、重型矿山、农机与工程机械、石化通用机械、精密仪器仪表等。赴日本的中国机械工业综合考察团，由周建南副部长任团长，参观访问了日本三菱、东芝、日立等公司。

　　1978年12月，党的十一届三中全会召开，作出了以经济建设为中心和改革开放的决策。三中全会以后，一机部组织的两个考察团进行了认真总结，于1979年1月25日向国务院上报了《关于借鉴国外经验加快机械工业发展》的报告。报告分析了中国机械工业落后的状况和差距，提出了大胆解放思想、大力转变观念、借鉴国外经验的新理念，在引进技术、技贸结合、合作制造、人员培训、机制转变等方面进行了有益的探索和实践。从此一机部开始启动发电设备的技术引进工作，并遵照中央领导同志"机械电力团结造机"的指示精神，由机械、电力两部共同拉开了我国电力装备快速发展的帷幕。

　　自改革开放以来，从引进消化吸外国外先进技术到立足本国自主开发，从走出国门逐鹿世界、再到优化创新并奋力向世界顶峰冲刺，我国的电力装备制造业从小到大、从弱变强、从落后到先进，实现了跨越式发展。

作为国民经济发展的重中之重，我国电力装备与技术在发展速度、发展规模和发展质量方面取得了一项又一项突破，获得了令人瞩目的巨大成就，不仅成为世界上电力装机大国，而且迈入电力技术强国之列。

江泽民同志对我国电力装备和电力技术的发展极为关心，由他倡导编著的《中国电机工业发展史——百年回顾与展望》一书，已于 2011 年 11 月出版，江泽民同志为该书题写书名并作序。近几年来，我国电力装备和电力技术的发展已开始进入世界的前沿，江泽民同志曾先后三次会见电工行业的专家，听取电力技术创新与发展的情况，提出要总结经验、找出差距、与时俱进的希望。按照江泽民同志的要求，我们于 2017 年下半年开始酝酿、2018 年初组织专家调研并编写《电力强国崛起　中国电力技术创新与发展》一书，2019 年 10 月 16 日，我们受邀向江泽民同志汇报了该书的编撰情况，他听了很满意，表示祝贺，同时希望我国的电力技术创新发展再上新台阶。

2018 年是改革开放 40 周年，2019 年是新中国成立 70 周年，2021 年又是中国共产党成立 100 周年，在这个时间节点，以我国电力装备创新发展为突破口，在认真总结我国电力科技重大成果、重点工程建设、重要事件等方面的经验基础上编撰本书，再现改革开放以来中国电力装备与电力技术发展的新历程和新成就，特别是进入 21 世纪以来不断加快步伐实现能源清洁低碳转型，进一步改革开放和社会主义现代化建设所取得的历史性伟大成就等，使广大读者进一步了解我国电力技术走向繁荣的历程及其成功经验是与党的百年奋斗史和现代中国的历史变迁息息相关的，中国电力工业的发展奇迹让世界惊叹和瞩目，电力强国的崛起极大地增强了中国人民的民族自信心和自豪感。

2020 年是“十三五”收官之年，纵览我国火电、水电、核电、风电、太阳能发电、输变电和低压配电设备等领域的发展轨迹，以清洁高效燃煤发电机组，三峡、乌东德和白鹤滩等特大型水电工程，华龙一号核电工程，特高压交直流输变电工程及智能化低压配电装备等为代表，我国不但有一大批自主创新成果达到国际先进水平，更有多项成果问鼎世界之最，甚至影响了世界电力工业发展的趋势。截至 2020 年年底，非化石能源装机容量达到 9.8 亿 kW，占全国总装机容量比重上升到 44.8%，风电和太阳能发电装机比重提高到 24.3%，火电、水电、并网风电、光伏发电装机容量都位居世界第一，核电装机容量位居世界第三。

2021 年是“十四五”开局之年，我们要进一步贯彻新发展理念，进一步提高电力装备产业竞争力。在新时代面对新形势新要求，电力装备行业应该继续面向世界科技前沿，面向电力工业深度发展重大战略需求，增强发展新动能，全方位推进电力技术高质量发展。特别对电力装备一些核心关键技术

"卡脖子"的问题，攻坚克难，实现国产化替代。力求把电力装备创新发展做实、做强、做优，为国民经济发展提供有效支撑，为能源电力工业提供先进装备和有力技术保障。

未来 15 年是我国从大到强发展的关键时期，按照党的十九大提出的"构建清洁低碳、安全高效的能源体系"要求，我国的能源电力结构将稳步实现转型升级，从高碳能源为主转向低碳能源为主，加快实现以清洁能源替代化石能源的步伐。力争风力发电、太阳能发电装机容量达到 12 亿 kW 以上，为我国到 2030 年前实现碳达峰及 2060 年前碳中和作出贡献，建成以非化石能源为主体，安全、可持续发展的新型电力系统。

实现能源转型是一个漫长的过程，既有有利条件、有利因素，同时也伴随复杂性、长期性和艰巨性。如何统筹和协调各方工作，如何将发展规划和建设项目对接好，如何实现与能源物联网的高度融合，要求我们继续坚持面向世界电力装备科技前沿和国家重大战略需求，加快电力装备转型升级步伐，全面提升电力装备关键核心技术自主创新能力，增强电力装备产业国际竞争力，为此需要我们认真谋划，全力以赴，加倍努力。

明镜所以照形，古事所以知今。回顾和总结历史，是为了更好地建设现在和开辟未来。要认真贯彻执行习近平同志提出的"四个革命、一个合作"能源安全新战略，为建设清洁低碳、安全高效的能源体系和国民经济可持续健康发展提供可靠保障。

作为新中国创业一代的电工人，我寄望于新时代、新思想、新作为，不忘初心、牢记使命，继往开来，砥砺前行，推动能源创新驱动发展再上新台阶，续写电力装备和电力技术在建设现代化工业强国新征程上的新篇章。

陆燕荪

2021 年 4 月

前　言

　　能源是人类社会赖以生存与发展的重要物质基础，电力则是现代社会能源利用的重要形式。19世纪 80 年代以来，电力的广泛应用推动人类社会跨入了电气化时代。电力工业是国民经济与社会发展的基础产业，也是世界各国实现工业化、现代化的支柱产业。电力工业的发展水平以及电气化程度代表着一个国家工业化与现代化的水平。电能的生产主要包括火电、水电、核电、风电、太阳能和生物质发电等形式，与输变电、配电、用电等环节形成一个综合有机整体，就成为目前社会物质生产力中空间跨度最广、设备种类最多、结构最复杂、系统协调调度最严格的大型电力系统。

　　新中国成立以来，特别是改革开放以来，随着经济社会快速进步，能源领域也实现了高速发展，我国成为世界上最大的能源生产和消费国，发电装机容量、发电量、电网规模等指标均稳居世界首位。与此同时，电力装备创新能力不断增强，制造能力稳步增长，一大批具有自主知识产权的大型电力装备投入运行，包括大型火电机组、大型水电机组、大型核电机组、大型风力发电装备、太阳能发电装备、特高压交流直流输变电成套装备、发电厂与电网运行控制装备等。300MW、600MW到 1000MW 的火电机组均实现了机组装备制造的自主化；成功研制的世界首台 600MW 超临界循环流化床锅炉机组和 1000MW 超超临界二次再热机组投入运行；建成了以三峡工程为代表的大型水电工程；建成了世界上电压等级最高、系统规模最大、资源配置能力最强的交直流混合电网；大电网安全稳定控制技术等均居世界领先水平，保障了电力系统长期安全稳定运行。

　　进入 21 世纪以来，为了应对气候变化、环境污染、化石能源枯竭等人类面临的共同难题，一场以大力开发利用可再生能源为主题的能源转型在世界范围内兴起。2014 年 6 月，习近平同志在中央财经领导小组第六次会议上提出"四个革命、一个合作"能源安全新战略，为我国能源发展指明了方向。十九大报告提出，要"推进能源生产和消费革命，构建清洁低碳、安全高效的能源体系"，为我国能源转型发展提供了根本遵循。2020 年 9 月，习近平同志在第七十五届联合国大会上提出"中国将提高国家自主贡献力度，采取更加有力的政策和措施，二氧化碳排放力争于 2030 年前达到峰值，努力争取 2060 年前实现碳中和"。2021 年 3 月，中央财经委员会第九次会议强调，实现碳达峰、碳中和事关中华民族永续发展和构建人类命运共同体，明确提出构建以新能源为主体的新型电力系统。

　　站在我国能源电力转型发展的历史新起点，实现能源电力的转型发展仍面临诸多挑战。一是我国以煤炭为基础的能源结构短期内难以改变，2020 年我国煤炭消费总量为 28.3 亿 t 标准煤，约占世界的一半，二氧化碳排放总量约占世界的三分之一，电源结构中燃煤发电量占比仍高达 61%。二是随着风电、太阳能发电的快速增长，高比例可再生能源的消纳以及电力系统的安全稳定运行面临着前所未有的挑战。三是部分电力装备基础材料、核心部件方面仍存在着依赖进口和"卡脖子"技术受制于人的局面。四是我国电气化水平还不高，电能在终端能源消费中的比重与发达国家相比还有差距。这些问题直接关系到我国能源转型发展战略目标的实现，必须下更大的力气取得突破，才能实现我国电力装备制造水平与电力技术跨上新的台阶，支撑碳达峰、碳中和目标的实现。

电力装备是电力工业发展的基础，电力技术的进步很大程度上取决于电力装备制造技术的进步。站在行业发展与科技进步的角度，对我国电力装备发展历程进行系统而详尽的梳理，展望未来发展趋势，对于把握行业发展方向，传播电力科学技术，培养电力工程技术人才，具有极为重要的作用。《电力强国崛起　中国电力技术创新与发展》一书力图以改革开放以来中国电力技术发展中的重要事件、重点工程、重大技术成果为切入点，以我国电力技术发展的历程为主线，反映我国电力及制造行业干部职工和广大科技人员充满自信地走中国特色社会主义之路，发扬自强不息、攻坚克难、勇于探索、敢于创新、不断奋进的民族精神，创造属于自己的历史。本书力求以记叙电力技术发展取得的重要成果，书写我国电力及制造行业由小到大、由弱变强、奋进崛起的宏伟画卷，向中国共产党成立 100 周年献上一份厚礼。

本书按照发电、输变电和低压配电专业进行分类，由主编组织制定编写大纲，通过多次讨论、修改和审定，最终形成概论、火力发电、水力发电、核能发电、新能源发电、输变电设备和低压配电设备七篇。《电力强国崛起　中国电力技术创新与发展》可视为一部电力技术与电力装备的发展史，可供电力行业从事电力装备设计、制造及电力建设、运行维修人员和相关专业的高校师生参考。

本书在编撰、审稿、出版过程中，中国电力企业联合会、中国动力工程学会、中国电工技术学会、中国电机工程学会以及相关的高等院校、科研院所、电网企业、发电企业、制造企业，都给予了大力的支持，本书的主笔、审稿专家以及参加书稿编写的专家学者、工程技术人员，奉献了宝贵的智慧与心血，同时中国电力出版社也为本书的出版发行提供了大力的支持，在此一并表示衷心的感谢。

刘吉臻　周鹤良

2021 年 4 月

目　录

第三篇 水力发电

下册

第四篇　核　能　发　电

第五篇　新　能　源　发　电

第六篇　输 变 电 设 备

第七篇 低压配电设备

第一篇 概论

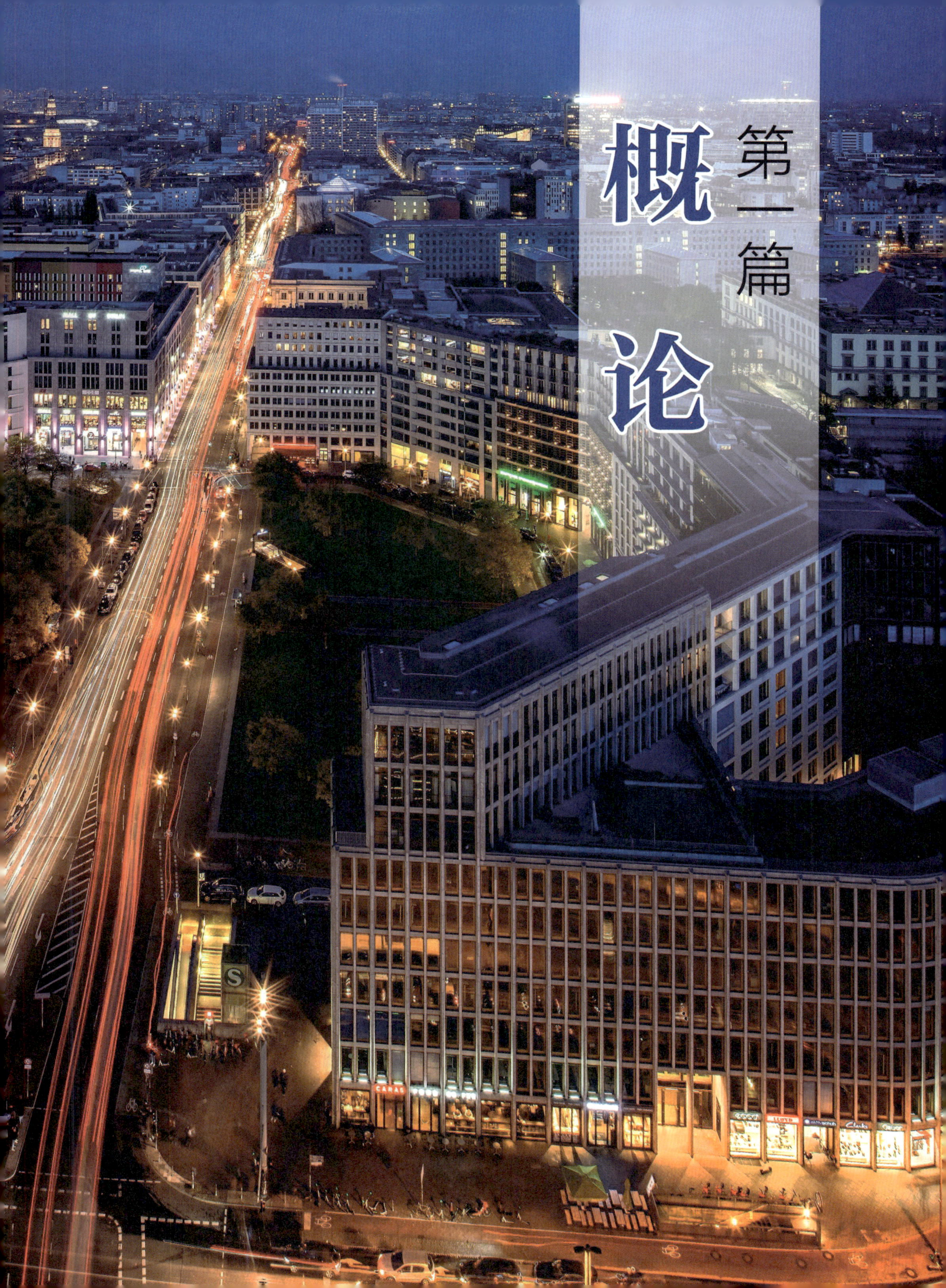

主　笔　程钧培

主　审　周孝信　江哲生　曾庆禹　史进渊　丰镇平

编写人员

上海发电设备成套设计研究院有限责任公司

程钧培　朱月祥

机械科学研究总院集团有限公司

李　瞧

中国电工技术学会

李　秦

制造业是现代国家经济的基石，是推动世界经济发展的主要动力，而电力装备制造更是国民经济发展不可或缺的重要支柱产业。20世纪六七十年代，我国电力供应长期处于供不应求的状态，一是电力装备制造能力不足，不能满足国民经济发展的需求；二是电力装备技术水平与国际先进水平有相当大的差距。改革开放初期，国家首先在制造行业中作出了引进国外亚临界30/60万 kW 燃煤发电机组整套先进制造技术的重大决策，组织国内各方协同消化吸收，逐步实现设备国产化。实践证明，技术引进使我国火电设备的整体制造技术上了一个台阶，达到接近国际先进水平。特别是进入21世纪的20年来，也是我国电力装备包括发电设备、输变电设备、配电设备全面辉煌发展的20年。在国家创新驱动战略的引领下，以提高自主创新能力为核心，率先实现重点领域、重大产品和重大制造技术的突破，用高新技术改造提升传统制造业，推动行业尽快走上创新驱动的轨道。使我国电力装备制造业从小到大、从落后到先进，实现了跨越式发展，形成了门类齐全、规模宏大、具有国际先进技术水平的产业体系，为国家能源战略实施和国家重大工程建设提供了技术保障和装备支撑。

我国电力装备已由制造大国向制造强国迈进，电力装备产量稳居世界首位；已有一大批拥有自主知识产权的大型电力成套装备投入运行，以100万 kW 超超临界燃煤机组及二次再热机组、100万 kW 巨型水电机组、完全自主研发的100万 kW 级第三代"华龙一号"和"国和一号"核电机组、1000kV 特高压交流和±1100kV 直流输电成套设备、智能电网输变电成套设备等为代表的电力装备的技术性能达到国际领先水平，并引领世界电力装备技术的创新发展，电力装备中的主体设备已跨入了强国之列。国家规划到2025年，电力装备、通信设备、轨道交通装备三个领域将整体步入世界领先行列，成为技术创新的引导者。因此，电力装备制造产业在改革创新道路上取得的成功经验对相关产业具有较强的辐射和带动作用。

改革开放40多年来，特别是进入21世纪，我国电力工业处于高速发展，电力装备为我国电力工业快速发展和技术进步提供了强有力的支撑，目前电力装机容量和发电量都稳居世界首位。截至2020年底，全国发电装机容量达到22亿 kW，全口径发电量为7.62万亿 kW·h，分别是1978年的38.5倍和30倍。在电源结构方面，改革开放前20年基本上以火电（主要是煤电）和水电为主，火电/水电按装机容量占比为7:3，按发电量占比为8:2。最近几年来，核电、风力发电和太阳能发电的发展速度均大大超过火电，2020年年底，全国发电装机容量火电12.45亿 kW（其中煤电10.95亿 kW，占比49.77%；气电1亿 kW，占比4.5%；生物质发电2952万 kW，占比1.34%；余热余气发电1800万 kW，占比0.8%）；水电3.73亿 kW，占比17%（其中抽水蓄能3149万 kW）；核电4989万 kW，占比2.27%；风电2.82亿 kW，占比12.8%；太阳能发电2.53亿 kW，占比11.5%。火电、水电、风力发电和太阳能发电装机容量均居世界第一位，核电装机容量居世界第三位，在建容量世界第一。火电、水电、核电、风电和光伏发电构建了我国发电领域的五大支柱，其中煤电的比重近几年一直呈下降趋势，2020年年底已下降至总装机容量的49.8%，煤电发电量占比仍高达61%，电力结构调整优化仍任重道远。"十三五"期间，我国把非化石能源放在能源发展优先位置，大力推进低碳能源替代高碳能源，可再生能源替代化石能源。2020 年年底，非化石能源发电装机容量为 9.8 亿 kW，占全国总装机容量的 44.8%，提前实现"十三五"能源规划中非化石能源发电装机 7.7 亿 kW 的目标。

火电中的燃煤发电机组在近十几年实现了跨越式发展，完成了国内首台机组从 60 万 kW 超临界（河南沁北 1 号机组）、超超临界（浙江玉环国内首台 100 万 kW 机组）、高效超超临界（万州电厂 105 万 kW 机组）到二次再热高效超超临界（泰州电厂 3 号 100 万 kW 机组）四个阶段的研制和应用。我国超超临界机组技术水平、装机总量和机组数量均居世界首位。"十三五"期间，煤电实现超低排放改造的机组容量达到 9 亿 kW，占比超过 81%，煤电大气污染物排放水平已经进入世界领先行列，建成了世界上最大的清洁煤电供应体系。

水电设备的开发走过了从与国外合作制造到完全国内研制，机组容量从 70 万 kW（三峡工程）、77 万 kW（溪洛渡工程）、80 万 kW（向家坝工程）发展到世界最大容量 100 万 kW 机组（白鹤滩工程）的创新道路。抽水蓄能机组容量实现了从 25 万 kW、30 万 kW、35 万 kW 再到 37.5 万 kW、40 万 kW 的跨越。大型水电机组成套设计制造能力领跑全球，掌握了世界单机容量最大的 100 万 kW 水轮发电机组和 40 万 kW 级抽水蓄能机组的设计和制造技术，支撑我国成为全球最大水能利用国家。

核能发电重点突破，从基于引进技术研发二代改进型 100 万 kW（广东岭澳），到引进第三代 AP1000 核电技术（三门核电厂），再到完全自主研发的百万千瓦级第三代"华龙一号"（HPR 1000）和"国和一号"CAP1400 核电（山东石岛湾）机组，以及出口巴基斯坦的"华龙一号"机组（卡拉奇 2 号、3 号），走过了从引进技术到自主开发的创新过程，已形成了较完备的核电产业体系，引领了世界第三代核电的发展。

我国新能源发电当前以风力发电和太阳能光伏发电为主，近几年都呈爆发性增长，其产量和装机容量遥遥领先于其他国家，稳居世界第一，"中国速度"已成为风力发电和太阳能光伏发电的标签。同时，随着风力发电和太阳能光伏发电制造技术的不断进步，太阳能光伏发电技术整体处于"领跑"阶段，晶硅电池、薄膜电池最高转换效率多次创造世界纪录；陆上风电技术整体达到国际先进水平，与国情相适应的低风速、低温、高原等兆瓦级新型风电机组已广泛应用，市场竞争力显著增强。我国已形成了具有国际竞争力的风力发电、太阳能光伏发电产业链，并逐步转变成为全球新能源发展创新基地。

特高压输变电方面，我国自主研发、设计、制造并建设了一批世界电压等级最高、输送距离最长、输送容量最大的特高压输电工程，全面掌握了以晋东南—南阳—荆门 1000kV 交流和昌吉—古泉 ±1100kV 直流为代表的交直流特高压输电技术，并一直引领世界特高压输电技术的创新发展。柔性直流输电技术已占领世界制高点，2011 年建成国内首个柔性直流工程——上海南汇风电场柔性直流输电示范工程；自主研发的世界首个多端柔性直流输电工程已在广东南澳投运；世界上容量最大、电压等级最高的统一潮流控制器（UPFC）工程落户苏南；全球电压等级最高的张北 ±500kV 柔性直流电网示范工程于 2020 年建成投运。

　　与此同时，随着我国综合国力的增强和国际影响力的提升，国际电力合作也从最初的"引进来"发展到全方位的"走出去"，实现了国际能源电力合作全方位突破。围绕"一带一路"建设，我国的火力发电、水力发电、核能发电、新能源发电以及输变电对外合作不断加强，投资形式日趋多样，同时带动了我国的装备、技术、标准的"走出去"。我国的电力装备和电工产品已出口到北美、欧洲、亚洲、南美、非洲的 60 多个国家和地区，超临界火电机组已成为向"一带一路"沿线国家出口的重点电力装备。

　　温故知新，继往开来。本书是继 2012 年初《中国电机工业发展史——百年回顾与展望》面世后，将系统再现改革开放后，特别是近十几年来我国电力装备制造取得的新成就，以及在世界电力工业发展史上享有盛名的重大工程。

一、火力发电　跨越发展

　　火力发电（简称火电）按照锅炉以及燃气轮机使用的燃料划分，包括燃煤发电（简称煤电）、燃油发电、燃气发电（简称气电）和生物质发电等。我国是一次能源以煤为主的国家，丰富的煤炭资源为燃煤发电提供了可靠的矿物燃料保障。由于技术成熟、安全可靠、经济性好，长期以来煤电是我国装机容量和发电量占比最大的发电方式。

　　改革开放初期，我国火电装机容量仅 3984 万 kW，占总装机容量的 69.7%；火电发电量 2120 亿 kWh，占总发电量的 82.6%。近年来，随着核电和风电、光伏发电等新能源发电的快速发展，火电的占比有所回落，但火电装机容量和发电量仍然占比过大。到 2020 年年底，我国火电装机容量 12.45 亿 kW，占总装机容量的 56.58%；火电发电量 5.17 万亿 kW·h，占总发电量的 67.85%。

　　经过 20 世纪 80 年代初的技术引进、消化吸收、自主开发和再创新，我国的煤电装备创新能力大幅提高，不但单机容量从 30 万 kW 发展到在建的 135 万 kW，蒸汽参数在亚临界的基础上连上超临界、超超临界、高效超超临界三个台阶，还采用了二次再热技术、开发了新炉型并发展清洁高效燃烧技术等，使得褐煤、劣质煤、准东煤等各种煤都能得到充分利用，机组发电效率大幅提高，供电煤耗、污染物排放也逐年下降，各项排放指标都得到强力控制。煤电机组走上了清洁、高效可持续发展之路。2020 年全国火电机组供电煤耗率为 305.5g/（kW·h），与 2000 年的 392g/（kW·h）相比下降了 86.5g/（kW·h）。

　　截至 2020 年年底，已投产国产超临界参数及以上各容量等级机组统计如下：35 万 kW 超临界机组 211 台，60 万 kW 超（超）临界机组 302 台，66 万 kW 超超临界参数机组 172 台，100 万 kW 级超超临界机组 141 台，国内已投产超（超）临界参数机组共 826 台，装机容量达 5.23 亿 kW，占国内在役煤电机组总容量的 48%，超（超）临界参数机组已成为火电的主力机组。同时还有 50 多套超（超）临界机组出口到多个国家，总容量超过 3000 万 kW。

上海发电设备成套设计研究院作为电力装备科研和技术归口单位,40年多来,组织电力装备制造行业完成了30万kW与60万kW火电机组的技术引进消化、吸收、优化和再创新,参与完成了超临界60万kW、100万kW火电机组和大型空冷机组的研制工作,建成了清洁高效煤电成套设备国家工程研究中心;以哈尔滨电气集团有限公司(简称哈尔滨电气)、上海电气集团(简称上海电气)、中国东方电气集团有限公司(简称东方电气)三大电站装备制造集团等为代表的我国电力装备企业走过了一条学习国外技术与发展自有技术相结合、传承与创新相结合的创新之路,使我国在煤电装备与技术的自主创新能力和核心竞争力得到大幅提高。煤电环保、节能改造持续推进,煤电污染物排放的占比不断降低。截至2020年年底,我国9亿kW以上的燃煤机组的烟气污染物排放值基本达到超低排放限值水平,我国建成了世界上规模最大的清洁煤发电体系。

1. 超超临界机组规模容量和技术水平位居世界前列

与亚临界、超临界机组相比,超超临界机组不但热效率进一步提高,燃煤污染物和二氧化碳的排放也相应减少。

早在20世纪80年代后期,我国就开始关注超临界火电机组的发展,并首次引进了2台60万kW超临界火电机组。为进一步推进超临界机组的自主开发,我国于2000年将60万kW超临界机组列入"九五"重大技术装备研制项目,其首台(套)示范工程沁北电厂2台60万kW超临界火电机组分别于2004年11月23日和2004年12月13日投产发电。在超临界机组制造成功的基础上,2002年国家"863计划"立项,由国家电力公司牵头,三大电站装备制造集团等10多个单位共同参与,开展了我国100万kW超超临界燃煤发电技术的研究,以确定机组的技术方案。为了尽快落实100万kW火电机组的工程项目,哈尔滨电气、上海电气、东方电气三大电站装备制造集团分别从三菱、日立、阿尔斯通、西门子等公司引进技术或开展不同形式的技术合作,以玉环电厂等为依托,开始了100万kW超超临界火电机组的研制,玉环电厂两台100万kW超超临界火电机组分别于2006年11月28日和2006年12月30日投产发电。

在一批超超临界机组投产以后,我国开始探索在使用现有高温耐热钢的前提下,进一步将再热蒸汽温度由600℃提高到620℃的可行性,将蒸汽参数提升为28MPa/600℃/620℃的机组称为高效超超临界机组。国内首台660MW高效超超临界机组于2013年12月在田集电厂投运,国内首台105万kW高效超超临界机组于2015年2月9日在万州电厂投运。

从2002年沁北电厂首台(套)60万kW超临界火电机组开始招标,到2006年玉环电厂首台100万kW超超临界机组正式投运,再到2016年11月泰州电厂世界首台100万kW二次再热高效超超临界机组投运成功,我国前后仅用了14年的时间,就完成了60万kW超临界—66万kW超超临界—100万kW超超临界—100万kW高效超超临界—100万kW二次再热高效超超临界机组完整的产品研发、设计、制造技术体系的建设，完成了国外几十年走过的道路。

超超临界二次再热机组是当今世界上发电效率最高的火电机组，尽管二次再热机组的锅炉、汽轮机和热力系统更为复杂，但发电效率可比一次再热提高约 2.5%，节能效果明显。到 2020 年年底，我国已投产超超临界二次再热 100 万 kW 机组 12 台、66 万 kW 机组 6 台，成为世界上拥有二次再热机组台数最多、单机容量最大、技术水平最高的国家。

世界首个 100 万 kW 二次再热燃煤机组示范工程——泰州电厂二期 100 万 kW 超超临界二次再热（参数为 31MPa/600℃/610℃/610℃）机组，攻克了 54.2m 长汽轮发电机组的轴系稳定性难题，自主研发二次再热机组集散控制系统（DCS），三级串联旁路自动控制和自动启停控制系统，成功实现了机组启停的全程自动控制，形成了完整的新一代高参数、大容量二次再热发电成套技术体系。2015 年 9 月 25 日投运，2016 年 11 月 19 日完成了性能考核试验，发电标准煤耗 256.2g/（kW·h），发电效率 47.94%，烟尘、SO_2 和 NO_x 排放浓度分别为 2.3mg/m³、15mg/m³ 和 31mg/m³。泰州发电二期工程荣获 2020 年度中国工业大奖。莱芜电厂 100 万 kW 超超临界二次再热机组的再热蒸汽温度提高了 10℃（参数为 31MPa/600℃/620℃/620℃），机组于 2015 年 12 月 23 日投运成功，性能考核试验的发电标准煤耗为 254.17g/（kW·h），成为当时世界上效率最高的燃煤机组。此后设计的二次再热机组再热蒸汽温度均采用 620℃的参数。

近 10 年来，我国 100 万 kW 超超临界燃煤发电机组的快速发展，已成为世界上超超临界机组数量最多、蒸汽参数最高和供电煤耗最低的燃煤发电国家，使我国清洁高效大容量煤电机组迈入国际领先水平，其中世界首创的 100 万 kW 超超临界二次再热机组、100 万 kW 超超临界空冷机组和 60 万 kW 超临界循环流化床锅炉机组已领引世界发展。这表明以哈尔滨电气、上海电气、东方电气的二次再热锅炉与汽轮机技术为代表的我国清洁高效燃煤发电技术已达到国际领先水平。

上海外高桥第三电厂（简称上海外三电厂）"十二五"期间对两台 100 万 kW 煤电机组实施了多项技术创新，如提高蒸汽参数、改进汽轮机通流部分结构以及优化管道系统等，供电煤耗达到国内同类机组领先水平，烟尘、二氧化硫、氮氧化物排放达到超低排放标准。2014 年 9 月，上海外三电厂被国家能源局授予国家煤电节能减排示范基地称号；在 2017 年美国举行的世界电力大会上，上海外三电厂荣获"最高发电效率奖"和"最低氮氧化物排放"两项大奖。铜山电厂两台 100 万 kW 超超临界机组推广应用上海外三电厂节能减排经验进行升级改造后，取得了良好的效果。

广东阳西电厂两台 124 万 kW 超超临界燃煤机组分别于 2020 年 7 月和 8 月正式投入商业运营。该机组由广东珠江集团和上海电气集团联合开发，是当前世界上单轴单机功率最大的燃煤机组，在额定功率工况下的供电煤耗达到 276g/（kW·h）。

2017 年 8 月 23 日，世界最大容量的新型燃煤机组——135 万 kW 二次再热超超临界机组在安徽淮北平山电厂开工建设，汽轮发电机组采用了世界首创的双轴高、低位布置的技术，2020 年 12 月 16 日

并网发电。

超超临界机组的成功开发和广泛应用，不但带来了良好的社会效益和经济效益，还谱写了我国电力装备制造业发展史上的光辉一页。

2. 循环流化床锅炉技术国际先进

循环流化床（CFB）锅炉具有燃料适应性广、负荷调节范围大、可实现炉内脱硫和低氮燃烧、灰渣在一定条件下可综合利用等优点，可以燃用煤矸石、煤泥、洗中煤等劣质燃料，使一次能源得到充分利用，是劣质燃料清洁高效利用的主流技术。

我国的循环流化床锅炉也经历了从引进消化到创新超越的发展历程。"九五"计划期间，国家计委决定以技贸结合的方式在白马电厂新建一台 30 万 kW 亚临界循环流化床锅炉示范工程，并由东方锅炉股份有限公司（简称东锅）、哈尔滨锅炉厂有限责任公司（简称哈锅）、上海锅炉厂有限公司（简称上锅）共同引进 30 万 kW 等级亚临界循环流化床锅炉技术。2009 年，国家又启动了自主研发 60 万 kW 超临界循环流化床锅炉的计划，依托工程仍选在白马电厂，由清华大学、西安热工研究院有限公司（简称西安热工院）、中科院工程热物理研究所、东锅、哈锅、上锅、西南电力设计院、神华集团、白马电厂等单位组成产学研联盟自主开发。

2013 年 4 月 14 日，白马电厂世界首台 60 万 kW 超临界循环流化床锅炉顺利投入运行。该项目 2014 年通过国家级鉴定，技术性能指标达到国际领先水平，2018 年获国家科技进步一等奖。

白马电厂 60 万 kW 超临界 CFB 锅炉投运成功后，一批 35 万 kW 超临界 CFB 项目在国内节能减排的高潮中接踵而至。截至 2018 年年底，我国 35 万 kW 超临界 CFB 锅炉已投运 23 台，主要技术指标均达到设计值。

截至 2018 年年底，我国大容量循环流化床锅炉的投运数量居世界首位，从此 30 万 kW 级 CFB 锅炉走出国门，出口到波黑、蒙古、马来西亚等多个国家和地区。我国中压、高压、亚临界到超临界的全系列循环流化床锅炉产品，迈入国际先进行列。

3. 汽轮机技术水平跃居世界前列

从改革开放前的自主创业发展阶段，到 30 万/60 万 kW 亚临界参数汽轮机技术引进发展阶段，到应用当代先进技术对引进型机组性能进一步优化阶段，再到国际合作 60 万/100 万 kW 超（超）临界汽轮机发展阶段，我国建立了完备的现代汽轮机设计制造自主研发体系，开发了完整的火电、核电、工业用的汽轮机产品系列，单机容量已发展到 135 万 kW。

我国自主研制了 35 万～100 万 kW 系列单/双抽供热汽轮机，实现了由亚临界 35 万 kW 到超超临界 100 万 kW 供热汽轮机的跨越，自主开发的超超临界二次再热汽轮机是世界上参数最高的汽轮机。与此同时，在汽轮机的核心部件——长叶片方面打破垄断，获得了巨大突破。从 661mm 末级阻尼叶片，到世界最长的半速 1905mm 末级阻尼叶片，再到国内最长的全速钛合金 1450mm 末级叶片，经过 20 年努力，我国掌握了整套具有自主知识产权的系列化减振阻尼叶片设计关键技术，在汽轮机减振阻尼叶片动频的高精度计算等方面已达到国际先进水平。

以上海电气电站设备有限公司汽轮机厂（简称上汽）、哈尔滨汽轮机厂有限责任公司（简称哈汽）和东方电气集团东方汽轮机有限公司（简称东汽）为代表，我国已形成了大功率火电与核电汽轮机的自主化设计、国产化制造与批量化生产能力，汽轮机产量稳居世界第一，年生产能力超过 9000 万 kW，不但完全满足我国国民经济和电力工业的需求，还有大量产品出口到亚洲、非洲、欧洲、美洲。

进入 21 世纪以来，特别是从 2003 年开始，空冷技术在我国得到长足的发展，到 2006 年，我国开始自主设计开发 60 万 kW 超临界直接空冷汽轮机，将高效率超临界技术与节水的直接空冷技术及间接空冷技术相结合，节能、节水和环保效果显著，各项性能指标达到国际先进水平。经过 10 多年的发展，我国已设计制造了符合国情的 30 万 kW、60 万 kW、100 万 kW 的空冷汽轮机，初参数也从亚临界、超临界发展至超超临界，而且产量、技术水平、品种均稳居世界前列，我国已成为世界大型空冷汽轮机产品技术发展的中心。

4. 发电机技术迎来全新发展

我国的大型发电机生产企业主要包括上海电气电站设备有限公司上海发电机厂（简称上电）、哈尔滨电气集团哈尔滨电机厂有限责任公司（简称哈电）和中国东方电气集团东方电机有限公司（简称东电）三大家，已形成完整的设计生产制造体系，产品性能、成套能力、整体质量均达到国际同类产品的先进水平，在阳西电厂投运的 124 万 kW 发电机是全球在役最大功率的全速单轴汽轮发电机。国内生产的发电机不但完全满足了我国国民经济和电力工业的发展需求，每年还有大量产品出口。

5. 重型燃气轮机正在自主开发

作为高端技术密集型产品，燃气轮机被誉为工业产品领域的"皇冠"，彰显了一个国家的工业化程度和高新技术水平。截至 2020 年年底，全国燃气轮机发电（气电）装机容量近 1 亿 kW。

我国燃气轮机技术的发展相对滞后，至今主要经历了三个发展阶段。第一阶段，20 世纪 60 年代采用自主设计开发的技术路线，初步建立了小型燃气轮机生产能力。70 年代起由于能源利用政策，燃气轮机行业自主研发停顿了将近 30 年。第二阶段，进入 21 世纪，随着国家决定以技贸结合方式进行"打捆招标"，我国的重型燃气轮机产业进入全面发展阶段，除了热端部件外，初步建立了具有国际水平的燃气轮机制造体系，并在一些领域逐步走向自主创新。第三阶段，在国家"973 计划"和"863 计划"等重大研究计划项目和国家自然科学基金等支持下，开展了一系列燃气轮机的基础研究、控制系统及其关键技术自主研发以及引进技术消化吸收工作，形成了一定的技术基础。我国重型燃气轮机总体结构和部件设计方法有一定基础，其关键部件性能和安全性等方面与发达国家的水平差距逐步缩小；同时，正

在建立与燃气轮机紧密相关的试验研究能力和测试技术手段，在压气机、燃烧室、透平三大部件以及测量、数据采集与处理、控制等方面有了一定的技术积累，并正在开展一些基础研究。

2016年12月，中国联合重型燃气轮机技术有限公司（简称中国重燃）作为两机专项中的重燃项目具体实施主体，正在推进重燃专项的实施。截至2019年11月，中国重燃完成了30万kW级F级重型燃气轮机概念设计、支撑概念设计的技术体系与材料体系建设，以及试验验证工作。

东方电气集团自主研发国内首台F级50MW重型燃气轮机，先后投入20多亿元资金推进研发攻关，突破重重难关，顺利先后完成了燃气轮机总体和部件结构设计，建成了国内首个高压比大流量压气机试验台。2019年9月27日，自主研发初战告捷，国内首台F级50MW重型燃气轮机整机点火试验一次成功。2020年11月27日，东方电气集团自主研发的国内首台F级5万kW重型燃气轮机在东方汽轮机有限公司顺利实现满负荷稳定运行。

中船集团703所自主研发的CGT25-D型燃气轮机出口到俄罗斯瓦克天然气增压站项目现场完成72h考核试验，顺利通过交付验收。

6. 自动控制系统研发后来居上

随着我国发电机组的大型化和过程控制要求的不断提高，影响机组安全性、可靠性和经济性的自动化控制系统，已成为火力发电厂中与机、炉、电同等重要的第四大技术装备。

从20世纪80年代末，集散控制系统（DCS）的技术引进、自主研发以及逐渐普及以来，我国火电厂自动化控制系统技术经历了从无到有、从弱到强的发展，从跟踪到并跑进而在一些关键技术上达到国际先进水平的过程。2006年自主研制的DCS首次在60万kW机组上成功应用，截至2020年，自主化DCS在我国火电机组主控系统市场占有率超50%。

我国约有2000台（套）以上的仿真系统分布在全国各个不同类型的火电厂以及科研院所，用于电力生产人员的培训、试验以及教学和科研活动，99%以上均为我国自主开发。

与此同时，我国还逐步培养了一批技术一流、具有国际竞争力的火电厂自动化系统生产制造企业，如上海新华控制技术（集团）有限公司、北京和利时自动化有限公司、北京国电智深控制技术有限公司、中国华能集团有限公司（简称华能集团）、西安热工院、南京科邦科技有限公司等。

在DCS取得重大突破的同时，我国率先提出了火电厂厂级监控信息系统（SIS）的概念，将其定位为集生产过程实时监测、优化控制及生产过程管理为一体的厂级自动化信息系统，揭开了我国SIS研究开发和应用的序幕。SIS也成为首个由我国专家提出、我国企业主导、执行我国标准的火电厂大型软件系统。

伴随着机组容量大型化、复杂化，以网络信息与建模控制技术为支撑的火电机组仿真机得到了快速发展。保定华仿科技股份有限公司、清华能源仿真公司等开发出了图形化仿真支撑系统，其仿真精度达到甚至超过了国外同类系统。自主化火电仿真机不仅牢固地占据了国内市场，还出口巴基斯坦、印度尼西亚、土耳其等"一带一路"沿线国家，并拓展应用于水电、核电、新能源、航天等领域。

7. 火电环保产业发展迅速

我国长期以来一直是一次能源以煤炭为主的国家，发电用煤占全国煤炭消费量的一半以上，因而燃煤火电厂烟气污染物的排放对全国大气环境保护起到至关重要的作用。

新中国成立以来，我国电力环保技术经历了从无到有、从低级到高级的发展历程，特别是改革开放以来，伴随着电力工业的飞速发展，电力环保产业迅速成熟壮大。与发达国家相比，我国电力环保技术尽管起步较晚，但发展迅速。1973 年国家《工业"三废"排放标准（试行）》中对燃煤电厂大气污染物排放还没有要求，其后历经 1991 年、1996 年、2003 年和 2011 年四次修订，中国火电厂大气污染物排放标准限值已基本达到国际先进水平。

根据国家能源发展战略，为了推进实现煤炭清洁高效开发利用 2020 年的目标，2014 年 9 月，国家发展改革委、环保部、国家能源局发布了《煤电节能减排升级与改造行动计划（2014—2020 年）》文件，对我国大气污染物排放控制提出了战略性指标，要求东部地区及重点城市煤电改造后大气污染物排放浓度基本达到燃气轮机组的排放限值，即电厂大气污染物排放浓度降至：粉尘、二氧化硫、氮氧化物分别为 $5mg/m^3$、$35mg/m^3$、$50mg/m^3$ 以下，该标准的大气污染物排放限值远低于美国、欧盟、日本的标准限值，还低于世界排放要求最严的东京特别区 $8mg/m^3$、$111mg/m^3$、$70mg/m^3$ 的标准限值。我国将"燃煤电厂超低排放与节能改造"提升为国家专项行动，即到 2020 年，全国所有具备改造条件的燃煤电厂都要力争实现超低排放，全国有条件的新建燃煤发电机组达到超低排放水平。实践证明，近些年来，我国火力发电大气污染物的排放总量和排放绩效［单位发电量的大气污染物排放量，单位为 $g/(kW\cdot h)$］都已大幅度降低。实际运行统计分析，我国火电大气污染物的粉尘、二氧化硫、氮氧化物排放绩效分别由 2010 年的 $0.47g/(kW\cdot h)$、$2.71g/(kW\cdot h)$、$2.78g/(kW\cdot h)$，降到 2019 年的 $0.038g/(kW\cdot h)$、$0.187g/(kW\cdot h)$、$0.195g/(kW\cdot h)$，均下降了 90% 以上。在短短的十年间，我国火电大气污染物的控制技术由世界平均水平跃居世界领先水平。

超低排放能迅速又全面地铺开是基于数十年来，我国环保技术不断自主创新取得的成果而形成的技术支撑。在超低排放要求的驱动下，我国的环保设备在技术上打破原有的功能单一、串联使用的烟气净化设备序列，普遍采用烟气净化技术集成优化，实现多种污染物协同减排，并形成了多种技术路线，燃煤电站的污染物控制技术路线呈现多样化的发展趋势。今后的发展方向将在协同、低耗、智能、资源化及支持区域节点化等方面继续优化和提升，引领世界燃煤发电环保新技术的发展。

二、水力发电　举世瞩目

水电是一种清洁和可再生的能源，大力发展水电符合我国可持续发展的能源政策，也是我国电力发展的重要方向。我国的水力资源比较丰富，国家一直重视、鼓励并支持水能资源的科学合理有序开发。

根据水电站基本状况和需求的不同，水力发电设备可分为混流式水轮发电机组、轴流式水轮发电机组、贯流式水轮发电机组、冲击式水轮发电机组和抽水蓄能机组等。

改革开放以来，通过三峡、龙滩、溪洛渡、向家坝、锦屏等一系列巨型水电站的相继开工建设和成功投运，我国突破了水电装备一系列关键核心技术难题，攻克了高地震区、高拱坝、高水头、大泄流量、水轮机高部分负荷压力脉动等世界级难题，创造了多项世界纪录。不但水电装机容量和发电量稳居世界第一，还在水电工程建设、装备制造技术和标准制定等领域保持领先地位，特别是大容量混流式水轮发电机组的设计、制造技术更具优势。此外，在参与水电装备国际标准工作方面，我国也从早期的跟踪、同步，发展到如今的组织并实质性地参与国际标准化工作，提高了我国在水电装备国际标准中的话语权。

截至 2020 年年底，我国水电装机容量达到 3.7 亿 kW（其中抽水蓄能机组 3149 万 kW），发电量 13 552 亿 kW·h，分别占到全球水电总装机容量和发电量的 30% 左右，水电装机容量、发电量、抽水蓄能机组容量均居世界第一位；三峡水电站生产清洁能源 1118 亿 kW·h，创造了单座水电站年发电量世界新纪录，我国已成为名副其实的世界水电强国。

1. 大容量机组位居世界首位

从 1951 年生产国内首台单机容量 800kW 的下硐水轮发电机组开始，经过 70 年的发展，2012 年 5 月三峡水电站 32 台 70 万 kW 水电机组全部投入运行，2013 年国产溪洛渡 77 万 kW 水电机组及向家坝 80 万 kW 水电机组投入商业运行，2020 年乌东德 12 台 85 万 kW 水电机组已投运 8 台。到 2020 年年底，已投运的单机容量 50 万 kW 以上大型水电机组达到 147 台，白鹤滩 16 台 100 万 kW 水电机组正在建设中，2021 年 6 月 28 日全球单机容量最大的白鹤滩水电站首批机组投产发电。我国水电机组经历了从无到有、从小到大、从弱到强的发展历程。

纵观我国水轮发电机组的技术发展，得益于改革开放和大型水电工程建设走的是一条争取国际合作、坚持立足国内自主创新的道路。通过技术引进、消化吸收、再创新，以及制造企业与用户的紧密合作，探索出了一条我国的水电设备制造企业成功的道路，并掌握了具有当代领先水平的全空冷水轮发电机技术，占据了世界水电设备制造的制高点。

在三峡工程建设前，国内的水电装备制造从新安江水电站开始，相继完成了单机从 7.2 万 kW 到 40 万 kW 不同容量等级的工程建设和经验总结，经过了"实践、认识、再实践、再认识"的提升过程和

"波浪式前进、螺旋式上升"的发展阶段。也正是因为这几十年的科研和工程经验积累，改革开放后技术引进的启示，再加上合作分包生产过程中的实践，通过结合工程建设开展"九五"和"十五"重大技术装备攻关，加快了我国对三峡水轮发电机组的引进技术、消化吸收、再自主创新全过程。

通过葛洲坝二期、三峡、向家坝、仙居、阳江等水电站设备的研制，哈尔滨电气和东方电气两家企业已建立了包括世界最先进的水力机械试验台、高速重载推力轴承试验台等在内的研发设施，掌握了水轮机水力设计、试验和模型制造技术，水轮发电机冷却技术，水轮发电机绝缘技术，大容量水轮发电机推力轴承开发技术，大容量水轮发电机组刚度和强度分析技术，大容量水轮发电机组核心部件制造技术，设备智能远程运维系统开发技术，自主创新的水电机组各项性能均处于国际先进水平。随着科研基础设施和研发手段的进步，核心技术不断发展，我国水力发电装备制造业创造出一个又一个奇迹。自三峡工程的 70 万 kW 水轮发电机组投运发电后，在后续的溪洛渡、向家坝水电站工程建设中发展成了 80 万 kW 机组。乌东德水电站单机容量发展为 85 万 kW 机组，截至 2021 年 6 月下旬，12 台机组全部建成投产发电。位于金沙江干流下游河段已开工的白鹤滩水电站单机容量已经达到了世界之最的 100 万 kW 机组。白鹤滩水电站单机容量为 100 万 kW 的混流式水轮机已完成部分转轮、蜗壳等部件的加工，在电站工地进入安装调试阶段。

作为迄今世界上已投运的单机容量最大的巨型全空冷水轮发电机组，向家坝机组在主要部件的研制上，利用了先进的研发设施，采用了国际水电行业先进的设计技术和手段并有所创新，机组整体水平达到了国际先进水平，这是我国对自主设计制造单机容量尺寸超大型水轮发电机组的又一次重大提升，是我国巨型水电装备研制从"跟跑""并跑"到"领跑"的关键转折点。

2017 年 8 月开工建设、目前全球在建规模最大的金沙江白鹤滩水电站，凝聚了世界水电技术发展的顶尖成果，以高坝大库、100 万 kW 水轮发电机组、复杂的地质条件和工程技术等综合技术难度等而著称，堪称时代高点。该水电站由中国长江三峡集团公司（简称三峡集团）投资建设，总装机容量为 1600 万 kW，共有 16 台单机容量 100 万 kW 的立轴混流式水轮发电机组，其中哈尔滨电气和东方电气分别制造 8 台。

2. 抽水蓄能机组发展步伐加快

抽水蓄能机组是一种具有储能和调节能力的、特殊的水电装备，具有调峰填谷、调频调相、事故备用、储能规模大、运行时间长等多种功能和优势，因其技术含量高、制造难度大，大型抽水蓄能机组被公认为是水力发电设备领域的高端装备。

我国抽水蓄能机组技术的研发起步较晚，经过 20 世纪八九十年代几十台 30 万 kW 抽水蓄能机组的进口与分包制造，2004 年的"打捆招标"引进技术及其消化吸收，2011 年的自主化研发依托工程响水涧电站首台机组的投运，2016 年国内目前单机容量最大的浙江仙居电站 37.5 万 kW 抽水蓄能机组成功投入商业运行，我国全面完成了抽水蓄能电站机组装备国产化进程中的三个阶段，即技术引进阶段、消化吸收阶段、自主研制阶段的任务。随着哈尔滨电气正在承制的阳江电站 40 万 kW 抽水蓄能机组（最高水头达到 700m）进入工程化研制阶段，标志着我国已具备自主研发制造单机容量 40 万 kW 的水泵水轮机和发电电动机的能力，我国在抽水蓄能领域跨入了国际先进行列。

截至 2020 年年底，全球已投运储能项目累计装机规模 1.911 亿 kW，其中抽水蓄能装机占比 90.3%。我国在运抽水蓄能电站 32 座，装机容量 3149 万 kW，是全球抽水蓄能电站规模最大的国家。在建抽水蓄能电站 37 座（含全部已核准电站工程），装机容量 5093 万 kW，蓄能机组的设计制造能力已达到国际先进水平。

2019 年年初，河北抚宁、吉林蛟河、浙江衢江、安徽绩溪、山东潍坊、新疆哈密 6 座抽水蓄能电站工程相继开工建设，总装机容量 780 万 kW，计划于 2026 年竣工投产。

3. 水电装备智能远程运维系统转型升级

智能远程诊断系统以企业私有云服务平台为中心，物联网及互联网为技术支撑，将水电装备的制造企业和水电站集成于此平台上，实现了水电装备运行信息的资源共享。

为了应对我国传统装备制造业发展增速放缓、市场竞争更加激烈等形势，以及"一带一路"沿线国家、南美洲及非洲不发达国家用户在水电站运维专业技术方面知识相对匮乏的情况，哈尔滨电气开发了水电装备智能远程运维系统，搭建起水电装备制造企业与用户之间互联互通的桥梁。该系统将制造企业的设计制造知识、专家知识与电厂运行知识进行了深度融合，为机组的安全运行提供有价值的参考建议，进而优化水电站的运营模式，降低机组维护成本。

该智能远程运维系统已成功为三峡、向家坝及溪洛渡 3 个水电站 18 台大型水轮发电机组提供远程诊断服务，现正在为丰满、丰宁和董箐等水电站开发全寿命周期智能远程诊断系统。

智能远程诊断系统的运用丰富了水电装备制造企业的产业结构，提升了企业产品的智能化水平，同时有助于我国水电装备制造业更好更快地走向国际市场，提升我国在水电装备国际市场上的地位和影响力。

4. 中国水电技术积极"走出去"

在"一带一路"倡议下，中国水电装备制造企业正在积极"走出去"。为巴西杰瑞水电站研制的 7.5 万 kW 灯泡贯流式水轮发电机组，首台机组于 2013 年 8 月投入商业运行，比西方联合体生产的机组提前半年发电，成为世界上运行的最大容量灯泡贯流式水轮发电机组，机组各项性能指标已全面达到国际领先水平。为哈萨克斯坦玛依纳水电站提供的 15.35 万 kW 冲击式水轮发电机组，首台机组于 2012 年 5 月正式投入商业运行，该机组为哈萨克斯坦国内单机容量最大的水轮发电机组，也是亚洲单机容量最大的冲击式水轮发电机组。通过对玛依纳机组的设计，我国在大型冲击式水轮发电机组的设计制造上积累了经验，为设计和制造更大容量的冲击式水轮机关键部件打下了坚实基础。为厄瓜多尔科卡科多辛克雷（简称 CCS）水电站提供了 18.75 万 kW 冲击式水轮发电机组，CCS 水电站是厄瓜多尔境内最大的电站，2016 年 4 月 13 日首批 4 台机组投产发电。该机组投运第三天，当地就发生了地震，但震后第二天 CCS 水电站就恢复了发电，极大地支援了当地的抗震救灾，被称为"来自中国的温暖之光"，传为当地佳话。

目前，中国水电业务已遍及 140 个国家和地区，几乎"包揽"了国际大中型水电建设市场。我国企业参与的已建、在建海外水电站约 320 座，有力促进了这些国家和地区的经济发展和人民生活水平的提升，赢得了所在国的高度认可和赞誉。

三、核能发电　重点突破

作为替代化石能源的战略首选，清洁高效、安全可靠的核能得到许多国家能源战略决策者和市场推进者的认同。截至 2020 年年底，我国核电机组投运 48 台，装机容量 5000 万 kW，位居世界第三，核准在建机组 18 台，容量 2087 万 kW，居世界第一。2020 年在运、在建核电机组共 66 台，总用量 7078 万 kW，核电发电量为 3662 亿 kW·h，占全国发电量的 4.8%，而全球约 450 座核电机组共提供了全球约 11% 的总发电量。

我国核电已经进入安全高效发展阶段，三代核电项目陆续投产，引进的第三代核电 AP 1000 和 EPR 的全球首堆率先在我国建成投运，自主研发的"华龙一号"全球首堆福清 5 号机组已于 2020 年 11 月 27 日并网发电，运行良好。自主三代核电技术在建设、设计、装备制造、运营管理方面积累经验的基础上，"十三五"末又核准 8 台"华龙一号"核电机组，标志着我国三代核电进入批量化建设阶段。我国自主研发的"华龙一号"（HPR 1000）、"国和一号"（CAP 1400）已经与美国 AP1000、法国 EPR、俄罗斯 VVER 等共同成为第三代核电主流技术和核电市场的主力堆型。

2021 年 5 月 19 日中俄元首视频见证了江苏田湾核电站 7 号、8 号机组和辽宁徐大堡核电站 3 号、4 号机组的开工建设（2021 年 6 月 2 日田湾核电站三期工程 5 号、6 号机组全面投产）。

1. 先进核电建设"安全高效"发展

我国的核能和平利用起步于第一座自主设计的秦山 30 万 kW 压水堆核电站。从 1985 年开工建设秦山核电站一期工程，1991 年 12 月成功并网发电，实现核电"零"突破，到 1987 年以"高起点"起步的国内首个大型商业核电站大亚湾核电站 1 号机组开工建设，1994 年 2 月投入商业运行，我国核电装备走出了一条引进消化吸收与不断改进、自主发展相结合之路。

为建设安全性更高的核电站，2003 年我国决定招标引进第三代核电技术，在经过几年谈判后，最终确定引进 4 台（套）非能动安全系统的 AP1000 核电机组和 2 台（套）EPR 型压水堆核电机组。随着国家核电建设从"适度发展"向"积极发展"转变，自 2005 年以来，我国开始批量发展拥有自主产权的二代改进型 100 万 kW 压水堆核电技术，并核准建设了广东岭澳、辽宁红沿河、浙江方家山、广东阳江、广西防城港、福建宁德和福清等核电项目。2013 年，在 30 多年核电科研、设计、制造、建设和运行经验的基础上，根据日本福岛核事故教训启示和最新安全要求，我国又自主研发了走在世界前列的、具有"能动加非能动"双重安全系统的、具有完全自主知识产权的第三代先进 100 万 kW 压水堆核电技术"华龙一号"（HPR 1000）。

目前，引进的 AP1000 和 EPR 核电机组已投运，国产的华龙一号全球首堆福清 5 号、6 号，"华龙一号"海外示范工程——卡拉奇 2 号、3 号，防城港 3 号、4 号和石岛湾 CAP1400 示范工程分别开工建设，标志着"华龙一号"（HPR 1000）、"国和一号"（CAP 1400）作为自主化三代核电技术和核电"走出去"的主力堆型正式落地。2020 年 9 月 28 日，国家电力投资集团有限公司（简称国家电投）在上海宣布，我国具有完全自主知识产权的三代核电技术"国和一号"完成研发，其设计寿命 60 年，比二代核电安全性指标提高 100 倍，在电厂断电状况下，反应堆可在事故发生 72h 内无须人工干预自动保证安全。"国和一号"是依托三代核电自主化建设项目，通过技术创新实现完全自主化设计的中国核电技术又一品牌，攻克了一系列重大技术难题，使我国全面具备了先进核电自主化能力。"国和一号"具有安全系数高、经济性能好、创新成果多等诸多特点和优势，属于全球最大的非能动压水堆核电机组，单机功率 150 万 kW。

2. 核电设备制造可持续创新发展

在核电技术不断进步的同时，我国的核电事业也推动着设备制造及其产业链的全面发展。40 年来，我国的核电装备制造业走过了初始发展、批量化发展、安全高效发展三大阶段，经历了从初建到巩固完善，再到史无前例迅猛发展的过程，2011 年 3 月福岛核电事故之后进入了核电市场跌宕起伏、先进技术纷至沓来的核电制造创新阶段。我国核电装备制造业已实现了从二代改进型向三代技术的跨越，为我国核电产业做出重大贡献的二代改进型设备制造已基本告一段落，三代技术开始统领市场。

以上海电气、东方电气、哈尔滨电气、中国一重集团有限公司（简称中国一重）和中国第二重型机械集团有限公司（简称中国二重）等核电装备制造集团为代表的核电设备制造企业一步一个脚印，在关键技术开发和设备制造方面努力进取，为我国核电产业发展做出了突出贡献，实现了关键设备以国产替代进口的角色转换，有力支撑了我国核电发展战略。

我国核电装备集团一方面积极苦练内功，开发技术、提升管理；另一方面，在充分发挥和扩大原有能力基础上，新建了上海临港、广东南沙、河北秦皇岛、大连棉花岛和江苏镇江等重型装备基地，形成了年产 8～10 台（套）100 万 kW 级核岛和常规岛主设备的制造能力。

同时，为应对不同设计堆型的要求，核电装备制造集团打造了以项目为依托、供货能力为主线、关键材料为支撑、产学研创新为后援的核电产业链，既满足了业主的供货需求，又符合了产业发展目标，努力走出了一条符合中国国情的可持续核电创新发展之路。

核电站系统通常由核蒸汽供应系统和汽轮发电机系统组成，相应的设备分别称为核岛设备和常规岛设备。其中，核岛设备是指反应堆压力容器、蒸汽发生器、堆内构件、控制棒驱动机构、稳压器和主泵等；常规岛设备主要是指汽轮机、汽轮发电机及配套关键辅机等。

我国已经掌握了核岛和常规岛关键设备的设计与制造的核心技术，国内核电装备制造业产品供应链已全面覆盖我国建设的各类核电堆型，并形成了以中国一重、中国二重和上重铸锻有限公司为产业龙头的大型铸锻件制造基地，以上海电气、东方电气和哈尔滨电气为产业龙头的核电装备制造基地，以沈阳鼓风机集团股份有限公司、中核苏阀科技实业股份有限公司和大连大高阀门股份有限公司为代表的核级泵阀制造基地，核电装备制造能力已达到国际先进水平。

目前，上海电气、东方电气、哈尔滨电气、中国一重等主要核电装备制造企业所交付的核岛主设备已在投运项目中成功使用，在核电汽轮发电机、大型半转速饱和蒸汽轮机关键设备以及低压焊接转子、末级长叶片等关键技术上也都取得了重大突破。

此外，上海发电设备成套设计研究院建成了满足三代核电鉴定要求的核安全相关设备鉴定平台，自主研制出电气贯穿件和控制棒驱动机构电源系统、地坑过滤器等核电配套产品。以宝银特种钢管有限公司、中核苏阀科技实业股份有限公司、北京广利核系统工程有限公司、国核自仪系统工程有限公司、大连重工起重集团有限公司、太原重型机械集团有限公司和山东核电设备制造有限公司等公司为代表，我国在核级超大型一体化锻造、不锈钢锻制主管道、爆破阀、核级数字化仪控系统、核岛环形起重机、钢制安全壳和一体化堆顶、核电焊接材料、压力容器大型 O 型与 C 型密封环等核电配套产业方面正在崛起。

随着我国核电的规模化发展，从大亚湾核电站设备国产化率不到 1%，到红沿河核电站 1 号机组国产化率的 75%，阳江核电站 5 号、6 号机组国产化率的 85%，到"华龙一号"示范工程防城港二期国产化率的 86.7%，再到"国和一号"国产化率 90% 以上，我国核电自主化比例持续上升，装备制造业实现了跨越式发展。我国核电安全指标继续保持国际先进水平，运行指标处于世界前列。目前，中国核电装备制造行业正在与法国、俄罗斯、阿根廷、巴基斯坦等国正在开展深入合作。

四、新能源发电　异军突起

我国新能源发电产业的规模化发展是最近十几年的事情。新能源发电主要是指除煤炭、石油、天然气、水能等传统能源之外的能源发电形式，主要包括风力发电、太阳能发电、生物质发电、地热发电、潮汐发电等方面，具有可再生、分布广、低污染、间歇性和波动性等特点，属于可再生能源。目前已实现大规模开发利用的主要是风力发电和太阳能光伏发电,太阳能光热发电刚刚起步。新能源发电担负着调整能源结构、改善生态环境、优化经济结构的重任。

我国以风力发电、太阳能光伏发电为代表的新能源发电尽管起步较晚,却后来居上,不但从星星之火走上大规模发展之路,累计装机容量稳居世界第一,形成了全面发展的可再生能源开发格局,基本满足了国家能源结构调整的需要,同时还实现了产业从小到大、从弱到强的跨越式发展,成为全球风电设备和光伏设备的制造大国。

截至 2020 年年底,我国并网风电装机容量达到 2.82 亿 kW,同比增长 178.7%,占全国装机容量 12.8%,占全球风电总装机容量 37.9%。2020 年新增风电装机容量占全球新增风电装机容量 56.3%,并网风电发电量达到 4665 亿 kW·h,同比增长 15.1%。并网太阳能装机容量达到 2.53 亿 kW,同比增长 81.7%,占全国装机容量 11.5%。2020 年新增光伏装机容量占全球新增光伏装机容量 37.1%,年并网发电量达到 2611 亿 kW·h,同比增长 16.6%。

1. 风电自主品牌占据绝对优势

我国的风电产业从无到有、从小到大、从弱到强,走过了一条迂回曲折又波澜壮阔的崛起之路。我国风电产业起步于西北、华北和东北(三北)地区。2000 年,全国风电装机仅 30 多万千瓦,进入 21 世纪以来,我国风电从科研试验、示范项目到商业化、产业化应用,前后经历了"建设大基地、融入大电网"的快速发展,迎来了大范围开发、规模化发展的"黄金时代"。2010 年我国风电装机突破 4000 万 kW,超越美国成为世界第一风电装机大国。2015 年,我国风电行业正式成为"亿千瓦"行业。从 2006 年到 2020 年的 15 年间,风电装机容量年平均增长率近 40%。目前我国的风电并网容量已超过美国和欧洲的总和,缔造了风电的"中国速度"。中国风电连续 11 年新增装机容量居全球首位,成为仅次于火电、水电的名副其实的中国第三大主力电源。

与风电装机一路高歌猛进相携而来的,是我国风电装备制造产业技术的不断创新和进步。我国的风电技术,走过了从小型风力发电机组到大型风电机组制造,从起步阶段的设备进口、技术引进、许可证制造,到后来的合作研发、自主研发的创新之路。

经过十几年的发展,通过消化吸收及自主创新,我国风电企业至今已经掌握了风电机组系统的设计和制造技术,形成了完备的风电设计体系和软件平台;掌握了 6MW 以下风电机组关键零部件的制造技术,技术成熟度快速提高,关键零部件及整机系统的国产化率已达到 95% 以上。我国风电产业已经形成了比较完善的产业技术、标准体系和管理规范,建立起了一个涵盖风电开发建设、设备制造、技术研发、检测认证和配套服务的具有全球竞争力的风电产业链体系。

与此同时,以新疆金风科技股份有限公司、华锐风电科技(集团)股份有限公司、上海电气集团、湘潭电机股份有限公司、中国东方电气集团有限公司、国电联合动力技术有限公司、远景能源有限公司、明阳智慧能源集团股份公司等为代表的一大批本土风电机组制造企业迅速崛起壮大，满足了中国风电快速增长的需求。2008 年国产设备在新增风电装机中占比 55.9%，首次超过外资设备；2010 年以后国产陆上 2MW 以上，海上 3MW、4MW、5MW、6MW、8MW、10MW 等多种机型先后问世，并开始批量投入运营；2020 年本土设备在中国新增风电装机中占比超过 90%。我国风电仅用了短短十几年时间，就从早期外资品牌风电机组处于垄断地位发展到我国自主风电机组品牌在国内市场占有绝对优势。

根据世界风电行业协会（Global Wind Energy Council）早前发布的全球风电整机制造商市场份额报告，2018 年在全球前十大整机制造商中，我国企业已占据四席。2019 年，我国向海外出口风电机组装机容量 60 万 kW，同比增长 60%。截至 2019 年年底，我国风电机组制造企业已出口风电机组共计 1950 台，累计容量达到 418.1 万 kW。

2. 光伏发电产业迎来黄金时代

随着近几年光伏发电加速发展，"光伏领跑者计划""光伏扶贫计划"和分布式光伏的全面启动，我国光伏发电产业发展由政策驱使逐步转向市场化，快速发展的光伏产业成为我国可参与国际竞争并取得领先优势的产业之一。

自我国《可再生能源法》实施以来，光伏产业逐步迎来了发展的"黄金时代"，特别是 2013 年国家确立分类光伏标杆电价政策，进一步加快了光伏发电开发进程。光伏发电装机从 2006 年底的 8 万 kW 增长到 2017 年年底的 1.3 亿 kW，每年新增容量以占全球新增容量 40% 左右的速度增长，2020 年已翻倍完成了"十三五"1.1 亿 kW 的发展规划目标。我国的光伏发电产业实现了历史性大发展，缔造了全球光伏发电的"中国速度"。

随着光伏电池制造技术的不断进步，市场竞争力显著增强，我国逐步形成了具有国际竞争力的完整太阳能光伏发电产业链，由"两头在外"的典型世界加工基地，逐步转变成为全产业链的全球光伏发展创新制造基地。

2005 年以前，我国多晶硅生产几乎完全依赖进口，凭借在半导体设备制造领域丰富的技术积累，以及国内的一批太阳能企业的快速发展，我国在光伏设备制造领域很快实现了突破，国产设备广泛出口海外，成为世界第一大光伏设备生产国。2019 年我国多晶硅片产能约为 1.737 亿 kW，占全球 93%。

相当一批光伏制造企业也从最初的"落后者"成为世界的"佼佼者"，在 2019 年全球排名前十的多晶硅企业中我国占七席，在 2019 年全球排名前十的电池组件企业中我国占九席。

除此之外，基于技术、成本、产量优势，近年来我国有相当一部分光伏企业积极优化生产布局，主动"走出去"，在全球成本洼地或市场集中区域建设了生产工厂，开辟了新的贸易通道。目前，已经有近 20 家国内光伏企业在印度、马来西亚、越南、泰国、德国、美国等 18 个国家或地区设立制造工厂，已在国外建成的电池组件产能超过 500 万 kW。

五、输变电设备　创新引领

无论是哪种能源发电，电力的输送都离不开输变电系统。输变电系统由输变电设备和线路组成，分为交流输变电系统和直流输变电系统。

在改革开放初期，我国的输变电系统只有交流输变电一种方式，除西北地区最高电压等级为 330kV 外，其他地区的最高电压等级是 220kV，而国际上已大量采用 500kV 电压等级。我国地域辽阔，随着改革开放、经济发展的需要，国家组织研究发展交流 500kV 电压等级输变电系统。依托平顶山—武昌（平武）500kV 交流输电工程，20 世纪 80 年代初完成了元宝山—锦州—辽阳—海城（元锦辽海）500kV 国产化工程，初步完成了 500kV 交流输变电设备的自主设计、开发、制造和生产运行。

20 世纪 80 年代通过舟山 ±100kV 直流工程引进技术和设备，以及葛洲坝—上海 ±500kV 直流输电工程建设，我国在直流输电领域取得了新的进展。

1997 年开工建设的三峡输变电工程是我国电网发展史上的一个重要里程碑，它对全国电网互联，对我国引进、消化、吸收直流输电技术，对其后的特高压电力工程建设，都起到了关键性的作用，并培养了大批技术人才。

2004 年国家电网有限公司（简称国家电网公司）提出"发展特高压输电技术，建设坚强国家电网"的战略构想，并提出了设计方案。十几年来，随着特高压交直流输电工程的成功建设和运营，中国特高压直流输电技术和设备在巴西的成功投运，以及我国主导的特高压输电技术标准推荐成为国际标准，我国的电网工程从规划设计、设备制造、施工安装、调试试验到运行维护等方面已达到国际领先水平。

截至 2020 年年底，国家电网公司已经建成"13 交 12 直"特高压输电线路，在运在建特高压工程线路长度达到 4.1 万 km，变电（换流）容量超过 4.4 亿 kVA，累计送电超过 16 000 亿 kW·h；中国南方电网有限公司（简称南方电网公司）已经建成"4 直"特高压工程。

1. 交流输变电技术迎来快速发展

1979 年至 1989 年，是我国 500kV 交流输变电工程的起步阶段。在此期间，中国第一条 500kV 示范工程，平顶山—武昌 500kV 输电线路建设。该工程的设计、施工均由国内自行完成，输变电设备采取国际采购；国家计委安排了国内制造企业第一次全面引进国外 500kV 输变电设备制造技术；将"500kV 超高压输变电设备研制"列入国家十二项重大技术装备研制计划，并延续列入"七五"与"八五"重大技术装备攻关计划。在 500kV 平武输变电工程开始建设后，元宝山—锦州—辽阳—海城（元锦辽海）500kV

输变电工程开工建设，于 1985 年建成投运，全线采用国产 500kV 设备，至此我国已具备了 500kV 输变电工程设备研制、设计施工、安装调试的能力。

20 世纪 80 年代中后期，利用改革开放的大好形势，国家又组织了一批联合引进技术，为交流输变电设备的后续发展奠定了坚实的基础。

1989 年至 1999 年，随着多条 500kV 交流输电线路工程的开工建设，再加上同期的国家重大技术装备攻关项目支持、企业重大技术装备配套制造能力技术改造，我国的 500kV 超高压交流输变电设备的设计制造能力和水平大幅提升，已经基本满足 500kV、360MVA、最大短路电流 50kA 的电网建设需求。

三峡工程建设开工以后，鉴于已完全掌握 500kV 交流输变电制造技术的状况，我国制定了"三峡输变电工程建设中，交流输变电设备采取国内招标采购"的政策。三峡输变电工程涉及十省市，送出电力容量多达 1840 万 kW，交流输电设备基本为国内制造企业供货。其中的串联无功补偿、静止无功补偿、可控电抗器为后期的特高压输电工程打下了基础。

三峡输变电工程的建成，标志着以三峡输变电工程为中心的全国联网开始形成，每年有 900 亿～1000 亿 kW•h 的强大电能，通过三峡输变电工程跨越千里输送到华东、华南和川渝地区。2011 年 1 月，三峡输变电工程荣获 2010 年度国家科学技术进步一等奖。

2. 直流输电技术从必然王国走向自由王国

相对交流输电设备，我国直流输电设备制造技术起步较晚，技术发展滞后。20 世纪 80 年代，中国直流输电已经起步，但在其后 20 年间，由于电力系统、机组容量、电力输送距离等因素，直流输电工程建设处于停止状态。

1979 年立项、1980 年开工的 ±100kV 舟山直流输电工业试验性工程，是我国从科研、设计、制造、施工、调试和运行的第一个直流输电工程，其设备技术水平较同期国外先进直流技术水平差距较大；20 世纪 80 年代中期，配合葛洲坝水电站电力送出，我国第一个 ±500kV 直流输电工程葛洲坝—上海（葛上）输电线路开工建设，1990 年全面建成投运。±500kV 葛上直流输电工程的设备经国外采购，通过该工程的设计建设，国内制造企业引进了换流变压器、换流阀、直流控制保护、平波电抗器、系统模拟装置技术，也培养了大批专业技术人员，为我国的直流输电技术的发展取得了巨大的推动作用。

三峡工程建设开工后，由于水力发电机组多、容量大，输电至华东、广东地区距离超过 1000km，因此决定建设能够满足大容量、长距离输送的直流输电工程。该工程的前期采用国外设备为主、国内参与的方式，使我国 ±500kV 直流输变电设备制造技术实现了由 20 世纪 70 年代完全依赖进口到国产化的跨越，贵州—广东 ±500kV 直流输电工程也采用该建设模式。该工程的后期，三沪二回和贵广二回直流输电工程就改为以国内制造为主。2009 年投产的灵宝背靠背二期工程，实现了直流设备完全国产化。同期还完成了宁夏—山东±660kV、德阳—宝鸡±500kV、呼伦贝尔—辽宁±500kV 直流输电工程，实现自主设计、设备制造全部国产化。

21 世纪初，中国建成了天生桥—广州（天广）±500kV 直流输电工程；随着三峡工程建设开工，为解决水力发电机组多、容量大、长距离输电的问题，决定建设直流输电工程，在设计建设三峡—常州（三常）和三峡—广东（三广）±500kV 直流等输电工程的过程中，换流阀、换流变压器、控制保护设备、电抗器等设备技术不断升级，奠定了我国独立建设直流输电工程的技术基础。2008 年开工的宝鸡—德阳（宝德）±500kV 输电工程，是我国第一个实现自主设计、自主成套的±500kV 直流输电工程。2009 年投产的灵宝背靠背二期工程，实现了直流设备完全国产化。2011 年投运的宁夏—山东（宁东）±660kV 直流输电工程，实现了超高压直流输电工程序列化。

至此，我国已全面掌握直流输电工程设计、施工、直流输电设备制造、安装、调试等相关技术，基本完成由必然王国向自由王国的转变和提升。

2010 年投运的云南—广东（云广）和向家坝—上海（向上）±800kV 直流输电是我国第一批特高压直流输电工程，凭借建设±500kV 直流输电工程的经验和基础，我国设备制造企业研制出±800kV 特高压直流输电工程所需的晶闸管换流阀、换流变压器、平波电抗器、直流场设备及控制系统。之后，我国相继投运了锦屏—苏南（锦苏）、糯扎渡—广东等多条±800kV 直流输电工程，在直流输电工程建设的过程中，设备国产化率也不断提升。2019 年 9 月，昌吉—古泉（即"新疆准东—安徽皖南"，以下简称吉泉）特高压直流输电工程建成投运，进一步将稳定运行的最高电压等级提升至±1100kV。

为适应新能源并网的需求，在采用全控型电力电子器件 IGBT 后，我国的柔性直流输电技术有了飞速发展。工程电压等级从 2011 年±30kV 上海南汇风电场柔性直流输电示范工程开始，陆续建成±160kV 南澳三端柔性直流工程、±200kV 舟山五端柔性直流工程、±320kV 厦门柔性直流工程、±350kV 鲁西背靠背直流工程、±420kV 渝鄂背靠背直流工程，±500kV 张北柔性直流工程和±800kV 乌东德柔性三端混合直流输电工程。其中，张北柔性直流电网工程于 2020 年 6 月 25 日成功通过全面严格的调试和 168h 试运行后投运送电。新建张北、康保、夹宁和北京 4 座换流站，额定电压 500kV，能够满足 700 万 kW 新能源装机的外送和消纳需求，工程投产后每年可向北京地区输送 140 亿 kW·h 的清洁电力，为北京冬奥会提供 100%绿色电力。这些工程的实施，在我国大范围资源优化配置、节能减排中扮演着至关重要的角色。

经过改革开放 40 多年的砥砺奋进，中国的直流输电设备的研制试验能力、制造工艺水平得到大幅提升，工程设计、现场施工、安装调试、运行维护能力同步迈上了±500kV、±660kV、±800kV、±1100kV 的台阶。

3. 特高压技术打造中国名片

随着国民经济的高速发展，再加上我国能源资源与经济发展分布不平衡，500kV 输电网已无法满足大型煤电基地、大型水电基地、大型核电基地以及风能和太阳能新能源发电基地的大规模开发和远距离外送的要求。为此，我国最终确定了电力输送电量必须走远距离、大容量输电的道路，并启动了特高压输电试验示范工程建设。

在国家科技支撑计划、国家"973 计划"、国家自然科学基金的支持下，在全面总结我国 500kV 输电工程的设计、施工、运行和设备研制经验，并借鉴国内外工程研究成果的基础上，国内输变电企业与科研院所及高校联合攻关，攻克了特高压线路绝缘特性、电磁环境、设备研制、试验技术等世界级难题，建设了一批世界级的 1000kV 交流特高压和 ±800kV 直流特高压输电工程，在理论研究、技术研发、工程建设、运行管理、试验能力和标准制定等各方面都走在了国际前列。

2006 年国家发展改革委核准晋东南—南阳—荆门 1000kV 特高压交流试验示范工程，2009 年 1 月完成建设投运。为配合西南地区水电开发，国家陆续核准了云南—广东（云广）和向家坝—上海 ±800kV 特高压直流输电工程，输电容量分别为 500 万 kW 和 640 万 kW，2010 年建成并投运。

2014 年 5 月，国家能源局印发《国家能源局关于加快推进大气污染防治行动计划 12 条重点输电通道建设的通知》，特高压电网建设步入全面发展阶段。此后五年时间里，浙北—福州、淮南—南京—上海、锡盟—山东、蒙西—天津南、榆横—潍坊、锡盟—胜利、北京西—石家庄 1000kV 特高压交流工程相继建成投运。2020 年山东—河北环网以及蒙西—晋中、驻马店—南阳、张北—雄安等 1000kV 特高压交流输变电工程先后建成投运。

2012 年至 2017 年五年时间内，我国相继投运了锦屏—苏南（锦苏）、糯扎渡—广东、溪洛渡—浙西、哈密—郑州（哈郑）、灵州—绍兴（灵绍）、酒泉—湖南及锡盟—泰州（锡泰）等多条 ±800kV 直流输电工程，锡泰直流输电工程额定输送容量提高至云广线路工程的两倍。在直流输电工程建设的过程中，设备国产化率也不断提升。2019 年 9 月，昌吉—古泉（吉泉）特高压直流输电工程建成投运，进一步将稳定运行的最高电压等级提升至 ±1100kV，额定功率 1200 万 kW，成为世界电压等级最高、输送容量最大、输送距离最远、技术水平最先进的直流输电工程。

2020 年 12 月，世界首条清洁能源高压通道青海—河南（青豫）±800kV 特高压直流工程双极高端直流系统顺利通过 168h 带电试运行考核，标志着该工程正式顺利投入运行。±800kV 青豫特高压直流工程创下多项世界第一：首次大规模输送水能、太阳能、风能等清洁能源为主的电能；首次进入海拔3000～4000m 地区开展特高压工程建设施工；首次研发应用升级版的特高压输电技术；首次采用 ±800kV 换流变压器现场组装方案。该工程完全依靠清洁能源独产供电，是世界上首条专为清洁能源外送而建设的特高压通道，使青海每年为华中地区输送清洁能源 400 亿 kW·h，有效解决了华中地区电力

供需矛盾。2020 年 12 月 27 日南方电网公司乌东德水电站送电广东、广西特高压多端柔性直流输电示范工程全面投运，每年将有 330 亿 kW·h 清洁水电从云南送往广东、广西的负荷中心。我国全面攻克了 1000kV、±1100kV 特高压交直流输电等关键核心技术，具备了自主设计、制造 ±800kV 特高压柔性直流输电设备的能力，掌握了国际领先水平的远距离、大容量、安全可靠的特高压输电技术，引领了世界电网技术的发展。以试验示范工程为代表的特高压交流输电技术的创新成果得到了国内外的高度评价和充分肯定，被授予"国家科学技术进步奖特等奖""国家优质工程金质奖""中国工业大奖""新中国成立 60 周年百项经典暨精品工程""国家重大工程标准化示范""中国标准创新贡献奖""第二十届国家级企业管理现代化创新成果一等奖""庆祝中华人民共和国成立 70 周年经典工程"等重要奖项和荣誉，被国际大电网委员会（CIGRE）等权威国际组织认为是"一个伟大的技术成就""世界电力工业发展史上的重要里程碑"。特高压直流工程获得多项"国家优质工程金质奖""中国建设工程鲁班奖"和 1 项"中国工业大奖"。2017 年，"特高压 ±800kV 直流输电工程"荣获国家科学技术进步特等奖。走出国门的特高压技术和标准，在海外打造了中国输变电技术的"金色名片"，增强了我国在国际电工标准制定领域的话语权，确立了我国在特高压输电技术领域的国际领先地位，实现了特高压技术全产业链、全价值链输出，2017 年、2019 年，被称为"中国特高压名片工程"的 ±800kV 巴西美丽山特高压直流输电一期、二期工程投入商业运行，这是特高压走出国门的首批国际工程。2021 年，我国承建的 ±660kV 巴基斯坦直流输电工程投入商业运行。

我国输变电制造骨干企业掌握了一大批具有自主知识产权的核心技术，提升了创新能力、设计制造水平和管理水平，具备了生产和系统集成全套特高压直流关键设备的综合能力，实现了国内输变电设备制造业从低端向高端的成功转型，实现了"中国创造"和"中国引领"。已建成特高压直流工程覆盖我国各种复杂地理和气象条件，经历了高温、重冰、大负荷等极端条件的考验，强迫停运次数、强迫能量不可用率等关键可靠性指标显著优于常规直流工程，可靠性水平居世界前列。

无论是在中亚、南亚、东南亚，还是在非洲、美洲，中国企业在国际上承接了大量的输变电工程建设项目。在东南亚的柬埔寨电网，从城市电网到农村电气化、从全国联网到升级至 500kV 电压，均由我国企业承接建设；在西非的科特迪瓦，老线路改造和新线路建设、与国外的联网通道和国内的输电通道、城网联网和乡村电气化改造等项目，也由我国企业全面承接建设。

4. 直流控制保护系统提升国际竞争力

直流输电控制保护系统是整个直流输电系统的"大脑和神经中枢"。与交流输电不同，直流输电通过对电力电子开关器件施以连续不间断的控制来实现功率传输，控制停则直流停，因此，直流输电的特点决定了控制保护系统的复杂性以及高性能、高可靠性的要求。

1980 年开建的舟山 ±100kV 直流输电工业试验性工程，开启了我国直流输电控制保护技术研究的序幕。2000 年前后，结合天广、三常和三广 ±500kV 直流输电工程，国内引进了直流输电控制保护技术。经过消化和吸收，随后的灵宝背靠背直流输电工程、葛南直流控制保护改造项目，首次应用了国产化直流输电保护系统，标志着我国全面掌握了该技术。

随着工程复杂程度和工程要求的不断提高，对引进技术进行再创新，成为我国直流输电控制保护技术发展的必由之路。在硬件创新方面，从无操作系统、无风扇主机，到全光纤以太网现场总线，再到全新的高性能嵌入式一体化平台，系统的整体性能和可靠性跨上了一个新台阶；在软件创新方面，从三取二保护等高可靠性控制保护新策略，到可视化编程运维一体化工具软件，再到特高压双阀组控制保护策略，控制保护功能获得了全面扩展与提升。

至此，我国具有自主知识产权的直流控制保护系统平台技术在 ±800kV 和 ±1100kV 特高压直流输电工程直流控制保护系统的研制和运行很好地展现了自身实力，其平台性能具有国际先进水平。

在实现特高压直流输电的同时，柔性直流输电控制保护技术也进入工程技术攻关阶段。由于采用了全控器件，柔性直流输电控制保护发生了根本性变化。在此前再创新过程的丰厚积累基础上，2006 年我国全面启动柔性直流输电技术研究，开展柔性直流输电前期论证以及关键技术研究等工作，用 5 年时间一举掌握了被誉为直流控制保护制高点的柔性直流输电控制保护技术。2011 年建成国内首个柔性直流工程——±30kV 上海南汇柔性直流输电示范工程。随后，我国在世界范围内首次攻克了多端柔性直流输电控制保护技术，并分别于 2013 年和 2014 年成功投运了世界首个多端柔性直流输电工程 ±160kV 南澳三端和世界端数之最的 ±200kV 舟山五端柔性直流输电工程。

紧接着，我国又首创真双极柔性直流输电控制保护系统，并成功应用于 2015 年投运了 ±320kV 厦门柔性直流输电工程。在 ±500kV 张北直流电网示范工程中，具有我国自主知识产权的柔性直流控制保护系统不仅创造了最高电压等级、最大输送容量的纪录，还成为世界首个直流电网工程实践，与高压直流断路器一道，推动直流输电进入一个崭新的时代——网络时代。

我国依托 ±800kV 乌东德特高压混合直流输电工程，在全球范围内首次攻克一端为常规直流换流器而另一端为柔性直流的混合直流输电控制保护的工程技术难题。

一路走来，创新的脚步从未停止。我国直流输电控制保护技术充分诠释了引进、消化、吸收、再创新，经过持续的科技攻关、不辍实践，直至技术引领的发展道路。目前，我国直流控制保护系统已经全面具备参与国际竞争的硬实力。未来，我国将以前沿创新者的姿态迎接全球直流控制保护新时代的到来。

5. 标准体系建设取得重大进展

标准体系建设是标准化工作的技术基础与工程保障。依托我国已建和在建的特高压交直流输电工程，以我国自主研发技术为主，我国在世界上率先研究出全面、系统、协调、合理的特高压交直流输电技术标准体系，全面覆盖了基础通用、环境保护、规划设计、设备材料、工程建设、测量试验、运行检修等领域，填补了国内外该领域的空白，充分反映了我国特高压交直流工程应用及输变电设备研制方面科技成果转化的卓著效果。

特高压交直流标准体系研究和标准制定采用层级式结构：第一层级为基础标准，涵盖术语、系统性能、系统损耗、噪声 4 个方面的 10 余项标准；第二层级由试验标准、设计导则、设备成套导则、可靠性、环境要求及设备交接 6 个方面的 20 余项标准构成；第三层级为主设备标准，共包括换流变压器、平波电抗器、换流阀、晶闸管、避雷器、套管、绝缘子、滤波器、控制与保护、断路器、测量设备等 10 余项标准。

我国在特高压交直流输电技术标准化领域的重大进展，引起了国际电工界的广泛关注，多项技术成果已被国际电工委员会（IEC）、国际大电网会议组织（CIGRE）、电气电子工程师学会（IEEE）等世界权威机构所采纳。

±800kV、±1100kV 特高压直流输电技术，1000kV 特高压交流输电技术均代表了世界特高压交直流技术的最高水平，该领域标准化工作的推进实施，对提升我国标准国际化水平发挥了极其重要的作用。

特高压交直流标准体系的建设，有利于我国科研、设计和制造等部门掌握特高压交直流核心技术，从而全面提升我国输变电设备研究、设计和制造水平，使国内输变电设备制造技术更加成熟，进而实现我国交直流输变电设备制造技术升级、发展新的特高压输电技术，带动我国电力科技水平再上一个新台阶，同时对于增强我国科技自主创新能力、占领世界电力科技制高点、提升我国相关产业国际竞争力具有重大的意义。

6. 输变电试验能力跃居世界前列

随着电力系统电压等级的提高和容量的增加，电力系统对输变电设备的安全运行和可靠性的要求也越来越高，对输变电设备研制及试验检测技术提出了新的要求和挑战，迫切需要构建强大的高电压、大容量和特殊环境试验能力，拓展先进的检测技术。为了进一步提高我国特高压输电技术的创新水平和设备测量检验能力，国家发展改革委组建了一批特高压输电技术和设备的国家工程实验室，为特高压交直流工程的建设和特高压电网安全、稳定、经济运行提供强有力的技术支撑。国家电网公司和南方电网公司的三家具有综合实验能力的国家工程实验室。

国家电网（武汉）特高压工程技术国家工程实验室是特高压交流试验基地，于 2006 年开始建设，2007 年过载基地全国带电，2008 年 12 月投运，综合试验能力创多项世界第一。建有特高压变电站、特高压试验线段、特高压 GIL 设备考核试验场、电磁环境实验室、环境气候实验室、特高压冲击试验场、电网智能巡检实验室、先进配电网考核实验室、接地试验室、动热稳定实验室、电网环境保护国家重点实验室等。

国家电网（北京）特高压工程技术国家工程实验室是特高压直流试验基地，于 2008 年初开始建设，2009 年 2 月投运。建有特高压直流户外实验室、特高压直流试验线段、特高压直流试验大厅、绝缘子/避雷器试验室、污秽环境实验室、暗波实验室等。

以上两个国家工程实验室主要功能定位是从事特高压交直流电磁环境影响、外绝缘、电气设备研发及考核、运行维护、检修等工作，是我国超/特高压交直流输电基础性、前瞻性技术研究的开放平台，国际领先的特高压交直流输电技术试验研究中心。

针对国家电力发展和环境保护的需要，实验室在特高压基础理论、关键设备制造、工程设计和建设、超/特高压输变电运行维护等多方面开展研究工作，取得巨大成效。在交直流电磁环境试验研究、交直流外绝缘试验研究、综合试验能力等方面处于世界领先水平，满足 1000kV 晋东南—南阳—荆门特高压交流试验示范工程和昌吉—古泉 ±1100kV 特高压直流工程的研究需求，为特高压交直流工程的建设和特高压电网安全、稳定、经济运行提供强有力的技术支撑。

南方电网（昆明）特高压工程技术国家工程实验室是国家发展改革委首批组建的六个国家工程实验室之一，位于昆明市嵩明县，海拔 2100m，是世界上第一个高海拔特高压实验室。具有 7200kV 冲击电压发生器、2250kV 工频电压发生器、±1600kV 直流电压发生器等完整的特高压外绝缘试验能力。实验室主要由特高压户外试验场、特高压直流试验线段和电磁环境试验场、特高压直流设备带电考核场、特高压交直流污秽试验室等 7 个专业试验场区构成，涵盖电磁环境试验、污秽试验、户外试验（冲击、工频、直流和联合试验）、带电考核试验，主要开展特高压直流外绝缘与绝缘配合、特高压直流电磁环境、过电压及雷电防护、输变电设备运行与维护技术等方面的研究。

目前，我国输变电设备的高电压大容量试验能力已跃居世界第一，综合试验室的检验能力居国际领先水平；检验能力覆盖输变电装备、新能源、汽车电子电气以及电磁兼容、环境、抗震、有毒有害物质等领域产品范围。

与此同时，从大容量试验电源、短路试验变压器、合成回路试验系统，到工频试验变压器试验系统、雷电冲击试验，再到特高压试验室、直流断路器试验系统等，我国的高电压大容量输变电设备装备最大试验能力均居国际领先水平。

苏州电器科学研究院主要从事输配电设备、高低压电器、高低压成套开关设备、核电电器、风力发电、太阳能光伏系统、节能产品等领域的检测、研究、标准情报和检测装备研制，是输配电领域试验条件完备、技术能力强、试验规模大的科研机构。经过近 10 年的快速发展，建设了低压大电流接通和分断能力试验系统、大容量冲击发电机电源试验系统、550kV 高压合成回路试验系统、500kV 电力变压器短路承受能力试验系统、12kV 直流试验系统、40GHz 16 000W 电磁兼容试验系统、复杂气候环境试验系统等具有世界级水平的试验系统项目，多项技术能力填补国内外空白。

六、低压配电设备　全面提升

低压配电设备处于电力系统末端，既是连接输变电系统与用电设备之间的桥梁，也对低压线路、用电设备进行保护和控制。凡是用电的地方都离不开低压配电设备。

配电网是我国经济建设的重要基础。城乡电网和大型工矿企业配电系统等往往由上千台配电设备组成，其可靠性直接影响着亿万人民可靠用电乃至生命财产安全。尤其是在当今电气化、智能化、信息化时代，拥有具有自主知识产权、掌握关键核心技术、生产制造不受制约的配电系统与设备，对我国的电力系统安全乃至国家安全至关重要。

作为改革开放之后电力装备中最早全面放开、最早向国外开放的行业，低压配电设备市场面临的挑战与困难很多，机遇也很多。

随着我国电力设施及基础设施的不断建设和快速发展，在几代人的努力下，我国的低压配电设备不但进行了全面的更新换代，还相继成功开发了第三代、第四代产品，实现了从中、低端向中、高端的升级，主要产品的技术性能达到国际先进水平。低压供配电设备生产所需的关键材料和器件不再受制于外国企业，设计技术与手段已接近国际先进水平，完全有能力自主创新开发并生产具有自主知识产权的各类配电设备。

我国于 2005 年至 2010 年期间自主创新、开发的具有自主知识产权的第四代低压电器产品，包括新一代高性能、小型化万能式断路器，高限流、高分断、小体积塑壳断路器，新一代多功能、小型化控制与保护开关电器，带选择性保护小断路器四大系列产品，总体水平达到国际先进，部分主要性能国际领先，堪称是低压电器发展史上新的里程碑。

通过不断的创新发展，目前我国的低压配电设备功能已从原来的以保护为主，发展为智能保护、精准控制、能效管理三大重要功能并举，并实现了智能化、网络化及绿色制造，形成了完整的生产体系，无论是品种、规格，还是产品技术指标、生产规模，都已基本满足我国各行各业的需要，并培育了浙江正泰电器股份有限公司、常熟开关制造有限公司、江苏大全集团有限公司、厦门宏发电声股份有限公司等一批各具特色的优秀民族企业。

其中，浙江正泰电器股份有限公司已完成的小型断路器自动生产线及数字化车间建设，总体水平达到国际先进；常熟开关制造有限公司已完成的塑壳断路器自动生产线和万能式断路器、塑壳断路器数字化车间建设，技术水平接近或达到国际先进；江苏大全集团有限公司（简称大全集团）的智能化供配电设备，满足市场需求。更为重要的是，它们设计制造的智能制造装备不是照搬国外自动生产线，而是结合企业自身特点与生产要求而建立的，具有自主知识产权及中国特色。

　　进入 21 世纪，随着知识产权意识的不断加强，上海电器科学研究所（集团）有限公司牵头制定了一批适合我国国情的相关标准，对我国供配电设备新产品、新技术的快速发展，起到了引领和推进作用。

　　综上所述，纵览我国火力发电、水力发电、核能发电、新能源发电、输变电设备、低压配电设备等领域的发展过程，可以清晰地看到改革开放 40 多年来我国电力装备所取得的辉煌业绩，特别是近 10 多年来我国电力装备的技术水平已跨入世界强国之列。

　　过去的成就终将载入史册，未来新的更加艰巨的任务摆在面前，当前电力深化改革、绿色发展任务依然艰巨。未来，中国电力装备行业要以习近平新时代中国特色社会主义思想为指导，坚决贯彻十九大报告的精神，以"四个革命、一个合作"能源安全新战略为引领，继续实施节约优先、立足国内、绿色低碳和创新驱动的能源装备发展战略，建立清洁低碳、安全高效的能源体系，顺应能源革命和数字革命融合发展趋势，大力推进新时代能源领域电力装备技术创新和高质量发展。

主　笔

　　锅炉　　　　　　　　李文健

　　汽轮机　　　　　　　袁永强

　　发电机　　　　　　　黄　曦

　　重型燃气轮机　　　　沈邱农

　　火电环保　　　　　　王　峰

　　发电厂自动化系统　　牛玉广

主　审　江哲生　杨奇娟　姚尔昶

编写人员

　　哈尔滨电气集团有限公司

　　　　刘红坤　李文健　张宏涛　陶星明　夏良伟　刘新新　刘保生
　　　　宋宝军　段中旭　王彦滨

　　中国东方电气集团有限公司

　　　　许　晔　方　宇　袁永强　郭　勇　陈文学　王拯元　黄　曦
　　　　胡修奎　姚本荣　黄　松

　　上海电气集团

　　　　周一工　张建文　咸哲龙　虎　煜　叶兴柱　姚丹花　蒋浦宁
　　　　谈芦益　徐　炯　梁　娟

　　上海发电设备成套设计研究院有限责任公司

　　　　沈邱农

　　华北电力大学

　　　　牛玉广　洪　峰

　　国家能源投资集团有限责任公司

　　　　王　峰　夏　明

　　西安热工研究院有限公司

　　　　胡洪华

第一章

锅　炉

第一节　概　述

改革开放 40 多年来，我国的发电设备制造业以前所未有的速度发展，取得了举世瞩目的成就，是我国发展最为成功的行业之一。发电设备制造业源源不断地提供各类装备，助力我国在短短几十年的时间里迅速崛起为电力强国，与电力行业共同为我国经济发展和人民生活水平提高做出了重要贡献。电站锅炉作为火力发电厂的三大主机之一，在发电设备制造业中占有重要位置。

火力发电站按照锅炉使用的燃料划分，可分为燃煤电站、燃油电站、燃气电站和燃用生物质、垃圾等其他可燃物电站。我国的电站锅炉以燃煤为主，燃油锅炉主要用于出口，天然气则主要作为燃气轮机电站的燃料。生物质、垃圾等可燃物发电受到资源限制，机组容量不大，总装机容量和发电量在火电中所占比例较小。

我国是一次能源以煤为主的国家，基于我国富煤、贫油、少气的资源特点，这一状况在短期内难以根本改变。丰富的煤炭资源为燃煤发电提供了可靠的资源保障。由于约有 1/2 的煤炭是应用于火力发电，截至 2019 年底，燃煤火电机组的装机容量达到 10.4 亿 kW，占火电机组总装机容量 11.9 亿 kW 的 87.4%。因此，燃煤发电在能源领域占有重要地位，为我国崛起为电力强国发挥了重要作用。

燃煤火力发电是我国最重要的发电方式。1978 年，我国的发电设备装机容量为 5712 万 kW，发电量为 2565.5 亿 kW·h。其中火电装机容量为 3984 万 kW，占总装机容量的 69.7%。火电发电量为 2120 亿 kW·h，占总发电量的 82.6%，到 2011 年，火电发电量的占比仍保持在 82.54%。近年来核电和风电、太阳能发电等新能源发电快速发展，火电的占比才有所回落。2019 年年底，我国发电装机容量达到 20.1 亿 kW，发电量为 7.33 万亿 kW·h。其中火电装机容量 11.9 亿 kW，占总装机的 59.2%；火电发电量为 5.05 万亿 kW·h，占总发电量的 68.9%，火电装机容量和发电量仍然占有最大的份额。

燃煤火力发电是技术先进、成熟、安全可靠、经济性较好的发电方式。目前大量装备的超超临界火电机组在单机容量、蒸汽参数、机组效率、供电煤耗等方面均达到世界先进水平。百万千瓦级超超临界空冷机组、60 万 kW 超临界循环流化床机组已经达到世界领先水平。

燃煤发电还是现阶段我国最重要的调峰电源。虽然燃气轮机电站和抽水蓄能电站的调峰性能最好，但我国受天然气通道和价格影响，燃气轮机机组占比很低，抽水蓄能电站的总容量也很小。在现有资源条件下，煤电承担着电力系统调峰主力的重任，为促进可再生能源消纳，降低弃风、弃光率，保障非化石能源发电比例不断提高以及电力供应安全做出了重要贡献。

燃煤发电成本优势明显，长期以来支撑着我国较低的电价水平。实施超低排放后的煤电综合成本价格，与水电基本相当，低于核电，与气电、风电、太阳能光伏发电等相比有明显优势。

燃煤火电机组除供应电力外，还可为电厂周边居民和企业供应蒸汽或热水，供热机组在北方普遍采用。以供热机组替代煤耗高、污染物排放控制水平低的大批采暖供热锅炉，已经成为治理北方地区城市散煤污染的最有效方式。

针对燃煤发电粉尘、二氧化硫、氮氧化物和汞等大气污染物排放较高的问题，我国近年来通过电力结构调整、提高机组技术水平、实施节能减排建（改）造、提高运行管理等综合措施，煤电污染物排放强度不断下降、总量得到强力控制。新投产和经过超低排放改造的燃煤锅炉执行着世界上最严格的大气污染物排放标准，污染物排放达到了燃气轮机发电排放标准值的水平，其清洁化已得到社会公认。二氧化碳排放方面，近年来我国燃煤发电的碳排放强度明显下降。以 2005 年为基准，2006—2019 年，电力行业累计减少二氧化碳排放 159.4 亿 t。其中，煤电供电煤耗降低对电力行业二氧化碳减排贡献率为 37.0%，非化石能源发展贡献率为 53%。

电站锅炉具有体积庞大、技术密集、涉及学科面广、成套性强、系统复杂、设计建造周期较长等特点。改革开放 40 多年来，我国的电站锅炉行业瞄准世界先进水平，以电站锅炉大型化、提高蒸汽参数和采用二次再热、发展多样化的炉型和布置方式、发展清洁高效燃烧技术和减少污染物排放、改善锅炉燃料适应性、调峰性能和自动化水平、提高产品质量和可靠性为主要目标，使锅炉技术沿着高效、清洁的方向发展，取得了显著的成就。煤粉锅炉已形成了亚临界、超临界、超超临界、高效超超临界等不同参数系列，30 万~100 万 kW 不同容量等级，采用 Π 型、W 型、箱型和塔式等不同布置方式，适合不同煤质和油、天然气等燃料，直流燃烧器四角切圆燃烧、旋流燃烧器对冲燃烧、W 型火焰燃烧、风扇磨褐煤多角燃烧等不同燃烧方式，自然循环、控制循环和纯直流运行等循环方式的系列产品。还开发了二次再热技术，用于多个大容量、高参数锅炉项目。截至 2018 年年底，投运的不同容量等级的超（超）临界锅炉已达 775 台，总容量超过 4.8 亿 kW。投运的百万千瓦超超临界锅炉为 117 台，其中包括 1000MW 高效超超临界锅炉 19 台，二次再热锅炉 5 台。泰州、莱芜等 1000MW 高效超超临界二次再热机组保持着世界已投运火电机组效率最高、煤耗最低的纪录。申能淮北平山二期世界单机容量最大的 1350MW 高效超超临界二次再热机组正在建造中。循环流化床（Circulating Fluidized Bed，CFB）锅炉经历了从引进消化到创新超越的发展历程，白马世界首台 600MW 超临界 CFB 锅炉成功投运，350MW 超临界 CFB 锅炉也发展迅速，到 2018 年年底已投运 23 台，主要技术指标达到设计值，标志着我国的循环流化床锅炉技术已居于世界领先地位。伴随着燃气-蒸汽联合循环电站的建设,联合循环余热锅炉也得到发展,与 9F 级燃气轮机配套的余热锅炉已批量投产,与更大容量 9H 级燃气轮机配套的余热锅炉也已投运。

改革开放 40 多年来,我国电站锅炉装备制造业以新型电站锅炉产品为依托进行科学研究,加强创新平台建设,电站锅炉新产品研发和自主创新能力显著增强,为燃煤发电崛起奠定了基础。

哈尔滨锅炉厂有限责任公司(简称哈锅)、上海锅炉厂有限公司(简称上锅)、东方锅炉股份有限公司(简称东锅)是哈尔滨电气集团有限公司、上海电气集团股份有限公司、东方电气集团有限公司的核心企业,是我国电站锅炉行业的骨干企业,引领了我国电站锅炉技术的发展。

我国电站锅炉技术的发展按照主导产品划分,大体上经历了以下两个阶段:

第一阶段是 20 世纪 80 年代初到 20 世纪末的亚临界汽包锅炉发展阶段。1978 年改革开放以后,在国家政策引导下,机械部组织引进国外亚临界火电机组技术。三大锅炉公司通过消化、吸收、再创新和工厂技术改造,形成了自主设计和制造 300MW、600MW 亚临界锅炉的能力,产品达到 20 世纪 80 年代国际先进水平。全行业电站锅炉年产量由不足 300 万 kW 提高到 1500 万 kW 以上,使我国电站锅炉的设计制造水平上了一个新的台阶,为 21 世纪电力装备的发展打下良好的基础。

第二阶段是进入 21 世纪后的超(超)临界直流锅炉高速发展阶段。进入 21 世纪以来,我国电力建设以前所未有的速度发展,火电主导产品由以亚临界机组为主向以超(超)临界机组为主转变。在国家多个科技攻关项目的支持下,锅炉行业创新开发了一系列锅炉新产品,形成了不同容量等级、不同炉型、燃用不同燃料的超(超)临界锅炉完整系列;蒸汽参数连上超临界、超超临界、高效超超临界三个台阶,显著降低了煤耗和污染物排放水平。锅炉技术和质量水平取得长足进步。燃煤电站通过严格的污染物防控,实现了超低排放。

在哈尔滨电气、上海电气、东方电气三大电气集团公司的领导下,各锅炉公司实施创新驱动战略,以创新引领企业发展,持续加大科技投入和培养、聚集人才力度,加强创新平台建设,走过了一条学习国外技术与发展自有技术相结合、传承与创新相结合的创新之路,较好地掌握了现代电站锅炉各主要技术流派的核心技术,提高了企业的自主创新能力和核心竞争力。锅炉制造行业在锅炉性能与结构设计、锅炉燃烧技术、水动力技术、受压元件强度和应力分析技术、材料研究与应用技术、锅炉回转式空气预热器和钢结构技术、制造工艺与装备、锅炉自动控制与保护、完善质量管理体系、烟气净化和余热深度利用技术、计算机应用与信息化等方面均取得了长足的进步。从学习追赶到创新超越,国产电站锅炉主导产品均已达国际先进或国际领先水平。

三家锅炉公司还多次新建、扩建厂房,调整工艺布局,增添关键设备,以适应新产品制造的需要。每家公司电站锅炉年生产能力由改革开放前的 100 万 kW 提升到 20 世纪末的 300 万 kW,2008 年再急速增加到 2000 万 kW 以上,满足了我国电力高速发展的需要,这三家公司的锅炉制造技术和装备水平也都处于世界前列。

随着我国综合国力的增强和国际影响力的提升，发电设备出口也迅速增加。各电气集团和锅炉公司都在努力开拓国际市场，产品出口到印度、印尼、巴基斯坦、越南、土耳其、俄罗斯、波兰、塞尔维亚、委内瑞拉、巴西等 30 多个国家和地区，超临界火电机组已成为向"一带一路"沿线国家出口的重点机电产品。至 2018 年年底，出口的超（超）临界锅炉已投运 52 台，总容量超过 3300 万 kW，包括超超临界参数锅炉 3 台，其中 1000MW 容量超超临界锅炉 2 台。

近年来，我国电力行业推进供给侧改革，由高速增长转向高质量发展。在环境保护和温室气体减排的双重作用下，煤电在电力体系中的地位和作用发生了变化，在承担发电主体作用的同时承担了更多的调峰和保障电网安全的职能。为扩大清洁、可再生能源的装机容量比例，国家规划将新增装机容量的大部分份额让给核电和可再生能源。为应对电站锅炉任务量下滑的挑战，各锅炉公司迎难而上，逆势求进，走转型升级、高质量发展之路。一方面找准煤电在能源发展进程中的新定位，努力为用户提供高效、清洁、低碳、灵活、安全、经济、智能的新一代锅炉产品；另一方面积极推进企业由制造型向制造服务型的转变，积极参与火电机组节能提效改造、超低排放改造、深度调峰（运行灵活性）改造、燃煤与生物质燃料或垃圾耦合改造，承担更多的为电网服务的职能，为电网安全运行和新能源消纳做出贡献。与此同时，积极推进企业转型升级、调整产品结构和产业结构、探索商业模式转变和跨界发展，促进企业在多元化、高质量发展的征途上继续砥砺前行，开创新的局面。

本章共分为七节：第一节概述，简单介绍了燃煤发电在能源和电力行业的地位和作用、发展过程和改革开放以来取得的成就；第二节亚临界汽包锅炉，介绍了改革开放后我国在 20 世纪 80 年代通过引进 300~600MW 亚临界锅炉技术，推进引进技术消化吸收、产品系列化和优化创新，实现我国电站锅炉技术跨越的发展历程，以及亚临界锅炉的主要技术特点；第三节超（超）临界直流锅炉，介绍了超（超）临界锅炉的开发背景、大容量、高参数、二次再热超（超）临界锅炉的研发及系列化的过程，还对超（超）临界锅炉的自主化和创新发展做了说明；第四节循环流化床燃烧锅炉，对我国循环流化床锅炉从起步到发展的过程做了说明，并对 300MW 亚临界、350MW 超临界以及世界首台 600MW 超临界循环流化床锅炉做了介绍；第五节锅炉制造工艺与装备，介绍了锅炉技术发展对制造工艺和装备的要求，并对锅炉汽包、水冷壁、蛇形管、联箱等主要受压部件的制造工艺做了简单介绍；第六节电站锅炉辅机、阀门，对高压加热器、除氧器、电站阀门等辅机和配套设备与锅炉主机同步创新发展的情况做了简单介绍；第七节锅炉技术研究与创新平台建设，主要介绍了锅炉燃烧技术研究、水动力技术研究、锅炉材料的研究与应用、空气预热器技术研究、烟气余热利用研究，简要介绍了三大发电设备制造集团火电厂大气污染物排放研究情况，以及锅炉制造企业创新发展和创新平台建设的情况。

第二节 亚临界汽包锅炉技术引进与自主化

一、改革开放前我国电站锅炉行业的状况

1978 年改革开放以前，我国的电站锅炉制造业是以 20 世纪 50 年代学习苏联电站锅炉设计、制造技术为基础，部分借鉴西方电站锅炉的设计经验和部件典型结构，自力更生发展起来的。在受到西方经济技术封锁、闭关锁国的外部环境和深受"文化大革命"影响的内部条件下，尽管我国电站锅炉制造行业的技术人员和工人发扬自力更生、艰苦创业精神，做出了艰苦的努力，但由于受到国内总体工业技术基础和科研条件的制约，使我国的电站锅炉设计制造整体水平不高，与世界先进水平拉大了差距，难以满足改革开放以后我国经济建设快速发展对电力的需求。

电力短缺严重制约我国的经济发展。改革开放前，我国的电力建设速度较慢，发电设备装机容量不足，电力供应严重短缺。新中国成立时我国的发电装机容量仅为 185 万 kW，经过 20 多年的建设，到 1978 年年底发电装机容量达到了 5712 万 kW，年发电量达到 2565.5 亿 kW·h。电力严重短缺成为制约国民经济发展的瓶颈。

改革开放前国产火电机组单机容量小、技术水平低，与国际先进水平有较大差距。国产电站锅炉以 10 万 kW 高压锅炉和 12.5 万 kW、20 万 kW 超高压锅炉为主，30 万 kW 亚临界锅炉占比很小。当时锅炉产品的总体技术和质量水平不高，火电机组的技术经济指标也存在差距。

此外，电站锅炉和其他发电设备生产能力严重不足，制造装备和工艺落后。改革开放前我国电站锅炉的年生产能力长期徘徊在 300 万 kW 左右，为适应改革开放后经济发展对电力的需求，发电设备制造能力必须扩大，生产设备和制造工艺水平也亟待提升。

为应对电力供应严重短缺的局面，我国自 20 世纪 70 年代中期起，不得不从欧美、日本等发达国家进口火电成套设备，花费了大量宝贵的外汇。此举虽然在一定程度上缓解了电力供应的压力，但从长远来看依靠进口难以满足电力工业的需求，也不利于民族工业的发展。

对比日本，火电设备的设计制造水平在 20 世纪 50 年代与我国相差并不太大。但日本三菱重工、日立、石川岛播磨重工通过引进美国燃烧工程公司（CE 公司）、巴布科克·威尔科克斯公司（B&W）和福斯特·惠勒公司（F.W）电站锅炉技术，迅速缩小了与世界先进水平的差距，加快了电站锅炉研发、设计制造到批量生产的步伐，提高了国际竞争力。日本鹿岛电厂 1971 年 3 月至 1972 年 4 月陆续投运 4 台 600MW 超临界机组，1974 年和 1975 年又各投运一台 1000MW 超临界机组，成为当时世界最大的火电

厂。20 世纪 70 年代我国进口的发电设备中，日本机组约占一半。日本发电设备制造业通过引进技术、消化创新、实现跨越式发展的经验对我国发电设备的发展思路和技术路线的确定具有重要的参考意义。

二、亚临界控制循环汽包锅炉技术引进

1980 年，在改革开放方针的指引下，国家和一机部领导先后到欧洲、日本等地考察，决定引进国外 300～600MW 亚临界火电机组的设计制造技术。在锅炉方面，经过主管部门和专家组调研、考察、谈判和对技术出让方技术、经济、转让条件方面反复比较，决定引进美国燃烧工程公司（Combustion Engineering，CE 公司）的亚临界控制循环汽包锅炉设计制造技术。CE 公司电站锅炉技术先进、适用，采用的四角切圆燃烧方式更适合中国复杂多变的煤种和中国用户、锅炉制造厂的技术传统，技术转让条件也较为合理。火电技术引进采用三同步原则：

（1）在引进火电厂汽轮机、锅炉、发电机三大主机技术时同步引进关键辅机的技术，并由国家统筹组织辅机和重要材料、配套件项目的研制；此外还同时引进了燃煤电厂的设计技术。

（2）在引进技术的同时同步进行主要制造厂的技术改造，使锅炉厂具备生产引进技术产品的能力，并扩大电站锅炉行业产能。

（3）在引进电站设备技术的同时同步定点建设示范电厂，并将该电厂按照引进技术设计制造的火电机组作为验证国外技术的考核机组。此外，还在哈尔滨成套所建立了煤燃烧和煤化学实验研究基地，期望在按照新技术进行煤质特性分析和煤燃烧技术研究方面为技术引进项目提供技术支撑。

哈锅、上锅、东锅三家锅炉厂和上海成套所、哈尔滨成套所作为电站锅炉的技术受让方参与了技术转让培训（见图 2.1－1）。哈锅和上锅还分别承担了安徽平圩电厂 600MW 和山东石横电厂 300MW 考核机组亚临界控制循环汽包锅炉的试制任务。

CE 公司转让技术的考核机组锅炉为亚临界参数、单炉膛、Π 型布置、平衡通风、一次中间再热、控制循环汽包锅炉（见图 2.1－2）。300MW 和 600MW 锅炉最大连续蒸发量分别为1025t/h 和 2008t/h，过热蒸汽压力为18.2MPa，过热汽温和再热汽温均为 540℃。锅炉燃用烟煤，采用直流摆动燃烧器（见图 2.1－3）、四角切圆燃烧（见图 2.1－4）、水封斗式固态除渣、容克式回转空气预热器（见图 2.1－5）；过热汽温调节采用两级喷水、再热汽温调节则采用摆动燃烧器；采用冷一次风机正压直吹式制粉系统，配 RP 型中速磨煤机；锅炉采用不等壁厚汽包和轴流式旋风分离器。控制循环锅炉汽包内部设备如图 2.1－6 所示，钢结构为高强螺栓连接。

与我国制造的电站锅炉相比较，600MW 等级容量、亚临界参数控制循环、燃烧器摆动调节再热汽温、容克式空气预热器、钢结构采用高强螺栓连接、中速磨直吹式制粉系统、设置锅炉膨胀中心等众多技术都是首次采用。

图 2.1－1　参加 300MW、600MW 考核机组锅炉联合设计和培训部分人员
1982 年在美国 CE 公司

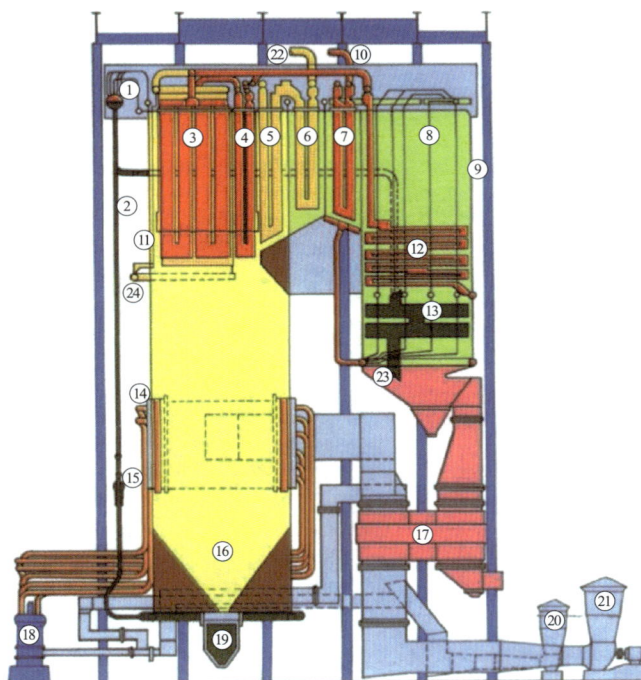

图 2.1－2　亚临界控制循环汽包锅炉

①—汽包；②—下降管；③—分隔屏过热器；④—后屏过热器；⑤—屏式再热器；⑥—末级再热器；⑦—末级过热器；⑧—悬吊管；
⑨—包覆管；⑩—过热蒸汽出口；⑪—墙式辐射再热器；⑫—低温过热器；⑬—省煤器；⑭—燃烧器；⑮—循环泵；⑯—水冷壁；
⑰—容克式空气预热器；⑱—磨煤机；⑲—除渣装置；⑳——次风机；㉑—送风机；㉒—再热蒸汽出口；㉓—给水进口；㉔—再热蒸汽进口

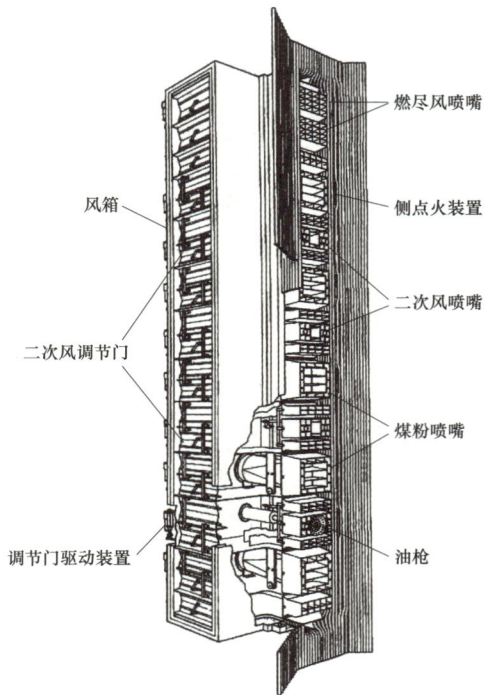

图 2.1-3　直流摆动燃烧器

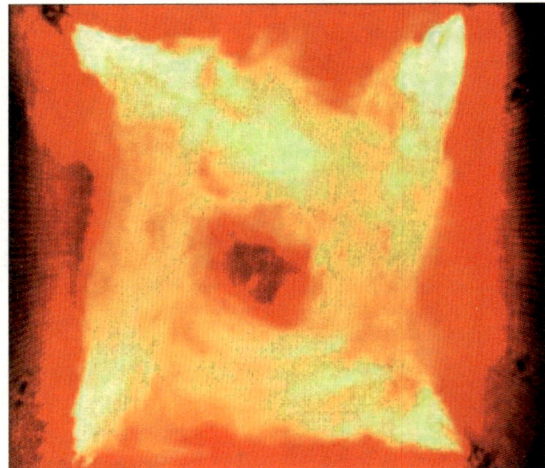

图 2.1-4　四角切圆燃烧

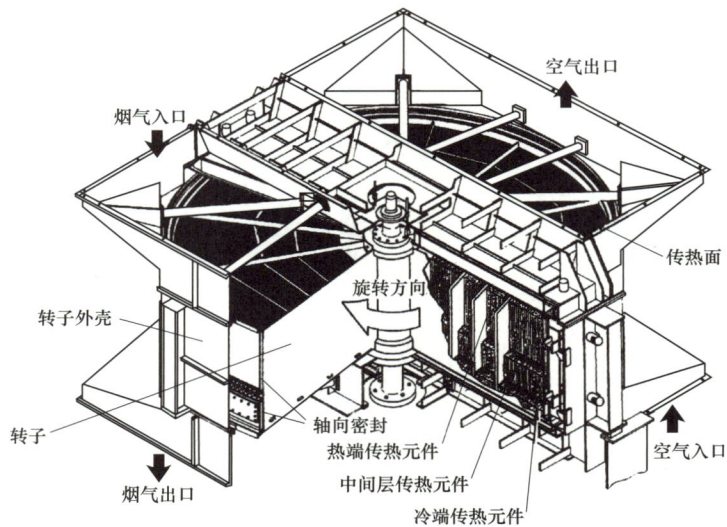

图 2.1-5　容克式回转空气预热器

此外锅炉还有如下特点：

（1）采用由美国机械工程师学会（ASME）锅炉压力容器规程等美国标准和 CE 公司企业标准构成的标准体系。ASME 规程具有技术先进成熟、体系完整、国际权威性强等特点，采用该规程对提高企业技术与管理水平、完善质保体系、加速企业国际化进程具有重要意义。

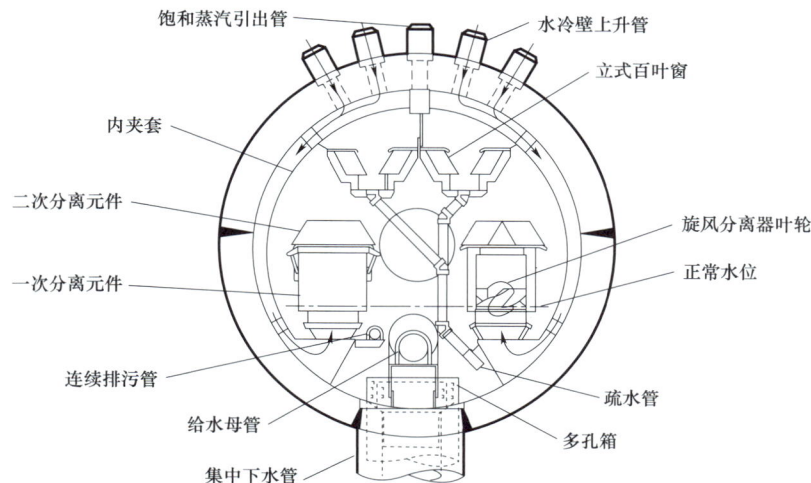

图 2.1-6 控制循环锅炉汽包内部设备

为了更好地学习和应用 ASME 规程，设计制造出安全、合格的锅炉和压力容器产品，国内主要电站锅炉制造厂经过咨询和认真准备，先后通过了 ASME 和授权检验机构委派的授权检验师的联合检查，获取了 ASME 颁发的动力锅炉（S）、压力容器（U）和应力分析压力容器（U2）等授权证书和法规钢印。

（2）锅炉设膨胀中心并建立膨胀坐标系。依此可保证锅炉各部件按照导向装置的引导有序膨胀，并对锅炉各部位进行精确的热位移计算，作为膨胀补偿、间隙预留和系统应力分析计算的基础。

（3）对受压部件进行全面的应力分析。当时国内对绝大部分受压元件的强度计算采用常规的强度计算方法，计算以材料力学和板壳理论的简化公式为基础，不详细计算元件的实际应力。CE 公司在元件强度计算时对由于荷载、壁厚、形状等不连续的部位和承受温差产生的二次应力以及峰值应力对强度和寿命的影响予以充分考虑，同时还对管道类受压部件进行系统的应力分析，显著提高了受压部件的安全性。

（4）完善的锅炉自动控制和保护。采用完善的炉膛安全监控系统（FSSS）、协调控制系统（CCS）、吹灰程控系统等，提高了锅炉运行安全性和自动化水平。

（5）先进的设计、计算方法和计算机程序的广泛应用。

三、考核机组锅炉的设计制造

考核机组锅炉的设计分性能设计、技术设计及施工设计三个阶段进行。根据中外双方商定的原则，锅炉的性能设计以 CE 公司为主，中方派人参加，锅炉性能由 CE 公司负责；技术设计在美国进行，由中方负责，美方进行指导；施工设计在中国进行，美方对图纸和技术文件进行审核。从 1981 年 4 月起，参加石横、平圩电厂锅炉联合设计人员分批到达美国开始工作。参加技术转让培训的人员也陆续到美国接受设计、工艺、设备、科研、质量管理、计算机程序等方面的培训。

根据国家电力发展规划,到 1990 年年末发电设备制造能力应达到 1000 万 kW、1995 年末应达到 1500 万 kW 的要求,机械部规划对哈尔滨电气、上海电气、东方电气三大发电设备制造基地和北京重型电机厂进行技术改造,改造的安排重点是满足按照引进技术生产制造 300MW、600MW 机组的需要。为此三大锅炉厂在原有基础上主要针对汽包、蛇形管、水冷壁等受压部件生产需要进行改造。例如,哈锅建成以 8000t 油压机、窄间隙埋弧焊机和直线电子加速器为主体的重型冷作厂房和 MPM 膜式水冷壁生产线,上锅建成膜式水冷壁车间和相应的生产线,东锅建成蛇形管生产车间并增设了相应的生产线。改造后的三厂基本具备了生产 300MW、600MW 锅炉的能力并将产能扩大到 240 万～300 万 kW。

从制造国产 200MW 超高压自然循环锅炉和 300MW 亚临界直流锅炉到生产 300MW、600MW 亚临界控制循环锅炉,在制造技术上是一大跨越。CE 公司锅炉的特点是容量大、工质参数高,采用新设计结构、新工艺和奥氏体钢新材料,此外采用 ASME 规程后对设计、制造、检验、管理等方面提出一些特殊要求。在考核机组锅炉研制过程中,各公司坚持消化吸收引进技术与自主创新相结合的原则,从消化吸收引进技术资料起步,积极进行生产技术准备,包括设计图纸和其他技术资料准备、进行工艺评定、工艺试验并编制工艺文件、调试设备、准备工装模具、培训焊工、无损探伤工和新设备操作工,以及技术准备之后的投料试生产。在产品结构变化大,采用新材料、新工艺、新设备多的情况下,试制难度可想而知。

经过几年的艰苦努力,石横电厂 1 号 300MW 锅炉于 1985 年 12 月 20 日制造完成,并于 1987 年 6 月 30 日投入运行(见图 2.1-7)。该厂 300MW 国产引进型机组获国家质量金奖。平圩电厂 1 号 600MW 锅炉于 1987 年 12 月 17 日制造完成,并于 1989 年 11 月 4 日投入运行(见图 2.1-8)。经性能测试和考核试验,各项指标都达到了技术保证值。1991 年,600MW 亚临界控制循环锅炉获国务院重大技术装备一等奖。

图 2.1-7 国产首台 300MW 亚临界控制循环锅炉(安装在山东肥城石横电厂)

图 2.1-8 国产首台 600MW 亚临界控制循环锅炉（安装在安徽淮南平圩电厂）

在哈锅、上锅全力以赴进行考核机组锅炉试制的同时，东锅在国家电力主管部门和邹县电厂的大力支持下，自主研发了邹县电厂 300MW 亚临界自然循环锅炉（见图 2.1-9），东锅以自主技术为基础吸收引进技术精华，在较短时间内完成了新产品研制。在引进技术资料未完全到位、人员培训未完成的情况下，东锅独立自主攻克锅炉水循环系统设计、汽水分离设备选型及设计、厚壁锅筒制造等一系列设计、工艺难关，完成了首台 300MW 亚临界自然循环锅炉研制。邹县电厂 1 号炉于 1985 年 12 月通过了 72h 试运，1988 年获国家重大技术装备优秀项目奖，1989 年获国家科技进步一等奖。

图 2.1-9 邹县电厂国产首台 300MW 自然循环锅炉

四、亚临界锅炉的创新发展

在平圩、石横项目之后，各锅炉公司在引进技术国产化、产品系列化和优化创新方面做了大量工作，不断提高产品的技术与质量水平，提高锅炉国产化率和锅炉岛设备成套供货的能力。在消化吸收引进技术的进程中，较好地处理了学习、传承与创新的关系，结合中国国情和客户要求，融合各厂长期以来积累的自有技术和工程经验，对 CE 公司的传统设计和结构进行了改进和创新，取得了良好的效果。

图 2.1－10　石洞口电厂 300MW 单炉膛直流锅炉

（1）在循环方式方面，根据国内用户长期使用自然循环锅炉的运行习惯和市场需求，各公司先后开发了邹县、华鲁、阳逻等 300MW 自然循环锅炉。由于各单位高度重视，在水循环系统设计和汽水分离技术研究等方面做了较多工作，研制的自然循环锅炉水循环可靠性和蒸汽品质均满足设计要求。后来，东锅又开发了 600MW 自然循环锅炉，锅炉由三井巴布科克公司提供技术支持，采用旋流燃烧器对冲燃烧，首台安装在国电大同二电厂。上锅借鉴了亚临界控制循环锅炉的上炉膛布置、摆动燃烧器、回转式空气预热器等一些典型结构，开发了单炉膛切圆燃烧 300MW 直流锅炉，安装在石洞口、黄埔等电厂（见图 2.1－10）。

（2）在燃烧方式方面，除了直流燃烧器四角切圆燃烧外，各公司采用自主开发、技术引进、外商技术支持等不同方式，开发了旋流燃烧器前后墙对冲燃烧、适用于低挥发分煤的 W 型火焰燃烧和适用于高水分褐煤的多角切圆燃烧等不同燃烧方式，满足中国不同煤种燃烧需要。针对不同煤种开发了水平浓淡燃烧器、双通道自稳式燃烧器、双调风轴向旋流式燃烧器等多种燃烧器。在采用的制粉系统方面，除了掌握 CE 公司中速磨冷一次风机正压直吹式制粉系统外，还将国内已有成熟运行经验的钢球磨中储仓制粉系统、双进双出钢球磨直吹式制粉系统和风扇磨负压直吹制粉系统与锅炉及其燃烧设备匹配。为节约点火和稳燃用油，应用了国内研制的等离子点火和微油点火。锅炉氮氧化物排放按 650mg/m³ 控制（折算到 6% 含氧量，烟煤锅炉）。

（3）除了考核机组锅炉应用的 Π 型布置外，还开发了燃用无烟煤的双拱形 W 型火焰燃烧锅炉炉型，填补了 CE 公司无烟煤燃烧业绩短缺的不足；开发了燃用油和天然气、采用箱型和背靠背布置的炉型，以满足向中东、南美等地区产油国出口电站设备的需要（见图 2.1－11）。

图 2.1-11　出口委内瑞拉 600MW 亚临界油气锅炉

（4）将国内以前应用的尾部双烟道布置、烟气挡板调节再热汽温、采用两种或三种干燥介质用于风扇磨褐煤干燥等技术与 CE 公司引进型锅炉技术相结合，成功在国产锅炉中应用。

（5）开展了锅炉结构设计、计算机程序等方面的改进工作。

改革开放后，三大锅炉公司引领了国内亚临界电站锅炉技术的发展，率先将主导产品转向 300MW、600MW 亚临界电站锅炉，承担了国内大部分大机组的设计制造任务。同时也推动了国内一些锅炉厂与国外公司合作或合资，北京巴威公司和武汉锅炉厂先后加入了设计制造亚临界电站锅炉的行列。1986 年，原来只能生产中小容量锅炉的北京锅炉厂与美国巴布科克·威尔克科斯公司（简称美国 BW 公司）联合投资，组建了北京巴布科克·威尔克科斯有限公司（简称北京巴威公司），成为中国发电设备行业组建的第一家中外合资企业。北京巴威公司由美国 BW 公司注入技术，经过合资改造，形成了年产 240 万 kW 电站锅炉的能力，可批量生产 300MW、600MW 电站锅炉。武汉锅炉厂是国家"一五"期间重点建设项目，目标产品是中压锅炉。在计划经济年代，因国家指令性计划安排、资金投入等原因发展较慢。1989 年，武锅与美国 CE 公司签订了亚临界控制循环锅炉技术转让协议，享有了 CE 公司的技术使用权，并于 1992 年中标甘肃靖远电厂二期两台 300MW 亚临界自然循环锅炉。

回顾这段往事，深感改革开放后 20 世纪 80 年代由政府主导的亚临界 300MW、600MW 火电机组技术引进、创新发展是行业发展较为成功的范例之一。以锅炉为例，国产引进型亚临界锅炉技术先进、运行灵活、结构安全可靠、自动化水平较高，机组运行经济性比采用超高压参数有较大的提高，在价格上则比进口机组有明显优势。通过技术引进、消化创新，国内主要锅炉制造厂掌握了亚临界电站锅炉的核心技术，形成了独立自主进行锅炉设计和制造的能力，开发了不同炉型、燃用多种燃料的锅炉系列。行业内形成了锅炉岛主机、辅机、原材料、配套件供应的全产业链自主化能力。各有关单位经过工程实践努力改进早期产品存在的问题和不足，使产品迅速趋于成熟，亚临界机组成为我国电力行业的主力机组。引进消化，创新发展，实现了锅炉容量和参数、技术与质量水平的跨越，达到 20 世纪 80 年代国际先进水平，缩小了与国际先进水平的差距。电站锅炉的制造工艺技术和装备水平也同时得到迅速提升。改革开放还加速了锅炉行业现代化、国际化的进程，培养了一批具有国际视野的优秀技术与管理人才，为 21 世纪我国电力工业进入超临界时代奠定了基础。

第三节　超（超）临界直流锅炉的研制与创新

一、21 世纪开启超（超）临界新时代

21 世纪之初，我国于 2000 年实施西部大开发战略、2001 年加入世界贸易组织（WTO）、2003 年实施振兴东北老工业基地战略。国家工业化和城市化进程的加速，促进了经济的高速发展和国际贸易大幅度增加，提出了对电力的旺盛需求。从 2002 年起，每年用电量增加都在 10% 以上。

我国是一次能源以煤为主的国家，油和天然气等优质资源占比较低。研究煤的清洁利用技术，提高能源转换效率，降低燃煤造成的烟尘、二氧化硫、氮氧化物和重金属等大气污染物排放，保护生态和环境是我国可持续发展的重大课题。由于火电用煤约占煤炭总消耗量的 1/2，研究发展清洁高效发电技术和大气污染物防治技术成为电力行业和发电设备制造业在 21 世纪的首要任务。为节能减排和进一步提高我国电力技术水平，开发大容量、高参数、高效率、节水环保的超（超）临界火电机组的任务提上了日程。

进入 21 世纪，我国研制超临界和超超临界直流锅炉已经具备了条件：

（1）20 世纪我国从瑞士、德国、美国、俄罗斯等国进口了多台亚临界和超临界直流锅炉，也有多台国产 300MW 直流锅炉投运，电力行业已积累了丰富的直流锅炉运行经验，我国发展超临界和超超临界机组已经得到大家认同。

（2）通过 300MW、600MW 亚临界机组的技术引进和消化吸收，大大地提高了我国大容量锅炉的设计和制造能力，基本达到国际先进水平。

（3）在 20 世纪八九十年代，一些锅炉厂和研究单位就开展了超临界锅炉关键技术的研究，并设计了 600MW 超临界锅炉方案作为技术储备。21 世纪前后国家出重金支持两项超（超）临界机组的开发研究项目：一是国家重大装备 600MW 超临界机组研制，二是国家"863 计划"超超临界燃煤发电技术研究，为超（超）临界机组工程的启动做好了技术准备。

（4）2002 年，我国进行电力体制改革，为电力设备营造了一个竞争的大市场。除原电力部系统所属的发电企业拆分为五大发电集团外，还有一批如神华、北京国华电力、华润电力等央企发电公司和广东粤电集团、浙江能源集团、申能、深圳能源等一大批地方发电企业相继挂牌，使我国电力行业迎来了充满活力和竞争的高速发展的新时代，同时也为发电装备制造业提供了长达 10 多年的主导产品不断升级换代、技术创新突飞猛进、生产能力持续攀升、企业素质全面提高的历史性战略机遇。

二、国产首台超临界、超超临界和高效超超临界锅炉

热力学理论表明，当水的压力升高到 22.125MPa、温度达 374.15℃的临界点时，汽化潜热为零，水直接由液态转为气态。额定压力超过临界点的锅炉称为超临界锅炉。超临界锅炉中的工质为单相工质，不能进行汽水分离，只能采用直流方式运行，依靠给水泵将水一次通过各级受热面直接变为过热蒸汽。超临界锅炉的工作压力和温度高，结构和运行方式与汽包炉不同，对锅炉设计、高端金属材料和制造工艺、汽水品质、运行和自控等方面都提出了更高要求，体现了当代电站锅炉的最高水平。

超超临界和高效超超临界本身没有物理意义，本质上都属于超临界参数的范畴，只不过是人为定义的两个比超临界机组通常选定蒸汽压力、温度更高的参数等级。

提高火电机组蒸汽初参数是提高效率最有效的方式之一。与采用 17.5MPa/540℃/540℃参数（锅炉侧）、一次中间再热的亚临界机组相比，采用 25.4MPa/571℃/569℃参数（锅炉侧）的超临界机组热效率可由 39%左右提高到 42%左右，提高约 3 个百分点，采用 27.46MPa/605℃/603℃参数（锅炉侧）的超超临界机组的热效率可在超临界基础上再提高约 3 个百分点。在提高机组效率的同时也减少了燃煤污染物和二氧化碳的排放。我国以煤为主的能源结构、环境和生态面临巨大压力，超（超）临界火电在国际上属于成熟技术，而我国已具备开发条件，这些都决定了我国发展超（超）临界火电机组势在必行。

我国典型电站锅炉的参数系列见表 2.1-1。

表 2.1-1　　　　　　　　我国典型电站锅炉的参数系列

压力类型	蒸汽压力/MPa	蒸汽温度/℃	给水温度/℃	蒸发量/(t/h)	机组容量/MW	汽水流动方式
中压	3.82	450	150	35～130	6～25	自然循环
高压	9.8	540	215	220，410	50，100	自然循环
超高压	13.7	540/540	240	670	200	自然循环
亚临界	17.5	540/540	278	1025，2008	300，600	自然循环
	18.2					强制循环
超临界	25.4	571/569	282	1150，2150	350，660	直流
超超临界	27.45	605/603	302	2050，3100	660，1000	直流

压力类型	蒸汽压力/MPa	蒸汽温度/℃	给水温度/℃	蒸发量/（t/h）	机组容量/MW	汽水流动方式
高效超超临界	28.25	605/613	304	1930，2900	660，1000	直流
	29.3	605/623				
二次再热超超临界	32.5	605/623/623	330	1850，2750	660，1000	直流
	33.5					

为了进一步推进超临界机组开发的进程，2000 年国家将 600MW 超临界机组列入"九五"重大技术装备研制项目，并确定华能河南沁北电厂一期 2 台 600MW 超临界机组作为国产首台（套）示范工程。为使新建超临界机组能尽快顺利建成投产，减少投资风险，业主在项目招标文件中要求投标方必须由具有成熟超临界技术的外商提供技术支持。各锅炉厂按业主要求积极寻找国外技术支持方或技术出让方，并与经谈判选定的国外合作方共同进行沁北电厂超临界机组的投标准备。

（1）600MW 超临界锅炉成功投运。2002 年 4 月，沁北电厂三大主机招标，拉开了我国发展国产超临界火电机组的序幕。各锅炉公司对沁北示范工程高度重视，精心准备，在锅炉技术和商务方面做了大量工作，最终锅炉、汽轮机、汽轮发电机合同分别授予东锅、哈汽和哈电机。

沁北电厂 600MW 超临界锅炉蒸发量为 1900t/h，蒸汽压力为 25.4MPa、过热和再热汽温分别为 571℃和 569℃。锅炉燃用晋南、晋东南贫煤、烟煤的混煤。机组设计发电标准煤耗为 297.3g/（kW•h），交货期定为 29 个月。东锅由日本巴布科克日立公司提供技术支持，锅炉为变压运行本生型直流锅炉，单炉膛、Π型布置、一次中间再热，尾部双烟道结构、带有分离过燃风的低 NO_x 旋流燃烧器前后墙对冲燃烧、配中速磨直吹式制粉系统、三分仓回转式空气预热器，炉膛下部采用带内螺纹管的螺旋管圈、上部采用垂直管圈，采用不带再循环泵的启动系统，过热汽温采用煤水比和喷水调节、再热汽温采用烟气挡板调节。

2004 年 11 月 23 日，沁北电厂 1 号机组顺利通过 168h 试运行，以"锅炉水压试验、首次点火、厂用电系统受电、汽轮机冲转、发电机并网"五个"一次成功"实现投产。从合同签订到机组通过 168h 试运行仅用了不到 30 个月。沁北项目的成功投运，标志着国产超临界机组示范工程取得了圆满的成功，开辟了中国燃煤机组技术新的里程碑（见图 2.1 - 12）。

此后，哈锅首台 600MW 超临界锅炉于 2005 年 3 月在华润常熟电厂、上锅首台 600MW 超临界锅炉于 2005 年 7 月在江苏镇江高资电厂通过 168h 试运。两个项目锅炉分别由三井•巴布科克公司和 ALSTOM 公司提供技术支持，锅炉均采用 Π型布置，螺旋+垂直管圈水冷壁，低 NO_x 燃烧器，中速磨直吹制粉系统。不同的是常熟项目锅炉采用前后墙对冲燃烧，高资项目锅炉采用四角切圆燃烧。

国内首台超临界火电机组的顺利诞生、机组以与亚临界 600MW 机组相近的价格和建设速度建成投运，这一成果大大提振了能源主管部门、业主和相关各方对国产超临界机组的信心，对超临界机组的推广和超超临界机组的开发起到良好的示范作用，后续项目接踵而至。

图 2.1－12　首台 600MW 超临界国产化示范机组锅炉（安装在华能沁北电厂）

（2）再接再厉研发百万超超临界锅炉。2002 年，国家"十五""863 计划"下达了"超超临界燃煤发电技术"课题，由国家电力公司和华能集团负责，哈尔滨电气、上海电气、东方电气三大电气集团及国内最具实力的高校、科研院所参加，并由华能集团负责落实依托工程。在对参数、容量及关键技术进行充分研究和分析论证后，研究报告推荐建造参数为 25MPa/600℃/600℃（汽机侧）、容量 600～1000MW 的超超临界火电机组。各锅炉公司以只争朝夕的精神开始了超超临界燃煤锅炉的研制。

华能玉环电厂 4×1000MW 超超临界机组建设项目是国家超超临界火电国产化示范项目。2003 年 8 月，哈锅在日本三菱公司技术支持下，在玉环电厂锅炉招标中取胜，2006 年 5 月，玉环电厂 1 号炉制造完成，并于 2006 年 11 月 28 日通过 168h 试运行。在此后的 12 个月内，玉环电厂 4 台 1000MW 超超临界燃煤机组相继投运，创造了世界电站建设史上的奇迹（见图 2.1－13）。

玉环电厂 1000MW 超超临界锅炉燃用神府东胜烟煤，蒸发量为 2953t/h，蒸汽参数为 27.46MPa/605℃/603℃。机组设计发电标准煤耗为 272g/（kW·h），机组设计热效率为 45.2%。锅炉为 Ⅱ 型布置、一次中间再热、单炉膛、改进型低 NO_x PM 主燃烧器和 MACT 分级送

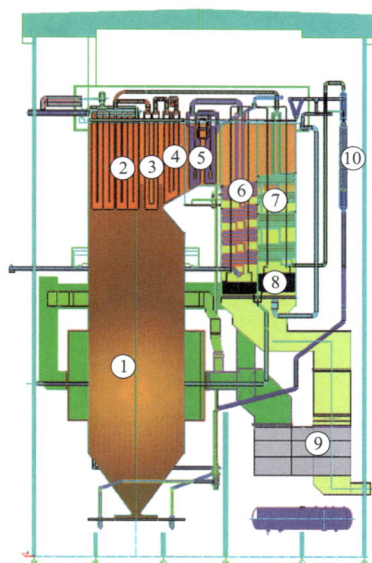

图 2.1－13　国产首台 1000MW 超超临界锅炉（安装在华能玉环电厂）

①—炉膛水冷壁；②—分隔屏过热器；③—后屏过热器；④—末级过热器；⑤—末级再热器；⑥—低温再热器；⑦—低温过热器；⑧—省煤器；⑨—空气预热器；⑩—启动分离器

风燃煤系统、反向双切圆燃烧、中速磨直吹制粉系统、刮板捞渣机固态除渣。水冷壁采用内螺纹管垂直上升管圈，配有带内置循环泵的启动系统。过热汽调温采用煤水比和喷水，再热汽调温主要依靠摆动燃烧器和挡板。汽轮机和发电机由上海电气提供。

2007年4月，玉环电厂1号机组通过考核试验，机组发电标准煤耗、供电标准煤耗分别达到270.59g/（kW·h）和283.2g/（kW·h）［设计值为272g/（kW·h）和290.9g/（kW·h）］，厂用电率达到4.45%（设计值为6.5%）、电站热效率达到45.39%，锅炉效率达到93.88%（设计值为93.65%）、两台预热器漏风率分别为5.50%和5.04%（设计值为6%、投运1年后为8%），主要技术指标均优于设计值，达到了世界先进水平。该机组荣获2007年中国国际工业博览会金奖。

几天之后传来又一喜讯：东锅首台1000MW超超临界锅炉于2006年12月4日在山东华电国际邹县电厂四期通过168h试运，锅炉为Π型布置、下部螺旋管圈+上部垂直管圈、旋流燃烧器对冲燃烧。上锅首台1000MW超超临界锅炉于2008年3月26日在上海外高桥三厂通过168h试运，该锅炉在国产1000MW锅炉中首次采用塔式布置，下部螺旋管圈+上部垂直管圈、切圆燃烧，每台磨煤机带两层喷嘴。

三大锅炉公司相继成功投运1000MW级超超临界机组锅炉，对我国发展资源节约、环境友好型的燃煤机组具有重要意义。"十五""863计划""超超临界燃煤发电技术"课题研究成果获2007年国家科学技术进步奖一等奖。2010年，"超超临界1000MW火电重大装备研制与国产化"项目获国家科学技术进步奖二等奖。

（3）高效超超临界——参数更上一层楼。超超临界机组投运成功之后，业内开始探索在应用现有超超临界锅炉使用的高温耐热钢的前提下，进一步将再热汽温由605℃提高到613℃或623℃，开发效率更高的"高效超超临界"机组。

2013年12月23日，国内首台660MW高效超超临界锅炉在安徽田集电厂通过168h试运行。锅炉蒸汽参数为28MPa、过热汽温仍为605℃，再热汽温提高到623℃。设计发电标准煤耗为267.9g/（kW·h），机组设计热效率为45.85%。此后，华能长兴、茌平信源电厂660MW高效超超临界锅炉于2014年12月和2015年4月投运。接着国内首台1050MW高效超超临界锅炉于2015年2月9日在神华万州电厂通过168h试运。锅炉蒸汽参数为29.4MPa/605℃/623℃。安徽板集、大唐三门峡等1000MW高效超超临界锅炉也相继投运。

上锅还开发了单机容量更大的1240MW一次再热高效超超临界锅炉，安装在广东华厦阳西电厂二期工程。锅炉蒸发量为3700t/h，蒸汽参数为29.3MPa/605℃/623℃。锅炉采用塔式布置和复合空气分级低NO_x燃烧系统，具有燃料适应性好、温度偏差小、系统简单等优点。该项目于2020年7月7日通过168h试运。

各锅炉公司在高效超超临界锅炉中采用的设计方案与同容量等级的超超临界锅炉基本相同。在使用现有高温耐热钢的前提下提高再热汽温，使高温材料设计裕度减小，在锅炉设计和运行时需更加重视对热偏差的控制。各锅炉厂在烟气侧控制炉膛出口烟温偏差和在蒸汽侧控制工质水力偏差等方面都开展了专门研究。投运的高效超超临界锅炉经过一段时间调试运行摸索，总体上取得了成功，为采用高效超超临界参数下开发二次再热锅炉积累了宝贵的经验。

三、超超临界二次再热锅炉

火电机组采用二次再热技术后机组效率可比一次再热再提高约 2.5 个百分点，节能效果明显。但二次再热机组锅炉、汽机和热力系统更为复杂，造价提高。锅炉需增加二次再热器受热面，在整体布置、汽温调节与汽温保证、自动控制等方面提出了新课题。2011 年中国国电集团、上海电气、中国电力工程顾问集团共同承担了国家科技支撑计划的"新型超超临界二次再热燃煤发电机组关键技术研究项目"，并以国电泰州二期两台 1000MW 超超临界二次再热机组作为世界首个百万千瓦级二次再热示范工程。上锅承担了该工程 1000MW 二次再热超超临界锅炉的设计制造任务。

国电泰州二期锅炉燃用烟煤，蒸发量为 2710t/h，蒸汽参数为 33.03MPa/605℃/613℃/613℃。锅炉为塔式布置、二次中间再热、单炉膛、炉膛上部采用分隔烟道、螺旋管圈＋垂直管圈水冷壁、低 NO_x 燃烧系统直流燃烧器单切圆燃烧。过热汽调温采用煤水比和喷水，再热汽调温主要依靠燃烧器摆动和挡板。机组设计发电标准煤耗为 256.28g/（kW·h），设计机组热效率为 47.92%。首台示范机组于 2015 年 9 月 25 日通过 168h 试运（见图 2.1-14）。

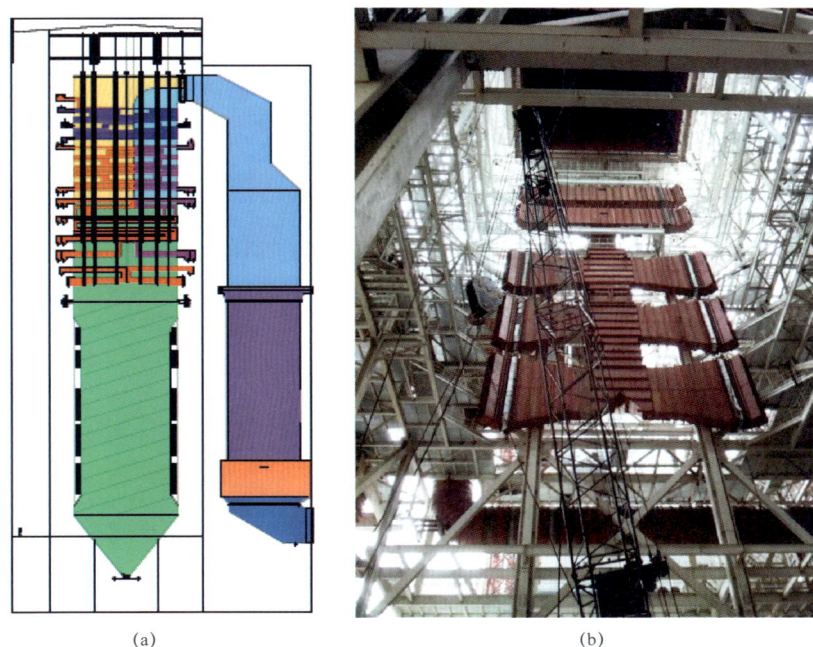

| (a) | (b) |

图 2.1-14　泰州二期世界首台 1000MW 高效超超临界二次再热锅炉
（a）锅炉布置示意图；（b）燃烧器吊装

2016 年 11 月 19 日，泰州世界首台 1000MW 超超临界二次再热燃煤发电机组完成性能考核试验，其主要指标为：发电标准煤耗 256.2g/（kW·h），发电效率 47.94%，锅炉效率达到 94.8% 以上，烟尘、SO_2 和 NO_x 排放浓度分别为 2.3mg/m³、15mg/m³、31mg/m³，各项环保指标远低于国家超低排放限值 5mg/m³、35mg/m³、50mg/m³。表明我国设计制造的 1000MW 二次再热超超锅炉在性能、经济性等方面达到了国际领先水平，为我国大型燃煤发电机组装备技术水平的提升做出了贡献。

哈锅研制的华能莱芜电厂 6 号、7 号两台 1000MW 超超临界二次再热塔式锅炉分别于 2015 年 12 月和 2016 年 11 月投运（见图 2.1－15）。锅炉蒸发量为 2752t/h，蒸汽参数为 32.87MPa/605℃/623℃/623℃。锅炉为单炉膛塔式布置，切圆燃烧，螺旋管圈 + 垂直管圈水冷壁。上炉膛被分隔为双烟道，使用挡板、燃烧器摆动和烟气再循环调节再热汽温。华能莱芜电厂 7 号机组考核试验的效率和煤耗指标为：机组发电效率为 48.33%，发电煤耗为 254.17g/（kW·h），供电煤耗为 265.07g/（kW·h）。是目前世界上已投运火电机组中效率最高、煤耗最低、环保达到超低排放要求的火电机组，达到世界领先水平。2018 年 10 月，华能莱芜电厂两台 1000MW 二次再热机组获得亚洲电力奖 2018 年度燃煤发电项目金奖（见图 2.1－16）。

图 2.1－15　华能莱芜电厂 1000MW 高效超超临界二次再热塔式锅炉

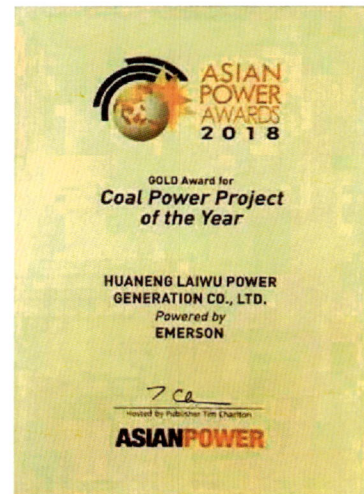

图 2.1－16　华能莱芜电厂 1000MW 高效超超临界二次再热机组荣获亚洲电力奖 2018 年度燃煤发电项目金奖

东锅也取得了深圳能源河源和粤电惠来等 1000MW 超超临界二次再热锅炉合同，河源项目预计在 2021 年投运。

华能安源电厂国内首台 660MW 超超临界二次再热锅炉于 2015 年 6 月 27 日投运。锅炉蒸汽参数 32.45MPa/605℃/623℃/623℃。锅炉采用 Π 型布置、垂直管圈，切圆燃烧方式，使用挡板、燃烧器摆动和烟气再循环调节再热汽温。

国电蚌埠电厂二期 660MW 超超临界二次再热锅炉于 2018 年 4 月 15 日完成 168h 试运行。锅炉蒸汽参数 32.45MPa/605℃/623℃/623℃。锅炉采用 II 型布置、前后墙对冲燃烧、尾部首次分割为三烟道并采用平行挡板调温。

国电宿迁电厂 660MW 超超临界二次再热锅炉蒸汽参数为 32.45MPa/605℃/623℃/623℃。锅炉采用塔式布置,下部螺旋管圈+上部垂直管圈、切圆燃烧方式,采用燃烧器摆动、烟气挡板调节再热汽温,于 2018 年 12 月投运。

与一次再热的锅炉相比,二次再热锅炉设有高压和低压两套再热器,增加了两级受热面,锅炉整体布置难度增加;末级过热器、高压末级再热器和低压末级再热器三个高温受热面需保证额定的 605℃/623℃/623℃汽温,保证蒸汽温度的难度加大;过热器和两套独立的再热器都需要有可独立调控、烟温调节幅度和灵敏度符合要求的调温手段,再热汽温调节更为困难;给水温度和预热器入口烟温提高使得降低排烟温度、提高锅炉效率的难度加大,需要采取辅助换热措施等。

针对二次再热锅炉的设计难点,各锅炉公司经过认真研究,逐项突破了上述关键技术,提出了合理的设计对策,得到用户的认可。

申能安徽平山电厂二期 1350MW 二次再热高效超超临界机组,是国际上单机容量最大的新型、高效燃煤发电机组(见图 2.1-17)。该项目汽轮机采用双轴高低位布置,可大大降低主蒸汽、再热蒸汽管道的长度进而降低投资,减少压降和温降损失。项目被列为国家级火电示范工程,机组现在正在调试中,预计将在 2021 年投运。

图 2.1-17 建设中的申能平山二期 1350MW 高效超超临界二次再热锅炉

该项目锅炉由上锅研制。除了大型化方面的技术创新外,为适应高位布置的汽轮机对锅炉集箱及管道布置提出的新要求,采用了"浮动式集箱"技术,以应对汽轮机高位布置后管道长度极短条件下的膨胀吸收。蒸汽参数为 32.67MPa/612℃/631℃/625℃,在仍采用高效超超临界成熟典型材料的前提下,对材料适应性与偏差的控制进行了深入研究,确保锅炉受热面的安全性。同时锅炉钢结构与汽机房钢结构采用联合设计，确保安全可靠。

为进一步推进火电机组的超高能效、超低排放技术创新，大唐电力集团山东分公司、东方电气集团和山东电力设计院联合开展国家"二次再热暨全污染物协同脱除超低排放科技创新项目"攻关，并以山东郓城 2×1000MW 项目作为示范工程。大唐郓城机组设计发电热效率超过 50%。同时采用全污染物协同脱除技术集成，在超低排放基础上进一步减排 50%。锅炉蒸汽参数为 36.65MPa/620℃/633℃/633℃。锅炉在整体布置上与东锅常规二次再热相似，再热汽温提高到 633℃，在高温受热面、联箱和管道设计中选用了奥氏体 Sanicro25 和铁素体 G115 等新型耐热钢，并对锅炉烟气净化系统进行了优化。

四、超（超）临界锅炉系列化

经过 10 多年的持续高速发展，国产超临界、超超临界、高效超超临界锅炉形成了不同容量、多种蒸汽参数、采用不同炉型和多种燃烧方式、可燃用烟煤、贫煤、褐煤、无烟煤和油、天然气等燃料的完整系列，满足了国内电力建设和出口需要。

（1）超（超）临界锅炉的容量系列为：350MW 超临界，600MW/660MW 超临界、超超临界，1000MW 超超临界，660MW、1000MW 高效超超临界。

350MW 超临界锅炉在 600MW 超临界锅炉之后开发，是各公司自主开发的超临界锅炉容量系列。由于容量等级适中，运行灵活，特别适合于北方地区冬季集中供暖和工业用汽，还可替代早期投运、已到寿命后期的亚临界锅炉，市场需求广泛。哈锅配合电力设计院进行了多项 350MW 机组锅炉房整体布置方面的创新，如采用联合侧煤仓（磨煤机集中布置在两炉之间，以锅炉外支柱作为煤仓间支撑主体）、单系列布置（每台锅炉只设单台送、引风机，空气预热器和 SCR 脱硝）、除氧器布置在锅炉柱网内（锅炉房内不设单独除氧间）等。容量为 660MW 的超（超）临界机组与 600MW 容量相比在经济上有一定优势，后期项目基本选用 660MW 容量。

（2）超（超）临界锅炉参数系列为：超临界锅炉，压力 25.4MPa、过热/再热汽温 543℃/569℃ 或 571℃/569℃（543℃/569℃ 只在早期项目使用）；超超临界锅炉，压力 28MPa 左右、过热/再热汽温 605℃/603℃；高效超超临界，压力 29.4MPa 左右、过热/再热汽温 605℃/613℃ 或 605℃/623℃；高效超超临界二次再热锅炉：压力 32～35MPa、过热/再热汽温 605℃/613℃/613℃ 或 605℃/623℃/623℃。

（3）超（超）临界锅炉的炉型系列为 Π 型、塔式、燃用低挥发分煤的 W 型、燃用油或天然气的箱型或背靠背型。

Π 型布置是国内电站锅炉应用最广的布置方式，积累了较多工程经验。锅炉高度相对不高，安装检修方便、成本较低。

塔式布置锅炉在欧洲燃用褐煤的电厂中广泛应用，是低热值、高水分和高灰分褐煤发电的首选炉型。

我国元宝山等电厂进口锅炉就是采用塔式布置。上海外高桥电厂二期 900MW 进口超临界塔式锅炉投运后，对塔式锅炉进行了深度宣传，塔式炉逐步为国内用户广泛认可。上锅在百万千瓦产品中大量采用了塔式布置。塔式锅炉采用单烟道结构，过热器、再热器、省煤器受热面全部水平布置在炉膛上方。塔式锅炉的优点是：水冷壁的热负荷和炉膛出口烟温均匀，烟温偏差小；受热面为水平布置的全疏水结构，锅炉启停方便；烟气流速及烟气中灰分分布均匀，受热面不易磨损和堵灰；膨胀系统简单，膨胀顺畅；悬吊和支撑结构简单；锅炉燃用高水分褐煤、采用风扇磨直吹制粉系统时，风扇磨和热炉烟抽取烟道易于布置。国内业界陆续开发了 350MW、660MW、1000MW 超（超）临界和二次再热塔式锅炉，可燃用多种燃料。

W 型火焰燃烧方式主要用于无烟煤燃烧。锅炉采用较大的下炉膛断面，炉内敷设卫燃带。直流或弱旋流燃烧器布置在燃烧室前后墙的炉拱上，火焰先向下流动，再折向上方，形成 W 型火焰。W 型火焰燃烧方式炉膛温度水平高，着火稳定性好；煤粉在炉内停留时间长，燃烧效率高；火焰不易冲刷水冷壁，利于防止结渣。

自 20 世纪 80 年代后期以来，国内设计制造并投运了一批亚临界 W 型火焰燃烧锅炉。进入 21 世纪，各锅炉公司将成熟的 300MW、600MW 级 W 型火焰燃烧技术与源于西门子公司的水动力技术相结合，研制了采用低质量流速垂直管圈、具有正流动特性的超临界 W 型火焰燃烧锅炉，满足了无烟煤超临界锅炉开发的需要（见图 2.1 – 18）。

图 2.1 – 18　四川华电珙县电厂 600MW 超临界 W 型火焰燃烧锅炉

由于国内外缺乏项目原因，目前超临界燃油、天然气锅炉尚无投运业绩。

（4）超（超）临界锅炉的燃烧方式：采用直流燃烧器切圆燃烧、旋流燃烧器前后墙对冲燃烧、双拱布置燃烧器 W 型火焰燃烧等方式，可适用于烟煤、贫煤、无烟煤和褐煤、油和天然气等多种燃料。选用的制粉系统有中速磨正压直吹、风扇磨负压直吹和双进双出钢球磨直吹制粉系统等。

（5）超（超）临界锅炉的水冷壁管圈形式：采用炉膛下部螺旋管圈+上部垂直管圈、垂直管圈和低质量流速垂直管圈三种管圈形式。螺旋管圈＋垂直管圈是本生型直流锅炉的传统管圈形式，各锅炉公司均在超（超）临界锅炉中采用。垂直管圈是哈锅在引进三菱公司超超临界锅炉技术时带入的，仅用于哈锅的超超临界锅炉。低质量流速垂直管圈是各锅炉公司在国外技术支持或与西安交大合作开发的一种管圈形式，用于超临界 W 型火焰燃烧锅炉和超临界循环流化床锅炉。

（6）超（超）临界锅炉的启动系统。有带启动再循环泵的启动系统和不带泵的启动系统两种。在目前期望提高火电机组运行灵活性、参与深度调峰、快速启停的情况下，推荐使用带泵系统。

五、超（超）临界锅炉创新发展

21 世纪初我国开始设计制造超（超）临界锅炉时，关键技术来源于国外。通过消化吸收引进技术和在工程实践中锻炼提高，各锅炉公司基本具备了开发超（超）临界锅炉核心技术的能力，开始独立自主开发我国的超（超）临界锅炉关键技术和自主设计锅炉。开发过程中各锅炉公司努力加强自身创新体系和创新平台建设，广泛开展产学研合作，加大科研基础设施资金投入，聚集科研人才，使我国锅炉制造业的创新能力有了显著提高。经过十来年的努力，各公司都形成了自主研发的性能设计软件包，创新了锅炉的整体布置形式，开发了新的零部件结构，填补了引进技术在炉型、燃烧方式、制粉系统形式、再热器调温方式等方面的空白，形成了自主研发的产品新系列。

图 2.1－19　呼伦贝尔电厂 600MW 超（超）临界螺旋管圈切圆燃烧锅炉

哈锅开发了 350MW 超临界系列锅炉，包括对冲和切圆燃烧 Π 型锅炉、塔式布置锅炉和 W 型火焰燃烧锅炉；600MW 超（超）临界 Π 型螺旋管圈切圆燃烧锅炉（见图 2.1－19）、塔式布置螺旋管圈风扇磨或中速磨锅炉、W 型火焰燃烧锅炉；1000MW 超超临界螺旋管圈切圆或对冲燃烧锅炉；660MW 和 1000MW 超超临界二次再热锅炉等。例如，九台电厂 670MW 超临界褐煤塔式锅炉（见图 2.1－20）、长乐电厂 1000MW 高效超超临界螺旋管圈切圆燃烧锅炉、华能莱芜电厂二次再热塔式超超临界锅炉等。

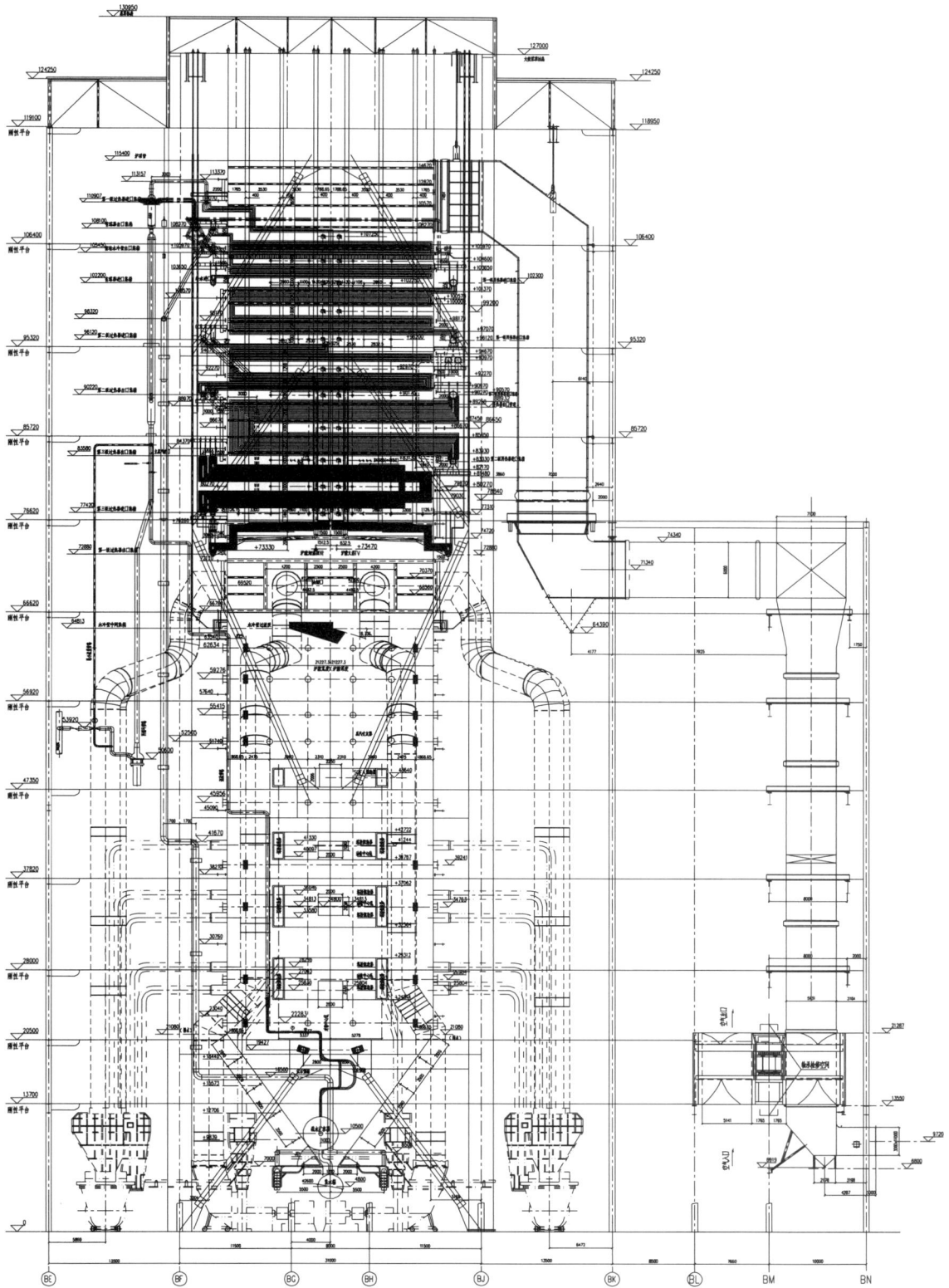

图 2.1-20　九台电厂 670MW 超临界褐煤塔式锅炉

东锅开发了660MW等级超（超）临界Π型螺旋管圈对冲燃烧锅炉和双拱炉膛垂直管圈W型火焰锅炉、1000MW等级超超临界Π型对冲燃烧锅炉等。例如，临河动力350MW超临界对冲燃烧锅炉、茌平信源电厂670MW高效超超临界燃烧高硫煤的Π型对冲锅炉（见图2.1-21）、大唐锡林浩特660MW高效超超临界燃烧褐煤的对冲燃烧锅炉、神华万州电厂1050MW高效超超临界燃烧高钠煤的Π型锅炉（见图2.1-22）。

上锅开发了660MW超（超）临界Π型挡板调温型锅炉、660MW超临界塔式高碱煤锅炉、660MW超超临界褐煤锅炉、660MW和1000MW超超临界塔式挡板调温型锅炉、1240MW超超临界塔式锅炉、660MW和1000MW塔式二次再热锅炉等，上锅还研制了世界容量最大的1350MW二次再热高效超超临界塔式锅炉，安装在申能平山电厂二期。

图 2.1-21　茌平信源电厂670MW
高效超超临界燃烧高硫煤锅炉

图 2.1-22　神华万州电厂1050MW
高效超超临界燃烧高钠煤锅炉

国电宝鸡第二发电厂660MW超临界挡板调温型锅炉（见图2.1-23），是结合上海市科委重大科技攻关项目"大容量超临界锅炉研制"，组织高校和科研院所力量进行了一系列核心技术的开发研究后开发完成的。结合项目形成了大量自主知识产权技术，为上锅拓展海外超临界工程市场奠定了良好基础。

华厦阳西电厂2×1240MW超超临界锅炉（见图2.1-24），是上锅结合国家科技支撑计划课题"超600℃的1200MW等级超超临界锅炉研制及关键技术研究"等科研项目自主研发的，为上锅塔式锅炉产品改进性能、升级换代的典型产品。上锅依托该项目完成了一系列核心技术的研发工作。

今天，我国燃煤发电设备制造业已经由引进消化为主的时代转入了以自主创新为主的新时代。各锅炉公司通过超（超）临界锅炉从学习到创新发展的艰难历程，掌握了当代先进煤电锅炉前沿技术，形成了研发具有自主知识产权电站锅炉的能力，自主开发的超（超）临界锅炉产品产量和技术水平已经达到或超过采用国外技术的同类产品。

图 2.1－23　国电宝鸡第二发电厂 660MW 超临界锅炉

图 2.1－24　华厦阳西电厂 2×1240MW 超超临界锅炉

我国设计制造的超（超）临界机组技术先进、成熟可靠，机组煤耗低、污染物排放少，成套供货能力强、建设速度快、具有丰富的工程总承包经验，从技术经济方面比较都具有一定竞争优势。随着我国综合国力的提高、国际影响力的加大和国家"一带一路"倡议的实施，超（超）临界机组成为机电设备出口主力军。

六、加大锅炉国际市场开发力度

针对出口产品所在国国情和对锅炉安全、环保等方面要求和工厂煤质特点精心设计，并高度重视锅炉适用性、可靠性和可维修性，重视技术文件编制、培训和售后服务等环节的工作，彰显了我国锅炉行业的软实力，在锅炉出口方面创出了佳绩。

我国出口印度阿达尼集团蒙德拉电厂 660MW 超临界锅炉 2011 年 1 月通过 168h 试运行（见图 2.1－25）。该机组也是当时印度国内投产的单台容量最大、参数最高的火电机组。锅炉各项指标均达到或超过设计要求，彰显了我国超临界锅炉产品的优越性能和良好质量。由于工程总包方山东电建三公司、合作研发单位西安交大、哈工大的大力支持和阿达尼业主的充分信任，促成了哈锅自主研发的超临界炉型提前出生，并一举走出国门。哈锅出口老挝洪沙电厂的 3 台 630MW 褐煤锅炉（见图 2.1－26），设计煤种低位发热值 8608kJ/kg，收到基全水分 35%，锅炉采用风扇磨制粉系统，冷、热炉烟和热风三种干燥介质，运行情况良好。

东锅自主开发的土耳其 REEN 电厂 600MW 超临界锅炉于 2010 年 11 月顺利通过 168h 试运行，锅炉各项指标均超过设计要求，获得用户和总包方的高度赞誉。针对印度市场煤质灰分高、热值低的特点开发了 660MW 半超超临界锅炉，2015 年 5 月在印度科瑞希纳电厂锅炉投运（见图 2.1－27），参数为 25.4MPa/569℃/603℃，各项指标达到设计要求，运行稳定。针对印尼市场煤质水分高的特点，开发了芝拉扎二期超临界 660MW 锅炉，于 2016 年 6 月成功投运。芝拉扎三期 1000MW 超超临界燃用褐煤的锅炉正在安装中。燃用无烟煤的 600MW 等级超临界 W 型火焰锅炉于 2018 年 5 月在越南永新电厂顺利投产（见图 2.1-28）。

图 2.1-25　印度阿达尼集团蒙德拉电厂 660MW 超临界锅炉

图 2.1-26　老挝洪沙电厂 630MW 褐煤锅炉

图 2.1-27　印度科瑞希纳电厂 660MW 半超超临界锅炉

图 2.1-28　越南永新电厂 620MW 超临界 W 型火焰锅炉

　　上锅出口项目中首台投运的超临界锅炉是印度阿达尼集团的提隆达 660MW 超临界项目。提隆达项目锅炉采用上锅自主开发技术，锅炉燃用印度高灰分低热值次烟煤，采用 Π 型布置、低 NO_x 切圆燃烧系统，尾部双烟道挡板调温方案，于 2013 年 1 月 25 日投运，运行情况良好。上锅一共为印度 ADANI 公司提供了提隆达和拉加斯坦两个项目共 7 台 660MW 超临界锅炉（见图 2.1-29）。土耳其 IZERMIR 项目是首台出口的 350MW 超临界锅炉（见图 2.1-30），采用上锅自主开发技术，锅炉燃用烟煤，采用 Π 型布置、低 NO_x 切圆燃烧系统，尾部双烟道挡板调温方案。锅炉于 2014 年 4 月 14 日投运，运行情况良好。

图 2.1－29　印度提隆达电厂燃高灰分低热值
660MW 超临界锅炉

图 2.1－30　土耳其 IZERMIR 电厂 350MW 超临界锅炉

七、小结

改革开放 40 多年来，20 世纪后 22 年锅炉行业以发展亚临界汽包锅炉为主，也设计制造了少量亚临界直流锅炉，并为开发超临界锅炉进行技术储备。各锅炉公司都进行了超临界锅炉关键技术研究，如水冷壁管圈形式论证、内螺纹管传热特性研究、超临界锅炉启动系统、超临界锅炉用材料和制造工艺等，还完成了 600MW 超临界锅炉初设方案。

从 2002 年 4 月沁北电厂国产首台 600MW 超临界机组招标，我国火电进入超临界时代起，到 2006 年 11 月玉环国产首台 1000MW 超超临界机组成功投运，再到 2016 年 11 月泰州世界首台 1000MW 二次再热高效超超临界机组成功投运，前后只用了 14 年多的时间。在如此短的时间内，我国锅炉行业在锅炉容量上实现了从 600MW 到 1000MW 的突破，蒸汽参数由原有的亚临界接连攀登上超临界、超超临界、高效超超临界三个台阶，并实现了二次再热技术突破。开发了塔式布置新炉型。应用了低 NO_x 燃烧技术并配置新型除尘、脱硫、脱硝装置，大气污染物减排和节能成效显著，新建燃煤锅炉排放达到超低排放环保指标要求。在役机组也大部分进行了超低排放改造。截至 2019 年年底，达到超低排放限值的煤电机组约 8.9 亿 kW，约占全国煤电总装机容量的 86%。

在超（超）临界锅炉技术发展过程中先后攻克了直流锅炉水动力技术、直流锅炉启动系统和运行技术、直流锅炉控制技术、机组大型化相关技术、高温材料研究与应用技术、以燃料浓淡分离和布置高位过燃风为主要标志的空气分级复合新型低 NO_x 燃烧技术、大容量高参数锅炉制造工艺技术、质量和可靠性控制技术等一系列体现当代电站锅炉技术发展水平的新技术，将我国电站锅炉的整体水平提高到新的高度。

到目前为止，超（超）临界锅炉已成为我国国内火力发电和机电设备出口的主力。截至 2018 年年底，我国已投运 350MW 超临界锅炉 201 台，600MW 级超临界锅炉 299 台。600MW 级超超临界锅炉

100 台，1000MW 超超临界锅炉 91 台。600MW 级高效超超临界锅炉 27 台，1000MW 高效超超临界锅炉 19 台。600MW 级和 1000MW 高效超超临界二次再热锅炉各 5 台。投运超（超）临界锅炉总数为 747 台，总容量超过 4.64 亿 kW，其中出口超（超）临界锅炉 52 台，总容量超过 3300 万 kW。超（超）临界锅炉技术先进，运行稳定，可靠性高。2019 年煤电机组等效可用系数已达到 92.79%，超过国内其他发电方式。超（超）临界机组的成功开发和广泛应用，带来了良好的社会和经济效益，谱写了我国装备制造业发展史上的光辉一页。

第四节　循环流化床燃烧锅炉创新发展

一、循环流化床燃烧锅炉简介

我国一次能源以煤为主，高硫分、低热值的劣质煤在部分矿区产量较大。煤炭开采、洗选过程中还产出大量煤矸石和洗煤泥，存放煤矸石要占用大量土地资源，还影响环境和生态。常规煤粉锅炉不能适应煤矸石等劣质燃料的利用。

循环流化床（CFB）燃烧锅炉具有燃料适应范围广、负荷调节范围大、可实现炉内脱硫和低氮燃烧、灰渣在一定条件下可综合利用等优点，可以燃用煤矸石、煤泥、洗中煤等劣质燃料，使一次能源得到充分利用。该技术是 20 世纪后期发展起来的商业化的洁净煤燃烧技术，是燃煤发电高效清洁发展的一个重要方向。

循环流化床锅炉燃用宽筛分燃料，采用流态化燃烧方式（介于炉排锅炉固定床燃烧和煤粉炉悬浮燃烧之间），主要结构包括燃烧室（包括布风板和风帽、密相区和稀相区）、循环回路（包括高温气固分离和返料系统）和尾部受热面，大型循环流化床锅炉还布置有外置式换热器。循环流化床锅炉燃料在炉膛内以 850～900℃ 的低温燃烧，热力型氮氧化物生成少，还向炉内供给石灰石进行炉内脱硫。物料通过循环回路多次反复循环以提高燃烧和脱硫效率。图 2.1－31 为循环流化床燃烧锅炉原理示意图。

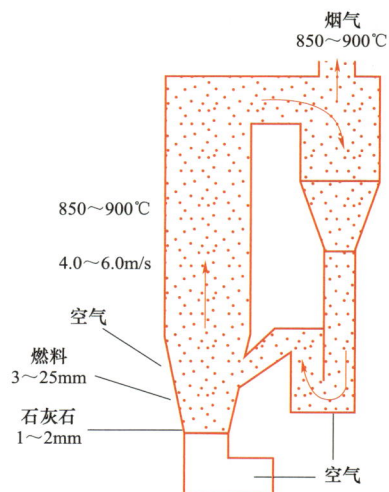

图 2.1－31　循环流化床燃烧锅炉原理示意图

由于循环流化床锅炉的燃烧、传热机理与煤粉炉显著不同，使得锅炉性能与结构设计、总体布置、配套辅机选型以及燃料制备、灰渣排放、石灰石供给等辅助系统的设计、锅炉控制与保护等均与传统的煤粉悬浮燃烧锅炉有较大差别。

从 20 世纪 80 年代起,我国陆续投运了一批小容量的循环流化床锅炉,国内主要锅炉公司也开始进入中等容量循环流化床锅炉领域,并陆续设计制造了一批 50～135MW 循环流化床锅炉。通过这些循环流化床锅炉的研发与工程应用,国内设备制造厂、电厂、安装调试单位、参与研发的清华大学、浙江大学等高校和西安热工研究院、中科院热物理所等科研院所积累了宝贵经验,为后续大型循环流化床锅炉技术的发展奠定了基础。

二、300MW 亚临界循环流化床锅炉

1. 技贸结合开发 300MW CFB 锅炉

为加速我国循环流化床锅炉的发展步伐,根据国家"九五"计划和洁净煤技术发展规划的安排,国家计委决定以技贸结合的方式在四川白马电厂新建一台 300MW 循环流化床锅炉示范工程,并在进口 300MW 循环流化床锅炉关键设备的同时,引进 300MW 等级循环流化床锅炉技术。最终合同授予阿尔斯通公司,由东锅、上锅和哈锅共同作为受让方引进技术。

四川白马电厂引进阿尔斯通公司 300MW CFB 锅炉采用亚临界参数、一次中间再热、自然循环、H 型布置(分离器布置在炉膛两侧)。单炉膛、裤衩形双布风板,燃烧室蒸发受热面采用膜式水冷壁及翼墙式水冷屏。由水冷布风板、大直径钟罩式风帽、炉膛、四只高温绝热旋风分离器、料腿、单路回料阀和四只外置式换热器构成 CFB 锅炉物料外循环回路。外置床采用锥型阀控制灰流量和换热量,用于调节床温和再热汽温。尾部对流受热面依次布置末级过热器、低温再热器、省煤器和回转式空气预热器。该 300MW CFB 锅炉是当时世界上容量最大的 CFB 锅炉,于 2006 年 4 月投运。

国产首台 300MW 引进型亚临界 CFB 锅炉由哈锅设计制造,安装在云南大唐红河开远电厂,锅炉燃用云南小龙潭褐煤,于 2006 年 6 月投运。此后,秦皇岛电厂、云南小龙潭电厂等一批 300MW 亚临界国产引进型 CFB 锅炉也相继投运。

2. 300MW 亚临界 CFB 锅炉的自主开发

由于 ALSTOM 公司引进型 300MW 循环流化床锅炉采用了外置式换热器,其系统比较复杂、检修困难,厂用电率高。为了能给用户提供更加理想的大型循环流化床锅炉,三大锅炉厂自主研发了不带外置床系统的 300MW 等级亚临界 CFB 锅炉。

东锅自主开发的首台 300MW 亚临界 CFB 锅炉安装在广东宝丽华电厂,锅炉燃用福建龙岩无烟煤,采用 M 型布置(炉膛、高温分离器、尾部烟道顺序排列)、单炉膛单布风板,三台汽冷旋风分离器布置在炉后,炉尾部为双烟道布置,挡板调节再热汽温,不带外置床换热器;炉前给煤,炉后下部排渣。锅

炉于 2008 年 6 月 14 日投运。

上锅首台自主开发的 300MW 亚临界 CFB 锅炉安装广东粤电云浮电厂，于 2010 年 7 月投运。锅炉采用单炉膛单布风板，炉内布置水冷屏、中温屏式过热器、高温屏式过热器和高温屏式再热器，炉膛后侧布置三台水冷旋风分离器、前墙多点均匀给煤、底部排渣、四分仓回转式空气预热器，不带外置床换热器。

哈锅自主开发的 300MW 亚临界 CFB 锅炉采用独立研发和与西安热工研究院联合研发两种方式。与西安热工研究院联合研制的 330MW 亚临界 CFB 锅炉采用 H 型布置，开发了全新的外置床技术，采用气动分流回灰控制技术，外置床内的受热面采用顺列布置，管子布置方向与灰流方向平行，改善了震动与磨损问题。锅炉安装在江西分宜电厂，于 2009 年 1 月投运。哈锅独立开发的 300MW CFB 锅炉采用单炉膛双布风板，前后墙布置屏式过热器、再热器及水冷屏，四台分离器分别布置在炉膛左右两侧，尾部为双烟道布置，再热汽温采用挡板调节。首台该型锅炉安装在神华郭家湾电厂，于 2010 年 6 月投运。

国内自主开发的 300MW 级亚临界循环流化床锅炉在大量工程实践中积累了丰富的经验，其整体性能优越。锅炉的带负荷能力、蒸汽参数、燃烧效率、污染物排放指标、可靠性等均能满足设计要求，达到或超过了国产引进型产品，成为国内 300MW 亚临界 CFB 锅炉主导炉型。

三、600MW 超临界循环流化床锅炉

超临界 CFB 锅炉兼具循环流化床燃烧的低成本污染控制和超临界蒸汽循环能源高效利用的优点，是循环流化床燃烧技术的重要发展方向，对于我国劣质煤的高效清洁利用具有重要意义。国家在引进消化和自主发展 300MW CFB 锅炉的基础上，将大型超临界 CFB 锅炉技术列入了《国家中长期科学与技术发展规划纲要》（2006—2020），在"十五"科技攻关和"863"科技支撑计划项目中，下达并组织完成了 600MW 超临界 CFB 锅炉多项研究课题，攻克了锅炉本体与关键技术、配套辅机技术、制造工艺、运行与性能测试技术、仿真设备等一系列关键课题，使我国具备了研发具有自主知识产权 600MW 超临界 CFB 锅炉的能力。

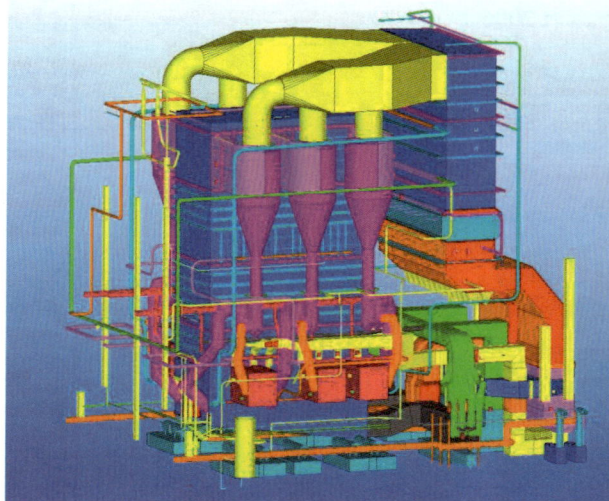

图 2.1-32　600MW 超临界 CFB 锅炉立体图
（分离器置于炉膛两侧的 H 型布置）

2009 年国家启动了自主研发 600MW 超临界 CFB 锅炉的计划、依托工程仍选在白马电厂（见图 2.1-32）。由清华大学、西安热工研究院、

中科院热物理所、东锅、哈锅、上锅、西南电力设计院、神华集团、白马电厂等单位组成产学研联盟自主开发这一世界上最大容量、最高参数的 CFB 锅炉。国家发展改革委成立了独立的专家组，对研发技术方案论证、模型理论计算、技术参数确定、配套辅机选型等严格把关。清华大学岳光溪院士、吕俊复教授团队、李政教授团队、西安热工院孙献斌研究员团队、三大锅炉公司 CFB 专家等业内精英参加了这一研发项目。在国际上没有工程可供参考的条件下，中国独立自主开展了超临界 CFB 锅炉技术的研发，创新形成了超临界循环流化床锅炉设计理论和关键技术体系。

600MW 超临界 CFB 锅炉技术开发的核心是在 300MW 亚临界 CFB 锅炉的基础上大型化和将国内成熟的超临界直流炉技术与循环流化床技术集成创新两个方面。在锅炉研制过程中，创新团队先后解决了超大断面和超高燃烧室的气固两相流的流动、燃烧和传热问题，将超临界锅炉的直流运行方式与 CFB 锅炉特有的热流分布相结合、开发垂直管圈低质量流速 CFB 锅炉水动力系统问题和如何将直流锅炉水动力特性、煤水比调节的运行方式与 CFB 锅炉大热容量、大惯性燃烧系统的动态特性相结合，形成超临界 CFB 锅炉的控制策略等问题。

东锅作为世界首台 600MW 超临界 CFB 锅炉的供货合同签约方，对锅炉的性能和质量负有直接责任，在前述研究成果的转化与工程化、示范锅炉的性能设计、结构设计、制造、服务和质量保证等方面做了大量工作，为白马项目的成功做出了重要贡献。

白马电厂世界首台 600MW 超临界 CFB 锅炉（见图 2.1–33 和图 2.1–34）采用 25.4MPa/571℃/569℃的超临界参数、H 型布置、一次中间再热、变压运行。带中间隔墙的分体炉膛、等压风室、回料阀给料、床上床下联合点火、两侧墙排渣；六台汽冷分离器对应六台外置式换热器、尾部单烟道、两台四分仓回转式空气预热器、滚筒式冷渣器。锅炉采用低质量流速垂直管圈水动力技术，水动力特性良好，自补偿特性充分；床温分布均匀，外置床灵活可调；启动调节方便可靠；热力系统设计合理，各级壁温正常且远低于报警值；冷渣系统可靠，出力足够；合理的热力系统设计及合理控制参数，启动过程干态与湿态间转态易于控制。

(a)   (b)

图 2.1–33 600MW 超临界 CFB 锅炉安装中（一）

（a）旋风分离器上部；（b）布风板

（c）　　　　　　　　　　　　　　　（d）

图 2.1-33　　600MW 超临界 CFB 锅炉安装中（二）

（c）旋风分离器下部待组装；（d）水冷风室

图 2.1-34　白马电厂世界首台 600MW 超临界 CFB 锅炉

锅炉于 2013 年 4 月 14 日顺利通过 168h 试运行。2014 年 9 月通过性能考核试验。锅炉效率为 91.69%，SO_2 排放浓度在钙硫比为 2.07 时达到 192.04mg/m³，脱硫效率为 97.1%；NO_x 排放浓度为 111.94mg/m³，锅炉各项技术经济环保指标均达到或优于性能保证值。项目于 2014 年通过国家级鉴定，技术性能指标达到国际领先水平。2017 年 12 月，该项目获国家科学技术进步奖一等奖。

四、350MW 超临界循环流化床锅炉

600MW 超临界 CFB 锅炉的成功投运，大大提升了国内业界对超临界 CFB 核心技术的认识，也提升了推进超临界锅炉发展的信心，一批 350MW 超临界 CFB 锅炉（见图 2.1-35）在国内节能减排的高潮中接踵而至。

东锅自主开发的世界首台 350MW 超临界 CFB 锅炉安装在山西国金电厂（见图 2.1-36）。锅炉燃用煤矸石，于 2015 年 9 月 18 日通过 168h 试运行。锅炉为 M 型布置、变压运行。锅炉采用单布风板单炉膛、炉后布置三台汽冷分离器、尾部双烟道、挡板调节再热汽温。前墙给煤、床上床下联合点火、滚筒冷渣器。锅炉采用低质量流速垂直管圈一次上升水动力技术。2016 年 8 月 350MW 超临界 CFB 锅炉完成性能试验，各项指标均达到或优于设计保证值。

上锅自主开发的首台 350MW 超临界 CFB 锅炉应用于华电朔州一期工程，于 2015 年 11 月 3 日通过 168h 试运行。锅炉采用 M 型布置、单炉膛单布风板、低质量流速垂直管圈水冷壁、水冷蒸发系统

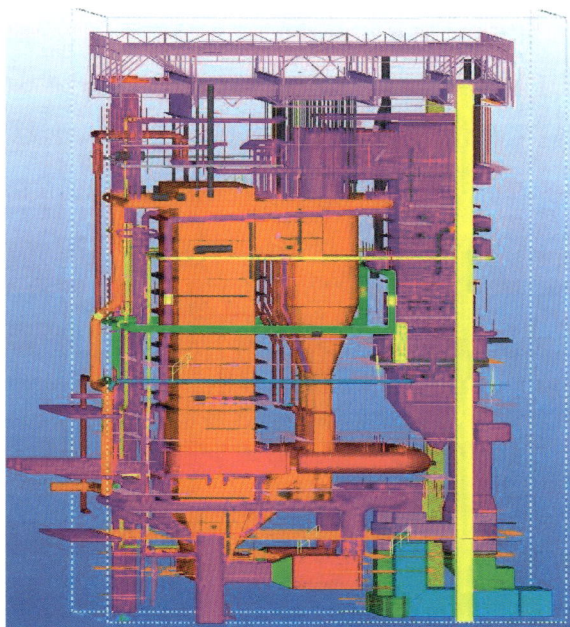

图 2.1-35　350MW 超临界 CFB 锅炉立体图
（分离器置于炉膛与尾部烟道间的 M 型布置）

采用"串联"的多次上升下降流设计、汽冷旋风分离器、前后墙联合给煤、底部均匀排渣、床上床下联合点火（或床上点火）、不带外置床换热器。在炉内石灰石脱硫的同时同步建设炉外湿法脱硫、SNCR 脱硝、电袋除尘、全封闭煤场、废水处理再利用等环保设施。锅炉经测试各项指标均达到或优于设计保证值。

图 2.1-36　国金电厂 350MW 超临界 CFB 锅炉

哈锅自主开发的 350MW 超临界 CFB 锅炉安装在同煤阳高电厂，锅炉采用 M 型布置，炉内布置末级过热器和再热器管屏，双烟道挡板调节再热汽温。350MW 超临界 CFB 锅炉也已经于 2019 年 5 月 24 日通过 168h 试运行。

由于国内业界在大量 300MW 级亚临界 CFB 锅炉工程实践中积累了丰富经验，又可借鉴白马电厂 600MW 超临界 CFB 示范工程的科研成果和锅炉设计、制造、调试、运行经验，350MW 超临界 CFB 锅

炉的整体运行情况良好。

国家科技部在"十三五"国家重点研发计划中对"超超临界循环流化床锅炉技术研发与示范"项目予以支持。660MW 超超临界 CFB 锅炉蒸汽参数为：29.4MPa/605℃/623℃，并需满足超低排放（NO$_x$＜50mg/m³、SO$_2$＜35mg/m³、粉尘＜10mg/m³）要求。拟通过深度挖掘 CFB 锅炉燃烧、低排放潜力，开展超超临界 CFB 锅炉关键技术、污染物超低排放技术、低能耗技术等方面的研究，研制 660MW 高效超超临界 CFB 锅炉并进行工程示范。2019 年 2 月，国神集团陕西彬长（燃用低热值煤）、贵州能源控股集团有限公司贵州威赫（燃用高硫无烟煤）两个 660MW 超超临界循环流化床锅炉示范项目已由国家能源局批复立项。

五、小结

改革开放 40 多年来，我国的循环流化床锅炉走过了一条不平凡的道路。从引进学习到创新超越，使我国的循环流化床技术总体达到了世界领先水平。在国际上没有工程参考的条件下，中国独立自主开展了超临界 CFB 锅炉技术的研发，创新形成了超临界 CFB 锅炉设计理论和关键技术体系，率先研制了 600MW 超临界 CFB 锅炉，推动了世界循环流化床锅炉技术的进步。我国设计制造的 CFB 锅炉可适应多种燃料，性能指标、经济性指标和大气污染物排放指标达到或超过设计要求，可靠性显著提高，超过国外同类产品水平。作为清洁高效、先进成熟的发电技术，300MW 级循环流化床锅炉还走出国门，出口到波黑、蒙古、马来西亚等多个国家和地区，提高了我国煤电产品的国际竞争力。目前我国大容量 CFB 锅炉的投运数量居世界首位，成为劣质燃料清洁高效利用的主流技术。截至 2018 年年底，共投运 300MW 亚临界 CFB 锅炉 98 台，其中出口 2 台。投运 350MW 超临界 CFB 锅炉 23 台，600MW 超临界 CFB 锅炉 1 台。投运的 300MW 及以上 CFB 锅炉的总容量超过 3800 万 kW。

第五节　锅炉制造工艺和装备的现代化

改革开放 40 多年来，我国电站锅炉的制造技术与装备水平伴随锅炉产品开发同步发展，取得了巨大的进步。各锅炉公司根据新产品制造和扩大产能的需要，针对产品大型化、新设计结构、奥氏体钢材料的应用，采用 ASME 等国际标准，提高产品的质量与可靠性，提高机械化、自动化水平以及节能、环保、安全水平，提高现场管理水平，实施精益制造等方面的课题创新发展制造技术，更新装备，调整工艺布局，扩大产能。锅炉行业由只能生产 200MW 超高压汽包锅炉、300MW 亚临界直流锅炉发展到生产 35 万～100 万 kW 及以上，采用 Π 型、W 型和塔式等多种炉型、多种燃烧方式的超（超）临界锅炉，产品的制造质量和可靠性达到世界先进水平。电站锅炉的年生产能力由改革开放前不足 300 万 kW 攀升到 8000 万 kW

以上。三大锅炉公司的最大年生产能力都超过 2000 万 kW，社会化的零部件分包、配套能力也大大加强。经过 40 多年的发展，我国电站锅炉制造工艺技术与装备水平已经进入世界先进水平的行列。

一、汽包制造

汽包是锅炉最重要的受压部件。改革开放前，200MW 超高压锅炉汽包采用 BHW35 材料制造，内径 1600～1800mm，筒身厚度小于或等于 100mm。汽包采用卷焊结构，筒节卷板由卷板机进行，纵缝采用电渣焊、环缝采用埋弧自动焊焊接，封头由水压机冲压。筒身纵、环缝采用超声波和 X 光机或 γ 射线探伤。集中下水管为插入式结构，小口径管接头为平坐式结构，均使用手工电弧焊与筒身连接。使用煤气加热炉进行卷板、校圆加热和整体热处理。水压试验压力为 1.25 倍设计压力，所需厂房起吊能力不超过 100t。

汽包筒身纵缝焊接采用的电渣焊由于焊接热输入大、热影响区宽度大、在高温区停留的时间长，焊缝性能和质量不够稳定。环缝焊接应用的埋弧自动焊采用了较宽的坡口，焊接工作量较大。集中下水管等管接头全部采用手工焊接，焊前需预热，焊工劳动强度大；且由于当时对角焊缝无法进行超声波探伤，焊接质量也难以保证。

引进亚临界控制循环锅炉汽包采用 SA-299 材料，内径为 1778mm，筒节为上厚下薄的不等壁厚结构，上部厚 203mm，下部厚 152mm。600MW 锅炉汽包总长约 27m，重约 250t。国内自主开发的亚临界自然循环锅炉采用等厚的卷制筒身，长度和重量大于同容量控制循环锅炉的汽包。后期汽包材料改用 DIWA353，厚度降为 145mm 左右。

汽包筒节采用水/油压机将钢板压制成瓦片，加工坡口后焊接双纵缝，或者采用卷板机卷制筒节，焊接单条纵缝。由于自动焊设备的探测和跟踪能力提高，筒节纵、环焊缝均采用窄间隙埋弧自动焊进行焊接，采用窄间隙坡口大幅度减少了焊接工作量，提高了焊接质量。各厂还采用过双丝窄间隙埋弧焊，可进一步提高焊接效率。随着筒身卷板技术的提高和熟练操作，卷制筒节由早期的二次合口（下料留余量，卷制成型后再割余量，加工焊接坡口）改为一次合口（下料不留余量，卷后直接加工坡口），降低了金属耗量，缩短了生产周期。各公司采用新的重型卷板机后，卷板能力提高，还以冷卷温校工艺替代热卷热校。下降管和其他管径大于或等于 133mm 的管接头采用马鞍形埋弧自动焊替代以前的手工焊，显著提高了焊接质量，大大减轻了焊工的劳动强度。小口径管接头采用手工氩弧焊封底，手工电弧焊或气体保护焊焊接。筒身纵、环缝采用超声波探伤和直线电子加速器射线探伤，管接头和耳板等角焊缝采用超声波探伤。水压试验压力按照 ASME 规范采用 1.5 倍设计压力。图 2.1-37 为制造中的亚临界 600MW 锅炉汽包。

三大锅炉公司先后新建或扩建汽包与重型容器厂房，提高了大件起重能力，购置大型卷板机或油压机（图 2.1－38 为 8000t 油压机，图 2.1－39 为重型卷板机）、窄间隙埋弧自动焊机（见图 2.1－40）、马鞍型焊机、数控切割机、直线电子加速器（见图 2.1－41）、8m 数控立车（见图 2.1－42）、大型热处理炉等设备，满足亚临界汽包制造需要，装备水平达到 20 世纪 80 年代国际先进水平。

图 2.1－37　制造中的亚临界 600MW 锅炉汽包

图 2.1－38　8000t 油压机
（筒身瓦状片和封头压制）

图 2.1－39　重型卷板机（汽包筒节高温热卷）

图 2.1－40　窄间隙埋弧自动焊机（筒身纵、环缝焊接）

图 2.1－41　直线电子加速器（焊缝射线探伤）

图 2.1－42　8m 数控立车（汽包压力容器筒节坡口加工）

进入 21 世纪，亚临界锅炉的订单明显减少，各厂汽包车间除了生产亚临界锅炉汽包和超（超）临界锅炉分离器、储水箱等部件外，还承担了更多制造大型压力容器的任务。压力容器种类较多，在材料、结构和技术要求上与汽包有较大差别。为适应多种压力容器生产制造的特殊需要，又增添了数控镗铣床、带极堆焊设备、焊接变位机、用于大型空间尺寸检测的三维测量系统，以及 TOFD 衍射时差超声波检测等无损探伤设备。

二、水冷壁制造

大容量锅炉的炉膛都由水冷壁膜式管屏围成。改革开放前 200MW 超高压锅炉水冷壁采用 20G 碳钢管制造，管径为 60mm，节距为 80mm，起初由轧制鳍片管拼焊成管屏，后改为光管加扁钢焊接成屏。管子接长采用手工氩弧焊，焊口经 X 光机射线探伤。管屏采用立式成排弯管机弯制成型。

引进 CE 公司技术后，三大锅炉厂亚临界锅炉水冷壁均采用光管加扁钢结构，材料主要为 SA-210、20G 等级的碳钢，不同的是东锅的扁钢开有双面坡口。管子经涡流探伤、喷砂后采用热丝 TIG 焊机接长，X 射线工业电视探伤合格后将环缝磨平。管子成屏目前有两类方式：哈锅、东锅采用源于日本三菱公司的 MPM（混合气体保护焊双面焊接一次完成），上锅采用源于 CE 加拿大的埋弧自动焊技术。各厂都没有直接应用 CE 公司的熔烧焊管屏制造技术。弯管采用卧式或立式成排弯管机。

超（超）临界锅炉水冷壁采用螺旋管圈和垂直管圈两种管圈形式。工质参数提高后水冷壁材料提高到 15CrMoG、12Cr1MoVG 和 SA-213 T23。循环流化床锅炉炉膛内布置的过热器和再热器为减轻磨损，采用了由 SA-213 T91、SA-213 TP347H 等材料制成的膜式结构，对焊前预热、焊接和热处理过程提出更高要求。

超（超）临界锅炉水冷壁与亚临界锅炉相比，管子管径小，管屏刚性差，管子材质为低合金钢，焊接和变形控制难度较大。螺旋管圈水冷壁是在超临界锅炉采用的主要新结构之一，管屏倾斜弯制和倾角控制要求高。各公司均熟练掌握了 20G 碳钢至 T91 马氏体钢的管屏焊接技术和倾斜管屏成排弯技术，可保证管屏关键几何尺寸和焊接的质量。

燃烧器喷口管屏空间结构复杂，管子需弯制多个不同角度的空间弯头。一些特殊部位的水冷壁管屏结构复杂，制造难度也较大，如螺旋管圈冷灰斗角部管屏、大切角炉膛冷灰斗、折焰角管屏等都是由三个以上平面组成。各公司采用先进的数控弯管机弯管，提高了复杂管屏的弯管质量，基本避免了管子校正。还采取诸多保证外形尺寸和控制变形的措施，保证了装配质量。图 2.1-43 所示为燃烧器喷口管屏。

各锅炉厂扩大了水冷壁车间生产面积，增添了管子接长用热丝 TIG 焊机（见图 2.1-44）、X 光工业电视，装设 MPM（或埋弧自动焊）焊机并多次扩大头数（见图 2.1-45 和图 2.1-46），增加管子、扁钢喷砂和扁钢精整设备，增设了弯制螺旋管圈水冷壁的卧式成排弯设备（见图 2.1-47）。以前水冷壁管屏开孔处以手氩焊连接弯管，焊口使用 X 光机照相，近期增设了管屏数字成像系统。还将 20 世纪的工业电视更新为数字成像小径管检测系统，记录等功能和探伤灵敏度显著提高。各厂还实现了水冷壁管屏、蛇形管等部件自动油漆涂装。

图 2.1-43　燃烧器喷口管屏

图 2.1-44　热丝 TIG 焊机（水冷壁管子接长自动焊）

图 2.1-45　水冷壁 MPM 生产自动线

图 2.1－46 水冷壁龙门埋弧焊机（水冷壁拼排焊接）

图 2.1－47 立式成排弯管机（左）和卧式成排弯管机（右）（膜式水冷壁成排弯制）

三、蛇形管制造

改革开放前各锅炉厂使用国产或自制的蛇形管自动线生产过热器、再热器、省煤器等蛇形管类部件（见图 2.1－48），蛇形管材料为 20G、15CrMoG、12Cr1MoVG 和 12Cr2MoWVTiBG 等。

按引进技术设计的亚临界锅炉过热器、再热器、省煤器等部件结构与以前不同，除零部件尺寸加大、管子壁厚增加外，同一管子由材质、管径、壁厚不同的多个管段组成，管端墩粗、缩口、内倒角和异种钢对接焊口较多，还增加了紧凑布置小 R 挤压弯头结构。应用的管材除上述几种外，增加了 SA－213 T91 和奥氏体不锈钢 SA－213 TP304H 和 TP347H。超（超）临界锅炉还增加了 SA－213 T23、T92、TP347HFG 细晶粒钢、S30432（Super304H）和 SA－213 TP310HCbN（HR3C）等新材料。为提高受热面管抗蒸汽氧化能力，部分奥氏体钢管还要求内喷丸。

图 2.1-48　锅炉蛇形管部件

各锅炉公司采用数控蛇形管自动生产线和双机头左右双向自动弯管生产线（见图 2.1-49 和图 2.1-50）、单 R 或双 R 顶镦弯管自动生产线等设备生产蛇形管类部件。管子接长曾采用 MIG、TIG+MIG 焊接，目前都采用热丝 TIG 焊（见图 2.1-51），焊口采用 X 光数字成像设备检验（见图 2.1-52）；弯管在小 R 无芯系统弯管机上进行。其中 $R/D<1$ 的弯头、带墩粗和缩口的弯头在专门的小 R 挤压机和管端成型机上完成。管屏消除应力退火采用燃气热处理炉，不锈钢固溶化热处理采用缝隙炉或电阻炉完成。蛇形管在油漆自动线涂装（见图 2.1-53）。各厂在提高异种钢焊接质量、消除不锈钢弯头热校等方面成效显著，制造的蛇形管类部件质量成熟稳定。有的公司还购置了管子内喷丸生产线，自行完成不锈钢管子内喷丸。

进入 21 世纪，各公司陆续更新了程控弯管设备，开发新槽型弯管模，实现了高精度、数字化弯管制造。蛇形管弯头成型和椭圆度、壁厚减薄量等指标明显改进，还提高了薄壁管和小 R 弯管的弯制能力。管子对接焊口采用了对奥氏体、马氏体和其他材料适应性强、焊接质量稳定、效率较高的热丝 TIG 焊机。针对不同品牌的奥氏体钢，各公司对同种、异种钢焊接焊材选用和焊接工艺进行了深入研究。突破了高强耐热不锈钢 Super304H（SA-213 S30432）、HR3C（SA-213 TP310HCbN）和细晶粒钢 SA-213 TP347HFG 焊接技术。对细晶粒钢严格控制热输入，采取较小的焊接参数以尽量避免晶粒粗化，影响其抗蒸汽氧化性能。还采取措施减轻热处理对内喷丸管子形变层微观组织退化。

图 2.1-49　数控蛇形管自动生产线

图 2.1-50　双机头左右双向自动弯管生产线

图 2.1-51　管子对接自动焊机

图 2.1-52　小口径管 X 光数字成像设备检验

四、联箱制造

　　国内亚临界和超临界锅炉联箱采用大口径管制造，联箱筒身直径大、壁厚较厚、合金钢应用多，大部分联箱管接头为长管接头，部分联箱带有三通和弯头。材质有 20G、15CrMoG、12Cr1MoVG、SA-335 P91、P92 和 P122 等。联箱大口径管接长和端盖环缝焊接采用小直径窄间

图 2.1-53　蛇形管屏环保涂装线

隙埋弧自动焊或热丝 TIG 焊进行，以超声波和 X 光机检验焊缝。钻孔采用三轴数控钻床（见图 2.1-54）或高速龙门钻床加工，东锅和武锅还采用了通孔与焊接坡口一次机加工成型工艺。管接头与联箱筒身焊接大多采用手工电弧焊，低等级材质大管接头还采用二氧化碳气体保护焊。大管接头采用数控气割机加工坡口后以马鞍形自动焊机焊接（见图 2.1-55）。短管接头焊接可采用内孔氩弧焊封底和埋弧自动焊完成（见图 2.1-56 和图 2.1-57）。使用内窥镜检验控制联箱内部清理质量。

　　除了上述受压部件制造难度大、技术要求高外，大容量锅炉一些非受压部件的制造难度也很大，如直径超过 21m 的大型回转式空气预热器、塔式锅炉需长度分段、高度分层制造的特大板梁、塔式锅炉主柱结构和吊装（见图 2.1-58）、大型摆动燃烧器等部件都是制造难度大、尺寸要求严、焊接质量和变形控制要求高的部件。各锅炉公司工艺人员凝聚智慧、攻坚克难，工人师傅们弘扬工匠精神、应对挑战，圆满完成了高难部件的制造任务。

图 2.1-54　三轴数控钻床

图 2.1-55　联箱大管接头马鞍形自动焊机

图 2.1-56　联箱管接头内孔氩弧焊机图

图 2.1-57　联箱管接头埋弧自动焊机

图 2.1-58　塔式锅炉主柱结构和吊装

　　21世纪初，我国电力开始井喷式发展。为满足生产急需，各锅炉公司都扩建了厂房，调整了工艺布局，增添了关键设备。各厂遵照"两头大、中间小"的原则，大力加强市场开发和售后服务两头，对生产能力只是适度扩大，以提升高技术含量的核心部件制造能力为主，将其余部件外包生产。同时加大对分包、外协厂的技术与管理扶持培育力度和质量管控水平，保持锅炉制造的整体质量。

当前，国家对装备制造业又提出智能制造的新课题，这对电站锅炉行业是一个严峻的挑战。智能制造涉及智能设计、智能加工与装配、智能管理、智能服务等多方面的内容，需要有大数据、人工智能、网络技术以及企业自身的技术、装备、管理、人才条件进行支撑，需要对企业当前的产品设计、制造、管理、信息化等进行脱胎换骨的改造，是一项科技含量高、创新性强、需要巨大人力和资金投入、经过长期努力才能完成的系统工程。在目前煤电市场前景受限、产品规格品种多样化、无法形成批量生产，并且企业经济效益下滑的情况下，各锅炉厂都以积极稳妥的态度进行探索，从顶层设计入手，力求寻找到一条符合电站锅炉行业发展需要和企业具体情况的智能制造之路。

五、小结

改革开放 40 多年来，我国电站锅炉制造业的制造能力和装备水平迅速发展，迈入世界先进水平的行列。

20 世纪后 20 年，各大锅炉厂以消化吸收国外技术，研制考核机组锅炉和形成批量制造亚临界锅炉的能力为主，通过新建扩建厂房、调整工艺布局、增添设备，研究开发制造工艺等工作，实现了由制造 200MW 超高压锅炉到 600MW 亚临界锅炉的重大跨越。厚度 200mm、重量超过 250t 的汽包制造、合金钢管膜式水冷壁制造、采用镦粗缩口和小 R 挤压工艺的蛇形管制造、带长管接头的大口径厚壁联箱制造、直径超过 15m 的大型回转式空气预热器制造、高强螺栓连接的钢结构制造、喷口摆动式直流燃烧器制造等锅炉关键制造技术得到突破，使我国电站锅炉制造技术和装备水平达到国际 20 世纪 80 年代水平。

进入 21 世纪，锅炉行业面临着主导产品由亚临界向超（超）临界升级换代、产品构成向新型煤粉锅炉、循环流化床锅炉、联合循环余热锅炉、化工容器等多元化调整、锅炉订单急剧增加的新形势。各大锅炉厂砥砺奋进，在制造技术、生产能力、装备水平、产品质量、制造成本、市场适应性等方面取得历史性突破。

从亚临界发展到超（超）临界，锅炉的大型化、新结构和新材料应用又对工艺技术提出了新挑战。锅炉受压部件小口径管材料采用了合金含量更高的 T92、Super304H、HR3C 耐热钢，抗氧化能力更强的 TP347HFG 细晶粒钢和不锈钢内壁喷丸强化处理工艺。联箱和管道大口径管应用了 P92 和 P122 钢管。这些新材料对蛇形管、水冷壁和联箱制造提出了新的要求，需采取与以往不同的特殊工艺措施。锅炉结构方面最大的变化是采用了螺旋管圈水冷壁，其成排弯工艺在保证弯制质量和倾角控制上有难度。三大锅炉公司在原有基础上继续扩大产能，更新装备，研究制造工艺，满足了不同炉型、容量和参数超（超）临界的电站锅炉的制造需要。由于现代化的双向数控弯管设备、热丝 TIG 焊、联箱窄间隙焊和马鞍形焊等焊接设备和 TOFT、管屏工业电视等检测设备的应用，超（超）临界锅炉弯管、焊接等关键工序质量也显著提高，管子热校和焊口返修大大减少。

第六节　电站锅炉辅机、阀门的研制

改革开放 40 多年来，电站辅机，包括与锅炉运行有关的高压加热器、除氧器、磨煤机、送风机、引风机和一次风机，用于循环流化床锅炉的高压风机、给水泵、循环泵、电站阀门等与电站锅炉产品同步成长，满足了电站建设的需要。

国内早期的电站辅机是在苏联小机组辅机技术基础上自力更生发展起来的，技术和质量水平不高。改革开放以后，国家在引进 300～600MW 亚临界机组锅炉、汽轮机、汽轮发电机三主机的同时，也对配套辅机的研发做出了安排。对一些技术含量高、自主开发难度大的辅机采用技术引进方式。对国内技术基础较好、具备研发能力的辅机则自主开发。经过一段时间的艰苦努力，国内基本实现了 600MW 及以下容量机组配套辅机的国产化，整体水平也逐步提高到 20 世纪 80 年代水平。

进入 21 世纪，我国火电进入超（超）临界时代，锅炉容量增大到百万千瓦，工作压力、温度也大大提高。新机组对电站辅机的出力、效率、技术与质量等方面提出了新的更高要求。在 20 世纪亚临界 300MW、600MW 电站辅机设计制造技术的基础上，各辅机制造公司继续伴随锅炉主机的步伐一路前行，创新发展辅机关键技术与拳头产品，将我国锅炉辅机提升到与主机相匹配的新高度，进入了世界辅机行业的前列。

一、高压加热器

1. 高压加热器简介

在火力发电厂的热力系统中，利用汽轮机中间抽汽加热锅炉给水，提高机组热效率的系统称为给水回热系统。回热系统的热交换设备主要包括低压加热器（简称低加）、除氧器和高压加热器（简称高加）等。

大型火电机组回热系统的运行状况对火电机组的效率影响较大。高压加热器是火电厂给水回热系统中压力最高、运行条件最复杂的换热设备。若机组高加不能投用将使机组净热耗加大，煤耗增加。在高加切除工况下，锅炉给水温度下降、燃料投入量增加，还可能造成过热器超温等问题。因此，保证高加设计、制造质量，提高高加投用率对电厂十分重要。

高加的主要性能指标有给水端差、疏水端差、管侧压降和壳侧压降等。大机组全部高加的给水端差升高 1℃，将使机组热耗增加 0.06%。水侧压降加大则会使给水泵电耗增加。

根据传热管的形式，高加可分为螺旋管-联箱式、U 型管-管板式和蛇形管-联箱式，其中 U 型管-管板式最为常用。U 型管高加的布置方式，主要有卧式（见图 2.1-59）和立式倒置两种。

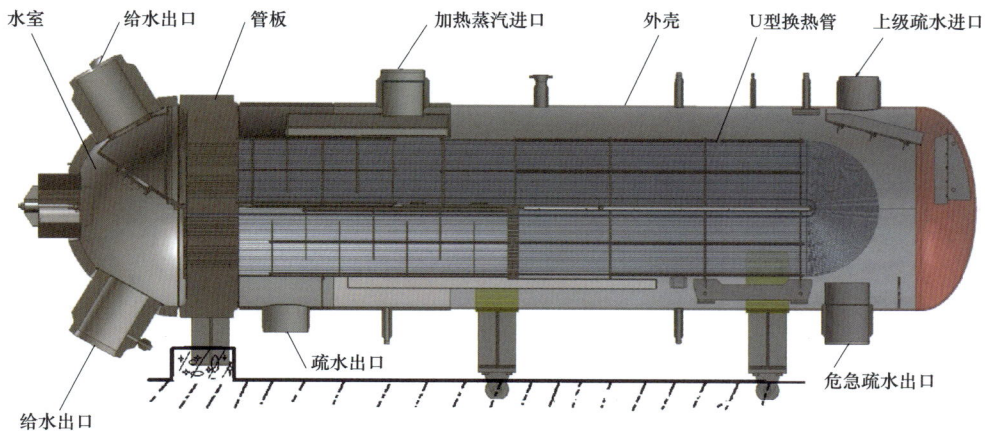

图 2.1-59 U 型管高加结构简图

U 型管-管板式高加主要由水室、管系、壳体和支座等组成。水室通常采用半球形封头，内装有分流程隔板，隔板与水室封头间采用柔性连接。管板大多采用 20MnMo 或 20MnMoNb 锻件，换热管材质大多采用碳钢管，换热管与管板间的连接均采用焊接加胀接形式。在管板与管端的焊接侧堆焊相应金属，以保证管端与管板的焊接质量；给水入口侧管端部设有不锈钢防磨套管，防止管端焊缝和换热管入口被冲蚀引起泄漏。高加管系大多采用包括蒸汽冷却、凝结、疏水冷却的三段式结构，内置式过热段和疏冷段的传热面用包壳封闭，并配以适当的导流挡板，使蒸汽或疏水以一定的速度和方向流过传热面，保证对流换热的传热效率；不凝结气体由设在管端中心部位的排气装置排出。国内大机组高加以卧式布置为主，具有安装和检修方便、水位易于控制、运行稳定性好的优点。

改革开放前，国产的高加产品主要有配 100MW 及以下机组的螺旋管-联箱式高加、配 125MW 和 200MW 机组的倒置立式 U 型管-管板式结构高加。其设计制造沿用国内传统方法，技术质量水平不高。管子管板间胀焊连接接头泄漏较严重，高加投运率较低。

2. 亚临界 300MW、600MW 机组高加

改革开放以后，上海电站辅机厂承担了研制石横 300MW、平圩 600MW 考核机组亚临界卧式 U 型管高加的任务，1981 年与美国福斯特惠勒（FW）公司签订高加技术转让合同。FW 公司高加执行 ASME 和 HEI（美国热交换学会）标准，管子管板间的胀接采用爆炸胀管方式。上海电站辅机厂通过技术改造，增添了德国三轴数控深孔钻等关键加工及检测设备，解决了高加管板深孔加工、管子管板焊接、爆炸胀

管、氟里昂密封试验等关键工艺，完成了考核机组高加研制任务。

此后，杭州锅炉厂引进了阿尔斯通公司高加技术，哈锅引进了日本东芝公司高加技术，东锅与德国BD公司实行高加技术合作。通过学习国外技术、购置高加制造关键设备，上述三个公司也加入了国内生产亚临界和超（超）临界火电高加的行列。各高加生产企业虽然早期国外高加技术来源不同，后来的技术发展路线不同，但设计的卧式U型管高加基本结构大同小异，技术特点也基本相同。

各高加生产企业认识到高加在火电机组中的重要性，对高加的性能与结构设计和强度计算、制造工艺和质量控制十分重视。在高加设计制造中应用国内外发展起来的新技术，促进了高加技术的发展。如应用ANSYS软件进行流场分析，并通过结构调整改善流动传热条件。用应力分析软件对高加应力状态复杂、热应力和峰值应力较高的部位进行应力分析，提高高加抗疲劳能力和安全性。工艺方面提高了管板带极堆焊和管子管板焊接、胀管质量，管子管板焊接应用了管子外伸焊、管子管板平齐焊和管子内凹焊三种自动氩弧焊方式。除早期产品采用机械胀管和从FW引进的爆炸胀管工艺外，目前主要采用液压胀管。

3. 超临界、超超临界机组 600～1000MW 高加

进入21世纪，高加的发展目标：一是提高参数，为超（超）临界火电机组配套；二是实现高加大型化，为1000MW机组提供单系列高加；三是从高加自身技术进步出发，优化设计，改进工艺，提高高加的换热效率和可用率，以及实现高加设计制造自主化。

2004年11月，东锅供沁北电厂国产首台600MW超临界机组高加通过168h试运行。2006年11月，上海电站辅机厂供玉环电厂国产首台1000MW超超临界机组高加(双系列)顺利投运。此后不久，600MW超临界高加分别在张家港沙洲电厂、华能路璜等电厂投运，1000MW超超临界高加分别在华电邹县四期、华能海门电厂等投运。

二次再热机组回热系统更为复杂，高加参数更高，设计制造难度也更大。2015年9月，上海电站辅机厂供国电泰州世界首台1000MW高效超超临界二次再热机组高加通过试运行。泰州高加采用双列4级布置方案，高加及蒸汽冷却器采用给水大旁路。给水流量2701.8t/h(VWO工况)，管侧设计压力为45MPa，设计温度为330℃；壳侧设计压力为12.93MPa，设计温度为454℃。产品性能先进，运行可靠，标志着我国高加设计制造已达到世界先进水平。

4. 1000MW 超超临界机组单系列高加

2008年3月，上海电站辅机厂成功开发国内最大容量的单列高加，用于外高桥三期1000MW超超临界机组工程（见图 2.1-60）。单列布置高加给水流量达3000t/h，水侧设计压力为39MPa，设计温度为330℃。设备体积大，换热面积大，造成设计、制造和管板锻件、U型管等材料供应困难。单列高加的汽、水容量比双列增大一倍，运行中受到汽、水热冲击、流体诱导振动、局部应力集中、大流量

的疏水波动等因素影响，对高加的安全、运行控制要求更高。

为确保高加的性能，上海电站辅机厂与同济大学、上海交通大学进行计算力学与数值仿真研究方面的合作，对单列高加在稳态与非稳态下过热与冷凝对高加使用效果的影响，高加管束流体诱导振动分析，两相流的高加管束振动计算，高加管板、水室封头和换热管局部应力分析，U 型管与管板连接处的振动疲劳分析，高加水动力和

图 2.1-60 首台 1000MW 超超临界机组单系列高加

热力平衡校核计算，高加换热管的冲刷试验等关键技术问题进行了深入研究，并将引进成果应用于产品设计计算。在制造方面针对单列高加的关键制造工艺进行了攻关，其中包括球封头、厚壁椭圆封头制造，厚管板加工和深孔钻削，水室、管束装配、爆炸胀管和液压胀管工艺、管子管板焊接工艺试验等。通过 2008 年上海外高桥三期项目的实际验证，各项运行指标均实现设计性能要求。

此后，浙能六横电厂、台州二厂 1000MW 超超临界单系列高加相继投运。三大电气集团都实现了百万千瓦级超超临界单系列高加零的突破。

为满足锅炉全负荷脱硝的要求，确保锅炉低负荷时 SCR 脱硝装置入口烟温仍在 SCR 允许温度范围内，电厂进行超低排放改造的内容之一是将锅炉的主蒸汽经减压后进入回热系统中新增设的"零号"高加作为加热汽源，提高锅炉低负荷时的给水温度，使经过省煤器后的烟气温度提高。

零号高加采用锅炉主蒸汽作为加热汽源，其压力、温度较高。运行方式是当锅炉满负荷时高加只有水侧作为水流通道投运而汽侧不投运，锅炉低负荷运行需要提高脱硝装置入口烟温时零号高加汽侧才投入运行。这种汽侧频繁切投和负荷经常变动的运行方式造成高加汽侧的工况波动大，相关零部件承受更苛刻的疲劳应力。各高加公司针对零号高加的这一特殊要求采取了专门的技术措施提高设备的抗疲劳能力，目前已投运的零号高加使用基本正常。

5. 蛇形管-联箱式高加

二次再热 1000MW 高效超超临界单系列高加的设计参数进一步提高，设计压力已达 45MPa，壳程的设计温度在 500℃以上。采用 U 型管高加设计时，水室封头的板材规格、管板锻件已超过 NB/T 47008 的允许范围。大机组参与调峰也会使高加负荷波动更大，循环负荷的次数大大增加，高加的工作条件更加恶化，换热管泄漏频率也将提高。为此，各高加生产企业都致力于开发蛇形管-联箱式高加。蛇形管高加以其特殊的厚度较小的联箱结构取代了 U 型管式高加厚重的管板和水室，抗热冲击性能大大提高，能较好地适应机组大型化、频繁调峰等要求。图 2.1-61 为 1000MW 超超临界蛇形管式高加在制造中。

大唐东营、南阳电厂等二次再热超超临界单系列蛇形管高加项目目前均已投运。

二、除氧器

国内早期除氧器采用的是自主开发的双体式除氧器。2000 年前后，上海电站辅机厂和东锅引进了荷兰 STORK 公司内置式除氧器技术，荷兰 STORK 公司也向东锅提供了内置式除氧器技术支持，哈锅引进了日本东芝公司技术，武汉大方机电有限公司与荷兰 STORK 公司进行技术合作，从此国内主要大型除氧器制造企业都以设计制造内置式除氧器为主。内置式除氧器将除氧器和储水箱功能合二为一，具有结构紧凑、除氧效果好、允许负荷快速变化等优点。各公司在除氧器大型化，结构改进，喷嘴优化，强度、应力及稳定性校核等方面做了许多工作，形成了自主设计产品，满足了电力发展需要。图 2.1-62 为 1000MW 超超临界机组内置式除氧器。

图 2.1-61　1000MW 超超临界蛇形管式高加在制造中　　图 2.1-62　1000MW 超超临界机组内置式除氧器

三、磨煤机、风机、给水泵和循环泵

1. 磨煤机

改革开放以前，电站锅炉采用的制粉系统多为钢球磨煤机中储藏系统和风扇磨煤机直吹系统，磨煤机主要为国内制造，少量进口。

为适应电站锅炉向大型化发展和采用中速磨煤机正压直吹制粉系统的需要，上海电气上重碾磨特装设备有限公司（原上海重型机器厂，简称上重碾磨）从美国 CE 公司引进了 RP 型碗式中速磨煤机技术并承担为石横、平圩 300MW、600MW 亚临界锅炉配套的 RP-863 和 RP-1003 型中速磨煤机试制任务。后来根据技术转让协议又得到 CE 公司 HP 磨煤机的图纸。HP 磨煤机是 RP 磨煤机的换代产品，与 RP

磨煤机相比结构简单，检修方便，使用寿命更长。2005年，上重碾磨从美国ALSTOM引进大规格HP磨煤机及动态分离器技术，用于中国首套1000MW火电机组。2010年，上重碾磨依托自身研发能力，在引进技术基础上开发了具有自主知识产权的HP483~HP1403共11大系列35种规格、带动态和静态分离器的中速磨煤机，具备了向用户提供用于50~1500MW机组配套用HP磨煤机的能力。

北方重工集团公司、北京电力设备总厂引进了德国巴布科克公司的MPS轮式中速磨煤机的设计制造许可证，在此技术基础上国产化和二次创新，分别形成了北方重工华田公司的MP系列（包括MPS、MP、MP-G）和北京电力设备总厂的ZGM系列中速磨煤机。MP系列、ZGM系列中速磨更适合磨制可磨性指数低的煤种。

中国电建集团长春发电设备有限公司（原长春发电设备总厂）引进德国巴高克-日立欧洲公司的MPS-HP-Ⅱ型辊盘式中速磨煤机技术，在多台燃用内蒙古褐煤的600MW机组上得到了应用。

后来，国内磨煤机行业又先后发展了双进双出钢球磨和大型风扇磨。北方重工集团公司和上重碾磨引进了阿尔斯通公司的BBD型双进双出钢球磨的设计制造技术并实现国产化。该磨是应用于直吹式系统的滚筒式低速磨煤机，具有煤种适应性强、储存能力大、粉磨出力和细度稳定的特点。

风扇磨煤机属于高速磨煤机。北方重工华田公司和中国电建集团长春发电设备有限公司引进了德国S型风扇磨（国内又称FM型）技术。该磨适用于全水分小于35%的烟煤和老年褐煤。后来北方重工华田公司和上重碾磨又引进了俄罗斯MB型风扇磨技术，该磨是在S型和N型（适用于全水分大于35%的软褐煤和木质褐煤）磨的基础上改进的磨型，可适用于全水分大于35%的褐煤。该产品具有提升压头强、出口通风量可调、易损件寿命更长、运行出力稳定等优点，对煤质的适应面更宽，尤其对高水分、高挥发分、低磨蚀性褐煤更加适应。目前MB型风扇磨煤机已广泛地应用于200MW以上大型褐煤锅炉超临界发电机组并成功进入国际市场。

各磨煤机制造企业通过引进技术和优化创新，生产的多系列、各种磨型满足了燃用不同煤种、采用不同制粉系统的300~1000MW锅炉煤粉制备的需要。

此外，循环流化床锅炉采用宽筛分燃料，并对燃料级配（燃料的粒径分布）有一定要求。燃料制备系统合理选型和达到煤的粒度级配是保障CFB锅炉正常运行的关键。国内对CFB锅炉燃料制备系统的关键设备开发应用也做了大量工作。

2. 送、引风机和一次风机

我国电站锅炉主要采用平衡通风，送、引风机是通风关键辅机。另外，由于锅炉一次风、二次风温度和风压不同，除送风机外还需专门的一次风机。

沈阳鼓风机集团股份有限公司自主研发了为300MW、600MW锅炉配套的离心引风机，首台引风机安装在平圩电厂。1985年沈阳鼓风机集团股份有限公司又引进了丹麦诺文科公司的动叶可调轴流风机技术。该风机具有良好的调节性能、宽广的流量变化范围和高效率运行区域，对大容量变工况运行的锅炉送、引风机更具有优越性。上海电气鼓风机厂有限公司 1979 年引进德国 TLT 公司轴流风机和消声器技术，包括用于送风机、引风机和一次风机的 FAF、SAF 和 PAF 系列。后来又从 TLT 引进了静叶可调轴流风机和离心风机技术。武汉鼓风机有限公司从日本三菱公司引进了动叶可调轴流风机和双吸双支撑离心风机的技术和专利。通过上述风机的国产化和以后的创新优化，国产风机的性能、效率、制造质量和可靠性都登上新台阶，技术水平跨入世界先进水平的行列。

3. 给水泵和循环泵

300MW、600MW 引进技术的锅炉为控制循环锅炉，在锅炉下水管系统中装有 3 台强制循环泵（两用一备），国家安排由沈阳水泵股份有限公司试制考核机组锅炉的给水泵和再循环泵。沈阳水泵股份有限公司和哈尔滨电机厂有限责任公司联合引进了德国 KSB 公司潜水泵技术，设计制造控制循环锅炉循环泵和直流锅炉的启动再循环泵。上海凯士比泵有限公司为上海电气同德国 KSB 公司的合资企业，生产锅炉给水泵。合肥皖化电机公司研发了自主技术的国产炉水循环泵。

20 世纪电站风机、水泵的技术引进、国际合作和创新发展，为我国电站风机、水泵行业的现代化奠定了基础，进入 21 世纪后，这些锅炉岛辅机又在大型化、高工质参数和提高技术质量水平上继续前行，满足了为 600～1000MW 超临界、超超临界和高效超超临界机组锅炉的配套需要。

四、电站阀门

改革开放以前，我国电站锅炉的配套阀门以自行设计制造为主，只有少量调节阀等需要进口。锅炉安全阀采用脉冲式安全阀。哈锅、东锅都建有自己的阀门车间，基本可满足锅炉的配套需要。

改革开放以后，我国开始发展亚临界控制循环和自然循环汽包锅炉。进入 21 世纪，我国又开始研制和发展超（超）临界锅炉。国内阀门行业跟随电站锅炉的发展步伐，在新产品开发、制造工艺和装备更新、扩大产能、加强质量管理等方面做了大量工作，把我国的电站阀门行业提高到新的水平。

1. 亚临界锅炉配套阀门

20 世纪 80 年代，我国引进了 300MW、600MW 亚临界控制循环锅炉设计制造技术，进口了喷水调节阀、循环泵排放阀、燃油组合阀等一些阀门样机。国产引进型锅炉的配套阀门按美国标准设计制造，安全阀按 ASME 规范要求采用弹簧直接作用式安全阀，还配有动力控制阀（又称电磁泄放阀）。

根据国家安排，由哈尔滨锅炉厂和开封阀门厂共同引进日本冈野阀门制造株式会社高温高压阀门技术。其中开封阀门厂负责引进管路系统的高温高压阀门，哈锅负责引进锅炉特殊阀门。哈锅按照冈野技术设计制造了亚临界锅炉全量型安全阀和动力控制阀，利用原 2t/h 直流锅炉建立了安全阀动作试验台。

安全阀用弹簧由大连弹簧厂试制。其他亚临界锅炉用闸阀、截止阀、止回阀等关断类阀门、喷水调节阀等由国内组织试制，电动阀门的执行机构由天津第二通用机械厂引进列米托克公司技术制造。经过几年努力，大部分亚临界锅炉用阀门实现了国产化。

2. 超（超）临界锅炉阀门

进入 21 世纪，我国的火电建设开始由亚临界机组为主向 660MW、1000MW 超（超）临界机组为主转化，国内阀门行业面临研发超（超）临界机组锅炉配套阀门的新课题。

国家发改委"十五"期间下达了国家重大科技计划"超临界 600MW 火电机组成套设备研制与工程应用"项目中阀门的研制任务，"十一五"期间又下达"超超临界 1000MW 火电重大装备研制与产业化"项目中阀门产品的研制任务，推动了超（超）临界阀门研制工作的开展。阀门行业积极响应，先后设计并生产出超（超）临界 600MW、1000MW 锅炉配套的水压试验堵阀、闸阀、截止阀、止回阀等关断类阀门和少量其他阀门样机，迈出了超（超）临界机组阀门开发的第一步。但是阀门创新步伐远远落后于电站主机，90%的高端阀门仍依赖进口。

为了打破国外阀门企业在中国超（超）临界机组高端阀门的垄断地位，促进民族阀门工业的发展，提高超（超）临界机组的国产化水平，在"十二五"期间，由国家能源局、中国通用机械工业协会、中国阀门协会组织开展了超（超）临界火电机组关键阀门国产化研制工作。

国家能源局、通用机械协会和阀门协会制订了详细的阀门国产化实施方案。方案根据国内现有业绩和研制难度，将高端阀门分为三类。第一类为国内已有业绩、具备直接订货条件的 5 种阀门，可直接招标采购。第二类为已有样机但尚无业绩或正在研制样机的，需要完成各项试验并通过鉴定，在国产化依托工程应用的共有再热器安全阀、主蒸汽闸阀、高加三通阀、疏水阀等 8 种。第三类为技术难度较高，需进行技术攻关，完成样机研制和试验并通过国家鉴定，在后续项目中实现国产化的，共有主蒸汽安全阀、PCV 阀、关键部位控制阀、高低压旁路阀等 4 种。实施方案确认了以大唐三门峡、华电句容、中电投合川、华能南通、华润焦作龙源等电厂作为阀门国产化示范项目。成立了国产化工作组和专家组，组织编制阀门研制计划、技术规范、试验大纲并对样机设计方案评审、样机试验见证和样机验收等重要环节严格把关，为新研制样机的技术和质量水平提供了保障。

哈尔滨电气阀门公司、中核苏阀公司、华夏阀门公司、上海自动化仪表七厂等行业骨干企业承担了示范电厂各类阀门样机研制任务。各阀门公司高度重视超临界阀门样机研发工作，通过样机研制优化设计、优化工艺、提升管理，全面提高了企业核心竞争力。各企业普遍建立三维设计平台，使用 ANSYS 软件进行阀门流场分析、热传递分析、结构强度和应力分析、振动计算等，对提高阀门性能、动作可靠性、严密性、抗疲劳、抗气蚀和防闪蒸能力、降低流阻和噪声起到良好作用。各厂还更新装备，新建、扩建安全阀、调节阀等阀门的试验设施，加强执行机构、阀体等配套件选型和质量控制。在能源局、通

用机械协会和阀门协会的领导下，各阀门公司克服许多困难，较好地完成了样机研制任务。其中哈尔滨电气阀门公司勇于创新，是唯一一家承担全部种类样机研制任务的厂家。

为提高行业安全阀的热态试验能力，还在重庆合川电厂超超临界机组锅炉上建立了安全阀试验回路，可提供安全阀全参数热态试验。超临界阀门中的高温阀体大量采用 SA-182 F92 材料，提高了阀体的热强性。部分厂家还采用了整体锻造阀体替代锻造实心锻件再机械加工的落后工艺。河北宏润、上海昌强等大型锻件厂开发的三向挤压阀体工艺，能提高材料的致密性和力学性能，有效降低能耗和材耗，避免了铸造阀体的缺陷。

超临界阀门样机研制完成只是实现阀门国产化的第一步，距离批量生产高质量阀门产品、形成与国际顶级阀门公司竞争的能力还有很长的路要走。因篇幅所限，难以对阀门行业近年来所做的技术创新和超（超）临界阀门新产品开发做更详细的介绍。期待各阀门样机制造公司和电站阀门行业再接再厉，在阀门样机投运的基础上进行完善优化，为进一步提高阀门质量和可靠性，扩大市场占有率而努力。

第七节　锅炉技术研究与创新平台建设

改革开放 40 多年来，我国电站锅炉行业瞄准世界先进水平，以电站锅炉的大型化、提高蒸汽参数、发展多样化的炉型与布置方式、提高产品质量与可靠性、发展高效清洁燃烧及减少污染物排放、改善锅炉运行性能与自动化水平为主要目标，拼搏创新，锐意进取，在锅炉性能与结构设计、锅炉燃烧技术、水动力技术、受压元件强度与应力分析技术、材料应用与研究、制造工艺技术与先进装备应用、锅炉自动控制与保护技术、完善质量管理体系、计算机应用及信息化等方面均取得了长足的进步；通过创新机制、体系和能力建设，电站锅炉行业新产品研发和自主创新能力显著增强，为我国电力行业和发电设备制造业的跨越式发展做出了突出的贡献。

下面仅就锅炉高效清洁燃烧技术、水动力技术、材料研究与应用、空气预热器技术、烟气余热利用技术、火电厂大气污染物排放技术等方面的研究及创新平台建设情况做简单介绍。

一、高效清洁燃烧新技术的开发

电站锅炉高效清洁燃烧技术的内容主要涉及煤质特性分析研究、炉型和燃烧方式选择、炉膛结构形式和热力参数选取、燃烧器设计、制粉系统选择、点火设备、燃烧调节与保护等方面。

锅炉对燃烧设备的要求主要有：足够的出力；燃烧器出口燃料分布和配风合理，能组织良好的空气动力场；燃烧效率高，燃料适应性好；负荷调节幅度大，低负荷稳燃能力强；氮氧化物排放少；流动阻力小；操作灵活，运行可靠，便于自动控制；燃烧器喷口等零件耐高温，耐磨损，使用寿命长；炉膛出口烟温偏差小，可调控；具有完善的火焰检测和保护等。

改革开放 40 多年来，国内锅炉制造业为 300～1000MW 不同参数、不同炉型的锅炉研制了多种技术先进、性能优良的燃烧设备，较好地满足了锅炉燃烧需要。国内产学研用一体化的燃烧技术研究体系为适应我国煤质复杂多样、难燃煤种多的国情，在促进我国燃烧理论的创新与发展，新理论、新技术在工程中的应用，在役锅炉燃烧器改造等方面做了大量工作。我国在锅炉燃烧方面的创新与发展，对提高锅炉效率，降低煤耗，提高煤种适应性，防止锅炉结渣和水冷壁高温腐蚀，预防炉膛爆燃，提高锅炉运行安全性，降低氮氧化物排放，提高煤电灵活性、深度调峰要求等都做出了积极贡献。

关于炉膛选型技术方面，西安热工院主编的《大容量煤粉燃烧锅炉炉膛选型导则》（DL/T 831—2015）和普华煤燃烧技术中心主编的《大型煤粉锅炉炉膛和燃烧器性能设计规范》（JB/T 10440—2018）分别从电力系统和制造厂角度对炉膛选型与设计做出规定，制粉系统选型也有专用标准，这些资料都较全面地反映了改革开放以来电站锅炉炉膛和制粉系统选型及设计方面的发展，本文对炉膛和制粉系统选型方面的发展不再介绍。

改革开放 40 多年来，我国燃烧技术的发展与时俱进，大体上可分为三个阶段：一是 20 世纪 80 年代引进国外技术和创新，燃烧技术多煤种配套发展阶段；二是 21 世纪超（超）临界锅炉燃烧创新技术发展阶段；三是适应 2011 年起的达标排放与超低排放、"十三五"规划提出煤电深度调峰与燃料耦合方面新要求，燃烧技术高效、清洁、灵活发展阶段。

（1）20 世纪引进技术和创新阶段。20 世纪 80 年代，我国引进 CE 公司的直流摆动燃烧器四角切圆燃烧技术，该技术以燃用烟煤、贫煤和中等以下水分的老年褐煤为主。通过引进 CE 公司技术，使我国四角切圆燃烧技术开始与国际主流技术接轨。各锅炉厂在引进技术基础上进行过多种改进，如开发水平浓淡燃烧器等新型燃烧器。

为满足无烟煤燃烧技术发展需要，国内采用四角切圆燃烧和 W 型火焰燃烧两种无烟煤燃烧技术路线。哈锅、上锅、东锅采用四角切圆燃烧技术设计的 300MW 燃用无烟煤锅炉，应用于贵州纳雍、安徽马鞍山等电厂，取得了较好的运行效果。东锅率先引进美国福斯特·惠勒公司 W 型火焰燃烧锅炉技术，首台 300MW 亚临界 W 型火焰炉应用于阳泉电厂。其他公司也开发了自己的 W 型火焰燃烧锅炉。各公司在国外引进技术基础上学习发展和优化创新，在下炉膛设计、燃烧器设计与配风方式、卫燃带布置等方面进行了许多研究并取得新突破。

为适应高水分褐煤干燥和燃烧需要，哈锅在传统技术的基础上发展了配风扇磨直吹系统、采用热炉烟和热风为干燥介质的多角切圆燃烧技术，首台用于双辽电厂 300MW 亚临界自然循环锅炉。上锅也在出口项目中开发了此项技术。

为满足向中东沙特、伊朗、伊拉克等产油国出口需要，各公司还开发了 600MW 级亚临界燃油和天

然气锅炉技术。

这一阶段的主要任务是在引进国外锅炉技术时，注意解决应用国外技术烧好中国煤的问题，形成燃用不同煤种的炉型系列和燃烧技术。主要关注点是提高燃烧效率、煤种适应性、防止结渣，保障锅炉安全经济运行。

国内还加强了煤质燃烧特性判别方面的研究，一些国际先进的煤质分析方法开始在国内推广，使锅炉行业对煤质特性的研究水平有了新的提高，如采用着火指数炉、热天平、管式沉降炉、热显微镜等试验数据判别煤的着火和燃烧稳定性、燃尽特性、结渣和沾污特性等。

（2）21世纪超（超）临界锅炉燃烧技术发展阶段。进入21世纪，电站锅炉向大容量、高参数发展，各公司在引进超临界锅炉技术的同时也带进了新的燃烧技术。东锅、哈锅分别引进巴布科克日立、三井巴布科克旋流燃烧技术，哈锅引进三菱PM切圆燃烧技术（燃料垂直浓淡分离+空气分级，墙式切圆、双切圆），上锅引进阿尔斯通公司的低NO_x切向直流燃烧技术（LNTFS™）。各公司都将燃烧技术拓展到百万千瓦级锅炉。尽管在超大炉膛内组织燃烧的技术难度很大，由于各锅炉公司有雄厚的燃烧技术基础和外方技术支持，燃烧技术在支撑超（超）临界锅炉的发展中较好地发挥了作用。各公司还在自主开发炉型研发中应用了新开发的燃烧技术。

这一时期执行的是GB 13223—2003《火电厂大气污染物排放标准》要求燃用烟煤锅炉的NO_x排放限值为450mg/m³，环保压力不大。由于各流派超（超）临界锅炉都采用了分离过燃风等低NO_x燃烧技术，使炉膛沿高度方向分为主燃烧区、还原区和燃尽区，正常情况下都可满足标准规定的NO_x排放限值要求。由于环保要求不高，NO_x易于达标，此时只是采取小风量的分离燃尽风技术，燃烧重点还是在燃烧效率方面。

（3）适应超低排放和深度调峰与燃料耦合等要求，燃烧技术高效、清洁、灵活发展阶段。2012年我国颁布的《火电厂大气污染物排放标准》（GB 13223—2011）对新建燃煤锅炉的排放限值调整为：烟尘：30mg/m³、SO_2：100mg/m³、NO_x：100mg/m³，重点地区特别限值为20mg/m³、50mg/m³、100mg/m³。2014年国家《煤电节能减排升级与改造行动计划（2014—2020）》又提出了燃煤机组实现"超低排放"任务，将烟尘、SO_2和NO_x排放限值降低到10mg/m³、35mg/m³、50mg/m³。为实现燃煤机组2011标准的"达标排放"和行动计划的"超低排放"要求，燃煤机组除必须装设新型除尘、脱硫、脱硝装置外，锅炉燃烧产生的NO_x也必须严加控制，用户一般都要求烟煤在180～200mg/m³、W型火焰在700mg/m³以下。

针对这些新形势下提出的特殊要求，各锅炉公司对燃烧器的设计理念及时做出了新的调整，在不降低燃烧效率的前提下尽可能降低NO_x排放，推出了多种不同的燃料分级、空气分级立体组合的方式。

为加大环境、生态和气候保护力度，特别是在控制二氧化碳等温室气体排放的巴黎协定生效以后，国家"十三五"规划提出了火电节能改造、超低排放改造、灵活性改造和生物质、垃圾等燃料耦合改造任务。锅炉燃烧技术又面临锅炉快速启停、变负荷和深度调峰的挑战，其中首要的是降低锅炉不投油最低稳燃负荷。锅炉燃烧系统设计必须兼顾节能、减排、调峰三大要求。各锅炉公司都在积极探索锅炉低负荷稳燃技术和燃料耦合技术，并取得了一些进展。哈锅获得国内首个燃煤耦合生物质气化发电技术改造试点示范项目——大唐吉林长山 660MW 超临界燃煤锅炉耦合 20MW 生物质发电总承包合同，现项目正在执行中。上锅研发的生物质、垃圾、污泥气化耦合燃煤发电系统技术已通过了国家电力规划设计总院组织的专家评审。东锅研发的燃煤耦合生物质气化发电技术方案通过了中国电力企业联合会和中国机械工业联合会评审。

燃煤耦合发电技术的开发，对减少二氧化碳排放和生物质、垃圾的资源化、减量化和无害化有重要意义。

1. 直流燃烧器切圆燃烧技术

四角切圆燃烧是我国广泛应用的传统技术。20 世纪 80 年代，我国引进了 CE 公司的直流摆动燃烧器四角切圆燃烧技术，配 RP、HP 中速磨冷一次风机正压直吹制粉系统。该技术以燃用烟煤、贫煤和老年褐煤为主，炉膛采用大切角，燃烧器的一、二次风喷口间隔布置、均等或集中配风，采用两层紧凑布置的上二次风喷口作为过燃风。燃烧器喷口可上下摆动用于调节再热汽温。燃烧器配有油枪和高能点火器，还配有炉膛安全监控系统（FSSS）。各锅炉厂都在 CE 引进技术的基础上进行改进与创新，如应用水平浓淡燃烧器、等离子点火和微油点火、提高摆动结构可靠性、一次风对冲、二次风反切等。

进入 21 世纪，上锅引进阿尔斯通公司超（超）临界锅炉技术，其切圆燃烧技术与 20 世纪 80 年代比有诸多改进。上锅在此基础上开发了新型高效低 NO_x 的高级复合空气分级低 NO_x 燃烧技术（见图 2.1－63）。该技术将沿炉膛高度方向的炉内整体空气深度分级（可调高、低位燃尽风）与沿炉膛断面方向的局部空气分级有机集成，采用两段空气分级燃烧、主燃区风包粉燃烧（一次风对冲或小切圆、可调偏置二次风）、精确配风等措施，具有 NO_x 排放低、煤种适应性强、防止结渣和高温腐蚀等特点。

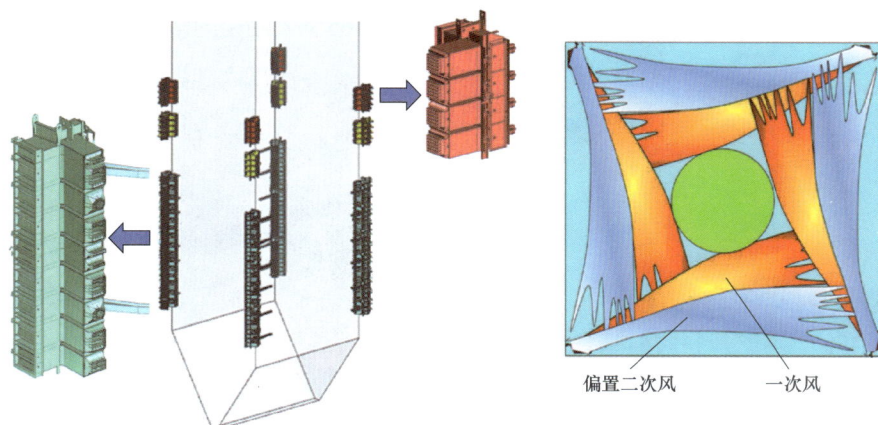

偏置二次风　　一次风

图 2.1－63　高级复合空气分级低 NO_x 燃烧技术

哈锅早期引进日本三菱公司的 PM 燃烧技术。其利用 PM 分离器的分离作用将煤粉分成垂直方向的浓淡两股气流，相邻的两层燃烧器为一个单元，浓相相邻布置，气流进入到炉膛中，形成浓淡燃烧；并配以一定燃尽风量的 A－A 风布置，形成炉内的低氮燃烧。后来哈锅又在国内工程上应用了 PM 技术的升级技术——MPM 燃烧器，其喷口的钝体可使煤粉的着火方式由传统的外围着火改为平行于喷口的面式着火。由于着火面积大，燃烧温度均匀，同时煤粉气流更多的处于还原区的氛围下着火，大幅降低了 NO_x 的生成。

东锅早期引进 CE 公司的四角切圆燃烧技术，之后又自主开发了"空气分级燃烧+浓相反切"及"多维深度分级"等四角切圆燃烧技术。浓相反切技术是利用浓煤粉气流反向喷入炉内，强化着火、降低 NO_x 排放量，同时增加了煤粉在炉内停炉时间，有利于提高煤粉燃尽率。淡煤粉气流从背火侧喷入炉内，配以偏置的周界风和部分正向反切的二次风，在燃烧器区域形成风包煤，可防止炉膛水冷壁结焦和高温腐蚀。多维深度分级技术将浓相反切与垂直浓淡结合，进一步强化燃料分级，从而降低 NO_x 的生成。

2. 旋流燃烧器对冲燃烧技术

东锅、哈锅分别在超临界锅炉上应用引进的旋流燃烧器前后墙对冲燃烧技术，又在工程实践的基础上创新发展，形成了自有的旋流燃烧技术。

东锅通过其与巴布科克日立公司的合资公司引进巴布科克日立公司 HT－NR3 旋流燃烧器，应用于早期超临界锅炉，东锅自主开发的 OPCC 燃烧技术采用双级径向导流锥煤粉浓缩器，获得外浓内淡的煤粉气流；一次风管出口设稳燃齿环及一、二次风导向锥，可获得环形回流区和较高的一次风湍流度，提高低负荷稳燃性能。采用内二次风叶片角度固定、外二次风叶片可调的双调风结构。后来东锅又针对传统 OPCC 型旋流燃烧器（见图 2.1－64）燃用褐煤时一次风率过高，一、二次风不匹配，燃烧组织困难的问题，开发了多项褐煤旋流燃烧新技术。

哈锅引进三井巴布科克的 LNASB 轴向旋流燃烧器，后在此基础上推出改进型褐煤和贫煤旋流燃烧器。哈锅自主开发的 UCCS 烟煤型旋流燃烧器（见图 2.1－65）采用径向浓淡分离，产生内浓外淡的效果，配合扳边结构的内、外二次风口可推迟风、粉早期混合，一次风内部煤粉均匀并设有锥型煤粉浓缩器。该型燃烧器取得良好的降低 NO_x 的效果。

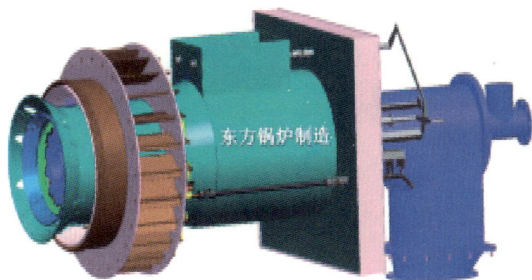

图 2.1－64　OPCC 型旋流燃烧器

图 2.1－65　UCCS 烟煤型旋流燃烧器

上锅自 2012 年起系统研究旋流煤粉燃烧 NO_x 生成、抑制机理及其主要影响因素，开发出宽调节比低 NO_x 燃烧技术，成功应用于北仑电厂 600MW 亚临界锅炉。北京巴威公司的 DRB 双调风燃烧器等旋流燃烧器也在国内外广泛应用。

各锅炉公司开发的旋流燃烧器总体上运行良好。特别是近年来，为应对节能和超低排放对锅炉提出的效率和降低氮氧化物排放的更高要求，逼迫旋流燃烧技术在新形势下进行了许多创新。

3. W 型火焰低挥发分煤燃烧技术

W 型火焰燃烧锅炉是燃用低挥发分煤的一种特殊炉型，可强化低挥发分煤的着火和稳燃，又有利于燃尽的较长的火焰行程。W 型火焰锅炉大多选配双进双出钢球磨直吹制粉系统。

东锅引进美国福斯特·惠勒公司 W 型火焰燃烧锅炉技术，首台 300MW 亚临界 W 型火焰炉用于阳泉电厂。锅炉采用双旋风分离燃烧器。一次风经旋风分离器浓缩后经过喷口向下喷入炉膛，乏气由乏气管引出后由火焰中心侧送入炉膛。二次风分别由拱上和水冷壁前后墙垂直段的喷口分多级送入炉膛。东锅在运行实践的基础上，自主开发了华电珙县等 600MW 超临界 W 型火焰锅炉燃烧器（见图 2.1-66）。锅炉采用较大的下炉膛断面和容积，优化了卫燃带布置。东锅另外还开发了带分离式煤粉浓缩器的直流式煤粉燃烧器，燃烧器两侧布置

图 2.1-66　东锅自主开发 600MW 超临界 W 型火焰锅炉燃烧器

拱上二次风喷口，锅炉垂直墙中部布置乏气喷口，垂直墙下部布置拱下二次风喷口，上炉膛下部布置燃尽风喷口。锅炉燃尽率高、NO_x 排放低、煤种适应性好。

哈锅与三井巴布科克公司合作开发了 W 型火焰锅炉，首台 300MW 亚临界 W 型火焰锅炉用于贵州纳雍二厂。哈锅自主开发的塘寨 600MW 超临界 W 型火焰锅炉采用带旋风筒浓淡分离装置的直流缝隙式燃烧器，浓相喷口布置在靠近炉膛中心，乏气淡相喷口布置在前后墙。一、二次风喷口在拱上相间布置，浓相和淡相之间通有二次风。部分二次风由前后墙靠近冷灰斗处送入炉膛，拱角处还设有燃尽风。为保证低质量流速运行的水冷壁的安全，采取了多项减小锅炉热偏差的措施，可在工况变化、炉内热负荷波动时，降低水冷壁二次应力和峰值应力。

上锅引进美国福斯特·惠勒公司 W 型火焰燃烧技术，首台应用于大唐桂冠合山电厂 670MW 锅炉。锅炉采用独特的双旋风筒燃料预热型煤粉燃烧器。乏气通过旋风筒中心顶部的乏气管送入炉膛乏气-燃尽风燃烧器。燃料预热型喷嘴为煤粉的着火和稳燃提供了强化的手段。燃烬风射流具有较强的炉膛穿透

能力,并能卷吸向上流动的烟气并与之充分混合,为碳粒子的后期燃尽和低 NO_x 排放提供分级配风;同时,乏气中的少量细煤粉被送入拱上方的燃烬风喷口处与缺氧烟气混合,降低燃烧所产生的 NO_x 排放。该技术也应用于越南永新 622MW 亚临界锅炉。

此外,北京巴威公司也生产多台 W 型火焰锅炉,采用 Half-PAX 双调风燃烧器。其布置燃烧器数量适中,浓煤粉由拱上的一次风喷口送入炉膛,淡煤粉气流则经乏汽管引到下炉膛送入炉内燃烧,具有着火性能好、NO_x 排放低等特点。

4. 多角切圆褐煤燃烧技术

国内褐煤锅炉采用中速磨正压直吹或风扇磨负压直吹制粉系统,中速磨系统通常采用旋流燃烧器对冲燃烧或直流燃烧器四角切圆燃烧,风扇磨系统采用多角墙式切圆燃烧。

20 世纪引进 CE 技术不久,哈锅就承担了元宝山电厂 600MW 褐煤锅炉任务。锅炉燃用元宝山褐煤,采用中速磨直吹制粉系统。锅炉投运后运行状态优于元宝山 2 号德国进口 600MW 塔式锅炉,开创了我国大容量褐煤采用中速磨运行良好的先河。进入 21 世纪后,哈锅、东锅又都研制了中速磨旋流燃烧器对冲燃烧褐煤锅炉。由于中速磨的干燥能力有限,锅炉使用中速磨系统对褐煤的水分有一定限制。

风扇磨多角切圆燃烧是专门用于高水分褐煤的燃烧技术,可保持炉内气流有一定的旋转强度。该燃烧技术与风扇磨直吹系统匹配、采用干燥能力强的热炉烟+热风+冷炉烟作为干燥剂后有足够的干燥能力和适宜的通风量。哈锅风扇磨多角切圆褐煤燃烧器主要有钝体夹心风燃烧器和十字中心风燃烧器两种。钝体夹心风燃烧器的一次风口中间设有一至二个水平钝体,内通热二次风,将尺寸较大的一次风口分隔成两部分或三部分,其作用是防止煤粉离析散射、补充射流中空气份额,改善供氧条件,减少未燃尽碳损失。十字中心风燃烧器在一次风口中设有十字型中心风管,将一次风口分割成四部分,内通中心辅助风,其作用与钝体中心风类似。风扇磨八角切圆燃烧技术在哈锅华能九台 670MW 风扇磨塔式锅炉、伊敏三期 600MW 风扇磨 Π 型锅炉上得到良好应用。

上锅也开发了多角切圆褐煤燃烧技术,首台配风扇磨 600MW 超超临界褐煤塔式锅炉应用于巴基斯坦塔尔项目。上锅配风扇磨褐煤燃烧器采用一字中心风管煤粉喷嘴、偏置周界风和偏转二次风的技术,同时达到稳燃、燃尽和防结渣的要求。

5. 准东高碱煤燃烧技术

新疆准东煤田预测储量达 3900 亿 t,是我国目前最大的整装煤田。在我国老能源基地呈现资源日趋枯竭的情况下,国家做出把新疆作为战略资源接替基地和煤炭、电力、煤化工开发基地的战略决策。但是准东煤的灰成分中 Na_2O、K_2O 等碱金属氧化物和 CaO 等碱土金属氧化物含量高,具有强烈的结焦特性和强沾污特性。图 2.1-67 显示了燃用准东煤锅炉受热面的严重沾污、堵灰情况。

煤粉在燃烧过程中,煤灰中的 Na_2O、K_2O 等在远低于灰熔融的温度下升华,呈气态随烟气流动,遇冷凝结在对流受热面管壁上,然后再与烟气中的 SO_3、Al_2O_3 等反应,形成各种硫酸盐和复合硫酸

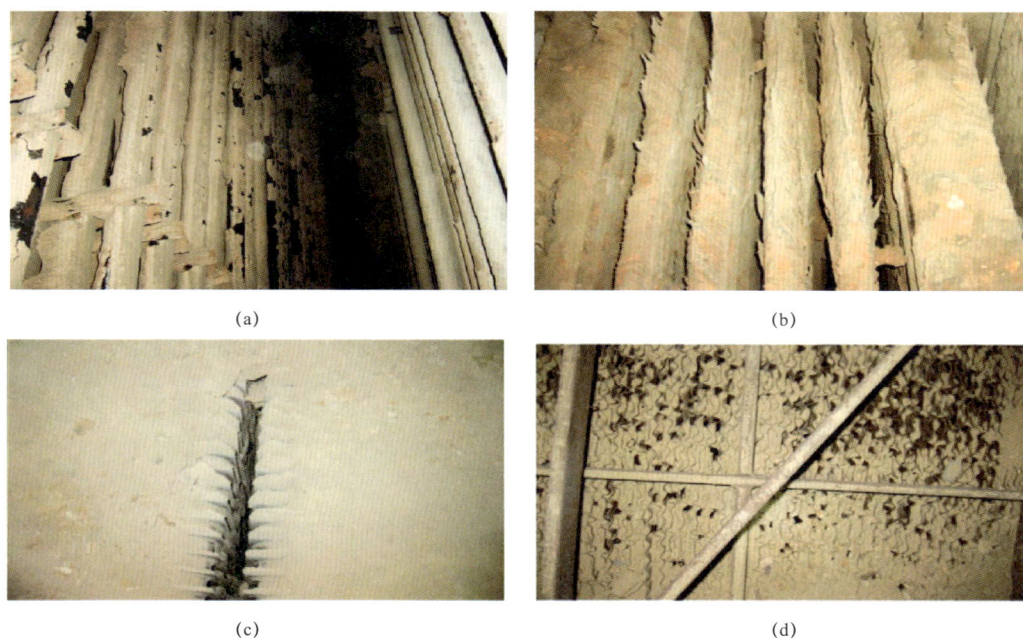

图 2.1－67 燃用准东煤锅炉的严重沾污、堵灰情况
（a）末级过热器、末级再热器；（b）水平低温过热器；（c）省煤器；（d）空气预热器

盐。这些硫酸盐类呈熔融状并作为黏结剂大量捕捉飞灰。准东煤灰的黏结性强，强度高，积灰严重时搭桥将水平烟道和尾部烟道上部对流受热面烟气通道堵死。像准东煤这种高碱金属含量煤引起的严重沾污现象是罕见的。准东煤灰中 CaO 在高温作用下可与 Fe_2O_3、Al_2O_3、SiO_2 等其他成分结合生成低灰熔点共晶体，使灰熔点降低，造成炉膛水冷壁、燃烧器喷口、过热器屏底严重结渣。因此在电站锅炉中燃用准东煤这种高碱煤是世界性难题。此外，碱金属还会造成 SCR 脱硝装置的催化剂中毒，缩短催化剂寿命。

各锅炉公司依托科技部"燃用新疆高碱煤 60 万～100 万 kW 等级超（超）临界锅炉关键技术开发及示范"课题，与清华大学、华中科技大学、上海发电设备成套院、西安热工院等高校和科研院所针对准东煤开展了大量研究工作，包括准东煤的煤质特性，碱金属元素的赋存形态及其对形成低灰熔点，高黏结性络合物（共融体）的影响，碱金属元素析出过程和迁移特性，参与的物理化学反应及结渣沾污机理，结渣沾污积灰判别及防控技术，准东煤清洁高效燃烧技术及炉膛、燃烧器、受热面和吹灰系统设计，混煤掺烧及加入添加剂等。在上述研究的基础上，各厂设计的大容量准东煤燃烧锅炉的带负荷能力、防结渣能力显著提高。哈锅实现了燃烧 90%以上准东煤且连续安全运行的重大突破，荣获第四届中国工业大奖。上锅国信准东 660MW 超临界锅炉在 168h 运行期间 100%燃用准东煤，并在锅炉投产后实现了长周期、高负荷、100%燃用准东煤（北山煤）的目标。东锅纯烧准东煤的国泰新华超临界煤粉炉、东明塑胶循环流化床锅炉等也已投入运行。

6. 大型循环流化床燃烧技术

CFB 锅炉采用低温循环燃烧技术，炉内温度水平较低，有利于炉内脱硫和控制 NO_x 排放，同时低温燃烧也有利于灰渣综合利用。

我国发展循环流化床锅炉燃烧技术几乎是从零起步的。CFB 锅炉燃烧专业技术人员从认识流态化燃烧开始，逐步摸索出一套 CFB 锅炉的燃烧组织、提高燃烧效率、降低钙硫比的经验。后来国内 CFB 顺利发展到 300MW 级亚临界锅炉，其燃烧技术也同步发展，总体上比较成功。

2009 年，国家启动自主知识产权 600MW 超临界 CFB 锅炉的开发计划。循环流化床燃烧技术面临在超大床面、超高炉膛高度的炉膛内组织燃烧的难题。

2014 年，国家《煤电节能减排升级与改造行动计划（2014—2020）》又提出了燃煤机组实现"超低排放"的任务，将烟尘、SO_2 和 NO_x 排放限值进一步降低，CFB 锅炉燃烧技术开始面临深度控制污染物排放的严峻挑战。

东锅采用可以兼顾燃烧效率以及控制污染物排放、具有专利技术的高效二次风技术。高效二次风系统是一种先进的炉内分级、降低 NO_x、去除 SO_2、优化炉内燃烧的技术，通过改变锅炉炉膛燃烧场的方法，在锅炉效率不受影响，甚至稍有提高的情况下，减少石灰石消耗或提高 CFB 锅炉的脱硫效率、降低现有 NO_x 排放。

上锅通过专利风帽设计、后墙多通道进风设计、前后墙联合给煤设计、前墙风包煤设计、专利回料器设计、炉膛下部二次风采用热一次风源等技术使布风均匀，燃烧更充分，效率更高；同时提升炉膛温度场的均匀性，提高脱硫效率，降低 SO_2 排放，杜绝由于局部高温导致的 NO_x 排放升高，降低 NO_x 排放。

哈锅也在 CFB 锅炉低能耗、低排放、高效率燃烧方面做了很多工作，对低料位运行、均匀布风、均匀给煤和排渣，保持炉内温度场和流场均匀性进行了研究。

除了以上六种燃烧方式以外，各锅炉公司还积极探索其他清洁高效燃烧技术，如上锅针对强结渣、沾污、腐蚀的特殊煤种，开发了新型液态排渣卧式旋风锅炉技术，目前正在进行中试。

7. 新型产学研相结合的研究机构——普华煤燃烧技术研究中心

为了更好地解决国外引进锅炉技术烧好中国煤的问题，应对锅炉新产品研发过程中对燃烧技术提出的挑战，迫切需要整合国内锅炉燃烧技术的研究力量，建立基于先进煤质特性分析的中国动力用煤数据库，并及时总结、交流已投运锅炉的设计、运行经验，探索煤质特性与大容量锅炉炉膛及燃烧设备结构特性的内在联系，加速电站装备国产化进程和提高锅炉设计水平。1987 年，由原机械部副部长陆燕荪倡导，包括各大锅炉厂、清华大学、哈尔滨工业大学、西安交通大学等高校、上海发电设备成套所和西安热工院等单位共同成立了普华煤燃烧技术研究中心（简称普华中心）。普华中心是服务煤电行业、产学研用一体化的煤清洁高效燃烧共性技术的研究机构，是打破制造厂与用户、制造厂同行之间壁垒的创新型协作平台。

　　普华中心成立后立即立题：《中国动力用煤——锅炉设计型谱》。型谱编制的技术路线是由各锅炉厂提供各自已投运典型锅炉的煤质特性分析资料、炉膛设计几何尺寸和热力参数、燃烧器喷口布置简图和燃烧相关技术数据，由普华中心对数据进行整理，进行必要的煤质特性补充试验，并组织专家对锅炉的运行情况进行调研。普华中心成员单位集中了中国煤燃烧技术界的主力，凝聚共识、优势互补，跟随电站锅炉的发展历程，在综合了大量试验和运行数据的基础上经过分析、研究，先后编写出版了三版"型谱"和《大型煤粉锅炉燃烧设备性能设计方法》《循环流化床锅炉燃烧设备性能设计方法》《600～1000MW 煤粉锅炉燃烧设备性能设计方法》《200～300MW 循环流化床锅炉燃烧设备性能设计方法》等专著和《大型煤粉锅炉炉膛及燃烧器　性能设计规范》（JB/T 10440）。

　　普华中心产学研用结合组织"型谱""方法"和"标准"编制，是电站锅炉的技术引进—消化吸收—创新发展较为成功的范例之一，深受业内好评。上述成果得到广泛应用，推动了燃烧技术发展。此外，普华中心还开展了"新疆准东煤燃烧特性及对锅炉设计的影响"等科研课题，为攻克新疆高碱煤燃烧难题做出了贡献。

　　产学研用联合体通过普华中心这个平台，取得了一批研究成果，促进了我国锅炉燃烧系统设计技术的发展。各成员间（需求侧、供给侧、高校、研究所）的频繁合作与交流，有了较多的共同语言，使之便于讨论并较快达成共识。同时普华中心这个平台直接强化了电力建设、运行、调试单位与锅炉设计制造单位的合作交流，对我国电力事业的高速发展并达到很高的技术水平发挥了重要作用。图 2.1－68 为 2009 年参加普华中心年会的代表合影。图 2.1－69 为普华中心的部分研究成果。

图 2.1－68　2009 年普华中心年会代表合影

（第一排左起：严宏强，江哲生，袁颖，王德兴，陆燕荪（副部长），徐旭常（院士），许晋源，查庚忠，高子瑜；第二排左起：胡筱斌，刘玲，许传凯，李文健，谢毓麟，杨奇娟，曹建峰，王炯祥，蔡世林，陈松业，吴乃新；第三排左起：赵宗让，施鸿飞，孔伯汉，王志民，车得福，于龙，胡仁德，刘泰生，翟学民，陈志强；秦裕琨院士因事未出席）

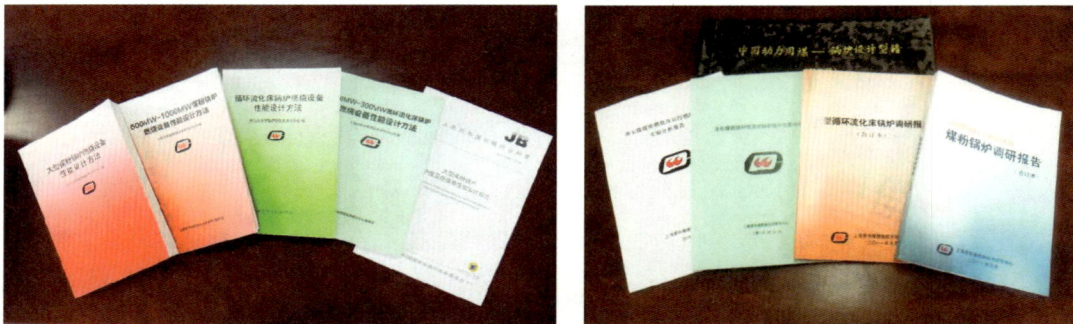

图 2.1-69　普华中心部分研究成果

二、电站锅炉水动力技术研究与创新

改革开放前，我国电站锅炉以 200MW 超高压及以下参数锅炉为主，还有少量 300MW 亚临界 UP 型直流锅炉。锅炉水循环计算按照 JB/Z 201—1983《电站锅炉水动力计算方法》进行，锅炉汽包内部汽水分离装置的设计计算按照 1974 年编制的《电站锅炉汽包内部装置设计方法》，可以满足当时锅炉设计、保证锅炉水循环安全和电厂汽水监督规程对蒸汽品质的要求。

改革开放后，我国引进了亚临界锅炉控制循环技术，自主开发了亚临界自然循环技术。进入 21 世纪，我国又引进了大容量超（超）临界直流锅炉的水动力技术并进行优化创新，在大容量、高参数超（超）临界直流锅炉水动力技术上登上新台阶。形成了螺旋管圈+垂直管圈、垂直管圈、低质量流速垂直管圈三种水冷壁管圈形式。直流锅炉采用了带启动再循环泵和不带泵的两种启动系统。

1. 亚临界控制循环和自然循环锅炉水动力技术

国内引进 CE 公司 300MW、600MW 亚临界控制循环锅炉采用带内螺纹管的改进型控制循环水动力技术。该技术具有蒸发系统布置自由、金属耗量少，启停快、机动性好，允许采用较低的循环倍率以降低循环泵电耗等优点。其蒸发系统的特点是：在下降管系中装有三台炉水循环泵，为锅炉水循环提供一个约 0.2MPa 的辅助压头，提高了水循环系统的有效提升压头。与自然循环方式相比，其水系统变化主要有以下几方面：提升压头增加，允许汽水分离器的压降适当增加，单只分离器的最大允许出力由自然循环方式的 13.6t/h 增加到 16.3t/h，分离器数量减少，汽包长度减小；来自水冷壁的汽水混合物可以从汽包上部引入，汽包内部采用全夹套结构，应用汽水混合物的冲刷作用有效降低汽包上下壁温差，允许更高的升降负荷速度；由于汽包上部密集开孔，筒身采用上厚下薄的不等壁厚结构；在水冷壁下联箱内每根水冷壁管入口设置节流孔圈，根据炉膛的热负荷分配及各回路的结构情况合理调节和分配各回路的工质流量；结合水冷壁高热负荷区内螺纹管的采用，可在保证水动力安全性的情况下将循环倍率降低到 2 左右；循环流量的减少可使水冷壁管采用较小的内径，降低水冷壁的金属重量，还可降低循环泵电耗。

汽包一次分离元件为轴流式旋风分离器，二次分离元件为百叶窗，汽水分离效果好。

在亚临界自然循环锅炉开发中，各公司依据本公司的科研成果，参照性能设计标准公式和控制循环水动力计算程序，开发了自然循环锅炉水动力计算程序。在锅炉水循环系统设计中对影响安全性的各因素，如锅炉运行压力，水冷壁质量流速，下降管带汽，水冷壁热负荷分布，上升管、引出管和下降管直径及截面比，回路高度等进行了详尽的分析研究，并在水冷壁高热负荷区采用内螺纹管。经超压 5% 水循环试验和锅炉运行验证，亚临界自然循环系统的设计合理，水动力计算具有较高准确性。膜态沸腾的校验表明，各回路的质量流速均能保证大于 952kg/（m² · s）（推荐值），采用内螺纹管后可有效防止膜态沸腾。汽包一次分离元件仍采用轴流式旋风分离器。由于与控制循环锅炉的汽水混合物干度不同，单只分离器允许负荷下降，分离器筒身长度加长，分离器数量和汽包长度增加。汽包采用等壁厚筒身。国内自主开发的自然循环水动力技术安全可靠、自补偿能力强、低负荷运行时也足够安全。

经过对引进技术的消化吸收、研究创新和试验验证，锅炉行业已较好地掌握了亚临界 300～600MW 自然循环和控制循环锅炉的水动力系统的结构特性和设计计算方法，开发了多个亚临界自然循环和控制循环炉型。

2. 超（超）临界直流锅炉水动力技术

在超（超）临界锅炉技术发展进程中，各锅炉公司和高校、科研院所对超临界工质的流动与传热特性、水冷壁管圈形式论证、炉内热负荷分布规律、水动力系统设计和计算、安全校核、直流锅炉蒸发系统动态特性、直流锅炉运行及其控制、启动系统等方面都进行了大量研究工作。

各大锅炉公司设计的超（超）临界锅炉采用了下炉膛螺旋管圈+上炉膛垂直管圈、垂直管圈、低质量流速垂直管圈三种管圈形式。低质量流速垂直管圈应用于 W 型火焰锅炉和自主开发的超临界循环流化床锅炉。直流锅炉采用了带启动再循环泵和不带泵的两种启动系统。

三大锅炉公司通过引进技术和消化创新，掌握了超（超）临界变压运行本生型直流锅炉技术，锅炉均采用下炉膛螺旋管圈+上炉膛垂直管圈的水冷壁布置形式，带启动再循环泵或不带泵的启动系统。螺旋管圈水冷壁在炉膛周长和管子节距不变的情况下，可减少水冷壁管的根数，从而可以采用较粗的管径和较高的质量流速。对管子制造公差所引起的水动力偏差的敏感性较小，运行中不易堵塞。水冷壁采用光管或部分内螺纹管，入口不设节流孔圈，螺旋管圈倾角 18°～25°，螺旋盘绕炉膛大于一圈。由于水冷壁管圈盘绕炉膛周界上升，各根管受热较均匀，管间温度偏差小。炉膛下部螺旋管圈与上部垂直管圈之间设中间转换联箱。锅炉本生负荷为 30%～35%，水冷壁满负荷质量流速约为 1800～2200kg/（m² · s）。在所有的负荷下系统都在高于由偏离核态沸腾（DNB）所决定的界限质量流速范围内运行。螺旋管圈+垂直管圈水动力具有水冷壁受热均匀，出口工质热偏差小的优点。缺点是安装焊口多，对于结渣性较强的煤种，螺旋管圈结渣的倾向比垂直管圈大，倾斜布置的螺旋管圈水冷壁承受垂直方向载荷的能力差，需要借助张力板等专门结构承受垂直载荷并妥善处理部件间的膨胀问题。

哈锅引进三菱公司技术的超超临界锅炉采用带内螺纹管的垂直管圈，入口装有节流短管。选用的质量流速约为 $1800kg/(m^2 \cdot s)$。为控制水冷壁出口热偏差，水冷壁设有两级中间混合。垂直管圈具有阻力小、不易结渣、垂直载荷传递结构简单等优点。缺点是对热负荷比较敏感。为满足客户的不同要求，也开发了下部螺旋管圈+上部垂直管圈、对冲燃烧的超超临界锅炉。

在超（超）临界直流锅炉的设计中，与其他炉型差异最大之处就在于炉膛水冷壁的设计。炉膛水冷壁实际吸热量份额的大小往往受煤种、炉膛结渣程度、燃烧器投入层数、变压运行负荷以及切高加等因素的影响。对变压运行超（超）临界压力直流锅炉而言，其运行分为三个阶段，即启动初期运行、亚临界直流运行和超临界直流运行。这种变压运行方式使水冷壁的工作条件变得极为复杂，从启动至额定负荷运行，锅炉运行压力从高压、超高压、亚临界压力逐渐增加到超（超）临界压力，水冷壁的工质由两相流体转变为单相流体，工质温度也发生很大变化。在整个变压运行中，蒸发点的变化，使单相和两相区水冷壁金属温度随之变化，必须注意水冷壁及其刚性梁体系的热膨胀设计，并防止频繁交变应力引起承压件上出现疲劳破坏。因此，变压运行超临界及超超临界直流锅炉水冷壁的选型和设计，其关键是要防止水动力不稳定性和传热恶化的发生，保证在正常的运行条件和允许的负荷变化范围内，水循环安全可靠。

在超临界区，管内单相介质的传热系数比亚临界两相流体的传热系数低，工质温度也高，因此在超临界参数下水冷壁壁温最高，可能产生超温现象，因此需要对超临界区的水冷壁壁温进行校核，保证水冷壁的材料选取有一定的安全裕量。同时为防止最低直流负荷时因水冷壁出口为两相介质导致过热器因分配不均而产生爆管，在设计中必须保证低负荷下水冷壁出口工质仍有一定过热度。

在近临界区，相变点附近存在一个最大比热区，由于工质的物性急剧变化，容易引起水动力不稳定。该区域容易发生与亚临界压力区域类似的膜态沸腾，因此必须控制在高热负荷区不发生类膜态沸腾。同时由于工质的物性变化大，在上部水冷壁中高干度的工质将产生蒸干（DRO）现象，因此需将干涸点控制在较低的热负荷区，避免"蒸干"时发生壁温骤升。

在亚临界区，水冷壁的安全性是校验高热负荷区膜态沸腾（DNB）的裕度及高含汽率区域干涸现象（DRO）发生后壁温是否低于管材的许可温度。由于亚临界直流区干涸是不可避免的，必须控制干涸发生的位置，使其处于热负荷较低的上炉膛区域，控制发生 DRO 时的管壁温度。膜态沸腾（DNB）一般可能发生在高热负荷和低干度区，即燃烧器与燃尽风之间区域。水冷壁采用足够高的质量流速和采用内螺纹管是防止发生膜态沸腾（DNB）或控制干涸（DRO）壁温飞升的两个有效措施。

在启动和低负荷区（≤最低直流负荷），由于压力的降低，使汽水密度差增大，不会发生膜态沸腾和蒸干，但容易产生较大的热偏差和流动的不稳定。负荷降低后，炉膛水冷壁的吸热不均将加大，为防止水冷壁管圈吸热不均导致温度偏差增大，须对水动力不稳定性进行校验。为了防止流动多值性不稳定现象的发生，须限定最低质量运行负荷时的质量流速。

综上所述，对于超（超）临界锅炉而言，质量流速是最重要的设计参数。质量流速的选取必须要大于变压运行超（超）临界锅炉在下述四个运行区内的水冷壁管壁温度不超过管材的许可壁温时的临界质量流速，即要分别高于超临界区不发生类膜态沸腾、近临界区控制蒸干、亚临界区不发生膜态沸腾、启动阶段保持水动力的稳定性等四个运行区的临界质量流速。同时需要控制分离器出口温度，分离器出口温度太高，水冷壁壁温水平提高，材料裕量下降；分离器出口温度太低，受到最低直流负荷时，分离器温度仍然有一定过热度的要求防止过热器带水。当然对于水冷壁入口工质温度也有一定的限制，临界压力以下水冷壁入口水必须有一定的欠焓，防止工质汽化造成水冷壁传热工况恶化。但水冷壁入口欠焓过大会影响水冷壁系统水动力的稳定性。

国内各大锅炉公司采用流动网络图的方式进行水循环计算，将集箱简化为压力节点，水冷壁系统简化为回路。根据动量守恒原理列出每个压力节点的流量平衡方程，根据动量守恒原理列出每个流量回路的阻力平衡方程。利用数学方法将方程组联立求解得出各回路的流量和节点的压力。水动力计算中涉及不同状态工质（单相水、单相汽、汽水两相）压降（摩擦压降、重位压降、局部压降）的计算，不同状态管内工质的换热计算、水冷壁的壁温计算等。

水动力计算的任务是进行不同锅炉负荷下水冷壁各回路流量分配与出口工质温度的计算、水冷壁管壁温度分布计算、水冷壁系统流动阻力计算和水动力稳定性校核计算。

3. 低质量流速直流锅炉水动力技术

由于 W 型火焰燃烧锅炉下炉膛结构复杂，采用螺旋管圈设计制造难度较大，各锅炉厂通过国际合作或与高校联合开发等方式，开发了具有正流动特性的低质量流速垂直管圈水动力技术，并在超临界 W 型火焰锅炉和超临界循环流化床锅炉上应用。

低质量流速垂直管圈技术主要包括了两方面内容：正流量响应特性及改进型内螺纹管技术。水冷壁的压降由静压降和动压降组成，常规垂直管圈直流锅炉质量流速较高，动压降大于静压降。当质量流速降低到 1200kg/（$m^2 \cdot s$）以下时，动压降会低于静压降，炉膛的水力-热力特性就和自然循环锅炉相似，具有自补偿功能。当某根管子吸热量增加时，该管的工质流量也相应增加，我们称此流量响应特性为正流动特性。西安交大对超临界 W 型锅炉的水循环核算表明，水冷壁质量流速可以降低到 1000kg/（$m^2 \cdot s$）以下，水循环运行安全可靠。

此外还采用了优化内螺纹管，通过改进管子内螺纹的齿形结构（提高齿形高度、改进倾角）以提高其对抗工质流动的扰动，提高其防止出现膜态沸腾的能力，保证水冷壁管壁得到足够的冷却，进一步提高水冷壁运行安全性。

循环流化床锅炉炉内温度水平低，热负荷较为均匀，对水冷壁防止磨损要求高，低质量流速垂直管圈在超临界 CFB 锅炉上应用更显优势，而且可以采用一次上升水冷壁，无需中间混合。

4. 带循环泵和不带循环泵的启动系统

对于采用直流运行方式的超（超）临界锅炉而言，水冷壁内的工质流量与锅炉负荷成正比变化。但当水冷壁内的工质流量降低到维持水循环安全性的最低流量时就不再随着锅炉负荷的降低而降低，而是保持最低质量流量不变，以保证水循环的安全性。设置启动系统的主要目的就是在锅炉启动、低负荷运行及停炉过程中，通过启动系统建立并维持炉膛内的最小流量，以保护炉膛水冷壁，同时满足机组启动及低负荷运行的要求。因此直流锅炉需设置启动系统。

直流锅炉的启动系统形式及容量应根据锅炉最低直流负荷、机组运行方式、启动工况及最大工况时水冷壁质量流速等条件合理选取、并考虑工质的合理利用等因素。

国内超（超）临界锅炉目前主要采用两种启动系统，一种是不带循环泵启动系统，另一种是再循环泵启动系统，如图 2.1-70 所示。不带循环泵启动系统设备少，系统简单，维护工作量小；但扩容器及水箱容量大，启动阶段燃料消耗量大，无法回收工质和热量，过热器易超温。带循环泵启动系统增加循环泵和一套冷却水系统，布置相对复杂，但启动速度快，工质和热量回收效果好，减少清洗阶段补水，更加容易保证启动期间水动力的稳定性和温度偏差，水冷壁中热应力小，冲击小，尤其对于超低负荷运行的锅炉，带循环泵启动系统具有明显的优势。

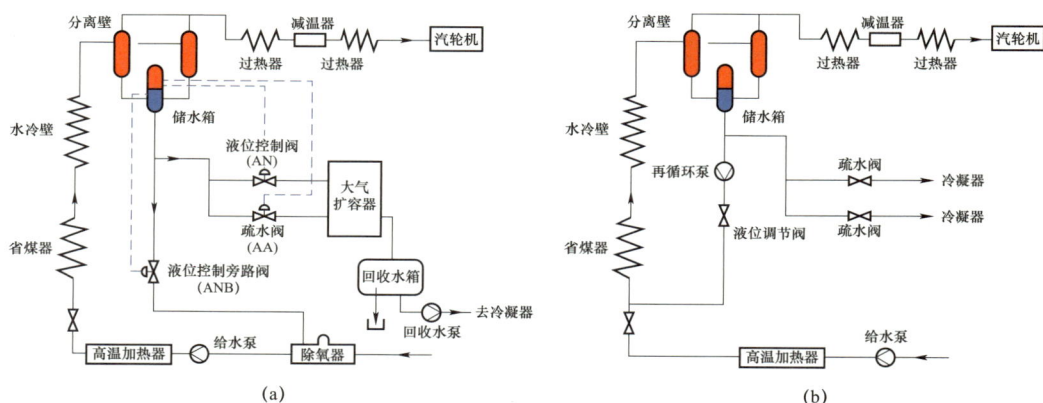

图 2.1-70　直流锅炉的启动系统
（a）不带循环泵启动系统；（b）带循环泵启动系统

改革开放 40 多年来，我国锅炉水动力技术取得长足进步，对保证锅炉安全经济运行发挥了重要作用。西安交通大学等高校和科研院所与各锅炉厂合作，在联合承担国家科研课题和攻关项目、消化吸收引进的锅炉水动力技术、关键技术研发与创新方面密切配合，做了大量开创性的工作，为锅炉水动力技术的发展做出了重要贡献。

三、锅炉材料研究与应用

1. 概况

电站锅炉受压部件承受很高的工作压力,受到高温烟气的辐射和冲刷,超(超)临界锅炉高温受热面还面临蒸汽腐蚀问题。由于锅炉受压部件工作条件恶劣,应力状态复杂,一旦失效会造成严重后果,因此锅炉材料必须具有足够的强度、塑性、冲击韧性、抗疲劳和抗腐蚀能力,以及良好的工艺性能。

改革开放前,我国电站锅炉受压部件的材料体系主要是依据苏联 ГOCT 标准体系建立起来的,距当时的国际先进水平有一定差距。改革开放后,我国引进 CE 公司亚临界 300MW、600MW 锅炉技术,此后的 300MW 及以上容量电站锅炉开始按照 ASME 规范设计,所用的锅炉受压部件材料也由 GB、YB 材料向以 ASME 材料为主转变。与以前最重要的差别是小口径管使用了 SA－213 T91 等马氏体钢和 SA－213 TP347H 等奥氏体钢,大口径管使用了 SA－335 P91 等马氏体钢。40 多年来,电站锅炉制造企业在 ASME 锅炉钢材的研究和应用,配合钢铁科研单位和钢厂进行 ASME 材料国产化和新材料研发,通过对锅炉制造和运行中发生的材料问题进行失效分析、优化锅炉制造工艺和协助钢厂进行质量改进等方面不懈努力,为实现锅炉材料的合理应用、ASME 牌号材料国产化和系列化,逐步建立我国的锅炉用钢体系做出重要贡献。

2. 亚临界锅炉阶段的材料研究应用

20 世纪 80 年代初,国家决定引进 300MW、600MW 亚临界锅炉技术,并要求尽可能使用国产成熟钢材。由上海发电设备成套所牵头组织各锅炉厂向 CE 公司提供了国内锅炉材料性能数据,并进行了补充试验。经过 CE 公司审查,最终同意使用 20G、15CrMoG、12Cr1MoVG、12Cr2MoWVTiBG(钢研 102)、12Cr3MoVSiTiBG(П11)等五种国产材料替代 ASME 材料用于考核机组锅炉设计制造,支持了民族工业发展,并降低了锅炉成本。其中钢研 102 是钢铁研究总院、首钢和哈锅等单位联合研制的自主知识产权锅炉管材,为锅炉材料取得首个国家科学技术进步奖二等奖。

同时,各锅炉公司通过学习和消化美国 ASME、ASTM(美国材料检验协会)等规范和发达国家锅炉钢材应用经验,对国产亚临界锅炉应用的 SA－299、SA－210、SA－213 TP304H、TP347H、SA335－P12、P22 等材料进行试验研究,包括对材料的化学成分、机械性能、金相组织等进行评定和验证,进行材料的冷、热加工试验、焊接性能试验和热处理工艺试验,为亚临界锅炉设计的材料应用和制造工艺编制提供了依据。后来又在 SA－213 T91 马氏体耐热钢的焊接、热处理工艺等方面进行研究,解决了 T91 材料焊接难的问题,促进 T91 管材替代钢 102 和 SA－213 TP304H,在亚临界锅炉中广泛应用。

各锅炉公司还承担了 ASME 钢材国产化和系列化方面的实验研究,进行性能补充试验,为 TP304H、

TP347H 奥氏体钢管和 13MnNiMoNb 汽包钢板的国产化和亚临界锅炉用钢的系列化做出了贡献。

3. 超临界锅炉材料研究应用

进入 21 世纪，为适应我国发展大容量超（超）临界锅炉的需要，各锅炉公司开始对超（超）临界锅炉用新型耐热钢进行复核试验和研究。2002 年三大锅炉公司承担了国家"863 计划""超超临界燃煤发电技术"中的第二子课题"超超临界锅炉关键技术研究"任务，依托玉环 1000MW 超超临界锅炉项目开展了 SA－213 T23（HCM2S）、T24、T/P92、和 S30432（Super304H）等小口径管和 E911、P122（HCM12A）大口径管以及 TP347HFG 细晶粒钢、TP310HCbN（HR3C）的应用试验研究。这些国外研制的超超临界锅炉新型耐热钢多数采用多元复合强化理论，在钢中加入强化元素和强碳化物形成元素，从 W、Mo 等元素的固溶强化和 Nb、V 等碳化物的析出强化两个方面提高耐热钢的持久强度。通过对这些钢种的性能试验、微观结构的基础研究、可焊性研究、冷热成型试验研究和热处理工艺研究、抗蒸汽氧化研究，较好地掌握了这些新型耐热钢的特点，并在蒸汽参数最高达 33MPa 压力、605℃/623℃过热汽温和再热汽温的高效超超临界锅炉中成功应用。

2003 年以后我国开始建设大批超（超）临界火电机组，造成国外钢厂锅炉高端材料供应能力不足、价格上涨。在国家特检院、机械工业联合会发电设备服务中心的支持下，三大锅炉公司配合国家钢铁研究总院、上海成套院和钢厂进行超超临界锅炉新型耐热钢和一些关键材料的国产化工作，研制的产品达到国外先进实物水平，基本实现了全部超超临界锅炉用钢的国产化目标。项目成果"600℃超超临界火电机组钢管创新研制与应用"获 2014 年国家科学技术进步奖一等奖。

4. 700℃超超临界材料研究

为研究发展更高参数的超超临界火电技术，2011 年 6 月国家 700℃超超临界燃煤发电技术创新联盟成立。三大锅炉公司作为成员单位承担了 700℃超超临界锅炉过热器、再热器部件的技术研究任务，开展了对国内外新型耐热钢的进一步研究。目前主要对国外的 Sanicro25（22Cr－25Ni－Cu－Nb－N）、617B（固熔强化的 Ni－Cr－Co－Mo－B 型高温合金）、740H（25Cr－20Co 镍基合金）和国内自主研发的 G115（9Cr－3W3Co－1Cu）、GH984G（Ni－20Fe－21Cr 铁镍基合金）等进行研究。各公司制造的新材料试验件正在南京 700℃火电机组关键部件验证试验平台上进行考核（见图 2.1－71）。其中 Sanicro25、G115 等经过验证的部分材料已在国内 630℃超超临界示

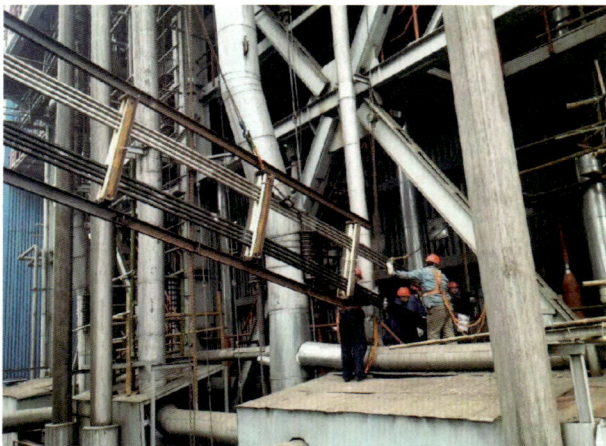

图 2.1－71　南京 700℃火电机组关键部件验证试验平台

范工程上应用。

各锅炉公司还大力加强材料理化分析和检测能力，增添了一批现代化的设备，包括场发射扫描电子显微镜、金相显微镜及图像分析仪、显微硬度计、铁素体检测仪、光电直读光谱仪、碳硫分析仪、各类万能试验机和拉伸、冲击、高温蠕变试验机等试验设备。先进仪器设备和先进技术的应用，使试验的自动化程度、检验精度和数据可靠性都有了极大的提高。

四、空气预热器技术

回转式空气预热器是锅炉的重要部件，利用锅炉尾部余热加热锅炉燃烧和燃料干燥所需的空气，达到改善燃料着火燃烧和降低排烟温度、提高锅炉效率的目的。我国自 20 世纪 70 年代开始自主研发风道回转的回转式空气预热器，80 年代初在引进 300～600MW 亚临界锅炉技术的同时引进了容克式空气预热器（受热面回转）技术。经过学习消化引进技术和创新发展，目前预热器制造企业已经形成了完全自主知识产权的空气预热器技术，并衍生开发了烟气加热器等产品。设计制造的预热器用于不同等级的燃煤、燃油和燃气锅炉，并根据要求采用立式或卧式布置、模式或半模式、二分仓、三分仓或四分仓等不同的结构形式，还将空气预热器及其衍生产品从电力行业延伸到冶金、焦化、化工等诸多节能环保领域。

回转式空气预热器技术的创新和发展主要体现在以下几个方面：

1. 创新结构广泛应用

先后开发了全模式和半模式转子结构，围带传动和冷、热端中心驱动装置，变截面鱼腹梁式桁架结构，传动变频控制系统，热端扇形板自动清灰系统，自由滑动的导向轴承，膨胀节式静密封装置，高压水在线清洗系统，消防系统等。这些新结构的成功运用，对提高产品性能、降低安装工作量、提高运行稳定性等方面起到了重要作用。

2. 开发多种新板型传热元件

传热元件是空气预热器的核心，其性能的好坏直接影响空气预热器的换热效果和抗堵塞能力。为此，科研人员加大新传热元件板型的研发力度，先后开发了多种新的换热效率高、流动阻力小、防沾污及抗堵灰能力强、易清洗、抗腐蚀的传热元件板型，配备这些传热元件板型的预热器可适应燃用高水分高灰分褐煤、强沾污高碱煤和高硫煤等各类煤种，也是装设脱硝装置锅炉的配套需要。

3. 自主开发性能计算程序

随着电站锅炉向大型化发展、节能降耗要求不断提高和尾部装设脱硝装置，对空气预热器提出了新的要求；预热器自身性能和结构也在不断发展优化，早期引进的性能计算程序已经无法满足设计需要。

为此，各公司结合多年积累的工程设计、运行经验和科研成果，开发了新的空气预热器性能计算程序。这些程序功能完善，计算准确，使用方便，人机界面友好。

4. 漏风控制技术大幅提高

预热器作为大型转动设备，风压较高的一次风向风压较低的二次风和烟气侧漏风、二次风向烟气侧漏风难以避免。漏风导致风机电耗增加、锅炉排烟损失加大，严重时直接影响锅炉带负荷能力。我国空气预热器科研人员一直致力于漏风控制技术的研究，先后开发了双密封、三密封、多重柔性密封系统，适应300MW以上机组全负荷运行的新型漏风自动控制系统，无蘑菇状变形转子以及负压回收系统等技术，使得我国空气预热器漏风率控制技术及指标达到国际领先水平。

5. 大型化发展取得突破

随着电站锅炉向大型化发展和单系列布置方式的应用（一台锅炉只配置一台预热器），空气预热器大型化成为趋势，通过科研人员的不懈努力，目前我国已经掌握了转子直径从20~24m的超大型空气预热器的设计制造技术，可以满足1000~1350MW机组双列布置或600~680MW机组单列布置的要求，满足了锅炉发展的配套需要。

6. 预热器创新平台建设

各公司与高校合作开展了多项预热器前沿技术的开发，快速推动了空气预热器技术发展。其中哈锅与高校合作，建成了国内首个由企业建立的空气预热器传热元件试验平台，并在燃烧中心热态试验台上装设了试验用回转式预热器。上锅与高校联合建设了传热元件测试风洞、漏风结构测试风洞等设施。通过这些研发设备对空气预热器性能、结构进行研究、测试，得出了极具价值的试验数据，为研发新产品、新结构提供有力支撑。东锅也建立了传热元件试验装置，应用新板型的研究开发。

五、烟气余热利用技术

针对排烟温度高、余热损失较为严重的锅炉，可在锅炉尾部烟道增设烟气余热利用系统以减少排烟损失，提高锅炉效率。这在火电机组节能减排的措施中受到高度重视，并且在燃用高水分褐煤、高灰分劣质烟煤或采用较高给水温度的高参数锅炉，往往因为空气预热器换热能力不足，难以将排烟温度降到合理数值的情况下，装设烟气余热利用系统更为必要。

装设烟气余热系统可以降低锅炉排烟温度，提高锅炉经济性；降低电除尘器入口烟气比电阻，提高除尘效率；提高空气预热器入口风温，降低空气预热器冷端低温腐蚀风险以及协同除去烟气中部分SO_3。

根据烟气余热利用系统的系统配置及技术方案的不同，主要可分为低温省煤器技术、低温省煤器联合暖风器技术、预热器旁路耦合技术、预热器旁路耦合加暖风器技术及水气—气热交换器WGGH（Water

Gas-Gas Heater）技术等。

1. 低温省煤器技术

低温省煤器一般布置于预热器与除尘器之间的烟道内，利用低加凝结水系统介质冷却烟气温度，该技术可降低发电煤耗 1～1.5g/（kW•h），其典型布置如图 2.1－72 所示。

该技术的主要功能如下：

（1）利用烟气余热加热凝结水，减少汽轮机侧抽汽，提高机组效率。

（2）降低除尘器入口烟气温度，减少除尘器体积流量，提高除尘效率及 SO_3 去除能力，降低引风机电耗。

（3）对于采用湿法脱硫技术的机组，可减少脱硫耗水量。

2. 低温省煤器联合暖风器技术

低温省煤器联合暖风器技术主要包括预热器与除尘器之间低温省煤器设备、空气预热器入口暖风器设备，该技术可降低发电煤耗 1.5～3.0g/（kW•h），其典型布置如图 2.1－73 所示。

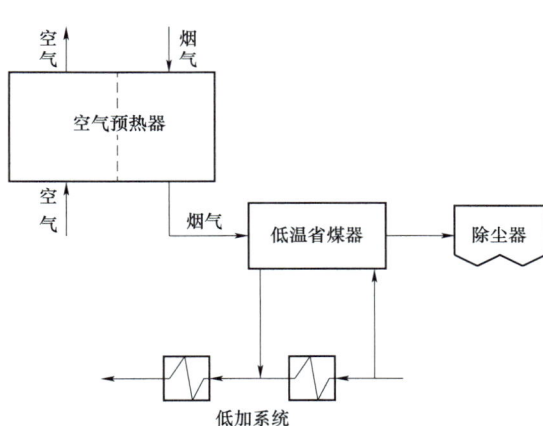

图 2.1－72　低温省煤器技术典型布置图　　图 2.1－73　低温省煤器联合暖风器技术典型布置图

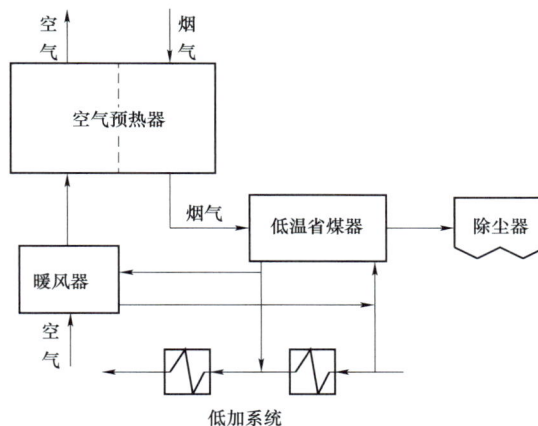

低温省煤器回收的烟气余热送至低加系统或通过暖风器加热空气预热器入口冷风，该技术一方面回收烟气余热，另一方面缓解空气预热器低温腐蚀问题。

3. 预热器旁路耦合技术

针对燃用褐煤或水分、灰分相对较高的劣烟煤机组，由于煤质指标较差使得锅炉排烟温度相对较高，影响锅炉效率。为了进一步降低锅炉排烟温度，提高锅炉效率，可采用预热器旁路耦合技术，该技术可降低发电煤耗 2.0～4.0g/（kW•h），其典型方案布置如图 2.1－74 所示。

该技术基于预热器系统增设并联烟道，烟道内沿烟气流动方向布置高压、低压换热器。高压换热器冷却介质取自高加系统，低压换热器冷却介质取自低加系统。该技术主要功能有如下两点：

（1）利用烟气余热加热凝结水，减少汽轮机侧抽汽，提高机组效率。

（2）减少预热器入口烟气量，进一步吸收烟气余热，降低排烟温度，提高锅炉效率。

4. 预热器旁路耦合加暖风器技术

预热器旁路耦合加暖风器技术融合了低温省煤器联合暖风器技术和预热器旁路耦合技术，其典型布置如图 2.1-75 所示。该技术回收烟气余热能力较强，进一步提高节能效果，可降低发电煤耗 3.0~4.5g/（kW·h），主要用于高水分褐煤或水分、灰分相对较高的劣烟煤机组，但是该技术系统较复杂，前期投资相对较高。

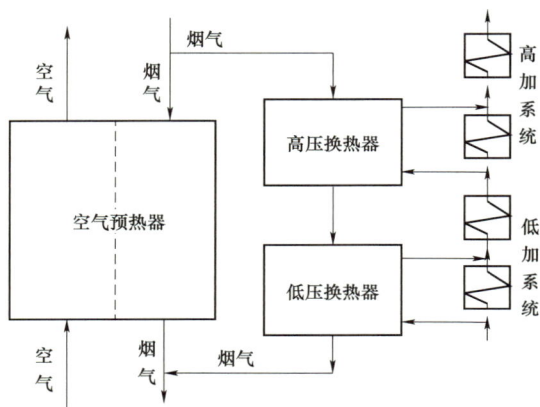

图 2.1-74　预热器旁路耦合技术典型布置图

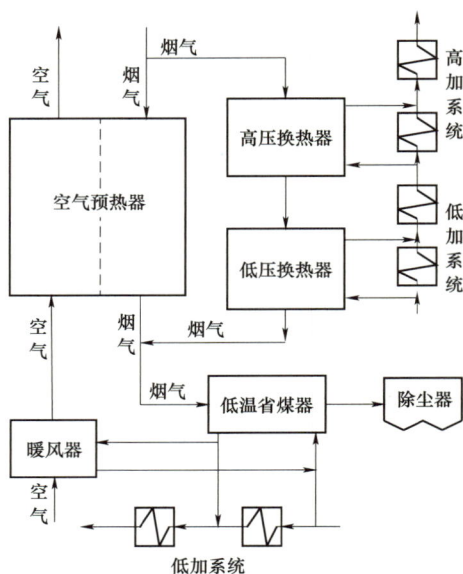

图 2.1-75　预热器旁路耦合加暖风器技术典型布置图

5. 水气-气热交换器 WGGH 技术

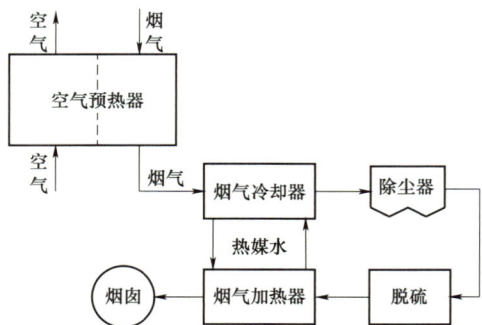

图 2.1-76　WGGH 技术典型布置图

为了进一步减少火电机组污染物排放，开发了 WGGH 技术。该技术从系统配置方面考虑主要包含烟气冷却器和加热器，其典型布置如图 2.1-76 所示。该技术中烟气冷却器与加热器形成闭式循环，烟气冷却器一般布置于预热器与除尘器之间的烟道内，除了其吸收的烟气余热不用于加热凝结水系统外（用于后续烟气加热器），其他功能同低温省煤器技术；烟气加热器主要利用烟气冷却器获得的热量加热脱硝后的烟气，其主要功能如下：

（1）提高脱硝出口烟气温度，缓解后续烟道及烟囱等设备低温腐蚀问题。

（2）提高烟囱出口烟气温度，提高烟气抬升高度，缓解或消除"白烟"现象。

上述给出的五种烟气余热利用技术各有特点，均在一定程度上能够实现节能减排的作用，方案选取时需根据电厂实际情况、预期目标、前期投资等因素综合评估后确定。

六、火电厂大气污染物排放控制技术

三大电气集团都以不同组织形式开展了电站环保板块业务，拥有国家推荐的超低排放技术路线所包括的主要技术，包括煤粉锅炉、循环流化床锅炉低 NO_x 燃烧技术、石灰石－石膏湿法脱硫等脱硫技术、SCR 和 SNCR 脱硝技术、各类先进除尘技术（包括低低温电除尘和以湿式电除尘作为二次除尘技术）、重金属脱除技术以及一体化的大气污染物协同治理技术。各集团承担了众多现役机组的超低排放改造工作，为提前两年完成 2020 年在役机组的超低排放改造任务做出了贡献。各集团还在煤电超低排放的基础上，开展"近零排放"、脱硫废水零排放、汞和重金属脱除、SO_3 等可凝结颗粒物脱除、消除湿烟气液态水中溶解盐颗粒物脱除、敏感地区湿烟气中气态水回收等方面研究工作。

东锅从 21 世纪初开始开展脱硫、脱硝技术研究和工程设计，通过消化吸收引进技术，完成了石灰石－石膏湿法烟气脱硫装置设计，开发了具有自主知识产权的海水脱硫技术。2011 年起自主开发了脱硝装置设计，开展了燃煤锅炉 SCR 烟气脱硝系统成套化研究，形成具有自主知识产权的烟气脱硝 SCR 和 SNCR 技术系列化设计。为适应超净排放要求，研发了湿式静电除尘器，还开展了大型燃煤锅炉主要烟气污染物高效协同一体化脱除技术研究。

上海电气环保公司面向燃煤电站高环保要求，以火电烟气 NO_x、SO_2、粉尘减排为对象，先后研究开发了石灰石－石膏法、镁法、氨法、钠法、海水法五种主流湿法脱硫技术，开发了 SCR 烟气脱硝装置运行优化技术和流场优化设计技术、高效空塔 pH 分层控制技术和宽煤种适应性低低温电除尘技术，形成了燃煤机组污染物超低排放技术保障体系。

哈锅引进石灰石－石膏湿法喷淋空塔脱硫技术、SCR 脱硝技术和湿式电除尘器技术，在引进技术基础上优化创新，完成了脱硝整流栅格和催化剂支撑结构以及脱硫塔新型强化气液传质构件等技术改进。与清华大学和浙江大学合作研发了 SNCR 脱硝技术、自主型 SCR 脱硝技术、钢铁及焦化低温脱硝技术、自适应式筛板高效石灰石－石膏湿法脱硫技术。自主研发了双塔双循环高效脱硫技术。还与东南大学合作进行脱硫废水零排放技术开发。

三大集团的煤电烟气净化技术和产品均可满足国家对火电厂排放烟气中烟尘低于 5mg/m³、二氧化硫低于 35mg/m³、氮氧化物低于 50mg/m³ 的要求。

在石灰石－石膏湿法脱硫技术研究方面，东锅自主研发的石灰石－石膏湿法脱硫技术采用空塔喷淋工艺，辅以先进的流场控制技术、防烟气贴壁技术、烟气均流技术、高效雾滴脱除技术，选用单塔单循环、单塔双循环、双塔双循环等工艺流程满足不同项目的需求，实现超低排放的目标，并可以协同脱除烟气中的烟尘。上海电气的高效空塔 pH 分层控制技术集节能和提效为一体，既能在燃用低硫煤时降低脱硫系统能耗，又能在燃用高硫煤时提高脱硫效率，采用该技术的机组脱硫效率超过 99%。哈锅与浙江大学联合开发自适应筛板塔技术、自主研发的双塔双循环高效脱硫技术，脱硫效率可达 99% 以上。其中自适应筛板塔技术有协同除尘效果，在吸收塔入口粉尘小于或等于 30mg/m³ 的条件下，可以实现出口粉尘小于或等于 5mg/m³（见图 2.1-77）。

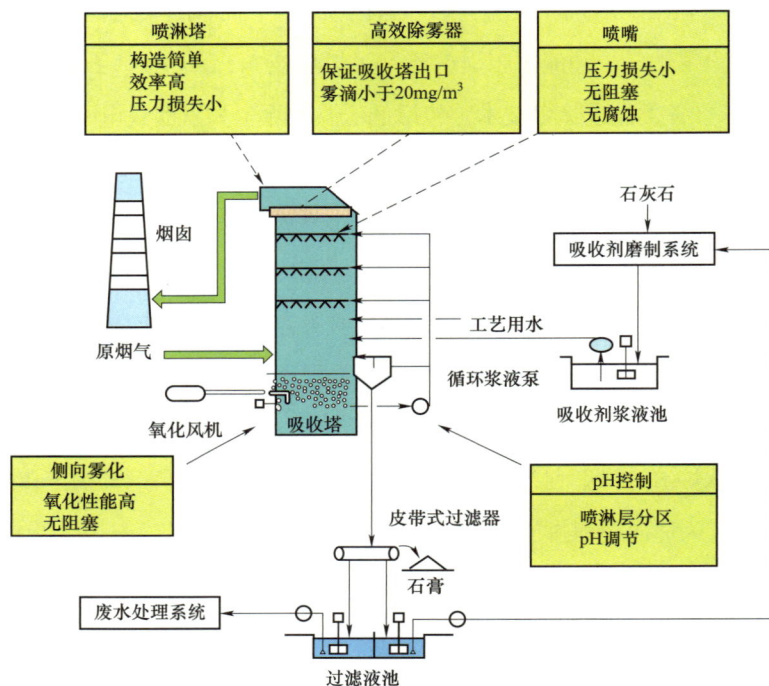

图 2.1-77　石灰石-石膏法脱硫技术

在海水脱硫技术研究方面，东锅自主研发的海水脱硫技术，采用空塔喷淋技术，辅以流场控制等技术，以单塔单循环即可实现 95% 以上的脱硫效率，排放的海水可达到第三类海水水质或排放海域相应水质要求。

在选择性催化还原（SCR）脱硝（见图 2.1-78）、选择性非催化还原（SNCR）脱硝（见图 2.1-79）及 SNCR+SCR 混合脱硝技术研究方面，三大集团都已掌握了上述脱硝主流技术。东锅的烟气脱硝技术由多种脱硝工艺、催化剂技术、还原剂制备工艺综合组成，适用于电力及其他行业的燃煤锅炉和工业炉窑的烟气处理。SCR 脱硝、SNCR 脱硝及 SNCR＋SCR 混合脱硝，可以确保各种燃煤锅炉、燃气-蒸汽联合循环余热锅炉满足日益严苛的环保排放要求。上海电气 SCR 脱硝装置优化技术包括导流板优化设计、非均匀喷氨优化策略和全流程低压损设计，以及在空间受限情况下的非标设计。还研究了在脱硝装置保证氮氧化物脱除率的前提下氨逃逸率最低（$<3\times10^{-6}$）的运行优化技术。采用的技术手段包括 NO_x

总量在线估计技术、按需喷氨技术和智能吹灰技术。基于火电锅炉侧实时仿真系统开发了烟气流量在线校正技术和 NO_x 总量独立估计技术。哈锅应用流场模拟计算，优化了脱硝导流板布置和结构设计，可更好地满足超低排放要求。针对钢铁及焦化行业烟气温度偏低的特点，哈锅与浙江大学联合开发了低温脱硝技术，采用中低温、低温催化剂技术，成熟的 GGH 技术和热风炉技术等来实现低温烟气的 NO_x 50mg/m³ 超低排放。脱硝还原剂也由原来的液氨方案逐步改为更为安全环保的尿素方案。

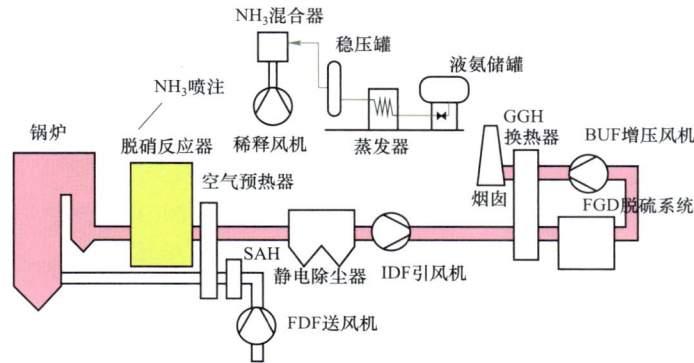

图 2.1-78 SCR 脱硝技术系统图

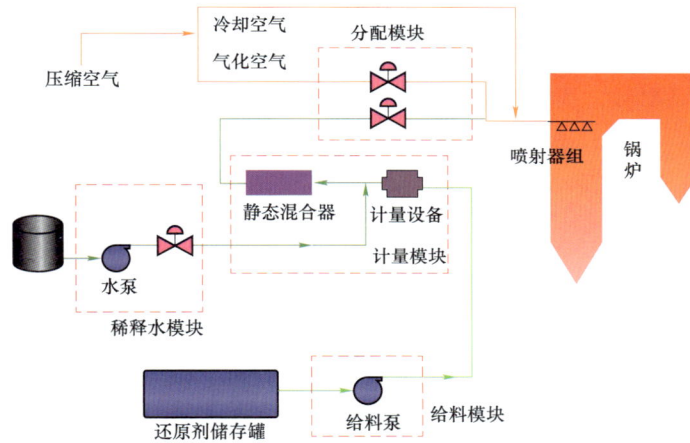

图 2.1-79 SNCR 脱硝技术

在烟气除尘技术研究方面，各公司都研究开发了满足烟尘小于或等于 5mg/m³ 超低排放要求的湿式电除尘技术、低低温除尘技术、电袋复合除尘技术和高频电源技术。

东锅自主研发的湿式电除尘技术，采用耐腐蚀的非金属（PPS、导电玻璃钢）管式或蜂窝式收尘极，无需碱洗即可保持长久的使用寿命，降低运行成本。放电极采用高等级防腐合金材料的刚性管状芒刺线或柔性芒刺线，放电性能好。并可耦合现有湿法脱硫系统。该装置适用于燃煤火电厂及其他行业，达到大于 80%除尘效率，实现 5mg/m³ 以下的超低排放要求。上海电气研发的湿式电除尘器适合精细处理吸收塔后较低粉尘浓度的烟气，由于其无反电晕和二次扬尘，能保证粉尘浓度长期稳定低于 5mg/m³。采用高电流密度的放电级、合理的放电针数量以保证稳定的强电晕，使用聚丙烯和 FRP 材质作为阳极板。还使用低含固量、适当 pH 的冲洗水，以减少喷嘴的磨损和堵塞。哈锅引进三菱湿式电除尘技术，并进行多项改进，除尘效率和设备寿命得到有效提升。

低低温除尘技术是在电除尘器上游设置烟气冷却器，将电除尘器运行温度由 120～150℃ 降低到 80～100℃，减少烟气体积流量，降低烟气比电阻和烟气流速，可有效提高除尘器的除尘效率。吸收塔后增加再加热器，利用烟气余热抬升烟气温度，防止下游设备腐蚀，可以彻底消除白烟及石膏雨。上海电气的宽煤种适应性低温电除尘技术，通过降低烟气温度促进 PM2.5 凝聚成大颗粒粉尘，提高原有除尘器的除尘效率，同时利用粉尘中特有的碱性物质避免设备腐蚀现象的发生。该除尘系统中还采用了无泄漏式烟气换热器。

在协同控制超低排放集成技术引进方面，东锅自主研发了以 CFB 半干法脱硫反应塔为核心的协同控制超低排放集成技术，具有工艺流程简单、占地面积小、设备投资低、耗水小、无废水排放等特点。适用于燃煤锅炉、垃圾焚烧炉、生物质锅炉、烧结机等火电和非火电行业烟气处理，可实现脱硫、脱硝、除尘、除重金属、除二噁英的环保一体化烟气处理，在实现 SO_2、粉尘超低排放的同时，还可协同脱除 SO_2、NO_x、重金属及二噁英等污染物。哈锅提出了具有自己特色的污染物协同治理技术路线，主要以高效脱硫除尘一体化技术为核心，统筹考虑各环保设备前后污染物变化规律，优化系统布局，节省了占地面积，合理匹配各设备参数，从而能够低成本且可靠实现烟尘、二氧化硫和氮氧化物的排放限值达到超低排放限值。上海电气环保也开发了一体化超低排放集成技术。

关于火电厂环保方面的详细内容，将在电站环保章节中专门介绍。

七、新一代高效、清洁、低碳燃烧技术

电力和装备制造行业的各大公司大力开拓满足未来全球低碳经济发展所需的新型高效、低碳技术如 O_2/CO_2 富氧燃烧技术、CO_2 捕集技术、IGCC 发电技术、化学键燃烧技术、储能技术等新一代低碳电力技术的研发，为用户提供更加高效、清洁、低碳的火电技术与装备。

1. 富氧燃烧技术研发

华中科技大学、东锅、神华国华电力研究院等单位合作，共同完成了国家"十二五"科技支撑计划"35MW 富氧燃烧碳捕获关键技术、装备研发及工程示范"项目。通过"产学研用"协作，掌握了富氧煤粉燃烧、污染物生成和协同控制等基础理论；形成了系统和装备的设计、运行和性能评价的技术导则和标准；研发了富氧燃烧相关的关键技术和装备；建成了 35MW 工业示范装置，并完成了 200MW 富氧燃烧锅炉与关键部件的概念设计，达到国际同类装置的最佳水平。

2. 整体煤气化联合循环发电（IGCC）示范电站

IGCC 技术是结合了清洁的煤气化技术与高效的燃气轮机联合循环发电技术，实现了燃气轮机联合循环发电技术的燃料由天然气向煤炭的转变，更符合未来煤基发电技术的发展方向。IGCC 系统具有净发电效率高的突出优势，净发电效率预期可突破 50%；若与燃料电池结合为整体煤气化燃料电池发电系统（IGFC），供电效率可达到 55% ~ 60%；污染物可达到近乎零排放，硫和灰渣可资源化回收；耗水量为常规燃煤技术的 1/2；CO_2 捕集成本减少约 1/2；可实现煤和天然气双燃料运行，具有良好的负荷调节能力，在发电的同时，可联产液化天然气、H_2 及甲醇等清洁燃料。

华能天津 250MW 级 IGCC 示范电站是我国"国家洁净煤发电示范工程""十一五""863 计划"重大课题依托项目和"基于 IGCC 的绿色煤电国家'863 计划'的研究开发基地"。我国自主工程设计，自主研制 IGCC 成套设备，自主建成我国第一座、世界第六座大型 IGCC 示范电站，国产化率达到 90%以上，电站由我国自主调试运行，实现我国 IGCC 零的突破。电站装机容量为 265MW，研制出了世界上首台 2000t/d 级两段式干煤粉加压气化装置，实现了我国大型干煤粉加压气化炉的重大突破，构建了 IGCC 全工况多目标系统集成设计软件和工程设计方法，创建了 IGCC 多变量复杂系统协调控制策略和控制软件。该工程于 2009 年 9 月 5 日开工建设，2012 年 11 月 6 日投产。截至 2018 年 9 月 23 日 0 时 18 分，华能天津 IGCC 整套装置连续运行 3918h，打破日本勿来 IGCC 电站保持的连续运行小时数世界纪录，成为全世界连续运行时间最长的 IGCC 机组。机组运行可靠，能够为各类煤气化发电及多联产相关研究提供稳定的试验装置。

IGCC 采用燃烧前脱硫工艺，粉尘、二氧化硫、氮氧化物等主要污染物排放优于天然气电站排放标准。IGCC 的燃气轮机和蒸汽轮机联合循环，结合了燃气轮机平均吸热温度高和蒸汽轮机平均放热温度低的优点，增大了热力系统平均吸热温度与平均放热温度之间的温差，提高了发电的效率。结合 IGCC 技术，可以建立低能耗的燃烧前 CO_2 捕集工艺流程。通过捕集后的 CO_2 可以进行封存或用于油田驱油，进而实现 CO_2 的近零排放。气化炉排出的灰渣可作为良好的建筑材料，硫可被回收利用。IGCC 还能与燃料电池、湿空气透平循环等先进的发电技术结合，形成更高效的发电方法。

进一步发展 IGCC 技术对于保障我国电力生产安全与天然气供应稳定具有重要的意义，同时可实现以电力需求带动关键装备技术发展，使重型燃气轮机具有更广泛的用途，提升我国在重型燃气轮机方面的自主设计与生产能力。

3. 5MW 超临界二氧化碳发电（SCO_2）试验平台

二氧化碳发电是一种新型发电技术，自第一次工业革命以后，热能的主要利用方式是将热能通过动力系统转化为机械能，为人类的活动提供动力。超临界二氧化碳发电系统属于动力系统的一种，是以超临界状态的二氧化碳作为工质，将热源的热量转化为机械能，其热源可来自核反应堆、太阳能、地热能、工业废热、化石燃料燃烧等。超临界二氧化碳工质的优良特性使得其系统具有良好的应用前景和研究价值。

超临界二氧化碳的特点是当二氧化碳的温度达到31.1℃，压力达到7.38MPa时将变为超临界状态，其气体黏性小和液体密度大的特殊物理特性，使其具有流动性好、传热效率高、可压缩性小等典型优势，适合用于热力循环。相比其他同类型热力循环的工质具有以下特点：① 二氧化碳临界温度和压力远低于水的临界点，容易达到超临界状态，有利于工程应用；② 超临界二氧化碳是一种非常稠密的流体，具有液体特性，密度大，传热效率高，做功能力强；③ 兼具气体特性，黏性小，流动性强，系统循环损耗小；④ 超临界二氧化碳循环无相变，压缩过程中压缩功有效减小，只占涡轮输出功的30%，而常规氦气循环要占45%左右，燃气轮机则更高，要占50%～60%。

华能集团牵头在西安热工研究院建立5MW超临界二氧化碳发电（SCO2）试验平台。该科研示范项目以CO_2为工质，采用与传统火电应用的朗肯循环不同的布雷顿动力循环，可在相同的参数下获得更高的发电效率，且系统紧凑，占地面积小。对于煤基SCO2循环的研究，国内外均处于起步阶段，该试验装置是国内唯一的二氧化碳发电系统，其参数和功率等级目前处于国际领先水平。初步研究表明，CO_2循环可在工质参数为620℃时达到700℃蒸汽循环的效率，同时避免使用昂贵的镍基高温合金，降低机组单位造价，具有很好的经济性和应用前景。该实验装置正在建设中，哈锅参与了试验装置的相关工作。

4. 燃煤电厂CO_2捕集和储存（CCS）工业性示范

随着全球温室效应的影响越来越显著，温室气体CO_2的减排问题迫在眉睫。由于燃煤电厂CO_2排放量大，排放集中，因此从烟道气中捕集和储存CO_2成为当前燃煤发电行业的一个热点问题。由于实施CCS工程耗资巨大，能耗极高，目前世界上还没有一家电厂全面实施，只有我国几家电力集团建成了具有世界级的燃煤电厂CO_2捕集系统的示范装置。

2008年奥运会前夕，华能集团建成投运我国第一座燃煤电厂CO_2捕集系统——华能北京热电厂3000t/年CO_2捕集装置［见图2.1-80（a）］。该装置采用华能集团自主知识产权的燃烧后CO_2捕集技术——从CO_2浓度为13%左右的烟气中捕集出浓度超过99.5%的CO_2，再经过精制系统，最终生产出食品级CO_2产品。

2009年底，华能集团建成投运当时世界上最大的燃煤电厂CO_2捕集系统——华能上海石洞口第二电厂12万t/年CO_2捕集装置［见图2.1-80（b）］。通过工艺与运行优化、降低系统能耗，完成了关键技术的开发和关键设备的工程放大，生产出食品级CO_2产品，全部设备实现国产化。

2010年1月，中国电力投资集团在重庆合川双槐电厂采用燃烧后捕集技术建成投运1万t/年CO_2捕集装置。

2012年，华能集团建成了我国第一套燃气烟气CO_2捕集装置，规模为1000t/年，完成了3000h的连续运行测试，在 CO_2 浓度为 3%左右的低分压烟气条件下实现了 90% CO_2 的捕集分离，同时保证系统运行和排放满足北欧最为严格的质量环保体系的要求。

2012 年年底，国电集团在天津北塘电厂建成投运 2 万 t/年 CO_2 捕集装置。

2016 年，华能集团建成投运世界第一座基于 IGCC 的 10 万 t 级燃烧前 CO_2 捕集系统——华能天津 IGCC 电厂 10 万 t/年 CO_2 捕集装置。

(a)   (b)

图 2.1－80 CO_2 捕集装置
（a）我国首座燃煤电厂 CO_2 捕集装置；（b）世界首座 12 万 t 级 CO_2 捕集工业装置

2018 年，中国华电集团在江苏句容电厂建成投运 1 万 t/年 CO_2 捕集装置。

八、创新平台建设

改革开放以前，我国的电站锅炉行业先后经历了 20 世纪 50 年代学习苏联起步发展和 60～70 年代自力更生艰苦创业两个发展阶段，产品从 35t/h 中压锅炉起步发展到 200MW 超高压锅炉和 300MW 亚临界锅炉。

20 世纪 80 年代初，国家确定了火电设备走引进技术、消化吸收再创新的发展之路。三大锅炉厂引进了美国 CE 公司亚临界控制循环锅炉技术，通过引进技术的消化吸收，掌握了 300～600MW 亚临界控制循环和自然循环锅炉技术。三大锅炉厂较好地处理了学习、传承与创新的关系，在掌握 CE 亚临界锅炉核心技术的同时，将国内劣质煤燃烧技术、自然循环锅炉设计运行技术等我国传统技术与引进技术相结合，在 CE 技术基础上进行了众多优化和创新。在此过程中，各厂科研队伍与国内知名高校、科研院所横向联合，得到了培养和锻炼，研发能力大幅度提升。

进入 21 世纪，电站锅炉行业抓住了国内电力市场快速发展、火电机组更新换代的历史机遇，实现了锅炉容量由 600MW 到 1000MW、蒸汽参数连上超临界、超超临界、高效超超临界三个台阶的历史性跨越。二次再热锅炉、超临界循环流化床锅炉、大型联合循环余热锅炉也迅速发展，一批自主开发的超（超）临界锅炉先后诞生，其总量已超过按引进技术生产的产品。通过消化吸收和创新发展，我国电站锅炉技术经过了由跟跑到并跑的历程，整体上达到世界先进水平，其中超临界循环流化床锅炉已居于世界领先地位。

但是三大锅炉公司清楚地认识到，锅炉技术发展到今天，继续依靠引进国外技术的道路已经难以为继，我国电站锅炉技术发展面临着由引进技术消化为主向自主创新为主的重大转变。为促进锅炉行业可持续、高质量的发展，各公司实施了科技创新战略，加大科研投入，投资科技基础设施和科研装备，加强产学研相结合的创新体系和企业创新平台建设，加强创新团队的人才培养，近年来已取得显著成效。

哈锅大力实施科技创新战略，科技创新体系建设逐渐完善和成熟，创新平台建设、产学研用协同创新合作、科技制度建设、人才培养等工作均取得了显著成绩，企业作为创新主体的作用越发明显，技术创新成果的转化和产业化更加迅速。

哈锅建成了以"技术发展战略委员会"和高效清洁燃煤电站锅炉国家重点实验室"学术委员会"为核心，以"四所两处两站一中心"（包括锅炉研究所、工艺研究所、材料研究所、水务科技研究所、锅炉设计开发处、辅机容器设计处、博士后工作站、院士工作站和燃烧技术中心）为主体的多元化、开放式科技创新体系。

2011 年哈锅投资建设哈锅燃烧技术中心，该中心占地 6200m²，主要包括 30MW 验证试验台、10MW 多功能试验台、50kW 一维炉、旋流对冲燃烧冷态试验台等。研究方向为煤着火、结焦、燃尽、污染物生成与抑制等燃烧特性研究、清洁高效燃烧器和燃烧系统技术研究、基于冷热态试验和工程运行结果的数值模拟技术研究等。30MW 热态验证试验台主要用于旋流燃烧器高效低氮技术研究，是国内热容量最大，也是唯一的单只燃烧器验证试验台，可进行燃烧器 1:1 工业试验。10MW 多功能热态试验台可进行切圆、对冲、W 型火焰等多种燃烧方式及煤种结焦特性试验研究，它也是国内热容量最大的多功能试验台。材料研究实验室占地 1500m²，拥有各类试验和检测设备 351 台套。以国产化材料强化机理研究、高温持久蠕变性能及焊接性能、制造工艺研究等为主要方向。工艺实验室占地 2280m²，配备各种试验设备 51 台套。主要以新材料焊接、热处理、冷热成型及机加技术为研究方向。

2015 年 9 月，哈锅获得科技部批准建设的"高效清洁燃煤电站锅炉国家重点实验室"，成为电站锅炉行业唯一一家企业国家重点实验室，在国际同类研究平台中处于一流水平。国家重点实验室总体定位为"开展高效清洁燃煤电站锅炉研究，满足我国能源装备的重大需求和由制造大国向制造强国、由中国制造向中国创造迈进的发展需要"。同时该实验室也成功获得中国机械工业联合会和黑龙江省科技厅认定为工程技术研究中心，建设了院士工作站和博士后科研工作站，并同清华大学、浙江大学、西安交通大学、哈尔滨工业大学成立了国家重点实验室（见图2.1－81），对开展产学研合作、高效利用高校智力资源提供了便利。

哈锅依托先进的创新平台、完善的创新体系及人才培养机制，形成了一批具有国际水平的科技成果，获得国家科技奖励51项，省、部级科技奖励180余项。

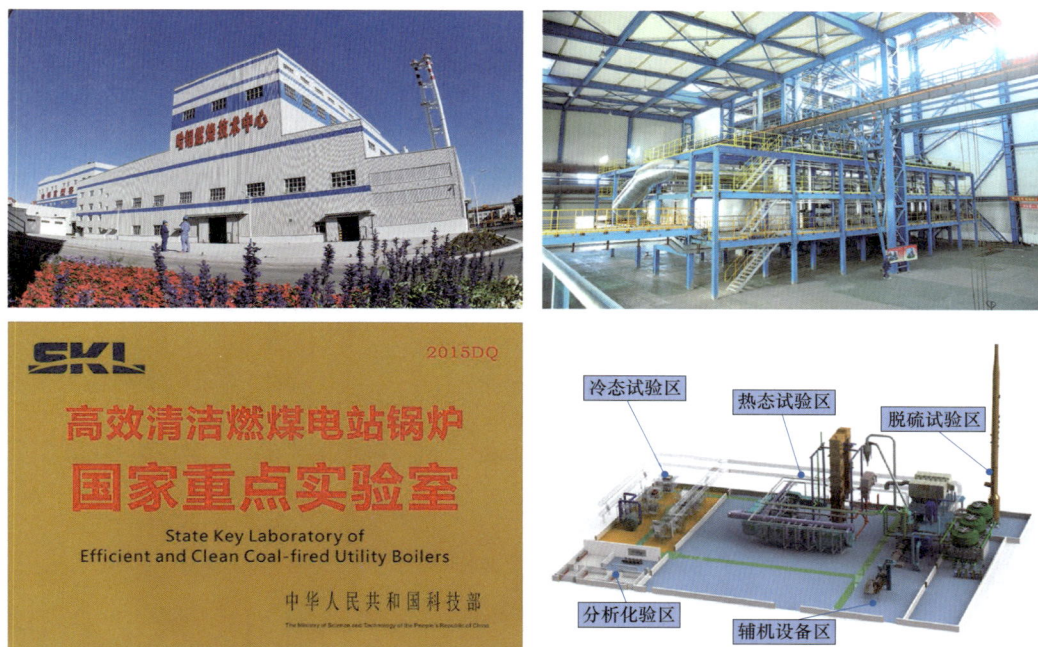

图 2.1－81　哈锅燃烧技术中心和高效清洁燃煤电站锅炉国家重点实验室

东锅拥有国内一流的研发团队和管理团队，有博士后科研工作站、院士、专家工作站，有集产品研发、设计于一体的技术中心。东锅作为国家高新技术企业，拥有机械工业"清洁高效燃烧技术工程实验室""高温高压材料及焊接工程实验室"和"清洁燃烧与烟气净化四川省重点实验室"。试验研究平台包括位于成都的基础实验室、位于德阳的清洁高效燃烧技术试验中心、位于酒泉的太阳能光热技术研发基地等。可开展煤炭和生物质高效清洁燃烧、烟气净化、煤气化、太阳能光热等方向的研究，形成了从数值模拟、机理研究、中试试验、到工程示范全链条的研发能力。已获得35项国家级科技进步成果奖，106项省、部级科技进步成果奖。

成都基础实验室占地面积约5000m²，拥有精密仪器50余台和先进的模拟计算软件。可开展燃料物理特性分析、锅炉炉内燃烧及脱硫、脱硝全流程数值模拟计算、煤燃烧和污染物控制技术机理研究等研究工作。德阳清洁高效燃烧技术试验中心占地面积约7500m²，建设有热功率为3MW的煤粉燃烧试验台、3MW循环流化床燃烧试验台、200kW微型切圆燃烧炉和50kW一维燃烧炉综合热态试验台、海水脱硫综合试验台、尿素热解试验台、CFB给煤槽出力与防磨特性试验台、高温熔盐循环与传热试验台、污泥及生物质小型连续性液化试验台、定日镜传动试验台、煤气化废热锅炉试验台等先进的大型试验平台。

清洁燃烧与烟气净化。四川省重点实验室依托东锅的成都基础实验室和德阳清洁高效燃烧技术试验中心建设，主要以节能环保、提高能源使用效率和大气污染物综合防治为根本目标，重点开展清洁燃烧、烟气净化、煤气化等方面的基础研究工作，并致力于将其向工程化技术应用转化。实验室承担国家级课题 7 项，省部级课题 7 项，东锅内部重点课题 40 余项。机械工业高温、高压材料与焊接工程实验室依托东锅材料研究所和焊接试验室建设，重点开展锅炉、压力容器及核电用新材料应用试验研究，高效自动化焊接方法开发及应用研究和新材料与新工艺方法的焊接及热处理规范标准化试验研究。实验室拥有试验场地 6000 余平方米，材料研究及焊接试验研究试验设备 466 台（套），材料研究及焊接技术研究能力据国内同类企业前列。实验室完成了多项高温、高压材料与焊接试验研究课题并成功应用于锅炉部件产品制造（见图 2.1－82）。

上锅始终秉持以科技创新引领市场、服务用户的理念，通过技术创新实现上锅技术产品的升级与优化，为用户提供优质的产品和技术。上锅科技创新按照"技术升级与优化""新产品技术开发"和"前瞻性技术研发"三个层面为用户提供相应的技术产品与技术服务，形成科技创新引领市场、市场促进科技创新的良好局面。

图 2.1－82　东锅机械工业高温、高压材料与焊接工程实验室

上锅努力创建世界一流研发中心与创新团队，现拥有以洁净煤低碳燃烧与气化试验中心（见图 2.1－83）、材料实验室和焊接实验室为代表的一个试验中心和两个实验室，主要用于高效洁净煤技术开发与高参数电站锅炉材料选型、焊接工艺关键技术的开发。可开展固体燃料高效清洁燃烧关键技术，大规模煤/生物质气化关键技术，CFB 高效清洁燃烧与多联产关键技术，电站锅炉煤燃烧沾污、结渣、腐蚀特性防治技术，CCUS（二氧化碳捕集、利用与封存）关键技术，新型高碱煤液态排渣锅炉关键技术等的研究与技术开发工作。具备了从基础实验研究、中试验证研究、工程放大研究（数值模拟）与工业示范的全链条研发体系。公司研发团队由以上海市领军人才领衔的集动力、热控、化工、化学等相关专业人员组成创新团队。其中，博士后 1 人，博士 6 人，硕士 9 人，国务院政府津贴专家 1 人，中－澳青年科学家 1 人，上海市青年科技启明星 4 人。

图 2.1-83 上锅洁净煤低碳燃烧与气化试验中心

洁净煤低碳燃烧与气化试验中心是上锅自主创新与技术开发的科技创新平台,占地面积约 6000m²。建设有 3MW 多功能煤粉燃烧热态试验平台(见图 2.1-84),1000m³/h 烟气 CO_2 捕获 CCS 热态试验平台,2.5MW CFB 燃烧-热解多联产热态试验平台,3.6t/d 常压气流床气化试验平台,50kW 煤粉燃烧、沾污、腐蚀试验平台,20MW 旋风燃烧液态排渣试验平台等多个大中型试验平台、各类先进的小型机理实验装置以及各种先进的分析测试仪器,可用于新型洁净煤低碳燃烧与气化技术的开发和前瞻性创新技术的研发。

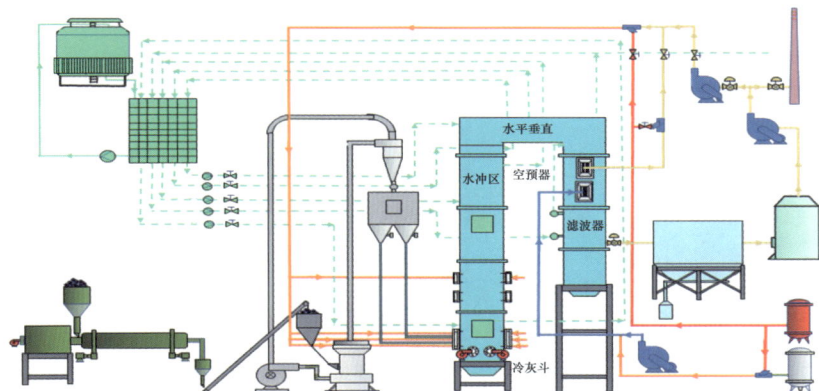

图 2.1-84 上锅 3MW 多功能煤粉燃烧热态试验平台

"材料实验室"占地面积约 500m²,可承担试样(原材料及焊接试样等)的加工、力学性能(拉伸、弯曲、冲击等)试验、进行组织分析、化学成分分析及高温性能试验等。

"焊接实验室"占地面积约 500m²,承担各类材料的焊接工艺试验,主要实验设备有各类焊接、气割和热处理设备。

以超超临界锅炉、二次再热锅炉和超临界 CFB 锅炉成批投运为主要标志,我国的电站锅炉制造业已经由技术引进、消化吸收、再创新为主转入了以自主创新为主、由中国制造向中国创造的新时代。三大锅炉公司将继续完善科技创新体系建设,以适应新形势下高质量发展的迫切要求,全面提高行业前沿技术、基础研究、共性技术等方面的科技攻关实力,为中国发电设备制造业的发展做出更大贡献。

第二章

汽 轮 机

第一节 概　　述

一、汽轮机的作用和地位

汽轮机是一种将蒸汽的热能转换为机械能的旋转式动力机械。它具有单机功率大、效率高、转速高、运转平稳、单位功率制造成本低和使用寿命长等优点，广泛应用于现代工业的各个领域。

汽轮机是发电用的原动机，在现代化石燃料电站和核电站中，都采用以汽轮机为原动机的汽轮发电机组。经过 100 多年的发展，汽轮机已成为当今世界最主要的发电设备，目前世界上 80% 左右的电能由汽轮发电机组提供。

汽轮机通常在高温、高压及高转速的条件下工作，是一种较为精密的重型机械。它的设计、制造和发展涉及许多工业部门和学科领域，如研发高强度耐热合金钢的材料学，研究新型材料大型锻、铸件和加工的工艺学，为提供高效率叶型和长叶片的气动学和强度学，基于计算机技术的集控和程控技术，以及热工学、流体动力学、强度振动、自动控制、计算和测试技术等方面的理论和实验研究。因此，汽轮机制造业是一个高度集中化的行业，是一个与高新技术紧密相关的重大产业，是电力工业的基础。它体现了一个国家的制造能力和制造水平，是反映国家工业技术发展水平的标志之一。

二、我国汽轮机技术的发展

我国汽轮机行业经过 60 多年的发展，经历了自力更生、技术引进、国际合作到自主研发的不同发展阶段。先后开发了不同参数、不同用途、各种功率等级的火电、核电、工业汽轮机系列产品，单机功率已从几百千瓦发展到百万千瓦。汽轮机产品的技术性能、成套能力和整体质量已达到国际同类产品的先进水平，使我国汽轮机产品完全实现了自主化，为我国国民经济和电力工业的发展做出了重大的贡献。

改革开放 40 多年来，在党中央的坚强领导下，我国汽轮机行业始终牢记振兴民族工业的历史使命，以"绿色动力，造福人类"为宗旨，做精动力装备，开发清洁能源，保护生态环境，造福人类社会。经过多年技术改造和不断创新发展，汽轮机技术已趋于成熟，并向着世界一流的目标不断迈进。先后开发了完整的火电、核电、工业汽轮机系列产品，例如我国开发的世界上最大的 1000MW 火电空冷汽轮机已投入运行的单轴全速单机容量最大的 1240MW 火电汽轮发电机组、自主开发的世界上参数最高的超超临界二次再热汽轮发电机组等。行业整体生产技术条件和技术装备水平已超过国外同行的先进水平，在国际市场已形成较强的竞争力，在世界工业发展史上书写了无数个第一，留下了一连串坚实的足迹。国内各汽轮机制造企业都建立了各自的研发平台，形成了独立的、完整的具有自主知识产权的汽轮机研发体系，汽轮机的可靠性、经济性和灵活性都达到国际先进水平。汽轮机的通流效率有了长足进步，高压缸效率从 75% 提高到 91%，中压缸效率从 89% 提高到 94%，低压缸效率从 76% 提高到 90%，2019 年全国火电机组供电煤耗率 307g/（kW·h），与 2010 年的 333g/（kW·h）相比降低 26g/（kW·h），与 1978 年的 471g/（kW·h）相比降低 164g/（kW·h）。

回顾我国汽轮机制造业的发展历程，可概括为以下几个发展阶段：

（1）改革开放前自主创业发展阶段。

这个阶段是我国汽轮机制造业创业发展的阶段。1953 年在上海成立了我国第一家汽轮机制造厂后，又分别建立了哈尔滨汽轮机厂、北京重型电机厂和东方汽轮机厂。与此同时还先后在南京、武汉、杭州、青岛等地建立了不同规模的 8 个汽轮机制造厂。这期间我国从 6MW 汽轮机开始到 12MW、25MW、50MW、75MW、100MW 开发了不同功率等级的中高压汽轮机。到 20 世纪 60 年代后期，我国机组的参数提高到超高压及亚临界，主要生产超高压中间再热 125MW、200MW 汽轮机和亚临界中间再热 300MW 汽轮机，生产能力有限，机组经济性、可靠性与国外机组存在较大差距。

（2）300MW/600MW 亚临界参数汽轮机技术引进发展阶段。

随着改革开放以及国民经济的飞速发展，我国对电力的需求不断增加。从 1980 年起面向世界，采取各种方式引进国外先进大功率、高性能的汽轮机制造技术。通过吸收国外先进技术使我国的研究、设计、工艺、质保体系的技术水平上了一个台阶。这个阶段的实践是我国改革开放以来，在大型工程设备制造和成套领域建立自主的具有世界先进水平产品开发体系的最为成功实例。这期间引进了美国西屋公司亚临界 300MW 和 600MW 机组的设计制造技术，完善和优化我国的汽轮机技术，相继开发了合缸、分缸、空冷、供热等品种齐全的 300MW 汽轮机系列，主要生产亚临界参数 300MW 和 600MW 汽轮机。

（3）应用当代先进技术对引进型机组性能进一步优化阶段。

在引进技术后，我国没有停顿在按样机、按图纸重复制造的水平上，而是瞄准世界技术的发展趋势，采用当代先进技术对机组不断进行优化提升。国内三大主机厂、有关高等院校和研究院所联合开展了汽

轮机气动设计方法、转子动力学、叶片自动设计系统等一系列重大课题的技术攻关；完成了国家重点科技攻关项目"优化汽轮机研制"，包括调节级优化、高中压缸通流部分可控涡叶片级开发及试验研究、大型轴系的动力学特性优化、低压长叶片级的开发及试验研究、排汽蜗壳气动性能研究等一系列旨在提高机组性能的技术攻关。另外，我国利用全三元叶片设计方法以及相关的试验研究开发了一系列低压弯扭静叶，进一步提高叶片级效率；利用以有限元方法为基础的计算机工程技术，开发了一系列应力低、具有优良抗疲劳性能的新型结构，大大提高了机组在调峰、二班制运行条件下的安全可靠性。优化型机组的经济性提高了3%，可靠性、自动化水平和运行灵活性也进一步提高，机组的总体性能达到了当时的国际先进水平。

（4）国际合作600MW/1000MW超（超）临界汽轮机发展阶段。

随着超临界技术的成熟，世界又进入新一轮超超临界汽轮机的发展阶段。采用更高的温度和压力是这一阶段汽轮机发展的主要特点。为迅速扭转我国火电机组煤耗长期居高不下的局面，缩小我国火电技术与国外先进水平的差距，采用先进的超临界火电技术发展国产大容量的超临界火电机组势在必行。为此国内电力设备制造企业通过与国外合作设计、生产的方式，先后从国外引进了超临界和超超临界机组火电技术，并迅速实现了超临界和超超临界机组产品的国产化。

（5）以高新技术为基础建立现代汽轮机设计制造自主研发体系阶段。

通过广泛的国际合作、自主创新和试验研究，我国汽轮机行业逐步形成具有自主知识产权的汽轮机设计和研发平台，形成了以计算机辅助设计、计算机辅助分析、计算机辅助加工、计算流体动力学为核心的与国际水平相当的现代汽轮机设计制造体系，具备了独立开展各种汽轮机研究、设计、制造和试验的能力。这一期间，我国自主设计制造的大型高效超超临界一次再热和二次再热660MW/1000MW机组相继投运。汽轮机产品的技术性能、成套能力、整体质量已达到或超过国际同类产品的先进水平，其可靠性、经济性和灵活性等性能指标已得到了充分的验证，汽轮机的等效可用性达到99%以上，充分彰显了国内汽轮机行业的技术实力，实现了从制造到创造的飞跃，也完全实现了我国各类汽轮机产品的自主化。大功率、高参数火电机组研发能力实现了"跟跑"到"领跑"的跨越式发展。

三、我国生产汽轮机的主要企业

40多年来，我国汽轮机制造业坚持改革创新、科学研究、加强创新平台建设，汽轮机新产品研发和自主创新能力显著增强，为电力强国的崛起奠定了基础。目前，我国大型汽轮机生产企业主要有三家，分别为上海电气电站设备有限公司汽轮机厂（简称上汽）、哈尔滨电气集团哈尔滨汽轮机厂有限责任公司（以下简称哈汽）和东方电气集团东方汽轮机有限公司（简称东汽），还有一批中小型汽轮机厂或其配套厂。我国汽轮机产量已排世界第一，年生产能力超过9000万kW，已完全满足国民经济和电力工业的需求，同时每年有大量产品出口到亚洲、非洲、欧洲、美洲等国家和地区。

（1）上汽成立于1953年，是中国第一家设计和制造汽轮机的企业。坐落于上海西南黄浦江上游的闵行地区，占地面积约1km²，其中厂房面积约21万m²。拥有主要设备1300台，其中精密、重大、稀有设备240台。拥有多个试验室和计算机中心、自动化控制中心等。工厂以设计与制造火电汽轮机、核电汽轮机和重型燃气轮机为主，兼产船用汽轮机、风机等其他动力机械。1955年制造出中国第一台6000kW汽轮机，2017年汽轮机产量3823万kW，国内累计装机容量约4亿kW。产品走出国门，远销海外如巴基斯坦、伊朗、土耳其、缅甸、印度、印度尼西亚、越南等30个国家和地区。

（2）哈汽始建于1956年，承担了我国"一五"期间156项重点建设工程中电站汽轮机和船用汽轮机两个重点项目，是以设计制造大型火电汽轮机、核电汽轮机、重型燃气轮机、舰船用主动力装置为主的国有大型发电设备制造企业。目前，主要产品覆盖除西藏和台湾以外的所有省市自治区的近400余座电厂，出口到亚洲、非洲、欧洲、美洲等20多个国家和地区。

（3）东汽是国家重点布局的三线建设重点企业，起步于1966年，是集研究、设计、制造大型电站设备和国防装备为一体的国有大型骨干企业。东汽拥有国家级技术中心、国家重点实验室、院士工作站、博士后科研基地；拥有汽轮机通流技术研发全流程试验平台，包括平面叶栅风洞试验台、环形叶栅风洞试验台、多级透平试验台、汽封试验台、大轴承试验台、主油泵试验台、油系统试验台、350t转子高速动平衡试验台；拥有CAD/CAPP/CAM一体化设计制造平台，适用于汽轮机产品设计与工艺设计。截至2019年年底，东汽累计产出汽轮机设备2000余台，装机容量超过4.68亿kW，产品遍及国内27个省市自治区，并向南亚、东南亚、非洲、南美、中东、欧洲等20多个国家和地区出口了233台5894万kW汽轮机设备。公司年制造能力超过3000万kW，最高达4000多万千瓦，年工业生产值超过200亿元。

（4）杭州汽轮机股份有限公司（简称杭汽）创建于1958年，主要设计、制造工业汽轮机，至今已研制各种型号的工业汽轮机8000余台、燃气轮机20余台，其中驱动用工业汽轮机功率范围为200～100 000万kW，转速范围2000～16 000r/min。产品被广泛应用于石油、化工、冶金、电力、制药、造纸、建材等化工领域；以及企业自备电站、余热发电、区域热电联供、城市垃圾发电、蒸汽-燃气联合循环发电等领域。

杭汽坚持履行强国战略，牢牢把握我国重大技术装备与国际先进技术发展方向，坚持产学研相结合，坚持"引进、消化、吸收、再创新"，走出一条高起点、宽领域的技术创新之路，形成具有国际先进水平的杭汽工业汽轮机技术体系，产品整体技术水平与国际保持同步，有力保障了国家各个时期大型装置的国产化设备需求。先后获得过国家科技进步奖特等奖1项、国家科技进步奖一等奖2项、国家科技进步奖二等奖2项。

（5）无锡透平叶片有限公司（简称无锡叶片）是国家定点专门制造汽轮机叶片的企业。无锡叶片作为20世纪80年代技术引进时研制汽轮机低压缸后三级大叶片的子课题承担单位，经过40年的努力，从

当时国内大叶片的制造中心的定位，逐步真正名副其实成为世界汽轮机大叶片的制造中心；通过引进、消化、吸收、创新，实现了后来居上，从能源领域走向更高端的航空领域，实现了从量到质的飞跃。在能源领域，无锡叶片已成为全球最大的电站汽轮机大叶片制造商，为大容量高参数超超临界火电汽轮机、核电汽轮机、燃气轮机等动力装备提供叶片，具备百万等级超超临界机组和百万核电机组汽轮机大叶片的工艺研发及制造能力，可生产54～75in各级规格的核电大叶片，优质服务于国内三大电气公司、三菱、GE、西门子、阿尔斯通等国内外著名电气公司，大叶片的品种覆盖率从50%上升到90%。

（6）北京北重汽轮电机有限责任公司（简称北重）从1958年开始生产第一套汽轮发电机组；1969年首台25MW汽轮发电机组试制成功；1974年研制出我国第一台单缸10万kW汽轮发电机组；1986年引进、消化、吸收法国阿尔斯通公司发电设备先进技术和管理经验，北重进行了大规模的技术改造，形成330MW机组的生产能力。20世纪90年代，北重与中科院、高等院校合作开发了三维气动设计新技术，应用于汽轮机通流部分的改造，进入200MW、125MW、100MW、50MW老型汽轮发电机组的改造市场，取得显著成效。改造后的机组出力提高10%，效率提高5%，达到同类产品的先进水平。

进入2000年后，北重完成对引进技术的消化吸收，实施300～360MW汽轮机发电机组系列化开发，已陆续投入商业运行的各种类型300MW等级机组共100多台。

（7）青岛捷能汽轮机集团股份有限公司（简称青汽），始建于1950年，是全国中小型汽轮机行业的重点骨干企业，"捷能牌"汽轮机尤其是低品位余热利用汽轮机是青汽的主导产品。从第一台容量为1000kW的试验机组，经过试验、改进完善，先后又为西藏羊八井地热电站提供了7台3000kW机组，成为我国地热发电技术的引领者，为我国低品位余热发电技术应用积累了宝贵经验，也为西藏经济和社会发展做出了突出贡献。在地热机组的设计、制造方面，青汽已拥有从设计、制造到运行调试、检测等一整套成熟的经验和技术。

（8）中国长江动力集团有限公司前身为武汉汽轮发电机厂，始建于1958年，2012年加入中国航天科技集团后，运用航天雄厚科研力量迅速建立了与国内外科研院所和先进企业技术合作、自主研发相结合的创新体系。依托航天科研力量建立了高转速和超高温材料体系，研发第四代高效汽轮机。汽轮机的设计效率达到了国内先进水平。引进日本东芝公司冲动式给水泵汽轮机和美国GE公司高效反动式汽轮机，获得了完整的冲动式与反动式汽轮机技术，消化吸收后陆续研发了工业驱动汽轮机、轴向排汽汽轮机、高转速发电用汽轮机等产品序列，建立了常规转速、冲动式高转速、引进型反动式三类产品梯次，满足用户差异化的产品需求。与国内高校合作研发成功35MW冲动式高转速高温高压生物质发电汽轮机。实现了在锅炉参数不变的前提下，机组容量从30MW提升至35MW。与美国GE公司合作研发100MW太阳能塔式光热汽轮机，设计热效率45.55%，运行热效率超过46%，产品性能达到国内中小功率汽轮机先进水平。自主研发150MW以下超高压高温、超高压超高温、亚临界超高温等系列产品；自主研发高转速、整撬式垃圾发电汽轮机。

长江动力聚焦生物质发电、垃圾发电、太阳能光热发电、热电联产、工业驱动、燃气−蒸汽联合循环等领域，一手抓传统产品升级换代，一手抓新动能产品研发，深耕中小型高效汽轮机产品市场，推动高质量发展。

（9）北京全四维动力科技有限公司是由北京全三维动力工程有限公司发展而来。1995年由国家计委、国家经贸委、中国科学院、机械部四家单位共同发起，以中国科学院工程热物理所叶轮机械气动热力学科研成果为主要基础，联合国内哈汽、上汽、东汽和北重四大国有汽轮机厂及清华大学、北京航空航天大学、哈尔滨工业大学等高校，本着"企业化机制运作、开发汽轮机当代新技术并实现产业化"的原则，由中国科学院、中联电、哈电集团、东方电气、上海电气、清华大学等14家单位共同出资组建了北京全三维动力工程有限公司。该公司成立后，联合哈汽、北重、武汽、南汽等汽轮机厂应用全三维汽轮机设计技术对当时在运的200MW、125MW、100MW、50MW、25MW、12MW机组进行了汽轮机通流部分改造，改造后汽轮机效率提高5%～7%，汽轮机出力增加了10%，使得当时国产汽轮机的热力性能由20世纪50～60年代水平一步提升到当代先进水平。其中，作为当时主力火电机组的超高压再热200MW汽轮机现代化改造项目在1998年通过了国家经贸委、中国科学院共同主持的国家级鉴定，荣获2000年度国家科学技术进步奖二等奖。

2004年以后主要技术团队以北京全四维动力科技有限公司为平台，继续致力于更新一代的汽轮机全四维设计技术和体系研发工作，并努力将这一技术应用于在运的亚临界、超临界300MW、600MW等级汽轮机的通流改造。截至2019年年末，已完成近70台300MW、600MW机组的通流改造，机组改造后供电煤耗可达到310g/（kW·h），比改造前降低了15～20g/（kW·h）。

截止到2019年10月，公司技术团队与国内各大汽轮机厂合作所承担的汽轮机通流改造机组台份总量超过240台，总容量达到4200万kW，并且创新驱动技术应用于汽轮机新产品的总容量超过6000万kW，取得了显著的社会效益和经济效益，有力地促进了汽轮机行业的技术进步。

（10）无锡阳工机械制造有限公司是涡轮机叶片专业生产企业，注册商标"阳工"，前期主要为青汽配套，双方联合设计开发的全三维动静叶片率先应用于中小型汽轮机，经不断地改进和优化已经成熟并广泛应用，为中小型汽轮机创新发展做出了贡献。

第二节　汽轮机的主要创新产品研制

改革开放40多年来，我国汽轮机制造企业根据自身的特点，在高新技术应用、设计创新、新材料、新工艺方面开展了大量产学研相结合的项目攻关，全面实现了产品的更新换代，而且派生出技术含量更高的各种热电联产机型和空冷机型。从最初只能生产300MW及以下汽轮机，到现在自主研发高效超超临界 1000MW 等级汽轮机，汽轮机产业实现了跨越式的飞速发展。并且通过我国汽轮机产业的努力，自主创新的优化机型的经济性比引进机型提高了 3 个百分点；汽轮机产品的制造质量、运行性能、可靠性、自动化水平和运行灵活性等综合指标已达到当代国际领先水平。实现了大型汽轮机产品从开始的完全进口到现在的完全国产化并大量出口的转变。

目前我国已经形成了完整的汽轮机研究、设计、制造、服务体系，完全有能力为国民经济的发展提供各种参数、各种功率等级的汽轮机产品。当前，国产汽轮机产品种类繁多，燃煤火电汽轮机主要产品已覆盖冷凝、空冷、供热等多种类型及其组合；全面实现 300MW、600MW、1000MW 等级汽轮机产品批量化生产，其主要产品类型见表 2.2－1，各类汽轮机由于技术条件和运行要求不同有几种甚至几十种不同产品，见表 2.2－1。多种汽轮机产品已经出口到 30 多个国家和地区。到 2019 年年底，我国累计生产汽轮机容量超过 12 亿 kW，超过了我国火电装机容量 11.9 亿 kW。

表 2.2－1 燃煤火电汽轮机主要产品类型

功率等级	参数分类					机型分类			
	超超临界	超临界	亚临界	超高压	高压	纯凝	空冷	供热	双抽供热
1000MW	●					●	●	●	
600MW	●	●	●★			●	●	●	●
300MW	●	●	●★			●	●	●	●
200MW			●	●★	●	●	●	●	●
100～135MW			●	●★	●	●	●	●	●
100MW 以下			●	●	●	●	●	●	●

注：表中 ● 表示 50Hz；★ 表示 60Hz。

2010 年起，我国自主设计制造的火电汽轮机的参数与功率有了较大的发展，创造了多项全球第一，典型机组参数、功率及技术特点见表 2.2－2。

表 2.2－2 我国火电汽轮机参数、功率及技术特点

参数/（MPa/℃/℃）	功率/MW	技术特点	制造企业	电站简称	商业投运日期
25/600/600	1000	全球首台 1000MW 直接空冷机组	东汽	灵武	2013－5－31
25/600/600	1100	全球首台最大功率空冷 1100MW	东汽	农六师	2013－12－31
28/600/620	1050	国内首台 620℃ 1050MW	东汽	万州	2015－2－9
27/600/620	660	国内首台 620℃ 660MW	上汽	田集	2013－5－31
31/600/620/620	660	全球首台 620℃ 二次再热	东汽	安源	2015－6－28
31/600/610/610	1000	全球首台 1000MW 二次再热	上汽	泰州	2015－9－25
31/600/620/620	1000	全球首台 620℃ 1000MW 二次再热	上汽	莱芜	2015－12－24

参数/（MPa/℃/℃）	功率/MW	技术特点	制造企业	电站简称	商业投运日期
27/600/610	660	全球首台610℃空冷	上汽	哈密	2015-12-16
28/600/620	660	全球首台620℃空冷660MW	东汽	托克托	2016-12-24
28/600/620	660	全球在役最长空冷末级叶1100mm	哈汽	宁东	2017-8-31
28/600/620	1000	全球首台620℃空冷1000MW	东汽	横山	2018-12-13
28/600/620	1240	全球首台单轴全速单机容量最大火电机组	上汽	华厦阳西	2020-7-7

大型火电汽轮机按进汽参数划分为亚临界、超临界和超超临界，按冷端划分为湿冷和空冷，按再热划分为一次再热和二次再热。以下按照各类型汽轮机简要介绍我国大型汽轮机主要创新产品研制成果。

一、300MW/600MW 亚临界汽轮机研发

20世纪80年代初，在机械部、电力部的领导下，从1981年起我国开始引进美国原西屋电气公司亚临界300MW及600MW机组的设计制造技术。上汽和哈汽在对引进技术消化吸收的基础上，围绕首台考核机组试制进行了一系列重大的技术攻关。1987年7月上汽制造首台引进型300MW考核机组在山东石横电厂正式投运，同年，东汽首台自主设计制造的300MW汽轮机在山东黄台电厂投运。1989年11月由哈汽制造首台引进型600MW考核机组在安徽平圩电厂正式投运。1991年东汽与日立公司以合作生产的方式引进了亚临界600MW汽轮机技术，1996年首台机组在山东邹县电厂投运。引进型机组的投运既提高了热效率，降低了煤耗，改善了火电厂的环境污染，也促进了我国火电技术的发展，使我国大型火电机组的设计、制造、施工、调试和运行技术水平得到了较大提高。

在引进技术后，国内三大主机厂、有关高等院校和研究院所联合开展了汽轮机气动设计方法、轴系特性分析理论和方法、叶片自动设计系统等一系列重大课题的技术攻关。完成了国家重点科技攻关项目"优化汽轮机研制"，取得了包括高效调节级、可控涡叶片设计技术、大型轴系特性分析理论和方法、低压长叶片开发技术、高效排汽蜗壳设计技术等一系列成果。与此同时，在对引进技术消化吸收的基础上，采取以企业为中心，面向全国招标的方式，组织国内科研院所、高校的技术力量对引进型300MW、600MW汽轮机进行了全面的优化改进，总计完成攻关项目60多项，其中一项获国家科学技术进步奖。这些攻关项目不仅解决了汽轮机设计制造中的关键问题，进一步提高了机组的性能，还为我国培养了一大批汽轮机技术人才，为后续我国汽轮机技术跨越式发展奠定了基础。

随后，我国各汽轮机生产企业采用当时先进技术，应用通流全三维设计技术等一系列成果，开发了

新一代具有完全独立自主知识产权的 300MW 和 600MW 等级亚临界汽轮机系列，生产了亚临界 600MW 汽轮机超过 200 台，并出口多个国家（仅东汽出口亚临界 600MW 汽轮机 30 多台），机组的可靠性和经济性达到当时世界先进水平。同时还具备了自主设计、制造 60Hz 汽轮机的能力。

自 2007 年起，哈汽结合自身的技术特点，充分发挥现有的技术优势，采用当前国际领先的设计手段，通过公司全体工程技术人员的不懈努力，自主研制出了能够满足海外电网运行要求的超高压 150MW 等级、亚临界 300MW 等级、联合循环用 183MW 等级 60Hz 全转速汽轮机，目前，已经在危地马拉、菲律宾 CALACA 电厂、菲律宾普丁电厂、菲律宾普丁巴图电厂、巴西 CANDIOTA 电厂、菲律宾马利万斯电厂、委内瑞拉比西亚电厂成功运行，机组各项性能指标优异。哈汽亚临界 300MW 等级 60Hz 汽轮机是为巴西 CANDIOTA 电厂（350MW）、菲律宾马利万斯电厂（300MW）自主研制的 300MW 等级反动式、单轴、双缸、双排汽、一次中间再热、凝汽式机组。汽轮机主蒸汽压力 16.67MPa，主蒸汽温度 538℃，再热蒸汽温度 538℃，工作转速 3600r/min。目前，该型号机组已在巴西 CANDIOTA 电厂和菲律宾马利万斯电厂成功运行多年，为了拓展大型汽轮机组进军海外市场做出了重要贡献。

2008 年，上汽开发了适应于 60Hz 电力市场的 300MW 等级机组，并一举实现巴西匹琴、伊塔克两个电厂四台机组投运业绩，丰富了汽轮机产品系列。2009 年，上汽采用先进的通流设计技术，推出了全新一代的亚临界 300MW 等级汽轮机，首台在安徽临涣电厂顺利投运，并且实现出口伊拉克。2017 年上汽在亚临界 300MW 机组上成功实现全周进汽模式（补汽阀调解）运行模式，使该等级机组的热耗率水平进一步降低约 60kJ/（kW·h）。

自 2005 年起，东汽为适应海外电力市场的发展需求，开始了能够满足海外 60Hz 电网运行要求的汽轮机研发。产品远销南亚、东南亚、非洲、南美、中东、欧洲等 20 多个国家和地区，到 2019 年年底东汽出口亚临界 300MW 汽轮机 40 多台，亚临界 600MW 汽轮机 30 多台。

2009 年 7 月，东汽获得沙特拉比格（Rabigh）2×660MW 电站项目 60Hz 汽轮机供货合同，业主要求完全按照欧美标准设计制造。东汽利用自主技术体系按照欧美标准开发制造了 60Hz 汽轮机。该项目第一次对机组单根转子和轴系扭振特性进行了实测，并对叶片和转子的耦合扭振特性进行分析和测试，对高中压汽缸、低压汽缸采用全三维建模及有限元分析；其调节级、次末级、末级动叶和轴系设计报告通过了国外公司的审查。1 号机组和 2 号机组分别在 2012 年 10 月 25 日和 2012 年 11 月 25 日实现满负荷运行，机组各项性能指标均达到了设计要求，并实现了一键启动（见图 2.2-1）。该项目是中国电站设备第一次成功进入沙特市场，对于东方电气乃至中国装备产品打入中东市场具有极其重要的意义。同时该项目向世界全面展示了我国汽轮机行业在改革开放中取得的成果和设计制造大功率汽轮机的实力，也被视为中国企业贯彻落实中央走出去战略、助力大国崛起、提升中国形象的典范，是"中国模式"的巨大成功，其意义已远远超过其项目本身。

图 2.2－1　沙特拉比格（Rabigh）电厂

二、超临界汽轮机研发

随着国民经济的发展，电力设备不断向着高效率、大容量、低污染的方向发展。超临界参数火电机组由于具有热效率高、节能、节水和减少污染排放等优点，已被工业发达国家广泛采用。我国在 20 世纪 90 年代也投运了一批进口的超临界机组，如石洞口电厂 2 台 600MW 和外高桥 2 台 900MW 超临界机组，以及从俄罗斯进口的 4 台 300MW、4 台 500MW 和 2 台 800MW 超临界机组等。

为了提高我国发电设备的整体水平，在国家"九五"重大技术装备研制项目和电力工业技术发展政策的倡导和支持下，我国电力设备制造企业通过各种形式，如引进技术、联合制造、委托加工、合资等，开始进行国产超临界机组的技术准备和设计制造。

哈汽于 2002 年以双方联合设计制造的方式，引进日本三菱公司超临界 600MW 汽轮机设计制造技术。在通过自主开发和引进消化吸收相结合，解决了超临界机组的关键技术问题，如蒸汽激振力的预防、固体颗粒侵蚀的预防、高温材料、低压缸进汽参数的相关技术问题以及轴系设计技术等。并不断对超临界汽轮机设计制造中的问题，如超临界汽轮机高中压缸及转子设计开发和工艺、超临界汽轮机主汽阀调节阀研制、超临界汽轮发电机组转子动力学特性、超临界汽轮机可靠性设计技术、超临界汽轮机低压缸及转子设计开发和工艺等开展研究。通过自主研发掌握了 600MW 等级超临界汽轮机的设计和制造技术，并已实现批量生产。由哈汽供货的我国第一台国产 600MW 超临界汽轮机于 2004 年 11 月 23 日在河南沁北电厂投运发电，如图 2.2－2 所示。机组的噪声、

图 2.2－2　哈汽生产的首台 600MW 超超临界汽轮机

振动、经济型等性能考核指标达到设计值，整机性能达到国际先进水平。

东汽于2001年引进日立公司600MW等级超临界汽轮机技术。与亚临界600MW机组相比，由于高压及中压部分进汽压力、温度的升高，必须在材料、结构及冷却上采取相应措施：高温动叶材料采用Cr-Mo-V-Nb钢，高压部分汽缸采用Cr-Mo-V钢；在结构上采用双层缸，使内缸的最大工作压力为喷嘴后的压力与高排压差，外缸最大工作压力为高排压力与大气压之差，有效地降低了汽缸的工作压力，同时进汽口及遮热环的布置保证汽缸有一个合理的温度梯度，以控制它的温度应力，保证寿命损耗在要求的范围内；中压部分除中间汽封漏汽冷却高中压转子中间汽封段以外还从高压第3级后引汽冷却中压第1级叶轮轮面及轮缘，大大提高了中压第1级的可靠性；阀门采用经过实验研究及试验和运行验证的高效低损、低噪声、高稳定性的阀座和阀蝶形线及合理的卸载防漏结构。通流技术上广泛采用先进的全三元通流设计技术，高中压静叶型线采用高效的后加载层流叶型，动叶采用型损低、攻角损失更小的高负荷叶型；低压静叶采用高负荷静叶型线。在采用以上通流核心技术的同时，对焓降、动静叶匹配进行优化，在高压缸部分级采用分流叶栅，叶顶采用多齿汽封，对连通管以及高中低排汽蜗壳根据实验以及流体计算结果进行优化。首台合作制造的超临界600MW机组于2005年1月在华润江苏常熟电厂投入运行，机组运行正常，各项技术指标均达到设计要求，达到了国际先进水平，深得用户好评。

2005年5月27日，上汽首台超临界600MW中间再热凝汽式汽轮机，在江苏镇江发电有限公司首次冲转，同年7月12日通过168h试运行，机组的高、中压缸效率分别为87.79%、92.61%（VWO工况），机组在额定负荷600MW（THA工况）时的热耗率为7527.97kJ/（kW·h），低于保证值7535kJ/（kW·h），达到了同类机组国际先进水平，得到了用户的高度好评。

在合作设计制造超临界600MW的基础上，我国汽轮机行业不断进行科学研究和试验。经过几年的努力，我国完全掌握了超临界汽轮机的金属材料、轴系稳定性、蒸汽激振防治、固体颗粒物冲蚀防治、汽轮机高温部件冷却技术、末级长叶片设计和制造、汽轮机运行控制等关键技术，具备了自主设计和制造超临界汽轮机的全套技术、机械加工设备、试验装置等，并已向国内外用户大批量提供自主设计制造的600MW容量等级的超临界汽轮机。截至2019年年底，投运超临界600MW等级汽轮机300多台，出口20多台。

随着国家节能减排政策的推进，国内外客户对电厂热耗、发电煤耗等经济性指标提出了更高的要求。各制造企业立足于自主技术体系，不断完善超临界汽轮机产品系列，先后自主开发了各种类型的350MW等级的超临界汽轮机和各种高效的超临界600MW等级机组，以满足不同用户的差异化需求。截至2019年年底国内投运了190多台超临界350MW等级汽轮机。

东汽采用先进的设计理念和设计手段自主研发的超临界350MW机组，按照用户需求，既能做到高中压合缸机组（见图2.2-3），也能实现高中压分缸机组（见图2.2-4），还能实现喷嘴配汽或全周进汽的组合，完全满足市场各类需求，截至2019年，订单180余台，投运100余台，出口8台。

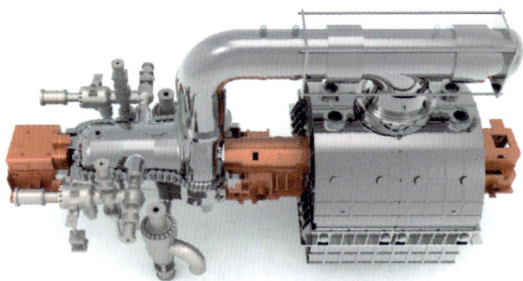

图 2.2－3　东汽超临界350MW高中压合缸机组

图 2.2－4　东汽超临界350MW高中压分缸机组

上汽不断创新，经过大量的分析、考核和调研工作，历时近两年，采用了先进的设计理念和设计手段全新开发了超临界350MW机型。其机组热耗率水平较上一代机型下降约60～80kJ/（kW·h）。该机组在静子部件的整合上更为彻底，使得机组的高中压模块能够整体精装发运，给用户安装、运行和维护带来极大的方便。上汽利用丰富的技术和经验积累，使该机组的系统布置和控制方式都有较大的优化和改进，并且实现机组的"一键启动"，极大增强了机组的竞争力。

此外，上汽以机组通流改造优化项目为基础，推出了高效超临界600MW等级机组。该机型基于成熟的三缸四排汽结构机型（见图2.2－5），对通流、汽缸、转子、汽封等结构进行全面优化，大大提升了机组的利用率。同时上汽借鉴先进的超超临界机型，开发了新型超临界四缸四排汽结构机型（见图2.2－6），进一步提高机组的效率水平。相关技术已开始在新疆国信准东电厂、华能北方煤电魏家峁有限责任公司、巴基斯坦萨西瓦尔电站、贵州黔西电厂中应用。

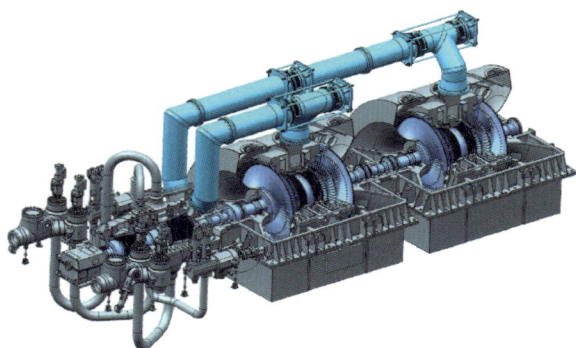

图 2.2－5　上汽超临界高中压合缸机型
——三缸四排汽结构机型

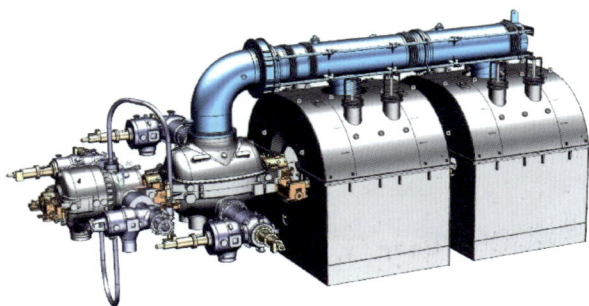

图 2.2－6　上汽超临界高中压分缸机型
——四缸四排汽结构机型

哈汽自2008年生产首台350MW超临界机组以来，也相继开发出350MW超临界空冷机组、350MW超临界采暖供热机组、350MW超临界工业抽汽机组、350MW超临界双抽机组等多种机型。其中可以采用反动式技术也可以采用冲动式技术，可以高中压合缸也可以高中压分缸，可以采用喷嘴配汽也可以全周进汽，完全满足市场需求。

三、超超临界汽轮机研发

根据"十五"国家重点科技攻关项目的论证，大功率超超临界燃煤发电被确定为今后我国电力工业的主要发展方向之一。2001年，由国家电力公司牵头，组织国内发电设备业主、制造企业、电力设计院及科研院所共同申报"十五"国家"863"科技攻关项目"超超临界燃煤发电技术研究"课题并获得批准。该研究课题由五个子课题组成，"超超临界汽轮机关键技术研究"是其子课题三。它主要包括三个方面：超超临界汽轮机关键设计技术研究；高温主要部件材料的理化、铸造、锻造、热处理及热加工工艺研究；高温主要部件材料的冷加工工艺的研究。根据国外超超临界汽轮机产品发展的经验，结合当时国内的水平和现状，具体将子课题三细分为13个分课题。子课题三的负责单位为东汽，13个分课题分别由东汽、哈汽、上汽共同承担，联合国内的科研院所共同完成，为国内超超临界汽轮机发展奠定了基础。

通过对超超临界汽轮机设计技术、材料技术、制造技术等关键领域的研究，我国汽轮机制造企业掌握了超超临界汽轮机研发的关键技术，形成具有自主知识产权的超超临界汽轮机设计、制造软件包，并自主开发了不同容量和各种用途的超超临界汽轮机系列，促进超超临界机组在我国的快速发展。截至2019年年底全国投运的超超临界1000MW等级机组有120台，在建和拟建近100台，超超临界600MW等级机组132台，高参数、大功率、高效洁净的煤电机组已成为主力机组。我国设计制造的超超临界机组在参数、容量、品种、性能方面均遥居世界领先地位。

我国的超超临界汽轮机发展经历了合作生产和自主研制两个阶段：

（1）合作生产。

从2003年起，我国以工程建设项目为基础，采用政策引导的方式，促使国内电力设备制造企业与国际知名企业进行合作，引进了超超临界机组技术。并以此为基础，不断提升国内电力设备制造企业的设计制造能力，迅速实现超超临界机组产品的国产化。我国最大的三家汽轮机供应商（上汽、哈汽、东汽）分别与国外技术支持方（西门子、东芝、日立）在不同合作方式下设计生产了超超临界1000MW汽轮机。这一时期，采用引进技术合作生产的超超临界1000MW汽轮机的参数、容量均处于世界已运行单轴机组的前沿，其保证热耗率均小于7360kJ/（kW·h），居国际先进水平，其主要参数见表2.2-3。

表2.2-3　　　　　　　国内超超临界1000MW汽轮机主要参数汇总表

项目	单位	东汽	上汽	哈汽
机组形式		超超临界、一次中间再热、单轴、四缸、四排汽、凝汽式		
冲动式/反动式		冲动式	反动式	冲动式
汽轮机型号		N1000-25.0/600/600	N1000-26.25/600/600	N1000-25.0/600/600
THA工况	MW	1000	1000	1000

项目		单位	东汽	上汽	哈汽
额定主蒸汽压力		MPa	25	26.25	25
额定主蒸汽温度		℃	600	600	600
额定再热蒸汽温度		℃	600	600	600
额定主蒸汽进汽量		t/h	2733	2733	2740
额定排汽压力		kPa	5.1	4.9	4.9
配汽方式			复合配汽	节流配汽	喷嘴配汽
额定转速		r/min	3000	3000	3000
给水回热级数			8级	8级	8级
低压末级叶片长度		mm	1092.2	1145.8	1219.2
通流级数	高压缸	级	I + I + 8	16	II + 9
	中压缸	级	2×6	2×13	2×7
	低压缸	级	2×2×6	2×2×6	2×2×6

2006年11月，由上汽引进德国西门子公司技术，采用联合制造形式开发生产的1000MW等级汽轮机，在华能集团浙江玉环电厂正式投运（见图2.2－7）。2006年12月，东汽与日立公司合作生产的超超临界1000MW汽轮机在华电国际邹县发电厂投运（见图2.2－8）。2007年12月，哈汽与日本东芝公司共同研制的1000MW超超临界汽轮机，在江苏泰州电厂投运（见图2.2－9）。其中，邹县电厂超超临界1000MW机组建设过程中，实现了锅炉水压试验、汽轮机扣缸、倒送厂用电、锅炉点火、汽轮机冲转、发电机并网、168h试运行等"七个一次成功"；机组自整体启动至168h试运行结束历时仅23天，创造了国内乃至世界火电站建设历史上的"中国速度"和"中国奇迹"。

图2.2－7　华能集团浙江玉环电厂

图2.2－8　华电国际邹县发电厂

图 2.2-9　江苏泰州电厂

首批超超临界 1000MW 等级汽轮机建成投产，在我国汽轮机发展历史上具有里程碑的意义，标志着我国已掌握了当今世界最先进的火力发电技术，发电设备制造能力和技术水平又迈上一个新台阶。

（2）自主研发。

面对新能源和可再生能源的异军突起，传统蒸汽轮机发电技术必须寻求经济性的突破，高参数、大容量、高密度和智能化已成为大势所趋。1000MW 等级超超临界发电机组正逐步发展为我国的主力机型。为进一步提高能源利用效率，降低机组热耗率，全面落实国家"节约、清洁、安全"的能源战略方针，加快燃煤发电技术升级，努力实现供电煤耗、污染排放、煤炭占能源消费比重"三降低"和安全运行质量、技术装备水平、电煤占煤炭消费比重"三提高"，打造高效清洁可持续发展的煤电产业"升级版"，各大汽轮机厂家也在不断推陈出新，自主开发新一代超超临界 600～1200MW 汽轮机组，超超临界机组发展趋势图如图 2.2-10 所示。

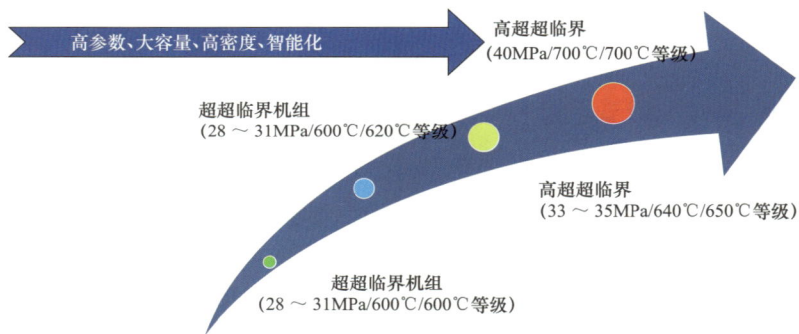

图 2.2-10　超超临界机组发展趋势图

东汽于 2010 年启动了第二代 1000MW 超超临界汽轮机研制工作，在六横项目上初试莺啼，就取得了不错的反响。2013 年 1 月，依托神华万州项目，东汽启动了 1050MW 超超临界汽轮机组的设计开发工作。该项目汇集了多项东汽最先进的科研成果，为东汽自主研发第二代超超临界百万机组的完善之作，进汽参数 28MPa/600℃/620℃，额定设计背压 4.92kPa，为国内首台 620℃/1050MW 机组；该机组为单轴、四缸、四排汽结构，采用了多种新材料，高效小焓降冲动式叶型，红套环内缸，新型节流调节全周切向进汽，低压损阀门，高性能 1200mm 末级叶片，高压模块整体运输等多项自主开发的技术，具有独特的结构特点和卓越的运行性能，总体结构示意图如图 2.2-11 所示。两台机组分别于 2015 年 2 月 9 日和 2015 年 9 月 18 日成功投入商业运行（见图 2.2-12），各项性能指标达到设计要求，汽轮机实测热耗率为 7192.1kJ/（kW·h），供电煤耗为 272.3g/（kW·h）。机组主要性能指标达到同类机组国际领先水平，它标志着我国自主研制的新一代百万等级燃煤机组取得全新突破。

神华万州电厂（见图2.2-12）两台超超临界100万kW汽轮机的"双机"投产是东汽在新型100万kW等级火电汽轮机研发制造道路上迈出的坚实一步，标志着东汽新型超超临界100万kW等级火电汽轮机技术全面应用成功和常规火电设计体系的圆满建成。与此同时，东汽采用全新技术路线的产品如焦作超超临界660MW汽轮机等陆续顺利并网发电，自主创新能力得到了充分验证，使东汽有信心挑战更高、更新的技术，开发出更绿色环保的产品。

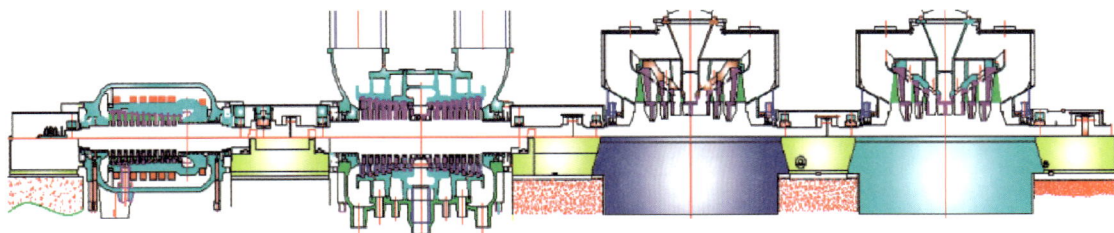

图 2.2-11 万州机型总体结构示意图

图 2.2-12 神华万州电厂

以万州机型为基础，东汽不断革新，开发了鄂州三期的1000MW汽轮机。鄂州机型在万州机型基础上，采用了全新动静叶型线，优化了汽封结构，优化了进排汽流道，采用新的高中压阀门布置方式、斜置整体低压内缸等技术，具有独特的结构特点，经济性进一步提升，是东汽的新一代"旗舰"产品。鄂州三期5号机组外形如图2.2-13所示。

上汽自主开发的新超超临界汽轮机，额定功率1000MW，主蒸汽参数达到28MPa/600℃；再热汽温度高达620℃，额定设计背压4.89kPa；机组于2015年5月在安庆电厂投运（见图2.2-14）。机组设计热耗7233kJ/（kW·h），实际热耗7213.1kJ/（kW·h）。

从2013年起，哈汽公司结合引进技术、联合设

图 2.2-13 鄂州三期5号机组外形

图 2.2－14　神华神皖安庆电厂

计、合作制造的经验和技术积淀，采用当前国际领先的设计手段，开始研制能够满足主蒸汽压力 25～31MPa，蒸汽温度 600～620℃ 参数要求的高效 1000MW 等级超超临界汽轮机，如图 2.2－15 所示。该机组采用了先进的高效全三维多级小焓降反动式设计技术；高压（超高压）模块采用 180°切向蜗壳、全周进汽方式，进汽压损小；高压（超高压）第 1 级采用横置静叶，降低转子进汽部分表面温度，改善工作条件；高压内缸采用红套环密封技术，保证汽缸无泄漏；高（超高）、中压模块选用合理的高温材料，满足 600～620℃ 蒸汽参数要求；高、中压阀门采用低压损结构，与汽缸直接相连，无导汽管结构；低压模块采用落地轴承、落地低压内缸结构，动静间隙不受变工况影响，轴系稳定性好；合理的分缸压力和温度，改善低压运行环境，减少低压内缸变形；高（超高）压模块采用整体组装出厂；高、中、低压大部分静叶均采用最新装配式结构。通过上述先进的设计，哈汽的新一代高效 1000MW 等级超超临界汽轮机（见图 2.2－16）的经济性和安全性较原 1000MW 等级超超临界汽轮机有了全面的提

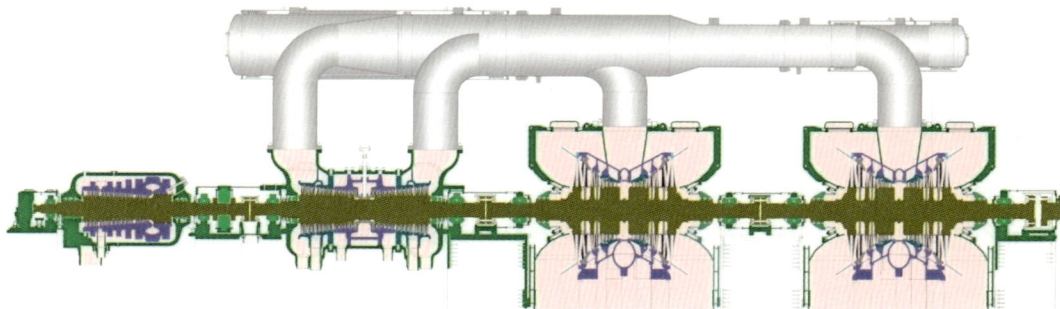

图 2.2－15　新型高效 1000MW 等级超超临界汽轮机

图 2.2－16　哈汽的新一代高效 1000MW 等级超超临界汽轮机

升和质的飞越。该机型于 2018 年 6 月和 7 月在国家能源集团国华九江电厂投运，机组热耗率分别为
7194.9kJ/（kW·h）和 7161.2kJ/（kW·h），与引进型百万机组相比有了明显的提升。

我国超超临界机组的发展历经引进型到自主型，再到高效型的过程。图 2.2-17 以东汽超超临界百
万机型的发展历程为例展示了这一发展历程。在这个过程中，我国电力装备人付出辛勤的劳动，取得了
丰收的成果，不断将我国的汽轮机设计制造水平推向更高的高度。截至 2019 年年底，我国有 56 台超超
临界 620℃等级汽轮机投入运行。

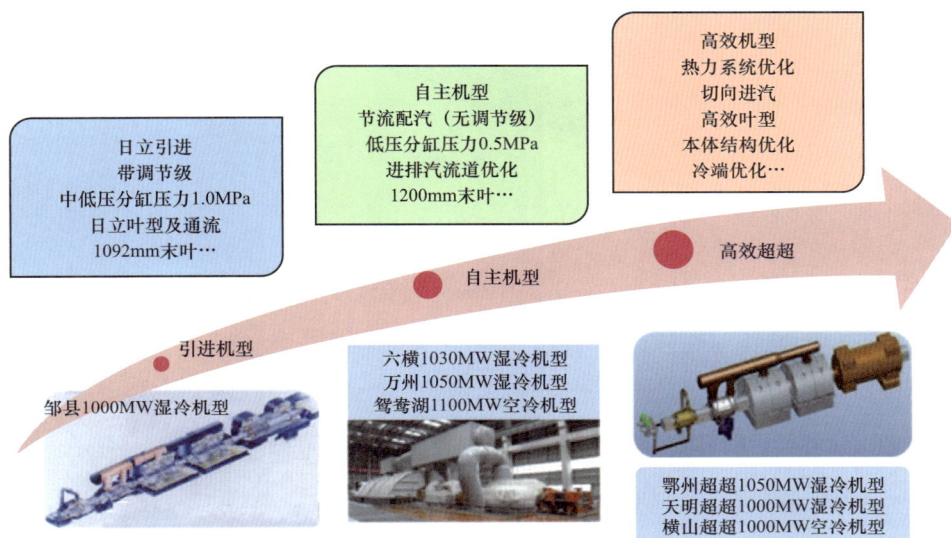

图 2.2-17　东汽超超临界百万机型发展历程

2020 年 7 月 7 日和 7 月 17 日，由上海电气与珠江投管集团联合开发、拥有完全自主知识产权的广
东华厦阳西电厂二期 5 号、6 号机组（2×1240MW）分别完成 168h 满负荷试运，标志 2×1240MW 火电汽
轮发电机组全面投入商业运营。该项目是全球首台 1240MW 高效超超临界火力发电机组，是目前全球单
轴全速单机容量最大的火电机组，共获得 28 项专利。该机组采用一只高压缸、一只中压缸和三只低压缸
串联布置（见图 2.2-18），设计时充分考虑了当前火电机组实际运行中的负荷特点，在宽幅调节工况下
仍具备良好的热循环效率。与同参数百万机组相比，1240MW 机组额定工况下热耗降低 1.65%，50% 负
荷率下热耗率降低 1.86%，实现了高效的节能减排。机组设计发电标煤耗为 265.47g/（kW·h）、厂用电
率 3.98%、NO_x 排放指标≤30mg/m³、SO_2 排放浓度≤20mg/m³、烟尘排放指标≤3mg/m³，在安全、环保、
能效等方面均处于火电机组国际领先水平。项目的成功实施，使我国大容量、高参数超超临界火电站的
设计、制造、建设和运行能力迈上新台阶。

目前，我国超超临界汽轮发电机组不但完全满足国内电力发展需要，而且还出口国外。2015 年 4 月
29 日东汽出口到印度科瑞希纳电厂的再热汽温度为 600℃的 660MW 机组已投入商业运行。

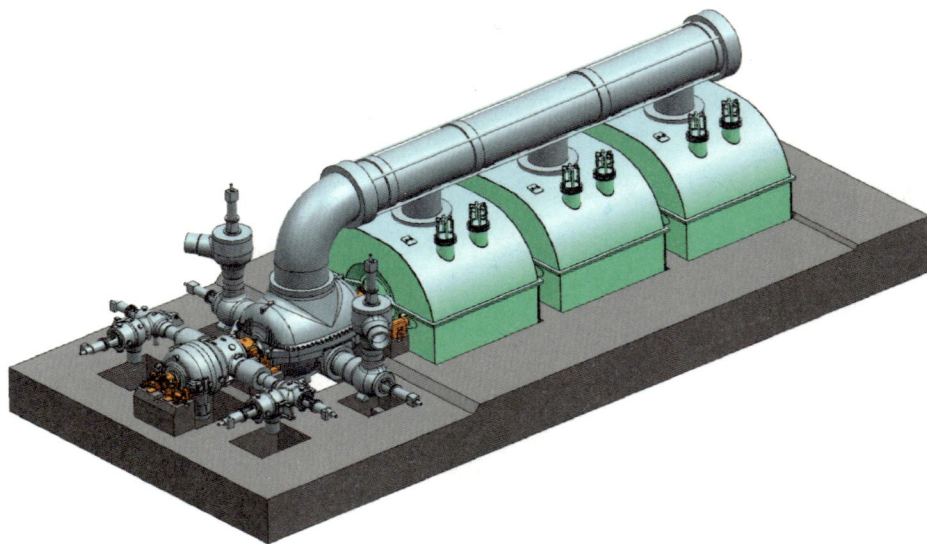

图 2.2 - 18　1240MW 汽轮机模型

2019 年 11 月 8 日，由上汽自主研制的我国出口海外首台百万千瓦机组——印尼芝拉扎燃煤电站三期 1×1000MW 机组扩建项目一次性通过 168h 可靠性运行考核，已正式投入商运。该项目是印尼 3500 万 kW 电站项目之一，也是"一带一路"倡议落地印尼的首批项目。该机组是目前印尼单机容量最大的燃煤发电机组。该机组的投运是中国绿色煤电技术传递给世界的又一张名片，充分展现了过硬的产品品质，为共建"一带一路"做出了积极贡献。

四、二次再热汽轮机研发

随着世界范围内的环保压力，以及用户对汽轮机组经济性的要求不断提高，进一步提高机组的经济性，成为电力设备行业的发展主流。二次再热技术通过提高蒸汽循环的平均吸热温度来提高循环效率，同时还能有效地降低排汽湿度，保证排汽区域叶片的安全性，为进一步提高进汽参数以提升机组热效率创造条件。一般而言，二次中间再热机型的热效率比一次中间再热机组可提高 1.5 个百分点。但二次再热机组在汽轮机、锅炉和热力系统的配置上比一次再热机组复杂，投资更大，且在机组参数不高的情况下，机组效率提高不明显。因此，二次中间再热机型自国际上 20 世纪 50 年代首次投入工程运行后的相当长时间内发展缓慢，世界上仅有少数二次再热汽轮机组在运行。近年来，随着汽轮机相关技术的发展，机组参数不断提高，使得二次再热技术逐渐成为应用热点。

我国经过多年的技术发展，已经掌握了丰富的超超临界汽轮机设计、制造、运行经验，其设计技术、制造技术已日趋成熟，其中 25MPa/600℃ 等级超超临界汽轮机已达到国际前沿水平。丰富的技术积累为进一步提升机组参数，开发更高效的二次再热机组奠定了基础。

"十一五"期间，各大电力设备厂家结合我国能源发展特点纷纷加快了高效燃煤机组的研制。从2009年起，东汽开始进行满足620℃等级要求的高温材料研究，成功开发了新12Cr材料。同期，国内开始了620℃等级高参数的二次再热燃煤机组研发。2010—2011年，各大电力设备厂家先后提出了提高初压（30MPa/31MPa/35MPa），提高再热温度（605℃/610℃/620℃）的构想，并从热力循环理论、材料制造水平、设备结构特点、投资成本等方面进行了全方位论证，形成了国内二次再热超超临界机组的参数暂定31MPa/600℃/620℃/620℃的初步共识。

由于二次再热机型的主蒸汽压力和再热蒸汽温度提升、轴系更长、循环系统更复杂，因此汽轮机的整体布置、高温高压模块设计（如阀门、内外缸的强度，中分面密封等）、高温材料应用的难度更大。同时机组启动方式变化较大，机组的整体协调控制策略更加复杂，我国各大电力设备厂家不畏艰险坚持开发。2012年年底到2013年年初，国内部分电力企业积极推动了首批二次再热技术工程应用的进程，确定了一系列工程项目落地实施，其中最为典型的当属上海电气自主研发的国电泰州2×1000MW机组项目和东汽哈锅的华能安源660MW机组项目，见表2.2－4。

表2.2－4　　　　　国内典型二次再热机组

项目名称	功率等级/MW	机组参数/（MPa/℃/℃/℃）	汽轮机制造厂	合同签订时间	机组投运时间
国电泰州	1000	31/600/610/610	上汽	2012年9月	2015年9月
华能安源	660	31/600/620/620	东汽	2012年12月	2015年6月

2015年6月27日，我国首台二次再热660MW机组在江西华能安源电厂投运，揭开了我国能源设备设计制造的新篇章。该机组的汽轮机由东汽提供，锅炉由哈锅提供，电厂系统、机组设备均由国内厂家自主研制。华能安源项目作为国内首个高参数超超临界二次再热机组，主要技术经济指标达到国内领先水平，平均供电煤耗比2014年国内同容量一次再热机组平均水平低19.97g/（kW·h）。该项目汽轮机主要技术及其参数均按世界最高等级进行设计，尤其是两级再热温度双双达到620℃，目前尚属世界首例。该机组主要技术参数见表2.2－5。

表2.2－5　　　　　安源二次再热汽轮机组主要技术参数

机组型号	N660－31/600/620/620	回热系统	10级回热＋外置蒸冷器
机组形式	两次中间再热、单轴、四缸四排汽、凝汽式汽轮机	末级叶片	1016mm
额定动率	660MW	运行方式	定压－滑压
参数范围	31MPa/600℃/620℃/620℃		

该机组结构特点主要有采用四缸四排汽，总体设计方案继承了东方既有机组成熟安全设计理念。从机头到机尾依次为一个单流超高压缸，一个合缸反向布置的高中压缸，两个双流低压缸，主汽阀悬挂于

机头侧运行平台下，再热主汽调节阀布置在运行平台两侧，其机组模型及电厂实景如图2.2-19所示。

图2.2-19　安源机组模型及电厂实景

同常规超超临界一次再热机组相比，安源二次再热机组设计难度更大，且完全由我国能源设备厂家东汽自主设计制造完成。通过安源项目的实施，我国企业解决了包括二次再热热力系统、高温材料、耐高压阀门设计、耐高压汽缸设计、高效通流技术、轴系稳定性、汽轮机启动运行等高参数二次再热机组的关键技术问题。

安源二次再热机组主、辅设备和系统运行平稳，包括振动、轴承温度等各项性能指标达到国际领先水平（见表2.2-6）。经历多次启停的检验，证明了机组在各工况下的启停运行技术成熟，与锅炉性能匹配合理。该机组的成功投运，标志着我国燃煤机组的设计制造技术的新突破，打破了国外技术壁垒，为我国的能源装备探索出了新的高效之路。

表2.2-6　　　　　　　　　　安源机组额定工况实际振动数值　　　　　　　　　　单位：μm

轴承号		1号	2号	3号	4号	5号	6号	7号	8号
1号机组	轴振X	29.73	53.23	23.53	32.14	21.60	18.51	44.17	39.47
	轴振Y	24.13	47.23	30.45	50.09	31.17	28.72	46.04	45.03
2号机组	轴振X	37.67	20.75	37.69	29.00	16.38	18.05	14.78	16.21
	轴振Y	38.27	19.47	42.88	35.13	13.92	30.46	18.84	34.82

2015年9月25日，上海电气自主设计的世界首台1000MW等级二次再热超超临界机组在国电泰州顺利投运，标志着我国大容量等级二次再热超超临界机组在世界范围内实现了从无到有的全新的突破，是我国在世界电力发展进程中的辉煌里程碑。上汽结合了其上百台一次再热超超临界机组的成功经验，经过一系列科研攻关和关键技术创新自主研发了1000MW等级二次再热机型。该机型针对二次再热机型参数、容量、循环热力系统进行优化分析研究，采用模块化设计的理念，全新开发了单轴五缸四排汽的

二次再热机组，表2.2-7为该机组技术规范，其总体布置示意图如图2.2-20所示。首台1000MW等级二次再热机组（见图2.2-21）总体性能和创新程度均达到了国际领先水平，其性能卓越。

表2.2-7 泰州二次再热汽轮机技术规范

机组型号	N1000-31/600/610/610	回热系统	10级回热+外置蒸冷器
机组形式	超超临界、二次中间再热、五缸四排汽、凝汽式	设计背压	4.5kPa
额定功率	1000MW	末级叶片	1146mm
参数范围	31MPa/600℃/610℃/610℃		

图2.2-20 上汽百万千瓦级二次再热超超临界汽轮机总体布置示意图

图2.2-21 泰州电厂二次再热汽轮发电机组

同样哈汽也自主研制的二次再热1000MW汽轮机，如图2.2-22所示。该汽轮机采用具有2×180°切向蜗壳的超高压缸、高压缸，减小汽流切向不均匀性，降低损失，提高效率。

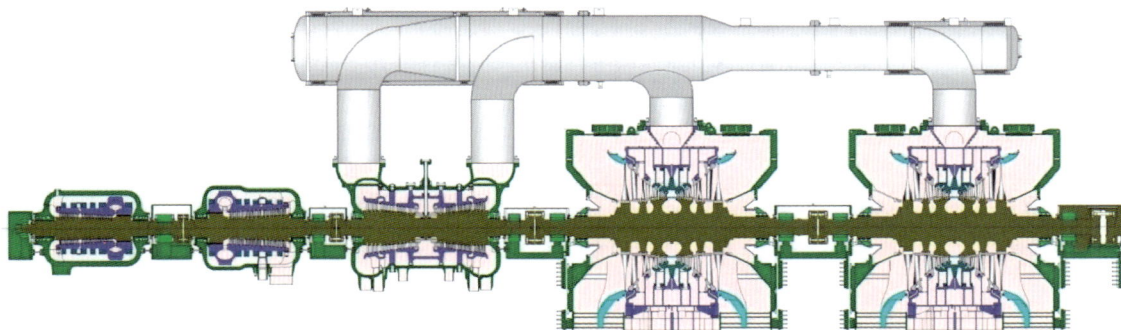

图2.2-22 哈汽二次再热1000MW等级超超临界汽轮机

目前，我国超超临界二次再热汽轮机最高进汽压力可达35MPa，最高再热温度可达620℃，包括660MW、1000MW、1350MW三个等级。图2.2-23为上汽超超临界660MW二级再热湿冷机组外形图。

图 2.2－23 上汽超超临界 660MW 二次再热湿冷机组外形图

在示范工程的带动下，我国二次再热火力发电技术正得到迅速推广。截至 2019 年年底，我国超超临界 620℃等级二次再热机组成功投运 10 台。我国超超临界 660MW 和 1000MW 二次再热机组的相继投运，刷新了全球火力发电机组热效率的新纪录，标志着我国在汽轮机方面的研制水平已经达到国际一流水平，大大增强了我国火力发电机组国际竞争力。同时，也证明我国企业完全有能力独立自主地进行更高参数的超超临界发电设备开发。

在成功攻克 620℃和二次再热技术后，我国高参数机组总体研制水平和机组运行效率达到了世界领先水平。然而面对清洁能源的高速发展，燃煤机组提高效率减少排放的压力持续增加，如何选择下一步技术路线，燃煤机组的效率究竟该提升到多少成为我们必须面对和研究的课题。国内根据热力学循环原理，提出了继续提高蒸汽参数，降低机组背压；优化机组布置，实施湿冷机组高低位布置或空冷机组全高位布置；优化回热系统；机炉耦合综合余热利用等技术手段进一步提高汽轮机的热效率。表 2.2－8 对当前国内提升效率的核心技术理念及典型示范工程进行了简单汇总。

表 2.2－8　　　　　　　当前国内提升效率的核心技术理念及典型示范工程

布置及参数	核心技术理念	技术成熟度	典型示范工程
高低位布置	减少高温管道长度，降低管道损失	创新技术，正在实施	安徽平山二期
超低背压	优化机组背压，减少冷端损失	成熟技术的深度利用	大唐山东东营
机炉耦合	全系统能量利用，减少热损失	成熟技术的深度利用	中兴蓬莱项目
630℃高参数	提升蒸汽参数	具备工程应用条件	大唐630℃项目
650℃高参数	提升蒸汽参数	初步具备工程条件，尚需进一步研究	—
700℃高参数	提升蒸汽参数	尚不具备工程应用条件	—

2016 年 5 月 24 日，电力规划总院受国家能源局委托，组织国内电力企业、设备制造厂、部分设计院、相关金属研究所、铸锻厂家等进行了充分论证，认为可以加快 630℃等级机组关键技术的工程化研究。

东汽在总结高效620℃等级一次再热机组和二次再热机组成功经验的基础上,针对630℃等级机组研制难点,开展了热力系统的优化、汽轮机高温材料研究和机炉深度耦合等方面工作,率先完成了35MPa/615℃/630℃/630℃等级二次再热机组研发工作,获得我国首个630℃等级国家电力示范项目,机组总体布置图如图2.2-24所示。

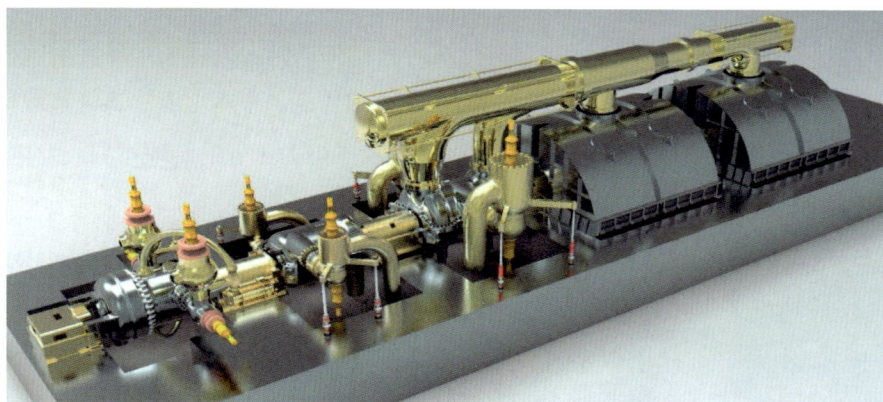

图2.2-24 东汽35MPa/615℃/630℃/630℃等级二次再热机组总体布置图

此工程为全球范围内的首例630℃等级机组。其工程实践是我国燃煤机组实现过去半个世纪跟随战略到超越、引领战略的关键一步。主要技术特点有:

(1)蒸汽参数达到新高,主汽压力和温度提高到35MPa/615℃,再热温度达到世界领先水平的630℃。

(2)采用我国自主知识产权(专利授权)的高效通流技术,汽轮机总体内效率达到92%,达到国际领先水平,为我国燃煤机组打造了属于自己的"中国心"。其机组热效率将刷新我国创造的最新世界纪录,达到新高。

(3)采用带回热式驱动小汽轮机的双机回热系统,可减少一次再热流量约30%,减少二次再热蒸汽流量约10%,降低再热器、再热管道成本,同时提高再热部件的安全可靠性;降低回热过热度,节省蒸汽冷却器和高加热投资。

(4)全面参与630℃等级高温材料研制,掌握高温材料研制核心技术,逐步摆脱高温热部件受制于国外企业的局面,为高温材料技术全面国产化奠定技术基础,为700℃等级机组高温材料研制做技术储备,积累经验。

(5)采用双筒形汽缸技术,内缸采用红套环筒形汽缸结构,外缸采用前后螺栓连接筒形汽缸技术,集成了两种经典耐高压汽缸结构优点,并采用合理的高温温度场控制策略,不仅保证本机组安全可靠性,也提升了机组灵活运行能力,对我国后续更高压力参数(700℃等级)机组的研制探索了道路。

五、空冷汽轮机研发

我国是水资源匮乏国家之一，尤其随着经济建设的发展，水资源逐渐成为影响社会可持续发展的重要因素。同时随着电力工业的迅速发展，大容量火力发电厂不断增加，火力发电受煤炭资源及水资源双重制约的矛盾越来越突出。火电机组如采用空冷技术，其耗水量仅为湿式循环冷却系统耗水量的1/4～1/8，节水效果十分显著。因此，在富煤缺水地区只有空冷机组才能从根本上解决煤电基地耗水大的问题，是富煤、贫水地区建设大型坑口电站的配套急需，对促进我国电力工业的合理布局及发电设备制造业的科技进步具有重要意义。

20世纪80年代，以引进的匈牙利空冷技术为基础，东汽成功制造了首台200MW间接空冷汽轮机，并在山西大同电厂成功投运。90年代，东汽向伊朗阿拉克电厂提供了4台325MW空冷汽轮机组（见图2.2-25），开创了我国空冷机组出口先例。2007年，我国首台600MW亚临界间接空冷机组在山西阳城电厂投运。

图2.2-25　东汽出口伊朗、阿拉克电厂4台325MW空冷汽轮机组

在间接空冷汽轮机上取得成功后，我国企业继续向设计难度更大的直接空冷汽轮机进军。2000年开始，我国开始在开发直接空冷机组上下功夫。国家发展和改革委员会组织有关单位，以内蒙古乌拉山发电厂300MW机组工程和中国电力投资集团公司所属的通辽第二发电有限责任公司600MW机组工程为依托，自主开发了亚临界300MW和600MW直接空冷系统。国内企业哈汽、上汽和东汽相继成功研制了亚临界300MW和600MW直接空冷汽轮机。

在亚临界直接空冷汽轮机成功投运之后，我国又开始了自主研发工作。2008年7月东汽率先研制的我国首台600MW超临界直接空冷汽轮机在华能集团河北上安电厂三期工程成功投入运行。该机组将高效率、低消耗的超临界技术与节水的直接空冷技术相结合，节能、节水和环保效果显著，各项性能指标已达到世界先进水平。2010年12月，由东汽研制的全球首台1000MW超超临界直接空冷汽轮机在宁夏灵武电厂成功投运。

上汽具备完善的空冷汽轮机设计能力,在空冷汽轮机设计上具有完整的空冷低压模块技术储备,自主开发了520mm、665mm、820mm、910mm等空冷长叶片系列,可以覆盖用户的各类不同需求,大大优化机组性能,实现性能指标高效优良。上汽的常规热力循环空冷汽轮机总容量超过22 700MW。不仅数量超过国外最大空冷汽轮机制造商西门子公司,而且总容量超过近1倍左右(见表2.2-9)。

表2.2-9 上汽与西门子公司空冷汽轮机产品的比较

单位	产量/MW						产品技术		
	600	300	<200	50	总计	总容量	蒸汽参数	空冷方式	品种
西门子公司	7	—	44	—	51	11 270	亚临界,以高压参数为主	直冷 17 台 间冷 34 台	发电
上汽	26	22	2	3	53	22 700	亚临界,超(超)临界	直冷 51 台 间冷 2 台	发电热电联供

上汽首台超超临界660MW等级空冷机组于2013年在内蒙古国电布连电厂投入运行(见图2.2-26),该机组为单轴三缸二排汽,主蒸汽参数27MPa/600℃,再热蒸汽温度600℃,1个单流圆筒形高压缸,1个双流中压缸,2个双流低压缸。整个高、中压缸均可在制造厂内完成安装,整体发运电厂。设计热耗率7652kJ/(kW·h),实际热耗率7644.95kJ/(kW·h)。

哈汽生产的国产首台30万kW直接空冷汽轮机在山西漳山电厂成功投运,创造了当年签约、当年设计、当年出厂的记录,总体技术指标跻身国际先进水平。2005年,哈汽拥有完全自主知识产权的国内首台600MW亚临界直接空冷汽轮机(见图2.2-27),在山西大同电厂成功投运。在该机组的设计中,哈汽采用了新型轴承箱落地式低压缸、大型空冷汽轮机末级叶片、背压和排汽温度保护限制、汽封与低压缸波纹节弹性连接等多项新技术及汽轮机低压末级叶片表面复合离子镀膜等12项自有专利技术。经运行验证,技术性能良好,满足技术规范的要求,具有国际先进水平。

图2.2-26 内蒙古国电布连电厂

图2.2-27 哈汽公司研制的我国首台600MW
亚临界直接空冷汽轮机

2006年开始，哈汽继续自主研发了末级动叶片为680mm的超临界600MW等级三缸四排汽空冷汽轮机（见图2.2-28）、末级动叶片为940mm的超临界600MW等级三缸四排汽空冷汽轮机和超超临界600MW等级两缸两排汽空冷汽轮机（见图2.2-29），并已在大同电厂、景泰电厂、轩岗电厂、定州电厂、西宁电厂等成功投运。

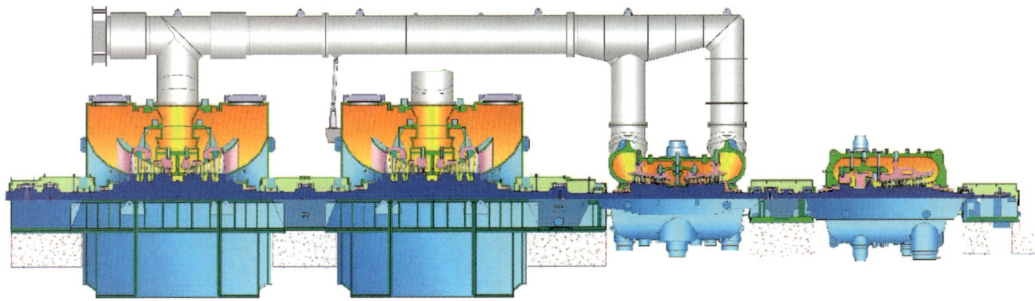

图2.2-28　超临界600MW等级三缸四排汽空冷汽轮机

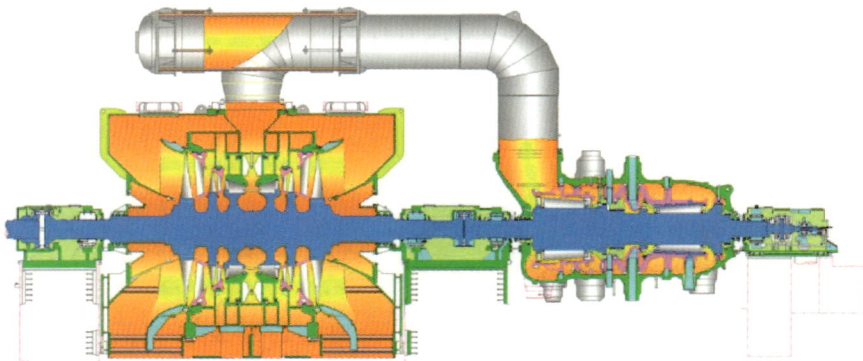

图2.2-29　超超临界600MW等级两缸两排汽空冷汽轮机

东汽作为国内较早开展空冷技术研究单位之一，率先提供了200MW大型空冷汽轮机。经过30多年的艰苦奋斗，具有完善的空冷汽轮机研发开台，研发了满足各种环境的空冷汽轮机系列产品，到2019年底已投运了270多台功率35MW等级以上的空冷汽轮机，空冷汽轮机总容量超过9000万kW；仅1000MW等级空冷机组投运了9台。

空冷汽轮机是一种特殊的蒸汽轮机，其冷却系统的特点导致其背压高、变化频繁和变化范围大，末级叶片工况变化幅度大，经常有可能处于高背压小容积流量工况、低背压大容积流量工况运行。其设计难点集中在末级叶片开发、低压缸设计、轴承支撑方式等几个方面，末级叶片工作条件要比湿冷机组恶劣得多，设计难度远大于湿冷机组。2000年以来，我国汽轮机制造企业加大了空冷机组末级叶片的研发工作，各自开发了适应不同背压、功率的末级叶片系列，如东汽自主研制了510、645、661、770、863、1030等先进末级空冷专用叶片和相应的低压缸模块，以适应不同地区，满足不同的设计条件，其典型工程见表2.2-10。

表 2.2－10 东汽空冷末级专用叶片典型工程

机组等级/MW	典型工程简称	末级叶片长度/mm
200	太二	510
325	伊朗阿拉克电厂	645
300	新一代空冷	661
亚临界 600	古交、托电、上都	661
	大坝两排汽空冷机组	863
超临界 350	临河	661
超临界 660	上安	661
	蔚县	661
超超临界 660	轩岗、托电	863
	蔚县	1030
超超临界 1000	灵武	770
	鸳鸯湖	863

2007 年 9 月，国家以华电宁夏灵武发电有限公司（见图 2.2－30）二期建设为示范工程，启动了 1000MW 超超临界直接空冷机组的研制，东汽针对该项目的特点开发了 770 空冷低压模块，使机组功率达到了 1000MW。该机组蒸汽参数达到 25MPa/600℃/600℃，设计背压 13kPa，是东汽自主研发的世界首台 1000MW 空冷汽轮机，于 2010 年 12 月投入商业运行。该机组得到国家科技支撑计划课题《1000MW 超超临界直接空冷汽轮机组系统技术示范研究》支持，运用了 22 项汽轮机先进设计技术，涵盖气动、强度、主机结构、轴系等各个方面，年节约用水 2580 万 m³；供电煤耗比同期国内超临界 600MW 空冷机组最优煤耗低约 15g/（kW·h），比同期超临界 600MW 空冷机组平均煤耗低约 19g/（kW·h）。机组运行综合技术水平达到国际领先水平。另外，东汽制造的目前世界最大 1100MW 空冷机组于 2014 年 1 月 16 日在新疆农六师投运。

图 2.2－30　华电宁夏灵武发电有限公司

超超临界 1000MW 等级空冷汽轮机相对于超临界 600MW 等级空冷机组而言，其热耗率降低约 300kJ/（kW·h）。以一台超超临界 1000MW 空冷汽轮机运行 1 年计算，可以节省标煤 60 476t。在同样发电量前提下减少 SO_2 的排放量约 1380t/（年·台），减少 CO_2 排放量 221 428t/（年·台）。大量减少了煤耗及 SO_2 的排放量，保护了生态环境，节省了一次能源的耗量，社会效益更加巨大。

我国企业不断追求技术进步，提高空冷机组的技术水平，大量减少机组煤耗及 SO_2 的排放量，保护生态环境，节省一次能源的耗量，为科学合理地使用能源，促进国家西部经济发展起到了十分重要作用。近年来，东汽采用最新的设计理念，进一步开了发先进、高效的新一代空冷机组。机组主蒸汽参数提升到 28～31MPa/600℃/620℃ 等级。典型工程有榆能横山、大唐彬长、陕西富县等，其中榆能横山新型高效超超临界 1000MW 汽轮发电机组于 2018 年 11 月投入运行（见图 2.2-31），焓降试验表明高压缸和中压缸效率分别达到了 90.1% 和 94%，经济性进一步提高；机组额定负荷的轴系振动值如图 2.2-32 所示，轴系最大轴振小于 50μm，瓦振小于 20μm，达到优秀水平。

通过几代人的努力，我国三大汽轮机生产企业都能生产符合国情的各种参数等级、功率等级的空冷汽轮机。我国空冷汽轮机的产量、机组容量、技术水平、品种均在世界上遥遥领先，最大功率、最高参数的空冷汽轮机都在中国，我国已成为世界大型空冷汽轮机产品技术发展的中心。

图 2.2-31　榆能横山 1000MW 高效超超临界空冷机组

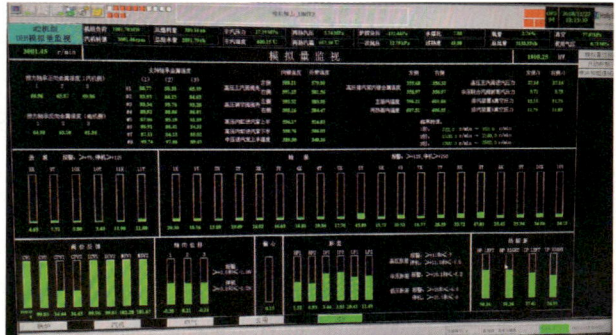

图 2.2-32　榆能横山 2 号机 1000MW 时轴系振动值画面

六、供热汽轮机研发

供热抽汽凝汽式汽轮机是同时承担供热和发电任务的汽轮机。它是城市公共设施重要的组成部分，是国家优先鼓励发展的产业。

由于电站锅炉的效率高，且供热后系统不再有冷源损失，能源利用率高，其综合热效率大于 55%。如我国北方采暖地区 300MW 热电联产机组发电煤耗基本与超超临界机组相当〔约 275g/（kW·h）或更低〕。同时，电站采用高效除尘设备以及烟气脱硫净化装置，可使有害废气排放比分散供热系统大大降低。先进、高效大型供热汽轮机组已被世界各国公认为提高能源利用效率和保护环境的重要手段。

20世纪80年代初，北方地区采暖城市集中供热的普及率不到30%。受需求和制造能力两方面的限制，我国热电联产机组不仅总规模小，而且发展也不均衡，供热设施中热电联产机组仅占2%。2000年8月，国家计委、国家经贸委、建设部、国家环保总局联合颁布了《关于发展热电联产的规定》，明确50MW以下的火电机组不能采用纯冷凝机组，必须采用热电联产机组，并按供热为主、供电为辅的"以热定电"原则进行选型建设。2004年6月国家发展改革委下发了《关于燃煤电站项目规划和建设有关要求通知》，2007年1月国家发展改革委联合建设部颁布了《热电联产和煤矸石综合利用发电项目建设管理暂行规定》，明确了热电联产机组发展产业政策和相关规定，要求大中型城市争取采用单机容量300MW及以上的环保、高效发电机组，建设大型发电供热两用电站。

我国汽轮机制造行业响应国家号召，自主创新开发出了一大批满足工业供热和采暖供热等各种用途的大型供热机组，先后推出50MW、100MW、300MW和600MW等级单抽和双抽机组以及1000MW等级单抽等多个品种的供热机型，形成从135MW/200MW/300MW/600MW/1000MW系列、可满足0.2～5.0MPa各挡抽汽参数、空冷到湿冷、亚临界到（超）超临界的系列机型。1991年，由东汽自主设计生产的首台300MW供热机组在太原第一热电厂成功投运；2009年9月上汽生产的超超临界百万等级抽汽机组在天津北疆电厂成功投运；2010年，由东汽生产的600MW等级双抽供热机组在华润南热成功投运；2014年12月，东汽生产的超超临界660MW双抽汽机组在华润焦作电厂成功运行。到2019年年底，供热机组的总装机容量超过3亿kW，承担了全国大部分工业和采暖供热量，已投运的最大抽汽凝汽式供热机组为1000MW，为世界之最。

供热汽轮机组与常规凝汽式汽轮机组不同点在于在发电的同时，还要供热抽汽。供热抽汽级数越多，汽轮机结构、系统设计和控制保护系统就越复杂。进汽参数越高，功率越大，供热汽轮机研制的难度就越大。要保证在各种工况下机组抽汽或排汽具有稳定的工作压力，为此，汽轮机除有调速系统外，还有专门设计的调压系统。供热汽轮机除具有一般汽轮机的要求外，还需要考虑抽汽压力变化对机组安全性的影响；除抽汽调节方式需要特殊考虑外，还需要考虑低压缸冷却、抽汽前后叶片强度、汽缸刚性和压力控制等。

我国供热机组完全是自主创新，从小到大，从简单到复杂发展起来的。经过几十年的艰苦创业，我国供热汽轮机产品种类齐全，不但抽汽参数可调范围大，调节品质好，抽汽供热量大，可满足工业、采暖等抽汽要求；而且供热方式多样，具有不同等级不同参数的单、双调汽轮机。热电负荷调节灵活，采用双座阀、旋转隔板、蝶阀、截止阀等抽汽调节方式对供热机组抽汽压力进行调节，如图2.2-33所示。另外，还可采用同步离合器，实现中压缸转子与低压缸转子自动脱开，转为背压机运行，使机组供热流量达到最大。自同步离合器的两端分别连接中压转子、低压转子，可以使低压转子与中压转子无扰啮合或脱开，实现汽轮机组在纯凝、抽汽及背压工况之间的无扰切换。东汽生产310MW该类型机组已经在高碑店2期、3期工程，以及国华高安屯电厂成功投运，为保障北京冬季供热做出了贡献。

中压一级后采用阀门调整2.5MPa抽汽

中压四级采用旋转隔板调整1.5MPa抽汽

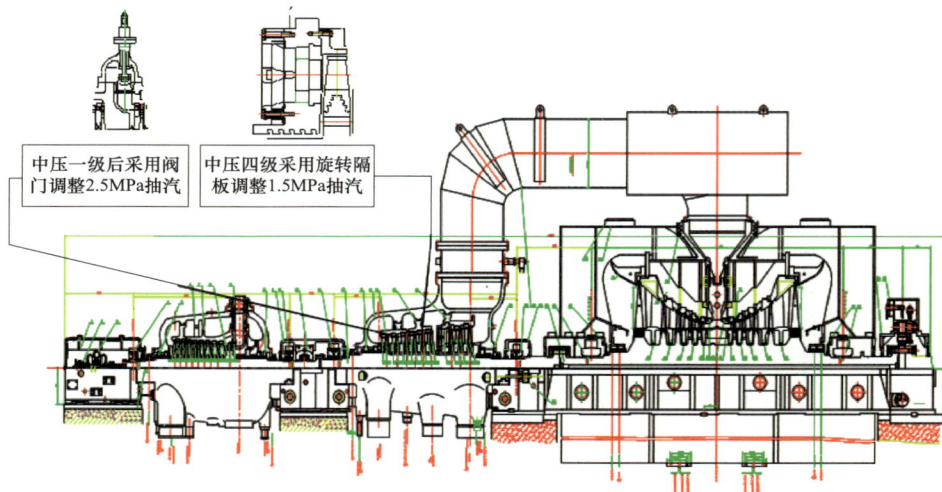

图2.2-33　东汽330MW抽汽机组

　　上汽和东汽研制的1000MW抽汽机组分别于2009年9月和2015年3月在北疆电厂和福能电厂投运。上汽超超临界百万等级抽汽机组参数范围广，可满足集中供暖、海水淡化、制盐、工业用汽等各类不同需求，大大提高了电厂市场竞争力，丰富了电厂的多样性。上汽的1000MW抽汽机组为中压排汽抽汽，最大抽汽量可达800t/h，对外供汽采用中压排汽，需要在中压缸底部开设2个直径为1m的抽汽口以满足对外抽汽和5号回热抽汽的需求，其抽汽口布置如图2.2-34所示，这对中压缸刚度的设计增加了很大的难度。该机组抽汽参数范围广，可在0.2～0.55MPa范围内调节，大范围满足不同用户的个性化需求。以天津国投津能北疆发电厂为例，"发电—海水淡化—浓海水制盐—土地节约整理—废物资源化再利用"的循环经济模式，实现"五位一体"的良性循环。这个产业链条上的每一个环节所产生的废弃物都被下一个环节充分吸收利用，从而实现效益最大化和排放最小化。一期项目设计产能为20万t/日，是目前国内最大的海水淡化工程，投产后，除10%自用外，其余90%淡水将向社会供应。新疆北疆项目全部投产后，每日供水量将约占目前天津市日用水量的10%。

　　华润焦作660MW汽轮机为超超临界机组，高压筒形缸结构，具有两级可调整抽汽，是目前世界上功率最大的双抽供热机组（见图2.2-35），于2014年12月投产；标志着东汽掌握了高压筒形缸的设计、

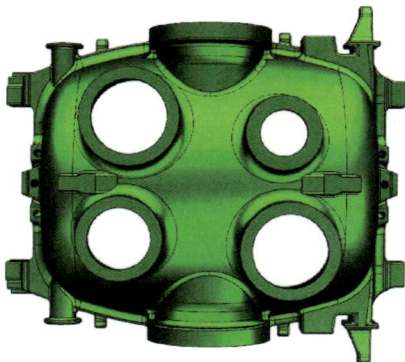

图2.2-34　上汽1000MW汽轮机中压外缸抽汽口布置

图2.2-35　华润焦作超超临界660MW双抽汽轮机

制造和安装维护等方法，掌握了高参数多级调整抽汽热电联供机组的设计方法，具备了先进大型高效超超临界热电联供机组的供货能力，实现了新技术的突破和跃升。

采用东汽第三代通流技术生产的山西古交三期2×660MW项目为超超临界空冷供热机组（见图2.2-36），进汽参数：26.25MPa/600℃/600℃，背压：10.5kPa，供热：0.4MPa，700~900t/h。1号机组于2018年4月27日投入商业运行，设计热耗率7629kJ/（kW·h），试验热耗率7606.53kJ/（kW·h）；中压设计缸效率93.03%，试验缸效率94.5%；机组轴振、瓦振、胀差等各项指标优良，如图2.2-37所示。

图2.2-36　山西古交三期2×660MW项目

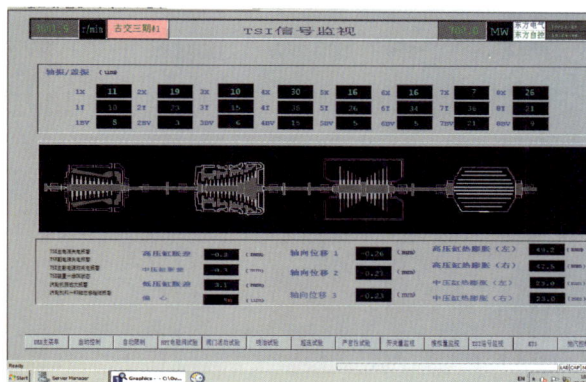

图2.2-37　山西古交三期1号机700MW时运行截图

七、煤电机组的升级改造

随着全球及国内经济的巨大发展及能源形势的急剧变化，燃煤发电厂面临的环保要求日益严格，经营形势日益严峻。

2007年8月，国务院批转了由国家发展改革委、环保总局、电监会、能源办制定的《节能发电调度办法》，按照机组能耗水平由低到高排序，进行电量调度。火力发电企业的电量调度已由铭牌调度逐步调整为节能调度。发电企业要想在日益激烈的市场竞争中保持良好的发展优势，就必须采取有效措施，大幅度降低机组的供电煤耗率水平。国内外煤炭价格持续上涨，火力发电企业的经营压力陡增，也迫使发电企业不断需求高效技术以提高其经营状况。

针对国家关于节能减排的要求和发电企业的需求，国内各汽轮机制造企业上下齐心协力，以二次创业的精神，从汽轮机的局部优化做起，对汽轮机的各部分结构进行研究，紧跟国际主流技术发展，开发全新的各类结构，以满足高效汽轮机的技术发展要求。完成了国内外多型号、多系列的技术升级方案的制订和实施，提升机组的整体经济性，取得了丰硕的成果和业绩，在很大程度上降低了电厂发电成本，取得巨大的经济效益和社会效益。到2019年年底，我国汽轮机制造企业先后完成了50MW、

100MW、200MW、300MW、600MW、800MW和1000MW等级的汽轮机改造近千台，为我国的节能减排做出了应有的贡献。

我国对在役汽轮机组改造主要取得了三个方面的成果：

（1）汽轮机增容增效升级改造。

1991年东汽首次对国产三缸三排汽200MW汽轮机低压缸前四级进行了改造，提高了低压缸效率4.02%，无煤功率增加了3170kW，开启了我国汽轮机改造的先河。1997年对高、中、低三缸全部进行通流改造，使机组平均热耗率降低480kJ/（kW·h），无煤功率增加13 310kW，年节省标准煤13 330t。随后，我国开始了50MW、100MW、200MW和300MW汽轮机的大规模改造，实现了节能、减排、优化、升级、增容、供热等目标，开创了通过现役大机组技术改造实现煤炭清洁高效利用的通道，书写了中国电力工业史上的新篇章。

随着我国汽轮机制造企业不断的研究和试验，形成了各自设计制造体系，新的通流技术不断被研发出来，设计水平和制造能力达到世界先进水平，大力开展全系列产品的优化升级，并将优化成果在改造机组上进行了应用。

近年来，东汽采用最新技术（见图2.2-38和图2.2-39）完成了大量的300MW、600MW机组节能改造。将亚临界300MW机组的热耗率降到了7880kJ/（kW·h）以下，如三河改造项目；将亚临界600MW机组的热耗率降到了7740kJ/（kW·h）以下，如鲤鱼江电厂1号、2号机改造项目；将超临界600MW机组的热耗率降到了7590kJ/（kW·h）以下，如常熟电厂1号、2号、3号机改造项目。这些改造成果大大提高了机组的经济性，使机组得到最大限度增容，提高经济效益，减少排污量，降低环保支出，为国家节能减排升级改造战略实施提供强有力的支持。2020年东汽采用完全自主创新技术成功完成了海门4号机和邹县8号机两台引进型1000MW汽轮机的通流改造，使机组的经济性大幅度提升。邹县8号机改造

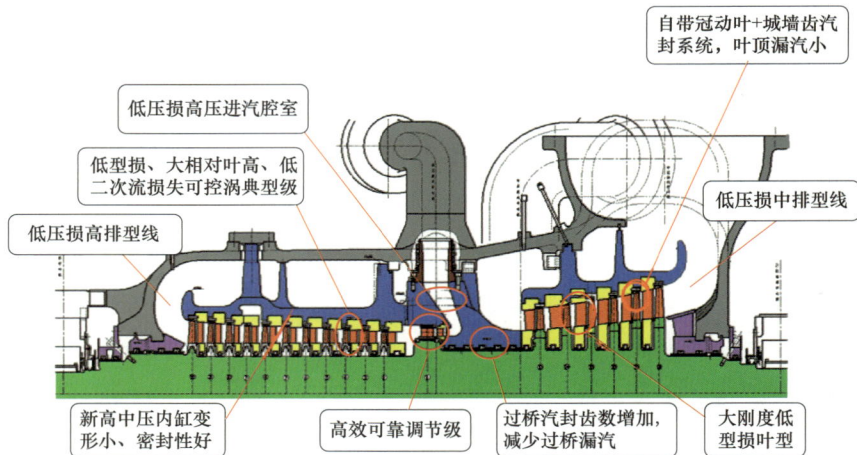

图2.2-38 东汽节能改造后高中压缸通流示意图

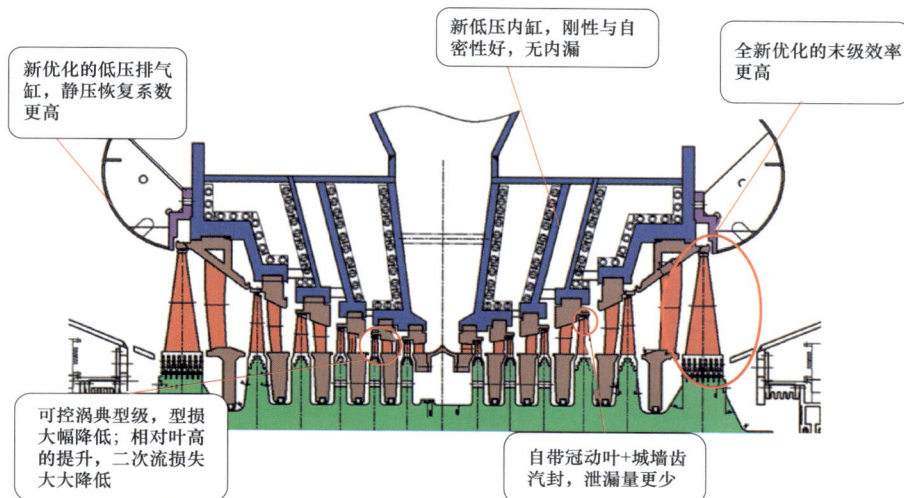

新优化的低压排气缸，静压恢复系数更高

新低压内缸，刚性与自密性好，无内漏

全新优化的末级效率更高

可控涡典型级，型损大幅降低；相对叶高的提升，二次流损失大大降低

自带冠动叶+城墙齿汽封，泄漏量更少

图 2.2－39　东汽节能改造后低压缸通流图

后汽轮机高压缸效率大于91%，热耗率大幅降低488kJ/（kW·h），汽轮机关键性能指标达到国际领先水平，标志着我国电力装备制造业走在了世界前列。

哈汽应用自主创新研制的多级小焓降叶型、高中压整体内缸、低压铸铁内缸、预扭装配式隔板、预扭式动叶片、小间隙汽封、低压蜗壳进汽结构等新技术对大唐七台河4号亚临界60万kW机组进行了改造，额定功率初步测算的热耗率为7777.56kJ/（kW·h），远优于机组改造前8187kJ/（kW·h）的运行热耗。改造完成后，机组热耗率降幅达409.44kJ/（kW·h），折合供电煤耗率下降约13.99g/（kW·h），改造效果明显。七台河4号机组为供热机组，在改造前的供热压力为0.8MPa，现阶段该机组的供热压力降低到0.55MPa，额定工况下，在保证抽汽量300t/h的前提下，可提高发电功率2万kW。综合而言，通过此次改造，哈汽将助推七台河电厂每年多获得4000余万元的收益，每年将减少近2900t污染物的排放。有统计数据显示，一亩树林每年可吸收1.5t的污染物，据此推算，七台河4号机组每年减少的污染物排放量相当于每年植树1933亩（1亩=166.667m²），为国家节能环保做出了突出贡献。图2.2－40所示为哈汽节能改造前、后高中压缸结构对比，图2.2－41所示为哈汽节能改造后低压缸实体装配图。

上汽采用自主开发的代表当代先进汽轮机设计方法的AIBT设计技术，对300～660MW原机型的汽轮机高中压通流进行改进，使得汽轮机的热耗进一步下降，配套汽轮机汽缸和进汽腔室的优化，

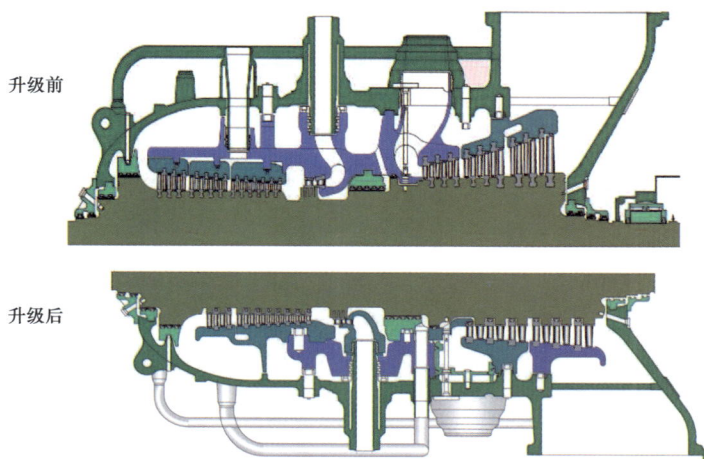

升级前

升级后

图 2.2－40　哈汽节能改造前、后高中压缸结构对比

一方面减少了内漏和压损使得机组效率进一步提升，使 300MW 高中压合缸机机组热耗率水平可达到 7850kJ/（kW·h）以下；另一方面简化的汽轮机结构使得机组安装和检修更加方便，从而缩短周期以增加用户的收益。图 2.2-42 和图 2.2-43 为上汽常规机型高中压缸纵剖面图及新一代高效超临界机组高中压缸纵剖面图。

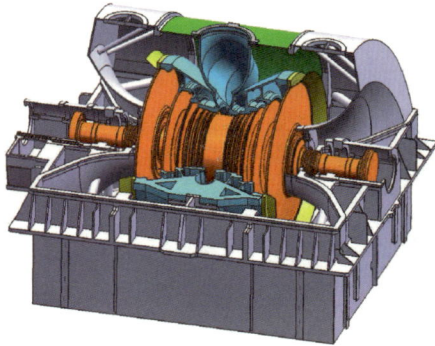

图 2.2-41　哈汽节能改造后低压缸实体装配图

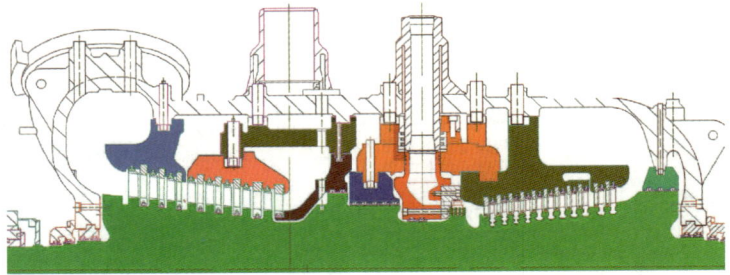

图 2.2-42　上汽常规机型高中压缸纵剖面图

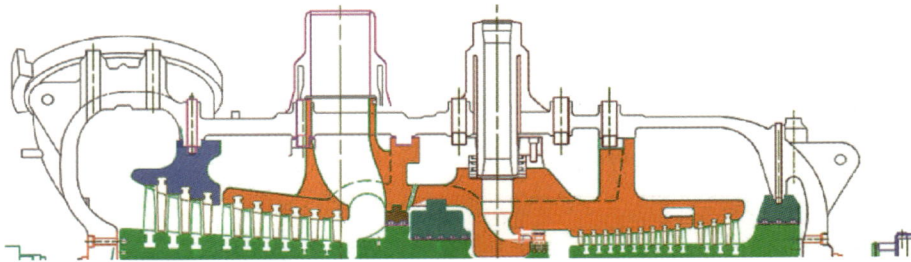

图 2.2-43　上汽新一代高效高中压缸纵剖面图

作为上汽新一代高效超临界机组低压模块的代表，新型低压缸除了确保与外缸的装配、定位方式不变，各抽汽口的位置及尺寸不变外，与原有设计相比有了明显的不同，渐缩的进汽流道，特殊的抽汽腔室，变截面的抽汽口优化，更便于检修运输的起吊布置，如图 2.2-44 和图 2.2-45 所示。

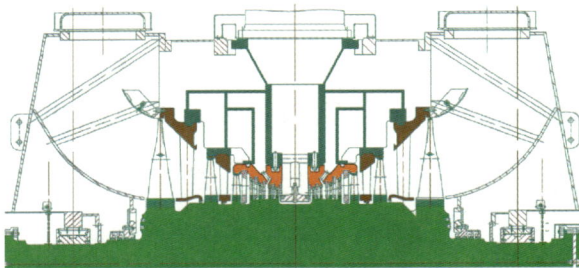

图 2.2-44　上汽常规机型低压缸纵剖面图

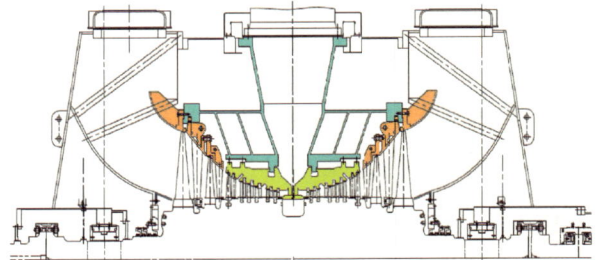

图 2.2-45　上汽高效超临界机组低压缸纵剖面图

国内汽轮机制造企业不但对国产机组进行改造，还利用自主创新的技术对国外公司生产的汽轮机进行改造，给它们换上了"中国芯"。

2007年，东汽对陕西华电蒲城电厂罗马尼亚生产的360MW亚临界四缸四排汽凝汽式汽轮机通流进行了机组改造，提升了机组的经济性和可靠性。最近几年东汽采用全新的第四代高效通流技术先后对东芝原产的北仑电厂600MW亚临界汽轮机（见图2.2-46），GE原产的德州电厂5号机

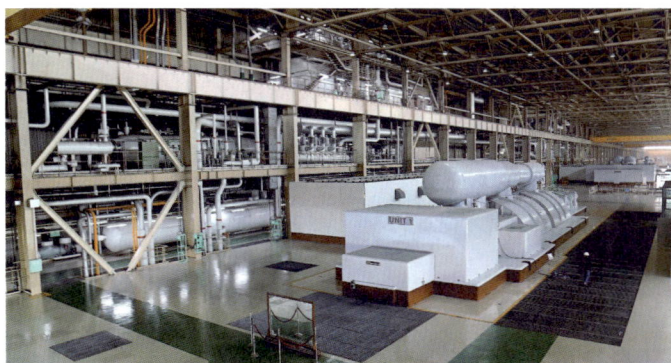

图2.2-46 东芝原产的北仑电厂600MW亚临界汽轮机

600MW亚临界汽轮机，日立原产的王曲电厂1号、2号超临界600MW汽轮机，神头电厂捷克机组、西固电厂俄罗斯机组实施了改造，改造后经济性指标达到国际领先水平，见表2.2-11。

表2.2-11　　　　　　　　　　　　　　　机组改造后经济性能

国电浙江北仑第一发电有限公司1号机组			华能德州电厂5号机组汽轮机		
项目性质	改造		项目性质	改造	
原制造厂家	东芝		原制造厂家	GE	
参数	630MW-16.66/537/570		参数	700MW-16.67/538/538	
项目	设计	试验	工况名称	设计	试验
高压缸内效率（%）	88.6	89.4（三阀点）	高压缸效率（%）	88.5	89.2（三阀点）
中压缸内效率（%）	92	93.3	中压缸效率（%）	93.01	93.7
THA工况热耗率/[kJ/(kW·h)]	7798	7792.7（-5.3）	低压缸效率（%）	89.5	90.3
加权热耗率/[kJ/(kW·h)]	7943	7922.7（-20.3）	热耗率/[kJ/(kW·h)]	7777	7760.8（-16.2）

2015年哈汽对神华国华绥中电厂两台俄罗斯制超临界汽轮机组进行改造，不仅解决了原汽轮机组末叶片断裂、中压转子弯曲、轴系振动较大、滑销系统卡涩、叶顶汽封脱落等问题，而且汽轮机效率达到46.5%，额定功率由80万kW变为88万kW，最大出力达到90万kW，汽轮机热耗率降至7700.93kJ/(kW·h)，改造后单台机组发电煤耗降低25.56g/(kW·h)，每年可节约标准煤12.85万t，以每吨标准煤价格为500元计算，两台改造机组可为绥中电厂年节省约12 850万元。

（2）供热改造。

在常规凝汽式火力发电厂中，汽轮机排汽在凝汽器中被冷却而凝结成水，同时冷却水被加热，其热量通过冷却塔散发到大气中，产生冷源损失。这种冷源损失是影响汽轮机组循环效率的一个主要因素。如果将这部分冷源损失加以利用，会大大提高汽轮机组的循环热效率。循环水供热就是为了利用汽轮机的冷源损失而发展起来的一项节能环保技术。

这就要求汽轮机通过提高背压，使得凝汽器的排汽温度和循环水出口温度升高，再将凝汽器循环水接入采暖供热系统。循环水经凝汽器加热后，注入热网，满足用户采暖要求，冷却后的循环水再回到凝汽器进行加热。高背压循环水供热将原来从冷却塔排入自然界的热量回收利用，提高了汽轮机组的经济效益。

汽轮机高背压供热改造采用先进的通流技术对高背压工况下的汽轮机叶片通流进行全新设计，运用双转子技术或单转子技术，采用部套整合优化，提高材料性能等措施，实现机组的高背压运行。2012年东汽在210MW机组上采用低压缸双转子互换技术进行改造后使电厂首次实现扭亏为盈，2013年上汽实现了世界首台300MW等级机组高背压双低压转子互换运行，开启了汽轮机供热新模式。

以300MW机组高背压供热改造为例，改造后汽轮机供热能力大幅增加，热经济性也得到大幅提升，机组热耗水平大大降低，机组的发电煤耗降到140g/（kW·h）。目前，国内已有金桥2号机等多台机组实施了双转子高背压供热改造。

针对空冷机组特点，东汽还自主开发了兼顾供暖期和非供暖期的低压空冷末级叶片，在不更换转子的条件下也可满足高背压供热的需要。目前，已在古交电厂300MW汽轮机上实施，取得了良好的经济效益。

近年来，我国汽轮机行业根据地区和电厂自身的差异，对汽轮发电机组进行针对性分析评估和改造，为了提高中压抽汽供热量，提出和实施了低压缸不进汽，低压转子空转，中压排汽全部供热的切除低压缸运行方案。这也是电厂在国家能源发展过程中，应对新形势的一种需求。

同时，针对具体供热的需要和机组特点，我国汽轮机企业采用先进技术完成了现有机组的供热改造，以满足用户的需求。例如，2018年东汽对灵武电厂1000MW空冷汽轮发电机组进行了供热改造，进一步提高了机组的经济性。

（3）升参数增效改造。

尽管我国的发电技术已经达到超超临界水平，新建1000MW湿冷机组供电煤耗可以达到280g/（kW·h）以下水平，但我国仍然存在着大量的超临界和亚临界现役机组，其供电煤耗严重偏高。统计数据显示，我国现役300MW、600MW亚临界湿冷机组的平均供电煤耗分别为330g/（kW·h）、320g/（kW·h）。通过电站改造，可在较小的经济成本下，进一步提高现役机组的运行效率，降低能耗水平。

2014年9月12日，国家发展改革委、环保部、国家能源局联合印发了《煤电节能减排升级与改造行动计划（2014—2020年）》。行动计划指出，相关厂商可因厂制宜，充分利用汽轮机通流部分改造、供热改造、锅炉烟气余热回收利用等成熟适用的节能改造技术，重点对300MW和600MW等级亚临界、超临界机组实施综合性、系统性的节能改造，力争到2020年，使现役燃煤发电机组改造后平均供电煤耗低于310g/（kW·h）。

升参数增效改造就是采用高效通流技术，在主蒸汽压力保持不变（16.67MPa），将主蒸汽温度以及再热蒸汽温度则由538℃提高至566℃，甚至600℃。相较于常规的亚临界通流改造，其节能效果得到明显提升，其特点是花费不是太大，投资成本远远小于跨代升级改造，且改造周期也仅比大修周期增加10～20天，具有广泛的可操作性和可实施性。

2015年东汽在国内首批对大唐安阳电厂2号机和托克托电厂4号机首次实施了300MW和600MW亚临界升参数通流改造，改造后安阳电厂2号供电煤耗304.5g/（kW·h），托克托电厂4号供电煤耗下降15g/（kW·h），实现了600MW亚临界机组供电煤耗低于300g/（kW·h）的目标。机组的经济性指标得到明显提升，实现了节能减排。

第三节　汽轮机创新平台和研发能力建设

改革开放以来，我国汽轮机行业始终坚持"生产一代、开发一代、储备一代、构思一代、大力开发主导产品、积极开发多元产品"的产品开发战略，加强基础性研究和技术储备，完善技术创新机制，不断增强技术创新能力。

同时，围绕新产品开发，走产学研相结合的创新之路，与国内发电设备业主、大专院校、电力设计院及科研院一起进行了有关燃煤发电技术的研究，特别是国家"863"超超临界汽轮机专题研究和国家科技支撑计划有关汽轮机的研究。其中，"超超临界燃煤发电技术的研究"和"超临界600MW煤电机组成套设备研究与工程应用"获国家科技进步一等奖。

通过对汽轮机设计、材料、制造、运行等关键技术的研究，较快地掌握超临界、超超临界汽轮机的设计及材料、制造和运行技术，形成具有自主知识产权的汽轮机的设计和研发平台，具备了独立开展各种汽轮机研究、设计、制造和试验能力，促进我国汽轮发机组的快速发展。国内三大汽轮机制造企业都建立了各自的研发平台，形成独立的具有自主知识产权的汽轮机研发体系。

一、汽轮机技术创新平台

1. 透平核心技术试验室

（1）透平气动试验。

多级空气透平试验台是透平核心技术创新所必需的基础研究平台，是实现透平核心技术重大突破所必备的基础设施，支撑我国在透平通流核心技术自主创新上实现大的突破。

通过多级空气透平试验台：

1）可以对叶栅通道内气体流动进行详细的流场测试，了解其真实物理现象，掌握汽轮机的通流核心技术。

2）解决高、中压级流场优化和流型选择。

3）不同结构参数级特性影响的试验研究。

4）试验和数值计算互补，提高通流计算精度。

2009年，我国自主建成的多级空气透平试验室在东汽投入使用。其后，东汽根据我国汽轮机技术发展需要，又对试验室进行了扩展，试验能力得到极大的提升。目前透平气动试验室拥有包括多级空气透平试验台、平面叶栅试验台、环形叶栅试验台、汽封试验台、风管风洞试验台、校正风洞试验台等多个试验台位，如图2.2-47～图2.2-50所示。具备对包括汽封、叶片、阀门、进排气腔室等所有汽轮机通流部件性能进行实验研究的能力。

图 2.2-47　东汽多级空气透平试验台

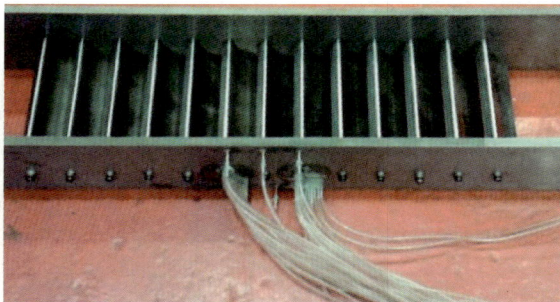

图 2.2-48　东汽平面叶栅试验台

图 2.2-49　东汽环形叶栅风洞试验台

图 2.2 – 50   东汽汽封试验台

多级空气透平试验台主要由风源系统、水力测功器、测量控制系统、试验台位本体、电气系统、水系统等组成，主要用于解决高中压级和低压前几级流场优化和流型选择，验证分析计算结果及其修正等。还可进行隔板汽封漏汽、平衡孔漏汽、叶顶汽封间隙、部分进汽等对级特性影响的试验。试验台轴向进气，周向四排气，试验最大压比 2.5，最大流量 30kg/s，最高转速 6000r/min，根径变化范围 660～1000mm，最长叶片高度 250mm，高压级可进行 1:1 的试验，中压末级与低压前两级可按 0.6 以上的比例模化。

平面叶栅试验台主要用于研究叶型二维绕流特性，研究各种叶栅的气动性能，分析几何参数和气动参数变化对叶栅气动性能的影响，提供叶型性能曲线。试验台出口面积 300mm×120mm，叶栅出口最大马赫数为 0.9～1.0。

环形叶栅试验台可对整圈或部分弧段叶栅进行试验，主要用于研究损失系数和气流角沿叶高分布，研究叶型三维成型技术对损失特性尤其是二次流损失的影响，整圈试验还可评估叶型的通流能力。整圈叶栅最大外径为 1100mm，出口马赫数最高可达 0.9。

风管风洞可对进、排气缸和阀门等结构进行空气吹风试验，研究各通流结构的气动性能，风洞最大流量为 30kg/s，进口最大压力为 250kPa。

汽封试验台可进行汽封、平衡孔、叶根间隙、径向孔、结构缝等结构的性能试验，研究不同汽封结构的密封效果及其流量特性。

近年来，透平气动实验室开展并完成了大量技术研究工作，其中包括叶型技术、二次流控制技术、流型匹配技术及汽封、进气腔室、阀门、排汽缸等在内的通流技术研究，成功开发出东汽的第三代、第四代高效通流技术和高效反动式通流技术。

叶型开发方面针对东汽自主开发的大刚度叶型、燃机叶型、反动式叶型等数 10 种叶型进行了系列的平面叶栅和环形叶栅吹风试验，建立了详细叶型性能数据库，方便通流设计选用。针对 300MW、1000MW 高压级段开展了近 20 个多级空气透平方案的试验研究，掌握其通流特性。

针对包括对齿汽封、城墙齿汽封、刷式汽封、蜂窝汽封、接触式汽封等 10 余种不同汽封结构形式开展了大量的密封性能试验。

针对核电主汽调节阀组、带补汽阀的主汽调节阀组、高流速低型损阀组等阀门结构进行了试验，掌握了各阀门的流阻特性、提升力系数以及振动和噪声指标。

另外还完成了进气腔室、排汽缸等静止部件的性能试验，完成了叶片相对高度、级间轴向位置、平衡孔面积对级段性能的影响，完成了平衡孔、枞树型叶根等旋转部件流量特性等试验内容，大大提升了我国通流自主设计的能力。

通过大量的试验研究，不仅推动了技术进步，也为市场开拓做出了贡献。第三代高效冲动式通流技术成功应用于300MW、600MW机组的通流改造和新机组设计，第四代高效冲动式通流技术成功应用于超超临界600MW和1000MW机组的通流改造和新机组设计，极大提高了汽轮发电机组的经济性指标，改善了国产汽轮机的市场形象。

（2）大轴承试验台。

为了验证轴承技术，获得轴承性能数据，评估轴承应用后的状态，进行轴承失效分析，进而提高汽轮发电机组的运行可靠性，东汽建设了用于大型汽轮机支撑轴承研发的全尺寸试验台，该试验台是东汽自主研发重载轴承的重要试验基地。轴承试验台由850kW直流电动机、增速齿轮箱、试验台本体、辅助系统（润滑油系统、加载系统、冷却系统）控制系统及测试系统等所组成（见图2.2-51）。

图2.2-51　东汽大轴承试验台

轴承试验测试系统可实现全自动、智能化的数据收集和处理功能，系统具有一定的柔性，能适应研究对象的可变性需求。

近年来，通过轴承试验台对东汽自主开发设计的50Hz火电机组轴承、60Hz火电机组轴承、核电机组大尺寸重载轴承，以及对椭圆瓦、可倾瓦等不同结构形式的轴承进行了试验研究。通过试验研究优化了轴承性能，保证了机组的可靠运行。对超超临界机组可倾瓦轴承磨损规律、碾瓦故障的原因进行了试验研究，为优化设计提供了关键数据。

（3）油系统试验台。

东汽油系统试验台可对各类火电机组、核电机组的油系统所用的主油泵、油涡轮、射油器、调压阀等部套进行性能试验（见图2.2－52）。具备对50Hz、60Hz火电机组以及核电机组的油系统进行试验研究的能力，满足60～1000MW等级火电机组主油泵、油涡轮、射油器的自主研发试验和产品性能试验，满足核电主油泵的自主研发试验和产品性能试验。

近年来，完成了1000MW机组主油泵和油涡轮国产试制研发试验、125MW汽轮机组射油器的开发与试验、350MW汽轮机组新型主油泵的研发试制试验、国产核电主油泵性能试验研究、自主知识产权CAP1400核电主油泵研发试制试验等项目，促进了相关领域的技术进步。

图2.2－52 东汽油系统试验台

（4）高速动平衡试验台。

汽轮机转子作为汽轮发电机组的核心部件，加工、装配等制造精度需要在厂内进行高水平的检验，其结果将直接影响汽轮发电机组的安全、性能和寿命。为此，国内三大公司于20世纪90年代初投建了200t等级高速动平衡试验台，完成各类转子高速动平衡及超速试验并进行了有关叶片的动频试验。

为了自主研发具有完全自主知识产权的CAP1400国核示范工程大型半转速核电汽轮机，国内三大公司先后新建了350t转子高速动平衡试验台，其中东汽的高速动平衡试验台的转子最大外径达到8.1m。图2.2－53为东汽350t轮子高速动平衡试验台。

（5）结构动力学试验平台。

结构动力学试验平台由长叶片旋转试验测试系统、结构振动试验系统、旋转机械轴系振动测试分析系统、应力测试系统等构成。

近10年来，跟随技术进步、新产品研发需要，添置了一些先进分析技术的测试设备。现有德泰遥测系统、LMS结构试验测试系统、PLOYTEC激光测试系统、美国HP公司的动态信号分析仪、美国PCB公司的传感器及测力锤系统、BENTLY旋转机械测试系统、CSC－815轴系扭振测试系统、CRAS动态信号采集分析系统等行业先进技术的分析系统。

近年来，根据汽轮机技术发展需要，实验室建立了汽轮机末级长叶片试验验证系统，并通过科技创新项目培养了一批水平高、技术能力强及经验丰富的试验研究专业技术队伍。东汽已完成了50余个中长叶片的振动试验，涵盖了产品的全部范围，重点包括空冷863mm末叶、空冷770mm末叶、空冷1030mm末叶、60Hz机组用长叶片、1200mm钢制末叶、1400mm钢制末叶、核电1828mm末级长叶片、核电1651mm末级叶片、100%给水泵汽轮机630mm末级长叶片等为代表的低压模块长叶片开发振动试验，为各种系列的末级叶片的开发提供了关键的试验数据。在核电长叶片研发试验中，解决了许多技术难点，全面完成了国家专项CAP1400半速饱和蒸汽汽轮机末级长叶片验证试验内容。在结构试验方面，东汽还完成了60Hz机组以及CAP1400核电机组的转子扭振特性试验、燃机转子振动特性试验、机组排汽缸及轴承座振动特性试验等，有力支撑了新产品的开发。图2.2－54所示为东汽叶片振动试验台。

图2.2－53　东汽350t高速动平衡试验台

图2.2－54　东汽叶片振动试验台

2. 透平机械关键制造技术工程实验室

透平机械关键制造技术工程实验室始终瞄准国家及企业的重大需求，旨在提升透平机械关键零部件制造能力和水平，构建制造技术产学研用创新机制、技术支撑服务体系、人才培养培训体系，推进科研成果产业化应用。

实验室主要职能为透平机械关键零部件机械加工、焊接等工艺技术研究，主要包括新工具、新技术应用技术研究、难加工材料切削加工研究、透平机械典型零件工艺技术研究、新型复杂切削工具开发、切削液应用技术研究、焊接试验、焊工资格培训与焊工资格管理。

实验室具备较强的切削加工试验和检测能力，可在线测试铣削力和切削温度，具备用高速摄像设备对切削过程和切削状态进行记录的能力；配备便携式表面硬度计、便携式表面粗糙度，可对切削结果进行检测。另外，实验室具有对切削液进行摩擦、磨损试验，可对切削液的适用性能进行检测和评估。

3. 长寿命高温材料国家重点实验室

长寿命高温材料国家重点实验室是科技部于2015年9月批准建设的第三批企业国家重点实验室（见图2.2－55），是我国专门从事大型发电用透平高温关键零件用材料的研发机构，持续开展长寿命高温材料研发与应用以及大型透平零件长期服役后性能评估方面的科学研究工作，持续解决制约我国先进超超临界机组发展的高温材料开发和制造的技术瓶颈。

实验室立足于大型能源动力透平用关键材料的重大需求，整合共享技术和科学家平台资源，聚集和培养优秀科研人员，以能源透平产业发展为导向、强化产学研相结合和协同创新，开展共性关键技术研究，解决制约产业升级的关键零部件、新材料及高端制造等难题，提升我国能源透平研制企业的自主创新能力和国际竞争力。重点实验室的研究方向包括长寿命高温材料的开发与应用、重型燃机高温叶片精确制备成型技术、大尺寸高温部件服役性能及可靠性评价等。

实验室现有中国工程院院士4名、"千人计划"海外专家3名、教授级高级工程师10名、高级工程师27人，工程师37人。研究人员中博士8人，硕士63人，具有很高专业技能和业务水平。专业配置方面，配置了金

图 2.2-55　长寿命高温材料国家重点实验室外景

属材料与保护、非金属材料与保护、铸造与成型技术、力学性能（含高温）、断裂力学、分析化学、电镜与物理学、数值模拟、凝固技术、陶瓷技术、涂层技术和无损检测等专业的研究人员。

实验室目前占地面积为15 000余平方米，总投资约2.5亿元，含有高温持久实验室、微观表征实验室、化学分析实验室、力学性能实验室、疲劳实验室、物理金相实验室等。拥有先进的材料和试验研究设备共350余台（套），包括高温持久蠕变试验机集群（150台、计划配置500台）、长时高温时效试验炉、疲劳试验机集群、高分辨透射电镜、扫描电镜、X射线残余应力仪等。同时，还建有材料计算机辅助开发工作站，拥有Thermal-Calc、Micress、Jmatpro、Procast等材料分析和计算模拟软件。

拥有一条用于重型燃气轮机高温部件（大尺寸单晶、定向结晶叶片）材料研发和成型技术试验的中试线，配置恒温恒湿环境控制系统、进口自动制壳线、进口真空定向凝固炉、热等静压炉、蓝光扫描以及DR数字X射线直接成像系统等先进设备和材料计算、工艺模拟平台，具备透平用高温合金大尺寸定向凝固单晶和柱晶空心叶片、新型耐热钢的研发能力。该中试线目前总投资近1.5亿元，是国家大型清洁高效发电技术研发中心的高温部件实验室。

4. 先进的通流整体设计系统

通流整体设计系统包括汽轮机热力、通流、叶片设计技术及计算机软件平台，集成了电厂总体热平衡及热力性能计算、汽轮机通流部分优化设计、叶片全三维弯扭成型、预扭叶片结构设计、叶片强度振动计算、轮缘强度计算等通流叶片设计全部功能，可以快速地获得高质量的通流设计方案、叶片加工图

和制造装配 BOM 信息。可以满足汽轮机产品开发的高性能要求、快速开发周期和降低制造成本的基本要求。

上汽采用数值优化技术建立了先进的整体通流叶片技术（Advanced Integral Blade Technology，AIBT）自动优化设计系统。该系统可自动、快速、规范、可靠地按订单要求完成通流部分的设计。该系统可以：按效率最高目标，自动确定通流部件的叶片几何尺寸；完成通流部分叶片级的热力气动及强度计算；采用高效的反动式叶型自动生成三维叶片和二维工程图；自动形成 CAM 数据；自动形成管理文件。AIBT 平台可以广泛应用于各类汽轮机设计。

哈汽和东汽也都开发了各自的叶片整体设计平台。例如，东汽集成了热力性能计算与大数据验证的通流智能优化设计：采用大规模并行分布式自适应的多目标优化算法，提高优化效率；通流设计耦合考虑热力、气动及强度需求，实现一键式通流设计；自动进行叶根、围带等结构的设计及选取，自动生成三维叶片；三维叶片数据自动形成 CAM 数据，实现产品从设计至生产的无缝传递；自动生成涵盖热力、气动、材料及结构等机组数据库，为大数据分析提供必要支持。2015 年始，基于该智能优化设计平台开发的机组近 40 余台，性能指标合格率 100%。

5. 现代汽轮机设计制造系统

自 20 世纪 90 年代以来，通过广泛的国际合作，引进技术，汽轮机行业进入了一个新的飞跃发展时期。通过超（超）临界技术攻关成果的推广应用，各公司建立起一个全新的，以计算机技术为基础的现代汽轮机设计制造系统。该系统集中了与火电、核电相关的材料、高速空气动力学、计算力学、转子动力学、数字计算机控制等领域内的最新技术成果；计算机辅助设计，计算机工程（计算）设计，计算机辅助加工，计算机管理，信息化和网络化技术贯穿着产品设计和制造的各个环节；这个与国际先进水平相当的技术平台使企业的产品开发设计和制造能力达到外国公司相同的水平。整个系统包括下面几个主要部分：

（1）计算机网络化管理的汽轮机热力设计系统。

（2）汽轮机积木块及通流部分自动优化设计系统。

（3）全三元气动设计系统。

（4）计算机工程力学设计系统（包括汽缸、转子、叶片和阀门的强度、刚度、振动和寿命有限元计算分析考核）。

（5）汽轮机数字计算机控制开发系统。

（6）统一网络化的计算机系统。

（7）汽轮机大型数控 CAM 加工中心。

整个系统的运行都有严格的质量保证，开发设计、制造的各个环节都有相应的准则和工艺规范。各企业利用现代汽轮机设计制造体系，先后成功开发近几十项新产品，都取得了成功。

二、研发能力和主要创新技术

在长期技术发展过程中，汽轮机行业在大量试验研究、科研院所的联合攻关和工程经验积累的基础上，形成了自主知识产权的产品开发流程、设计规范、设计准则及设计研发体系，具有了开发各种汽轮机的设计能力；同时也建立了一支稳定的、有扎实理论基础和丰富实践经验的汽轮机技术研发队伍，形成完善的老、中、青人才梯队建制。能对市场做出快速反应，并保证产品的一次开发成功率；能为国内外电厂设计和制造在价格上有竞争力，符合国际标准，具有世界先进水平的各种参数及容量的汽轮机产品。

东汽历经10年的潜心钻研和高强度的投入，应用上述开发平台，采用下述创新技术，完成了超超临界技术的两次换代，开发出上节所述的新产品及通流改造。超超临界1000MW等级湿冷机组自主型以万州项目为代表，高效型以鄂州三期项目为代表。

万州机组于2015年成功投入商业运行，各项性能指标达到设计要求，汽轮机实测热耗率7192.1kJ/（kW·h），供电煤耗272.3g/（kW·h）。机组主要性能指标达到同类机组国际领先水平。

鄂州项目采用下述创新技术后，基本负荷工况和50%负荷工况的热耗经济性显著提高。表2.2-12为鄂州项目相对于引进机型机组的经济性收益，此处的热耗率收益用热耗率减少值表示。

表2.2-12　　　　　鄂州项目相对于引进机型的经济性收益

优化项目	额定工况热耗率收益/［kJ/（kW·h）］	50%工况热耗率收益/［kJ/（kW·h）］
循环参数提升	-64.6	-64.0
辅助设备系统优化	-15.7	-16.1
汽轮机本体结构优化	-18.5	-21.4
回热系统优化	-36.3	-39.6
高压缸通流优化	-43.9	-77.9
中压缸通流优化	-25.2	-28.9
低压缸通流优化	-51.1	-62.1
合计	-255.3	-310.0

同时，东汽随着第三代、第四代通流技术的推广应用，数十台旗舰机型经济性达到了国际领先水平。其中，应用东方第三代通流技术的榆能横山项目汽轮机平均热耗率突破7450kJ/（kW·h），是目前世界上性能最优的1000MW等级间接空冷机组；应用东方第三代通流技术的华电芜湖项目1000MW一次再热机组实测热耗率突破7150kJ/（kW·h）；采用东方第四代通流技术的华电8号机通流改造等项目，热耗率降

低 488kJ/（kW•h），关键性能指标达到同类机组的国际领先水平。

哈汽自主设计并采用下述创新技术研发的拥有完全自主知识产权的新型百万机组，在九江电厂的建设中得到了成功运用，两台机组热耗率分别为 7164.9kJ/（kW•h）和 7161.2kJ/（kW•h），与哈汽引进型百万机组相比热耗率降低 200kJ/（kW•h）以上，厂用电率降低约 1 个百分点，供电煤耗降低 10g/（kW•h）以上。

1. 汽轮机高效通流技术

通流技术是汽轮机最核心、最重要的技术。从气体动力学的角度看，汽轮机内部的流动是一个三维、可压缩、有粘、亚音（或跨音）、单相（或多相）气体的流动。汽轮机的能量转换主要在通流中实现，而叶型气动性能的好坏又对发电效率起着决定性的作用，因此，开发出高效叶型是汽轮机提高经济性的主要努力方向之一。改革开放以来，我国汽轮机的通流效率有了长足进步，高压缸效率从 75% 提高到 91%，中压缸效率从 89% 提高到 94%，低压缸效率从 76% 提高 90%，这充分说明我国汽轮机通流设计水平的提高。

高效叶型的设计开发以计算流体力学理论为先导，辅以试验研究以获得性能良好的高效叶型。通流级中的流动呈强烈的三元特性，三元流动特性的计算分析能更准确地反映蒸汽热力参数和气动参数沿叶高的分布。目前，三元流动计算方法在叶片级流场分析和流型优化设计的工程实践中得到了广泛应用。采用三元流动计算方法，各主要制造商都开发出弯扭联合成型技术、可控涡技术及沿叶高变反动度设计等全三维设计技术。

我国汽轮机行业历时多年，经过数百次试验，成功开发了拥有自主知识产权的通流技术，为我国燃煤机组打造了属于自己的"中国芯"，结束了半个世纪以来我国汽轮机核心通流技术依靠国外引进的局面。

提高叶型效率、降低二次流损失以及对流型优化设计是提升通流气动性能的关键。现代汽轮机通流设计技术十分关注从整缸宏观上最大化提升效率，所采用的方法理念包括：

（1）小焓降、多级数的设计理念。

（2）特别注意减小二次流损失，降低叶片根顶部漏汽损失，并结合整缸通流，整体优化各级的宏观气动参数，如载荷系数、流动系数和通流级次等。

（3）基于高效三维 CFD 分析手段，通过通流级间匹配，在已有的高效叶型基础之上，进一步提高整缸效率。

（4）开发更加的高效叶片型线。通过参数化的叶型耦合设计和优化，结合可靠的三维 CFD 数值计算和实证的验证反馈进行优化，稳步提高通流效率。

（5）通过对叶片成型采用弯曲、扭转等三维造型设计和优化，管控叶片端部的二次流损失。

（6）采用成熟三维 CFD 计算研究平台，综合考虑通流中叶片流道、汽封流道、叶片根顶部倒圆角、抽口、补汽结构，前后端部汽封结构，进行整缸通流流场和效率的评估及优化。

如东汽采用当今先进的汽轮机叶型、通流设计和分析技术，自主设计建立了具有国际先进水平的试验验证平台，开发出以 DAPL 为代表的高效冲动式动、静叶型线系列和以 DAPH 为代表的高效反动式动、静叶型线系列，满足高参数、大功率第三代高效汽轮机的设计需要。东汽还采用模化设计方法设计了几十个多级冲动式和多级反动式空气透平试验方案，在高精度多级空气透平试验平台上进行大量的试验研究和验证，如图 2.2-56～图 2.2-59 所示。试验结果表明，自主研发的第三代冲动式和反动式通流技术均具有优良的气动性能和变工况性能，在设计工况和变工况下其气动效率较原引进技术有较大幅度的提高。第三代冲动式通流技术 2014 年应用于汽轮机通流改造，改造后三阀点缸效率及热耗达到世界一流水平。第三代反动式通流技术 2017 年应用在华能安源二次再热机组超高压缸改造项目上，改造后缸效率提升约 4%，热耗降低约 100kJ/（kW·h）。

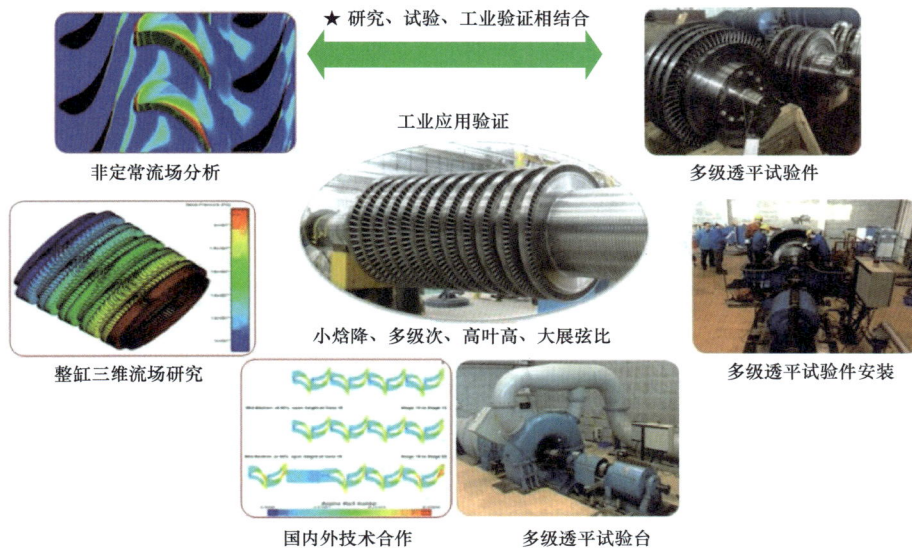

图 2.2-56 东汽通流技术研究技术路线

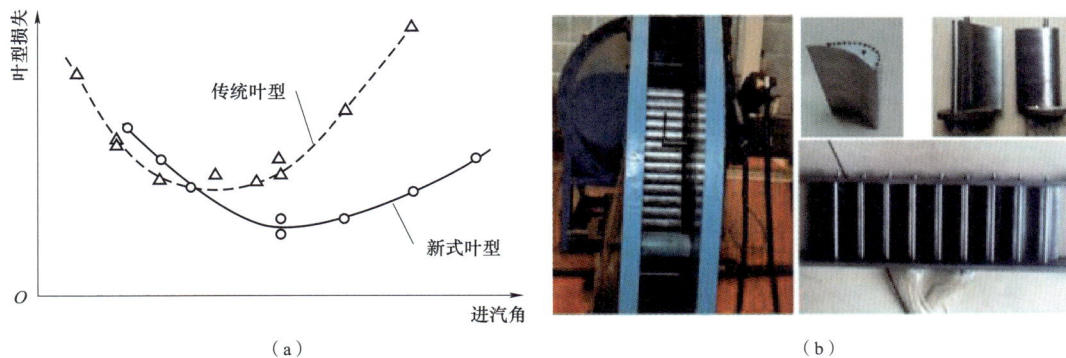

（a） （b）

图 2.2-57 东汽平面叶栅试验
（a）高反动度叶型与低反动度叶型型损对比；（b）平面叶栅试验设备

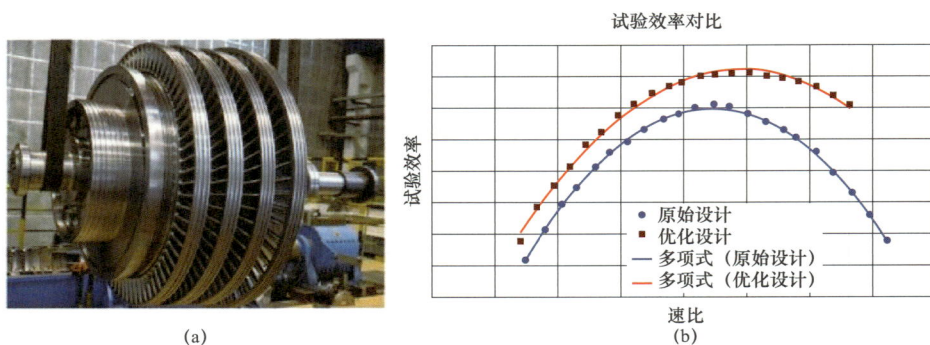

图 2.2-58　多级空气透平试验

（a）高反动度叶型多级空气透平试验；（b）两种方案级效率随速比的变化

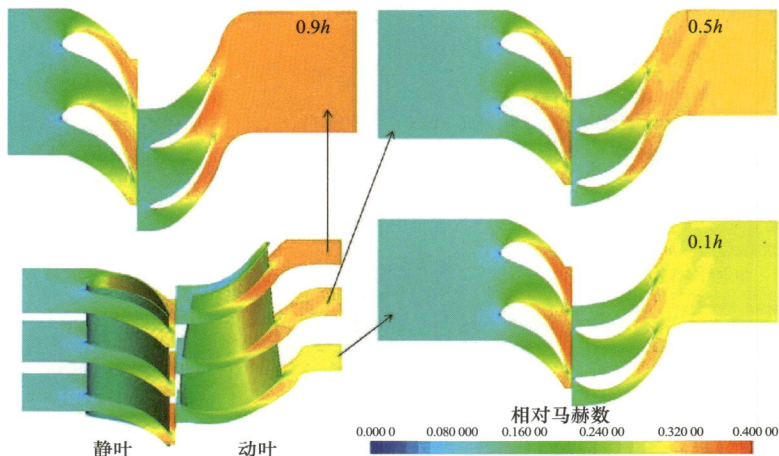

图 2.2-59　三维CFD通流流场计算示意图

h—叶片相对高度

上汽、哈汽采用类似的流场设计理念和气动分析技术，完成了国内外多种型号、多个系列的在役机组的升级改造，提升了机组整体经济性，取得了丰硕的成果和业绩，大幅降低了电厂发电成本，取得巨大的经济效益和社会效益。

2. 汽轮机热力系统

汽轮机热力系统是燃煤火电机组的重要组成部分，是能量转换的重要环节，热力系统的性能对火电机组的供电煤耗影响甚大。

近年来，我国在热力系统研发上投入了大量资源，采用了很多新技术，其主要有：

（1）提高汽轮机进汽参数。

主蒸汽参数提高，是降低汽轮机热耗的有效手段。主蒸汽压力每提高1MPa，机组热耗降低0.13%～0.15%；主蒸汽温度每提高10℃，机组热耗降低0.25%～0.30%；再热蒸汽温度每提高10℃，机组热耗降低0.15%～0.20%。目前，我国高效超超临界再热机组的进汽参数已达到35MPa/615℃/630℃/630℃，其机组的设计效率名列世界前茅。

（2）采用二次中间再热技术提高大容量机组的经济性。

采用中间再热技术可提高热力循环的效率。再热级数越多，热力循环效率越高。因此，二次中间再热系统比一次中间再热系统的循环效率更高。同时采用中间再热，还可以减小低压末级的排汽湿度，延长末级叶片寿命，提高机组的安全性。

（3）冷端优化技术。

冷端优化技术根据负荷、水温随季节的变化特点，研究分析水量、水温、循环泵功耗与背压的变化特性，进行机组的运行背压调节和凝汽器优化，寻求最佳运行模式。

特别是在凝汽器结构优化方面，通过优化凝汽器排管方式，消除涡流区、优化空冷区形状，保证部分负荷不凝气体顺利抽出，提高整体换热效率。

另外，在我国东部、南部沿海经济发达地区，水资源丰富，可采用深海冷却方式进行冷端优化，将背压从4.9kPa降至3~4kPa，以提高机组整体经济性能。但同时也需要开发适用不同背压的末级叶片。

（4）进汽调节技术。

目前，汽轮机进汽调节技术有喷嘴调节、节流调节和旁通调节三种。运行方式可分为定压运行和滑压运行两种。定压运行方式在部分负荷工况下，节流损失较大，且为维持锅炉给水压力，给水泵耗功大，因此，机组经济性较差。滑压运行方式在部分负荷下锅炉给水压力低，且采用变速给水泵降低给水泵耗功，可提升机组的经济性。

（5）提高给水温度。

为保证锅炉安全性，避免锅炉汽化，应尽可能提高给水温度。同时给水温度提高对机组热耗提升也有明显效果。但给水温度过高会导致锅炉排烟温度升高，降低锅炉的热效率。同时，考虑抽口结构的限制，一般超临界机组给水温度选为285~290℃，超超临界（一次再热）机组给水温度选为305~310℃。

（6）增加回热级数。

在给水温度确定条件下，增加回热级数可以提高循环效率。但回热级数和效率收益之间不是线性关系，随着回热抽汽级数的增加，机组收益增幅呈下降趋势。同时，过多的回热级数增加了回热系统的设计困难。目前，一次再热机组常采用9级的回热系统；二次再热机组常采用10~12级的回热系统。

（7）机炉深度耦合的烟气余热利用技术。

锅炉排烟热损失是火力发电厂的主要热损失之一，设置低温省煤器可将排烟余热进行利用，以提高电厂的经济性。凝结水在低温省煤器内吸收排烟热量，温度升高后返回汽轮机低压加热器中。低温省煤器节省了部分汽轮机的回热抽汽，在汽轮机进汽量不变的情况下，可降低机组能耗。

（8）配置双机回热驱动的小汽轮机。

随着蒸汽参数的提高，回热抽汽过热度增大，回热加热器内汽侧和水侧换热不可逆损失增加，削弱了蒸汽参数升高带来的收益。蒸汽参数越高，这一矛盾就越突出。要解决这一问题，一种办法是通过增设外置式蒸汽冷却器，来降低回热抽汽的过热度。另一种办法就是采用双机回热系统。

双机回热系统的给水泵由回热式小汽轮机驱动，高加抽汽由超高排和回热式小汽轮机提供。额定工况下，小汽轮机一端通过液压传动装置驱动给水泵，另外一端带一定功率发电机，以平衡功率。双机回热系统能够降低再热后的回热抽汽过热度，以提高机组效率，降低高温抽汽管道和高加材料等级，取消外置蒸汽冷却器，且多余功率还可供给厂用电等特点。

（9）增设0号高加。

汽轮机组在部分负荷工作时，机组的热力循环系统以及主机设备等均偏离设计工况运行。热力循环系统主要表现为循环的初参数降低、各级回热抽汽压力降低、再热压力降低、最终给水温度降低等多个方面。最终给水温度是表征回热循环热经济性的重要参数之一，最终给水温度降低将直接导致热力循环的平均吸热温度降低，直接影响机组的运行经济性。采用0号高压加热器（简称高加）技术，能有效缓解机组最终给水温度的降低幅度，改善汽轮机在部分负荷下的运行经济性。0号高加设在1号高加出口，其高加蒸汽由高压缸某级后抽出。

（10）增设外置式蒸汽冷却器。

外置式蒸汽冷却器在再热循环汽轮机回热系统中得到了广泛的应用。其主要作用是尽可能地利用再热后抽汽的过热度，减小换热温差产生的换热损失。对于一次再热机组，一般在再热后第一段抽汽处设置一级外置式蒸汽冷却器，可提高给水温度4℃左右，降低热耗约15kJ/（kW•h）。对于二次再热机组，可设置两到三级外置式蒸汽冷却器来提高循环效率。两级外置式蒸汽冷却器应分别设置在过热度最大的一次再热和二次再热后的首段抽汽处（有时在二次再热后第二段抽汽也设置）。采用两级外置式蒸汽冷却器可提高给水温度5℃左右，降低汽轮机热耗约18kJ/（kW•h）。采用三级外置式蒸汽冷却器可以提高给水温度7℃左右，降低汽轮机热耗约25kJ/（kW•h）。

（11）再热压力压比优化。

在蒸汽初参数和再热温度一定时，再热压力对经济性存在最佳值。通过合理设计再热压力来提高机组经济性。

3. 先进末级叶片技术

对于大功率汽轮机而言，排汽流量大，要求末端排汽环形面积更大。并且末端排汽环形面积越大，排汽的余速损失越小，对经济性越有利。改进末级叶片的性能对提高机组的经济性至关重要。为适应不同需求汽轮机的设计，需要更多的不同长度的末级叶片。大容量等级汽轮机的开发基于降低制造成本和基建成本的考虑，都希望尽量减少汽缸数，所以末级长叶片是发展大功率汽轮机和提高机组经济性的先决条件之一。只有拥有运行可靠和效率较高的末级长叶片，才有开发大功率机组的基础。超临界、超超临界汽轮机发展的重点之一是长叶片的研制和大型低压缸的开发。

由于汽轮机低压末级容积流量最大，其叶片是汽轮机通流中最长的叶片。长叶片的研发面临着高性能叶片材料，叶片气动、强度、振动设计，长叶片制造等诸多难题。汽轮机末级长叶片的开发是世界上各大汽轮机制造商的核心技术，也是汽轮机设计制造的难点。它代表了一个国家在汽轮机设计制造方面的综合实力。

长叶片开发流程主要由确定叶片高度和热力参数、气动设计、结构设计、强度振动设计、气动试验、动频试验、加工装配工艺等组成，如图 2.2－60～图 2.2－64 所示。

经过几十年的努力，国内上汽、哈汽和东汽各自建立起具有完全自主知识产权的长叶片开发技术体系，拥有一整套先进成熟、严格可靠的设计准则、叶片开发设计系统、制造安装工艺规范、质量规范、实物试验验证规范等，可保证开发长叶片的高效率及高安全可靠性。在汽轮机的心脏——叶片方面打破垄断，获得了巨大突破。

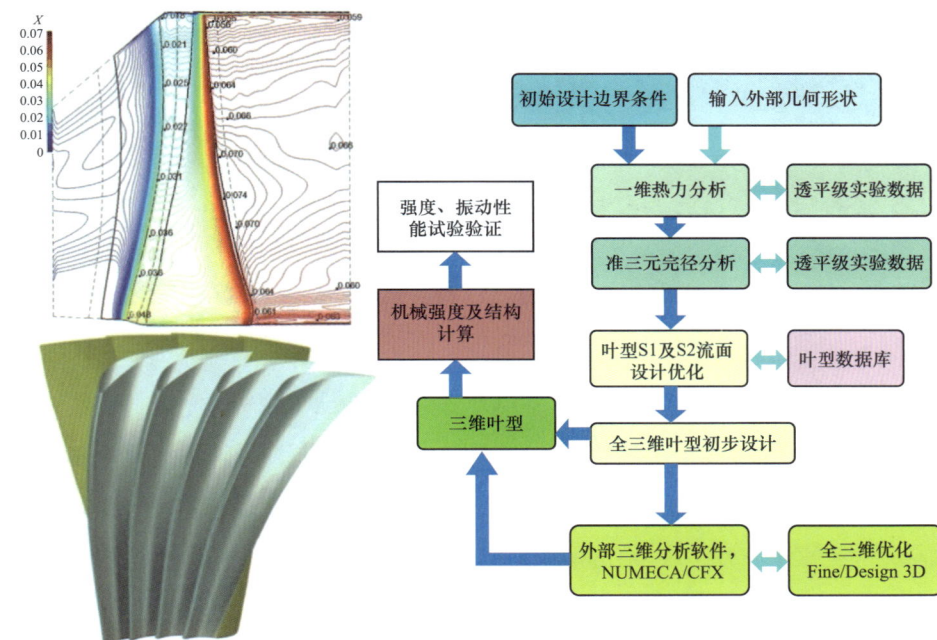

图 2.2－60　末级长叶片全三维设计流程图

图 2.2－61　湿蒸汽透平试验台与末级叶片试验

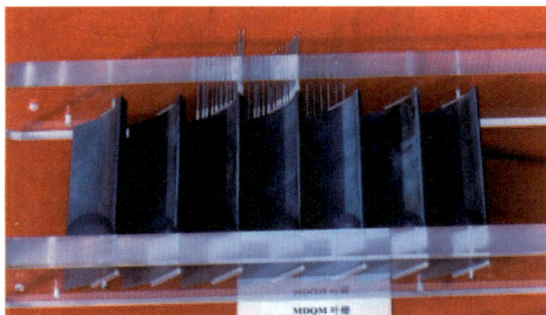

图 2.2-62　跨音平面叶栅吹风试验件

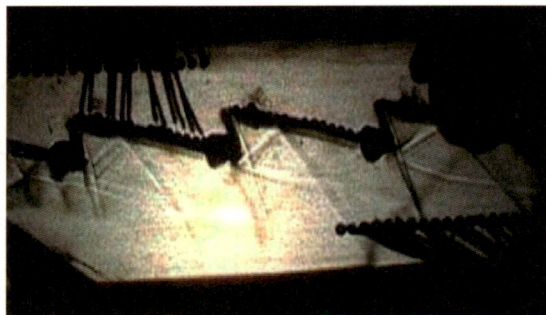

图 2.2-63　叶片顶部超音平面叶栅吹风试验纹影照相

图 2.2-64　1400mm 末级叶片加工及成圈图

改革开放 40 多年来，我国汽轮机制造企业各自开发了一系列末级长叶片，以适应各种等级容量机组设计的需要。如东汽在历经 20 多年艰苦攻关后，打破国外垄断，掌握了整套具有自主知识产权的系列化减振阻尼叶片设计关键技术，形成了系列相关核心专利技术，在汽轮机减振阻尼叶片动频的高精度计算等方面达到国际领先水平。开发了从 661mm 末级阻尼叶片，到当时世界最长的 1828mm 末级阻尼叶片，再到国内最长的钛合金 1450mm 末级叶片；自主研制了包括 661mm、770mm、851mm、863mm、909mm、1010mm、1030mm、1090mm、1200mm、1400mm、1450mm 等长度的末级叶片系列。东汽用于 3000r/min 湿冷汽轮机的钢制末级长叶片系列见表 2.2-13 和图 2.2-65；3000r/min 空冷汽轮机钢制末级长叶片系列见图 2.2-66 和表 2.2-14；1500r/min 湿冷汽轮机钢制末级长叶片系列见表 2.2-15。除此之外，东汽还开发了用于 3600r/min 汽轮机的钢制末级长叶片系列。

表 2.2-13　　　　　　　　东汽东方湿冷汽轮机（3000r/min）末级长叶片系列

叶片长度/mm	856	909	1010	1090	1200	1400	1450
拉筋特性	整体凸台	整体凸台	整体凸台	整体凸台	整体凸台	整体凸台	整体凸台
围带特性	整体（CCB）	整体（CCB）	整体（CCB）	整体（CCB）	整体（CCB）	整体（CCB）	整体（CCB）
功率等级（MW）/排汽口数量	300/2F 660/4F	300/2F 660/4F	660/4F 1000/4F	660/4F 1000/4F	1000/4F	660/2F 1300/4F	660/2F 1300/4F

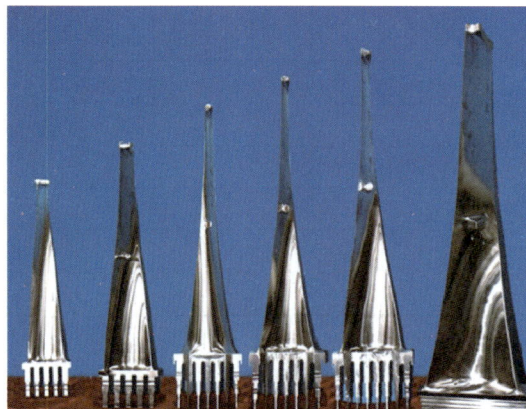

图 2.2－65　典型湿冷末级叶片系列

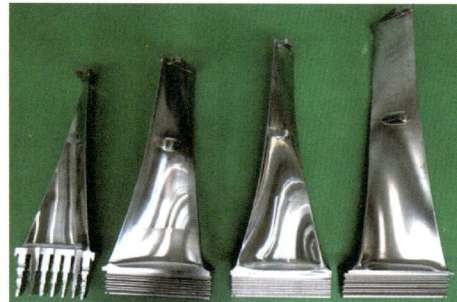

图 2.2－66　典型空冷末级叶片系列

表 2.2－14　　　　　　　东汽东方空冷汽轮机（3000r/min）末级长叶片系列

叶片长度/mm	661	770/低根径	770/高根径	863	1030/低根径	1030/高根径
拉筋特性	整体凸台	整体凸台	整体凸台	整体凸台	整体凸台	整体凸台
围带特性	整体（CCB）	整体（CCB）	整体（CCB）	整体（CCB）	整体（CCB）	整体（CCB）
功率等级（MW）/排汽口数量	300/2F 600/4F	350/2F	600/2F 1000/4F	600/4F 1000/4F	660/2F 1300/4F	660/2F 1300/4F

表 2.2－15　　　　　　　东汽东方湿冷汽轮机（1500r/min）末级长叶片系列

叶片长度/mm	1447.8	1651	1828	2082
拉筋特性	整体凸台	整体凸台	整体凸台	整体凸台
围带特性	整体（CCB）	整体（CCB）	整体（CCB）	整体（CCB）
功率等级（MW）/排汽口数量	1080/4F	1250/4F	1400/4F	1700/4F

上汽自主开发的长叶片系列中见表 2.2－16。

表 2.2－16　　　　　　　　　　　上 汽 长 叶 片 系 列

序号	叶片	进　　程
1	湿冷 905	1995 年投运以来 140 台机组，160 个低压缸
2	湿冷 690	排汽面积为 4.4m²，2000 年首台投运，超过 80 台
3	湿冷 1050	排汽面积为 9.2m²，2005 年首台投运以来，投运机组超过 50 台以上
4	空冷 435	排汽面积为 2.3m²，2005 年投运 2 台，空冷 50MW
5	空冷 540	排汽面积为 3.86m²，2005 年两台间接空冷 325MW 机组投运
6	空冷 665	排汽面积为 4.4m²，2004 年首台投运，投运超过 60 台机组
7	空冷 520	排汽面积为 3.21m²，2012 年投运 2 台，空冷 200MW

续表

序号	叶片	进　程
8	空冷910	排汽面积为7.56m²，2009年首台投运，订单约24台以上
9	湿冷800	排汽面积为5.84m²，2013年完成动频试验，预计2014年10月投运
10	空冷740	排汽面积5.13m²，首台应用于陕能麟游项目，订单24台以上
11	空冷820	排汽面积6.31m²，1000MW空冷，订单8台以上
12	空冷1050	排汽面积为9.2m²，间接空冷600MW

哈汽自主设计开发的汽轮机末级动叶片系列包括433mm、450mm、520mm、600mm、620mm、668mm、680mm、710mm、730mm、800mm、855mm、900mm、1000mm、1100mm、1200mm长度的叶片以及半转速1800mm自带冠末级动叶片。这些叶片为设计制造新一代各种类型各种等级的大功率汽轮机奠定了坚实基础。

4. 进排汽流道设计技术

进、排汽流道是汽轮机通流的重要组成部分。近年来，我国对不同机组的进、排汽流道开展广泛的研究分析，进行了大量分析计算、实验研究以及设计实践，建立了新的设计规范。图2.2－67所示为优化前、后进汽腔室流线示意图。

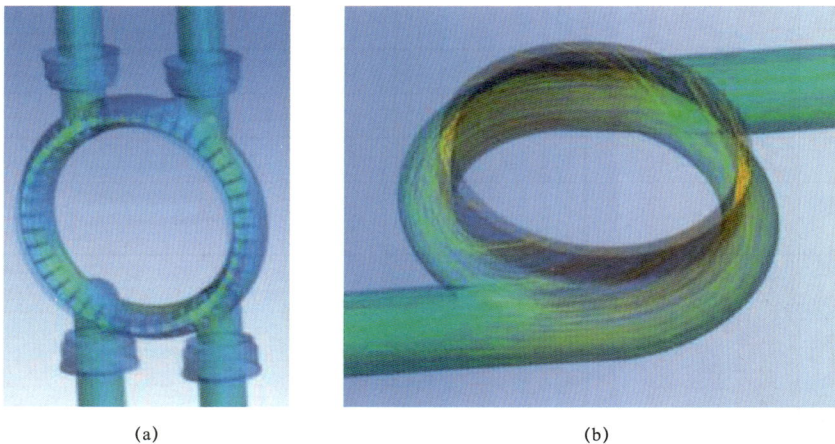

图2.2－67　优化前、后进汽腔室流线示意图
（a）传统进汽腔室；（b）优化后的进汽腔室

优化后的高压排汽缸、中压排汽缸、低压排汽缸三维流线更加流畅，气动性能更好。图2.2－68所示为某低压排汽缸三维流线图和扩压器表面静压等值线云图。

东汽通过采用蒸汽工质进行优化后中压排汽缸试验研究验证分析计算方法和设计准则的正确性，优化设计的排汽缸气动损失更小。图2.2－69所示为中压排汽缸蒸汽试验研究装置图，图2.2－70所示为排汽扩压器流道的优化设计示意图。

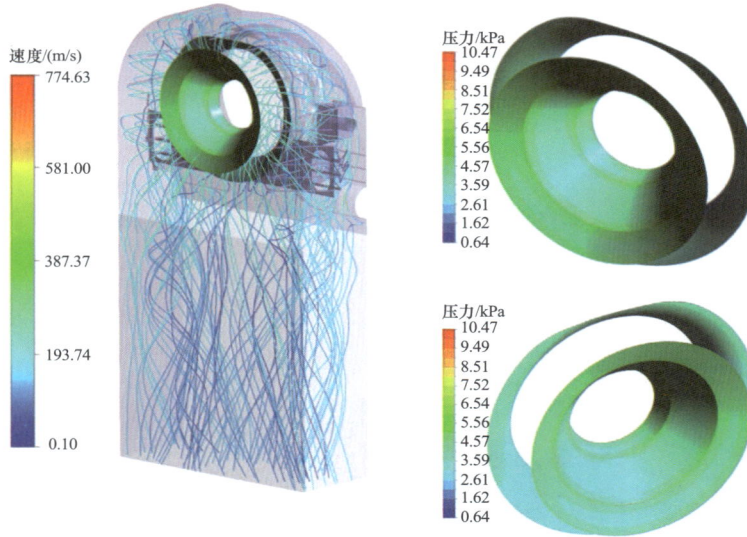

图 2.2-68 某低压排汽缸三维流线图和扩压器表面静压等值线云图

图 2.2-69 中压排汽缸蒸汽试验研究装置图

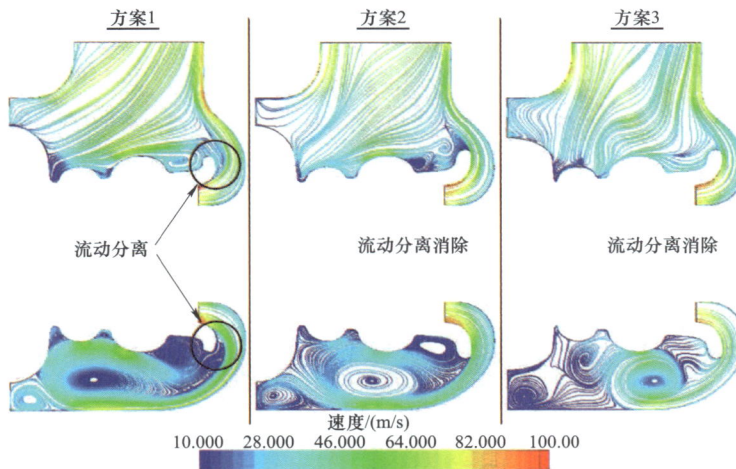

图 2.2-70 排汽扩压器流道的优化设计示意图

我国各汽轮机制造企业对典型的高中压切向进汽腔室结构都进行了详细的分析（见图 2.2-71）。研究表明，对称布置的进汽腔室的气动损失和出口不均匀性表现较差，两管切向布置的进汽腔室的损失和出口均匀性表现较好。

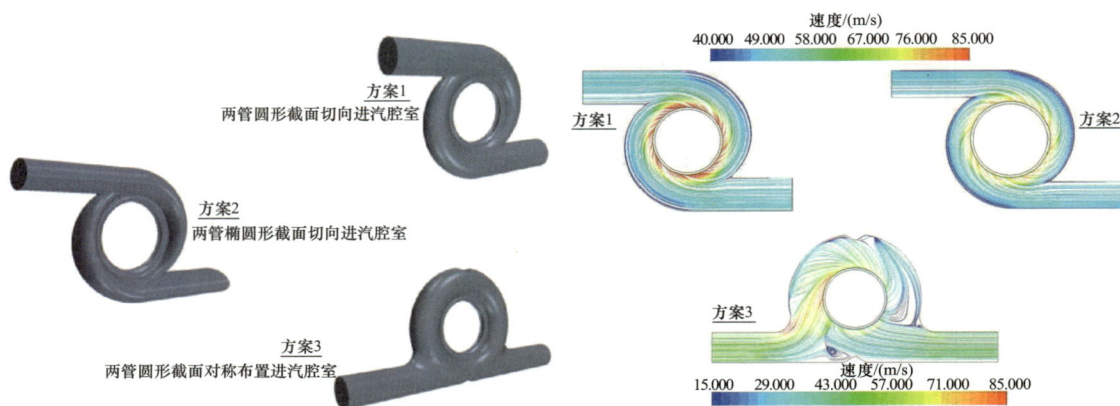

图 2.2-71　不同进汽腔室结构的对比

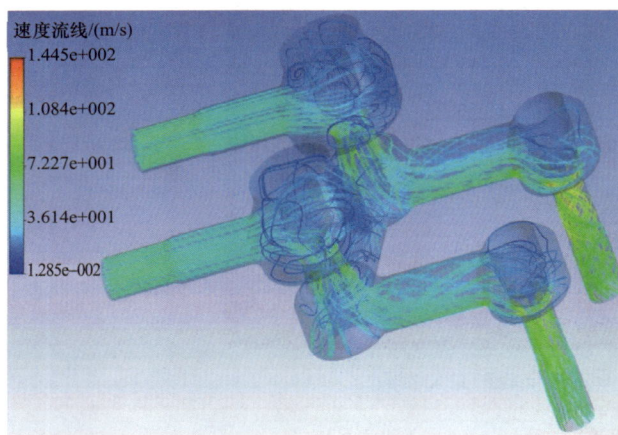

图 2.2-72　某典型优化型阀门三维流线图

汽轮机阀门是汽轮机的重要部件，对汽轮机的经济性及可靠性有重要意义。我国各制造企业对大功率机组的主汽阀、调节阀、补汽阀进行了大量的分析及试验，对阀门结构进行了优化，使我国设计的汽轮机阀门性能已达到国际先进水平，图 2.2-72 为我国设计的某典型优化型阀门三维流线图。

东汽还结合开发更高效汽轮机的需要，对优化后的阀门进行了吹风试验，对阀门的流量系数和提升力、相对压损等指标进行了测试，掌握了新型阀门的开发方法和重要的试验数据。

5. 新型汽封技术

汽轮机设备由转动部件和非转动部件（或称为静止部件）组成。汽轮机的转动部件与静止部件之间必须有足够的间隙，以避免相互摩擦引起安全事故，同时这些间隙又会导致了蒸汽的泄漏。为了保证机组运行安全，减小蒸汽泄漏，必须设置汽封装置。特别是汽缸内外、隔板前后以及带反动度的动叶两侧存在一定压差，更需要设置汽封装置。

研究表明，汽轮机通流动、静叶汽封和轴封的漏汽是导致汽轮机效率降低的重要原因之一。高压缸中叶顶泄漏损失和隔板泄漏损失分别占级损失的 22% 和 7%，与级的静、动叶的型线损失之和（约为

30%）相当。特别是超临界、超超临界汽轮机由于压力高，蒸汽密度大，泄漏损失对机组效率影响也更大。减小漏汽，降低泄漏损失是现代汽轮机设计者必须重视的课题。

近几年来，随着技术的发展，多种新型汽封在汽轮机上被采用，如蜂窝汽封、刷式汽封、可伸缩式汽封、接触式汽封、侧齿汽封等。尽管这些汽封结构形式不尽相同，但设计者的指导思想都是希望通过增加齿数、减小间隙、增加汽流阻力，来提高密封效果，减小漏汽量。

东汽对多种汽封进行了大量数值分析和试验研究。其中DAS汽封是东汽自主研发的先进汽封，其密封机理和结构与梳齿汽封类似。DAS汽封的特征是汽封两侧的高齿采用加厚结构，且与轴的径向间隙略小于其他齿，同时高齿采用铁素体材料。当汽封出现碰磨时，高齿先与转子接触，从而保护其他齿不受损坏。另外，目前还有一种称之为封严汽封的汽封结构。这种封严汽封是可磨耗涂层喷涂在汽封内表面上，与汽封齿形成一对密封磨损副。当机组运行时，齿尖刮削涂层，在涂层上形成凹槽，且不损坏齿尖，齿尖与涂层之间获得最小气流间隙，从而降低机组的漏汽损失，提高汽轮机效率。目前，东汽通过对封严汽封的制造工艺、力学性能、热稳定性、磨耗性能等展开研究，形成自主知识产权的封严汽封生产方法。图2.2－73所示为汽封试验室图和汽封结构的泄漏量随压比的变化曲线。

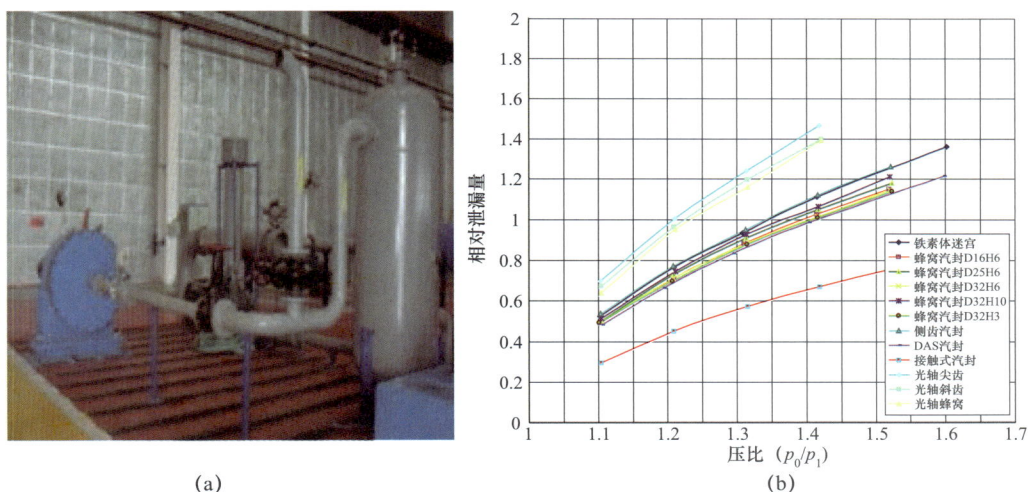

(a)　　　　　　　　　　　　　(b)

图 2.2－73　汽封试验室图和汽封结构的泄漏量随压比的变化曲线

6. 汽轮机轴系可靠性设计、转子寿命分析

汽轮机轴系可靠性设计、转子寿命分析是电站汽轮机设计与研制的关键技术。通过多年的研究与工程实践，我国汽轮机行业掌握了复杂轴系动力学设计的方法，建立了完整的轴系静动态特性计算平台和设计考核规范，能设计和合理匹配基础—轴承—转子系统各参数，在转子动力学、轴承润滑理论、自激振动防治（汽流激振和油膜振荡）、轴承和转子热—流—固耦合等综合交叉领域积累了丰富的工程经验。

目前我国自主研制的典型轴系有：

（1）国内首台超超临界空冷华电灵武 1000MW 空冷机组轴系。

（2）出口 600MW、60Hz（3600r/min）燃煤机组轴系。

（3）国内首台高参数超超临界 660MW、1000MW 二次再热机组轴系。

（4）半转速、五缸六转子、双支撑、核电 1750MW 机组轴系，长度达到 70 多米。

（5）全转速、五缸六转子、单支撑、火电 1240MW 机组轴系。

通过分析汽轮机转子的温度场、应力场、疲劳损伤和蠕变损伤，对转子寿命损耗进行分析评估，获得不同工况下转子的应力和转子寿命的损耗率，实现了汽轮机根据热状态和寿命损耗要求自动选择合理的升速率、升负荷率，实现了机组的一键启动。

7. 汽轮机结构设计技术

先进的结构设计对汽轮机效率有重要作用。在产品设计中融入了先进的 CFD 分析技术后，汽轮机结构设计成为决定产品性能最基本、最关键的决定性因素之一。只有先进的结构才能使机组具有在更高参数下运行的可能，才能大幅度降低流动损失，得到更高的汽轮机内效率。

近年来，采用数值模拟、实验验证等方法，对 660～1000MW 等级汽轮机高温、高压关键部件的强度、热应力、热变形、疲劳损伤和蠕变寿命进行了分析，设计出不同类型的汽缸结构，以适应进汽参数的提高。目前，我国成功开发了双筒形内外缸，高参数双层阀盖，高流速低型损阀门，落地支承式低压内缸，斜置式低压内缸等先进的结构形式。

汽轮机高压汽缸主要有如图 2.2-74 所示的几种结构形式，其中结构 1 为传统结构，而现代大型汽轮机组的高压缸都采用筒形结构，如上汽高压外缸、哈汽高压内缸采用筒形结构。东汽高压外缸、内缸均可采用筒形结构，如图 2.2-75 所示。高参数双筒形内外缸，高压内缸采用筒形红套环，外缸采用前后半整体筒形汽缸把紧，将承压能力强的两种结构结合，以保证机组安全可靠。

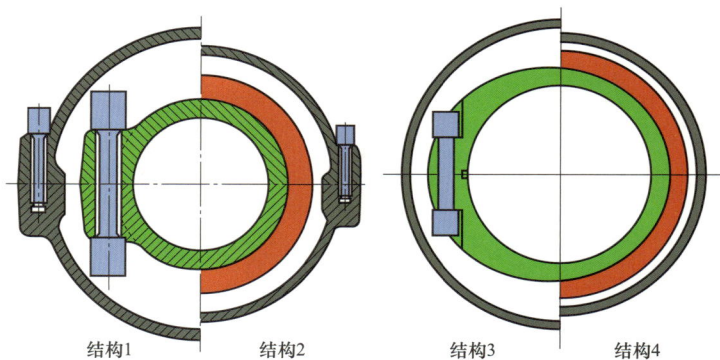

图 2.2-74　汽轮机高压汽缸不同结构形式

注：结构 1：内缸水平法兰螺栓，外缸水平法兰螺栓。结构 2：内缸红套环筒形缸，外缸水平法兰螺栓。
结构 3：内缸水平螺栓连接，外缸筒形垂直法兰连接。结构 4：内缸红套环筒形缸，外缸筒形垂直法兰连接。

高压内、外缸圆筒形结构，避免了水平中分面厚重的法兰，使汽轮机在启动、停机和变工况时汽缸内外壁温度场比较均匀，降低了缸壁中的热应力，有利于汽缸接合面的汽密性。通过数值分析与试验实证，我国已经掌握了圆筒形汽缸的设计、加工、维护的关键技术，相关的产品已在我国电力保障工程中贡献力量。图2.2-76所示为超高压外缸应力和法兰密封封应力。

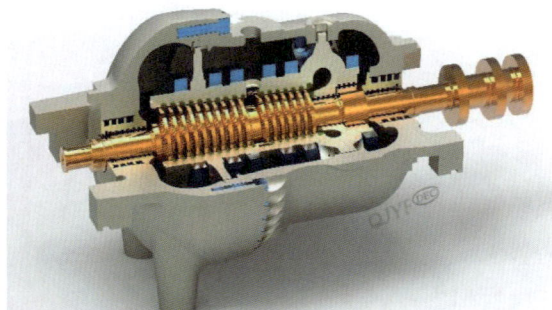

图2.2-75 筒形内缸和筒形外缸

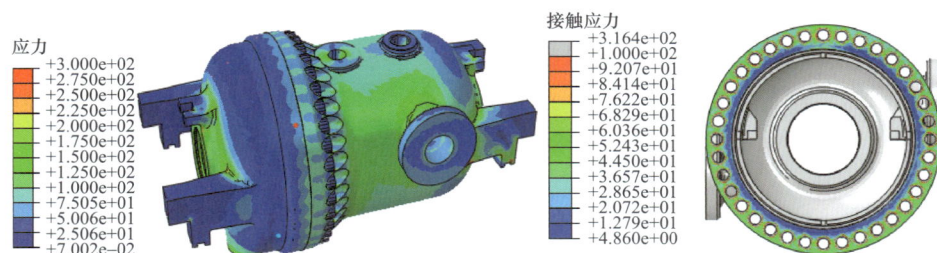

图2.2-76 超高压外缸应力和法兰密封应力

为了解决大型机组低压外缸易变形、易碰磨等问题，我国三大汽轮机公司不断研究各种低压内外缸结构形式，如落地式低压内缸结构、低压轴承箱落地、弹性端汽封结构。通过这些改进，可使低压外缸仅作为低压内缸的外壳，不再支撑低压内缸、汽封体、轴承箱等部件，因此，可以有效规避因低压外缸变形而产生的一系列问题。同时采用新型360°蜗壳进汽和横置静叶结构1，减少了进汽损失，提高了效率；采用铸造低压内缸结构，进一步增强了内缸模块的刚性和抗变形能力，减小内缸变形。结合数值分析和工程实践，提出高效低压缸的设计规范，保证了汽轮机结构的可靠和安全。东汽自主研发的低压汽缸模块整体三维设计图如图2.2-77所示，哈汽自主研发的低压汽缸如图2.2-78~图2.2-80所示。

图2.2-77 东汽自主研发低压汽缸模块整体三维设计图

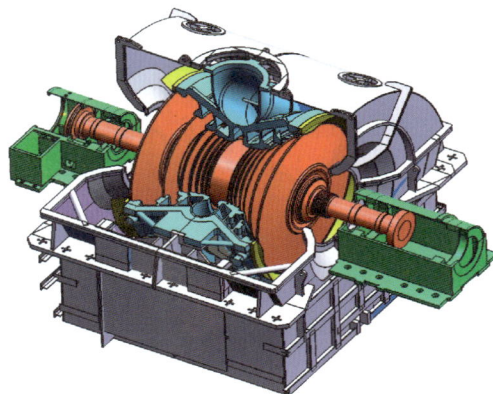

图2.2-78 哈汽自主研发的低压汽缸模块装配图

177

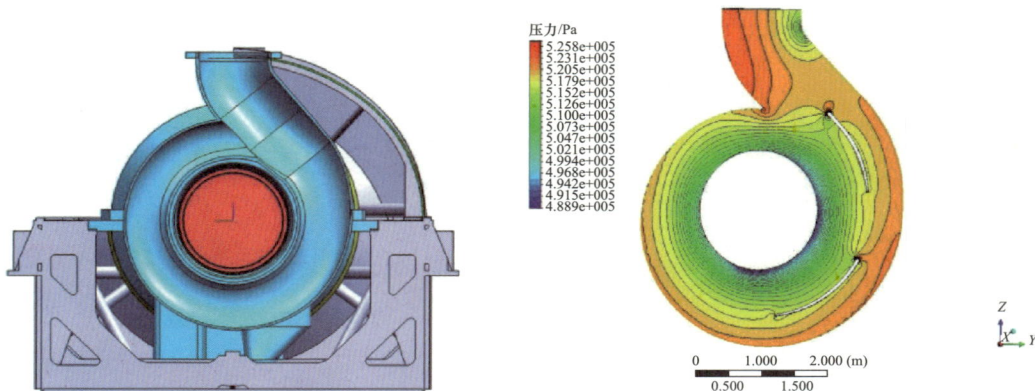

图 2.2-79 哈汽低压进汽蜗壳及流线图

另外，为了能够有效地保证通流动静间隙符合设计的要求，减少现场的汽封间隙调整工作量，缩短现场安装周期，上汽、哈汽和东汽都采取高压缸均具备整体发货的能力。

8. 汽轮机辅机设备设计技术

汽轮机辅机系统是电站汽轮机的重要组成部分，起着至关重要的作用。辅机设备繁多，包括凝汽器、排汽装置、低压加热器等。结构特点和设计要求各不相同。随着汽轮机技术水平的不断提升，辅机系统和设备的技术进步越来越被重视。

凝汽器是电站热力系统中最重要的设备之一，其工作性能直接影响整个电厂的经济性和可靠性。凝汽器结构示意图如图 2.2-81 所示。

图 2.2-80 哈汽新型低压 360° 蜗壳进汽铸造内缸实物

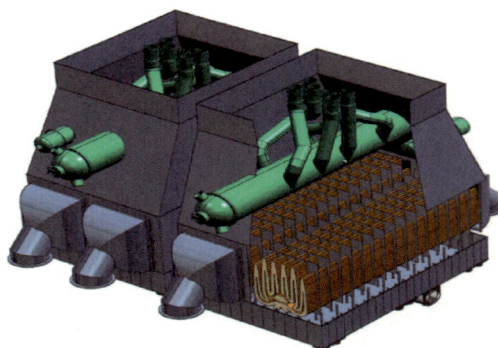

图 2.2-81 凝汽器结构示意图

凝汽器管束是凝汽器的核心部件，是凝汽器性能的主要贡献部件。我国自主开发了凝汽器壳侧汽相流动分析软件，对凝汽器内蒸汽的流动和管束换热性能进行分析，为管束设计优化及新管型的开发奠定了基础。

东汽依据市场需求和工程实践，自主开发了适用于 600MW 以上机组的"火炬形"排管（见图 2.2-82），其整体换热性能处于世界先进水平。"火炬形"排管技术凭借其创造性与新颖性，获国家发明专利授权，第九届国际发明博览会金奖。

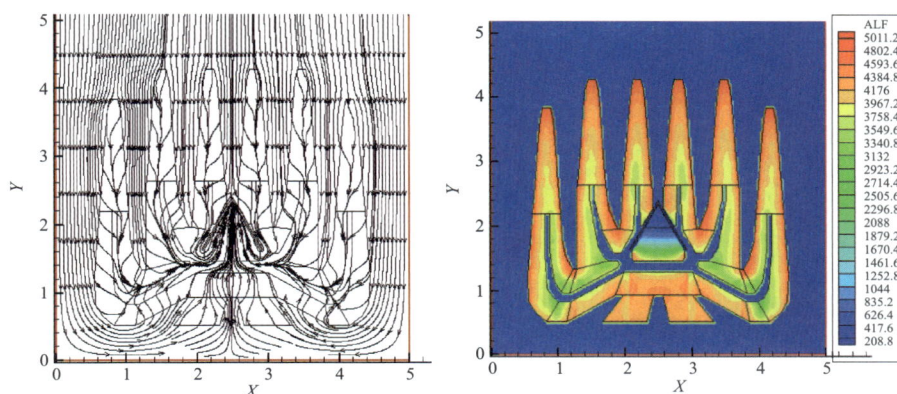

图 2.2-82 自主设计的"火炬形"排管

另外，东汽运用 CFD 软件分析汽轮机排汽蜗壳及凝汽器喉部的整体气动性能（见图 2.2-83），通过优化喉部结构及凝汽器辅助设备布置以及合理增加汽流分配板等措施，提高整个排汽流道的气动性能，减小流动阻力，降低机组背压，提升机组出力。

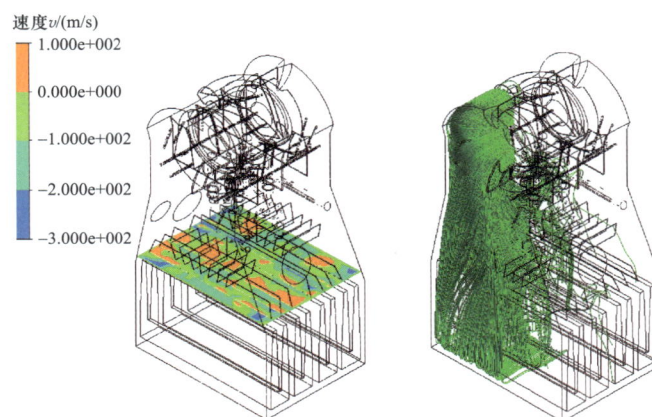

图 2.2-83 喉部 CFD 气动性能分析

9. 汽轮机灵活性设计运行技术

汽轮机灵活性是指提高已有煤电机组（包括纯凝与热电）的调峰幅度、爬坡能力以及起停速度，为消纳更多具有波动性的可再生能源，灵活参与电力市场创造条件。未来随着风电和光电占比的增加，火电调峰作用更加明显，机组快速起停和快速变负荷的重要性将凸显。各大设备厂商均在关注，在现有600MW 级和 1000MW 级超超临界汽轮机的基础上，通过汽轮机灵活性设计运行的研究，实现火电机组的深度调峰、灵活性运行的目标。

（1）改进汽轮机静子部件，减小调峰机组在工况发生较大变化时部件产生的热应力，使热应力导致部件低周疲劳损耗率满足汽轮机起停和变负荷运行要求。

（2）研究分析汽轮机转子的热应力和疲劳寿命，获得满意的温升率值，为在线监测创造条件，最大限度地发挥机组潜力，实现机组安全、经济、灵活运行。

（3）合理设计配汽方式，在满足机组调频要求的情况下使机组经济性最佳。

（4）优化汽封形式和间隙，适应高效、变负荷要求。

（5）低负荷工况下，可增设 0 号高加，加热给水，提高低负荷下的循环效率。

（6）优化汽轮机运行方式，选择合适的滑压点。

（7）开发了具有更低型损且变工况性能更好的静、动叶型线，改进排汽缸的气动性能，提高低负荷下气动效率。

（8）开发了高效宽负荷低压末级叶片，降低末级叶片在低负荷区的损失，提高级效率。

（9）优化排汽缸，考虑变工况下末级与排汽缸流场之间的相互作用。

（10）通过调节凝结水和给水流量，改变抽汽量来提升机组的调峰能力。

10. 高温材料发展

材料是新产品开发的先导。它引领产品的升级换代，对支撑企业发展，保持企业在国内、外市场中的竞争优势具有重要的战略意义。因此，新材料的开发和应用始终是汽轮机技术发展的关键。超超临界技术的发展轨迹十分清楚地证明了这一点。20 世纪 50 年代已具有生产蒸汽参数达 600℃机组的材料，但材料技术不成熟，且价格昂贵，影响了超临界机组的可靠性，不得不降低机组的主汽温度参数。直到 80 年代研究出适用于 600℃蒸汽参数的质量分数为 9%～12%Cr 钢，90 年代起开始大量设计制造超超临界参数机组。

我国机组容量逐年增加，机组效率不断提升，经历了中压→高压→超高压→亚临界→超临界→超超临界汽轮机的发展历程，蒸汽参数从最初的 450℃/3.8MPa 提高到了目前的 630℃/35MPa。机组关键部件所用材料大致上经历了碳素钢→低合金铬钼钢→低合金铬钼钒钢→简单 12%Cr 不锈钢→12%Cr 马氏体耐热钢和沉淀硬化不锈钢→9%～10%Cr 铁素体钢的发展历程。图 2.2－84 所示为上汽材料技术发展历程。

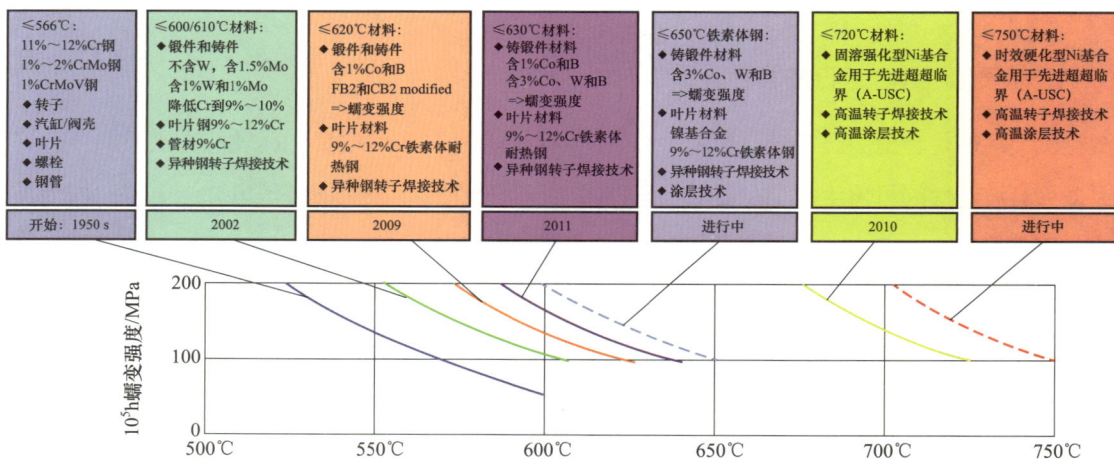

图 2.2－84 上汽材料技术发展历程

改革开放40多年来，我国汽轮机行业的材料技术队伍不断发展壮大，在新材料开发、材料技术进步和材料体系建设等方面取得光辉成就，为汽轮机产品的发展做出了重大贡献。

（1）高温材料系列化。

从2003年开始，汽轮机行业一直致力于9%～12%Cr耐热钢系列化研究工作。目前已经形成了具有自主特色的9%～12%Cr耐热钢系列牌号，建立了汽轮机高温用材料体系。表2.2－17是东汽在不同温度段下的备选材料。每一个温度段至少有2个耐热钢材料牌号供设计选择。绝大部分材料已经形成了性能数据库，并且还在持续对材料的高温长时性能进行深入研究。

表2.2－17 东汽耐热合金系列典型材料

温度/℃	450～550	550～580	580～650	≥650
材料	Cr12Mo Cr12MoWV	Cr11MoVNbN Cr11WNiVN	Cr9Mo1Co1NB Cr10Co3W3NB	NiCr20TiAl NiCr22CoMo

上汽超超临界汽轮机高中压转子材料见表2.2－18。

表2.2－18 上汽超超临界汽轮机高中压转子材料

序号	进口蒸汽工作温度/℃	可用转子材料
1	600	X12CrMoWVNbN10－1－1
2	610	X12CrMoWVNbN10－1－1
		X12CrMoWNiVNbN10－1－1（B）
3	620	X13CrMoCoVNbNB9－2－1（即FB2）

（2）新低压焊接转子材料25Cr2Ni2MoV的开发。

低压焊接转子材料自20世纪80年代中期以来一直采用25Cr2NiMoV。其锻件可淬透最大截面尺寸为700mm，不能满足1000MW等级核电机组的需求。为此我国于21世纪初期立项开发新一代的焊接转子材料，对新材料的要求是可淬透最大截面尺寸大于或等于1200mm，屈服强度大于或等于700MPa，并且有良好的韧性。新焊接转子材料于2004年开发成功，材料牌号为25Cr2Ni2MoV。对该材料进行了全面性能试验，包括显微组织、力学性能、断裂韧性、应力腐蚀和焊接工艺性能等，试验结果令人满意，达到当代国际先进水平，满足1000MW等级核电机组要求。25Cr2Ni2MoV除可用于核电低压转子外，还可用于异种钢焊接结构的联合循环汽轮机转子。

（3）涂层技术的推广应用。

涂层技术在汽轮机产品中的应用范围逐渐扩大。超超临界1000MW汽轮机的主汽阀和再热阀的阀碟、阀杆和衬套等部件就采用超音速火焰喷涂方法，在局部表面采用耐磨损、耐高温和耐腐蚀的涂层。另外，在相对滑动的两个表面采用自润滑涂层以减小摩擦力，这种方法在汽轮机产品也很常见。上汽开发的350MW等级的亚临界可调抽汽汽轮机上的旋转隔板滑动面就是用耐高温自润滑涂层。该自润滑涂层不仅工作温度更高（可达450℃），且可取代进口材料，满足设计需求，降低成本。

（4）620℃先进铁素体钢的开发。

东汽从2003年就开始对用于620℃的转子钢13Cr9Mo1Co1NiVNbNB（简称FB2）和铸钢ZG12Cr9Mo1Co1NiVNbNB（以下简称CB2）进行跟踪研究，进行了相关材料的小炉热加工工艺试验。特别是在9%～12% Cr-Co-W-B系列合金材料方面，已经有超过10年的研发和运行经验，其材料制成的高温零件在超超临界汽轮机中有优异的运行表现。截至2016年9月，东汽共浇注CB2铸件282件（见图2.2-85），总重达1140t；采用FB2材料的转子的汽轮机于2015年在万州电厂投入运行，其锻件交货直径为1365mm，质量为46.2t，属于世界之最。

图2.2-85　东汽自主制造的CB2阀壳和汽缸

上汽借鉴欧洲的材料研发技术路线，在已有大量应用业绩的600℃高温铁素体钢基础上添加1%的Co和100×10^{-6}的B，并对Si、Mn和Ni含量做了微量调整，得到含Co和B的新型9%Cr铁素体钢，即转子钢FB2 modified和铸钢CB2 modified，最高工作温度可达625℃，并已在国内再热蒸汽温度为620℃的超超临界燃煤电站安徽田集电厂成功投入应用。

（5）630℃先进铁素体钢的开发。

620℃用先进铁素体钢成功投入应用后，我国又开始进行更高等级的铁素体钢开发，期望在不大量使用镍基合金的基础上进一步提高汽轮机的蒸汽参数。

上汽在借鉴日本材料合金化设计理念的基础上，通过Mo和W的复合强化来进一步提高铁素体钢的使用温度，目前已开发完成可满足630℃使用要求的新型转子钢、铸钢和叶片/螺栓钢，图2.2-86所示为试制成功的全尺寸转子模拟件，及其与FB2材料的持久性能对比。该新型转子钢的最高使用温度比FB2高10℃。

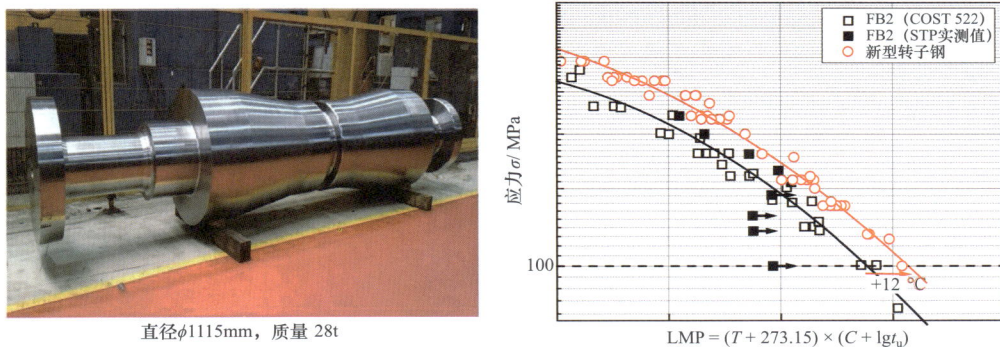

直径φ1115mm，质量28t

图 2.2－86　630℃新型转子钢开发

对于630℃汽轮机用材料，东汽在原有含Co元素合金强化和微量B元素晶界强化的FB2基础上，通过优化合金成分以进一步提高材料的高温长时持久性能，得到630℃转子用新型耐热钢N－FB2。相比于FB2，新型耐热钢在高温长时持久性能、高温长时组织稳定性方面均具有更加优异的表现。目前试制结果表明，在630℃下该耐热钢的长时持久性能显著高于FB2，通过其4万h持久试验外推630℃下、10万h持久断裂强度达到106MPa，能够满足机组安全性的需求。

第四节　汽轮机制造技术进步与能力提升

改革开放40年来，我国汽轮机行业的制造技术与装备伴随汽轮机产品的开发同步发展，取得了巨大进步，已经跻身国际先进行列。各汽轮机制造企业根据新产品制造的需要，结合汽轮机容量大型化、进汽高参数化、结构设计新型化和制造精益化的趋势要求，不断努力实现制造能力的数字化、智能化、专业化提升，创新发展制造技术，更新装备，调整优化工艺，扩大产能。我国已经拥有从德国、意大利、法国、瑞士等国进口的当代世界先进水平的精密大型加工设备，具有了世界一流的加工能力，为制造电站汽轮机提供了强有力的保障，不断提高汽轮机装备制造的国际竞争力。汽轮机年生产能力由改革开放前不足300万kW上升到现在9000万kW，稳居世界第一。

一、制造能力

我国主要汽轮机生产企业的装备水平和生产能力，与改革开放前相比有了巨大飞跃。上汽拥有主要生产设备1300台，其中精密、重大、稀有设备240台。装备先进、加工门类齐全，计量、理化、试验手段先进，拥有多个实验室和计算机中心、自动化控制中心等，具备3000万kW的年综合生产能力。

哈汽拥有主要生产设备1730台，精密、重大、稀有设备312台，并拥有世界最大的数控龙门车铣加工中心、数控落地镗等先进加工设备和3万倍电子显微镜、图像分析仪、中心孔超声波探伤仪等检测设备，具备3000万kW的年综合生产能力。

东汽拥有19个加工中心，配备主要加工设备2000余台，其中精密、重大、稀有设备500余台，引进国外大型设备近200台，数控化率为86%。实现了大型静子和转子叶片、核心透平加工设备和中小件关键部件加工的数控化，以及PDM、CAPP、ERP等系统集成，完全能满足火电、核电、燃气轮机、工业汽轮机、船用汽轮机等产品的加工。东汽拥有成熟的CAD、CAE、CAM系统，实现装备数字化，使企业得以高效运行，实现技术和业务过程的高度控制，形成了一个先进的生产制造体系。具备3000万kW的年综合生产能力，最大年生产能力可达4000万kW。图2.2－87所示为东汽八角生产基地。

图2.2－87　东汽八角生产基地

二、叶片加工能力

叶片是透平机械的"心脏"，是透平机械中极为重要的零件。它起着将蒸汽的热能转变为机械能的作用，其性能优劣直接影响汽轮机的经济性。由于叶片工作环境恶劣，形状复杂，其加工要求高，同时汽轮机中叶片数量多，加工工作量很大，约占汽轮机总加工工作量的1/4～1/3，对加工稳定性要求也很高。特别末级长叶片制造是发展大功率汽轮机和提高机组经济性的先决条件之一，是汽轮机设计制造的难点，代表了汽轮机制造商的综合实力。国内重要汽轮机制造企业都建有叶片数控加工中心，具备百万等级超超临界机组和百万核电机组汽轮机长叶片工艺研发及制造能力，已经掌握了世界先进的叶片加工工艺。同时还有很多叶片专门制造企业，其中无锡透平叶片有限公司在能源领域已成为全球最大的电站汽轮机大叶片制造商，为大容量高参数超超临界火电汽轮机、核电汽轮机、燃气轮机等动力装备提供叶片，具备百万等级超超临界机组和百万核电机组汽轮机大叶片的工艺研发及制造能力。

改革开放以来，我国在汽轮机叶片制造方面取得了多方面的成果。

1. 掌握了国际领先的螺旋压力机锻造工艺技术

我国汽轮机生产企业已经掌握了国际领先的螺旋压力机锻造工艺，如上汽已拥有成套系列化、数控化、力能/位移精确控制以及锻压吨位世界最大的高能螺旋压力机，形成以大型螺旋压力机为主的国际先进的锻压技术路线。同时拥有大吨位的数控液压自由锻锤，能满足各类高温合金、钛合金、不锈钢、铝合金等材质叶片的精锻、模锻和自由锻的研制及生产需要。图2.2－88所示为上汽螺旋压力机锻造机。

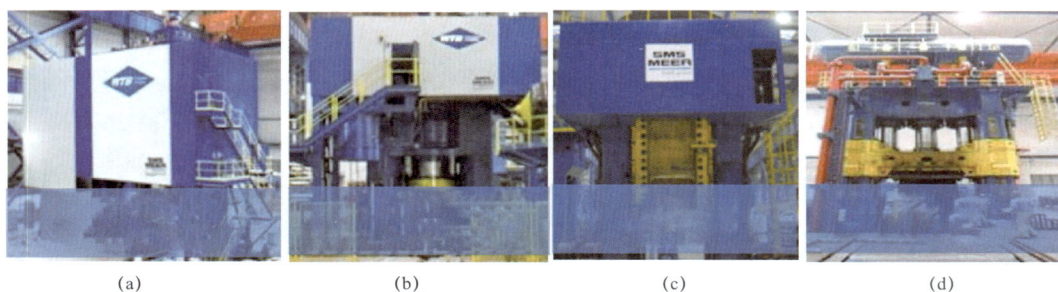

图 2.2－88　上汽螺旋压力机锻造机
（a）35 500t 高能螺旋压力机；（b）18 000t 高能螺旋压力机；（c）8000t 高能螺旋压力机；（d）3150t 液压自由锻锤

2. 拥有国际领先的精密叶片加工生产线

上汽拥有80余台国际先进的五坐标数控叶片加工中心，多台先进的数控强力磨床，配备23台三坐标测量仪，焊机、激光表面处理和数控抛光等先进的专业工艺和检测设备（见图2.2－89）。

东汽叶片分厂是国内著名的汽轮机叶片专业化生产基地，生产面积3.6万 m²，布置低压末级、次末级、高中压叶片、导叶片等生产区及完工工序作业区和成品总检等5个区域；拥有瑞士、德国、意大利等众多世界一流的高精度各类数控设备141台（见图2.2－90），现有长叶片型面精加工设备29台（表2.2－19），可年产各类大型叶片3万件左右。已加工的最大叶片汽道有效长度为1828mm，总重超过260kg。形成了以燃气轮机压气机叶片加工为代表的"高精度弱刚性"中小叶片加工工艺体系和以1828mm叶片及1450mm钛合金叶片加工为代表的"长尺寸弱刚性"大叶片加工工艺体系。同时东汽依托国家智慧制造项目的实施，

图 2.2－89　上汽叶片加工生产线

全力推进数字化工厂建设，2018年数字化车间关键技术应用示范项目通过工信部验收。

图 2.2－90　东汽叶片加工恒温车间

表 2.2－19　　　　　　　　　东汽长叶片主要加工设备

设备名称	制造国家	设备数量	设备描述	设备行程/（mm×mm）	加工业绩
CB.Ferrari	意大利	6	五轴加工中心	2400×600	1828mm 叶片
Liechti	瑞士	11	五轴加工中心	2000×600	核电末级 1450mm 叶片与常规火电 1200mm 叶片
Liechti	瑞士	3	五轴加工中心	1200×550	压气机大叶片与常规火电次末级动叶
马扎克	日本	6	五轴车铣复合	3000×700	核电高中压大叶片与常规火电次末级动叶
XHK1600	中国	3	五轴加工中心	1200×500	常规火电次末级动叶

　　哈汽拥有瑞士的四轴五联动叶片型面铣床、德国双轴数控叶根强力磨床、中国台湾的双工作台叶根铣床、四联动叶片型面铣床等当代国际先进设备，极大地提高了叶片加工能力和技术水平，实现了515mm、900mm、855mm、1000mm等长叶片的自主加工。

　　哈汽为了扩大叶片制造能力，提高叶片加工水平，满足高参数、大功率机组预扭叶片、长叶片的加工，陆续引进意大利的法拉利公司出产的数控五轴叶片加工中心4台S630、瑞士的数控五轴叶片加工中心、德国的单轴数控强力磨床、瑞士的五轴数控磨削中心等几十台用于各类叶片的加工。大大提高了哈汽的叶片生产能力，提升了叶片加工质量和生产工艺水平。图2.2－91所示为哈汽叶片加工生产线。

图 2.2-91 哈汽叶片加工生产线
(a) 斯达拉格机群;(b) 法拉利机群

3. 拥有多类特种工艺生产线

我国汽轮机制造企业根据汽轮机发展需要,不断研究,现已拥有了喷丸、焊接(含钎焊)、激光淬火(含融覆)、涂层(HVOF、APS、VPS、干膜润滑)等多种特种工艺能力,初步建成叶片喷丸及抗微动磨损涂装(干膜润滑)生产线,具备叶片成品加工能力(机加+热障涂层+激光打孔)、喷丸、抗微动磨损涂层生产能力,上汽特种工艺生产线如图2.2-92所示。

图 2.2-92 上汽特种工艺生产线

三、转子加工能力

转子是汽轮机最重要的零件之一,它的工作条件比较复杂,承受着巨大的扭矩、弯矩、离心力、振动应力和热应力等。因此对转子的材料、结构形式及制造工艺提出了许多特殊的要求。汽轮机低压转子如图 2.2-93 所示。

图 2.2-93　汽轮机低压转子

随着技术的发展，作为汽轮机核心部件的汽轮机转子，其结构也在不断变化，转子结构由小部套加工的套装转子逐步改进为大型的整锻转子；转子轮槽形式从最初的叉型、倒 T 型发展到目前叉型、倒 T 型、双倒 T 型、枞树型、P 型、菌型等多种形式混合运用，型线极其复杂，而且加工精度要求高。因此转子加工在一定程度上代表了大型汽轮机的制造能力和水平。改革开放以后，我国汽轮机转子加工能力有了巨大的进步，现在已经能实现各种汽轮机转子的数控加工和制造，为我国向汽轮机工业的更高水平前进提供了坚实的保证。

1. 拥有体系化的高精度机床设备

转子的工作特性，决定了转子各方面极高的加工要求。保证转子加工精度，是保证汽轮机可靠稳定运行的必要条件。目前，我国拥有世界多家公司生产的转子加工机床，设备供应商涵盖意大利 SAFOP、意大利 TACCHI（见图 2.2-94）、德国 WOHLENBERG（见图 2.2-95）、德国 DS、捷克 SKODA、美国

图 2.2-94　意大利 TACCHI 数控卧式大车

INNSE等。结合我国企业在转子加工工艺方面的不断进步，现已经形成体系化的加工设备集群。其加工的定位精度、平行度、主轴跳动及刚性、设备稳定性等性能优越，确保了转子生产加工质量。其中我国拥有的轮槽铣床最大可承重350t，加工长度为15 000mm，各轴定位精度为0.012mm，重复定位精度为0.008mm，主轴跳动可达0.01mm，分度定位精度可达7.2″/360°，分度重复定位精度3.6″/360°，保证了转子加工的精度。图2.2－96所示为高精度数控轮槽铣床，图2.2－97所示为高精度数控卧车。

图2.2－95 德国WOHLENBERG数控卧式大车

图2.2－96 高精度数控轮槽铣床

图2.2－97 高精度数控卧车

2. 先进的制造工艺

汽轮机转子按结构形式可分为整锻转子、焊接转子、套装转子、拉杆转子等。不同类型的转子结构差异很大,其加工工艺和流程各不相同。简而言之,转子加工的主要工序包含毛坯检验、数控车削外形、数控镗床加工联轴器孔、普通镗床加工平衡螺孔、数控轮槽铣加工轮槽、刨末叶窗口尖角、装汽封片及叶片、粗车围带、高速动平衡、精车围带等。要加工出达到设计要求的转子,需要根据企业的设备特性细致认真地设计相关工艺,包括装夹、刀具的选用、切削参数和程序的设计等。如转子叶轮外圆、法兰端面等跳动一般要求达到 0.02mm,轴颈圆跳动要求达到 0.015mm、同轴度要求达到 0.01mm,轴颈表面粗糙度要求达到 $Ra0.4$,为满足如此高精度的要求,除选用高精度的设备外,在装夹校调、刀具选用、切削参数、检查检验等方面各制造企业进行了大量的分析研究,经过不断的自主创新,创造了一系列新方法、新工艺,解决了一个个汽轮机大型化带来的转子加工难题,最终实现了转子制造精度的提升,确保了转子的加工质量。

3. 关键制造技术的突破

（1）轴颈滚压技术。

随着汽轮机转子的质量和运行温度的提高,对轴径处理的要求也越来越高。为提高轴径的表面硬度和耐磨性,降低表面粗糙度,一般需要对转子轴颈位置进行滚压加工（见图 2.2－98 和图 2.2－99）。上汽

图 2.2－98　高压转子轴颈滚压工具

图 2.2－99　低压转子轴颈滚压工具

190

引进了德国 ECOROLL 公司的高精度滚压工具，自主研究开发了滚压工艺，经过多次滚压试验，确定了根据轴颈尺寸采用不同压应力滚轮的方法，获取了最佳滚轮规格及进给参数，能确保表面质量和压应力符合相关规范要求。目前该技术已经在我国先进的超超临界百万机组上进行了效果验证。

（2）大型轮槽加工技术。

随着长叶片技术的不断进步，大尺寸规格的枞树型轮槽不断应用。其加工的难度大，对刀具的切削特性要求高。一是结构尺寸大，导致切削量大；二是结构细节多，有大量的轮槽过渡小圆角，导致切削难度大；三是枞树型轮槽承受的叶片作用力大，因此对其性能有更高的要求。我国汽轮机生产企业现已经掌握了轮槽过渡小圆角部位的滚压强化技术、大轮槽多次切削成型技术、专用的轮槽铣刀加工技术等以保证轮槽加工性能。

同时，随着设计精细化的深入，现代汽轮机转子常常会在一根转子上采用枞树型、叉型、菌型等多种类型的轮槽，必然给其制造工艺提出了更高的要求。尤其是一些低压末级轮槽采用不对称枞树型轮槽结构，使得轮槽加工的难度进一步增加。针对不对称枞树型轮槽，我国研究了独特的加工工艺，设计了专用轮槽加工工具，解决了这种特殊轮槽的加工问题，达到了国际先进水平。

（3）末叶窗口加工技术。

倒 T 型、双倒 T 型轮槽的末叶片锁口槽四周圆角比较小，且根据不同型线的锁口槽深度不等，表面粗糙度要求高。我国历时多年不断努力改进原来沿用的苏联工艺方法，对转子末叶窗口尖角加工工艺方法进行了优化创新。我国技术人员通过计算分析和试验，在机床上安装增速设备，提高主轴的转速，提高切削速度，根据不同的轮槽型线选择出相应的刀具，确定合理的切削用量，不断提高锁口窗口的加工质量，提高加工效率，解决了锁口槽加工中形状不准确的老大难问题，真正地实现了锁口槽加工的高质量、高效率目标。

（4）与转子相关的关键加工技术。

联轴器液压螺栓的采用，对转子轴系中对轮孔的加工提出更高的要求。目前我国采用镗模方式加工对轮孔，即将专用镗模止口与工件止口通过小过盈把紧，根据镗模加工转子或垫片工件的联轴器螺栓孔，再用同样的方法加工联轴器的螺栓孔。通过该方法对轮孔加工，可实现现场不需要铰孔便可安装螺栓的效果。该方法提高了联轴器螺栓孔加工的工艺水平，已达到了国际先进水平。

掌握了转子汽封镶齿技术。为了提高汽封性能，部分转子开始采用在转子上镶嵌汽封片设计方案。工艺部门研发相关工艺，确定汽封齿的安装要求和参数，同时设计了专用断齿工具、专用镶齿工具以及专用的检验方法。

（5）转子装配技术。

随着市场对机组经济性要求不断提高和我国汽轮机设计水平的不断进步，现在转子动叶片的铆接围带技术逐渐被自带冠动叶片技术替代。转子动叶片装配后不再需要铆接围带，既减少了装配工作量，又为叶片维修更换提供了方便。但自带冠动叶片之间的装配要求较高，需要一定的预扭，装配难度大大增加。我国技术人员通过大量试验，研制了高效的预扭叶片装配工具，成功地实现了预扭叶片的装配，掌握了叶片装配的一项核心技术。另外，我国技术人员研发了叶片装配的专用测量工具，实现了在装配过程中对叶片辐射线的测量和控制。

4. 焊接转子

由于焊接转子具有设计灵活、结构紧凑、重量轻、刚性好的优点，并且因为锻件尺寸较小，可以保证较高的毛坯质量，生产周期较短，因此，先进的汽轮机企业均在开发应用转子的焊接技术。2000年以前，欧洲汽轮机制造商在这方面一直走在前面。特别是半转速核电站汽轮机转子，体积和质量都很大，低压转子质量在250t以上，毛坯整锻困难，只有极少数国外厂家能生产，并且价格昂贵。同时国内、外对节能减排要求越来越高，电厂对汽轮机产品的需求也向着高参数、高效率、低能耗、低排放的方向发展。进汽温度为650℃、700℃参数的汽轮机正在研发。这些高参数汽轮机的高、中压转子的高温部分需要采用镍基材料，都需要采用焊接技术来解决转子锻件的供应问题。我国2009年起开始9%Cr钢与CrMoV钢、镍基材料与9%Cr钢、镍基材料与CrMoV钢的焊接工艺技术研发工作。研制了适合不同工作温度要求的专用焊接材料，能适应不同汽轮机的设计要求。焊接接头的高温持久数据已经达到40 000h以上，建立了用于高温焊接结构设计、强度考核、安全性与寿命评估的焊接接头及锻件材料数据库。2016年应用高温异种钢焊接转子技术的超临界汽轮机高中压转子投入商业运行，实现了国内汽轮机焊接转子技术的重大突破，达到国际领先水平。图2.2－100为上汽首根620℃超超临界汽轮机中压异种钢焊接转子的生产现场。国家能源局牵头的面向未来高效超超临界700℃机组的镍基焊接转子项目正在有条不紊地进行，图2.2－101为镍基转子焊接工艺试验。

图2.2－100　上汽首根620℃超超临界汽轮机中压异种钢转子的生产现场

图 2.2－101　镍基转子焊接工艺试验

在焊接转子技术开发过程中，我国技术人员不断完善焊接装备、锻件材料、焊接工艺、无损检测以及性能测试与分析手段，各项技术水平不断提高，形成了焊接试验平台及性能检测试验室，使我国具备了焊接转子以及焊接转子新材料、新工艺等技术开发的综合研发能力。

目前我国的焊接转子的应用已覆盖了压气机、燃气轮机、火电汽轮机、核电汽轮机等机型，材料覆盖低压转子钢、高中压转子钢、镍基材料等，形成了完整的焊接转子技术体系，整体技术水平达到了世界领先。

2004 年，东汽启动了核电汽轮机焊接转子的研发工作。2007 年，东汽建立了 16 000m² 焊接转子生产专用的生产、科研基地，拥有大型窄间隙焊接成套设备、半自动埋弧焊成套设备、大型预抽真空保护气氛热处理炉、中频感应加热器、射线探伤仪、相控阵等数十台专用设备，形成了从转子装配、焊接、热处理到质量检验的完整焊接转子加工能力。2009 年，核电焊接转子项目入选国家科技支撑计划。由东汽、西安交通大学、苏州热工研究院、中广核等单位组成产、学、研、用联合攻关队伍，对大型核电汽轮机转子焊接的关键技术进行了大量研究工作。2011 年，东汽开始了研制第三代核电 CAP1400 汽轮机用焊接转子（图 2.2－102），2012 年，该项目被列入国家科技重大项目。

经过数年艰苦的研究工作，2010 年 2 月东汽首根 300MW 火电机组汽轮机低压焊接转子试制完成。2012

图 2.2－102　东汽核电焊接转子

年5月该转子在张家口电厂顺利投运。2010年12月，东汽完成了我国首根1000MW核电汽轮机低压焊接转子的研制，2015年3月该转子在宁德3号核电站顺利投运。2012年12月，东汽完成了我国首根1000MW核电汽轮机高中压焊接转子的研制，2014年9月，该转子在宁德1号核电站代替进口转子，顺利投运。2015年8月，东汽完成我国自主研发的第三代核电汽轮机CAP1400汽轮机焊接转子（见图2.2-102）的试制。该转子是迄今世界尺寸最大、质量最大的汽轮机转子。2017年年底，东汽完成高中低压一体式异种材料转子的焊接试制工作。

与进口产品相比，无论是焊缝合格率，还是焊接接头性能，东汽焊接转子都与之相当。同时焊接变形控制技术优于国外产品，其焊后静平衡修正量，东汽焊接转子可稳定在0.5～0.6mm，低于国外产品的1mm，且转子各处的均匀性更好。

2011年4月机械工业联合会召开"1000MW核电汽轮机焊接转子研制"鉴定会，与会专家高度评价了该成果，认为该项目的研究攻克了百万千瓦核电汽轮机焊接转子制造的多项难题，掌握了百万千瓦核电汽轮机焊接转子的核心技术，标志着东汽焊接转子制造总体技术达到国际先进水平。2017年"1000MW核电汽轮机焊接转子研制"荣获中国机械工业科技进步一等奖。

图2.2-103　1710mm长叶片试验转子

上汽自2008年启动新一轮百万核电低压焊接转子的设计与工艺技术开发工作。通过对不同尺寸模拟件的焊接试验，开发出适合百万核电超大型低压转子的焊接工艺，制定了一系列指导焊接转子生产制造的过程控制、质量保证的标准、规范等。分别在2010年和2015年完成了两种试验转子的焊接制造。这两根试验转子经过了检验、长叶片动频试验以及转子动平衡试验，结果均满足设计要求，如图2.2-103所示。该技术还应用到超超临界百万千瓦等级火电汽轮机低压转子的设计与制造中，2012年"百万千瓦级汽轮机低压焊接转子"被国家能源局和机械工业联合会专家组鉴定认为达到国际先进水平，拥有完全自主知识产权。该转子2014年正式投入商业运行，各项运行参数优良。2016年获得中国机械工业科学技术奖二等奖。

上汽经过了60年在焊接转子领域不懈努力和不断创新，建立了包含焊接转子设计技术、焊接转子工艺技术以及焊接转子检测技术的完全自主知识产权的完整技术体系。截至2017年年底，上汽已完成各类型焊接转子438根，这些转子全部用于电力设备上，无一例质量事故，赢得了良好的声誉。图2.2-104

所示为低压焊接转子氩弧焊、埋弧焊以及完工后的转子生产现场。

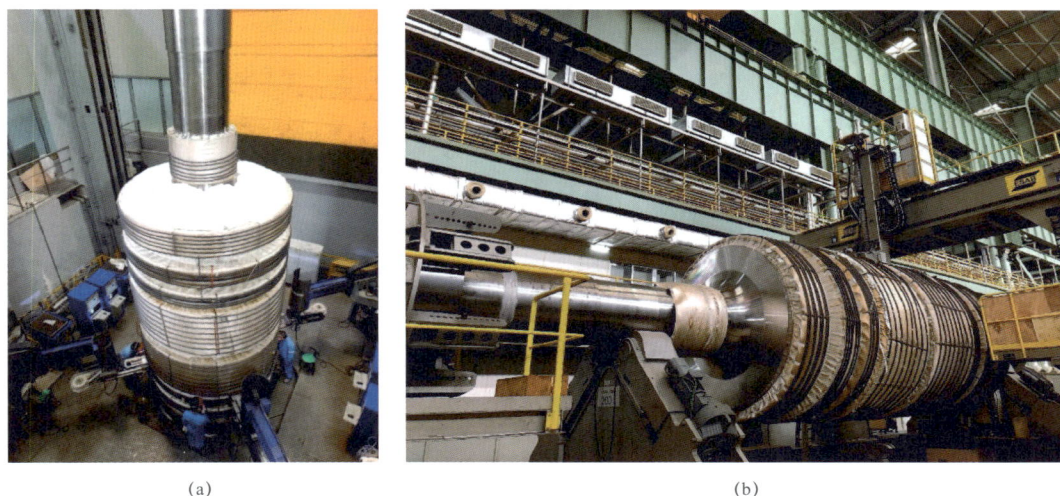

(a)   (b)

图 2.2 - 104 转子生产现场

(a) 转子氩弧焊；(b) 转子埋弧焊

这些转子在电厂的安全运行，标志着我国成功掌握了大型汽轮机焊接转子的加工、装配、焊接、热处理及无损检验一整套制造技术，表明我国已具备独立自主地研发、制造焊接转子的能力。

四、静止部件加工能力

汽轮机的静止部件主要包括汽缸、隔板套、隔板、阀门、轴承箱和汽封等。其中汽缸是汽轮机的最大零件，也是装配基准零件。汽缸内部装有隔板套、隔板、汽封等部件，外部与蒸汽室、排汽管、轴承箱以及基础台板等相连接，其加工精度要求较高，部分表面的平面度需达到 0.03mm/m，表面粗糙度需达到 $Ra1.6$。其加工需要高精度的大型机床。

同时，随着电力行业的不断发展，汽轮机结构设计的不断更新，也给加工提出了更高要求。为此我国汽轮机制造企业陆续投入了大量先进设备。目前，东汽拥有大、中型数控龙门铣床 11 台（见图 2.2 - 105）。可加工长 10～26m，宽 5～8m，高 2.4～7.5m 范围的零件；拥有大、中型数控镗铣床 26 台（见图 2.2 - 106），主轴直径 $\phi160～\phi260mm$，最大高度 3～8m，旋转工作台（最大）5.5m×11m，承重 70～250t；拥有大、中型数控立车 7 台（见图 2.2 - 107），最大加工直径 $\phi8～\phi12.5m$，最大加工高度 6m，工作台最大承重 250t；中型数控立车 17 台，加工直径 $\phi2.5～\phi6.3m$，最大加工高度 4m，工作台最大承重 63t。

(a)　　　　　　　　　　　　　　　　　　　　(b)

图 2.2 - 105　大、中型数控龙门铣床

图 2.2 - 106　大型数控镗铣床

图 2.2 - 107　大、中型数控立车

哈汽拥有大、中型数控立车（见图 2.2 - 108）17 台，加工直径 ϕ2.2 ～ ϕ16m，最大加工高度 8m；大、中型数控龙门铣（见图 2.2 - 109）8 台，最大龙门铣工作台 27m×11.5m×4m。

图 2.2－108　12.5m 数控立车

图 2.2－109　10m 数控龙门铣

上汽有大型机械加工设备近 200 台，近 3/4 机床用于加工汽轮机静止部套及其各类装配零件。图 2.2－110 所示为重型数控五轴龙门加工中心，图 2.2－111 所示为轻型数控五轴龙门加工中心。

图 2.2－110　重型数控五轴龙门加工中心

图 2.2－111　轻型数控五轴龙门加工中心

我国汽轮机制造行业现已拥有大量先进的制造设备，为汽轮机的产品质量提供了有力保证，同时还为我国在世界汽轮机制造业中争得一席之地。

五、焊接制造能力

在汽轮机结构中，几乎每一个重要部件都离不开焊接，因此焊接技术作为汽轮机制造的关键技术越来越受到行业的重视。焊接制造能力直接关系着汽轮机的制造质量和运行的安全可靠性。

冲动式汽轮机隔板的制造通常需要大量的焊接，其焊接方式常用窄间隙气体保护焊或电子束焊等。这种焊接方法不仅需要合适的专用设备，还需要有可靠的工艺保障。我国技术人员不断总结焊接过程，改进设备和工艺，目前已经掌握汽轮机高、中、低温度段的隔板焊接技术，且不断向焊接自动化、智能化的方向前进，如图2.2-112～图2.2-116所示。

图2.2-112　激光切割机

图2.2-113　窄间隙气体保护焊成套设备

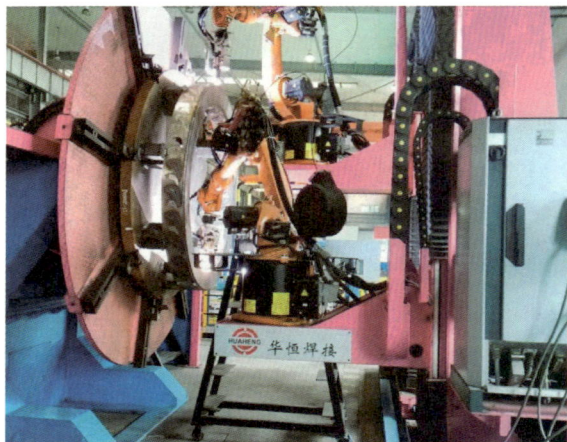

图2.2-114　机器人自动TIG焊接设备

图2.2-115　真空电子束焊接设备

图2.2-116　焊接变位器

　　高温进汽插管堆焊司太立合金是超临界和超超临界机组焊接技术的难题之一。在大面积堆焊司太立合金的过程中，如何防止裂纹等缺陷产生是一个复杂的技术问题。我国技术人员经过多年的努力，反复试验，采取合理的工艺措施，采用自动氩弧焊堆焊或火焰堆焊的方法，成功地焊出满足要求的产品。现在该技术已经广泛应用，并取得了良好的效果。

　　超超临界高、中压转子轴颈堆焊技术是制约我国超超临界机组生产的难题。面对国外的技术封锁，焊接技术人员自力更生，经过无数次试验，终于得到单丝自动埋弧焊堆焊方法的合理参数，结合其他合适的焊接工艺措施，解决了堆焊过程中裂纹气孔等复杂问题，成功堆焊出满足标准要求的合格产品。我国技术人员成功突破了国外的技术封锁，解决了制约我国超超临界机组发展的瓶颈技术，促进了汽轮机技术的进步。

六、总装技术

由于结构复杂，体积庞大，且市场需求多变，大型汽轮机一般为单件生产。为保证产品质量，大型汽轮机都需要通过厂内装配来验证质量。装配过程中，要完成大量的找正和钳工修配等工作。改革开放以来，我国坚持引进吸收和自主创新并举的技术发展路线，使得总装工艺技术有了长足进步。

1. 全实缸找中技术

传统上，汽轮机静子部件找中常采用假轴或者拉钢丝的工艺方法。这种工艺方法的局限性在于对体积较小的汽轮机，由于空间受限，测量和读数都不方便，只能在半缸状态下操作，不能在全实缸状态下操作，影响汽缸找中的最终结果。

现在，我国可以采用小巧的位移传感器和假轴配合找中，可以解决测量空间受限的问题。另外，我国还自主开发了找中数据处理分析专用软件，可以快速分析找中结果，提高了找中的精度。这种技术大大提高了静子部件找中的效率和准确度，它对提高汽轮机产品的装配质量起到了积极的促进作用。图 2.2－117 所示为"假轴＋位移传感器＋计算机"静子部件全实缸找中。

2. 可视化及三维装配工艺技术

随着汽轮机零件设计的三维设计逐步推广和普及，汽轮机制造工艺技术也开始向"三维装配工艺技术"方向发展（见图 2.2－118）。目前基于三维的装配已开始在汽轮机制造中推广应用。为解决三维装配中模型数据处理压力大的问题，采用专门软件对模型进行轻量化处理。通过制作装配过程的动画过程，

图 2.2－117 "假轴＋位移传感器＋计算机"
静子部件全实缸找中

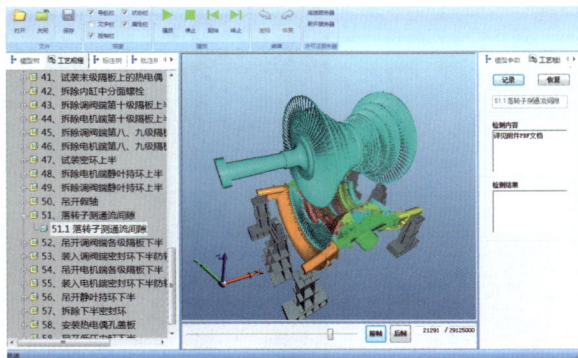

图 2.2－118 三维装配工艺技术

表现零件外貌形态、工具工装特点、装配流程检验要求等信息，使工艺过程形象化、具体化，并让工艺过程的质量管控更方便，有效地提高装配质量。

3. 汽轮机精总装

汽轮机采用精总装后，出厂后无需对汽缸内部件进行调整，只需整体就位即可，减少了现场大量的安装工作量、加快现场安装进度、保证了汽轮机装配质量。目前，在运输条件允许的情况下，我国生产的汽轮机基本上都采用精装出厂的方案，包括燃气轮机、汽轮机高压缸和中压缸、工业用途小汽轮机等。

七、国际领先的检测能力

企业产品质量保证是一个复杂的过程，受到大量因素的影响。其中企业检测能力是制约产品质量的重要因素。为了保证产品质量，对生产过程中的原材料、外购件、外协件、毛坯、半成品、成品以及包装等各环节都需进行质量控制。国内汽轮机制造企业为保证产品质量都配备了大量专业人员和各种测量设备。目前我国汽轮机制造企业拥有各类测量设备约 10 万台件，其中无损检测设备、几何量具及光学测量设备的配备在国际上处于领先地位，具备检测各类产品零部件参数的能力，从而保证汽轮机制造水平达到国际水平。

我国主要汽轮机制造企业已经具备各种材料产品的力学（拉伸/冲击/高温持久蠕变/弯曲疲劳等）、化学（光谱/能谱/高频红外等）、金相、SEM 形貌、显微硬度等性能的检测能力，具备荧光渗透（FPI）、射线（RT）、水浸探伤（UT）、磁粉（MPI）、目视（VI）等无损检测能力。测量设备包括高能电子直线加速器、大型超声波探伤仪、力值校准系统、温度检测系统、扭力检测系统、质量检定系统、压力检定系统、量块检定仪、三坐标测量机（见图 2.2-119）、激光跟踪仪、万能工具显微镜等，其中莱兹

图 2.2-119　三坐标测量机

三坐标测量机、高精度测角仪、T8000粗糙度测量仪和API激光跟踪仪属于世界一流测量设备。这些检测技术能力是我国向更高的汽轮机设计制造高峰攀登的保障。

第五节　汽轮机技术研究与发展

汽轮机不仅是电力工业的基础，也是国家经济建设的重大产业，更体现着一个国家的重大装备制造水平和能力。我国汽轮机行业经过60多年的艰苦奋斗，从无到有，由小到大，经历了一个不断奋进的过程，技术已经发展成熟，建立了完整技术体系；大力发展大容量、高参量火电机组；生产能力大幅度增加，行业规模已经成型；行业整体水平已经达到国际先进水平，新产品已处于国际领先。所有这些成就了中国汽轮机制造业的光辉历程，从独立制造到引进国外技术再到自主研发，中国汽轮机制造业的成长之路为我国装备制造行业留下了宝贵经验：技术水平、研发能力、制造工艺的不断提高是企业长期保持竞争力的源泉，也只有坚持独立自主、不断创新发展，才是振兴民族工业的必由之路。

党的十九大强调，必须把发展经济的着力点放在实体经济上。能源装备制造业作为实体经济的重要组成部分，正处于结构调整、观念转变、竞争格局重构的关键时期。世界能源结构加速向绿色低碳转变，能源技术日新月异，能源生产消费模式不断创新。中央经济工作会议明确提出了大力化解煤电过剩产能的任务要求。全国能源工作会议进一步明确了非化石能源规模化发展是绿色发展的战略方向，将实行可再生能源电力配额制、统筹煤电与可再生能源电力发展、推行自备电厂参与可再生能源电力消纳等举措，大力提升能源清洁化发展水平。随着资源系统转型发展，煤电未来发展将从单纯保障电力供应向更好地保障电力供应、提供辅助服务并重转变。到"十三五"末，随着可再生能源发电装机容量快速增长，全国要完成取消和推迟煤电建设项目约1.5亿kW，淘汰煤电落后产能2000万kW，尽管煤电装机比例占比已降至55%，但现役燃煤汽轮发电机组经济性和灵活性改造的任务仍然繁重。

可以看出，可再生能源快速发展是未来发展方向，煤电去产能没有退路，煤电发展方向是绿色低碳，发展方式为推进清洁高效利用。汽轮机行业必须不忘初心、牢记使命、不负期望、不负重托、开拓创新、勇攀高峰、坚定不移地推进产业结构转型，重点发展高效煤电、老机改造、电站服务、国际业务，不断完善研发系统，不断提高产品的科技含量，提高产品的市场竞争力，发展符合市场要求的高参数、高效率、高可靠性、高灵活性、高自动化、低维护性的各种产品，为提高整个行业的国际竞争力，为我国动力工程事业的发展做出更大的贡献。

第三章

发 电 机

第一节 概 述

一、汽轮发电机的作用

火力发电是利用可燃物在燃烧时产生的热能，通过发电动力装置转换成电能的一种发电方式。火力发电在全球发电行业占有很大比重，是中国和世界上许多国家生产电能的主要方法之一。截至 2018 年年底，全国火电装机比例仍超过 60%，发电量则超过 70%，由此可知，火力发电的发展与电力及国民经济的发展有着重要和密切的关系。

汽轮发电机作为火力发电的核心设备之一，与汽轮机连接在一起，其作用是将汽轮机传递过来的机械能转换为电能。经过上百年的发展，如今的汽轮发电机技术成熟，可靠性高，经济性好，为我国电力行业以及国民经济的发展做出了不可磨灭的贡献。

二、中国汽轮发电机行业的发展

（一）新中国成立后的汽轮发电机发展

中国的汽轮发电机工业比西方国家晚了几十年。在新中国成立前，中国火电厂设备多依靠进口，而本国的电机工业，由于受到外国列强势力的打压，迟迟未能提供产品投入使用，汽轮发电机制造工业基本上是一片空白。中国的电机制造只是在上海、天津等几个大城市有以修理电机为主的工厂，有一些零星仿造少量小容量发电机，很难独立成套设计、制造和正规生产，一个徘徊于初创时期的稚小而薄弱的电机制造业。

1945 年，中国与美国西屋公司签订了技术援助和制造许可证合同。中国派出一批技术人员到美国西屋公司接受培训，为中国电力工业、造就了第一批电机工程的技术和管理精英，他们中的许多人都加入新中国的汽轮发电机设计和制造行列，成为汽轮发电机制造业的技术和管理骨干。

1949年新中国成立，中国的发电机制造业迎来了曙光。从第一个五年计划中以苏联援建的"156项工程"为中心的工业建设开始，汽轮发电机制造工业迈开了坚实的建设步伐。

从1949年12月上海电机厂成立开始，国家先后在上海和东北建设了一大批骨干企业，形成了上海发电机设备制造基地和东北电工设备制造基地。于1958年开工建设了四川德阳水力发电设备厂。

新中国成立初期，为了迅速提高火电产品的设计制造技术，1952年，国家决定分别从捷克斯洛伐克和苏联引进大型火电机组的成套设计制造技术。此次技术引进，为全面提升中国电机工业技术水平以及自主发展大型发电设备奠定了基础。1954年，上海电机厂成功制造了中国第一台60MW发电机，并在安徽淮南电厂投运。1958年，上海电机厂成功研制了世界第一台12MW双水内冷汽轮发电机，并于同年12月在上海南市发电厂投运发电。

20世纪60年代开始，中苏关系破裂，中国提出自力更生建设社会主义新中国。为了解决转子锻件等材料供应缺乏的问题，用小容量600MW空冷转子锻件设计成40MW双水内冷发电机（革Ⅰ型），用25MW转子锻件设计成100MW双水内冷发电机（革Ⅱ型）。对原有发电机进行了总结和完善，联合设计了新系列的空冷汽轮发电机。同时，双水内冷和水氢氢冷却的发电机也取得了突破。

1970年，上海电机厂成功研制中国第一台125MW双水内冷发电机并于吴泾电厂投运。1971年，上海电机厂又在此基础上成功研制出中国第一台300MW双水内冷发电机并于1974年在望亭电厂投运。另一方面，哈尔滨电机厂于1966年成功研制新型50MW氢外冷汽轮发电机后，1972年又开发了中国第一台水氢氢冷却汽轮发电机。之后又提出600MW水氢氢汽轮发电机设计方案，为改革开放后引进、消化国外火电技术发挥了积极的作用。1970年，东方电机厂也成功研制了75MW氢外冷汽轮发电机，之后于1974年制成了第一台200MW水氢氢汽轮发电机。在氢外冷和水氢氢汽轮发电机有所发展的同时，双水内冷发电机的技术也在逐步完善。在此期间，上海电机厂、哈尔滨电机厂和北京重型电机厂等单位均先后完成了双水内冷汽轮发电机的制造工作。

（二）改革开放后的汽轮发电机发展

改革开放后，汽轮发电机迎来了大发展的春天。

机械部和电力部先后多次召开会议，研究解决大型火电机组在科研力量薄弱、制造工艺和设备较落后的情况下，机组投运中出现了问题，采取了一系列的质量强化措施。各大汽轮发电机制造厂也完善和加强了质量管理工作，大力整顿生产秩序，使国产10万～30万kW火电机组的质量问题基本得到解决，机组的稳定性、安全性和经济性大幅提高。

1980年，我国与美国西屋公司正式签订了引进汽轮发电机组的技术转让合同，至此，30万kW、

60万kW火电机组技术引进项目尘埃落定。其中30万kW考核机组的研制工作由上海电机厂承担，60万kW考核机组由哈尔滨电机厂承担。经过数年努力，两台机组分别于1987年和1989年在山东和安徽投运。30万kW和60万kW火电机组设计制造技术的引进，提高了火力发电设备制造业的总体技术水平，培养了大批技术和管理人才，实现了发电设备行业技术标准的转轨，也推动了材料的国产化进程，在电机工业发展史上具有重要的意义。

在技术引进的基础上，1985年机械部组织上海电机厂、哈尔滨电机厂与美国西屋公司进行300MW/350MW发电机联合设计，冷却方式全氢冷改为水氢冷。上海电机厂于1989年试制成功联合设计第一台300MW水氢冷发电机并于汉川电厂投运。1987年机械部组织哈尔滨电机厂、上海电机厂与西屋公司进行600MW/660MW发电机联合设计，哈尔滨电机厂于1987年试制成功中国第一台600MW水氢冷发电机于哈尔滨电厂投运。联合设计后，产品不仅满足当时电力系统需要，也培养了一大批发电机设计人才。

在技术引进的同时，我国电机制造厂的自主研发也同样不甘落后。早在1974年，就开始依靠国内力量自主研制60万kW火电设备，并明确由东方电气集团下属的东方汽轮机厂、东方电机厂、东方锅炉厂在开展60万kW火电机组制造任务前，先试制并生产30万kW的火电机组。为此，东方电气集团的技术人员发扬自力更生、艰苦奋斗的精神，在研制过程中，克服电气重重困难，突破技术难题，最终，东方型30万kW汽轮发电机组顺利落户山东黄台电厂，并于1987年11月成功投运，得到各方好评。

21世纪以来，中国的汽轮发电机制造企业，抓住电力建设高速增长的契机，利用改革开放以来沉淀的实力，厚积薄发，迅速实现了产品的更新换代和产业升级。中国的火电发展开创了清洁高效发电机组的新纪元。

（三）各大主要电机制造厂的成立与发展

生产优质的发电机产品是一个电机制造企业的根本，也是中国电机工业的根本。经过多年的发展，目前我国的发电机设计制造水平较高，已形成完整的体系，产品生产已成规模化，发电机产量逐年攀升，完全满足国民经济和电力工业的需求，同时，每年有大量产品出口。发电机产品的技术性能、成套能力、整体质量均达到了国际同类产品的先进水平。

目前，国内大型发电机生产企业主要有三家，分别为上海电气电站设备有限公司发电机厂（简称上发厂）、哈尔滨电机厂有限责任公司（简称哈电机）和东方电气集团东方电机有限公司（简称东电）。

上发厂隶属于上海电气集团，是于1995年底由上海电机厂与美国西屋公司合资成立的公司，后因美国西屋公司被西门子收购成为西门子合资公司，专门从事火电、核电、燃机领域大中型发电机及其配套励磁机和调相机等相关设备的生产。上发厂具有独特的地理优势，便于水陆运输，拥有闵行、临港两大制造基地。工厂拥有728车间（主要制造车间）、线圈车间、新线圈车间等大型生产车间。产品遍布国内并已出口机组至 19 个国家。其中，2015 年与印度尼西亚签订的 1200MW 水氢氢发电机项目，是国内首台百万级出口机组，该机组已于 2019 年 9 月成功并网。2019 年，上发厂承担的工信部智能制造标准化与新模式应用项目——"电力装备（火电、核电）大型汽轮发电机智能工厂"通过专家组验收，表明企业研发、制造水平达到新高度。

哈电机始建于 1951 年 6 月，是我国生产大、中型发电设备的重点骨干企业。主营业务包括水轮机、水轮发电机、汽轮发电机、电站控制设备、滑动轴承和新能源产品的设计制造，以及技术服务、安装、调试、产品运维保养、机组升级改造等。

哈电机生产的发电设备遍布全国各个省份，并出口到 51 个国家。目前，生产的水轮发电机组最大单机容量达 800MW 级，汽轮发电机最大单机容量达 1200MW 级，正在制造单机容量 1000MW 水轮发电机和 AP1000 核电汽轮发电机，掌握了世界上最先进的制造技术，核心竞争力大幅提升。

东电的前身为东方电机厂（即德阳水力发电设备厂），始建于 1958 年。东电是中国大型机械工业骨干企业之一，主要从事成套发电设备（水力、风力、潮汐）、汽轮发电机（含燃气、核能）、交直流电机以及相关控制设备的设计、制造、销售和服务。至 2018 年 10 月，东电累计生产发电设备容量超过 50 000 万 kW，产品分布国内 300 多个电厂和上千个工矿企业，在全国电力、化工、冶金、矿山等单位中发挥着举足轻重的作用，并远销 20 多个国家和地区。

第二节　发电机的发展历程

一、冷却方式对发电机发展的影响

汽轮发电机的冷却方式与发电机的功率、尺寸选择关系密切，同样，也与发电机的经济性、寿命息息相关。从某种意义上讲，汽轮发电机的发展史就是一部冷却技术的发展史。随着汽轮发电机冷却技术的逐步发展，发电机单机容量也不断增大，满足了电力市场的需要。冷却方式选择是汽轮发电机设计的首选任务。20 世纪以来，汽轮发电机冷却方式的发展历程大致为空气冷却（单机容量 350MW 及以下）→氢气冷却（单机容量 600MW 及以下）→定子线圈直接水冷（全转速最大可达 1300MW）。

近年来，各发电机制造企业不断加大技术投入，开发了大量的汽轮发电机机型，产品种类繁多，如果按照冷却方式划分，主要包括空冷、氢冷、双水内冷、水氢冷四大类机型。

二、空冷发电机的发展

空气是最方便的冷却介质，最早在汽轮发电机上使用。从通风冷却角度来看，空气本身的热物理性质不如氢气（同温同压下，比热容和热导率均低于后者），而且由于空气的密度远高于氢气，导致通风和摩擦损耗大。由于氢气的诸多优点，对转速高、体积受限的汽轮发电机来说，具有很大的吸引力。因此，从20世纪50年代开始，较大容量的汽轮发电机几乎都采用氢气冷却。直到60年代末，绝大多数厂家仅在50MW及以下容量的汽轮发电机中采用空气进行冷却。

近年来，随着结构材料、绝缘材料、导电材料和导磁材料的不断发展，通风冷却技术本身的不断进步，以及大量氢冷发电机的技术和制造积累，空冷发电机的容量范围也在增大，效率不断提高，竞争力不断增强。同时，高效率燃气轮机组电站和联合循环电站的迅速发展以及燃气轮机单机功率的增大，也对与之匹配的大功率空冷发电机提出了需求，从而为空冷发电机的发展提供了市场条件。资料表明，空冷汽轮发电机全球年订货数量从1980年到1990年增加了5倍，90年代期间继续迅速增长。空冷汽轮发电机市场空前扩大，供不应求，积极开发大型空冷汽轮发电机已成为各大厂家争夺市场的一个重要动向。由于空冷发电机凭借其结构简单、维护方便、起停灵活的优势，也逐渐得到中小型电站用户的欢迎和认同，使空冷发电机从90年代开始得到了迅速的发展。空冷发电机在中小型火电站，以及需要频繁起停的燃气发电站中占有很大的份额。

近年来，随着新能源（如生物质发电、垃圾发电、太阳能光热发电等）的蓬勃发展，市场需求不断扩大，使空冷发电机呈现蓬勃发展的态势，规格品种不断增加。

（一）空冷发电机的新发展

发电机容量逐步增加后，由于空冷发电机在相同容量下比氢冷发电机体积大，效率低。氢气冷却逐步代替空气冷却成为发电机冷却的主要方式，但从20世纪80年代开始，空冷发电机又开始崛起。进入90年代后，随着联合循环技术的大量采用，以及余热发电、热电联产、石油、化工及冶金业自备电站的发展，空冷发电机得到了迅速发展。例如，济南发电设备厂引进ABB公司技术，先后制造了50MW和135MW空冷汽轮发电机。上发厂在制成60MW空冷发电机之后，又全面引进美国西屋公司100～200MW空冷汽轮发电机技术，开始制造135MW空冷汽轮发电机，并在1999年全面引进美国西屋公司AeroPac系列空冷汽轮发电机技术，开始制造135MW空冷汽轮发电机，在此基础上形成了系列化的100～200MW空冷发电机产品；2011年上发厂又引进GVPI绝缘工艺技术，形成浸渍最大容量350MW空冷、500MW氢冷发电机的能力，并系列化、模块化地自主开发了采用GVPI技术的第三代空冷发电机，容量覆盖范围为30～300MW，产品成果出口印度、印度尼西亚、塞尔维亚等国。哈电机于1996年研制成

60MW空冷汽轮发电机，2002研制成80MW、100MW、135MW和150MW空冷汽轮发电机，2010年引进日本东芝公司技术制成200MW空冷汽轮发电机，2013年研制成350MW空冷汽轮发电机，现正在开展更大容量空冷汽轮发电机的研制工作。哈电机还开发了135～200MW等级的60Hz空冷汽轮发电机，出口至菲律宾、危地马拉、哥伦比亚、委内瑞拉等国。东电于20世纪90年代初开始研制大型空冷发电机，2000年制成60MW和75MW空冷发电机，2002年制成首台150MW空冷发电机，2006年和2007年分别研制成200MW和220MW空冷发电机，随后又完成了350MW等级空冷发电机的开发工作。

进入21世纪后，随着新兴能源的发展，空冷发电机的市场需求进一步扩大，呈现出爆发式的发展态势。

1. 小型空冷汽轮发电机的全新升级换代

为了适应新的市场形势，各电机制造厂在原有的中小空冷发电机的技术基础上，结合先进大型发电机技术及制造经验，集中力量进行新型小空冷发电机的开发，使其拥有产品序列齐全、生产周期短、适应性强的特点。图2.3-1所示为上发厂空冷发电机三维模型结构示意图，图2.3-2所示为东电空冷发电机三维模型结构示意图。

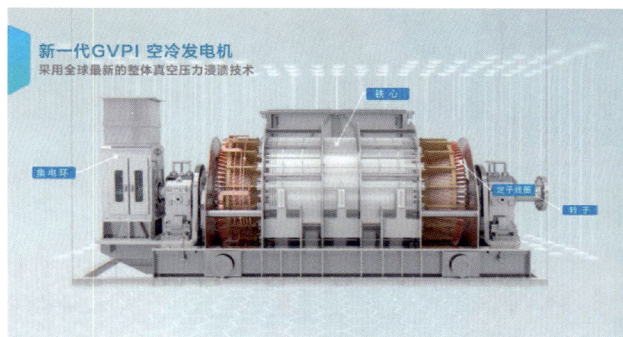

图2.3-1 上发厂空冷发电机三维模型结构示意图（不含发电机外罩）

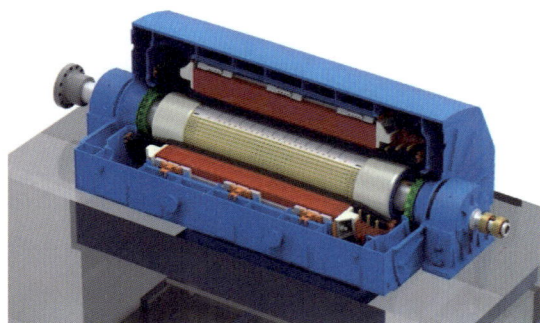

图2.3-2 东电空冷发电机三维模型结构示意图

（1）系列化、模块化设计的应用。各电机制造厂在规划全新小空冷发电机产品时，几乎都采用了系列化设计方式，使新产品具有更短的设计和制造周期，以及更强的可靠性。

（2）整体真空压力浸渍（GVPI）技术的应用。GVPI技术是将所有定子线棒用少胶云母带连续包扎，嵌入铁心后，将定子铁心、端部支撑及绑扎等结构一同送入浸渍灌内进行真空压力浸渍，再经烘焙固化，使整个定子成为一体的技术。GVPI技术的应用，使新一代空冷发电机的产品绝缘性能以及绝缘稳定性得到了大力提升。图2.3-3所示为上发厂应用GVPI技术的照片。

（3）新运行环境的适应性。在开发新系列的小型空冷汽轮发电机时，也更加注重产品对新运行环境的适应性，在定子和转子结构上大量采用了大型发电机上应用的适应调峰运行的技术，使其更加适应现代电网灵活性运行的新要求，也满足了各新能源的发展需求。

2. 大中型空冷汽轮发电机

由于空冷汽轮发电机具有系统简单、安装周期短、起停方便、运行经济、可靠性高、维护检修方便等突出优点，近年来受到用户的欢迎。材料与通风冷却技术的进步，使空气冷却所适用的发电机容量范围稳步增大。大中型空冷汽轮发电机正逐步成

图 2.3-3　上发厂应用 GVPI 技术的照片

为国内外发展的一种趋势。由于技术含量高，大中型空冷汽轮发电机已成为著名大公司保持竞争优势、占领市场的主力产品。

大容量空冷汽轮发电机主要存在冷却困难导致的定转子温升高，尺寸大导致的制造困难、运输困难、成本高等难题。针对这些技术难题，各大电机制造厂进行了技术论证和基础技术研究及计算；设计了新的通风冷却系统，并制作旋转模型，通过 3000r/min 下的旋转模型试验进行验证；进行了工艺论证并制作样品进行工艺验证。

可以说，大型空冷发电机的成功研制使发电机制造领域达到了新的高度，是制造厂技术实力的体现。图 2.3-4 所示为东电 350MW 空冷汽轮发电机，图 2.3-5 所示为哈电机 350MW 大容量全空冷汽轮发电机。

图 2.3-4　东电 350MW 空冷汽轮发电机

图 2.3-5　哈电机 350MW 大容量全空冷汽轮发电机

（二）300Mvar 空冷调相机

随着特高压直流输电技术的快速发展，电网特性发生了较大变化，电压稳定成为大电网安全稳定的主要问题之一，客观上要求直流大规模有功输送，必须匹配大量动态无功补偿装置，即"大直流输电、强无功支撑"。由于电网对无功补偿提出了更高要求，对适应电网新要求的新型调相机的需求也就变得十分迫切。

调相机能够在电网出现故障的瞬间，进行快速响应，在短时调节和稳态调节上均能满足电网无功补偿的要求，稳定电压，起到守护电网安全的作用。调相机的特殊工作性质，要求其具有优异的暂态、次暂态参数，强大的暂态过负荷能力以及负序能力。

在进行调相机开发时，研究人员针对调相机特殊运行方式和特殊性能要求，对方案进行了全面深入的分析与研究，并结合大型空冷汽轮发电机的成熟、先进单项技术及多项专利技术，最终形成了可靠性高、运行维护方便的300Mvar调相机，并根据市场需要进行了系列化产品的开发。图2.3-6所示为东电300Mvar调相机，图2.3-7所示为哈电机300Mvar调相机。

图2.3-6　东电300Mvar调相机

图2.3-7　哈电机300Mvar调相机

（三）特殊用途发电机——短路试验（冲击）发电机

短路试验（冲击）发电机是一种长期、频繁工作在各种短路状态、有特殊用途的发电机，是验证特高压、高压、低压电气设备性能和可靠性的关键核心试验装备。它利用发电机短路时产生的冲击性或脉冲性大电流模拟供电和用电系统的各种事故状态，对电气设备的性能指标和工作可靠性进行各种验证试验，经型式试验成功验证过的电气设备才可应用于国防和民用等各领域。同时各种验证试验对研发新电气产品具有特别重要的意义。

短路发电机要工作在各种频繁突然短路的瞬态过程中，既要产生尽可能大的电流，又要承受周而复始的巨大冲击而安然无恙，短路发电机的设计与制造不能遵循常规发电机的方法，目前，国际上只有少数几个发达国家掌握其设计制造技术。哈电机通过潜心研究，自主创新，攻克了众多技术难关，是我国设计制造短路试验发电机的专业厂家，哈电机生产的短路试验发电机，从借鉴外国同类产品开始，从无到有，从小到大，不断发展，现在已经达到世界领先水平。

哈电机研发的短路试验（冲击）发电机系列产品主要有4种型号：用于低压短路试验的DSF-25-2型、TFC-350-2型，以及用于高压短路试验的DSF-100-2型、TFC-6500-2型。其中首台TFC-6500-2

型获得了 2014 年国家科学技术进步奖二等奖。图 2.3-8 为哈电机 6500MVA 短路试验（冲击）发电机。

图 2.3-8　哈电机 6500MVA 短路试验（冲击）发电机

三、全氢冷发电机

氢气是一种良好的冷却介质，具有密度小、比热容高、热导率大等优点。自 1913 年西门子公司提出采用氢气作为电机冷却介质以来，氢冷技术已经有超过百年的历史。

21 世纪以来，高参数高效燃气轮机发电机组发展迅速。为了满足我国电力工业发展的新需求，各电机制造厂开始了全氢冷发电机的制造，产品满足燃气轮机及联合循环电厂以及火电厂的各种不同需求。

东电的新型 300～500MW 等级全氢冷发电机制造开始于 2003 年，采用径向全出风通风系统，整体偏心式机座结构，机端变静态励磁。发电机在结构上充分考虑了燃气轮机电厂频繁起停、大幅调峰运行的要求。自 2003 年首次赢得订单，向多个燃气轮发电厂提供了 10 台 400MW 全氢冷发电机以来，东方 300～500MW 系列全氢冷发电机已获得配套燃机的订单 66 台，投运 52 台。为了进入 60Hz 市场，东电也开发了 360MVA 全氢冷的 60Hz 汽轮发电机，该发电机于 2015 年 9 月在厂内完成型式试验。2018 年 4 月在哥伦比亚顺利投运，并实现了满负荷运行。

上发厂全氢冷发电机源于 20 世纪 80 年代，技术引进自美国西屋公司。进入 21 新世纪，上发厂结合第三代发电机技术，自主开发采用 GVPI 技术的全氢冷系列产品，容量范围覆盖 250～500MW。在进行自主创新的过程中，采用了系列化、模块化设计理念，全面匹配国内外燃机市场主流需求。与此同时，开发的全氢冷产品兼顾 50Hz 和 60Hz 需求，提高了市场竞争力，依托"一带一路"倡议开辟国际市场。

上发厂结合燃机项目及国外项目市场需求，开展并完成了 250MW 等级全氢冷发电机的设计开发工作。该发电机定子线圈采用氢表冷，转子线圈采用轴向副槽通风，定子铁心采用径向全出风，采用先进的 GVPI 绝缘技术，具有效率高、温升低、可靠性高等特点。

哈电机的新一代全氢冷发电机同样起源于燃气轮机的蓬勃发展。2002 年 10 月，哈电集团与美国 GE 公司组成联合体，中标当时国家发展改革委拟建的 13 台燃气轮发电机合同，共同负责设备的制造和供货。

2002 年末，哈电集团与美国 GE 公司签订了重型燃气轮发电机的技术转让协议，开始引进和制造 390H 燃气轮发电机，用于配套美国 GE 公司 9FA 型燃气-蒸汽单轴联合循环发电机组。经过技术引进的消化吸收和自主创新，目前已形成了产品容量等级覆盖 300～600MVA 的 6 个型号的全氢冷发电机。截至目前，已为近 20 个电站提供了 390H、324、450 等型号燃气轮发电机 46 台机组。2010 年，研制成国内首台 QFN-350-2/60 型 60Hz 全氢冷 350MW 汽轮发电机，成功进入 60Hz 市场，2012 年投运于巴西电厂，后又出口至菲律宾。

四、双水内冷发电机的发展

上发厂汽轮发电机双水内冷技术（定、转子线圈水冷）是世界首创的先进技术。

双水内冷发电机的成功研制为我国大电机的蓬勃发展做出了历史性的贡献。20 世纪 60～80 年代，125MW、300MW 等各类双水内冷机型在我国火电装机中的比重长期保持 60%～70% 以上；我国首座国产核电站——秦山一期核电站采用的就是 300MW 等级双水内冷发电机。这一世界首创的先进技术，有力支撑了我国发电事业的发展，该项目于 1985 年获得国家科学技术进步奖一等奖。

双水内冷发电机符合无氢安全环保的需求，机组可靠性高，体积小，运输便捷，运行、维护、检修方便，电厂一次性投资少且运营成本低，得到广大用户的青睐。运行实践表明，该类发电机还具有出力裕度大、效率高、温升低、绝缘寿命长、振动小等技术优势。

双水内冷发电机技术已成功应用于超超临界燃煤发电机组，目前双水内冷发电机技术已可满足 660MW 等级超超临界燃煤发电机组的需求，其容量覆盖范围为 50～660MW。

（一）125～350MW 双水内冷发电机

自 1958 年 10 月，世界上第一台双水内冷发电机（容量 12MW）试制成功后，其容量快速跃升。

我国首台 50MW 汽轮发电机（1959 年）、125MW 汽轮发电机（1969 年）、首台 300MW 汽轮发电机（1971 年）均采用双水内冷发电机技术。

在容量提升的同时，双水内冷发电机也完成了产品的优质化进程。125MW 双水内冷发电机于 1980 年被评为上海市优质产品，于 1985 年被评为机械部优质产品；新型 135MW 双水内冷发电机于 2001 年荣获上海市科学技术奖二等奖。综合当代各国发电机新技术优化后的 QFS2-300-2 型汽轮发电机于 1998 年通过国家鉴定，于 1999 年获国家第一挡重点新产品证书及奖励。

1971 年，全国首台 300MW 双水内冷汽轮发电机在上海电机厂试制成功，并于 1974 年在江苏望亭电厂安装发电，至今已安全可靠运行超过 40 年，如图 2.3-9 所示。哈电机 1972 年制造了 2 台 200MW 双水内冷汽轮发电机，北重厂也批量生产了 100MW 双水内冷发电机。

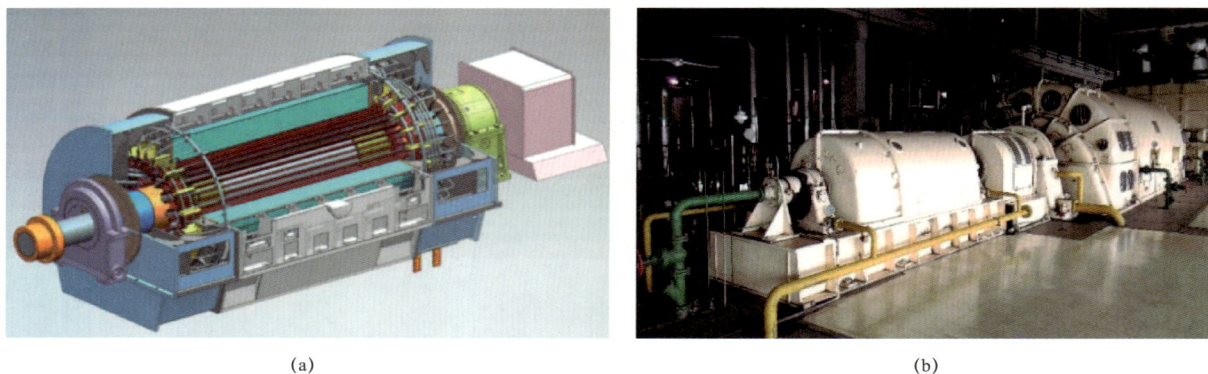

(a)
(b)

图 2.3-9　上发厂 300MW 等级双水内冷汽轮发电机三维结构及现场运行照片
（a）三维结构；（b）现场运行照片

　　我国制造的这些双水内冷发电机，采用了关键材料，如转子及护环锻件、硅钢片、厚钢板等。根据上电厂和北重厂原有的厂房和设备，如果不是制造双水内冷发电机的支撑，在 20 世纪 90 年代前是无法制造出那么多台 50～300MW 汽轮发电机的。

　　因此，双水内冷发电机是我国研制的一项重大科研技术成果，在 20 世纪 70 年代至 90 年代 20 多年的时间里，满足了我国当时非常紧张的电力供应需求。

　　1991 年 12 月 15 日，我国首座国产的核电站——秦山一期核电站采用的 QFS 型 310MW 双水内冷汽轮发电机并网发电，至今已安全可靠稳定运行 28 年。该发电机已采用最新技术改造，未来还将继续延寿运行。

　　2002 年，我国首个出口核电站——巴基斯坦恰希玛核电站一期（C1）采用的 300MW 等级双水内冷汽轮发电机投运，至今已安全稳定运行十余年。

　　上发厂根据市场需求，针对 300MW 等级双水内冷汽轮发电机，采用第三代发电机技术和 EPC 增容改造服务模式，出力提升 10%，效率提高 0.2%，采用有刷励磁方案改静态励磁方案的总体设计。

　　2017 年，秦山核电 310MW 双水内冷汽轮发电机的增容、延寿服务改造工作，经过技术改造成功完成，机组出力增容到 350MW，预计将延寿运行约 20 年。技术服务改造已在改造服务市场中推广应用，通过提高老机组的出力能力、技术参数指标、延长机组使用寿命，实现了对现有产能的技术升级。

　　自 1959 年起，哈电机也曾设计试制过 50MW、100MW、200MW、400MW 双水内冷汽轮发电机。1972 年为朝阳电厂制造了 2 台 QFSS-200-2 型 200MW 双水内冷汽轮发电机。20 世纪 70 年代自主设计制造了援助朝鲜的世界首台 QFSS-50-2 型 60Hz、50MW 双水内冷汽轮发电机，一共生产了 8 台，分别安装于朝鲜 1600 号和 1200 号电厂，安全运行了 30 余年。哈电机对发电机采用水冷技术所遇到的问题，如水处理、水磨损、水接头、铁心端部发热、水冷转子引水拐角等做了大量的研究、分析和试验工作，这些技术研究成果，都被应用于双水内冷和水氢冷发电机，对我国电机采用水冷技术的发展做出了积极的贡献。

（二）300Mvar等级双水内冷调相机

上发厂在优化设计的QFS2型双水内冷300MW等级汽轮发电机基础上，采用最先进的汽轮发电机研制技术，成功研制了世界首创300Mvar双水内冷调相机。作为世界上最大容量的双水内冷调相机，新一代300Mvar调相机在动态特性、可靠性、运维便捷性方面全面达到国际先进水平。

上发厂300Mvar双水内冷调相机创造了多项世界第一，其中决定调相机性能的动态参数——直轴超瞬变电抗X_d''和直轴短路瞬变时间常数T_d'分别优于规范26%和32%，转子强励能力达到了2.5倍20s，定子过载能力达到了3.5倍15s的世界领先水平。调相机首次在工厂进行转子全尺寸强励磁、定子过载、定转子断水等真机试验，为验证主机、电气系统和油水系统等配合的可靠性，首次在工厂进行一、二次设备联调并成功并网；首次开发调相机无人值守与远程诊断系统，在湘潭站作为示范项目推进，现场运维人数较常规发电机组减少60%以上；首次在现场完成调相机非全相试验，验证了调相机非全相抗冲击耐受能力，如图2.3-10所示。

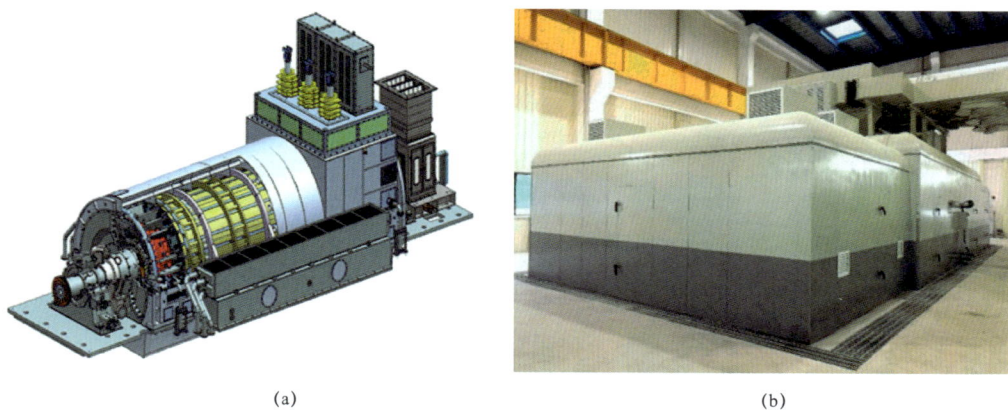

(a)　　　　　　　　　　　　(b)

图2.3-10　上发厂300Mvar等级双水内冷调相机三维结构及现场运行照片

我国首台300Mvar双水内冷调相机于2017年试制成功，并于2018年1月5日在湖南韶山换流站成功并网。

截至2020年9月底，上发厂已有15台双水内冷调相机在7个换流站成功并网投运。

（三）660MW等级双水内冷发电机

660MW等级双水内冷发电机是目前世界上容量最大的水水空冷却发电机，采用第三代发电机技术，其技术性能指标和同容量水氢冷发电机相当，其可靠性可达到10～12年不抽转子检修。

660MW等级双水内冷汽轮发电机的出现，改变了国内外以往600MW以上容量等级的发电机只能采用氢气冷却的状况，实现了电站无氢化运行，大大降低了电厂的氢爆风险，提高了电厂的安全性。上发厂 660MW 等级双水内冷汽轮发电机三维结构及现场运行照片如图 2.3-11 所示。

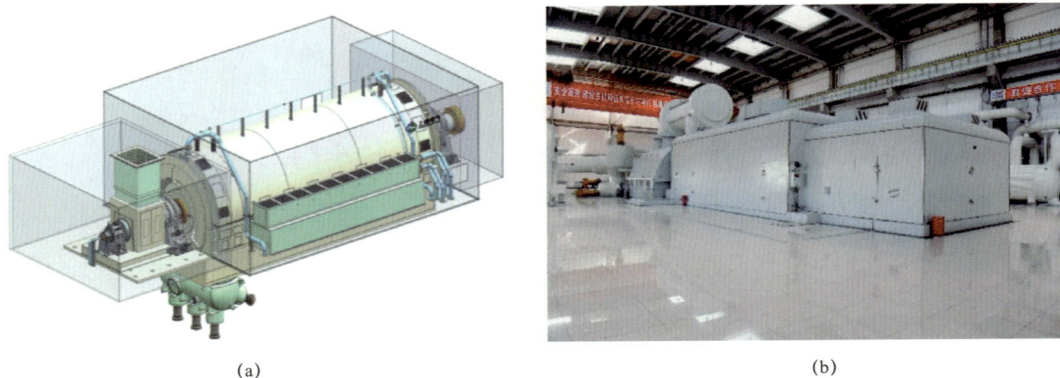

（a）　　　　　　　　　　　　　　　　（b）

图 2.3-11　上发厂 660MW 等级双水内冷汽轮发电机三维结构及现场运行照片
（a）三维结构；（b）现场运行照片

首台 660MW 等级双水内冷发电机已于 2017 年完成型式试验，于 2018 年 10 月在内蒙古京能（锡林郭勒）发电有限公司顺利通过 168h 试运行后正式投运，该公司的 2 号机于 2019 年 1 月通过 168h 试运行后正式投运。截至 2020 年 9 月已有订单 10 台，市场前景可观。

五、水氢冷汽轮发电机

（一）水氢冷汽轮发电机技术引进

在改革开放以后，电力工业迅速发展，但国产的小火电难以满足市场需求，而立足开发 30 万 kW 及以上火电设备的条件也同样不成熟。一机部和水利电力部联合请示国务院，建议在进口 30 万 kW、60 万 kW 火电设备的同时，引进设计制造技术。

1980 年 9 月，一机部与美国西屋公司签订了汽轮发电机的技术转让和购买部分零部件的合同。从 1981 年开始，上电厂、哈电机、东方和北重厂的数百名技术及管理人员，分批在美国西屋公司接受技术培训，包括技术开发、产品设计、制造工艺、质量保证、生产技术管理、安装调试和运行维护等项目，带回大量资料。30 万 kW、60 万 kW 的考核机型分别于 1986 年和 1987 年制成，并相继投运。通过引进、消化美国西屋公司 30 万 kW、60 万 kW 制造技术，提高了中国汽轮发电机的技术水平，提高了工厂的质量管理和生产管理水平，促进了中国汽轮发电机制造水平的迅速提升。

另外，由于考核机型是由 60Hz 机型转化而来的 50Hz 发电机，技术参数不尽理想。在完成考核机组后，上电厂和哈电机与美国西屋公司进行联合设计，对其冷却方式、通风结构进行了优化设计。1987 年 1 月开始设计优化型 600MW 汽轮发电机，并在西屋公司专家的指导下于 1987 年 6～12 月在西屋公司完成初步设计和技术设计，并通过了西屋公司专家的审查。之后，1988年4月通过了机械部、水电部两部联合进行的初步设计审查，1989年9月和12月通过了机电部、能源部两部联合进行的专家审查和技术设计审查。1990年2月至1993年8月期间，哈电机完成了优化型600MW汽轮发电机的施工设计、首台机研制、型式试验和科研实验工作。1995年11月优化型600MW汽轮发电机的首台机在哈尔滨第三发电厂成功投入运行。上发厂于1998年制成优化型600MW发电机并于2000年在上海吴泾电厂投运。优化机型发电机不但更适合中国国情，而且其性能也有了新的提高。

（二）东方型300MW汽轮发电机的自主研发

由于300MW汽轮发电机采用亚临界蒸汽参数，具有较高的热效率和较低的煤耗，无论在国内市场还是国外市场都受到了用户的普遍欢迎，它代表了当时技术发展的一种趋势。早在1974年，东汽、东电、东锅三厂就开始了300MW火力发电机组的设计和研制工作，同年通过了机械部、水电部两部组织的初步设计和扩大初步设计审查，并开始了施工设计工作。由于订单没有落实，生产被搁置了6年。但对于300MW汽轮发电机20个科研课题的试验研究工作从来就没有停止过。另外，在引进西屋技术时，东电也同样派出有关专业的工程技术人员出国学习，提高了工程技术人员的技术实力，为开发300MW发电机提供了帮助。

1982年，在300MW、600MW火力发电机组引进过程中，机械部、水电部认识到，中国仅仅采用一种流派的技术是不合适的，因此同意东汽、东电、东锅按自己开发的技术生产300MW火电机组。同年在通过机械部、水电部两部设计复审后，工厂开始了自行设计的300MW汽轮发电机的补充设计和生产。1985年9月东方型300MW首台汽轮发电机进行试验，在充氢状态下，进行了全面性能试验和若干科研课题试验，1987年11月在山东黄台电厂成功并网发电。为了适应市场需求，1987—2002年期间，又对300MW机型进行了若干次重大改型设计。

第一台300MW汽轮发电机设计从1974年开始设计制造到2002年完成第3代产品的研制，历时28年，每一步都凝聚着工程技术人员和广大职工的心血，每一个方案的选取，每一项技术进步，都经过认真的论证、严格的理论分析和必要的试验研究。在多台机组经过运行考验，获得水电部高度评价的基础上，1990年经机械部、水电部两部联合鉴定"产品主要技术经济指标达到当代国外同类机组的先进水平"，1991年获国家金质奖，1992年获四川省科学技术进步奖一等奖，1993年获国家科学技术进步奖二等奖，它已经成为中国名牌产品，受到市场的普遍认同和欢迎，在国内和国外市场享有良好的信誉。历时28年的产品开发的成功经验，对今天新产品开发仍有一定的参考价值。

（三）新一代水氢冷汽轮发电机的开发

两极水氢冷发电机一直是配套常规大型火力发电厂的主力机型之一，也是各大型发电机制造企业的重点产品之一。

1. 产品序列的完善

为响应发电机市场的需求，各大电机厂在原有 300MW、600MW、1000MW 标准机型的基础上，逐步延伸，开发了新的水氢冷汽轮发电机，容量覆盖 300～1300MW。涵盖 350MW、400MW、600MW、800MW、1000MW、1300MW 等典型容量等级的水氢冷汽轮发电机。

另外，海外机组所要求的额定功率因数、进相深度、电压频率变化甚至发电机频率等参数均与国内常规机组有所不同。由于国内市场日趋饱和，为了扩大国际市场，发电机的设计也逐渐趋于多样化，从而使各大电机厂的产品序列不断得到完善。

东电 300MW 水氢冷汽轮发电机三维结构图如图 2.3－12 所示。东电 1300MW 水氢冷汽轮发电机初步方案设计如图 2.3－13 所示。

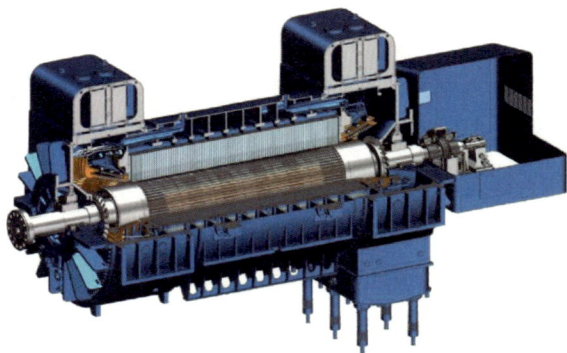

图 2.3－12　东电 300MW 水氢冷汽轮发电机三维结构图

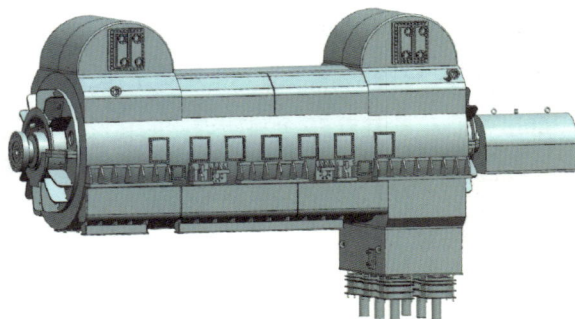

图 2.3－13　东电 1300MW 水氢冷汽轮发电机初步方案设计

2. 巨型汽轮发电机的开发

巨型发电机组的研制是一个国家装备实力的综合体现。随着电力市场对高容量、高参数、高效率机组的需求，我国火力发电机组的单机容量也屡创新高。近年来，有用户明确表示需要 1300MW 等级 2 极汽轮发电机。与现有的 1000MW 水氢冷发电机相比，1300MW 发电机定子电流增加到 1.3 倍，电动力及发热量相应增加到 1.69 倍，新型发电机的设计，对电动力、温升、模态及固定结构等均提出了重大挑战。

2016—2017 年，东电依托"茌平信源铝业有限公司 2×1300MW 机组工程投标"项目，完成了 1300MW 发电机的初步方案设计及投标配合工作。方案设计及对应的 12 项子课题研究表明，该机组设计满足相关标准及项目招标文件要求。东电将根据市场需求进行后续的施工方案设计和细节研究。

哈电机同样根据市场和技术储备需求自主研发了 1300MW 等级全速水氢冷发电机，额定功率涵盖范围为 1200～1300MW。发电机具有效率高、出力大、可靠性和稳定性高等特点，其中定子端部采用刚柔相济的整体灌胶结构，整体性好，且轴向可滑动，转子采用大直径转轴锻件，降低发电机转子振动，绝缘系统具有高稳定性和可靠性。截至 2017 年年底，哈电机已经完成了发电机技术设计，后续将根据依托项目进行设计和生产制造。

上发厂自主研发的1300MW等级二极水氢冷发电机，容量范围为1100～1300MW，额定定子电压27kV。采用优化的端部整体灌胶设计，整体性好、线圈受力均匀，且能同时提高抗突然短路能力和整机防晕水平。定子线圈采用四排不锈钢通水管设计和全机器人焊接技术，附加损耗低，杜绝铜离子腐蚀，能保证长期运行不堵塞、不漏水。转子采用带前置导叶的重复级五级风扇设计，流动效率高，通风损耗低；通过1:1科研定子实物模拟试验和三维有限元分析，突破了大型发电机定子端部绕组动力特性及模态设计的瓶颈。

2017年完成制造和型式试验并在广东阳西电厂安装完毕，如图2.3-14所示。试验结果表明，上发厂1300MW机型具有效率高、温升裕度大、绝缘性能好、产品可靠等特点。

截至2017年年底，上发厂已经获得1300MW等级水氢冷发电机4个项目，共计11台订单，其中包括出口印度尼西亚和埃及的产品，实现了国内1000MW以上容量发电机产品出口零的突破。

图2.3-14 上发厂1300MW等级水氢冷发电机
在广东阳西电厂现场照片

第三节 发电机技术开发与创新

一、发电机总体设计的三大主要设计内容

（一）电磁计算与网机关系分析技术

电磁计算与网机关系分析主要包括电磁场理论分析、电机稳态及暂态过程分析、电机特殊电磁问题的研究与分析、电机与电力系统动态行为仿真分析、电机故障诊断与处理研究等，是一切设计技术的基础和源头。精确的电磁计算与设计对确保重大产品性能参数先进、技术领先、运行安全可靠具有重要作用。

改革开放初期，对于发电机电磁参数的计算主要以等效（电）磁路计算方法为主。等效（电）磁路法具有物理概念清晰、计算量小、速度快等优点，可满足工程计算精度的要求。但随着发电机容量的不断提高，出现很多新型结构，使得等效（电）磁路计算方法适应性变差。同时，随着产品的容量逐步加大，非线性所带来的影响偏差越来越大，需要更加先进的计算手段的支持。

21世纪以来，发电机电磁分析的技术迎来了六大转变：

（1）从路的计算向场及场路耦合计算的转变。

（2）从二维平面场分析向全三维场分析的转变。

（3）从稳态计算向暂态计算的转变。

（4）从单机研究向机网耦合系统研究的转变。

（5）从单物理场向综合多物理场的转变。

（6）从单一学科问题向综合多学科问题的转变。

下面以最具代表性的几种电磁计算和网机关系分析技术为例进行介绍。

1. 励磁参数计算

与电磁计算的其他内容一样，早期励磁参数的计算也是采用路的方式。21世纪以来，研究人员开始采用以场分析为目的的数值计算方法。该方法直接剖分计算模型，并在剖分的细小网格中，直接数值求解麦克斯韦方程。经过研究人员地不断完善及应用验证，形成最终的计算程序。该程序实现了不同转子槽形下的自动化建模，为发电机的优化设计提供了科学依据。

通过多机组验算，验证了该方法的准确性，负载磁力线图分布及磁通密度云图如图2.3-15所示。

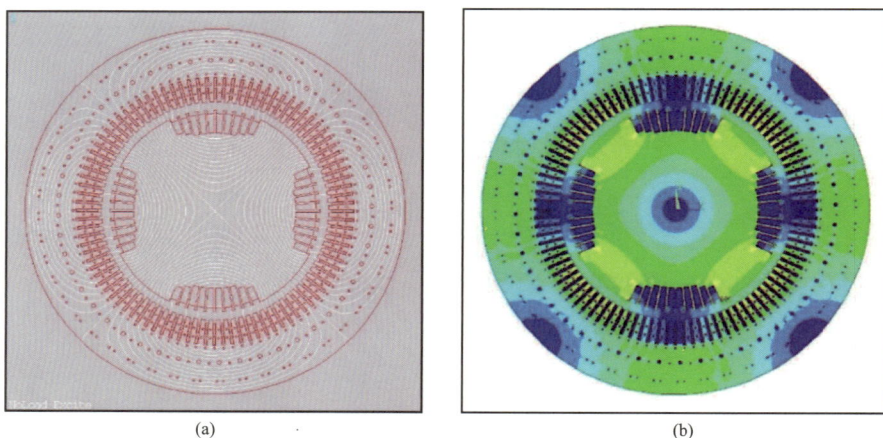

(a)　　　　　　　　　　　(b)

图 2.3-15　负载磁力线图分布及磁通密度云图
（a）磁力线分布图；（b）磁通密度云图

2. 定子绕组换位技术研究

改革开放以前，由于发电机容量较小，直线部分较短，广泛采用槽内360°的罗贝尔换位方法，以抑制定子线棒内的环流损耗。

改革开放初期，各电机制造厂开始引进部分国外汽轮发电机的制造技术，定子绕组采用540°加空换位的换位方式。

20世纪90年代，有电机制造厂在定子绕组端部采用90°罗贝尔换位方法，通过削弱股线端部的不平衡漏感电动势的方法来减小股线环流及其附加损耗。

21世纪以来，研究人员提出等效电路网格法，将换位线棒每根股线看成由股线电阻、股线槽部漏电抗和股线端部漏电抗三部分组成。该方法大大降低了端部漏电抗的计算时间，方便采用换位方式优化设计，端部磁场三维数值分析如图2.3-16所示，股线之间的端部互感漏电抗如图2.3-17所示。

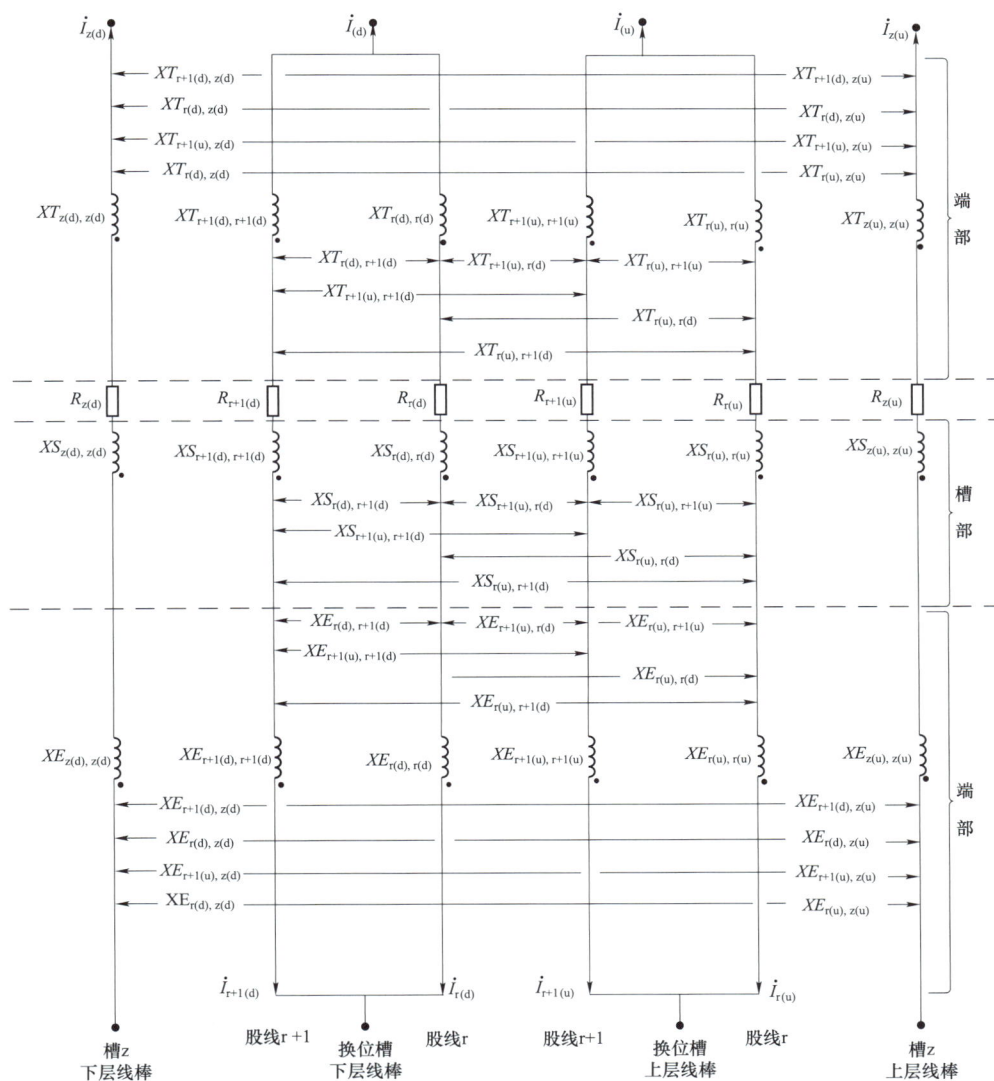

图 2.3-16 端部磁场三维数值分析

3. 发电机端部电磁场研究及对应的温度场分析

随着汽轮发电机定子线圈水内冷技术的广泛采用，以及发电机定子线负荷的大幅度提高，大大增加

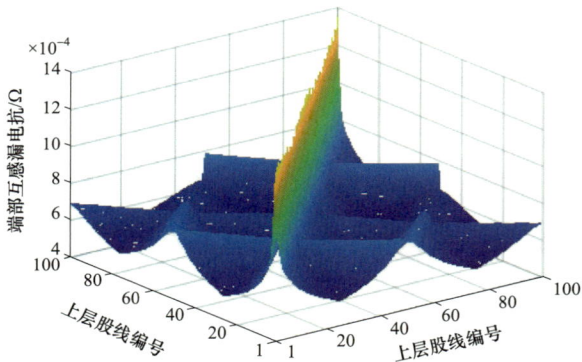

图 2.3－17　股线之间的端部互感漏电抗

了端部区域的漏磁，并使得端部结构件中的涡流损耗也大幅度增加，这不仅降低了效率，还容易造成局部过热，影响电机运行的可靠性。同时，随着超高压远距离输电网络的不断扩大，导致系统无功增多，发电机长期进相运行的可能性也更大。进相运行进一步加大端部漏磁，成为发电机设计需要面对的重要问题。

因此，分析研究端部磁场和温度场分布，满足电网对发电机进相运行能力的要求，已成为大型汽轮发电机设计及运行的重要问题之一。

改革开放之前，由于当时理论和计算技术比较匮乏，汽轮发电机端部损耗基本根据线负载估算。由于端部损耗与材料属性、屏蔽结构及具体尺寸有直接关系，故附加损耗估算值误差普遍较大，只能作为参考。

改革开放以来，国内外研究人员围绕汽轮发电机端部电磁场与温度场研究专题，做了大量的研究工作，从之前的解析法过渡到数值计算方法。

20 世纪 80 年代，有研究人员提出一种对涡流区加以积分形式约束条件的二维有限元数值计算方法。程序取端部的径向、轴向剖面作为求解区域，考虑端部材料的磁各向异性。用该计算程序对 600MW 水氢冷汽轮发电机进行空载、短路、额定负载及进相等工况的磁场和损耗计算。从计算结果来看，有一定指导意义，但与端部实际三维场仍有一定差别，电磁场计算端部简化如图 2.3－18 所示，额定负载端部磁场分布如图 2.3－19 所示。

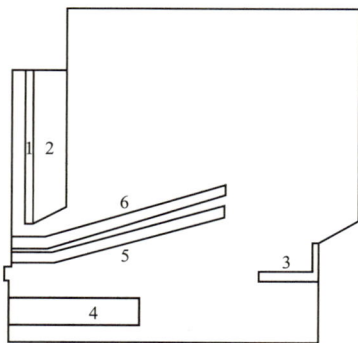

图 2.3－18　电磁场计算端部简化图
1—端压板；2—磁屏蔽；3—铜风扇罩；
4—转子线圈；5、6—定子线圈

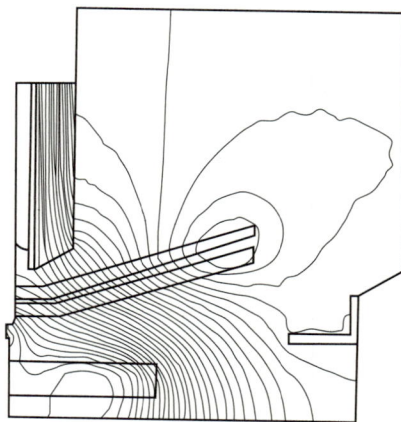

图 2.3－19　额定负载端部磁场分布

20世纪90年代，由于绕组端部的源电流密度满足一系列行波电流密度（基波和谐波）的叠加，根据大量机组实测结果的分析，发现端部场量可以看成沿圆周方向做正弦变化的行波场。因此，为了减少计算工作量，研究人员对端部结构做了一定简化，并将端部磁场作为准三维行波场处理。采用通用有限元剖分功能，能够采用统一的剖分网络，还能将准三维磁计算结果导入多物理场分析软件，实现电磁-热耦合计算仿真。

21世纪以来，随着计算机及其应用技术的发展，高速、大容量的计算机和功能强大的商用软件为端部全三维分析提供基础。该方法既可考虑端部结构件的复杂形状和绕组端部的电流分布，同时又可考虑材料的非线性和各向异性特点。

采用全三维的发电机端部磁场数值分析能够反映实际空间结构，耦合实际的转子运动方程，计入非线性材料的工作点，还原真实的复杂三维端部漏磁场，计算精度高，代表着未来电机精细化设计的发展趋势。目前各大电机制造厂已成功掌握应用三维瞬态电磁场分析技术，并在公司全系列自主大型汽轮发电机的端部设计优化中得到广泛应用。端部磁场三维数值分析如图2.3-20所示。

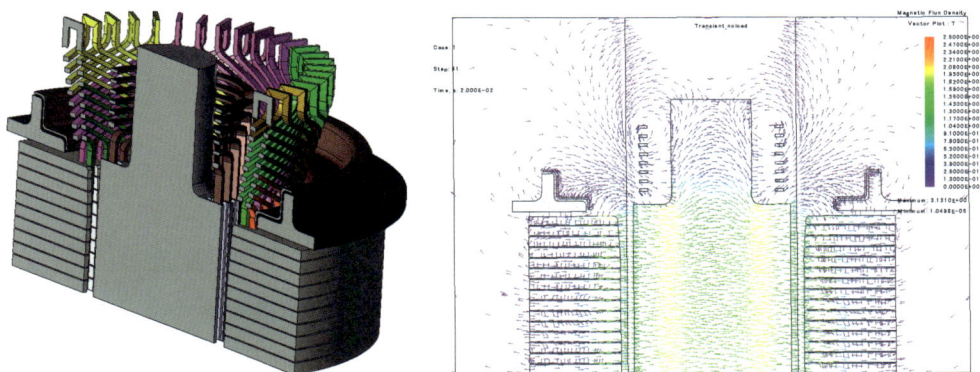

图2.3-20 端部磁场三维数值分析

4. 发电机转子表面发热分析及负序能力优化

改革开放前，国内电机由于容量小，电力系统和计算机水平、电机设计水平有限，电网对汽轮发电机负序能力要求所带来的转子表面发热问题，并没有引起发电机设计人员及电厂运维人员的关注。

随着发电机的设计容量越来越大，为了平衡转子挠度，在发电机转子大齿上开了数量不等的月牙槽。同时发电厂由于负序问题造成的事故不断增多，设计人员开始定量计算月牙槽区域的温度分布。

20世纪80年代，随着大型发电机制造技术的引进，同时引入了转子表面电流、损耗及温升的解析计算。

20世纪90年代，上发厂采用Fortran语言编写了相关计算程序，应用转子表面阻抗层的概念，求解切向-径向二维负序涡流场，简化得出三维热源（涡流体积损耗）分布，然后完成了以月牙槽尖角区域为重点的稳态和瞬态三维温度计算。转子本体求解区域及网格划分如图2.3-21所示。

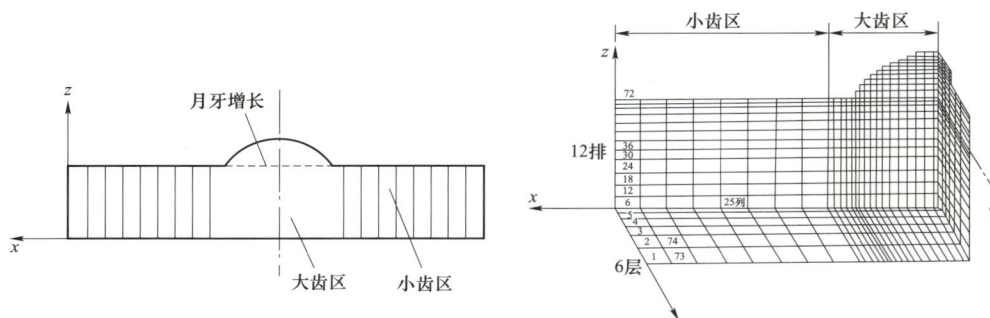

图2.3-21 转子本体求解区域及网格划分

进入21世纪，随着数值计算技术的发展，对转子表面温度计算分析从最初的二维涡流场分析，发展到目前的全三维涡流场分析。该方法以有月牙槽的转子本体直线段的三维模型为研究对象，求解其三维损耗分布和温度场分布。

汽轮发电机转子月牙槽优化设计计算如图2.3-22所示。

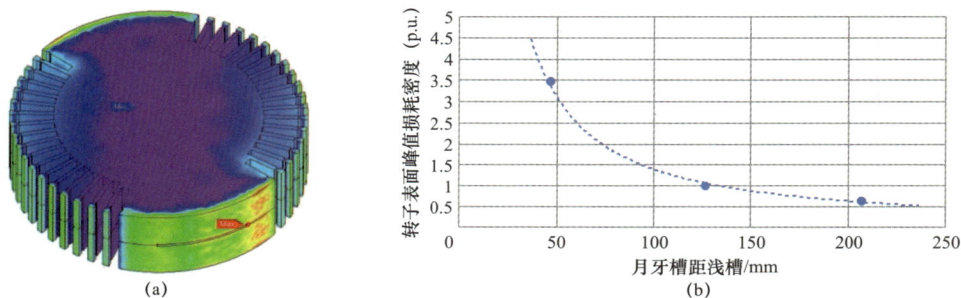

图2.3-22 汽轮发电机转子月牙槽优化设计计算
（a）转子外形；（b）峰值损耗密度与月牙槽宽的关系

（二）机械强度、模态与振动分析

汽轮发电机产品中的机械技术涵盖范围较广，从静态强度分析到动力学分析，从弹塑性分析到疲劳与断裂分析，从应力-应变测试到模态与振动试验等领域都是它的研究范围。并且随着产品的发展和技术的进步，机械技术所研究的深度和广度以及所采取的技术手段都有了很大的发展。

从时间角度，各大电机制造厂的发电机产品发展大体经历过早期起步探索、中期技术引进和后期自主开发三个阶段。在不同的阶段，为应对发电机产品设计开发的需要，机械技术也各具特色。

早期起步探索阶段从20世纪50年代到80年代初。此阶段发电机的机械强度、模态和振动计算方法主要来自苏联等东欧国家。这些计算方法是以苏联为主的电机制造厂结合了多年的设计制造经验后，运用材料力学、弹性力学板壳理论和机械振动理论总结出的一系列经典力学公式计算方法。

1959年，哈尔滨大电机研究所成立后，通过对上述资料的进一步消化和吸收，编写了《大型电机机械计算公式》一书。该书于1965年正式出版，作为机械部电工专业指导性技术文件，长期以来被应用于汽轮发电机的机械问题分析，在各大电机制造厂的汽轮发电机产品开发和设计中发挥了重要的作用，即使该计算方法后来逐步被有限元等数值计算方法所替代，其中的模型简化和边界条件也是有限元方法的重要参考。

1980年9月一机部与美国西屋公司签订了汽轮机、发电机的技术转让合同后，从1982年开始，各大电机厂派遣了数百名技术人员和管理人员分批次在美国西屋公司接受技术培训，引入了大量机械计算方法。之后，也有电机制造厂与其他国外公司如日立、阿尔斯通、ABB等公司开展联合设计和合作生产，不断完善自身的机械计算程序体系。

21世纪以来，随着计算机硬件能力的提升和商业有限元软件的推广，有限元数值计算方法更多地用于发电机的机械分析中，用于对关键部件及复杂部件的机械特性等的分析。以有限元法为基础的数值仿真技术已成为各电机制造厂汽轮发电机机械强度、模态与振动分析的关键技术。

1. 关键系统的机械计算和分析

随着数十年的沉淀积累，几代人的革故鼎新，目前发电机各大关键系统设计已逐步形成固有的计算体系，计算精度和可靠性稳步提高。下面以几种典型的机械计算为例进行说明。

（1）汽轮发电机转子系统刚强度计算。

在转子设计中，利用有限元对本体截面的强度进行分析，可以精确计算出齿圆角处的集中应力，保证结构的强度。在护环装配设计中，对整个装配体进行三维有限元分析，可以对各部件的应力、变形和疲劳寿命进行更精确的评估，摸清护环在运行状态下的椭圆变形规律、转子齿槽的应力和变形分布状态及不同齿槽结构对应力分布和变形的影响，从而给出最佳的过盈量设计，护环装配有限元分析如图2.3-23所示。

（2）发电机定子部件动力特性分析。

在定子设计中，对铁心和机座建立三维整体有限元模型，利用模态分析对结构的整体动力特性进行计算，并通过动态电磁激励的加载分析整个定子在运行工况下振动响应，以避免定子结构在运行时发生共振，相关分析如图2.3-24～图2.3-26所示。

（3）轴系稳定性研究。

发电设备属于旋转机械，轴系稳定性是机组稳定性的重要指标，对轴系稳定性的研究包含了轴承动力特性、转子动力学等方面的内容。东电引进美国RBTS公司的转子动力学分析软件ARMD和AMD公司的XLrotor软件，对汽轮发电机组轴系进行详细研究，包括各轴承的载荷分配、临界转速、扭振特性和扭振响应、失稳转速及横向振动响应（见图2.3-27）。

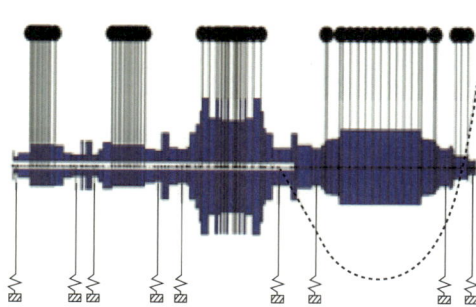

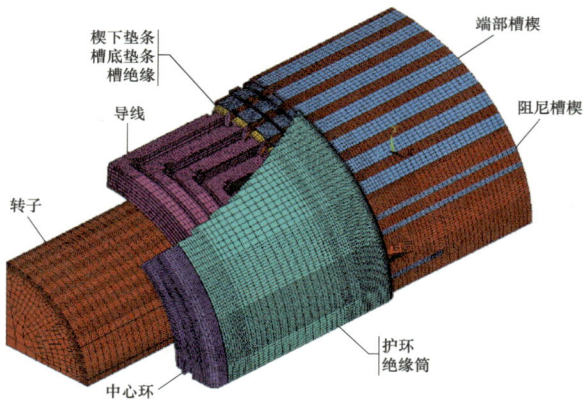

图2.3-23 护环装配有限元分析

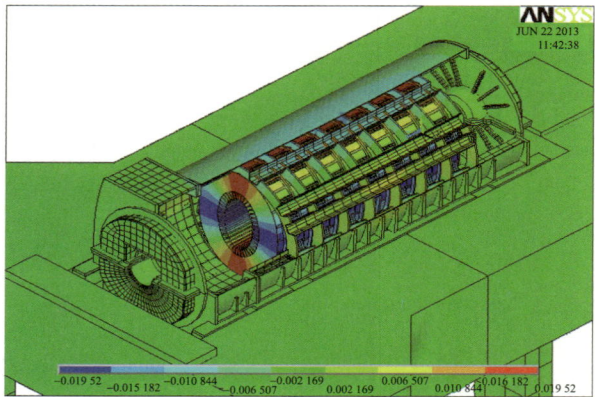

图2.3-24 汽轮发电机定子振动响应

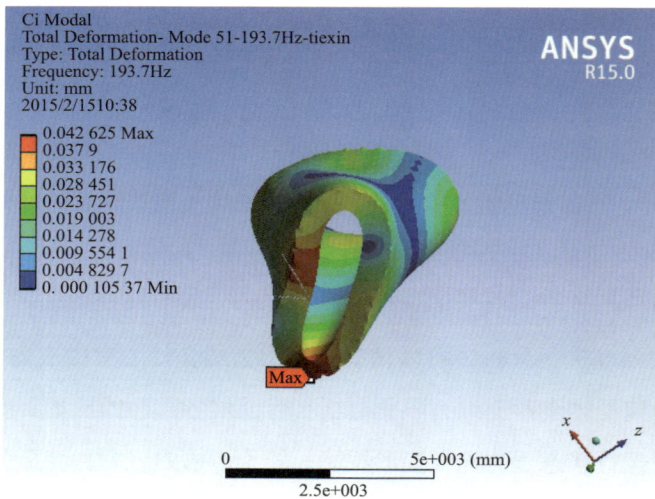

图2.3-25 定子铁心椭圆阵型

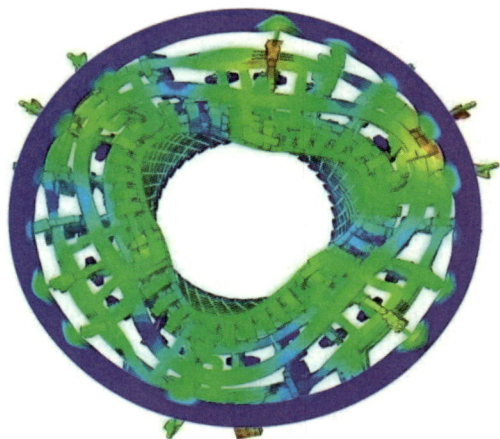

图2.3-26 定子绕组端部绑扎固定
结构六节点模态

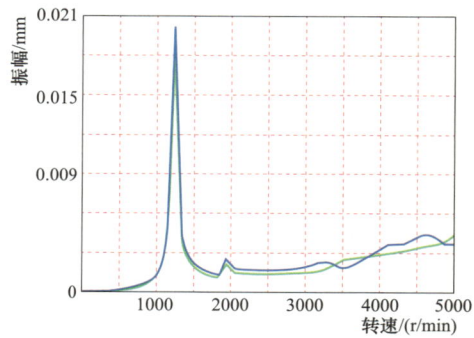

图2.3-27 某汽轮发电机组轴系临界转速和不平衡响应计算结果

2. 机械试验技术

（1）关键部件疲劳试验与分析。

疲劳破坏不同于静力破坏，它是一种损伤累积的过程。近年来，材料应力计算越来越精确，由于应力超出材料性能许可范围而导致零部件损坏的事例越来越少。据统计，在机械零件失效中大约有80%以上属于疲劳破坏，而且疲劳破坏前没有明显变形，所以疲劳破坏经常造成严重后果。为此，对发电机关键部件的疲劳强度分析是重要的研究课题之一。

以双水内冷发电机为例，在转子采用水冷的情况下，转子防漏水是需要重点研究的课题。制造厂利用有限元方法对引水拐脚结构进行精确建模、计算得出应力分布，并通过自编的疲劳分析程序对结构进行疲劳分析，计算结果也通过疲劳试验得到了验证，如图2.3-28所示。

（2）转子动平衡试验。

发电机转子运行时温度约为95℃，早期大型柔性转子在动平衡超速试验间内采用静止加热（或低速盘车加热）的方式，不能充分模拟机组实际运行状态，造成了发电机转子的热不平衡现象，难以在厂内动平衡试验中发现和进

图2.3-28 引水拐脚疲劳试验

行处理。而转速上升1.2倍后，转轴振动对不平衡热矢量的敏感性极大提高，为此进行了精确动平衡试验研究，首先要求热态动平衡，满足转子旋转状态下转子温度控制在90℃以上，这种状态与发电机正常运行条件相同。新型试验设备利用转子旋转的风磨损耗加热转轴，闭环控制系统将温度控制在90℃以上，而且温度均匀。

对于60Hz机组，额定转速（3600r/min）时转子动平衡受二阶和三阶临界转速的共同影响，平衡难度极大。为此，制造厂摸索出采用振型分离法的转子动平衡方法，解决了60Hz转子动平衡问题。

（3）扭振试验研究。

大型汽轮发电机在设计过程中必须对轴系扭振频率予以考虑，以保证其固有频率和轴系响应满足使用要求。一般来说，汽轮发电机组轴系扭振频率计算值要求避开倍频范围±7Hz，但由于该数值通常在电厂投运后才会测量出来，虽然在国外公司有做发电机动态扭振试验的记录，但国内制造厂家一般对发电机扭振频率的计算和试验关注不多。但随着近年来产品的多样化，尤其是出口的60Hz机组的设计需要，静态和动态扭振的精确计算以及扭振试验都是不可或缺的。

为了实现扭振频率精确计算，制造厂完成基于试验模态分析的转子实物扭振频率试验，并采用有限元和传递函数相结合的方法，对扭振频率进行计算，同时在各容量发电机上进行静态扭振模态试验，对

试验方法进行校验，如图 2.3 - 29 所示。

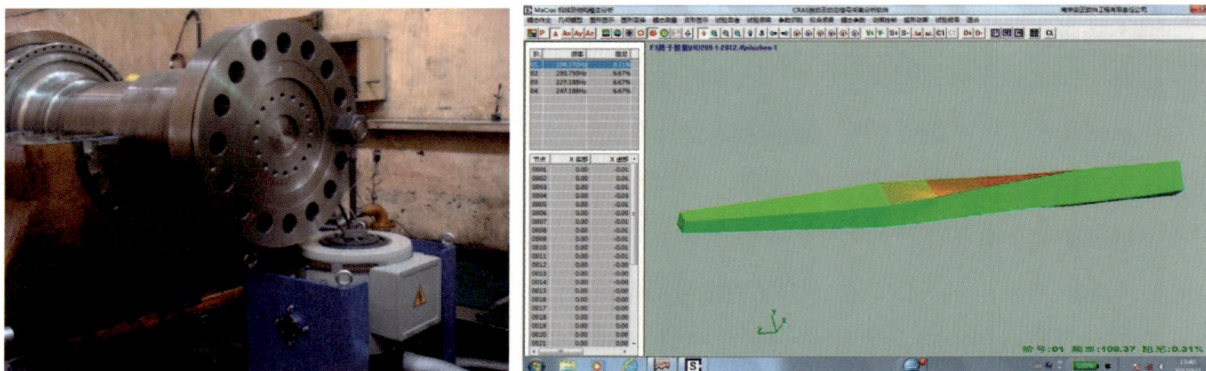

图 2.3 - 29　汽轮发电机转子厂内静态扭振试验

为了测量转子在不同转速下的扭振动态响应，制造厂将转子用静压轴承支撑，采用无线遥测的方法，通过交流拖动电机电磁失步和直流拖动电机快速升降功率的方法对转子施加切向激励，加速度信号传感器同时拾取转子各测点切向振动响应信号，由无线发射器和无线接收机传送无线信号，获得转子在不同转速下的扭振动态响应。

（三）通风冷却技术

汽轮发电机不断朝着高参数、大功率、高稳定方向发展，通风冷却技术起着举足轻重的作用，已成为汽轮发电机的关键性影响因素之一。

通风冷却技术研究主要分为流动特性和温度场特性两个方面。对于流动特性，宏观上，要保证通风系统的风量分配与热源分布相匹配，用尽可能经济的风量带走损耗；微观上，要为发电机内部重要结构件的温度场特性研究确立准确的流动边界条件，即为准确获取温度场分布打下基础。准确获取和优化发电机内重要结构件的温度场分布，使之既能满足相关国家标准的要求，又能使发电机具有较高的经济性和成本优势，必要时在二者之间进行合理的权衡，是发电机通风冷却系统设计和开发人员的核心任务。

从时间角度分析，通风冷却技术的发展经历了三个阶段，具体如下：

第一阶段是改革开放以前，通风计算以基本公式和电工专业指导性技术文件（DZ）公式为主，实现从定性到定量的跨越，实现流体力学、传热学与发电机设计的紧密结合，从而使发电机通风冷却技术成为一门跨专业、多学科的研究领域，进而可以更好地服务于发电机设计。但是，限于当时的硬件和软件条件，只能采用经典公式进行计算。

第二阶段是 20 世纪八九十年代，主要以流体网络和热网络方法为主。该阶段由于通过程序计算可以获得发电机内部重要结构件的温度场，因此，使精细化设计成为可能。此阶段主要以引进美国西屋公司的程序进行计算，可以进行二维分析。

第三阶段是21世纪以来，以基于"场路结合"的流体网络和热网络方法为起点，逐步发展至全三维场求解，实现电磁场、流场与温度场的耦合分析，到最终真正意义上的数字化样机。通风冷却专业技术人员运用先进的商用CFD软件进行全三维数值分析现代化计算手段，在数值分析和试验研究领域均取得一系列突破性科研成果，计算的精度和准确度有了大幅度提高，有力支撑了新产品开发及产品后续服务。

图2.3-30所示为某发电机温度分布计算，图2.3-31所示为多级风扇气动特性分析。

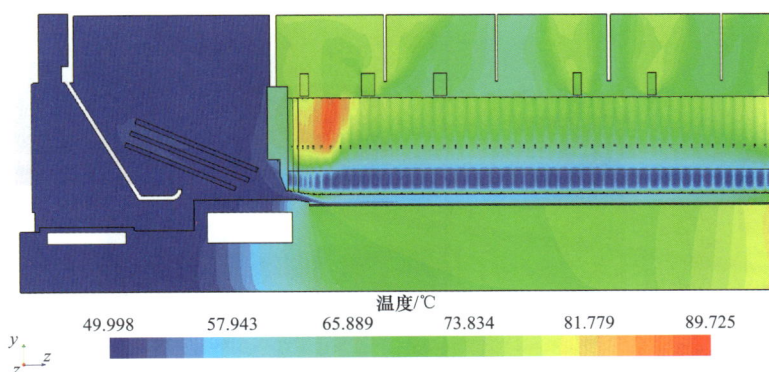

图2.3-30 某发电机温度分布计算

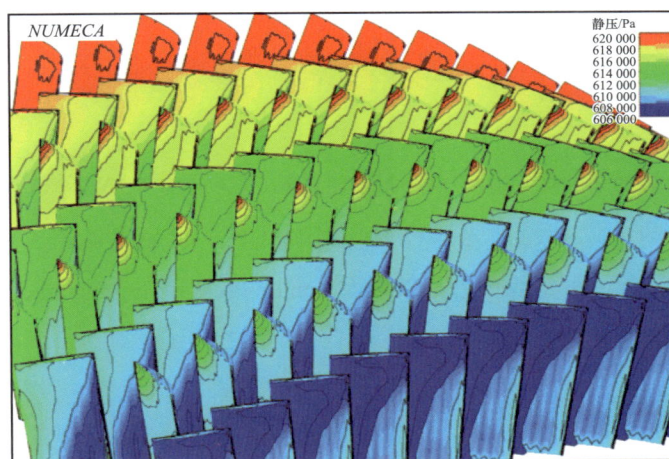

图2.3-31 多级风扇气动特性分析

二、绝缘材料

发电机的寿命往往取决于绝缘的寿命。在发电机运行过程中，绝缘部件需要长期经受高电压、高温及机械振动等因素的考验，绝缘的性能和质量直接影响着发电机机组的可靠性。

发电机定子电压的提升可降低定子电流，减小绕组电动力，降低端部绕组振动情况，结构设计更加安全可靠。同时，电流减小对于大容量发电机电流互感器、母线、出口断路器（GCB）等选型范围更广，成本更低。但更高电压等级的应用，需要绝缘体系及能力的不断提升。

随着绝缘材料及防晕技术的不断发展，大型发电机定子电压等级从20kV提高到27kV，在此基础上，已有电机制造厂完成了30kV主绝缘及防晕技术的开发。图2.3-32所示为上发厂发电机绝缘技术体系与产品发展。

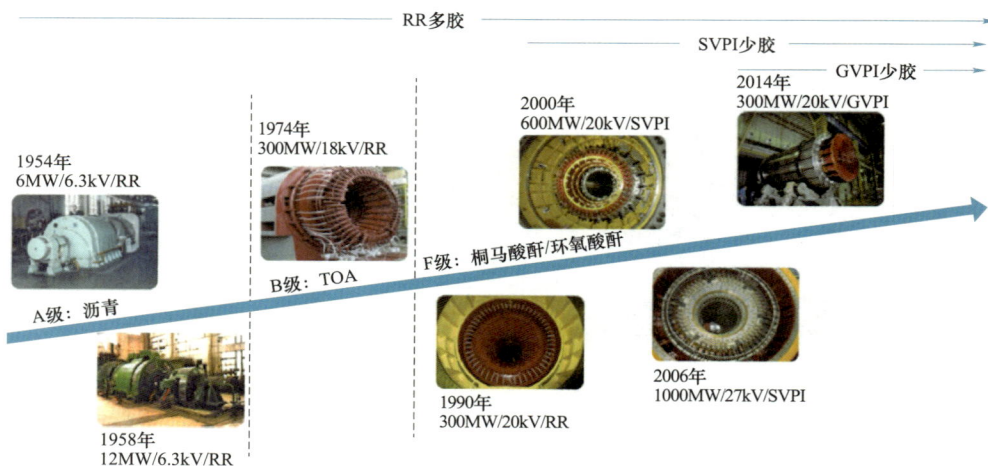

图2.3-32 上发厂发电机绝缘技术体系与产品发展

（一）定子线圈绝缘

从早期的沥青片云母A级绝缘（耐热等级A级）的应用，经历TOA环氧粉云母B级绝缘，到桐马环氧粉云母F级绝缘，再到以苯乙烯为稀释剂的聚酯环氧少胶绝缘体系（Single Vacuum Pressure Impregnation，SVPI）和环氧酸酐绝缘体系（Global Vacuum Pressure Impregnation，GVPI），国内的绝缘技术体系发展完备，并与国际接轨。

1. F级快固化多胶绝缘体系

定子线棒绝缘多胶模压体系在国内已有超过40年的制造经验，直到目前仍在大量产品上广泛应用。国内制造厂通过对F级快固化主绝缘材料及结构的常规绝缘性能、长期电老化寿命和冷热循环进行了系统深入的研究，逐步形成了多胶模压定子线棒的快固化主绝缘体系。快固化主绝缘结构和工艺的应用，因缩短多胶模压主绝缘的固化时间，缩短产品的生产周期，极大地提高了生产效率，降低了产品的生产成本，增强了产品的市场竞争力和公司对市场需求的快速反应能力。

2. 高导热绝缘技术

高温会导致绝缘的电性能、力学性能和使用寿命降低。而空冷发电机定子线棒冷却完全靠表面散热，随着大型空冷发电机的发展，线棒发热量越来越大，采用有效的方法解决散热问题，以及研制高导热材料，是现代电机技术研究的重点方向之一。

为了解决线棒散热问题，有制造厂对发电机高导热绝缘技术进行了系统研究，开发了多种高导热绝缘材料、高导热主绝缘结构、高导热定子绕组槽内固定结构和端部并头绝缘结构。高导热绝缘材料的热导率提高50%以上；高导热主绝缘结构经过系统的绝缘性能试验研究和热模型试验研究，表明其具有优良的绝缘性能和导热性能，能够使定子绕组铜线表面的温升降低约10K，降幅达13%左右。

同时，也有制造厂通过GVPI技术，将定子绕组软态线圈直接嵌入定子铁心槽内，随后将整个铁心进行真空加压浸渍，使树脂完全填充，整个绝缘层没有空隙或间隙，从而显著提高定子绕组散热能力。

提高绝缘材料的导热性能，为大型空冷发电机的开发提供了良好的条件。

3. 定子线棒导线内均压技术及导线绝缘技术

由于定子线棒受交变磁场的作用，线棒中除了负载电流外，还有额外的附加电流。因此，所有大型汽轮发电机的定子线棒均采用多根薄股线通过换位编制而成。股线间的绝缘是重要的研究课题之一。

为了解决股线间绝缘问题，研究人员开发了新型排间绝缘材料、换位填充材料，同时通过对大型高压电机定子线棒导线内均压技术研究，系统研究了内均压层结构（全屏蔽、半屏蔽）对改善导线电场分布、降低介质损耗增量和局部放电、提高绝缘结构长期运行寿命的影响，开发了半屏蔽、全屏蔽内均压结构及涂刷型、导电垫片、包带等多种处理工艺。

4. VPI绝缘技术及GVPI绝缘的发展

GVPI是将所有定子线棒用少胶云母带连续包扎，"软线圈"嵌入铁心后，将定子铁心、端部支撑及绑扎等结构一同送入浸渍罐内进行真空压力浸渍无溶剂树脂，经烘焙固化后使整个定子成为一体的技术。经过整浸的定子绝缘层中没有空隙或间隙，定子具有很高的机械强度，很高而且很均匀的介电强度，以及良好的导热性和抗潮性、抗辐射性。

因此，GVPI是将定子绕组软态线圈直接嵌入定子铁心槽内，随后将整个铁心进行真空加压浸渍的一整套绝缘处理工艺。具有如下优点：

（1）树脂完全填充线圈在铁心槽内的间隙，显著提高定子绕组散热能力，其槽内综合热导率提高约15%，从而相同尺寸的发电机出力可提升2%～5%。

（2）整个槽部和端部固化为一个整体，使定子绕组固定得更加牢靠，减少运行中的机械磨损，有效提升了发电机的可靠性。

（3）提高定子绕组主绝缘的电气性能、防电晕性，从而大幅度降低工艺分散性。

（二）防晕技术

改革开放以来，随着发电机设计容量的逐步增加，其额定电压也在逐步上升。国内电机制造厂陆续完成24～27kV定子线棒绝缘防晕层的研究课题，并逐步应用在自身的产品上，有效保证了高电压、大容量机组的安全运行。

近年来，随着1300MW等级巨型发电机的开发工作，制造厂配套开发了30kV系列产品线圈的内屏蔽和防晕结构，保证了高电压大容量产品的运行可靠性。

（三）绝缘试验技术

发电机绝缘技术的发展总是伴随着数不清的绝缘试验。近年来，国内电机制造厂陆续开发了VPI绝缘材料系统试验技术、绝缘材料机械性能试验技术、定子线棒介质损耗测试技术、定子线棒高电压交流耐电压试验技术、定子线棒局部放电测试技术、定子线棒表面电位分布非接触式测量技术、定子线棒电老化和电热老化试验技术、定子线棒高低温冷热循环试验技术、定子线棒高频老化和脉冲老化试验技术、定子线棒和定子绕组局部放电特性和介质损耗测试技术、50Hz/60Hz工频试验技术、绕组运行环境模拟试验技术等一系列绝缘试验技术，为发电机绝缘的发展提供了有力支持。

三、励磁方式及其发展

随着社会发展和技术进步，发电机励磁方式已逐渐成熟。配无刷励磁机的无刷励磁方式和配集电环装置的静态励磁方式是当今世界上主要使用的两种励磁方式。

由于受高速旋转的电子产品生产制造水平限制，我国发电机的励磁方式经历了直流励磁机、交流励磁机、集电环装置、无刷励磁机的阶段。目前直流励磁机、交流励磁机随着机组容量的日益增大和装备制造水平的不断提升，已基本退出发电机市场。集电环装置、无刷励磁机则是当前大型汽轮发电机的主流产品。

集电环装置作为发电机提供励磁的重要设备，具有成本低、安装和调试工作量小、结构成熟可靠的优点。

随着发电机容量的增加，励磁电流不断加大，集电环的设计也面临新的挑战。为此，东电基于CAP1400项目，进行了8000A等级大电流集电环及电刷架系统的研制工作。该项工作填补了静态励磁在大容量、半转速发电机领域的空白，也为后续巨型汽轮发电机的开发做好了技术准备。为了配合核电5800kW无刷励磁机型式试验的需要，上发厂开发了10000A级静态励磁集电环装置，很好地完成了型式试验任务。

无刷励磁机同样是为发电机提供励磁的重要设备，它具有无电刷、维护工作量少、励磁功率小、运行安全可靠等优点。

无刷励磁机是上发厂的优势产品，特别在上发厂 1000MW 等级火电机组上得到广泛应用，深受用户的欢迎。

20 世纪 80～90 年代，引进美国西屋公司技术，上发厂开发了 1650kW 和 2450kW 无刷励磁机，分别配合氢冷、水氢冷 300MW 级和水氢冷 600MW 级发电机。

2000 年开始，上发厂自主开发了 28～346kW 无刷励磁机，可以配不同容量等级空冷发电机组。

2005 年，通过引进德国西门子技术，上发厂开发了 4500kW 无刷励磁机，配 1000MW 等级火电发电机组。图 2.3-33 所示为上发厂典型励磁机结构示意图。

2008 年，上发厂自主设计了 5800kW 无刷励磁机，用于配 1100～1300MW 核电半速机组。

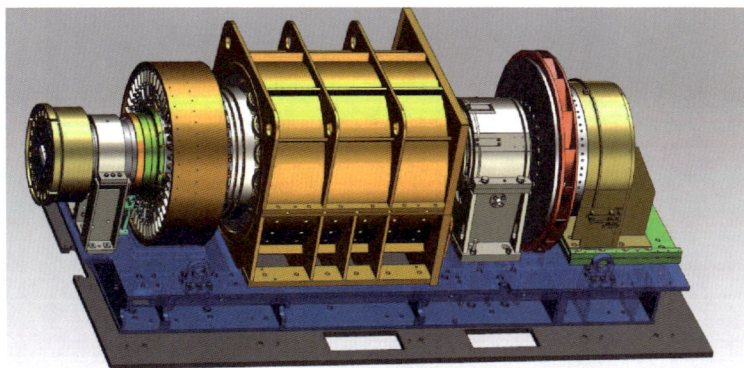

图 2.3-33 上发厂典型励磁机结构示意图

四、技术开发平台及数字化车间建设

技术开发平台，主要以数字化设计平台为依托，通过对现有产品的数字化改造及对新产品的数字化设计，打通整个工厂业务流对三维数据流转的限制，建立产品三维数据管理应用平台。

三维设计是产品制造过程智能化的基础，通过推行产品三维设计和制造工艺三维设计，可大幅降低发电机设计开发成本，提升设计开发质量，缩短设计开发周期。通过三维数字化设计，各电机制造厂正在逐步完善发电机数字化产品库，有部分制造厂新产品开发已经实现 100% 三维数字化。

定、转子线圈数字化制造车间如图 2.3-34 所示，上发厂 1300MW 级核电水氢冷发电机模型如图 2.3-35 所示。

为有效支撑三维数字化设计过程中的数据管理，有制造厂在推进智能信息管理平台建设，通过搭建全三维工作环境，将发电机设计、工艺、制造、检验等全过程的各个系统打通，实现设计平台与各开发软件的集成、共享和管理。

上发厂智能信息管理平台示意图如图 2.3-36 所示。

图 2.3-34　定、转子线圈数字化制造车间

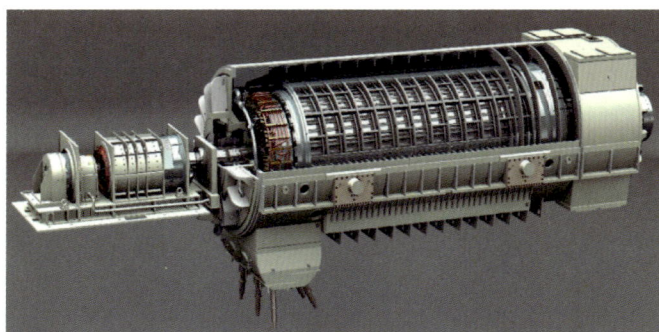

图 2.3-35　上发厂 1300MW 级核电水氢冷发电机模型

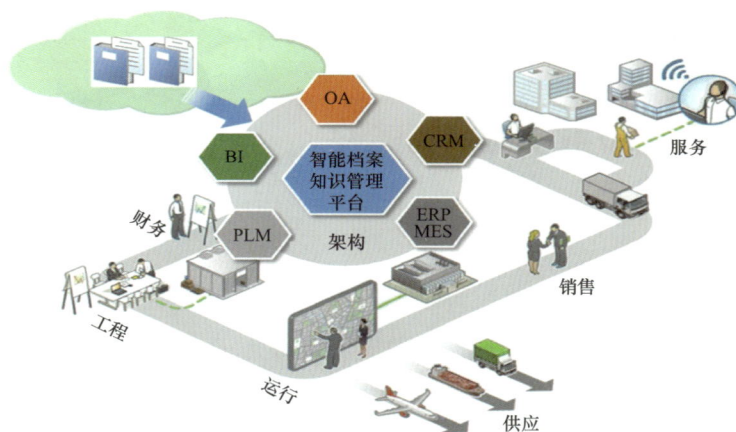

图 2.3-36　上发厂智能信息管理平台示意图

第四节　发电机制造与装配工艺的发展

改革开放 40 多年以来，国内外市场形势的风云变幻，对产品的质量提升、生产周期、节能减排等不断提出新的要求。国内各大企业不断在硬件设施上加大投入，购买先进的制造设备，优化工艺结构，调

整工艺布局，实现效率提升。另外，在工艺技术上，逐步推行工艺改进，全方位促进质量革命。

一、加工能力提升

发电机产品不断升级的过程，也是各电机制造厂发电机制造能力由小到大，由轻到重，加工精度逐渐提升的发展过程。

大型汽轮发电机机座尺寸庞大，300MW氢冷电机机座直径超过4m，长度超过9m，1000MW水氢冷汽轮发电机机座达到12m，即使有制造厂采用三段式机座或内外机座等特殊机座形式以达到减小机座尺寸和重量的目的，定子机座的尺寸同样不容小觑。定子金工制造能力反映了制造厂设备生产能力。

20世纪60年代初期，各电机制造厂采用大型通用机床——镗铣床、立车、摇臂钻等来加工机座，发电机制造周期长、质量不稳定。

改革开放以来，随着发电机的日新月异，对定子机座的加工能力和加工精度不断提出新的要求，各大制造厂制造设备不断更新。

图2.3-37所示的机座加工中心，是从美国西屋公司引进的机座加工设备，由端镗床、侧镗床和转台三大部件组成，其最大特点是机座一次装夹就可完成全部加工内容，极大地提高了机座的加工效率。

ϕ260mm重型数控镗铣床，产于意大利。该机床最大加工高度为6m，最大加工长度为23.5m，机床配置数控分度回转工作平台，回转工作平台承重150t，可实现五轴联动。主要用于核电转轴、核电定子机座和1000MW超超临界汽轮发电机定子机座的镗铣加工，如图2.3-38所示。

图2.3-37　机座加工中心

图2.3-38　ϕ260mm数控镗铣床

大型框架龙门铣床加工效率高，一次装夹可完成五个面的加工，具备五轴加工能力，可对复杂曲面实现五轴联动数控加工。上、下拼装式空冷机座的加工均可在该设备上完成，如图2.3-39所示。

汽轮发电机定子机座加工专用机床，最大加工高度超过13m，采用FANUC 31i数控操作系统，机床回转数控分度精度可以达到0.001°，主要承担大型汽轮发电机定子机座的定位筋鸽尾槽的加工，如

图2.3-40所示。

图2.3-39 框架龙门铣床

图2.3-40 定子机座加工专用机床

同样，随着发电机容量的增长，转子的尺寸也在逐年增大，质量越来越大，但加工精度要求越来越高。例如：某三代核电半速汽轮发电机的转子长度接近20m，质量达240t，但关键部位的跳动，如轴颈、内挡油台的跳动要求在0.01mm以下。某燃气轮发电机转子轴颈跳动和圆柱度均要求在0.0127mm以下。制造厂通过应用高精度大型数控卧车（见图2.3-41）、大型数控转子铣床，提高了加工能力和精度。此外，还针对汽轮发电机转子特点，通过改进传统的加工方法，开发应用新工艺，进一步提高了加工工艺水平，让大型高精度机床的能力得以充分发挥。例如，通过采用液压托瓦支撑的方式提高了车加工时的工件转速，从而大大降低了转子表面粗糙度并提高了加工效率；应用第三支撑消除转子自身产生挠度的影响，保证转子小轴加工精度；通过珩磨技术消除高点保证转子关键部位的圆柱度、跳动。

二、制造及装配工艺进步

（一）自动化生产

随着生产自动化的普及，各类自动化生产设备逐步得到应用，极大地降低了操作者的劳动作业强度，同时也降低了工艺分散性，有助于产品质量和可靠性的提高。

1. 定子线圈绝缘自动包带装置

轴数控线圈包带机如图2.3-42所示。

图 2.3-41 高精度大型数控卧车

图 2.3-42 轴数控线圈包带机

2. 定子线圈自动输送装置

从人工操作到输送装置的过渡如图 2.3-43 所示。

图 2.3-43 从人工操作到输送装置的过渡

3. 槽楔装配推力管理设备

使用推力可调节的槽楔机进行转子槽楔装配，使推力可量化考核，提升转子槽楔装配质量，如图 2.3-44 所示。

图 2.3-44 转子槽楔装配推力管理

4. 护环拆解时的感应加热技术

最初拆护环用气焊枪火焰加热，后来陆续开发了工频加热设备，以及更高效的中频感应加热设备，不断提高加热效率，改善加热效果，使得护环加热更加可控，大幅度降低加热护环时的劳动强度，如图2.3-45所示。

图 2.3-45　护环的焊枪加热到中频加热

5. 气垫法装抽转子技术

气垫法装抽转子（见图2.3-46）工艺是应用于超大型汽轮发电机转子装抽的一种先进工艺方法，其最大特点首先在于减小了推进阻力，其次在于通过气囊将转子的重量均匀地分布于支撑面上，极大地提高了转子装抽工作的安全性和可靠性。

图 2.3-46　气垫法装抽转子

（二）洁净化生产

室内生产环境是关系到生产效率、产品质量乃至生产过程是否能顺利进行的重要问题。随着电机工业的发展，对发电机加工的高质量和高可靠性提出了更高的要求，发电机的生产也逐步走向作业区域全封闭、全净化。

为了提高生产质量，部分电机制造厂建造了专用的温湿度可控的洁净化生产区域（见图2.3-47），用于发电机部分关键部件的生产和装配，并配备人脸识别系统等，进行封闭式管理。

图2.3-47 洁净化生产区域

（三）GVPI技术

上发厂GVPI定子嵌线制造工艺在2013年左右开始起步，截至目前已经自主开发掌握了一整套GVPI嵌线技术，能应用于350MW等级空冷发电机、500MW等级全氢冷发电机的生产制造。GVPI"软线圈"由于自然状态比定子槽宽略宽，所以需要在嵌线前对"软线圈"的直线部分进行预压缩，以满足嵌线要求，如图2.3-48所示。

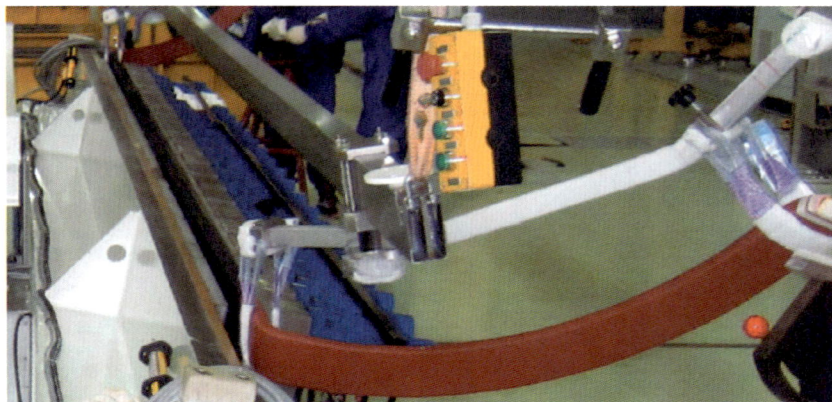

图2.3-48 上发厂GVPI型定子线圈预压

传统的硬线圈嵌线传统采用人工搬运、输送，但是GVPI"软线圈"嵌线输送时对清洁度要求较高，不允许多人进出发电机定子膛内，需要使用线圈输送装置，对定子线圈进行机械化输送，如图2.3-49所示。

GVPI 整浸及固化系统由 1 套真空压力浸渍绝缘处理系统及 2 套整体预干燥和固化烘房系统组成，如图 2.3－50 所示。

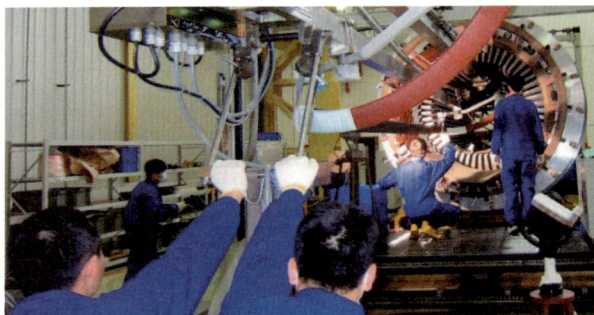

图 2.3－49　上发厂 GVPI 型定子线圈输送

图 2.3－50　上发厂 GVPI 烘房

GVPI 系统包括定子的预烘、浸渍、加压、烘焙固化操作，主要过程如下：

1. 定子预烘

定子预烘到设定的温度，通过定子铁心 RTD 测温元件和端部测温元件监测预烘温度。

旋转支撑滚轮搁架是固化炉的配套设备，在进行定子干燥工艺过程中旋转，使定子的温度分布均匀，防止树脂流向产品的一侧。

2. 定子浸渍、加压

定子在规定的真空度条件下保持一定的时间，然后开始浸漆并使定子完全浸没在树脂中。

定子的浸渍、加压在浸渍罐内进行，定子至于槽车中，并将槽车开入浸渍罐内，如图 2.3－51 所示。

上发厂 GVPI 浸渍罐的罐体设计为圆柱形卧式结构，位于三个支架上，配有固定在罐体地面的轨道。罐体设计为圆柱形卧式结构，罐盖采用三段错齿卡扣快速开闭结构，液压驱动旋转和开启，如图 2.3－52 所示。

图 2.3－51　上发厂 GVPI 定子向槽车转移

图 2.3－52　上发厂 GVPI 浸渍罐

浸渍槽车为卧式钢架结构,通过底部支撑和车轮,在浸渍罐配套的轨道上进出浸渍罐。树脂存储在5个储漆罐中,GVPI储漆罐如图2.3-53所示。

3. 烘焙固化

经过浸渍、加压的定子回到烘房中进行烘焙固化。定子在旋转支撑滚轮搁架上持续旋转,待定子充分固化后开始冷却,最终完成GVPI处理。

图2.3-53 上发厂GVPI储漆罐

三、智能制造

21世纪以来,世界各国都在加大科技创新力度,新一代信息技术与制造业的深度融合正在引发影响深远的产业变革,形成新的生产方式、产业形态和经济增长点,重塑制造业竞争新势态。

(一)虚拟制造和装配技术的推广和应用

重要部套装配上应用三维造型和虚拟化装配技术,评估工艺可行性,提前发现问题,优化工艺流程,控制过程质量,最终实现精品制造,提高生产效率,节约制造成本。

在复杂部件的装配工艺方案策划中,工程师利用三维造型设计和人机工程原理,构建装配时的虚拟环境,对人在虚拟工作环境中的动作、姿态和任务进行工艺规划,提前发现可能存在的工艺难点和设计缺陷,大幅度提升装配作业的可操作性,调相机型式试验装配工艺策划如图2.3-54所示。

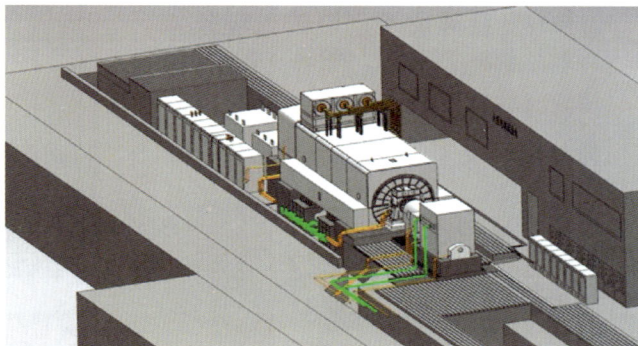

图2.3-54 调相机型式试验装配工艺策划

(二)智能机器人叠片系统

在发电机传统制造工艺中,定子铁心叠装是操作环境差、作业强度高,同时又是极为重要的一环。为了提升铁心制造质量,解放了重复性、机械式、高强度的人工劳动力,智能机器人已逐渐在定子铁心叠装中得到应用。

近年来，发电机制造厂已成功建造了定子铁心机器人自动叠装系统，该系统采用世界先进的叠装机器人和自动化物流仓储设备，主要由铁心段叠装机器人（2个叠片工位、4个机械手）、自动传送线、激光导航AGV（见图2.3-55）和智能立体库四个模块组成，实现了定子铁心冲片的智能叠片生产。

图2.3-55　上发厂叠装机器人、自动传送线和激光导航AGV

四、绿色制造

当下，环境问题已经成为世界各国关注的热点，制造业也在逐步改变传统制造模式，推行绿色制造技术。

（一）复杂液质切削液的处理技术

切削液是一种在金属切削、磨加工过程中，用来冷却和润滑刀具和加工件的工业用液体。针对切削液液质复杂、浓度高、含油量大的特点，利用管式陶瓷超滤膜、一体化膜生物反应器（MBR）等先进污水处理技术，设计出一套符合环保需求的切削液废液处理系统，具有技术先进、工作状态稳定、自动化程度高、结构紧凑、占地面积小、单位处理成本低等优点，切削液处理系统如图2.3-56所示。

图2.3-56　切削液处理系统

（二）铁心冲片水溶性绝缘体系的研发应用

水溶性漆具有低碳、环保和节能的特点，是全世界发电机行业铁心冲片绝缘体系的发展趋势。目前环保节能型材料逐步在推广应用，如铁心绝缘用水性低阻漆、水溶性半无机C6涂层的应用，使得发电机制造效率更高而且更加环保。

通过对水溶性硅钢片漆的应用技术研究，掌握了水溶性硅钢片漆的性能要求和试验方法，研究制定了水溶性硅钢片漆的性能检测方法和实际工艺控制手段，以及水溶性硅钢片漆涂漆工艺控制流程，完全掌握了水溶性硅钢片漆的应用技术，使硅钢片涂漆水平上了一个新台阶，填补了无水溶性硅钢片漆涂漆生产线的空白，使其硅钢片涂漆生产线更加环保，保障了员工的身体健康，减少了对周边生态环境的影响。这项研究成果已成功应用于核能发电机和热电发电机上。

第四章

重型燃气轮机

第一节　概　述

重型燃气轮机是一种先进技术的发电设备，主要由压气机、燃烧室、透平三大部分组成。压气机从外界大气环境吸入空气，经过压气机逐级增压后，被送到燃烧室与喷入的燃料混合燃烧，生成高温高压的燃气，然后进入透平中膨胀做功，推动透平带动压气机和发电机转子一起高速旋转，将燃料的化学能转化为机械功，并输出电功率。

燃气轮机联合循环是一种清洁高效的发电方式，由燃气轮机发电机组、余热锅炉和汽轮发电机组组成。燃气轮机的高温排气进入余热锅炉，将水加热成高温高压蒸汽进入汽轮机膨胀做功，带动发电机发电。由于有效地利用了燃气轮机的排气余热，燃气轮机联合循环的发电效率远高于燃煤的汽轮发电机组，而且建设周期短、投资低、占地面积和用水量少、起停灵活、污染小，具有明显的优越性能。

燃气轮机联合循环作为一种高效率、低污染的发电方式，在国内外电力行业中得到高度重视和大力发展，其技术在 20 世纪 80 年代至 90 年代出现了很大飞跃。美国、欧洲、日本等国政府分别制定了扶持本国燃气轮机技术开发的产业政策和发展计划，投入大量研究经费，使电站燃气轮机的技术水平得到很大的提高。国外一些公司经过长期的技术积累和研究开发，相继推出了先进的大功率高效率的燃气轮机系列产品及联合循环机组，当初投入商业运行的 F 级燃气轮机最大单机容量为 240MW，组成联合循环后容量约为 350MW，供电效率达到 57%。21 世纪初又完成研制并推出的 G 级和 H 级燃气轮机，简单循环单机容量超过 300MW，联合循环容量达 500MW 以上，供电效率突破 60%。燃气轮机联合循环在世界电力系统中的地位也发生明显变化，在世界发电设备装机容量中所占份额快速增长。

燃气轮机是高端技术密集型产品，被誉为工业产品领域的"皇冠上的明珠"，表征一个国家工业技术水平。先进燃气轮机技术特点主要表现在：

（1）压气机通流部分的改进。采用先进的三元流动可控扩压的设计方法，使压气机获得大流量、高压比。

（2）燃烧技术的改进。燃气轮机燃烧技术主要向高参数低污染方向发展，通过控制主燃烧区火焰温度降低排气污染物。

（3）透平技术的改进。在"通过提高燃气温度而达到更高性能"的发展目标引导下，大功率燃气透平采用先进的材料技术和叶片冷却技术，进口温度大幅度提高。通流部分采用完善的三元流动设计，减少燃气流动损失，提高级效率和做功能力。

我国燃气轮机发电始于 20 世纪 50 年代末期，至 70 年代我国燃气轮机电站建设总装机容量约为 30 万 kW，其中安装在四川五通桥电厂的 1500kW 带回热的燃气轮机发电机组，是国产首台联合循环装置。20 世纪 80 年代后，随着我国国民经济的迅速发展，电力市场调峰需求越来越大，燃气轮机电站得到了较大规模的发展。到 90 年代中期，燃气轮机电站共兴建了 80 余座，装机容量增加到约 720 万 kW，其中以改革开放最早的广东沿海地区及经济基础雄厚的长江三角洲地区发展最为迅速。上海、广东等地都在规划建设总容量为百万千瓦等级的燃气轮机联合循环电站，这些电站的重型燃气轮机大都是从国外进口的。

我国燃气轮机技术发展相对落后，与发达国家相比技术水平差距很大。20 世纪 60 年代走从仿制到自行设计开发的技术路线，国内汽轮机厂都试制了 1.5～6MW 不同型号的燃气轮机。70 年代末，南京汽轮电机厂制造成功的 21.7MW 重型燃气轮机，其技术水平相当于 GE 公司当时的 PG5001 型燃气轮机水平。上海发电设备成套设计研究所等研究机构也先后研制成功了我国的燃气轮机压气机叶型、透平叶型和燃烧室母型。国内燃气轮机技术水平与国外发达国家相差不是很大。但由于市场需求变化，我国燃气轮机的技术发展从 20 世纪 70 年代起停滞很长时间，自主研发停顿了几十年，仅保留南京汽轮电机厂与美国 GE 公司合作，生产 MS6000 系列机组。压气机和透平转子、燃烧室、控制系统等关键部件向 GE 公司购买，在南京汽轮电机厂完成总装和试车。由于我国燃气轮机的技术水平和生产能力远远不能满足国内的市场要求，至 20 世纪末，国内燃气轮机联合循环设备市场上，进口设备占绝对主导地位。

随着国民经济的快速发展，燃气轮机联合循环电站设备在我国电力生产行业需求量越来越大，主要表现在五个方面：

（1）燃气轮机发电在电网中地位凸显。

随着国民经济结构的变化和人民生活用电量的迅速增长，我国电网的日峰谷差日益增大，主要电网的日峰谷差为 30% 左右。燃气轮机因其起停灵活的特点适合于调峰发电，在电网中建立一定容量的燃气轮机联合循环电站作为调峰是最适当的选择。同时，随着国家大力发展可再生能源，大量风电厂和太阳能电厂建成并网。风电和太阳能受天气变化及白天黑夜影响很大，这给电网稳定性带来隐患，所以，要求同步建设相应的调峰容量。我国电网原本普遍缺少调峰容量，需要配套相当容量的燃气轮机发电机组。

（2）能源结构的变化推动燃气轮机市场的需求。

世界上一次能源结构发生明显变化，油、气在一次能源中所占比例不断上升，而煤等固体燃料所占比例不断下降。我国石油、天然气消费在能源结构中所占比例远低于世界平均水平，在条件允许的情况下，应当提高油、气的消费比重。我国利用天然气资源有四方面：① 利用我国中西部天然气资源修建输送管道或就近建设天然气发电基地。② 由沿海一带新开发的油气田向沿岸发达城市供应天然气。

③ 通过天然气输气管道从俄罗斯等国进口天然气。④ 从国外进口液化天然气。在利用天然气发电方面，燃气轮机联合循环以其清洁高效的优势成为首要选择。

（3）高效利用清洁能源、实现节能环保。

天然气是一种优质的清洁燃料。以天然气为燃料的燃气轮机联合循环发电机组发电效率高，污染排放低，是提高能源利用效率、降低环境污染问题的首选技术。目前先进的大型燃气轮机联合循环机组供电效率可达到 62% 以上，而最先进的超超临界机组供电效率为 45% 左右。燃气轮机发电由于采用天然气作为燃料，同时采用干式低氮燃烧技术，大大减少了污染物的排放。与常规燃煤发电相比，燃气轮机发电二氧化硫（SO_2）、固体废弃物、粉尘和污水排放几乎为零，二氧化碳（CO_2）减少 60%，氮氧化物（NO_x）减少 65% 以上。

（4）清洁煤利用技术对燃气轮机联合循环提出发展需求。

为了高效利用煤炭资源，同时又很好地解决其利用过程中的污染问题，20 世纪 70 年代起发达国家开始研究开发燃煤的燃气 – 蒸汽联合循环的各种方案，有代表性的是"整体煤气化燃气 – 蒸汽联合循环"（简称 IGCC）。其设计思想是将煤炭转化为洁净的煤气供燃气轮机联合循环发电，既提高能源利用效率，又达到控制污染的目的。当前世界已经建成或计划建造一定规模的 IGCC 装置。随着 IGCC 的供电效率的提高和比投资的下降，将具备大规模进入发电领域的条件。在 IGCC 装置中，大容量、高效率的燃气轮机是其核心设备。

（5）燃气轮机在分布式能源发电中的作用日益突现。

为了解决城市及周边地区日益严重的大气污染问题，中小型燃气轮机热电联供装置作为分布式电源受到重视并取得进展。这种热电装置将用于城市和城郊的工业开发区，以取代原来的燃煤热电联供机组，改变能源利用率低、污染严重的状况。大型建筑物中也采用微小型燃气轮机热电冷联供装置作为其能源中心，具有很高的能源利用率。

从 20 世纪 80 年代实行改革开放起，随着我国经济的快速发展和电力市场的不断扩大，发展燃气轮机联合循环电站的巨大市场需求已经出现。如果不想将这些设备全部由国外制造企业包揽的话，就必须采取切实有效的措施，启动和振兴我国燃气轮机工业，推进燃气轮机联合循环发电设备产业的发展。争取经过若干年的努力，不仅在我国燃气轮机联合循环发电设备市场中占有一定份额，而且有能力加入国际市场的竞争。

第二节　先进重型燃气轮机国际合作研制

21 世纪初，随着我国能源结构的调整和天然气资源的开发利用，以天然气为燃料的大型燃气轮机联合循环电站列入建设规划。随着西气东输工程的建成和东海油气田开发，我国在华北、华东地区计划投运一批燃气轮机联合循环电站；利用进口液化天然气，在广东、福建等地建设一批液化天然气（LNG）燃气轮机联合循环电站；西北和四川等天然气产地也将建设相当容量的燃气轮机电站。以天然气为燃料的燃气轮机联合循环发电机组在我国出现良好的市场前景，发展燃气轮机产业已成为我国发电设备制造业面临的重要命题。

从 2002 年起，国家实施"统一组织国内市场资源，集中招标，引进技术，促进国内燃气轮机产业发展和制造水平提高"的重大举措，对规划批量建设的燃气轮机电站项目进行"打捆"式设备招标采购，引进先进的大型燃气轮机制造技术，以推进大型燃气轮机联合循环发电技术的应用，发展我国燃气轮机产业。国家计委发布《燃气轮机产业发展和技术引进工作实施意见》，由资格评审合格的国外燃气轮机制造商与国内电站设备制造企业组成联合体，投标竞争国内批量建设的燃气轮机联合循环电站项目设备订单。联合体内部由外商转让大型燃气轮机制造技术，国内制造企业根据引进技术消化吸收进度、生产能力、获得订单台数和交货周期等，制定自主化制造的进程和方案，分阶段实施，逐步实现燃气轮机联合循环电站设备制造的自主化、本地化。

重型燃气轮机自主制造依托项目的设备"打捆招标"集中进行了三批，共包括 25 个电站项目 59 台燃气轮机发电机组。国内电站设备制造企业从三家国外公司引进 F 级燃气轮机制造技术，分别由哈尔滨动力设备股份有限公司与 GE 公司合作，生产 PG9531（FA）型燃气轮机；东方电气与三菱公司合作，生产 M701F 型燃气轮机；上海电气与西门子公司合作，生产 V94.3A 型燃气轮机。其中第一、二批项目由联合体共同投标，技术和商务谈判以外方为主。第三批项目在自主化方面有重大推进，由中方企业独立投标，外方作为技术支持方。对燃气轮机联合循环设备自主制造的比例也提出了明确要求，以巩固技术引进取得的成果，提高自主化比例，推进产业化进程。

"打捆招标"引进国外先进燃气轮机联合循环电站设备及其制造技术，对我国重型燃气轮机产业的发展起到重大的推动作用，不仅满足了我国西气东输工程沿线建设天然气电站项目的紧迫需求，而且让燃气轮机电站业主以优惠的价格和条件采购到了当时世界上投入商业运行最先进的 F 级燃气轮机联合循环电站设备。同时，国内三大电站设备制造企业获得了先进的重型燃气轮机制造技术，使我国燃气轮机产业实现了高起点起步，彻底改变了原来只有南京汽轮电机厂生产小型燃气轮机的局面。国内制造企业引进了大容量高效率燃气轮机的制造图纸、技术规范、工艺规范、材料规范、采购规范、质保体系以及装配、调试、运行维护等技术资料。从合作制造开始，开展消化吸收，逐步增加本地化和自主化比例，直至能够完全独立制造燃气轮机整机。

1. 引进 F 级燃气轮机的主要技术性能

20 世纪 80 年代后，国外大型燃气轮机联合循环技术日臻成熟，逐步成为继汽轮机后的主要发电装置。各大燃气轮机制造商通过移植航空发动机的先进技术，开发出大功率、高效率的大型燃气轮机，既

具有重型燃气轮机的单轴结构、水平中分面和设计寿命长等特点，又具有航空发动机的高初温、高压比、高效率的特点。燃气轮机透平进口温度达 1300℃左右，简单循环的发电效率达到 38%，单台机组的功率在 250MW 以上。组成燃气–蒸汽联合循环发电装置后，单套燃气轮机联合循环出力达 350MW 以上，供电效率达 57%左右，国内技术界将之称为 F 级燃气轮机。"打捆招标"引进时三种型号的 F 级燃气轮机在 ISO 条件下的主要性能参数如下：

（1）PG9351FA 型燃气轮机，简单循环功率 255.6MW，热耗率为 9759kJ/（kW·h）。单轴联合循环机组（S109FA）功率为 390.8MW，热耗率为 6351kJ/（kW·h），净热效率为 56.7%。

（2）M701F 型燃气轮机，简单循环功率 270.3MW，热耗率为 9421kJ/（kW·h）。单轴联合循环机组 MPCP1（M701F）功率为 397.7MW，热耗率为 6318kJ/（kW·h），净热效率为 57.0%。

（3）V94.3A 型燃气轮机，简单循环功率 265MW，热耗率为 9348kJ/（kW·h）。单轴联合循环机组（1S.V94.3A）功率为 390MW，热耗率为 6288kJ/（kW·h），净热效率为 57.3%。

2. 引进 F 级燃气轮机制造技术的消化吸收

大型燃气轮机是技术密集型产品，集多项高新技术于一体。消化吸收引进制造技术、实现燃气轮机联合循环成套设备自主化生产，必须对燃气轮机制造关键技术进行科研攻关，进行二次开发，掌握大型燃气轮机制造的核心技术。自主制造的 F 级燃气轮机各项技术性能指标应达到国外同类产品水平，建立自主生产制造体系，形成批量生产能力。在打捆招标引进燃气轮机制造技术后，国内制造企业开展了相应的技术攻关和设备改造工作。

大型燃气轮机关键制造技术包括大型压气机和透平缸的加工技术，叶轮端面齿、轮槽及拉杆孔的加工技术，长拉杆制造技术，压气机叶片制造技术，燃烧室部件制造技术，转子组装技术，燃气轮机总装技术和试车技术等。根据制造的难易程度以及对加工设备的精密度要求，首先实现自主化制造的是燃气轮机总装，压气机缸、燃烧室缸体、透平缸体的加工，进而是压气机的动静叶片制造。燃气轮机制造难度最大的是压气机转子、燃烧室、透平转子和叶片。从国外燃气轮机产业发展经验分析，有两个台阶将标志自主化制造的技术能力水平，即燃气轮机转子的加工和组装，燃烧室和透平叶片等热通道部件的制造。只有越过这两个台阶，才能真正实现燃气轮机制造的自主化。但是在"打捆招标"中，国外制造企业对燃烧室和透平叶片等热通道部件制造技术限制转让。

通过引进部分零部件的图纸、性能参数、技术规范、工艺规范、材料规范、质保体系，以及总装、调试、运行及维护保养等技术资料，进一步深入了解国外重型燃气轮机先进设计理念、设计方法，初步掌握燃气轮机核心关键部件的制造技术，并相应增添一定数量的实验设备，以便针对性地进行科学研究。

燃气轮机辅助系统主要包括燃气轮机进排气系统、天然气调压系统及前置模块、润滑油系统及控制油系统、压气机水洗系统、变频启动系统、罩壳及消防系统等，是实现自主化制造的主要组成部分。这部分设备国外制造企业大多是向分包商采购,因此,也只向国内企业提供采购技术规范。辅助系统的自主化由国内企业按技术规范进行设计制造,培育国内合格的供应商。除了少量关键部套目前尚需进口外,辅助系统的大部分设备实现了自主化制造。

"打捆招标"后 10 年内,我国重型燃气轮机制造行业固定资产投资超过 40 亿元,用于重型燃气轮机制造的大型、特种、专用加工装备均达到世界同类企业的先进水平。重型燃气轮机订货达到 130 多台,总容量约 3500 万 kW,为我国电力工业发展做出了重要贡献。国内制造企业具备了年产 40 套左右 F 和 E 级重型燃气轮机联合循环成套发电设备的能力,可以基本满足我国电力工业的市场需求。与此同时重型燃气轮机产业链已基本形成。制造企业已经形成了产品销售、部件制造、总装试车、大件发运、电站调试的全套能力;国内制造业也已经基本形成了与主机厂包括大型铸锻件、压气机叶片、辅机系统(BOP)设备等在内的配套能力。对于国外公司不转让的热通道部件制造技术,国内相关企业和科研机构积极开展攻关,取得了突破,已打破国外公司的垄断。图 2.4-1 所示为进行动平衡的燃气轮机转子,图 2.4-2 所示为东汽制造的燃气轮机发运。

图 2.4-1 进行动平衡的燃气轮机转子

图 2.4-2 东汽制造的燃气轮机发运

3. 哈尔滨电气集团

2003 年哈尔滨电气与 GE 公司签署了 9FA 型重型燃气轮机《技术转让协议》,进入重型燃气轮机及联合循环设备制造领域。哈尔滨电气实施燃气轮机制造技改工程,建立了大型燃气轮机制造中心,包括气缸加工中心、转子加工中心、转子总装恒温厂房,具备转子加工和装配、气缸加工的生产能力,国产化达到 70% 以上。投资约 3.5 亿元在秦皇岛建设了 9FA 重型燃气轮机制造基地,包括燃气轮机总装厂房、试验站、海运码头、厂内铁路运输线及配电站、油库等动力设施,具备了年装配制造 10 台 9FA 重型燃气轮机的能力。图 2.4-3 所示为燃气轮机转子吊装,图 2.4-4 所示为整机空负荷试车。

2004 年 5 月 27 日,哈尔滨电气首台 9FA 级燃气轮机装配完成,6 月 30 日燃气轮机厂内试车一次点火成功,7 月 30 日正式发运浙江杭州半山电厂,如图 2.4-5 所示。时任全国人大常委会委员长吴邦国同志出席首台重型燃气轮机发运仪式。

图 2.4-3　燃气轮机转子吊装

图 2.4-4　整机空负荷试车

图 2.4-5　杭州半山燃气轮机电厂

4. 东方电气集团

"打捆招标"项目中，东方电气与三菱重工公司签订引进 M701F3 型燃气轮机制造技术合作协议，同三菱重工合作组成联合体，在燃气轮机项目招标中标 10 台 M701F3 型燃气轮机联合循环机组，开始进入重型燃气轮机的制造领域。

随着东方电气燃气轮机产品整体制造能力、服务水平和国产化率的逐年提高，实现了包括燃气轮机转子、压气机动静叶片、压气机、透平转子、控制系统及燃烧室的国产化制造和国内维护（含合资公司），F3、F4、F5 燃气轮机除高温热部件之外全部实现自主制造，综合国产化率达到 70% 以上，形成了重型燃气轮机的批量制造能力。截至目前，东方电气有 M701DA、M701F3、M701F4、M701F5 产品系列，在国内外累计 68 台的产品订单，目前已经投运 56 台。

2010 年 7 月，出口白俄罗斯的明斯克 5 号电站项目 M701F3 型双燃料燃气轮机正式发运，并于 2012 年 2 月 13 日顺利通过 72h 连续运行试验，标志着机组投运获得成功，为东方电气重型燃气轮机开拓海外市场奠定了基础。

2011 年 12 月，北京高碑店 1 号机组成功投运。该机组系引进三菱 M701F4 型技术生产，标志着东方电气开始进入了更高效重型燃气轮机——M701F4 型燃气轮机的制造领域，是东方电气燃气轮机技术引进、消化、吸收新的突破。图 2.4－6 所示为福建莆田 M701F3 燃气轮机电厂，图 2.4－7 所示为大唐绍兴 M701F4 燃气轮机电厂。

图 2.4－6　福建莆田 M701F3 燃气轮机电厂　　　　图 2.4－7　大唐绍兴 M701F4 燃气轮机电厂

5. 上海电气集团

2003 年 11 月，上海电气与西门子公司签订技术转让协议，引进西门子公司 E 级、F 级两个型号的燃气轮机产品技术。

西门子公司向上海电气技术转让的是当时最新的、经过大量商业运行考验的 F 级 V94.3A 燃气轮机的制造技术和相应的电站优化设计技术。燃气轮机技术转让包括压气机、透平、燃烧室、仪控（软件）关键部件的整机制造技术，也提供了有关燃气轮机销售、采购、安装、调试、运行、性能试验、维修服务和联合循环电站成套技术。西门子公司还向合资成立的上海西门子公司燃气轮机部件有限公司转让了包括透平第一级高温动、静叶片在内的加工技术。但最为核心的燃气轮机热部件加工和控制系统技术只是转让给由西门子控股的合资公司，附加值最高的燃气轮机维修和服务仍然由西门子公司控制。

截至 2013 年，上海电气共计销售 E 级、F 级燃气轮机约 40 台。有石洞口、郑州、中原、萧山二期、厦门、临港、萧山三期 7 个 F 级电厂和北京郑常庄、江苏仪征、天津 IGCC 3 个 E 级电厂投入运行。其中，石洞口电厂的建设创造了 15 个月投运 3 套联合循环电厂的记录，联合循环机组效率均优于合同保证值。华电（北京）燃气热电工程（郑常庄项目）为上海电气首个独立管理和运作的燃气－蒸汽联合循环机岛设备总承包项目，也是奥运重点工程，2 台机组在 2008 年 5 月前投入使用，为奥运安全保电、送电做出了贡献。

上海电气着力重型燃气轮机国产化的进程，遵循"先易后难、先静后动、主机与辅助设备同步展开"的原则，推进 F 级燃气轮机的国产化。从燃气轮机静子部件毛坯及焊接件加工制造、压气机叶片加工制造、燃气轮机转子加工制造、燃气轮机总装四个阶段依次推进。图 2.4－8 所示为重型燃气轮机轮盘加工设备，图 2.4－9 所示为上海石洞口燃气轮机电站。

图 2.4-8　重型燃气轮机轮盘加工设备

图 2.4-9　上海石洞口燃气轮机电站

在燃气轮机制造能力建设上，上海电气重型燃气轮机制造基拥有主要设备 1300 台，其中有当今世界最先进的燃气轮机生产设备。拥有多个试验室和计算机中心、自动化控制中心等。动平衡试验设备可进行主要产品的动平衡试验。采购了燃气轮机转子叶根拉床、可倾锯切割设备、熔蜡设备、五轴加工中心等特殊加工设备。新建的燃气轮机总装车间厂房占地面积 7907m²，整个车间配置恒温空调，建有 8 个能同时安装燃气轮机、汽轮机的"重量级"台位。

2014 年上海电气收购意大利安萨尔多公司 40% 的股权，在重型燃气轮机技术上进一步开展深度合作。依托与安萨尔多的战略合作，上海电气建立了以 F 级、E 级（含中低热值燃料）为核心的重型燃气轮机产品系列，在 H 级进行联合开发，落实国内依托项目。截至 2018 年 6 月，上海电气在国内外市场已取得了 41 台（套）重型燃气轮机主设备订单。

2018 年 6 月，上海电气完成与安萨尔多合作的 F 级 AE94.3A 燃气轮机国产化制造，同时在热部件方面具备了透平叶片的特殊加工能力、燃烧器和燃烧室的装配制造能力、热部件维修服务能力，并已开始批量供货 F 级透平叶片。代表目前世界燃气轮机先进水平 H 级 GT36 燃气轮机的研发全面开展，目前正加快推进 H 级重型燃气轮机首台示范工程落地。图 2.4-10 所示为燃气轮机热部件制造。

图 2.4-10　燃气轮机热部件制造

2016 年 12 月，AE94.3A 燃气轮机透平叶片特种工艺开发完成。燃气轮机透平叶片本地化生产是一个里程碑事件，上海电气已经实现了 AE94.3A 四级透平动静叶片的量产。透平动静叶片修复（refurbishment）已经完成了所有必要的工艺技术认证的储备，2018 年完成透平动静叶片修复的本地化。上海电气目前同时拥有燃气轮机供货能力和服务能力，截至 2018 年 6 月，AE 和 V 系列机型已获得 10 台长期服务订单。

上海电气通过与意大利安萨尔多全面开展重型燃气轮机战略合作，经过消化吸收、联合设计、自主开发等方式，逐渐掌握燃气轮机的核心技术。建立一流的技术平台，涵盖机组本体、辅助系统、控制系统等核心关键技术，包括机组通流设计技术、燃烧技术、传热冷却技术、结构技术、试验验证技术和工程维修技术，形成全覆盖的技术平台；建立一流的合作网络，立足全球合作，依托安萨尔多技术资源共享，结合自身研发实际需求，与国际先进试验平台开展深度合作，形成全面、高效、高水平、国际化的技术合作体系；建立一支高素质队伍，通过引进技术消化吸收，改进优化，新机研发，技术服务等一系列技术攻关，积极参与国际技术交流与合作，开展多种形式的人才培养，形成高素质、高效率的顶级专家技术队伍；建立一整套完备的维修技术服务队伍，能够具备实施重型燃气轮机的小修、中修、大修、升级改造，燃烧调整等检修项目，并且具备远程监控的能力，对机组运行过程中的振动、燃烧、热力性能等方面进行全面监测。

6. 南京汽轮电机（集团）有限责任公司

南京汽轮电机（集团）有限责任公司（简称南汽）是我国最早的重型燃气轮机制造企业。20 世纪 70 年代研制了我国第一台 23MW 燃气轮机。1983 年与美国 GE 公司合作生产 MS6001B（40MW）系列燃气轮机。2004 年与 GE 公司签订了 9E（125MW 等级）燃气轮机技术转让协议，并在国家燃气轮机电站"打捆招标"项目中中标，开始了 9E 燃气轮机的生产和独立销售。南汽制造的首台 9E 燃气轮机在 2006 年首次点火，顺利通过 3000r/min 全速空载性能测试，并在 2007 年 3 月在青海格尔木燃气轮机电厂成功并网投运。

2012 年 10 月，南汽与 GE 公司又签署了 6F.03（80MW 级）重型燃气轮机及轴排联合循环汽轮机技术转让协议，实现了燃气轮机产品 B 级、E 级、F 级多等级的目标。而单层轴向排汽联合循环汽轮机技术的引进，打破以往国内同类联合循环汽轮机双层布置的格局，使得整个电厂基础布局趋于简单，运行方式更加灵活，有力提高了燃气轮机产品在国内外市场上的综合竞争力。2013 年 3 月，南汽签订国电浙江南浔天然气热电联产项目 2×10 万 kW 6FA 燃气–蒸汽联合循环机组供货合同，标志着企业 6FA 燃气轮机市场首次启动。2018 年，南汽制造的首台 6F.03 燃气轮机完成加工和装配，空负荷试车试验成功。

截至 2018 年 10 月，南汽已生产 6B 系列燃气轮机 80 余台（套），其中出口伊拉克、苏丹、尼日利亚、巴基斯坦、马来西亚、加纳等国家 30 余台（套）；9E 系列燃气轮机已生产 30 余台（套），其中出口巴基斯坦 1 台（套）；与 GE 公司合作，为钢厂、煤化工等企业提供中 6B、9E 系列中低热值燃料燃气轮机近 20 台（套）；6F 燃气轮机已交付 10 余台（套）。

7. 江苏永瀚特种合金技术有限公司

燃气轮机以透平叶片为核心的高温热部件制造技术被外国严密封锁，是我国燃气轮机最为薄弱的制造环节，成为我国燃气轮机发展的技术瓶颈，严重制约了燃气轮机自主制造进程。

透平叶片是燃气轮机的高速旋转部件，将热能转换机械能输出。在高达 1400℃ 以上的温度下高速旋转，受高温、高压燃气冲击，承受着高强度的热应力和热应变疲劳、振动、冲击和热负荷。透平叶片恶劣的使役条件已经超过金属材料物理性能、化学性能的极限，因此，催生了透平叶片精铸技术的极致工艺，即采用特殊材料（高温合金）通过特殊工艺（精密铸造加定向凝固）制成特殊组织（等轴晶、定向结晶或单晶组织）的零件，要求无容错、零偏差的制造工艺。先进的重型燃气轮机透平叶片工业化精密铸造技术是我国高温部件制造技术的短板，与发达国家存在近三十年的差距。叶片的生产规模、生产历史、产品的复杂程度都与发达国家差距甚远，缺少长期的制造工艺经验积累和大批量工业生产经历沉淀。

为填补国内等轴、定向单晶精铸透平叶片产业技术空白，江苏永瀚公司于 2011 年 10 月与欧洲瑞士民间技术团队成功签订引进"等轴、定向、单晶叶片精密铸造产业化工艺技术"合约，引进了一支 16 人的精密铸造工艺技术专家团队来国内进行 5 年技术服务。成为专业从事等轴、定向、单晶透平叶片精密铸造的企业。基于引进"高起点、快速全面掌握精密铸造工业化工艺技术"的目标，发挥民营企业的机制优势，以民营资本、民间技术交流方式，从欧洲及瑞士等国家引进人才，包含先进技术，从硬件和软件两方面全面复制一个先进技术的燃气轮机叶片精铸企业。

引进的技术人员技术素养要求，以掌握成熟工程应用技术为主，选择的专家大多是在欧洲著名精铸企业担任技术总裁、产品研发、掌握各工序工艺技术，长期从事工程技术实践的技术生产主管工程师。

以欧洲一家国际著名的技术先进的精铸企业以模板，筹建一个全新的精铸企业，从工厂建筑、工厂工业设计到工艺路线规划、设备选型、车间布局、公辅设施配量，由外方专家团队负责设计规划。采用先进的制造流程的工艺技术和工艺管理体系。学习欧洲企业经过验证的透平叶片产品技术研发体系和生产管理程序，建立包括透平叶片检测标准和检测方法在内的欧洲企业的质量管理体系。

复杂型腔的中空单晶透平叶片精铸技术是世界级的难点技术。江苏永瀚引进了欧洲一流单晶叶片制造技术，包括单晶叶片的产品研发、单晶叶片生产的蜡模加工、型壳加工、熔铸、后处理工艺和单晶叶片生产质量控制工程。培养了一支单晶叶片开发和生产的技术队伍，并形成了国内最先进、最齐全的单晶涡轮叶片工艺技术体系、产品研发体系、质量管理体系和供应链体系。2014 年 3 月，试制出国内最大、长度约为 350mm 的 F 级重型燃气轮机的第 1 级单晶透平叶片。

目前，江苏永瀚已经形成了重型燃气轮机高温透平叶片的试制和生产能力。构成了高温合金精密铸造从产品工艺设计到五大工部、420 多个工艺参数、62 道工序的完整工艺技术服务体系，每个工部、每个工序均有国外工程师把关指导的工艺技术网络。对重型燃气轮机透平叶片研制、生产体系进行了全覆盖，确保技术引进全面、系统、不走样。

江苏永瀚的重燃精密透平叶片研制、生产的工艺装备能力按照成为"中国重型燃气轮机精铸透平叶片的研发生产基地"的目标进行工艺布局、设备选购。为确保重型燃气轮机透平叶片的大型融模的制造，从美国购买了 MPL 公司 150t 和 300t 的注蜡机，能保证叶长在 1000mm 以下的叶片的融模制造。拥有重型燃气轮机透平叶片的生产线，在生产线上配置的机械手基本举重量可达 1000kg，有用于型壳直径为 1000mm 蘸浆设备和淋砂设备，单臂悬重 1000kg 的悬挂输送链，能进行最大尺寸 1200mm，直径 1000mm 的型壳生产。从德国购买了目前国内最大的定向单晶真空感应炉，能进行叶长 450mm，最大浇注质量 120kg 定向叶片生产；能进行叶长 400mm，最大浇注质量 60kg 的单晶叶片的研制生产，可以满足 F 级、G 级、H 级第一级动叶和导叶研制需求。从德国购买了目前中国最大的等轴真空定向感应炉，可进行最大叶长达 1000mm，质量达 250kg 的等轴晶叶片的研制、生产，满足重型燃气轮机第 3、第 4 级动叶和导叶的研制和生产需求。

江苏永瀚创建 5 年来已成为国内高温透平叶片主要研发和生产的企业。成为国内新型航空发动机和燃气轮机的单晶叶片的主要研发基地。形成的技术能力和装备水平也引起国外燃气轮机制造商的关注，目前江苏永瀚已经承接 GE（能源）公司、GE（阿尔斯通）公司、安萨尔多公司、AST 公司多型燃气轮机的透平高温叶片订货合同。图 2.4-11 所示为永瀚公司的透平高温叶片产品。

图 2.4-11　永瀚公司的透平高温叶片产品

8. 无锡透平叶片有限公司

目前已建成热部件加工车间，完全具备磨削加工、打孔、成型、涂层、焊接和喷丸等加工能力，同时也具备无损检测、理化检测、流量检测和尺寸检测等质量控制方法，具备了透平高温叶片铸造后全工序加工能力。

第三节　燃气轮机核心技术创新发展

通过对外合作引进先进燃气轮机技术，我国制造企业获得了 F 级燃气轮机制造技术，初步建立重型燃气轮机工业体系。但是，重型燃气轮机的设计技术和高温热通道部件制造技术仍被外方控制和封锁。

"打捆招标"过程中，我国企业曾经向国外公司提出转让设计等核心技术的强烈要求，但是都被拒绝。GE、三菱、西门子公司虽然相互竞争，但是在向我国封锁核心技术的问题上则保持高度一致，最终我国引进的是 F 级和 E 级重型燃气轮机大部分制造技术（按照价格计算引进的部分占 70%），外方不转让的核心技术是：燃气轮机设计技术、热端部件制造与维修技术、控制系统设计与调试技术。事实说明，高端核心技术是买不来换不来的。要发展我国的重型燃气轮机自主品牌，必须依靠自主创新，自行掌握燃气轮机核心技术。我国燃气轮机制造企业、高校和研究院所对此进行了坚持不懈的努力，同时，国家通过 973、863 计划等安排了一批核心技术基础研究与燃气轮机产业化项目，鼓励制造企业开展自主研发。重型燃气轮机领域实施的有代表性的重大科技项目主要有：

1. F 级中低热值燃料燃气轮机关键技术与整机设计研究

2008 年，哈尔滨电气牵头承担了国家"863 计划""F 级中低热值燃料燃气轮机关键技术与整机设计研究"项目。目标是在消化吸收引进制造技术的基础上，系统地研究 F 级重型燃气轮机的设计思想和方法，突破 F 级中低热值燃料重型燃气轮机技术瓶颈，建立重型燃气轮机设计研发平台和设计体系。完成 F 级燃气轮机关键部件试验平台的搭建，进行关键部件的试验研究。开展 F 级透平叶片材料及涂层材料的研究，研究定向结晶材料的合金性能，初步建立 F 级燃气轮机材料体系，进行 F 级燃气轮机第一级动叶片的试制。

课题在立足国内研究基础上，充分消化吸收引进技术、借鉴国外成功经验，研究 F 级重型燃气轮机机组的设计思想和方法，系统掌握燃气轮机设计技术开展具有自主知识产权的 F 级中低热值重型燃气轮机整机设计技术的研究，进行关键部件的试验验证研究，建立重型燃气轮机设计研发平台，掌握 F 级中低热值燃料重型燃气轮机关键技术。

课题在 F 级燃气轮机设计技术、热部件研制、高温材料研究开展了卓有成效的科技攻关，取得了一系列重大科技成果。

（1）兼顾 IGCC 近、中、远发展的 F 级中低热值燃气轮机整体优化设计。

开发技术难度更大的 F 级中低热值燃气轮机总体性能设计技术、部件匹配技术；建立 F 级燃气轮机压气机特性曲线推测、透平冷却信息推测和整机性能预测模型与方法，开发总体性能设计软件。对原型重型燃气轮机进行了总体技术分析与消化吸收，完成 F 级中低热值燃料燃气轮机总体性能、总体结构设计优化。依托国家项目建立了中低热值燃料重型燃气轮机完整可行的总体设计体系。

通过 F 级燃气轮机透平拉杆转子试验和国产化轴承性能实测试验，取得了准确的转子性能数据，保证了总体设计体系中转子设计的准确性与科学性。二次空气系统设计方面则通过与在运 F 级燃气轮机电厂合作，现场实际测量透平各级外管路冷却气的流量、温度、压力等参数，校准自主开发的二次空气系统特性计算程序，保证总体设计体系二次空气系统设计的准确性与科学性。

（2）CAD叶型结合端壁与叶片弯曲的三维叶片造型技术。

普通静叶在上端壁附近存在较大的正冲角，课题研究采用改变静叶近上端壁处叶型以减小静叶进口冲角。通过三维数值模拟分析表明，端弯改型能够有效改善静叶端区附近的流动情况，级效率明显增加，总压损失明显降低。应用CDA叶型对叶型进行优化，对缩型试验压气机后4级静叶应用"端弯联合弯"设计技术，验证对压气机性能的提升作用。

（3）多级压气机设计体系与设计平台。

建立多级压气机的气动与结构优化设计平台。分析原型机压气机性能，提出F级中低热值燃气轮机压气机设计方案。完成了缩尺压气机试验件设计方案，建成多级压气机气动试验台，完成1/3缩型压气机的设计与制造。通过对设计的多级压气机进行的模化试验研究，对压气机性能进行详细的试验分析，得到压气机总体性能参数、级的性能参数，建立了多级压气机叶型数据库，分析了叶片改型与缩型比对压气机性能影响规律。

（4）透平设计体系与设计平台。

充分研究国际先进的重型燃气轮机透平技术，选择F级中低热值透平设计的参考机型。通过消化吸收工作，掌握了F级透平气动设计、冷却结构设计、试验验证、生产加工等多项关键技术，建立了国内首个重型燃气轮机透平设计体系和试验验证体系。提出重型燃气轮机透平高效气动技术和高效低应力冷却结构布局与计算分析技术并进行验证。建立国内第一批高温叶片热冲试验台和高温叶片冷效试验台等高温叶片试验设施。

（5）具有自主知识产权的中低热值F级重型燃气轮机透平设计与研制。

完成了具有自主知识产权的中低热值燃气透平设计。透平设计参数功率为530MW，入口总温为1385℃，总压1.573MPa，第一级动叶前温度1300℃，设计参数指标达到了国际先进水平。课题研制的第一级动叶是国内首个大尺度定向结晶高温透平叶片，通过试验验证了气动设计、冷却结构设计、强度设计等多方面的合理性和先进性，建立了从关键技术、工艺设计、加工制造、试验验证等完整的研制流程，为开发更高等级的重型燃气轮机透平奠定基础。

（6）多燃料F级中低热值燃料燃烧室。

研制的F级中低热值燃料燃烧室设计采用国际主流先进技术，可以燃用柴油、中低热值合成气、天然气燃料，燃料适应范围宽。燃烧室采用多喷嘴径向分级燃烧技术，每个喷嘴都是一个独立的燃烧单元，能够有效抑制燃烧振荡，强化燃烧室控制灵活性。燃烧室出口温度达到1385℃，NO_x排放$25×10^{-6}$，参数指标达到国际先进水平。

研制过程中自主开发了F级中低热值燃烧室核心部件合成气燃烧喷嘴，在试验台进行试验验证，申请了国家发明专利。开发了径向分级燃烧、稀释扩散燃烧、冲击冷却等F级中低热值燃烧室关键技术，进行压力模化燃烧试验验证，中低热值燃烧室稀释扩散燃烧技术申请了国家发明专利。进行燃烧室全温全压试验，考核燃烧室的设计性能与制造工艺，完成燃烧室定型。通过严谨的技术研究保证 F 级中低热值燃烧室计的科学性和创新性。

（7）大型高温度梯度液态金属冷却定向凝固设备及技术。

大尺寸叶片定向结晶的控制难度增大，定向凝固中缺陷增多。课题采用的 LMC 定向凝固技术，相对于传统定向凝固技术具有温度梯度高且稳定、冷却速率快等优势，更适合进行大尺寸定向/单晶铸件的制备，是目前国际上最先进的工程化应用定向凝固技术之一。课题通过多年研究掌握关键技术，研制成功抗热冲击模壳，优化 LMC 定向凝固工艺技术，控制大型定向结晶叶片中断晶、斑点、疏松、气孔等缺陷。优化后续加工过程参数（热处理、机加工、打磨、涂层等），控制有害再结晶的出现，确保大型定向结晶叶片的冶金质量。

（8）长寿命复合热障涂层制造技术。

F 级燃气轮机热通道部件工作环境苛刻，为防止或降低燃气轮机热通道部件的高温氧化及腐蚀，研制了热障涂层黏结底层合金粉末材料。研究黏结底层超音速火焰喷涂技术、电弧离子镀喷涂技术，通过实验比较了两种喷涂技术的抗震性能，其中超音速火焰喷涂制备黏结底层的热障涂层至 4500 次热冲击试验后涂层完好，涂层无分离、裂纹、起皮和剥落等缺陷。

热障涂层陶瓷面层选用氧化锆粉末，采用大气等离子喷涂技术制备。研究了喷涂功率对涂层强度、均匀度影响。采用 6 轴联动机械手实现中低热值燃气轮机第 1 级动叶热障涂层喷涂。通过对喷枪行走方式确定、喷涂距离与角度控制、喷涂步进选择、喷涂速度耦合等过程的研究，成功地在大尺寸叶片上涂覆厚度均匀的热障涂层。

截至 2015 年 12 月 30 日，课题组申报国家发明专利 53 项，获得授权 26 项；申报国家实用新型专利 47 项，获得授权 45 项。课题实施过程中在国内外各种专业技术协会会议和各种学术杂志上发表 F 级中低热值燃料燃气轮机关键技术和整机设计研究课题相关技术论文共 106 篇，其中被 SCI、EI 收录 44 篇。

2. 首台国产 30MW 燃压机组研制

2009 年，国家能源局启动天然气长距离输送管道关键设备国产化项目，哈尔滨电气哈汽公司与中船重工 703 所携手承担 30MW 燃压机组的国产化研制工作（见图 2.4－12）。30MW 燃压机组燃气轮机为三轴式，由低压压气机、高压压气机、燃烧室、高压涡轮、低压涡轮、动力涡轮组成。其中，高压压气机与高压涡轮相连接，低压压气机与低压涡轮相连接，与燃烧室组成燃气发生

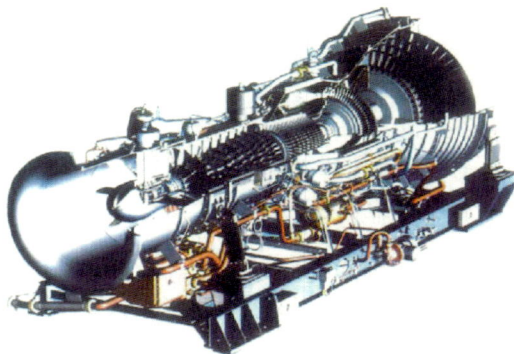

图 2.4－12　30MW 燃压机组

器，动力涡轮与其仅有气动联系而无机械连接。低压轴流式压气机为九级，由一级低压涡轮驱动。高压轴流式压气机亦为九级，由一级高压涡轮驱动。动力涡轮为四级，驱动输出轴。燃烧室为环管型，有 16 个火焰筒。机组可用于电站、天然气增压站、机械驱动及浮动电站等。

国内首台 30MW 级燃压机组的制造，突破了燃烧室、高温冷却叶片、钛合金转子、高温合金涡轮盘、热障涂层和钛合金叶片强化等多项关键制造工艺和检测技术。

（1）燃烧室制造技术研发。

燃烧室喷嘴的结构复杂，制造精度要求极高，其与火焰筒配合部分的精度要求在 0.1mm 以内，零部件整体长度精度要求在 0.4mm 以内，并且要求焊后同轴度公差在 $\phi 0.1$mm 的圆柱面内。同时，燃料喷嘴性能要求第一气路与第二气路具有相同的气体流量。

燃烧室火焰筒整体采用高温合金制成，采用激光切割、真空钎焊、高温喷涂、电阻点焊、五轴自动氩弧焊、电火花加工、流量监测等全新设备、全新工艺。图 2.4-13 所示为 30MW 级燃压机组燃烧室与喷嘴。

图 2.4-13　30MW 级燃压机组燃烧室与喷嘴

（2）轮盘拉削技术研发。

拉削加工具有生产率高、能稳定获得较高的尺寸加工精度和表面粗糙度，是一种高精度、高效率的可最终成型的机械加工方法。通过使用合适的拉夹具（含底座、支承件、分度盘、定位环等件），分度盘，可以保证产品的尺寸精度、位置精度和装配精度。工艺规程确定了试件拉削、榫槽检测、刀具磨损情况监测、拉削参数等细化要求，确保了最后的高温合金轮盘拉削质量，提高了榫槽的加工效率，榫槽表面的粗糙度，产品的精度。

（3）薄壁件产品制造技术。

首次引进了计算机模拟技术。通过计算机模拟，确定最佳工艺方案，减少实际试验过程，提高科研效率，降低了科研成本。在缺乏复杂薄壁件成型技术的条件下，自主研发，突破了内外整流罩成型技术瓶颈，保证了燃压机组的顺利生产。

（4）特种焊接技术。

高温（钛）合金焊接保护技术研发。采用预抽真空再充入高纯度氩气保护焊接方式对高温合金结构零件进行焊接，设备内部的焊接变位机可实现环形零件的手工纵缝焊接。真空充氩焊接箱的研制与开发很好地解决了高温合金在空气中焊接质量难以保证的难题，经不同材质的高温合金的焊接试验得到了充分证明。同时，对燃压机组薄壁件高温合金还可以实现带工装焊接，解决了以往带工装焊接无法保护的难题。

通过实验数据总结出了焊缝性能随焊接参数变化的规律，得到了燃压机组燃烧室司太立堆焊的最佳焊接参数，并为今后同类材料的焊接生产提供了有价值的参考资料，为保证燃压机组质量及产品顺利出产提供了有力技术保障。高质量的司太立堆焊层硬度达到了要求，可以提高燃烧室火焰筒使用寿命约30%，降低机组制造成本。

30MW 燃压机组转子制造采用电子束焊接的方式完成。钛合金轮槽单盘拉削精加工完成后，经过盈热装后再采用真空电子束焊接的方法进行焊接连接。电子束焊接必须保证合格率高、焊接质量好、焊接收缩量控制精确、焊接变形小，满足燃压转子的设计使用要求。为保证产品焊接生产中能够实现高质量的焊接，防止因电子束焊接质量问题带来贵重金属零件报废和机组拖期，哈汽公司开展了大量的电子束焊工艺试验，确定燃压转子各级转鼓的焊接方案，通过力学性能检测、收缩量测量等焊后检查，使电子束焊接方案达到了燃压转子的焊接要求。图2.4-14所示为电子束焊后的燃压机组转子产品。

图 2.4-14　电子束焊后的燃压机组转子产品

（5）表面喷涂和强化技术。

燃气轮机燃烧介质复杂，工况恶劣，热腐蚀和高温氧化现象普遍存在于燃气轮机各个零部件中，必须对零部件表面进行涂层处理。由于国外的技术封锁，使用进口涂层材料采购困难。针对燃压机组中机匣类零件表面防护涂层，开展进口与国产两种涂层的性能及抗腐蚀能力研究，以及两种材料涂层制备的各方面性能参数，得到了大量试验数据，为采用国产涂层材料代替进口提供了有力支持。

（6）燃压机组整机装配技术。

装配是整个机组生产过程中非常重要的一个部分，直接关系到机组性能和质量。燃压机组结构复杂，包括低压压气机、高压压气机、燃烧室、高低压涡轮和动力涡轮等几大部分，其中低压压气机、高压压气机和动力涡轮三大部分，在进入最终装配前先独立装配成整体，而燃烧室与高低压涡轮直接以小部套进入最终的总装配。

燃气发生器采用垂直装配，组装完成后高度在 4.5m 左右。随着装配的进行，装配工人进行工作的高度逐渐升高。为了便于在不同的工作高度进行安装，提高装配时的安全性和装配效率，提出了井式升降装配平台的技术方案，用于燃压机组燃气发生器部分的垂直装配工作。根据工件装配过程中所需高度的变化，装配台相应升降，使工人在地面合适的位置进行装配操作。低压压气机、高压压气机和燃气发生器的装配均在井式升降台上装配完成。燃气发生器翻转设备用于将装配完成后的燃气发生器整体翻转，包括由垂直状态翻转成水平状态和从水平状态竖起。

3. R0110 重型燃气轮机研制

R0110 重型燃气轮机研制课题是科技部"863 计划""十五"期间设立的能源领域重大专项，2002年在科技部正式立项。研制工作始于 2001 年，是我国自主研制的、具有完全自主知识产权的第一台100MW 级重型燃气轮机。原中航工业沈阳黎明航空发动机（集团）有限公司（黎明公司）为总承研单位，中航工业沈阳发动机设计研究所为总设计师单位，联合国内高校、科研院所组成联合团队进行研制。

R0110 重型燃气轮机研制 2001 年启动。2003 年由 606 所联合外国专家完成 R0110 重型燃气轮机设计，通过科技部设计验收。2004—2007 年开展 R0110 重型燃气轮机制造，进行材料国产化、零部件研制、总装、厂内试车台建设和调试等工作。2008 年完成了燃气轮机全转速空负荷调试和第三方验证等工作，2008 年 12 月通过了科技部组织的阶段验收。图 2.4−15 所示为 R0110 燃气轮机及试验电站。

图 2.4−15　R0110 燃气轮机及试验电站

R0110 重型燃气轮机研制目标是通过对关键技术的自主攻关，研究及消化吸收国外燃气轮机的设计思想，掌握重型燃气轮机的设计和制造技术，开发具有自主知识产权的重型燃气轮机，达到设计 20 世纪 90 年代初的水平，填补国内大型燃气轮机产品的空白，满足国内市场的需求，参与国际市场竞争。

R0110 重型燃气轮机主要技术指标：输出功率 114.5MW，设计转速 3000r/min，燃烧室出口温度 1210℃，简单循环效率 36%，设计寿命 100 000h。机组在现场可不揭缸检查，现场可开缸更换火焰筒和透平叶片等高温部件。

从技术性能分析，R0110 重型燃气轮机比美国 GE 公司的 9E 机组略高，主要是燃烧室出口温度及简单循环效率高于 9E 机组。虽然 R0110 重型燃气轮机技术水平不及世界先进水平，但当时国内重型燃气轮机自主研制处于停滞状态，燃气轮机市场全部被国外公司占据，R0110 重型燃气轮机的自主研制对建立我国重型燃气轮机技术体系起到了填补空白的作用，因而具有十分重要的意义。

项目实施中，在燃气轮机设计能力方面建立了包括总体性能计算和压气机、燃烧室、透平三大部件设计及内部冷却技术、轴承设计等多专业的设计体系。在制造能力方面联合国内机械行业倾力制造所有部件和整机装配，推进材料与工艺国产化，实现自主研制生产。在试验调试能力方面建立了厂内空载试车台，完成了系统调试、辅机设备成套、带负荷电站试验台建设与调试等。

R0110 重型燃气轮机的研制，走过了设计、研制和试验验证的过程，积累了设计、制造、装配试验和调试经验，突破了重型燃气轮机设计、关键材料和整机制造、电站试验等关键技术，基本完成了重型燃气轮机自主研制的全过程。

2009 年，科技部将该燃气轮机的发展型——中低热值 R0110 燃气轮机的研制再次列入"十一五""863计划"重大专项。该计划的目标是为我国整体煤气化燃气-蒸汽联合循环（IGCC）中燃气轮机核心机的研制打下基础。中低热值 R0110 燃气轮机 2009 年启动研制，2012 年完成零部件研制、总装和厂内全转速空负荷调试，2013 年 1 月完成第三方验证。

2011 年中航工业设立"1150"工程项目，R0110 重型燃气轮机试验示范项目作为集团"1150"工程项目正式立项。2012 年 4 月黎明公司与中海油深圳电力有限公司签署了 R0110 重型燃气轮机试验示范运营合作协议，开始建立试验平台，燃气轮机于 2012 年运至中海油深圳电力有限公司，并于当年 12 月实现燃气轮机 72h 简单循环连续运行试验考核。2013 年 11 月机组又完成了 168h 联合循环试验考核。2014年 3 月，"十五""863 计划"重大专项 R0110 燃气轮机通过科技部组织课题的最终验收。2015 年 3 月，"十一五""863 计划"重大专项中低热值 R0110 燃气轮机通过科技部组织的课题最终验收。

2014 年启动对机组进行低排放燃烧室改造工作。2015 年 8 月，换装低排放燃烧室的 R0110 重型燃气轮机在中海油深电开始调试运行。燃气轮机联合循环机组在中海油深电满负荷累计实际运行了 1600多小时。2015 年 9 月，燃气轮机在运行过程中发生故障，试验运行停止。之后积极分析故障原因，提出完善方案。

通过两台 R0110 重型燃气轮机的研制，研制企业积累了设计、制造、装配、试验、调试经验，突破了重型燃气轮机设计、关键材料和整机制造、整机试验及调试等关键技术，获得专利 93 项。基本建立了具有自主知识产权的 E+级的重型燃气轮机的设计、研制、试验、调试平台，实现了自主研发重型燃气轮机的历史性跨越，培养并锻炼了一支专业化程度较高的重型燃气轮机研发技术队伍和技能队伍，为自主发展重型燃气轮机打下了基础。

4. 东方电气集团 50MW 燃气轮机研制

东方电气在国家农业银行专项资金支持下，开展 50MW 重型燃气轮机自主研发，以期构建重型燃气轮机设计平台，掌握燃气轮机的设计理论、设计方法和规范，建立重型燃气轮机自主研发设计体系。建立重型燃气轮机试验验证平台，掌握重型燃气轮机的试验、测试、验证技术。建设燃气轮机材料研发平台，建立自主燃气轮机材料体系，攻克关键部件的制造工艺，形成完整的燃气轮机制造工艺能力。建设热部件加工能力，形成燃气轮机完整制造体系；完成燃气轮机产业人才体系建设，引进高端人才，建设核心技术人才队伍。

50MW 燃气轮机技术指标见表 2.4－1。

表 2.4－1　　　　　　　　　　　　50MW 燃气轮机技术指标

项目	功率/MW	流量/(kg/s)	压比(—)	透平进口温度/℃	热效率（%）	整机寿命/年	透平叶片寿命/h	
							高压级	低压级
初始目标	50	149	18	1330	>35	25	48 000	96 000
改进目标	50	130	18	1400	>38			

50MW 燃气轮机主要创新技术如下：

（1）燃气轮机总体设计技术。

掌握燃气轮机的气动总体设计方法和技术，拥有经过成熟机组校验过的一维总体性能设计程序和非设计工况分析程序。在 50MW 燃气轮机的研制过程中，东方电气成功运用程序进行初始总体方案的设计。对于非设计工况的计算分析，拥有一套基于部件试验数据的非设计工况分析方法和程序，能够准确地模拟燃气轮机的全工况（启机、点火、升速、加载、停机等）过程的模拟，有效地指导设计和试验验证工作的开展。

（2）全三维通流气动设计技术。

为了取得通流设计方法的突破，在传统二维方法的基础上发展了全三维的通流气动设计技术，该方法基于运用分析方法解决设计问题的思路，避免了全三维通流方法在理论和实践上的困难。以二维结果作为初始设计，开展压气机整机三维黏性 CFD 分析计算，并基于对压气机内部流动机理的深刻认识，根据计算结果对通流设计参数进行有针对性的调整，以达到满意的设计结果。试验结果表明设计方法有足够的准确性。

（3）燃气轮机及联合循环热平衡计算。

通过技术攻关，东方电气完全自主掌握了 F 级以上联合循环电站性能计算技术，可独立完成大型联合循环电厂的整体性能计算和优化（包括抽凝背机组供热、汽轮机全切、烟尾换热器供热等复杂工况），具有快速响应用户各种方案设计和性能分析等需求的能力。

（4）高效多级轴流压气机设计技术。

压气机是燃气轮机的核心部件，东方电气在 50MW 燃气轮机的研发过程中，按照高起点、高标准的要求，确定了符合当时主流 F 级燃气轮机压气机水平的设计目标，在此基础上先后突破了压气机设计的一系列核心技术，包括高负荷压气机气动布局技术，通流设计及分析技术，双圆弧（DCA）、多圆弧（MCA）叶型设计技术，跨音级设计技术，全三维 CFD 分析技术，级间匹配分析技术，试验仿真模拟技术，压气机性能积叠技术等。在 50MW 燃气轮机的自主化研发过程中，突破了 F 级高效多级轴流压气机的关键核心技术，为更高参数压气机的设计奠定了技术基础。

（5）DLN 干式低污染燃烧器设计技术。

燃烧室采用双级径向旋流贫预混燃烧技术，保证高效、低污染、稳定燃烧。通过冲击冷却获得合适的火焰筒壁面温度分布，搭建和完善冲击冷却设计数据库。建立 F 级 DLN 燃烧器的设计流程，掌握设计方法。

（6）高温透平设计技术。

在 50MW 燃气轮机的自主化研发过程中，充分结合材料、铸造、加工及喷涂工艺，借鉴多年汽轮机设计经验和参考国内外先进的燃气轮机技术，全面自主建立整套透平设计技术。其中包括透平全三维数值分析技术、先进叶片设计技术、先进冷却设计技术、二次空气系统元件网络搭建技术。

（7）燃气轮机实验及调试技术。

50MW 燃气轮机的试验首先进行压气机和燃烧器单独试验和调试，然后进行压气机和燃烧器联锁试验。

压气机试验台设备在满足 50MW 压气机整机模化试验的同时，也能够满足今后 300MW F 级燃气轮机压气机多级试验，为国内第一台高压比、大流量重型燃气轮机压气机试验台。压气机试验台系统主要包括拖动系统、润滑油系统、循环水系统、空气系统、控制系统和数据采集系统。压气机性能是否满足设计要求，主要经过实验进行验证，因此压气机性能试验是燃气轮机研发过程中十分的重要环节。

东方电气自主研发的燃烧器试验台主要包括燃气系统、空气及氮气系统、测量系统以及控制系统，与燃烧器本体试验件相连接来进行燃烧器的流量分配试验和燃烧器常压试验。配合压气机供给空气流量可以进行燃烧器的实压试验。这些试验是在燃气轮机新产品研发阶段基于相似原理，针对燃烧器部件进行性能的试验，其主要测试燃烧器的流量分配、压力损失、壁面温度、出口温度场、污染物排放、燃烧效率、结构可靠性等参数指标。到目前为止，已经完成了燃烧器流量分配试验、燃烧器常压点火边界试验以及燃烧器常压热态性能试验，燃烧器与压气机联合实压试验已经成功点火，为接下来高温挂片试验和原型机试验打下基础。

主要创新平台建设：

（1）重型燃气轮机高温部件和涂层热性能实验室。

重型燃气轮机高温部件实验室。拥有一条用于重型燃气轮机高温部件（大尺寸单晶、定向结晶叶片）材料研发和成形技术试验的中试线，配置恒温恒湿环境控制系统、进口自动制壳线、进口真空定向凝固炉、三坐标、蓝光扫描以及 DR 数字 X 射线直接成像系统等先进进口设备和材料分析、工艺模拟平台，具备透平用高温合金大尺寸定向凝固单晶和柱晶空心叶片、新型耐热钢的研发能力。

实验室承担了自主设计的 50MW 燃气轮机用等轴晶叶片的研制。已掌握了陶瓷型芯制备、冶金缺陷控制、尺寸变形控制等关键技术，完成了 50MW 燃气轮机等轴晶叶片的工艺定型并实现了批量生产，目前可以制造出总高 340mm 的四连体导叶片，总高 565mm 的燃气轮机动叶片。为了进一步提高叶片的高温性能和使用温度，实验室在研制等轴晶叶片的同时，也开展了定向柱晶和单晶叶片制造技术研究，掌握定向凝固和单晶关键技术，制备了一系列定向和单晶叶片，其中尺寸最大的单晶动叶片高度达 320mm。

（2）燃气轮机试验室。

重型燃气轮机压气机试验台主要由以下几个部分组成，即进气装置、压气机试验台位主体、排气装置、驱动系统、测量系统、控制系统、润滑油系统、控制油系统、冷却水系统和电气系统。其中拖动系统由 10kV 高压交流电机、液力变矩器、增速齿轮箱及相应联轴器等组成，驱动电机功率 25 000kW，采用 10kVA 容量的变频起动控制。

压气机试验系统的各项主要参数均集中在控制室内进行监视及控制。设有计算机大屏幕显示、监控系统，实现系统控制、联锁、保护及试验数据测量和计算。控制系统可实现对润滑油系统、水系统等的控制和报警。压气机试验台如图 2.4-16 所示。

燃气轮机燃烧试验台包括：0.1~1.8MPa 压力等级的空气系统、0.1~4.2MPa 压力等级的燃料系统、可将燃气温度降至 300℃ 以下的冷却水系统、高精度出口烟气成分测量系统、出口温度/压力/组分旋转测

图 2.4-16 压气机试验台

量系统、响应迅速的控制系统，能够满足燃烧器各种性能测试的需求。

燃气轮机透平冷效试验台与燃烧试验台共用，具备完整的实压空气、冷却水系统、燃料系统以及烟气测量系统。能满足各种燃气轮机透平冷效测试的不同要求。

建成 F 级 50MW 燃气轮机满负荷整机试验台，主要由以下几个部分组成：50MW 燃气轮机原型机

试验台位主体、50MW 负载压气机台位、燃气轮机进气装置及排气装置、负载压气机进气装置及排气装置、启动系统、润滑油系统、控制油系统、冷却循环水系统、燃气系统、压缩空气系统、负载压气机放气系统、电气系统、控制系统、测量系统等。空负荷试验主要验证燃气轮机的气动性能、机械性能及关键的振动指标是否符合技术要求，验证辅助系统配置及控制系统可行性，并根据试验数据对燃气轮机进行相应的调整。满负荷试验验证燃烧器及高温透平冷却设计性能、二次空气系统、三大部件的联合平衡运行工况点、燃烧器排放、额定工况下温度场、叶片与气缸振动特性、通流间隙、静强度等，尤其要验证高温部件的冷却特性。

关键部件制造能力：

（1）燃烧器（筒）的研制。

燃烧器主要由喷嘴、内筒、尾筒、外筒等组成、结构紧凑精密、设计型线复杂、精度要求极高，因此制造难度极大。对燃烧器开展大量的研制攻关试验，逐渐形成了数十项具有自主知识产权关键核心制造技术，同时具备了相应的关键核心制造设备。燃烧器的研制几乎涉及成型、焊接、加工、热处理、喷涂等全部冷热加工专业，通过数值模拟、理论计算、试验验证、反向优化等多重手段结合，开展了燃烧器材料及制造工艺研究与应用，研究成果属国内首创，具有完全自主知识产权。

（2）透平叶片的研制。

50MW 燃气轮机透平共有四个叶片级，属于高温合金叶片。其中，四级动叶中有二级采用空心叶片，四级静叶中有三级采用空心叶片，其余均为实心叶片，全部采用无余量熔模精密铸造的方法制造。解决的关键制造技术包括：大尺寸复杂抗热冲击陶瓷型芯制备技术，大尺寸复杂蜡模尺寸及变形控制技术，大尺寸复杂抗热冲击陶瓷型壳制备技术，大尺寸叶片精密铸造工艺及缺陷控制技术，大尺寸叶片毛坯检测分析及精密加工技术。蜡模压蜡机如图 2.4－17 所示，自动型壳制备生产线如图 2.4－18 所示，三室真空精密铸造炉如图 2.4－19 所示。

图 2.4－17　蜡模压蜡机

图 2.4-18 自动型壳制备生产线

图 2.4-19 三室真空精密铸造炉

东方电气自主研发的 50MW 重型燃气轮机转子于 2019 年 5 月成功完成整机点火试验，整个试验一次成功，为整机制造完成迈出了一大步。2020 年 11 月 27 日，50MW 重型燃气轮机实现满负荷运行。

5. 华清公司 CGT-60 重型燃气轮机设计研发

2008 年 1 月，国家发展改革委批准成立"燃气轮机与煤气化联合循环国家工程研究中心"，北京华清燃气轮机与煤气化联合循环工程技术有限公司（简称华清公司）为其法人实体，分别由清华大学清华控股有限公司、东方汽轮机有限公司、哈尔滨汽轮机厂有限责任公司、上海汽轮机厂有限公司、南京汽轮动力设备有限公司、中国电力工程顾问集团公司和中国船舶重工集团公司第 703 研究所投资入股组成。

华清公司在国产化重型燃气轮机的自主设计方面积极发挥作用。2011 年 10 月 16 日，华清公司 CGT-60 重型燃气轮机初步设计方案通过了专家评审，专家委员会认为以初步设计方案为基础，与联合单位开展技术设计和施工设计是可行的。华清公司与上海电气商定合作模式，对 CGT-60 重型燃气轮机的进气室、进气缸、压气机叶片和气缸、压气机排气缸、透平缸、转子和轴承等几十个部件联合开展技术设计，如图 2.4-20 所示。在 CGT-60 重型燃气轮机初步设计方案基础上，进行 CGT-60 进气系统、进气室、进气缸、压气机叶片和气缸、压气机排气缸、透平缸、转子和轴承等的结构详细设计，完成总图和零部件详细设计图纸与规范的设计工作。同时根据 CGT-60 重型燃气轮机的工况特点完成了进气系统等辅助配套系统的设计开发。双方组建了联合设计团队，经过历时近两年的反复迭代设计，最终完成了方案设计，为

图 2.4-20 CGT-60 重型燃气轮机设计图

该型机组的进一步全面国产化打下了基础。自主知识产权 F 级重型燃气轮机 CGT-60 研制进入施工设计和核心部件试验阶段。

CGT-60 重型燃气轮机设计性能(ISO)为输出功率 67.5MW,热效率 36.5%,透平进口温度 1400℃,NO_x 排放为 15×10^{-6}。

压气机为 15 级,设计流量为 177.08kg/s,压比为 17.2,效率为 87.2%。采用全三维设计及流场优化、先进叶片气动造型和高可靠性设计。

引进国外专家团队联合设计燃烧室,培养华清公司燃烧设计团队,知识产权全部归华清公司所有。干式低污染燃烧室为径向分级预混燃烧模式,低压力损失。同时开发天然气与合成气两种燃烧室,环管式设计,易于现场更换。

透平设计为 4 级,进口温度为 1400℃,效率为 91.3%。采用全三维气动设计及流场优化、先进叶片气动造型及全气膜覆盖冷却设计。

采用完全自主设计重型燃气轮机控制系统,华清公司负责软件系统设计,国内采购硬件。2014 年 10 月控制系统完成了设计评审,开展燃气轮机控制系统的闭环联调仿真平台搭建,进行 CGT-60 控制系统样机调试,如图 2.4-21 所示为 CGT-60 重型燃气轮机压气机、燃烧室、透平设计图。

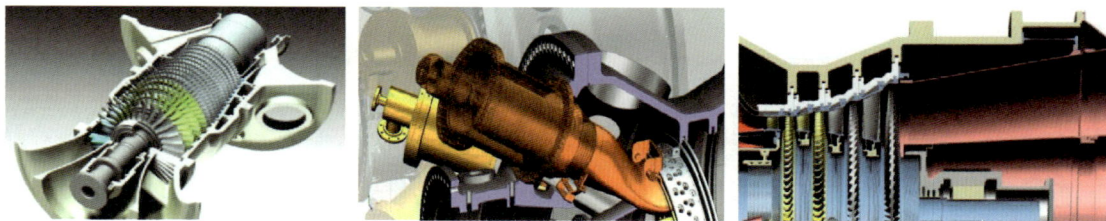

图 2.4-21 CGT-60 重型燃气轮机压气机、燃烧室、透平设计图

6. 微小型燃气轮机研发

微小型燃气轮机一般指功率在 1000kW 以下,甚至可以小到十几千瓦的燃气轮机,其结构形式与常规燃气轮机有很大不同,采用离心压气机和向心透平,转速高达数万转,排气段安装回热器,常用于楼宇冷热电联供、住宅自备发电和移动式电源。微小型燃气轮机的研制在国内起步相对较晚,最初主要依托于航空发动机改型而成。总体上我国微小型燃气轮机研发投入不足,未掌握高端热端部件、回热器、空气轴承、高速电机等部分核心部件设计与制造技术,没有形成具有国际竞争力的产品,高性能产品完全依靠进口。

在"十五""十一五"期间,科技部分别通过重大专项、重点项目支持微小型燃气轮机的研发工作。

在"十五"期间，中航工业 120 厂、中科院工程热物理所和西安交通大学等共同承担国家 863 重大专项"100kW 级微型燃气轮机及其供能系统"；在"十一五"期间，100kW 燃气轮机研制作为国家 863 重点项目课题得到滚动支持。在"十一五"期间，331 厂、中科院工程热物理所、608 所、北京理工大学和清华大学等共同承担国家 863 重点项目课题"1MW 级微型燃气轮机及其供能系统研制"，并通过 400h 考核验收。

"十二五"以来，在国家有关部委、地方政府、有关企业及中科院等支持下，微小型燃气轮机研发取得重要进展。在中科院、国家发展改革委、国家工信部和安徽省地方政府支持下，中科合肥微小型燃气轮机研究院有限责任公司开展 0.1MW、1MW 和 4MW 燃气轮机的研制工作。其中，1MW 级特种车辆燃气轮机通过中科院组织的重点项目验收；1MW 级双燃料燃气轮机发电系统通过全负荷试验；完成 0.1MW 紧凑式燃气轮机工程样机研制，并作为非民用动力电源交付用户使用；中合燃气轮机与 460 厂联合研制的 4MW 燃气轮机完成整机装配并进入慢车状态。在中航工业 1150 工程项目支持下，120 厂与中科院工程热物理所研制成功 18kW 燃气轮机。新奥能源动力科技（上海）有限公司研制完成 100kW 燃气轮机，并用于天然气分布式供能系统示范。上海和兰透平动力技术有限公司研制完成 2MW 燃气轮机，已应用于上海前滩工程。

通过近 20 年的努力，我国已初步掌握微小型燃气轮机压气机、涡轮、燃烧室与系统集成的设计技术与制造技术，形成了技术队伍，并建立了相关试验平台。

第四节　向燃气轮机技术强国迈进

燃气轮机是国民经济重要的核心动力装备，是代表一个国家科技和工业整体实力的重要标志之一。为了彻底改变我国航空发动机和燃气轮机发展落后，核心技术受制于人的状况，从 2012 年起，国家进行"航空发动机和燃气轮机重大专项"立项论证工作，并于 2016 年正式启动两机重大专项的实施。

纵观发达国家燃气轮机技术发展历程，给出的主要启示是：以企业为主体，坚持不懈开发核心技术，逐渐形成自己的特色技术和产品系列。GE 公司和西门子公司是自主研发的代表，而三菱公司是引进技术、自主创新的代表。

基本型燃气轮机出发，滚动发展，逐渐形成产品系列。基本型燃气轮机是一个有市场竞争力的产品，其压气机、燃烧室、透平、转子等主要部件应具有良好的技术成熟性和可继承性，能够扩展为系列产品。

政府引导与支持，产学研用结合，推动技术发展。燃气轮机研制和试验涉及众多的政府部门

267

和用户，只有取得政府和用户的支持才可能取得成功。如三菱公司在日本通产省和多家电力公司支持下，在三菱公司高砂制造厂内建设 300MW 试验电站，企业与政府和用户紧密结合解决燃气轮机研发重大问题。

竞争择优，按照市场经济原则优胜劣汰，形成了高度垄断的格局。国际重型燃气轮机行业经过重大的企业收购和重组事件，燃气轮机制造商已经减少为四家。

而我国重型燃气轮机领域现状是产品水平不高，缺乏国际竞争力。我国目前还没有自主品牌的重型燃气轮机产品，与国际水平差距至少 25~30 年。研发体系不健全，创新能力不强。我国重型燃气轮机自主研发体系和创新能力更为不足，全行业还处在技术探索阶段，技术积累和工程经验较为薄弱。基础设施薄弱，保障能力不足。近十年来我国开展了重型燃气轮机部分核心技术基础研究，有科研机构和企业已经开始建设大型试验设施，但尚未形成系统完备的试验能力。燃气轮机的科研投入滞后。燃气轮机技术领域的基础研究、产品研制、试验考核等方面的研发经费投入明显不足，力量分散，技术力量整合统筹不够导致技术发展缓慢、研制周期拉长、试验验证不充分，制约了我国燃气轮机技术的快速发展。

重型燃气轮机重大专项的总体目标是紧紧围绕国家战略目标，建立支撑可持续发展的自主创新体系，掌握关键核心技术，研制出高水平的燃气轮机系列产品，满足我国能源市场需求。突破制约我国燃气轮机发展的瓶颈，改变燃气轮机核心技术受制于人的局面，保障国家安全和经济发展。构建富有活力的产业组织体制与运行机制，培育具有国际竞争力的创新型企业。建立以企业为主体，市场为导向，产学研用相结合的创新机制。建成燃气轮机关键技术研究和基础研究平台，凝聚培养世界一流的人才队伍，提升支撑产业健康发展的创新能力。

全力推进重型燃气轮机自主研发，在重型燃气轮机核心技术形成和产品研制方面取得实质性突破，推进自主研制的燃气轮机产业化。完成具有完全自主知识产权的 300MW 功率等级 F 级燃气轮机产品研制，额定功率不小于 300MW，燃气透平进口温度不低于 1400℃，简单循环热效率不小于 38%，联合循环热效率不小于 57%。开展 G/H 级燃气轮机关键技术研究和技术验证，满足我国电力市场对天然气发电和燃煤/燃气-蒸汽联合循环发电的需求。

自主知识产权 300MW 级重型 F 级燃气轮机样机预期在 2023 年进行整机试验运行考核，并且完成 G/H 级燃气轮机试验部件的设计制造和试验验证。2030 年完成 300MW 级重型 F 级燃气轮机研制全过程并形成自主品牌产品，进入电力市场，并且完成 400MW 级重型 G/H 级燃气轮机样机的自主研制。

重大专项将着力建设重型燃气轮机设计体系，完成高效压气机、多燃料（含中低热值燃料气）低污染燃烧室、高温透平叶片、燃气轮机控制装置等关键技术研发、部件设计和试验验证，掌握高效、低排放热力循环和集成技术。完成先进燃气轮机概念设计方案研究，掌握先进燃气轮机高效率宽裕度多级轴流压气机设计技术，超低污染燃烧室设计制造技术，透平叶片冷却设计制造技术、先进循环技术，完成燃气轮机透平叶片的超级冷却结构设计和试验验证，支撑 G/H 级燃气轮机的自主研制。

建立 F 级燃气轮机高温合金材料体系，完善高温结构材料及部件研制能力。完成 F 级燃气轮机大尺寸无余量等轴晶和定向柱晶精密铸造空心叶片研制、隔热热障涂层材料的研制，建立重型燃气轮机高温结构材料体系。完成精铸单晶透平空心叶片研制，具备新型隔热热障涂层材料的制备与工程化能力。完成燃气轮机高温叶片第三代单晶高温合金研制。建立可满足未来燃气轮机需要的高温结构材料体系。完成可满足未来级燃气轮机的第四代单晶高温合金等新型高温结构材料的研制。

重型燃气轮机的自主开发将充分利用我国巨大的市场拉动，以规模化开发带动技术升级和产业化发展，形成以企业为主体、具有自主知识产权和自主品牌的燃气轮机产业。形成自主化成套设备和关键部件设计制造能力，培育掌握核心技术的高端部件专业生产配套企业系统。

为保障自主品牌重型燃气轮机试验验证的展开，重大专项将建立重型燃气轮机设计体系和关键技术试验研究平台，掌握重型燃气轮机整机与主要关键部件设计、试验与制造核心技术，形成自主创新能力。建设试验验证电站，完成样机总体性能及关键部件的试验验证和运行考核。建立先进重型燃气轮机科研—设计—试验—制造—运行互相衔接的完整工业体系，建成重型燃气轮机先进技术可持续研发的支撑平台，培育形成具有自主开发能力的人才队伍。

在此基础上，进一步实现关键技术的突破，提高燃气轮机总体设计和试验研究水平，提高制造水平及系统集成能力，研制具有自主知识产权的 G/H 级燃气轮机样机，使我国燃气轮机的整体技术实力赶上国际先进水平。

重型燃气轮机发展的技术途径是以掌握具有自主知识产权的重型燃气轮机设计、试验与制造核心技术为目标，采用自主研发为主的技术路线，借鉴和吸收国内外先进燃气轮机技术，充分利用我国已有的重型燃气轮机科研成果，通过设计技术平台开发与试验研究平台建设的紧密结合，完成 F 级重型燃气轮机的设计、试验、制造、成套、调试以及试验验证，形成重型燃气轮机的自主设计与制造能力，建立和完善型燃气轮机的设计体系、试验体系、制造体系和材料体系。在形成我国自主设计制造、试验验证能力平台基础上，开展 300M 等级 F 级燃气轮机研制，完成设计、关键部件试验验证、样机研制、试验电站考核运行和技术完善全过程，形成自主品牌产品。

重型燃气轮机重大专项的实施责任主体确定为国家电力投资集团公司。国家电力投资集团公司联合中国东方电气集团、哈尔滨电气集团和上海电气集团三家发电设备制造企业，成立了中国联合重型燃气轮机有限公司，具体承担重型燃气轮机重大专项的实施。300MW 级 F 级燃气轮机研制、400MW 级 G/H 级燃气轮机技术验证、燃气轮机试验验证基地建设以及自主品牌燃气轮机试验电站建设等项目正在按计划展开。目前中国联合燃气轮机有限公司已完成 300MW 级 F 级燃气轮机整机概念设计，压气机、燃烧室和透平等关键核心零部件试制和性能试验正在进行，包括设计研发材料研发等方面都有很大进展。

截至 2018 年年末，我国陆上燃气轮机发电装机容量为 8330 万 kW，占发电装机总容量的 4%。未来，随着我国能源结构的不断优化，推动高质量发展，重型燃气轮机发电一定将会有一个大幅度增长趋势。

第五章

火 电 环 保

第一节 概 述

新中国成立以来,我国电力环保技术经历了从无到有,从低级到高级的发展历程,特别是改革开放以来,伴随着电力工业的飞速发展,电力环保产业迅速成熟壮大。与发达国家相比,我国电力环保技术尽管起步较晚,但发展迅速,火电厂燃煤烟气污染物排放限值国家标准历经多次修订,并遵照国家减排政策的具体要求不断升级,对应了不同阶段的环保技术蓬勃发展。我国环保技术的发展具有明显的政策驱动特征,火电厂大气污染物排放标准变革情况见表 2.5-1。环保标准的日趋严格,推动了技术的提升和应用,同时技术的成熟又反过来促进了新的标准的颁布实施。

表 2.5-1 火电厂大气污染物排放标准或要求

序号	名 称	排放浓度限值/(mg/m^3)		
		尘	SO_2	NO_x
1	无标准阶段	—	—	—
2	《工业"三废"排放标准(试行)》(GBJ 4—1973)	无要求	无要求	无要求
3	《燃煤电厂大气污染物排放标准》(GB 13223—1991)	600	无要求	不涉及
4	《火电厂大气污染物排放标准》(GB 13223—1996)	200	1200	650
5	《火电厂大气污染物排放标准》(GB 13223—2003)	50	400	450
6	《火电厂大气污染物排放标准》(GB 13223—2011)	30/20[1]	100/50[1]	100
7	《煤电节能减排升级与行动计划(2014—2020 年)》	10/5	35	50

[1] 特别排放限值。

我国除尘、脱硫和脱硝技术从不同时期分别起步,通过技术引进,消化吸收再创新,历经数十年发展已取得了长足的进步,尤其是自 2014 年燃煤电厂烟气超低排放实施以来,除尘、脱硫和脱硝技术工艺的设计、装备制造及工程应用均已达到世界先进水平,目前已实现燃煤电厂烟气"超低排放",即粉尘、SO_2 和 NO_x 排放分别不超过 $5mg/m^3$、$35mg/m^3$ 和 $50mg/m^3$,备受世界瞩目。

技术进步促成了燃煤火电厂污染物减排显著成效:1979—2016 年期间火力发电量增长了 17.5 倍,

单位发电量颗粒物排放强度下降了 99.7%，颗粒物排放总量下降了 94%。SO_2 排放绩效由 10.11g/（kW·h）降至 0.39g/（kW·h）；NO_x 排放绩效由 3.62g/（kW·h）下降到 0.36g/（kW·h）。

电力环保技术发展过程中，我国形成了一批骨干企业，对技术的提升、节能降耗和技术推广起到了重要作用，根据中国电力企业联合会发布的统计，我国在电力环保领域累计建设投运的环保装置位居前列的企业包括：北京国电龙源环保工程有限公司、北京博奇电力科技有限公司、福建龙净环保股份有限公司、国家电投集团远达环保股份有限公司、中国华电科工集团有限公司、浙江天地环保科技有限公司、山东三融环保工程有限公司、北京清新环境技术股份有限公司、大唐环境产业集团股份有限公司、浙江菲达环保科技股份有限公司、上海电气电站环保工程有限公司等。这些企业的涌现对我国电力环保产业发展、环保装置降低成本和环保技术的迅速推广普及作用巨大。

第二节　火电环保技术发展历程

一、1996 年以前，重点发展除尘技术

1972 年以前，我国经济比较落后，电力装机容量较少，电力环保处于无标准阶段。1973 年，中国颁布了《工业"三废"排放试行标准》（GBJ 4—1973），首次以国家标准的方式对大气污染物排放的烟尘和 SO_2 提出排放速率和烟囱高度要求，但对排放浓度无要求。专门针对燃煤电厂污染物提出限值要求的是 1991 年颁布的《燃煤电厂大气污染物排放标准》（GB 13223—1991），该标准针对不同类型的除尘设施和相应燃煤灰分制定了不同的排放标准限值。

20 世纪 70 年代，电力部将电除尘确定为火电厂烟尘治理主要工艺，对中国电除尘技术的发展起到了重大作用。中国企业开始从发达国家引进代表当时国际先进水平的电除尘技术，1983 年，中国首台 300MW 火电机组配套电除尘器在谏壁电厂投运，1989 年，中国首台 600MW 火电机组配套电除尘器在平圩电厂一期机组投运。至 20 世纪 90 年代，电除尘技术基本上被我国企业掌握，并成取代原有的机械、水膜等除尘设备而成为主力设备。

伴随着改革开放，我国大规模经济建设，燃煤电厂成为能源工业的主力军，电除尘技术发展也进入快车道。燃煤电厂建设加快，同时为提高发电效率，其机组容量向 300MW、600MW 发展，所配套的电除尘器也向大型化发展。至 1992 年，中国电除尘器生产企业就已经超过 100 家，年产值将近 10 亿元。

这一阶段，火电厂脱硫脱硝技术还处于跟踪阶段，未形成我国的产业应用。

二、1996—2003 年除尘技术持续进步，脱硫技术发展

1996 年，在国家加强酸雨和 SO_2 控制的背景下，国家环境保护局颁布了《火电厂大气污染物排放标准》（GB 13223—1996），并于 1997 年 1 月开始实施。该标准延续了时段划分，增加了从 1997 年开始的第 3 时段，提出了超前时间段指标值，对 SO_2 实行排放总量与排放浓度双重控制，首次提出了 NO_x 排放浓度限值。该标准控制标准还较为宽松，SO_2 允许排放量公式复杂，不易操作，区域划分也不够详细。

1. 除尘方面

截至 2002 年，中国电除尘技术已接近当时国际先进水平，电除尘器的生产数量及使用数量均位列世界第一，基本确立了电除尘器大国地位。2000 年燃煤电厂电除尘器市场占有率达到 80%，除尘效率为 98.0%。

历经多年的努力，袋式除尘技术终于在 2001 年首次成功应用于燃煤电厂锅炉烟气净化。内蒙古丰泰发电公司 2×200MW 袋式除尘器是我国第一台成功投运的大型燃煤机组袋式除尘器。该工程的成功运行，对袋式除尘器在我国燃煤电厂的应用起到了重要推动作用。

2. 脱硫方面

针对大气 SO_2 污染及酸雨问题，1998 年，北京国电龙源环保工程有限公司（简称龙源环保）率先引进石灰石石膏湿法脱硫技术，并通过北京一热、杭州半山电厂、重庆珞璜电厂脱硫技改工程的实施，完成了烟气脱硫工程的引进消化吸收工作。2002 年，国内首个独立完成的湿法烟气脱硫工程——京能热电 20 万 kW 脱硫工程顺利投产；次年，首台 30 万 kW 等级发电机组烟气脱硫国产化湿法工程——黄台 30 万 kW 脱硫工程投入运行，国产化率达 85% 以上，为我国脱硫设备国产化奠定了坚实的基础。此后，随着国家排放标准的实施，脱硫市场的兴起，国内多家企业开始大规模的技术引进，各种脱硫技术几乎都被引进到了中国，并经过多年的应用实践，逐步实现了国产化，脱硫效率在 95% 左右。

三、2003—2011 年除尘、脱硫技术快速进步，脱硝技术发展

1. 除尘方面

2003 年我国对燃煤电厂污染物排放标准做了修订，烟尘排放限值大幅下降，《火电厂大气污染物排放标准》（GB 13223—2003）要求烟尘排放限值为 $50mg/m^3$。推动了电除尘技术的创新和进步，电除尘企业数量攀升，这一时期袋式、电袋复合除尘器技术开始成熟，市场份额上升。2008 年，山西漳山发电有限责任公司燃煤机组袋式除尘器顺利运行，标志我国袋式除尘设备在 600MW 大型燃煤电站取得成功。

袋式除尘技术在火电行业的应用平均以每年数百万千瓦的速度增加，最大应用到 600MW 机组。此外，一大批自备电厂和工业锅炉也开始应用袋式除尘技术，并已获得良好效果。

燃煤电厂为满足新的烟尘排放标准，部分电除尘器改造为袋式除尘器或电袋复合除尘技术，一度使得电除尘技术的主导地位受到挑战，引得电除尘技术一系列变革。各种高效电除尘技术相继问世，如旋转电极式电除尘、电凝聚、机电多复式双区电除尘、离线振打、SO_3 烟气调质、新型高压电源等技术。旋转电极式电除尘技术可有效地解决高比电阻粉尘收尘难的问题，最大限度地减少二次扬尘，且增加电除尘对不同煤种的适应性；电凝聚技术可以用较小的代价实现烟尘（尤其是 PM2.5）显著减排；机电多复式双区电除尘技术可抑制高比电阻粉尘下的反电晕；烟气调质技术，特别适用于灰尘高比电阻工况；高频电源可给电除尘器提供从纯直流到脉冲的各种电压波形，达到节能减排的效果；三相电源对于中、低比电阻粉尘，需要提高运行电流的场合，可以显著提高除尘效率。

2. 脱硫方面

《火电厂大气污染物排放标准》（GB 13223—2003）将各时段建设的燃煤机组全面纳入 SO_2 浓度限值控，脱硫产业进入快速发展期。期间从事脱硫的企业快速增长，引入技术的种类众多并完成了国产化，国产化技术的成熟使得脱硫工程造价从引进之初的 1000 元/kW 降低到 120 元/kW 左右。

2004 年 11 月，国华粤电台山发电公司 60 万 kW 燃煤发电机组烟气脱硫工程正式投入运营，是我国首台 60 万 kW 燃煤发电机组烟气脱硫工程。此后 2007 年，泰州电厂等一批百万千瓦机组烟气脱硫工程投入运行，标志我国石灰石－石膏湿法烟气脱硫技术的成熟。

除了石灰石－石膏湿法脱硫工艺以外，一批不同工艺路线的电站锅炉脱硫技术也纷纷落地。2009 年，由龙源环保建设的华能海门电厂一期工程是世界上首例采用海水脱硫的百万千瓦机组，各项经济指标和技术性能均处于国际先进水平。氨法脱硫技术在燃煤电站应用，2009 年前后，田东电厂、国电宿迁电厂先后建设氨法脱硫装置，探索了电力行业污染物资源化利用的路径。

截至 2010 年底，全国已投运烟气脱硫机组超过 5.6 亿 kW，约占全国燃煤机组容量的 86%，在全国已投运的烟气脱硫机组中，石灰石－石膏湿法是主要脱硫方法，占 92%。其余脱硫方法中，海水法占 3%，烟气循环流化床法占 2%，氨法占 2%，其他方法占 1%。

3. 脱硝方面

《火电厂大气污染物排放标准》（GB 13223—2003）首次将 NO_x 列为污染物排放指标，促使了我国脱硝技术和产业快速发展，低氮燃烧结合烟气脱硝的组合成为脱硝技术主流。

低 NO_x 燃烧技术的研发和生产取得了长足发展。凡 2003 年以后投建的燃煤发电锅炉基本都配用了先进的低 NO_x 燃烧技术，并实现了自行设计、自行制造和自行安装调试。燃煤发电锅炉低氮燃烧技术，成为燃煤电厂 NO_x 控制的首选技术，先进低氮燃烧技术 NO_x 减排率可达 50%～60%。

我国选择性催化还原（SCR）技术走了条引进—吸收消化—再创新的道路。经过多年探索，国内的环保企业完全掌握了 SCR 全产业链核心技术。2006 年，我国第一家采用具有自主知识产权 SCR 核心技术设计建设的脱硝工程——国华太仓发电有限公司 7 号机组（600MW）烟气脱硝工程成功投入运行。

为了摆脱催化剂完全依赖进口的局面，龙源环保、东方锅炉、重庆远达等一批环保企业建立了脱硝催化剂生产基地，国产催化剂。通过技术攻关，解决了适用于我国烟气高灰分、高硫分特征的 CSR 脱硝催化剂生产技术。

四、2011—2014 年环保技术全面发展与超越

2011 年颁布的《火电厂大气污染物排放标准》（GB 13223—2011），被称为我国史上最严标准，燃煤电厂不仅要进行脱硫，还要进行烟气脱硝，并对重点地区的电厂制定了更加严格的特别排放限值，并首次将 Hg 及其化合物作为污染物。我国的环保技术在政策驱动下迈上了新台阶，在引进、消化吸收的基础上，实现了技术的创新和超越。

1. 除尘方面

（1）湿法电除尘。

在环保压力下，我国将部分化工行业用的除尘设备借鉴到电力行业中，如湿法电除尘。2013 年，华电淄博热电有限公司成功实践应用国内火电机组首台湿式除尘器，实现 PM2.5 脱除率 90%超低排放。国内有多家公司已研发或引进湿式电除尘技术，已有数家公司掌握了其核心技术，并有投运业绩。湿式电除尘器在满足极低排放、治理 PM2.5 方面已得到一致认可。环境保护部印发的《环境空气细颗粒物污染综合防治技术政策》（2013 年第 59 号公告）中也鼓励电力企业应用。

（2）低低温电除尘。

低低温电除尘技术在日本已得到广泛应用且效果良好，国内电除尘厂家从 2010 年开始逐步加大对低低温电除尘技术的研发，通过有益的探索和尝试，已有 660MW 机组投运业绩。2012 年 6 月，国内首台 600MW 余热利用高效低低温电除尘提效改造项目—福建大唐国际宁德发电有限公司 4 号炉 600MW 机组投入应用。经检测：换热降温幅度平均达到 50℃以上；粉尘排放值由 60mg/m³ 下降到 20mg/m³；SO_3 脱除率达到 73.78%（一级换热后），实现了显著的经济效益和环保效益。高效低低温除尘引起关注。

2. 脱硫方面

涌现出一批新技术，主要包括双循环技术、单塔强化技术（如旋汇耦合技术、沸腾式泡沫脱硫技术）。2011 年底，国电永福电厂双塔双循环脱硫工程顺利投运，标志着我国在脱硫双循环技术上正式成型，此后，2013 年。国电肇庆电厂单塔双循环脱硫工程顺利投运，完全达到设计指标，标志双循环技术的成熟。

清新环境的旋汇耦合脱硫技术历经多年发展，早在 2005 年开始在陡河电厂开展示范工程，在脱硫超低排放改造中取得了显著的效果。2014 年，上海漕泾电厂 1000MW 火电机组成为在国家电投集团内首次采用沸腾式泡沫脱硫技术的工程，经实际运行显示，各项性能数据良好。

3. 脱硝方面

（1）脱硝工艺。

一般煤粉炉机组 NO_x 排放浓度限值要达标，仅依靠低氮燃烧技术已无法实现，必须结合烟气脱硝工艺。选择性催化还原法（SCR）烟气脱硝技术在中国燃煤电厂得到普及，催化剂多采用"2＋1"配置方式（2 层运行，1 层预留备用），脱硝效率大多控制在 80%。

（2）还原剂制备。

目前国内绝大多数的燃煤发电厂都采用 SCR 脱硝技术，均采用氨作为还原剂，脱硝还原剂制备系统根据氨的来源有氨水蒸发、液氨汽化、尿素制氨（尿素水解、尿素热解）三种制备技术。尿素水解制氨技术具备高安全性、低运行成本和可公用性，得到了广泛使用。

（3）催化剂再生。

针对脱硝催化剂大量使用的环保状况和催化剂寿命的预期，我国将面临废弃脱硝催化剂的合理处置问题，为此国家鼓励了一系列的废弃脱硝催化剂再生及回收技术研发项目。目前，多家企业已完成了脱硝催化剂再生关键技术研究，形成了可靠、稳定的再生工艺路线，再生后催化剂性能符合重新使用的要求，如龙源环保；根据废弃脱硝催化剂中毒程度和失活原因的不同，对废弃脱硝催化剂实施了不同的再生处理手段，再生后催化剂的脱硝活性为新催化剂的 90%以上；磨损强度和机械强度分别为新催化剂的87.95%和88.90%；SO_2 氧化率等性能指标与新催化剂接近。废弃脱硝催化剂再生与回收技术是具有创新性和巨大的市场应用前景的技术，该项技术也成为各催化剂生产厂的研究热点。

五、2014—2020 年超低排放技术的推广

2014 年 6 月国务院办公厅印发《能源发展战略行动计划（2014—2020 年）》（国办发〔2014〕31 号），提出"新建燃煤发电机组污染物排放接近燃气机组排放水平"。2014 年 9 月，国家发展改革委、环境保护部、国家能源局发布《煤电节能减排升级与改造行动计划（2014—2020 年）》（发改能源〔2014〕2093 号）中对煤电行业明确规定：东部地区 11 省煤电排放参照燃气排放限值，即在基准氧含量 6%条件下，粉尘、SO_2、NO_x 排放浓度分别不高于 $10mg/m^3$、$35mg/m^3$、$50mg/m^3$；中部地区 8 省原则上接近或达到这一限值。部分地区已经在国家标准的基础上又提高了标准，如广州市政府提出超洁净排放"50355"工程，即电厂大气污染物排放浓度降至：粉尘、SO_2、NO_x 分别为 $5mg/m^3$、$35mg/m^3$、$50mg/m^3$

以下。2015 年 12 月，环境保护部、国家发展改革委、国家能源局联合印发《全面实施燃煤电厂超低排放和节能改造工作方案》(环发〔2015〕164 号)，将"燃煤电厂超低排放与节能改造"提升为国家专项行动，即到 2020 年，全国所有具备改造条件的燃煤电厂力争实现超低排放，全国有条件的新建燃煤发电机组达到超低排放水平。2016 年 11 月 17 日，我国发布《电力发展"十三五"规划》(以下称《规划》)，从供应能力、电源结构、电网发展、电改等八个方面绘制了电力发展"十三五"蓝图。《规划》部署："十三五"期间，火电机组 SO_2 和 NO_x 排放总量均力争下降 50%以上，30 万 kW 级以上具备条件的燃煤机组全部实现超低排放。同时要加大燃煤电站灵活性改造力度，加大煤电调峰的能力，这对环保设施的快速响应跟踪性能以及全负荷稳定脱除能力提出更高要求。

超低排放的标准已严格于发达国家的现行排放标准，见表 2.5－2。

表 2.5－2　　　　　　　　各国燃煤电厂大气污染物限值比较

污染物	中国	美国（2011 年）	欧盟（300MW 以上新建）	日本[①]
粉尘	10/5	12.3	10	8
SO_2	35	136.1	150	111
NO_x	50	95.3	150	70

① 东京特别区。

超低排放全面铺开是基于数十年来，我国环保技术取得的一系列成绩而形成的技术支撑，同时也给环保技术提出了新的要求。

在超低排放要求的驱动下，我国企业在技术上打破原有的功能单一、串联使用的烟气净化设备序列，普遍采用烟气净化技术集成优化实现多种污染物节能协同减排，并形成了多种技术路线。燃煤电站的污染物控制技术路线呈现多样化的发展趋势。目前，典型的超低排放技术路线可分为配置湿式电除尘器的技术路线和不配置湿式电除尘器的技术路线两种。

1. 配置湿式电除尘器的技术路线

（1）SCR 脱硝＋低低温电除尘技术＋单塔单循环脱硫技术＋湿式电除尘技术。

该技术路线主要强调粉尘超低排放的达标要求，而在脱硫方面并未做太大提效的改动。神华国华惠州电厂 300MW 机组采用该技术路线。测试结果表明，NO_x、SO_2 和粉尘的最大排放浓度分别为 20mg/m³、9mg/m³ 和 1.7mg/m³。一般来说，该技术路线的脱硝效率最高可达 90%，脱硫效率最高可达 97.9%，电除尘效率可达 99.91%，湿式电除尘效率可达 80%。

（2）SCR 脱硝＋干式电除尘技术＋双塔双循环脱硫技术＋湿式电除尘技术。

该技术路线采用双塔双循环脱硫系统，尤其针对含硫量较高的工况，例如，华能白杨河电厂 300MW 火电机组采用该技术路线。测试结果表明，NO_x、SO_2 和粉尘的排放浓度分别为 36mg/m³、20mg/m³ 和

$4.5mg/m^3$。一般来说，该技术路线的脱硝效率最高可达 90%，脱硫效率最高可达 99.50%，电除尘效率可达 99.85%，湿式电除尘效率可达 80%。

（3）SCR 脱硝＋低低温电除尘技术＋双托盘脱硫技术＋湿式电除尘技术。

浙能嘉华电厂 1000MW 火电机组采用该技术路线，测试结果表明，NO_x、SO_2 和粉尘的排放浓度分别为 $25mg/m^3$、$12mg/m^3$ 和 $2.0mg/m^3$。一般来说，该技术路线的脱硝效率最高可达 90%，脱硫效率最高可达 98.80%，电除尘效率可达 99.91%，湿式电除尘效率可达 80%。

（4）SCR 脱硝＋电袋复合除尘技术＋双塔双循环脱硫技术＋湿式电除尘技术。

山西瑞光电厂 300MW 火电机组采用的是该技术路线，试运行期间，NO_x 排放浓度 $21.1mg/m^3$，SO_2 排放浓度 $14.3mg/m^3$，粉尘排放浓度 $1.7mg/m^3$。该技术路线采用电袋复合除尘器替代干式电除尘器，一般来说，脱硝效率最高可达 90%，脱硫效率最高可达 99.50%，电袋复合除尘器出口粉尘浓度可以控制在 $5\sim15mg/m^3$，湿式电除尘效率可达 80%。

2. 不配置湿式电除尘器的技术路线

（1）SCR＋低低温电除尘技术＋单托盘/双托盘脱硫技术＋高效除雾技术。

神华鸳鸯湖电厂采用该技术路线，测试结果表明，NO_x 排放浓度 $26.1mg/m^3$，SO_2 排放浓度 $8.3mg/m^3$，粉尘排放浓度 $4.8mg/m^3$。该技术路线主要充分利用脱硫吸收塔的协同除尘作用以及高效除雾器对液滴的高脱除率，保证脱硫吸收塔出口处的液滴浓度较低，从而使得雾滴含固量较低。一般来说，该技术路线的脱硝效率最高可达 90%，脱硫效率最高可达 98.80%，电除尘效率可达 99.91%。脱硫吸收塔的协同除尘效率最高可达 80% 左右。

（2）SCR＋干式电除尘技术＋旋汇耦合脱硫技术＋管束式除雾技术。

该技术路线利用管束式除尘除雾一体化装置代替除雾器，置于脱硫塔顶部，起到协同除尘除雾的效果。大唐云冈电厂 300MW 火电机组采用该技术路线，运行经验表明可实现超低排放的要求。一般来说，该技术路线的脱硝效率最高可达 90%，脱硫效率最高可达 98.80%，电除尘效率可达 99.85%，管束式除尘除雾一体化装置的除尘效率可以达到 80%。

3. 超低排放背景下，燃煤电厂新技术需求

（1）低成本脱硫废水零排放技术。

随着《水污染防治行动计划》（水十条）的颁布和水污染排放标准的提高，高含盐含氨（脱硝氨逃逸）的脱硫废水零排放将会日益紧迫。目前，我国脱硫废水零排放技术仍处于广泛研究与初步应用探索阶段。传统的零排放技术投资成本普遍较高且运行费用较大。为实现低成本脱硫废水零排放，提高废水和矿物盐的综合利用率，国内已开展了基于烟气余热利用的低成本脱硫废水零排放技术应用。

技术采用低温烟气余热浓缩减量＋消石灰调质＋热风干燥固化的工艺流程，实现了燃煤电厂脱硫废

水零排放，并在泰州电厂 1000MW 燃煤机组实现了工程应用，取得良好的效果，解决了电厂废水外排的一系列问题，相比其他技术，在投资成本、运行成本、物料消耗、能量消耗等方面都具有较好的经济指标。整体而言，实现了吨水废水的投资成本不高于 250 万元/t；直接运行成本低于 40 元/t；相比同类技术投资成本在 350 万~400 万元/t，直接运行成本 60~80 元/t，各项经济指标达到了国际领先水平。

（2）白色烟羽治理。

石灰石-石膏湿法脱硫工艺可使排出的湿烟气温度降低至 45~55℃，低温饱和湿烟气经烟囱进入大气后，遇冷凝结成微小液滴，从而产生白色烟羽。虽然单纯的白色烟羽对环境质量没有影响，但是影响环境观感，有时会被误认为有毒、有害废气。因此，部分燃煤电厂提出消除白色烟羽的需求。

白色烟羽治理技术路线可分三大类：烟气再热技术、烟气冷凝技术和烟气冷凝再热复合技术。烟气再热技术是当前应用最为广泛的技术，结合时下烟气超低排放及节能的要求，具有最广阔的应用前景。烟气冷凝技术对白色烟羽的治理亦有明显的效果，且能实现多污染物联合脱除。该技术目前在行业中的多数应用并不完全针对白色烟羽的治理，主要目的是减排、收水和节水，其技术指标未结合白色烟羽的消除来制定，但在客观上已起到了白色烟羽治理的作用。烟气冷凝再热复合技术是烟气加热和烟气冷凝技术的组合使用，综合了加热技术和冷凝技术的特点，对于白色烟羽治理有更宽广的适用范围。

（3）智能脱硝控氨技术。

超低排放推广后，燃煤电站烟气脱硝的氨逃逸超标问题，成为电力环保行业共同关注的重大问题。解决这一问题，是维持燃煤电厂稳定安全运行的重要保障，也是促进燃煤烟气和谐治理、消除环保设施二次污染的重要举措。

为解决这一问题，国内已开发出基于大数据的智能脱硝控氨技术并推广应用。主要通过 SCR 入口分区喷氨动态调节、SCR 出口分区智能巡测与均匀混合同步取样测量，再结合大数据-人工智能控制，可有效解决燃煤机组过度喷氨问题，根据部分机组实际运行的结果，在保障超低排放的情况下，可实现氨耗节省 10%~35%，空气预热器的堵塞问题得到显著改善，对于频繁参与调峰或低负荷运行的机组，改善效果更为明显。

第三节　火电环保技术的创新成果

一、脱硫技术

1. 湿法脱硫单塔强化技术

在单循环湿法脱硫技术的基础上，形成了多种石灰石-石膏湿法脱硫的单塔强化技术，主要特点为增加喷淋层、设置强化气液传质的专用装置（各种多孔托盘、湍流排管），如旋汇耦合技术、沸腾式泡沫脱硫技术。

在旋汇耦合湿法脱硫技术中，烟气通过旋汇耦合装置与浆液产生可控的湍流空间，提高了气、液、固三相传质速率，完成一级脱硫除尘，同时实现了快速降温及烟气均布。引风机出口烟气进入脱硫吸收塔，经过旋汇耦合装置，根据流体动力学原理，形成强大的可控湍流空间，使气、液、固三相充分接触，提高传质效率，同时液气比可降低30%，并同时实现高效脱硫和除尘。旋汇耦合装置适用于不同工艺、不同工况、不同煤种、脱硫原料的不同粒径，可应付 20 000mg/m³ 以内 SO₂ 含量的烟气处理系统，完成高效脱硫过程，效率可达 99.5%以上。旋汇耦合湿法脱硫技术在国内脱硫工程中得到了广泛的应用。该技术拥有多种容量等 170 余台大中型燃煤机组烟气脱硫项目业绩。图 2.5－1 所示为整体旋汇耦合装置示意，图 2.5－2 所示为单元体旋汇耦合装置示意。

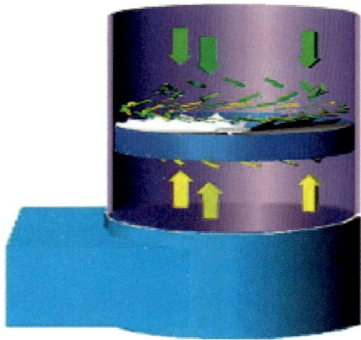

图 2.5－1　整体旋汇耦合装置示意

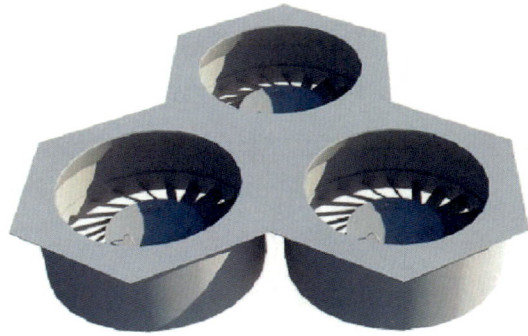

图 2.5－2　单元体旋汇耦合装置示意

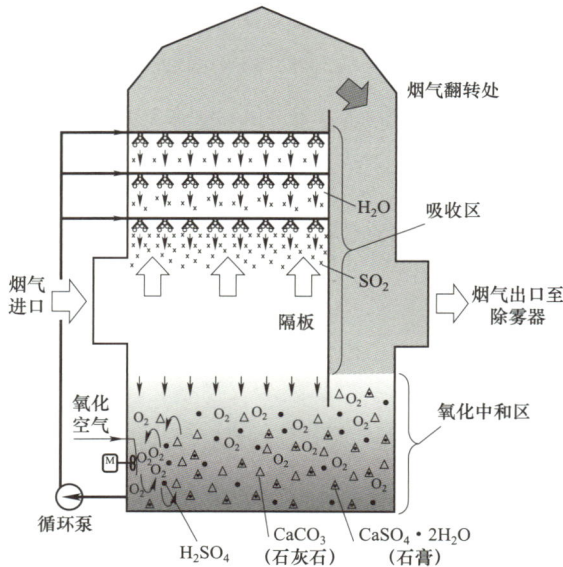

图 2.5－3　鼓泡吸收塔示意图

沸腾式泡沫脱硫技术通过在塔内设置沸腾式传质构件，采用精细化喷淋以及设置壁环等措施，改善了塔内烟气分布，延长了石灰浆液停留时间，增强了塔内气、液、固传质效果，可有效降低液气比，提高吸收剂的利用率。一般情况，常规脱硫塔内烟气速度偏差在 25%左右，通过增加沸腾式传质构件可使塔内烟气速度偏差控制在 10%以内，同时通过流场模拟技术优化喷淋层结构，确保塔内同一截面液气比一致，喷淋覆盖率不低于 250%；沸腾式泡沫脱硫技术在实现 SO₂ 超低排放的同时，可大大降低系统能耗，节约投资和改造成本。沸腾式泡沫脱硫技术已成功应用在数十台机组的超低排放改造中。图 2.5－3 所示为鼓泡吸收塔示意图。

2. 双循环湿法脱硫技术

双循环湿法烟气脱硫技术是一种高效的，适用于燃煤锅炉烟气 SO_2 超低排放的应用技术，其基本的技术原理是：将吸收塔浆液分成两个不同 pH 值的区域，以解决高脱硫效率和石膏氧化结晶最佳 pH 值不同的问题。SO_2 吸收反应在两个反应区域进行，一级循环主要是石膏氧化、结晶和部分吸收反应；二级循环主要是吸收反应，因此，反应的过程与常规单循环稍有不同。根据两级循环的不同特点，分别采用不同的 pH 值控制，一级循环 pH 值控制在 4.5～5.2，二级循环 pH 值控制在 5.8～6.4。双循环湿法脱硫工艺相比于常规的单循环脱硫技术可将脱硫效率由 95% 提高至 98.5% 以上，进而达到燃煤电厂超低排放要求。同时具有可靠性高、设备可利用率高、钙硫比低等优势。在煤种相同，脱硫效率相同时，双循环湿法脱硫技术能耗更低。特别是对要求高脱硫效率的项目有很好的应用效果，适用于各种煤种。同时可以使用劣质脱硫剂，如造纸白泥等。双循环技术又可根据目标机组的实际情况布置为单塔双循环或双塔双循环。国电肇庆发电有限公司 350MW 机组是国内单塔双循环的首台示范工程，如图 2.5－4 所示，实施后 1 号机组脱硫效率为 99.6%、净烟气 SO_2 质量浓度为 5.3mg/m³（标态干基 6%O_2）。该技术已在近百台燃煤电站锅炉上应用。

图 2.5－4 双循环脱硫系统示意图

二、脱硝技术

燃煤电站主要的脱硝技术是低氮燃烧技术和选择性催化还原（SCR）脱硝技术。低氮燃烧技术结合 SCR 已成为我国 NO_x 排放控制的主要方式。

1. 低氮燃烧技术

我国的低 NO_x 燃烧技术经过 20 多年的发展，已经取得长足的进步，开发出的双尺度低 NO_x 燃烧技术已达到国际领先水平。双尺度低 NO_x 燃烧系统利用了煤燃烧与煤氮转化还原"共生共进"的特点，将这一贯穿全炉膛全过程的过程分解为若干节点链环，与之相应的空间内建立多个节点功能区，实现"宏观分级燃烧"到"微观分级燃烧"，通过过程尺度与空间尺度的优化与耦合，使"降氮""燃尽""近壁区防渣"所需的三场特性更加有利，从而达到一体化深度降氮的目的。双尺度低 NO_x 燃烧系统对锅炉的防渣、稳燃、低 NO_x 排放及降低能耗等方面的难解问题效果显著，NO_x 排放量可降至 150～200mg/m³。

2. 选择性催化还原（SCR）技术

我国选择性催化还原（SCR）技术走了条引进—吸收消化—再创新的道路。经过多年探索，国内的环保企业完全掌握了 SCR 全产业链核心技术。为应对超低排放对 NO_x 排放限值 50mg/m³ 的要求，国内企业对 SCR 技术进行外延式挖潜扩张，使 SCR 的 NO_x 脱除率超过 90%。同时为了同步提升对氨逃逸的控制要求，基于大数据的精准控氨技术也已发展并推广开来。我国电站 SCR 典型布置如图 2.5－5 所示。

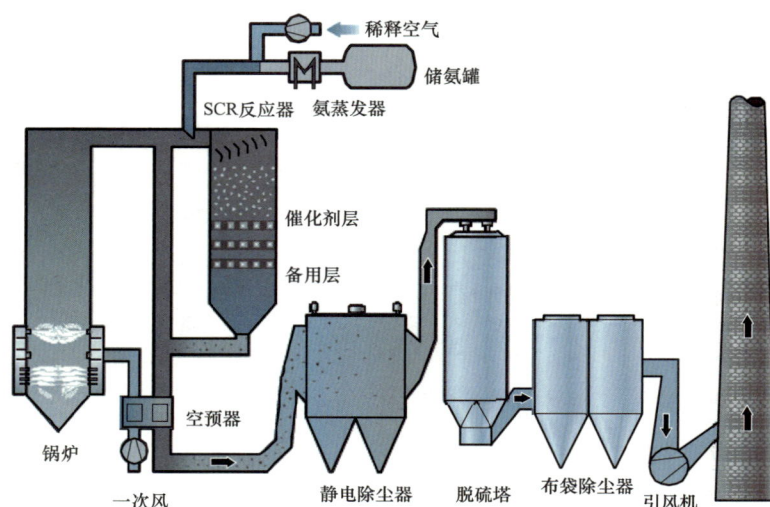

图 2.5－5　我国电站 SCR 典型布置

早期脱硝工程采用的催化剂均为进口，价格非常昂贵，催化剂的费用可以占据脱硝工程总概算的 1/3。自 2012 年起，国内通过技术引进、自主研发，形成了自主的催化剂技术，生产的脱硝催化剂以质量优越、价格低等特点，迅速挤占国内市场，并且开始走向海外，目前中国国内催化剂的总产能超过 60 万 m³/年，已经成为世界上最大的脱硝催化剂供应国。经过短短几年时间，在脱硝催化剂领域，我国已经由单纯的依赖进口国外昂贵产品的状态，到发展成为技术和产品的输出国。图 2.5－6 所示为不同形式的三种催化剂。

3. 废脱硝催化剂再生技术

SCR 脱硝催化剂的使用寿命约 3～5 年，预计我国将每年产生 30 万 m³ 的废脱硝催化剂。2012 年之前，国内脱硝催化剂再生技术是空白，近几年国内也涌现了一批脱硝催化剂再生技术。通过物理化学清洗、活性植入等废脱硝催化剂再生处理技术处理后，再生催化剂的通孔率可以达到 98%以上，活性

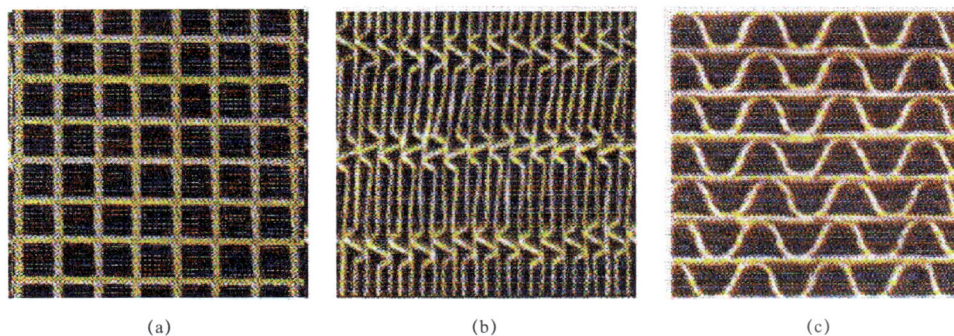

图 2.5-6 不同形式的三种催化剂

（a）蜂窝式催化剂；（b）板式催化剂；（c）波纹板催化剂

能够恢复到新催化剂的 100%，机械性能与再生前催化剂相比基本一致，脱硝效率不低于 80%，化学寿命不低于 3 年或者 24 000h（以先到时间为准）；完全满足脱硝系统的性能要求，其工艺流程如图 2.5-7 所示。

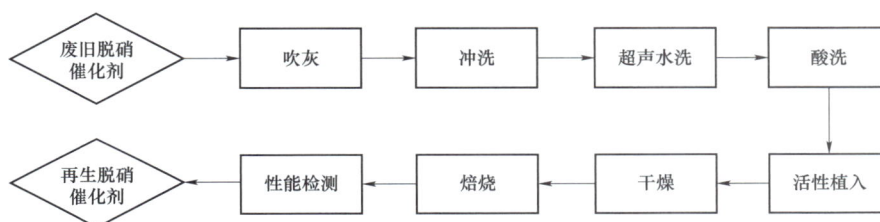

图 2.5-7 催化剂再生工艺流程

三、除尘技术

现阶段我国烟尘的超低排放标准为 10mg/m³，实际执行 5mg/m³，为了达到该指标，目前形成了以各类新型常规烟尘处理手段，配合湿式电除尘或湿法脱硫协同除尘等颗粒物深度脱除技术路线。严苛的排放标准促进了技术进步，低低温电除尘、高效电源、布袋除尘等常规电除尘技术，以及湿式电除尘、湿法脱硫协同除尘等颗粒深度脱除技术迅速发展。

1. 主要常规烟尘技术

（1）低低温静电除尘器技术。

低低温电除尘采用热媒体与热烟气换热，降低除尘器入口热烟气温度，其工艺流程如图 2.5-8 所示。烟温降低使得：烟气量减小，烟尘比电阻降低、电场风速也得以降低，气体黏滞性降低、电场击穿电压升高，从而提高电除尘器的效率。另外，还可以进行余热利用，降低发电煤耗，减少热损失，或者结合 MGGH 提升湿烟气温度，实现干烟囱排放，同时对后级的脱硫也有一定的辅助作用。

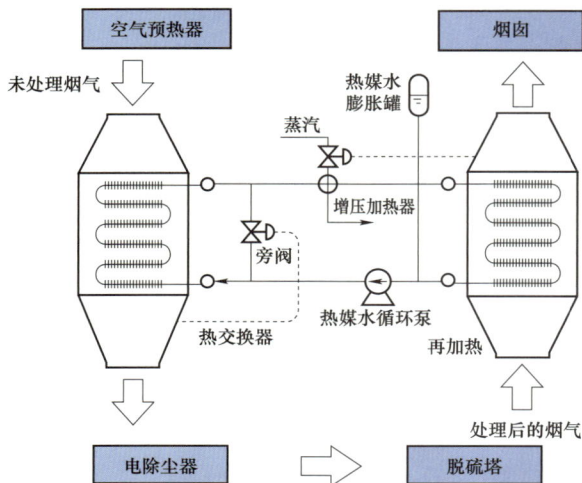

图 2.5-8 低低温电除尘技术工艺流程图

（2）电除尘高效电源技术。

国内企业经过艰苦的自主创新和技术攻关，开发出了基于超微晶材料具有自主知识产权的国产高频电源，可降低粉尘排放 20%～50%，降低能耗 50%，目前先进的高频供电电源已全面替代传统的工频电源。另外，国内高效脉冲电源现已开发成功，三相电源、变频电源等高效电源的应用范围也逐渐扩大。

（3）布袋除尘技术。

布袋除尘效率高，特别是对微细粉尘有较高的效率。经袋式除尘器过滤后的烟气含尘浓度一般都低于 30mg/m³，有的可以达到 10mg/m³ 以下。布袋除尘适应性强，可以捕集不同性质的粉尘，尤其是对高比电阻的粉尘，采用袋式除尘器比电除尘器优越。当入口含尘浓度的变化范围较大时，采用袋式除尘器效果更好。

布袋除尘器的核心是布袋滤料，传统的布袋滤料基材为芳纶滤料，我国产品已经取代了进口产品，占据了国内市场，并且返销国外；PTFE（聚四氟乙烯）纤维的滤料也迅猛发展，使得国外进口滤料的价格大幅下降；应用于大型燃煤电站的 PPS（聚苯硫醚）滤料也已经实现规模化生产，同时也促进了合成树脂生产线和纤维生产线的发展。整体来看，除了滤料的纤维材料，滤料的加工、后处理技术也发展迅速，滤袋的缝制水平和技术已经和国外标准接轨，达到国内先进水平。

我国袋式除尘技术经过十几年的探索、优化，在设计选型、安装调试、运行维护等方面都取得了飞速的发展，经袋式除尘器过滤后的烟尘排放浓度小于或等于 30mg/m³，设备运行阻力小于或等于 1200Pa，滤袋使用寿命大于或等于 4 年，图 2.5-9 所示为袋式除尘器。

2. 颗粒物深度脱除技术

（1）湿式电除尘技术。

国内湿式静电除尘器在冶金行业、硫酸工业已有多年成功的运行经验，是一项非常成熟的技术，其工作原理如图 2.5-10 所示。近年来，为了解决燃煤电厂湿烟羽及后来的超低排放要求，湿式静电技术的应用领域和功能也不断拓展。在燃煤电厂已有超 50 台套工程业绩，技术水平达到国际领先，且有 1000MW 燃煤机组投入运行，已成为当前国内燃煤电厂实现超低排放的主流技术之一。目前已经形成了金属极板 WESP、导电玻璃钢 WESP、柔性极板 WESP 三种主要技术流派，均得到了工程应用，投运项目取得了较好的减排效果。

（2）湿法脱硫协同除尘技术。

硫塔内协同除尘技术作为湿法除尘的一种补充，目前在工程实践方面取得了很大进展，很多脱硫塔通过塔内构件改造＋干式除尘提效，即可实现极低的粉尘排放水平。主要的技术路线是与湿法脱硫工艺结合，一方面强化气液传质，增加浆液对微细粉尘吸收；另一方面强化脱硫吸收塔的除雾功能，以减少烟气的水滴粉尘携带。湿法脱硫的除尘效率可至70%以上，结合前端的常规烟尘处理技术，可实现烟尘的超低排放。在全国燃煤电厂投运的超低排放机组中，使用湿法脱硫协同除尘技术的机组容量占比约为1/4，该技术成本较低且技术日益成熟，受到了发电企业的欢迎。

图 2.5-9　袋式除尘器

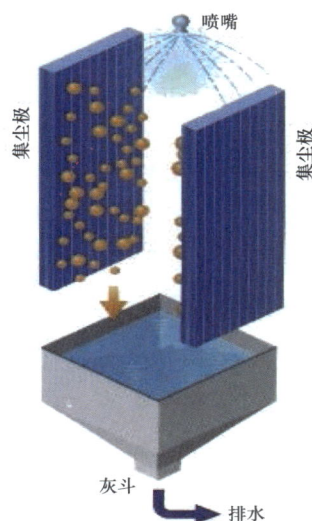

图 2.5-10　湿式除尘器工作原理图

第四节　火电环保总体水平和发展趋势

一、我国环保技术水平

发达国家在燃煤烟气脱硫技术的研究和应用早于我国，但是，由于国外排放标准较宽松，环保压力不大，导致湿法脱硫新技术的研究和应用较缓慢，大部分燃煤电厂依靠常规的石灰石-石膏湿法脱硫技术即可满足排放标准。国内由于煤电装机容量巨大、环保标准苛刻，尤其是超低排放要求的推出强化了对湿法脱硫技术的改进创新和推广应用。目前，我国在烟气湿法脱硫的技术水平和应用业绩上已处于世界领先水平。通过使用单塔强化技术或双循环技术，可达到脱硫效率99%以上，出口烟气中SO_2浓度低于 35mg/m³，该排放指标低于世界各发达国家。

我国低氮燃烧技术基本实现了防结渣、防腐蚀、高效安全前提下低 NO$_x$ 排放，各项指标远远领先于国际先进水平。结合 SCR 技术对烟气中 NO$_x$ 进行处理，可实现 NO$_x$ 的超低排放，我国的 NO$_x$ 控制技术达到国际领先水平。废催化剂再生技术的各项指标，也全面领先国际先进水平。

除尘领域，我国在低低温静电除尘器、高效电源除尘、布袋除尘等常规烟尘处理技术上，掌握的技术性能指标与国际先进水平相当；在颗粒物深度脱除技术方面，国外燃煤电厂对湿式电除尘器的应用较少，与发达国家相比较，我国在湿式电除尘技术上达到国际领先水平；湿法脱硫系统除尘是中国电力环保企业自主创新的新技术，其各项技术经济指标均达到国际领先水平。

我国电站燃煤锅炉烟气主要污染物排放水准国际领先，从 2004 年开展超低排放以来，截至 2019 年年底，全国实现超低排放的煤电机组约 8.9 亿 kW，占煤电总装机容量 86%，建成了世界最大规模的超低排放清洁煤电供应体系。

二、未来技术发展趋势

我国的燃煤发电量居世界第一，燃煤烟气主要污染物排放标准世界最严，促使我国煤电烟气污染物控制整体技术达到国际先进水平，部分技术性能指标达到国际领先。煤电烟气污染控制技术与装备已经取得了很大发展，今后的发展方向将在协同、低耗、智能、资源化及支持生态共享等方面继续优化和提升。

协同主要考虑烟气中多种污染物的协同脱除和烟气脱硫、脱硝、除尘等各个系统之间的优化运行，实现烟气污染控制系统一体化控制，增加系统的灵活性。

低耗主要从提高污染控制设备效率、降低投资成本、降低系统阻力等方面着手，降低能耗、节约物耗。

智能是将煤电烟气污染控制技术与大数据互联网充分结合，将系统设计、运行参数、经营数据、市场政策变化信息充分利用，建立智慧煤电烟气污染物控制系统，为系统设计、设备选型、运行故障排除提供优化解决方案。

资源化是将燃煤烟气污染物资源化利用，达到与环境相融洽的治理模式，实现能源环境的和谐关系和可持续发展。烟气中的硫、发电所产生的粉煤灰、脱硫石膏等也是重要的化工和建材等行业的原材料，可进一步开发从中回收硫酸、化肥、有价金属的技术工艺。

支持生态共享是指电力环保技术不仅使得燃煤电站环保达标，而且还能够支持燃煤电站可利用自身条件，消纳周围区域生活污泥、工业污泥、药渣、油泥、垃圾等固废，使燃煤电站具备既有电力、热力、压缩空气、除盐水、冷媒水等输出的动脉功能，又有回收污泥、垃圾等固废的静脉功能，成为支持城市绿色发展的生态共享型燃煤电站。

第六章

发电厂自动化系统

第一节 概 述

发电过程是一个复杂的能量转化的过程，是将化学能、机械能、风能、光能等各种能量形式转化为便于传输、易于使用的电能。燃煤火力发电厂以煤炭为燃料，通过燃烧、传热及热功转换，将燃料的化学能转化为电能或热能，主要设备有锅炉、汽轮机、发电机、辅助设备等，主要系统有燃烧系统、汽水系统、电气系统、辅助系统等。现代火力发电向高参数、大容量、高效率、低排放、灵活性方向发展，机组要在适应外部环境变化、克服内外扰动，满足电热负荷需求，达到节能减排目标的基础上，实现企业效益最大化，运行控制难度进一步增加，对自动化系统提出了更高的要求。

发电厂自动化系统是实现发电过程状态参数检测、闭环控制、运行监控及系统仿真等功能的软硬件平台，是发电厂的运行控制中心、分析决策中心和安全屏障。发电厂自动化系统主要包括分散控制系统（Distributed Control System，DCS）、监控信息系统（Supervisory Information System，SIS）及全工况仿真机等。一台典型的 1000MW 超超临界火力发电机组，锅炉额定蒸发量达到 3000T/h，额定主蒸汽压力与主蒸汽温度分别达到 25MPa、600℃及以上，监控点数 15 000 点以上，系统规模大、结构复杂，需要完备的自动化系统以保证其安全稳定运行。随着信息技术、控制技术、仿真技术、优化技术的快速发展，自动化系统功能日益强大，重要性日益提高，已成为火力发电厂中与机、炉、电同等重要的第四大技术装备。

我国电厂自动化技术是伴随着新中国电力事业的不断壮大，特别是改革开放四十多年来的快速发展而发展起来的。回顾这一发展历程，大致可以划分为改革开放前的独立艰苦探索，改革开放初期的引进消化吸收，以及改革开放后期的自主创新发展等几个阶段。

一、自力更生创建我国自动化仪表工业体系

新中国成立初期，我国电力工业薄弱，全国发电装机容量 184.86 万 kW，其中火电装机 168.56 万 kW。1956 年第一台国产 6000kW 火电机组在安徽淮南电厂投入运行，结束了我国不能制造火电设备的历史。

到 20 世纪 50 年代末，我国已相继制造出 1.2 万 kW、2.5 万 kW、5 万 kW 火电机组并投入运行。早期的火电机组容量小，系统简单，汽轮机、锅炉和辅机的控制通过就地控制盘来实现，主要的调节设备是从苏联进口的机械式调节器 ΠKTH，以及升级的电子式调节器 BTH。鉴于当时的发电设备可控性较差、自动控制装置精度及可靠性较低，自动投入率低。1958 年，参考苏联的产品，采用电子管放大器和磁放大器，由上海热工仪表研究所即后来的上海工业自动化仪表研究所开展了 DDZ－Ⅰ型电动单元组合仪表研究开发工作，主要品种包括力平衡变送单元、温度变送器、比例单元、微分单元、计算单元、执行机构等，并由上海大华仪表厂和天津仪表厂生产制造。1965 年底，采用晶体管放大器研发的第二代电动单元组合仪表 DDZ－Ⅱ通过全性能测试考验，并在上海南市发电厂锅炉自动控制现场考核成功。DDZ－Ⅲ型仪表采用线性集成电路和国际电工委员会（IEC）规定的 4～20mA 国际标准模拟信号，具有本质安全防爆功能，信号传输采用两线制方式。整套仪表包括变送器、计算器、显示器、记录仪、调节器、执行器及安全栅等辅助单元，上百个品种规格，其综合技术水平已经达到 20 世纪 60 年代末、70 年代初的国际水平。从 1975 年开始，分别由北京、天津、上海、西安、重庆、大连、武汉、吉林等地的仪表厂按照联合设计方案和标准陆续投入批量生产。到 20 世纪 80 年代初，最高年产量达到 24 万台件，成为我国 80 年代到 90 年代工业自动化的主导产品。应当说，在当时的历史条件下，我们受国外仪器仪表发展最新成果的启发，在缺少资料和样机的情况下，充分发挥研究所和工厂各自优势，调动科技人员的积极性和创造性，统一标准，联合设计，分头试制，统一鉴定，边研发、边试用、不断改进提高的大兵团作战方式，是加快新产品开发，将科研成果迅速转化为生产力的一种有益尝试和成功创新。

随着国产 125MW 及 200MW 机组的出现，自动调节项目增多，对自动化系统的要求也相应提高。在电动单元组合仪表 DDZ－Ⅲ基础上，进一步开发了组件组装式仪表（TF－900，MZ－Ⅲ）及数字化的单回路仪表 DDZ－S，为大机组的运行控制做出了贡献。受当时技术水平与内外环境限制，自动化仪表普遍存在电子电路集成度低、运行可靠性差、信号连接复杂、参数整定困难、显示操作不便等问题。一个 200MW 或 300MW 机组控制盘长达十几米，上面集中了几百块仪表和上百个操作把手，要监视上千个测点（见图 2.6－1），自动投入效果不理想、监盘强度大，还容易发生因操作不当引发的各类事故，难以适应大机组安全、稳定、经济运行要求。

与此同时，国际上计算机技术得到快速发展及应用。1971 年，美国 Intel 公司开发出世界上第一个微处理器芯片

图 2.6－1　由模拟仪表实现的 300MW 机组集控室（望亭电厂）

Intel4004，标志着微处理器和微机时代的来临；1975 年，美国霍尼韦尔公司推出了第一套 DCS 系统 TDC－2000，其控制网络采用单层冗余结构，具有集中操作和管理功能，提高了生产运行的稳定性和安全性。DCS 颠覆了传统自动化仪表的设计、调试与运行控制方式，成为引领行业发展的重要方向。

二、开放合作推动我国电厂自动化系统换代升级

改革开放给我国自动化仪表行业发展注入了新的活力，也使我们认识到了与国际先进水平之间的巨大差距。改革开放之初的 20 世纪 80 年代，国外自动化仪表大举进入中国。由于采用专用电路或微处理器、外形小巧、准确度高、功能齐全，获得了用户的高度认可。1982 年，上海仪电控股公司和美国福克斯波罗公司合资成立了上海福克斯波罗（Foxboro）有限公司，生产和销售工业过程自动化测量、控制仪表及系统，给我国自动化仪表行业带来不小的冲击。甚至连国家重点布局的三大仪器仪表制造基地（上海自动化仪表厂、四川仪表总厂，西安仪表厂）也纷纷采用中外合资方式经营，几乎到了国外品牌一统天下的局面。

我国发电行业早期使用 DCS 是随主机设备引进的。由于 DCS 可靠性高、组态方便、监控集中、功能强大，在火电厂得到迅速推广。实现的功能从最初的数据采集系统（DAS）、模拟量控制系统（MCS），逐步扩展到数字电液控制系统（DEH）、旁路控制系统（BPC）、炉膛安全监控系统（FSSS）、电气控制系统（ECS）等。最初进入中国的 DCS 品牌/型号有 14 种之多，主要包括 N－90 及 INFI－90（美国贝利，现 ABB）、WDPF 及 Ovation（美国西屋，现艾默生）、T－ME 及 TXP（德国西门子）、Max1000（美国利诺）、HiACS－3000（日本日立）、CENTUM（日本横河）等。

毋庸置疑，国外 DCS 产品的成熟及成功应用，为提高电厂自动化水平创造了条件，给水全程控制、机炉协调控制、电网一次调频、生产信息统计分析等功能开始普及应用。1992 年原能源部热工自动化领导小组推荐六种（后增至八种）DCS 作为优选机型，并规定国外的 DCS 厂商必须在本地有合作伙伴，部分实现国产化，鼓励电力企业使用国产的 DCS 产品。在政府政策导向与市场需求激励下，涌现出了一批 DCS 开发制造企业，推出了具有自主知识产权的 DCS 产品。代表性的企业及产品有：北京国电智深控制技术有限公司研发生产的 EDPF 系列、北京和利时控制工程公司研发生产的 MACS 系列、上海新华控制技术有限公司研发生产的 XDPS 系列、山东鲁能控制工程有限公司研发生产的 LN2000 系列、南京科远自动化集团股份有限公司研发生产的 NT6000 系列、国电南京自动化股份有限公司研发生产的 maxDNA 系列、浙江中控技术股份有限公司研发生产的 ECS 系列等。到 21 世纪初，国产 DCS 产品 EDPF－NT、MACS 及 XDPS－400 已经在 300MW 机组主控系统上成功应用，打破了国外垄断，为掌握大机组运行控制核心技术、实现工业控制系统自主可控奠定了基础。

三、创新发展实现我国电厂自动化系统技术突破

21 世纪以来，电力体制改革使电力企业逐步走向市场化、国际化，发展大容量超（超）临界发电机组以及提高发电过程的数字化、自动化与信息化水平成为实现企业升级、增强其核心竞争力的重要手段。2004 年 11 月 23 日，我国首台 600MW 国产化超临界燃煤机组在华能沁北电厂 1 号机组投入运行，2006 年 11 月 28 日，我国首台 1000MW 超超临界燃煤机组在华能玉环电厂 1 号机组投入运行，标志着我国基本掌握了大型超超临界机组的设计、制造与运行技术。然而，作为大脑与神经中枢的超（超）临界机组自动化控制系统还全部依赖进口。一方面造成大型超（超）临界机组自动控制技术、运维服务技术及备品备件长期受制于人，另一方面随着自动化控制系统向数字化、网络化发展，网络安全问题日益突出，给国家能源电力安全带来隐患。

2006 年，国务院颁布《关于加快振兴装备制造业的若干意见》，将重大工程自动化控制系统作为 16 项重大装备项目之一。"十一五"初，为解决大型流程工业重大工程自动化装备和系统严重依赖进口的问题，科技部立项"863 计划"重点项目"火电行业重大工程自动化成套控制系统"，国家能源局设立"自动化控制系统新技术示范工程"。通过理论研究、技术开发和工程应用，掌握了大型火电机组自动化控制系统的设计、制造和集成等核心技术，实现了多个工程的首台套应用：

2006 年，国产 DCS 首次在 600MW 机组上成功应用：河北龙山电厂 1 号机组、大连庄河电厂 1 号机组（国电智深 EDPF – NT），陕西锦界电厂 1 号机组（和利时 MACS）。

2011 年，国产 DCS 首次在 1000MW 超超临界机组上成功应用：国电谏壁发电厂 11 号机组（国电智深 EDPF – NT＋），国华台山电厂（和利时 MACS）。

2013 年，国产 DCS 在四川白马电厂世界首台 600MW 超临界循环流化床机组上成功应用（国电智深 EDPF – NT＋）。

2014 年，国产 DCS 首次在超超临界二次再热机组上成功应用：国电泰州 3 号机组（国电智深 EDPF – NT＋）。

应用表明国产 DCS 已完全满足世界最大容量火电机组运行控制要求，整体性能达到国际先进水平，成功替代进口。图 2.6 – 2 所示为国产 DCS 实现的 1000MW 超超临界机组集控室。

在 DCS 取得重大突破的同时，我国热工控制专家率先提出了火电厂厂级监控信息系统（SIS）的概念，将其定位为集生产过程实时监测、优化控制及生产过程管理为一体的厂级自动化信息系统。2000 年颁发的《火力发电厂设计技术规程》（DL 5000—2000）规定："当电厂规划容量为 1200MW 及以上，单机容量为 300MW 及以上时，可设置厂级监控信息系统。"由此揭开了我国 SIS 研究开发和应用的序幕。

华北电力大学、西安热工研究院在国家科技项目支持下，率先开展 SIS 功能结构、关键技术、网络安全研发与示范应用，于 2004 年分别在大唐盘山发电有限责任公司、国电宁夏石嘴山发电有限责任公司投入运行，并制定了《火力发电厂厂级监控信息系统技术条件》。西安西热电站信息技术有限公司、北京华电天仁电力控制技术有限公司、湖南大唐先一科技有限公司、上海麦杰科技股份有限公司、朗坤智慧科技股份有限公司等企

图 2.6-2 由 DCS 实现的 1000MW 超超临界机组集控室（谏壁电厂）

业推出了功能丰富的 SIS 软件产品及系统解决方案，推动了我国大型实时/历史数据库系统、网络安全产品、分析诊断与优化控制功能软件的技术进步，促进了发电企业生产管理信息化技术升级。SIS 成为首个由我国专家提出、我国企业主导、执行我国标准的火电厂大型软件系统。

伴随着机组大型化、复杂化，以网络信息与建模控制技术为支撑的火电机组仿真机得以快速发展。早期火电机组仿真机主要用于人员培训，近年来仿真机功能不断扩展，在运行特性分析和预测、控制系统研究、系统或设备故障诊断等方面也发挥重要作用，仿真范围涵盖了火电机组所有部件、设备、子系统、环节和流程，仿真机已应用于火力发电机组的设计、试验、调试及运行等各个阶段。保定华仿科技股份有限公司、清华能源仿真公司等开发出了图形化仿真支撑系统，仿真建模更加快捷方便，仿真精度达到甚至超过了国外同类系统。将仿真系统与 DCS 相结合，开发出基于虚拟 DPU 与虚拟 DCS 的仿真系统，模拟了更加真实的运行环境。电力生产运行人员通过仿真培训持证上岗已成为行业的惯例。自主化火电仿真机不仅牢固地占据了国内市场，还出口巴基斯坦、印度尼西亚、土耳其等"一带一路"沿线国家，并拓展应用于水力发电、核能发电、新能源发电、航天等领域。

新中国成立 70 多年来，我国发电厂自动化系统经历了从无到有、从跟跑到并跑，在一些关键技术上达到世界领先水平的壮举，培育出若干技术一流、具有国际竞争力的电厂自动化系统生产制造企业。300MW、600MW、1000MW 等各类机组都用上了"中国脑"，市场占有率不断提高。截至 2019 年，自主化 DCS 在我国火电机组主控系统的占有率已接近 50%。约有 2000 台/套以上的仿真系统分布在全国各个不同类型的火力发电厂以及科研院所，用于电力生产人员的培训、试验以及教学和科研活动，99%以上均为我国自主开发。SIS 的产生与发展推动了我国火力发电运行控制与生产管理技术进步，在生产管理信息集成、全方位运行监控、精细化管理等方面发挥了积极作用，开发了一系列技术先进、功能实用的应用软件，培育出一批拥有核心产品与技术的高技术企业。目前在我国运行的 SIS 系统已达 400 余套，几乎全部采用自主化系统。

第二节 分散控制系统的自主化研制

分散控制系统（DCS）以过程控制站、人机接口装置、高速通信网络为核心，实现生产过程的数据采集、过程控制、显示操作等功能，构成原理如图 2.6 – 3 所示。

过程控制站也叫现场控制站、分散控制站（Distributed Processing Unit，DPU），直接与生产过程连接，承担数据采集与控制任务，通常采用冗余配置以提高其可靠性。过程控制站中存储有各种数据处理及控制运算算法模块，通过组态的方法将这些算法模块按一定顺序连接起来，即可构成一个能完成特定功能的控制或运算回路。虽然不同 DCS 所拥有的算法模块各不相同，但一般都包括输入输出类、控制运算类、信号处理类等几大类。

人机接口装置包括操作员站、工程师站、历史站等，是操作、管理人员与生产过程的接口。通过操作员站运行人员可观察生产过程并进行干预操作，通过工程师站系统工程师可进行逻辑组态与参数整定。历史站保存机组历史数据并可进行数据回放与事故追忆，计算站可实现复杂运算及自编程功能。

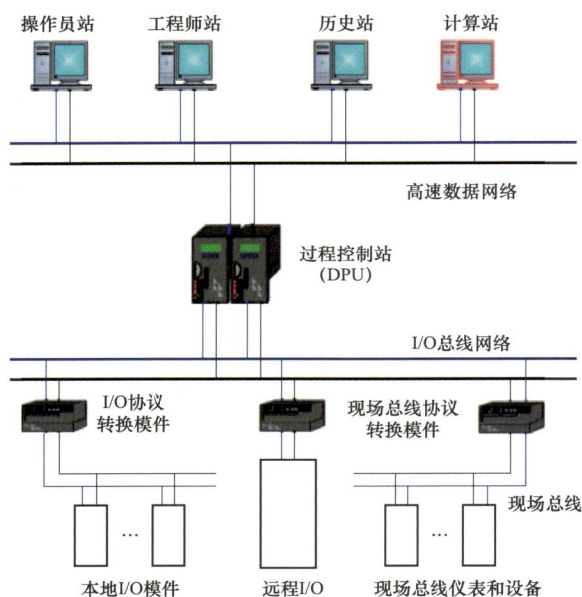

图 2.6 – 3 DCS 构成原理

高速通信网络将 DCS 的各工作站连接起来。过程控制站的现场信息经由通信网络传送至人机接口装置，进行集中监视操作；人机接口装置和计算站的操作控制指令经由通信网络传送至过程控制站，共同完成生产过程的控制任务。高速通信网络采用冗余配置。

DCS 通过 I/O 总线将本地 I/O 模件、远程 I/O 模件或现场总线仪表设备与过程控制站相连接，完成现场信息的上传与控制指令的下达。

DCS 具有功能分散、管理集中、界面友好、可靠性高等特点，在火电机组数据采集与处理（Data Acquisition System，DAS）、模拟量控制（Modulating Control System，MCS）、开关量控制（Sequence Control System，SCS）、燃烧器管理系统（Burner Management System，BMS）或炉膛安全监控系统（Furnace Safety Supervision System，FSSS）、汽轮机数字电液调节（Digital Electric Hydraulic Control System，DEH）等系统中占据主导地位。近年来，DCS 向着全厂数据集成、主辅机全范围应用、生

产优化与管理等方面发展。

一、我国发电厂 DCS 发展历程

1962 年，我国制定了"十年科学规划"，其中包括"计算机工业应用"项目，选定上海南市电厂一台 12MW 的小型机组进行计算机应用试验，以中国电力科学研究院为主组成项目团队，并于 1964 年正式开始了科学试点工作。当时计算机整体技术十分落后，项目人员更是对计算机知之甚少，通过艰苦的学习摸索，基本搞清楚了计算机应用的脉络，虽然南市电厂项目仅仅停留在试验阶段，距离应用水平还有相当长的距离，但由此毕竟开启了国内计算机应用的先河。

1975 年，原水电部科技司启动了"发电厂计算机监控系统扩大试点"科研工作，选择望亭电厂国内第一台、也是当时最大的 300MW 机组和清河电厂的 200MW 机组作为试点。成立了"火电厂计算机应用小组"，以中国电力科学研究院电厂自动化所为主，向全国范围内 15 个科研设计单位商调 29 名骨干，编写火电机组计算机应用方案和承担现场实施任务。望亭电厂 12 号机组计算机监控系统采用国产 131 小型计算机，前后历经长达 9 年的研究、开发、调试、试验及不断完善，于 1984 年通过部级鉴定，计算机应用试点工作取得阶段性成功，极大鼓舞了人们对计算机应用的信心。紧接着主管部门提出在新机组设计阶段就将计算机监控考虑进去的新要求。由此，我国的电厂计算机应用进入了"工程试点"阶段。在总结之前经验基础上，科研人员攻克了设备选型、操作系统应用、程序编制等一系列工程应用难题，较快地取得研发成果。1986 年，自主开发的 HN-3000 计算机监控系统成功应用于陡河电厂两台 200MW 机组。

20 世纪 80 年代，我国相继引进了 300MW 和 600MW 机组的制造技术，同时也引进了与其配套的分散控制系统及其他自动化装备。华能国际电力股份有限公司投资建设的大连、南通、上安、福州电厂 350MW 机组，DCS 采用日本三菱公司 MIDAS-8000 系统和美国贝利公司的 N-90 系统，并于 1988 年先后投运成功，是国内最早应用 DCS 的电厂。

对于 DCS 这一新鲜事物，刚开始人们对它的认识尚有一定的局限性，在应用分散控制系统的同时，保留了大量的常规仪表和操作设备，分散控制系统仅仅成了传统控制系统的替代品。自 20 世纪 90 年代初，我国火电厂自动化进入了飞速发展阶段，分散控制系统的广泛应用，使人们对它的认识逐渐深化，常规仪表和手操设备逐渐减少。随着分散控制系统在工程设计、组织、管理和施工方面的不断完善，已经能够与单元机组主设备同步安装，并提前调试与投运，为主设备安装后的试验和试运行提供了条件。逐步地，除了几个重要的紧急停机按钮之外，单元主控室已经难以看到常规仪表和手操设备了。

DCS 的应用，显著提高了自动控制系统的可靠性、可维护性和可用率，单元机组的大多数控制回路实现了自动化，国内掀起了 DCS 研究应用热潮，涌现出一大批国外 DCS 合资、代理及工程服务公司。

有关企业敏锐认识到 DCS 的巨大技术先进性和市场潜力，积极参与国外 DCS 的试点项目，在提供工程组态与调试服务的同时，提高对 DCS 的深层次认识理解，同时布局 DCS 的自主研发。

北京国电智深控制技术有限公司起源于中国电力科学研究院电厂自动化所，是国内电厂计算机应用的开拓者和重要的推动力量。1988 年，自主研发的 EDPF－1000 分散控制系统在首阳山、清镇、新乡三个电厂与主机组同步投产运行，1989 年通过了部级鉴定。此后，紧密跟踪 DCS 的最新技术发展，相继开发了 EDPF－2000 和 EDPF－3000、EDPF－NT、EDPF－NT＋系统。坚持自主创新，致力于重大工程和重大技术装备自动化控制系统的研发、设计、制造与工程应用，研发的 DCS 产品广泛应用于我国发电生产领域，为大型火电机组、水电机组、新能源发电提供了近三千台套的控制系统和自动化解决方案。

1988 年由上海发电设备成套设计研究所等合资组建了"新华电站控制工程有限公司"，开发生产计算机监视系统 DAS 系列产品以及国产化全功能的 DEH 系统。1990 年 1 月，第一套国产化全功能 DEH 系统—新华 DEH－Ⅲ在汉川电厂 300MW 机组成功投运。1992 年 6 月，被列入国家计委颁布的《第四批机电产品达到国外同类产品技术水平目录》。1996 年 1 月，DEH－Ⅲ在哈尔滨第三发电厂 600MW 机组通过 168h 试运行，标志着引进技术生产的 300MW、600MW 汽轮机数字式电液控制系统 DEH 国产化工作胜利完成。在 DAS 及 DEH 基础上，进一步研发了 DCS 系统 XDPS－400 及后续产品，至今已有近 5000 套应用于电力、环保、水厂、化工、造纸、建材、冶金等行业。

北京和利时控制工程公司始创于 1993 年。基于 HOLLiAS 工业控制技术平台，研发了一系列可靠、先进、易用的过程自动化系统产品，提供了一体化解决方案所需的完整产品线。主要包括：分散控制系统（DCS）、汽轮机数字电液调节系统（DEH）、安全仪表系统（SIS）、设备管理系统（AMS）、仿真培训系统（OTS）、先进过程控制系统（APC）和自动化仪表等，已经在火电控制工程领域得到了广泛的应用。截至 2017 年 12 月底，共获得国内 298 台 300MW 以上火电机组主机 DCS 项目，其中 1000MW 等级 24 台，600MW 等级 38 台。

南京科远自动化集团股份有限公司成立于 1993 年。1997 年开发了第一套 NT6000 分散控制系统并在南京下关电厂 2 台 135MW 机组成功应用。1999 年以来，先后推出了 DEH－NK 汽轮机数字电液调节系统、SyncBASE 大型实时数据库、SyncPlant 智慧管控系统，以及支持多种现场总线协议的智能型分散控制系统。已应用到数千台（套）6～600MW 等级汽轮发电机组上。

二、DCS 创新技术与产品

国产化 DCS 在遵循国际通用硬件、软件、协议的相关标准，具有开放的对外接口之外，还拓展了系统功能。硬件方面，开发出多系列过程控制器及通用、专用测控模块，构建了基于国产供应链的标准化硬件测试集成体系，形成分散控制系统硬件的自主化解决方案。软件方面，形成跨操作系统平台的分散控制系统软件，在监控操作与工程组态、大型实时/历史数据库、现场总线设备管理、管控一体化应用等方面均实现了自主可控。特别在应用功能、系统集成、网络安全、技术服务等方面国产 DCS 具有独特优势。

下面对几种典型 DCS 创新产品的功能特点、性能指标及应用情况进行简要介绍。

1. EDPF‒NT＋

EDPF‒NT＋是国电智深控制技术有限公司开发生产的最新一代 DCS 产品。其前身为 EDPF‒1000，是一种由高速数据公路（通信速率 500kbit/s）连接起来的多微机系统。每台微机均能独立工作，称为一个工作站，系统最多可连接 32 个工作站。EDPF‒1000 于 1988 年成功应用于首阳山 200MW 机组，成为我国第一套微机分散监控系统。1995 年，研发出 EDPF‒2000，采用 Intel 公司 386、486 工控机，具有网络冗余及双机冗余设计，是先进、可靠的微机监控系统，成功应用于汉川电厂 300MW 机组 DCS 改造。EDPF‒NT 在 EDPF‒2000 基础上发展而来，适用于大型、复杂工业过程控制应用，于 1999 年投入使用。2004 年与 2005 年，分别应用于 600MW 亚临界机组改造（北仑发电厂）和新建（河北龙山）项目。为满足大型超（超）临界机组高性能控制与高可靠运行需求，2006 年研发成功新一代分散控制系统 EDPF‒NT＋并应用于大连庄河电厂 2×600MW 超临界机组、国电谏壁电厂 2×1000MW 超超临界机组、世界首台 600MW 超临界循环流化床机组、国电泰州 2×1000MW 超超临界二次再热机组。

EDPF‒NT＋融合了最新的大规模组网技术、汽轮机控制技术、电气测控技术、现场总线技术和监控信息技术，形成具备炉、机、电、辅一体化控制能力与监控信息一体化能力，满足大型机组集中监控、全能值班和全厂协同工作、信息共享的需求。EDPF‒NT＋系统架构如图 2.6‒4 所示，具有以下功能特点。

（1）全厂控制一体化和管控一体化。

EDPF‒NT＋基于分布式实时数据库和分布式计算环境，采用柔性分域技术，把复杂生产过程按工艺或功能进行分域管理，实现了多套控制子系统或控制功能的高性能互连和隔离。同时，采用组播和发布订阅相结合的通信技术，域内信息按需组播，各域信息按交换机端口分离，有效降低系统通信数据量，为控制系统大规模集成和一体化运行提供了技术基础，支持 100 个域×250 站，系统实测规模已达 120 万点。柔性分域技术使系统结构灵活，支持持续的在线系统扩容。

（2）自主可控的软硬件技术。

自主研发了多系列分散控制器及各种通用、专用功能模件，包括输入/输出（I/O）模件、本地和远程 I/O 总线卡、现场总线主站及其配件、电气测控单元通信管理机等硬件。控制器支持 5 个执行周期，最小周期 10ms。

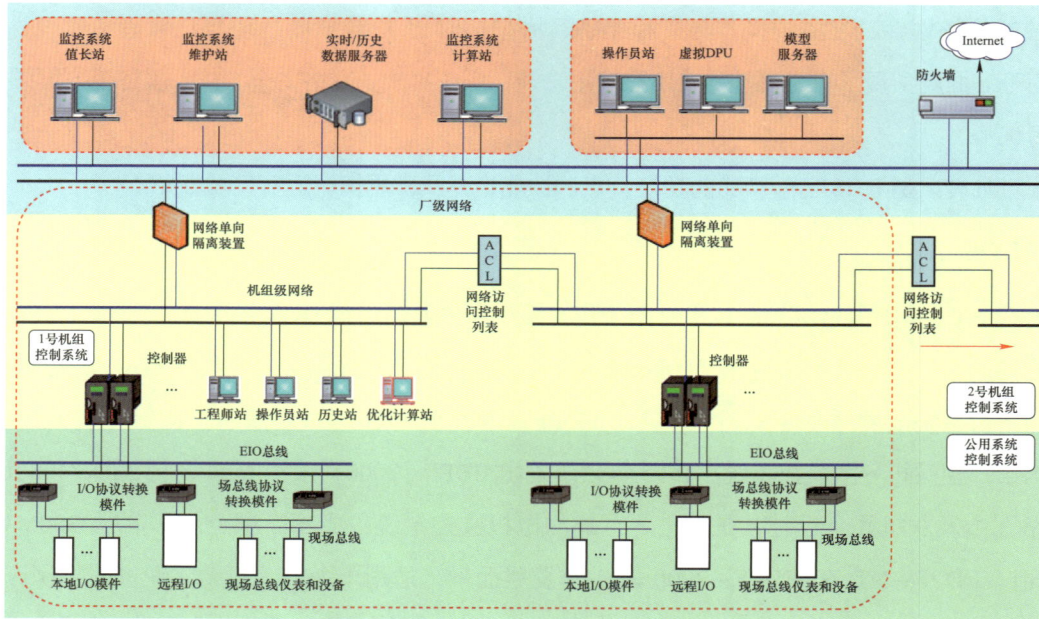

图 2.6－4　EDPF－NT＋系统架构

控制站和人机交互设备软件兼容 Linux 和 Windows 操作系统，以适应不同应用领域对软件环境的要求，同时拓展了系统功能，开发了运行于 PC 的虚拟 DPU 组态和运行环境。

（3）高可靠性设计制造技术。

综合应用可靠性设计、部件冗余、系统自诊断、快速维护等技术，系统 MTBF＞200 000h。

1）硬件板卡可靠性提升技术。

① 可靠性设计：覆盖电源、接地、屏蔽、耐压、抗电磁干扰、耐腐、散热、抗振、封装等方面，具有多层次的工业环境防护能力。

② 低功耗设计：控制器功耗低于 5W、I/O 卡件功耗低于 3W，散热小，运行温度低，降低了电子元器件故障率。

③ 强电防护设计：输入通道可承受 250V（AC/DC）强电信号而不损坏器件。当误接入强电信号时，通道自动被阻断保护，强电信号撤除后通道恢复正常，保护卡件免受强电损害。

④ 电气隔离设计：采用光电隔离和电源隔离技术，实现 I/O 卡件与控制器间的通信隔离、I/O 通信总线与 I/O 卡件 CPU 间的隔离、I/O 卡件内模拟电路与数字电路的隔离、I/O 卡件内的通信电源、CPU 电源、现场信号激励电源的隔离，隔离电压达到 1500V，使危险信号被限制在最小范围。

⑤ 电磁兼容（EMC）设计：通过电磁屏蔽系统、干扰滤波电路、瞬态脉冲干扰抑制电路、接地系统等方面的综合设计，使系统和卡件 EMC 防护能力达到Ⅲ A 级，并取得 CE 认证，保证系统和卡件在复杂电磁环境下长期可靠运行。

⑥ 卡件防腐能力：现场控制站的所有卡件（包括控制器、I/O 卡件）达到 ANSI/ISAS71.04 标准 G3 等级的防腐能力，保证系统在腐蚀环境长期可靠运行。

⑦ 强化结构设计：所有 I/O 卡件采用金属外壳全封闭结构，防尘、防潮、防腐蚀、防静电、抗电磁干扰，可直接安装在工业现场，抵御环境侵害。

2）系统部件全冗余配置。EDPF-NT+系统的电源系统、数据高速公路、控制器、I/O 卡件直至通道级等系统重要部件均可冗余配置，人机交互站、历史站互为备用。互为热备的主备控制器切换时间小于 10ms；双网并发通信网络冗余方式提高了系统的实时性、可靠性和容错能力；I/O 卡件的通道级冗余配置能力极大地满足了高可靠性应用要求。

3）系统自诊断。EDPF-NT+系统提供系统级、卡件级，直至 I/O 通道级的在线自诊断，包括通信网络与设备、控制器、人机交互站、I/O 卡件、电源系统等的运行和故障状态，诊断软件可给出每个故障的详细信息，故障位置定位到 I/O 通道级。所有卡件都具有在线自诊断面板指示灯，进行故障状态提示。

（4）在线维护技术。

EDPF-NT+系统维护安全、方便、无扰，支持测点和控制组态在线下载。所有卡件都支持热插拔，可在线更换故障模块；允许在线增减 I/O 模块，无需系统重启。

2. MACS-K

HOLLiAS MACS-K 是北京和利时控制工程有限公司（简称和利时公司）在总结多年用户需求和多行业应用特点、积累三代 DCS 系统开发应用基础上推出的新一代 DCS。早在 1993 年，和利时公司就推出了第一代具有自主知识产权的分布式控制系统 HS-DCS-1000，进入过程自动化领域，并引领我国自动化控制技术取得一次次突破：1996 年，推出第二代分布式控制系统 HS2000，采用三层网络结构及工业控制计算机，可根据用户需求构成小型、中型、大型的综合控制系统；1997 年，第一套数字式电液调节系统 DEH 成功投运；1999 年，推出第三代分布式控制系统 MACS 及三取二容错计算机联锁系统；2004 年，推出第四代分布式控制系统——和利时集成化自动化系统平台 HOLLiAS MACS 以及自主知识产权的小型 PLC 产品；2006 年，HOLLiAS MACS 在国华锦界 600MW 燃煤发电机组上一次投运成功；2011 年，HOLLiAS MACS 在国华台山 1000MW 超超临界燃煤发电机组上投运成功。

MACS-K 为面向流程工业大型分布式控制系统，支持 P-P、C/S、P-P 和 C/S 混合三种网络架构，基于以太网和 ProfiBus-DP 现场总线架构，可接入多种工业以太网和现场总线，内部集成 AMS，方便集成 SIS、PLC、MES、ERP，实现现场智能仪表设备、控制系统、企业资源管理系统之间无缝信息流传送，为工厂自动化和企业管理提供全面解决方案。MACS-K 系统架构如图 2.6-5 所示，具有以下功能特点。

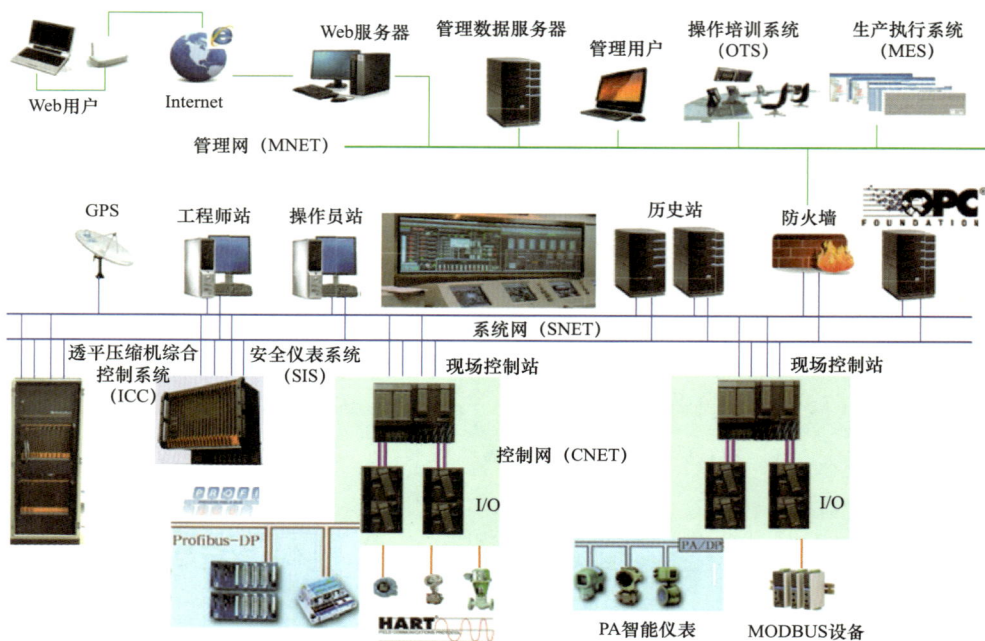

图 2.6-5　MACS-K 系统架构图

（1）安全可靠的三层网络多域结构。

总体上按照"域"设计模式，并充分考虑到系统体系结构上安全可靠的要求，采用了集群服务器架构和智能交换的 VLAN 技术，设计了"分散"数据库的系统体系结构，使无关联的节点隔离，从而保证了系统的安全性。研发出确定性控制系统，突破了机组级网络的确定性通信技术、控制器 I/O 总线的确定性数据交换技术、控制器内应用层受控任务的确定性调度技术等关键性核心技术。

采用控制网、系统网与管理网三层网络，其中控制网为 Profibus-DP 对等网络，数据通信 12Mbit/s，系统网与管理网为 100/1000Mbit/s 以太网。最大 16 个域，单域系统规模为：总点数 100 000 标签点，控制站 64 个，操作站 64 个；单控制站容量：物理点数 1280 个，模块数 125 个，控制回路数 300 个。

（2）多重隔离、全冗余设计。

系统总线和模块之间采用光电隔离，系统电源和现场电源隔离供电，模块通道之间故障隔离；系统网络、控制网络、控制器、电源模块、I/O 模块均可冗余配置。系统基于恶劣的工业环境设计，抗电磁干扰符合 IEC 61000，全系统模块通过德国 TUV 的 CE 认证（每个模块一张证书）。防腐蚀能力满足 ISAS71.04 标准 G3 等级要求。

（3）自主化操作系统。

DPU 使用全自主开发的 HEROS 操作系统，可控性强，可实现系统高级控制功能，内置软件防火墙实现网络数据的过滤和检测、防网络风暴功能；增加了全面的诊断功能，主控内部的数据搬运过程中全部采用有效的容错技术，包括 CRC 校验、奇偶校验、开关量的多位表述法（4bit）等。支持远程 I/O

模块对时。

（4）友好的组态界面与完善的维护功能。

组态软件具有人机界面友好、在线参数同步、无扰下装（在线增删模块）、方便可靠的强制功能、全新的算法库管理器、丰富的面向过程控制的功能块等。

系统维护功能完善，具有内部日志和错误定位功能，方便工程人员和开发人员对现场问题的快速定位；控制器程序可现场升级、I/O 模块固件可现场升级，增强了系统软硬件兼容性和可升级性。

3. NetPAC

NetPAC 是上海新华控制技术集团科技有限公司（简称新华公司）推出的最新一代 DCS 系统。新华公司是我国最早开展 DEH 自主化研发的企业，1990 年国产化全功能的 DEH 系统——新华 DEH – Ⅲ 在汉川电厂 1 号机成功投运，成为重大控制装备国产化的标志性事件。1999 年 8 月，采用 XDPS – 400（功能覆盖 CCS、DAS、DEH、MEH、BPC）成功完成华能德州电厂 300MW 机组 DCS 改造。2001 年，推出 XDPS – 400 + 系统并成功应用于深圳西部电力公司妈湾发电总厂 2 台新建 300MW 机组（5、6 号机）。XDPS – 400 与 XDPS – 400 + 将 DEH、MEH、DAS 等系统统一在同一个硬件和软件平台上，使新华公司成为能成套提供电站 DCS、DEH 一体化控制系统的专业厂家，并在 300MW、600MW 火电机组上推广应用。2015 年，推出基于网络的开放式过程自动化控制系统 NetPAC，具备全冗余、实时监控、高精准校时等功能。

NetPAC 集数据采集、过程控制、信息管理于一体，是一套全集成、结构完整、功能完善、面向整个生产过程的先进控制系统。NetPAC 的 I/O 模块具有冗余电源供电以及 2Mbit/s 通信速率冗余 I/O 总线并行的通信架构。同时，NetPAC 拥有全动态点目录、Web 配置交换机、支持客户和工艺包专有过程控制策略自定义及加密等多项独创技术。NetPAC 系统架构如图 2.6 – 6 所示，具有以下功能特点。

（1）灵活配置的硬件系统。

NetPAC 控制系统以 32 位控制器 NCU 为核心，内置先进的嵌入式实时操作系统，根据不同工业现场的环境要求，灵活配置 I/O 模块和人机接口 HMI，构成适合各类工业生产过程的专业控制系统。

优化的机柜布置，具备在不良供电和接地环境中的可靠运行能力，控制器采用低功耗工业级芯片，模块地址自适应；冗余输入电源，I/O 模块支持全冗余配置，可在线热插拔，本地 I/O 与远程 I/O 完全兼容；DI 模块具备输入信号接地检测功能，SOE 时间标签分辨率 0.25ms；采用自主化的安全型工业交换机，加强对网络的监测和管控，提升系统信息的安全特性；开放式系统确保 NetPAC 控制系统从不同层面与第三方产品互联，融合 HART、Profibus – DP、FF 等现场总线技术。

MTBF＞200 000h，可利用率大于 99.99%。

（2）功能强大的软件系统。

软件平台 iCAN 包括人机界面可视化图形组态软件（xHMI）和控制策略图形组态编程软件（xCU）两大部分。xHMI 具有强大的图像显示功能和方便、直观、可视化的图形生成功能，xCU 拥有丰富的控制算法，以及完全符合 IEC 61131-3 标准的应用指令和控制算法的多种编程方式。

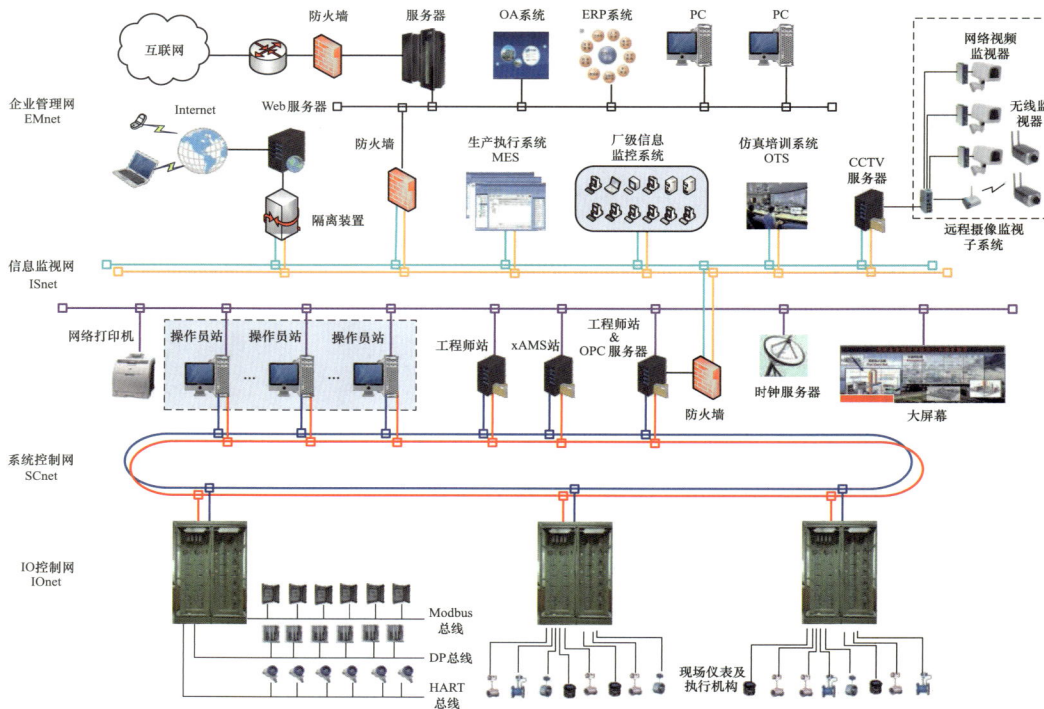

图 2.6-6　NetPAC 系统架构图

iCAN 采用统一的分布式实时数据库，可在网络上共享而无需配置服务器；具有良好的交互性，除了交换数据还可通过发送命令的方式不经中间点进行各种操作；集在线和离线于一体的逻辑图风格的功能块，方便的 UNDO、REDO 功能及用户自定义模块可使组态修改更加方便灵活。

（3）自主配套的汽轮机数字控制系统。

DEH-V 为新一代汽轮机数字控制系统，涵盖汽轮机控制系统 DEH、给水泵汽轮机控制系统 MEH、电站旁路控制系统 BPC、汽轮机保护系统 ETS 和汽轮机监测仪表 TSI，组成电站汽轮机岛控制系统。

DEH-V 采用分层设计，各层次结构分明：网络、人机界面、过程控制、伺服控制驱动和现场阀门执行机构设备，各层次各自完成独立的功能。过程控制部分完成汽轮机的转速、负荷的实时控制；伺服控制驱动部分完成油动机和蒸汽阀门的闭环伺服控制；现场阀门执行机构产生推动阀门运动的动力；人机界面完成实时显示、报警与各种操作；网络完成汽轮机控制系统与电厂管理网络之间的通信。

4. NT6000

NT6000 是科远股份在引进国际先进技术的基础上，采用高起点的设计标准、不断开拓创新研发而成的新型分散控制系统。除具备常规控制系统，如人机接口（MMI）、监控软件（KView）、控制网络（eNet）、分散处理单元（DPU）和 IO 模块以外，还拓展了其他功能，包括智能预警与设备诊断、协调控制优化、燃烧优化、空气预热器冷端控制优化、锅炉吹灰优化、环保岛优化、现场总线、机组自动启停控制 APS、甩负荷带厂用电 FCB 等先进控制功能及模块，为确保电厂安全高效的运行、促进排放达标、减少机组非停提供有效的测控手段。NT6000 系统架构如图 2.6－7 所示，具有以下功能特点。

（1）完全对等的网络结构。

NT6000 系统网络采用 eNet 协议，完成从 DPU 获取数据信息，进行网络诊断、数据处理、报警解析、事件记录，同时对外提供数据服务，是系统软件、硬件连接的桥梁。在冗余网络的一个网段中，标准设置 64 对控制器。

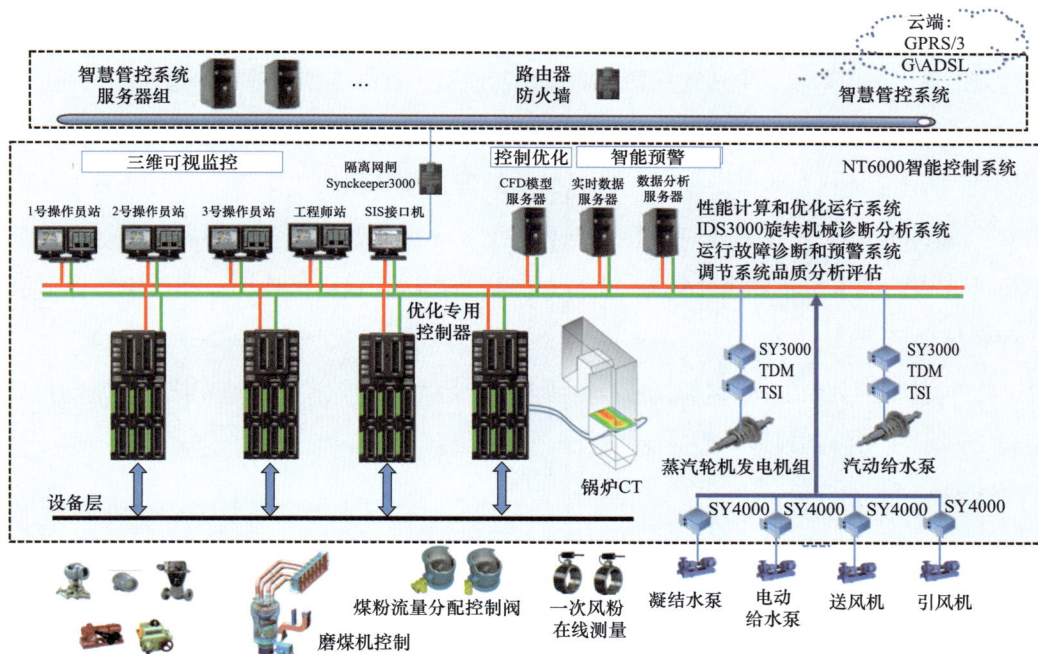

图 2.6－7　NT6000 系统架构图

NT6000 具有完全对等的网络结构，采用组播技术与数据传输主动发送机制，无论多少台操作员站，控制器只需要发送一次数据，保证了分散处理单元（DPU）的负荷恒定。

采用两个完全独立的网络，所有的主控制器、后备控制器和操作站同时连接 A 网和 B 网，主、备控制器不依赖于同一个单路网络。提供包括网络、设备、端口的全面冗余。

eNet 网络体系可监视控制网络的状态，并管理系统内的所有设备。提供基于国际标准的 OPC DA

和 OPC AE 服务。

（2）实时多任务分散处理单元（DPU）。

KM950 控制器是 NT6000 系统的分散处理单元（DPU），采用高性能、低功耗、双核 PowerPC 处理器，提供在优先任务计划下的实时多任务功能。支持在线组态和在线下载、离线仿真与调试、冗余控制器自动无扰切换、控制器带电插拔及更换、包括硬件看门狗在内的广泛的故障监视和诊断、ModbusRTU 等多种标准通信接口。

KM950 控制器向上以冗余的方式连接到工业以太网（eNet），构成控制网络 eNet 中的 1 对冗余节点，向下与冗余的高速 I/O 总线和卡件相连，通过 I/O 总线与本地 I/O、远程 I/O 进行数据交换。相对于传统 DCS，KM950 系统具有更快的实时响应性能和更高的可靠性。

KM950 具有多重优先级的任务设置，最快运行速度能够达到 5ms，配合高速的卡件，在开关量控制方面，能够达到 20ms 的控制周期。

（3）低功耗、高可靠 I/O 模件。

NT6000 系统的 I/O 模件均为低功耗、全密封设计，所有卡件可以任意插在 I/O 基架上，自动识别 I/O 地址，卡件采用高性能单片机，完成现场数据的采集、滤波、线性变换等前置处理功能，通过冗余 I/O 总线（eBus）与 KM950 通信，通信速率 20Mbit/s。

I/O 模件采用"智能化"设计，减轻控制系统的处理负荷；模块化结构，表面贴装工艺，电磁兼容性达 IEC 三级标准；电子 ID，识别模块地址和类型，无拨码开关，安全可靠；低密度设计，模拟量模件不超过 8 点，数字量不超过 16 点；支持热插拔及在线无扰更换模件；模件级、通道级故障自诊断，远程和就地显示。

模拟量模件提供信号断线、短路和越量程检测功能，数字量输入模件高速扫描，精密防抖动，实现系统级 SOE 功能，支持各种现场总线通信协议。

（4）高性能人机接口。

工程师站（ES60）中安装 KView 组态软件包，包括画面组态、控制策略组态、报警、曲线等功能，具有开发和运行两种模式。工程师站软件资源丰富、可扩展性好、容易使用、维护方便。提供所见即所得方式的画面组态，在线和离线式控制策略组态，设备图形和操作面板的组态，报表和历史数据的组态和检索，与其他网络相连的数据组态，组态文件的上装、下载复制和备份等功能，同时还可兼做操作员站使用。

操作员站（OS60）安装 KView 监控软件，在标准画面和用户组态画面上，汇集和显示有关的运行信息，供运行人员对工艺系统的运行工况进行监视和控制。主要功能包括过程流程图显示、模拟量和开关量参数监视、报警显示与确认、显示操作指导、趋势画面建立与显示、打印报表、自动和手动控制方式选择、调整过程设定值和偏置、运行方式选择等。

第三节 厂级监控信息系统的创新研制

监控信息系统（SIS）是以厂级通信网络、大型实时/历史数据库、分析诊断优化等应用模块为核心，为全厂生产过程提供综合优化服务的自动化信息系统。

在网络结构上，监控信息系统处于过程控制系统（DCS、PLC 等）与管理信息系统（Management Information System，MIS）之间，是实现管控一体化的中介和桥梁，如图 2.6－8 所示。根据各系统功能、服务对象及重要性的不同，可对发电厂信息系统进行安全可靠性分区。过程控制系统面向生产过程的实时控制，处于安全可靠性 1 区，具有最高的安全可靠性；厂级监控信息系统面向生产过程的分析诊断与优化指导，处于安全可靠性 2 区；管理信息系统面向全厂的人、财、物管理，处于安全可靠性 3 区。

SIS 主要设备包括接口机、服务器、功能站、客户端及安全隔离器等。

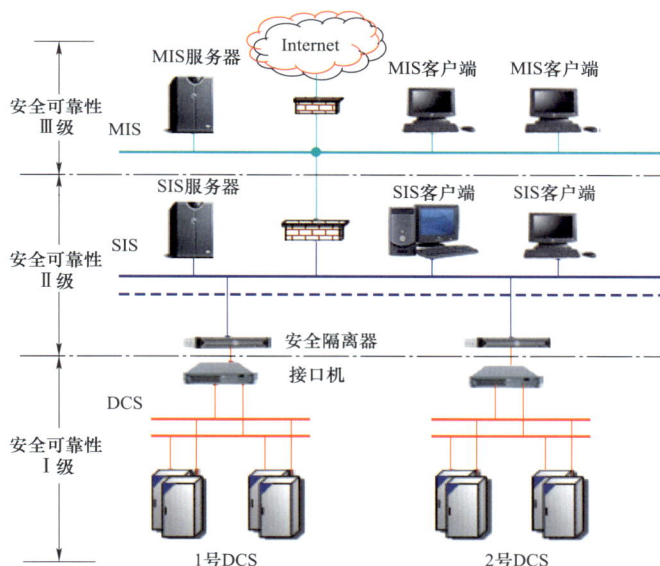

图 2.6－8　SIS 系统结构图

接口机从 DCS、PLC 等过程控制系统中采集数据，以周期触发或显著变化触发方式写入到实时/历史数据库中，一般还具有单向传输、数据压缩与数据缓冲等功能；SIS 服务器运行实时/历史数据库管理系统，长期保存机组运行数据及运算结果，为综合优化服务提供完备、可靠的数据保障；SIS 功能站基于机组或全厂实时/历史数据，运行相应的计算、分析、诊断、优化软件，将运算结果回写数据库或通过 SIS 客户端显示出来。为了保证过程控制系统的安全可靠性，在 SIS 网络与 DCS 网络间加装安全隔离器，只允许 DCS 网络向 SIS 网络单方向传输数据，以抑制互联网及管理网上病毒、非法入侵等对控制网络的侵害。

SIS 的主要功能包括以下几个方面：

（1）建立全厂统一的生产信息平台，为数字化电厂奠定坚实的基础。

SIS 为消除信息孤岛问题提供了相对完善的解决方案。全厂各台机组和各辅助车间的生产网络通过网络接口与监控信息系统相联，实现生产数据的完全监视与长期保存。生产和管理人员能够及时获取各个机组和子系统的运行参数、监视设备的运行情况，提高电厂生产和管理的信息化水平。

（2）实现数据的深层次加工和提炼，快捷得到所关心的信息。

SIS 可通过对设备（系统）原始数据的提炼、加工、处理，将其转化为具有一定意义的信息。并且设计有高效的信息发布系统，便于使用者能在最短的时间内找到自己所关心的信息。

（3）以提高运行经济性为目的的优化操作指导系统。

通过机组及厂级性能计算与分析，实时找出引起当前煤耗偏高的原因，如运行参数调整问题、设备检修问题、系统设计问题等，并将其划分为运行可控、检修可控和不可控损失，以便针对性地给出运行或检修指导，从而大大提高机组运行经济性。

（4）快速分析设备系统故障，及时给出设备风险评估和智能预警。

采用先进的数据融合技术实现设备系统故障的快速导出、故障分析与诊断、故障预测与预警。

（5）提高设备检修水平，降低生产成本。

引入实时数据的设备动态管理先进技术，突破传统点检定修的概念，实现真正意义上的设备状态检修，大大降低运维成本。

SIS 的基础是生产过程的数字化及强大的实时/历史数据库，核心是高性能的运行优化与分析诊断功能软件。近年来集成生产管理数据资源，结合云平台、大数据、可视化等技术，SIS 向全生命周期监控管理、全方位安全监控、集团生产监管等方面发展。

一、SIS 概念的提出及产业化发展

主辅设备可控性的提高、控制装置与控制算法的进步，为机组的稳定运行打下了基础。与此同时，国内外各研究机构纷纷开展优化运行、优化控制、故障诊断、状态维修、智能化管理等方面的研究与开发，以期通过新的技术与管理手段，进一步实现节能降耗、提高企业整体竞争力。随着 DCS 应用的普及，相关人员能够方便、及时地获得机组运行的实时数据，这些数据很大程度上反映了机组历史、现状及发展趋势，是制订机组生产计划、指导机组优化运行的宝贵资源。以此为基础，大专院校与科研院所针对机组优化控制与管理需求开发研制出多个相关功能软件模块，并逐渐在生产控制与管理中发挥作用。如机组经济性在线监测诊断指导系统、状态监测与故障诊断系统、锅炉受热面积灰结渣检测系统、

运行操作指导系统、发电企业智能管理系统等。但这些独立开发的软件产品在实际使用中还会遇到很多困难，典型的问题有：① 数据源不统一，有的从 DCS 获取数据，有的从 MIS 获取数据，造成数据管理混乱；② 安装布置不统一，不同功能块分别占用一台计算机进行计算，并通过网络各自发布，造成资源的浪费；③ 各功能模块间缺乏联络机制，不能实现数据共享。

1997 年，我国热工自动化专家侯子良教授提出了发电厂厂级监控信息系统（SIS）的概念及其实现框架。SIS 概念提出后，先后经历了争论阶段、试点阶段和推广应用阶段。2000 年之前，主要是讨论 SIS 的必要性、需要哪些功能、与 DCS 及 MIS 的区别、网络信息安全等问题。

2000 年，国家经贸委颁发的《火力发电厂设计技术规程》（DL 5000—2000）规定："当电厂规划容量为 1200MW 及以上，单机容量为 300MW 及以上时，可设置厂级监控信息系统。"由此，在我国展开了 SIS 的研究开发和应用的局面。

从 2002 年开始，华北电力大学、西安热工研究院承担了原国家电力公司重点科技项目"火电厂生产过程信息系统研究和开发""机炉鲁棒协调控制与分析诊断系统的研究""火电机组变负荷特性及优化控制系统的研制"等，开展 SIS 功能、结构、网络安全、关键技术研发与示范应用，首批产品化厂级监控信息系统于 2004 年在大唐盘山发电有限责任公司、国电宁夏石嘴山发电有限责任公司投入运行。图 2.6-9 所示为火电厂厂级监控信息系统（SIS）鉴定会。

之后几年内，国内从事 SIS 研究开发、工程应用与信息管理的相关人员围绕 SIS 定位、功能、实时/历史数据库、网络安全防护、技术条件等内容召开多次研讨交流会，达成了一定共识，促进了行业发展。

早期 SIS 开发中，实时数据库全部使用国外产品，主要有美国 OSI 公司的 PI、

图 2.6-9 火电厂厂级监控信息系统（SIS）鉴定会

Instep 公司的 eDNA、GE 的 iHistorian 等。2004 年，大唐托克托电厂 600MW 机组实时信息监控项目中，首次采用了麦杰公司开发的 openPlant 实时数据库系统，开启了国产实时数据库在大型火电机组应用的先河。

SIS 架起了生产控制系统与管理信息系统之间的桥梁，但也带来了网络信息安全的隐患。为了防止计算机病毒、黑客攻击、非法操作对电力生产安全的影响，应严格执行"安全分区、网络专用、横向隔离、纵向认证"的电力监控系统安全防护原则。华电天仁、国网南瑞研究开发了网络安全物理隔离装置，通过了公安部计算机信息系统安全产品质量监督检验中心的检验，解决了影响 SIS 发展的网

络信息安全问题。

2005 年我国发布了第一个 SIS 标准《火力发电厂厂级监控信息系统技术条件》，推动了我国大型实时/历史数据库系统、网络安全产品、分析诊断与优化控制功能软件的技术进步，出现了 SIS 开发热潮，使 SIS 成为火电机组设计建设阶段的基本配置，促进了发电企业生产管理信息化技术升级。形成了一批 SIS 产业化公司与研发人员，代表性的企业有西安热工研究院、北京华电天仁电力控制技术有限公司、湖南大唐先一科技有限公司、朗坤智慧科技股份有限公司、上海麦杰科技股份有限公司等。

西安热工研究院于 2003 年组建电站监控及技术部（现西安西热电站信息技术有限公司）专门从事电站生产过程和生产管理信息化等相关领域研究、技术开发及成果推广，是该领域技术标准的制订者之一。品牌产品 TPRI-SIS 系统、发电集团生产实时监管系统等在全国有 150 多套的应用业绩，其中包括原国电公司 21 世纪燃煤示范电站、国产首台 600MW 超临界机组、国产首台 1000MW 超超临界机组等。

北京华电天仁电力控制技术有限公司是国电科技环保集团股份有限公司和华北电力大学共同组建的国有高新技术企业，成立于 2003 年，是国内最早从事发电厂信息系统业务的企业之一。自主研发了 VeStore 实时/历史数据库管理系统与 VeStore-SIS 厂级监控信息系统，承担了近 200 套发电厂 SIS 系统建设项目，服务范围遍及大唐集团、华能集团、国电投集团、华电集团、国投电力、华润电力、地方能源电力集团等。

湖南大唐先一科技有限公司成立于 2004 年，主要业务包括发电侧 IT 整体解决方案，数字燃料 IT 解决方案，电网 IT 解决方案，智慧能源 IT 解决方案，实时数据库、大数据分析平台、安全隔离网闸、数据采集装置、智能变电站网关机、态势感知装置等通用产品。目前 SIS 系统已经应用于近 50 家火电厂，80 多台机组，总装机容量达 3000 万 kW。

朗坤智慧科技股份有限公司成立于 1999 年，是国内领先的智慧产业整体解决方案提供商。实时/历史数据库 TrendDB 是自主研发的一套大型通用分布式实时数据库，厂级监控信息系统采用数字化建模技术构建电厂模型，实现电厂复杂应用的快速构建，充分利用电厂各独立系统的过程数据，建立庞大的基于设备和过程的实时数据仓库，开发了基于实时信息的应用模块，通过对实时和历史数据的处理、筛选、挖掘，使生产过程管理更加精细化、高效化。

上海麦杰科技股份有限公司成立于 2000 年，逐步成长为领先的实时数据库系统和行业整体解决方案提供者。麦杰 openPlant 实时数据库系统的主要性能指标处于国际先进水平，能够满足高达百万级的过程数据从采集、存储、分析到展示的各种需求，能够帮助客户及时准确地发现过程中的问题、优化过程运行、预警未来风险，实现整个过程管理的智能化和智慧化。

近年来，在厂级监控信息系统基础上，发电集团纷纷构建集团级/区域级信息监管系统，以实现发电设备的对标管理、运行性能的远程分析、机组故障的专家诊断，不断提高全集团运行管理水平。并与大数据、云计算、工业互联网相结合，充分挖掘数据价值，推动发电企业智慧化发展。

二、SIS 创新技术与产品

SIS 是在总结发电厂数字化、自动化、信息化应用现状，吸收国内外火力发电技术成果、借鉴其他工业领域信息化经验、适应我国火力发电现状及发展需求的前提下，创建的火力发电信息集成与应用模式。经过十余年的发展，已形成一批有影响的企业与产品。下面对几种典型 SIS 创新产品的功能特点、性能指标及应用情况进行简要介绍。

1. TPRI-SIS

TPRI-SIS 为西安热工研究院开发的火电厂厂级实时监控系统。西安热工院在火力发电厂能效试验与分析、设备性能监测与诊断、生产过程运行优化等方面有雄厚的基础，开发的分析诊断装置或系统对提高机组运行水平发挥了重要作用。2002 年，在国家电力公司重点科学技术开发项目"火电厂生产过程信息系统研究和开发"的支持下，整合西安热工院人力资源及科技成果，统筹规划设计火电厂信息系统及数据资源，开发出拥有自主知识产权的火电厂厂级实时监控信息系统 SIS，于 2004 年在国电宁夏石嘴山发电有限责任公司投入运行，并在各类机组上推广应用。以此为基础，2005 年自主开发了国内首套面向发电集团的电厂运行指标监管系统，2007 年自主开发了国内首套为省级电网节能调度服务的火电机组发电能耗在线监测系统。

TPRI-SIS 在电厂的应用发挥着三个层次的作用：

（1）通过 SIS 的机组及厂级性能计算、耗差分析、优化运行指导、负荷分配等功能，达到优化机组运行，提高经济运行水平的目的。

（2）通过在线机组热力试验及报告管理、综合查询和指标管理、运行分析及生产报表等功能达到提升企业管理水平的目的。

（3）通过采集电厂生产过程的数据，达到数据整合，促进电厂数字化和信息化建设的目的。

TPRI-SIS 由厂级监控网络以及网络上的实时数据服务器、过程管理功能站、客户机等硬件组成，其网络拓扑图如图 2.6-10 所示。

TPRI-SIS 系统主要特点有：

（1）涵盖机组、全厂、集团的生产过程实时监控。

借助数据压缩技术存储 4～10 年（超过机组一个大修期）的在线数据，全面监控全厂各生产过程（包括机炉电 DCS、网控系统、辅助车间控制系统、电网调度等）的实时生产数据和生产流程。利用各机组性能计算结果完成厂级性能计算功能，并将此计算结果用于经济指标分析、经济考核、CRT 画面显示、报表统计和根据需要进行打印记录等。对集团公司分布在全国各地的发电机组的生产、运行情况实现实时在线监督和管理，为集团公司科学决策提供技术支持。

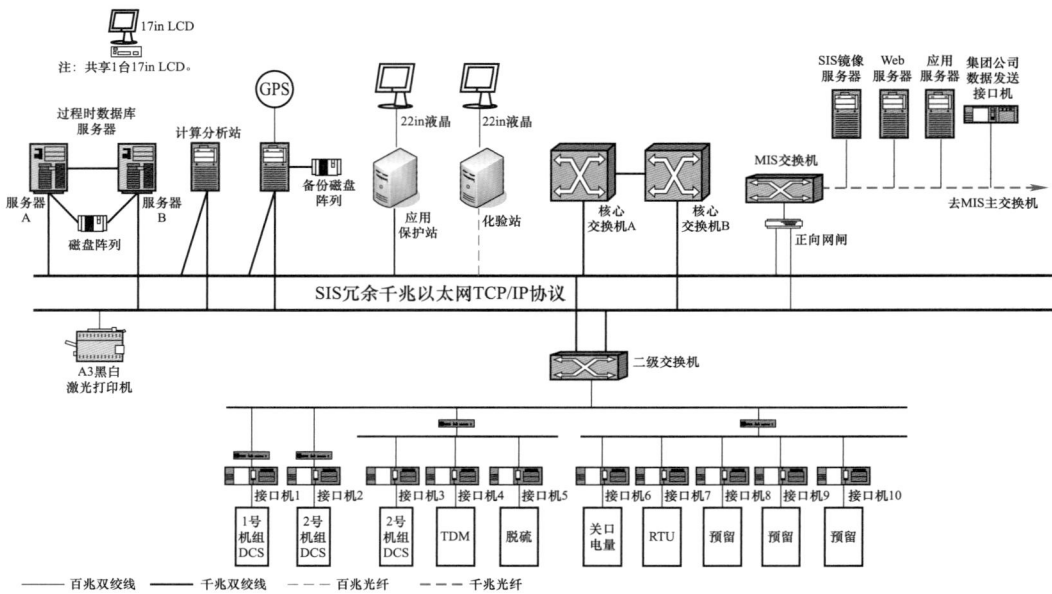

图 2.6-10　TPRI-SIS 网络拓扑图

（2）基于历史数据挖掘的运行优化。

对海量运行历史数据进行分类、统计，挖掘运行规则、最优运行方式与最优运行参数，从各种不同的角度灵活提供观察、分析系统性能的方法和手段，形成各种趋势、成组数据、报表等统计资料，并支持复杂系统的动态评估，对全厂运行工况进行经济性评估和诊断，分析其原因，进行优化操作指导，使机组在最优工况下运行，运行效率最高，煤耗最低。主要包括机组经济性指标诊断和分析、机组运行参数优化及调整操作指导、优化参数列表和优化操作指导等功能。

（3）多目标负荷优化分配及调度功能。

能在全厂负荷分配站上根据远方 AGC（自动发电控制）指令和其他生产调度指令结合本厂主、辅系统和设备运行情况决定各台机组的最优负荷分配。

（4）远程专家分析诊断。

基于区域、集团内多厂、多机组监控信息，开展同类机组、同类设备对标分析；凝聚行业专家资源，对发电集团/公司内的整体运行状况进行评价，对影响安全性、经济性、环保性能的主要问题进行专题研究，提出解决措施；从发电集团层面上向各电厂提出要求、整改意见或改造措施；也可以组织各电厂的技术人员进行相关技术的培训。

2. VeStore–SIS

VeStore–SIS 是北京华电天仁电力控制技术有限公司开发的 SIS 产品。长期以来，华北电力大学研究团队围绕火电机组热经济性分析、基于运行数据的参数寻优、设备与系统状态监控、节能减排优化控制等开展了深入的理论研究与技术开发，取得一系列理论与应用成果。为加速推进成果的转化，2003 年组建了北京华电天仁电力控制技术有限公司，依托国电科环集团的产业优势和华北电力大学的科研优势，自主开发"信息、控制"产品与系统。2004 年，开发成功火电厂厂级优化控制与管理系统并在大唐盘山电厂 600MW 机组成功应用；2005 年，天仁 SIS 系统获得"国家火炬计划"支持；2010 年，开发成功大型工业级实时/历史数据库系统 VeStore，进一步提高了 SIS 的自主化程度，并在此基础上推出了新一代 VeStore–SIS；2011 年，在科技部"863 计划"重点项目及能源局示范工程中，自主开发的实时/历史数据库规模应用达到 10 万点，实现了 1000MW 超超临界机组热经济性能计算与分析、状态检测与诊断、数据挖掘等功能；2012 年，开发了发电集团生产实时与历史数据中心，对生产、营销、环保过程数据进行统计与分析，实现总部对各电厂运行情况的全过程监督。

VeStore–SIS 总体结构分为四层：数据层、数据访问层、服务层、展现层，突出体现了"以一体化平台为支撑，以应用功能为核心"的特点，如图 2.6–11 所示。

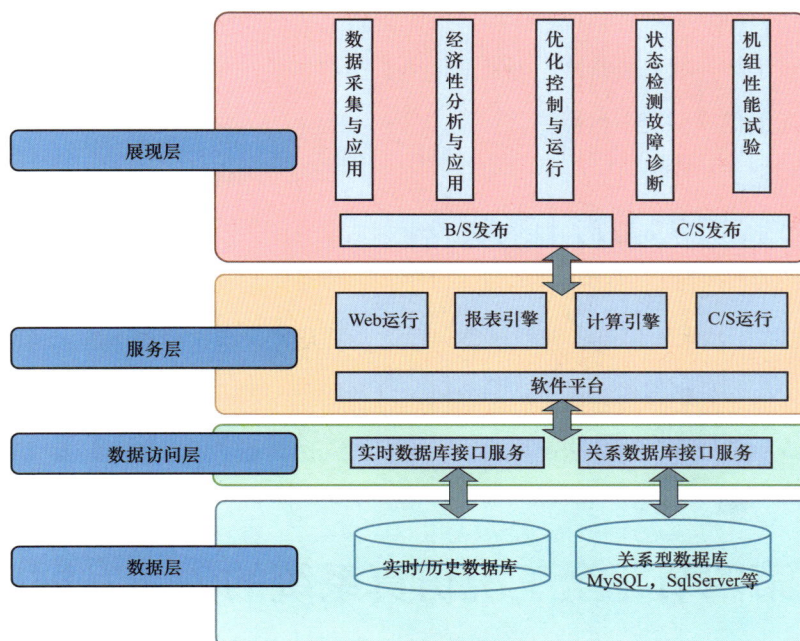

图 2.6–11　VeStore–SIS 功能结构图

数据层：以实时/历史数据库平台和关系型数据库平台为支撑构成 SIS 的数据平台。

数据访问层：采用通用数据访问接口方式，以统一规范实现数据的存储、读取等操作，从而达到数据访问与具体数据库类型的相对分离。

服务层：通过计算引擎、报表引擎等 SIS 后台计算分析服务，一方面实现 SIS 中各种分析指标（如：性能计算与分析、设备故障检测与诊断）的自动计算和存储；另一方面为展现层的用户查询、分析提供计算服务支持。

展现层：支持 C/S 和 B/S 两种应用发布方式，并提供一组功能强大的组态和发布工具，可以以用户/角色的方式来组织应用画面。

VeStore–SIS 具有以下特点：

（1）机理分析与数据驱动相结合的建模分析技术。

准确的性能计算、精确的过程建模是经济性分析诊断与运行优化的基础。采用热力系统状态矩阵分析方法建立热经济性状态分析方程，从机理上给出运行优化调整目标；基于机组运行数据建立起典型工况模型，进行最佳工况寻优，形成典型工况优化运行方案及经济性评价。机理模型、数据模型与运行规程相结合，给出当前工况下的操作指导。提供专家系统自动动态寻优，指导运行工况逼近最优，不断提高机组经济效益。

（2）控制系统性能评价与参数整定技术。

对系统进行优化仿真、动态试验，提供最佳控制模式。采用离线和在线两种方式对系统模型实行自诊断，帮助运行人员了解控制系统特性，提高运行人员操作水平；同时提供控制系统参数和控制策略的优化，使控制系统在最优的工况下运行。

（3）设备智能预警系统技术。

当设备或系统产生运行异常趋势，但参数还没有到达报警阈值时，提前给出设备或系统预警信息，提醒运行人员密切注意并采取必要的干预措施，以提高运行安全经济性。该模块具有自学习功能。基于多元状态估计（MSET）技术实现设备智能预警，异常预警及时，状态预测准确，预警信息网络支持无线发布。采用智能化故障分析系统，通过信号分析，以及模型知识库和诊断知识库的运用，可以早期发现系统故障，及时提示并处理，避免引起事故。

第四节　全工况仿真系统的创新发展

仿真机利用计算机技术模拟电厂主要环节运行特性，为机组设计调试、人员培训、检测诊断、控制优化服务，已成为电站建设与运行过程中必备的自动化装备。

燃煤火电机组全工况仿真机结构如图2.6–12所示，主要由仿真机硬件平台和仿真机软件系统组成。

仿真机硬件平台包括仿真服务器、人机界面（HMI）仿真计算机、本地操作台、灯光音响系统及网络通信设施等，用于运行仿真支撑软件、机组仿真模型、DCS显示操作界面等。仿真机软件系统主要包括仿真支撑软件、模型开发及运行软件、HMI仿真软件、网络通信软件、环境及音响仿真软件等，用于实现机组模型、控制逻辑、人机界面的开发、组态、调试、集成、修改，以及仿真机系统的运行、管理、调度及网络通信。

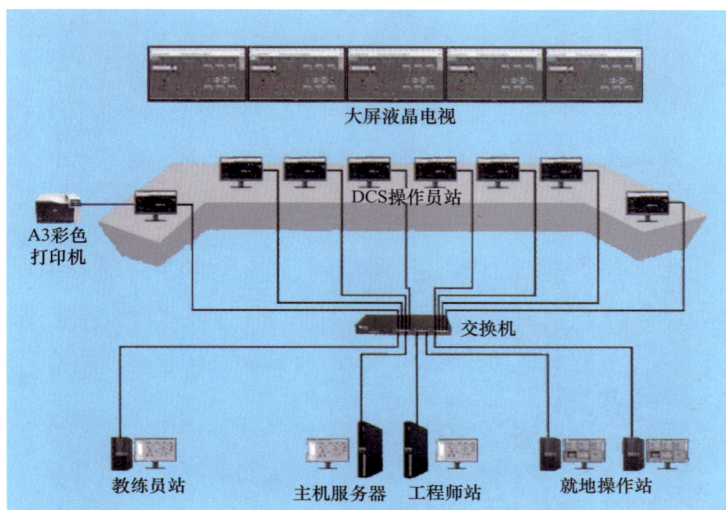

图 2.6－12　火电机组仿真机结构图

仿真系统中，设备及工艺流程的运行模拟是通过机理模型来实现的，而对控制系统（DCS）的模拟可采用不同的方式，其技术路线可分为激励式、转换式和虚拟 DPU 式。

激励式仿真选用与机组实际 DCS 完全相同的硬件设备与软件系统，通过通信网络与过程仿真模型相连接。这种方式可极大再现实际机组的控制装置与控制策略，但设备投资大，难以推广应用。

DCS 转换仿真则是用软件模拟 DCS 中的控制功能和监控逻辑，包括人机界面的转换仿真与控制逻辑转换仿真两大部分。这种方式的特点是机组模型仿真与控制系统仿真由统一的仿真支撑软件实现，一致性好、成本较低，难点在于如何实现对目标机组 DCS 功能的高效、准确转换。

虚拟 DPU 仿真采用 DCS 厂家提供的虚拟 DPU 软件模拟机组 DCS 的过程控制站，甚至人机接口站软件及网络通信软件也直接由 DCS 厂家提供。一台工控机上可以运行多个虚拟 DPU，只需几台工控机就可仿真模拟整个机组 DCS 系统，且实现了机组控制策略与仿真系统控制策略之间的双向移植。这种方式既具有激励式仿真的真实性、准确性，又节约了投资，近年来得到广泛应用。

火电机组仿真技术的发展方向是基于运行大数据的模型自学习、在线仿真技术、虚拟现实沉浸式培训等。

一、火电仿真从跟踪到领先的跨越

机组的大型化给监控操作与事故处理带来挑战。20 世纪 60 年代以来，美国、日本等相继建立了一批仿真培训中心。特别是 1979 年 3 月 28 日美国三涅岛核电站 2 号机组核泄漏事件对电厂仿真技术产生重要影响，推动了核电及火电仿真向全范围、高逼真度方向发展。

清华大学于 1975 年以国产首台 200MW 燃煤发电机组为对象，开始了中国第一台"大型机组模拟系统"的研制，1988 年完成中国第一台完全复制电厂控制室的全范围高逼真度仿真机。同年，东南大学与原华东电管局合作开发了我国第一台 125MW 机组全范围仿真机，使中国成为世界上少数几个有能力开发仿真机的国家之一。

图 2.6－13　国内首台 300MW 火电仿真机

1986 年，华北电力学院（现华北电力大学）承接了联合国援助的一台 550MW 火电机组仿真系统，由美国 SIMCON 公司生产。在为我国电力系统培训大批技术人员和科研人员的同时，也开展火电机组仿真技术开发与仿真机研制工作。1992 年，华北电力学院和宁夏电力局（现国网宁夏电力公司）合作研制出我国第一台 300MW 火电机组仿真机（见图 2.6－13）。该仿真机功能齐全、性能可靠、使用方便，采用建模、运行、培训管理一体化的支撑系统，并首次实现了对过程计算机监控系统的仿真，在当时已达到国际先进水平。

在此基础上，我国已经有能力出口电厂仿真机。1995 年清华大学向巴基斯坦出口了我国第一台仿真机，仿真对象为木扎法格电厂 210MW 燃油机组。1998 年，华北电力大学实现了 320MW 火电仿真机出口巴基斯坦，之后相继向多个国家出口了仿真机，包括：600MW 超临界火电机组仿真机（2012 年，土耳其），300MW/125MW 火电机组一机双模仿真机（2012 年，印度尼西亚），380MW/38MW 一机双模燃气–蒸汽联合循环机组仿真机（2012 年，尼日利亚），610MW/330MW 一机双模油气混燃发电机组仿真机（2014 年，伊拉克），660MW 超临界燃煤火电机组全范围仿真机（2016 年，印度），375MW 燃气–蒸汽联合循环机组全范围仿真机（2017 年，安哥拉）等。

早期火电机组仿真机主要用于人员培训，近年来仿真机功能不断扩展，在运行特性分析和预测、控制系统研究、系统或设备故障诊断等方面也发挥重要作用，仿真范围涵盖了火电机组所有部件、设备、子系统、环节和流程，仿真机已应用于火力发电机组的设计、试验、调试等各个阶段。

经过几代人持之以恒、坚持不懈的努力，我国火力发电计算机仿真技术取得了令人瞩目的成就，在多方面达到国际先进水平，实现了从跟跑到引领的跨越。仿真机数量、仿真机组规模均遥遥领先。仿真模型动力学特性已非常逼近真实对象的动态特性，我国"火电机组仿真机技术规范—2015"的绝大部分技术指标已超越美国《Fossil Fuel Power Plant Simulators–Functional Requirements》（ANSI/ISA77.20.01—2012）。通过在线仿真与对象机组实现同步操作，为机组典型事件的深度分析、对象机组运行的预判以及超前干预措施提供了理论依据和试验平台。仿真培训功能更为完善，仿真操作结果的评判标准更趋合理、科学和公正。仿真技术与 3D/VR 技术结合，即可完成对象机组的认知培训，又可更为形象地完成实操培训，增强了学习培训的趣味性，大幅提高了仿真培训的效果。

二、仿真系统创新技术与产品

自主化火电仿真技术充分考虑了我国机组设备情况、运行管理模式及控制系统特点，系统功能更加丰富，配置方式更加灵活。不但能够满足运行人员培训要求，还可用于故障分析与控制策略研究。特别是与国产 DCS 相配合，构造出更加接近实际的运行操作仿真环境，扩展了仿真机的应用功能，提高了仿真机应用效果。下面对几种典型火电厂仿真创新产品的功能特点、性能指标及应用情况进行简要介绍。

1. STAR-90 图形化仿真支撑系统

STAR-90 为保定华仿科技有限公司开发的图形化仿真支撑系统。华仿科技源于 1983 年成立的华北电力学院仿真中心，承接了由联合国援助的一台 550MW 火电机组仿真系统。在开展仿真培训的同时，还立项进行最新仿真机技术的研究工作。1992 年成功研制出我国首台 300MW 火电机组仿真机并荣获全国十大科技成就奖。1993 年，成立"华北电力大学仿真与控制技术工程公司"（保定华仿科技有限公司前身），开展大型火电机组仿真机技术研究、开发与推广工作，核心产品为 STAR-90 图形化仿真支撑系统。1998 年，完成我国首台大容量火电机组（320MW）仿真机出口项目（巴基斯坦）；2003 年，研发成功我国首台 600MW 级火电机组全范围仿真机；2010 年，研发成功首套 1000MW 超超临界燃煤火电机组全范围仿真机。在多年持续专业化的发展历程中，仿真产品业绩多达近 600 台套，遍布电力系统、石油化工、车辆船舶、航空航天等诸多领域。

STAR-90 一体化仿真机具有丰富功能，并形成其突出特点。

（1）一体化支撑软件技术。

STAR-90 图形化仿真支撑系统采用一体化设计，既是模型组态平台，也是模型运行平台。支持多模型同时运行、模型并行调试及分布式联合运行。支持模型在线修改与调试，即改即得，无需编译连接。工程模块化内核，全范围全过程的图形化建模，易于掌握。完善的数据库管理功能，自动生成模型文档，对数据库中的任何一个设备、模块或变量都可以方便地进行查询和监控，同时可以自动生成模型文档。

支持仿真对象的在线建模、调试、扩充和运行。仿真软件实现工具化，通用化，为用户进行完全在线的仿真系统开发、扩充、修改以及各种系统的分析、研究提供了优良的环境。以窗口技术为友好界面，丰富、灵活、方便的工程师/教练员台功能，提供强有力的模型开发、培训控制过程的手段，大大提高培训效率和效果。

（2）高精度过程建模技术。

依据能量、质量、动量平衡原理建立的全物理过程工程模块化模型，精确模拟电厂的全工况动静态行为，由模块搭接而成的网状模型结构复现机组生产流程网络，易于工程技术人员理解、掌握。为了提高模型建模技术和热力系统模型精度，采用了流体网络模型软件，可以快速、有效地建立可压缩或不可压缩流体的流动网络模型。提高了压力计算速度和流量计算的精度，静态、动态模型精度高于美国及我国国家标准。

（3）可视化图形建模技术。

STAR-90仿真支撑系统提供了可视化的图形建模方式，包括基于现场系统设备图元的图形建模与基于算法模块图元的图形建模两种类型。

基于现场系统设备图元的图形建模一般用于生产流程建模。采用实际设备示意图显示方式，建模人员选择设备图元，按照仿真对象的工艺流程进行图元的连接，自动生成仿真模型，如图2.6-14（a）所示。

基于算法模块图元的图形建模常用于监控系统建模。采用算法模块显示方式，建模人员按照仿真对象的过程流程，选择相应的算法图元，进行图元的连接，自动生成仿真模型，如图2.6-14（b）所示。

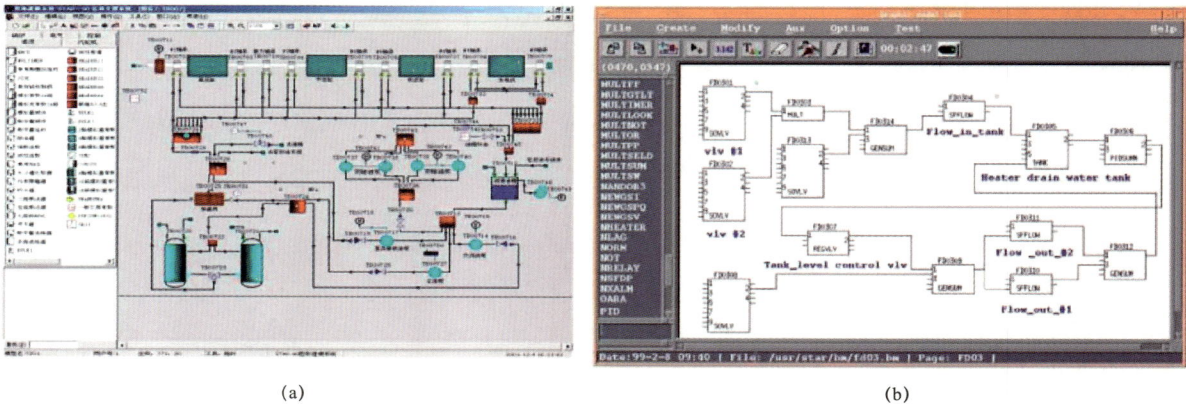

(a)　　　　　　　　　　　　　　(b)

图2.6-14　图形建模示例

（a）基于现场系统设备图元的图形建模；（b）基于算法模块图元的图形建模

（4）DCS 仿真模式适应技术。满足激励式 DCS 仿真、虚拟 DPU 仿真及 DCS 转换仿真的技术需求，具体包括：

1）全激励 DCS 仿真。选用与对象机组完全相同的 DCS 设备，包括工程师站、操作员站、现场控制站及其系统软件和控制软件，借助通信接口与过程模型进行实时数据通信。

2）部分激励 HMI 仿真。仿真系统的 DCS 工程师站和操作员站依照对象机组的实际 DCS 系统配置；利用仿真编程/组态技术建立对象机组控制逻辑/策略的仿真模型，借助通信接口与过程模型和控制模型进行实时数据通信。

3）部分激励 DPU 仿真。DCS 系统采用最小配置，仿真系统中只是部分控制子系统采用对象机组实际的 DPU 及其操作员站，而其他控制子系统仍采用仿真控制模型和仿真 HMI 界面。

4）虚拟 DPU 仿真。采用对象机组 DCS 厂商提供的虚拟 DPU 软件，运行于仿真培训系统的 PC 机上模拟机组的现场控制站，完成全部控制系统功能；操作员站运行对象机组 DCS 厂商提供的操作员站软件，由 DCS 厂商自身通信程序完成与虚拟 DPU 软件的实时数据交换，借助针对性开发的通信软件实现 DPU 软件与过程模型间的数据通信。

5）DCS 转换仿真。DCS 转换仿真包括人机界面转换仿真即 HMI 转换仿真和控制逻辑转换仿真两大部分。HMI 转换仿真技术即将对象机组的 DCS 的画面组态文件，经过翻译、转换处理，将原来画面组态文件中的静态、动态信息，分别处理为仿真系统操作员站 HMI 仿真软件所能识别的静态、动态信息，归类、汇总后进行实时仿真驱动。控制逻辑转换仿真技术是将对象机组的 DCS 控制组态电子文本复制到仿真系统的模型开发环境软件平台，经仿真系统对应该 DCS 系统的专用转换工具翻译后，自动形成仿真系统认知的控制系统仿真模型，仿真系统中不包含对象机组实际 DCS 厂商的设备和软件环境。控制逻辑转换仿真技术的关键在于开发智能编译软件，读取不同 DCS 厂商的 DPU 控制组态内容，通过识别、翻译、转换自动生成对应的 DCS 控制系统仿真模型。

2. SimuWorks 仿真系统开发工具

SimuWorks 是大风科技公司的核心主导产品，源于清华大学热能动力仿真与控制研究所，可为各种过程工业系统提供一体化、全过程的开发、调试和运行环境。它将开发、调试、验证、运行、分析等各种仿真功能进行整合，创立了"仿真系统制造工厂"的新理念，大大提高了仿真系统的开发效率，已在1000MW 超超临界电站仿真系统、600MW 超临界电站仿真系统、300MW 亚临界电站仿真系统、世界首台 600MW CFB 电站仿真系统、15MW CFB 垃圾焚烧电站仿真系统、9F 级燃气 - 蒸汽联合循环电站仿真系统、700MW 混流式水电站仿真系统等领域获得广泛应用。

SimuWorks 由仿真引擎 SimuEngine、图形化建模工具 SimuBuilder、模块资源管理器 SimuManager、

模块资源库 SumuLib 及其他仿真功能软件组成。

（1）仿真引擎 SimuEngine。

仿真引擎 SimuEngine 是介于仿真系统和计算机操作系统之间的可视化仿真支撑系统，运行在 Windows2003/2008/2012/7/8/10 等操作系统的 32 位和 64 位版本上，提供实时网络数据库及完整的仿真运行支撑功能，支持数据可视化、在线调试、协同开发、多任务并行运行、多流程及分布式仿真等功能，结合图形化建模工具 SimuBuilder，形成图形化的建模环境，为仿真系统的开发和运行提供强有力的支持。

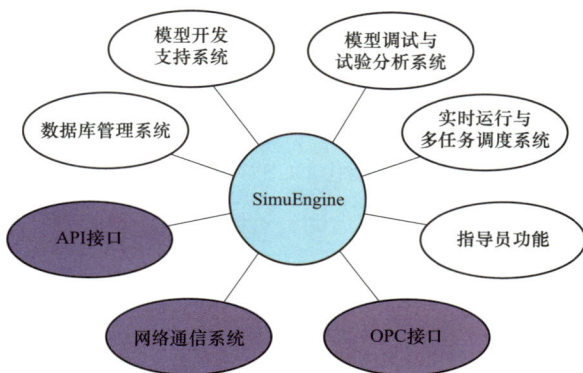

图 2.6-15 SimuEngine 系统构成

SimuEngine 系统的构成如图 2.6-15 所示，由数据库管理系统、模型开发支持系统、模型调试与试验分析系统、实时运行与多任务调度系统、指导员功能、网络通信系统、API 接口与 OPC 接口等功能部分组成。各个部分高度地集成在一起，用户在一个界面下即可使用所有功能。

其中数据库管理系统负责模型变量数据库的管理工作，包括变量的添加、查询、删除，以及共享映射等功能。模型开发支持系统包括源程序和任务文件的编辑、源程序变量的扫描与入库、源程序和任务程序的编译与连接等工作。模型调试与试验分析系统负责实现数据的动态显示、在线修改、结果分析等功能。实时运行与多任务调度系统负责模型程序的实时运行和多任务调度管理。指导员功能为仿真系统提供了完备的指导教师工作站功能。网络通信系统为在多台计算机上仿真运行提供了实时大批量数据的通信手段，它使得可以利用多台计算机构成大型仿真系统。API 接口为用户基于 SimuEngine 的二次软件开发提供了手段，可以利用它提供的 API 接口操纵变量数据库、访问和控制仿真状态或者对模型任务进行调度管理。OPC 接口为使用 OPC 标准进行通信的软、硬件系统提供了接口功能。

（2）图形化建模工具 SimuBuilder。

SimuBuilder 是在 SimuEngine 的支撑下，使用图形化方法进行建模的工具软件。采用面向对象的方法，可构成与实际对象高度相似的组态画面，具有丰富的图形单元类型及强大的图形编辑能力。高度的开放性，用户可以方便地修改或添加自己的模块。自动化程度高：自动生成包括流体网络和电气网络的模型程序，能按照易于理解的方式，自动生成程序变量，自动布线功能可最大限度地减少用户的工作量。先进的调试功能可以在模块级别执行冻结、解冻、断点设置、单步执行、源代码跟踪，实现运行数据实时监测和修改。

（3）模块资源管理器 SimuManager。

SimuManager 为 SimuBuilder 的附属软件，用于管理和维护模块库。主要包括热力系统通用模块库、电站动力系统模块库、控制系统模块、电气系统模块、化工系统模块、仿真实时图形系统 SimuMMI、自动评分系统、项目管理器、通信接口程序等。

第五节　自动化技术研究与创新平台建设

自动化技术已融入电力生产的各个环节，对提升运行管理水平发挥了重要作用。随着信息控制技术的快速发展，发电厂自动化系统的功能不断扩展、性能不断提高。以国家需求为导向，瞄准科学技术前沿，建设创新研发平台，开展基础研究与技术攻关，是实现自动化系统可持续健康发展并不断取得突破的重要因素。

一、对接国家重大需求，开展关键技术研发

1. 火电行业重大工程自动化成套控制系统

大型超超临界火力发电机组具有节能、减排的巨大优势，已成为火力发电装备发展的主要方向。通过引进消化国外技术到自主设计制造，我国基本实现了超超临界机组大型装备制造的自主化、国产化。然而，被称为"大脑"和"神经中枢"的超超临界机组自动化成套控制系统仍然依赖国外进口。截至 2010 年年底，我国已投运的 32 台 1000MW 超超临界机组全部采用了国外进口的自动化控制系统。

2007 年科技部立项 863 计划重点项目"火电行业重大工程自动化成套控制系统"，组织中国国电集团公司、华北电力大学、国电智深控制技术有限公司、国电谏壁发电厂、华东电力设计院等单位，依托国电集团谏壁电厂新建的 2×1000MW 超超临界机组开展自动化控制系统理论研究、技术开放与工程应用，该工程于 2010 年被列为国家能源局新技术示范项目。

本项目的主要技术内容与取得的关键技术突破包括以下几个方面：

（1）大型超超临界机组复合建模理论与状态重构技术。

提出基于机理分析与数据分析相结合的热力发电过程复合建模理论及基于信息融合及大数据的运行状态监测技术，建立了 1000MW 超超临界机组非线性控制模型、变相变点高精度仿真模型及全工况能耗分布模型，构造了入炉煤质、烟气含氧量、再热蒸汽流量、低压缸排汽焓、热量信号等状态参数，为大型超超临界机组智能优化控制提供了必要的模型与信号基础。

（2）大型超超临界机组智能优化控制技术。

基于煤质在线校正、机组蓄热补偿、全工况变增益非线性控制、基于规则的燃烧过程控制等技术，研发了大型超超临界机组智能优化协调控制系统。该系统实现了机组状态参数在线检测与燃烧过程优化稳定控制，解决了大比例劣质煤掺烧的难题。在深入研究火电机组节能优化理论的基础上，实现了基于管控一体化的机组运行优化控制，满足超超临界机组运行的安全稳定性与经济环保性指标。

（3）适应大规模、高可靠性应用的自动化成套控制系统开发技术。

采用基于分布式实时数据库与分布式计算环境的柔性分域技术及控制系统信息安全主动防御技术，研发了"机炉电辅仿"一体化的自动化成套控制系统，适应大型超超临界机组自动化系统大规模、高可靠性应用的需求。研发了基于虚拟 DCS 的 1000MW 超超临界机组全激励仿真机，实现了仿真机控制组态与实际控制组态的双向移植。掌握了超超临界机组自动化控制系统设计、调试、运行维护成套技术。

项目研发的超超临界机组自动化成套控制系统于 2011 年 1 月在国电谏壁发电厂投入运行，结束了我国 1000MW 超超临界机组自动化成套控制系统依赖于进口国外产品的历史，使我国成套自动化装备制造技术与大机组自动控制技术达到了一个新的水平。机组投运以来，系统稳定可靠，创造了我国同类机组连续 230 天稳定运行的记录，该项目获得 2014 年国家科技进步二等奖。

2. 高效灵活二次再热控制技术与系统

针对高参数、大容量二次再热火电机组关键技术难题，2011 年科技部立项"国家科技支撑计划"项目"高效率低排放的超 600℃百万千瓦等级超超临界机组关键技术研究与工程应用"，国家能源局将依托工程"国电泰州电厂二期工程（3 号和 4 号机组）"列为 1000MW 二次再热燃煤发电国家示范工程。国家能源集团组织中国电力工程顾问集团公司、上海电气集团股份公司、相关高校及科研院所开展全面大量的前期研究，在总体技术路线、参数选择、主设备制造、控制系统研发、调试运行等多项二次再热关键技术积累了坚实的基础。

项目在 31MPa/600℃/610℃/610℃关键参数的二次再热 1000MW 机组技术、一二次再热受热面交叉并列布置的锅炉重大装备、长轴系单轴布置的汽轮机重大装备、具有自主知识产权的控制系统及控制运行技术等方面取得了重要突破，系统解决了大容量高参数二次再热带来的巨大的技术及工程挑战。2015 年 9 月 25 日，示范项目世界首台百万千瓦二次再热机组高标准投产。第三方测试结果表明，机组热效率 47.82%，发电煤耗 256.85g/（kW·h），比世界最好水平降低 4.85g/（kW·h）。示范工程投运实现了煤电效率的显著提升，推动了行业的跨越式发展，奠定了我国在该领域国际领先地位，为随后一大批二次再热机组建设提供了技术指引、示范。

在主设备研制取得关键技术突破的同时，项目还研发了百万千瓦二次再热机组运行控制关键技术及系统。建立二次再热机组再热蒸汽温度异步控制策略和方法，解决了二次再热机组突出的大惯性及强交叉耦合性汽温控制难题，实现了汽温的精准控制和负荷的快速响应；研发了二次再热机组控制系统及自启停（APS）技术，实现了机组长周期安全高效稳定运行；研发形成了二次再热机组调试、运行技术体系。机组从整体启动、168h 试运到投产运行 900 多天，控制系统一直保持稳定运行，自动投入率 100%、保护投入率 100%，为保障机组安全、高效、稳定运行提供了重要支撑。

3. 600MW 超临界循环流化床机组控制系统

相比于传统的煤粉炉，循环流化床（Circulating Fluidized Bed，CFB）机组是更为高效、清洁、环保的先进火力发电技术，但其具有更复杂的锅炉特性，运行控制上仍存在诸多难点，机组很难投入 AGC 控制。

2010 年科技部立项国家"十二五计划"重点项目"四川白马 600MW 循环流化床机组示范工程"，研发先进的控制系统是项目的重要内容。经过 3 年多的研究攻关，自主研制的世界首台 600MW 超临界循环流化床机组控制系统在神华四川白马电厂成功投运，实现了重大技术突破。

通过建立"即燃炭"软测量机理模型、数据分析与预测校正，建立了"即燃炭"软测量理论方法，实现了"即燃炭"在线检测。将"即燃炭"变量引入到燃料量、总风量和给水量控制回路，构造了一种全新的 CFB 机组控制系统，解决了机组协调控制、燃烧控制、给水控制、汽温控制等技术难题。系统投运以来，运行稳定可靠，各项性能超过设计指标。实现了煤水比调节的精准控制和负荷自动调节，攻克了大型循环流化床控制这一世界性难题。

本研究成果于 2014 年 12 月 19 日通过中国电机工程学会和中国机械工业联合会的鉴定，鉴定认为"该项目取得了系列原创性成果。完全自主开发，关键技术创新性显著、运行安全稳定，研究成果达到国际领先水平"。其中对控制系统的鉴定结论认为：提出了考虑燃烧延迟的即燃碳概念并用于控制模型，开发了 600MW 超临界 CFB 锅炉的自动控制系统，解决了协调控制、燃烧控制、给水控制、汽温控制、RB 功能等技术难题，实现了燃水比调节的精准控制和负荷自动调节，示范工程实现了负荷调整速率达到 2%/min，超过了网调标准。研究成果获 2018 年国家科技进步一等奖。

4. 火电机组灵活运行控制技术

针对常规火电机组最小技术出力降低与调峰能力提升困难的瓶颈问题，2017 年科技部立项国家重点研发计划"常规/供热机组调节能力提升与电热综合协调调度技术"，华北电力大学、西安热工研究院、哈尔滨工业大学、国电大连庄河发电厂、吉电股份白城发电厂共同承担"火电机组最小技术出力降低与调峰能力提升"课题，目标实现机组在纯凝工况 50% 额定容量最小技术出力的基础上，增加 15% 额定容量以上的调峰能力。主要研究内容如下：

（1）研究燃烧稳定性定量表征及低负荷均衡燃烧方法，开发满足不同低负荷目标的设备改造与燃烧运行调整技术。基于火检信号、火焰图像、炉内温度和炉膛压力等参数，采用对比数据挖掘方法，提取反映燃烧稳定性的关键参数，建立多源信息融合模型，实现炉内燃烧稳定性的在线定量表征；通过实炉试验，研究煤粉特性参数、旋流强度、风量及配比、燃烧器功率分配等对锅炉低负荷下燃烧稳定性的影响规律，开发基于燃烧稳定性定量表征的精细化运行调整技术，实现低负荷均衡燃烧，提高不同煤质下的锅炉低负荷稳燃能力；研究基于燃料、炉型等的锅炉稳燃能力评估体系，给出最小技术出力的推荐值；建立适用于低负荷运行的燃烧器试验平台，分析燃烧器结构参数对燃烧器喷口流场的影响，研究适用于不同低负荷稳燃目标的燃烧系统改造技术。

（2）研究低负荷调峰工况下涵盖机组安全、环保、效率的运行参数监控技术。在低负荷工况下，研究锅炉水动力特性，结合受热面壁温监测，确定锅炉汽水系统的低负荷安全运行边界及改善措施；基于调节级后蒸汽参数，研究转子局部热应力实时表征方法；研究蒸汽与叶片间的能量转换规律，预估末级长叶片颤振边界条件；结合风机、磨煤机等辅机低负荷运行安全性分析，开发火电机组低负荷调峰安全监控系统；研究低负荷下飞灰含碳量的实时在线测量方法，提高低负荷经济指标计算的准确性；根据低负荷脱硝入口烟温水平，提出利用烟气旁路和省煤器水旁路等技术的烟温提升改造方案。

（3）研究机组低负荷非线性动态模型和工况自适应控制策略，实现机组深度调峰的自动控制。分析低负荷时煤质变化、干湿态转换和辅机启停等对机组运行特性的影响，建立涵盖 20%~100% 额定容量范围的机组分段非线性动态模型，研究满足低负荷稳定运行和快速调峰目标的工况自适应机炉协调控制策略；定量分析锅炉、汽水系统等的热容特性，研究基于凝结水调节、冷却工质调节等的机组本体蓄热深度利用方法，进一步提高机组快速变负荷能力；以安全和环保为约束，研究高压调节阀组管理、运行参数寻优等技术，改善机组低负荷运行经济性。

5. 火电机组智能发电控制系统研制

为了落实国务院有关部委联合发布的《关于推进"互联网＋"智慧能源发展的指导意见》，促进能源和信息技术的深度融合，实现发电过程的"安全高效、绿色低碳、灵活智能"及"无人干预、少人值守"目标，2018 年北京市立项科技计划"火电机组智能运行控制系统研制"，组织华北电力大学、北京国电智深控制技术有限公司、北京和利时系统工程有限公司、中国电子信息产业集团有限公司第六研究所等优势研发力量，面向国内及国际广阔的发电技术需求，寻求智能化运行控制与运行优化技术、系统的新突破。相关成果将有效提升传统能源和新能源发电过程的运行性能，形成新的产业增长点。

研究内容及预期目标如下：

（1）基于火电机组监测设备及检测技术的泛在感知能力，深入研究机组运行特性分析、建模及智能优化协调控制理论，形成具有自适应多目标优化、自趋优全程控制特征的智能发电弹性运行控制核心技术。

（2）建立以 TCM 为核心的智能控制系统平台完整性检验机制，在系统安全态势分析的基础上，构建平台完整性度量、平台身份可信、数据安全保护等协同的信息安全防护体系。

（3）研发智能控制子系统，构建生产实时信息全集成与智能运行控制开放开发环境，实现基于数据分析的智能控制算法及其模块化封装技术，实现基于机器学习及专家系统的工艺系统运行状况报警及根源分析，研发二/三维联动监控与数据可视化技术。

（4）研发智能优化子系统，基于管理壳概念与容器技术，建立基于工业互联网技术的智能发电运行优化云平台，研发基于数据挖掘和场景画像的综合竞价上网技术。

综合上述理论和应用成果，研发出"火电机组智能运行控制系统"，在大型热电联产机组上进行应用验证。

华北电力大学与国家能源投资集团有限责任公司组建了"智能发电协同创新中心"，围绕智能发电系统体系架构、系统软硬件、核心算法、网络信息安全及工程应用等内容开展了深入的理论研究与技术攻关，实现了关键技术突破，研发出"火电机组智能运行控制系统 ICS"及"燃煤电厂智慧管控系统（IMS）"，分别于 2018 年在国电电力东胜热电公司 2×330MW 亚临界直接空冷供热机组、2019 年在国家能源集团宿迁发电有限公司 2×660MW 超超临界二次再热机组上成功投运。系统投运以来，运行稳定可靠，控制指标优良，智能化效果显著，降低了运行人员操作强度，实现了发电过程"大闭环"运行控制，中国电机工程学会技术鉴定认为 "整体技术达到国际领先水平"。研究成果获得 2020 年中国电力科学技术进步奖一等奖。

6. 自主可控 DCS 研发与应用

DCS 作为火电厂的大脑，是确保电力稳定供应的关键设备。长期以来，国内 DCS 所使用的 CPU 和操作系统等软、硬件依赖进口产品，存在巨大安全隐患。为攻克这一"卡脖子"难题，南京科远智慧科技集团股份有限公司、南京南瑞继保电气有限公司（华能睿渥）、南京国电南自维美德自动化有限公司（华电睿蓝、睿星）、浙江中控技术股份有限公司、国核自仪系统工程有限公司、上海新华控制技术 (集团) 有限公司、杭州和利时自动化有限公司和北京国电智深控制技术有限公司都于 2018 年左右启动了自主可控 DCS 的研制（DCS 软硬件国产化逐步替代）。2019 年各 DCS 研发公司进一步加快了研制进程，与芯片企业加强技术合作，进行联合攻关。

智深公司 2012 年开始研发基于国产中标麒麟操作系统的 EDPF－NT＋全部应用软件，硬件上现已完成控制器、I/O 模块、上位机、交换机关键芯片 100%国产化样机开发工作。西安热工研究院和南瑞继保公司合作，成功研制出基于国产芯片、国产操作系统和国产核心元器件的，具有完全自主知识产权的华能睿渥（HN Revival）DCS，实现了软、硬件的全国产化。2020 年 11 月 6 日，华能睿渥 DCS 在福州电厂 350MW 亚临界机组上一次并网成功；11 月 26 日，在华能玉环电厂 1000MW 超超临界机组上成功投

运。经中国自动化学会发电自动化专业委员会鉴定，基本性能和应用功能指标满足 DL/T 659—2016《火力发电厂分散控制系统验收测试规程》、DL/T 261—2012《火力发电厂热工自动化系统可靠性评估技术导则》的要求。其中抽测时的测量模件精度都高于行业标准要求，部分指标优于进口系统。如逻辑组态软件支持多人同时组态可大幅提高工程组态效率；任务周期最小达 5ms，可应用于实时性要求非常高的场合。此外，智能化程度以及安全性能等均有显著提升。

二、加强平台队伍建设，推动持续创新

改革开放 40 多年来，我国的电站自动化领域紧密围绕国家需求，引进学习国外先进技术，探索出一条创新发展之路，扭转了改革开放前技术落后、改革开放初期国外垄断的局面，在一些关键技术领域实现了超越。同时，建设了一批国际先进的试验研究中心、重点实验室与智能制造基地，培养了一大批专业技术人才，制订了国家/行业/企业标准 100 余项，形成产、学、研、用的研发体系，为电厂自动化技术的持续创新奠定坚实基础。

国电智深是国家高新技术企业，拥有北京市电站自动化工程技术研究中心、北京市企业技术中心以及工业控制系统分析与测试实验室、电站运行与控制仿真实验室、工业控制系统信息安全实验室。先后承担了国家发展改革委、科技部及北京市多个重点项目。获国家科技进步二等奖 2 项；能源部二等奖 1 项、中国电力科技进步一等奖 1 项、二等奖 1 项；教育部科学技术奖一等奖 1 项；中国机械工业科学技术一等奖 1 项、二等奖 1 项、三等奖 1 项；北京市科技进步奖二等奖 1 项、三等奖 1 项；上海市科技进步奖二等奖 2 项；上海市技术发明奖三等奖 1 项；国家能源局科学技术进步二等奖 1 项。出版科技专著 6 部，获得发明专利授权 18 项、实用新型授权 25 项、外观授权 8 项、计算机软件著作权 39 项。

代表性成果有：

国家发展改革委"大型火电机组分散控制系统国产化"项目：龙山电厂"2×600MW 亚临界直接空冷机组控制系统国产化"，获 2007 年中国电力科学技术一等奖；

国家发展改革委"十一五"国家重大装备技术进步示范工程：庄河电厂 2×600MW 超临界机组综合自动化；

国家"863 计划"重点项目：火电行业重大工程自动化成套控制系统，获 2014 年国家科技进步二等奖；

国家科技支撑计划：百万千瓦超超临界二次再热机组关键技术及工程应用，获 2018 年度中国电力科学技术进步一等奖。

和利时公司是国家创新型企业、国家技术创新示范企业，拥有国家级企业技术中心、北京市重点实

验室、北京市工程技术研究中心，具有计算机信息系统集成一级资质、工程设计与施工一级资质，国家863成果产业化基地，被国际权威市场研究机构 ARC 列入全球 50 强自动化产品供应商。先后建立有火电、核电、石化、轨道交通等十多个研发、仿真试验中心。其中可靠性试验中心已通过德国莱茵（TÜV）ISO 17025 实验室认证，是国内自动化企业中首个获得 TÜV 认证的可靠性试验中心。在北京总部建设4 条模块生产线，在北京和杭州分别建设数万平方米的系统装配、调试车间，拥有先进的电站运行与控制仿真实验室，如图 2.6－16 所示。图 2.6－17 所示为和利时制造平台。

图 2.6－16　电站运行与控制仿真实验室

图 2.6－17　和利时制造平台图

和利时公司承担了数十项国家级的重大科研攻关专项、高科技产业化专项和工业强基项目，获得国家发展和改革委员会颁发的"国家高技术产业化十年成就奖"；拥有自主产品开发专利及软件著作权 300余件；其中发明专利 73 项；参与并主持多项国家标准的制定及国际工业信息模型标准的制定；与新加坡科技研究局合作,研发新一代的智能控制系统;参与工信部组织的中德智能制造合作工作,是国际 **FDT**（ Field Device Tool ）组织和 OPC 组织成员。

新华集团坐落于上海市紫竹国家高新技术产业开发区，拥有研发中心、销售中心、工程技术中心、制造中心、培训中心、各种环境模拟试验设备、在线测试系统、CAD 系统、计算机管理系统及办公自动化系统、被控对象的仿真系统及各类控制实验室，另有电子、液压两个生产基地。为了推进燃气轮机控制系统软硬件平台和控制策略研发，新华集团建立了燃气轮机半实物仿真测试验证研发平台。为了推进轨道交通综合监控系统的研发，建立了轨道交通综合监控系统半实物仿真验证平台。

科远股份拥有九龙湖科技园和滨江产业园两大园区，如图 2.6-18 所示，是"国家火炬计划重点高新技术企业""江苏省两化融合管理体系贯标试点企业"和"江苏省规划布局重点软件企业"，拥有"江苏省热工自动化工程技术研究中心""江苏省软件企业技术中心""江苏省热工过程智能控制重点实验室""江苏省流程工业数据挖掘与故障诊断工程中心""江苏省企业研究生工作站""南京市江宁开发区博士后工作站"，并与东南大学合作共建"东南大学——科远股份能源系统与控制联合研究中心"。

公司拥有一支逾千人的人才团队，其中高素质研发人才队伍 300 余人。先后承担了国家工业强基等 30 多项国家级、省部级科技计划项目。拥有技术专利 130 余项，软件著作权 200 余项，2015—2017 年，公司研发投入占营业收入的比例分别为 11.39%、10.28%、11.50%。在体系建设方面，与国际先进的管理经验接轨，先后通过 ISO 9001 质量管理体系认证、ISO 14001 环境管理体系认证、OHSAS18001 职业健康安全管理体系认证、GB/T 29490—2013 知识产权管理体系认证，GJB 9001B—2009 武器装备质量管理体系认证、CMMI-5 软件能力成熟度模型集成模型 5 级认证。建立起全面而有效的质量保障、环境安全保障与研发管理体系。

图 2.6-18 科远股份滨江智能制造产业园

第六节　自动化系统发展历程的启示

自动化系统是发电厂的运行控制中心、分析决策中心和安全屏障。随着火电机组向大容量、高参数、高效率、低排放、灵活运行发展，自动化系统功能日益强大，重要性日益提高。拥有自主可控的发电厂自动化系统，是国家科技创新能力与高端装备制造水平的体现，一方面可提高机组运行控制与管理水平；另一方面更是网络信息时代保障能源电力安全的必要条件。

我国发电厂自动化系统经历了从无到有、从跟跑到并跑，在一些关键技术上达到世界领先水平的壮举，培育出若干技术一流、具有国际竞争力的电厂自动化系统生产制造企业。DCS方面，从20世纪80年代的全部进口到目前自主化产品市场占有率接近50%，特别是在世界最大容量、最复杂结构的1000MW超超临界二次再热机组上稳定运行，表明自主化DCS已经达到国际先进水平。SIS方面，作为由我国专家率先提出、以我国企业为主导的火力发电信息监控技术，在生产管理信息集成、全方位运行监控、精细化管理等方面发挥了积极作用，推动了我国火力发电运行控制与生产管理技术进步，引领了本领域的发展。火电仿真方面，在传统运行培训仿真机基础上，开发出研究用仿真机、激励式仿真机，适应不同功能场景需求，在模型精度、配置灵活性方面达到国际领先水平，自主化仿真机占领国内市场的同时，还实现了大量出口。

回顾我国发电厂自动化系统发展历程，可以得到诸多有益启示。

（1）坚持改革开放、对标国际同行，促进我国电厂自动化系统换代升级。

改革开放之前，我国工业自动化仪表相对落后，没有及时跟踪国际上电子化、计算机化的大趋势，在测量变送单元、分散控制系统等方面与国际先进水平有很大差距。改革开放使我们接触到了领先的科学技术、高可靠的产品以及先进的管理理念，给我国自动化系统的发展提供了很好的借鉴，通过引进、消化、吸收、再创新，开启了我国自动化系统的自主化之路。

（2）加强目标导向、对接重大工程，鼓励发电企业首台套先行先试。

电厂自动化系统与其他新技术、新产品一样，都有一个从产生到发展的过程，需要在应用实践中不断完善升级。发电过程的特殊性在于要保障电力生产的连续、可靠供应，在国产自动化系统应用初期，存在一定的安全顾虑与风险。充分发挥我国的体制优势，统筹考虑新技术、新产品的科技研发、生产制造与工程示范，鼓励发电企业开展首台套试验，在推动我国电厂自动化系统快速发展过程中发挥了重要作用。在300MW、600MW、1000MW火电机组自动化系统国产化过程中，均得到了国家科技研发项目、国家能源局示范工程以及发电集团重点工程的大力支持。

（3）加大科技投入、产学研用相结合，推动我国电厂自动化系统创新发展。

　　近年来，国家持续加大科研投入，形成了产学研用相结合的科研组织模式，自动化系统生产制造企业把科技创新作为提升产品市场竞争力的最有效手段，促进了我国电厂自动化系统不断取得突破进展。在新的起点上，需要更加注重基础研究，攻关核心芯片技术、大型数据库技术、计算机操作系统研发应用难题，真正实现我国电厂自动化系统从跟跑到引领的跨越。

　　面对以人工智能、清洁能源、量子通信、生物技术等为核心的第四次工业革命浪潮，世界各国纷纷出台战略规划，以在新一轮科技竞争中占领先机。2013 年，在汉诺威工业博览会上，德国推出了工业4.0 战略，旨在提升工业生产的智能化水平，形成智能工厂、实现智能管理。2015 年，国务院印发了《中国制造 2025》，这是我国实施制造强国战略第一个十年的行动纲领，以推进智能制造为主攻方向，促进产业转型升级，实现制造业由大变强的历史跨越。2016 年，国家发展改革委和国家能源局共同制定了《电力发展"十三五"规划》，指出："发展智能发电技术，开展发电过程智能化检测、控制技术研究与智能仪表控制系统装备研发，攻关发电机组先进运行控制技术与示范应用"。智能化成为发电厂自动化系统发展的重要方向。

　　数字化、信息化、智能化在给发电过程带来运行管理水平大幅提升的同时，也面临新的问题与挑战。特别是随着国际形势的复杂多变，网络攻击、芯片断供、技术封锁等对我国能源电力安全构成重大威胁。研制自主可控的发电厂自动化系统，构建基于国产芯片与软件的研究、开发与应用生态环境，持续提高发电系统的智能化水平，是实现我国电厂自动化系统由大到强的必由之路。

主　笔　刘保生

主　审　陶星明

编写与审稿人员

哈尔滨电气集团有限公司

魏显著　孙玉田　李伟刚　刘保生　孙永鑫　安志华

刘晶石　周亚信　王建刚　高　欣　刘诗琪　丁军峰

中国东方电气集团有限公司

石清华　郑小康　余小波　张天鹏　宋　敏　王大伦

梁智明　周光厚　胡江艺　梁权伟　何启源　钟海权

第一章

概　　述

第一节　水力发电的地位与作用

水电是一种清洁和可再生能源。大力发展水力发电符合我国可持续发展的能源政策，也是我国电力发展的方向。我国水力资源比较丰富，主要集中在中西部的大中型河流上，如长江、金沙江、雅砻江、大渡河、乌江、澜沧江、黄河和怒江等主要干流上，国家一直重视和鼓励支持水能资源的科学、合理、有序开发，根据水电水利规划设计总院（以下简称水利规划总院）预测，我国水电技术可开发量为 5.5 亿~5.8 亿 kW。到 2020 年年底，常规水电装机容量达到 3.7 亿 kW 左右，约占技术开发量的 64%。已投运的单机容量 500MW 以上机组达到 147 台，另外白鹤滩电站的 16 台单机容量 1000MW 机组、乌东德电站的 4 台 850MW 机组和两河口电站的 6 台 500MW 机组正在建设中，见表 3.1-1，我国现已成为名副其实的世界水电大国。

表 3.1-1　　　　　　　　　500MW 及以上巨型机组（至 2020 年年底）

电站名称	装机容量/MW	单机容量/MW	台数
三峡	22 500（含 2 台 50MW）	700	32
白鹤滩（在建）	16 000	1000	16
溪洛渡	13 860	770	18
乌东德（部分在建）	10 200	850	12（8 台已投运）
向家坝	6400	800	8
龙滩	6300	700	9
糯扎渡	5850	650	9
锦屏 2 级	4800	600	8
小湾	4200	700	6
拉西瓦	4200	700	6
锦屏 1 级	3600	600	6
瀑布沟	3600	600	6

续表

电站名称	装机容量/MW	单机容量/MW	台数
二滩	3300	550	6
两河口（在建）	3000	500	6
构皮滩	3000	600	5
长河坝	2600	650	4
大岗山	2600	650	4
官地	2400	600	4
金安桥	2400	600	4
梨园	2400	600	4

注：乌东德水电站截至 2021 年 5 月，12 台机组全部投运。

在我国大型水电站发展过程中，既有多功能水利水电基础设施建设带来良好的机遇，又有一系列关键技术创新发展难题的挑战，例如，在西南地区发展的大型水电站中，科技人员攻克了高地震区、高拱坝、高水头、大泄流量等世界级的难题。水电的发展，对能源与水资源管理的贡献，不仅仅局限于国内电力生产或区域防洪。从能源角度看，水电还可通过蓄水、调节容量和负荷等特有的手段稳定地区电网系统，并通过与核电、火电的联合运营方式来降低发电成本。

第二节　水力发电核心装备的技术发展

我国水电事业的发展历程也体现在水电站核心装备水轮发电机组技术的发展历程上。从 1951 年生产国内首台单机容量 800kW 的下硐水轮发电机组开始，到已投运的当时世界最大单机容量的国产 800MW 向家坝、850MW 乌东德水轮发电机组，直至在建的单机容量 1000MW 白鹤滩水轮发电机组，步入世界水电"无人区"，水电机组经历了从无到有、从小到大、从弱到强的艰辛历程，发展大体上可以分为新中国成立初期阶段、全面学习苏联阶段、自力更生阶段、改革开放至今四个阶段。尤其是改革开放 40 多年来，通过技贸结合、联合设计、合作生产等多种途径国内厂家得到了与国外著名企业进行联合设计、合作生产和技术转让的机会。特别是哈尔滨电气、东方电气与外国企业合作生产三峡电站左岸机组并引进机组核心技术，通过打捆招标，与外国企业合作生产宝泉、惠州、白莲河等抽水蓄能机组并引进技术，同时在对引进技术消化吸收的基础上，积极开展自主创新工作，全面提升了我国在水轮发电机组研发、设计、制造等方面的技术。

根据水电站基本状况和需求不同，水电站核心装备水轮发电机组主要分为混流式水轮发电机组、抽水蓄能机组、轴流式水轮发电机组、贯流式水轮发电机组和冲击式水轮发电机组等类型，各类型机组既有不同的技术发展历程，又相互借鉴，共同发展。

一、混流式水轮发电机组技术发展

混流式水轮发电机组是水力发电中最常见的一种机型，具有适应范围广、结构可靠、效率高等特点，特别是在大中型水电站中被广泛采用。机组采用立式安装，有悬式、伞式、半伞式等布置方式。

我国混流式水轮发电机组从引进技术的 700MW 水内冷水轮发电机组发展到具有完全自主知识产权的 1000MW 全空冷水轮发电机组，目前，整体水平已经达到国际领先。在对三峡左岸机组引进技术消化吸收过程中，国内企业特别注重再创新和自主技术发展，在三峡右岸机组研制中开发了具有自主知识产权的新转轮，解决了水轮机稳定性的难题。

同时哈尔滨电气在龙滩和三峡右岸 700MW 机组投标中均创新地提出了发电机全空冷技术方案，突破了全空冷水轮发电机极限出力为 600MW 的设计理念，通过开展机组结构优化、通风计算与试验、绝缘研究等多方面的科研，综合解决了全空冷巨型水轮发电机安全、可靠、长期稳定运行的难题。这是水电建设史上一个重要里程碑，开创了世界上单机容量最大的全空冷水轮发电机运行的新时代，技术水平实现了质的飞越。国内企业圆了巨型全空冷水轮发电机技术引领世界的创新梦，同时也为世界水轮发电机冷却技术发展谱写了光辉篇章。自此在哈尔滨电气的引领下后续国内外厂家在巨型水电机组设计中几乎都采用了空冷技术。

为消除水内冷技术所带来的运行风险，东方电气尝试用蒸发冷却技术代替三峡左岸机组水内冷技术。根据三峡左岸采用水内冷技术机组的实际运行情况，在三峡集团支持下，开展了 700MW 级巨型水轮发电机采用蒸发冷却技术的工业化应用研制工作，并获得了三峡地下电站 2 台 700MW 蒸发冷却水轮发电机组制造合同。2011 年 12 月 15 日，由东方电气研制的世界上首台采用蒸发冷却技术的三峡地下电站 700MW 水轮发电机组通过试运行考验，各项指标优异。标志着我国自主创新的蒸发冷却技术已在 700MW 级水轮发电机上成功应用。水轮发电机定子蒸发冷却联合循环装置获国家发明专利。

与此同时，国内厂家更是借着三峡右岸水轮发电机组成功应用的东风，在国际招标中与国际著名公司同台竞技，哈尔滨电气获得了向家坝（4×800MW）、溪洛渡（6×770MW）水电站 10 台水轮发电机组制造合同，东方电气获得了溪洛渡（9×770MW）9 台水轮发电机组制造合同。哈尔滨电气也成为中标数量最多、总容量最大、合同金额最多、唯一一家两个项目都拿到份额的厂家。2013 年国产的溪洛渡 770MW 机组以及向家坝 800MW 机组相继投入商业运行，机组各项指标优异。其中，向家坝机组是迄今世界上已投运的单机容量最大的国产巨型全空冷水轮发电机组，刷新了三峡全空冷机组单机容量的世界纪录。标志着我国水电装备制造能力和水平已经走在世界前列，在大型混流式水轮发电机组研制方面处于世界领先水平。

机组技术不断进步的同时，国内厂家开始向更高目标进行探索。2008 年，以金沙江白鹤滩和乌东德

两座水电站为依托，科学技术部批复国家科技支撑计划项目《1000MW水力发电机组研究》，由哈尔滨电气和国家水力发电设备工程技术研究中心共同承担。通过"产、学、研、用"的合作模式，联合哈尔滨大电机研究所、中科院电工所、哈尔滨工业大学、清华大学、华北电力大学、华中自控公司等国内知名研究院所、高等院校和企业，组成项目组，深入开展1000MW水轮发电机组的技术研究，历时4年，项目组于2012年圆满完成了"1000MW水力发电机组研究"项目任务书规定的内容和各项技术指标，并通过科技部组织的项目验收。在此期间，哈尔滨电气和东方电气还接受三峡集团的委托分三个阶段开展了关于白鹤滩、乌东德项目1000MW水轮发电机组专项技术的研究，为白鹤滩、乌东德水电站的开发奠定了技术基础，同时也使我国在大型混流式机组研究方面处于世界前列。

在前期技术论证下，最后核定乌东德电站采用单机容量850MW机组，白鹤滩水电站采用单机容量1000MW机组。2015年通过国际招标，美国通用电气公司（简称GE公司）和德国福伊特公司（简称VOITH公司）各获得乌东德电站6台850MW水轮发电机组的制造合同，哈尔滨电气和东方电气各获得了白鹤滩项目8台1000MW水轮发电机组的制造合同，标志着百万千瓦水电机组正式进入工程化研制阶段。2020年6月乌东德水电站首批机组顺利投产发电，并创下了大坝单位坝顶弧长泄量世界第一、地下厂房高度世界第一等多项世界纪录。乌东德水电站工程将工程建设与助力地方脱贫攻坚、带动地方经济社会发展紧密结合起来，将打造成为又一个新时代民生工程典范。自2017年10月哈尔滨电气制造的世界首台百万千瓦水电机组精品座环交付工地后，首台精品导水机构、精品转轮、精品定子、精品转子等关键部件相继交付工地，机组全面进入安装调试阶段，首台机组计划2021年7月投运。作为世界首个百万千瓦水电机组工程，白鹤滩水电站机组的研制成功，必将会在水力发电史谱写新的篇章，成为继向家坝全空冷水轮发电机组后又一新的里程碑。

我国混流式机组技术自三峡右岸机组以来，在容量等级上稳步提升，从三峡机组到溪洛渡、向家坝，直至正在制造的白鹤滩百万千瓦机组，这些机组在投运当时皆创造了投运机组容量之最。除此之外，在高转速、高水头混流式机组研发和稳定性宽范围调节关键技术上也取得了突破，哈尔滨电气继1999年研制的转速达到1000r/min的大七孔项目后，2009年又研制了金汉拉扎机组，其额定水头近400m，转速达到了750r/min，不仅是当年国内水头最高的，也是国内高转速机组中单机容量最大的混流式水轮机，其水轮机和发电机的开发制造难度非常具有挑战性。2019年9月，哈尔滨电气制造的我国"水电之母"——丰满水电站重建后的首台机组投产发电，实现了在额定水头以上，0～200MW全负荷状态下的所有工况稳定运行的世界领先水平，引起行业高度关注和赞誉。

二、抽水蓄能机组技术发展

抽水蓄能机组是一种具有储能和调节能力的特殊水电装备，具备启停迅速、运行灵活可靠的特点。

与常规水电站相比，抽水蓄能电站不仅具有调峰填谷、调频调相和事故备用的功能，还能将电网低谷时成本低的电能转换为高峰时价值高的电能，为电力系统带来显著的经济效益。综合来说，抽水蓄能机组储能规模大，运行时间长；清洁无污染，环境效益突出；与其他新电源联合运行优势明显；机组技术含量高，制造难度大。因此，大型抽水蓄能机组被公认为发电设备领域的高端装备。

世界上第一座抽水蓄能电站诞生于1882年，20世纪60年代以后，抽水蓄能机组建设迅速发展。与欧美等发达国家相比，我国抽水蓄能机组技术的开发起步较晚。20世纪90年代，伴随经济进一步发展，为配合火电和核电运行，我国先后兴建了广州、北京十三陵、浙江天荒坪等几座大型抽水蓄能电站，但其机组完全依赖于进口。21世纪初，东方电气与国外公司合作研制的响洪甸40/55MW抽水蓄能机组，哈尔滨电气与国外企业合作研制了回龙（2×60MW）、白山（2×150MW）抽水蓄能机组，国内制造企业取得不少经验，但没有掌握核心技术。2004年8月20日，随着中电技国际招标有限责任公司（现国网物资有限公司）和外国企业在北京钓鱼台国宾馆签署《宝泉、惠州、白莲河抽水蓄能电站统一招标项目设备采购合同暨技术转让合同和设备分包合同》，外国企业获得宝泉（4×300MW）、惠州（8×300MW）、白莲河（4×300MW）三个电站16台机组制造的承包权，哈尔滨电气和东方电气也成为大型抽水蓄能机组研发所需关键核心技术转让的受让方。同时为了实际应用和深化理解所引进的技术以及相关设计标准和规范，提升国内公司的设计水平，获得相应的制造资质，两厂分包制造宝泉、惠州、白莲河三个电站的第4台整机。2010年和2011年，随着哈尔滨电气和东方电气分包制造的白莲河、惠州、宝泉电站机组相继投产，标志国内厂家顺利完成大型抽水蓄能机组国产化技术引进阶段的任务。

抽水蓄能机组作为我国水电市场中另一主力产品，顺利完成引进技术，分包产品制造后，为掌握、吸收和应用已经引进的技术并实现抽水蓄能电站机组装备的国产化，哈尔滨电气负责辽宁蒲石河（4×300MW）抽水蓄能项目，东方电气负责呼和浩特（4×300MW）、湖南黑糜峰（4×300MW）抽水蓄能项目，由外国企业负责技术支持，进行技术优化联合设计，使国内厂家对引进技术进一步消化吸收。2011年11月辽宁蒲石河项目1号机组正式投入商业运行，2012年10月最后一台机组投入商业运行。装备性能满足合同技术规范要求，整体运行情况良好。这标志着哈尔滨电气抽水蓄能电站机组装备国产化进程中的第二阶段——消化吸收阶段的任务率先顺利完成。从2014年10月至2015年6月，呼和浩特抽水蓄能电站4台机组一次性启动成功，并顺利投入商业运行，标志着东方电气也完成了国产化进程中的第二阶段——消化吸收阶段的任务。

为保证全面掌握、消化吸收引进技术，并进一步巩固、提高，在国家的支持下，哈尔滨电气依托安徽响水涧（4×250MW）、溧阳（6×250MW）抽水蓄能机组，东方电气依托福建仙游（4×300MW）抽水蓄能机组，进行了主机及相关辅机系统的设计、制造和成套工作。响水涧首台机组于2011年年底投入商业运行，2012年完成全部机组并网发电，其装备性能满足合同技术规范的要求，机组运行稳定、良好，发电电动机现场部分调试由哈尔滨电气负责，现场整体调试的组织和协调由华东调试所负责，哈尔滨电气提供技术支持。仙游首台机于2012年底投入商业运行。至此，国内企业都完成了引进技术后首个完全国产化项目。这些项目的完成标志着我国企业打破了国外的技术壁垒，填补了抽水蓄能机组领域的技术空白，相关厂家已全面掌握了抽水蓄能机组的核心技术。这意味着我国已具备大型抽水蓄能电站机组装备的研制和生产能力，完成了抽水蓄能电站机组国产化进程中的第三阶段——自主研发阶段的任务。

之后，我国抽水蓄能机组技术和电站建设进入高速发展期，哈尔滨电气又相继承制了深圳发电电动机，仙居水泵水轮机，丰宁一期、敦化、文登、周宁、阳江等抽水蓄能机组的研发工作；东方电气承制了仙居发电电动机，深圳水泵水轮机，绩溪、敦化、长龙山、丰宁二期、沂蒙、永泰等抽水蓄能项目研发工作。其中，哈尔滨电气承制的我国单机容量最大的阳江电站抽水蓄能机组，容量达到400MW，水头超过700m；东方电气承制的长龙山电站抽水蓄能机组最高水头达到了756m，位居国内第一，世界第二。

至此，抽水蓄能机组经历了从分包商引进技术到主承包商，进而自主设计制造的转变，占据了世界水电装备制造业的"制高点"，全面完成了抽水蓄能电站机组装备国产化进程中的第四阶段——深化应用阶段的任务。

随着国产化进程各阶段的稳步推进，我国在抽水蓄能机组方面已经迈出了跨越式的一步。围绕电站的建设，新技术、新结构、新材料不断涌现。以转子安全性、轴承可靠性、绝缘稳定性、冷却合理性以及人性化设计为关注重点的结构优化和技术创新，开始成为发展抽水蓄能机组新的动力。同时为了提高抽水蓄能机组对电网调节的适应性和作用，国内企业正在全面开展可变速抽水蓄能机组研制工作，这也将是我国国产机组今后几年研究的重点。

三、轴流式水轮发电机组技术发展

轴流转桨式水轮发电机组的最大特点，就是转轮叶片可以随着负荷的变化与导水机构的导叶协联动作，始终保持合理的匹配关系，因此，对负荷变化的适应性较好，运行区域广，平均效率高。早期我国在中低水头段，即水头在40m及以下范围的水电站选型中，轴流式机组尤为常见。20世纪90年代起随着贯流式机组的迅猛发展，并因其具有土建投资较小的优势，27m水头和出力在60MW以下，灯泡贯流式水轮发电机组已取代了多数轴流转桨式水轮发电机组；但对于某些27~60m水头段的电站，因其具体运行特点及方便检修要求，大多数选择安装轴流转桨式机型，故轴流转桨式水轮发电机组仍有着不可替代的地位。

哈尔滨电气和东方电气自20世纪70年代起开始研制葛洲坝轴流式机组，掌握了一系列的新工艺和新技术，1985年，葛洲坝水电机组荣获国家科技进步特等奖（见图3.1－1），1987年获得发电装备产品首个国家质量金质奖章。

(a)　　　　　　　　　　　　　　　　(b)

图 3.1－1　葛洲坝水电机组及获奖证书

之后，哈尔滨电气和东方电气在三峡左岸机组引进技术基础上，对引进技术进行了二次开发，拓宽了其应用范围，轴流式机组在此背景下技术发展取得了很大的进步。哈尔滨电气先后开发了单机容量153MW 乐滩、112MW 山图迪斯 II、153MW 桐子林、200MW 大藤峡轴流式水轮发电机组，东方电气也先后开发了单机容量 115MW 万安、142MW 里底、107MW 迪斯林、193MW 安谷轴流式水轮发电机组，这些产品皆处于国际先进水平。同时葛洲坝水电站增容改造和水口由于水情的变化进行的改造已经完成，也使国内在空化等关键技术研究领域上了一个大台阶。

四、贯流式水轮发电机组技术发展

我国低水头水力资源十分丰富，贯流式水轮发电机组是开发低水头水力资源较好的方式，一般应用于 30m 水头以下。在贯流式机组中，灯泡贯流式机组相对于制造大容量的机组具有明显的技术经济优势，与常规的立式轴流机组相比，约可节省电站建设投资 10%，且机组运行稳定、效率较高、空蚀轻微，每年尚可多发电 3%左右，电站淹没少，可靠近城镇，因此，灯泡贯流式机组有很好的发展前景，具有较强的竞争力。

国家"十一五"重大技术装备研制和重大产业技术开发专项规划中明确要求开展大型灯泡贯流式水轮发电机组的工作。21 世纪初，鉴于我国在灯泡贯流式机组开发中还缺乏足够的技术储备，尤其水力开发技术方面。为了适应灯泡贯流式机组向更宽广的运行水头范围及一些电站的具体运行条件的要求，国内的制造厂虽然通过引进水力设计可以制造一些大容量的机组，如红岩子、金银台、南津渡、江口、凌津滩等，但仍未掌握关键核心技术，而且对更大型机组则没有经验和业绩，需要进口或外国企业做技术支持。为了壮大我国的发电装备制造业的实力和提升水平，抓住市场的机遇和技术开发的优势，哈尔滨电气和东方电气加快了自主开发核心技术的步伐，在贯流式水轮机水力设计方面已储备包括 3、4、5 叶片转轮的水力设计，水头涵盖 6～26m 范围，为今后的贯流式水轮发电机组的开发研究及市场竞争提供了非常有利的条件。

随着哈尔滨电气贯流试验台的建设，哈尔滨电气模型水力试验能力得到迅速提升。哈尔滨电气自主开发了具有静压轴承的模型水轮机装置，使灯泡贯流式模型的测试精度得到大幅度提高，在新研制的模型装置上开展了自主的水力设计工作，转轮模型水力效率不断提升，只用了短短的数年时间，水力性能已经和世界领先水平相当。哈尔滨电气先后成功制造出广东木京 10MW 机组和江口 20MW 机组、湖南凌津滩 30MW 机组、广西长洲 42MW 机组、湖南洪江 45MW 机组、陕西蜀河 47MW 机组和甘肃炳灵 49MW 机组，还自主开发了马里共和国费卢水电项目，初步形成不同容量等级的系列产品，已具备设计制造中、大型灯泡贯流式机组的雄厚综合实力。

东方电气进入大型灯泡贯流式水轮发电机组研制领域的时间较晚，但发展迅速。1990—1993 年，东方电气相继成功研制石溪口 1.25MW、流滩坝 6MW 灯泡贯流式机组；凭借强大的技术实力和前瞻性决策，通过技术引进和自主创新，东方电气在较短时间内基本掌握了大中型灯泡贯流式机组的设计制造技术。2001 年，东方电气自行研制的国内首台 30MW 大型灯泡贯流式机组在四川红岩子电站成功投运，填补了我国大型灯泡贯流式水轮发电机组自主研制的空白，极大提升了我国大型灯泡贯流式水轮发电机组的技术水平，拉开了我国自主研制大型灯泡贯流式机组的序幕。随后，东方电气先后为桐子壕、金银台、沙坡头、新政、金溪、红花、紫兰坝、蜀河等电站成功自主研制一批 30～40MW 的灯泡贯流式水轮发电机组。2008 年，东方电气为广西长洲电站研制的当时国内转轮直径最大（7.5m）的 42MW 灯泡贯流式水轮发电机组，以及为广西桥巩电站研制的当时国内单机容量最大（57MW）的灯泡贯流式机组先后成功投运。2008 年底，东方电气又成功中标巴西杰瑞项目，为该电站提供 22 台世界单机容量最大（75MW）的灯泡贯流式机组，标志着我国灯泡贯流式机组的研制技术迈入国际先进水平行列。

五、冲击式水轮发电机组技术发展

利用水流动能做功的一类水轮机称为冲击式水轮机，冲击式水轮机主要有水斗式、斜击式和双击式三种。其中，斜击式和双击式水轮机主要用于小型机组，水斗式水轮机应用最广。冲击式水轮发电机组，适用于水头高、厂房开挖量小的电站，具有效率曲线平坦、低负荷时调节性能好、维护方便、检修周期短等优点。我国大多数省区都蕴藏有丰富的高水头水力资源，尤其在西南地区，有大批 300～1500m 的高水头资源，仅雅鲁藏布江下游可供开发的水力资源就有 70 000MW 以上，主要梯级以冲击式水轮发电机组为主，装机规模在 10 000～20 000MW。

冲击式水轮发电机组历史悠久，至今仍是水轮发电机组的三大主要型式之一。通常，当水头在 600m

以上时，电站选用冲击式机组要优于混流式机组。近十多年来，国内外公司在冲击式水轮发电机组的技术和业绩上，仍在不断的创新中，冲击式水轮发电机组的生命力还很旺盛。

21 世纪以来，哈尔滨电气先后得到了四川吉牛电站、四川大发电站、哈萨克斯坦玛依纳电站、厄瓜多尔科卡科多辛克雷电站、厄瓜多尔米纳斯电站等 11 个具有挑战性的合同，开创了哈尔滨电气冲击式水轮发电机组的科研开发与设计制造的一个新阶段。通过加强与国外知名公司联合设计、合作生产，以及 2013 年新冲击式试验台的投运，哈尔滨电气冲击式水轮发电机组开发技术日趋完善并不断提升。目前正在制造的项目中，自主设计制造并投产运行的机组单机容量已经达到 92MW，在制造设计的机组单机容量已经达到 104.65MW。近年来，哈尔滨电气通过与国外公司的技术合作，已经掌握单机容量 200MW 级机组结构设计的关键技术，在关键计算方面已经较为成熟，为未来开发单机容量 500MW 机组打下坚实的技术基础。

东方电气自 20 世纪 90 年代中期开始研制冲击式水轮发电机组，最早的卡杜里冲击式水轮发电机组于 2004 年投运，到目前生产的冲击式水轮发电机组有格鲁吉亚卡杜里电站、云南高桥电站、四川田湾河流域梯级电站（包括仁宗海电站、金窝电站和大发电站）。其中，金窝电站使用的水轮机是当时国内单机容量及转轮直径最大的冲击式水轮机。

第三节　水力发电的发展与展望

自改革开放以来，随着与国外企业合作不断加强，通过技术引进、消化、吸收、再创新，我国水力发电装备各项关键技术均取得了很大进步，与国外厂家差距逐渐缩小，三峡右岸、地下电站、龙滩、拉西瓦、锦屏一级、溪洛渡、向家坝等大容量混流式水轮发电机组的成功稳定投运，标志着我国大容量混流式水轮发电机组的设计及制造技术在国际上已处于领先地位。抽水蓄能机组的研制也已向 700m、400MW 等级高水头、大容量迈进。但也应该看到，随着市场需求的进一步深化、用户对产品品质的要求不断提高以及同行业企业技术的提升，在某些技术方面，我们与国际先进水平还存在一定差距，这也将是我们今后的技术创新重点。

我国的混流式、轴流转桨式和灯泡贯流式水轮发电机组的制造水平已达到世界先进水平，但应用水头尚有差距。

高水头段、大容量抽水蓄能机组的水力开发、推力轴承技术、结构优化、转轮制造工艺研究方面取得了一定成果，综合技术实力同比国际先进水平尚有一定差距。

国内有关抽水蓄能变速机组的开发工作尚处于起步阶段，在国外可变速机组得到了越来越多的应用，已投运的大型抽水蓄能变速机组最大容量为日本东芝公司生产的 475MVA/460MW 机组。

　　系统集成技术就是根据用户需要，在系统工程科学方法的指导下，将水电站电气一次设备、电气二次设备、水力机械设备和电站公共设备等各个分离的设备或系统连接成为一个完整、可靠、经济和有效的整体，并使之能彼此协调工作，发挥整体效益，达到整体性能最优化。国外知名主机制造厂早已具备水电站机电设备系统集成能力。国内企业机组成套和系统集成设计起步较晚，与国外公司相比差距明显。

　　冲击式水轮发电机组与世界先进水平差距正在逐渐缩小，哈尔滨电气和东方电气都已建成冲击式水轮机试验台，对比国际行业最高水平，在喷水环管及喷嘴、流态分析、转轮效率、空化等问题的 CFD 计算方面达到世界先进水平，拥有自主开发的综合特性曲线，但模型转轮效率性能等指标与国际先进水平还有一定差距。

　　随着雅鲁藏布江梯级电站开发列入"十四五"规划，针对开发条件，将采用更高水头、更大容量冲击式和混流式机组，将需在设计技术、新材料开发和应用、制造技术上进一步进行攻关，突破"卡脖子"关键技术。

　　另外，相比国外老牌水电制造企业，国内企业原始创新能力不够，技术积累时间短；单点技术指标突破多，技术改进多，原始创新少。

　　虽然我国水力发电设备技术发展仍然存在诸多问题，但这也正是我们今后努力的方向和动力，相对于问题，近年来我国水电事业发展取得成绩及进步则更为明显，我国大容量水轮发电机组设计制造技术已经跨入世界先进行列。

　　我国水力发电装备制造业从无到有，从小到大，从只能制造单机容量 0.8MW、200MW、300MW 到能制造 550MW、700MW、800MW、1000MW 的特大型水轮机发电机组，得到稳步发展，且全部实现国产化。整个发展过程中，在国家的重视关心和用户的积极支持下，制造企业与用户的紧密合作，探索出一条成功的道路。这些辉煌业绩得益于改革开放和大型水电工程的建设，更归功于国家一系列政策支持和招标策略，以及在技术引进的基础上立足自主创新的战略等。

第二章

重大水电工程建设与装备研制

第一节　混流式机组电站建设与装备研制

一、三峡水电站工程及装备

举世瞩目的长江三峡工程由左、右岸坝后式电站和地下电站组成，各电站分别装设 14 台、12 台、6 台单机额定功率为 700MW（最大容量 840MVA，最大出力 756MW）混流式水轮发电机组，在左岸电站左侧还建有安装了 2 台单机额定功率为 50MW 的地下电源电站，全电站总装机容量为 22 500MW。

三峡左岸 14 台机组采用国际招标。标书规定投标者要与中国有资格的制造企业联合设计、合作制造，并向中国制造企业全面转让技术，中方分包份额比例不低于总价的 25%，其中 2 台以中方为主。1997 年 8 月，由 3 家外国企业组成的联合体与哈尔滨电气中标其中的 8 台机组，由另外 3 家外国企业组成的联合体和东方电气中标其中 6 台机组。以三峡工程为依托，结合三峡机组技术引进，在国家经贸委、国务院三峡建设委员会组织，机械工业联合会主持下，设立了"九五"和"十五"三峡水利枢纽工程成套设备水轮发电机组研制课题，目的是通过引进技术的消化吸收以及分包制造，掌握大型混流式水轮发电机组设计、制造的关键技术，制造出具有国际先进水平的三峡机组。

经过多年的分包制造和技术引进、消化吸收，国内企业完全掌握了三峡水轮发电机组研制的关键技术，所分包制造的机组运行稳定，从而获得了与外国企业同台竞技的机会。在三峡右岸电站（见图 3.2－1）国际招标中，水轮机采用中外企业在同一中立试验台进行同台模型对比试验的办法来决定中标厂家。中、外四家企业在

图 3.2－1　三峡右岸电站

中国水利水电科学研究院进行了同台对比试验。根据同台对比试验结果，哈尔滨电气和东方电气开发的转轮水力性能优于两个国外联合体为左岸开发的水轮机模型转轮，为此各获得了 4 台机组制造合同，另外 4 台机组由法国阿尔斯通公司（简称 ALSTOM 公司）承制。由于在右岸电站中的成功，在后续的三峡地下电站和电源电站招标中，哈尔滨电气又获得了地下电站和电源电站各 2 台机组，东方电气获得了地下电站 2 台机组。以此为标志，国内制造厂家进入了自主设计、自主制造 700MW 级巨型水轮发电机组的新时代。

在三峡右岸电站研制中，哈尔滨电气除了解决了三峡左岸机组存在的高部分负荷区的压力脉动带的难题，提高机组稳定性外，在水轮发电机方面，哈尔滨电气彻底摒弃了引进的水内冷技术，凭借多年的研发成果以及葛洲坝、二滩、三峡左岸电站发电机技术引进、分包制造中积累的经验，开发了以结构简单、安装工期短、运行维护简便、可靠性高、利用系数高等优点著称的全空冷发电机。2007 年 7 月 10 日，完全由哈尔滨电气独立设计、制造，具有自主知识产权的三峡右岸电站首台全空冷发电机组（见图 3.2-2）成功并网发电，标志着全空冷技术取得重大突破，开创了世界上单机容量最大的全空冷水轮发电机运行的新时代，实现了技术水平的真正跨越，是我国水电建设史上一个重要里程碑。

图 3.2-2　哈尔滨电气三峡右岸全空冷机组

2008 年 1 月由包括梁维燕、罗绍基、雷清泉、唐任远四位院士共 13 名委员组成鉴定委员会，鉴定意见认为"具有自主知识产权的 840MVA 全空冷水轮发电机组总体技术达到国际领先水平"。中国长江三峡集团有限公司（简称三峡集团）副总经理杨清在接受中央电视台《经济半小时》栏目采访时曾将一枚硬币立在发电机的盖板上，机组满负荷运行时，硬币能够站住，机组甩负荷的时候，转速上升，硬币仍然能站住，这说明机组的稳定性很好，机组在运行时振动非常小。同时杨清副总经理表示"几家的水轮机模型转轮在同台对比试验中，哈尔滨电气的稳定性是最好的；哈尔滨电气所采用的具有独立自主知识产权的空冷技术要领先国外 3~5 年，独步世界"。哈尔滨电气巨型全空冷机组关键技术和三峡右岸机组研制先后获得了 2 项国家科技进步奖。

东方电气通过多领域、多学科的集成创新，也取得了丰硕的技术创新成果。首先，消除了三峡左岸机组曾经出现过的影响稳定运行的特殊压力脉动带，电站运行出力也大幅提高，有利于电站在汛期增加发电量。其次，采用该优化方案将引起电磁振动的 50 对极谐波振动幅度值削弱了 87%，从根源上基本消除了 100Hz 的高频振动和相应噪声。采用这项技术后的三峡右岸 15 号机运行稳定，被三峡集团称为"标杆机组"之一。通过技术合作和再创新，对关键工艺技术研究和制造能力的拓展，在转轮和大轴的焊接等专业工艺技术上形成了自己独特的风格和诀窍，确保了三峡机组关键部件的生产制造。同时，东方电气研制的两台世界上最大的蒸发冷却机组——三峡地下电站700MW蒸发冷却水轮发电机组（见图3.2－3），该机组运行良好，各项指标优异，获得多项发明专利，总体技术达到国际领先水平。

作为世界最大的水电站，我国民族工程的代表之一，三峡工程在建设过程中到处都充满着创新，除核心机电设备外三峡大坝升船机成为工程创新的又一典范。

图 3.2－3 东方电气三峡地下电站蒸发冷却机组

长江三峡水利枢纽的升船机布置在枢纽左岸，是客轮的快速过坝通道，并与双线五级船闸联合运行，提高枢纽的航运通过能力，保障枢纽通航的质量，如图3.2－4所示。

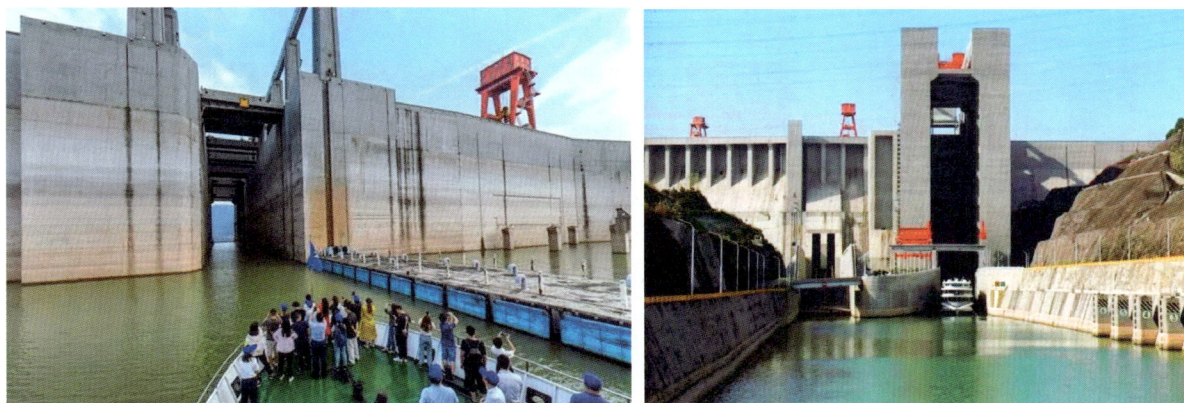

图 3.2－4 长江三峡升船机

三峡升船机采用齿轮齿条爬升平衡重式垂直升降，其过船规模为3000t级，最大提升高度113m，升船机从上游口门至下游口门全线总长约5000m。船从进入到驶出升船机的整个时长为37min，而升船机垂直升降只需要10min，这大大提升了三峡大坝的通航能力。在国际上，德国升船机的提升高度只有三十几米，比利时中央运河升船机的指标不及三峡升船机的一半，因此，三峡升船机具有提升高度大、提升重量大、上游通航水位变幅大和下游水位变化速率快的特点。

三峡升船机的承船厢由4套开式齿轮机构驱动，沿铺设在混凝土塔柱墙壁上的4套齿条垂直升降。4套齿条及埋件对称布置在4个塔柱凹槽的垂直壁面上，齿条对称中心线距船厢室横向中心线29 600mm，齿条顶部高程176.615mm，底部高程51.500mm；埋件顶部高程178.945mm、底部高程51.450mm。如此高的技术参数使三峡升船机成为目前世界上规模最大和技术难度最高的升船机。

三峡升船机自 20 世纪 50 年代开始研究，经历了漫长的论证、比选和设计过程，被誉为三峡工程最后的"谜底"，到 2008 年 4 月升船机续建工程启动，2016 年 3 月主体工程完成。

2016 年 9 月 18 日下午 3 点半，载有 1000 多名游客的长江三峡 9 号邮轮，如图 3.2－5 所示，从大坝上游出发，乘坐三峡升船机，翻越三峡大坝抵达下游，轮船下降了 108m，过闸时间仅为 37min，竖立在甲板上的一枚用于测试平稳的硬币，竟然"屹立"不倒，三峡升船机试通航获得圆满成功。

2019 年 12 月 26 日，三峡升船机通过国务院长江三峡工程整体竣工验收委员会枢纽工程验收组的"通航暨竣工"验收，标志着这一世界级升船机工程胜利完成。

三峡升船机被誉为"世界之最"，处处展示着"中国制造"的高水平，不仅创下多个"世界第一"，还在设计理念、制造技术、施工工艺和管理方法等方面成功解决了众多世界级技术难题，为世界升船机行业制定出一系列"中国标准"。

在一个又一个创新技术开发和应用促进下，2019 年，由中国长江三峡集团有限公司牵头申报的长江三峡枢纽工程荣获国家科学技术进步奖特等奖，证书如图 3.2－6 所示，这也是继葛洲坝工程后，我国水电行业斩获的又一项国家最高荣誉。

图 3.2－5　长江三峡 9 号邮轮

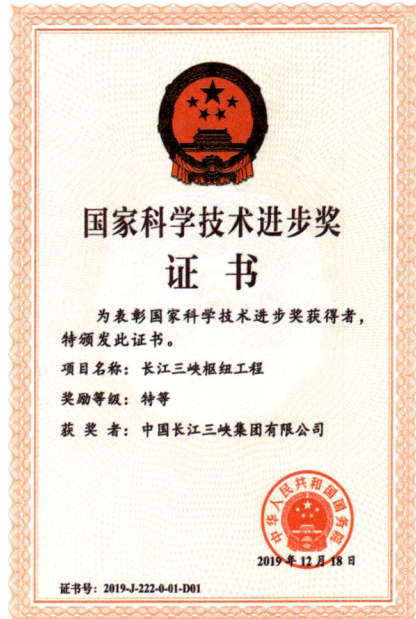

图 3.2－6　长江三峡枢纽工程国家科学技术进步奖特等奖证书

二、溪洛渡水电站工程及装备

溪洛渡水电站是继三峡水电站之后建成的又一座超级水电工程。溪洛渡水电站位于金沙江下游，四川省雷波县和云南省永善县交界处，距下游宜宾市河道里程 184km。溪洛渡水电站工程于 2003 年底开始筹建，2005 年底开工，电站在左、右两岸各布置一座地下厂房，每座厂房安装 9 台单机容量 770MW 的巨型水轮发电机组，总装机 13 860MW，是世界第四大水电站，仅次于我国三峡、白鹤滩水电站和巴西伊泰普水电站。2013 年 7 月溪洛渡水电站首台机组顺利结束 72h 试运行，溪洛渡水电站正式发电。2014 年，溪洛渡水电站 18 台机机组全部投产发电，其多年平均发电量为 572 亿 kW·h。东方电气提供溪洛渡右岸全部的 9 台水轮发电机组（见图 3.2-7），哈尔滨电气提供溪洛渡左岸其中 6 台机组（见图 3.2-8），另 3 台由 VOITH 公司提供。

图 3.2-7 东方电气溪洛渡右岸水轮发电机组 　　图 3.2-8 哈尔滨电气溪洛渡左岸水轮发电机组

溪洛渡水轮机最大水头 229m，属于中高水头、带筒形阀结构的巨型混流式水轮机。发电机为全空冷机组，转速高（额定转速为 125r/min），效率要求高（额定效率大于或等于 98.8%），设计难度极大。该项目自投入运行以来机组运行稳定、性能优异，其卓越的性能进一步奠定了我国在巨型水电装备研制方面的国际领先地位。尤其在模型试验同台对比投标过程中，东方电气最终以其优良的综合性能一次性通过专家验收，打破了外国企业在水力设计技术上的垄断，使我国的水力设计水平达到了国际领先水平。

溪洛渡国产水轮发电机组从技术创新、运行稳定性、投运一次成功率等方面均取得前所未有的突破，机组各项指标均达到并部分优于三峡总公司的"精品"机组要求，国内厂商被三峡集团评为"优质供应商"，助力溪洛渡水电站获得素有国际工程咨询领域"诺贝尔奖"之称的"菲迪克 2016 年工程项目杰出奖"，成为全球 21 个获奖项目中唯一的水电项目。国内大型机组自主研发设计制造水平和能力由 700MW 级跃升到 770MW 级，再次跻身国际装备制造业领先行列。

三、向家坝水电站工程及装备

向家坝水电站是金沙江水电基地下游 4 级开发中的最末 1 个梯级电站，位于云南省水富县

（右岸）和四川省宜宾县（左岸）的金沙江下游河段上。左、右岸电站分别安装 4 台 800MW 水轮发电机组，装机容量 6400MW，向家坝水电站的规模当时仅次于三峡、溪洛渡水电站，为我国第三大水电站。各投标方在中国水利水电科学研究院经同台进行模型对比试验后，哈尔滨电气中标设计制造左岸 4 台机组，ALSTOM 公司中标设计制造右岸 4 台机组。由于哈尔滨电气模型空化水平在同台对比中的优势，哈尔滨电气机组安装高程较高，为工程节省了大量开发成本。

图 3.2－9　向家坝 800MW 水轮发电机组

向家坝水轮机为低转速、中水头、大型混流式水轮机。水轮机形式为竖轴混流式，发电机为立轴半伞式密闭自循环全空冷三相凸极同步发电机，首台机组已于 2013 年 10 月成功投运（见图 3.2－9），至今机组各项性能优异，各项指标均达到并部分优于三峡总公司的"精品"机组要求。

向家坝水轮发电机组是目前世界已投运单机容量最大的国产机组，在整体设计方面，哈尔滨电气充分吸收借鉴国内外最新技术，在主要部件的刚度和强度计算、稳定性分析、有限元计算等多方面，均采用了国际水电行业先进的设计技术，并有所创新；在整体设计上比以往机组有多方面技术进步和突破，机组整体水平达到国际先进水平，并实现了设计的部分通用化、规范化；是哈尔滨电气在三峡机组基础上的一次实践性突破，是对自主设计、制造单机容量、尺寸超大型水轮发电机组的又一次大提升，为承担百万水电机组的研制打下坚实基础。该项目是我国重型装备制造行业一个成功典范，是我国巨型水电装备研制从"跟跑"到"领跑"的关键节点。

第二节　抽水蓄能机组电站建设与装备研制

一、蒲石河抽水蓄能电站工程及装备

蒲石河抽水蓄能电站（见图 3.2－10）位于辽宁省丹东市宽甸满族自治县境内，距丹东市约 60km。电站安装 4 台单机容量 300MW 抽水蓄能机组，总装机容量 1200MW，建成后并入东北电网，担任调峰、填谷、调频、调相和事故备用任务。

蒲石河抽水蓄能电站作为继打捆招标技术引进后为消化吸收、全面掌握引进技术的依托项目。项目执行采用哈尔滨电气总承包、外国企业分包并提供技术支持和技术负责的方式。外国企业进行基本设计，哈尔滨电气进行详细设计，设计时哈尔滨电气利用引进技术和多年的技术积累，对外国企业的基本设计进行了优化，提高了机组的可靠性，并参加了电站4台机组的全程调试，2011年11月蒲石河抽水蓄能电站首台机组投入商业运行，机组各项指标优良。该项目是在引进国外抽水蓄能机组技术的基础上，进行了更加系统消化，为之后抽水蓄能机组的独立设计和关键部件制造能力的提高，打下了坚实的基础。此项目圆满完成，也奠定了哈尔滨电气抽水蓄能机组技术发展的基础。

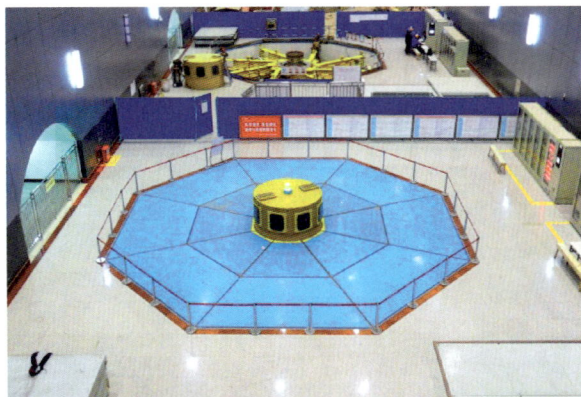

图 3.2－10　蒲石河抽水蓄能电站

二、呼和浩特抽水蓄能电站工程及装备

呼和浩特抽水蓄能电站为内蒙古首个抽水蓄能电站（见图 3.2－11），位于呼和浩特市东北方约 20km 处的大青山区，电站安装 4 台 300MW 抽水蓄能机组，设计年发电量为 20 亿 kW·h，电站建成后既可调峰填谷、快速跟踪负荷变化，又可承担电网的调频、调相等任务，增加系统动态效益。同时该抽水蓄能电站在北京 APEC 会议期间还发挥了应急备用作用。

图 3.2－11　呼和浩特抽水蓄能机组

该项目执行方式与蒲石河机组一样，由外国企业进行基本设计，东方电气进行详细设计，同时东方电气采用重点突破的方式，攻克了呼和浩特抽水蓄能机组研制中存在的诸多难题，机组最大水头为 585m，额定转速为 500r/min；最大尾水位为 125m，其设计制造难度为当时国内自制同类型抽水蓄能机组之最。2015 年，呼和浩特 4 台抽水蓄能机组全部投入商业运行。

呼和浩特抽水蓄能机组的成功研制与运行对于东方电气抽水蓄能机组技术发展，起到了承上启下的作用。

三、响水涧抽水蓄能电站工程及装备

响水涧抽水蓄能电站位于安徽省芜湖市三山区峨桥镇，电站安装 4 台单机容量为 250MW 的抽水蓄能机组，为日调节纯抽水蓄能电站，承担华东电网调峰、填谷、调频、调相、事故备用等任务。输水系统为单机单洞布置。

图 3.2 - 12　响水涧抽水蓄能机组

响水涧抽水蓄能机组是首个不含国外技术支持的完全国产化项目。电站主机、辅机及监控系统等均为自主研发、自主制造。主机装备为哈尔滨电气制造，监控、调速器、励磁系统由南瑞集团公司提供。机组保护装备由南瑞继保提供。

响水涧抽水蓄能电站主机装备采购合同于 2008 年 4 月签订，首台机组于 2011 年 12 月投入商业运行（见图 3.2 - 12）。响水涧抽水蓄能电站首台机组安装调试时间仅为 47 个月，超越了以往所有的进口机组，创造了抽水蓄能机组安装的新纪录。

响水涧抽水蓄能电站是国内首个拥有自主知识产权，国内自行研究设计、制造、安装和调试的抽水蓄能项目，在中国抽水蓄能技术发展史上具有里程碑意义。机组投入运行后各部位监测数据正常，满足合同技术规范要求。机组的振动、噪声指标均达到国际先进水平。机组成功投运表明哈尔滨电气不仅掌握核心技术，并且完成了从分包商到主承包商直至自主设计制造的转变，全面完成抽水蓄能电站机组装备国产化进程第三阶段——自主研发阶段的任务。

四、仙游抽水蓄能电站工程及装备

仙游抽水蓄能电站位于福建省仙游县，是一座周调节纯抽水蓄能电站，装机 4 台单机容量为 300MW 的抽水蓄能机组，总容量 1200MW。该电站承担福建电网调峰、填谷、调频、调相、紧急事故备用等任务。

仙游抽水蓄能电站机组是东方电气自主研制的国内首台高水头（450～500m）、大容量抽水蓄能机组，研制期间，通过对国内外近似机组的调查研究、分析总结，在高标准、严要求下，总体设计达到国际先进水平。

2013 年东方电气研制的 4 台仙游抽水蓄能机组全部投入商业运行（见图 3.2 – 13），机组各部位摆度值均在优等范围，各部分振动值远高于国标要求，机组总体稳定性指标在国内抽水蓄能机组中名列前茅，标志着东方电气在大型抽水蓄能机组设计、制造、安装、调试等方面取得了全面突破，开发了一批具有自主知识产权的抽水蓄能机组的关键技术。

东方电气研制仙游抽水蓄能机组各项性能指标突出，为仙游电站荣获全国工程建设质量最高奖——国家优质工程金质奖做出了突出贡献。

图 3.2 – 13　仙游抽水蓄能机组

五、仙居抽水蓄能电站工程及装备

仙居抽水蓄能电站位于浙江省仙居县，水轮机额定水头为 447m，电站安装 4 台单机容量为 375MW、额定转速 375r/min 的抽水蓄能机组。电站建成后，在电网中承担调峰、填谷、调频、调相和事故备用等任务。电站水泵水轮机由哈尔滨电气承制，发电电动机由东方电气承制，仙居抽水蓄能机组是国内首次自主研发 375MW 级抽水蓄能机组。

哈尔滨电气和东方电气经历了三个阶段：以宝泉、白莲河、惠州抽水蓄能机组为代表的技术引进阶段；以蒲石河、呼和浩特抽水蓄能机组为代表的整机联合设计阶段；以响水涧、仙游抽水蓄能机组为代表的完全自主研制阶段。经过数十年技术积累，加上典型工程运用，哈尔滨电气和东方电气在仙居抽水蓄能项目上厚积薄发，经过近五年的科技攻关，在 375MW 级抽水蓄能机组结构设计、水力开发、强度分析、通风和推力轴承等方面实现了突破，掌握了一批具有自主知识产权的抽水蓄能机组关键技术，大幅降低了抽水蓄能电站工程建设成本。

仙居抽水蓄能电站首台机组于 2016 年 6 月正式投入商业运行（见图 3.2 – 14），机组运行稳定，各项技术指标优良。

仙居抽水蓄能机组是目前国内投运的单机容量最大的抽水蓄能机组，是我国抽水蓄能机组设计制造技术继打捆招标技术引进、消化吸收再创

图 3.2 – 14　仙居 375MW 抽水蓄能机组

新的最新成果，其肩负着抽水蓄能机组技术国产化进程"上台阶、树品牌、出精品"的光荣使命。仙居抽水蓄能机组成功投入商业运行，标志着我国抽水蓄能机组国产化事业迈上更高的台阶，具有划时代的里程碑意义，提高了我国在抽水蓄能领域的影响力和话语权，确立了我国在抽水蓄能领域的国际先进地位，更为哈尔滨电气承制国内首个 400MW 阳江电站抽水蓄能机组打下了基础。

第三节　轴流式机组电站建设与装备研制

一、万安水电站工程及装备

万安水电站位于江西省万安县、赣江中游，距赣州市 90km，是江西省目前最大的水力发电站。电站设计装设 5 台水轮发电机组，1～4 号为单机容量 100MW 的轴流转桨式水轮发电机组，5 号机组在原有机窝的基础上安装 1 台 113MW 的机组，电站总装机容量为 513MW。由东方电气制造的 1～4 号机组于 1992 年 12 月全部投产发电运行。

2002 年万安水电站 5 号水轮发电机组公开招标。东方电气以优异的性能与价格获得了机组制造合同，为万安水电站设计制造 1 台 113MW 水轮发电机组及其附属装备。

图 3.2-15　万安水电站

万安水轮发电机组是东方电气具有全部自主知识产权、自主创新设计、完全自主研制的轴流转桨式水轮发电机组。该机组的特点是发电机效率要求高，设计周期十分紧张。东方电气在设计中大胆采用新结构和新技术，在保证机组性能的前提下，大幅度地降低了设计成本，使万安水轮发电机组的设计达到了国际先进水平。

万安水电站 113MW 机组自 2004 年投运以来（见图 3.2-15），运行稳定、性能优异，各项指标全面满足合同和相关标准要求，标志着东方电气大型轴流式水轮发电机组的技术水平处于国内领先、国际先进的地位，为后续成功研制 190MW 级安谷水轮发电机组奠定了坚实的基础。

二、乐滩水电站工程及装备

乐滩水电站位于广西忻城县红水河红渡大桥上游 3km，是红水河规划的第八个梯级日调节水电站，电站装机为 4 台轴流转桨式水轮发电机组，单机容量 150MW，电站总装机容量为 600MW。

乐滩机组是哈尔滨电气自主设计、制造的巨型轴流转桨式水轮发电机组，是我国当时投运机组中推力负荷最大的机组。乐滩水轮机转轮直径 10.4m。机组于 2004 年投入商业运行（见图 3.2－16），机组运行稳定，各部位温度、振动和摆度等指标均满足设计要求，各种测试综合水平达到优良标准。继水口电站之后，乐滩机组的成功进一步扩大了哈尔滨电气在大型轴流转桨式机组方面的优势。

图 3.2－16 乐滩水电站水轮发电机组

三、山图迪斯 II 水电站工程及装备

山图迪斯 II 水电站位于塔吉克斯坦境内，距其首都杜尚别近 300km，工程的主要任务是发电并兼顾航运等，安装 2 台 110.25MW 机组，电站总装机容量为 220.5MW。此电站为伊朗政府与塔吉克斯坦政府联合开发的大型水电站，伊朗法瑞布工程公司（简称 FARAB 公司）为业主单位及电站厂房设计单位，哈尔滨电气为发电装备总供货方。

图 3.2－17 山图迪斯 II 水电站

2013 年 8 月 16 日，经过 5 年多的努力，完全由哈尔滨电气独立设计、制造的首台山图迪斯 II 水轮发电机组正式投产发电（见图 3.2－17），机组投运后，运行稳定，各部位的温度、振动和摆度等指标均满足设计要求，各种测试综合水平达到优良标准。

山图迪斯 II 水电站是目前为止哈尔滨电气出口发电装备中尺寸最大、出力最高的轴流式水轮发电机组。该电站装备的成功运行不仅提高了哈尔滨电气发电装备制造的国际知名度，为今后海外投标成功增加了筹码。

四、安谷水电站工程及装备

安谷水电站工程是大渡河干流梯级开发中的最后一级，坝址位于乐山市安谷河段的生姜坡，距上游沙湾水电站约35km，下游距乐山市区约15km，安谷水电站工程的开发任务为发电、防洪、航运、灌溉和供水等。电站装机容量772MW，装设4台单机容量190MW的轴流转桨式水轮发电机组和1台单机容量12MW的轴流转桨式水轮发电机组，在电力系统中担任腰荷和调峰作用。

安谷机组是东方电气目前研制的最大容量的轴流转桨式水轮发电机组，机组单机容量为190MW。该机组结构尺寸大，机组稳定性要求高。在进行水力和结构设计时，在保证机组安全、稳定、满发运行的前提下，要求机组的结构更加合理，零部件的工艺性更好，便于安装、检修和维护。

首台机组于2014年12月一次成功启动并网发电（见图3.2-18）。机组总体运行稳定，状态良好，为业主创造了巨大的经济效益，获得了业主的高度评价，其总体技术处于国内领先水平，其中水轮机水力性能达到了国际先进水平。

安谷机组的研制成功，巩固了东方电气在150MW级以上大型轴流转桨式水轮发电机组设计和制造的优势地位，有效地提升了东方电气在大型轴流转桨式水轮发电机组方面的市场影响力和竞争力。

图3.2-18　安谷水电站

五、大藤峡水电站工程及装备

大藤峡水电站位于珠江流域西江水系黔江干流大藤峡出口弩滩上，地属广西壮族自治区桂平市，坝址下距桂平市彩虹桥6.6km。大藤峡水电站任务为防洪、航运、发电、补水压咸、灌溉等综合利用。大藤峡水电站由黔江主坝、黔江副坝和南木江副坝组成（见图3.2-19）。水电站装机容量1600MW，安装8台单机容量为200MW的轴流转桨式水轮机发电机组，其中左岸厂房3台机组，右岸厂房5台机组。水电站的供电范围为广西电网，承担广西电网的发电和调峰作用。

哈尔滨电气承制了其中3台水轮发电机，浙江富春江水电设备有限公司承制3台水轮机。机组为巨型低速、大容量机组，发电机采用半伞式结构，冷却系统为全空冷。

图 3.2-19 大藤峡水电站

大藤峡水电站为水利部重点项目，机组单机容量为 200MW，是国内第二座（另一座是福建的水口水电站）安装单机容量 200MW 的轴流式机组水电站。机组从 2016 年 7 月开始运行。鉴于哈尔滨电气在第一批机组研制中出色的技术服务与市场表现，2019 年 12 月，哈尔滨电气再次斩获该电站右岸 5 台水轮发电机及其附属设备合同，至此，广西大藤峡电站全部 8 台水轮发电机的研制全部由哈尔滨电气制造。2020 年 4 月，首台水轮发电机组正式投入商业运行，7 月，左岸电站 3 台机组全部投运，并且均达到精品机组要求。这标志着我国单机容量最大的轴流转桨式水轮发电机组"智造"经受住了考验，再次实现了重大突破，预示着我国轴流式机组研制上了一个新台阶。

第四节　贯流式机组电站建设与装备研制

一、炳灵水电站工程及装备

炳灵水电站（见图 3.2-20）主要任务是发电，是龙羊峡—青铜峡河段水电规划中的第 13 个梯级，电站等级为三等中型工程。水库正常蓄水位 1748.00m，总库容 4794 万 m³，具有日调节性能。水电站总装机容量为 245MW（5×49MW），河床式厂房。

炳灵水电站的灯泡贯流机组是哈尔滨电气自主设计的单机容量最大的灯泡式水轮发电机组，也是当时国内单机容量最大的机组。炳灵水轮发电机组在结构设计上充分利用哈尔滨电气的先进计算手段，对管形座、转轮室、导叶、内、外配水环、控制环、转轮和定转子、主轴等重大部件都进行了详细的分析计算，保证机组运行安全可靠。2008 年 9 月首台机组正式并网发电，机组各项指标均达到设计要求。

图 3.2-20　炳灵水电站

该项目 5 台水轮发电机组的设计、制造、安装，为哈尔滨电气在大容量灯泡式水轮发电机的研发、制造等方面积累了大量宝贵的经验。在 30m 以下水头的电站中，以灯泡贯流式机组替代轴流转桨式机组有着非常广阔的市场前景。炳灵水轮发电机组投运成功，为哈尔滨电气进入较高运行水头的灯泡贯流式水轮发电机组的市场开创了成功的业绩。

二、巴西杰瑞水电站工程及装备

杰瑞（Jirau）水电站位于巴西北部朗多尼亚州（Rondonia）境内的马德拉河流域上。水电站共装设 50 台单机容量 75MW 的灯泡贯流式水轮发电机组，总装机容量 3750MW，是目前世界上机组台数最多、单机容量最大、转轮直径最大的灯泡贯流式水电站，在巴西电力系统中占据非常重要的地位。

杰瑞水电站由世界第二大能源投资集团——法国燃气苏伊士集团投资，世界上所有的著名水电公司几乎均全力参与竞标。经过与多家供货商激烈的竞争，两大集团最后突围：一方为国际知名的法国阿尔斯通、德国伏伊特、奥地利安德列兹三家公司组成的西方发达国家联营体，另一方即为东方电气，东方电气获得了其中 22 台机组供货合同。

作为超低水头、超低转速、大容量、重载巨型灯泡贯流式机组典型代表的巴西杰瑞水电站，机组技术性能及稳定性要求高，采用新结构多，设计、制造难度大，其设计技术难度系数和制造难度系数均达到目前灯泡贯流式机组的世界最高水平。

东方电气通过在水力开发、轴系支撑、防"飞车"、关键部件制造工艺、焊接工艺等一系列技术创新和突破，首台机组于 2013 年 8 月投入商业运行（见图 3.2-21），比西方发达国家联合体的提前半年发电，成为世界上首台运行的最大容量灯泡贯流式水轮发电机组。机组各项性能指标全面达到世界领先水平，获得了业主方、投资方、国际顶尖咨询公司多方的认可和高度评价，为杰瑞业主带来巨大的经济效益。因机组运行性能优异、制造质量和供货组织优秀，东方电气获得了业主颁发的唯一优质供货商奖。

图 3.2-21 巴西杰瑞水电站

以巴西杰瑞水电站世界最大单机容量巨型贯流式水轮发电机组自主研制为契机，东方电气形成了完整的具有自主知识产权的巨型贯流式水轮发电机组设计研发体系、制造工艺体系和质量管控体系。这套体系在随后的国内外大型贯流式水轮发电机组，如国内的峡江电站、沙坪电站和出口柬埔寨的桑河二级电站等均得到应用，这为东方电气占领世界高端贯流式水轮发电机组市场奠定了坚实基础。

杰瑞贯流式水轮发电机组的研制成功，标志着以东方电气为代表的中国发电装备企业已跻身世界发电装备一流行列，堪称中国企业实践"一带一路""走出去"国家战略的成功范例。在项目执行过程中，中国国家领导人对巴西杰瑞水电站建设给予了极大的关注：2008 年，国家主席胡锦涛同志视察东方电气集团时，对东方电气集团在全球金融危机时能够出口巴西几十台套水轮发电机组给予了很高的赞赏；2009 年 2 月，国家副主席习近平同志率团访问巴西时，与巴西总统卢拉共同见证了东方电气集团董事长与业主方签订杰瑞电站机组供货合同的仪式。2016 年 11 月，东方电气为巴西杰瑞电站研制的 22 台贯流式水电机组已经全部投产发电，运行性能指标达到了世界先进水平，荣获 2016 年四川省科技进步特等奖。

第五节　冲击式机组电站建设与装备研制

一、金窝水电站工程及装备

金窝水电站是四川省田湾河流域上的梯级电站，位于四川省石棉县及康定县境内的田湾河上，工程为引水式开发，梯级水电站工程为单一的发电工程，无防洪、航运、供水等综合利用要求。其中，金窝水电站水轮发电机组单机容量 143.6MW，是东方电气设计制造的国内电站中单机容量最大、转轮直径最大、球阀直径最大的高转速冲击式水轮发电机组。

金窝水电站冲击式水轮发电机组的合作研发，使东方电气在冲击式水轮机的研制上取得了跨越式发展，为将来设计制造更高水头、更大容量冲击式水轮发电机组打下了坚实的基础。首台机组于 2008 年成功发电（见图 3.2－22），第二台机组于 2009 年成功发电。

二、玛依纳水电站工程及装备

玛依纳水电站位于哈萨克斯坦阿拉木图市以东 150km 的阿拉木图州拉依姆别克斯基区的伊梨河支流恰伦河上。玛依纳水电站安装 2 台大型冲击式水轮发电机组。单机容量为 153.5MW，主机采用竖轴、单转轮、六喷嘴水斗式水轮机，金属机壳，单面环绕金属分流管，与发电机直接相连。

玛依纳水电站是中国在哈萨克斯坦建设的最大水电工程，年发电量为 10.27 亿 kW·h，该水电站安装了哈萨克斯坦国内单机容量最大机组，也是亚洲单机容量最大的冲击式水轮发电机组。该电站装备供货由哈尔滨电气作为总包方，首台机组于 2012 年 5 月正式投入商业运行（见图 3.2－23）。通过玛依纳机组的设计，使我国在大型冲击式水轮发电机组的设计制造上积累了经验，为设计和制造更大型的冲击式水轮发电机关键部件打下了坚实基础。

图 3.2－22　金窝水电站　　　　　　　　　图 3.2－23　玛依纳水电站

三、厄瓜多尔科卡科多辛克雷水电站工程及装备

2011 年 6 月，为开发南美水电市场，哈尔滨电气与中国水电建设集团国际工程有限公司签署了厄瓜多尔科卡科多辛克雷（简称 CCS）水电站 8 台冲击式水轮发电机组的采购合同，单机容量为 187.5MW，总装机容量为 1500MW，并采用 1 管 4 机形式，设计难度较大。CCS 水电站是厄瓜多尔

境内最大的电站，CCS 水电站相对于厄瓜多尔，正如"三峡工程"相对于中国。哈尔滨电气为主承包方对合同总体负责，安德里兹公司为分包供货商，这也是哈尔滨电气目前为止设计制造的单机容量最大的冲击式水轮发电机组。

CCS 水电站是中国在海外建成投产的最大水电站。水电站投产发电后，满足了厄瓜多尔全国 40% 的电力需求。2010 年 CCS 水电站项目启动，当时市场竞争激烈，哈尔滨电气凭借先进的技术实力和卓越的产品质量，在竞争者中脱颖而出，赢得了 CCS 水电站的核心——全部 8 台高水头冲击式机组的合同。

2016 年 4 月 13 日，首批 4 台机组在水电站投产发电（见图 3.2-24）。仅仅 3 天后，厄瓜多尔发生里氏 7.8 级地震。地震发生当天，4 台处于发电状态的机组自动启动保护系统，主动关停。哈尔滨电气驻现场服务团队会同总包方，迅速排查并确认机组安全后，震后第二天就紧急恢复并网发电，机组各项监测数据全部正常。同时，另外 4 台发电机组的安装调试也未受地震影响。此时，厄瓜多尔很多电站瘫痪，来自 CCS 水电站源源不断的电能并入电网，支援了当地抗震救灾，被当地人称为"来自中国的温暖之光"。2016 年 11 月 18 日，国家主席习近平同厄瓜多尔总统科雷亚在厄瓜多尔共同按动 CCS 水电站按钮，由中国企业承建的 CCS 水电站 8 台机组全部投运。

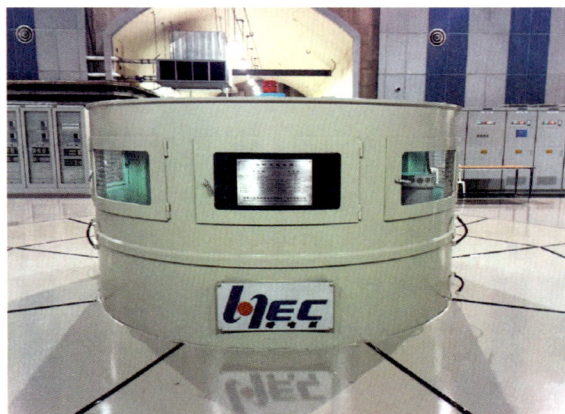

图 3.2-24　厄瓜多尔 CCS 水电站

第三章

水电装备技术积累与
研发能力建设

第一节　水电研发机构简介

　　我国水力发电装备国家级研发、检测、教育平台主要依托于哈尔滨电气和东方电气。其中，国家水力发电设备工程技术研究中心、水力发电设备国家重点实验室、机械工业大型水电设备和大型电机产品质量监督检测中心、国家工程实践教育中心挂靠于哈尔滨电气的哈尔滨大电机研究所（简称哈大所）。哈大所下设 6 个研究室和 1 个加工基地，科研设施完备，技术装备精良，拥有各类试验装置 370 多台套，是我国机械工业大电机、水轮机行业技术归口单位，是 IEC/TC 4（国际电工委员会/全国水轮机标准化技术委员会）、IEC/TC 114（国际电工委员会/全国海洋能转换设备标准化技术委员会）、IEC/TC 2（国际电工委员会/全国大型发电机标准化技术委员会）的国内技术归口单位之一，国际大电网会议 SCA1 旋转电机专业委员会的国家委员会单位。此外，作为中国电工技术学会大电机专业委员会、中国电机工程学会大电机专业委员会、中国动力工程学会水轮机专业委员会、中国电器工业协会大电机分会等多家学会、标准委员会、行业协会的秘书处，哈大所还承担了大量的行业工作。由哈大所主办的行业技术刊物《大电机技术》是全国中文核心期刊，在同行业中享有盛誉。

　　同时，另有国家级企业技术中心、四川省大型清洁发电技术工程实验室挂靠于东方电气，东方电气是具有国际水平的研究试验中心，下设 6 个研究室和 1 个加工基地，科研设施完备，技术装备精良，并拥有院士专家工作站和博士后科研工作站。

第二节 水轮机叶轮水力开发技术水平提升及实验设施建设

一、水力开发技术的发展

1. 大型混流式水轮机水力开发的发展

大型混流式水轮机水力开发技术突破起始于三峡左岸技术引进。尽管三峡左岸水轮机的水力开发成果在许多方面都达到了国际先进水平，但两个左岸机组中标集团的模型试验中，在正常运行范围内均存在高部分负荷压力脉动带，此带中的压力脉动峰值随着电站运行水头的提高向大负荷方向偏移。两个外国企业联合体在中标后，虽然对其水轮机模型进行了多次改进，但始终未达到投标时的合同保证值。

鉴于三峡机组稳定运行的重要性，为了在三峡右岸水轮机能采用水力稳定性更好的模型转轮，同时也为了鼓励国内企业积极参与竞争并实现国产化，国家三峡建设委员会和三峡总公司要求哈尔滨电气、东方电气对三峡右岸机组开展新转轮研究，并决定将右岸水轮机额定水头提高至85m左右。在机组的招标中，采用中、外企业在同一中立台上进行同台模型水轮机对比试验的办法来决定中标厂家。国内企业在三峡右岸水轮机水力开发方面进行了一系列研究工作，在中国水利水电科学研究院水力机电所水力试验台上进行了中外共四家投标方的模型对比试验，由于哈尔滨电气和东方电气为三峡右岸机组开发的水轮机模型水力性能优良，各获得了右岸4台份设计制造合同，其后又为三峡地下厂房各设计制造了2台该机型的机组，其水力稳定性经历了这几年来运行实践的考验，优于进口的三峡左岸机组。

之后，哈尔滨电气和东方电气开发了额定容量高于三峡机组的溪洛渡770MW水轮机，哈尔滨电气更是开发了单机容量当时世界最大的向家坝800MW水轮机，其中向家坝水电站与三峡电站属同一水头段电站，但向家坝电站水轮机大部分时间处于高水头区域运行，机组的稳定性状况比三峡电站更为复杂。为此，哈尔滨电气针对向家坝电站的具体参数及运行特点，采用了与三峡机组相同的导叶高度，并把环量控制和空化设计方法引入优化设计中，消除了压力脉动的周期性叠加和反馈放大，解决了高部分负荷区压力脉动问题。溪洛渡水轮机最大水头与最小水头比值达到了1.49，还要求在流道中设置圆筒形阀。为了做好此项工作，哈尔滨电气和东方电气在水力开发中，应用CFD计算分析手段，采用参数控制的优化设计方法，对水轮机全流道，并着重对水轮机转轮进行优化设计，

使各通流部件在最优工况附近达到最佳性能匹配，同时在较大的运行范围内，减小流道水力损失，以提高水轮机全面能量性能和稳定性能。

图 3.3-1　白鹤滩模型转轮

2008 年开始,哈尔滨电气结合国家科技支撑计划项目依托乌东德和白鹤滩两个项目开展 1000MW 水轮发电机组研究工作，与此同时，还与东方电气一起受三峡总公司委托，针对依托工程具体要求，开展了水力设计研究，成功开发了水力性能指标优秀的转轮（见图 3.3-1），白鹤滩电站机组为中高水头巨型混流式水轮发电机组，单机容量达到 1000MW，在世界水电史上是空前的。机组不仅运行水头高，变幅范围广，而且结构尺寸大。因此，要对水轮机、发电机参数进行单独及整体匹配优化研究，不仅要考虑改善机组高水头运行的稳定性，而且要兼顾低水头超出力发电的要求。

2014 年 4 月，哈尔滨电气和东方电气参加了在中科院水力试验台进行的白鹤滩电站模型水轮机第三方试验台同台对比复核试验，模型各项水力指标都达到国际先进水平，为两公司各赢得白鹤滩 8 台 1000MW 机组研制任务。国内企业自主制造白鹤滩水电站单机容量 1000MW 机组，这不仅使我国拥有了 1000MW 机组的自主知识产权，更重要的是在以后的国际行业竞争中处于优势地位，也标志着我国已经跻身于超大容量水轮发电机组的设计制造顶峰，其影响是十分深远的。

2. 水泵水轮机水力开发的发展

从 20 世纪 90 年代起，我国抽水蓄能电站建设有了较大发展，但大型抽水蓄能机组都是从国外进口的。进入 21 世纪，虽然白山、回龙、响洪甸等机组的成功设计制造使我国水电装备制造业已在抽水蓄能机组方面取得了良好的开端，但这只是在水泵水轮机的个别领域有所突破，而在急待开发的高扬程大容量领域则是空白。随着宝泉、白莲河和惠州水电项目打捆招标，开始全面引进水泵水轮机水力设计、模型试验以及转轮可靠性等技术。2005 年，哈尔滨电气和东方电气完成了技术转让中水力设计部分的培训工作。通过补充和完善 CFX 和 TASCflow 前后处理程序及批处理程序、编制自开发软件中主要数据转化和数据接口程序，优化和完善 ICEM 和 Turbogrid 软件网格划分自动化宏程序等，对宝泉、白莲河、惠州等引进项目各通流部件进行详尽流体动力学计算（简称 CFD）、分析和比较，完成了对转让技术的进一步消化吸收。

通过对转让技术的消化吸收，并结合打捆招标项目及其后续项目水泵水轮机水力开发技术方面的经验积累，国内企业初步形成了能覆盖大部分水泵水轮机运行水头范围的转轮数据库，较好地掌握了水泵水轮机的水力设计方法，并能将之运用于后续的抽水蓄能国产化项目的水力开发，达到了当代世界先进

水平，实现了再创新，迄今已经在响水涧、仙游、仙居、深圳、丰宁、敦化、荒沟、长龙山、绩溪、阳江等一系列项目中得到了实践（见图 3.3－2）。其中，敦化、长龙山、阳江等项目水头达到 700m 以上，长龙山最高水头达到 756m，仙居项目单机容量达到 375MW，阳江项目单机容量更是达到 400MW，皆处于国际最高水平之列。

图 3.3－2 阳江模型转轮

与此同时，国内企业还攻克了水泵水轮机诸多关键技术难题，实现了多项关键技术的突破，充分利用 CFD 技术对机组效率、压力脉动、空化、"S"区、"驼峰"区等关键指标进行预测，并不断结合试验结果对优化方法和优化判据进行修正，从而形成高效可靠的水力设计技术体系。

3. 轴流转桨式水力开发的发展

在消化吸收 CFD 技术基础上，三峡电站的设计技术及思想拓宽应用到轴流转桨式水轮机上。应用流体计算分析软件 CFX－TASCflow 对轴流转桨式水轮机进行计算，通过计算分析比选，为以后的精确计算打下坚实的基础。

其后，哈尔滨电气和东方电气又为青铜峡、葛洲坝、西津、富春江等电站机组改造进行了论证研究，结果证明关于轴流转桨式水轮机的开发计算的样本程序具有相当的可靠性和实用性。

另外，哈尔滨电气和东方电气还针对里底、枕头坝、桐子林、万安、安谷、大藤峡等一系列轴流转桨式水轮机项目进行了开发。

4. 灯泡贯流式水力开发的发展

为了适应灯泡贯流式机组向更宽广的运行水头范围及满足一些电站具体运行条件的要求，哈尔滨电气在一系列灯泡贯流式机组项目中开展水力设计和模型试验，储备了包括 3～5 叶片转轮的水力设计技术，水头涵盖 6～26m 范围，在自主研发方面取得了显著进展，自主开发的贯流式四叶片转轮应用于马里共和国费卢水电项目，其综合性能指标满足电站的增容改造要求。在模型试验装置方面进步较大，新开发的 350mm（模型转轮直径）装置通过了试验验证。在贯流式水轮机计算机流体计算技术方面，哈尔滨电气开展了间隙流动模拟技术研发应用，该技术是世界前沿技术，经过一年多的努力，现已能够较真实地模拟转轮的实际流动状况，并应用在贯流式水轮机设计和分析上，以利于更有效地提高计算机流体计算的精确度。

为了提高贯流式机组水力研发水平，东方电气尝试将三峡电站引进的针对高水头混流式水轮机水力设计的 CFD 技术，经过二次开发，使之较好地适宜于贯流式水轮机水力设计，从而摸索出一条贯流式

水轮机水力设计的成功之路，使贯流式水轮机水力研发水平快速提升，并逐步建立了一套完整的研发流程和系统。这些都为后来顺利获得巴西杰瑞、江西峡江、四川沙坪二期和柬埔寨桑河二级等国内外贯流式水轮机供货合同打下了坚实的基础。

5. 大型引水泵水力技术突破

我国水资源的分布不均，因此国家需要规划和建设大型的调水泵站工程。由于当时国内水泵厂家的技术水平较低，在水泵的效率指标、空化性能、水力稳定性指标等方面远落后于国外竞争厂家，工程中机组制造都被国外厂家所垄断，如南水北调的东线系列工程、山西引黄入晋工程等。

哈尔滨电气虽然是以水轮机制造为主发电装备厂家，但借助水泵水轮机技术，完全有能力进行大型水泵开发，而且起点高，开发成果也会具有国际竞争力。

牛栏江—滇池补水工程干河泵站工程是滇中调水以及云南省"十二五"期间的重点工程，其泵站设计参数存在扬程变幅大，河流多泥沙等鲜明特点。通过技术参数论证以及水泵水力性能开发，哈尔滨电气先后开发了两个转速四个叶轮方案，并给工程建设提供了科学、严谨、先进的技术参数指标。2010年底，哈尔滨电气利用技术论证成果参加了项目竞标，以技术第一标的成绩获得干河泵站全部4台机组的制造合同，并进一步优化了水泵水力性能。2012年7月，哈尔滨电气在瑞士洛桑国际中立试验台上通过了模型水泵复核验收试验。2013年，干河泵站机组投入运行，安全稳定运行至今。随后，哈尔滨电气在与外国企业的同台竞技中，又成功中标了中部引黄工程、小浪底引黄工程、黄金峡和鲤鱼洲大型水泵制造项目（见图3.3-3）。2020年7月东方电气获得了高新沙泵站大型离心泵项目，该项目是东方电气首次夺得的大型引水工程水泵项目，拉开了东方电气全面进入大型水泵市场的序幕。

图3.3-3 高扬程离心泵泵轮模型及水泵试验台试验

6. 水斗式水轮机水力开发的发展

早在2000年初，哈尔滨电气在早期建设的冲击式水力试验台上成功通过了柬埔寨基理隆和羊湖5

号机组的模型验收试验，这是哈尔滨电气首批按 IEC 60193 标准进行的水斗式水轮机模型验收试验。之后，哈尔滨电气与外国企业合作，完成了一系列大型冲击式水轮机项目的设计与制造，如大发、吉牛、玛依纳、CCS 等机组的开发。同时，哈尔滨电气建成了现代化高精度的冲击式模型试验台，推进了水力设计的进步，在冲击式水轮机的水力开发方面进行了深入的研究工作，开发了多个具有自主知识产权的水力模型，为将来进行的高水头大容量冲击式水轮机的开发奠定了基础。

东方电气在高水头、大容量的冲击式水轮发电机组方面的起步晚、技术储备少。为快速提高冲击式水轮发电机组的研制能力，特别是冲击式水轮机的研制能力，东方电气与国外公司对金窝及仁宗海水电站冲击式水轮发电机组进行了合作研发，使东方电气在冲击式水轮机的研制上取得了跨越式发展，极大地缩小了与国内外其他企业的差距。2019 年东方电气建成了高水平的冲击式模型试验台，推进了冲击式水轮机水力开发的深入开展。

二、试验设施建设

高精度的模型试验台是水力研发必不可少的设施。为了提高水轮机模型试验研究能力，2008—2013年，哈尔滨电气在原有两座高水头试验台的基础上，又修建了四座高水头试验台（Ⅲ、Ⅳ、Ⅴ、Ⅵ台）（见图 3.3－4），用新技术全面改造了原有的冲击式试验台，并新建了专门用于进行水轮机模型流态定量化和分析的 PIV 试验台（见图 3.3－5），现共有 8 座现代化水力机械模型试验台。其中，冲击式水轮机模型试验台于 2013 年 5 月建成并投入使用，是截至当时国内唯一一座符合 IEC 模型验收标准要求的冲击式水轮机模型试验台（见图 3.3－6）。该试验台可进行模拟全水力流道的全部冲击式水轮机模型试验项目，除进行常规商业试验，还可以进行水力特性试验以及压水试验、变尾水位试验等特定研究方向的特殊试验，具有水头高、精度高、功能多的特点。

图 3.3－4　哈尔滨电气新投运的四座高水头水力
试验台和水泵试验台

图 3.3－5　哈尔滨电气 PIV 水力模型试验台

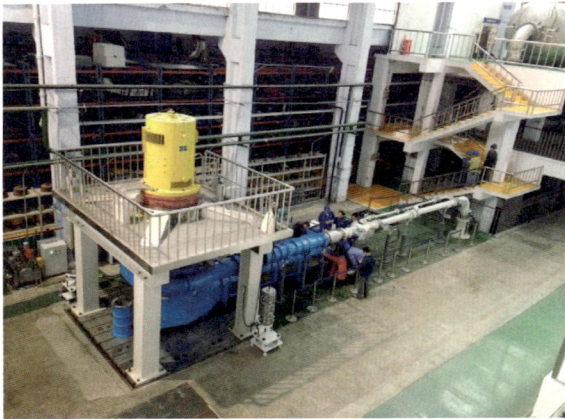

图 3.3-6　哈尔滨电气冲击式水力试验台

东方电气也已装备 8 座的现代化水力机械模型试验台（见图 3.3-7），每座试验台配备高精度、强稳定性的测试仪器，集数字化、智能化、可视化于一体，试验能力处于国际领先水平。

目前，哈尔滨电气和东方电气都具备在大型贯流式、双向潮汐发电、冲击式、轴流式、高水头混流式及可逆式水泵水轮机、立式和卧式水泵等多领域进行更专业、更具针对性的水力机械模型试验能力，同时可进行机组的能量、空化与流态观测、压力脉动、飞逸转速、补气、导叶（桨叶）水力矩、轴向与径向水推力、四象限全特性、压差测流、内部流场测试、转轮动态特性、圆筒形阀特性等全部模型性能试验，并进行关键试验技术的创新性研究开发，随着粒子成像测速技术、单点测速技术、高速摄影、光纤内窥镜等现代化测试技术的应用，将进一步完善水力机械模型试验手段，极大地提高我国水力研发能力。

图 3.3-7　东方电气水力模型试验台

三、试验测试技术进步

1. 成像观测系统的开发

基于现代光纤技术的发展及内窥镜技术和闪频光源技术的成熟，哈尔滨电气和东方电气开发了各自成像观测系统，解决了以往无法观测转轮进口部分的脱流和起源于叶片进水边与上冠交界处的叶道涡问题，使根据观测结果来优化水力设计成为可能，从而使水力开发手段产生了质的变化。

2. 粒子成像测速技术的开发应用

粒子成像测速技术（简称 PIV 技术）的特点是超出了单点测速技术（如 LDA）的局限性，能在同一瞬态记录下大量空间点上的速度分布信息，并可提供丰富的流场空间结构以及流动特性，具有较高的测量精度，这就大大保证了水力研发试验的真实性和流场内流速分布数据的可靠性，对开展水力研发有很大帮助。

由于 PIV 技术的上述优点，该技术已成为当今流体力学测量研究中的热门课题，因而日益得到重视，哈尔滨电气和东方电气在很多重大项目上 PIV 技术得到成功应用。哈尔滨电气为此新建了专门用于进行水轮机模型流场测试和分析的 PIV 试验台。实践证明，所设计和制作的内流测试装置能够在试验台上有效地采集到同一工况下测试位置粒子流动，实现内流场的时均处理，得到内流速度分布，从而分析得到涡量及涡线分布，能够方便地进行直观内流状态评价和分析。

3. 高速摄影技术的开发应用

高速摄影技术在很多领域都有着广泛应用，在水力研发过程中，经常会需要研究叶道涡、卡门涡、尾水管涡带等的涡流流态和发生原理，这就需要借助高速摄影的高清快速摄影功能，将人眼捕捉不到的现象录制下来，做慢放处理后进行涡流发生机理研究。

哈尔滨电气和东方电气在水力机械模型试验台都利用高速摄影技术获得了多项研究成果，解决了诸多重大水电项目研发难点，完成了多项攻关性和创新性课题。例如：在高水头抽水蓄能项目仙居、敦化水泵水轮机水力研发过程中，为解决高扬程下水泵工况运行时的空化问题，利用该技术寻找问题根源，效果明显；在白鹤滩小电站 1000MW 水轮机水力开发对叶道涡的研究中，利用高速摄影对初生位置和涡流形状进行判断，结合激光多普勒测速仪（LDV）测试结果和 CFD 全流道仿真计算技术，进一步做优化设计，卓有成效。

4. 水轮机模型压力脉动试验技术进步

模型水轮机压力脉动测量长期以来一直采用静态传感器。在传感器技术日臻完善的今天，动态传感器的性能已足以满足水轮机模型试验的要求，因此，哈尔滨电气和东方电气在进行水轮机模型试验研究时都全面采用了动态传感器进行压力脉动的测量。采用频率响应范围更高的动态传感器及响应的测量系统后，可以在更宽的频率范围内对水轮机压力脉动现象进行研究。

5. 水轮机模型空化试验技术进步

空化试验是水轮机测试中比较重要的一项试验，水轮机空化性能的好坏决定了电站水轮机能否稳定运行。随着对水轮机内特性研究的深入以及用户对水轮机稳定性要求的提高，保证像三峡、溪洛渡、向家坝、白鹤滩等巨型水轮机在无空化状态下安全稳定运行，已成为考核机组运行状态的一项重要指标。

哈尔滨电气和东方电气通过空化理论分析，找出各种类型空化产生的原因和产生区域，利用空化监测系统采集各种类型空化中产生的声波信号，对其进行数学建模，提取不同类型空化下采集信号随空化系数的变化规律，从而提炼出水轮机转轮是否发生空化及空化类型的识别判据。在研究中，辅以工业内窥镜和闪频仪等设备的人工观察确认，再通过试验对以上结果进行验证和完善，最终达到对不同类型空化发生与否的准确识别。

第三节　水轮机进水阀技术水平提升

根据水轮机运行的需要，除了在引水钢管的进口装设检修闸门（或快速闸门）外，还在水轮机蜗壳进口处广泛地装设球形阀，在机组停机、检修或紧急工况下起截断水流的作用，以防止灾难性事故的发生或阻止事故的扩大化。较高水头的大中型混流式水电站，由于其蜗壳进口处直径大，已超出了球阀的最大设计范围，因此不再适合设置球阀，而是采用筒形阀。

一、球阀技术的发展

进水球阀是水电站中最常见的一种设备，作为电站的最重要的一道安全屏障，进水球阀具有适应范围广、结构紧凑、可靠性和安全性高等特点，因而多应用在安装常规混流式机组、冲击式机组和抽水蓄能机组等电站。

哈尔滨电气拥有 60 多年的进水球阀设计、制造和运行经验，共设计、制造和运行了 110 多台套进水球阀。哈尔滨电气研制和运行的羊湖电站球阀设计水头为 1020m，是目前国内厂家研制的水头最高的球阀，研制和运行的响水涧抽水蓄能机组球阀，直径达 3300mm，是目前国内自主设计直径最大的球阀，研制和运行的仙居电站球阀是已投运难度系数最大的球阀。

东方电气也拥有 50 多年的进水球阀设计、制造和运行经验，自成立以来，共设计、制造了 70 多台套进水球阀。抽水蓄能电站的进水球阀由于其操作频率、工况复杂，受力交变，其难度更甚于常规的进水球阀。东方电气正在研制的长龙山、绩溪、敦化等抽水蓄能电站球阀难度系数均居于世界前列。长龙山首台机球阀，创造了抽蓄机组球阀"四零泄漏"的行业纪录。

二、筒形阀技术的发展

东方电气自从 1988 年将筒形阀首次使用于云南漫湾水电站以来，已先后为石泉、大朝山、漫湾二期、瀑布沟、小湾、锦屏一级、溪洛渡、苗尾、黄登等水电站设计制造了筒形阀。通过不断的总结创新，东方电气自主研发了全数字集成式筒形阀电液同步控制系统，获得国家发明专利，并成功应用于溪洛渡机组。

哈尔滨电气研制的光照、长河坝、糯扎渡、溪洛渡、乐昌峡和猴子岩等电站的筒形阀也均已投运，标志着哈尔滨电气完全掌握了筒形阀设计制造技术。其中溪洛渡筒形阀是目前国内尺寸最大的筒形阀。

第四节　轴承技术水平提升及试验设施建设

长期以来，推力轴承的承载能力一直是制约水电机组单机容量增长的一项重要因素，在混流式水轮发电机推力轴承技术研发方面，哈尔滨电气和东方电气成功研制当前世界推力负荷最大的三峡水电站推力轴承（负荷5560t，转速75r/min），并且完成了单机容量最大的白鹤滩推力轴承研发（负荷4500t，转速107.1r/min）工作。近年来，随着我国抽水蓄能电站建设的兴起，并建成了高速推力轴承试验台，整体试验能力达到国际领先水平，开展了单波纹弹性油箱支撑塑料瓦、巴氏合金瓦等类型的轴承研究工作，完成了溧阳、仙游、仙居、深圳、敦化等抽水蓄能电站的轴承研发工作。东方电气建成径向轴承试验台，完成双线托架支撑结构、分块式可倾瓦低速大负荷重载径向轴承的开发，为巴西杰瑞75MW贯流式发电机的研制提供了技术保障。

哈尔滨电气拥有3000t（见图3.3－8）和高速推力轴承试验台（见图3.3－9）。测控系统采用PXI总线数采系统和网络技术，可以进行推力瓦油膜厚度、油膜压力、瓦的温度分布以及损耗等的参数测量。

图3.3－8　哈尔滨电气3000t推力轴承试验台　　　图3.3－9　哈尔滨电气高速推力轴承试验台

3000t推力轴承试验台，进行了弹性油箱、小支柱等支撑结构、内循环和外循环冷却方式，针对三峡、百万机组等的巨型机组推力轴承的试验研究。试验台可以满足低速重载大型水轮发电机组推力轴承全部工况的1:1全尺寸模拟试验研究。

高速推力轴承试验台，最大加载能力 1500t，直流拖动电机功率 5000kW，设计转速 50～900r/min（双向）。可以满足额定转速 600r/min、大型抽水蓄能机组（400MW 及以上）推力轴承全部工况的 1:1 全尺寸模拟试验研究。

图 3.3－10　东方电气 2000t 推力轴承试验台

东方电气拥有 1000t 和 2000t 推力轴承试验台（见图 3.3－10）。

1000t 推力轴承试验台采用液压加载、晶闸管直流调速系统和自动数字采集处理系统，试验台最大加载能力为 1000t，最大试验比压为 11MPa，最大平均线速度为 42m/s，可对 800MW 以内的水轮发电机组立式推力轴承进行模拟或原型试验，能够测定各种推力瓦各部分瞬态和稳态下的油膜厚度、压力场及温度场等性能参数。

为了满足抽水蓄能水轮发电机、贯流式水轮发电机、潮汐水轮发电机和核电发电机轴承研究的需要，东方电气建成了高速双向立式推力轴承试验台，具有 40～650r/min 的试验转速调节能力和 2000t 推力加载能力，可以模拟 6000～6500t 级发电机推力负载，满足 1000MW 级水轮发电机轴承模拟研究需求，并可以满足转速 600r/min、容量 300～400MW 抽水蓄能水轮发电机轴承研究的需要。

第五节　通风冷却技术水平提升及试验设施建设

通风冷却技术在发电机的研究与开发中占有重要的地位，多年来，国内企业采取计算分析与科研试验论证相结合的方式，开发的机组容量不断增长。

一、水轮发电机通风冷却技术的发展

我国通风冷却技术从借鉴苏联的技术和经验，到采用"联合设计、合作生产、引进技术"的方式，完成了水口等"五朵金花"水轮发电机组的开发，之后又与国外公司合作生产了当时技术水平最高的三峡左岸（700MW、75r/min）半水冷水轮发电机组。进入 21 世纪以来，电机冷却技术的研究进入消化吸收再创新阶段，随着计算手段的提高以及对于流体场开展了大量的基础科研，通过技术的积累和发展，各种发电机冷却技术有了明显的提高。

1. 水轮发电机通风模型模拟技术

全空冷发电机的参数性能较好，有利于提高电力系统暂态稳定水平，同时由于无需水处理设备，现场安装工艺简单，安装周期短，运行成本低，维护方便，已成为电站建设获得经济效益的重要途径。作为绿色环保清洁的冷却方式，全空冷技术一直是水轮发电机冷却方式的首选。

三峡机组以前，国内外单机容量为 550MW 以上的大型水轮发电机绝大部分采用水内冷的冷却方式。在大型水轮发电机组全空气冷却研究工作中，哈尔滨电气首先在 700MW 级水轮发电机采用全空冷技术进行可行性分析，先后对龙滩、拉西瓦、小湾和三峡右岸等发电机开发了 6 台套 700MW 级水轮发电机通风模型（见图 3.3－11），之后针对 1000MW 容量等级的白鹤滩、乌东德水轮发电机也开展了通风模型模拟研究。通风模型模拟技术无论在各流道边界面的模拟，还是系统的控制与参数测量上都有了极大的飞跃。哈尔滨电气通过模拟试验掌握了多种通风系统结构的特点，对 700～1000MW 容量等级水轮发电机采用全空冷方式做出了定性论证。这一容量等级的水轮发电机组采用全空气冷却技术，成为世界上巨型发电机全空冷技术的一项重大突破。全空冷技术使哈尔滨电气在当时市场竞争中占据了绝对的优势，引领了行业的发展。哈尔滨电气也因此接受 ALSTOM 公司委托，承担了惠州电站高速大容量抽水蓄能机组的通风模型设计及试验工作。哈尔滨电气率先在三峡右岸机组上应用全空冷技术之后，东方电气及国外公司也开始研究 700MW 等级及以上机组全空冷技术。

东方电气针对三峡地下电站、溪洛渡、白鹤滩、绩溪、长龙山等工程的发电机不同通风和冷却结构，先后建立了高相似度和高精细度的通风模型和热模拟试验台，研究了电机总风量、通风损耗、温度及分布均匀性的控制方法，开发了光纤测温、转子温度分布无线测温等技术。

东方电气借助计算分析和试验研究手段，对水轮发电机各种通风冷却结构的特点和应用边界进行了全面深入的研究，强化了新技术在重大新产品上的应用研究，实现了蒸发冷却、全空冷、高效散热技术在三峡地下电站、溪洛渡、白鹤滩、绩溪、长龙山等重点新产品上的成功应用，降低温升、通风损耗的效果十分显著。

图 3.3－11　三峡右岸水轮发电机通风模型

2. 水轮发电机电机流体与发热模拟技术

从 700MW 级水轮发电机组的开发跨越至 1000MW 级水轮发电机组的开发，是一个很大的跨越。之前的冷却方式能否适合是国内外专家与制造企业都比较担忧的问题，而且也没有运行经验去支持。为了 1000MW 级水轮发电机组冷却方式的选择，哈尔滨电气分别就全空气冷却方式和蒸发冷却方式开展了科研试验工作，并对不同冷却技术的可行性、经济性和合理性做了进一步分析。

哈尔滨电气在开展通风模型试验研究的同时，开展了电机流体与发热模拟研究。建立了沿周向 1/20 的白鹤滩全空冷通风与发热模拟试验模型。建立同时研究流场和温度场耦合的热模型是冷却技术上的又一次创新，白鹤滩水轮发电机局部通风及温升模拟试验测试数据说明定子各部分温升均在允许范围内，白鹤滩水轮发电机采用全空气冷却方式是完全可行的。

东方电气聚焦开发低通风损耗、低温升、高效率的水轮发电机。在持续提升通风模型试验研究水平的同时，不断强化电机内流体与传热数值仿真能力，针对水轮发电机内部结构尺寸变化大、流动和传热异常复杂的特点，开发了大规模、高精度数值仿真方法和平台，建立了磁极线圈等主要发热部件温度场仿真流程、形成了电机通风损耗和风扇气动特性数值仿真方法，从整体到局部、从宏观到细节构建了通风冷却专业全维度、高精度仿真能力，整体达到国内领先水平。试验研究和仿真分析的交叉验证和同步提高，为白鹤滩、长龙山等重点新产品的温升、效率等关键指标的满足做出了重要贡献。

3. 水轮发电机蒸发冷却技术

蒸发冷却技术是一种新型的冷却技术，不仅可以提高材料利用率，减少特大型发电机的制造难度，降低发电机定子绕组运行温度及温差和发电机定子的热应力，减少事故隐患，更重要的是蒸发冷却比水内冷更具优越性。

为了实现蒸发冷却技术在水轮发电机上的应用，哈尔滨电气早在 20 世纪 60～70 年代对蒸发冷却技术就做了有益的尝试。哈尔滨电气虽然在三峡右岸等大容量水轮发电机组全空冷方案取得成功，但并没有放弃对蒸发冷却技术的进一步研究，并于 2005 年建立了蒸发冷却试验台。哈尔滨电气针对 1000MW 级白鹤滩水轮发电机开展了蒸发冷却试验研究，所获得的数据对这一容量等级的水轮发电机采用蒸发冷却技术提供了技术支撑。

东方电气自 20 世纪 70 年代起，与中国科学院电工研究所共同开发了水轮发电机蒸发冷却技术。东方电气先后在云南大寨水电厂 10MW 水轮发电机和陕西安康电站 52.5MW 水轮发电机上采用，经过两电站长期运行后，证明其运行安全、稳定、可靠，性能良好，并通过国家鉴定。为了使该技术能尽快地在大型水轮发电机上得以推广、应用，1995 年 6 月由原电力部科技司、水农司、安生司会同中国科学院应发局召开了蒸发冷却发电机战略研讨会，会上专家们一致同意将该技术应用到李家峡水电站 400MW 水轮发电机上。1996 年 12 月得到了国家批准，并列入国家"九五"重点攻关项目，就此，东方电气进行了李家峡水电站 400MW 蒸发冷却水轮发电机设计与制造，机组于 1999 年 2 月正式并网发电，机组运行至今性能良好。李家峡水电站 400MW 定子绕组蒸发冷却水轮发电机成功运行，为该技术在大型水轮发电机上的应用提供了实践经验和数据。

为了能在 700MW 级水轮发电机上推广应用，东方电气进行了 700MW 级水轮发电机蒸发冷却真机模拟试验台试验（见图 3.3－12）。2005 年 3 月，根据三峡左岸采用水内冷技术的机组的实际运行情况，东方电气与三峡总公司签订了《三峡左岸电站 700MW 水轮发电机水冷改造为蒸发冷却系统工业化应用研究》科研研究合同，标志着 700MW 级巨型水轮发电机采用蒸发冷却技术的工业化应用研制工作正式启动。2011 年 12 月

图 3.3－12　三峡真机模拟试验台

15 日，由东方电气研制的、世界上首台采用了蒸发冷却技术的 700MW 水轮发电机组在三峡地下电站通过试运行考验，各项指标优异。目前，两台机组均运行良好，标志着蒸发冷却技术已在 700MW 级水轮发电机上得到成功应用。

二、通风冷却计算的发展

在水轮发电机通风冷却计算分析方面，为了快速响应工程实际需要，以哈尔滨电气和东方电气为代表的国内企业从早期的简单估算，经过逐步发展、不断完善计算方法，采用流体动力分析软件 FLOWMASTER 研究发电机通风系统内流体的分配情况，计算结果已被多台套已运行发电机的实测数据所检验，达到了理想的效果。

为了优化发电机的结构，还采用先进的 CFD 技术对发电机流场与温度场进行了数值仿真分析，促进了全空冷技术在巨型水轮发电机上的应用推广。

同时还进行了三维流场、温度场的研究，可以掌握局部旋涡、过热点的情况，通过结构的调整来消除或尽量减小这些位置的压力损失，以改善散热条件。

第六节　刚强度计算及振动技术水平提升

一、刚强度计算技术

随着计算技术发展，ANSYS、ADINA、ABAQUS 等分析软件得到了普遍应用，有限元计算水平得到快速提升。以哈尔滨电气和东方电气为代表的国内企业在此基础上开展了组合部件模型计算、子模型局部应力分析、疲劳和断裂力学分析、多物理场耦合分析、优化设计计算、结构部件的动态性能和动力响应分析等，有限元计算技术达到了世界先进水平，并先后完成了响水涧、仙游、仙居抽水蓄能机组，巴西杰瑞灯泡贯流机组，溪洛渡混流式机组及世界上已投运单机容量最大的向家坝水轮发电机组部件刚强度有限元分析，机组投入运行后均表现出较好的机械稳定性。2017 年，完成了 1000MW 白鹤滩电站水轮发电机组部件刚强度研究工作，继续冲击新的行业制高点，攀登世界水电之巅。

二、振动分析技术

大容量、高水头、高转速抽水蓄能机组快速发展，对机组稳定性提出了更高要求。以哈尔滨电气和东方电气为代表的国内企业先后依托一批抽水蓄能电站项目，开展了上机架、顶盖支撑动刚度研究，顶盖动静干涉作用下动力响应分析，转轮动应力分析等动力响应研究。此外，在有限元软件基础上，二次开发了可以用来计算机组轴系临界转速和动力响应的程序以及扭转振动程序，与国内外主要公司处于同一水平。

2012 年，哈尔滨电气完成了 "973 计划" 科研课题水轮机过流部件出水边处的卡门涡列的振动研究，有效地解决了由过流部件卡门涡共振引起的水轮发电机组异常噪声和振动、水轮机过流部件的疲劳破坏等相关技术难题。

东方电气应用开发的振动分析技术，解决了三峡右岸发电机电磁振动和噪声问题，并对左岸国外公司的 6 台发电机进行了改造，提高了其运行可靠性。

三、疲劳和断裂计算

以哈尔滨电气和东方电气为代表的国内企业通过引进了 nCode 疲劳软件，开展了转轮部分焊透开展的断裂力学分析，开展了疲劳和断裂计算研究，为转轮叶片焊接采用新工艺提供了强有力的技术支持。

2013 年，哈尔滨电气完成了 1000m 水头段冲击式水轮机水斗根部动应力幅值以及疲劳安全系数等因素研究；2014 年，哈尔滨电气和东方电气还深入开展了混流式水轮机转轮动应力研究，为转轮叶片裂纹的分析和处理提供了技术支撑。

四、振动试验技术

测试技术是解决机组振动、噪声等问题的重要手段。近年来，国内企业引进了许多国际上先进的测试仪器以及多种精密传感器，对多个电站的机组进行了应力、振动和噪声测量分析，掌握了机组运行稳定性能的大量数据。

哈尔滨电气自主研发了水轮发电机组幅相影响系数动平衡试验方法，该技术达到国际领先水平。近年来，开展了噪声测试和卡门涡频率测试等重要工作，在三峡右岸水轮机异常噪声问题处理中发挥了重要作用。

东方电气开展基于时变分析技术的转轮动力特性参数（固有频率）提取方法研究，开发了软件。该技术和方法已经成功用于对大朝山和李家峡水轮机转轮动应力试验数据的后续分析，得到了该电站转轮在水下运行时的固有频率，取得较好效果。

经过数十年的积淀，哈尔滨电气和东方电气走过了技术引进、消化吸收和再创新之路，在刚强度分析、振动分析、结构优化、振动噪声测试和机组动平衡等方面达到了行业先进水平，在发电装备设计、制造和故障处理中发挥了重要的作用。

第七节　绝缘技术水平提升及实验设施建设

一、线棒绝缘技术

自二滩机组成功应用双涤纶玻璃丝包无漆烧结线，国内企业首次将大型发电机的电磁线绝缘厚度从 0.4mm 降至 0.2mm，随后在各大中型机组上推广应用，并取得了良好的效果。针对三峡左岸水轮发电机采用水冷方式，带有空心线的特点，开发了漆包单涤玻包烧结线，实现绝缘厚度薄、耐热性达 H 级，击穿电压高，该电磁线成功应用于三峡左岸发电机后，并推广到白鹤滩水轮发电机中。

定子线棒主绝缘在原有多胶体系桐马环氧玻璃粉云母带的基础上，通过对粉云母纸特殊抄制、胶黏剂配方的改进等，开发了高介电强度桐马环氧玻璃粉云母带（简称高电压云母带），使多胶环氧粉云母绝缘在大型水轮发电机上的应用达到了一个新的水平。

同时，哈尔滨电气和东方电气分别开发了 SVPI 线棒制造体系（见图 3.3-13）和 DeaMica VPI 绝缘系统（见图 3.3-14），主绝缘用云母带、无溶剂漆，低阻防晕带采用进口材料，其他材料为国产材料，所生产的线棒性能优异，至今已生产了多台水轮发电机的定子线棒，应用业绩优异。

图 3.3-13 哈尔滨电气少胶 SVPI 设备（浸渍罐）

图 3.3-14 东方电气 DeaMica VPI 绝缘系统

经过 60 多年的不懈努力，哈尔滨电气和东方电气水轮发电机定子主绝缘达到了较高的水平，主绝缘厚度大幅度减薄，可以满足用户的不同需要。

二、防电晕技术

防电晕技术是提高大型电机容量及额定电压的关键。高压定子绕组防电晕技术是随着定子绕组主绝缘材料的变化和电压的升高而不断升级。

哈尔滨电气在防晕材料方面，建立了非线性防晕材料高精度测试系统，可以准确获取不同阻值的防晕材料表面电阻率值，通过与有限元三维参数化建模相结合，建立了多段防晕结构的参数化模型，进行了非线性电场和热场的求解与试验对比，对模型的准确性进行了验证，以此作为基础进行了防晕材料和结构的优化设计。已经开展利用伏安特性曲线确定防晕材料性能的研究工作为研究高海拔机组的防晕材料奠定了基础。同时防晕层采用"一次成型"工艺，即防晕层与主绝缘一次固化成型，是哈尔滨电气特有技术。通过该工艺制造的定子线棒经冷热循环试验后，线棒端部防晕带和主绝缘相容性良好，完全满足电机频繁起、停冷热冲击的运行条件。

东方电气为了探索 2600m 高海拔的龙羊峡 320MW 发电机防晕系统，还对碳化硅非线性防晕材料、结构和工艺进行了系统的研究，在昆明电气科学研究所的通力合作下，多次对真机线棒和模拟定子绕组进行高海拔起晕电压试验，取得了一系列有价值的科学试验数据，为高海拔机组防晕结构的运用提供了可靠的保证。

为了确保电机绕组安全运行，从 2003 年在三峡机组应用起，哈尔滨电气和东方电气在巨型水轮发电机及宝泉、蒲石河、黑糜峰等发电电动机中都采用了除单个定子线棒外，对整个定子绕组进行防电晕处理，以达到整个绕组电场均匀化，消除电晕腐蚀影响定子绕组主绝缘性能的因素，确保电机长期安全运行。

三、配套绝缘技术

哈尔滨电气和东方电气等国内企业重视配套绝缘技术研究和应用，并形成了相应的技术规范。

定子线棒固定采用了半导体无纺布与半导体硅橡胶复合弹性固定技术，即在线棒槽部绕包一层由两层半导体无纺布中间夹硅橡胶组成的"三合一"带子，然后将线棒推入槽内固定。这种方法使线棒与铁心有很好的机械接触，可有效地防止槽部电晕发生。

硅钢片漆采用了进口水溶性硅钢片漆和国产半无机硅钢片漆技术。水溶性硅钢片漆和 C6 涂层的推广应用，使硅钢片漆的环保性能和综合性能上了一个新的台阶。

第四章
水电装备制造能力提升与工艺技术进步

第一节　水电装备制造能力提升

"八五"期间，哈尔滨电气和东方电气工厂设计年产水轮发电机组能力都为800MW，已不能适应我国水电建设需要。1997年3月7日国家以计机轻〔1997〕308号文"关于审批增加大型水电装备能力项目可行性研究报告的请示的通知"，同意哈尔滨电气总投资99 948万元、东方电气总投资114 285万元进行建设，达到年产两套三峡水轮发电机组在内的2000MW能力。哈尔滨电气技术改造的主要内容有葫芦岛滨海大件厂的改造、焊接厂房的改造、水电重型加工装配厂房的建设、原水电厂房的设备补充与工艺路线调整、水电线圈生产线的改造、科研和计量测试系统的改造共六方面进行建设，东方电气技术改造的主要内容有扩大生产作业面积、产品上等级、扩大生产能力、科研投入和测试能力的提高等方面进行建设。建设资金由国家开发银行贷款和自筹解决，实际各花费约7亿元。经过三年建设，项目由国家验收，全面提高了国内制造能力。

三峡工程的建设，以及国家对大型国有企业的政策支持，使哈尔滨电气、东方电气的物质技术基础有了巨大的进步，使其装备规模成为国际同行业中实力最强的发电装备制造厂之一。之后随着抽水蓄能机组技术引进以及白鹤滩1000MW机组的开发，哈尔滨电气和东方电气根据需求又进行了进一步技术改造，使装备水平得到进一步提升。

制造能力提升只提升装备水平还远远不够。过去我国的水电工艺最初以向苏联学习起步，后来通过引进、消化、吸收学习国外发达国家的工艺技术，最终形成了具有哈尔滨电气、东方电气各自特色的独特工艺。进入21世纪，通过三峡、抽水蓄能等项目技术引进、消化吸收、再创新，以及白鹤滩百万千瓦水电机组各关键部件精品制造的洗礼，在大型常规水电和抽水蓄能机组以及新能源领域等制造工艺技术取得突破性进展，工艺管理、工艺过程控制、数控加工技术、表面防护技术、新型切削刀具、大型非标设计、现场实施的制造工艺、人才培养方面等都有大幅度提升。

第二节　水电装备制造工艺技术进步

一、水轮机制造工艺进步

哈尔滨电气开发了三支点压力传感器静平衡技术，并在大型轴流转轮上开展应用研究，压力传感器静平衡工艺技术，精度高、成本低，该技术已推广应用于多项大型轴流、混流转轮静平衡；在完成了800MW级水轮发电机组水轮机主要部件厂内加工制造基础上，研究并改进了大型座环工地加工设备，先后在溪洛渡、糯扎渡、向家坝等项目进行座环的厂内及工地加工，取得了新的技术突破；研究和开发了筒形阀工地加工专机设备，解决了大型整体筒形阀的工地制造难题，大型筒形阀的工地制造工艺技术在溪洛渡筒形阀的成功应用，填补了国内大型筒形阀整体工地制造设备技术空白，成功解决了大型部件运输难题；开发了混流式水轮机整体转轮工地制造技术，完成了龙开口、溪洛渡、糯扎渡、岩滩等21台份转轮工地制造。

东方电气开展了高精度测杆应变片法转轮静平衡技术的系列化和通用化技术研究，提高了静平衡精度和生产效率，大大降低了工装成本和管理成本；开发了混流式水轮机整体转轮工地制造技术，目前已完成官地、金安桥、溪洛渡等多个电站30多个转轮的工地制造；研发完成了大型混流式、轴流式、贯流式水轮机关键部件核心制造技术，包括座环工地加工技术、顶盖底环导叶轴孔位置度高精度控制技术、主轴双托架支承加工技术、主轴与转轮联轴孔可互换性加工技术、导叶内外环轴孔加工技术等；开展了大型不可拆卸整体球阀加工、装配技术的研究，开发出球阀环形深孔的套筒刀加工工艺、球阀新型装配工艺和窄间隙环形深孔零部件装配方法，解决了球阀深孔加工、窄间隙操作空间装配和球阀打压紧量孔用组合密封的装配难题，极大地提高了加工装配质量与效率；开展了基于逆向工程的大型冲击式整体转轮修复制造技术研究，针对大型冲击式水轮机水斗加工的技术难题，开展了水斗数控加工技术研究，基于过程毛坯对整体水斗进行合理的刀位轨迹规划，解决了余量不均匀毛坯的刀位控制问题，实现了整体水斗的高效数控加工，可大大缩短冲击式转轮的修复制造周期。

二、水轮发电机制造工艺进步

哈尔滨电气先后完成大型水轮发电机两段磁轭安装工艺研究，通过充分研究计算和实践，对深

圳抽水蓄能机组电站发电电动机两段磁轭安装的关键技术，如叠片工艺、超长磁轭键安装工艺、磁轭段间安装与对接工艺及磁轭段间起落工艺等进行了深入的研究分析，并取得了成功；大型发电机铁心定子硅钢片一次涂水溶性漆漆膜绝缘性能及涂漆工艺，水轮发电机新型顶轴绝缘制造工艺研究等都有很大突破；完成了弹性油箱数控加工工艺研究，波纹精度要求高，通过对单个油箱加工工艺开展数控加工的可行性研究和试验，取得成功，提高制造质量和生产效率；开展了向家坝巨型水轮发电机定、转子安装圆度工艺攻关，并达到了各项参数均优于合同要求的效果，为提高巨型机组定、转子安装圆度并保证机组安全稳定运行奠定了坚实基础。

东方电气研制开发了大型常规立式水轮发电机、发电电动机、贯流式水轮发电机关键部件核心制造技术，包括大型定子机座加工技术、超长定子铁心装配技术、磁极装配技术、轴系加工新技术，有限元分析在轴系找摆中的应用技术，弹性油箱全自动抽真空、充油、打初压技术，环形件无损热套技术，大型转子支架与主轴工地同镗、同铰技术，大型转子支架工地焊后大立筋加工技术，大型贯流式水轮发电机转子支架立式静平衡技术，高精度推力瓦加工技术，定子槽楔紧度定量检测技术等；开展了零部件数控加工技术研究，开发了大型圆盘式转子支架支臂单瓣数控加工技术、大型定子机座单瓣数控加工技术，相对于传统加工工艺，拓宽了大型零部件的加工途径，极大地提高了产品生产效率；开发了弹性油箱、磁极压板等精密件数控加工技术，不仅提高了产品质量，而且节省了大量工装成本。

三、焊接工艺进步

哈尔滨电气在焊接机器人的应用上，IGM焊接机器人成功应用于丰宁项目铝青铜堆焊，提升了产品质量，避免焊工操控铜中毒，CMT焊接机器人成功应用于白鹤滩推力瓦巴氏合金堆焊PT探伤一次性合格，在硬度、结合力等重要指标上堪称"完美"，打造了行业示范性工程。开展了智能窄间隙MAG焊接技术，并广泛应用于敦化转子轴主立筋焊接、蓄能机组转子支架、白鹤滩主轴焊接、发电机转子中心体焊接及水轮机座环环板拼焊等，超声波无损探伤检测一次合格率99%以上，实现了高效率、低成本、高质量的目标。哈尔滨电气进行了焊缝超声冲击技术的研究及应用，攻克了发电机软连接柔性片扩散焊工艺和亚激光瞬间熔技术修复金属精加工表面缺陷技术，解决了电机大轴、水轮机过流部件等精加工件在加工过程中表面缺陷处理疑难问题；完成了仙居钢岔管的焊接，填补哈尔滨电气80kg级焊接技术空白。

东方电气开展了发电装备机器人智能化焊接研究与应用，将弧焊机器人技术和公司产品有效结合，开发出空间曲面结构件的工件标定及路径补偿技术、异形曲面的快速成型及定量堆焊技术，实现了复杂曲面定量堆焊、大厚板多层多道焊接和非开放内部空间产品焊接。面对水轮机、水轮发电机主轴质量、尺寸都非常大且整锻供货难度极大的难题，东方电气开发出水轮机、水轮发电机主轴锻焊结构制造技术，解决了供货难题，确保了产品质量，成为国内同行业首家拥有该技术的企业；为满足白鹤滩水轮发电机组和高水头抽水蓄能机组制造的要求，东方电气开发出了 800MPa 级高强钢的焊接工艺。

四、表面处理工艺进步

哈尔滨电气建立两套大型整体移动式喷漆间，具有 10 个工位，可分别在不同工位进行喷漆作业，喷漆间采用上送风下排风干式漆雾过滤活性炭吸附废气方式，同时具有烘干功能，极大提高了喷漆作业环境质量，确保喷漆工艺参数要求，使产品喷漆质量上一个新的台阶；开展了潮汐电站叶片材料性能及防海水腐蚀的研究，解决了海水潮汐电站海水腐蚀问题；开展了海上运输产品防锈包装技术研究，提高了海上运输防锈、耐腐能力；开展了超音速喷涂技术在水轮机过水表面耐磨抗蚀涂层上应用的工艺试验研究，解决了水轮机泥沙磨损问题；开展了水轮机过流部件软喷涂抗泥沙磨损涂层技术研究，积累抗泥沙磨损涂层经验，使抗泥沙磨损涂层技术多元化。哈尔滨电气制定的产品零部件涂漆及防锈系统选择新标准，涵盖了企业全部产品的涂漆及防护系统，具有很强的通用性、适用性、指导性，提高了产品的涂漆防护质量。

东方电气为提高金属表面防护水平，编制了与国际标准接轨的专用涂饰规范，完善了各类产品的防护规范及表面处理工艺；通过在零部件表面上采用环氧系列防腐及装饰涂料，提高了金属表面的防护能力；在喷漆设备上引进空气辅助式喷漆设备，提高了涂漆表面质量和效率，节约材料，减少环境污染。创新性解决了大件喷漆的漆雾治理问题，解决了公司产品表面喷漆施工中的环境污染问题；开发了大型潮汐发电设备海水阴极保护等新工艺。

五、冲剪工艺进步

哈尔滨电气为了提升冲剪工艺装备技术水平和生产能力，新增了两台德国先进去毛刺机设备；新增了 400t 全自动定子冲片冲压生产线，是当时国际最先进的定子冲片冲压生产线，具有高精度、高刚性、高效率以及高稳定性等优异特性；新增定子冲片涂漆生产线，800t 压力机，高精度数控冲片厚度测量设备，研制国际一流水平的冲片厚度测量设备，确保发电机定子铁心的产品质量；在发电机定子冲片涂漆绝缘技术方面开发了使用水溶性半无机绝缘漆技术。

东方电气研制了自动喷漆、烘干生产线，引进的高性能水溶性涂漆生产线提高了冲片涂漆质量；自主研发、制造了高性能水溶性涂漆，分别运用于核电、核泵冲片的生产，冲片的绝缘性能、涂漆质量、环保、生产效率等将进一步提升。随着高效、清洁、数字化智能制造的时代发展要求，经过

近几年的开发研究，发电机定子铁心冲片制造即将实现从生产下单→原材料提取→原材料输送→冲制（包括废料收集）→去毛刺→清洗→涂漆→成品下件→入库堆垛的联机数字化智能全自动生产线。2003年，研制并引进数控激光加工技术，开辟了水轮发电机组厚板磁轭加工的新工艺，在国内率先引进激光切割工艺技术用于厚板磁轭冲片的加工，有效地降低工装成本，提升了磁轭冲片的断面加工质量。

六、数控加工工艺进步

哈尔滨电气全面开展了三维实体数控编程工作，完成了编程设备硬件的全面更新和UGNX软件升级；完成了整体铸造、锻造冲击式水斗的加工，进行了水斗锻焊结构的数控技术研究；进行了700m水头段抽水蓄能转轮数控编程技术研究，取得了较大的技术创新成果，在数控编程技术、数控程序代码优化、后置处理程序、模拟仿真技术等方面积累了经验；开发了大型抽水蓄能转轮制造新工艺方法，填补了转轮制造技术空白，为公司未来开发大型抽水蓄能水轮发电机组的市场提供技术保障。

东方电气建立了完整的水轮机叶片数控加工体系，研究了转轮及叶片三维测量及分析技术，开发了针对混流式、轴流式和贯流式叶片的测量分析软件系统，提高了叶片测量分析能力；开发了整体水泵叶轮加工技术，并广泛应用到多台真机整体叶轮的加工中，丰富了小型叶轮的加工手段；开展了机床切削仿真技术开发应用，通过对加工仿真技术的研究，真实地反应制造加工过程中的过切、碰撞等干涉现象，为程序的修改提供了数据，通过切削仿真技术的应用，有力推动了数控加工技术的进步，解决了生产所需；开展了曲面类零件多轴联动数控加工轮廓误差分析与控制技术的研究，对多轴数控机床加工曲面类零部件精度问题进行较系统、全面的研究，并重点在数控机床误差分析、精度建模、误差检定、加工精度预测以及误差补偿等方面开展研究工作，新技术开辟了提高机床加工性能及曲面类零件加工精度的新方法。

七、线圈制造工艺进步

哈尔滨电气和东方电气利用定子线棒端部数控成型机，用于条式线棒端部成型。该设备通过输入线棒基本参数，自动生成线棒端部模型，对线棒两端进行成型。成型机克服手工成型时R处股线发飘不平整、窜线的弊病，保证了全台机组定子线棒端部成型后形状一致。采用进口数控包带设备包扎主绝缘，数控包带设备具有恒张力系统，能够通过内置示教程序自动识别线棒形状，并对线棒的不同部位设置不同的张力和转速，半叠包均匀、平整、无皱纹，既能保证定子线棒主绝缘的包扎质量，又降低了工人的劳动强度，同时也提高了生产效率。

东方电气承担的国家工业和信息化部"大型清洁高效发电装备智能制造数字化车间建设示范项目"全面完成，并于 2020 年 3 月通过了验收。形成一个协同制造平台，定子线圈、转子线圈、定子冲片三个数字化车间以及机器人应用、数字化试验等多个典型智能制造单元，打造具有行业示范和引领作用"1+3+N"智能制造新模式，使我国线圈及冲片制造能力达到了国际一流水平，成为行业智能制造数字化车间建设的示范引领工程。

虽然近年来我国发电设备制造企业产品制造工艺技术能力有了明显的提高，具备生产 1000MW 级混流式机组、400MW 级抽水蓄能机组、200MW 级轴流式、冲击式机组、75MW 级贯流式机组的制造能力，但随着新形势下技术发展和对质量的更高标准要求，必须有新工艺、新技术、新材料、新装备方法和手段与其相适应，同时不断开发新型工艺技术储备以满足市场开发的需求。在持续改进和优化现有工艺基础上，国内企业不断自主开发新工艺技术，既要保持工艺方案的先进性、合理性、经济性、可靠性、实用性，解决生产制造难题，又要建立起标准化、规范化、系列化、流程化、模块化工艺，降低成本，提高生产效率。工艺进步与创新是提高产品制造质量的重要前提条件，高质量标准要求必须有先进工艺方法作为保障，产品内在质量、外观质量有效保证是未来工艺重点考虑的方面，同时集成化、自动化、数字化、智能化制造技术是工艺未来发展的主要方向。

第五章

水电技术突破与国际领先

第一节　世界首台 1000MW 水轮发电机组研制

  1000MW 巨型水轮发电机组是世界水电行业的"珠穆朗玛峰"。哈尔滨电气早在 2008 年通过承担国家科技支撑计划项目《1000MW 水力发电机组研究》时就开始了百万水电发电机组的研究工作，之后又同东方电气一起接受三峡公司委托分三个阶段依托白鹤滩和乌东德电站开展专项课题研究，对 1000MW 水轮发电机组研制和工程化应用做了充分的技术储备，解决了总体设计、水力开发、电磁设计、高效全空冷技术、推力轴承技术、24kV 电压等级定子绝缘技术、转轮动应力测试、材料研究、关键部件制造技术等重大关键技术，同时为提高机组设计、制造、安装水平，机组设计全部引入三维设计，机械设计引入疲劳计算，并进行多种不同国际规范的对比，制定机组部件材料、设计、制造、安装质量控制标准，全方位保证世界最大容量机组的性能和可靠性。2015 年哈尔滨电气和东方电气一举获得了白鹤滩项目各 8 台 1000MW 水轮发电机组的制造合同，标志着百万千瓦水电机组正式进入工程化研制阶段。

  白鹤滩水电站位于金沙江下游四川省宁南县和云南省巧家县境内，为三峡集团公司开发的金沙江下游河段梯级的第二级电站，上接乌东德水电站，下邻溪洛渡水电站。白鹤滩水电站的开发任务为以发电为主，兼顾防洪、航运、拦沙等综合效益。电站共装设 16 台（左、右岸各 8 台）单机容量为 1000MW 的立轴混流式水轮发电机组，总装机容量 16 000MW，多年平均发电量 624.43 亿 kW·h，建成后将成为国家能源战略布局"西电东送"的骨干电源，成为带动社会经济发展的能源"引擎"。根据规划，白鹤滩水电站在系统中承担基荷、腰荷和部分峰荷，并承担少量事故备用。电站首批机组计划于 2021 年投产发电。白鹤滩水电站装机规模全球第二、在建规模全球第一，将是三峡电站之后的又一座超级水电工程。

  白鹤滩水轮发电机组是世界上单机容量最大的水轮发电机组，发电机采用全空冷技术，水轮机不设置进水阀门。三峡集团针对该项目提出了全面的"精品"指标要求，各项技术指标参数在三峡、溪洛渡、向家坝项目的基础上再次进行了提高。机组容量、性能参数、质量要求的全面提高，水力、电磁、冷却、绝缘、刚强度、轴承、材料等各个方面都面临着全新的挑战，整个项目的研发设计制造难度提到了一个全新的高度。白鹤滩水轮发电机组是世界上首批百万千瓦水轮发电机组，是世界水电的巅峰之作。该机组相对于溪洛渡、向家坝等机组，单机容量有了巨大的跨越，其技术研究的复杂性和技术难度，远大于世界上已有机组，相关技术的研制已经进入水电装备行业的"无人区"。

2017年10月，世界首台百万千瓦机组白鹤滩座环在哈尔滨电气通过出厂验收（见图3.5-1），并达到精品标准，标志着白鹤滩机组制造进入了重要阶段，这是中国水电向世界水电"无人区"迈出的重要一步。2019年1月，东方电气研制的白鹤滩百万机组首台精品转轮完工（见图3.5-2），顺利交付业主，各项指标全面满足精品制造要求。白鹤滩电站使我国实现了中高水头混流式水轮发电机组自主设计制造业绩由容量800MW跨越到容量1000MW的国际领先水平，16台机组全部由"中国创造"，是我国水电发展史上的又一次历史性巨大飞跃，奠定了中国水电技术的世界领先地位。

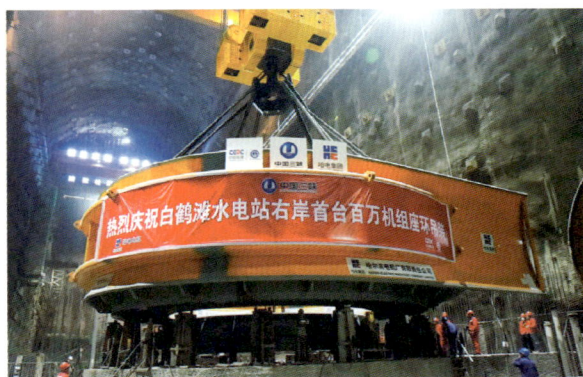

图 3.5-1 哈尔滨电气研制的白鹤滩
1000MW 水轮机座环

图 3.5-2 东方电气研制的白鹤滩
1000MW 水轮机转轮

第二节 水电装备智能远程运维系统研发

随着全球科技革命、产业变革的加速演变，我国传统装备制造业面临产业发展增速放缓、市场竞争更加激烈等形势，传统产业的结构化转型升级迫在眉睫。传统产业必须通过提高产品全过程的智能化，发展智能制造，从而加快提高效率，提升产品质量，提高管理和生产效率，增强运维服务能力，降低成本，提高产品商业附加值，我国的电力装备才能在竞争激烈的市场环境中长盛不衰。

在"一带一路"建设过程中，我国企业承建及运营的国际电站项目与日俱增，一些南美及非洲不发达国家在电站运维专业技术方面知识相对匮乏，急需专业人员协助进行电站管理工作，因此开展电力装备智能远程运维系统的研究，促进传统电力装备制造业结构化转型升级迫在眉睫。

国外如美国通用电气公司已开展相关技术研究，并在火电项目中得到了应用，而在水电领域尚无成功应用案例。国内少数发电装备制造厂也开始进行远程诊断研究，但相对落后，无论在知识储备还是经验积累方面均处于起步阶段。从事状态监测相关业务的企业由于技术团队、故障案例和专家知识均有限，其研发的智能诊断系统还处于监测层面，无法进行深入诊断。

"十二五"期间，哈尔滨电气利用公司在自主研制发电装备领域积累的丰富经验与技术，基于互联网＋大数据模式，承担了国家科技支撑计划课题"基于物联网技术的发电设备全生命周期服务支持系统"研究，开发了发电装备远程故障智能诊断系统（简称远程诊断系统），搭建了装备制造厂与用户两者之间互联互通的桥梁，将制造厂的设计制造知识、专家知识与电厂运行知识进行深度融合，为机组的安全运行提供有价值的参考建议，优化电站的运营模式，降低了机组维护成本，通过产品＋服务促进了企业由制造型向制造服务型转型升级。

一、远程诊断系统关键技术

远程诊断系统基于 SOA 架构思想，利用 J2EE 技术、数据库技术及多维全信息智能诊断技术，构建了基于服务总线的软件集成平台，实现了对发电装备的智能故障诊断和远程运维服务（见图 3.5－3）。

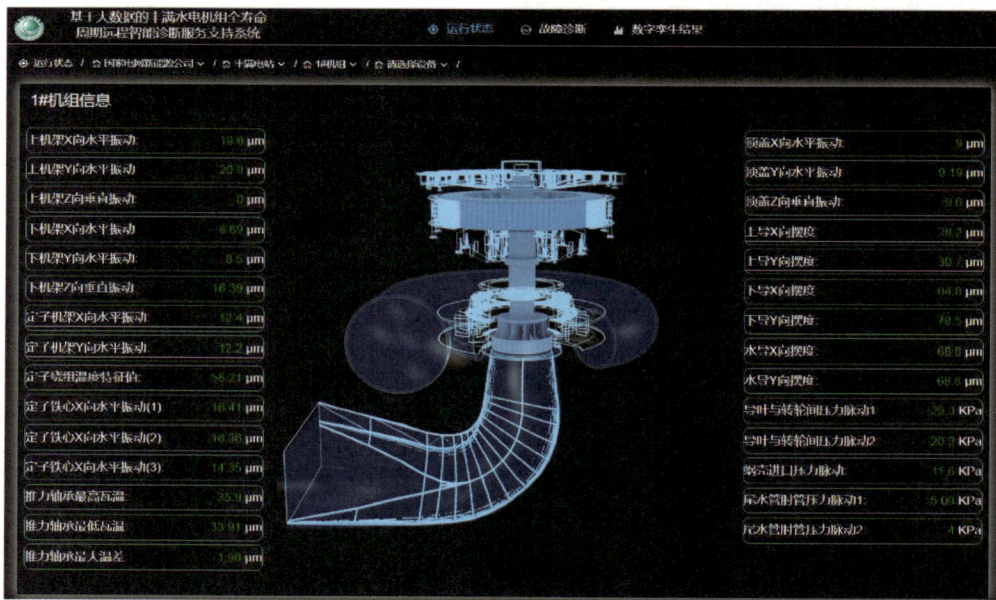

图 3.5－3　远程诊断系统主界面

基于面向对象设计思想、运用多态、继承、反射、泛型等编程思想开发了实时数据库及关系数据库接口程序并封装了 JDBC，开发了事务处理及数据化、图形化、推理机引擎等；与公共基础组件结合，搭建了集成服务平台；同时运用知识工程思想，参照相关国际标准（IEC）、国内标准（GB）、企业标准进行客观的分析整合，创建标准样本；将设计知识、制造知识、运行知识、专家知识相融合，建立大型水轮发电机组故障树，形成专家知识库。通过实时数据与标准样本的实时对比，采用神经网络逻辑思维、相互关联的方法，结合专家知识库，智能寻找出产生故障的主要因子，判断机组处于健康、亚健康或故障状态。以机组亚健康及故障数据为基础，按照数据挖掘的主题进行分类，建立数据仓库，为后续数据挖掘及趋势分析奠定基础；当机组发生故障造成停机时，系统可读取历史存储的数据，复现机组发生故障之前的状态，为机组故障溯源分析提供技术支撑（见图3.5-4）。

图 3.5-4 远程诊断中心

二、远程诊断系统关键技术的先进性

1. 专用云平台助力大数据分析决策

构建适合发电装备智能远程运维需求的工业大数据专用云服务平台，利用整合梳理的专家知识，抽取性能评价模型，构建工业级算法分析引擎。基于专用云的工业流数据实时分析的大数据处理平台，云端存储具有降低系统建设成本、减少系统中由服务器造成的单点故障和性能瓶颈，提高安全性的特点，同时备份归档、灾难恢复对于发电装备的海量数据来说具有宝贵的意义。开发专用搜索引擎，可以针对不同的数据类型进行分析与处理，通过对历史数据进行整合和分析，建立工业级的预测模型，以进行更有效的生产和运营；通过分析实时数据检测装备状态，预防装备故障，优化生产过程。以产品为导向，针对具体需求建立云存储策略，对云端数据进行实时分析，并建立云端数据导出策略。

2. 应用双向诊断模式构建故障诊断推理系统

远程诊断系统采用基于故障树（FTA）的故障诊断模式和基于健康特征的故障诊断模式的双向诊断模式交叉推理模式，同时系统通过逻辑斯蒂克回归、高斯混合模型及统计模式识别等算法构建了发电装备故障诊断推理机，通过双向故障推理，实现对机组故障的追根溯源。

3. 采用先进可靠的机组故障、寿命预测技术

远程诊断系统采用国际先进的人工智能深度学习算法，对机组故障、寿命进行预测；针对水力发电装备负样本搜集困难的特点，充分利用算法无监督学习能力，从大量健康状态数据和少量故障数据中获取关键信息，掌握变化规律；利用决策树、归纳逻辑程序设计等可解释学习方法，将机器学习结果变为专家系统和人类可利用的知识，有助于综合利用专家系统、机器学习和人类专家的能力，得到最优结果。

4. 开创机组多维全信息量化评价方法

对于大型发电装备的状态评价，业界尚没有可以量化的标准，致使对大型发电装备的运行状态的评价仍然停留在定性层面，无法跨越到定量的高度。远程诊断系统中充分考虑大型发电装备的结构特性和物理量特征，整合电气性能、定子温度场、气隙、振动摆度、压力脉动等诸多维度信息，以涵盖全信息为目的进行方案设计。对于处于静态（停机状态）、稳态（带恒定负载运行状态）和瞬态（启、停机过渡过程）三种状态下的大型发电装备，首次提出基于多维度信息，实现对大型发电装备运行状态从定性评价到量化评价的方法。

5. 基于现场实测数据的加密与还原

电力系统关系到一个国家的经济命脉，因此系统安全及数据安全是本项目重点关注的地方，该诊断平台除了采用多重安全防护体系，对 App 端、云端、装备端进行通信协议加密和访问安全认证，确保智能硬件通信及数据的安全外，公司基于现场试验数据，为每台机组订制加密方案，采用差值法对数据预先进行处理，远程传输差值数据，通过实际测试数据，可还原原始机组运行数据，从源头上保障机组数据安全。

三、远程诊断系统对行业的影响和带动作用

远程诊断系统以企业私有云服务平台为中心，物联网及互联网作为技术支撑，将发电装备的制造企业和电站集聚于此平台上，实现发电装备运行信息的资源共享。哈尔滨电气生产的水轮发电机组占全国大型水电装机总量的 1/2，远程诊断系统可作为公司的标准产品应用到大型水电中，未来应

用市场前景广阔，且智能远程运维模式也可在其他能源发电领域进行推广，可带动行业整体智能化发展。

通过远程诊断系统，装备制造厂可以将感知器件采集的机组运行数据传输到装备制造厂，使制造厂随时了解机组的运行情况，为机组稳定运行提供技术支持。当机组出现故障时，制造厂充分发挥自身的优势，针对疑难问题组织专家进行会诊，提出解决方案，为现场维护队的维修工作提供建设性意见；或有的放矢地派相关专家到现场进行针对性服务，为机组的安全运行提供保障。制造厂通过得到产品质量反馈信息并改进后期产品设计，提高后续产品品质；同时通过趋势分析，发现装备存在的隐患和缺陷，有目的地进行装备的维修保养，针对故障提高快速反应的能力，通过运维系统的实施，装备制造企业由粗放的制造型向制造服务型转型，提升产品自身的附加值。

对于电站用户而言，每年支出巨额检修费用，例如：以单机600MW以上等级电站为例，检修一般分为A修、B修、C修。其中，A修约4～6年1次，450万元左右；B修约2～4年1次，200万元左右；C修每年1次，100万元左右。据美国科学电力研究院的统计结果，由计划检修过渡到状态检修可节约25%～30%的维修费用。远程诊断系统的实施，尤其对于条件艰苦、运维知识匮乏的地区，可实现少人职守；同时电站用户机组可以享受到系统带来的及时准确的维修服务，使电站机组由"状态监测"提升至"智能化故障诊断"，进而由传统的定期检修过渡到视情检修，从而大大降低电站机组的运维成本，提高机组运行的经济性，延长机组寿命。系统采用模块化设计可在各种大型水电领域进行快速推广和移植，促进水力发电站智能运维水平的高速发展，进而提高电站的整体智能化水平，有利于实现我国现代数字化电站的建设需求。

从社会整体性来讲，实现电站与装备制造厂之间的远程运维管理，通过备品备件的智能化联储，优化资源配置，防止社会资源浪费；远程诊断系统的运用丰富了电力装备制造企业的产业结构，提升了企业产品的智能化水平，增加了企业的核心竞争力，进而实现企业健康稳定的可持续性发展，同时有助于我国电力装备制造业更好更快地走向国际市场，提升我电力装备在国际市场上的地位和影响力，力求使我国电力装备成为中国在国际市场上的"新名片"。

四、发展历程及工程业绩

2011年12月，哈尔滨电气承担了"十二五"期间国家科技支撑计划的科研课题《基于物联网技术的发电装备全生命周期服务支持系统》研究工作，成为国内首家从事大型发电装备远程故障诊断的发电装备制造企业。2015年6月，课题成功通过科技部验收。作为远程诊断系统V1.0，该项研究成果已成功为哈尔滨电气生产的三峡、向家坝及溪洛渡3个电站18台巨型水轮发电机组提供远程诊断服务。

哈尔滨电气在远程诊断系统 V1.0 的基础上进行升级与完善，并持续进行远程诊断系统 V2.0 的开发工作，创新地在加强现有故障诊断中心系统功能的前提下，在电厂端前置了现场故障诊断系统，对现场大量数据的预先分析，可以有效提高系统的响应速度。2015 年哈尔滨电气又成功签订《丰满水电站全面治理（重建）工程基于大数据的丰满水轮发电机组全寿命周期远程智能诊断服务》项目合同。之后又先后获得敦化、董菁、丰宁等远程诊断开发合同。2020 年 8 月哈尔滨电气成功中标雅砻江公司"水轮发电机组故障预测与智能诊断系统研究"（简称智能运维项目）、"水电站机电设备三维数据智能化应用系统研究"（简称三维智能应用项目）两个项目，这标志着哈尔滨电气在国内水电市场智能运维和数字化应用领域取得新突破，继续推动我国电力装备制造向智能化、数字化转型升级迈出了坚实的一步。

哈尔滨电气远程诊断系统通过了黑龙江省唯一认证机构黑龙江省软件评测中心的软件认证测试；获取了《大型水轮发电机组振动摆度实时监测系统 V1.0》《大型水轮发电机组故障诊断分析系统 V1.0》等共计 6 项软件注册权。哈尔滨电气远程诊断系统得到了国家的肯定，作为唯一一家大型发电装备制造企业，于 2016 年 6 月被工信部授予智能制造试点示范项目（见图 3.5－5）。

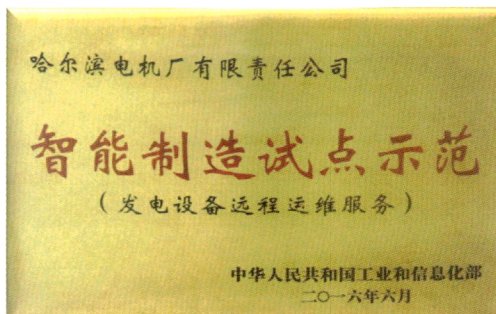

哈尔滨电气水力发电装备智能远程运维新模式入选 2017 年工信部、财政部智能制造新模式综合标准化和应用项目。哈尔滨电气于 2017 年正式成为中国唯一的工业

图 3.5－5　智能制造试点示范牌匾

大数据应用技术国家工程实验室的重要成员，成为工业大数据研究与应用的领军企业。

2018 年底，东方电气以机组状态健康评估和故障诊断为核心，初步建立了设备运行状态评估方法体系，推进了故障诊断模型的研发。在水力发电装备远程智慧诊断系统开发和业务拓展上持续加大投入力度，完成了产品远程智能诊断系统一期建设，建立了自己的产品远程智能诊断中心。

第三节　水电装备行业国际标准制定

电工技术领域的国际标准化组织是国际电工委员会（IEC），于 1906 年在英国伦敦召开了第一届会议，在随后的 8 年里，先后成立了 4 个技术委员会，其中 IEC/TC2（旋转电机技术委员会）和 IEC/TC4（水轮机技术委员会）负责制定水电装备相关的国际标准，IEC/TC2 和 IEC/TC4 每两年召开一次全体会议。为了更好地组织我国参与水电装备国际标准化工作，IEC/TC4 的国内技术对口单位设在哈尔滨大电机研究所，IEC/TC2 的国内技术对口单位设为上海电器科学研究院有限公司，哈大所为第二技术对口单位，负责发电机部分，我国自从加入国际电工委员会（IEC）后，参与水电装备国际标准工作主要经历了跟踪、同步和组织三个阶段。

一、跟踪阶段

1997 年以前，间断地参加全体会议，未参加国际标准起草工作组，不了解国际标准制定过程，对国际标准草案被动投票。

二、同步阶段

1997 年中国派出中国长江三峡集团公司黄源芳、哈尔滨电气吴伟章参加了在美国华盛顿举行的 IEC/TC4 全体会议。在全体会议上，黄源芳对三峡工程及其巨型水电机组做了介绍，受到与会各国专家的热烈欢迎。黄源芳因势利导提议 2001 年全体会议在中国举行（1999 年全体会议先前已决定在英国伦敦举行）。1999 在英国伦敦召开的 IEC/TC4 全体会议，一致通过 2001 年 IEC/TC4 全体会议在中国北京举行。此后，我国连续派专家参加 IEC/TC4 全体会议，派专家参加各国际标准起草工作组，使我国专家在国际标准起草的初期阶段便能反映我国意见，与其他国家的工作组成员进行深入讨论，这样我国的意见更容易被采纳，实现国家标准与国际标准的同步起草，做到了实质性参与国际标准化工作。黄源芳于 2011 年获得"IEC 1906 奖"。"IEC 1906 奖"是 IEC 最重要的奖项之一，设立于 2004 年，用以表彰对 IEC 国际电工标准化做出突出贡献的各国技术专家，每年评选一次。这是 IEC/TC4 对中国专家的充分肯定。

三、组织阶段

我国于 2005 年担任了 IEC 62364 水力机械中轴流式、混流式和冲击式水轮机泥沙磨损导则国际标准起草工作组的副召集人，迈出了牵头制定国际标准的第一步。

2013 年，哈尔滨电气覃大清担任 IEC 62882 混流式水轮机模型到原型压力脉动换算导则国际标准召集人，实现了我国在牵头制定水电装备国际标准方面零的突破；2016 年，哈尔滨电气孙玉田担任 IEC 60034－33 同步水轮发电机（含发电电动机）技术条件国际标准召集人；2017 年，中国长江三峡集团戴江担任 IEC 63111 水轮机、蓄能泵、水泵水轮机瞬态计算和设计国际标准召集人；2018 年，南瑞集团徐洁担任 IEC/IEEE 63198 智能水电厂技术导则国际标准召集人。2020 年哈尔滨电气覃大清喜获国际电工委员会"IEC 1906 奖"殊荣，此次获奖表明我国水电装备行业实质性参与国际标准制修订工作取得了

新突破，工作成果受到国际行业认可。

我国水电装备行业实质性参与国际标准化工作，有利于中国向世界学习，通过充分理解水电装备国际市场技术规则，增长了中国专家的信心和实力，提高了我国在国际标准中的话语权，促进中国水电在国际上实现从并跑到领跑的跨越。三峡工程和中国大水电工程的成功，又有力推动 IEC/TC2 及 IEC/TC4 的事业发展。

电力强国崛起

中国电力技术创新与发展

下 册

陆燕荪　刘吉臻　周鹤良　主 编

中国电力出版社
CHINA ELECTRIC POWER PRESS

内 容 提 要

　　在纪念中国共产党成立 100 周年之际，回顾 100 年波澜壮阔的奋斗历程，中国共产党改变了中国的命运，实现了中国人从站起来、富起来到强起来的巨大转变，特别是近年来"中国崛起"已成为不争的事实，而"电力强国崛起"正是"中国崛起"在一个行业中的体现。

　　本书全面系统地总结和梳理了改革开放 40 多年来，我国电力装备和电力技术的发展历程，是一本以我国电力装备创新发展为突破口，展示我国电力科技重大成果、重点工程、重要事件，通俗可读的中国电力科技创新与发展史话。全书共分为七篇，包括概论、火力发电（含锅炉、汽轮机、发电机、重型燃气轮机、火电环保、发电厂自动化系统）、水力发电、核能发电、新能源发电、输变电设备和低压配电设备。自改革开放以来，从引进国外先进技术到立足国内自主开发，再到优化创新并奋力向世界顶峰冲刺，我国电力装备及技术实现了跨越式的发展，总体已处于国际先进水平。其中清洁高效超超临界燃煤发电机组、百万千瓦级大型水电机组、特高压交直流输变电设备处于引领世界发展的地位，我国自主研发的第三代核电机组已进入世界先进核电技术的主力堆型，风力发电和太阳能发电继续以"中国速度"领跑世界新能源发电的发展，充分显示了我国电力技术水平已跨入世界电力强国之列。

　　本书可供能源与电力相关领域的管理人员，从事电力装备设计、制造及电力建设、运行维修人员和相关专业的高等院校师生参考阅读。

图书在版编目（CIP）数据

　　电力强国崛起：中国电力技术创新与发展：全 2 册 / 陆燕荪，刘吉臻，周鹤良主编 . —北京：中国电力出版社，
2021.7
　　ISBN 978-7-5198-4206-2

　　Ⅰ . ①电…　 Ⅱ . ①陆…②刘…③周…　Ⅲ . ①电力工业–工业发展–研究–中国　 Ⅳ . ①F426.61

　　中国版本图书馆 CIP 数据核字（2020）第 022707 号

出版发行：中国电力出版社
地　　址：北京市东城区北京站西街 19 号（邮政编码 100005）
网　　址：http://www.cepp.sgcc.com.cn
责任编辑：周　娟　杨淑玲（010-63412602）　王杏芸　未翠霞　梁　瑶　王晓蕾　丁　钊　杨　扬
责任校对：黄　蓓　常燕昆　郝军燕
装帧设计：王红柳
责任印制：杨晓东

印　　刷：北京雅昌艺术印刷有限公司
版　　次：2021 年 7 月第一版
印　　次：2021 年 7 月北京第一次印刷
开　　本：889 毫米×1194 毫米　16 开本
印　　张：52.25
字　　数：1232 千字
定　　价：398.00 元（上、下册）

目 录

第三篇　水　力　发　电

下册

第四篇　核　能　发　电

第五篇　新　能　源　发　电

第六篇　输变电设备

第七篇　低压配电设备

第四篇

核能发电

主　笔　缪德明

主　审　孙昌基　姚尔昶

编写人员

上海电气集团

缪德明　周一工　赵　欢　王泽雷　张　璎　李仁栋

李天斌　张智峰

上海核工程研究设计院

夏　迪　马　涛　余　燕　黄逸峰

上海发电设备成套设计研究院有限责任公司

沈邱农

哈尔滨电气集团有限公司

王守革　徐福兴

山东核电设备制造有限公司

刘立刚

中国一重集团有限公司

王宝忠

东方电气（广州）重型机器有限公司

曾先茂　邹　杰

沈阳鼓风机集团股份有限公司

雍兴平　林　彬

沈阳远大电力电子科技有限公司

郑艳文

宁波天生密封件有限公司

孙　光

宝银特种钢管有限公司

朱海涛

本篇编写过程中提供资料的单位有中核苏阀科技实业股份有限公司、国核自仪系统工程有限公司、中国第二重型机械集团公司。

第一章

概　述

第一节　发展核电是国家能源战略

一、核电在国家能源战略中占有重要地位

"绿色低碳、安全高效"是对未来能源系统要求的高度概括。

在全球能源发展变革进程中，核电以它在保障能源安全战略中的特殊地位，代表着能源优质化的发展方向，受到全球多国政府的重视。多年来，为弥补能源资源不足和减少温室气体排放，作为替代化石能源的战略首选，核能得到越来越多国家的能源战略决策者和市场推进者的认同。尤其像我国这样一个能源消费大国，若不改变主要依赖燃煤的局面，就难以缓解和排除燃煤带来的环境和资源方面的负面影响，难以减缓或改变经济发达地区与一次能源资源密集地区分布不均的局面。

截至 2019 年底，全球约 450 台机组共提供了约 10.35% 的总发电量，其中包括中国 47 台机组提供了国内 4.88% 的总发电量，反映出核电在日本福岛核事故的负面冲击之后，在能源战略中仍占有着重要地位。

二、技术发展使核能成为安全可靠的稳定能源

2011 年日本福岛核事故发生后，全球核电发展跌落低谷，面临生存的抉择和盛衰的考验。在福岛核事故对核电行业的负面影响不断发酵的同时，代表更加安全可靠的第三代先进压水堆技术却逆袭而上——以美国 AP1000、法国 EPR、俄罗斯 VVER 以及我国自主开发的 HPR1000（华龙一号）和 CAP1400（国和一号）等第三代核电主流技术迅速推出，一时成为核电市场的主力堆型。

市场青睐三代核电技术，在于其安全性大为提高。表现在三方面：一是大大降低了反应堆堆芯熔化率和大规模放射性物质的释放概率；二是引入了严重事故预防和缓解措施，采用非能动安全系统，即在发生极端严重事故情况下，为操作人员的事故干预预留了足够时间；三是采用了双层安全壳和全数字化

仪控系统等先进设计。

我国自主研发的 HPR1000、CAP1400 针对先进压水堆设计进行了系统性创新。CAP1400 是在消化、吸收引进的 AP1000 非能动技术的基础上，通过再创新开发出的具有我国自主知识产权、功率更大的非能动大型先进压水堆核电机组。HPR1000 则提出了"能动+非能动"的双重安全设计理念，同时利用确定论和概率论相结合的方法，较好地平衡了系统的安全性、先进性、成熟性和经济性之间的关系。

正是由于这些核电技术的创新，回应了福岛核事故所带来的负面影响，理顺了核电行业的发展思路，助力了核电产业的健康持续发展，带动了核电装备制造业的技术创新和产业振新。

三、核电产业推动经济发展和装备制造业振新

核电系统技术复杂，项目周期长，装备起点高，产业投入大。从选址、设计、制造、安装调试到投入商业运行，一个大型核电站一般都要投资数百亿、周期持续 10 年以上。

核电设备制造业技术储备密集、装备投入巨大、产品质量严格、企业管理严谨、产业配套链冗长，社会关注度高，需要企业在技术等级、制造能级、管理水平等诸多方面接受挑战，与行业属性接轨。

因此，投身核电装备制造业很大程度上不啻为一项战略选择。

大型民用核电装备制造起步于 20 世纪七八十年代，但作为产业化发展则始于 21 世纪初。基于积极发展核电的市场刺激，核电装备制造集团和企业，在项目订单依托和激励下，以核电重型装备国产化为突破口，推进了技术聚焦、科研开发、产品试制和产能扩充。核电产业推动了经济发展和装备制造业振新。

第二节　核电进入"安全高效"发展阶段

四十年来，核电装备制造业大致经历了三大发展阶段，即：

（1）初始发展阶段：即从 20 世纪七八十年代开始到 20 世纪末的二十年时间，核电装备制造体系经历了从初建到巩固完善的过程。该阶段的特征是：核电项目不多，三五年开工一个；从事核电制造的企业不多，主要集中在上海。代表性项目包括秦山一期 300MW 核电机组、出口巴基斯坦的恰希玛一期 300MW 核电机组、秦山二期 600MW 核电机组、清华 10MW 高温气冷堆设备，还包括 20MW 中国实验快堆等一些实验堆设备。由于这些项目的存在，核电装备制造的基本技术、制造经验才得以建立；专业人才队伍、关键设施和技术、生产、管理体系才得以保持。

（2）批量化发展阶段：即从 21 世纪初开始的十来年时间，核电装备制造业得到史无前例的迅猛发

展。该阶段的特征是核电市场项目井喷，涉足核电的企业争先恐后，战略举措比比皆是，日新月异。在这个千载难逢的核电高速发展阶段，以红沿河、宁德、福清、方家山、阳江、防城港、昌江等新建核电站的二代改进型核电设备的供货为导向，国内重型装备制造集团顺势而行，建立起百万千瓦核电机组主设备批量化制造体系，满足了工程项目的供货需求。

（3）安全高效发展阶段：即从 2011 年 3 月的福岛核事故开始至今。该阶段的特征是核电市场跌宕起伏，先进技术纷至沓来。装备制造业一边努力完成着前些年累积的大量订单，一边积极应对三代主流技术引领的核电装备制造业创新需求。主要通过三门、海阳、台山、福清、防城港、石岛湾等 AP1000、EPR 和 HPR1000、CAP1400 等项目，努力形成适应三代先进核电技术的常态化制造能力，同时在高温气冷堆、示范快堆和钍基熔盐堆等研发中满足市场需求。

目前，我国核电装备制造业已实现从二代改进向三代技术的跨越。为我国核电产业作出重大贡献的二代改进设备制造基本告一段落，三代技术开始统领市场。AP1000 和 ERP 已投运。福清 5 号、6 号，卡拉奇 2 号、3 号，防城港 3 号、4 号和石岛湾 CAP1400 工程分别开工建设，标志着 HPR1000、CAP1400 作为自主化三代技术和核电"走出去"的主力堆型正式落地，我国核电装备制造业走向更广阔的舞台。

第三节　核电装备制造业自主创新之路

一、核电装备能力体现国家工业水平

核电产业是衡量国家经济、科技和工业水平的标志。一座核电站有三百多个系统、大小配套零部件数万台/套，所有设备都必须具有相当的技术等级和质量等级。关键核电设备的国产化程度将成为核电发展的关键因素之一。核电发展依赖装备制造业的创新发展，核电装备制造业的创新发展首先聚焦核岛和常规岛的关键主设备。

核电站系统通常由两大部分组成：一是核岛由核燃料裂变产生热量的系统，称为核蒸汽供应系统（一回路）；二是常规岛利用核蒸汽使机械能转变成电能的系统，称为汽轮发电机系统（二回路）。相应的设备分别叫核岛设备和常规岛设备（见图 4.1-1）。

一般来说，核岛主设备是指反应堆、压力容器、蒸汽发生器、堆芯、控制棒、稳压器、主泵等；常规岛主设备主要是指汽轮机、汽轮发电机及一些关键辅机等。

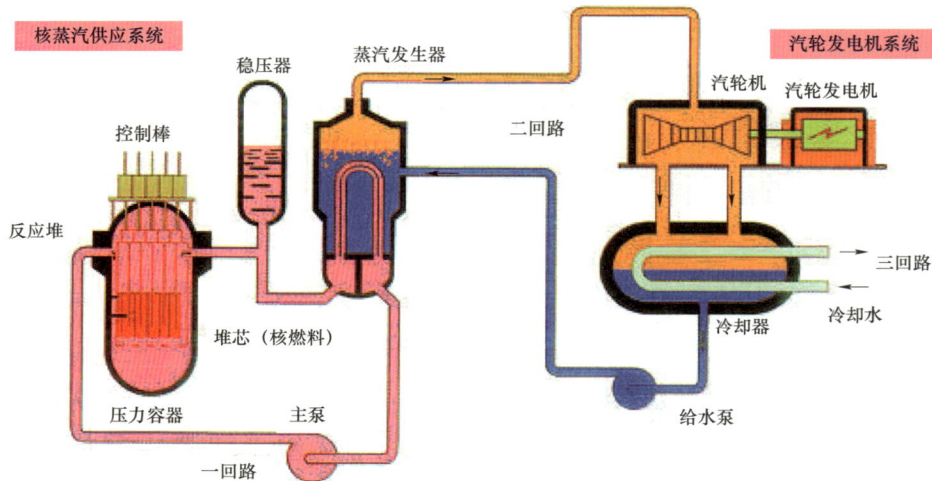

图 4.1-1　核电站核岛和常规岛主设备

二、核电装备制造业走出一条自主创新之路

上海电气、东方电气、哈尔滨电气、中国一重和中国二重等国内主要核电装备集团紧抓核电历史性发展机遇，顺势而为，服务国家战略，满足工程需求。一方面，积极苦练内功，大力开发技术、提升管理。另一方面，在充分发挥和扩大原有能力基础上，新建了上海临港、广东南沙、河北秦皇岛、大连棉花岛等重型装备基地，形成了年产 8～10 台/套百万千瓦级核岛和常规岛主设备的制造能力。

为应对不同设计堆型要求，核电装备集团打造以项目为依托、供货能力为主线、关键材料为支撑、产学研创新为后援的核电产业链，既满足业主供货需求，又符合产业发展目标，努力走出一条符合国情的可持续核电创新发展之路。

第四节　我国核电发展现状

一、我国核电发展现状概述

我国核电站建设现状如图 4.1-2 所示（截至 2020 年 9 月）。

截至 2020 年 12 月，我国并网核电机组达 50 台（见表 4.1-1），装机容量 4649 万 kW，位居世界第三；在建机组 17 台（见表 4.1-2），装机容量 1816 万 kW，位居世界第一。

2019 年，中国核电发电量 3481.31 亿 kW·h，同比全国总发电量增长 18.09%，占全国总发电量的 4.88%。2019 年，我国新投产 3 台核电机组，新增装机容量 409 万 kW，2020 年，我国新投产 1 台核电机组，新增装机容量 118 万 kW。

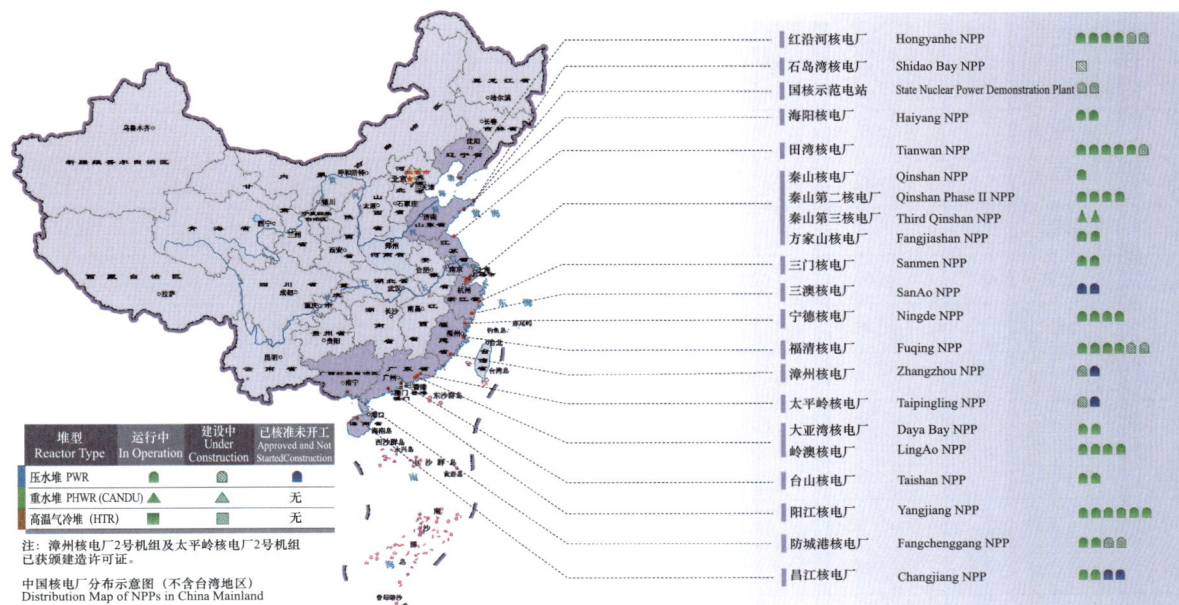

图 4.1-2　我国核电厂分布示意图（截至 2020 年 9 月）（来源：中国核能行业协会网站）

表 4.1-1　　　　　　　我国并网运核电厂情况（截至 2020 年 11 月）

序号	名称	类型	技术路线	地点	功率/MW	并网时间	商业运行时间
1	秦山一期	压水堆	CNP－300	浙江	298	1991.12	1994.4
2	大亚湾－1	压水堆	法 M310	广东	944	1993.8	1994.2
3	大亚湾－2	压水堆	法 M310	广东	944	1994.2	1994.5
4	秦山二期－1	压水堆	CNP－600	浙江	610	2002.2	2002.4
5	秦山二期－2	压水堆	CNP－600	浙江	610	2004.3	2004.5
6	岭澳一期－1	压水堆	法 M310	广东	950	2002.2	2002.5
7	岭澳一期－2	压水堆	法 M310	广东	950	2002.9	2003.1
8	秦山三期－1	重水堆	加 CANDU 6	浙江	677	2002.11	2002.12
9	秦山三期－2	重水堆	加 CANDU 6	浙江	677	2003.6	2003.7
10	田湾－1	压水堆	俄 VVER1000/V428M	江苏	990	2006.5	2007.5
11	田湾－2	压水堆	俄 VVER1000/V428M	江苏	990	2007.5	2007.8
12	岭澳二期－1	压水堆	CPR－1000（M310）	广东	1007	2010.7	2010.9
13	岭澳二期－2	压水堆	CPR－1000（M310）	广东	1007	2011.5	2011.8
14	秦山二期－3	压水堆	CNP－600	浙江	619	2010.8	2010.10

序号	名称	类型	技术路线	地点	功率/MW	并网时间	商业运行时间
15	秦山二期-4	压水堆	CNP-600	浙江	610	2011.11	2011.12
16	宁德-1	压水堆	CPR-1000	福建	1018	2012.12	2013.4
17	宁德-2	压水堆	CPR-1000	福建	1018	2014.1	2014.5
18	红沿河-1	压水堆	CPR-1000	辽宁	1061	2013.2	2013.6
19	红沿河-2	压水堆	CPR-1000	辽宁	1061	2013.11	2014.5
20	阳江-1	压水堆	CPR-1000	广东	1000	2013.12	2014.3
21	阳江-2	压水堆	CPR-1000	广东	1000	2015.3	2015.6
22	福清-1	压水堆	CPR-1000（M310+）	福建	1000	2014.8	2014.11
23	福清-2	压水堆	CPR-1000（M310+）	福建	1000	2015.8	2015.10
24	方家山-1	压水堆	CPR-1000（M310+）	福建	1012	2014.11	2014.12
25	方家山-2	压水堆	CPR-1000（M310+）	福建	1012	2015.1	2015.2
26	宁德-3	压水堆	CPR-1000	福建	1018	2015.3	2015.6
27	宁德-4	压水堆	CPR-1000	福建	1018	2016.3	2016.7
28	红沿河-3	压水堆	CPR-1000	辽宁	1061	2015.3	2015.8
29	红沿河-4	压水堆	CPR-1000	辽宁	1061	2016.4	2016.9
30	阳江-3	压水堆	CPR-1000+	广东	1000	2015.10	2016.1
31	阳江-4	压水堆	CPR-1000+	广东	1000	2017.1	2017.3
32	防城港-1	压水堆	CPR-1000	广西	1000	2015.10	2016.1
33	防城港-2	压水堆	CPR-1000	广西	1000	2016.7	2016.10
34	昌江-1	压水堆	CNP-600	海南	601	2015.11	2015.12
35	昌江-2	压水堆	CNP-600	海南	601	2016.6	2016.8
36	福清-3	压水堆	CPR-1000（M310+）	福建	1000	2016.9	2016.10
37	福清-4	压水堆	CPR-1000（M310+）	福建	1000	2017.7	2017.9
38	田湾-3	压水堆	俄VVER1000/V428M	江苏	1045	2017.12	2018.2
39	田湾-4	压水堆	俄VVER1000/V428M	江苏	1045	2018.10	2018.12
40	阳江-5	压水堆	ACPR-1000	广东	1000	2018.3	2018.7
41	台山-1	压水堆	法EPR	广东	1660	2018.6	2018.12
42	三门-1	压水堆	美AP1000	浙江	1157	2018.6	2018.12
43	三门-2	压水堆	美AP1000	浙江	1157	2018.8	2018.11
44	海阳-1	压水堆	美AP1000	山东	1170	2018.8	2018.10
45	海阳-2	压水堆	美AP1000	山东	1170	2018.10	2019.1

序号	名称	类型	技术路线	地点	功率/MW	并网时间	商业运行时间
46	阳江-6	压水堆	ACPR-1000	广东	1000	2019.6	2019.7
47	台山-2	压水堆	法EPR	广东	1660	2019.6	2019.9
48	田湾-5	压水堆	ACPR-1000	江苏	1118	2019.8	2019.9

注：根据世界核能协会资料译编。

表 4.1-2　　　　　　　　我国在建核电厂情况（截至 2020 年 12 月）

序号	名称	类型	技术路线	地点	功率/MW	开工时间
1	石岛湾	高温堆	HTR-PM	山东	211	2012.12
2	红沿河-5	压水堆	CPR-1000	辽宁	1119	2015.3
3	红沿河-6	压水堆	CPR-1000	辽宁	1119	2015.7
4	福清-5	压水堆	HPR-1000	福建	1150	2015.5
5	福清-6	压水堆	HPR-1000	福建	1150	2015.12
6	防城港-3	压水堆	CPR-1000	广西	1180	2015.12
7	防城港-4	压水堆	CPR-1000	广西	1180	2016.12
8	田湾-6	压水堆	ACPR-1000	江苏	1118	2016.9
9	霞浦示范快堆	钠冷快堆	钠冷快堆	福建	600	2017.12
10	国核示范工程-1	压水堆	CAP1400	山东	1500	2019.4
11	漳州-1	压水堆	HPR1000	福建	1212	2019.1
12	惠州-1	压水堆	HPR1000	广东	1180	2019.12
13	国核示范工程-2	压水堆	CAP1400	山东	1500	2020.2
14	漳州-2	压水堆	HPR1000	福建	1212	2020.9
15	惠州-2	压水堆	HPR1000	广东	1180	2020.10
16	霞浦示范快堆-2	钠冷快堆	钠冷快堆	福建	600	2020.12
17	三澳-1	压水堆	HPR1000	浙江	1100	2020.12

注：根据世界核能协会资料译编。

二、国内核电主设备供货概况

以上海电气、东方电气、哈尔滨电气、中国一重和中国二重等装备集团为代表的核电设备制造企业一步一个脚印，在关键技术开发和设备制造方面努力进取，为国家核电产业发展做出了可观业绩，实现了关键设备以国产替代进口的角色转换，为国家核电发展战略提供了有力支撑。

国内主要核电装备制造集团所交付的主设备（见表 4.1-3）已在投运项目中成功使用，部分在建项目中的主设备（见表 4.1-4）正在顺利推进中。

表 4.1-3 我国已投运核电厂主设备供货商一览（截至 2020 年 12 月）

序号	名称	压力容器	蒸汽发生器	堆内构件	控制棒驱动机构	主泵
1	秦山一期	进口	上海电气	上海电气	上海电气	进口
2	大亚湾-1	进口	进口	进口	进口	进口
3	大亚湾-2	进口	进口	进口	进口	进口
4	秦山二期-1	进口	进口	进口	上海电气	进口
5	秦山二期-2	上海电气	进口 1 上海电气 1	上海电气	上海电气	进口
6	岭澳一期-1	进口	进口	进口	进口	进口
7	岭澳一期-2	进口	东方电气	上海电气	上海电气	进口
8	秦山三期-1	进口	进口	进口	进口	进口
9	秦山三期-2	进口	进口	进口	进口	进口
10	田湾-1	进口	进口	进口	进口	进口
11	田湾-2	进口	进口	进口	进口	进口
12	岭澳二期-1	进口	东方电气	上海电气	上海电气	进口
13	岭澳二期-2	东方电气	东方电气	上海电气	上海电气	进口
14	秦山二期-3	进口	进口 1 上海电气 1	上海电气	上海电气	进口
15	秦山二期-4	中国一重	上海电气	上海电气	上海电气	进口
16	宁德-1	东方电气	东方电气	上海电气	进口	东方电气
17	宁德-2	上海电气	上海电气	上海电气	上海电气	东方电气
18	红沿河-1	中国一重	上海电气	上海电气	进口	东方电气
19	红沿河-2	东方电气	东方电气	上海电气	进口	东方电气
20	阳江-1	中国一重	东方电气	上海电气	上海电气	东方电气
21	阳江-2	中国一重	上海电气	上海电气	上海电气	东方电气
22	福清-1	中国一重	东方电气	上海电气	上海电气	哈尔滨电气
23	福清-2	中国一重	东方电气	上海电气	上海电气	哈尔滨电气
24	方家山-1	中国一重	上海电气	上海电气	上海电气	哈尔滨电气
25	方家山-2	中国一重	上海电气	上海电气	上海电气	哈尔滨电气
26	宁德-3	中国一重	上海电气	上海电气	上海电气	东方电气
27	宁德-4	中国一重	上海电气	上海电气	上海电气	东方电气
28	红沿河-3	东方电气	东方电气	上海电气	上海电气	东方电气
29	红沿河-4	东方电气	东方电气	上海电气	上海电气	东方电气
30	阳江-3	中国一重	上海电气	上海电气	上海电气	东方电气
31	阳江-4	中国一重	东方电气	上海电气	上海电气	东方电气
32	防城港-1	东方电气	东方电气	东方电气	上海电气	东方电气
33	防城港-2	东方电气	东方电气	东方电气	上海电气	东方电气
34	昌江-1	上海电气	上海电气	上海电气	上海电气	上海电气

续表

序号	名称	压力容器	蒸汽发生器	堆内构件	控制棒驱动机构	主泵
35	昌江－2	上海电气	上海电气	上海电气	上海电气	上海电气
36	福清－3	中国一重	东方电气	上海电气	上海电气	哈尔滨电气
37	福清－4	中国一重	东方电气	上海电气	上海电气	哈尔滨电气
38	田湾－3	进口	进口	进口	进口	进口
39	田湾－4	进口	进口	进口	进口	进口
40	阳江－5	中国一重	哈尔滨电气	上海电气	上海电气	东方电气
41	台山－1	进口	进口	进口	进口	进口
42	台山－2	东方电气	东方电气 2 上海电气 2	上海电气	上海电气	进口
43	三门－1	进口	进口	进口	进口	进口
44	三门－2	中国一重	上海电气	上海电气	上海电气	进口
45	海阳－1	进口	进口	进口	进口	进口
46	海阳－2	上海电气	上海电气	上海电气	上海电气	进口
47	阳江－6	中国一重	中国一重	上海电气	上海电气	上海电气
48	田湾－5	中国一重	上海电气	上海电气	上海电气	东方电气

表 4.1－4　　　　　我国在建核电厂主设备制造商一览（截至 2020 年 11 月）

序号	名称	压力容器	蒸汽发生器	堆内构件	控制棒驱动机构	主泵
1	石岛湾高温堆	上海电气	哈尔滨电气	上海电气	上海电气	上海电气
2	红沿河－5	上海电气	上海电气	上海电气	东方电气	东方电气
3	红沿河－6	上海电气	上海电气	上海电气	东方电气	东方电气
4	福清－5	中国一重	东方电气	上海电气	华都	东方电气
5	福清－6	中国一重	东方电气	上海电气	华都	东方电气
6	防城港－3	中国一重	东方电气	上海电气	上海电气	东方电气
7	防城港－4	中国一重	东方电气	上海电气	上海电气	东方电气
8	田湾－5	中国一重	上海电气	上海电气	上海电气	东方电气
9	田湾－6	上海电气	上海电气	上海电气	上海电气	东方电气
10	霞浦示范快堆	中国一重	东方电气	上海电气	华都	－
11	国核示范工程－1	中国一重	东方电气	上海电气	上海电气	沈鼓核电 4 上海电气 4
12	国核示范工程－2	中国一重	上海电气	上海电气	上海电气	上海电气
13	漳州－1	中国一重	哈尔滨电气	东方电气	华都	上海电气
14	漳州－2	中国一重	哈尔滨电气	东方电气	华都	上海电气
15	惠州－1	东方电气	哈尔滨电气	东方电气	东方电气	东方电气
16	惠州－2	中国一重	上海电气	上海电气	东方电气	东方电气

注：根据上海电气核电部资料整理。

第二章

核电装备制造体系的建立和完善阶段

第一节　从秦山一期核电设备制造起步

我国商用核电站的装备制造起步于 20 世纪 80 年代第一座自主设计、建造、运营的秦山核电站一期 300MW 反应堆机组。以上海电气为主体的制造企业参与了该工程多数主设备的自主技术攻关和产品制造。

当时国内重型装备制造业基础很差，大型核电设备制造经验几乎为零。秦山一期核电设备制造任务，吹响了制造企业核电创业号令。

队伍——以原先承担军工任务的人员为主体，组建核电基本骨干队伍。

技术——借助于相近或类似产品的制造经历，通过设计和制造人员结合的联合试验攻关，摸索积累核电制造经验。

车间——充分利用原有场地，同时筹建核电专用重型车间。

装备——推动国内企业装备国产化进程，同时利用现有装备开展技术攻关。

原材料——大锻件及焊接材料等遍访配套企业，开辟国产化主战场……

那些年，核电制造企业在摸索中前进，在前进中完善。各方面遇到的问题有很多，因为设计"龙头"的变数很多、后道加工的不可知因素也很多。有时甚至出现产品已投产，前道工序已进行，而后道工序的技术攻关前景还不明朗……

尽管如此，在这核电制造业的起步创业阶段，自力更生、艰苦奋斗、团结协作、风雨同舟始终是一种氛围，激励着人们勇往直前。

为了满足核电制造要求，上海锅炉厂等相关企业实施了重大技术改造，建设了 400t 级核电厂房，增添了必需的各类加工、焊接、热处理、探伤等核电制造设备和装置，开展了近 200 项科研攻关和 3200 余台/件产品的试制工作。

虽然接手的是 300MW 机组的制造任务，但各企业在技术装备改造方案制订时让增添的制造设备/设施尽可能地满足今后百万千瓦级核电设备的制造要求，为今后发展预留余地。如上海锅炉厂的 400t

级重型容器车间（见图 4.2－1）、9MV 直线加速器、30m 大型退火炉、三轴深孔钻；上海汽轮机厂和上海电机厂的 250t 级大型汽轮机和汽轮发电机车间、200t 级超速动平衡试验室；上海第一机床厂的三柱多用途吊篮筒体加工设备、上海先锋电机厂的控制棒驱动机构试验台架等。后来的发展实践证明，当时确定的设计性能指标基本都满足了后续承担的百万千瓦主设备的制造要求，从一个侧面反映出核电制造企业在产业起步阶段所具有的战略眼光。

图 4.2－1　上海锅炉厂 400t 级重型容器车间外貌

　　1984 年，秦山一期 300MW 核电主设备的研制工作全面展开。主要包括上海锅炉厂的蒸汽发生器（见图 4.2－2）和稳压器、上海第一机床厂的堆内构件、上海先锋电机厂的控制棒驱动机构、上海起重运输机械厂的装卸料机、上海汽轮机厂的汽轮机、上海电机厂的汽轮发电机、上海重型机器厂的大型锻件、上海大隆机器厂的往复式上充泵及上海自动化仪表公司的仪控仪表设备等。据不完全统计，上海电气所属的 27 家企业，共承担了 7 项主设备、158 项其他设备共计 2707 台/件的制造任务。

　　秦山一期核电设备的研制，使人们意识到核电主设备制造是个庞大的系统工程，其最明显的特点是融贯了核安全文化新理念。在一切以"精、准、实"为主旨的管理理念下，在"有法可依、有章可循、有据可查、有人可找"的质量管理指导思想下，企业聚集起一批以核电为己任的专业技术人员和操作员工，形成一支有强烈社会责任感的质量、生产管理专业队伍。正是因这个项目形成的这支队伍，成为出色完成秦山一期 300MW 核电主设备制造任务的中坚力量，为产业后续发展奠定了基础。经过几年艰苦努力，从 1987 年到 1990 年 4 月，上述设备先后研制完成、验收合格，陆续交付秦山核电厂安装（见图 4.2－3）。

　　由于制造能力薄弱，秦山一期核岛两项主设备由国外供货商提供：日本三菱重工提供了反应堆压力容器；奥地利安德里茨提供了主泵。

图 4.2－2　秦山一期 300MW 蒸汽发生器
深孔加工（上海锅炉厂）

图 4.2－3　秦山一期蒸汽发生器
现场安装（上海锅炉厂）

第二节　巴基斯坦恰希玛一期设备制造

　　1991 年底，仅仅在秦山一期 300MW 机组并网发电的 16 天后，中国核工业总公司与巴基斯坦原子能委员会在北京签订了恰希玛一期 300MW 核电机组的供货合同，国内核电企业马不停蹄地踏上了新的征程。

　　从业外的眼光来看，恰希玛项目似乎是秦山项目的翻版，秦山一期的供货经验和供应链等资源看似可以全盘照搬。但业内人士都知道，由于西方国家对巴基斯坦实行核电设备禁运，导致如压力容器等部分关键设备和材料国外订货无着落，不得不转靠国内研制攻关解决。

　　作为国内重型装备重要骨干企业的中国一重，长期致力于核电设备的研究和发展。此次承担恰希玛一期压力容器国产化任务，从锻件制造到压力容器产品的机械加工、焊接、装配、检测和水压试验，全部制造均由中国一重独立完成。这也使压力容器这一秦山一期国外进口的核岛关键主设备终于实现国产，实现了零的突破（见图 4.2－4）。

　　在恰希玛一期的设备供货中，上海企业承担着如同秦山一期相同供货范围的主设备制造任务，包括蒸汽发生器、稳压器（见图 4.2－5）、堆内构件、控制棒驱动机构、汽轮发电机组、装卸料机、大型锻件、仪控仪表设备等。有所不同的是，随着国内改革开放的不断深入，核电制造业也开创了中外结合、学习先进和创新发展的新格局。一些国外先进制造技术乃至加工设备开始引入恰希玛一期的主设备制造，使技术更趋成熟，过程更趋顺利。

图 4.2-4 巴基斯坦恰希玛一期压力容器
现场安装（中国一重）

图 4.2-5 巴基斯坦恰希玛一期蒸汽发生器和稳压器
完工待发（上海锅炉厂）

由于国际环境限制，反应堆主泵无法直接从国外采购。受当时国内技术基础薄弱所限，沈阳水泵厂和哈尔滨电气合作，在引进核主泵技术的基础上，采用了从奥地利安德里茨公司进口的轴封泵部件，实现了产品国产化制造，满足了工程需求。

值得一提的是，为了与国际接轨，设计院在恰希玛项目中大量采用了国际标准和规范。这对于帮助核电制造企业熟悉和应用国际规范标准、拉近与国外著名企业的技术差距、加强与国外接轨方面起到了很大推动作用。

在此期间，根据 1992 年 3 月国家核安全局等发布的《民用核承压设备安全监督管理规定》的要求，制造单位开始了相应的核电资格许可证的申请工作，从而加快了企业核电质保大纲和相关程序的完善和实施步伐。1995 年 5 月，国家核安全局会同机械工业部对申请单位进行了审查。核电主要制造企业先后取得了民用核承压设备设计和/或制造资格证书，使核电企业进一步走上了法规的轨道。

第三节　10MW 高温气冷堆设备制造

清华大学 10MW 高温气冷堆为国家高技术研究发展计划（863 计划）的重点项目。1992 年经国务院批准立项，1995 年 6 月开工建造。期间，以上海企业为主体的核电企业完成了反应堆压力壳、堆内构件、蒸汽发生器、主氦风机、热气导管等主要设备和核岛辅助设备及电气仪控设备等研制任务。

当时，清华 10MW 高温气冷堆与秦山二期 600MW 的制造任务几乎同步进行，制造企业第一次遇上了核电项目交错管理的新课题。

由上海锅炉厂承制的高温气冷堆压力壳属于一回路主设备，是个锻件加钢板卷筒的环缝焊接结构形式的受压容器，设计结构与 300MW 压力容器的锻焊结构相差甚远。在制造技术上，高温气冷堆压力壳成功突破了大型筒体板材卷制、大型封头冲压成型等 6 项关键冷加工技术，大锻件与板制筒体焊接

等 11 项关键焊接技术以及顶盖密封面加工等 3 项机加工关键技术，实现了核电领域中钢板卷筒和锻件焊接结构的压力容器制造技术的新突破（见图 4.2－6）。

图 4.2－6 清华 10MW 高温气冷堆压力壳现场吊装（上海锅炉厂）

10MW 高温气冷堆于 2000 年 12 月实现临界。2003 年 1 月完成 72h 满功率并网发电，标志着我国在和平利用核能方面又掌握了一种新技术。

第四节 秦山二期 600MW 核电设备制造

1986 年 1 月，国务院常务会议决定在秦山地区建造 2 台 600MW 核电机组，1987 年立项，1996 年 6 月主体工程开工建设。这是由自主建设小型原型堆核电站向自主建设大型商用核电站的跨越，为我国建设百万千瓦级核电站奠定了基础。

秦山二期工程在设备采购原则上提出了"以我为主、中外合作"的方针。对于国内当时还不成熟的一些关键设备，采用以项目合同为纽带，通过引进技术或技术支持等形式，确定一批科研试验项目，以便尽快转化为自主技术，应用于秦山二期制造，并对后续国产化做好技术储备。

在业主的大力支持或牵头下，挂靠不同的设备制造合同，上海电气所属企业分别与美国西屋公司、ABB－CE 公司、法国法玛通公司、日本三菱公司以及西班牙 ENSA 公司等建立了不同形式、不同深度的合作关系，如技术转让、技术支持、制造合作等。国外成熟的先进技术很快就融入了秦山二期制造中，对设备成功交付起到了重要的作用。

根据与外方技术合作的深度不同，上海锅炉厂承担的蒸汽发生器、压力容器和稳压器采取了三种不同的合同承接方式。

（1）蒸汽发生器：机组三台蒸汽发生器由西班牙 ENSA 公司和美国西屋公司组成的联队总承包，上海锅炉厂分包其中一台蒸发器另加一个上部筒体。制造技术从西屋公司转让。西屋公司负责提供技术文件、审核制造文件、提供课堂教学和现场培训，同时对中方制造中的不符合项提出处理终审意见。

（2）压力容器：合同由上海锅炉厂签订，但同时与日本三菱公司签订压力容器制造技术转让协议。日本三菱公司负责技术支持和不符合项处理，但设备质量及技术责任由上海锅炉厂承担。

（3）稳压器：由于制造技术相对简单，全部国产化。

秦山二期建设是在国家核安全局发布《民用核承压设备安全监督管理规定》及相关单位取得核电资格许可证的大环境下开展的。核电设备的设计、制造都有规范可依、标准可循。该项目最大的不同是设备设计主要采用法国 RCCM 标准、部分又参考了美国 ASME 标准，使结构设计、材料选用、图纸要求、制造标准等有了较大改变。加上设备体型增大、标准更加严格、过程更加规范，给设备制造带来了新挑战。

虽然三大核岛主设备制造集中于上海锅炉厂一厂，但由于三大主设备制造工艺存在相当部分的相似性和通用性，为承制这些设备，上海锅炉厂开展了 8 个专题 27 个子项的科研攻关。主要包括蒸汽发生器 690 合金管子管板焊接、支撑板梅花孔加工、管子管板液压胀管、管板深孔枪钻工艺钻孔；压力容器包括大螺孔旋风切削、控制棒管座冷装以及射线探伤的双胶片拍片技术等。由于压力容器（见图 4.2－7）接管安全端预堆边和安全端的镍基合金对接焊缝在现场无损探伤时发现缺陷，经大量异种钢焊缝焊接和无损探测攻关仍未能满足要求，最终仍由美国西屋公司进行现场返修才解工程之急。

以秦山二期 600MW 核电工程为依托，上海电气最大限度地尝试了核电主设备集成供货模式。上海电气为秦山二期提供了压力容器、蒸汽发生器、稳压器（见图 4.2－8）、堆内构件、控制棒驱动机构、核燃料装卸料机、汽水分离器和常规岛辅助设备、仪控设备、阀门、风机等多种设备，努力实现制造能级的跨越。

图 4.2－7　秦山二期 600MW 压力容器（上海锅炉厂）　　图 4.2－8　秦山二期 600MW 稳压器（上海锅炉厂）

据统计，秦山二期 600MW 核电项目的平均国产化率达到 55%以上。在 1 号、2 号机组的 55 项重要设备中，有 47 项基本实现了国产化。

第五节　中国实验快堆核电设备制造

20MW 中国实验快堆是我国用于科学研究所建造的第一座实验快堆，是国家"863 计划"能源领域的一项重大科研项目，是我国快中子增殖反应堆发展的第一步。实验快堆于 1992 年 3 月获国务院批准立项，2000 年 5 月开工建设，2011 年 7 月实现并网发电。

尽管这是个实验反应堆项目，但中国一重等骨干企业积极参与了主设备制造任务。从 1998 年开始配合中国原子能科学研究院开展施工设计，2003 年开始零部件加工，到 2005 年 8 月开始现场安装，中国一重全力投入，密切配合，克服了设计、冶金、焊接、加工、装配、检测、工装、设备等专业技术难关，完成了 17 项专题研究、57 项焊接等技术攻关、100 多项工艺试验，攻克了堆容器、堆内构件、旋转屏蔽塞等快堆主设备制造难关。

图 4.2－9　实验快堆主容器（中国一重）强度和泄漏试验

堆容器包括主容器和保护容器，直径 8m，高 12.6m；堆内构件零件有近千类，总件数达 5 万多件。为保证材料质量，中国一重从国外进口钢板；为保证加工精度，中国一重增添了大型立车和数控机床、改造了厂房；为加快现场安装进度，中国一重组织精兵强将。2009 年 8 月，堆容器（见图 4.2－9）、堆内构件、旋转屏蔽塞等快堆主设备在中国一重制造完成。

第六节　秦山二期扩建项目核电设备制造

600MW 秦山核电二期扩建工程两台机组分别于 2006 年 4 月和 2007 年 1 月开工建设。该项目全面铺开时，核电快速发展的态势已初见端倪。井喷式的核电市场，更多的装备集团视核电为战略产业。核电制造的"国家队"开始进入历史舞台。

该项目一改以往以上海企业为主体的核电制造格局，更多的企业加入主设备供货行列，其中包括中国一重的压力容器（见图 4.2－10），上海电气的蒸汽发生器、堆内构件和控制棒驱动机构，哈尔滨电气的汽轮发电机组，太原重型机械集团的核岛环形起重机（环吊）和西安核设备公司的稳压器、安注箱等。

秦山二期扩建项目的主设备国产化比例因此进一步提高。一些从国外采购的设备，如核岛环形起重机（环吊），这次扩建工程改为了国产研制。太原重型机械集团有限公司（简称太重集团）承担了 2 台 190＋190t 环形起重机的国产化制造任务；并在秦山二期国外设备基础上进行了设计改进和性能提高，增加了运行可靠性，成功地完成了设计、制造和调试任务（见图 4.2－11）。

图 4.2－10　秦山二期扩建项目压力容器
启运（中国一重）

图 4.2－11　秦山二期扩建项目环形起重机
在测试中（太重集团）

秦山二期扩建项目分别于 2010 年 10 月和 2011 年 12 月投入商业运行。据统计，设备国产化率达到 77%，超过了国家项目核准要求（70%）。

国内核电装备制造业从此进入了百舸争流、群龙争雄的时代。以上海电气、东方电气、哈尔滨电气、中国一重等装备制造集团为代表的核电制造"国家队"在竞争中形成，逐步走向成熟，并活跃在国内外的核电市场中。

第七节　核安全文化是核电行业生存之本

当秦山一期设备合同签订时，核电质量保证工作尚未形成国家统一的体系要求。考虑到核电的安全属性，项目参与企业自感责任重大，为了确保设备制造质量和核电站安全，企业相继自发筹建了质量管理小组，编制核电质量保证大纲和相关执行文件，构建"有法可依、有章可循、有据可查、有人可找"的核电质保体系，从而保证了秦山一期核电设备的制造质量。

到巴基斯坦恰希玛一期项目合同执行时，根据国家核安全局等发布的《民用核承压设备安全监督管理规定》的要求，截至 1995 年 5 月，相关核承压设备制造单位相继获得设计、制造资格许可证书，使核电制造走上了质量管理和控制的正确轨道。

涉核制造企业在实践中日趋理解到，尽管有时设备交货进度压力很大，但建设核安全文化和质量监管体系始终是企业牵一发而动全身的管理重心。一荣俱荣，一损俱损，核电质量管理验证着这一产业特性。随着核电项目的不断增加，核安全文化更加深入人心。正反两方面的经验告诉人们，核电质量管理重点是加强对关键质量风险点的预先识别和重点管控；推进高层次管理体系建设和有效贯彻；避免小概率大影响的质量事故和违规事件；避免质量问题的重复和反复发生，立足于从消极应对向积极预防转变。

这些年来，核安全文化以体系建设、全员贯彻的思路和做法，支撑和推进了核电制造产业的快速发展，稳定了国产化过程中的设备质量，也为核电产业的持续发展奠定了基础。

第三章

二代改进型核电制造的发展和巩固阶段

第一节　二代改进型核电市场的发展

自 2004 年底开始，国内核电建设进入了二代改进和三代技术的"代际"交替阶段。业内共同认为，新上马的核电项目应以三代机组为主。但考虑到二代改进技术成熟、造价可控，也考虑到中长期核电发展规划目标的实现，应尽可能充分利用引进、消化、吸收、创新自主三代技术并批量建设三代机组之前的"黄金"阶段，抓紧百万千瓦级二代改进机组的批量建设，从而加快核电自主化进程、提升核电综合能力、提高大型核电装备制造能力。

从 2010 年 7 月至 2017 年 7 月，在这七年左右时间里，二代改进核电建设引领了国内核电发展的高潮。在这一波"积极发展核电"的大背景下，我国相继投产建成了 26 台二代改进机组（岭澳 2 台、秦山二扩 2 台、宁德 4 台、红沿河 4 台、阳江 4 台、福清 4 台、方家山 2 台、防城港 2 台、昌江 2 台）。另外，还有 6 台二代改进机组即将建成投产（阳江 5 号与 6 号机组，红沿河 2 台和防城港 2 台）。

这一阶段中，AP1000、CAP1000、EPR 等三代堆型项目设备也逐渐进入国产化市场，核电装备集团的设备订单一度激增。装备制造业呈现批量化、产业化发展的难得机遇。

基于这一轮"积极发展核电"的市场刺激，国内主要核电装备集团在项目订单依托和激励下，对照国家核电中长期规划目标，对自身的核电资源进行了深入评估。在研究国际核装备产业的布局和国内核电发展战略的基础上，以强化或延伸核电主设备供应链能力为重心，核电装备集团纷纷推出资源重组和战略扩张的重大举措。如东方电气建立了四川自贡、四川德阳、广东南沙、湖北武汉四个核电基地，新增了主泵和堆内构件、控制棒驱动机构业务构架；哈尔滨电气形成了秦皇岛（核岛主设备）、哈南工业新城（主泵）和哈动力老基地（常规岛主、辅机）核电三大基地；中国一重则在齐齐哈尔市富拉尔基区和大连市打造大型铸锻件和核电设备制造基地，在大型锻件和压力容器的优势资源上，剑指蒸汽发生器和堆内构件；上海电气则自 2005 年开始，率先建设和扩能了临港和闵行两个核电专业化制造基地，组建了重工集团，引入了主泵等战略产品，和原有的电站集团和自动化仪表公司一起，形成了核岛、常规岛和仪表仪控系统等三大核电产业板块。

经过这一轮战略扩能，核电装备制造能力令人刮目相看。据国家能源局 2011 年底的统计数据，国内压力容器、堆内构件和控制棒驱动机构的制造能力均为 10 台/套、蒸发器 27 台、主泵 30 台、汽轮发电机组 15 套。

二代改进技术，是指在二代技术基础上进行了系统改进措施，如设计上引入概率安全分析，采用数字化仪控设备，提高电厂事故应对响应能力等。由于系统改进，关键设备技术包括材料选用标准都有了较大提高，因而影响到设备制造要求，并可能波及整个制造体系。

以 CNP1000 和 CPR1000 为代表的二代改进技术，在前后十余年的时间内主导了国内批量化核电建设项目的发展，一度成为在建和投运机组的主流，也构筑了国内企业核电制造技术积累和发展的主要载体。

第二节 压力容器研制

一、压力容器制造特点

反应堆压力容器是压水堆核电站核岛的核心设备（见图 4.3-1），是一回路的重要边界，是核电站最重要的安全屏障。反应堆压力容器的主要作用是包容和固定堆内构件，使核燃料的裂变反应限制在一个密封的金属容器内进行，同时为冷却剂管道提供连接条件。

作为核电站的核心设备，反应堆压力容器（见图 4.3-2）的制造具有既大又精的特点，即设备大而

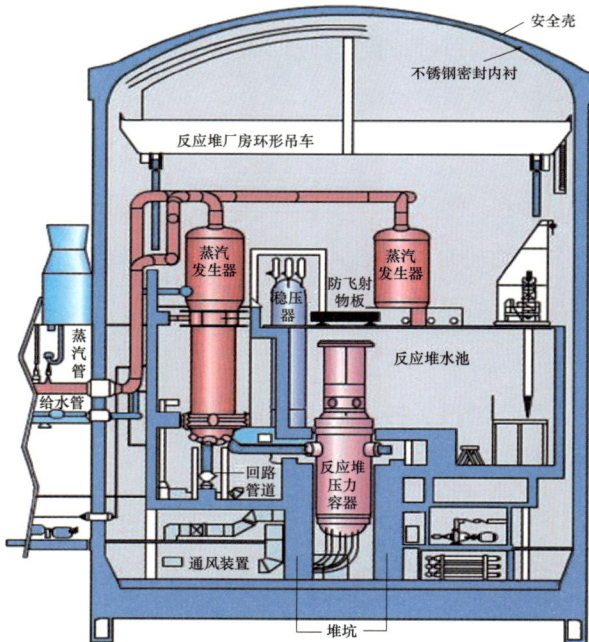

图 4.3-1 反应堆压力容器是一回路的重要边界

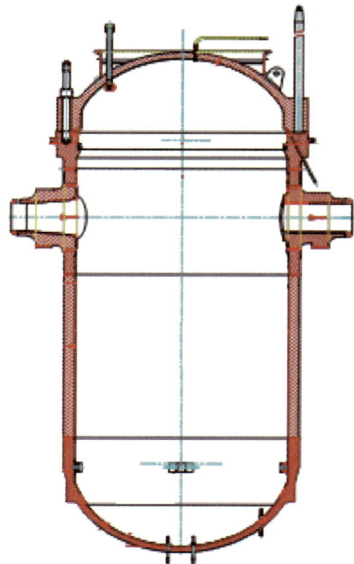

图 4.3-2 反应堆压力容器结构示意图

重，但制造精度要求高，在原材料采购、冷加工、焊接、机械加工、装配、水压试验、无损探伤及工装制作、起吊运输等方面均存在较大技术难点。

二代改进压力容器主要技术参数见表 4.3 – 1。

表 4.3 – 1   二代改进压力容器主要技术参数

名　称	参　数	名　称	参　数
设计压力	17.13MPa	设备外形尺寸	$\phi 4411$mm（$\delta 204$）× 13 208mm
设计温度	343℃	水压试验压力	23.1MPa
容　积	142m³	设备总重量	330t

二、二代改进压力容器的制造实践

2005 年 3 月，包括压力容器在内的岭澳二期主设备合同在北京签约。与岭澳一期不同，这次合同签字双方都是国内企业，即岭澳二期 4 号机组的主设备供货主要由东方电气负责。这一项目的获得对东方电气抢占核电市场制高点具有里程碑意义。国内首台二代改进百万千瓦级压力容器制造就此就落在东方电气（广州）重型机器有限公司（简称东方重机）身上。

为适应市场需要，东方电气从集团层面组建了核电事业部，专门负责核电工程项目的管理和协调，以满足业主需求为宗旨。核电事业部建立了相应项目管理机制，如数据汇总协调制度等。每月以数据说话，对照进度计划，调查症结，沟通协作单位，最大可能减少项目耽搁。

在岭澳 4 号压力容器制造中，东方重机开发了不少国内首次应用的制造技术，如接管内壁自动带极堆焊技术、接管与筒节的马鞍形窄间隙焊缝焊接及机械清根技术、压力容器水压试验时可重复使用的大接管密封技术等。在压力容器顶盖起吊装置设计时，东方重机首次将将顶盖和主螺栓种植装置设计成一体，方便了顶盖的起吊。

2009 年 6 月，压力容器制造完工（见图 4.3 – 3），发往岭澳核电站二期现场。对东方电气来说，这标志着核电产业链的升级，开始进入百万千瓦级核电站核心设备的生产阶段。

2010 年 12 月，由中国一重承制的我国首台完全自主化的红沿河核电站 1 号机组核反应堆压力容器在大连制造基地完工，发往辽宁红沿河。

红沿河核电站 1 号压力容器（见图 4.3 – 4），成功应用了自主创新的反应堆压力容器制造工艺和多项自主创新的制造技术。国产主体材料和自主制造的应用，填补了国内百万千瓦核反应堆压力容器制造的空白。

在红沿河 1 号压力容器研制过程中，中国一重创造了我国核电装备制造史上的多项第一：第一台国内拥有完全自主知识产权的百万千瓦级反应堆压力容器；第一次完全实现了核反应堆压力容器所用锻件

图 4.3-3　岭澳二期 4 号二代改进压力容器（东方重机）　图 4.3-4　红沿河核电站 1 号二代改进压力容器（中国一重）

国产化；第一次将自主研发、国内首创、世界领先的一体化接管锻造技术，应用于百万千瓦级核反应堆压力容器制造；第一次将自主研发的制造技术应用于百万千瓦级反应堆压力容器，实现了百万千瓦级反应堆压力容器整体精加工。

上海电气核电设备有限公司（简称上核公司）首次承担的百万千瓦级压力容器则是宁德 2 号产品。上核公司具有 600MW 压力容器制造经验，这次是在没有国外技术支持的情况下，完全依靠自己技术力量，而且是首次从原材料采购到产品制造全过程的独立承担。

上核公司不仅继承和发展了原有的压力容器制造技术和经验，也创新了不少独特的制造技术，涉及压力容器内表面不锈钢堆焊（见图 4.3-5）、接管安全端自动焊接、顶盖与贯穿件的 J 型接头焊接、驱动机构管座的对接焊及冷装、驱动机构管座孔/中子测量管座孔的 J 型坡口机械加工、压力容器组件的最终环缝装配和检测以及压力容器的最终整体机械加工等工序。

以压力容器最终整体机械加工为例，根据产品要求，容器组件最终机加工按理应在整体最终热处理之后进行。但由于上下几处加工部位相距很远，形位公差要求又高，国际上尚无加工设备可整体一次加工。在宁德 2 号压力容器制造中，上核公司将容器组件分为上、下分组件，分别进行最终机加工，然后进行终接焊缝装配。为了保证加工处最终机械余量均匀，筒体装配时采用了光学测量手段（见图 4.3-6）。

图 4.3-5　压力容器底封头不锈钢内球面堆焊（上核公司）　图 4.3-6　光学测量在核电制造中应用（上核公司）

焊后又采取了变形量小的局部热处理工艺，再根据光学测量数据，对上部组件的键槽和螺孔进行最终机械加工。这一措施保证了相对形位公差要求和加工精度，也缩短了制造周期。

宁德 2 号压力容器于 2011 年 12 月完工交付，其绝对制造周期达到国际先进水平。

第三节 蒸汽发生器研制

一、蒸汽发生器制造特点

蒸汽发生器为压水堆核电站核岛一、二回路交界的换热设备。它的作用是将来自反应堆压力容器的一回路冷却剂热量通过 U 型换热管与二回路的水进行热交换，使水汽化产生水蒸气。水蒸气通过蒸发器上部的分离器进行汽水分离，形成高温高压的干燥蒸汽进入常规岛，带动汽轮发电机发电。

蒸汽发生器是核反应堆一、二回路的交界，其质量事故容易导致带放射性的一回路介质泄漏到常规岛的二回路，成为核电站非计划停堆和电站容量因子损失的主要因素。因此，各国都把研究与改进蒸汽发生器设计和制造当作完善核电厂技术的重要环节。

与压力容器不同，蒸汽发生器不仅外形尺寸大，而且内部结构复杂，内腔几乎都装满了零部件。因而制造复杂，装配特殊，在材料、零部件生产、部件装配、焊接、机械加工、无损检测、起重吊运等方面均存在技术难点，且工序间相互牵连，颇有"一招不慎，满盘皆输"的危机感。

蒸汽发生器结构示意图如图 4.3-7 所示。二代改进蒸汽发生器的主要尺寸和技术参数见表 4.3-2。

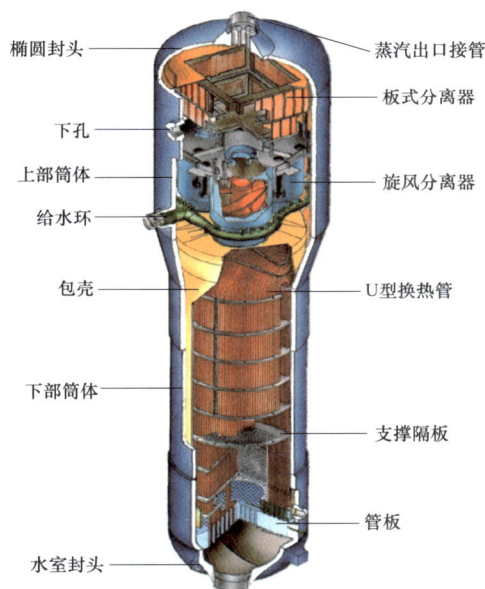

图 4.3-7 蒸汽发生器结构示意图

表 4.3-2　　　　　　　　　蒸汽发生器主要尺寸和技术参数

设计压力/MPa	一次侧	17.13
	二次侧	8.5
设计温度/℃	一次侧	343
	二次侧	316

续表

外形尺寸/mm	直径	上部	4484
		下部	3486
	高度		21 123
设备重量/t			334.6

蒸汽发生器的主要制造技术难点包括：

（1）焊接、热处理：大厚度钢板卷制成大直径筒体及筒体之间的环缝焊接；上部筒体内件中结构复杂件的成形、装配和焊接；不锈钢安全端焊接隔离层的热丝TIG（热丝钨极气体保护焊）堆焊及接管与安全端的埋弧焊；管板大面积镍基合金堆焊；管子与管板的定位胀接及封口焊；变直径筒体的局部热处理等。

（2）机械加工、装配：水室封头的空间多角度曲面加工；大长径比斜孔的深孔加工；流量分配板（大直径薄板）的群孔加工；管子支撑板的异形孔加工；大厚度管板高精度小直径孔的深孔加工。

（3）无损探伤、尺寸检测：堆焊层的超声波检测；接管安全端异种钢隔离层焊缝及安全端焊缝的探伤；管子胀接区涡流检测；管子管板封口焊的氦气检漏；管子支撑板异形孔的位置度检查；蒸汽发生器总装尺寸检测；一、二回路整体水压试验。

二、二代改进蒸汽发生器的制造实践

2006年9月，东方重机的现代化重型厂房在南沙全面建成投产，开始推进岭澳3号二代改进蒸汽发生器的国产化制造。2008年5月12日，当四川汶川发生7.8级大地震时，虽然东方电气损失惨重，但董事会仍决定岭澳3号首台蒸汽发生器（见图4.3-8）发运仪式于2008年6月6日如期进行。集团明确表示："核蒸发器按时发运，表明我们东方电气即使在灾难降临的时候，也没有忘掉我们对用户的承诺，没有忘掉对国家重点工程的责任。"

图4.3-8　岭澳3号二代改进蒸汽发生器（东方重机）

岭澳3号蒸汽发生器重约335t、高约21.1m、最大直径约4.5m。在生产过程中，东方重机先后攻克了管板深孔加工、管束组件穿管装配（包括 U 型管穿管、液压胀管和管子封口焊、管子管板焊缝氦气检漏等）、给水环制造、水室封头制造、最终环缝总装和局部热处理、蒸汽发生器水压试验等难关。

9 月 5 日，这台满载着东方电气员工的承诺，在特殊时刻发运的岭澳 3 号蒸汽发生器顺利地引入反应堆厂房（见图 4.3-9）。

上核公司承担的第一个二代改进蒸汽发生器制造任务是红沿河 1 号。首台蒸汽发生器于 2008 年 1 月开工制造（见图 4.3-10），于 2010 年 8 月完工交付。

图 4.3-9 岭澳 3 号蒸汽发生器引入
反应堆厂房（东方重机）

图 4.3-10 穿管后的蒸汽发生器管束
组件（上核公司）

从技术突破角度来说，该项目管板表面镍基合金堆焊首次采用了带极电渣堆焊技术。堆焊时，先在管板中心区域采用纵向堆焊工艺堆焊三层；去氢处理后，再环向堆焊三层。带极堆焊层与管板四周的圆弧区域，则采用镍基合金焊条进行手工堆焊。另外，在接管安全端异种钢焊接技术方面，预堆边堆焊首次采用了 TIG 堆焊不锈钢 309L＋埋弧焊堆焊 308L 技术；对接焊时，则让工件旋转，采用自动埋弧焊的水平焊接技术。

哈尔滨电气集团（秦皇岛）重型装备有限公司（简称哈电重装）承担的阳江 4 号蒸汽发生器（见图 4.3-11）自 2013 年 4 月开工，至 2015 年 1 月首台蒸汽发生器完成水压试验，历时 21 个月，创造了 CPR1000 蒸汽发生器制造周期的最短纪录。

图 4.3-11 阳江 4 号二代改进蒸汽发生器装运（哈电重装）

该设备在管板深孔加工、焊接、管子管板胀接等方面取得了技术突破。管子管板焊接、液压胀接、深孔加工合格率达到100%；管板堆焊、下封头堆焊、环缝焊接合格率达到99.9%以上。共完成焊接工艺评定108项，编制技术文件1075份，哈电重装的核电装备制造能力和水平再次得到了验证。

2018年4月，由中国一重承制的红沿河5号机组首台蒸汽发生器圆满收官并发运。这开创了中国一重自主研制核电蒸汽发生器的先河。

中国一重依靠科技创新、管理创新和质量创优，掌握和突破了多项关键技术，形成了一套具有自身特点的制造工艺和制造流程，自主攻克了多个制造难关，实现了管板镍基带极堆焊、水室封头不锈钢堆焊、安全端焊接、管板BTA深孔加工、支撑板梅花孔拉加工、管束组件装配（见图4.3-12）等关键工序全部一次合格。

图4.3-12　红沿河5号二代改进蒸汽发生器U型管穿管（中国一重）

第四节　堆内构件研制

一、堆内构件制造特点

堆内构件安置在反应堆压力容器内，容纳并支承堆芯，与反应堆压力容器、控制棒驱动机构、燃料组件等组合，实现反应堆启动、停堆和功率调整功能。

反应堆堆内构件（见图4.3-13）可分为两大结构，即堆芯支承结构和堆内结构，由上部堆内构件、下部堆内构件、压紧弹簧、U型嵌入件等几大部件组成。

二代改进堆内构件总高度为10m，最大直径为4.2m，总重量125t，其零件达1.2万多个。

堆内构件制造具有四大工艺特性：

（1）材料特性：堆内构件全部采用核级不锈钢和镍基合金。由于不锈钢塑性变形大，制造过程中极易变形。如何控制和减少制造过程中的变形，是堆内构件制造的一大难题。

（2）加工基准：建立准确的 61 组驱动线。驱动线是安全、正确地引导控制棒进行核反应控制的基准线。在堆内构件区域间，驱动线是由上/下导向筒、上/下堆芯支承板上孔系（支承燃料组件）和上/下堆芯支承板下孔系组成。零件的精密加工、精密对中、精密焊接组合等工序必须以确保这 61 组驱动线的精准为基本原则。

（3）精密加工：以下堆芯板为例，它是定位燃料组件的基准板，直径 3300mm，厚度仅为 50mm，属于大型薄板结构。下堆芯板上有 400 多个定位基准孔，各孔的位置度公差要求控制在 0.05 ~ 0.10mm。

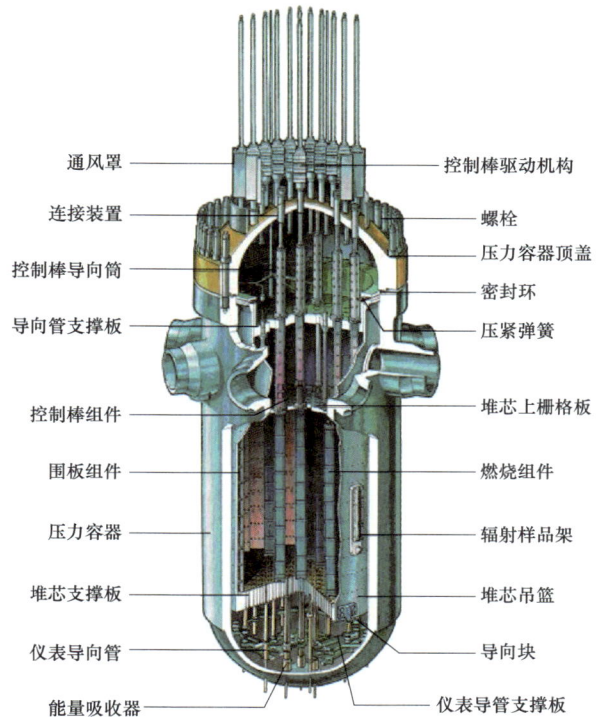

通风罩	控制棒驱动机构
连接装置	螺栓
控制棒导向筒	压力容器顶盖
导向管支撑板	密封环
	压紧弹簧
控制棒组件	堆芯上栅格板
围板组件	燃烧组件
压力容器	辐射样品架
堆芯支撑板	堆芯吊篮
仪表导向管	导向块
能量吸收器	仪表导管支撑板

图 4.3 – 13 反应堆堆内构件结构示意图

（4）精密装焊：以细长结构件的导向筒为例。90 多个零件对中组合后焊接成形。焊后 24 个孔系在长 3700mm 范围内，要求各孔系的位置度偏差不得超过 0.15mm。再如吊篮筒体与下部堆芯支承板焊接组件。经精密加工和对中后焊接，在 8300mm 高度内，焊后各孔的位置度偏差需小于 0.25mm，垂直度变化需小于 0.3mm。这些工件的装焊工序都面临如何控制过程变形的难题。

二、二代改进堆内构件的制造实践

上海第一机床厂有限公司（简称上海一机床）拥有近 40 年堆内构件制造史，业绩丰富，技术路线全面，市场占有率领先（见图 4.3 – 14），创造了多个国内行业第一。

2011 年初，红沿河 1 号机组堆内构件在上海一机床完工出厂（见图 4.3 – 15）。这是国内首台全部国产化的二代改进堆内构件。这一承制过程，从一个侧面反映出传统制造企业借助技术创新核心竞争力，其制造能级得到大幅度提升。上海一机床从过去五年生产 1 套堆内构件，到 2010 年创纪录地实现一年完工 4 套，产能提升了 20 倍，销售数量大约是五年前的 10 倍。

在这首套二代改进堆内构件制造中，上海一机床采用法国 RCC – M – 2002 补遗标准，全面制定了 240 项制造技术规范。通过产品制造，将规范制定成为企业标准，为创建自主的制造技术体系打下基础。

图 4.3－14　多个项目的堆内构件汇集在制造现场（上海一机床）

图 4.3－15　二代改进堆内构件在车间制造（上海一机床）

红沿河 1 号堆内构件最后一个攻关成功的项目是导向筒组件。长 4.5m 的筒内有 12 块导向板，每块板上又有 24 个孔，总计 500 多个焊接点。不仅每块导向板上的孔系位置度要精确一致，而且每个孔在焊接中始终都要对准相应的孔系位置线，不能超差。上海一机床曾考虑从国外引进技术，但外商却以天价回应，婉拒了中方请求。经过 4 年多的不懈努力，上海一机床最终实现了这一技术突破，创造了"对称−顺序−交叉"的焊接方法，使导向筒制造满足了设计要求。据介绍，曾经拒绝提供技术援助的外商在给上海一机床领导的电子邮件中写道："过去 5 年，我是你们的老师；现在，你们是我的老师。"

红沿河 1 号堆内构件的制造过程是一个不断技术创新的过程（见图 4.3－16），在导向筒双孔管、方形包壳管的加工和焊接、导向筒连续导向段的精密对中和焊接、吊篮筒体与下堆芯支承板的精密焊接，以及水切割和无应力工件压紧技术等方面都有不俗的技术创新。据统计，此类创新共有 171 项。

2010 年，东方电气（武汉）核设备有限公司（简称东方武核）取得堆内构件制造许可证书，开始承接防城港 1 号和阳江 4 号等二代改进堆内构件的制造任务。2014 年 12 月，首台堆内构件出厂。

图 4.3－16　堆内构件产品在车间装配（上海一机床）

面对新设备、新员工、新产品的开局，面对技术难题、质量风险和进度压力，东方武核抓紧技术开发、试验攻关和项目管理，在防城港 1 号堆内构件制造过程中，攻克了出口管嘴的焊接、堆芯上/下板的加工、控制棒导向筒的精密制造，导向销的低温精密冷装和堆芯围筒的制造等难题，自主设计了 600 余套工装，呈现出不少技术创新点。

以机械加工技术为例，其技术创新点表现在：大平面奥氏体不锈钢板类零件中复杂孔系的高精度断续车削；C 型管腰圆孔采用专用模具的冷成型倒圆；导向格板星型内框的线切割精密加工；双孔管导向槽的成组精密数控刨加工；法兰上孔组采用激光跟踪仪进行基准转移加工；围辐板铣削加工；扇形环专用夹具攻螺纹；奥氏体不锈钢锻件的立式深孔套料；线切割星形架技术；温度补偿加工技术和钴基耐磨合金加工技术等。

2014 年 12 月，东方武核首台二代改进堆内构件——防城港 1 号堆内构件制造完工发运（见图 4.3－17）。

图 4.3－17　防城港 1 号堆内构件（东方武核）

第五节　控制棒驱动机构研制

一、控制棒驱动机构制造特点

控制棒驱动机构安装在反应堆压力容器顶盖上，按照指令带动控制棒组件在堆芯内上下运动。通电时，驱动机构保持控制棒组件在指令高度，断电时使其快速插入堆芯，完成反应堆的启动、功率调节、功率保持、正常停堆和事故停堆等功能。

控制棒驱动机构是磁力式步进提升机构，图 4.3－18 为 M310 驱动机构结构示意图。二代改进堆型设计有 61 组控制棒驱动机构。主要零部件有驱动杆组件、钩爪组件、耐压壳、线圈组件等。其中耐压壳部件安装在反应堆压力容器顶盖的管座上，它与管座采用梯形螺纹连接、Ω 型焊接密封，是反应堆一回路压力边界的一部分。该处的密封焊接质量直接与产品质量相关，是制造技术中的关键。

在控制棒驱动机构的制造技术中，密封焊接、精密加工和线圈加工（绕制、灌封、浸渍）是重点制造技术。钩爪部件中缓冲轴、钩爪支撑筒和连接柱等零件，在安装钩爪销轴的小孔时，距中心位置精度和距平面位置的尺寸精度都相当高，因而精密加工是关键。而属于细长轴管状零件的驱动杆，外径设计有 261 节 90°环形槽，其节距误差和累积误差都有严格要求，精密加工中需特别重视。

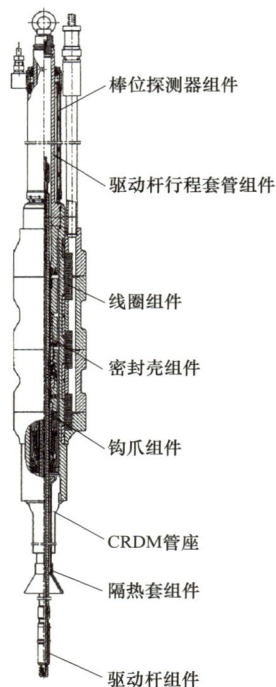
图 4.3－18　M310 驱动机构结构示意图

（棒位探测器组件／驱动杆行程套管组件／线圈组件／密封壳组件／钩爪组件／CRDM管座／隔热套组件／驱动杆组件）

二、二代改进控制棒驱动机构的制造实践

福清 1 号机组控制棒驱动机构由上海一机床制造。国内首套百万千瓦级的福清 1 号控制棒驱动机构于 2012 年 6 月通过验收并分批交付现场（见图 4.3－19）。

图 4.3－19　控制棒驱动机构连接压力容器顶盖（上海一机床）

在二代改进控制棒驱动机构制造技术方面，上海一机床累计开发了 159 项制造技术。这些技术的主要创新点集中在耐压壳等承压零部件的加工和焊接、驱动杆细长轴的加工、安装钩爪销轴的小孔类零件加工和线圈零组件的加工技术等。

在耐压壳的制造方面，上海一机床解决了行程套管内外圆精密螺纹加工、深度加工和特殊平面的加工难度，解决了密封壳体两端 Ω 型半环的加工难题，尤其确保了密封壳 Ω 型半环与行程套管等的焊接质量。

2013 年 3 月，东方汽轮机有限公司（简称东汽公司）首套 CPR1000 型控制棒驱动机构——红沿河 4 号控制棒驱动机构完成了 300 万步热态寿命试验（见图 4.3－20），先后一次性通过鉴定试验、性能试验、水压试验等关键工序，各项性能指标达到国际先进水平。这是东方电气制造的首套控制棒驱动机构，标志着东方电气核电国产化能力跃上新台阶。

2013 年 12 月底，红沿河 4 号机组控制棒驱动机构发运。2016 年 4 月，机组实现并网发电，东汽公司首套控制棒驱动机构设备通过了运行的考验。

图 4.3－20　控制棒驱动机构试验台架（东汽公司）

第六节　稳压器研制

一、稳压器制造特点

稳压器（见图 4.3－21）为压水堆核电站核岛主设备之一，主要作用是调节和维持核电厂一回路系统的压力，避免冷却剂在反应堆内发生容积沸腾。稳压器工作介质含有硼酸，表面需堆焊不锈钢，运行时承受高温、高压和高辐照，不允许工作介质外泄，密封要求高。

相对于其他核岛主设备，稳压器体积小、重量轻。但麻雀虽小，五脏俱全。作为核电站一回路重要压力边界和安全屏障，稳压器制造工艺要求与其他主设备相同，在焊接、机械加工、装配、无损探伤、尺寸检测等方面同样存在较大技术难点。由于筒体直径小，形状变化率大，有的工序如接管与封头的焊接等，其难度有过之而无不及。

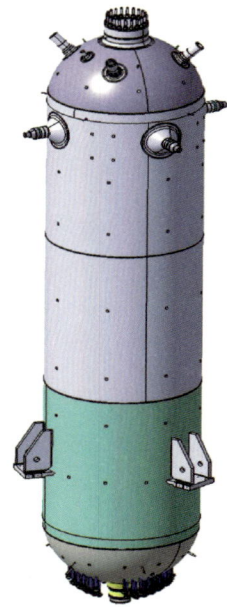

图 4.3－21　稳压器示意图

二、二代改进稳压器的制造实践

宁德 3 号稳压器是哈电重装完成的首台 CPR1000 项目产品。在产品制造中，哈电重装取得的主要技术成果包括 16MND5 材料筒体的冷成形技术、小口径接管内壁堆焊技术、稳压器波动管加工技术、防热冲击套管与安全端焊接技术、电加热元件套管孔机加工技术、电加热器套管与封头的胀接工艺、仪表接管与筒体胀接工艺、电加热元件套管与连接件的焊接技术、人孔座螺纹孔加工技术等。

其中，对于制造进度影响较大的 63 根电加热元件焊接工作，哈电重装仅用了 5 天全部完成，且经100%的渗透和射线检验一次合格，获得业主好评。

宁德 3 号稳压器于 2013 年 4 月完工交付（见图 4.3-22）。

图 4.3-22 宁德 3 号稳压器制造完成（哈电重装）

第七节 轴封泵研制

一、轴封泵国产化进程

在压水堆核电站中，主泵是技术难度最大的设备之一。轴封型核主泵的自主设计、制造及试验是我国推进核电自主化的重点和难点。

秦山一期的核电主泵由外商提供，但国内主要泵厂如上海水泵厂等生产企业，为秦山一期主泵国产化做了大量技术基础和储备。当巴基斯坦恰希玛一期主泵采购时，由于当时受国际环境限制，加上国内技术基础薄弱，沈阳水泵厂和哈尔滨电气合作，在引进核主泵技术的基础上，采用了从奥地利安德里兹公司进口的轴封泵部件，实现了产品国产化制造，满足了工程需求。

在随后的秦山二期、秦山二期扩建等项目中，虽然主泵仍由三菱重工等国外企业供货，但在采购过

程中，国内主泵制造企业利用不同方式，引进关键技术，开发自主技术，厚积薄发，为后续提供自主制造的二代改进主泵奠定了良好基础。

2005年，东方电气跨出核电主泵国产化战略的第一步。东方电气和法国阿海珐集团合资新建了"东方阿海珐核泵有限责任公司"（简称东方阿海珐），通过引进阿海珐核主泵和电动机的设计、制造及试验技术，逐步进入国内核电主泵供货市场，成为轴封主泵供货的一支生力军，为宁德、红沿河、阳江和防城港等二代改进项目成功提供了多台主泵产品。由此推动了国内主泵制造企业通过引进技术或组建合资企业来实现核电主泵国产化的进程。哈尔滨电气在市场中推出了与奥地利安德里茨合作生产的核电主泵，为福清、方家山等项目提供了产品，其采用的核心技术为引进的安德里兹轴封泵技术。

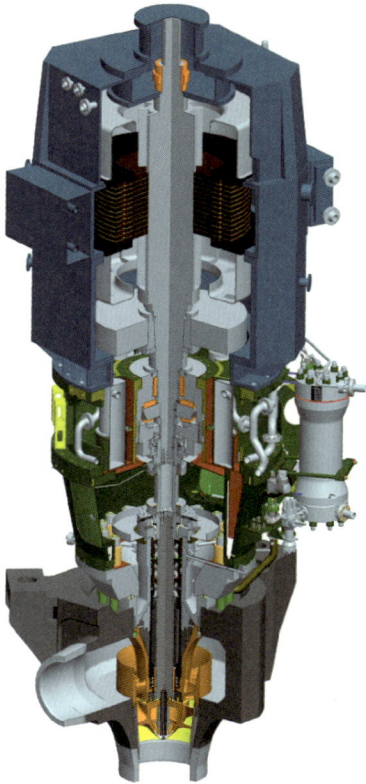

2008年6月，上海电气与德国凯士比成立了由中方控股的上海电气凯士比核电泵阀有限公司（简称上海凯士比）。合资企业同时引进德国凯士比的轴封主泵（见图4.3-23）和湿绕组主泵两种技术，以此推进核电主泵的技术引进、自主转化和国产化进程。上海凯士比在开发三代湿绕组主泵技术的同时，为二代改进技术的昌江项目提供了4台轴封主泵产品。

图 4.3-23　反应堆轴封主泵

自主化和国产化是核泵企业引进国外先进技术的最终目的。轴封型核主泵的研制不仅可以使我国摆脱国外限制，而且极大地提升了我国核电技术的市场竞争力，实现主泵配套核电主设备走出国门的目标。

核电主泵自主化和国产化仍在路上，核泵企业仍在不懈努力中。

二、二代改进轴封主泵的设计制造实践

1. 福清3号、4号主泵

哈尔滨电气集团哈尔滨电气动力装备有限公司（简称哈电动装）通过福清3号、4号核主泵等产品的制造，掌握了轴封式核主泵的设计、制造、试验等核心技术，全面实现了轴封泵技术自主化（见图4.3-24）。通过对关键技术的攻关，形成研究报告33份，获得22项专利知识产权。

图 4.3-24　福清 4 号主泵泵壳吊装（哈电动装）

在设计开发方面，通过对多个叶轮的 $Q-H$ 全特性（四象限、轴向力、径向力）测试和比较试验，确定了优异的水力部件模型。哈电动装与清华大学合作，攻克了密封端面水力型线分析、大直径密封端面的压力变形及节流管的设计计算等难题。通过模拟件制造，哈电动装完成了导叶、密封室、叶轮（见图 4.3-25）等多种加工难度高的零部件制造。通过自主研发及与国内有关单位合作，完成了表面电镀、平键表面高频淬火、导叶叶片表面喷丸、滚压工艺等高要求表面处理等科研攻关。通过数控程序验证，采用点云分析与三维扫描设备相结合的检测、评定手段，克服大型水力部件制造过程中的关键技术及难点，提出了水力部件加工后叶片型线的测量方法和评定准则。

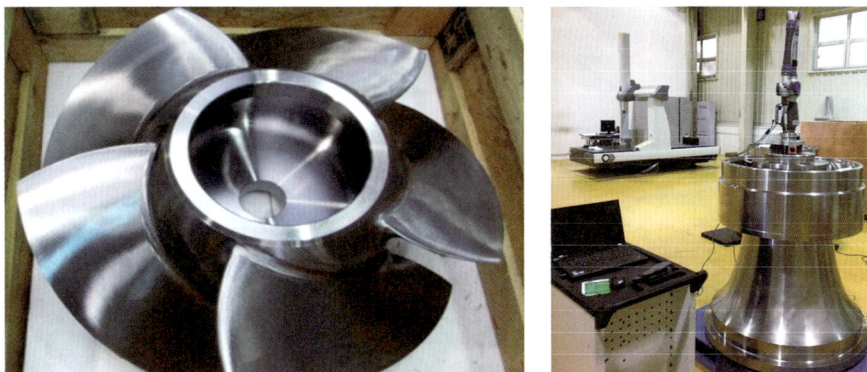

图 4.3-25　水力部件叶轮及叶轮导叶体检测（哈电动装）

作为核电轴封泵国产化的重头戏，哈电动装完成了轴密封的设计，并通过引进主轴机械密封全套加工制造和检验试验设备，完成了全部制造、检测与试验工作，从而具备了自主设计、制造轴密封的能力。

自主开发的三级密封（见图 4.3-26）已在福清 3 号机组上应用。运行结果显示，产品运行稳定，各项参数满足设计要求。

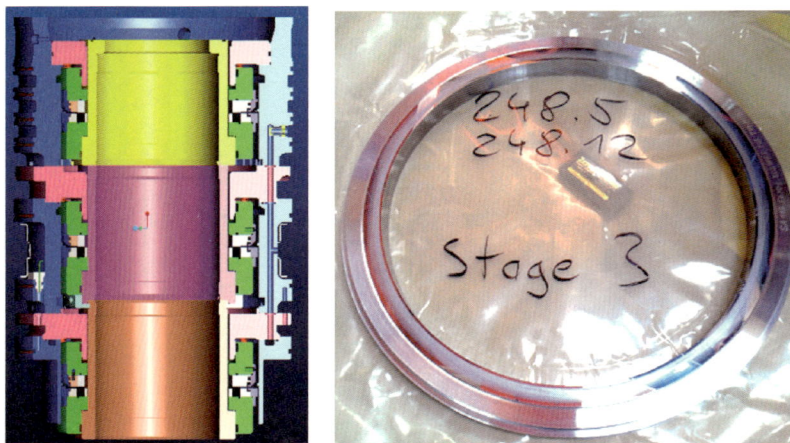

图 4.3-26　三级流体动压机械密封（哈电动装）

　　哈电动装建立了核主泵全流量试验台（见图 4.3-27），完成了主泵拆装和小流量试验。主泵小流量试验包括水力静压试验、三级密封试验、推力轴承跑合、启机/停机试验、振动和轴位移、冷态和热态运行、冷却水断失试验、注入水断失试验、注入水和冷却水双断失试验、断电试验、后座泄漏试验等 12 大项 20 余小项的性能考核试验。试验范围涉及了常规运行工况及机组断水、全厂断电等破坏性工况。

图 4.3-27　核主泵全流量试验台（哈电动装）

　　在主泵电机的国产化方面，哈电动装重点研究主泵电机的高性能绝缘系统，高强度、高稳定性以及高安全性的电磁和机械结构设计，建设了必要的基础试验设施等。期间还攻克了多项技术难题，获得了 2 项专利授权。

取得的主要技术成果包括抗辐射、耐高温、高寿命的绝缘系统；飞轮设计和制造关键技术；电机瞬态分析技术；转子振动和动态特性分析；主泵电机严重事故分析及其缓解措施；半伞式、下支撑方式高速电机的结构设计；大型热套转子铁心的装压技术以及大型立式电机轴承密封技术等。

2. 昌江项目

上海凯士比于 2009 年开始了轴封型主泵设计、制造的国产化工作。

由于核电站主泵空间狭小，对主泵机组的外形尺寸有严格限制。德国 KSB 原有在欧洲核电站成熟使用的四轴承主泵无法满足国内要求，必须改为三轴承设计以降低机组总高度，三轴承主泵机组示意图如图 4.3－28 所示。

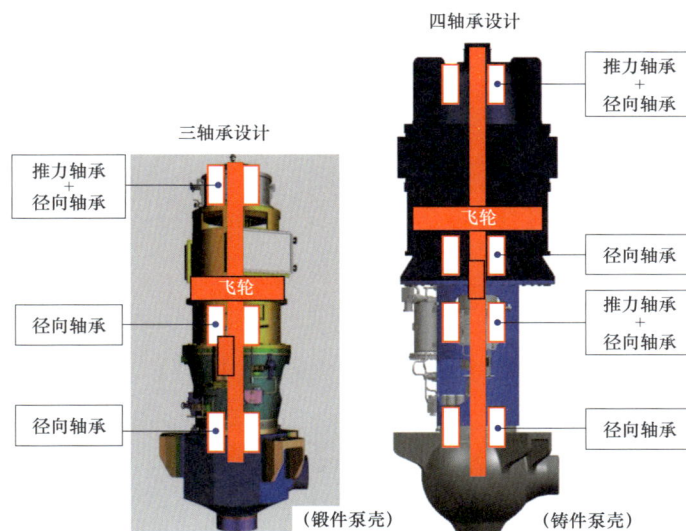

图 4.3－28　三轴承主泵机组示意图

从四轴承改为三轴承设计，需要解决的关键难点有：

（1）取消泵侧承受系统压力的推力轴承，由电机侧推力轴承承受系统压力，对推力轴承承载能力提出了更高要求。目前主泵电机推力轴承主要依赖国外进口，国产化研制工作在积极推进中。

（2）四轴承主泵采用鼓齿挠性联轴器连接泵转子与电机侧转子，由于泵转子动力学特性和电机转子动力学特性分别由主泵厂和电机厂独立计算，现在改进为三轴承设计后，需要解决转子对中问题和整个机组转子动力学分析计算。规定由主泵厂进行总体计算，将结果反馈给电机厂核对，为此开发设计了具有半刚性、半挠性端面齿的独特联轴器，很好地解决了机组对中的难点，避免产生不对中交变荷载而引起的机组振动。目前，实际运行后的昌江核电站已证明机组振动非常低。

对于轴封型主泵而言，机械密封无疑是最重要、最核心的部件。从 2014 年开始，上海凯士比进行了广泛的调研和国产化方案的讨论，已经完成了机械密封主要零部件的加工制造，同时也确定了试验方

案，进行了组装及性能试验。

2014～2015 年，上海凯士比在完成了机械密封加工制造、组装后，经过严格的性能试验，交付了海南昌江核电站 4 台 RSR750 型核主泵。4 台主泵目前在现场运行情况良好，机组振动非常低，海南昌江 2 台机组已商运并已经历了若干次大修，主泵机组运行情况良好，深得业主用户好评。

第八节　核电装备制造业的快速发展

国内核电装备制造业在以二代改进机组为主的批量化、产业化发展阶段，"做大做强"一度是核电装备制造企业的追求。即以规模化、批量化为发展目标，通过资源配置、结构调整，使供应链延伸、产业拓展。这一战略使核电装备制造产业顺应当时快速发展的核电市场态势，实现了良好的产业发展开局，由此也创造了核电装备制造业的几年辉煌。

通过这一阶段，国内的核电装备制造业取得了长足进步，其表现为：

1. 产业化发展基础基本形成

在国家"积极发展核电"政策的鼓舞下，国内主要核电装备集团通过二代改进项目的建设，建立和完善了核电队伍、生产设施和管理体系，形成了百万千瓦级核电关键设备制造国产化能力，固化了批量生产百万千瓦级核电机组的常态化体系和能力，产业化发展核电制造业的基础基本形成。

2. 专业生产能力快速提升

核电装备集团抓住机遇，建设核电专业制造新基地，加快核电产业结构调整和内外资源整合，转变管理理念和企业文化，实现核电装备制造业的集聚化、专业化发展。经过几年的大调整和大投入，已各自形成核电专业生产体系，集成能力迅速提升，基本满足了工程项目的需求。

3. 关键设备国产化取得重大进展

核电装备集团加大技术投入，加快关键设备技术开发，核岛、常规岛关键设备，主要辅机，电器，仪器仪表和大型铸锻件国产化都取得重要业绩，基本实现了重大装备由国产替代进口的角色转换，并已在项目中成功交付。

4. 重大技术瓶颈逐步疏通

核电制造企业加快主泵、大型铸锻件、U 型管等国产化瓶颈设备的技术突破，取得了可观的进展和关键业绩，国产化供货能力上了台阶，为国家核电设备及其配套件的可靠供应提供了重要保证。

5. 核电队伍快速壮大

核电制造人才队伍总量得到迅速增加。大量新人加入核电行业，全员进行核安全文化和业务培训，已使适应核电行业属性的人才队伍发生根本变化，给产业带来了勃勃生机和蒸蒸日上的发展前景。核电制造企业将专业培训和项目实践作为提高产业能力的重要措施，着力培养一批懂企业管理、懂关键技术和能关键操作的各类人才，提高员工队伍的综合素质，促进企业内人才的成长和稳定。

6. 核安全文化深入人心

在核电订单快速增加、企业新人大量涌入之际，质量管理工作经受了体系有效运转、全程严格受控的严峻检验。在这一轮发展中，核电制造企业大力提高全员核安全文化认知度，研究新形势下质量管理的新问题和新难题，加快质量保证体系的完善，加强过程的控制力度，提高质量管理的有效性和权威性，"凡事有据可查，凡事有法可依，凡事有人负责，凡事有人监督"的核安全文化深入人心。

7. 产、学、研渐成体系

利用核电产业快速发展的机遇，各装备集团整合了产业链上产、学、研优势资源，构建了有助于提升产业竞争力和竞争地位的产业链联盟。以项目为载体，通过项目实施，促进企业、院校和科研单位之间的多维度融合，推动课题开发、成果应用和人才、技术、知识的多要素联动，增强了核电科技、人才、经济对产业的示范引领和辐射能力。

第四章

三代核电制造技术的创新阶段

第一节　迅速崛起的三代核电技术

2010 年，国内新开工的核电项目高达 10 个机组，数量创当时纪录。仅仅一年之隔，新开工项目陡降至 0 个——福岛核事故的突然发生使刚显现的核电高速发展态势戛然而止。在此后一年半左右的时间里，国内核电没有新项目开工或审批。

2012 年秋季，国务院常务会议重新部署了核电建设工作。随着《核电中长期发展规划（2011—2020 年）》修订后公布，将当前和今后一个时期明确为：① 稳妥恢复正常建设，合理把握建设节奏，稳步有序推进。② 科学布局项目。"十二五"时期只在沿海安排少数经过充分论证的核电项目厂址，不安排内陆核电项目。③ 提高准入门槛。按照全球最高安全要求新建核电项目。新建核电机组必须符合三代安全标准。

核电要积极引入最先进、最安全的三代技术。在引进消化和自主创新三代核电技术的一个时间段里，国内仍要稳妥恢复、正常建设一批二代改进机组。

这样，核电装备企业进入了一个新时代：一边是努力完成二代改进堆型的批量合同订单，另一边将精力集中在第三代核电制造技术的引进消化和自主创新上。这是一个核电装备制造业前所未有的转型期。这一艰难转型的顺利渡过，使核电制造企业在国家核电发展战略中站稳了脚跟，赢得了口碑，站上了企业发展的居高点。

初始进入市场的第三代核电技术以西屋公司 AP1000 非能动压水堆和欧洲 EPR 压水堆为代表。尤其是 AP1000，因采用"非能动"安全系统，创新了核电设计理念，提高了核反应堆安全性。国内后续开发的 HPR1000（华龙一号）和 CAP1400（国和一号）堆型，在此基础上也有所创新。

国内三代技术迅速崛起，一时呈现出多种并存、并驾齐驱、竞相争荣的喜人局面。

（1） HPR1000、CAP1400 技术：国内主要装备集团都参与了中核集团、中广核集团自主研发的 HPR1000，国电投集团自主开发的 CAP1400 的制造技术开发、设备研制以及对福清 5 号、6 号，卡拉奇 2 号、3 号，防城港 3 号、4 号和石岛湾 CAP1400 项目的主设备制造供货。

（2） AP1000（及后续的 CAP1000）技术：国内主要装备集团均派人参与了 AP1000 制造技术转让

合同的谈判及后续的技术转让工作；参与了三门 2 号、海阳 2 号依托项目的主设备国产化及后续的 CAP1000 项目的主设备供货。

（3） EPR 技术：东方电气和上海电气参与了广东台山 EPR 项目（法国阿海珐总承包）的核岛主设备（压力容器、蒸汽发生器、稳压器、堆内构件和控制棒驱动机构等）制造技术开发和设备分包。

第二节　三代核电制造技术引进及自主开发

国内装备集团的核电制造技术源于长年在受压容器和大型精密设备制造中的技术经验积累，涉及诸如火电设备、石化设备、大型精密设备等高端装备的制造领域，通过自主开发、实践完善，逐渐形成企业自主的核电制造技术体系。

在核电制造技术体系升级过程中，企业以项目为依托，适时适量地引入国外先进技术，结合国内制造装备的性能、技术体系和传统经验，通过消化吸收、及时转化和不断创新，最终建立起不尽相同的具有自主知识产权的企业核电设备制造技术体系。

这种适时适量引入国外先进技术，基本基于两种模式。

（1） 技术引进：在 AP1000 依托项目执行中，在国家核电技术公司的统一组织和安排下，从美国西屋公司引进 AP1000 核岛压力容器、蒸汽发生器、堆内构件、控制棒驱动机构、主泵等关键设备制造技术，接受整套制造技术文件，开展包括项目管理、采购控制、制造工艺、质量控制等多方面的课堂教学和现场培训。

（2） 技术支持：在台山 EPR 等分包项目执行中，国外公司提供现场培训、现场指导、制造不符合项处理等技术支持。根据事先约定，技术决策的责任分为两种情况：有由中方企业承担、国外支持方只负责源技术正确性的；也有由国外支持方负责，但中方执行文件需外方批准的。无论哪种情况，国外技术均通过企业消化和转化，成为企业在项目中使用的制造技术。

为了更好地完成技术转让工作，国家核电技术公司牵头组织国内主要核电制造企业，建立了 AP1000 制造技术转让工作组，制订工作制度，建立协调、交流、检查机制，推进各企业的技术转让工作。

相关企业也明确了管理部门，设立了项目经理，建立了管理制度，全面负责技术转让工作。通过内部交流，总结经验，对照目标，找寻差距，提出改进等措施，几乎所有参与企业都在消化吸收基础上，结合各自企业的不同装备和经验，立项开展技术攻关。三门 2 号、海阳 2 号 AP1000 项目和台山 2 号 EPR 项目的国产化之所以比较顺利，扎实的技术基础工作是重要因素。

第三节 HPR1000（华龙一号）设备制造创新

一、HPR1000 制造特点

HPR1000 是由中核集团和中广核集团在 30 余年核电项目科研、设计、制造、建设和运行经验基础上，根据福岛核事故经验反馈以及我国和全球最新安全要求，自主研发的先进百万千瓦级压水堆核电技术。

在设计创新方面，HPR1000 提出"能动和非能动相结合"的安全设计理念，采用 177 个燃料组件的反应堆堆芯、多重冗余的安全系统、单堆布置、双层安全壳等设计结构，贯彻"纵深防御"的设计原则，设置了完善的严重事故预防和缓解措施，其安全指标和技术性能达到了国际三代核电技术的先进水平，具有完整自主知识产权。

由于是国内自主设计，核电装备集团从 HPR1000 设计技术开发的初始阶段就融入了设备设计过程，开展了制造技术课题攻关，使设计结构与制造经验有效结合，加快了 HPR1000 工程项目的步伐。

就制造技术而言，HPR1000 设备结构和要求与以前所承担的同类产品有一定变化和提高。但由于积累了大量二代改进和三代同类设备的制造经验，同时又开展了有的放矢的专题攻关，产品设备制造技术的开发和产品制造进展顺利。福清 5 号、6 号，防城港 3 号、4 号以及卡拉奇 2 号、3 号等 HPR1000 主设备相继制造成功，陆续交付现场。

二、HPR1000 制造实践

1. HPR1000 压力容器

2017 年 8 月,中国一重承制的全球首台 HPR1000 暨福清 5 号反应堆压力容器顺利出厂（见图 4.4－1）。中国一重具有丰富的压力容器制造经验，工艺成熟稳定。从 2013 年锻件投料，到 2017 年 4 月产品水压试验一次成功，福清 5 号经历了近 4 年的制造历程。

福清 5 号首次采用了 RCC－M 2007 标准。就制造要求来说，相对于 2000 版，在工艺评定、焊接过程控制、质量控制、无损检验等方面增加了很多新要求。此外，在结构改进方面，HPR1000 取消了底封头上的测量贯穿件，将所有测量管座集中在顶盖封头，顶盖封头密集分布了 61 根驱动管座和 12 根堆芯测量管座。尤其是 12 根堆芯测量管座,由于其分布在封头边缘位置,J 形坡口高低点落差大,坡口深度大,焊接应力分布不均匀,内孔径可能产生变形,影响通规检验通过,焊接难度极大。中国一重通过计算机模拟出焊接的空间结构和焊接的应力分布,确定合理的焊接顺序,合理安排焊道排布,分层监控焊接变形情况,并采用水冷却工装,严格控制焊接层间温度,使顶盖 73 根贯穿件的密封焊缝一次探伤合格,驱动管座通规检验一次通过。

在材料方面,HPR1000 压力容器使用大量镍基 690 材料,而该材料的焊接难度则是业界公认。中国一重通过大量专题试验,固化了焊接工艺,选用经验丰富的操作者,创造性地将上、下两个安全端同步焊接,在保证质量的前提下,大幅度提高了焊接效率,且保证了该关键工序一次检测合格,实现了高质量的生产制造,制造周期较同类产品大大缩短。

2019 年 1 月,HPR1000 全球首堆——福清核电 5 号机组的反应堆压力容器顺利吊装入堆(见图 4.4-2),引入反应堆厂房的 16.5m 平台。

图 4.4-1 福清 5 号 HPR1000 压力容器(中国一重)

图 4.4-2 福清 5 号 HPR1000 压力容器
(中国一重)吊入反应堆

2. HPR1000 蒸汽发生器

2013 年 12 月,哈电重装承担了巴基斯坦卡拉奇 5 号、6 号共计 6 台蒸汽发生器(见图 4.4-3)的制造任务。这是 HPR1000 首个海外合同。蒸发器总长 21m,上筒体最大外径约 4.6m,总重量 365t。

通过分析结构特点和工艺难点,结合已有的制造经验,哈电重装有的放矢地开展了多项关键技术试验攻关,创新性地取得了制造技术的新突破。

在产品制造中,哈电重装重点突破了

图 4.4-3 卡拉奇 5 号 HPR1000 蒸汽发生器(哈电重装)待发海外

图 4.4-4　在 HPR1000 蒸汽发生器筒体内工作（哈电重装）

管板镍基合金堆焊、管板深孔加工、管子管板焊接、接管与安全端焊接等关键技术，有效避免了国内外制造商曾出现的管板堆焊大面积缺陷、管板深孔加工孔桥超差、管子管板焊缝水压渗漏等制造中的问题。历时 52 个月顺利完成了 6 台蒸汽发生器设备的制造任务（见图 4.4-4），并实现 19 项技术革新，获得 10 项专利（含 4 项发明专利），积累了多项技术成果。

承担福清 5 号、6 号机组 6 台 HPR1000 蒸汽发生器制造的东方重机，牢记国家领导人于 2015 年 6 月 15 日以视频连线方式视察"华龙一号"核电设备制造企业时提出的"铸绝对安全的国之重器"的嘱托，以质量保进度，以进度促质量，提前梳理、提前准备生产物项，生产过程中落实质量、安全风险防控措施，确保了福清 5 号、6 号蒸汽发生器的成功制造。

福清 5 号 HPR1000 蒸汽发生器于 2014 年 8 月开工制造（见图 4.4-5）。对于东方重机来说，HPR1000 蒸汽发生器的制造需突破不少制造史上的难点。例如，更大厚度的管板深孔加工和更高精度的管孔尺寸公差要求；直径更大的管子支撑板异型孔加工；更加严格的接管与安全端全位置焊接技术以及泵壳与接管全位置焊接技术等。

东方重机在该项目中取得了不少技术创新，其中包括带缺陷管孔的全深度液压胀管及胀接长度控制；当管板堆焊层厚度低于设计要求时可免除预热的密封焊；带镍基隔离层的接管安全端在全位置和平焊位置时超窄间隙对接焊等技术等。

2017 年 11 月，福清 5 号 HPR1000 机组首台蒸汽发生器运抵现场龙门吊下（见图 4.4-6）。

图 4.4-5　HPR1000 蒸汽发生器 U 型管穿管（东方重机）

图 4.4-6　福清 5 号 HPR1000 蒸汽发生器运抵现场（东方重机）

3. HPR1000 堆内构件

HPR1000 堆内构件由 236 类共 13 487 个零件组成，高度达 11m，最大直径为 4.2m，重约 160t，其结构精度要求和制造复杂性远超二代改进产品。制造关键技术包括精密加工、精密焊接、精密检测和精密装配（见图 4.4－7），HPR1000 堆内构件代表了我国第三代核岛主设备制造的高水平。

自 2015 年堆内构件开工的 33 个月制造过程中，上海一机床先后攻克了 71 项工艺、试验等难关；完成了 2 项材料国产化、5 项焊接技术、4 项检测技术和 7 项工艺技术的创新；获得了 10 项发明制造专利，实现了福清 5 号堆内构件制造、加工、装配、检测、焊接及验收试验用工装设计和制造等的全面国产化。

2018 年 6 月，福清 5 号机组下部堆内构件吊入反应堆压力容器（见图 4.4－8）内，标志着上海一机床生产的首台 HPR1000 堆内构件正式进入现场安装阶段。

图 4.4－7　福清 5 号 HPR1000 堆内构件车间装配（上海一机床）

图 4.4－8　福清 5 号 HPR1000 堆内构件（上海一机床）吊入压力容器

4. HPR1000 控制棒驱动机构

2018 年 3 月，由四川华都核设备制造有限公司（简称四川华都）生产的福清 5 号 HPR1000 机组 ML－B 型控制棒驱动机构通过出厂验收。

四川华都是由浙富控股集团股份有限公司与中国核动力研究设计院合资建立，承担控制棒驱动机构制造和销售。

ML－B 型控制棒驱动机构（见图 4.4－9）是针对三代技术自主研发的新型驱动机构，采用了 440 级耐高温电磁线圈、长寿命耐磨损钩爪组件、耐高温一体化棒位探测器和一体化全镍基密封壳等技术，是控制棒驱动机构的全新升级。

图 4.4-9　福清 5 号 HPR1000 控制棒驱动机构（四川华都）

对于四川华都来说，ML-B 型控制棒驱动机构设备的制造是"新设计、新工艺、新厂家"的"三新产品"制造。为此，四川华都进行了两次沙盘推演，对制造过程中的风险点提前识别、重点控制，使质量和进度得到有效保证，最终提前 9 天完成了密封壳的发运。

产品出厂前，ML-B 型控制棒驱动机构通过了 1500 万步热态寿命试验和 0.3g 抗震试验，各项指标均满足并优于设计指标。其热态寿命试验运行步数更是创造了同类驱动机构试验纪录，成为目前世界上寿命最长、可靠性最高的控制棒驱动机构。

5. HPR1000 稳压器

2018 年 5 月，东方重机生产的福清 5 号 HPR1000 稳压器吊装就位（见图 4.4-10）。HPR1000 稳压器空重约 104t，总高度 13.8m。

图 4.4-10　福清 5 号 HPR1000 稳压器（东方重机）吊装

东方重机在福清 5 号 HPR1000 稳压器研制中突破了电加热元件与套管的装焊及检测、防热冲击套管自动焊接及检测、封头内凸台、电加热元件套管孔及 J 型坡口三维曲面的机械加工和检测等方面的难题。它在全盲/半盲式薄壁环槽加工、电加热元件套管冷装、J 型坡口焊接、电加热元件支撑组件装配定位、水压试验接管密封装置设计等制造技术方面均有技术创新。

而哈尔滨电气重装生产的卡拉奇 2 号 HPR1000 稳压器设备于 2018 年 10 月圆满完成水压试验，设备各项试验指标均符合设计要求。在此之前，哈电重装在喷雾管安全端凹槽加工、波动管安全端内壁变径结构及凹槽加工、电加热元件套管孔加工等方面都有一定的技术创新。尤其是具有一定风险的电加热元件套管冷装，由于准备充分，276 个电加热元件套管冷装均一次合格。

2019 年 1 月，稳压器设备在巴基斯坦现场成功吊装就位（见图 4.4–11）。

6. HPR1000 主泵

2018 年 3 月，由哈电动装供货的福清 5 号

图 4.4–11 卡拉奇 2 号 HPR1000 稳压器设备吊装就位（哈电重装）

HPR1000 主泵完成了全流量试验（见图 4.4–12）。2018 年 5 月，产品合格交付发运。

图 4.4–12 福清 5 号 HPR1000 主泵全流量试验（哈电动装）

在主泵制造方面，哈电动装实现了主泵设计、制造、装配、试验的全面国产化，并具备了主泵调试、维护、故障分析、计算分析等能力，完成了 20 多项关键技术攻关，实现了制造、焊接和表面处理等领域多项技术创新，获得 10 项发明专利和 6 项实用新型专利。

在设计方面，HPR1000 主泵的水力部件（叶轮、导叶体）、三级串联式流体动压的机械密封、双向推力轴承和水导轴承、油机械密封、一体化供油泵（油叶轮、油导叶）、高压冷却器、油冷却器、旋液分离器、联锁保护辅助系统等设计技术都取得了一定的创新突破。

在主泵电机方面，采用了 Harting 信号电缆插接装置，应用高稳定性、安装便捷的辅助系统设计，在冷却器结构、主进油管中流量控制隔膜式阀门和充油通气过滤器等方面进行了结构优化，同时开发了大型立式电机定子的起吊翻身技术。

第四节　AP1000 设备制造创新

一、AP1000 制造特点

AP1000 核电站的反应堆压力容器、蒸汽发生器等主设备是在原有成熟机组上做了充分的改进设计。但与传统设备相比，结构形式、技术要求等方面都存在不少差异，制造难度较大。如蒸汽发生器的主泵壳体预焊出厂，增加了工厂异种钢对接焊缝的制造难度。由于具体规范存在差异，国产化制造的难点主要集中在材料采购、焊接、机械加工、装配和无损检测等方面。且大量设备为国内厂家首次制造，无制造经验可以借鉴。

部分设备如反应堆冷却剂泵（主泵）、爆破阀、钢制安全壳和余热排出热交换器等则完全是 AP1000 独创，基本上处于经验空白或技术欠缺状态。加上主泵、爆破阀、钢制安全壳等设备对机组安全运行十分重要，国产化压力相对更大些。

根据项目合同条款的约定，AP1000 依托项目核岛主设备的国产化供货分三种不同形式：

（1）稳压器和余热排出热交换等核岛设备：三门和海阳两项目的全部 4 套设备均由国内制造厂家提供。

（2）压力容器、蒸汽发生器、堆内构件、控制棒驱动机构等关键核岛设备：两核电站的 1 号机组由国外供货，2 号机组则全部国产化。

（3）主泵：除了两套机组全部 4 套均由国外供货（国内部分分包）外，通过追加主泵订单的方式来实现国产化。

其目标很明确，通过依托项目，通过不同途径，AP1000 所有主设备均能实现国产化。

二、AP1000 制造实践

1. AP1000 压力容器

三门 2 号和海阳 2 号反应堆压力容器分别由中国一重和上核公司承制。这是 AP1000 依托项目压力容器首次国产化制造。

在三门 2 号压力容器的制造过程中，中国一重进行了 10 余项制造装备的升级和改进，突破了大型锻件制造、Quickloc 接管堆焊与加工、安全端焊接等多个技术难点，关键工序做到一次检验合格，确保了水压试验顺利完成。

由中国一重承制的 AP1000 三门 2 号核反应堆压力容器于 2014 年 8 月验收合格并交付使用（见图 4.4 - 13）。

图 4.4 - 13 三门 2 号 AP1000 反应堆压力容器（中国一重）

上核公司在海阳 2 号压力容器制造（见图 4.4 - 14）国产化过程中，针对控制棒驱动机构管座 Ω 型密封焊接特殊结构，首次用专用焊机来实施不锈钢横焊自动焊，采用了单层单道焊的单面焊双面成型技术。在接管安全端焊缝隔离层堆焊时，首次采用了热丝 TIG 堆焊镍基合金技术，既提高了焊缝质量又提高了效率。针对 J 型接头焊接的变形控制，专门设计了焊接防变形工装，采用加快焊缝冷却速度措施等控制层间温度，同时配合以合理的焊道排布及焊接顺序来减少焊接变形。

在装配技术方面，上核公司通过实验，模拟出 CRDM 管座轴向长度和直径的冷缩规律，设计了上部管座冷装定位专用工装，对不同长度的管座统一设定高度补偿量，提高了装配效率。同时设计了行程套管翻身工装和专用操作平台，方便装配、焊接；设计了

图 4.4 - 14 海阳 2 号 AP1000 反应堆压力容器顶盖制造（上核公司）

接管段倾斜支撑，方便带极自动堆焊，提高堆焊效率及质量。

上核公司承担的海阳 2 号 AP1000 反应堆压力容器于 2014 年 9 月成功完成交付（见图 4.4-15）。

图 4.4-15　海阳 2 号 AP1000 反应堆压力容器（上核公司）

2. AP1000 蒸汽发生器

哈电重装承担的国内首台 AP1000 蒸汽发生器从 2011 年 3 月开工制造，2014 年 5 月顺利通过 8h 水压试验（见图 4.4-16），完成了出厂前最后一道关键工序。

图 4.4-16　三门 2 号 AP1000 蒸汽发生器二次侧水压试验（哈电重装）

相对于前已制造的蒸汽发生器，AP1000 蒸汽发生器高（22.5m）、大（最大直径 5.8m）、重（620t），由此带来了制造技术、设备操作、设备能力、工装设计制造和产品检查等多方面困难。

在引进消化吸收三代核电制造技术基础上，哈电重装针对产品制造的技术难点和关键点，对多项技术进行了优化创新。开发了管板镍基 690 合金埋弧堆焊和电渣堆焊工艺和管子管板单道与多道焊接工艺,掌握蒸汽发生器管子管板无填丝全位置自动 TIG 焊接技术;设计了专用钨极和焊接机头,采用安全端窄间隙 TIG 焊接技术,解决了镍基 690 材料在大厚度窄间隙坡口焊接时易产生未熔合、根部裂纹等问题。

在制造过程中,哈电重装开展了多项关键技术攻关,其中 3 项子课题通过国家"十一五"重大专项的验收;形成专项技术 12 项,其中 4 项专项技术通过了中国核能行业协会科技成果鉴定;完成 30 项实用新型专利和发明专利的申报。三门 2 号 AP1000 蒸汽发生器研制获得了 2015 年中国核能行业协会科学技术奖一等奖。

上核公司在海阳 2 号 AP1000 蒸汽发生器制造(见图 4.4-17)过程中获得国家发明专利授权 11 项,产品制造质量优良,其中壳体主环缝焊接一次合格率达到 95%以上,管子管板焊缝一次合格率达到 98%以上,管板深孔钻等关键机加工合格率 99%。

图 4.4-17　带泵壳的蒸汽发生器(上核公司)

在机加工方面,上核公司采用 BTA 钻头、专用装夹及检查工装对管板深孔进行加工;采用 6 通道自动钻孔系统、6 轴立式拉削工艺进行支承板孔钻孔及拉削加工;采用定制的 BOTEK 专用钻头、专用的冷却排屑工装和钻杆防跳动辅具,进行管板长排污孔/疏水孔的加工;采用成型铣刀、激光测量进行水室封头最终机加工。

海阳 2 号蒸汽发生器于 2015 年 3 月交付(见图 4.4-18)。

3. AP1000 堆内构件

2015 年 6 月,上海一机床承制的首台国产 AP1000 核电站堆内构件——三门 2 号机组堆内构件顺利完工发运(见图 4.4-19)。

图 4.4-18　海阳 2 号 AP1000 蒸汽发生器（上核公司）

图 4.4-19　三门 2 号 AP1000 堆内构件（上海一机床）

相比二代改进型堆内构件，AP1000 结构变化很大。最明显的变化包括：取消了堆芯围幅板的螺栓连接结构，改为全焊接的堆芯内围筒结构；取消了二次支撑仪表组件结构，在构件最上方增设了仪表格架组件。另外，在堆芯支承板底部，AP1000 增加了流量分配组件，增加了控制棒导向筒焊缝等。

新结构带来的课题之一，如下部堆芯结构，由于只有一块下堆芯支承板，支承板平面度和燃料销孔位置度的要求都很高，需要与下筒体焊接后进行尺寸稳定化热处理。在三门 1 号堆内构件（国外公司供货）制造过程中，曾发生下堆芯支承板平面度超差的不符合项，为了补救，给项目进度带来很大影响。为避免类似问题发生，减小下堆芯支承板在焊接和热处理后的变形，上海一机床对吊篮筒体组件的焊接和加工顺序进行了合理调整，充分考虑了变形的可能性，最终满足了下堆芯支承板上的平面度及燃料销孔的位置度要求。

另一个最大的结构区别，是堆芯围筒采用了整体焊接形式（见图 4.4-20）。AP1000 的堆芯围筒结构复杂，增加了焊接工艺，且焊后的成型精度要求高，类似设计在国内首次采用。通过研究 304 不锈钢材料折弯延伸率的变化，掌握了围筒板折弯工艺。为此上海一机床研发了一套可调式装夹定位支撑装置，解决了弯折后围筒板之间的焊接角度变形难题。同时开发了堆芯围筒激光焊接技术，引入了 15kW 的激光焊接机器人，有效提升了焊接速度和焊接质量，实现了堆芯围筒熔深 16mm、长 4.5m 纵焊缝一次焊透的精准焊接制造，使堆芯围筒的制造技术达到世界领先水平。

图 4.4-20 激光焊接成型的 AP1000 堆内构件堆芯罩组件（上海一机床）

4．AP1000 控制棒驱动机构

三门 2 号 AP1000 控制棒驱动机构承接后，上海一机床在整体耐压壳制造技术、双齿钩爪制造技术、驱动杆、可拆接头材料及制造技术、线圈制造技术、产品冷态和热态试验及寿命试验（见图 4.4-21）等方面进行了重点创新，制造质量达到了高水平。其中，异种金属焊接合格率 100%，深孔加工等关键机加工合格率在 99% 以上，零部件装配精度高于设计要求。

以双齿钩爪制造创新为例。钩爪是控制棒驱动机构中的一个核心动作零件。AP1000 为提高反应堆运行的安全性和使用寿命，钩爪改为整体钴基合金铸造或堆焊的双齿钩爪，加工制造出现了新的瓶颈。在双齿钩爪材料制造技术方面，上海一机床确定了详细的材料熔炼成分和参数、铸件模具尺寸和浇注位置，提高了双齿钩爪的铸件质量；

图 4.4-21 控制棒驱动机构产品冷态和
热态试验（上海一机床）

同时选择硬质合金表面涂覆 Ti/TiN 膜的刀具进行切削加工，降低了表面粗糙度；还设计了钩爪加工专用工装，满足了钩爪尺寸精度要求；通过钩爪接触磨损仿真分析，用三维有限元建模应力分析对钩爪磨损性能进行分析，从而圆满完成了制造任务。

2013 年 7 月，三门 2 号首批 18 支控制棒驱动机构的密封壳组件发运（见图 4.4-22），开始了该产品零部件分批交付过程。AP1000 密封壳组件是控制棒驱动机构中的一回路承压核一级部件，制造要求高。其连接行程套管的 Ω 型焊接坡口尺寸精度要求高，连接密封壳管嘴的异种金属焊接技术要求更是严格，在制造过程中需进行一系列的无损检测和水压试验等。AP1000 项目密封壳组件制造完成并验收合格，它是依托项目设备国产化的又一突破。到 2015 年 6 月，所有控制棒驱动机构零部件全部交付完成。

图 4.4-22　控制棒驱动机构密封壳组件完工发运（上海一机床）

5. AP1000 稳压器

上核公司和东方重机分别承担三门 1 号和海阳 1 号的稳压器制造。这两个企业依靠自主技术，借助 AP1000 压力容器等制造技术的科研成果，顺利完成了产品制造。三门 1 号 AP1000 稳压器于 2011 年 12 月成功完成交付（见图 4.4-23）。

海阳 1 号 AP1000 稳压器于 2012 年 6 月顺利运到现场交付（见图 4.4-24）。

在 AP1000 稳压器制造过程中，上核公司主要技术突破表现在：流量分配罩压制成形及数控机加工；人孔座焊接防变形；上封头测量/温度接管内壁堆焊凸台坡口的数控加工；下封头加热器套管焊接孔口内壁变形控制；下封头镍基热丝 TIG 堆焊和大面积堆焊层斜探头超声波检测。

东方重机取得的主要技术成果包括：电加热元件与套管的薄壁装焊接及检测技术；防热冲击套管的薄壁自动焊接及检测技术；封头内凸台、电加热元件套管孔及 J 型坡口三维曲面的机械加工及检测；电加热元件套管冷装技术及 J 型坡口的焊接；电加热元件支撑组件的装配定位和水压试验接管密封装置设计制造等技术。

图 4.4-23　三门 1 号 AP1000 稳压器（上核公司）

图 4.4-24　海阳 1 号 AP1000 稳压器现场安装（东方重机）

在配套 AP1000 稳压器制造国产化方面，一些突出的产品技术创新值得在此一提：

（1）稳压器电加热器。由于稳压器电加热器直接配合核反应进行辅助加热，对长期耐高温、耐高压和抗辐射的稳定性要求高，一直是稳压器国产化的关键。重庆川仪十七厂有限公司承制的电加热器在提倡技术先进性的同时，将可靠性和安全性放在首位，在材料选用、制作工艺和寿命性能上进行了一系列的工艺改进和苛刻环境试验，完成了电加热器样件的制造与各项试验。2011 年 7 月，完成所有验收的电加热器发往了稳压器制造厂，标志着 AP1000 稳压器电加热器的自主化生产取得了突破。

（2）稳压器下封头一体化锻件（见图 4.4-25）。由于 AP1000 稳压器下封头锻件是一体化结构，将接管和凸台锻造成一体，因而制造难度非常大。以往国内制造的 AP1000 稳压器下封头锻件性能均没合格过。中国一重积极组织科技人员攻关，认真研究工艺过程，最终使 AP1000 稳压器下封头锻件机械性能达到合格。2011 年 8 月，完成了机械性能试验，拉伸、落锤、冲击试验全部合格，成为国内首台机械性能合格的 AP1000 稳压器下封头锻件。

图 4.4-25　AP1000 稳压器下封头一体化锻件（中国一重）

6. AP1000 余热排出热交换器

海阳和三门 AP1000 余热排出热交换器分别由哈电重装和东方重机制造。

在设备制造中，东方重机克服了因首台而带来的多次设计变更、原材料采购等困难，通过不断试验和探索，掌握了关键制造工艺，先后完成了框架组装、管板封口焊、换热管胀接等关键工序，保证了产品氦检漏和水压试验的一次成功。

东方重机采用了一些制造技术属国内首次，其中包括大型不锈钢 H 型钢研制、大型不锈钢框架的装焊和防变形技术、管束抗振组件的装焊技术、690 合金 C 型换热管研制、大型起吊工装研制等。属于公司专利项的技术则有扇孔条高效检测、安装技术和容器氦检漏技术等。

2012 年 3 月，首台余热排出热交换器完工制造（见图 4.4-26），发运工地。

图 4.4-26　海阳 1 号 AP1000 余热排出热交换器（东方重机）

哈电重装在三门 2 号余热排出热交换器制造中，在管板深孔和疏水孔加工中，按照堆焊前后加工位置的不同，设计了不同的反拉加工刀片，选择合理的刀具几何参数，严格按照试验总结出的加工顺序和机床参数进行，获得了良好的表面质量及尺寸精度。在型钢框架制造中，采用分组件装配，并设计专用装焊平台及固定卡具，在制造中装点拉筋板进行固定，防止型钢产生挠曲变形，取得了良好效果。

三门 2 号余热排出热交换器于 2012 年 12 月完成产品制造（见图 4.4－27）。

图 4.4－27　三门 2 号 AP1000 余热排出热交换器（哈电重装）

7. AP1000 反应堆屏蔽主泵

AP1000 主泵采用美国 EMD 技术，具有大功率、高可靠性、高惯量等特征。它结构特殊、技术复杂、制造难度大，在设计、制造、结构和材料方面临多项难关。

沈鼓集团核电泵业公司（简称沈鼓核电）和哈电动装是 AP1000 主泵技术转让受让方企业，同时也作为 EMD 的分包商，负责依托项目 16 台主泵的部分零部件及 2 台追加主泵的整机分包制造任务。

（1）主泵。沈鼓核电通过消化技转文件和软件、赴美培训及接受技术服务等形式，消化吸收技术，并通过分包制造实践，掌握了 AP1000 主泵制造技术。

2018 年 9 月，由沈鼓核电和哈电动装共同承制的首台追加的 AP1000 屏蔽主泵（见图 4.4－28）在沈鼓核电顺利完成了全部产品试验和试验后拆检工作。试验数据显示，各项性能参数均满足主泵设计规范书要求；整体拆检各项指标均满足相关要求，可以发运海阳现场。

作为引进技术的依托项目，16 台主泵零部件的国产化制造已成功应用到三门一期、海阳一期 AP1000 项目中。

与此同时，依托国家重大科技专项，沈鼓核电开展了多项关键技术攻关。在设计技术方面，取得的关键技术突破，主要包括：水力部件设计及分析技术、承压边界部件的设计结构及分析方法、安全相关部件的设计结构及分析方法、抗震试验分析计算方法、主泵鉴定验证试验方法等。

图 4.4－28　AP1000 屏蔽主泵
（沈鼓核电、哈电动装）

在制造技术方面，技术突破包括：泵体、叶轮等大型水力部件铸件的铸造技术，大型铸件的热等静压热处理技术，高精度螺纹表面磷化和电镀技术，窄间隙焊接技术，高精度螺纹加工技术及屏蔽主泵的装配技术。

沈鼓核电通过三门2号、海阳2号等机组的主泵系列产品的设计、制造，掌握了屏蔽式核主泵设计、制造、试验等核心技术，全面实现了屏蔽式核主泵技术自主化，并且完成了屏蔽主泵拆装、试验和工程及耐久性试验等20项考核试验，涉及常规运行工况及失水、断电等破坏性工况试验（见图4.4-29）。

图4.4-29 经过认证的主泵全流量试验回路（沈鼓核电）

（2）主泵电机：相比较传统轴封式主泵，AP1000核反应堆采用屏蔽式主泵电机具有可靠性高、转动惯量大、运行维护简单等特点。

哈电动装承担的AP1000主泵屏蔽电机国产化任务以独立完成两台追加主泵屏蔽电机制造为依托。

在九年时间里，哈电动装通过引进吸收国外先进技术，研制出国内首台AP1000屏蔽式主泵电机（见图4.4-30），取得多项创新成果：一是围绕电机电磁分析、转子动力学分析、电机部件疲劳分析、电机抗震分析、电机温升与冷却计算等，掌握AP1000屏蔽式主泵电机设计技术；二是采取飞轮内部镶嵌重金属钨合金块、外部使用高强度保持环约束固定等措施，在满足系统转动惯量的前提下，显著缩小飞轮直径，减小了水摩擦损耗，提高了电机效率；三是转子屏蔽套采用热套安装，屏蔽套与转子之间采用过渡或过盈配合，减少了转子不平衡量，降低了屏蔽套环焊缝疲劳失效风险；四是攻克了推力盘、电机轴、支撑环、陶瓷槽楔等材料制备技术，打破国外技术垄断和进口限制，推动了主泵产品的国产化进程。

图4.4-30 AP1000屏蔽式主泵电机（哈电动装）

其主要的制造技术突破包括重金属钨合金飞轮制造；高精度大尺寸整圆冲片制造，括冲片材料的冲制和检测；高精度 HIPPING 推力盘的加工、无损检测技术；60 年寿命大推力水润滑轴承技术；大尺寸屏蔽套制造及转子屏蔽套热套制造；屏蔽电动泵定子绕组腔真空密封技术；机壳/法兰焊接热处理及夹套成型；高温耐辐照绝缘系统的奇数根导线换位技术、线圈胶化及端部成形和屏蔽电动泵定子陶瓷引出线焊接技术等。

2017 年 12 月，由哈电动装承制的中国首台国产化 AP1000 追加主泵屏蔽电机项目成功发货。

第五节　EPR 设备制造创新

一、EPR 制造特点

EPR 是法国法玛通和德国西门子联合开发的欧洲先进型反应堆。其通过降低堆芯熔化和严重事故概率及提高安全壳能力来提高安全性，通过主要安全系统的 4 列冗余布置、扩大主回路设备储水能力、改进人机接口和系统地考虑停堆工况来提高纵深防御的设计安全水平。

作为全球单个机组容量最大（1700MW）的核电机组，台山 2 号机组核岛主设备的国产化直接提升了国内企业的核电制造能力。在阿海珐公司总承包的前提下，东方电气和上海电气实现了压力容器、蒸汽发生器、堆内构件、控制棒驱动机构、稳压器和主泵等主设备分包的国产化制造任务。

二、EPR 制造实践

1. EPR 压力容器

作为同类产品中尺寸最大（直径 5389mm、壁厚 250mm、高度 12 708mm）、重量最重（526t）的反应堆压力容器，东方重机在焊接、机械加工、装配、无损探伤、尺寸检测等多方面制造技术面临新的挑战。2014 年 10 月，东方重机成功研制出国产 EPR 台山 2 号压力容器（见图 4.4–31），发运工地。

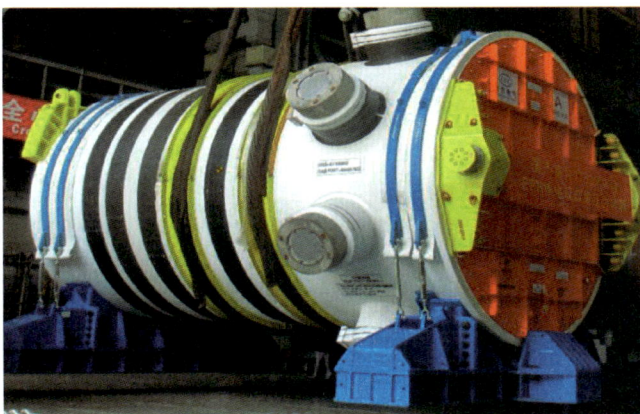

图 4.4–31　台山 2 号 EPR 反应堆压力容器（东方重机）

与常规其他核岛的三回路布局不同，EPR 堆型核岛采用四回路布局，使反应堆压力容器的进出水接管数量从以往的 6 个增加到 8 个，制造难度也随之增加，对国内企业来说尚属首次。

2011 年 5 月，压力容器进入一体化筒节与接管焊接工序。一体化筒节高 3.5m，直径 5.8m，重量约 170t。为了保证接管焊接质量，东方重机设计制造了专用的"鼠笼"工装，将反应堆接管筒节整体装入工装，在焊接接管时进行整体翻转。"鼠笼"长 22m，宽 12m，高 10m，重量约 500t。工装巨大，焊接场面蔚为壮观。为了顺利实现工装的使用功能，从工装设计开始，东方重机对选材、结构反复推算，与工装制造厂家通力合作，解决了制造过程各种问题，克服了安装、调试意想不到的困难，终于完成了工装负载试车，一体化筒节的接管焊接也得以顺利完成。

东方重机在国内最大的压力容器制造（见图 4.4–32）中取得不少创新成果。其中属行业领先的有接管与筒节的马鞍形窄间隙旋转焊缝的焊接及该焊缝的机械清根技术；驱动机构管座冷装配、焊接及涡流和超声波探伤技术等。另外，反应堆压力容器中间热处理总次数也属行业内最少。

2. EPR 蒸汽发生器

东方重机和上核公司分别承担了台山 2 号机组 4 台 EPR 蒸汽发生器中各 2 台的供货任务。

台山 2 号蒸汽发生器具有外形尺寸大、结构复杂、制造难度高等特点。东方重机在 2009 年签订合同并开始生产制造。在研制中，东方重机先后攻克了管板一次侧大面积热丝 TIG 堆焊作业、管子管板封口焊焊缝的质量控制、全程清洁度预防控制和处置等技术难题，首台于 2013 年 5 月完工发运（见图 4.4–33）。

图 4.4–32　台山 2 号 EPR 压力容器顶盖驱动机构管座焊接（东方重机）

图 4.4–33　台山 2 号 EPR 蒸汽发生器（东方重机）

上核公司承担的台山 2 号另外 2 台 EPR 蒸汽发生器于 2013 年 12 月完工交付。

上核公司在制造过程中（见图 4.4－34），在双机头热丝钨极氩弧焊堆焊和水室封头进出口接管与安全端无隔离层焊接等焊接、两半式穿管和半环式主给水环装配、水室分隔板车削和水室封头疏水管孔加工技术等方面做出了较大的努力，取得了技术创新。

3. EPR 堆内构件

上海一机床承担的台山 2 号 EPR 堆内构件由于多处设计结构与 AP1000 和其他二代改进产品差别较大，制造技术变化也很大。譬如吊篮筒

图 4.4－34　台山 2 号 EPR 蒸汽发生器在车间制造（上核公司）

体加工，首次在机加工时使用内、外支撑定位装置，并增加翻转、运输装置，合理分配加工余量，控制加工切削应力分布。再如 SLAB 板加工，首次采用分级深孔加工方式，同时以内支撑工装、翻转专用工装控制工件的变形。再譬如流量分配器加工，首次采用插铣工艺技术，重新定制专用刀具，合理加工间距的设置，减少加工变形。而吊篮筒体组件加工期间及完工整体尺寸的检测，则利用工业摄影测量系统，采用焊接下部支撑板后对吊篮筒体进行三维尺寸分析，利用基准传递构建坐标系精密测量。

上海一机床于 2015 年 3 月完成台山 2 号 EPR 机组堆内构件产品的交付（见图 4.4－35）。

图 4.4－35　台山 2 号 EPR 机组堆内构件（上海一机床）

第六节　推进中的 CAP1400（国和一号）设备制造创新

一、CAP1400 设备制造特点

CAP1400 型压水堆核电机组是在消化、吸收、全面掌握 AP1000 非能动技术基础上，通过再创新，开发出具有我国自主知识产权、功率更大的非能动型先进压水堆核电机组。与 AP1000 相比，CAP1400

在设计结构、尺寸参数的较大变化，增加了设备制造难度。

CAP1400 示范电站建在山东荣成石岛湾，2 台 CAP1400 机组为国内核电装备集团搭建了新的平台。由于项目工程等原因，设备制造尚在推进中，有些设备已经或基本完工。

二、CAP1400 设备制造实践

1. CAP1400 压力容器

CAP1400 压力容器总重量约 487t，其中筒体组件总重量约 344t，顶盖组件约 93t，是中国一重承制过的压力容器中单体重量和体积最大的设备。CAP1400 反应堆压力容器锻件直径尺寸大、整体质量重、性能要求高。尤其是它采用一体化顶盖和一体化底封头，整个筒体部分只有一条环焊缝，减少了焊缝数量，但也大大增加了锻件等加工难度。

经过六年不懈努力，2017 年 3 月，中国一重制造的 CAP1400 石岛湾 1 号机组反应堆压力容器一次性顺利通过了水压试验（见图 4.4－36）。期间，各项指标均符合设计要求，这是中国制造业的骄傲。

图 4.4－36　CAP1400 压力容器水压试验（中国一重）

在产品加工方面，中国一重严把质量关，设计专门堆焊辅具，攻克了一体化顶盖和底封头内表面耐蚀层的带极堆焊技术、接管段与接管组焊结构的变形控制技术等焊接技术难点；开发出接管马鞍形端面不锈钢自动 TIG 焊接专机，实现了马鞍端面的自动堆焊；率先提出了控制棒驱动机构行程套管 Canopy 密封焊缝自动焊接技术，开发出核反应堆压力容器堆焊层及焊缝 UT 自动检测系统，实现了无损检测自动化，与役前检测和在役检测统一了验收标准。通过以上的创新实践，确保了产品质量，缩短了制造周期，确保了核电产品的精准制造。

2. CAP1400 蒸汽发生器

2019 年 4 月，国家科技重大专项"大型先进压水堆核电站"中的"CAP1400 蒸汽发生器研制"课题顺利通过正式验收。

该课题聚焦 CAP1400 蒸汽发生器制造技术，上海核工程研究设计院（简称上海核工院）联合东方电气、上海电气、中国一重、中国二重等携手攻关，开展了 CAP1400 蒸汽发生器的群孔加工及检测技术、关键焊接技术、制造缺陷诊断及评价技术等七大方面的研究，成果直接应用于 CAP1400 蒸汽发生器的产品制造。

与 AP1000 相比，CAP1400 蒸汽发生器管板厚度增加了 9%（866mm），管孔数量增加了 26%（25 212 个），下部筒体内径增加到 4655mm，管子支撑板与管孔同轴度提高到 0.025mm。这就使得深孔加工和管束装配难度增加、胀管段轮廓检查和缺陷检验难度增加、氦检漏精度要求提高。

为满足技术要求，上核公司自 2013 年 8 月起，历时半年多，共加工与产品同样厚度的深孔加工试板 7 块，同样直径的深孔试钻了 5100 余个。在深孔加工工艺评定取得圆满结果之后，产品钻孔工作自 2014 年 3 月开始，历时 3 个多月，2.5 万个深孔才得以完成（见图 4.4 - 37）。

东方重机在 CAP1400 蒸汽发生器制造中，通过装备技改升级、技术创新开发，形成自主制造的能力。取得的技术成果主要包括一次侧冷却剂出口接管与泵壳异种钢窄间隙全位置自动 TIG 焊接技术；管子管板封口焊技术及缺陷机理研究技术；涡流检测抗振条位置的偏移下沉和错位技术和抗振条与换热管的间隙技术；多排密集深孔几何量 CCD 推扫快速测量系统；1200t 重型抬吊梁研制技术；上部内件装配滑移技术；九孔氦检漏技术等。

东方重机已完成管板堆焊和深孔钻（见图 4.4 - 38）、支承板拉孔、管束制造、水室封头组件制造、上部组件制造等多项关键技术制造。

图 4.4 - 37　CAP1400 蒸汽发生器 25 212 个
深孔钻孔完工（上核公司）

图 4.4 - 38　CAP1400 蒸汽发生器
深孔加工（东方重机）

3. CAP1400 堆内构件

上海一机床的激光焊接工艺在 CAP1400 堆内构件制造应用中开创了核电堆内构件的技术新路（见图 4.4－39）。

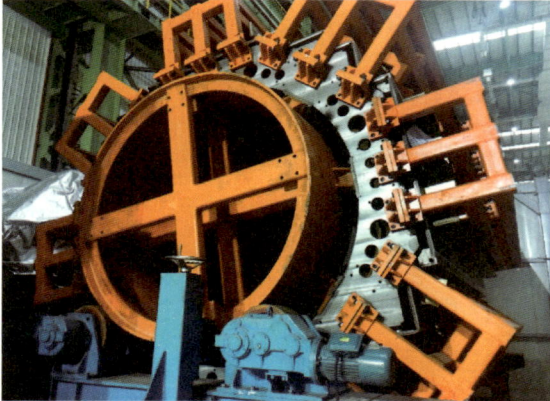

图 4.4－39　CAP1400 对内构件堆芯罩激光焊
（上海一机床）

激光焊接具有减少收缩变形、提高焊缝质量和焊接效率的明显优势。如支承柱激光焊接，由于不需要加工焊接坡口，不需要填充焊丝，净化了焊缝中硫、磷等非金属杂质，柱同轴度收缩变形小，单道环焊焊接时间缩短，焊缝金属强度也得到了提高。再如控制棒导向筒激光焊接，开发出了熔深大于 4mm 的半壳体非全熔透激光对接焊工艺、熔深大于 0.8mm 的导向鞘非全熔透激光对接焊工艺。而堆芯围筒采用激光填丝/复合焊技术，降低了钝边厚度，减少了焊接热变形，坡口装配间隙允许更大，焊缝成形和微观组织得到改善，焊接速度得到提高。

在 CAP1400 堆内构件制造中，新的创新亮点还包括堆芯围筒围板组件焊接采用了程序化、智能化、无人化技术，在均流板加工中采用了三维仿真技术。

4. CAP1400 控制棒驱动机构

CAP1400 控制棒驱动机构采用磁力提升直线步跃式驱动。在线圈制造技术方面，CAP1400 将使用温度要求提高到了 250℃，使得电工材料的级别从 H 级向 C 级发展，线圈骨架、绕组线、引接线和浸渍树脂等主要材料都需研制新材料，调整其主要参数。

为了满足制造要求，上海一机床结合企业现有设施条件和制造经验，研制出控制棒驱动机构试验台架。CAP1400 控制棒驱动机构样机及产品按冷态、热态试验及寿命考验技术要求进行试验，寿命试验累积运行目标为 $6×10^6$ 步。

2016 年 7 月，石岛湾 CAP1400 1 号机组的控制棒驱动头机构钩爪壳体组件制造完成，并正式发运出厂（见图 4.4－40）。钩爪壳体组件是控制棒驱动机构的重要部件，它与行程套管 Ω 形半环焊接的坡口尺寸精度高，与密封壳管嘴的异种金属焊缝要求严格。上海一机床精心准备，使钩爪壳体组件的最终尺检、水压试验、无损检验均合格验收。

5. CAP1400 屏蔽电机主泵

CAP1400 屏蔽电机主泵是在引进 AP1000 基础上自主设计的功率、体积上都超过 AP1000 原型设计的电机主泵。

图 4.4-40　CAP1400 控制棒驱动机构密封壳组件（上海一机床）

哈电动装负责 CAP1400 主泵电机。在 CAP1400 主泵电机产品样机的生产过程中，哈电动装搭建了四个专用试验台：内部流场试验台（验证电机内部流场计算方法的准确性）、屏蔽套疲劳试验台（验证屏蔽套材料疲劳的可靠性）、轴承试验台（验证大尺寸水润滑双向推力轴承结构设计的合理性和摩擦副的匹配性）和电机试验台（验证电机出厂时空载试验结果是否达到设计要求）。

哈电动装完成了紧凑型的热交换器设计，研制出大尺寸水润滑推力轴承材料，同时还完成了 4m 长屏蔽套的焊接、4t 重双金属钨合金飞轮的制造及超速试验、耐辐照 220℃绝缘材料的国产化及 60 年寿命老化评定，配套研制了 400 多项专用工装/工具，实现了 78 项关键技术的突破。

CAP1400 屏蔽主泵电机样机（见图 4.4-41）已完成厂内空载试验和试验台架空载试验，各项参数均达到设计要求。

沈鼓核电负责 CAP1400 屏蔽电机主泵部分。在流量提升 21%情况下，沈鼓核电自主设计了高效、低水推力的 CAP1400 主泵水力部件，并创新性采用了锻件加工叶轮，提升了叶轮质量水平。AP1000 依托项目使用的屏蔽电机主泵由于是美国 EMD 供货，为 60Hz，而 CAP1400 屏蔽电机主泵则是 50Hz。

6. CAP1400 湿绕组主泵

上海凯士比于 2011 年与国家核电签订了 CAP1400 项目湿绕组主泵供货合同，将为 CAP1400 项目提供 1 个机组 4 台湿绕组主泵。为了满足核主泵试验要求，上

图 4.4-41　CAP1400 屏蔽主泵电机样机
（哈电动装）

海核泵于 2013 年建成了世界最先进的核主泵全流量试验台（见图 4.4-42），满足 CAP1400 湿绕组主泵全流量试验和相关功能试验的要求。

图 4.4-42　CAP1400 湿绕组主泵的全流量试验台架（上海核泵）

2015 年 10 月，上海核泵完成湿绕组主泵第一阶段鉴定试验。目前，CAP1400 湿绕组主泵产品的技术开发和样机制造已经完成。长周期的产品泵部件如泵壳、电机壳、电机轴、飞轮等的制造顺利进行，样机鉴定试验已于 2019 年 8 月通过。

第五章
200MW 高温气冷堆设备制造创新

第一节　具有四代特征的高温气冷堆研制

　　核电发展的趋势是安全水平更加卓越、经济性更好、核燃料利用率更高，核废物产生量更少。根据第四代先进核能系统国际合作研发论坛（GIF）的目标，六种最有希望的概念堆型正在进一步研发，包括钠冷快堆、铅冷快堆、气冷快堆、超高温气冷堆、超临界水冷堆和熔盐堆。四代核电当前仍处于堆型开发阶段，预计 2020 年左右建成示范堆电站，2030 年后再推广商用堆建设。

　　在我国，2012 年底在山东石岛湾开工的具有四代特征的 200MW 高温气冷堆走在了前面；2017 年底在福建霞浦开工的 600MW 钠冷示范快堆紧随其后。而属于中科院战略性先导科技专项——先进核裂变能—钍基熔盐堆核能系统和 2MWt 液态燃料钍基熔盐实验堆也有了工程依托。

　　2012 年 12 月，200MW 高温气冷堆核电站在山东省荣成市的华能石岛湾核电厂开工建设。这是在清华大学 10MW 高温气冷实验堆基础上，我国建设的第一座高温气冷堆示范电站，也是世界上第一座具有第四代核能系统安全特性的模块式高温气冷堆商用规模示范电站。

　　项目设备国产化率预计达到 91.5%，压力容器、蒸汽发生器、金属堆内构件、主氦风机等核心部件均由国内装备集团制造供货。

第二节　高温气冷堆压力容器制造

　　上核公司承担的高温气冷堆压力容器重量约 700t，直径约 6m，高度约 25m，其高度及重量约为 AP1000 压力容器的 1.5 倍、力压 EPR 等其他三代压力容器，制造的尺寸和位置公差要求也很高。

　　相比于三代压力容器，高温气冷堆压力容器结构复杂。其上部筒体组件为板焊结构，由 5 节板材卷制的筒体拼焊而成。筒体直径大、壁厚薄、圆度要求高，需要开发一套板材卷制、多筒体组装、焊接变形控制的专用工装，同时配备辅助工装和测量装置。下部筒体组件同高度位置设置了 4 组 π 型支承耳架和一处直径为 2542mm 的马鞍形接管，该区域结构拘束度高，需要精心设计焊接工艺，研制防变形工装，有效控制筒体组件的变形。

由于这是第一次制造尺寸超大、结构复杂高温气冷堆压力容器，上核公司将重点放在控制制造变形措施上。开发专用激光测量装置、摄影测量系统及配套工装，实现了机械加工、装配及焊接过程中的精密测量，实现了超大超重设备的精准加工。在高温气冷堆压力容器的制造过程中，上核公司获得了国家发明专利授权8项，实用新型专利授权5项。

在焊接技术方面，上核公司通过调节焊接顺序、利用焊缝弹性补偿和热处理高温塑变原理，控制顶盖安放式小接管的焊接变形。在下筒体与支承耳架的厚壁全熔透T型接头焊接中，采用同步装焊、内外交替的焊接工艺，减小T型接头焊接应力，控制接头焊接变形。在筒体与热气导管法兰的大直径马鞍形中，则通过采取措施提高筒体刚度来减缓变形问题。

在装配技术方面采取的有效工艺措施包括：设计合理的防变形工装，以保证板材卷制时筒体圆度；采用激光辅助装配，实现将最终环缝装配的设计基准转化为制造基准；研制一套翻身工装和支撑座，降低压力容器起吊翻身时的风险；研制一套支撑工装，用于支撑整个水压试验期间压力容器的重量。

尤其在制造过程的后期关键阶段，上核公司不急不躁，几道最后阶段的关键工序如大接管马鞍形焊缝焊接、顶盖最终机加工、水压试验等都仔细预案、谨慎操作，取得了圆满成功，赢得了业主的认可，保证了产品顺利交付。

首台200MW高温气冷堆压力容器于2015年12月制造完工,2016年3月顺利发运(见图4.5-1)。

图4.5-1　石岛湾高温气冷堆压力容器（上核公司）

第三节　高温气冷堆蒸汽发生器制造

哈电重装承制的蒸汽发生器总高度约25m，最大外径约4.5m，总重量近500t。

与压水堆不同，高温气冷堆蒸汽发生器以高温氦气作为一回路冷却剂，设计结构显著不同。它采用螺旋管换热结构，整体结构非常复杂，几乎颠覆了原有的核电蒸汽发生器的制造工艺。

哈电重装先后攻克了超大型法兰密封面加工、换热管对接焊、进/出口连接管布管及装配、内件与壳体整体套装、蒸汽管板—管箱全位置内孔镍基自动焊接等 20 余项世界性较难解决的制造难题，在原计划基础上提前一个月完成了最终压力试验（见图 4.5-2）。

蒸汽发生器内空间狭小，结构复杂，对产品制造工序时常形成制约。在产品制造过程中，哈电重装对蒸汽发生器连接管的布管设计及工艺进行了优化；对间隙小于 1mm、复杂形状包裹零件的焊接成型和装配工艺进行了优化；对大直径薄壁不锈钢筒体换热内件的加工、立式装配和防变形焊接工艺进行了优化。另外，在制造中，哈电重装开发了超大型工件翻身及套装工艺、Incoloy800H 镍基合金管对接焊和 SA-213T22 低合金钢管管对接焊技术，也开发了特厚材料焊缝的超声波检验技术和换热管将 X 射线与 γ 射线配合使用的对接焊缝射线检测技术等。

2018 年 10 月，200MW 高温气冷堆蒸汽发生器通过了出厂验收（见图 4.5-3）。在 10 年研制中，哈电重装申请专利 25 项（其中发明专利 9 项），已获授权 19 项。10 项技术成果通过核能行业协会技术鉴定。

图 4.5-2 石岛湾高温气冷堆蒸汽发生器气压试验
（哈电重装）

图 4.5-3 石岛湾高温气冷堆蒸汽发生器
（哈电重装）

第四节 高温气冷堆金属堆内构件制造

上海一机床承担的金属堆内构件合同于 2008 年 10 月签订。历时近 8 年时间完成了设备研发、设计和制造。

该设备高 20m、直径为 5.44m，是世界上尺寸最大的薄壁型金属堆内构件。产品由 3.5 万多个精密零部件组成。装配零件多，工序复杂。

以堆芯壳为例。堆芯壳主段外径为 5440mm，主体结构壁厚 40mm，总体长度约 20m，加工完成后，需要进行翻转、运输。因筒体的精度要求较高，上海一机床采用分段加工，然后再环焊缝拼接，因而设计了专用起吊翻转（见图 4.5－4）和运输工装，圆满完成了任务。

该项目推动了上海一机床采用铬钼合金钢大锻件和钢板无延性转变温度低于－25℃的落锤试验，成功将铬钼材料应用到核电主设备中。

历时 2 年多，上海一机床突破了堆芯壳底座组件的窄间隙全焊透组焊难点，攻克了大型金属波纹管制造、环形底座焊接、薄壁堆芯壳精密加工和焊接、下支承板精密加工和装配等难题。仅上部和下部堆芯的车间预组装作业就花了半年的时间。

2016 年 3 月，石岛湾 200MW 高温气冷堆金属堆内构件设备运抵现场安装（见图 4.5－5）。

图 4.5－4　石岛湾高温堆金属堆内构件堆芯壳翻身
（上海一机床）

图 4.5－5　石岛湾高温堆金属堆内构件
（上海一机床）现场吊装

第五节　高温气冷堆主氦风机制造

类似于压水堆的主泵，主氦风机是高温气冷堆一回路内唯一的关键动设备。

主氦风机为高压、大功率、高转速、变频调速的立式机组，功率规格和部分关键技术皆处于国际领先水平。这是世界上第一台采用电磁轴承的大功率主氦风机，大量采用了创新技术。

主氦风机工程样机由清华大学核能与新能源技术研究院负责总体技术并提供电磁轴承；哈尔滨电气佳木斯电机公司（简称佳电公司）总承包并负责电机，上海电气集团的上海鼓风机厂有限公司（简称上鼓公司）负责叶轮及整机总装和试验平台。

2014年7月，主氦风机工程样机在上鼓公司完成了100h热态满功率连续运行考验（见图4.5-6），通过了业内专家评审和鉴定。

在该设备研制生产中，佳电公司通过对产品方案不断验证、优化，解决了多个重大技术难题，如电磁悬浮轴承力学分析、电机转子加工制造、大功率高速高压变频电机电磁设计等，先后完成了多种工程样机，包括滑动轴承结构驱动电机

图4.5-6 高温气冷堆主氦风机样机试验（上鼓公司）

的原理试验样机、电磁轴承铸铝转子结构驱动电机的工艺验证样机、电磁轴承铜条转子结构驱动电机的试验样机、进口电磁轴承结构驱动电机的工程样机等，最终完成了主氦风机用驱动电机的产品制造（见图4.5-7）。

图4.5-7 高温气冷堆主氦风机驱动电机交付（佳电公司）

2018年5月，首台主氦风机产品完成了包括100h稳态运行试验的最终出厂试验。全部试验结果满足试验预期及设计要求，具备工程交货的条件。

第六节　高温气冷堆控制棒驱动机构制造

　　2014 年 10 月，上海一机床承制的石岛湾高温气冷堆控制棒驱动机构的样机顺利完成了热态工程验证试验。经过 4 个多月的热态工程验证试验，控制棒累计行程超过 100km，相当于在实际核反应堆中运行了 80 年。控制棒驱动机构的性能指标、运行可靠性和安全性得到验证。

　　在控制棒驱动机构制造中，上海一机床突破了控制棒的包壳和端板采用镍基合金激光焊接一次成型技术；研制了适用于高温气冷堆控制棒系统的水压及气压试验系统；研制了总高度为 14m 的控制棒系统全行程的性能试验台架；制定了试验流程，满足了试验要求；确定了环链链条的焊后校正方案，使环链链条的单链环外轮廓偏差和 7 环累计偏差满足设计要求；开发了驱动机构锥形封头等密封面的机器人自动焊堆焊技术。

第六章

常规岛大型半速饱和汽轮
发电机组成套设备研制

第一节　大型半速汽轮发电机组研发

大型半速饱和蒸汽汽轮机发电机组及其辅助系统是先进压水堆核电站常规岛主要关键设备。在国家能源局主持的国家"大型先进压水堆及高温气冷堆核电站"重大专项中，上海发电设备成套设计研究院依托第三代核电示范工程建设，牵头组织开展"大型半速饱和蒸汽汽轮机、大型半速汽轮发电机及主要辅机等设备的关键共性技术研究""常规岛关键设备自主设计和制造技术"重大专项课题的实施，以期掌握核心技术，形成工程设计和设备成套能力。

专项课题分为两阶段：

（1）大型半速饱和蒸汽汽轮机、大型半速汽轮发电机及主要辅机等设备的关键共性技术研究：该课题于 2008 年立项，2010 年批准实施，历时 5 年的研究，于 2015 年 1 月通过能源局组织的专家组验收。

（2）常规岛关键设备自主设计和制造技术：该课题于 2011 年立项，2012 年批准实施。历时 6 年的实施，成功研制出我国首台与 CAP1400 核电站配套的 1500MW 级半速饱和汽轮发电机组成套设备，于 2018 年 7 月通过能源局验收。

在课题研发中，上海成套院集中了国内核电常规岛设备研制优势力量，联合东方电气、哈尔滨电气、上海电气、国核电力院和国核自仪等近 30 家企业，开展了行业协同创新。

在 CAP1400 示范工程中，东方电气承担了汽轮发电机组成套设备供货任务。上海成套院在组织协调三大电气及其他单位实施课题研发中，重点支持东方电气的成套设备研制。同时在 CAP1400 汽轮发电机组的焊接转子、末级叶片和汽水分离再热器等关键部件研制方面，对哈尔滨电气和上海电气进行平行支持。通过对其他部件研发的"填平补齐"，形成行业规模化生产能力，满足未来核电市场对常规岛设备产能的需求。

在关键共性课题中，联合团队主要完成了大型先进压水堆常规岛设备设计制造和系统集成技术研究，标志性成果是完成 AP1000 三代核电示范工程常规岛主设备研制，在大型半速汽轮发电机组系统集成、焊接及整锻转子研制、末级叶片研制以及汽水分离再热器（MSR）等关键技术实现了突破，为CAP1400压水堆常规岛成套设备的自主研制打下了坚实基础（见图4.6-1）。

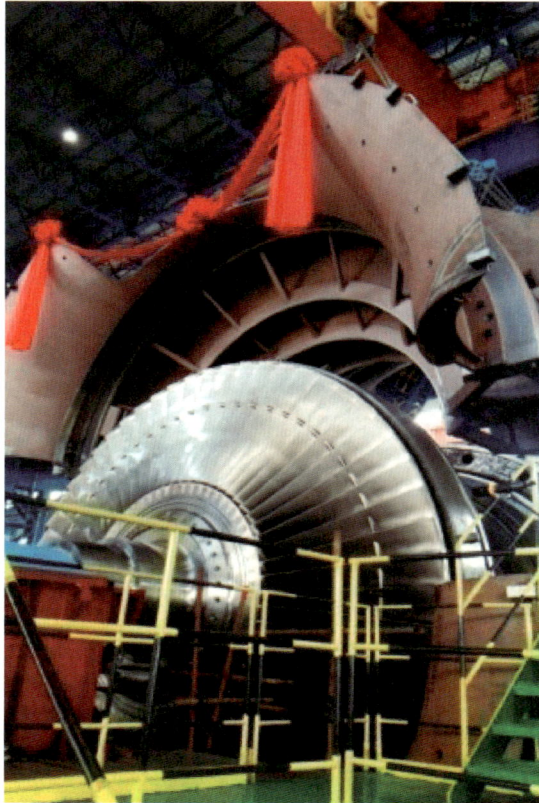

图 4.6-1 CAP1400 核电汽轮机低压缸成功合缸（东方电气）

第二节 半速汽轮机低压转子研制

低压转子是半速饱和蒸汽汽轮机的关键部件。由于核电汽轮机工质是饱和蒸汽，参数较低，相同功率下蒸汽流量较火电汽轮机要大很多。由于采用半速，相同流量下低压缸体积也较全速机组大很多。大型核电汽轮机低压转子最大直径达3m左右，成品转子重达200t以上。在低压转子研制技术路线上，东方电气和上海电气采用焊接转子，哈尔滨电气采用整锻转子，无论是焊接转子还是整锻转子，都是对发电设备制造极限能力的挑战。

大型低压焊接转子采用6个焊接件5条焊缝焊接而成，设计制造难度很大，国外只有极少数制造商掌握这项技术。东方电气通过课题实施，掌握了核心技术，完成了 CAP1400 半速饱和蒸汽汽轮机焊接转子整体结构设计（见图 4.6－2）、转子材料技术、焊缝结构设计、焊接材料筛选、焊接工艺研究、热处理技术和无损检测技术等关键技术的研究开发，成功研制出大型核电汽轮机焊接转子。

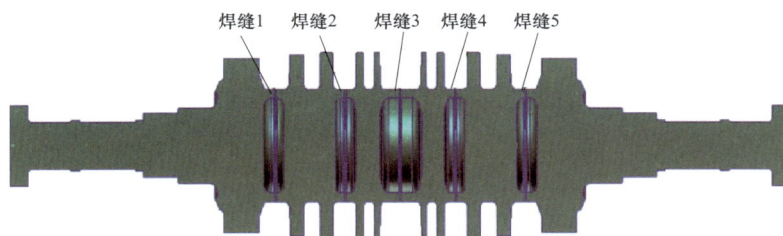

图 4.6－2　低压焊接转子结构示意图

主要的技术突破包括：

（1）转子材料焊接性能研究及焊接材料选型。核电焊接转子除了要满足与整锻转子相同的强度高、韧性好、具有优良的热强性和耐蚀性等优点外，还要保证焊接接头具有与母材同样的良好性能和质量。30Cr2Ni4MoV、20Cr2NiMo、Cr2Ni2MoV 是三种比较常用的整锻转子材料，根据转子材料的成分与合金体系的特点，设计了焊接热影响区最高硬度、刚性拘束、插销试验等多种焊接性试验，评判三种转子材料的抗裂性。

（2）转子窄间隙钨极气体保护焊（TIG）（见图 4.6－3）和埋弧自动焊（SAW）焊接工艺性试验。主要研究焊前预热、层间温度、焊接线能量、焊后热处理工艺规范对窄间隙接头组织性能的影响；热丝 TIG 自动焊根部打底焊单面焊双面成型工艺研究；窄间隙焊接接头性能研究。

图 4.6－3　窄间隙钨极气体保护焊（东方电气）

（3）焊接工艺评定试验。试验采用环状的对接模拟件，焊接过程及工艺与产品相同。焊接工艺评定试件制备好后，进行无损检测和破坏性试验。

（4）焊接接头寿命评估及安全可靠性试验研究。通过焊接接头高、低周疲劳、疲劳裂纹扩展速率和疲劳裂纹扩展门槛值、焊接接头断裂韧性 KIc 测试、应力腐蚀等试验研究，了解核电焊接转子焊接接头脆化倾向，从断裂力学角度为焊接转子的安全运行提供评判标准。

（5）转子焊接接头无损检测工艺、方法及验收规范研究。在焊接转子热处理前后，通过多种技术对试制转子的 5 条焊缝内部进行检测。结果表明，核电低压转子的焊缝射线检测方案和常规超声波检测方案可行；TOFD 检测方案和超声相控阵检测方案基本可行。采用超声相控阵和 TOFD 检测可对检测记录进行数字化记录，具有检测结果可追溯的优势。

大型半速饱和蒸汽汽轮机低压焊接转子的试制过程主要涉及零件加工、装配、预热、焊接、热处理、无损检测等制造技术（见图 4.6－4）。通过大量试验和产品试制，解决了核电焊接转子制造面临的难题，取得了多项技术创新，成功制造出首根 CAP1400 半速核电汽轮机低压焊接转子（见图 4.6－5），制造技术水平和产品质量均达到国际先进水平。

图 4.6－4　大型低压焊接转子加工（东方电气）

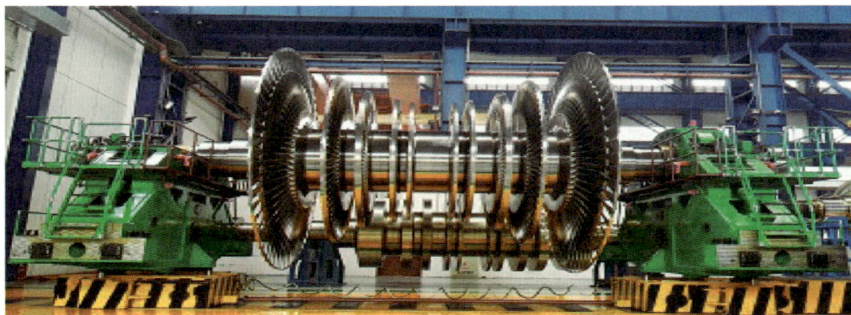

图 4.6－5　CAP1400 半速核电汽轮机低压焊接转子（东方电气）

第三节　半速汽轮机末级叶片研制

半速核电汽轮机末级动叶片的设计是根据示范工程装机地点的背压和机组容量，优化确定排汽环形面积，最终确定末级叶片高度为 1828mm。相关气动、结构及振动设计研究均依托示范工程项目蒸汽参数进行（见表 4.6－1）。

表 4.6－1　　　　　　　　　　　　1828mm 末级长叶片的基本技术特征

叶片名称	单位	1828mm 末级长叶片
转速	$\times 10^{-6}$r/min	1500
有效长度	mm	1828.8
根径/中径/顶径	mm	3000/4828.8/6657.6
环形面积	m²	27.74
叶片数	只	60
叶根形式	—	斜齿枞树型（4 齿）
结构形式	—	整体凸台阻尼拉筋、整体阻尼围带
叶片材料	—	Cr－Ni－Mo－V－N 钢

一、末级叶片的设计计算

（1）动叶型线设计。动叶型线各截面气动性能优良，沿型线高度方向面积变化合理，型线特性截面高阶光顺、亚音、跨音、超音速流动特性优异，用其设计开发的 1828mm 末级叶片叶身应力小，满足使用现有材料强度规范设计要求。

采用全三元 CFD 分析软件对叶片级进行气动分析和优化，根据叶片级的流动特点，局部调整叶型轮廓线，获得满足根部亚音速流动、中部跨音速流动、顶部超音速流动的各叶型截面。超长末级动叶片型线采用变截面扭曲型线，型线的宽度、厚度及横截面积由根部到顶部递减、平滑过渡，型线由若干特征截面按一特定规律叠合而成（见图 4.6－6）。

低压模块的全三元性能分析。在可控涡流型设计的基础上，对静、动叶片进行三维空间成型设计。气动设计和叶片的结构、强度、振动设计相互耦合，不断协调，使叶片既具有高可靠性又具有高经济性（见图 4.6－7）。

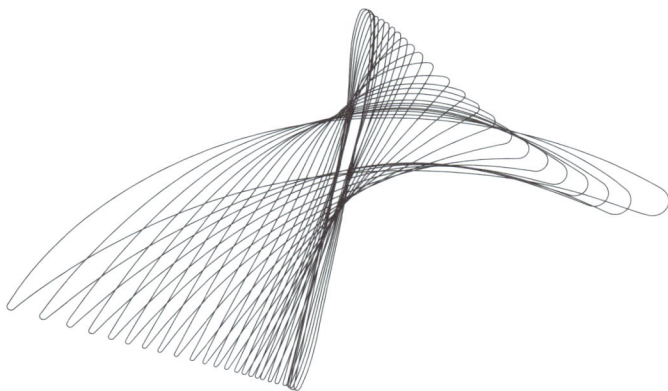

图 4.6－6　叶型叠合图

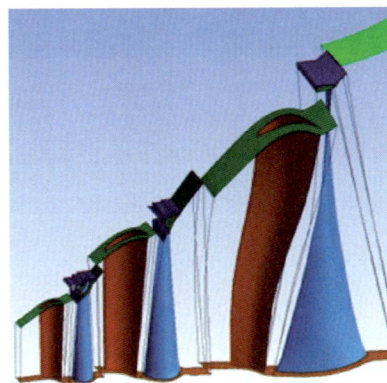

图 4.6－7　低压末三级通流设计

（2）末级静叶优化。在保持动叶未改变的前提下，以提高末级效率为目标，对静叶的倾斜、弯曲、出口气流角等分布规律进行了多层次优化，取得较好效果。

除湿设计和叶片防水蚀设计。适当加大动叶和静叶的轴向距离，尤其在顶部位置。低压段设有足够疏水口。末级导叶采用空心导叶（见图4.6-8），湿度大的位置开设抽吸孔，隔板外环设置捕水室，除去部分水滴，保证水蒸气具有足够干度。

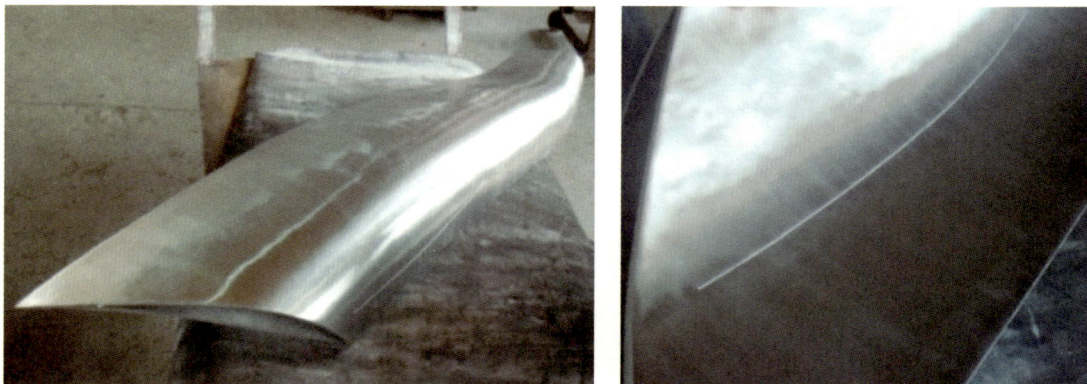

图4.6-8 空心导叶除湿缝（东方电气）

优化末级流场，提高根部反动度，避免在低负荷时，动叶根部出现倒流引起根部冲刷。末叶采用自防水蚀性能优的材料2Cr12Ni4Mo3VNbN。末级动叶顶部采用高频淬火强化技术，提高叶片抗水蚀能力。淬火区的 HV 硬度达到 450 以上。

（3）叶片结构强度振动设计。1828mm 动叶片采用四齿斜置式枞树型叶根，自带凸台拉筋结构和围带结构，工作状态下为成圈结构（见图4.6-9）。末级长叶片离心荷载非常高，采用常规的平均应力分析法设计，叶身截面面积沿叶高的合理分布，在满足叶根及轮缘强度条件下，最终叶片叶型各截面基本实现了等强度设计。

采用MARC软件对末级长叶片叶根设计方案的接触有限元进行计算分析，其有限元模型为三维实体，采用循环对称处理办法，考虑了叶片工作部分、所有过渡圆角、叶片相邻围带和拉筋的接触，处理方式与叶片真实情况一样。

（4）成圈叶片振动特性计算。1828mm 末级长叶片在工作转速下为围带、拉筋同时连接的成圈结构。成圈叶片振动型式主要表现为节径振动，运行时主要考虑避开三重点共振。

图4.6-9 叶片三维模型图

二、末级叶片的试验验证

（1）末级叶片与轴系耦合振动频率特性研究。通过构建 CAP1400 汽轮发电机组轴系（包括高中压转子、三级低压转子以及电机转子）及低压末两级动叶片的有限元模型，获得低压末两级动叶片与轴系耦合以后的振动特性。分析结果表明，末级叶片耦合轴系后的振动频率避开率满足设计要求，叶片与轴系耦合扭振特性安全可靠。

（2）末级动叶片试验研究。1828mm 长叶片的试验内容包括：调频叶片的静频测量；长叶片动调频测量试验，叶根、轮槽应力特性验证；末级（或末级组）空气动力试验验证和末级叶片动应力实测试验（见图 4.6－10）。

动调频试验（见图 4.6－11）进行了多次升速、降速，各通道叶片振动信号随转速升降的变化特征基本相似，高转速下叶片呈整圈特性。最高试验转速为 1754r/min。

图 4.6－10　调频叶片的静频率测量试验（东方电气）

图 4.6－11　长叶片动调频试验（东方电气）

（3）叶根、轮槽应力特性验证。薄板模型极限载荷拉断试验（见图 4.6－12）表明，叶根试件当量破坏转速为 2774r/min，轮缘试件当量破坏转速为 2653r/min，均远大于汽轮机设计工作转速 1500r/min，满足设计规范要求。

（4）同步，末级组空气动力试验验证。通过对末级组的模化级进行空气动力试验（见图 4.6－13），获得了末级（或末级组）在设计额定工况和变工况的主要气动性能。末级反动度的测量数据符合长叶片的设计要求，通过能量平衡计算，末级效率达到了设计值。

同时，上海电气完成了 1710mm 末叶片和 1905mm 末叶片的全部设计工作，并完成了样机制造及一系列的试验验证工作。哈尔滨电气在一系列试验基础上也完成了 1800mm 末叶片的开发工作。

图 4.6－12　薄板模型试验（东方电气）

图 4.6－13　末级组模化级空气动力试验（东方电气）

第四节　CAP1400 汽水分离再热器设计制造

CAP1400 大型先进压水堆核电站中，每台汽轮机上配备两个水平布置的汽水分离再热器（MSR），主要作用是将高压缸中排出的湿蒸汽进行汽水分离，并将分离后的蒸汽加热到过热状态，保证分离器出口蒸汽干度大于 99.5%，然后进入汽轮机低压缸继续做功，有效提高核电站的整体热效率以及保护汽轮机的叶片。

汽水分离再热器是一个内部结构复杂的大型卧式换热容器，采用一体化结构。主要由外壳，下部内衬防腐壳，流量分配器，分离器，一、二级再热器，内件固定架，尾罩和各种密封装置等部件组成（见图 4.6－14）。

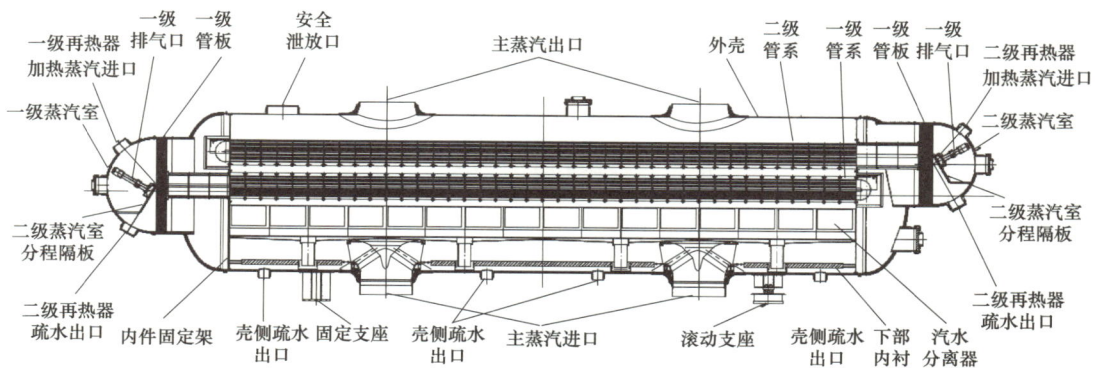

图 4.6－14　卧式汽水分离再热器结构示意图

CAP1400汽水分离再热器由东方重机承担，其任务包括热力计算程序开发、系统优化配置、再热器换热管传热特性研究、管束振动分析计算、水动力分析研究、关键部件的强度设计和制造技术研究等，并完成CAP1400汽水分离再热器的设计制造。

CAP1400分离器项目采用自主设计的分离单元，分离单元需经过试验验证，在模拟工作介质的试验台架上进行。试验采用先进的试验方法，采用模拟实际运行中的蒸汽对分离单元进行性能验证试验。波纹板分离性能试验时，试验件设计成满足试验台架蒸汽量要求，波纹板装在试验件中，试验件与实际分离器大小相同。通过试验验证工作，得出了分离单元的试验结果。

再热器传热特性研究主要进行了换热管传热特性及传热计算，因管内冷凝换热系数与湿度有关，且是非线性的，如按常规考虑，结果会产生很大偏差，需要将换热器划分为小的计算单元进行精确计算。

再热器试验研究需要开展两方面工作：一是通过小模型试验研究再热器翅片管的传热特性，研究影响凝结换热及横掠翅片管的对流换热的主要因素，并建立经验证的关联式；二是收集核电厂运行试验数据，校核再热器整体换热性能，验证再热器性能设计的可靠性。

关键制造工艺技术研究主要解决了管子管板封口焊工艺、管系氦检漏技术、管子管板液压胀接技术、管板堆焊及防变形工艺、管板深孔钻工艺、管系立架技术、管系翻转工装工艺、蒸汽室内件装焊工艺、分离器吊装技术、再热器套装技术和专用工装开发。

同步，上海电气和哈尔滨电气也通过专题任务的研究，完成与CAP1400压水堆核电站匹配及具有自主知识产权的MSR设计制造。

第五节　半速汽轮发电机研制

半速汽轮发电机的研制重点是确定主要技术特征和发展方向；进行关键部件的刚度和振动研究，以保证发电机运行安全可靠；完成大型核电半速汽轮发电机的电磁方案设计；完全掌握关键系统和部件的设计制造技术，完成CAP1400半速汽轮发电机的型式试验（见图4.6-15）。

（1）发电机的通风设计。CAP1400示范工程1550MW汽轮发电机采用水氢氢冷却方式。对于百万千瓦以上的大容量四极半速核电发电机，槽底副槽进风径向通风冷却方式被世界多数厂商在百万千瓦级核电中所采用，并取得了良好的运行业绩。CAP1400示范工程1550MW汽轮发电机采用了槽底副槽进风径向通风冷却系统。

（2）发电机电磁设计。根据已确定的产品容量、转速、电压等级、功率因数等基本技术要求，根据短路比、效率、温升、直轴超瞬变电抗、磁通密度、电流密度、线负荷等电磁参数的合理性，确定发电机的主要尺寸。

图 4.6-15 CAP1400 半速汽轮发电机定子、转子（东方电气）

（3）主要材料的选择。发电机采用 35Q155 冷轧取向硅钢片（厚度 0.35mm，比损耗 1.55W/kg）作为定子铁心冲片材料。发电机转子采用整体锻造的 25Cr2Ni4MoV 合金钢转子锻件。定子线圈采用不锈钢空心线。

（4）发电机总体设计。汽轮发电机为水氢氢冷却、隐极式、四极、三相同步发电机，即定子绕组采用水冷、定子铁心和转子绕组采用氢气冷却。

总体结构设计特点：三段式机座，定子由中段机座和两端端罩组成，冷却器立式安放于机座四角；定子线圈 4 支路并联，星形联结，定子励端端罩下部出线，共 6 个出线头；汽励端对称全径向闭式循环通风系统，由转轴两端的单级轴流式风扇驱动；端盖式轴承，轴瓦为椭圆瓦；双流环式油密封系统；机端变静止晶闸管励磁（见图 4.6-16）。

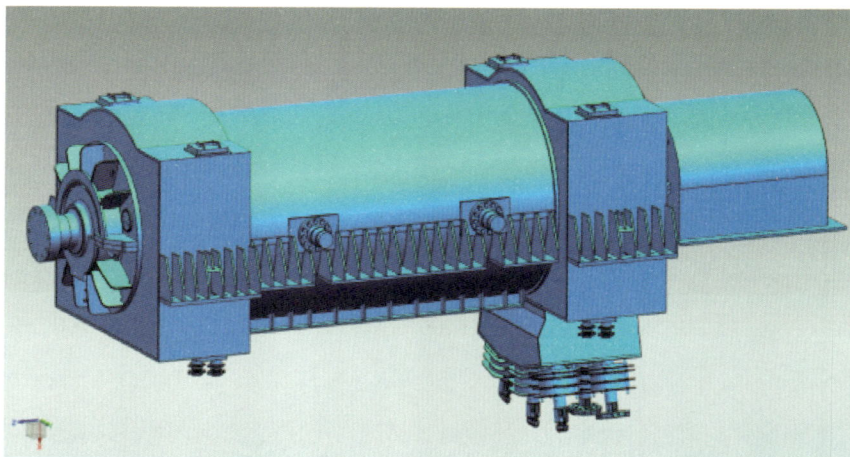

图 4.6-16 1550MW 半速汽轮发电机示意图

对转子绕组和定子铁心进行冷却的氢气由安装在转子两端的单级轴流式风扇驱动，分别从汽励两端冷却器出口经过端盖和内端盖间的空隙向发电机中部鼓入，形成两端对称的风路（见图 4.6－17）。

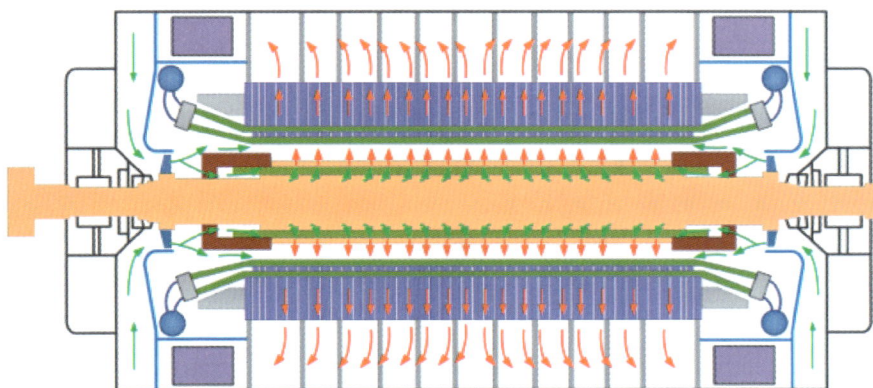

图 4.6－17　发电机冷却风路示意图

发电机油密封系统采用双流环式密封油系统，该系统在正常运行与非正常运行工况下，对密封瓦提供两路独立、连续且具有一定压力的密封油，且与发电机内氢压保持一个恒定的油—氢压差值，在发电机密封瓦处形成两道密封油环，使发电机内氢气不沿轴向外泄。

定子冷却水系统通过低电导率的水在矩形空心线棒内孔中的循环流动来实现对定子的冷却。定子冷却水系统能够满足发电机对定子绕组冷却水的水质、流量、温度和压力的要求。

（5）发电机型式试验。发电机在厂内制造完成后，按合同和相关标准要求进行了型式试验（见图 4.6－18）。型式试验项目分静态试验和旋转试验。型式试验结果表明 CAP1400 半速汽轮发电机各项技术指标满足设计要求。

图 4.6－18　CAP1400 半速汽轮发电机型式试验（东方电气）

第六节　CAP1400 常规岛大型水泵的研制

一、CAP1400 常规岛主给水泵

上海凯泉泵业（集团）有限公司（简称"凯泉泵业"）承担 CAP1400 核电示范工程常规岛主给水泵研制项目。项目按照 CAP1400 常规岛给水泵组的使用制造技术规范，研发高效的水力模型、进行泵组的结构力学（强度、刚度、热力学、形变、机组稳定性）分析、进行泵组转子的动态特性分析、设计高效可靠的轴封结构等，并完成给水泵组的设计制造和样机试验。

主给水泵的电动机为双轴伸结构，主轴伸通过增速齿轮箱驱动给水泵，副轴伸直接驱动前置泵。给水泵与前置泵在任何工况下运行时均避免汽蚀，抗汽蚀性能经过试验验证。给水泵设计成筒体式，内部组件可整体从泵壳内抽出。给水泵组采用集装式机械密封。泵轴材料采用抗汽蚀的不锈钢，叶轮为双吸式结构，材质为不锈钢。

CAP1400 核电站常规岛所用主给水泵（组）样机成功地完成以下所要求的试验：叶轮静平衡试验、转子动平衡试验、水压强度试验、水力性能试验、振动试验、噪声试验、冷热态冲击试验、耐久性试验和口环间隙放大试验（见图 4.6-19）。

图 4.6-19　CAP1400 常规岛主给水泵试验（凯泉泵业）

二、CAP1400 常规岛凝结水泵

沈鼓集团承担 CAP1400 常规岛凝结水泵研制工作。研制任务包括制定凝结水泵使用制造技术规范；开发高效率、高抗汽蚀性能的水力模型；进行转子部件动态特性分析、泵的抗震抗冲击结构设计、高可靠性的密封结构设计；完成凝结水泵的设计；研制凝结水泵样机并进行试验验证。

凝结水泵为直立筒袋式，叶轮为铸造闭式叶轮。泵内径向轴承为滑动轴承，首级叶轮及蜗壳体保证有良好的抗汽蚀性能，首级叶轮设计成双吸形式，首级蜗壳体设计成双流道形式（见图 4.6-20）。

图 4.6-20 首级叶轮和双吸蜗壳体外形图

凝结水泵采用集装式双端面机械密封。泵和电机使用弹性柱销联轴器连接。在轴承的润滑及冷却方面，水导轴承采用水自润滑，润滑水来自泵输送的介质。球轴承采用稀油润滑，当泵运转时，形成了润滑油循环回路，对推力轴承进行充分有效地润滑。只要立式泵运行，推力轴承的自润滑就不会间断。在泵启动的同时，打开外接冷却水源，冷却水进入冷却水管内，即可带走润滑油的热量从而冷却了泵的推力轴承。

CAP1400 核电站常规岛所用凝结水泵样机完成以下试验：叶轮静平衡试验、转子动平衡试验、水压强度试验、水力性能试验、汽蚀试验、振动试验、噪声试验和耐久性试验（见图 4.6-21）。

图 4.6-21 CAP1400 常规岛凝结水泵试验（沈鼓集团）

三、CAP1400 常规岛冷却水循环泵

CAP1400 常规岛循环水泵的研制由湖南湘电长沙水泵有限公司（简称"长沙水泵"）承担。任务包括：制定使用制造技术规范、进行高比转速水力模型的优化设计、进行泵过流部件材料的防海水腐蚀和冲蚀研究、进行性能试验及测试技术研究、完成循环水泵的设计制造和试验验证。

冷却水循环泵泵型选择闭式斜流泵，其叶片固定在前后盖板之间，具有较高的最优效率，但由于叶片角度不可调节，只有在最优工况附近具有较高的效率，高效区较窄。该型泵没有复杂的操作机构，生产成本较低，运行可靠性高，目前大部分核电站使用该类型循环水泵。

CAP1400 常规岛冷却水循环泵模型试验在哈尔滨大电机研究所水轮机室水力试验 2 台进行。样机选择在长沙水泵测试中心的大型立式泵试验台上进行。按照《CAP1400 常规岛循环水泵样机试验规程》中要求，开展特大型立式斜流泵试验技术研究，完成对样机的水力性能试验、振动试验、噪声试验和耐久性试验工作（见图 4.6 – 22）。

图 4.6 – 22　CAP1400 常规岛冷却水循环泵试验（长沙水泵）

第七节　三大电气集团核电装备的工程应用及技术比较

一、东方电气

东方电气完成国内首台与 CAP1400 压水堆核电站相匹配的单轴、四缸六排汽、带中间汽水分离再热器的大型半速饱和蒸汽核电汽轮机的自主设计制造。额定出力 1520MW，额定转速为 1500r/min，设

计热耗不大于 9600kJ/（kW·h）。设计自主化率和制造国产化率达到 96%，总体技术性能达到国际先进水平；首次完成与之配套的汽水分离再热器的自主设计制造，产品应用于 CAP1400 示范工程。

东方电气研制成功国内首台与 CAP1400 相配的 1500MW 级半速汽轮发电机，额定功率 1550MW，转速 1500r/min，设计效率不小于 98.9 %，完成了 CAP1400 核电汽轮发电机产品制造和工厂型式试验，填补了国内产品空白。主要技术参数均达到国际领先水平，产品综合技术水平也达到了国际先进水平。

二、哈尔滨电气

哈尔滨电气以三门、海阳 AP1000 核电项目为依托，通过对引进技术的消化吸收和创新，完成与 AP1000 配套的大型半转速饱和蒸汽轮机发电机组设计制造，目前已成功投入商业运行，产品技术性能达到当前国际水平，形成国产化大型半转速核电汽轮机发电机组批量生产能力。

依托掌握的 AP1000 核电汽轮机设计制造技术，建立包括设计研发、试验验证、制造规程、技术标准在内的技术体系。哈尔滨电气集团在田湾核电 3 号、4 号机组推出了完全自主产权的 VVER-1000 型核电汽轮发电机组。机组出力 1137.5MW，汽轮机热耗 9543kJ/（kW·h），达到国际先进水平。其通流优化技术、电站三维布置技术和汽水分离再热器先进技术在后续核电项目 10 台机组上得到应用。

三、上海电气

上海电气承接有阳江、防城港、巴基斯坦卡拉奇、桃花江以及漳州核电项目总计 18 台套百万等级核电汽轮发电机组设备。阳江项目 6 台机组核岛堆型为 CPR1000，截至 2018 年 7 月 13 日，已有 5 台核电汽轮发电机组投入商业运行。阳江 6 号正在最后调试，预计于 2019 年 5 月进行冲转。阳江 1～5 号机组平均实际发电功率为 1096MW，均超过合同要求的保证功率 1086MW。防城港一期项目 2 台机组核岛堆型同为 CPR1000，已于 2017 年 10 月全部投入商业运行。

巴基斯坦卡拉奇 K2 和 K3 两台机组核岛堆型为 HPR1000，上海电气已完成 K2 机组的全部供货任务，K3 机组的供货任务已在 2019 年内也全部完成。防城港二期项目和漳州项目机组核岛堆型也为 HPR1000。上海电气在 HPR1000 堆型配用的汽轮发电机组供货业绩方面具有一定优势。目前详细设计已全部完成，正在稳步推进制造与供货。

通过关键技术的消化吸收和自主创新，上海电气在核电汽轮机设备关键部件和关键技术上取得了显著进展。

（1）低压焊接转子。上海电气已成功焊接制造各类转子 467 根，没有出现一例因焊接质量造成的停机返修事故。用于核电汽轮机的低压焊接转子已完成研制和动平衡超速试验。目前核电汽轮机用低压焊接转子已应用于卡拉奇 K2K2 项目、防城港二期项目和漳州等项目中。

（2）末级长叶片系列。上海电气建立了排汽面积按一定比例间隔配置的低压长叶片模块系列，开发了排汽面积为 20m² 的 1420mm 末叶片、排汽面积为 26m² 的 1710mm 末叶片以及排汽面积为 30m² 的 1905mm 末叶片。1710mm 末叶片通过动应力试验，湿蒸汽试验等性能考核，已应用于卡拉奇 K2K2 项目，防城港二期项目和漳州等项目中。1905mm 末叶片也已完成试制，与低压焊接转子成套的末三级试验件也完成多种性能考核，各项指标合格。

四、技术比较

从下述主要技术参数比较表中可以看出，国内核电供应厂商自主研发的 CAP1400 半速饱和蒸汽汽轮机、末级长叶片、大型低压焊接转子、半速发电机、给水泵等主要设备的主要技术性能与国外产品相当，总体技术水平达到国际先进水平（见表 4.6-2～表 4.6-5）。

表 4.6-2　　　　　　　　　　　半速饱和蒸汽汽轮机技术性能比较

序号	制造商	核电站工程	容量/MW	保证热耗/［kJ/（kW·h）］	投运年份
1	东方电气	国核 CAP1400 示范工程	1520	9575	在建
2	哈尔滨电气	田湾核电 3 号机	1137	9543	2018
3	上海电气	阳江 1 号机	1086（1103 运行值）	9624.8（9476 运行值）	2014
4	法国阿尔斯通	蒂昂热-3（比利时）	1048	10 358	1985
5	美国通用电气	卡托巴-1（美）	1205	10 190	1985
6	西门子	格罗恩德（德）	1361	9959	1984
7	三菱重工	大阪-2（日）	1175	10 035	1978
8	Touboatom	南乌克兰-1（乌）	1100	10 020	1983

表 4.6-3　　　　　　　　　半速饱和蒸汽汽轮机末级长叶片技术性能比较

项目	上汽	哈汽	东汽	西门子	三菱重工	法国阿尔斯通
叶高/mm	1710/1905	1800	1828	1830	1880	1905
排汽面积/m²	24.83/30.13	25.73	27.66	30	28.6	29
结构形式	整圈自锁	整圈自锁	整圈自锁	自由叶片	整圈自锁	整圈自锁
开发状态	10 台订单/完成开发	完成开发	3 台订单	芬兰 Olkiluoto	完成开发	完成开发

表 4.6－4 半速饱和蒸汽汽轮机低压焊接转子技术性能比较

项目	西门子	法国阿尔斯通	三菱重工	东汽	上汽
核电焊接转子长度/mm	—	11 950	—	13 000	13 300/13 900
核电焊接转子重量/t	—	175	—	283	295/345
焊接工艺	窄间隙 U 型坡口，自动 TIG	氩弧焊/埋弧焊组合	—	自动氩弧焊/自动埋弧焊组合	氩弧焊/埋弧焊组合
用途	联合循环汽轮机焊接转子	汽轮机、燃气轮机、核电汽轮机焊接转子	600℃主汽温联合循环汽轮机焊接转子	核电汽轮机低压焊接转子	汽轮机、联合循环汽轮机、核电汽轮机高中低压转子
发展趋势	700℃汽轮机镍基与铁素体钢异种材料焊接试验	700℃汽轮机镍基与10%Cr及1%Cr异种材料焊接试验	700℃汽轮机镍基及镍基与12Cr钢焊接试验	9%Cr钢以及镍基焊接转子试验	700℃汽轮机镍基及镍基与12Cr钢焊接试验

表 4.6－5 核电常规岛给水泵技术性能比较

项目		上海凯泉	上海阿波罗	荏原博泵	上海凯士比	苏州苏尔寿
	企业性质	民营企业	民营企业	日本荏原制作所独资企业	上海电气与德国凯士比成立合资企业	瑞士苏尔寿技术公司独资企业
主要技术性能	流量/（t/h）	2988	2988	2988	2988	2988
	扬程/m	840	843	915.8	845	835
	轴功率/kW	7945	2307＋5572	1860.3＋6689.2	2209＋5616	7798
	前置泵效率（％）	86	86.4	87.4	88.2	88.4
	主泵效率（％）	86	87.3	87.1	87.8	86.9
	前置泵入口 NPSHr/m	≤6.5	≤9	≤7.4	≤7.3	7.4
	轴承座处的振速值/（mm/s）	主泵：4.5 前置泵：1.8	主泵：4.5 前置泵：2.8	主泵：3.5 前置泵：3.5	主泵：4.5	主泵：4.5 前置泵：2.8

第七章

核电装备配套产业的崛起

第一节 核级超大型一体化锻件

一、压力容器等一体化超大异形锻件

中国一重自 2007 年开始承担大型先进压水堆核电重大专项的研制任务，其重点之一，是研制压力容器等一体化超大异形锻件。

一体化锻件的应用，大大增加了锻件制造的难度，但使得压力容器总焊缝数量从 12 条以上的马鞍形和环形焊缝变为 2 条环形焊缝，既避免了返修风险，又缩短了制造周期。该方案减少在役检测时间 10 天以上，设备制造及运行费用降低约 5 亿元，受到设计方与用户的高度认可。

根据超大异形锻件模锻化的研制思路，中国一重创造了"局部径向反挤压"成形方法，降低成形力 90%，提高了锻压机能力。用万吨自由锻压机锻造出重达 200t 的 AP/CAP 型蒸发器一体化下封头（水室封头）的仿形锻件。与国内外其他企业的自由锻造相比，连续的锻造流线将超长接管韧性提高 1 倍，节约材料 30%以上。

结合超一体化思路，中国一重创造了不少"全球首创"。

（1）首创了一体化顶盖锻件（厚壁法兰、堆芯测量接管管座与球形封头三件合一）：美国西屋公司为了避开在高应力区焊接而将顶盖上的堆芯测量接管管座设计成堆焊成形的结构，中国一重优化了该结构（见图 4.7-1）。

（2）首创了一体化底封头锻件，将过渡段与下封头两件合一，减少一道环形焊缝（见图 4.7-2）。

（3）首创了一体化接管段锻件（法兰、筒体与进出口接管等多件合一），取消了马鞍形焊缝（见图 4.7-3）。

（4）首创了用万吨自由锻压机锻造出重达 200t 的蒸汽发生器一体化下封头（水室封头）的仿形锻件（见图 4.7-4）。

图 4.7-1　压力容器一体化顶盖（中国一重）

图 4.7-2　压力容器一体化底封头（中国一重）

图 4.7-3　压力容器一体化接管段（中国一重）

图 4.7-4　蒸汽发生器一体化封头（中国一重）

二、堆内构件等大型不锈钢锻件

上海电气上重铸锻公司（简称上重铸锻）先后承担了多种堆型机组的核电大锻件制造任务，合金钢大锻件主要包括压力容器、蒸发器、稳压器、主泵泵壳锻件等，不锈钢锻件主要包括堆内构件、主管道、控制棒驱动机构、主泵电机壳锻件等。尤其是近 10 年的艰苦努力，从 2017—2019 年，上重铸锻创造了连续 100 件大锻件（产值约 5 亿元）一次投料制造合格的行业最好纪录。

上重铸锻的堆内构件大锻件制造技术已日臻成熟，已累计交货超过了 50 套（见图 4.7-5），几乎统占国内市场份额。整套锻件一次投料制造合格，制造周期从常规的 6 个月缩短至 100 天。

图 4.7-5　第 50 套堆内构件大锻件发运（上重铸锻）

三、汽轮机用整体锻造低压转子

纯净性高是核电锻件制造难点之一。直径 3m、长度 14m 的 AP1000 汽轮机整锻低压转子锻件的超声波检测要求不允许有大于或等于 1.6mm 的缺陷，且心部脆性转变温度小于或等于 −20℃。之前只有日本制钢公司能够做到。但因日本制钢最大钢锭能力有限，导致吨位更大的 CAP1400 汽轮机低压转子锻件只能采用焊接结构。

2012 年 8 月，中国一重的整体锻造低压转子锻件（见图 4.7-6）通过了新产品鉴定。鉴定认为该产品代表了热加工综合技术的最高水平，锻件表面和中心等部位性能均匀，强韧性优，满足合同要求，产品性能指标和主要核心技术居国际领先水平。

图 4.7-6　AP1000 汽轮机整体锻造低压转子（中国一重）

中国一重在超大型钢锭的均质化及纯净化方面开展了一系列创新工作：

（1）超纯净钢液的冶炼：针对钢锭越大偏析越严重的特点，首创了低硅控铝冶炼超纯净钢液的独特技术，利用低硅可以减少凝固中形成的通道型偏析、加铝可以细化晶粒的优点，解决了核电大型实心锻件化学成分超标的难题。

（2）超大型钢锭的保护浇注：发明了整体塞棒、长水口及带有挡渣堰的真空铸锭用中间包，避免了浇注过程中钢液的二次氧化以及钢渣进入钢锭模，成功制造出迄今为止世界最大的 715t 钢锭（ϕ4m×6m），可用于制造 CAP1400 汽轮机整锻低压转子锻件）。

中国一重用超大型钢锭制造技术连续生产的 10 支整锻低压转子锻件，经超声波检测 100%合格。而同期从国外进口的整锻低压转子却有 2 支因超声波检测不合格而报废。

四、百万千瓦级核电发电机转子

百万千瓦级核电发电机转子是核电站中重大关键零件之一。由于该转子尺寸大，质量要求等级高，代表了当前世界大锻件制造高水平的标志性产品之一。转子锻件交货主截面直径 1955mm×7990mm，总长度为 15 226mm。锻件重量 226.44t，毛坯重量约 320t，钢锭重量约 560t。

中国二重于 2009 年 3 月成功冶炼出第一根 560t 钢锭，全部指标达到采购技术要求。转子锻件探伤未发现直径 1.3mm 以上的缺陷，转子中心碳含量为 0.22%～0.26%，转子偏析控制良好。目前已向用户合格交付了多根发电机转子锻件毛坯（见图 4.7－7）。

图 4.7－7　CPR1000 发电机半速转子交货（中国二重）

第二节　不锈钢锻制主管道

二代改进型主管道采用离心铸造直管、砂型铸造弯头和锻造或铸造管嘴组焊结构。因为焊缝数量较多，增加了问题概率和在役检查时间。为此，三代核电主管道在结构上采用了直管和弯头、管嘴与管道的不锈钢整体锻造结构。这种设计增加了主管道制造难度。

中国二重重型装备公司（简称二重装备）从 2006 年开始进行 AP1000 锻造主管道的研究，在 100t 级超低碳含氮奥氏体不锈钢钢锭的冶炼、坯料锻造裂纹和晶粒度控制、异形管道弯曲成形、热处理变形控制等方面进行了深入研究，采用电炉粗炼、VOD 精炼及大气下注工艺，成功制造了 115t 超低碳含氮奥氏体不锈钢钢锭。然后采用冷弯成形方法，率先完成 AP1000 主管道热锻弯管（见图 4.7－8）和主管道成套设备的制造，解决了 AP1000 自主化依托项目对主管道的需求。

此后，在完成 AP1000 锻造主管道基础上，二重装备先后完成了 CAP1400 主管道（见图 4.7－9）和 HPR1000 主管道的研制，将我国核电不锈钢管道的制造技术提高到世界领先水平。

图 4.7－8　AP1000 主管道热锻（二重装备）

图 4.7－9　CAP1400 主管道热锻 L001A（二重装备）

2018 年 1 月，上重铸锻承制的 CAP1400 核电热锻、冷锻直管全套锻件一次投料制造合格。CAP1400 主管道热锻 1B 锻件（见图 4.7－10）采用 140t TP316LN 不锈钢钢锭，创造了超大吨位不锈钢电渣锭的新成绩。

图 4.7－10　CAP1400 核电主管道热锻 1B 锻件（上重铸锻）

第三节　蒸汽发生器 U 型换热管/螺旋盘管

一、压水堆蒸汽发生器 690 合金 U 型管

宝钢集团宝银特种钢管有限公司(简称宝银公司)历经近 10 年的克难攻坚,相继攻克了 CPR1000、AP1000、CAP1400、HPR1000 等堆型蒸汽发生器所使用的 690 合金 U 型管材的技术难点,成功交付用于防城港 1 号、3 号、4 号和巴基斯坦卡拉奇 2 号、3 号项目等四种堆型 15 台蒸汽发生器用管束（见图 4.7－11）,合计约 1120t。

宝银公司从冶炼、锻造、挤压、冷加工制管、热处理、无损检测及弯制 U 型管等全流程建立起自己的技术体系,通过自主集成先进设备,形成了完整的 690 合金 U 型管专业化生产线装备。

在这一过程中,宝银公司形成多项专有独创技术:

（1）首创了 690 合金管高信噪比冷加工控制技术,掌握了影响信噪比的关键因素,破解了高信噪比难题,同时确保高精度尺寸公差均匀一致性。

（2）自主研发了超长、薄壁、小口径 690 合金管的在线脱脂控制技术,设计开发了在线加热、加压、循环内脱脂和外脱脂设备,确保了管材具有良好耐蚀性。

图 4.7-11 蒸汽发生器用 690 合金 U 型管束（宝银公司）

（3）自主开发 690 合金 U 型弯管高精度控制技术，设计了特殊弯管模具，实现了控制成品 U 型管最小弯头椭圆度的稳定性、减壁量及弯头内涡流九大信号控制。

（4）形成了从内控成分匹配、热挤压管控制、冷加工变形量到 TT 热处理的全流程组织性能控制技术，建立了核电传热管全流程生产线，保证了 690 合金 U 型管批量生产的质量稳定。

除了宝银公司，浙江久立特材科技股份有限公司也为我国多个核电项目提供 690 合金 U 型管。

二、高温气冷堆蒸汽发生器用 T22/800H 螺旋盘管

宝银公司经过 2 年多研发，完成了高温气冷堆蒸汽发生器用 T22/800H 超长盘管及组件的生产，解决了 60m 超长管的尺寸精度均匀性控制、多头螺旋盘管和过渡空间弯管、T22 表面防锈等难题。2009 年 9 月底，宝银公司成功研制出当时世界最长的 60m 核电用无缝管，2010 年，又成功研制出多头螺旋盘管样管。

在开展多头螺旋盘管组件套装技术研发的同时，2014 年 12 月，组件车间开工建设。到 2015 年 8 月车间投产，3 个月内实现首件多头螺旋盘管组件套装（见图 4.7-12）。2016 年 11 月，38 个换热组件全部发运高温气冷堆现场。

图 4.7-12 高温气冷堆超长螺旋盘管组件套装（宝银公司）

第四节 爆 破 阀

爆破阀是 CAP1000、CAP1400 压水堆非能动安全系统的关键和特殊设备，是该系列核电机组的技术亮点之一。

中核苏阀科技实业股份有限公司（简称中核苏阀）联合陕西应用物理化学研究所（简称物化所）开展 CAP1000 和 CAP1400 爆破阀的研制工作。其中，中核苏阀负责阀门部分研制，物化所则负责药筒驱动装置研制。

CAP1000 爆破阀的研制工作从 2008 年开始，2010 年完成原理样机制造及动作试验。到 2015 年，共完成了 12 次设计验证和功能试验。

CAP1400 爆破阀的研制工作则从 2012 年开展，2014 年完成首台样机制造。到 2016 年，完成全部 12 次设计验证和功能试验。

2015—2018 年，综合 CAP1000 和 CAP1400 的六个规格样机，选取 DN200 高压和 DN450 爆破阀样机开展了爆破阀整机鉴定试验；选取 DN200 低压和 DN350 药筒驱动装置样机完成了药筒驱动装置的鉴定试验。

在爆破阀研制过程中，中核苏阀开发出专用设计软件包，首次将正交优化方法用于药筒驱动装置和阀门本体的匹配设计，实现了爆破阀的设计优化；研制出具有自主知识产权的点火药配方、制备工艺、检测技术和药筒驱动装置，能够适应核电站极端工况要求；解决了爆破阀剪切采用 690 合金棒材的关键制造工艺，保证了材料的批量生产；采用基于敏感性分析方法的功能试验，验证了爆破阀的设计可靠性，同时建立了完整的专用爆破阀试验装置和试验验证体系。

双剪/单剪切盖爆破阀设备（见图 4.7-13）的鉴定试验是研制的重点。鉴定试验项目和试验条件覆盖了爆破阀在正常运行和事故工况的各种条件和瞬态（包括高温环境、蒸汽环境、水淹没等）工况。鉴定试验结果满足了鉴定大纲验收标准，表明爆破阀具备执行预期的安全功能。中核苏阀完成了 CAP1000 和 CAP1400 爆破阀的设计、样机制造、功能试验和鉴定试验等全部研制工作，掌握了核心技术，建立了工程化能力。

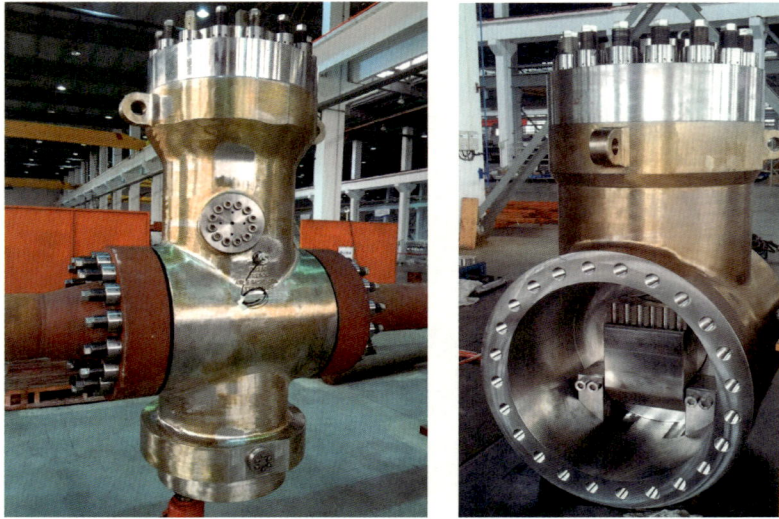

图 4.7-13　双剪/单剪切盖爆破阀（中核苏阀）

第五节　核级数字化仪控系统

一、北京广利核:"和睦系统"

2017 年 7 月,北京广利核系统工程有限公司(简称"北京广利核")研制的核级数字化仪控系统——"和睦系统"成功应用于阳江 5 号核电站机组(见图 4.7-14),填补了我国在该领域的技术空白。由此我国成为继美国、法国和日本之后第四个掌握核级数字化仪控系统技术的国家。

图 4.7-14　"和睦系统"在阳江 5 号应用（北京广利核）

作为完全自主的核级数字化仪控系统，"和睦系统"已在大亚湾等在役机组核级仪控系统改造和阳江 5 号、6 号、石岛湾高温气冷堆等新建核电项目中得到应用。

自 2006 年开始，北京广利核依托国家重大专项课题，经过原理样机、堆型样机和工程样机的搭建和多轮次严苛标准的试验，完成了"和睦系统"软硬件研发和硬件设备鉴定，实现从技术研发到工程应用的转变。

在软件方面，北京广利核与清华大学、北京大学等多个高校合作，自主研发出满足核电高安全要求的实时操作系统和适用于核电工程应用的图形化语言，并基于形式化方法验证了该语言的准确性。

该系统先后通过了德国莱茵 TÜV 集团、国际超导技术中心（ISTec）、国际原子能机构（IAEA）等多个国外权威机构的评估和认证。

2018 年 12 月，北京广利核申报的"核级 DCS 平台和睦系统研发及产业化应用"项目荣获第五届中国工业大奖，成为核电仪控领域首个获得该殊荣的项目。

二、国核自仪："和睿系统"

国核自仪系统工程有限公司（简称国核自仪）承担三代核电站数字化仪控系统和平台的国产化、自主化任务。国核自仪研发成功的"和睿系统"，已通过国内外权威机构的认证。

其中，核心产品——反应堆保护系统设备 NuPAC 平台，已通过了中国国家核安全局（NNSA）和美国核管理委员会（NRC）的许可，成为全球首个通过中美政府核安全监督机构行政许可的核电站反应堆保护系统平台。

国核自仪独立开发的"电站控制系统平台"，已通过了欧盟 CE 安全认证、美国 FCC 认证、中国 3C 认证。其中汽轮机保护系统（ETS 系统）获得了安全仪表功能三级认证（SIL3 认证）。2015 年和 2016 年，NuCON 平台已在河南平东热电厂 6 号、7 号机组的数字化仪控系统的升级改造（包括汽轮机控制和保护功能）中成功投运，并通过中国机械联合会组织的产品鉴定。

和睿系统将在 CAP1400 示范工程中进行应用（见图 4.7 – 15），也可推广应用于其他三代核电技术和未来四代核电技术，适用于钍基熔盐堆、小型模块化堆、海上核动力平台等其他核动力装置。

三、核动力院："龙鳞系统"

2018 年 12 月，中核集团中国核动力研究设计院（简称核动力院）自主研发的"龙鳞系统"正式发布（见图 4.7 – 16）。这一平台拥有完全自主知识产权，已通过最高等级的功能安全认证，部分关键指标达到国际领先水平，有助于中国核电技术实现整体出口。

图 4.7-15　CAP1400 全范围模拟机——
"和睿系统"仿真（国核自仪）

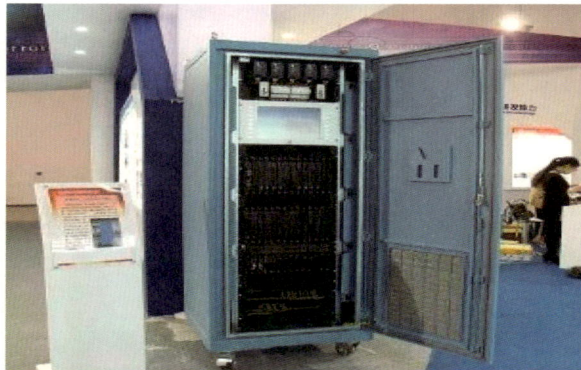

图 4.7-16　"龙鳞系统"TM-NASPICTM 平台
（核动力院）

"龙鳞系统"由核动力院历时 5 年研发。目前在软件和系统集成方面已经实现 100%国产化，拥有完全自主知识产权，具有高安全性、高可靠性的特点。"龙鳞系统"充分继承了中核集团先进堆芯测量系统等安全级设备的核心技术，设计、验证、试验鉴定等各环节都符合了最新、最全、最严格的国际和国内标准要求，采用了先进可靠的信息安全技术，通信误码率领先国际标准一个数量级，其机械结构具备高抗震性能，能够保障极端自然条件下正常工作，满足三代核电技术要求。

第六节　核岛环形起重机

反应堆厂房环形起重机（环吊）是核电站关键设备，位于工程安装和机组大修的关键路径。其设计要求特殊，制造工艺复杂，定位精度、设备可靠性和安全性都有很高要求。

1. 大连重工

2007 年 3 月，国内首台百万千瓦级核电环形起重机在大连重工·起重集团有限公司（简称"大连重工"）通过验收。该设备能联合起吊重量达 407t，主起升高度 42m，跨度 35.4m，在岭澳二期工程中使用。

2007 年 5 月，恰希玛二期环形起重机出厂。环形起重机轨道直径 33.6m，起升重量 250t，起升高度 33m。这是我国出口的首台具有自主知识产权的核岛环形起重机（见图 4.7-17）。

2011 年，大连重工又成功研制出台山 EPR 机组所使用的环形起重机。环形起重机最大起重量 320t，回转直径 44.3m。

随着核电机组规模化建设的发展，大连重工核岛环形起重机生产也进入批量化、专业化生产阶段。十多年来，大连重工为岭澳二期、红沿河、宁德、阳江、方家山、福清等二代改进型机组提供了核岛环形起重机，也为 AP1000、EPR、CAP1000、CAP1400、HPR1000 等三代堆型的国内首台环形起重机的设计、制造作出了贡献。

图 4.7-17 恰希玛二期环形起重机在工厂试车（大连重工）

2. 太重集团

太原重型机械集团有限公司（简称"太重集团"）先后为秦山、海阳、石岛湾、田湾等核电站提供了 10 余台套核岛环形起重机。

2007 年 7 月，太重集团生产的第一台国产化（190+190t）环形起重机通过验收，交付秦山二期扩建项目使用。

从 2009 年开始，太重集团研制 AP1000 环形起重机产品。经过近三年艰苦努力，2012 年 12 月，通过了环形起重机完工验收。AP1000 环形起重机的起升机构采用 X-SAM 超级安全系统，能够降低操作人员的工作难度，提高效率。其桥架具有 726t 承载能力，在当时属国际上承载能力最大的环形起重机（见图 4.7-18）。

2014 年 4 月，太重集团研发制造的国内起升吨位最大，跨度最长的环形起重机试车成功，并服务于田湾核电站。太重集团为田湾提供了 4 台环形起重机，其中 3 号、4 号环形起重机最大起吊重量达 360t（见图 4.7-19），且功能齐全，可靠性和安全性都较高。

图 4.7-18 AP1000 环形起重机在车间制造
（太重集团）

图 4.7-19 田湾 3 号环形起重机在核岛内使用
（太重集团）

田湾 3 号环形起重机的最大创新点在于能够连接不同专用起吊工具：不仅主吊钩能够灵活地实施

360°旋转，而且具备自动穿轴功能。它同时兼顾了环形起重机和乏燃料容器起重机的双重功能，提高了智能化水平，实现了全方位、一机多能的效果。

第七节　钢制安全壳和一体化堆顶组件

一、钢制安全壳

钢制安全壳由山东核电设备制造有限公司（简称国核设备）承担。安全壳是带上下椭圆封头的圆柱形钢制压力容器，由底封头、筒体环、顶封头等组件组装后拼装而成，包含人员设备进出闸门和吊车环形梁等附件。AP1000 安全壳内直径 39.6m，高度 65.6m，壁厚 40 多毫米。

1. 封头瓣片整体成形

AP1000 钢制安全壳椭球形封头瓣片单板长 10m、宽 4m，材质为调质钢板。为了满足封头形状偏差不超过 41.3mm 的要求，根据钢板特点，结合椭球形封头瓣片多曲率特点，国核设备首次采用大尺寸高强度中厚椭圆形封头瓣片单板的中温整体模压成形技术。2007 年下半年至 2009 年 2 月，开展了模压成型工艺试验，形成了整套中温模压成型工艺。2009 年 4 月，完成 1/8 圆周钢制安全壳封头瓣片预拼装试验，验证了瓣片成型工艺的合理性。

2. 封头组装

AP1000 钢制安全壳椭圆封头内直径 39.6m，由 4 层共 64 块瓣片组焊而成，最终形状偏差不能超过 41.3mm。控制瓣片组装过程中的累积形状偏差及焊接变形是实现产品精度的关键。2008 年 6 月至 2009 年 2 月，国核设备开展了钢制安全壳焊接匹配焊材的验证、焊接工艺和焊接变形控制技术研究。从 2008 年 4 月起，启动封头组装控制技术研究，至 2009 年 11 月，国核设备顺利完成浙江三门 1 号机组钢制安全壳底封头的组装和焊接工作（见图 4.7−20）。

3. 组件运输和吊装

安全壳单个组件运输重量达 800t，直径近 40m。筒体组件双侧开口，厚度与直径比达 1/1000，属于典型的大直径薄壁容器，内部无刚性支撑，吊装运输变形较难控制，易产生永久变形。2009 年 1~3 月，国核设备开展了钢制安全壳组件吊装方案的设计与优化。9 月，完成了钢制安全壳吊梁的制造和载荷试验，12 月，顺利完成三门 1 号机组钢制安全壳底封头运输和吊装就位（见图 4.7−21）。

图 4.7-20 钢制安全壳底封头和顶封头组装（国核设备）

图 4.7-21 钢制安全壳底封头、筒体和顶封头（国核设备）吊装

4. CAP1400 钢制安全壳焊后热处理

CAP1400 钢制安全壳外形尺寸变大，厚度增厚，筒体全部对接焊缝需要进行焊后热处理。结合现场施工特点，国核设备采用局部电加热方式进行焊后热处理。从 2015 年 3 月至 2018 年 12 月，开展了焊后热处理温度均匀性控制技术研究，先后指导完成了纵焊缝、环焊缝和大型插入板与壳体对接焊缝的焊后热处理工作。

5. 整体结构性试验

在钢制安全壳组装完成后，需进行整体性试验及整体泄漏率试验。试验介质为空气。整体试验时，采用整体性试验测量系统实时采集应力、位移、温度、湿度、压力等多种类参数，监测钢制安全壳过程中的形变、应变等参数，并与试验分析数据进行实时对比分析。2015 年 11 月，完成了三门 1 号机组钢制安全壳的结构强度试验。

二、一体化顶盖

国核设备承担的 AP1000 一体化顶盖是将压力容器顶盖及其上部的系统作为一个整体设备，从而简化了控制棒驱动机构冷却系统以及与外部的接口，简化了停堆换料过程中压力容器顶盖拆除的操作步骤。一体化堆顶组件由围筒、控制棒驱动机构抗振支撑、冷却系统、悬臂吊及起吊装置组成（见图 4.7－22）。

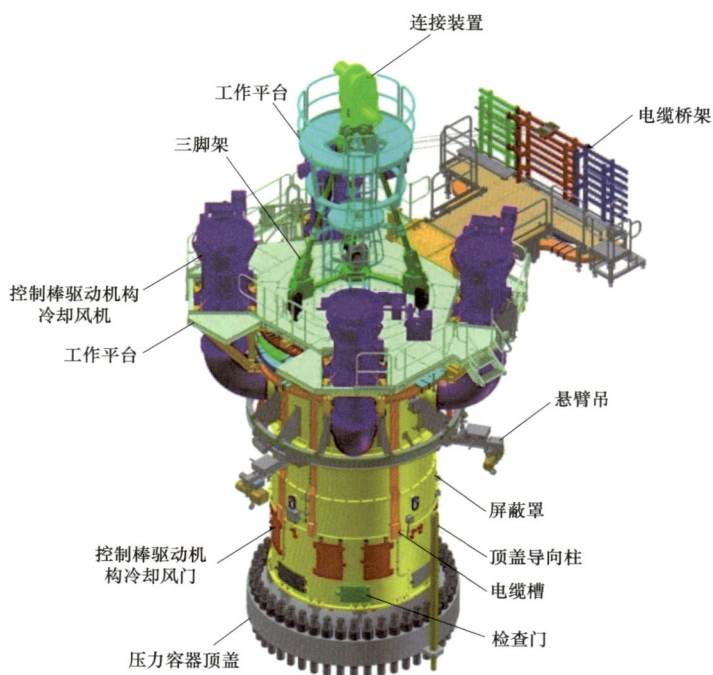

图 4.7－22　AP1000 一体化顶盖示意图

1. 一体化顶盖部件的组装与焊接

一体化顶盖部件组装、焊接精度高，难度大。其中屏蔽罩冷却栅板是由 3mm 不锈钢板折弯后组焊而成，其形状不规则；平衡轮槽轨为大直径小截面的环形构件，由高强度低合金铌钒结构钢组焊而成。国核设备设计了一套集尺寸检查、组装定位、超差修正、旋转变位和焊接变形控制为一体的装置，制订了配套的焊接控制技术，解决了冷却栅板的焊接变形问题（见图 4.7－23）。同时研制了悬臂吊平衡轮槽轨的焊接专用装置，结合配套的焊接工艺，完成悬臂吊平衡轮槽轨的焊接。

2. 起吊装置载荷试验技术

一体化顶盖的提升三脚架包括连接器、三脚架和提升杆等关键部件，制造完成后需进行试验拉力达到 840t 载荷试验。采用卧式拉力机或吊装负载的方法进行试验，难以模拟真实受力工况；使用大吨位吊车通过配重实现试验加载，则试验周期长，试验场地受限。国核设备于 2012 年 2 月至 2012 年 12 月设计、制造了 1000t 级立式载荷试验装置，于 2013 年 1 月完成了国内首套一体化顶盖组件提升三脚架载荷试验，图 4.7-24 为千吨级自封闭龙门式竖直加载试验台架。

图 4.7-23　一体化顶盖冷却栅板焊接（国核设备）

图 4.7-24　千吨级自封闭龙门式竖直
加载试验台架（国核设备）

第 八 节　核 电 焊 接 材 料

一、焊接材料国产化研制概况

焊接材料已成为制约核电技术发展和工程顺利进展的瓶颈之一。在已建和在建核电厂中，焊接材料仍主要依赖进口，采购成本和周期难以控制。随着第三代核电技术发展，对焊接材料性能提出了更高要求，进口焊接材料也难以满足要求。因此，实现核电焊接材料的国产化迫在眉睫。

为此，上海核工院在 AP1000 技术引进、消化、吸收再创新的基础上，联合四川大西洋焊接材料股份有限公司（简称四川大西洋）、机械科学研究院哈尔滨焊接研究所（简称哈焊所）等企业，于 2010 年起系统地开展了三代核电焊接材料研制，形成了八大类 26 个牌号的核电焊接材料系列产品（见表 4.7－1），性能满足第三代核电 AP/CAP 系列核电技术指标，达到国际先进技术水平，实现了国产核电焊接材料的工程应用，并且通过了中国核能行业协会的科学技术成果鉴定。

表 4.7－1　　　　　　　　　　　国产核电焊接材料

焊接材料种类	焊接材料类型	型号	牌号	研制单位	应用部件
SA－508 Gr.3 Cl.1 钢用焊接材料	埋弧焊焊丝和焊剂	F8P4－EG－F2N	CHW－S55HRF /CHF112HRF	上海核工院、四川大西洋	压力容器、堆芯补水箱
	焊条	E8018－G	CHE558HRF		
SA－508 Gr.3 Cl.2 钢用焊接材料	埋弧焊焊丝和焊剂	F9P4－EM2－M2	CHW－SEM2HRF /CHF113HRF	上海核工院、四川大西洋	蒸汽发生器、稳压器
	焊条	E9018－G	CHE658HRFG		
SA－738 Gr.B 钢用焊接材料	焊条	E9018－G－H4	CHE658HRF	上海核工院、四川大西洋	钢安全壳
	埋弧焊焊丝和焊剂	F9P6－EG－F3	CHW－S62HRF /CHF102HRF		
	焊丝	ER90S－G	CHW－62CHRF		
不锈钢 309L＋308L 型堆焊焊接材料	埋弧焊带和焊剂	EQ309L、EQ308L 及配套焊剂	WEQ309HR/WSJ309HR、WEQ308HR/WSJ308HR	上海核工院、哈焊院	压力容器、蒸发器、稳压器堆芯补水箱
	焊条	E309L、E308L	WE309HR、WE308HR		
	焊丝	ER309L、ER308L	WER309HR、WER308HR		
堆内构件 308L 型焊接材料	焊丝	ER308L	HS308LH	上海核工院、哈焊院	堆内构件
	埋弧焊丝和焊剂	ER308L 及配套焊剂	HS308LH /SJ601H		
	焊条	E308L	WE308HR		
主管道 316L 型焊接材料	焊丝	ER316L	CHG－316LHRF	上海核工院、四川大西洋	主管道
	焊条	E316L	CHS316LHRF		
双相不锈钢 2209 型焊接材料	焊条	E2209	CHS2209HRF	上海核工院、四川大西洋	模块
	焊丝	ER2209	CHG－2209HRF		
690 镍基合金焊接材料	焊条	ENiCrFe－7	WNi690	上海核工院、哈焊院	压力容器、蒸发器、稳压器、堆芯补水箱
	焊丝	ERNiCrFe－7A	WHS690M		

二、核电焊材开发主要成果及创新点

（1）攻克技术难关，使 SA－508 Gr.3 Cl.1 钢焊缝金属焊态及 40h 焊后热处理态具有良好的综合性能，掌握了 60 年长寿命的压力容器在强辐照区材料相配套的焊接材料制备关键技术。产品焊接工艺性好，焊态和长时间焊后热处理态均具有良好的综合性能，尤其−30℃低温冲击韧性更优于进口焊材，提升了焊缝金属抗中子辐照性能，略优于国际同类焊接材料。深坡口首层焊缝脱渣及焊道成型如图4.7−25所示。

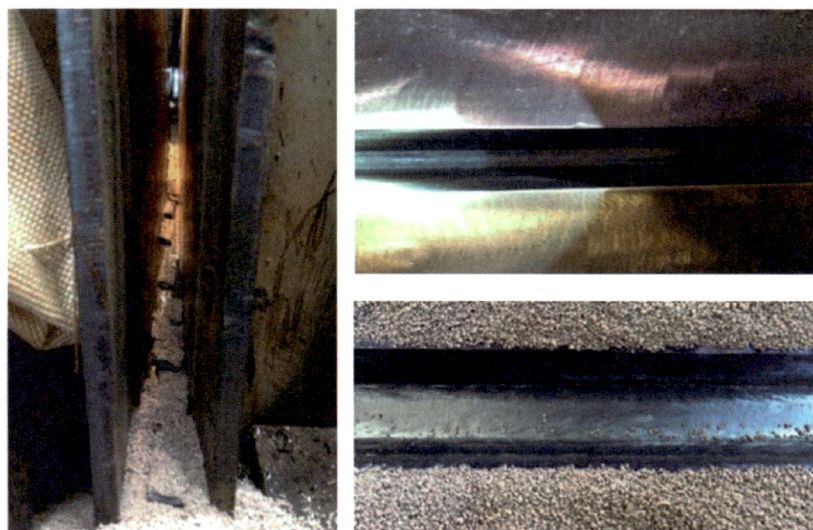

图 4.7−25　深坡口首层焊缝脱渣及焊道成型

（2）成功研发了蒸汽发生器 SA−508 Gr.3 Cl.2 钢用配套焊接材料，突破了高强度和低温冲击韧性高的技术难点，焊态和 40h 长时间焊后热处理态的综合性能优于国际先进同类焊接材料。焊接工艺性也达到进口焊接材料水平。

（3）AP1000 钢安全壳的 SA−738 Gr.B 是首次采用的新型材料，国外供货商的焊条无法满足−45℃冲击性能要求，供货时出现了质量问题，而大西洋的焊条却完全能满足设计要求。在业主组织进行质保体系和合格供货方的评审后，果断采用了大西洋的焊接材料。

（4）解决了 309L 不锈钢焊后热处理态脆化的问题。在 40h 焊后热处理条件下，WE309HR 焊条断后伸长率满足技术要求，且具有较大的余量，明显高于部分进口同类焊接材料性能。

提出了强化合金元素的优化成分范围，攻克了 308L 不锈钢带极堆焊熔敷金属强度难题。308L 带极堆焊熔敷金属强度满足设计要求，且有较大余量，抗拉强度高于部分对比进口同类焊接材料。

不锈钢焊带、焊剂焊接材料工艺性能好，达到进口焊接材料水平。如图 4.7−26 和图 4.7−27 所示，堆焊

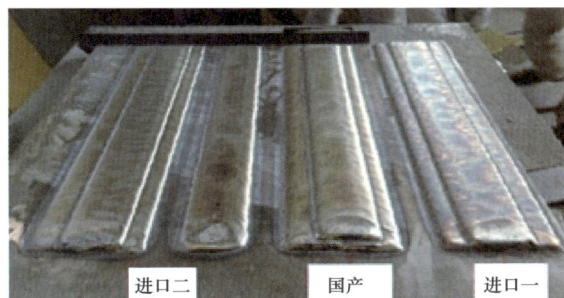

图 4.7−26　国产与进口焊接材料焊道成型对比

成型良好，电弧与熔池稳定；焊道鳞状纹路清晰规则，熔渣流动性较好，易脱渣。

（5）攻克了堆内构件吊兰筒体奥氏体不锈钢焊接材料高温抗拉强度的技术难点，形成了埋弧焊/焊丝焊剂、焊条和氩弧焊丝系列产品。工艺性能与进口同类焊接材料相当，力学性能优于进口同类产品。

（6）现场主管道焊接采用窄间隙 TIG 自动焊工艺，解决了主管道进口焊丝无法确保满足熔敷金属室温 550MPa 以及高温 430MPa 强度的技术难点。经第三方用户单位对比，大西洋的焊丝 CHG-316LHRF 工艺性能总体优于进口焊丝，尤其是大厚度窄间隙的熔池金属流动性和焊缝成型方面性能。

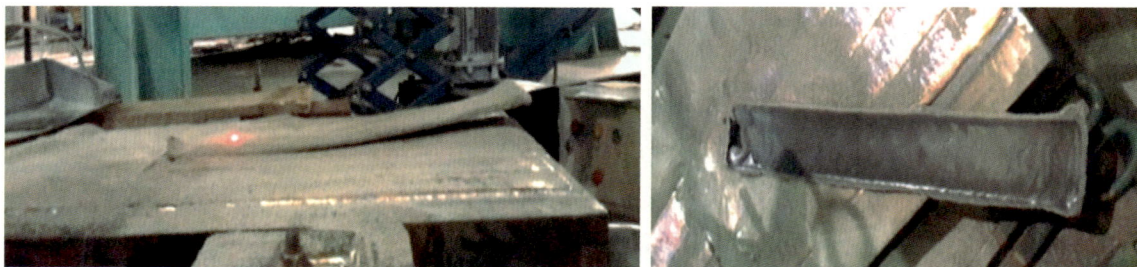

图 4.7-27　国产焊剂脱渣性能良好（渣壳自动翘起）

（7）双相不锈钢材料是三代非能动核电设计首次采用的钢种，具备优良耐蚀性和高强度，降低了模块自重，提升了结构可靠性。经过技术攻关，配套国产焊接材料工艺性优于进口焊接材料，力学性能与进口同类焊接材料相当。

（8）开发了 690 镍基合金焊条及焊丝，优化成分范围，改善了镍基合金焊丝抗微裂纹性能；提升了镍基合金焊条和焊丝的高温拉伸性能。国产焊接材料相比进口同类焊接材料，最小临界应变值更大，具有更好的抗 DDC 裂纹敏感性。

三、国产焊接材料应用情况及前景

国产焊接材料已在 AP/CAP 系列核电项目中获得了广泛应用（见表 4.7-2），同时在其他核电工程也有应用业绩。改变了核电焊接材料依赖进口的局面，为降低核电工程建造成本做出了重大贡献，取得了巨大的社会和经济效益。

表 4.7-2　　　　　　　　　　　应用情况表

种　类	使用单位	应用设备/部件
钢安全壳焊丝、焊条	中核建二三、二二、五公司	钢安全壳（AP/CAP）
钢安全壳埋弧横焊丝焊剂	中核五建	钢安全壳（AP/CAP）

续表

种　　类	使用单位	应用设备/部件
SA－508 Gr.3 Cl.1 钢用低合金钢埋弧焊丝焊剂、焊条	苏州海陆重工	安注箱（AP/CAP）
双相不锈钢焊条	山东核电设备	模块双相不锈钢（AP/CAP）
主管道不锈钢焊丝、焊条	渤海造船、吉林中意	主管道（AP/CAP）
不锈钢堆焊焊带、焊剂、焊丝、焊条；镍基焊丝、焊条	上海电气电站辅机厂	蒸汽发生器、稳压器（专项）
不锈钢焊条、氩弧焊丝、埋弧焊丝	大连宝原	机械贯穿件等
不锈钢焊条、氩弧焊丝、埋弧焊丝和焊剂	哈电重装	蒸汽发生器、稳压器、换热器等
不锈钢焊丝；镍基焊丝、焊条	烟台台海玛努尔	主泵支撑铸件、叶轮
不锈钢焊条、氩弧焊丝	山东北辰机电	电机冷却泵、冷却器
不锈钢焊条	滨特尔流体控制	阀门

以钢制安全壳焊接材料为例，在包括 CAP1400 在内的 12 个已建和在建 AP/CAP 机组中，国产焊条和焊丝是钢制安全壳的设备制造及现场安装唯一的配套焊接材料。针对现场自动焊接工艺，重大专项中研发了埋弧横焊配套焊丝焊剂，并完成了焊接工艺评定试验，即将在工程中应用。

第九节　压力容器大型 O 型/C 型密封环

宁波天生密封件公司（简称"天生公司"）自 2007 年以来致力于压力容器大型 O 型密封环和 C 型密封环的国产化研发，对压力容器密封环的密封机理、材料和加工工艺等关键技术开展攻关和试验研究，成功将产品应用于阳江、福清、秦山、方家山和巴基斯坦恰希玛、卡拉奇等核电站，也为 HPR1000、CAP1400 等国内自主三代项目提供了产品。

C 型密封环及 O 型密封环获得中国液气密协会科技进步一等奖、科技进步特等奖、全国工商联合会技术进步一等奖、中国机械工业协会科技进步一等奖、发明专利 4 项。

一、O 型密封环

2017 年 3 月，天生公司研制的压力容器 O 型密封环（见图 4.7－28）顺利通过 CAP1400 反应堆压力容器水压试验。水压试验分为压力容器本体水压试验和内、外 O 型密封环泄漏试验两阶段。整体水压试验压力为 21.5MPa，保压 10min，降至 17.2MPa 时进行内、外 O 型密封环泄漏试验。试验表明，全程无渗漏、冒汗等现象，各项指标均符合设计要求。

　　天生公司在技术开发中，独创了 O 型环先开孔后成型技术，解决了开孔后管内残渣的彻底清除问题，使 O 型环在制造完工后清洁度达到 A1 级要求，同时解决了成型后的开孔间距偏差须在 0.05mm 范围内的难点。独创了 O 型环薄壁管材采用不填丝的自重、自熔焊技术，解决了焊接后的焊缝不得凹陷的技术难点。

图 4.7−28　CAP1400 压力容器用 O 型密封环（天生公司）

二、C 型密封环

　　在 C 型密封环的开发中，天生公司取得了多项创新性成果，包括 C 型密封环弹簧的绕制成型技术、C 型密封环中间层镍基合金的成型和焊接技术、C 型密封环密封银层的成型及焊接技术等。

　　C 型密封环使用前，天生公司进行了多种性能试验——在密封环制造车间内，完成了 C 型密封环样件的密封性能试验、模拟应用工况试验和压缩寿命试验；在压力容器制造厂家，完成了 13 台压力容器水压试验；在核电站现场，完成了 8 台核电机组的冷态试验和热态试验。经过严格的试验考核和专家评审、鉴定，于 2015 年开始投入商业应用。

　　2016 年 9 月，方家山 1 号反应堆进入换料停堆、役后检查阶段。专家组对压力容器上安装使用的天生公司首套国产金属 C 型密封环进行役后检查见证。检查表明，密封环仍处于完好密封的可用状态，符合设计和使用要求，其性能优于进口产品。

第十节 核电站其他主要配套件

一、主泵变频装置

核电主冷却剂泵变频器是针对 CAP1000/CAP1400 核电站主冷却剂泵的运行特点而开发的产品，可做到与电机运行完美匹配，在预期使用寿命内能满足各种工况下的调速运行要求。

2013 年 9 月，沈阳远大电力电子科技公司（简称沈阳远大）签订 CAP1400 主泵变频器项目的研究合同，开展主泵变频器性能要求与试验验证方法、故障分析、可靠性分析、可用率分析等课题研究。

2014 年，CAP1000 主泵变频器全功率样机通过测试，样机出厂。2015 年，CAP1400 主泵变频器全功率样机通过型式试验及新产品鉴定。

功率单元、主控制系统等核心部件的可靠性设计是变频器系统可靠运行的关键因素。沈阳远大通过算法优化、功率单元及系统的严格测试等手段，完成设计难点攻关工作。

产品突破各种技术限制，在多方面技术难点上实现创新，包括：采用大功率高压功率单元，具备密度高、模块数量少、损耗小，四级串联输出保证输出电压谐波低的优势；采用大功率全水冷高压变频驱动系统设计，有效控制关键发热元件温度不会因突发因素导致大幅度变化；采用新型低压侧无滤波器整流回馈控制方案，具备全功率能量回馈能力；利用电压跟踪和锁相技术，实现负载在变频器和工频电网间的平滑切换；采取多种成熟的可靠性设计手段，满足多重性、单一故障准则、多样性、独立性和故障安全设计等安全可靠性要求；满足核电站非 1E 级电气设备抗震要求，保证在发生地震的时柜体能够支撑住变形而不倒塌，确保核电站主泵正常停机。

二、核级电缆及附件

1. 核级电缆

AP1000 壳内电缆除满足相关电气性能外，还要求具有优异的机械性能、耐受事故工况下高温高湿高压环境、长期耐受高温（85.2～100℃）酸性溶液的浸蚀以及长寿命 60 年的耐热老化、耐高剂量辐照、高阻燃性且低烟无卤等各种性能，这些性能要求的叠加考核是史无前例的。

2010 年，江苏上上电缆集团有限公司（简称上上电缆）在承接 AP1000 壳内电缆任务之后，历时 2 年之久，到 2013 年 11 月最终完成了鉴定试验（见图 4.7－29）。

图 4.7－29　壳内电缆浸没试验结束后出仓图（上上电缆）

上上电缆 AP1000 壳内电缆的研发成功，催生了世界首台满足 AP1000 鉴定要求的 LOCA 试验舱。为完成该项目，上上电缆完成了洁净橡皮造粒生产线车间的改造，新增了工频耐压和局部放电成套试验装置、电线电缆耐燃烧试验箱和双螺杆挤出机组等研发设备 68 台/套，购置了密炼机、低烟无卤造粒生产线、盘绞履带牵引型成缆机等产业化设备 42 台套，为下一次飞跃奠定了基础。

2. 电缆附件

三代核电的壳内核级电缆端接头目前国际上还没制造厂家。2014 年，EY20 壳内核级电缆端接头在"国家科技重大专项"中立项。江苏华侃核电器材公司和诺德投资公司（原中科英华高技术公司）承担了课题研发。

两家公司建立了核级电缆附件生产线，着重解决了连接件电气绝缘、环保阻燃以及电缆的特殊防护要求的结构兼容，保证电缆连接件整体满足核环境下长期可靠运行的综合特性要求，解决了特种材料的工艺技术、工装技术等。产品的全性能试验，验证了连接件设计合理性以及工艺工装技术成熟性。

三、核电站安全壳电气贯穿件

电气贯穿件是核安全电气一级设备，安装在核电厂安全壳上，用于电缆穿越安全壳的核电专用电气设备。长期以来，电气贯穿件被国外企业所垄断。

2003年，巴基斯坦恰希玛二期项目电气贯穿件的国产化研制，使上海成套院重新踏入核电设备制造领域。三年多来，上海成套院参照国际及国内的有关标准，进行了大量试验，最终突破了国外公司对核心技术的封锁，完成了电气贯穿件的国产化研制工作。

产品经历了法国RCC－E和美国IEEE317标准的鉴定试验。CAP系列的中压电气贯穿件样机的鉴定试验结果表明，各项电气性能、机械性能和密封性能指标完全满足设计和标准要求，符合CAP系列核电站电气贯穿件环境、抗震、电磁兼容（EMC）鉴定要求，达到60年的鉴定寿命目标。

上海成套院已为国内外核电站提供了千余套各种类型电气贯穿件（见图4.7－30）。

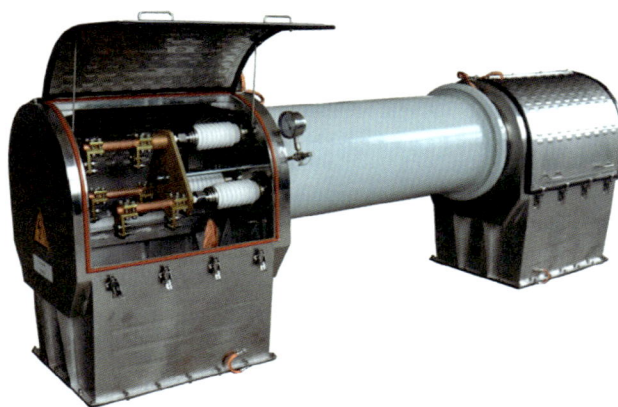

图4.7－30　核电站安全壳电气贯穿件（上海成套院）

四、干式变压器

干式变压器主要用于核电站电气系统380V厂用安全级设备供电，产品设计上对安全可靠性提出了非常高的要求。明珠电气股份有限公司（简称"明珠电气"）研制的核电站用安全级干式变压器产品已完全替代了进口品牌，在我国二代改进、HPR1000、VVER、EPR及示范快堆机组等几乎所有堆型中均取得了良好销售业绩，并取得了核电出口市场的突破。

现有的干式变压器线圈除电磁线为金属外，其余部分是由各种绝缘材料复合而成。由于使用时线圈会发热，组成线圈的绝缘材料会随时间老化。明珠电气在1E级干式变压器研制中，以合理的工艺制备复合型绝缘材料构成的线圈，形成热寿命能满足使用要求的绝缘结构，具有重要的创新意义。

明珠电气对产品进行了完整的性能验证试验，包括在同一台样机上按照样机型式试验、等效60年加速热老化试验、抗震试验、突发短路试验以及性能型式试验等，全部试验都一次性通过，证明产品在核电站整个运行过程中，在遭受最严酷的复合型灾害和运行工况时仍能安全运行。

第八章

创新发展的主体——国内
主要核电装备企业

第一节　中国东方电气集团有限公司

1. 东方电气重型装备有限公司（简称东方重机，见图 4.8 - 1）

东方重机负责核岛主设备反应堆压力容器、蒸汽发生器、稳压器和余热排出热交换器等核岛主设备的制造，同时负责常规岛汽水分离再热器的制造。

东方重机成立于 2004 年 5 月，是集团公司核电核岛主设备制造基地和出海口基地，于 2006 年 9 月全面投产。

东方重机占地面积 40 万 m^2，生产面积 10 多万平方米，具有国际先进水平的重型厂房和 3000t 级重型专用码头，拥有 1000 多台套重型机械加工设备、焊接设备和理化检验设备，厂房和装备能力全面满足二代改进和第三代核电站核电设备制造要求，具备年产 4 套百万千瓦级核岛设备、6 套百万千瓦级常规岛设备的生产能力。

图 4.8 - 1　东方重机

2. 东方电气（武汉）核设备有限公司（简称东方武核）

东方武核负责反应堆堆内构件制造。

东方武核是东方电气为积极发展核电、实现成套供应核电站核岛主设备的目标，在武汉锅炉集团核设备制造有限公司的基础上，于2008年重新组建的具有独立法人地位的有限责任公司。公司坚持"精、专、特、优"发展路线，构建以堆内构件为主导产品的核设备专业供货商。

具有50余年的反应堆堆内构件供货和服务经验，是国内承担反应堆堆内构件堆型多、历史悠久的堆内构件制造企业。公司占地面积90 000m²，其中厂房建筑面积约30 000m²，最大起重能力200t，环境符合RCC-M核一级清洁温控场地的要求。公司拥有各类生产检测设备200多台（套），从原材料入厂检验，到零件下料、机加、卷制和焊接、检验，再到产品装配、包装出厂等制造活动均可在厂内进行。

3. 东方汽轮机有限公司（简称东汽公司）

东汽公司负责控制棒驱动机构制造。其建有独立的试验厂房，占地1512m²，高度为30m，跨度为36m，配有5t双梁行车和2套控制棒驱动机构试验台位，配有独立试验操作室和恒温厂房，能够满足二代改进和三代控制棒驱动机构以及棒位探测器的出厂功能性试验和寿命试验。

2011年3月，东汽公司取得民用核安全设备制造许可证。2013年12月，首台控制棒驱动机构（红沿河4号机组）顺利发运。

4. 东方阿海珐核泵有限责任公司（简称东方阿海珐）

东方阿海珐负责核电主泵及其驱动电机的研发、设计和制造。

2005年，由东方电气与法国阿海珐集团合资（50%∶50%）成立，并确定主泵电机由东方电气的东方电机有限公司配套。

2009年12月，国内首台百万千瓦核电CPR1000核电主泵成功生产，并发往广东岭澳二期核电站。截至目前，东方阿海珐已累计完成核主泵机组50余台套。

第二节　上海电气集团股份有限公司

1. 上海电气核电设备有限公司（简称上核公司，见图4.8-2）

上核公司负责反应堆压力容器、蒸汽发生器、稳压器、堆芯补水箱等核岛主设备制造。

秉承上海电气近四十年研制核岛主设备历史经验，上核公司拥有一支技术精湛、经验丰富的专业人员队伍、一批具有国际水平的大型加工设备。

依托长年的产品制造、科技攻关，上核公司已掌握多种堆型的反应堆压力容器、蒸汽发生器、稳压器等核岛主设备的制造技术。先后为用户提供多项首台业绩，至今累计获得40余项省部级科技奖励，包括中国国际工业博览会金奖、核能行业协会科学技术一等奖、国家能源科技进步二等奖、上海市科技进步一等奖等。

图 4.8-2　上核公司

2. 上海第一机床厂有限公司（简称上海一机床）

上海一机床负责堆内构件、控制棒驱动机构和燃料装卸系统等核岛主设备制造。

上海一机床拥有近四十年民用堆内构件、控制棒驱动机构和装卸料系统核电装备制造历史，创造出核电装备领域 14 个国内首台/套产品，产能领先，业绩突出、技术路线全面、市场占有率高、供货能力强。

该公司拥有一支精湛的生产制造和管理团队，拥有一批具有国际水平的大型精密加工、精密焊接和精密测量、专用机电功能性测试装置等设备，建立了全面可靠的核电质量保证体系，有着先进的技术和丰富的经验，产品质量达到领先水平。

上海一机床承担了国家科技重大专项等多项科研攻关项目，产品先后荣获第十四届中国国际工业博览会银奖、国家核能行业科技进步一等奖和二等奖。

3. 上海电气凯士比核电泵阀有限公司（简称上海凯士比）

上海凯士比负责核主泵、核 2、3 级泵以及核 2、3 级阀门的生产制造。

2008 年 6 月，上海电气与德国 KSB 合作组建合资组建（中方控股）。

上海凯士比完成了海南昌江项目 2 台机组 4 台轴封型反应堆冷却剂泵的交付，全部 4 台主泵机组运行情况良好，深得业主用户好评。于 2011 年与国家核电签订了 CAP1400 项目湿绕组主泵供货合同，将为 CAP1400 项目提供 1 个机组 4 台湿绕组主泵，目前完成了产品的开发和样机的制造，正在进行 CAP1400 项目样机的试验，产品泵长周期部件如泵壳、电机壳、电机轴、飞轮等已经开始制造。

4. 上海电气上重铸锻有限公司（简称上重铸锻）

上重铸锻负责大型核级铸锻件和主管道的生产制造。

其前身为上海重型机器厂有限公司的铸锻能力部分，在大锻件制造方面历史悠久。从 20 世纪 70 年代开始从事核电大锻件研制工作，80 年代开始为核电工程项目提供大型锻件产品。

进入 21 世纪后，上重铸锻对热加工设备进行了重大升级改造，建造了 165MN 自由锻压机、630 吨米操作机、最大 500t 真空浇铸工位等装备，将最大钢锭能力提升至 500t，最大锻件毛坯能力提升至 350t。

2015 年 10 月，上海电气对上海重型机器厂有限公司进行了改革，重组了上重铸锻。截至 2019 年 3 月底，上重铸锻已连续实现 102 件核电大锻件一次投料无损检测合格，连续 100 件一次热处理性能合格的记录。鉴于在核电大锻件质量方面的优异表现，上重铸锻获得了"2018 年上海市核电设备制造质量先进单位"的荣誉称号。

第三节　哈尔滨电气集团有限公司

1. 哈尔滨电气集团（秦皇岛）重型装备有限公司（简称哈电重装，见图 4.8 – 3）

哈电重装主导产品包括蒸汽发生器、稳压器等核岛主设备和常规岛的汽水分离再热器等。

哈电重装拥有国际水平的焊接、装配、热处理、探伤、检验等设备，拥有一支专业扎实、科研能力强的科技人才队伍，建立以技术专家为核心，以岗位专家为骨干，以储备人才为辅助的人才系统。

哈电重装掌握了多种堆型的蒸汽发生器、稳压器和四代高温气冷堆蒸汽发生器等核岛主设备的制造技术。其中"首台国产 AP1000 蒸汽发生器"经鉴定达到国际先进水平。"华龙一号 ZH – 65 型蒸汽发生器关键制造工艺研究"项目获得中国能源研究会技术创新一等奖。

图 4.8 – 3　哈电重装

2. 哈尔滨电气动力装备有限公司（简称哈电动装）

哈电动装主导产品为核主泵等核岛主设备。

哈电动装引进第三代核主泵技术，取得了轴封泵组和屏蔽泵电机的民用核安全设备设计及制造资质，具有轴封型核主泵及其主泵电机、三代核电屏蔽型主泵电机设计及生产制造能力。

哈电动装引进美国 EMD 公司技术，拥有 300MW 反应堆冷却剂泵、1000MW 轴封式反应堆冷却剂泵的自主知识产权。全面掌握 AP1000 主泵电机的制造技术，形成具有自主知识产权的 CAP1400 屏蔽泵电机技术。其自主研制的恰希玛 C3/C4 项目 300MW 反应堆冷却剂泵，获得核能行业协会科学进步一等奖。

3. 哈尔滨电气集团佳木斯电机股份有限公司（简称佳电股份）

佳电股份主导核电产品为电压等级 380～10 000V，功率等级 0.55～11 600kW 区间的各个规格的核级、非核级三相异步电动机及屏蔽电机。

其承制的国家重大专项高温气冷堆主氦风机项目、核用 K1 类电机研发项目，填补了国内空白，实现了 RRA、ASG、RCV、EAS、RIS、RRI、SEC、ETY 等系统配套电机国产化。完成了国内首台余热排出泵配套电机产品的研发制造。

第四节　中国一重集团有限公司

中国一重核电主导产品为反应堆压力容器、蒸发器、稳压器、堆内构件、主管道产品及其大型铸锻件。

中国一重拥有齐齐哈尔、天津、大连"三大基地"，已发展形成了专项装备、核电装备、石化装备、高端装备、新材料、现代服务业、新能源装备等七大主要业务板块。至今提供了机械产品 350 多万吨，开发研制新产品 400 多项，填补国内工业产品技术空白 400 多项，提升了我国重型机械产品的制造水平。中国一重大连基地如图 4.8-4 所示。

图 4.8-4　中国一重大连基地

中国一重拥有多种堆型反应堆压力容器、蒸汽发生器、主管道、稳压器、堆芯补水箱、主泵泵壳等核岛锻件的制造能力。拥有铸造/锻造泵壳、常规岛整锻转子及汽轮机缸体铸锻件的能力。国内核电锻件市场占有率达到80%以上。累计为国内外用户提供核电锻件1200余件，装备了30多个核电机组。

第五节 中国二重集团有限公司

中国二重（见图4.8-5）核电主导产品为主管道、重型支撑、管板、封头、筒体等锻件。

图4.8-5 中国二重

核电石化事业部（核容事业部）由德阳基地的核电容器、重型压力容器与核电技术研究所、镇江基地的镇江公司组成。

核容事业部拥有德阳和镇江两个生产基地。镇江基地拥有国际一流的特大、超限重型装备出海口基地及重大装备制造、总装基地。德阳基地具有雄厚的设备保障基础，有中国二重最强的焊接生产能力和生产百万千瓦级核电大型锻件所具备的全套设备资源。

中国二重已为国核集团、中核集团、中广核集团等用户提供了主管道、重型支撑、核电管板、封头、各类筒体等核电锻件产品300多件。

第五篇

新能源发电

主　笔　付忠广　梁志静

主　审　贺德馨　祁和生　施鹏飞　沈德昌　蔡丰波　刘永前　李美成

　　　　王斯成

编写人员

　华北电力大学

　　付忠广

　中国农业机械工业协会风力机械分会

　　梁志静　王润苗　徐　涛　王　永　冯　静

　本篇编写过程中提供资料的单位有哈尔滨电气集团有限责任公司、中国东方电气集团有限公司、上海电气集团、国电联合动力技术有限公司。

第一章

概　述

第一节　新能源种类

一、新能源和新能源发电

新能源一般是指在新技术基础上加以开发利用的能源。现在仍没有统一的对新能源的定义，按大多数人的理解，新能源包括风能、太阳能、生物质能、地热能、波浪能、洋流能、潮汐能以及海洋表面与深层之间的温差能等。而已经广泛利用的煤、石油、天然气、水能等能源，称为常规能源。因此，新能源又称非常规能源，是指传统能源之外的各种能源形式，也指刚开始开发利用或正在积极研究、有待推广的能源形式。

随着常规能源的有限性以及环境问题的日益突出，以环保和可再生为特质的新能源越来越得到各国的重视。新能源产业的发展既是整个能源供应系统的有效补充手段，也是环境治理和生态保护的重要措施。

我国对于新能源的利用，可以追溯到 20 世纪 60 年代末的沼气利用，但新能源发电产业在我国规模化的发展却是最近十几年的事情。目前用于发电的能源主要有煤、石油、天然气、核能、水能等。随着核电、水电和新能源的进一步开发利用，煤电的发电量比例有所下降。中国 2000 年火电发电量占比为 80.1%，水电发电量占比为 16.4%，核电发电量占比为 1.8%，风能发电和地热、潮汐等新能源发电量占比为 1.2%；2019 年底火电发电量占比为 68.9%，水电发电量占比为 17.8%，核电发电量占比为 4.8%，风能发电量占比达到 5.5%，太阳能发电量占比达到 3.0%。中国在积极利用新能源和其他可再生能源发电，新能源发电的占比将得到快速提升。

二、新能源发电的基本形式

1. 风力发电

风力发电的基本原理是把风的动能转变成机械的动能（简称机械能），再利用机械能驱动发电机转动，把机械能转化为电能。利用风能发电的设备称为风力发电机组，简称风电机组。

自 20 世纪 30 年代以来，全世界对风力发电设备的研发创新一直没有停止过，风电机组的结构形式也是多种多样的。当今全球占主流的风电机组典型特征是：水平轴，上风向，三叶片，圆筒形钢制塔架或钢材混凝土塔架支撑结构，基本外形如图 5.1－1（a）所示。随着风力发电技术的进步，风电机组的单机容量也在不断增加。当前，中国陆地新安装的主流风电机组单机容量一般在 2～5MW，海上风电机组的单机容量一般在 4～8MW，更大容量的机组在研发和试验运行中。

主流的风电机组又有两种类型：一类是双馈型机组，即风轮通过增速齿轮箱带动发电机旋转，将风能转化为电能送入电网；另一类是直驱式机组，即风轮直接驱动发电机旋转，将风能转化为电能送入电网。风电机组集成了机、电、控等，是一个独立的小型发电站，采用全自动控制、自动启停和并网脱网，通过远程通信将机组的状态数据传递到变压站集控室。

2. 太阳能发电

从发电原理上分类，太阳能发电技术主要有两种：一种是光—热—电转换方式；另一种是光—电直接转换方式。

光—热—电转换方式，即利用太阳辐射产生的热能发电，一般俗称光热发电。首先由太阳能集热器将所吸收的热能转换成工质蒸汽的热能，再由蒸汽驱动汽轮机发电。前一个过程是光—热转换过程，后一个过程是热—电转换过程。从集热方式上，可分为槽式［见图 5.1－1（b）］、塔式［见图 5.1－1（c）］等多种形式。

光—电直接转换方式，即利用半导体的光伏效应将太阳辐射能直接转换成电能，一般俗称光伏发电。硅材料是一种常用的半导体材料，当前光伏发电主要应用硅材料电池。光伏发电设备的安装形式比较灵活，规模可大可小，既可建设大型光伏地面电站［见图 5.1－1（d）］，也可安装在建筑物上，形成光伏屋顶或光伏墙面［见图 5.1－1（e）］，为居民提供生活用电。

3. 其他新能源发电

生物质发电是将生物质的化学能转换成电能的发电技术。主要的发电方式有农林生物质直燃发电、生物质气化发电、垃圾焚烧发电、沼气发电和垃圾填埋气发电等，依次将生物质中的化学能转换为热能、

图 5.1-1　常见的风能、太阳能发电设备
（图片来源：风电机组由东方电气提供照片，其他由中国可再生能源学会提供）
（a）双馈型 2.5MW 风电机组；（b）槽式太阳能热发电；（c）塔式太阳能热发电；
（d）大型光伏地面电站；（e）光伏屋顶

机械能和电能。此外，还有生物质燃料电池发电，直接将化学能转换成电能。

海洋能发电是将海洋中蕴藏的能量转换为电能的技术。主要有潮汐能发电，即利用海水涨落中的势能和动能发电的技术，包括潮汐发电和潮流发电；波浪发电，即利用波浪的势能和动能发电的技术；海洋温差发电，即利用海洋表层海水和深层海水之间的温差所蕴藏热能发电的技术等。

地热发电是将地热能转换为电能的利用方式。主要有地热干蒸汽发电、地热湿蒸汽发电、地热双工质发电、地热全流发电和干热岩发电等。

氢能发电是用氢作为燃料的发电技术，主要有氢燃料电池发电和以氢为燃料的内燃机、燃气轮机发电机组发电等。

第二节　我国新能源发电现状

一、风力发电

1986 年我国开始引进商业化并网风电机组，装机容量不到 200kW。经过 30 多年发展，我国并网风电装机容量已超过 2 亿 kW。2010 年我国风电累计装机容量超过美国，居世界首位。据国家能源局公布的统计数据，截至 2019 年底，我国风电累计并网容量达到 21 005 万 kW，占我国全部发电装机容量的 10.4%；2019 年全年风力发电量为 4053 亿 kW·h，占我国 2019 年全部发电量的 5.53%；我国风电连续十年新增装机容量居全球首位，风电已成为我国仅次于火电、水电的第三大主力电源（见图 5.1－2）。

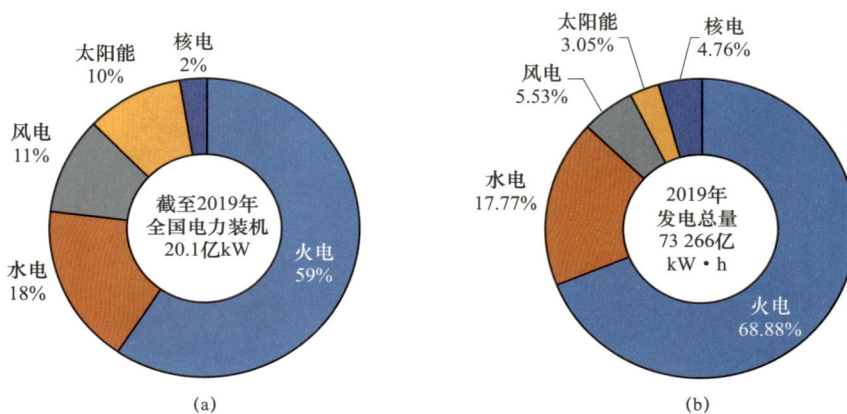

图 5.1－2　全国发电装机结构和发电量结构图

（图片数据来源：中国电力企业联合会）

（a）截至 2019 年底全国发电装机结构；（b）2019 年全国发电量结构图

1990—2020 年期间每五年的当年风电新增装机容量和累计装机容量见表 5.1－1。

表 5.1－1　　　　1990—2020 年期间每五年的当年风电新增装机容量和累计装机容量　　　　单位：万 kW

1990 年	1995 年		2000 年		2005 年		2010 年		2015 年		2019 年		2020 年（规划）
累计	新增	累计	新增	累计	新增	累计	新增	累计	新增	累计	新增	累计	累计
0.4	1.1	3.8	8.1	34.6	50.6	126	1893	4473	3297	12 900	2574	21 005	22 140

数据来源：2010 年及以前来源于中国风能协会，2010 年以后来源于国家能源局。

由于西北、华北和东北等"三北"地区风能资源丰富，可供装机的土地面积辽阔，2019 年"三北"

地区的累计风电并网装机容量达到 1.33 亿 kW，占全国的 63.5%，见表 5.1－2。各省（自治区）风电装机容量最多的是内蒙古，达到 3007 万 kW；其次是新疆和河北，分别是 1956 万 kW 和 1639 万 kW。一些地区的电力负荷相对较小，风电开发以集中式风电场向外地送电为主。中东南部地区经济比较发达，是电力负荷中心，以分散式风电开发的方式在配电网内消纳，近年来装机容量增长加快。

表 5.1－2   2019 年累计风电并网装机容量的地区分布

地区	华北	西北	东北	"三北"	华东	中南	西南	全国
装机容量/万 kW	5976	5363	2000	13 339	3572	2945	1710	21 005
占比（%）	28.5	25.5	9.5	63.5	17	14.0	8.0	100

注：1. 数据来源：国家能源局。
    2. 以上统计不包括港澳台地区。

2019 年全国风电发电量为 4057 亿 kW·h，占全部发电量的 5.53%，比 2018 年提高 0.33 个百分点。2019 年全国风电平均利用小时数为 2082h。全国风电平均利用小时数较高的地区是云南（2808h）、福建（2639h）、四川（2553h）、广西（2385h）和黑龙江（2323h）。

我国沿海风能资源比较丰富，距离用电负荷近，具有很大的开发潜力。2007 年第一台海上风电机组安装在渤海油田，开始海上风电建设的探索。2010 年建成上海东海大桥 10 万 kW 海上风电场，积累规模化海上风电发展的经验。2014 年明确了海上风电的上网标杆电价后发展提速，截至 2019 年底我国累计海上风电装机容量达到 593 万 kW，接近世界海上风电装机的五分之一。海上风电装机容量的增长情况见表 5.1－3。

表 5.1－3   海上风电装机容量的增长情况   单位：万 kW

2010 年		2013 年		2014 年		2015 年		2016 年		2017 年		2018 年		2019 年	
新增	累计	新增	累计	新增	累计	新增	累计	新增	累计	新增	累计	新增	累计	新增	累计
14	15	6	45	23	67	36	103	59	163	116	279	180	460	198	593

二、太阳能发电

1. 光伏发电

我国 2019 年光伏发电累计装机容量达到 2.04 亿 kW，占全国电力总装机容量的 10%。较 2018 年新增 3011 万 kW。其中，集中式光伏发电站 14 167 万 kW，较 2018 年新增 1791 万 kW；分布式光伏发电 6263 万 kW，较 2018 年新增 1220 万 kW。

我国 2019 年累计光伏发电装机容量的地区分布见表 5.1－4。华东居于首位，达到 6606 万 kW；其次是西北，装机为 4946 万 kW。各省（自治区）累计光伏发电装机容量最多的是山东，达到 1619 万 kW，其余超过 1000 万 kW 的分别是江苏、河北、浙江、安徽、青海、山西、内蒙古、河南和新疆。

表 5.1-4　　　　　　　　　　　**2019 年累计光伏发电装机容量的地区分布**

地区	西北	华北	东北	"三北"	华东	中南	西南	全国
装机容量/万 kW	4946	3873	891	9710	6606	2904	1248	20 430
占比（%）	24.2	18.8	4.4	47.4	32.3	14.2	6.1	100

注：1. 以上统计不包括港澳台地区。

　　2. 数据来源：国家能源局。

累计光伏发电装机中以集中式光伏电站为主，2019 年光伏电站装机容量达到 1.42 亿 kW，占累计光伏装机容量的 69.3%。西北、华北和东北等"三北"地区太阳能资源丰富，可供集中式光伏电站装机的土地面积辽阔，2019 年"三北"地区的光伏电站装机容量达到 8185 万 kW，占全国的 57.8%，见表 5.1-5。

表 5.1-5　　　　　　　　　　　**2019 年光伏电站装机容量的地区分布**

地区	西北	华北	东北	"三北"	华东	中南	西南	全国
装机容量/万 kW	4610	2929	646	8185	3096	1708	1178	14 167
占比（%）	32.5	20.7	4.6	57.8	21.9	12.0	8.3	100

注：1. 以上统计不包括港澳台地区。

　　2. 数据来源：国家能源局。

2019 年，全国光伏发电量为 2243 亿 kW·h，同比增长 26.3%；平均利用小时数为 1169h，同比增加 54h。光伏发电平均利用小时数较高的地区中，蒙西为 1658h，蒙东为 1633h，青海为 1511h，新疆为 1473h。

2. 太阳能光热发电

我国光热发电的资源分布在内蒙古西部、甘肃北部、新疆东部、青海西北部等具有丰富太阳能的地区。截至 2020 年底，国内已建成十多个光热发电基地。第一批光热发电示范工程项目国产率达到 90% 以上。

太阳能光热发电技术正处于商业化示范阶段。该阶段，正在扩大应用太阳能光热发电的市场，以实现规模化、商业化运行，并通过示范项目来创造一个可以培育国内自主研发技术的环境。

2019 年光热发电新增并网装机容量 20 万 kW，累计装机容量约 44.4 万 kW，占全球光热发电装机容量的 6.9%。

三、生物质发电

2019 年底我国生物质发电累计并网装机容量约 2254 万 kW，其中农林生物质直燃发电 969 万 kW，垃圾焚烧发电 1195 万 kW，沼气发电增长比较缓慢，约 90 万 kW。2019 年生物质发电平均利用小时数约 4929h。

农林生物质直燃发电主要集中在农作物秸秆丰富的华北、东北、华中和华东地区。截至 2019 年底，山东生物质发电装机 324 万 kW，广东、江苏和安徽生物质发电装机分别为 239 万 kW、203 万 kW 和 195 万 kW。

随着我国城镇化建设进一步深入，垃圾发电项目开发建设重点已经逐步由大中型城市向新兴城镇转移，目前主要集中在华东和华北地区。

四、地热发电

目前我国只有西藏羊八井地热电厂仍在运行，装机容量为 2.518 万 kW，2008 年曾达到最大年发电量 1.4 亿 kW·h。由于地热田产能降低，2016 年的年发电量只有 1 亿 kW·h，年利用小时数约 3800h。

五、海洋能发电

目前我国仅有温岭江厦潮汐电站持续运行，装机容量为 4100kW，年发电量约 720 万 kW·h，年利用小时数约 1750h。

第三节　新能源发电的地位与作用

随着常规能源资源的减少以及环境保护问题的日益突出，以环保和可再生为特质的可再生能源在近二十年来取得重大发展。可再生能源产业的发展既是对整个能源供应系统的有效补充手段，也是环境治理和生态保护的重要措施。

一、调整能源结构　保障能源安全

20 世纪 80 年代改革开放以来，随着我国经济持续快速发展，电力需求长期持续快速增长。保障电力供应安全长期以来一直是电力发展的持续核心目标。在基本满足了电力需求的同时，煤电占 80% 以上的电源结构对环境的影响日益凸显。2000 年前后，我国强调调整能源结构，积极发展以可再生能源为主的新能源，增加清洁能源供给，减少环境污染。我国的新能源战略将风力发电和太阳能发电作为改善能源结构、应对气候变化和能源安全问题的主要替代能源。改革开放 40 多年，我国新能源发电产业以风

电、光伏为重点，兼顾地热、潮汐、生物质等多种发电形式，实现了从小到大、由弱到强的跨越式发展，走过了一条不平凡的成长之路。

为优化国内能源结构，促进经济可持续发展，我国于2006年1月1日起开始实施《可再生能源法》。该法制定了可再生能源发电优先上网、全额收购、价格优惠及社会公摊的政策，为我国可再生能源发展提供了根本的法律保障。法律政策引领可再生能源发电进入"黄金时代"，开启了我国可再生能源建设的新篇章。

为了贯彻落实《可再生能源法》，加快可再生能源的发展，促进资源节约和环境保护，积极应对全球气候变化，国家发展改革委于2007年8月31日印发了《可再生能源中长期发展规划》，提出在"十一五"时期，我国将加快发展风电、太阳能发电和生物质能发电，逐步提高可再生能源在能源供应中的比重，为更大规模开发利用可再生能源创造条件。

国务院发布的《能源发展"十二五"规划》中提到：大力发展非化石能源，培育新的能源供应增长极。坚持集中与分散开发利用并举，以风能、太阳能、生物质能利用为重点，大力发展可再生能源。优化风电开发布局，有序推进华北、东北和西北等资源丰富地区风电建设，加快风能资源的分散开发利用。积极开展海上风电项目示范，促进海上风电规模化发展。加快太阳能多元化利用，推进光伏产业兼并重组和优化升级，大力推广与建筑结合的光伏发电，提高分布式利用规模，立足就地消纳建设大型光伏电站，积极开展太阳能光热发电示范。加快发展建筑一体化太阳能应用，鼓励太阳能发电、采暖和制冷、太阳能中高温工业应用。有序开发生物质能，以非粮燃料乙醇和生物柴油为重点，加快发展生物液体燃料。鼓励利用城市垃圾、大型养殖场废弃物建设沼气或发电项目。因地制宜利用农作物秸秆、林业剩余物、气化和固体成型燃料发展生物质发电。稳步推进地热能、海洋能等可再生能源开发利用。《能源发展"十二五"规划》对新能源的发展起到了巨大的推动作用。

国家发展改革委和国家能源局发布的《能源发展"十三五"规划》指出：中国的能源供给保障有力。能源生产总量、电力装机规模和发电量稳居世界第一，长期以来的保供压力基本缓解，能源结构调整步伐加快，水电、风电、光伏发电装机规模和在建规模均居世界第一。非化石能源发电装机比例达到35%，新增非化石能源发电装机规模占世界的40%左右。《能源发展"十三五"规划》进一步明确了能源结构调整的方向。

国家发展改革委和国家能源局印发的《能源生产和消费革命战略（2016—2030）》提出了进一步的能源革命目标：2021—2030年，可再生能源、天然气和核能利用持续增长，高碳化石能源利用大幅减少。非化石能源占能源消费总量比重达到20%左右，天然气占比达到15%左右，新增能源需求主要依靠清洁低碳能源满足。展望2050年，能源消费总量基本稳定，非化石能源占比超过一半，建成能源文明消费型社会。

我国能源供给革命以保障安全为出发点。立足国内，推动能源供应多元化，着力优化能源结构，加快形成煤、油、气、核和可再生能源多轮驱动、协调发展和安全可持续的能源供应体系。更加注重能源长期可持续安全，统筹能源安全与生态环境安全，把新能源、新技术、气候变化作为新能源安全观的重要内容。在战略上推动非化石能源跨越式发展。坚持分布式和集中式并举，以分布式利用为主，推动可再生能源高比例发展。大力发展风能、太阳能，不断提高发电效率，降低发电成本，实现与常规电力同等竞争。提高水能、风能、太阳能并网率，降低发电成本。因地制宜开发多种形式的生物质能、地热能、海洋能。

2013 年风力发电、光伏发电和生物质发电三种新能源发电量占全国总发电量的 3.4%，以后逐年增长，到 2019 年已经占到 10.1%。主要新能源的年发电量在电力结构中的比例增长情况见表 5.1－6。三种主要新能源年发电量的增量占全国总发电量增量的比例也在上升，从 2014 年的 21% 增加到 2018 年的31%，已经显示出新增电力需求将可以依靠新能源发电满足很大一部分比例。

表 5.1－6　　　　　　　　主要新能源的年发电量在电力结构中的比例增长情况　　　　　　　单位：亿 kW·h

发电方式	2013 年		2014 年		2015 年		2016 年		2017 年		2018 年		2019 年	
	发电量	占比（%）	发电量	占比（%）	发电量	占比（%）	发电量	占比（%）	发电量	占比（%）	发电量	占比（%）	发电量	占比（%）
风力发电	1357	2.5	1550	2.8	1841	3.3	2375	4.0	3057	4.8	3660	5.2	4057	5.53
光伏发电	90	0.2	250	0.5	392	0.7	662	1.1	1183	1.8	1775	2.6	2243	3.05
生物质发电	356	0.7	417	0.8	516	0.9	607	1.0	744	1.2	891	1.3	1111	1.52
三项合计	1803	3.4	2217	4.0	2749	4.9	3644	6.1	4984	7.8	6326	9.2	7411	10.1
总发电量	53 473	100	55 459	100	56 045	100	59 874	100	64 179	100	68 449	100	73 266	100

数据来源：生物质发电量按年利用小时数 5000 估算，其余来自国家能源局。

二、改善生态环境　优化经济结构

党的十九大召开，标志着中国发展战略新时代的开始。十九大不仅明确了国民经济中期（2035 年）和远期（2050 年）的发展愿景，更确认了要以生态文明建设推动经济发展转型的发展路线，要着力解决空气、水、土壤等突出环境问题，正确处理经济发展和生态环境保护的关系，坚持绿色发展理念，实现经济社会发展与人口、资源、环境相协调，最终实现社会和环境的可持续性发展。清洁的能源系统能够确保空气、水和土壤不会因整个能源供应链（从采矿到废物处理）中的活动产生污染。

随着生态文明建设加快推进，为了大幅削减各种污染物排放，有效防治水、土壤、空气污染，显著改善生态环境质量，社会要求能源与环境绿色和谐发展。同时，为了积极应对气候变化，更加主动控制碳排放，社会要求控制化石能源总量，优化能源结构，风能、太阳能和生物质能等清洁可再生能源的开发利用，符合绿色低碳的能源发展方向。

《巴黎协定》将驱动以新能源和可再生能源为主体的能源供应体系尽早形成。2018 年 10 月国家发展改革委能源研究所和国家可再生能源中心等机构发布了《中国可再生能源展望（2018）》（以下简称《展望》），提出为达到《巴黎协定》碳约束为蓝图的远景，回溯倒逼所需的能源发展路径。《展望》中设置了到 2050 年全球变暖的温升控制在 2℃以内的情景，即"低于 2℃"情景，以 2017 年中国的实际数据分别预测 2035 年和 2050 年时一次能源需求量、发电装机容量和发电量。

预测的数据显示出未来的趋势：中国的一次能源需求中风能的比重上升，从 2017 年的不到 1% 增加到 2050 年的 27%；电力装机和发电量将持续增长，特别是风电发电量的比重上升迅猛，从 2017 年的 5% 升至 2050 年的 49%，接近全部发电量的一半，预示着风力发电将在建设"清洁低碳、安全高效"的现代化能源体系中发挥重要作用。关于风能和太阳能发电的前景，《展望》中的主要论点是：中国一次能源需求量将在 2025 年前达峰，风能和太阳能将逐渐成为能源系统中的主导能源；到 2050 年，风能和太阳能将成为最廉价和最丰富的电力来源，能源供应将以可再生能源为主导，主要是电力部门中的风能和太阳能；确保可再生能源的有效系统整合是电力系统发展的首要挑战；风能和太阳能将主导未来的发电投资。

新能源发电也是"一带一路"沿线国家能源国际合作的重要内容。陆上依托国际大通道，以沿线中心城市为支撑，以重点经贸产业园区为合作平台，推动能源投资和贸易；海上以重点港口为节点，畅通能源输送通道。联合开发风能、太阳能、生物质能发电项目，打造清洁能源合作样板。

改革开放 40 多年间，可再生能源产业的蓬勃发展，为我国经济协调健康发展做出突出贡献。可再生能源产业已经成为内蒙古、新疆、黑龙江、甘肃、青海等风光资源大省的支柱性产业之一，在拉动经济、就业和贡献税收方面发挥了重要作用。根据国家电网公司青海省电力公司数据，2020 年 12 月 2 日，青海省单日新能源发电量达到 1.02 亿 kW·h，首次突破 1 亿 kW·h。其中，光伏发电量为 0.53 亿 kW·h，风电发电量为 0.49 亿 kW·h。青海成为全国新能源装机占比最高、集中式光伏发电量最大的省份。截至 2020 年 11 月底，青海新能源装机容量 2138 万 kW，占青海电网总装机容量的 57.4%。可再生能源的替代作用日益显现，清洁能源消费比重持续增加，为建设美丽中国作出重大贡献。

第四节　我国新能源发电的发展历程

一、风力发电的发展历程

中国风电产业起步于"三北"地区，2000 年时，中国风电装机仅有 30 多万千瓦，经过十几年艰苦卓绝的发展，风电产业规模稳步扩大。风力发电占全部发电容量的比重越来越大。

风力发电的应用是从离网型风电开始的。在牧区、山区和海岛等电网未通达的地方（见图 5.1－3），风电机组发出的电能先储存在蓄电池中，再通过逆变器转换成交流电为家庭的照明和电视机等供电。20世纪 70 年代中期以后，政府将风电作为无电农牧区电气化的重要组成部分，建立研究和推广机构，出台补贴政策，使户用离网型风电机组迅速得到广泛应用，数十万牧民家庭用上了风电。

图 5.1－3　我国海岛上采用风电机组供电
（图片来源：中国可再生能源学会风能专业委员会）

进入 21 世纪后，离网型风电的应用从家用电源扩展到为移动通信基站等工业设施供电。离网型风电机组主流产品的单机容量在 1kW 以下，都是国内制造商生产的，部分产品出口国外。

并网风电是大规模利用风能的主要方式，我国风电产业发展经历了三个阶段。

第一个阶段是试验研究、示范先行时期。这一时期，可再生能源没有技术基础，没有相关政策扶持，也没有商业化风电场。我国在引进国外风电机组的同时，积极推进自主研制工作，处在风电设备研制的起步阶段。我国最早的风电场是 1986 年建于山东荣成的马兰风电场，从丹麦引进三台 55kW 机组成功并网运行。1989 年新疆达坂城风电场通过国际合作项目安装了 13 台丹麦生产的 150kW 机组，是当时亚洲最大的风电场。

第二个阶段是规模开发、积累经验时期。经过早期几个风电场商业化机组多年成功运行，有了一定的技术积累和开发经验，出现了鼓励风电发展的政策雏形，出现了商业化开发和公司化运作的新体制。1993 年电力部决定将风力发电作为新的清洁电源，改善电力工业结构，制定政策鼓励发展。但是当时依赖价格昂贵的进口设备，风电成本过高，进展缓慢，2000 年底累计装机只有 35 万 kW。2003 年起国家计委采用风电特许权项目招标的方式，规定项目规模至少 10 万 kW，采用的设备国产化率要达到 70%，通过竞争选择投资商，降低上网电价，推进大型风电项目建设，并促进风电设备本地化生产和风电技术

的自主创新。这些措施培育了风电市场，促进风电设备国产零部件生产的提升，为风电成本的下降奠定了基础。

第三个阶段从 2006 年 1 月 1 日《可再生能源法》正式实施开始，风电产业进入大规模发展的"黄金时代"。此后，可再生能源发电全额收购制度（2009 年修订版完善为全额保障性收购制度）、可再生能源电费费用分摊制度、进口关税和"三免三减半"等税收优惠制度等，特别是 2009 年出台的风电上网标杆电价政策，对风电产业的崛起和可持续健康发展起到了至关重要的推动作用。

借助法律和政策东风，风电进入高速发展阶段。依托庞大的国内市场，风电设备制造商通过引进国外制造技术、联合设计或自主研发等方式，迅速建立大批量生产的能力，单机容量初期以 1.5MW 为主，后来 2MW 和 3MW 机组的比例持续增长，6MW 机组已经投入试运行。集中式开发的甘肃酒泉等千万千瓦级风电基地开始兴建，东北、华北和西北等"三北"地区风电项目建设规模最大。

2010 年以后，由于当地电力负荷较小以及体制机制等问题，"三北"地区弃风限电问题开始显现，项目核准难度加大，经济效益出现下滑。风电开发重点开始向中、东、南部地区电力负荷中心转移。但是中、东、南部地区的风电开发面临低风速和山区风资源条件以及风电场建设条件较差的挑战，这促进风电行业研制并采用大叶片、高塔筒技术的低风速风电机组，使得更大范围的高海拔和低风速地区风能资源具备了可开发价值。2008 年底，全国首座山区高海拔风电场——华能云南大风坝 4.8 万 kW 风电场投产发电；2011 年 5 月，全国首座大型内陆低风速风电场——龙源安徽来安 20 万 kW 风电场投产发电。这两座风电场的成功建设，对中国山区高海拔和内陆低风速省份的风能资源开发利用具有重大的示范和引领作用。随着体制机制和技术的创新，风电场或风电机组接入 35kV 配电网，不增加现有变电设施容量，就地消纳的分散式或分布式风电得到快速开发。

2007 年第一台海上风电机组安装在渤海油田，开启了海上风电技术的探索。2009 年 9 月，龙源如东海上（潮间带）试验风电场首批两台 1.5MW 风力发电机组并网发电，实现全球潮间带风电"零"的突破。2010 年 6 月，上海东海大桥 10 万 kW 海上风电项目投产发电，成为首个近海风电场。之后由于海上功能区划变动、海洋相关部门协调和政策等问题，海上风电的开发一度停滞。2014 年海上风电标杆电价出台后，我国海上风电产业规模化发展进程逐步加快，促进海上工程施工技术的进步，适用于海上的新机型陆续推出，在江苏、福建和广东等省沿海相继有多个近海风电场并网运行。2018 年我国新增海上风电装机容量超过英国，居世界首位。

2005 年新增风电装机中我国制造商的产品份额不到 30%，2017 年则增长到 96%，并且具备了自主研发新机型的能力。我国制造商不仅提供产品，而且提供风电项目整体解决方案，为业主获取最大效益。2017 年当年新增装机超过 200 万 kW 的制造商有金风科技、远景能源和明阳智能。累计装机容量超过 1000 万 kW 的制造商有 7 家，其中金风科技累计装机容量达到 4270 万 kW，占国内市场的 23%。风电整机制造商的市场份额逐渐趋于集中，2017 年新增装机的市场份额中前 5 位制造商的占比由 2013 年的

54%增加到 2017 年的 67%，有利于全行业降低成本。

由于风电机组技术的进步和大批量生产，整机价格（不含塔架）从 21 世纪初的每千瓦上万元，下降到 2018 年的约 3000 元，在风能资源丰富、电能消纳条件好的地区，风电项目有可能实现与当地燃煤火电平价上网。2017 年 8 月国家能源局公布了风电平价上网示范项目，包括河北、黑龙江、甘肃、宁夏和新疆 5 个省（区）风电平价上网示范项目一共 13 个，总装机规模 70.7 万 kW。

在 2006 年到 2019 年期间发电企业积极建设风电场，运营容量从 127 万 kW 增长到 2.09 亿 kW，占全国发电装机容量的比例增长到 10%；风电电量从 15 亿 kW·h 增长到 4057 亿 kW·h，占全国发电量的比例增长到 5.53%。风电已经发展成为火电和水电之后的中国第三大主力电源。

2010 年底我国风力发电累计装机容量达到 4473 万 kW，首次超过美国跃居世界第一。2017 年我国风电新增和累计装机容量占世界市场的份额均超过 30%，稳居首位。

我国风电产业经历了从无到有、从小到大、从弱到强，走过了一条迂回曲折又波澜壮阔的崛起之路。进入 21 世纪以来，风电产业从科研试验、示范项目到商业化、产业化应用，经历"建设大基地、融入大电网"的快速发展。通过大规模市场的拉动，促进了产业链的发展、壮大，加速了行业技术创新，降低了开发成本，开创了风电产业高质量、大规模发展的新局面。

二、太阳能发电的发展历程

中国光伏的应用始于 20 世纪 70 年代初。1971 年中国制造的太阳电池首次用于实践一号通信卫星，1973 年首次应用到地面，为天津港的航标灯供电。2009 年以前主要用于边远无电地区的电力建设，典型的工程包括 1982 年中德合作的北京大兴义和庄 10kW 光伏水泵项目，1984 年中日合作的我国第一座离网光伏电站——甘肃省兰州市榆中县园子岔乡 10kW 村落电站，2000 年启动的"光明工程先导计划"，2002 年的"送电到乡"工程，2002—2008 年的世界银行/全球环境基金 10MW 户用光伏系统项目等。

中国的并网光伏应用始于 1996 年的国家"九五"科技攻关计划。早期典型的并网发电工程有"九五"期间北京太阳能研究所 10kW 和北京日佳公司 10kW 并网光伏项目；"十五"期间北京自动化技术研究院 20kW、北京供电公司路灯管理处 140kW、首都博物馆 300kW、深圳市园博园 1MW 和西藏羊八井 100kW 电站等。

中国光伏市场的大规模启动始于 2009 年甘肃敦煌 10MW 光伏电站特许权招标和同年启动的政府主导的"金太阳示范工程"和光电建筑应用示范项目。2013 年中国光伏的年装机超过德国成为世界第一。至 2015 年底，我国政府对外宣布中国已经彻底解决了无电问题，实现了全国电气化，用于无电地区电力建设的光伏系统总计 210MW，投资超过 100 亿元人民币，2017 年的年装机更是达到了 53GW，占当年全球总装机的 52%。

《可再生能源法》实施以后，光伏产业也逐步迎来了发展的黄金时代，特别是 2013 年国家确立分类光伏标杆电价政策，进一步加快了光伏发电开发进程。光伏发电装机从 2006 年底的 8 万 kW 增长到 2019 年底的 2.04 亿 kW，提前完成 2020 年 1.1 亿 kW 的发展规划。

中国光伏制造业最初的发展不是靠中国国内的政策，而是靠国际市场的拉动。2000 年以前，中国光伏制造业还很弱小，2000 年全国光伏产量只有 3MW。1999 年保定英利启动了中国第一条兆瓦级生产线（3MW），2001 年无锡尚德建成 10MW 生产线。由于国际市场的拉动，中国光伏制造业快速发展，到 2007 年的产量已经超过 1GW，成为世界第一大光伏制造国。截至 2007 年底，中国已经有 10 家海外上市的光伏公司。2017 年中国光伏组件的产量为 76GW，占全球总产量的 71%。

得益于设备制造技术水平的不断进步，十年来光伏发电组件造价下降了 90%。2018 年，光伏发电组件价格降至 2500～2800 元/kW，大型集中式光伏发电项目整体造价降至 6000 元/kW 以下。近年来，光伏发电从青海、内蒙古、西藏等光照资源大省（区）扩展到中东部十多个省区。截至 2019 年底，我国投产集中式光伏 14 167 万 kW，分布式光伏 6263 万 kW，实现了集中式与分布式并举发展。

我国太阳能热发电技术的研究始于 20 世纪 80 年代，天津大学研发了最早的塔式太阳能装置。2006 年在南京建立了 70kW 塔式太阳能热发电系统。2012 年 8 月，我国首座 1MW 塔式太阳能热发电站——八达岭太阳能热发电试验电站在北京延庆成功发电。2013 年青海中控德令哈 50MW 塔式太阳能热发电站一期 10MW 项目并网发电。

"十三五"期间推进太阳能热发电示范项目的主要工作是扩大应用光热发电的市场，达到规模化、商业化运行以及通过示范项目来创造一个可以应用和培育国内自主研发技术的环境。

2016 年国家能源局公布了第一批太阳能光热发电示范项目，共计 20 个。国家发展改革委发布的光热发电示范项目的标杆上网电价为 1.15 元/（kW·h）。这些项目中，共有 9 个项目采用塔式发电技术，7 个采用槽式发电技术，4 个采用线性菲涅尔技术，所有项目都设计了大容量、多时长的储热系统。此后部分示范工程陆续开工建设。2018 年，中广核德令哈 50MW 槽式项目、首航节能敦煌 100MW 塔式项目以及中控德令哈 50MW 塔式太阳能热发电项目先后并网发电。2019 年底太阳能热发电累计装机容量约 44.4 万 kW。

三、生物质发电的发展历程

我国早期的生物质发电项目主要是自主研制的蔗渣锅炉燃烧发电，以及利用木屑、稻壳的气化发电和一些小型的沼气发电。垃圾发电则通过引进国外先进技术和设备在经济发达城市首先得到推广应用，自第一个垃圾焚烧发电厂于 1988 年在深圳投入运行后，经过技术消化吸收，我国基本具备制造垃圾焚烧发电设备的能力。沼气发电研究始于 20 世纪 80 年代初，我国的垃圾填埋场蕴藏丰富的沼气资源，1998

年建成首个垃圾填埋气发电厂——杭州天子岭填埋气体发电厂，之后陆续建成无锡桃花山填埋气体发电厂、民和牧业沼气发电厂和德青源电厂等一批电厂。截至 2005 年年底，我国生物质发电装机容量约为 200 万 kW，其中蔗渣发电约 170 万 kW，垃圾发电约 20 万 kW，其余为稻壳等农林废弃物气化发电和沼气发电等。

2006 年以后我国的生物质能发电产业加快发展，主要依靠引进、消化和吸收欧洲秸秆直接燃烧发电技术，同时自主研发生物质气化发电、沼气发电技术。2006 年我国第一个国家级生物质发电示范项目——单县生物发电厂成功并网发电，之后在黑龙江望奎、江苏宿迁和淮安等地陆续建成生物质发电示范项目。截至 2010 年年底，我国生物质发电装机容量约 550 万 kW，"十一五"期间年均增长 22.4%。截至 2018 年末，我国生物质发电装机规模已达全球首位。此后生物质发电装机容量持续稳步增长，2019 年达到 2254 万 kW。2013—2019 年生物质发电累计并网装机容量见表 5.1－7。

表 5.1－7　　　　　　2013—2019 年生物质发电累计并网装机容量　　　　　　单位：万 kW

发电方式	2013 年	2014 年	2015 年	2016 年	2017 年	2018 年	2019 年
农林生物质直燃发电	420	502	530	605	714	806	969
垃圾焚烧发电	340	424	468	574	729	916	1195
沼气发电	19	20	33	35	45	62	90
合计	779	946	1031	1214	1488	1784	2254

数据来源：《国际清洁能源产业发展报告（2018）》，2018—2019 年数据来自中国产业发展促进会生物质能产业分会。

热电联产是生物质发电产业提升效率实现可持续发展的重要途径，已成为生物质发电领域新崛起的力量。

另外在秸秆气化后发电实现小型化的领域也有重要突破。北京乡电电力公司研制出小型生物质气化发电成套设备，在开发以玉米秸秆为原料的秸秆气化发电厂方面获得成功，制造出集装箱式小型秸秆/生物质气化发电装置，在辽宁、河北和山东等地建立 2MW 级玉米秸秆气化示范发电厂。

四、地热发电的发展历程

我国于 1970 年开始投资建设地热发电项目。1970 年 12 月第一台地热发电试验机组在广东省丰顺县邓屋发电成功，我国成为世界上第八个拥有地热发电的国家。但 50 多年来地热发电发展缓慢，20 世纪 70 年代我国先后在广东丰顺、山东招远、辽宁熊岳、江西温汤、湖南灰汤、广西象州、河北怀来等地建成中/低温实验性地热电站。到 2008 年时上述中/低温地热电站均因设备老化停止了运行。

在高温发电方面，有西藏的羊八井、朗久、那曲、羊易，云南腾冲，台湾的清水、土场。目前仅有

西藏的羊八井地热电站在运行且效益较好，其他电站均运行时间不长，因结垢等原因停运。西藏的羊八井作为我国高温地热发电的里程碑式项目，1977 年第一台 1MW 试验机组投入运行，后来陆续扩大容量，长期维持 2.4 万 kW 运行，2008 年发电量达到 1.4 亿 kW·h，一度承担了拉萨市主要的电力供应。

截至 2019 年底，我国地热发电总装机仅 2.518 万 kW。

五、海洋能发电的发展历程

我国在 20 世纪 50 年代末期开始兴建小型潮汐电站，在 2000 年前装机容量约 1 万 kW，但是大部分潮汐电站由于淤塞而关闭，目前仅有江厦潮汐电站仍在运行。

20 世纪 70 年代开始波浪能和海流能利用的研究，80 年代开始温差能和盐差能的实验室机理研究。1995 年建成 95kW 岸式振荡水柱波浪发电装置，开始波浪发电示范应用。2011 年 9 月，"海明 I"水平轴潮流电站投放于浙江岱山县小门头水道，为岸上灯塔供电，是我国第一座长期运行的潮流能发电装置。2012 年在山东青岛建成中国首个 15kW 海洋温差能试验电站。

2015 年 11 月，中国科学院广州能源研究所在珠海市万山岛海域顺利投放了鹰式波浪能发电装置"万山号"，该装置长 36m，宽 24m，高 16m，为半潜驳与波浪能转换设备的结合体，其既可以像船舶一样停泊、拖航，也可以下潜至设定深度成为波浪能发电设备。"万山号"前期装机 120kW，后续将扩大波浪能发电装机量，并计划在装置顶部加装太阳能发电板、风力发电机和海水淡化装置，最终建成一座漂浮式多能互补发电和制造淡水平台。

2017 年 1 月，由华能集团清洁能源技术研究院有限公司（以下简称华能清能院）承担研发的国内首台 200kW 筏式波浪能发电装置顺利出坞，在三亚水域进行装置的长期发电试验和验证，为装置的完善提高积累数据和经验。为培育海洋战略性新兴产业，国家自然资源部设立海洋可再生能源项目"南海兆瓦级波浪能示范工程建设"，在珠海市大万山岛开展兆瓦级波浪能示范场的建设。首台 500 kW 鹰式波浪能发电装置"舟山号"2020 年 6 月 30 日正式交付中科院广州能源研究所。"舟山号"由中科院广州能源所研发设计，招商局重工（深圳）有限公司建造，是我国截至 2020 年单台装机功率最大的波浪能发电装置。

海洋能资源的特性不同，海洋能开发技术难度各异。如由于海洋能流密度低，海洋能的集能与转换装置比较庞大；由于海洋能不够稳定，海洋能转换效率低，需要一定的调节和蓄能措施；由于处于海洋环境，海洋能发电工程难度大，对海洋能发电设备材料的防腐、防生物附着要求高，运行维护难，故海洋能发电的造价和运行成本比常规能源高出很多。但从长远来看，随着能源紧缺和环境恶化日益严重，常规能源利用成本将逐年提高，海洋能将会成为沿海国家，特别是发达的沿海国家的重要能源之一，并将与海洋开发综合实施，建立海上独立生存空间和工业基地。

在我国新能源发电的发展过程中,生物质发电、地热发电、海洋能发电等发展相对缓慢,已实现大规模开发利用的主要是风力发电和太阳能光伏发电,太阳能光热发电具有大规模开发利用的潜力。我国是目前全球风电设备和光伏设备制造大国,也是风力发电和光伏发电装机最多的国家。本篇后续内容以介绍风力发电和太阳能发电(包括光伏发电和光热发电)为主。

第二章

风 力 发 电

第一节　风力发电技术开发与创新

一、我国风电技术发展状况

　　经过几十年的发展，我国风电产业国际竞争力不断提升，形成了较为完整的上下游产业链，风电技术也取得了长足的进步。从起步阶段的设备进口（见图 5.2－1）、技术引进、许可证制造，到后来的合作研发、自主研发，目前我国已基本掌握了风电机组系统的设计和制造技术，形成了从风电机组总体设计、载荷与控制系统设计、驱动链设计、偏航系统设计、变桨系统设计、电气系统设计、防雷系统设计到叶片等核心部件设计的完备风电设计体系和软件平台，风电机组设备制造基本上实现了系列化、标准化和型谱化，机型涵盖双馈、直驱和半直驱，单机容量已从千瓦级发展到目前最大的 7MW 级，在大容量机组开发上达到了与世界同步，实现了从陆地风电到海上风电的跨越。

图 5.2－1　1989 年从美国进口的 56～100kW 风电机组

（图片来源：中国农机工业协会风力机械分会）

着眼于风电开发的实际需要，我国在适应低风速、高海拔、台风、风沙等特殊环境和风况条件的风电机组技术上取得突破性进展，已开发的抗台风型、抗低温型、抗高原型和抗潮湿型等风电机组产品，在高海拔、低温、冰冻等特殊环境的适应性和并网友好性方面显著提升；采用大叶片、高塔筒技术的低风速风电机组的研制成功，让低风速地区风资源具备了可开发价值，显著增强了分散式风电开发的技术经济性。适应特殊环境运行的风电技术有力地支撑了内陆、山地以及海上风电场的开发。我国丘陵地区建设的风电场如图5.2-2所示。

图 5.2-2 我国丘陵地区建设的风电场
（图片来源：中国可再生能源学会风能专业委员会）

我国风电技术在近30年间取得了显著的进步。我国风电装机容量和产能均位居世界首位，成为风电产业大国。这些成就的取得，满足了中国风电快速增长的需求，为我国风电产业的持续快速发展提供了强大的技术保障。但是，我国还不是风电技术强国，目前我国风电机组在运行效率、故障率、可靠性等方面还存在不足，风能的实际利用率、风场盈利能力与预期还存在差距。究其原因，一方面是因为我国在大型风电机组研究方面的起步较晚，目前仍处于技术跟踪阶段；另一方面是国内过于重视产业化，对基础性研究投入不够，缺乏稳定持续的研究队伍，产品的可靠性还不能达到理想水平。

为了使我国风电设备立足于国内自主制造，促进我国风电产业可持续发展，掌握陆上和海上大型风电机组设计与制造关键技术是我国由风电大国迈向风电强国的必由之路。必须着力提高风电技术的原始创新能力，真正形成风电技术的自主创新体系。

二、风电领域关键技术进步

1. 风能资源评估技术

风能是一种重要的可再生能源，它不但蕴藏丰富、分布广泛，而且是最重要的替代能源之一。与传统的化石能源相比，风能资源具有强随机波动性和难以准确预测性。因此，精确有效地评估风能资源，对研究大规模风电并网、论证风电项目建设的可行性具有重要意义。

风能资源评估是分析待评估区域长期的风能资源气象参数的过程。通过对当地的风速、风向、气温、气压、空气密度等观测参数分析处理，估算出风功率密度和有效年小时数等量化参数。通过风能资源评估可以确定区域的风能资源储量，为风电场选址、风力发电机组选型、机组排布方案的确定和电量计算提供参考依据。风能资源评估的主要特征参数包括风速统计概率分布、风向、平均风功率密度、风能、有效风能、可利用小时数等。

当前国内外的风能资源评估的主要方法有两种：一是基于测风塔观测数据建立不同的数学模型，有效地将气象站和测风塔的观测数据转化为风能、风功率等风能资源评估参数的数理统计评估方法；二是利用计算机模拟技术结合测风塔观测数据、中尺度数据，实现对近地层风能资源进行分析的数值模拟评估方法。

早期的风能资源评估方法主要是基于气象站历史观测资料的统计分析方法。我国风能资源的研究和评估工作始于 20 世纪 70 年代，气象部门和电力部门等相关单位先后对全国范围或部分风电丰富区的风电场建设开展了风能资源的调查、研究和评估。中国气象局在 20 世纪 80 年代组织了两次全国风能资源普查，分别采用 600 多个和 900 多个气象站观测资料进行了风能资源储量及其分布的评估。为了有效地利用我国丰富的风能资源，促进我国风电建设的更快发展，2003 年国家发展改革委与中国气象局启动了第三次风能资源普查，利用 2000 多个气象站近 30 年的观测资料，对原来的风能资源评估结果进行修正和重新计算。

2004 年 4 月 14 日，国家发展改革委发布了《全国风能资源评价技术规定》，统一了全国风能资源评价的原则、内容、深度和技术要求。

自 2006 年《可再生能源法》实施以来，中国可再生能源进入快速发展时期。为适应中国可再生能源快速发展对风能和太阳能资源监测、预报的需要，中国气象局成立了风能太阳能资源评估中心，旨在根据《气象法》赋予的职责，进行风能、太阳能等气候资源评估，逐步形成我国风能、太阳能等气候资源开发利用服务的权威性评估中心。

20 世纪 90 年代初期，应用了数值模拟技术的风能资源评估系统软件陆续出现，逐渐替代了基于气象站观测资料的风能资源统计分析方法。20 世纪 90 年代中期，以丹麦和美国为代表的欧美国家纷纷制作出了本国风能资源数值模拟分布图。

2005 年，中国气象局引进了加拿大气象局的风能资源数值模拟软件（WEST），经过消化、移植和本地化改进，于 2007 年制作出了第一张中国风能资源数值模拟分布图。

2009 年，中国气象局风能太阳能资源评估中心在汲取加拿大、丹麦和美国风能资源数值模拟技术方法优势的基础上，自主研发了中国气象局风能资源数值模拟评估系统（WERAS/CMA），该系统包括历史气象背景资料的自动筛选、中尺度模式与小尺度复杂地形动力诊断模式以及 GIS 空间分析，既包含了目前国际上先进的风能资源评估技术，也为适应中国地形与气候特点进行了自主创新。该成果是在当时我国已有技术条件下能够取得的具有科学性的数值模拟评估结果，为我国进一步开展风能资源详查和评价工作提供了科学支撑。

2013 年，为满足我国风能资源因地制宜的开发利用需求，中国气象局风能太阳能资源评估中心在 2010 年发布的《全国风能资源详查和评估》成果的基础上，启动了新一轮风能资源评估工作。2014 年，公布了全国风能资源评估成果，包含了我国以及各省（自治区、直辖市）70～100m 各高度层上风功率密度达到 150W/m²、200W/m² 和 300W/m² 以上不同等级的风能资源图谱和风能资源的技术可开发量。

近年来，我国分散式风电与海上风电取得快速发展，对风能资源评估提出了更迫切的需求。在风电平价上网的大环境下，行业迫切需要精细化、高效化、一体化、数字化的设计与开发解决方案，从而保证风电项目的盈利及未来运营过程的可靠。目前，除了专门提供大数据分析、评估服务平台的供应商外，业内各大型国有风电开发集团公司及整机商相继搭建自己的风资源数字化平台，为客户提供包括风电场规划、测风方案设计、风资源评估、精细化微观选址、风功率预测等增值服务的综合平台，促进实现风电场选址更加快速化、理性化和精准化，为客户最大限度地降低时间成本并降低收益风险，从而实现可观的经济效益和社会效益。

2. 风电机组设计及制造技术

我国的风电技术进步走过了一条从小型到大型风电机组制造的创新引领突破的崛起之路。

20 世纪 50 年代，我国开始摸索研制几十瓦到 20kW 的风电机组，虽未形成产品，但提供了宝贵的经验和教训。

20 世纪七八十年代，中型风电机组有了较快的发展，从几十千瓦发展到几百千瓦。30kW 风电机组实现了小批量的国产化。风能利用在多方面取得了进展。通过"光明工程"和"送电到乡"等项目的实施，中小型风电机组解决了电网不能通达的偏远地区大约有 150 万农牧渔民的供电问题（见图 5.2－3），为我国无电地区的电力建设、边境稳定的维护、社会主义新农村的建设和和谐社会的发展做出了巨大贡献。

图 5.2-3　小型风电机组为蒙古包带来光明

（图片来源：中国农机工业协会风力机械分会）

　　近年来，我国的中小型风电产业已经从解决农村无电地区用电为主，向城市街道照明和移动通信独立电源等工业应用方向发展，并得到了快速装备，新的应用领域还在不断拓展。此外，分布式发电作为中小型风电产业的另一个非常有前景的发展领域，在我国也得到了较快发展。

　　20 世纪 80 年代，我国通过国家科技项目陆续支持研制过离网型和并网型风电机组，单机容量从 15kW 到 200kW，但绝大部分未实现批量生产。1984 年，国家计委启动我国首台国产风电机组设计制造，单机容量 55kW 并网型风电机组（见图 5.2-4）。1991 年，中国风能技术开发中心组织浙江省机电设计研究院、杭州发电设备厂等单位，承担国家科委"200kW 风电机组研制"项目，自主设计研发出叶轮直径 24m、失速型 200kW 风电机组（FD24-200）。首台样机 1997 年 4 月在辽宁东岗风电场试运行，后来对该机组进行改型设计，研制出 250kW 机组（FD25-250）。1997 年，我国首台商业化百千瓦级（200kW）风电机组在浙江苍南鹤顶山并网发电（见图 5.2-5）。

　　1999 年，金风科技与新疆风能公司、新疆风能研究所共同承担"九五"国家科技部重点科技攻关项目"600kW 风电机组"的研制任务，通过引进、消化国外大型风电机组先进技术，研制出 600kW 风电机组。该机组国产化率达到 90% 以上，并投入达坂城 1 号风电场运行，主要经济指标达到当时国际先进水平，为此后国产化风电机组的规模化生产奠定了基础。2000 年，该项目获得了国家科技进步二等奖。

　　2002 年，国家"十五"科技攻关计划安排 750kW 失速型风电机组研制。同年，金风科技现代化大型风电机组总装基地建成投产，采用许可证制造技术，具备了年产 200 台 600kW 至 1MW 风电机组的生产能力。

图 5.2－4 "八五"攻关项目完成的 55kW 并网型
风电机组
（图片来源：中国农机工业协会风力机械分会）

图 5.2－5 首台国产商业化百千瓦级（200kW）
风电机组在浙江苍南鹤顶山并网发电
（图片来源：中国农机工业协会风力机械分会）

"十五"期间，通过对国家"863 计划""兆瓦级变速恒频风电机组"重大科研项目的支持，我国完成了具有完全自主知识产权的 1MW 双馈式变速恒频风电机组和 1.2MW 直驱式变速恒频风电机组的研制，并于 2005 年并网发电，成功实现了兆瓦级变速恒频风电机组从无到有的重大突破，标志着我国风电技术跨入兆瓦级时代（见图 5.2－6）。

图 5.2－6 我国兆瓦级风电机组在陆上风电场运行
（图片来源：中国可再生能源学会风能专业委员会）

　　"九五"和"十五"期间，国家通过组织实施"乘风计划"、国家科技攻关计划、"863 计划"以及国债项目和风电特许权项目等支持建立了首批 6 家风电整机制造企业，进行风电技术的引进和消化吸收，其中部分企业掌握了 600kW 和 750kW 单机容量定桨距风电机组的总装技术和关键部件设计制造技术，初步掌握了定桨距机组总体设计技术，实现了规模化生产，迈出了产业化发展的第一步。

　　从 2004 年开始，新疆金风科技股份有限公司、东方汽轮机有限公司、华锐风电科技（集团）股份有限公司、湘电集团有限公司、中车株洲电力机车研究所、上海电气风电集团有限公司、浙江运达风电股份有限公司、华仪风能有限公司、中国船舶重工集团海装风电股份有限公司、南京汽轮电机长风新能源股份有限公司等先后从德国瑞普尔（REpower）公司、德国富尔伦德（Fuhrlaender）公司、德国艾罗迪（Aerodyn）公司、德国文西斯（Vensys）公司等引进风电设备技术。通过技术转让，叶片、齿轮箱、发电机、偏航、控制等大部件制造国产化实现零的突破，初步具备零部件制造和风电产业发展的基本能力。

　　"十一五"期间，科技部针对我国风电整机技术水平低、自主研制能力差、产业不完整、可持续发展能力弱等亟待解决的重大问题，在已有 1.0MW 双馈式和 1.2MW 直驱式两种机型大功率风电机组设计、制造技术的基础上，由国家科技支撑计划立项，支持了"大功率风电机组研制与示范"重大项目，规划了风电整机成套设备、关键零部件、海上风电、标准规范体系 4 个主要研究方向，由全国 23 家单位共同承担，基本囊括了当时行业内的骨干企业和科研单位。项目直接推动了中国风电配套产业链及其产品创新机制的建立、发展和完善。

　　2004—2009 年间，中国风电整机制造商通过技术引进、消化、吸收，研制成功单机容量为 1.5MW 和 2MW 的风电机组，并实现了批量生产，产品技术路线主要为双馈式和直驱永磁式两种风电产品。2006 年 1 月 1 日，《可再生能源法》颁布施行，风电产业进入大规模发展的"黄金时代"。同年，我国自主研发的 1.2MW 风电机组投入试运行。2007 年，华仪风能向智利出口了 3 台 780kW 的风电机组，我国制造的风电机组首次迈出国门。

　　借助法律和政策东风，风电进入高速发展阶段。依托庞大的国内市场，风电设备制造商通过引进国外制造技术、联合设计或自主研发等方式，迅速建立大批量生产的能力，国产风电设备占比持续提升。行业统计数据显示，2007 年，在我国新增风电装机中，国产设备占比已达到 55.9%，首次超过外资设备。2009 年，国产化率已达 85% 以上，1.5MW、2MW 风电机组基本实现国产化，取代进口机组成为国内主流机型。2010 年，我国自主研发的 3.0MW 海上风电机组在东海大桥海上风电场成功安装，填补了我国海上风电制造的多项空白。

　　"十二五"是风电装备核心技术的创新与突破期，在此期间，风电设备实现了核心平台的自主开发，并在叶片设计制造、主控制技术、变桨控制技术、变流器等关键技术上实现了创新突破，风电机组达到了国际先进水平。"十二五"期间，国内风电机组技术研发能力得到显著提升，从早期的引进技术、消化吸收、再创新，到通过自主研发，形成具有自主知识产权的多兆瓦级大型风电机组的研发能力。系列化、平台化机组的设计，有效地提升了研发设计适应市场需求的反应能力。中国陆地风电场的主流机型由 1.5MW 向 2～2.5MW 发展，3～4MW 级风电机组已批量生产，5MW、6MW 的风电机组也已经并网运行，更大功率风电机组研制工作正在稳步推进。2015 年，2MW 的风电机组装机首次超过 1.5MW 风电机组，占全国新增装机容量的 50.2%，3MW 及以上大型风电机组的装机占比达到 2.5%。我国自主研发的兆瓦级风电机组在陆上风电场规模运行情况如图 5.2-7 所示。

图 5.2-7　我国自主研发的兆瓦级风电机组在陆上风电场规模运行
（图片来源：中国可再生能源学会风能专业委员会）

经过一定时期的风电机组技术引进和产业化生产，国内风电整机制造企业对风电技术的复杂性和对产品研发挑战的认识日益深入，越来越多的企业形成了"在技术引进的基础上加快消化吸收进程、增强自主研发能力"的共识，这些企业大部分在引进的基础上进行了国产化的工作，并针对我国风资源的特点进行了适应性开发。另外，积极引进 Bladed 等国外先进的风电机组辅助计算设计工具，更多地采用联合设计和自主研制开发新产品。

我国一直注重并加紧风电关键技术的研发工作。为扎实推进海上风电建设，近年来，国家在大型海上风电机组及关键部件研制与产业化方面同样取得了多项重大突破，包括中国海上风况的新型大叶轮设计与应用技术研究、大型海上风电机组的试验方案研究以及海上安装、运维、防腐等产业化关键技术研究。

中国风电行业在国际上创新提出了"低风速发电"概念（一般指风速 6m/s 以下区域），引领世界风电向着更长叶片、更高塔筒、定制化设计、全生命周期的技术挖掘与优化整合方向发展。过去十年，通过高塔架、翼型优化、独立变桨、场群控制、环控系统优化、涂料改进和测风技术等方面的创新，我国风电发电效率提高了 20%～30%，发电量提升了 2%～5%，运维成本下降了 5%～10%。在技术创新、规

模效应的双重促进下，我国风电设备价格降低了近 65%，风电场开发造价降低了近 40%，而发电性能和可靠性得到了进一步提高。

"十三五"期间，随着大数据、云计算、人工智能、物联网等新技术的创新发展，中国风电装备进入了智能技术为基础的解决方案时代。顺应时代趋势，中国风电开启装备制造智能化新模式。在信息化、数字化、互联网的时代大背景下，风电装备制造环节已经开始大量使用数字化技术进行数据分析并寻求智能化解决方案，这将大幅提高风电机组的可靠性和可利用率，增加电量产出、降低成本。目前，风电设备厂商都在积极应用大数据、互联网思维模式，为实现智能化而主动出击。近年来，设备制造企业相继在设备智能设计、智能运营、大数据管理、智慧能源管理、风电场场群管理等方面进行了一些尝试，并获得一批成果。已推出的智慧风电场管理平台，通过对风电机组、测风塔及升压站等设备的远程监控，达到风电运营商对风电场进行监控的目的，大大节省了风电运维费用。

经过多年的发展，我国风电机组设备制造产业完成了由整机进口到关键零部件进口，再到关键零部件自主研发的快速升级，产品国产化程度不断提高。在 2017 年中国新增风电装机中，本土设备占比超过 90%。风电机组设备国产化进程带来了机组采购价格的迅速下降，从 2006 年的每千瓦 6000 元人民币，下降到 2018 年的每千瓦 3000 多元人民币，为我国风电规模化发展提供了技术保障。展望未来，随着政策的落实、市场的开拓以及研发能力的提升，风电装备制造业必将再上新台阶，助推我国早日迈入风电制造强国行列。

3. 风电机组和部件技术

随着中国风电产业的发展，我国风电零部件制造企业也日益壮大，生产供应体系日益健全。目前，我国风电零部件制造业已形成涵盖叶片、齿轮箱、发电机、变桨偏航系统、轮毂、塔架等主要零部件的生产体系。

自 20 世纪 90 年代我国发展大型风电机组以来，主要依靠传统工业企业或中外合资企业，逐步形成了一批主要零部件制造企业。传统工业企业，如齿轮箱和发电机制造企业，大都是国内从事该类产品研发生产的国有大型重工企业，凭借原有的生产和科研基础，逐步探索开发风电零部件产品。一大批企业积极从事风电零部件的开发生产，进一步扩大完善了生产供应体系。

目前，我国已经掌握了 10MW 以下风电机组关键零部件，如叶片、齿轮箱、发电机、变流器、塔架、轮毂、变桨机构、偏航机构、轴承、主轴以及监控保护等制造技术，技术成熟度快速提高，并在叶片设计、传动链布置形式、塔筒结构、控制系统等方面推出了许多新的个性化技术。国内叶片、齿轮箱、发电机等部件的制造能力已接近国际先进水平，能够满足主流机型的配套需求，并开始小批量出口。轴承、变流器和控制系统的研发也取得了重大进步，并开始批量供应国内市场。塔筒、轮毂、机舱等部件的生产能力完全满足国内市场需求，并向国际市场供货。

叶片、齿轮箱进口产品市场份额逐步降低，短短数年比例下降了约 10%～15%。制造叶片所需的树脂、结构胶、芯材等原材料实现本地化生产，玻纤完全国产化。主要设备如发电机、偏航/变桨轴承、变流器、变桨系统之前多来自国内的外资企业，目前也已实现大规模国产化。发电机、变流器由小部分国产转为全部国产，变桨系统、偏航/变桨轴承从国产试点转为大部分国产。在其他主要设备中，轴承进口产品市场份额虽然高达 50%，但随着制约轴承关键技术的突破，实现高度国产化并不是奢望。

随着风电机组容量不断增加，根据风电机组研制需求，零部件生产企业正在大力加强叶片技术、传动链技术、控制系统技术和大容量变流器技术的研发和产品研制。未来在零部件供应链建设上将着力调整零部件生产企业的投资结构，加大对紧缺关键零部件，如主轴轴承、变流器等产品研发的投入，逐步提升零部件的自给能力。同时，加快建立零部件生产与风电系统技术进步的衔接机制，提高零部件生产企业自身适应研发技术更新的能力，加强零部件生产过程的质量控制，构建合格的零部件供应体系。

（1）叶片。

叶片是风电机组将风能转化为机械能的关键核心部件之一，也是获取较高风能利用系数和经济效益的基础。叶片设计、制造及运行状态的好坏直接影响到整机的性能和发电效率，对风电场运营成本影响重大。

我国风电叶片行业经过近 30 多年的发展，从无到有，从小到大，通过技术引进，在消化吸收的基础上，逐步掌握了叶片的设计、制造、运维等技术，以及叶片材料的研制和开发，建立了叶片检测和认证体系，逐步形成了完整的产业链。通过"引进、消化、吸收和再创新"技术路线，我国风电叶片行业已突破了核心技术垄断，实现了关键原材料本地化，并积极参与国际竞争，充分展示了其强大的竞争优势。

2000 年以前，我国风电叶片行业基本上由外国企业垄断的市场，国内可参与的企业只有上海玻璃钢研究院和中国航空工业集团公司保定螺旋桨制造厂。这一时期，我国风电叶片几乎被欧洲和北美的叶片企业垄断，叶片制造技术也垄断在欧洲厂商手中，原材料基本上全部进口，从技术和原材料两个方面制约了中国风电叶片行业的市场竞争能力。

2000 年以后，随着中国风电市场逐步繁荣，在国家发展改革委、科技部和国家经贸委等大力支持下，我国风电叶片技术取得了实质性的突破。由于技术、资金实力雄厚的央企和国企的进入，改变了外国企业垄断的市场格局。2005 年以后，随着中国风电市场的爆发式发展，大量海外和民间资本进入中国风电叶片行业，通过技术引进、消化吸收，我国具备从 2MW 到 10MW 风电叶片制造技术。

近年来，我国叶片技术和工艺发展较为迅速，针对海上风电和海外市场均有较大的突破。其中，中材科技拥有六大系列 60 余个型号产品，生产的 6～7MW 风电机组配套叶片长 77.7m；连云港中复连众生产的 6MW 风电机组配套叶片长度分别为 75m 和 69m，均已达到国际先进水平。在技术创新方面，中科宇能自主研发设计的低风速系列化 2MW 56.5m，2MW 59.5m，2.3MW 64m 均实现最新叶片技术生产许可的转让，并具备了同一技术平台的系列化产品研发及批量化生产的能力，终结了国外研发机构对国内叶片技术的垄断局面。

2019年6月，东方电气风电有限公司具有完全自主知识产权、国内首款10MW功率等级B900A型叶片在天津叶片公司下线。该叶片长90m，是目前国内功率等级最大、长度最长的风电叶片（见图5.2-8）。

图5.2-8　国内首款10MW功率等级90m长度叶片下线

随着我国风电市场和技术的快速发展，国内有接近20家叶片制造企业具备生产上千套兆瓦级风电叶片的能力，产量可满足国内风电市场的需求。但只有几家企业具备一定的自主研发能力，大部分企业的叶片研制技术主要还是依靠购买国外技术的方式获取。因此，对关键核心技术并非完全掌握，距离针对我国实际风资源特点开展国产化风电叶片自主研制还存在一定差距。

（2）风电齿轮箱。

风电齿轮箱的主要功能是将风轮在风力作用下所产生的动力传递给发电机并使其得到相应的转速，它是风电机组中技术含量较高的部件之一，同时也是最容易损坏的部件之一。据统计，风电齿轮箱出现故障约占风电机组故障总数的20%左右。

由于我国商业化大型风力发电产业起步较晚，技术上较风能技术发达国家存在较大差距。我国在"九五"期间开始走引进生产技术的路子，通过引进和吸收国外成熟的技术，成功研发出了兆瓦级以下风电齿轮箱。

1996年，南京高速齿轮制造有限公司开始生产300kW风电齿轮箱。其后，国内一些大型齿轮箱专业厂家也陆续开始了风电齿轮箱的研制。当时市场上的风电齿轮箱功率基本在200～800kW之间。2005年，兆瓦级风电齿轮箱投入研制，南京高速齿轮制造有限公司与华锐风电科技（集团）股份有限公司、东方汽轮机厂、沈阳工业大学及美国通用电气（GE）、德国恩德（NORDEX）等国内外主机厂和科研院所合作，开始1.5MW风电齿轮箱的研制。

近几年，我国风电齿轮箱的产量以年均增长率超过 100%的速度快速增长，已能批量生产多个兆瓦级风电齿轮箱，满足国内风电产业发展的需要。目前，风电齿轮箱的结构基本采用国外技术，对功率分流方式、均载形式等关键技术缺乏深入研究和成熟经验。因此，未来十年需加强以上方面的研究，争取在降低增速比、行星轮均载柔性轴设计和降低噪声方面实现技术突破，采用轴承新结构、新材料、新工艺，以解决轴承寿命、承载能力、可靠性等问题。

（3）发电机。

在风电机组中，发电机是关键部件之一，承担了将机械能转化为电能的任务，直接影响到能量转换过程的效率和供电质量。我国为风电机组配套的发电机主要有高速双馈式异步发电机、高速笼型异步发电机、低速永磁发电机、中速永磁发电机和高速永磁发电机等。

（4）风电变流器和整机控制系统。

风电变流器是现代风电机组电控系统的重要执行部件。它承担着交直流转换、频率调节、改善电能质量、执行最大风能捕获以及保证良好的电网兼容性的重要任务。风电变流器主要有全功率式和双馈式两种类型，分别对应直驱/半直驱式风电机组和双馈式风电机组。

2005 年以前，由于技术、资金缺乏等因素，我国国内只有少数几家风电设备制造商，且大多规模较小、技术比较落后，企业竞争力远低于国外厂商，国内建设风电场所需要的风电变流器主要依赖进口。

随着《可再生能源法》及相关配套政策的出台，风电变流器的进口替代与国产化率显著提升。2008年，深圳市禾望电气股份有限公司通过完全自主创新，研发了全系列风电双馈与全功率变流器，生产出国内首台 1.5MW 双馈式变流器。国内产品在陆上风电市场逐渐占据主导地位，极大地降低了中国风电机组的单机造价成本。

2017 年，我国已经可以批量生产 1.5MW、2MW 风电控制系统和风电变流器，满足国内风电整机配套需要。部分风电变流器制造商，如禾望电气、海得新能源、阳光电源等已推出 3～5MW 海上风电变流器。随着风电机组大功率化，大功率风电变流器的市场份额进一步攀升。由于海上风电机组平均单机容量要高于陆上风电机组，且海上风电机组的运行环境和陆上存在较大差异，而国内变流器厂商整体上还未积累足够的相关经验，因此海上风电变流器主要选用 ABB、西门子和 GE 等国际大型电气公司产品的情况比较多。

风力发电的控制系统是整机的重要组成部分，包括主控系统、变桨系统、远程监控系统等，是风电的核心技术之一。先进、可靠的控制系统可以保证风电机组安全、高效、稳定地运行。先进的控制技术可以使机组设计得更加经济高效、成本更低、发电收益更高。

国内企业通过几年的努力，在控制系统主要部件的开发上取得了积极进展，已基本形成了自主的技术开发能力，所欠缺的主要是产品的大规模投运业绩以及技术和经验积累。如风电机组控制系统中技术含量最高的主控系统和变频器，国内企业在自主开发上已取得重要进展。东方自控经过几年的努力，已成功开发出 DWS5000 风电机组控制系统，并已完成各种测试及风电机组运行验证，实现了规模化生产，基本形成了自主开发能力。科诺伟业也研制出了兆瓦级机组的控制系统。在变频器方面，东方自控、合肥阳光、清能华福、科诺伟业等一批企业也异军突起，开发出了大功率双馈及直驱机型的变频器，产品已有小批量在风电场投运，呈献出可喜的发展势头。

随着风电机组容量越来越大，风电机组控制技术必须不断发展才能满足这一要求，如叶片的驱动和控制技术、更大容量的变频器开发等。当前，由于风电机组在我国电网中所占比例越来越大，风力发电方式的电网兼容性较差的问题也逐渐暴露出来，同时用户对不同风场、不同型号风电机组之间的联网要求也越来越高，这也对风电机组控制系统提出了新的任务。

4. 海上风电场建设技术

我国海上风能资源丰富，5～25m 水深、50m 高度海上风电具备 2 亿 kW 的开发潜力；5～50m 水深、70m 高度具备 5 亿 kW 的开发潜力。另外，近岸潮间带、深远海也具备较为丰富的风能资源。

2009 年 9 月，龙源江苏如东海上（潮间带）试验风电场首批两台 1.5MW 风电机组并网发电，实现全球潮间带风电零的突破。海上风电施工技术也随之突破，龙源电力创新并成功掌握了大直径单桩基础等海上风电核心施工技术，大大提高了海上风电基础施工效率。

2010 年，我国自主研发的 3.0MW 海上风电机组在东海大桥海上风电场成功安装，填补了我国海上风电制造的多项空白，被认为是中国海上风电事业发展的元年。2014 年，海上风电标杆电价政策出台后，我国海上风电产业规模化发展进程逐步加快，促进海上工程施工技术的进步和适用于海上的新机型陆续推出。

目前，我国核准在建海上风电项目稳步推进，装机规模不断扩大，海上风电关键技术取得突破，并具备了一定的海上风电运维经验，产业服务体系不断完善，无论是规模还是技术均取得了良好成绩。海上风电技术水平逐渐成熟，海上风电装备基本实现国产化（见图 5.2-9）。我国自主研发了一系列海上风电场的设计、施工技术，研制了一批专用的海上风电施工机械装备，海上风电勘测设计、施工能力不断提升。与此同时，海上风电造价成本通过近十年的探索，正在呈现不断下降的趋势。以江苏、上海为例，海上风电造价从以前的每千瓦 2.3 万元人民币左右逐渐降到 1.5 万元人民币左右；

图 5.2-9　自主研发的海上 5.5MW 风电机组
（图片来源：中国可再生能源学会风能专业委员会）

广东、福建海上风电的造价在每千瓦 1.6 万～2 万元人民币的水平。2018 年，中国海上风电新增并网装机容量 116 万 kW。截至 2020 年年底，我国海上风电累计并网容量超 600 万 kW。

5. 风电数字化和智能化技术

随着"互联网+"技术、大数据技术、云计算技术和人工智能技术的不断发展，风电数字化已经呈现出立体化、平台化和精细化发展趋势。

近年来，风电设备智能化发展已成为市场议论热点，但总体来看还处于起步阶段。设备制造企业纷纷在设备智能设计、智能运营（自识别、自维护、自动跟踪）、大数据管理、智慧能源管理、风场场群管理等方面进行一些尝试。

风电机组与风电场管理智能化已成趋势。一些风电整机厂商每竖起一台风电机组，就像建立了一个小型的数据中心。厂商通过收集风电机组的发电指标、关键零部件的实时运行参数、此前十年的气象资料等数据，在这些数据基础上综合做出判断和预测，分析并提升投资者的资产回报率，并及时反馈到研发和运维领域，为下一代产品的改进和升级提供参考。除了风电机组设备本身产生的数据，有实力的风电整机厂商还会统计自然环境产生的更大数据，即包含风和地形在内的环境数据，绘制出一张风资源分布地图。依托人工智能、大数据、物联网、云计算等技术，为用户提供涵盖前期风能资源评估、风电机组选址、整体方案设计、生产物流管理、运维监控、后评估等各个环节的一体化服务。

在设备方面，风电机组的智能化技术多种多样。目前，变桨健康诊断、振动监测、叶片健康监测、智能润滑、智能偏航、智能变桨、智能解缆、智能测试都将是风电机组智能发展的方向。随着风电智能化的发展，当风电机组采用智能一体化的解决方案后，将大幅提高风电机组的可靠性和可用率、增加电量产出、降低成本。应用数字化、智能化等创新技术的无人机巡视检查、大数据、移动智能设备，还能有效提高风电场运营维护的效率和质量，为风电行业可持续发展提供重要支撑。

6. 风电应用技术

（1）风电制氢。

自 2009 年开始，国家电网公司已经率先开展风光电结合海水制氢技术前期研究和氢储能关键技术及其在新能源接入中的应用研究。中节能、河北建投、国家电投和国家能源相继启动了风电制氢项目。近年来，我国在可再生能源制氢方面逐渐摸索出一些成果。河北沽源县 10MW 电解水制氢系统及氢气综合利用项目是我国目前最大的风电制氢示范项目，制取的氢气用于工业生产和燃料电池的资源储备。金风科技也在吉林长岭规划了 10MW 的风电制氢储能示范项目。包括中广核、华能、国家电投、国家电网公司等央企在内的能源集团在积极布局制氢储能来缓解或者解决日益严重的可再生能源消纳压力。

受制于国内制氢场地需建设在化工园区以及发电并网等因素，风电制氢仅停留在示范阶段（规模最大为 10MW）。

（2）海水淡化。

利用风电进行海水淡化已经在我国沿海地区得到一定程度的应用。2011年2月，中国首个非并网风电多元化应用"中国-加拿大政府国际科技合作项目"风电海水淡化示范工程在江苏盐城沿海建成，日产100t淡水。该示范工程突破了大规模风电并网的单一应用模式，是我国"973计划"风能项目基础研究和产业化应用相结合的创新成果，具有完整、系统的自主知识产权，在创立中国特色风电多元化发展之路上迈出重要一步。

2014年5月，全国首个非并网风电淡化海水项目江苏盐城大丰市1万t非并网风电淡化海水项目首台生产线成功调试出水。该项目不仅将风能应用于海水淡化，而且实现了"非并网"，即由1台2.5MW的直驱永磁风电机组直接为海水淡化装置供电，形成在百平方公里范围内独立供电的微电网系统。

三、风电创新平台和研发能力建设

1. 风电技术重要创新平台

为了促进新能源技术的发展，国家依托企业和研究机构，设立了若干国家级研发平台。"十一五"期间，我国建立了一批风能领域相关的国家重点实验室和国家工程技术研究中心。2010年，国家相继建立了包括叶片、发电机等6个具有较强检测试验功能的国家级风电研发中心。这些平台包括：

（1）国家风力发电工程技术研究中心。

2004年，经科技部批准成立国家风力发电工程技术研究中心，以金风科技股份有限公司为依托单位，专业从事风力发电高新技术研究与工程化推广，面向行业提供多种综合性服务。2009年10月，金风科技成为国内风电整机企业中首家获国家发展改革委、科技部、财政部、海关总署、国家税务总局联合认定的"国家级企业技术中心"依托单位。

（2）国家能源海上风电技术装备研发中心。

国家能源海上风电技术装备研发中心是国家能源局于2010年1月正式授牌，依托华锐风电科技（集团）股份有限公司设立的以海上风电技术装备为研究对象的国家级研发中心。研发中心建设目标是聚集顶尖的风电技术装备研发人才，建成我国技术水平最高、设备最先进、研发和实验能力最强的海上风电技术装备研发机构，在解决我国海上风电发展面临的技术难题的同时，进一步引领海上风电技术的发展。

（3）国家海上风力发电工程技术研究中心。

国家海上风力发电工程技术研究中心于2009年由科技部批准成立，是海上风电领域国家级科研平台。以中船重工（重庆）海装风电设备有限公司为依托，就海上风电装备技术研究、系统设计、集成制造及其海上风电场工程技术研究的专业化技术研发机构，形成海上风电整机核心技术体系，实现海上风电核心技术领域技术创新。工程中心整合国内外优势资源，采用开放协同方式进行应用基础合作研究和关键零部件合作研发，形成应用基础技术研究—产品研发—集成示范—成果转化公共服务行业带动的运作体系。

（4）风电设备及控制国家重点实验室。

风电设备及控制国家重点实验室是以国电联合动力技术有限公司为依托单位，于 2010 年获科技部批准建设的全国第二批企业国家重点实验室。实验室主要研究方向包括风电机组整机设计及仿真技术研究、传动链抗疲劳设计及先进制造技术研究、风轮叶片高效翼型及气动结构设计技术研究、风电机组控制系统及并网技术研究等。

（5）新能源电力系统国家重点实验室。

新能源电力系统国家重点实验室是以华北电力大学为依托单位，于 2011 年科技部批准立项建设的国家重点实验室。实验室面向我国规模化新能源开发利用重大需求，聚焦新能源电力系统重大科技问题，以多学科交叉为基础开展创新性研究，主攻新能源电力系统安全、经济运行的基础和应用基础理论，深入研究规模化风能、太阳能等新能源电力接入后对电力系统的影响与交互作用机理，建立大时间尺度紧密耦合且具有强随机性的复杂电力系统分析、控制理论与方法的科学研究体系，为我国能源可持续发展以及新能源战略性新兴产业发展提供科技支撑。

（6）国家能源大型清洁高效发电设备研发中心。

2009 年 11 月，国家能源局正式批复成立国家能源大型清洁高效发电设备研发中心。大型清洁高效发电设备研发中心依托中国东方电气集团有限公司建设，主要目标是大型高参数火电机组、大型水电机组、核电、重型燃机及联合循环、风电等大型清洁、高效发电设备及节能环保产品的研究开发，并致力于高效太阳能光伏技术、高效低成本储能、智能装备、电动汽车动力系统、新型电力电子系统等领域的研究。

（7）国家级企业技术中心。

重庆齿轮箱有限责任公司技术中心组建于 2001 年，2006 年被科技部等五部委联合认定为国家级企业技术中心，是齿轮行业中的首个国家级企业技术中心。2007 年被认定为国防科技工业技术中心。技术中心有舰船传动装置研究所、风电传动技术研究所、建材传动设备研究所、通用齿轮箱研究所、新产品研究所、计算机辅助设计所等设计所，有机加工、热处理、焊接、装配等工艺研究所以及测试研究所。

南京高精传动设备制造集团有限公司拥有国家认定企业技术中心及省级工业设计中心，被列为国家"863 计划"CIMS 应用示范企业、国家创新型试点企业和国家技术创新示范企业。

（8）国家能源风能太阳能仿真与检测认证技术重点实验室。

2011 年 9 月，国家能源局正式批复成立国家能源风能太阳能仿真与检测认证技术重点实验室。重点实验室依托北京鉴衡认证中心建设，主要任务是紧密围绕我国风能、太阳能技术领域的重大需求，着力完善风能、太阳能标准和检测认证体系，加强相关标准研究、产品检测试验关键技术研究和认证技术研究。重点实验室以建设成为国际知名、功能完善、技术一流的风能、太阳能专业服务机构为目标，致力于推动我国风能、太阳能的技术进步和自主创新，为我国风能、太阳能产业的健康发展提供技术支持。

（9）国家能源风电运营技术研发中心。

2010年7月，国家能源风电运营技术研发中心获得国家能源局批准正式成立。研发中心依托我国最大的风电开发企业——龙源电力集团股份有限公司建设，以龙源集团遍布全国的各种类型风电场为基础，围绕风电的全产业链，结合国家能源发展战略，重点研究适合我国环境特点和地形条件的风电场开发及运营、海上风电场运维等关键技术，全面提升我国风电场的设计、施工及运行管理水平。

（10）国家能源风电机组研发中心。

国家能源风电机组研发中心2010年7月由国家能源局授牌成立。研发中心依托湘潭牵引电气设备研究所有限公司，联合中国电器工业协会、华信技术检验有限公司共同建设。研发中心着力开展风电机组研制、产业化工艺和产品检测试验等关键技术研究及产品检测试验标准体系的制定与完善、成果转化和应用，力争建成一个具有国际先进水平的风电机组研发、试验、检测、标准和认证中心。

（11）国家能源风电叶片研发（实验）中心。

国家能源局于2009年11月批准中科院工程热物理研究所组建国家能源风电叶片研发（实验）中心。中心的建设目标是建设兆瓦级以上大型及超大型风电叶片设计、制造及工艺技术为主的核心技术研发创新平台；以建设高水平的、可持续的科技创新能力为主线，为风电叶片产业的发展提供核心技术和装备；建设世界级的风电叶片研发中心及公共实验平台；成为国际知名的风电叶片检测中心；成为风电叶片研究与制造领域有影响的国际合作科研平台，并成为国际重要的风电技术研究基地和高层次人才培养基地。

（12）国家能源大型风电并网系统研发中心。

2010年1月6日，国家能源大型风电并网系统研发中心获国家能源局授牌正式成立，成为首批国家能源研发（实验）中心之一。研发中心依托中国电力科学研究院建设，主要开展风电并网规划仿真技术、风电功率预测及数值天气预报技术、风电优化调度和运行控制技术等风电并网关键技术研究和风电机组试验检测工作，建立完善的风电试验检测能力，并建成世界规模最大、功能最全、检测手段先进灵活的国家风电试验基地。

（13）校企共建高水平联合实验室。

为适应海上风电发展战略需求，华能集团与华北电力大学共建高水平联合实验室，着力开展基础理论、关键技术和重大装备等前瞻性、创新性研究，培育一支跨领域、跨学科、跨区域的一流科技创新团队，产出一批具有国际影响力的研究成果，进一步提升我国乃至全球海上风电行业的科技创新水平，共同探索产业链精准对接和校企合作新模式。华北电力大学学术委员会主任、新能源电力系统国家重点实验室主任、中国工程院院士刘吉臻任联合实验室主任。

2. 风电标准、检测和认证建设

（1）风电标准体系化建设。

风电标准分为国际标准、国家标准和行业标准。

全国风力机械标准化技术委员会是 1985 年经国家质量技术监督局批准成立的专业标准化技术委员会，委员会编号 SAC/TC50，与国际电工组织 IEC/TC88 "风力发电机组" 技术委员会对口联络。全国风力机械标准化技术委员会是中国风力机械领域内从事全国性标准化工作的技术工作组织，由国家标准化管理委员会领导和管理，负责全国风力机械专业领域的标准化技术归口工作。该委员会 1999 年前的工作重点是研究编制离网型风电机组的标准，1999 年后工作重点转为并网型风电机组的标准。

2010 年 3 月，国家能源局召开能源行业风电标准化工作会议，全面启动中国风电标准体系建设，并发布了《风电标准体系框架（讨论稿）》，涉及七大类标准，第一次较全面地梳理了风电标准，可以作为风电标准体系建设的纲领性文件。

2011 年 8 月，国家能源局发布《大型风电场并网设计技术规范》等 18 项重要标准，涉及大型风电场并网、海上风电建设、风电机组状态监测、风电场电能质量、风电关键设备制造要求等风电产业发展急需的技术标准。

"十二五" 期间，国家陆续出台了覆盖风电项目开发、建设、并网、运行管理及信息监管等各个关键环节的管理规定和技术要求，进一步完善了风电产业标准体系，简化了风电开发流程，实施了风电设备整机及关键零部件型式认证制度，建立健全了全国风电产业信息监测评价体系，风电行业市场政策环境得到进一步规范和完善。

截至 2018 年，我国已制定风力机械标准 120 项标准，其中国家标准 82 项，行业标准 38 项。2019 年发布国家标准和行业标准 7 项。我国现已建立了风力机械领域标准化体系，涵盖大型并网风电机组、小型及风光互补风电机组的产品、方法以及基础标准，关键零部件、系统控制标准，运行维护和安装标准，风力提水装置标准等。

从现行标准实施及标准计划情况看，伴随着我国风电行业的发展，风电标准化体系也在逐步建立和完善。风电机组术语、机组及零部件设计要求、检测认证等方面的标准已经基本上覆盖了风力发电产业的各主要环节，在风电机组整机和部件的设计、制造、使用及维护过程中广泛应用，也在我国风电设备质量检测认证以及风电场开发等领域发挥了重要的技术指导作用。

（2）检测和认证能力建设。

风电设备质量是风电产业持续健康发展的重要基础。检测认证是产品进入市场前必不可少的环节，产品的安全和稳定性能与产品的技术水平同等重要。检测认证制度是保障设备质量的重要措施。目前，我国已经初步建立了风电设备检测认证制度。

2006 年，我国能源行业主管部门和国家电网公司认识到大规模发展风电即将面临的检测手段缺乏、检测体系缺失等问题，谋划建设了国家风电试验基地——国家能源大型风电并网系统研发（实验）中心，由中国电科院负责运维。2011 年 1 月，中国电科院国家风电研究检测中心试验基地在河北省张北县正式投入运行。

随着风电产业的迅速发展，我国目前已经建立了一套完善的风能认证体系。我国的风能认证体系具有三个特点：① 技术含量高、技术水平提升快；② 国际化程度高，建立的认证体系与国际完全接轨，认证结果得到国际广泛采信；③ 服务国家产业发展，成为国家有关部门对产业进行管理的重要市场化手段。

目前，国际上通用的风电设备质量认证模式为国际电工委员会（IEC）制定的《IECWT01 风电机组合格认证规则及程序》，它的颁布旨在促进风电机组的国际贸易。其中，IECWT01 将风电机组整机的认证分为型式认证、项目认证和部件认证。

2007 年 9 月，我国认证机构颁发了首张风电机组质量认证证书，标志着我国"风能认证"制度正式实施。2017 年 4 月，国际电工委员会可再生能源设备认证互认体系（IECRE）宣布，北京鉴衡认证中心成为 IECRE 认可的认证机构，并准许颁发 IECRE 证书。

3. 风电专利高速增长

风电作为一个技术密集型的战略新兴产业，激励创新。加强相关知识产权保护是驱使该行业健康发展的基本条件。风电专利及知识产权已经越来越成为各企业参与全球竞争的有力武器。基于对专利重要性的认识，近些年众多国家的风电企业纷纷加大技术研发的投入，专利申请量也因此得以高速增长。近年来，我国的风电专利申请量年年攀升，平均年增长率达到 24%。目前，在全球所有国家和地区中，美国的风电专利申请量占居首位，其次为欧洲，我国排名第三。未来一年，我国有可能超过欧洲成为风电领域专利申请量第二大国。

截至 2018 年，风电上市公司拥有专利最多的企业为金风科技，拥有 1956 项专利；其次是时代新材，拥有 978 项专利；明阳智能拥有 579 项专利。2018 年专利规模增长最为迅速的三家企业为金风科技、泰胜风能和天顺风能，三者拥有的授权专利数量分别同比增长了 42.05%、36% 和 26.92%。

2018 年 12 月 25 日，由国家知识产权局和世界知识产权组织共同主办的第二十届中国专利奖颁奖大会在北京举行。本届共评选出中国专利金奖 30 项，联合动力自主发明的专利《一种风电场功率协同控制方法及其系统》获中国专利金奖，成为我国首个风电制造领域作为专利权人获得该奖项的企业。

4. 风电教育体系形成

破解我国风电机组出口和服务业发展的瓶颈，适应产业重心由产业链的前端逐步向后端的转移，有赖于建立完善的风能教育体系。经过十多年的发展，中国的风能教育已初步建成体系，形成了研究生、本科生、高职、继续教育等多种教育层次。

考虑到国家发展新能源对人才的需求，华北电力大学 2006 年在全国率先开办"风能与动力工程"本科专业。2012 年教育部将原有的"风能与动力工程专业"和"新能源科学与工程专业"合并，统一命名为"新能源科学与工程"专业。

新能源是国家战略性新兴产业，对应的高等专业教育如何建设没有经验可循。在此背景下，华北电力大学直面专业建设面临的挑战，专业团队反复研究，并通过实践与探索，成功创建了新能源学科专业发展模式，提出"以学科交叉促专业融合、以专业融合推学科交叉"的专业建设理念，构建"共性和特色并重"的专业知识体系，并发起成立"全国新能源科学与工程专业联盟"，汇聚高校、企业和出版社力量建设三大教学支撑体系，切切实实地夯实了专业建设基础。全国新能源科学与工程专业联盟已汇聚华北电力大学、华中科技大学、中南大学、青海师范大学、常熟理工学院等近 90 所高校，英利集团、中利腾晖等 30 多家企业，以及多家出版单位。华北电力大学 2007 年成立国内第一个可再生能源学院，如今已成为中国高等教育新能源专业人才培养的高地。

在我国风电产业大规模快速发展的背景下，风能利用研究受到国家和各科研机构的更多关注和支持，研究队伍逐年壮大，且形成了各自相对稳定的研究方向。南京航空航天大学、华北电力大学、汕头大学、中科院工程热物理所、中科院电工所、中国电力科学研究院、清华大学、西北工业大学、中国空气动力研究与发展中心、上海勘察设计研究院、上海交通大学、浙江大学、兰州理工大学、华中科技大学、河海大学、沈阳工业大学、南京工业大学、内蒙古工业大学、长沙理工大学等多家科研机构形成了自己的风能研究方向和人才队伍。

5. 风电国际交流与合作蓬勃开展

（1）中丹政府合作风能发展项目。

中丹风能发展项目（Sino – Danish Wind Energy Development Programme，WED）是由中国与丹麦政府在 2005 年底签署，2006 年正式启动的一个风能技术援助项目。该项目引进丹麦在风电领域的多年经验和领先技术，并与中国的政府部门、研究机构、技术单位、教育机构和电力企业进行合作，主要合作内容和目标是帮助我国建立实施风电规划目标的国家规范和标准；提出有关省大规模风电可持续开发的规划框架；提高国家级和省级有关单位从事风电科研、规划和设计的能力，推动和支持风电的规模化开发；开展人员培训和技术交流，提高风电场的开发、管理和运行水平。中国气象局承担中尺度风场数值模拟技术研究、VASP 等风能软件培训等方面的任务。WED 项目不仅是国内第一个风电专项的中外可再生能源合作项目，还是国内第一个在风电项目中使用"先科研后评估"方法的项目。在项目的实施区域——东北三省，该项目进行了风能资源评估、风电规划和风电场评估、风电并网研究以及风电技术交流、培训和教育四个子项目。中丹风能合作项目的执行期为 3 年，丹麦方面提供4500 万丹麦克朗的技术援助。

2009 年初，中丹可再生能源发展项目（RED Programme）启动。RED 项目是中丹两国可再生能源领域规模最大的合作项目，目标是提高中国政府发展可再生能源和应对气候变化的机构能力，研究制定清洁能源发展战略和实施路线图。经过 5 年的执行期，项目建立了国家级的可再生能源决策支撑机构——国家可再生能源中心。该中心自 2012 年成立以来，陆续完成了《可再生能源发展"十二五"规划》编制、2050 中国可持续能源发展战略、可再生能源补贴及电价测算等多项战略、规划和政策研究任务，为国家开展中丹、中德、中美及中英等多项可再生能源双边合作项目，为我国加入国际可再生能源署（IRENA）提供了有力支撑。RED 项目还支持中丹双方的企业、高校、科研机构开展了 12 个技术创新合作项目。

（2）中德政府技术合作项目。

1995 年至 1996 年，德国政府推出"黄金计划"，该计划通过提供设备三分之二的赠款援助，来支持发展中国家建设风力发电项目。我国借助这一计划，在风力发电方面共实施了 6 个项目。这些项目的实施，不仅扩大了我国风电场的规模，而且引进了国外厂家的不同风电技术，为我国大型风电机组国产化研制提供了技术储备。

中德政府技术合作项目是中国政府与德国政府在新能源领域开展的政府间合作项目，旨在提高公共和私营机构的专业和技术水平，推进中国并网风能利用的发展。2005 年 4 月，为了适应我国风电事业快速发展的需要，中德两国政府批准的技术合作项目"中国风电中心"全面启动。项目旨在为中国风电业界提供一个与国外风电业界以及国际合作组织开展技术交流和合作的平台，面向我国从事风电工作的研究、开发、投资、运行、制造和教育部门提供服务，为中国政府制定促进可再生能源健康发展的政策法规提供咨询。国家电网公司作为中方合作单位、中国电科院作为中方具体执行单位，通过项目一期的合作，提升了中国在风电接入电网领域的技术研究能力，建立了国内具有国际互认资质的风电检测实验室，培养了一支具有较高专业水平的专家队伍。由项目一期支持建立的国家能源大型风电并网系统研发（实验）中心成为国家能源局首批 16 家国家能源研发（实验）中心之一。

2011 年 11 月，由中国电科院承担的中德政府技术合作项目二期"风电研究与培训"启动。项目为期 4 年，包括开展可再生能源领域的政策建议及高层对话、开展风电场并网的应用研究与培训、开展风电场运行与维护人员培训与应用研究、提供风电场运行与维护人员职业教育平台。中国电科院作为项目执行伙伴与德方在风电并网研究、风电场运营工程师的技术及专业能力培训方面开展合作，同时依托国家能源大型风电并网系统研发（实验）中心张北风电试验基地建立高水平的风电培训基础平台。

2017 年 9 月，西北工业大学联合德国柏林工业大学、德国柏林技术大学、德国德累斯顿工业大学、德国慕尼黑工业大学、德国弗朗霍夫风能研究所、德国西门子以及中国金风科技股份有限公司、明阳风电集团公司共同成立"中德风能研究中心"，旨在为全球风电行业发展做出新贡献。金风科技等企业向研究中心的中德学生提供实习和科研试验条件，并设立奖学金项目，以调动学生学习风电知识的积极性与创造性，为风电事业的长期发展打造高地。

第二节 风力发电装备制造产业体系形成

并网型风电机组从直接进口、购买许可证、联合设计到独立设计；从关键零部件进口到实现国产化制造，经过十几年发展，我国基本形成从风电机组整机制造到部件配套、服务配套的全产业链体系。

1999—2004 年，是我国风电产业规模化发展的起步阶段。风电场建设主要以进口风电机组设备为主。

2005—2008 年，是我国风电发展的快速推进阶段。在这段时期，我国技术引进步伐加快，风电机组制造业发展迅猛，基本形成自主制造能力，同时也为外资企业进入中国市场创造了较好的条件。

2009—2019 年，是我国风电产业规模化发展从快速增长到波动起伏的转换阶段。这段时期我国风电场建设主要以国产风电机组为主，外资企业风电机组逐年减少。

目前，中国风电行业主要风电机组主机制造厂有 20 多家，主要零部件制造厂有 100 多家，供应商遍布全国。已开发的风电机组产品包括抗台风型、抗低温型、抗高原型和抗潮湿型等。中国从产能规模、风电机组品种、制造工艺水平上，由跟跑发展到并跑，一跃成为世界风电制造大国和应用大国，加速迈向风电强国行列。

一、大型风电装备制造产业的发展

2018 年，共有 22 家风电整机制造企业向国内市场销售大型并网发电机组。

2018 年，中国新增风电机组中，2MW 以下（不含 2MW）新增装机市场容量占比为 4.2%，2MW 风电机组装机占全国新增装机容量的 50.6%，2～2.9MW 新增装机占比达 31.9%，3～3.9MW 机组新增装机占比达到 7.1%。与 2017 年相比，2.1～2.9MW 机组市场份额同比增长了 31.7%；2MW 机组市场份额同比下降了 7.8%。

1. 风电机组的平均单机容量逐年增大

2018 年，我国新增装机的风电机组平均单机容量 2183kW，与 2017 年的 2112kW 相比，增长 3.4%；

累计装机的风电机组平均单机容量为 1700kW，同比增长 2.5%（见表 5.2－1 和图 5.2－10）。

表 5.2－1　　　　　我国风电机组新增装机平均单机容量近五年的增长情况

年度	2014	2015	2016	2017	2018
新增装机平均单机容量/kW	1768	1837	1955	2112	2183
增长率（%）	2.8	3.9	6.4	8.0	3.4

图 5.2－10　我国风电机组新增装机平均单机容量近五年的增长情况

其中 2018 年我国新增风电机组中，2～2.9MW 风电机组占据了主体地位，占全国新增装机容量的 82.5%；与 2017 年相比，2MW 机组所占市场份额下降 7.8 个百分点，占全国新增装机容量的 50.6%，仍是主流机型；1.5～1.9MW 风电机组市场份额降低至 4.2%，已经退出了主流机型的行列；2.1～2.9MW 机组市场份额达到 31.9%，进入到主流机型的行列；3～3.9MW 机组（3MW 和 3.6MW）市场份额达到 7.1%，有了快速的增长；4～5.9MW 风电机组（包括 4MW、4.2MW、5MW、5.5MW）占比达到 5.8%。增长速度较快。

截至 2018 年，我国累计风电装机中，1.5MW 的风电机组仍占主导地位，占总装机容量的 41.6%；2MW 的风电机组市场份额上升至 36.6%，同比上升约 16.2%。

从 1.5MW 和 2MW 机型历年装机情况看，1.5MW 机组最早装机出现在 2004 年；2004—2010 年新增装机量持续上升；2010 年达到装机量峰值，之后出现下滑，直到 2014 年新增装机容量再出现上升；2015—2018 年又连续呈下降态势；2018 年 1.5MW 风电机组的新增装机比例下降到 4.2%。

2MW 风电机组最早装机出现在 2006 年，此后其新增装机容量份额一路攀升，并持续保持上升态势；到 2018 年，2MW 风电机组的新增装机容量份额是 50.6%。2.1～2.5MW 风电机组的新增市场份额在 2018 年达到 31.9%。

在 2018 年，陆上风电机组大型化发展比较明显，上海电气、明阳智能、远景能源、东方电气以及维斯塔斯（Vestas）都推出了 4MW 级的风电机组产品，GE 风能甚至推出了 5.3MW 的陆上风电机组。

2. 不同风电机组机型技术路线市场变化情况

（1）定桨距失速型风电机组淡出风电新增市场。

从 2005 年以来，定桨距失速型风电机组的新增容量逐年减少，2014 年停止生产，从此淡出风电机组新增市场。但是在累计风电机组装机容量中，定桨距失速型风电机组仍占有一定比例。

（2）双馈异步风电机组仍是主流机型，近年来新增市场份额逐年减少。

双馈异步风电机组从 2004 年开始批量进入我国风电市场，此后装机容量逐年攀升，持续上升态势保持到 2010 年（76%）。2010 年后，市场份额逐年下降。2016 年新增装机容量市场份额降到 61%。2018 年新增装机容量市场份额降到 51.9%。2020 年，我国新增风电机组中，双馈异步发电机变速恒频风电机组约占 50%以下的市场份额。

（3）直驱永磁风电机组成为主流机型，新增市场份额逐年增加。

直驱永磁风电机组从 2008 年开始批量进入风电市场（仅占 8%的市场份额），此后，新增装机容量市场份额持续保持上升态势，到 2016 年达到 35%；2017 年回落到 34%；2018 年新增装机容量市场份额又超过 2017 年，回升到 35.8%；2020 年直驱永磁风电机组的新增市场份额约占 40%。

（4）半直驱永磁风电机组批量进入市场。

半直驱永磁风电机组是风轮经由中速齿轮箱增速驱动永磁发电机发电，通过全功率变流器向电网馈电的风电系统。

近两年这类机组新增装机容量有所增加，2018 年达到 6.4%。这类风电机组有逐年增加的趋势，2020 年，其新增装机的市场份额约占 10%。

（5）高速齿轮箱驱动的笼型异步发电机风电机组在海上风电场批量应用。

高速齿轮箱驱动的笼型异步发电机风电机组已经批量投入国内风电市场，主要应用于海上风电场，2018 年新增装机容量所占比例约为 5.3%。但随着 6MW 及以上功率海上风电机组逐步投放市场，预计高速齿轮箱驱动的笼型异步发电机风电机组的新增市场份额将逐年减少。

（6）直驱励磁式风电机组以及高速齿轮箱驱动的永磁风电机组。

直驱励磁式风电机组以及高速齿轮箱驱动的永磁风电机组已经小批量投入风电市场，目前所占比例很小，预计以后也不会有逐年增加的趋势。

3. 低风速风电机组的发展情况

针对中国中南部地区处于低风速区的实际情况，中国风电企业通过技术创新，研发出低风速风电机组产品及解决方案，最为明显的特征是风轮叶片更长、塔架更高，捕获的风能资源更多。低风速风电机组多为 2MW 机型和 2.5MW 机型。在 2MW 机型中，东方电气、浙江运达等公司的 2MW 低风速风电机组的风轮直径达到 127m 和 131m；在 3MW 机型中，金风科技、国电联合动力的风轮直径达到

140m 以上。

中国海装推出的 HZ120-2.0MW 型风电机组也是专门为低风速区域研制的。该机型采用的是长达 58.6m 的特殊叶片，风轮直径达 120m。

远景能源推出的 EN121-2.2MW 型风电机组也是专门为超低风速区域研制的。该机型采用的风轮直径达 120m，轮毂高度标配为 100m，最高可达 140m。我国厂家生产的低风速（或超低风速）风电机组在中国中南部省份的风电场建设运行中已经发挥较好的作用。

针对中国市场，维斯塔斯公司推出风轮直径分别为 116m 和 120m 的 V116-2.0MW 和 V120-2.0MW 双馈式机型。与 V110-2.0MW 风电机组相比，适应低风速的 V116-2.0MW 风电机组扫风面积增加 11%，发电量提升 4%；适应超低风速的 V120-2.0MW 风电机组扫风面积增加 19%，发电量提升 7%。

此外，我国低风速风电机组的轮毂高度不断增加，2MW 低风速风电机组的轮毂高度已经增加到 100m 或 120m。2.5MW 低风速风电机组的轮毂高度已经增加到 120m 或 140m。

4. 海上风电机组的发展情况

（1）单机容量逐年增大。目前中国海上风电的单机容量主要以 4MW、2.5MW 和 3MW 的机组为主。截至 2018 年，4MW 海上风电机组累计装机容量为 234.8 万 kW，占比为 52.8%；2.5MW 海上风电机组累计装机容量为 46.75 万 kW，占比 10.52%；另外 3MW 海上风电机组累计装机容量 36.6 万 kW，占比为 8.23%。

5MW 直驱永磁式海上风电机组已经在福建省海上风电场并网运行。5MW 高速驱动永磁式海上风电机组也已经投入示范应用。5MW 风电机组占海上风电累计装机容量的 4.6%。单机容量为 5.5MW、6.45MW、6.7MW 的海上风电机组开始投放市场运行，8MW、10MW 海上风电机组也将相继推向市场。

（2）机型分布情况。中国海上风电机组在大型化发展进程中，机组型式种类呈多样化发展趋势（见表 5.2-2）。

表 5.2-2 中国海上风电场 4～10MW 风电机组应用情况

序号	整机厂家	机组功率/MW	传动链	发电机和变流器
1	华锐风电	5	高速齿轮箱传动	双馈发电机+变流器
		6	高速齿轮箱传动	双馈发电机+变流器
2	东方风电	5	高速齿轮箱传动	永磁发电机+全功率变流器
		7	直接驱动	永磁发电机+全功率变流器
		10	直接驱动	永磁发电机+全功率变流器
3	联合动力	6	高速齿轮箱传动	双馈发电机+变流器
4	湘电风能	4	直接驱动	永磁发电机+全功率变流器
		5	直接驱动	永磁发电机+全功率变流器
		6	直接驱动	永磁发电机+全功率变流器

序号	整机厂家	机组功率/MW	传动链	发电机和变流器
5	中国海装	5	高速齿轮箱传动	永磁发电机+全功率变流器
		6	高速齿轮箱驱动	永磁发电机+全功率变流器
		10	中速齿轮箱驱动	永磁发电机+全功率变流器
6	金风科技	6.45	直接驱动	永磁发电机+全功率变流器
		6.7	直接驱动	永磁发电机+全功率变流器
		8	直接驱动	永磁发电机+全功率变流器
7	明阳智能	5.5	中速齿轮箱驱动	永磁发电机+全功率变流器
		7.25	中速齿轮箱驱动	永磁发电机+全功率变流器
8	上海电气	4	高速齿轮箱传动	鼠笼异步发电机+全功率变流器
		6	直接驱动	永磁发电机+全功率变流器
		8	直接驱动	永磁发电机+全功率变流器

当前，4MW 高速齿轮箱传动+笼型异步发电机+全功率变流器的海上风电机组形式占据优势，是我国海上风电市场的主流产品。但从今后发展趋势看，5～6MW 直驱永磁海上风电机组将占优势，5.5～7MW 半直驱永磁海上风电机组也将占有较多的市场份额。

预测到 2020 年，4～6MW 海上风电机组将成为我国海上风电场的主流机型，6～7MW 直驱永磁海上风电机组和半直驱永磁海上风电机组将批量进入海上风电场，海上风电场进入快速发展期。2020 年以后，单机功率 8～10MW 的海上风电机组进入小批量生产销售时期。预计 2021～2025 年，8～10MW 海上风电机组在我国海上风电场将大批量应用，逐步成为主流产品。我国海上风电场建设进入高速发展新阶段。

二、大型风电机组主要零部件制造企业情况

1. 风电机组叶片制造企业

随着低风速风电市场的发展，风电机组叶片行业在经历快速的产品型号迭代的过程中，也伴随着优胜劣汰、竞争加剧、利润稀薄的艰难蜕变过程。目前，国内主要风电机组叶片制造企业有中材科技、中复连众、时代新材、中科宇能、重通成飞、洛阳双瑞、上玻院、艾尔姆、迪皮埃等。此外，明阳智能、国电联合动力、东方风电、维斯塔斯、歌美飒等风电机组整机制造商自建叶片生产厂以满足本企业需求。

近年来，我国风电机组叶片技术和工艺发展较为迅速，针对海上风电市场和海外风电市场均有较大的突破。其中，中材科技产品，拥有六大系列 60 余个型号产品，生产的 6～7MW 风电机组配套叶片长 77.7m；连云港中复连众生产的 6MW 风电机组配套叶片长度分别为 75m 和 69m，均已达到国际先进水平。在技术创新方面，中科宇能自主研发设计的低风速系列化 2MW 的 56.5m、2MW 的 59.5m、2.3MW

的 64m 风电机组叶片，均实现最新叶片技术生产许可的转让，并具备了同一技术平台的系列化产品研发及批量化生产的能力，终结了国外研发机构对国内叶片技术的垄断局面。在产业布局方面，均以靠近项目地点为优先选择，各家纷纷围绕主要项目地点设置产地布局。

2. 风电机组发电机制造企业

我国为风电机组配套的发电机主要有高速双馈式异步发电机、高速笼型异步发电机、低速永磁发电机、中速永磁发电机和高速永磁发电机等。国内发电机主要制造企业有中车永济电机有限公司、中车株洲电机有限公司、东汽股份有限公司、上海电机厂有限公司、湘潭电机有限公司、南京汽轮机长风新能源有限公司、西安盾安电气有限公司、山西汾西重工有限责任公司、宜兴华永电机有限公司等。此外，三一重能、维斯塔斯、歌美飒、苏司兰等风电机组整机制造商自建发电机生产厂，满足本企业需求。目前，国产风电机组发电机基本能够满足国内风电产业发展的需要。

3. 风电齿轮箱制造企业

风电齿轮箱是我国风电设计水平提升的主要瓶颈之一。目前，我国可以批量制作 1.5MW、2MW、2.5MW、3MW、4MW 和 5MW 的风电齿轮箱。国内齿轮箱主要制造企业有南京高精传动设备制造集团有限公司、重庆齿轮箱有限责任公司、杭州前进齿轮箱集团股份有限公司、重庆望江工业有限公司、北京德力佳传动科技有限公司、天津华建天恒传动有限公司、大连华锐重工集团股份有限公司、太原重工股份有限公司、中车戚墅堰机车车辆工艺研究所有限公司、中车北京南口轨道交通机械有限公司、威能极风力驱动（天津）有限公司、采埃孚（天津）风电有限公司等，上述企业已能批量生产多个兆瓦级齿轮箱，基本能满足国内风电产业发展的需要。

4. 风电轴承制造企业

风电轴承是一种特殊的轴承，其使用环境恶劣，维修成本高，要求使用寿命长。一般而言，风电轴承主要包括偏航轴承、变桨轴承、主轴轴承、增速器轴承和发电机轴承等。国内风电轴承生产商主要包括瓦房店轴承集团有限责任公司（简称瓦轴）、天马轴承集团股份有限公司、洛阳 LYC 轴承有限公司（简称洛轴）、大连冶金轴承集团有限公司、北京京冶轴承有限公司、江苏京冶海上风电轴承制造有限公司、新光圆成股份有限公司等。瓦轴研发的风电 2MW、3MW、4MW、5MW 机型的六大产品具备为直驱式、双馈式风电机组提供常温型、低温型、海上风电型风电轴承的配套能力，已为国内东方电气、金风科技、上海电气、湘电、明阳电气、远景集团、海装风能及世界知名风机制造企业提供风电轴承配套。

5. 风电塔筒制造企业

风电塔筒在风电机组中主要起支撑作用，同时吸收风电机组振动。风电塔筒制造主要企业有上海泰胜风能装备股份有限公司、天顺风能（苏州）股份有限公司、辽宁大金重工股份有限公司、武汉华电工程装备有限公司、山东中车同力钢构有限公司、中车兰州公司、宁夏银星能源股份有限公司、中船澄西船舶修造有限公司、福建福船一帆新能源装备制造有限公司、青岛天能重工股份有限公司、甘肃酒钢集团西部重工股份有限公司、江苏海力风电设备科技有限公司等。这些企业已在批量生产多兆瓦等级风力发电塔筒。

6. 风电变流器制造企业

国内风电变流器制造企业因价格和售后服务优势，业绩增长比较明显。主要制造企业有禾望电气、阳光电源、科诺伟业、许继电气、国电南瑞、科凯前卫、海得新能源、天津瑞能、成都阜特和金风科技等。

2006年前，中国风电机组配套的变流器100%依赖国外进口，以禾望电气为代表的国产企业通过完全自主创新，研发了全系列的双馈与全功率风电变流器，实现了国产化。2016年，一台1.5MW双馈式风电机组的变流器的进口价格约120万元。禾望电气首台1.5MW双馈式变流器于2008年在中国市场应用后，外商变流器价格立即降到80万元/台，之后价格逐渐降到约30万元/台。2020年7月，金风科技8MW海上风电和自主研发的变流装置在福建兴化湾海峡并网发电。深圳禾望电气截至2020年年底已经可以批量提供国内3~6MW直驱永磁风力发电机组的变流装置。

7. 风电变压器制造企业

风电变压器是风力发电并网的关键设备之一，其作用是将风力发电机组发出的低压（一般为690V）电能经过升压转变为10kV或35kV电压等级，通过埋地电缆或架空线输送到风电场升压站，然后接入大电网。

随着我国风力发电行业发展，风电变压器技术也获得较快进步。针对风力发电系统的特点，涌现出多种设计形式，行业主流是组合式变压器和预装式变电站产品。风电变压器是国内成熟产品，主要生产企业包括正泰电器、浙江三变、明阳电器、宁波天安、明珠电气等。明珠电气生产的变压器产品，容量从750kVA逐步发展到5000kVA。其中，风力发电用非晶合金组合式变压器，其空载损耗是常规硅钢片变压器的20%~30%，特别适用于年平均负载率低的风力发电领域。泰开集团推向市场的风电变压器产品容量从800kVA逐步发展到5400kVA，目前已成为风电变压器行业的龙头企业，风电变压器在市场上占有率达35%。

三、风电运维服务市场的发展

2018年，中国风电累计并网装机量达1.84亿kW，已有近12万台风电机组投入运行。随着风电机组装机容量及运行年限的增加，每年约有 2000 万 kW 风电机组陆续出质保期，风电后市场容量逐年增大。

2018 年底，并网 5 年以上风电机组容量累计突破 7500 万 kW，占总并网量的 41.0%。按照平均每年 2000 万 kW 机组出质保容量预计，到 2021 年并网 5 年以上机组将达到 1.5 亿 kW，较 2018 年增长近 2 倍，风电机组存量催生了巨大的运维后市场。

据测算，对于 2019 年已并网投运的项目，中国风电后市场总容量预计达到 250 亿元以上，且未来每年大约以 10%速度增长。随着国家对风电行业竞价、平价政策的出台，2021 年以后，新增陆上风电将全面实现平价上网。产业链各方经过多年布局调整，在建设成本下降空间极为有限的情况下，降本（降低运维成本）、增效（提高发电能力和发电效益）将成为风电场是否盈利的关键。

目前风电后市场的参与主体包括风电场开发商、风电机组整机制造商、第三方运维公司、大部件制造企业及各类专业服务公司，其中专业服务公司涉及金融、保险、培训、检测、认证等行业。风电运维服务市场已形成初步规模。

第三节　风力发电工程建设

一、标志性风电场建设项目

1. 我国第一座风电场

1986 年，我国第一座风电场——马兰风电场在山东荣成并网发电（见图 5.2－11），安装了 3 台 20 世纪 80 年代技术最为成熟的丹麦维斯塔斯公司 V15－55/11kW 型风电机组，成为我国风电史上的里程碑，揭开了我国风电发展的大幕。马兰风电场在我国风能开发历史上具有划时代的意义，其示范作用是轰动性的。2015 年，马兰风电场全部机组退役，共计运行了 29 年。

2. 中国规模开发风能最早的实验场

1986 年从丹麦引进的第一台风力发电机组试运行成功，为新疆风能资源的开发和利用奠定了基础。1988 年利用丹麦政府赠款和无息贷款开始建设达坂城风电场，这是全国规模开发风能最早的实验场，安装 1 台 Wincon100kW 和 13 台 Bonus150kW 风电机组。1989 年 10 月，该风电场并入乌鲁木齐电网发电，总装机容量 2050kW，当时居全国及亚洲第一。

图 5.2-11 1986 年山东荣成马兰风力发电场建成之初
（图片来源：中国经济导报）

3. 大型风电基地建设

"风电大基地"无疑对我国风电产业的发展起到了重要的推动作用。2009 年 8 月 8 日，甘肃酒泉千万千瓦级风电基地率先开工，拉开了风电大基地的建设序幕，被定义为"我国风电建设进入规模化发展新阶段"的标志性事件。仅一年时间，我国风电发展几乎可以用"颠覆"二字定义，各大发电公司跑马圈地，并由此带动了上游风电制造行业的兴起，助力风电产业腾飞。

内蒙古、甘肃和江苏北部三地风能资源得天独厚，由于规划建设的风电装机规模高达千万千瓦级，相当于大半个三峡电站（装机 1860 万 kW），被形象地称之为陆上"风电三峡"。2009 年《新能源产业规划》正式颁布，确定了六个省区的七大千万千瓦级风电基地，包括甘肃、内蒙古、新疆、吉林、河北和江苏，其中内蒙古有两个基地。我国的陆上风能资源集中在"三北"地区，风资源约占全国的 80%；规划在"三北"地区，重点建设数百个十万千瓦级以上的大型风电场，建成十多个百万千瓦级大型风电基地（见图 5.2-12 ）。

国内最大单体风电场落户河南内黄，项目覆盖区域约 400km²，是内陆首个布局人口稠密地区的大规模平原风电场，也是全国最大的陆地单体风电场。内黄风电项目安装单机 2MW 容量风机 200 台，集合了当前国内主流风机厂商的高塔筒、大叶轮、新型低风速风机，场区跨度近 110 个行政村，其建设规模堪称国内平原风电之最。

4. 大型低风速示范风电场——龙源安徽来安风电场

2011 年 5 月，龙源电力在安徽来安建成国内首个大型低风速示范风电场，总装机容量 24.75 万 kW。

图 5.2-12　我国三北地区的大型风电基地在陆续建设中

（图片来源：中国农机工业协会风力机械分会）

该工程的完工标志着我国首座大型内陆低风速风电场的建成，同时也结束了安徽省作为内陆大省无风电的历史。龙源来安风电项目引领我国低风速资源开发技术进步，推动大叶片技术升级，使得内陆地区大量低风速资源得到充分开发利用，开启了更加广阔的发展空间。

5. 第一个海上风电场——上海东海大桥风电场

2010 年 6 月，总出资 23.65 亿元的中国首个海上风电场——上海东海大桥 10 万 kW 海上风电场并网发电（见图 5.2-13），标志着中国基本掌握了海上风电工程建造技能，为往后大规模开发海上风电积累

图 5.2-13　上海东海大桥 10 万 kW 海上风电项目

（图片来源：新华网）

了经验。东海大桥海上风电场也是亚洲首个大型海上风电场项目。东海大桥海上风电场在我国风电场建造史上创造了多项"榜首",如首次选用自主研制的 3MW 离岸型机组,标志着中国大功率风电机组配备制造业跻身国际领先队伍;首次选用海上风电机全体吊装技能,大大缩短了海上施工周期,创造了一个月在工装船上拼装 10 台、海上吊装 8 台的纪录。华锐风电科技(集团)股份有限公司在中国率先制造出高速齿轮箱传动双馈发电机组——3MW、6MW 海上风电机组,为欧洲以外全球第一个海上风电场、中国第一个国家海上风电示范工程——上海东海大桥风电场提供了全部 34 台 3MW 风电机组。

6. 三峡福建兴化湾海上风电试验项目

三峡集团以福建区域海上风电开发为蓝本,推进我国海上风电集中连片规模开发。在福清兴化湾建设首个 5MW 及以上海上风电样机试验风电场(7.74 万 kW),引入 GE、金风科技、中国海装、太原重工、明阳智能、东方电气、上海电气、湘电风能等 8 家国内外厂商的 14 台风机同台竞技,机组容量全部为 5MW 及以上,创造了我国海上风电机型最多、机型最新、单机最大的纪录。

7. 中广核如东"双十"工程项目

中广核如东项目是我国首个符合"双十"标准(海上风电场原则上应在离岸距离不少于 10km、滩涂宽度超过 10km 时海域水深不得少于 10m 的海域布局)的、真正意义上的海上风电项目,是我国全场投运的离岸距离最远、装机容量最大的海上风电项目。该项目总装机容量达 15.2 万 kW,共安装 38 台风机。该项目距离海岸约 25km,攻克多项世界性难题,其建成投运标志着我国掌握了海上风电建设的核心技术,也让我国成为继丹麦、德国、英国等国家后少数几个具备海上风电建设核心能力的国家之一。

8. 国家电投滨海海上风电场

国家电投滨海北一期 100MW 风电项目是国家能源局批准的全国 44 个海上风电项目中第一个投产的项目,也是国家电投集团首个海上风电示范项目,由国家电投江苏公司承担建设任务。滨海北一期项目的建成投产,标志着国家电投集团掌握了大功率、大规模、深海海上风电建设的技术,成为国内少数几个具有大容量、大规模海上风电开发建设能力的企业之一。

9. 全球首座潮间带风电场

潮间带是在潮汐大潮期的绝对高潮和绝对低潮间露出的海岸。海水涨潮到最高位(高潮线)和退潮时退至最低位(低潮线)之间,会暴露在空气中的海岸部分。

海上潮间带风电场在世界上没有成功经验可以借鉴,在工程建设过程中遇到了潮位影响、基础施工、大件运输、设备移位等多项困难。龙源电力通过大量试验和摸索,研究定制了适合潮间带风电场施工特点的专用设备,不断优化和改进风机基础施工方案。最终,龙源电力成功建成江苏如东 30MW 潮间带试验风电场,这是全球首座潮间带风电场,为大规模开发海上(潮间带)风电场积累了经验。2009 年 12

月，联合动力首台 UP1500 - 82 潮间带试验风电机组在江苏如东潮间带风电场吊装完成，2009 年 12 月 13 日，机组顺利并网发电。

10. 大容量在运海上风电项目

2020 年 12 月 16 日随着最后一台机组的并网，中广核新能源广东阳江南鹏岛 40 万 kW 海上风电项目实现 73 台风机全容量投产运行。阳江南鹏岛海上风电项目位于广东省阳江市东平镇南侧、海陵岛东南侧海域，水深在 22～31m，离岸最近距离约 19.5km，最远距离约 35km。布置 73 台风电机组，同时配套建设 1 座 220kV 海上升压站和 1 座陆上集控中心，总装机容量 40 万 kW，是截至 2020 年底国内首个单体大容量在运海上风电项目。

11. 中外合资海上风电项目

2020 年 10 月 20 日，由国家能源集团与法国电力集团（EDF）合资建设的国华东台 50 万 kW 海上风电项目揭牌，标志着我国海上风电市场正式向外资打开大门，为"一带一路"倡议再添能源合作项目。国家能源集团下属国华投资公司持股 62.5%，法国电力集团下属法电新能源公司和 EDF（中国）投资公司共同持股 37.5%。东台海上风电项目包括已并网发电的一期项目和 2021 年投运的二期项目。其中，一期项目总装机 30.24 万 kW，建设 75 台机组；二期项目总装机 20 万 kW，建设 50 台机组。按照协议，国家能源集团与法国电力集团共同运维一期、二期项目。

二、风力发电行业发展状况

在风电发展积聚破竹之势的 2008 年，为了做大蛋糕、摊薄成本，建设"千万千瓦级风电基地"上升为"国家层面"的战略共识。2008 年，国家发展改革委提出在内蒙古、新疆、甘肃、河北、江苏和吉林建设 6 个千万千瓦级风电基地的目标，进一步加快风电发展速度，风电产业在短时间内迅速向规模化、产业化发展。2008 年风电装机突破 1000 万 kW，2009 年突破 2000 万 kW，2010 年突破 4000 万 kW，先后超越丹麦、德国和美国，成为世界第一风电大国，创造了风电发展史上的中国速度。2015 年 2 月，我国风电迎来新的里程碑——并网风电装机容量首次突破 1 亿 kW。截至 2019 年底，全国累计吊装装机容量达到 2.1 亿 kW（见图 5.2 - 14）。

根据中国可再生能源学会风能专业委员会的风电吊装容量统计数据，2019 年各省（区）累计装机容量中，内蒙古突破 3000 万 kW，占全国的 14.3%；新疆近 2000 万 kW，占全国的 9.3%。中国六大区域的风电累计装机容量所占比例分别为华北（28.5%）、西北（25.5%）、华东（17%）、中南（14%）、东北（9.5%）、西南（8.0%）。

2019 年我国风电有新增装机的整机制造商共 24 家，新增装机容量 2574 万 kW。截至 2019 年底，

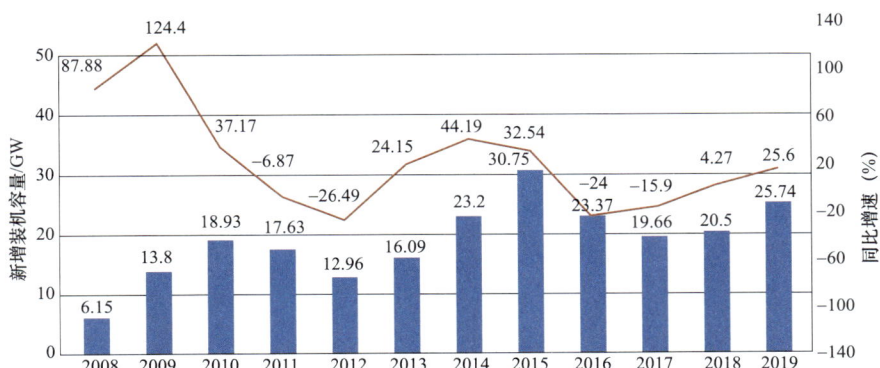

图 5.2－14 中国 2008—2019 年新增风电装机容量变化趋势

（数据来源：中国可再生能源学会风能专业委员会）

全国累计装机容量达到 2.1 亿 kW 中，金风科技累计装机近 5700 万 kW，占总累计装机量的 24.3%，其后依次为远景能源、明阳智能、联合动力和华锐风电，前五家制造企业累计装机容量占比合计为 57.5%。

国家发展改革委从政策层面推动大型风电基地建设的初衷是：带动风电设备研发制造产业的发展，形成每年 1000 万 kW 的自主装备能力。建设风电大基地是具有中国能源特色的战略性选择。但"三北"地区多数处于电网末端，电网建设薄弱，电力需求较小，远离电力负荷中心，且风力发电与电力需求不匹配，这种分布特性决定了我国风电产业不能按照欧洲"分散上网、就地消纳"的模式发展，只能采用"大规模—高集中—远距离—高电压输送"的发输模式。我国非化石能源在一次能源消费中要实现 2020 年达到 15%的目标，这在当时无疑是一个非常艰巨的任务，而高度集中开发新能源的模式，对装备工业和设备制造领域带来跨越式飞速发展，能够创造"快"的奇迹。但后期暴露出来的消纳和配套缺失也让人始料未及。由于未充分考虑消纳问题，未建设配套的输电设施，在本地无法消纳的情况下，又缺乏跨省特高压输电通道，最终导致弃风限电的尴尬局面。

自 2016 年实施风电投资监测预警及新增项目监控措施以来，我国弃风现象明显得到缓解，弃风率大幅度降低。2019 年，弃风限电现象持续好转，全年弃风量 169 亿 kW·h，平均弃风率 4.0%。自 2016 年起，连续 4 年下降。与 2018 年相比，2019 年弃风量减少 108 亿 kW·h，弃风率下降 3 个百分点。

在陆地风电场建设快速发展的同时，人们已经注意到陆地风能利用所受到的一些限制，如占地面积大、噪声污染等问题。由于海上丰富的风能资源和当今技术的可行性，海洋成为一个迅速发展的风电市场。欧美海上风电场已处于大规模开发的前夕。我国东部沿海水深 50m 以内的海域面积辽阔，而且距离电力负荷中心（沿海经济发达电力紧缺区）很近。随着海上风电场技术的发展成熟，风电将会成为我国东部沿海地区可持续发展的重要能源来源。

2019 年，中国海上风电发展加速，新增装机 198 万 kW，累计装机容量达到 593 万 kW。2019 年，海上风电有 6 家整机厂商有新装机。上海电气新增装机排名第一，新增装机容量 64.7 万 kW，占总新增装机量的 26.0%。其次分别为远景能源、金风科技、明阳智能、中国海装和湘电风能。

截至 2019 年底，具有海上风电装机业绩的风电机组整机厂商有 13 家，上海电气累计装机容量超过 290 万 kW，其余累计装机容量超过 130 万 kW 的整机商为远景能源、金风科技。前 3 名企业累计装机占总累计装机量的 80.9%。

"十三五"期间，我国年均新增风电装机容量约 2400 万 kW，"十三五"规划到 2020 年底累计风电装机容量 2.1 亿 kW 的目标已于 2019 年底提前实现。海上风电装机已逐渐加速。至"十三五"末海上风电并网 500 万 kW 的目标已经提前实现，开工 1000 万 kW 的目标也将基本达到。

第四节　政策与法规助力风电强国的崛起

一、我国风电产业政策发展历程

1. 国家支持从小风电产业开始

我国的风力发电事业始于 20 世纪 50 年代后期，最初主要是为了解决海岛和偏远农村牧区的用电问题，重点在于离网小型风电机组的开发。国家相关部委通过科技攻关、资金支持、技术引进、项目示范与推广等方式，大力推动离网小型风电机组的开发与应用。

1984 年，由国家科委、能源部和机械部共同组织召开了"全国小型风力发电工作座谈会"，制定了有关政策，拟定了联合攻关计划，明确了技术鉴定、示范和推广的重要性。

到 2014 年，我国水平轴小型风电机组产品品种逐步发展齐全，形成百瓦级、千瓦级和几十千瓦级等系列化产品。同时也开发了垂直轴小型发电机组产品。中小风电机组的使用范围逐步扩大。小型风电机组除了满足农牧区人民供电需求外，还在通信基站供电等方面发挥作用。随着我国对外开放的步伐，我国研制的 10kW、20kW、50kW、100kW 甚至 300kW 等中小型风电机组也逐步进入国外市场。

2014 年以后，由于我国"三北"地区大型风电场的快速建设，我国电网覆盖面积逐年扩大，无电地区明显减少，导致离网型发电机组的用户和使用区域不断减少。另外，这个阶段我国光伏发电建设成本迅速下降，与中小型风电机组形成市场竞争，也是导致国内中小型风电机组市场减少的原因。近年来，国内产品销售量逐年缓慢下降。国外市场开拓也遇到困难，少数企业依靠高质量批量销售和有力的售后运维措施在国内外市场仍占有一席之地，保持了企业的持续发展。

2. 加强农村能源建设，并网机组研究应用取得初步成果

20 世纪 80 年代初期，我国开始进行并网型风电机组的研究，并于 80 年代中期引进国外风电机组建

设了第一个示范风电场。

1986 年 12 月 30 日，国家经委发布《关于加强农村能源建设的意见》（国经委〔1986〕806 号）文件，要求加强农村能源系统科学研究，尽快建立新的能源产业，与国家开发常规能源的计划相配合，以保证农村能源供应，同时要大力开展农村节能工作。《关于加强农村能源建设的意见》提出了"因地制宜，多能互补，综合利用，讲求效益"十六字方针，并要求编制切实可行的太阳能、风能、地热能、海洋能等能源的研究开发、推广规划、农村用能规划和节能规划。欧洲风电大国利用本国贷款和赠款的条件，将他们的风机在中国市场进行试验运行，积累了大量的经验。同时国家"七五""八五"期间设立的国产风电机组攻关项目，取得了初步成果。

3. "双加"工程，促进了并网机组产业链建设

20 世纪 90 年代初期，国家经贸委在我国技术改造领域提出了"双加"工程，即"加大投资力度、加快改造步伐"。"双加"工程设置了 56 个投资重点、902 个实施项目。

国家经贸委在 1994 年第一批"双加"工程中设立了新能源示范工程专项，安排风力发电项目 8 个，总投资近 12 亿元，装机规模 12 万 kW。通过"双加"工程在风电领域的实施，引进国外先进技术，走技贸结合的道路，实现大型风电场建设规模化和产业化，逐步实现设备制造的国产化。

"双加"工程期末，不仅建成 12 万 kW 风电场，同时也建成了几个大型风电机的生产基地，基本完成了国产化，我国风电行业出现了大型风电设备和主要零部件制造企业。

4. "乘风计划"，提出了具有全局意义的风电发展战略规划

1995 年，国家计委、国家科委、国家经贸委共同制定了《新能源和可再生能源发展纲要（1996—2020）》，提出了"九五"以至 2010 年新能源和可再生能源发展目标、任务以及相应的对策和措施，提出到 2000 年和 2010 年全国风能开发能力达到 30 万～40 万 kW 和 100 万～110 万 kW。

"九五"和"十五"期间，我国各级政府相继出台了各种优惠的鼓励政策。科技部通过科技攻关和国家"863"高科技项目促进风电技术的发展。国家经贸委、国家计委分别通过"双加"工程、国债项目、"乘风计划"等促进风电的持续发展。

国家计委于 1996 年 3 月制定的"乘风计划"，是从国家宏观规划的角度出发、面向国内外市场发展风力发电的一个具有全局意义的战略性计划。"乘风计划"行动包括科研示范、外资技贸、引进消化、基建技改、设备生产、工程建设、方针政策、规范标准、技术经济评价和国际合作交流等工作。

"乘风计划"要求以"统筹规划、合理布局、规模效益、技贸结合"为基本原则，以市场为导向，以降低成本为目标，促进风电设备生产逐步向国产化及风电场建设向规范化、标准化方向发展。

"乘风计划"的主要任务包括：进行风能资源详查，完善风电场建设"九五"计划和 2000—2010 年规划；拓宽资金渠道，走"扶贫结合"的道路，加快风电场的建设；消化吸收，逐步提高风电设备国

产化率；制定扶持政策，编制设备生产规范、风电场建设规范及相应技术经济评价方法等。

"乘风计划"采取的是以国产化带动产业化发展模式，旨在以技贸相结合的形式，与国外组建合资生产企业，在建设 24 万 kW 风电场的同时，引进技术，通过消化吸收，达到自主开发、自行设计和制造大型风电机组的能力。"乘风计划"在实施过程中，风电场建设与风力发电机组国产化是同步进行的。

5. 系列政策和措施，为我国风电大规模商业化发展奠定了基础

为了进一步促进我国风力发电事业快速、健康发展，1999 年 11 月 22 日，国家经贸委发布了《关于进一步促进风力发电发展的若干意见》（国经贸电力〔1999〕1286 号）。该意见提出，要加快风力发电设备国产化进程，要求各级电力行政主管部门和电力企业大力支持风力发电设备国产化工作，在质量和价格水平相当的条件下，使用国产设备的风力发电项目优先立项和上网。允许国内外企业和投资者投资风电场建设。在国家规划的指引和风电设备国产化等有关政策的扶持下，涌现出了金风科技、浙江运达、中航惠腾、一拖—美德、西安维德、上海电机、兰州电机、南高齿、重齿等一些发展势头良好的整机和零部件制造企业。其中部分企业掌握了 600kW 和 750kW 单机容量定桨距风电机组的总装技术和关键部件设计制造技术，初步掌握了定桨距机组总体设计技术，实现了规模化生产，迈出了产业化发展的第一步。

2000 年，国家经贸委制定了《2000—2015 年新能源和可再生能源产业发展规划》，提出到 2005 年、2010 年和 2015 年并网风电装机分别达到 300 万 kW、490 万 kW 和 700 万 kW。

为推动我国风力发电技术大规模商业化发展，2000 年 2 月 12 日，国家经贸委发布了《关于加快风力发电技术装备国产化的指导意见》（国经贸电力〔1999〕1286 号）。该意见指出，以风力发电技术装备国产化的指导思想引进、消化、吸收国际先进技术，开发具有自主知识产权的风力发电设备；选择资源条件好、管理水平高、经济实力强的风力发电场，建设使用国产风力发电机组的示范风力发电场，对使用国产风力发电技术装备的示范风力发电场给予政策和资金支持，项目投资贷款给予贴息。

《关于进一步促进风力发电发展的若干意见》提到国家将根据电力工业发展状况确定今后电源建设中风力发电的比例，要求各级计委、经贸委把风电纳入当地电力规划，鼓励多渠道融资发展风电，允许国内外企业投资兴建风电场和加快风电设备国产化等一系列重要事项。还提到了风电的全部收购、跨省销售所采取的原则和方式。

为了有效降低风电建设成本，推动大规模风电场的开发和建设，提高国产设备制造能力，约束发电成本，降低电价，2002 年国家发展改革委牵头组织开展大型风电特许权示范项目开发研究及场址评选工作，并于 2003 年实施了风电特许权示范项目。2003—2006 年，风电特许权示范项目每年一期，通过招标选择投资商和开发商。

2005 年 12 月，中国和丹麦政府签署了中丹风能发展项目，通过介绍丹麦相关风电经验，采取在国

家层面和东北三省省级层面进行能力建设的方式，支持中国风电的发展。项目由风能资源评估项目、风电规划和风电评估项目、风电并网研究项目和风电相关培训项目四个子项目组成，分别由国家气象局、中国水电工程顾问集团公司、中国电力科学研究院和中丹发展项目办公室负责实施。项目实施期为 3 年，总经费为 8700 万元人民币。其中 6000 万元人民币（4500 万丹麦克朗）由丹麦政府出资，2700 万元人民币由中国政府出资。

6.《可再生能源法》及相关政策出台，促进了我国风电行业的迅猛发展

为了促进可再生能源的开发利用，增加能源供应，改善能源结构，保障能源安全，保护环境，实现经济社会的可持续发展，《可再生能源法》由中华人民共和国第十届全国人民代表大会常务委员会第十四次会议于 2005 年 2 月 28 日通过，自 2006 年 1 月 1 日起施行。

《可再生能源法》为可再生能源发电的全额收购提供了法律依据。《可再生能源法》指出：电网企业应当与依法取得行政许可或者报送备案的可再生能源发电企业签订并网协议，全额收购其电网覆盖范围内可再生能源并网发电项目的上网电量，并为可再生能源发电提供上网服务。《可再生能源法》的颁布为风电大规模开发奠定了法律基础。

2006 年 1 月国家发展改革委出台了《可再生能源发电价格和费用分摊管理试行办法》，提出了风电电价确定的原则：风力发电项目的上网电价实行政府指导价，电价标准由国务院价格主管部门按照招标形成的价格确定；并明确了在 2006 年后政府主管部门批准或核准建设的风电项目，电价高出当地脱硫燃煤机组标杆上网电价的部分，由可再生能源电价附加支付。可再生能源电价附加自 2006 年 6 月 30 日开始按照 0.001 元人民币/（kW·h）的标准从销售电价中征收。

2007 年 9 月国务院公布了《可再生能源中长期发展规划》。《可再生能源中长期发展规划》指出，通过大规模的风电开发和建设，促进风电技术进步和产业发展，实现风电设备制造国产化，尽快使风电具有市场竞争力。在经济发达的沿海地区，发挥其经济优势，在"三北"（西北、华北北部和东北）地区发挥其资源优势，建设大型和特大型风电场；在其他地区，因地制宜地发展中小型风电场，充分利用各地的风能资源。《可再生能源中长期发展规划》提出，到 2010 年全国风电总装机容量达到 500 万 kW。重点在东部沿海和"三北"地区，建设 30 个左右 10 万 kW 等级的大型风电项目，形成江苏、河北、内蒙古 3 个 100 万 kW 级的风电基地。建成 1～2 个 10 万 kW 级海上风电试点项目。到 2020 年，全国风电总装机容量达到 3000 万 kW。在广东、福建、江苏、山东、河北、内蒙古、辽宁和吉林等具备规模化开发条件的地区，进行集中连片开发，建成若干个总装机容量 200 万 kW 以上的风电大省。建成新疆达坂城、甘肃玉门、苏沪沿海、内蒙古辉腾锡勒、河北张北和吉林白城等 6 个百万千瓦级大型风电基地，并建成 100 万 kW 海上风电。

2008 年，我国风电发展相比 2007 年更为迅猛，新增装机容量达到 624.6 万 kW，新增安装风电机组

电力强国崛起

5130 台；平均单机容量达到 1.22MW。其中外资企业产品占到了 24.4%，内资企业产品占到了 75.6%。我国内资企业兆瓦级风电机组实现了大批量生产和安装，极大地降低了风力发电成本，为我国风电产业规模化发展奠定了良好的基础。截至 2008 年底，我国风电累计装机容量达到 1215.3 万 kW。

2010 年 5 月，国家海上风电特许权招标项目对外开标。本期特许权招标包括四个项目，均位于江苏省，分别为滨海海上风电场（30 万 kW）、射阳海上风电场（30 万 kW）、大丰潮间带风电场（20 万 kW）和东台潮间带风电场（20 万 kW），总装机容量 100 万 kW。这次风电特许权招标，是我国首批海上风电场示范项目的招标。

2010 年 5 月，科技部批准建设风电设备及控制国家重点实验室。该实验室以风电设备及控制技术研发为中心，以研究解决我国风电产业重大共性、关键技术难题为主攻方向，以提高风电产业自主创新能力及核心技术竞争力为责任，为我国风电产业实现从"跟跑"到"并跑"的跨越式发展奠定基础。

2010 年我国海上风电迎来突破之年。2010 年 6 月，亚洲第一个海上风电场，也是全球除欧洲之外的第一个海上风电并网项目——上海东海大桥 10 万 kW 海上风电项目 34 台机组全部并网发电。该项目位于东海大桥东侧的上海市海域，距离岸线 8~13km，平均水深 10m，总装机容量 10.2 万 kW，全部采用华锐风电自主研发的 3MW 海上风电机组。

2011 年，国家能源主管部门提出了集中式与分散式开发并重的发展思路，并出台了相应的管理办法。2011 年 7 月，国家能源局下发《关于分散式接入风电开发的通知》（国能新能〔2011〕226），首次明确我国分散式风电开发的主要思路与边界条件，就积极稳妥、因地制宜地做好分散式接入风电开发工作做出了相应安排和部署。

2012 年底，国家能源局印发了《风电发展"十二五"规划》，阐述了我国 2011—2015 年风电发展的指导思想、基本原则、发展目标、开发布局和建设重点，并对 2020 年风电发展进行了展望。规划提出，到 2015 年，投入运行的风电装机容量达到 1 亿 kW，年发电量达到 1900 亿 kW·h，风电发电量在全部发电量中的比重超过 3%，海上风电装机容量达到 500 万 kW；到 2020 年，风电总装机容量超过 2 亿 kW，其中海上风电装机容量达到 3000 万 kW，风电年发电量达到 3900 亿 kW·h，力争风电发电量在全国发电量中的比重超过 5%。

《风电发展"十二五"规划》还提出，"十二五"时期，风电机组整机设计和核心部件制造技术取得突破，海上风电设备制造能力明显增强，基本形成完整的具有国际竞争力的风电设备制造产业体系。到 2015 年，形成 3~5 家具有国际竞争力的整机制造企业和 10~15 家优质零部件供应企业。

2012 年底国务院正式印发了《能源发展"十二五"规划》，提出了一系列发展目标，其中"非化石能源消费比重从 2010 年的 8.6% 提升至 2015 年的 11.4%"作为约束性目标提出。《能源发展"十二五"规划》还提出，到 2015 年非化石能源发电装机比重达到 30%，煤炭消费比重降低到 65% 左右。

2013 年国务院正式发布了《关于取消和下放一批行政审批项目等事项的决定》，将 5 万 kW 以上装

568

机容量的风电场项目审批权下放至地方政府。风电审批权下放后，各省风电项目的审批方式大致分为三种：一为风电项目统一由省发展改革委核准，如福建、河北等；二为审批权层层下放，由省里下放至市县，如内蒙古、山西等；三为根据自身情况制定新政策，如广东等。

2014 年底，国家能源局下发了《关于印发全国海上风电开发建设方案（2014—2016）的通知》。列入全国海上风电开发建设方案（2014—2016）项目共 44 个，总容量 1053 万 kW。

2016 年 2 月，国家能源局印发《关于建立可再生能源开发利用目标引导制度的指导意见》，要求不断完善促进可再生能源开发利用的体制机制，建立可再生能源电力绿色证书交易机制。

2016 年 3 月国家发展改革委印发《可再生能源发电全额保障性收购管理办法》。可再生能源发电全额保障性收购是指电网企业（含电力调度机构）根据国家确定的上网标杆电价和保障性收购利用小时数，结合市场竞争机制，通过落实优先发电制度，在确保供电安全的前提下，全额收购规划范围内的可再生能源发电项目的上网电量。

2016 年国家能源局发布了《国家能源局关于建立监测预警机制促进风电产业持续健康发展的通知》。根据风电投资监测预警机制的指标体系进行红色、橙色、绿色三个等级的预警，风电投资监测预警结果每年定期发布。预警结果为红色地区当年不下达年度开发建设规模，地方暂缓核准新的风电项目。

2016 年底，国家能源局印发《风电发展"十三五"规划》，提出到 2020 年底，风电累计并网装机容量确保达到 2.1 亿 kW 以上，其中海上风电并网装机容量达到 500 万 kW 以上；风电年发电量确保达到 4200 亿 kW·h，约占全国总发电量的 6%。并提出到 2020 年，有效解决弃风问题，"三北"地区全面达到最低保障性收购利用小时数的要求。

2017 年 2 月，国家发展改革委、财政部、国家能源局联合发布了《关于试行可再生能源绿色电力证书核发及自愿认购交易制度的通知》。通知指出，为引导全社会绿色消费，促进清洁能源消纳利用，进一步完善风电、光伏发电的补贴机制，在全国范围内试行可再生能源绿色电力证书核发和自愿认购；还提出拟于 2018 年起适时启动可再生能源电力配额考核和绿证强制约束交易。2017 年 7 月 1 日，"推广绿证自愿认购暨首届中国绿色电力高峰论坛"在北京举行，进行了绿色电力证书购买平台的上线启动仪式。这标志着我国绿色电力证书自愿认购的正式开启。

2017 年 5 月，国家能源局下发了《关于加快推进分散式接入风电项目建设有关要求的通知》，指出要加快推动分散式风电开发。优化风电建设布局、大力推动风电就地就近利用，是"十三五"时期风电开发的重要任务。加快推动接入低电压配电网、就地消纳的分散式风电项目建设，对于优化利用中东部和南方地区的分散风能资源、因地制宜提高风能利用效率、推动风电与其他分布式能源融合发展具有重要意义。随着我国风电技术的进步，5m/s 风资源年等效满负荷利用小时数可达到 2000h，成为可利用资源。中东南部风速在 5m/s 以上达到经济开发价值的风能资源有 10 亿 kW。

2018 年 3 月，国家能源局综合司下发了关于征求《可再生能源电力配额及考核办法（征求意见稿）》

意见的函,明确了责任主体、考核办法及惩戒措施,并下发各省市 2018 年及 2020 年可再生能源消纳比例。可再生能源配额制和绿色电力证书交易机制是国际上普遍采用的可再生能源产业扶持政策。从实施效果来看,配额制已经被证明是一种行之有效的长效机制,能够借助市场化手段促进可再生能源可持续发展。

2019 年 5 月,国家发展改革委、国家能源局联合印发《关于建立健全可再生能源电力消纳保障机制的通知》,提出建立健全可再生能源电力消纳保障机制。核心是确定各省级区域的可再生能源电量在电力消费中的占比目标,即"可再生能源电力消纳责任权重"。目的是促使各省级区域优先消纳可再生能源,加快解决弃水弃风弃光问题,同时促使各类市场主体公平承担消纳责任,形成可再生能源电力消费引领的长效发展机制。

7. 在国家政策和资金支持下日益壮大的风电产业,迎来了可与传统能源价格持平的新阶段

2017 年 5 月,国家能源局综合司下发了《关于开展风电平价上网示范工作的通知》,要求各省市区结合本地区风能资源条件和风电产业新技术应用条件,组织各风电开发企业申报风电平价上网示范项目。2017 年 8 月 31 日,国家能源局下发《关于公布风电平价上网示范项目的通知》并公布了首批风电平价上网 13 个示范项目共计 70.7 万 kW。2017 年 11 月 8 日,国家发展改革委印发《关于全面深化价格机制改革的意见》,明确提出实施风电标杆上网电价退坡机制,2020 年实现风电与燃煤发电上网电价相当。

2018 年 5 月,国家能源局印发《关于 2018 年度风电建设管理有关要求的通知》,释放了两个重磅信号:风电走向市场化,竞争资源配置;加速平价上网工作推进。这个文件的发布,开启了我国风电项目的竞争性资源配置模式,拉开了风电平价上网时代到来的序幕。2018 年 12 月 29 日,国家电投乌兰察布风电基地一期 600 万 kW 示范项目获核准,该项目实施和火电平价上网。

2019 年,为推进风电、光伏平价上网,国家发展改革委、国家能源局在 2019 年 1～5 月推出了一系列的重磅文件,充分考虑技术成本下降趋势、项目的合理收益水平,制定了补贴的退坡节奏和幅度,为实现 2021 年陆上风电全面进入平价时代指明了路径。

2020 年初,财政部、国家发展改革委、国家能源局联合发布《关于促进非水可再生能源发电健康发展的若干意见》,规定自 2020 年起,所有新增可再生能源发电项目均采用"以收定支"的方式确定。同时,新增海上风电项目不再纳入中央财政补贴范围,由地方政府按照实际情况予以支持,按规定完成核准(备案)并于 2021 年 12 月 31 日前全部机组完成并网的存量海上风力发电项目,按相应价格政策纳入中央财政补贴范围。

二、我国风电政策与法规体系组成

我国风电行业的迅猛发展,离不开国家政策的引领和大力支持。从 2004 年开始,我国政府对

风力发电给予了强有力的扶持。2006 年《可再生能源法》的正式颁布实施，为我国风力发电行业的发展奠定了法律基础。随后陆续出台了一系列的支持政策，包括宏观政策、产业政策、财政政策、税收政策、风电电量全额收购政策等，取得了非常大的成效。

我国的风电政策与法规主要由法律法规、税收和专项资金政策、电价政策和其他政策组成。

1. 法律法规

1995 年和 1998 年颁布和实施的《电力法》和《节约能源法》都明确提出了我国鼓励开发利用新能源和可再生能源。

2006 年，我国制定了《可再生能源法》。《可再生能源法》的颁布和实施为我国风电产业发展提供了法律依据，奠定了良好基础。在这部法律中，通过减免税收、鼓励发电并网、全额收购、优惠上网价格、贴息贷款和财政补贴等激励性政策来鼓励发电企业和消费者积极参与风力发电。该法实施后对于风电产业的促进作用十分明显，此后风电开发规模迅速扩大，投入资金明显增加，风电设备制造业快速起步。

十一届全国人大常委会第十二次会议于 2009 年 12 月 26 日表决通过了《中华人民共和国可再生能源法修正案》（简称《可再生能源法修正案》）。《可再生能源法修正案》确定了国家实行对可再生能源发电全额保障性收购制度，并公布对电网企业应达到的全额保障性收购可再生能源发电量的最低限额指标，国家设立可再生能源发展基金等。

2. 税收和专项资金政策

我国建立的有效税收政策主要体现在增值税优惠、关税优惠和税收减免方面。

根据《国务院关于调整进口设备税收政策的通知》规定，对于进口兆瓦级以上风力发电设备整机可享受免征关税和进口环节增值税的优惠政策。对利用风能生产的电力，根据财政部、国家税务总局《关于部分资源综合利用及其他产品增值税政策问题的通知》规定：自 2009 年 1 月 1 日起实行按增值税应纳税额减半征收的政策，同时降低风力发电零部件的进口关税。

根据 2008 年颁布的《财政部 国家税务总局关于资源综合利用及其他产品增值税政策的通知》（财税〔2008〕156 号），对风电实行增值税即征即退 50%的政策。而在 2001 年 11 月到 2008 年 12 月，风电享受的是增值税减半征收的政策。

根据《可再生能源法》，2006 年财政部发布《可再生能源发展专项资金管理暂行办法》规定：发展专项资金用于资助科技研发、标准制定、示范工程、农村偏远地区用能项目、资源勘查、能力建设项目等活动。财政部 2008 年颁布《风力发电设备产业化专项资金管理暂行办法》规定：支持风电机组整机制造企业和关键零部件制造企业开展新产品研发和产业化应用，目前该政策已取消。

3. 电价政策

2003—2005 年，是我国风电电价"双轨制"阶段，招标和审批电价并存。这个阶段与前一阶段的分界点是首期风电特许权项目招标。2003 年由国家发展改革委组织了第一期全国风电特许权项目招标，并发布了《关于印发风电特许权项目前期工作管理办法及有关技术规定的通知》，将竞争机制引入风电场开发，以市场化方式确定风电上网电价。而在省（区）项目审批范围内的项目，仍采用的是审批电价的方式，出现招标电价和审批电价并存的局面。

2006 年，国家发展改革委会同国家电监会制定《可再生能源发电价格和费用分摊管理试行办法》，提出了"风力发电项目的上网电价实行政府指导价，电价标准由国务院电价主管部门按照招标形成的电价确定"。部分省（区、市），如内蒙古、吉林、甘肃、福建等，组织了若干省级风电特许权项目的招标，并以中标电价为参考，确定省内其他风电场项目的核准电价。

2009 年我国制定了四类风能资源区的风电标杆上网电价。国家发展改革委发布的《关于完善风力发电上网电价政策的通知》将全国分为四类风能资源区，规定四个区的电价分别为每千瓦时 0.51 元、0.54 元、0.58 元和 0.61 元。

2014 年我国发布了近海和潮间带海上风电的上网电价。国家发展改革委发布《关于海上风电上网电价政策的通知》规定：2017 年以前（不含 2017 年）投运的近海风电项目上网电价为每千瓦时 0.85 元（含税，下同），潮间带风电项目上网电价为每千瓦时 0.75 元。

从 2015 年开始，国家对陆上风电上网电价进行数次调整。2014 年底，国家发展改革委颁布《关于适当调整陆上风电标杆上网电价的通知》，宣布对陆上风电继续实行分资源区标杆上网电价政策。将第Ⅰ类、Ⅱ类和Ⅲ类资源区风电标杆上网电价每千瓦时降低 0.02 元，调整后的标杆上网电价分别为每千瓦时 0.49 元、0.52 元、0.56 元，第Ⅳ类资源区风电标杆上网电价维持每千瓦时 0.61 元。

2018 年 5 月，国家能源局印发《关于 2018 年度风电建设管理有关要求的通知》。2018 年 12 月 29 日，国家电投乌兰察布风电基地一期 600 万 kW 示范项目获核准，该项目实施和火电平价上网。

2019 年，为推进风电、光伏平价上网，国家发展改革委、国家能源局在 1～5 月推出了一系列重磅文件：《关于积极推进风电、光伏发电无补贴平价上网有关工作的通知》（发改能源〔2019〕19 号），《国家能源局综合司关于报送 2019 年度风电、光伏发电平价上网项目名单的通知》，《关于建立健全可再生能源电力消纳保障机制的通知》（发改能源〔2019〕807 号），《关于公布 2019 年第一批风电、光伏平价上网项目的通知》（发改办能源〔2019〕594 号），《关于完善风电上网电价政策的通知》（发改价格〔2019〕882 号），《关于 2019 年风电、光伏发电项目建设有关事项的通知》（国能发新能〔2019〕49 号）。其中《关于完善风电上网电价政策的通知》明确了发展方向，稳定了市场预期。

《关于 2019 年风电、光伏发电项目建设有关事项的通知》从综合推进平价上网项目建设、规范补贴项目竞争配置、落实电力送出和消纳条件、优化建设投资营商环境四个方面，对 2019 年度风电、光伏发电项目建设提出总体要求，为进一步改善和避免出现新的弃风、弃光问题奠定了基础。

4. 其他政策

其他政策主要包括风电机组国产化扶持政策、风电技术研发支持政策、加强风电消纳政策等。

为促进风电产业的技术研发，我国政府采取了一系列措施鼓励风电设备制造企业和科研机构对风电机组设备零部件和风电机组设备整机进行技术引进和自主创新。

在"九五"至"十二五"期间，我国政府通过扶持风电机组制造企业开发风电机组项目，资助企业完成样机研发、制造和验收过程，使我国获得风电机组核心部件的制造技术。

在国家高技术研究发展计划（"863 计划"）和国家重点基础研究发展计划（"973 计划"）中，政府通过资助国内科研机构和风电设备制造企业研发风电机组制造技术和并网技术，掌握风电机组设备制造关键技术，实现风电设备整机制造的产业化。

第三章

太 阳 能 发 电

第一节 太阳能发电技术开发与创新

一、光伏发电领域关键技术进步

1. 晶体硅太阳电池技术

2017 年，中国单晶硅太阳电池的实验室研究总体处于从"跟跑"到"并跑"的转变过程。我国企业在 2017 年多次打破不同电池结构太阳电池的光电转换效果世界纪录。天合光能股份有限公司研发的大面积 IBC（Interdigitated Back Contact）太阳电池效率突破了 25.04%，这是迄今为止经第三方权威认证的中国实验室首次效率超过 25%的单结晶硅太阳电池，也是目前世界上大面积 6in 晶体硅衬底上制备的晶体硅电池的最高转换效率。隆基乐叶光伏科技有限公司单晶 PERC（Passivated Emitterand Rear Cell）电池转换效率最高水平已达 23.26%，创造了 PERC 单晶硅太阳电池的世界纪录。

中国在低成本高效率晶体硅太阳电池制造方面处于国际先进水平。2017 年中国产业化太阳电池效率得到了大幅提升，PERC（Passivated Emitterand Rear Cell）、PERT（Passivated Emitter Rear Totally–diffused）、IBC（Interdigitated Back Contact）、HIT（Hetero Junction With Intrinsic Thin Layer）和 MWT（Metallization Wrap Through）等高效率太阳电池的产业化开发和产业化生产都取得了快速发展。太阳电池组件方面，中国具有世界最大的制造能力，在组件封装排布、封装设备、封装材料等方面都取得了巨大的技术进步。

保利协鑫能源控股有限公司是全球领先的高效光伏材料研发和制造商，掌握并引领高效光伏材料技术的发展方向，也是全球规模最大、市场占有率最高的光伏材料制造商，每年为全球提供 1/4 左右的高效光伏产品。2017 年，保利协鑫多晶硅年产量达 7.5 万 t，为光伏发电提供质优价廉的原材料；硅片年产能达 40GW，产量达 24GW，全球市场占比约 25%。截至 2018 年底中国高效组件的产能见表 5.3 – 1。

表 5.3 – 1 中国高效光伏组件产能（2018 年）

高效光伏技术	产能/MW	高效光伏技术	产能/MW
P – PERC	30 000.0（2019 年＞60GW）	IBC	100
N – PERT	2000	MWT	1000
HIT	500	双面组件	10 000

2. 薄膜太阳电池技术

目前，中国进行薄膜太阳电池技术的研究很多，其工作不仅涉及所有主要的薄膜太阳电池，相关产业化技术的研发也得到了高度重视。近些年来，各种薄膜太阳电池和组件的转换效率不断提高。

由于中国铟、镓资源丰富，以铜铟镓硒（CIGS）等为代表的薄膜太阳电池技术在原材料成本和可持续性方面也具有很强竞争力，因此铜铟镓硒的国产化优势将会非常明显。铜铟镓硒技术的效率提升与成本下降潜力大，并且随着薄膜太阳能光伏技术的成熟，具有轻薄柔特点的薄膜太阳电池产品可以更容易地与各种载体相结合，步入移动能源时代。

在中国的薄膜太阳能企业中，汉能控股集团有限公司引进了国外多项先进技术，其铜铟镓硒技术最高转化率达到 21%，已经达到世界领先水平。

3. 新型太阳电池技术

目前各种新型太阳电池，如钙钛矿太阳电池、染料敏化太阳电池、聚合物太阳电池、铜锌锡硫太阳电池、硒化锑太阳电池等均获得较大发展。特别是钙钛矿太阳电池的小面积及大面积器件均取得较大进展。

4. 光伏逆变器技术

光伏逆变器是光伏发电系统主要核心关键部件之一，连接光伏方阵和电网，是确保光伏电站长期可靠运行和提升工程项目投资回报的关键。光伏系统中用到的线缆、汇流箱、逆变器等部件的耐压等级从 1000V 提高到 1500V，可降低系统成本、提升系统效率。目前，中国光伏 1500V 系统关键产品，如光伏组件、汇流箱、逆变器等设备都已完成技术储备，相应产品也都通过了相关的检测认证测试，均有相应的产品，而且大都在示范电站取得应用。光伏 1500V 系统正处于大范围推广的关键阶段。

将光伏组件和功率优化器集成，一体化实现组件的最大功率点跟踪、通信以及关断功能，可大幅降低系统成本。因此功率优化器和光伏组件集成的智能组件解决方案是发展趋势。目前，已有多个光伏组件厂家开始开发智能组件，如晶澳太阳能有限公司组件集成了功率优化器和通信功能；天合光能股份有限公司智能组件集成功率优化器、通信和关断功能；阳光电源股份有限公司新一代智能户用系统包含智能组件、定制逆变器、智能并网箱、可调支架系统、GPRS 通信系统、配套接线电缆及附件等，提高了用户使用过程中的交互性，同时保障产品使用的安全性。截至 2020 年 6 月阳光电源在全球市场已累计实现逆变设备装机超 1.2 亿 kW。

目前光伏变换器正向更高能效、更宽输入电压、更小体积和更高可靠性方向发展。宽禁带功率器件的应用是逆变器设计的主要方向之一。中国对此的应用研究已逐步展开并取得了一些成果。

5. 大型并网光伏电站弱电网稳定控制技术

随着中国光伏发电装机容量的不断增长，尤其是在中西部大型光伏电站与东部分布式光伏电站的开发进程中，光伏发电系统对电网的渗透率进一步增加，所面对的电网条件将变得更为苛刻，因此中国相关研究比较多。如特变电工股份有限公司根据光伏发电单元、风力发电单元和负荷的有功功率，以及储能单元剩余电量的变化，研制成功"微电网控制系统"。微电网控制系统是微电网系统的大脑，它可以实时收集和分析微电网内部负荷的用电需求，控制微电网内部电源的出力与外部电网的电量交换，保证微电网系统内部的能量供需平衡。微电网控制系统为用户提供了一种新型的微电网控制策略，能够配合微电网中的分布式光伏和风电单元的功率输出，控制由微型燃气轮机和蓄电池组成的分布式电源系统的出力，为微电网提供电压和频率支撑。

6. 分布式光伏/储能联合发电技术

光伏发电系统结合储能设备，可解决太阳能电力并入主网时产生的电压不稳问题，并提高整体发电量，同时有助落实分时电价与季节电价等节能措施，因此受到国内重视。

从不同特性储能系统接入方式和配置来看，光储联合发电技术的应用研究热点主要在分布式发电及微网领域，主要为解决海岛供电问题，也包括应用在工业领域中的并网微网项目。

从储能系统与可再生能源协调运行控制技术方面，中国研究进展集中在以下三方面：光储系统快速分散控制技术、平滑光伏功率波动控制技术和多类型储能与光伏协调运行控制技术。

在储能促进可再生能源消纳方面，主要在可再生能源问题突出的地区开展可再生能源储电、储热、制氢等多种形式能源存储与输出利用。如光伏电解水制氢、太阳能冷热电联供技术等。

二、光热发电领域关键技术进步

1. 光热发电汽轮机的先进设计与制造技术

光热发电汽轮机的先进技术特性体现在：① 快速启动能力：启动时间极热态启动 15min，热态启动 20min，温态启动 30min，冷态启动 60min 内完成启动；② 频繁启停能力：在 25 年的寿命周期内，满足每天启停需求；③ 负荷变化适应性强：机组能在 15%～100%范围内稳定运行；④ 高效稳定：采用八级回热系统，较高的汽轮机循环效率对整个系统光电转化效率影响显著，稳定性好；⑤ 采用直接空冷技术：满足西北、西藏等地区昼夜温差大，机组背压变化较大及缺少水资源的苛刻条件；⑥ 机组采用低位单层布置结构，节省厂房建设成本；⑦ 高、低压缸采用紧凑型设计：运输条件允许的情况下，采用整体发货，缓解建设、安装周期，减少现场安装工作量，机组可靠性高，维护简单；⑧ 双转速设计，如东方汽轮机有限公司设计的光热发电汽轮机高压缸 6000r/min，中低压缸 3000r/min；哈尔滨汽轮机厂有限责任公司设计的光热发电汽轮机高压缸转速 7250r/min，中低压缸转速 3000r/min，以提高机组效率；⑨ 先进叶型和静叶装配技术；⑩ 先进汽封技术。

2. 熔盐储热技术

由于太阳辐射是间断且不稳定的，为使系统能够稳定持续运行，提高系统发电效率，系统中加设储热系统是非常必要的。储热系统对平衡太阳能光热发电过程中的能量供求和延长日落后的发电时间有着不可替代的作用，并已成为现代太阳能光热发电站中的一个不可或缺的子系统。

储热系统中，储热介质的储热方式尤为重要，显热储热的原理是通过其温度的上升或下降而储存热能，它是储热原理最简单、技术最成熟、材料来源最丰富、成本最低的一种储热方式。高温熔融盐作为最新最热的储热介质出现，其中二元盐 $60\%NaNO_3+40\%KNO_3$，温度在 $260\sim600℃$ 之间使用。储能系统的运行和一般的化学燃料或核能量设备一样，需要的时候能够产生电，但是对社会无辐射危害和燃料消耗；太阳能作为熔盐技术产生和分配电的能源，其花费只是电池或其他储能技术的一小部分。

熔盐储热系统：外部热量通过换热器换热给低温熔盐，低温熔盐吸收热量后，根据熔盐的显热蓄热性质把热量储存起来，变成高温熔盐储存到高温熔盐罐中；外界需要热量的时候，高温熔盐泵把高温熔盐抽出来与低温介质换热，换热后变为低温熔盐储存在低温熔盐罐中，再通过外部热量来加热低温熔盐的循环系统。熔盐储热系统的价值主要体现在大型化，能够在夜晚或天气情况差时保证正常发电，在一天 24h 内连续运行，所以进行大型熔盐储热系统的研发势在必行。大型熔盐储热系统有很多特殊性，对泵和换热器等主要设备的要求也不一样。大型储罐是需要重点研究的对象，设计大型熔盐储罐主要包括其结构，选用材料及保温等。

3. 熔盐（油）蒸汽发生系统设计与制造技术

熔盐塔式太阳能光热发电技术是以熔盐作为传热储热介质，但熔盐不能直接进入汽轮机组做功。在槽式太阳能光热发电系统中，油水蒸发系统是最为关键的部分，需要通过蒸汽发生系统将熔盐（导热油）的热能转换为水/蒸汽热能，进入汽轮机。蒸汽发生系统的功能是实现传储热介质和做功工质的能量转换并为汽轮机提供做功介质。所以熔盐（油）蒸汽发生系统作为熔盐塔式（导热油槽式）太阳能发电技术中核心系统之一，是否能够安全可靠运行直接关系到整个电站的安全性，其传热性能直接影响系统的能量转换效率，进而影响全电厂的经济性，对其进行研发是整个熔盐工质塔式（导热油槽式）热发电技术研发的关键。

太阳能光热电站在其运行寿命内会根据太阳资源进行满负荷或者部分负荷运行，蒸汽发生系统需要适应光热汽轮机每天启动和停机的需要，要求系统内换热设备能够经受压力和温度变化以及多次启动和停止；且要求蒸汽发生系统能够在较低负荷连续运行，并在每天用电高峰超负荷运行，对蒸发系统运行控制提出了严苛的要求；另外由于熔盐介质特殊的物理特性（较高的凝固点），熔盐蒸汽发生系统在启动及停运过程中极为容易发生熔盐凝固堵塞管路的现象，会直接影响电站的正常运行。

上述一系列熔盐（油）蒸汽发生系统运行的苛刻条件为蒸汽发生系统的设计提出了诸多的难题：蒸汽发生系统的整体热力计算及不同热负荷工况下各换热设备换热面积的匹配；系统的启动预热防凝；蒸汽发生系统频繁启停和滑参数运行控制等。要具备熔盐（油）蒸汽发生系统的设计供货能力，需要对熔盐蒸汽发生系统从总体上进行研发，从工程设计上给出解决方案。

4. 定日镜设备设计制造技术

定日镜是一种利用机械驱动方式使其将太阳光反射到固定位置的一种装置。太阳对于地球上的一个固定位置而言，其方位和高度都随时处于变化状态。塔式太阳能定日镜需要将位置不断变化的太阳入射光反射到固定的目标处。由于入射光和反射光以反射面的法线为对称轴，为了保证反射光到达固定目标位置，只能改变反射面的法线方向。法线方向的改变是通过定日镜驱动机构来实现的。通常采用改变镜面朝向的方法来调节定日镜反射面的法线，其中包括传统的二维跟踪和极轴跟踪方式。

定日镜主要构成包括超白反射玻璃镜面、支架、立柱、传动装置、驱动电机、控制柜等。定日镜的工作特性相对于电站的热力系统而言是有所区别的，它们数量庞大，并且每一台定日镜看起来都是独立工作，但其运行规律却又是完全一致的。可以说每台定日镜的结构、功能等可以完全一样，只是具体到每台定日镜的外部参数有所不同，比如不同位置定日镜瞄准吸热器不同位置，其相对吸热器的坐标位置有所差异而已。今后的电站优化设计中，也可以考虑对不同圈层定日镜根据镜场风力衰减的大小而将其机械结构的强度和刚度设计成不同的数值。总体来看，同一镜场中的定日镜机械结构相同，控制系统一样。定日镜设计时需要充分结合电站当地的最大风力、常年风力、最低和最高气温、海拔等外部气象条件进行有针对性的设计。另外，定日镜的面型精度、跟踪精度，都是定日镜设备选型要考虑的重要因素。

5. 镜场优化设计技术

光热电站镜场是由成千上万台定日镜按照一定的规律排列而成，镜场设计优化是通过设计吸热器的外形和镜场布置，获得最优的聚光性能，同时尽量降低成本。镜场光学效率是镜场性能的一项重要指标，是指投入吸热器的光能量与镜场全部定日镜本应接收到的光能量之比。除了与定日镜本身的面型精度、清洁因子、姿态和控制精度有关之外，还与定日镜在镜场中的排布有莫大的关系。镜场排布决定着定日镜之间的阴影挡光、反射光到达吸热器的面型尺寸（截断效率）、接受太阳光线的余弦效率、大气传播路程远近的大气消减等。如何将到达吸热器的太阳光能量损失减少到最小，与镜场的设计优化紧密相关。

6. 镜场电控系统技术

定日镜镜场电控系统分为定日镜控制器和镜场网络系统两个部分。定日镜控制器是核心控制器，数量庞大，负责完成定日跟踪指令的下达，将太阳光反射至吸热器。镜场网络系统是镜场数据通道，负责完成系统调度、状态检查等功能。

镜场网络系统作为控制系统的重要部分，其在控制系统的作用有两方面。第一，需要通过镜场环路控制定日镜的投切，保证吸热器的出口温度能够稳定到工艺要求值；第二，对于吸热器表面接收能量分布不均的问题，需要通过镜场控制器调度镜场中的定日镜，保证太阳光斑能够按要求投射在吸热器表面。对于整个镜场来说，在镜场的协调控制中要求每面定日镜与上位机和吸热器控制器两两之间能够进行数据通信，使得上位机能够实时反映整个镜场以及吸热器的运行状态，控制器能够完成相应的控制操作。这些就需要设计一个实时性好，安全可靠的控制网络结构，将控制器、定日镜、上位机联系起来，共同构成满足系统控制实时性和可靠性要求的冗余网络控制系统。

7. 镜场多目标点调度（APS）技术

在聚光集热系统的运行中，需要将定日镜聚焦光斑投射到吸热器受热面上。聚光集热场在运行中会根据太阳位置变化、天气变化、吸热器运行工况变化等及时调整定日镜的投运数量和定日镜的瞄准目标点，这样才能保证系统安全、高效运行。比如在运行过程中始终保持吸热器表面能流密度满足要求，启停状态下能够最大化满足热力条件，使之变温均匀，具有云预测功能等。根据上述要求，将定日镜与吸热器的运行进行合理耦合匹配，同时对数量众多的定日镜实施自动化调度，这就需要镜场目标点瞄准策略及控制软件来实现。

8. 汽轮机热力系统设计技术

在现有光热发电汽轮机成熟热力系统基础上，从汽轮机循环初参数、配汽方式、回热系统的优化匹配对光热发电汽轮机的热力系统进行全面优化，以提高机组部分负荷乃至全负荷工况下的经济性。

9. 光热发电汽轮机可靠性设计技术

可靠性设计一直是光热发电汽轮机的重点之一。随着汽轮机用途的多样化、特殊性，汽轮机可靠性面临越来越多的考验，对汽轮机部件可靠性提出了更多的要求。光热发电汽轮机相比常规火电汽轮机，启动速度快、启动频繁、背压变化大、经济性要求高，因此光热发电汽轮机可靠性设计有别于常规火电汽轮机。光热发电汽轮机快速启动，如果不采取相应措施，汽缸等零部件将承受巨大的热应力，特别是

冷态启动工况尤为严重。

10. 吸热器设计与制造技术

通过参与"863 计划"子课题（延庆塔式太阳能吸热器研发），东方电气集团东方锅炉股份有限公司成功掌握并完善了相关的设计制造技术，同时在项目建设中也积累了水工质吸热器安装、运行与维护方面的技术及工程经验。东方电气集团东方锅炉股份有限公司紧跟国际先进技术发展趋势，实现了以熔盐吸热器为主的熔盐塔式光热电站核心主设备的研制。自 2012 年起在该领域开展了 300MW 等级熔盐吸热器研发工作，解决了热力计算、受热面壁温计算、强度及寿命计算、结构设计、电伴热及保温设计等诸多技术问题。目前已完成了 300MW 与 600MW 容量等级的熔盐吸热器的全面自主开发与详细的技术设计，形成了系列化的设计和企业制造标准及完整的运行控制策略。结合熔盐吸热器特有的运行特性与结构特点，自主开发了可全面高效满足工程应用需求的性能模型软件。

11. 储换热技术

通过对 100MW 等级塔式熔盐光热电站光岛和热岛初步工程设计研究，对储换热工艺流程、系统布置、循环方式、保温伴热、启停技术、过（再）热器结构、汽包容积确定、蒸发器结构形式、预热器结构形式、熔盐排放等诸多技术进行论证，确定了最终的技术方案，并以此技术方案为原型移植形成了以 100MW 和 50MW 等级为主流的熔盐光热电站换热系统成套技术。在储热方面，对大容量熔盐储热系统的大型高温熔盐储罐本体及保温基础、电加热、安全防护、储罐内件等开展了技术研究工作。

12. 聚光场及主设备

镜场布置是塔式光热电站继系统总体规划方案之后的第一个详细设计内容，该部分工作对整个光热系统影响重大，其关系到项目的占地、系统整体布局、系统总体效率、项目投资经济性等方面的问题。东方电气集团东方锅炉股份有限公司在 2010 年与中国科学院长春光学精密机械与物理研究所合作并成功开发了镜场布置及效率计算软件。随着在光岛系统研究工作的深入，东方电气集团东方锅炉股份有限公司自主研发了面向工程的新一代镜场设计软件。

定日镜是聚光场的主设备，数量庞大，对光热电站成本和性能有着至关重要的影响，东方电气集团东方锅炉股份有限公司在借鉴国内外定日镜实践经验的基础上，形成了公司自主知识产权的定日镜设计技术，包含 $2\sim110m^2$ 不同面形规格定日镜的技术经济性比选、中大型定日镜结构的设计优化及试验验证、大型定日镜立柱钢管混凝土结构设计分析、定日镜传动装置的全新设计与试验验证。以上研发工作实现了对于不同项目选址、不同规模镜场的差异化配置方案。

结合定日镜运行特性与吸热器的设计要求，通过引进消化吸收国际上最先进的镜场目标点瞄准策略、吸热器运行优化等技术手段，实现对镜场和吸热器进行耦合设计，以确保吸热器的安全运行和镜场集热能量的最大化。

另外，东方电气集团有限公司在打造光热设备配套件产业链，实现工业规模化，降低新技术在工程应用上的投资方面持续开展工作，完成了多厂家定日镜传动装置制造验证、多品牌电机试验、太阳能反射镜比选试验等工作，为提升光热电站设备投资占比最高的设备（定日镜）的技术经济性打下了基础。同时，针对聚光场的技术特点，研究了太阳能光热电站控制方案与控制策略研究，重点对定日镜运行方式、控制策略、检测技术、镜场通信、镜场上位机系统等方面进行了较为深入的研究和试验工作，为实现镜场控制系统安全可靠运行、确保定日镜工作效率以及降低电控设备成本方面奠定了很好的基础。

三、太阳能发电研发能力和创新平台建设

科技进步成为中国光伏产业发展的核心动力。光伏行业正在越来越依赖技术创新来降低度电成本，以实现光伏发电平价上网的目标。目前，中国光伏技术不断创新突破，不断突破高效电池转换效率的世界纪录，已形成具有国际竞争力的完整的光伏产业链，并成为全球光伏发展创新制造基地。

2005 年以前，中国多晶硅生产几乎完全依赖进口。凭借在半导体设备制造领域丰富的技术积累，我国在光伏设备制造领域很快实现突破。经过多年发展，国产设备技术能力已经达到世界领先水平。本土光伏设备不仅满足了国内大规模开发的需求，同时广泛出口海外。我国已成为世界第一大光伏设备生产国。

在多晶硅方面，科技部"十一五"科技支撑计划项目"多晶硅材料产业关键技术开发"和"863 计划"项目"多晶硅副产物利用关键技术研究"等先后结题，大幅提升了行业的技术经济指标。目前，国内光伏行业先进企业的硅耗控制在 1kg/kg 左右，多晶硅还原电耗已经压缩到 42kW·h/kg 左右，综合电耗下降到 62kW·h/kg 左右。与十年前相比，硅耗降幅接近 20%，能耗降幅达 80%。同时还实现了整个生产线完全闭路循环，基本解决了副产物四氯化硅的污染问题。

在电池制造方面，"基于纳米材料的太阳能光伏转换应用基础研究"和"高效低成本新型薄膜光伏材料与器件的基础研究"等"973 计划"项目，以及"效率 20% 以上新型电极结构晶体硅电池产业化成套关键技术及示范生产线"等"863 计划"项目先后结题，产生了一批世界级的研究成果。2017 年，隆基股份研发的 P 型 PERC 双面太阳能电池光电转化效率达到 22.71%，刷新世界纪录；而天合光能 2018 年自主研发的 6in N 型单晶全背电极太阳能电池（IBC）效率高达 25.04%（全面积），是目前全球同类电池的最高转换效率。与此同时，光伏组件的行业平均生产成本也从 2007 年的 36 元人民币/W 降至 2017 年的 2 元人民币/W。在技术研发的同时，专利申请量也在递增。在 2000 年以前，中国光伏领域的专利申请总量不到 2000 件，排在日本、美国、欧盟后面。

联合国发布的《全球价值链无形资本》报告显示，2011—2015 年间，中国是世界光伏发电相关专利

申请的领头羊，申请量约占全球首次申请量的 46%。从专利申请领域看，中国的光伏专利申请主要集中在光伏应用、电池芯片和组件方面。据国家知识产权局专利局专利审查协作北京中心近年的统计数据，国内光伏应用领域的专利申请占比高达 59%，而在高纯硅等原材料领域的专利申请占比较小，仅有 8%。

中国英利集团有限公司在海南省建有高效太阳能电池研发和生产的高科技生产基地，与美国杜邦、德国瓦克等国际知名企业建立了长期合作关系，掌握了从高纯硅材料制备、高质量晶体硅生长、超薄硅片切割、高效太阳能电池、长寿命光伏组件到光伏发电应用系统各个环节的核心技术。由国家"863 计划"支持自主开发的"熊猫"二代 MWT 高效太阳能电池生产效率达到 21.5%，发电量比常规组件高出 30%。采用拥有完全自主知识产权的"新硅烷法"生产的太阳能级和电子级高纯硅料，具有闭环式生产、无污染、高纯度、低能耗的特点。

英利集团有限公司承担了国家"973 计划"项目"高效晶体硅太阳电池技术关键问题的研究"和"863 计划"项目"效率 20% 以上新型电极结构晶体硅太阳电池产业化成套关键技术及示范生产线"等国家级科技项目。英利集团有限公司建立起全程精细化质量管理体系。

天合光能有限公司在 2009 年就利用独有的金属化和钝化技术突破了 18.8% 的光电转化效率，成为业界的翘楚之一。更为重要的是，在业内人士最为关心的代表光伏技术和质量水平的核心指标（kW·h/kW）方面，也取得了令人瞩目的成绩。2008 年，天合光能在德国 TüV 组织（德国技术监督协会）的光伏发电量竞赛中超越 13 家国际一流光伏企业，取得全球第二的好成绩。

保定嘉盛光电科技股份有限公司集光伏组件及其应用系统设计、研发、生产、销售为一体。公司的产品及服务覆盖轻质化超薄双玻组件、全玻组件（BIPV）、离网组件、独立系统及应用产品。

深圳合利科技能源有限公司是一家现代化的光伏电站综合服务公司。专业从事海外光伏发电工程领域的项目开发、工程咨询与设计、工程总承包（EPC）、光伏发电系统成套设备采购、建设、融资及运营服务等业务。

河北流云新能源科技有限公司可为客户提供从铸锭到组件的高效晶体硅技术和晶体硅建厂一体化解决方案、节能方案等技术输出，同时可提供晶体硅检验检测等服务输出。广州邦界光伏科技有限公司借助英利集团特有的产业优势与品牌效应，为全球光伏行业的卫星工厂提供工厂设计与建设、原材料打包、技术服务与管理服务、物流与金融相结合等定制化、一站式服务。

国家依托企业和研究机构，也设立了若干国家级研发平台，以提升太阳能发电技术研发能力。这些平台包括：

1. 光伏发电技术研发平台

光伏科学与技术国家重点实验室是致力于光伏技术创新的国家级研发平台。实验室依托天合光能股份有限公司建立，被科技部批准为国家级重点实验室，现已发展成为世界级的技术创新平台。实验室共四个研究方向：高性价比电池材料、高性价比电池、高效高可靠组件、智能和建筑一体化组件和系统。实验室的主要研究团队和研究内容是：① 晶体硅太阳电池材料研究中心，主要研究内容以硅晶体研发为核心，开展相关量产技术的研究，如高效多晶、铸锭单晶、高效单晶等硅晶体的生长技术，并率先导入新型硅片技术（如直接法硅片）；② 晶体硅太阳电池研究中心，主要致力于适用于产业化生产的高性价比晶体硅太阳电池结构的开发，包括进一步优化陷光结构、多层钝化、金属化工艺等关键太阳电池工艺技术；③ 组件和新产品研究中心，致力于高效、高可靠光伏组件和系统产品的结构设计，与公司的制造团队和客户建立密切协作关系，不断优化组件和系统设计；④ 光伏系统技术研究中心，主要在智能化和系统产品、组件与系统发电性能、系统测试技术、系统优化设计与评估等方面展开技术研究，开发能降低系统度电成本的各类系统新产品，建立系统分析及模拟模型。

英利集团有限公司拥有光伏材料与技术国家重点实验室和国家能源光伏技术重点实验室两个国家级研发平台，企业技术中心被国家发展改革委等部委联合评定为国家级企业技术中心。光伏材料与技术国家重点实验室在光伏发电核心的晶体硅材料、太阳电池、光伏组件、光伏发电系统、储能系统等领域凝练了四大研究方向，以解决光伏行业的共性技术和关键技术问题。主要研究内容包括硅材料制备及特性研究、高性能太阳电池及光伏组件研究、光伏发电系统基础应用研究和大容量储能系统研究。光伏材料与技术国家重点实验室与荷兰国家能源研究中心（ECN）、新加坡南洋理工大学、新加坡太阳能研究院、挪威工业研究院（SINTEF）、澳大利亚新南威尔士大学、美国应用材料公司、美国杜邦公司、美国索拉利亚公司、英国得可（DEK）公司开展了高效太阳能电池和组件领域的研究合作，建立和加强了与清华大学、北京航空航天大学、西安交通大学、南昌大学、华北电力大学、河北大学等高校的合作。英利集团的光伏技术国际联合研究中心被科技部认定为我国光伏领域国家级国际联合研究中心。

截至 2018 年，中国各类光伏电池实验室最高能量转换效率见表 5.3 - 2。

表 5.3 - 2　　　　中国各类光伏电池实验室最高能量转换效率（2018 年）

编号	厂家	电池类型	电池效率（%）	电池面积/cm²
1	隆基	P-PERC（mono-Si）	23.1±0.46	244.37
2	晶科	P-PERC（multi-Si）	22.0±0.44	245.83
3	天合	N-PERT（mono-Si）	23.1±0.45	244.1
4	天合	IBC（mono-Si）	25.0±0.30	243.2
5	汉能	HIT（mono-Si）	23.7	242.5
6	汉能	GaAs（1-Junction）	28.9±0.20	1
7	汉能	GaAs（2-Junction）	31.6±1.90	1
8	德融科技	GaAs（3-Junction）	34.5±4.00	1.002
9	汉能	CIGS	21.2±0.42	1
10	中科院半导体所	Perovskite（钙钛矿）	23.32	0.073 9

2. 光热发电创新平台研发能力建设

东方汽轮机有限公司采用自主开发的、成熟可靠的汽轮机通流技术和低压末级动叶片的研发设计平台，自主开发了拥有完全自主知识产权的光热发电汽轮机组，确保光热发电汽轮机设备可靠、高效地运行。

哈尔滨汽轮机厂有限责任公司在已有的技术基础上自主研发已形成了槽式太阳能光热技术体系和熔盐槽太阳能技术体系，从总体系统集成到子系统系统集成，从子系统系统集成到关键设备加工形成了特有的技术，并完全实现国产化。

第二节 太阳能发电装备制造产业体系的形成

一、光伏发电关键装备制造产业的发展

我国是光伏产业大国，拥有全世界最完整的光伏产业链。光伏产业链含有多个相关环节，大体上包括上游、中游、下游等几个部分，各个部分在中国的发展情况不尽相同。

1. 光伏设备制造业的发展

2002 年以前，国内光伏制造设备多数依赖进口，价格居高不下，形成明显的卖方市场，时常出现"受制于人"的窘况。为了打破制约，部分企业通过引进先进工艺、加强技术联合攻关，开启了设备国产化进程。2003 年起，国内企业先后研制出一些国产化设备，如中国电子科技集团研制的全自动硅片装片机，苏州库德勒研制的在线式清洗制绒设备，天津必利优研制的全自动太阳能电池片焊接机和秦皇岛博硕光电研制的电池组件封装设备等。目前，国内企业已基本形成成套设备的供应能力。

在原材料加工设备方面，国产单晶炉已占据了国内市场的绝对统治地位，由于性价比高，还受到亚洲市场其他国家的青睐，而国产多晶硅铸锭炉在国内企业中也大量使用。

在硅片加工设备方面，多线切割机已实现国产，不过产品的应用率还较低。在电池片生产设备方面，国产单晶槽式制绒机正在逐步替代进口的 RENA 和 SCHMID 等产品。

扩散炉的国产化在经历了开管—闭管—全封闭—负压扩散等几个阶段后，单片和整管扩散均匀性达到 4%以内，单批次产能达到 500 片以上；PECVD 设备是太阳能电池生产线的核心设备，分为管式和平板式两种，目前实现国产化的主要是管式 PECVD 设备，其自动化程度、稳定性和一致性与国外同类产品基本趋同，且有 20%以上的价格优势；丝网印刷机的国产化主要表现在单印丝网印刷机上，双轨二次印刷仍然依赖进口。

2. 多晶硅产业的发展

中国的多晶硅产业起步较早，但直到 2006 年，国内仍然只有两家企业从事生产。2007 年，国际市场多晶硅价格暴涨，中国出现了行业投资热潮，投产多晶硅企业数量急剧增加。2010 年，国内在产多晶硅企业数量达到巅峰。为了整顿行业秩序，工信部发布了《多晶硅行业准入条件》，限制和淘汰了一批不达标的多晶硅生产企业。随后三年，国内多晶硅行业处于平缓发展期，但行业秩序逐渐优化，出现"一超多强"的企业发展格局。自 2014 年起，受下游市场拉动，国内多晶硅产能快速增加。截至 2017 年，国内多晶硅产能达到 27.6×10^4t/a，产量达到 24.2×10^4t，远远高于 2005 年的 0.04×10^4t/a 和 0.008×10^4t。其中，江苏中能 2017 年产能达到 7.5×10^4t/a，占行业总产能的 27.2%。

在产业发展的同时，生产技术也在进步。行业骨干企业的生产能耗由 2008 年的 220kW·h/kg 下降到 2017 年的 70kW·h/kg，降幅达 68.2%；生产成本从 2005 年的 80 美元/kg 降低到 2017 年的 8.9 美元/kg，降幅达 88.9%。

3. 电池制造业的发展

电池制造业包括硅片生产、电池片和组件生产等环节。电池制造业发展相对坎坷。20 世纪 80 年代，国内一些半导体器件厂开始利用半导体工业废次单晶生产单晶硅太阳能电池，90 年代生产能力达到 4MW/a 左右。中国英利集团有限公司 1999 年承接国家年产 3MW 多晶硅太阳能电池及应用系统示范项目，是知名的太阳能光伏企业。

21 世纪以来，中国的硅片制造业发展较为迅速。2000 年全国硅片生产能力仅 2MW/a，2002 年，无锡尚德太阳能电力有限公司建成国内首条 10MW 多晶硅电池生产线。2004 年，无锡尚德的电池年产量达到 35MW，成为中国大陆首家挤入世界前十的太阳能电池生产厂商。2005 年，国内太阳能电池生产商总数扩大到 12 家，产量接近 200MW，此时在世界市场的份额占比也由 2002 年的 1.07%快速增长到 8%。2006 年后硅片行业迎来爆发式增长。2006—2007 年，国内先后有 10 家光伏制造企业在海外上市融资。到 2007 年底，国内光伏电池制造业企业数量达到 70 家，产量突破 1GW。随后三年，电池产量呈翻番模式，2010 年产量达到 4.1GW。到 2010 年，全国从事硅锭/硅片生产的光伏企业超过 170 家，硅片产能达到了 20GW/a。然而此后形势巨变，2011—2013 年，美国、欧盟接力对中国光伏发起"双反"调查，导致外销市场迅速萎缩，产业出现增长乏力局面，行业领军企业如尚德等甚至被兼并重组。2014 年，国内光伏装机市场迅速兴起，拉动了电池制造业的复苏增长。截至 2016 年底，中国硅片产能占到全球总产能的 81.9%，产量占到 86.63%。2017 年，中国硅片产量达到 87GW，包括协鑫、隆基、中环等在内的全球产量排名前 10 位的硅片制造商全是我国企业，其中保利协鑫的产能达到 40GW/a，为全球最大。

在规模增长的同时，电池的光转化效率也在递增，2017 年国产单晶硅及多晶硅电池平均转化率分别达到 21.8% 和 20%，远高于 2008 年的 16.5% 和 15.5%。

在组件封装方面，由于技术和资金门槛低，行业发展极为迅速。2003 年底，国内光伏组件产能接近 40MW/a。到 2005 年，从业企业数量迅速增长到近 500 家，产能达到 0.86GW/a。2007 年，中国光伏组件产能达到 2GW/a，成为当时世界最大的组件生产国。2008 年，全国共有 330 家组件封装企业，总产能达到 5GW/a。2009—2011 年间，中国光伏组件产能急剧攀升，2011 年产能达到 36GW/a。同样受"双反"调查的影响，2012—2014 年间产能增长缓慢，但此后恢复了剧增态势。

到 2019 年，国内光伏组件产能达到 177.87GW/a，产量达到 98.6GW，占全球产量比重不断上升。2019 年中国光伏组件产量占全球产量比重达到 96.7%。在全球前十大光伏组件企业中，来自中国大陆的有八家，其中：晶科是全球最大的电池组件生产企业，其 2019 年光伏组件出货量达 14.2GW，晶澳 2019 年光伏组件出货量达 10.3GW，天合 2019 年光伏组件出货量达 9.7GW。以上三家企业 2019 年光伏组件出货量位居全球前三，后续七家企业分别为隆基、阿特斯、韩华（Hanwha）Q CELLS、东方日升、第一太阳能（First Solar）、协鑫、顺风。2020 年 7 月 20 日，晶科的大面积 N 型单晶硅单结电池效率达到 24.79%，创造了大面积 N 型单晶钝化接触电池效率新的世界纪录，测试结果获得德国哈梅林太阳能研究所（ISFH）下属的检测实验室独立认证。天合光能正在向光伏智慧能源及能源互联网解决方案提供商方向迈进。阿特斯阳光电力有限公司是中国第一家登陆美国纳斯达克的光伏一体化企业。阿特斯阳光电力有限公司专业从事硅锭、硅片、太阳能电池片、太阳能组件和太阳能应用产品的研发、生产和销售，以及太阳能电站系统的设计和安装。阿特斯光伏组件被广泛应用于商业、家用、工业的离网和并网的太阳能供电系统及光伏发电站等不同领域。

比较有代表性的三家光伏企业，上市股值均超千亿元。隆基光伏是目前全球最大的光伏硅片优质制造商，2019 年 8 月成为 A 股史上首家市值突破千亿元的光伏企业。2020 年 8 月，该公司市值突破 2000 亿元大关，2020 年 10 月 9 日继续冲破 3000 亿元，刷新全球光伏企业最高市值。通威光伏是全球最大的光伏电池制造商，已成为从上游高纯晶硅生产，中游高效太阳能电池片生产到终端光伏电站建设的垂直一体化光伏企业。2020 年 7 月 21 日，通威股份市值一度突破千亿元大关。阳光电源是国内光伏逆变器的龙头企业，2015 年超越 SMA 成为全球光伏逆变器出货量最大的企业，国内市场占有率 30% 左右，连续多年位居国内首位，国外市场占有率 15% 左右。

依靠中国半导体设备行业数十年来的技术积累，中国光伏设备企业已基本具备太阳能电池制造设备的整线装备能力，光伏技术水平和产量质量不断提高。部分产品如扩散炉、等离子刻蚀机、单晶炉、多晶铸锭炉等开始少量出口，可提供 10 种太阳能电池大生产线设备中的 8 种，其中有 6 种设备（扩散炉、等离子刻蚀机、清洗/制绒机、石英管清洗机、低温烘干炉）已在国内生产线上占据主导地位，2 种设备[管式等离子体增强化学的气相沉积（简称 PECVD）设备、快速烧结炉]与进口设备并存，但份额正逐步增大。此外，全自动丝网印刷机、自动分拣机、平板式 PECVD 设备则完全依赖进口。组件生产用的层压机、太阳能模拟器等在行业获得广泛应用。硅材料加工设备中单晶炉以优良的性价比占据了国内市场的绝对统治地位并批量出口亚洲，多线切割机已取得突破，多晶硅铸锭炉已经开始大量在国内企业中使用。

二、光热发电关键装备制造产业的发展

经过十多年的技术开发，我国已逐渐掌握了光热发电核心技术。特别是"十三五"期间，在国家能源局组织的光热发电示范工程项目带领下，我国光热发电产业发展加快，已经形成了比较完整的产业链，开发出一批具有自主知识产权的技术和专业设备。光热发电工程设计、设备制造、安装调试、运行维护等标准正在陆续制定，逐步建立起完善的光热发电标准体系。我国在部分光热发电原材料制造和部件生产方面具备了规模化的生产能力，市场化正在加速培育。有的企业已开始将镜面、熔盐等出口到海外市场，有的公司也参与了国外光热发电的招标和建设。

1. 光热发电原材料的制造能力

在原材料制造环节，我国已经具备了生产光热发电膜层材料、在玻璃基材上制备银膜、反射镜和真空管使用的超白和特硬玻璃管等能力，其中铝型材支架、铜及熔盐等原材料已出口至多个国家。

2. 光热发电部件的生产能力

我国光热发电关键部件产品的研发和生产能力有所提高。具备规模化生产能力的部件主要包括定日镜整机、抛物面槽式反射镜、塔式定日镜反射镜。其中，定日镜整机的性能参数，如聚光精度、聚光器重量及聚光镜控制等与国际先进水平差距不大。

3. 光热发电汽轮机的研制

不管是国内市场，还是国外市场，光热发电设备在未来需求巨大。光热发电也是目前唯一有望替代火电作为基础电力的清洁能源形式。

各系列光热发电汽轮机的特点如下：

（1）50MW 槽式导热油光热发电汽轮机。槽式导热油光热发电汽轮机，传热介质为导热油。受导热油物性参数的限制，汽轮机蒸汽的工作温度一般为 400℃左右。50MW 等级光热发电汽轮发电机组示意图如图 5.3-1 所示。

东方汽轮机有限公司 50MW 等级太阳能光热发电汽轮机产品适用所有塔式、槽式及线性菲涅尔式光热发电工程。主要供货业绩有中广核德令哈、新疆哈密、天津滨海阿克塞、龙腾玉门、兰州大成等。

图 5.3 - 1 50MW 等级光热发电汽轮发电机组示意图
（由东方电气供图）

哈尔滨汽轮机厂有限责任公司的 50MW 等级太阳能槽式导热油光热发电汽轮机产品供货业绩包括中广核德令哈。

（2）50MW 塔式熔盐光热发电汽轮机。塔式熔盐光热发电汽轮机，传热介质为熔盐，熔盐的工作温度较高，汽轮机蒸汽的工作温度为 550℃。目前东方汽轮机有限公司生产的塔式熔盐光热发电汽轮机安装在新疆哈密项目，为高温超高压双缸一次再热凝汽式直接空冷汽轮机。50MW 塔式熔盐光热发电汽轮机拥有的技术特性与 50MW 槽式导热油光热发电汽轮机拥有的技术特性基本相同。

（3）50MW 槽式熔盐光热发电汽轮机。槽式熔盐光热发电汽轮机，传热介质为熔盐，汽轮机蒸汽的工作温度为 539℃。目前，东方汽轮机有限公司生产的槽式熔盐光热发电汽轮机安装在天津滨海阿克塞项目，为高温超高压双缸一次再热凝汽式直接空冷汽轮机。

50MW 槽式熔盐光热发电汽轮机拥有的技术特点为汽轮机负荷变化适应性强，能在 20%～100%范围内稳定运行。其他技术特性与 50MW 槽式导热油光热发电汽轮机拥有的技术特性基本相同。

（4）50MW 线性菲涅尔熔盐光热发电汽轮机。50MW 线性菲涅尔熔盐光热发电汽轮机，传热介质为熔盐，汽轮机蒸汽的工作温度为 538℃。目前，东方汽轮机有限公司生产的线性菲涅尔熔盐光热发电汽轮机安装在兰州大成项目，为高温超高压双缸一次再热凝汽式直接空冷汽轮机。50MW 线性菲涅尔熔盐光热发电汽轮机拥有的技术特性与 50MW 槽式熔盐光热发电汽轮机拥有的技术特性基本相同。

（5）100MW 及以上等级光热发电汽轮机。目前，东方汽轮机有限公司、哈尔滨汽轮机厂有限责任公司和上海电气电站设备有限公司汽轮机厂正在开展 100MW、125MW、150MW 和 200MW 等级全系列太阳能光热发电机组的研发。机组总体方案和主要结构特点充分借鉴火电中小功率机组和联合循环机组单轴、双缸、单排等总体方案，技术先进，成熟可靠。100MW 及以上等级光热发电汽轮机的技术特点包括快速启动、频繁启停、负荷变化适应性强等。汽轮机采用八级回热系统，较高的汽轮机循环效率对整个系统光电转化效率影响显著，稳定性好。

4. 吸热器的研制

吸热器是塔式光热电站中将太阳辐射能转化为可利用热能的关键设备，它是光热电站中，单体造价最高的设备。吸热器相关技术属于太阳能光热发电的核心技术之一，按吸热器内的传热工质不同，主要可分为水工质吸热器、熔盐工质吸热器、空气吸热器等。目前熔盐塔式技术正逐渐成为太阳能光热发电的主流技术，具有良好的市场前景。熔盐吸热器工作时，太阳光经过定日镜系统的聚焦反射到吸热器表面，经吸热器受热面管内流动的熔盐吸收，将太阳能转化为工质的热能，为后续发电机组提供最初的热源或动力源，从而实现太阳能光热发电。吸热器受热管屏一般采用光管无间距紧密排列而成，受热管只有向外的半个表面接受来自定日镜场的太阳辐射，属于周向非均匀受热。

2011 年东方电气集团东方锅炉股份有限公司与西安交通大学开展技术合作，共同进行太阳能光热发电站水工质吸热器的设计开发。在西安交通大学吸热器技术原理设计的基础上，进行太阳能光热发电站水工质吸热器设计技术和设计方法的消化吸收，并完成由中国科学院电工所牵头的"十一五"国家高技术研究发展计划（"863"计划）重点项目、中国第一座 1MW 太阳能光热发电站的核心光热转换设备——水工质吸热器的工艺设计、制造加工和安装指导。哈尔滨汽轮机厂有限责任公司在该项目中，负责蒸汽发生系统的系统设计及设备制造，完成了设计、生产和安装调试。

第三节 太阳能发电工程建设

一、标志性光伏发电工程项目

1. 金太阳示范工程/光电建筑应用示范项目

金太阳示范工程是我国促进光伏发电产业技术进步和规模化发展，培育战略性新兴产业，支持光伏发电技术在各类领域的示范应用及关键技术产业化的具体行动。

2013 年 1 月初，利用厂房屋顶的 20MW 屋顶光伏发电项目，在包头稀土高新区风光机电园区开工。该项目是国家 2012 年第二批金太阳示范工程项目，选用汉能控股集团具有自主知识产权的薄膜太阳能光伏组件，总投资 1.98 亿元。项目建成后，年发电量可达 2461.59 万 kW·h。自 2013 年开始太阳能光伏金太阳示范工程不再进行新增申请审批。此举表示金太阳示范工程正式退出中国光伏发展历史舞台。有关光电建筑应用示范项目和金太阳示范工程建设情况，见表 5.3－3。

表 5.3－3   光电建筑应用示范项目和金太阳示范工程项目（2009—2013 年）

光电建筑应用示范项目（住建部和财政部）		
项目分期	规模	初投资补贴标准/（元/W）
第一期 2009 年	111 个项目，91MW	BIPV 20，BAPV 15

续表

光电建筑应用示范项目（住建部和财政部）		
项目分期	规模	初投资补贴标准/（元/W）
第二期 2010 年	99 个项目，90.2MW	BIPV 17，BAPV 13
第三期 2011 年	106 个项目，120.0MW	BIPV 12
第四期 2012 年	128 个项目，225.0MW	BIPV 9.0，BAPV 7.5
合计（到 2012 年底）	合计大约 526.2MW	
资金来源	可再生能源专项基金	
金太阳示范工程项目（财政部，国家能源局和科技部）		
项目分期	规模	初投资补贴标准/（元/W）
第一期 2009 年	140 个项目，304.0MW	建筑光伏 14.5，离网 20
第二期 2010 年	46 个项目，271.7MW	建筑光伏 11.5，离网 16
第三期 2011 年	129 个项目，692.2MW	C−Si 9.0，a−Si 8.5
第四期 2012 年	155 个项目，1709.2MW	建筑光伏 5.5，离网>7.0
合计（到 2012 年底）	2977.2MW	
资金来源	可再生能源专项基金	
金太阳示范工程和光电建筑应用示范项目合并期		
项目分期	规模	初投资补贴标准/（元/W）
第五期 2012 年 11 月	2830.0MW	BIPV 7.0，BAPV 5.5
资金来源	可再生能源专项基金	
全部已经批准的光伏项目		
6333.4MW		

2. 精准扶贫工程项目

2015 年，为有效促进贫困户增收和贫困村集体经济收入增长，实现精准扶贫，光伏扶贫成为国务院扶贫办确定实施的"十大精准扶贫工程"之一。光伏扶贫充分利用了贫困地区太阳能资源丰富的优势，通过开发太阳能资源、连续 25 年产生的稳定收益，实现了扶贫开发和新能源利用、节能减排相结合。此举有力地促进了中国光伏产业的稳定增长并扩大了中国光伏市场的规模。据国家扶贫办发布的数据，2015—2017 年，光伏扶贫的总规模达到 1084.62 万 kW；2017 年扶贫范围扩大到 14 省 236 个县，总规模为 418.62 万 kW。2018 年 3 月，国家能源局、国务院扶贫办印发了《光伏扶贫电站管理办法》（国能发新能〔2018〕29 号）。2019 年国家光伏扶贫规模为 167 万 kW。2020 年 5 月 21 日，国务院扶贫办和国家能源局联合发布《关于将有关村级光伏扶贫电站项目纳入国家规模范围的通知》（国开办发〔2020〕16 号），将审核通过的 458.8 万 kW 村级光伏扶贫电站项目纳入国家规模范围。

精准扶贫工程项目的总目标：为 280 万建档立卡贫困户，大约 840 万贫困人口，每户安装 5～7kW

光伏发电系统，使每个贫困户每年增加收入至少 3000 元。

已经批准的光伏扶贫项目包括：

（1）2015 年 3 月下达的光伏扶贫试点 1.5GW（国能新能〔2015〕73 号）。

（2）2016 年 10 月下达的第一批 5.16GW 光伏扶贫项目（国能新能〔2016〕280 号）。

（3）2016 年底在建档立卡贫困村建成并网或者已经备案在建的 300kW 及以下的村级光伏扶贫电站（国能新能〔2016〕383 号）。

（4）2017 年下达的 8 个省共 4.5GW 光伏扶贫集中式光伏扶贫电站（国能发新能〔2017〕31 号）。

（5）特批甘肃省 80MW 光伏扶贫集中电站和喀什塔什库尔干 20MW 光伏扶贫电站。

（6）2017 年 12 月批准的"十三五"第一批光伏扶贫村级电站 4.186 2GW。

（7）2019 年 4 月批准的"十三五"第二批光伏扶贫村级电站 1.67GW（国能发新能〔2019〕37 号）。

3. 光伏小镇项目

近年来农村新能源发展步伐不断加快。光伏小镇作为新型城镇化的探索模式备受关注。一个又一个示范光伏小镇逐渐进入人们的视野。如连云港青湖镇光伏村是中国建成的第一个并网发电的光伏村，129 户居民住宅均安装了太阳能发电系统，采用自发自用、余电上网的发电方式，多余的电量卖给国家，开创了中国首个家庭分布式发电商业模式。宁波市鄞州区李岙村建成全国规模最大的光伏村，是当时全国光电建筑一体化规模最大、户数最多的光伏村。该村屋顶上均安装光伏组件，年发电量达 30 万 kW·h。

4. 漂浮式光伏电站示范项目

2015 年，中国开始探索漂浮式光伏电站的各种技术路线，并于 2016 年建成了世界最大的单体水上漂浮电站。受益于示范项目的推广，漂浮电站在中国发展迅速，技术进展主要集中在浮岛、锚固系统和电缆敷设等几个方面。

5. 太阳能电动汽车充电示范项目

2015 年，中国在北京、上海、深圳等地逐步建立了十几座太阳能电动汽车充电示范项目，基本采用以下两种基本模式：一是光伏并网+交流充电模式；二是光伏发电+储能逆变+充电模式，为利用绿色能源充电开创了一条新途径。

6. 国家风光储输示范工程

国家风光储输示范工程是国家电网公司采用世界首创风光储输联合发电技术路线，自主设计建造的全球规模最大、综合利用水平最高，集"风力发电、光伏发电、储能系统、智能输电"于一体的新能源综合性示范项目。公开资料显示，该工程一期工程投资 33 亿元，已建成配套 10 万 kW 风电、4 万 kW

光伏发电和 2 万 kW 储能电池的联合电站。二期在一期基础上继续延展范围、扩大增容，规划建设风电 40 万 kW、光伏 6 万 kW、储能 5 万 kW。

光伏发电系统在铁路运输中也有很大的应用空间。在电气化铁路部分路段安装太阳能光伏组件，无须额外征地，在节约大量土地的同时，也降低了工程的整体投资。据测算，在现有中国铁路发展条件下，分布式光伏资源总量约 285.2GW。

目前，中国还在探索将光伏发电技术与高速公路结合应用，实现光伏产业应用领域的创新发展，推动交通基础设施产业朝智慧交通的目标迈进。按目前高速公路的设计要求和实际建设情况，每一百千米有两对服务区，至少两个互通立交匝道圈，占路面 1/3 面积的边坡，沿线散落的约 4000 亩的取土坑。这些都适宜于建设光伏发电。在现有的高速公路发展条件下，可开发分布式光伏资源总量约 72.05GW。据统计，截至 2017 年底，中国有 11 个省份开展了分布式光伏技术应用于高速公路项目，总装机容量大于 16.82 万 kW，年发电量达 20 184 万 kW·h，全生命周期运行可节约标准煤约 183 万 t。

二、标志性光热发电工程项目

作为展现人类能源利用智慧的浩大工程，光热电站一般规模较大，多位于自然光充足的少人地区。

1. 中国第一座 1MW 太阳能光热发电示范站

2011 年中国科学院电工所牵头"十一五"国家高技术研究发展计划（"863 计划"）重点项目建成中国第一座 1MW 太阳能光热发电示范站。"十二五"时期，我国光热发电技术和装备实现较大突破，北京八达岭 1MW 光热发电技术及系统示范工程于 2012 年建成。

2011 年末，东方电气集团与大唐集团公司和保定天威集团有限公司签订了保定天威集团甘肃矿区太阳能光热发电（1.5MW）试验电站系统及设备的设计、制造、检验及验收项目。该项目系中国首套槽式太阳能与 50MW 燃煤机组联合循环项目，东方锅炉股份有限公司为本项目提供的设备包括膨胀罐、排放罐、油/水换热器、空冷器等的设计制造和选型。该项目于 2013 年 9 月完成集热场建设及调试运行，并于 2014 年 11 月完成与电厂热力系统连接工程建设，参数达到预期并稳定运行。

2. 首座商业化运营的塔式光热发电机组

首座商业化运营的青海中控德令哈 10MW 塔式光热发电机组于 2013 年投运，为我国在光热发电的理论研究、技术开发、设备研制和工程建设运行方面积累了经验，产业链初步形成。

3. 太阳能光煤互补工程示范项目

2014 年在山西国金电厂启动了太阳能光煤互补工程示范装置研究。该项目通过将设计容量为 1MW

塔式太阳能光热系统接入至 350MW 超临界循环流化床火电机组的凝结水系统中，实现了中国首座塔式光热发电技术和燃煤电站联合循环示范项目。通过该项目，东方锅炉股份有限公司完全自主开展了定日镜和吸热器等主设备设计制造和配套件选型、镜场运行调度策略及控制逻辑、镜场光斑校准、太阳能与燃煤机组联合循环对电站锅炉、汽轮机影响分析等技术的研究和工程实践。

4. 酒泉光热发电试验基地

2016 年底东方电气集团东方锅炉股份有限公司启动了酒泉光热发电试验基地的建设，该平台基于熔盐塔式第二代光热发电技术，由东方电气集团东方锅炉股份有限公司独立完成设计、核心设备制造及项目建设，目的是为东方电气集团东方锅炉股份有限公司在光热发电工程技术研发上提供一个较为完整的试验平台。

5. 中控 10MW 熔盐塔式光热发电项目

中控 10MW 熔盐塔式光热发电项目采用直接熔盐传热储热技术，储能时长 2h。项目采光面积 63 000m²。该电站是我国首座成功投运的规模化储能光热电站，也是全球第三座投运的具备规模化储能系统的塔式光热电站。

6. 中广核德令哈 50MW 塔式光热示范项目

2018 年 10 月我国首个大型商业化光热示范电站——中广核德令哈 50MW 塔式光热示范项目正式投运，也是国家能源局批准的首批 20 个光热示范项目中第一个开工建设，第一个并网投运的项目。

7. 100MW 级熔盐塔式光热电站

2018 年 12 月，中国建成首个 100MW 级熔盐塔式光热电站——甘肃敦煌的光热电站，该电站由 53 375 片镜子组成 1525 面定日镜，围绕集热塔进行环形布置，场地近中心位置的集热塔高 138.3m，可 24h 连续发电。这标志着中国成为世界上少数掌握百兆瓦级光热电站技术的国家之一。这个发电站 2016 年入选国家能源局第一批太阳能热发电示范项目名单，由北京首航艾启威节能技术股份有限公司自主研发并投资建设，拥有完全自主知识产权。

这个项目堪称光热发电先锋项目，对国内光热发电产业发展产生重要影响，可为各类光热发电和系统集成、运行技术在我国不同地区适应性进行初步验证，为项目建设探索有益经验，为支持政策制定提供切实支撑，真正带动全产业的起步和发展。

8. 国外著名的塔式光热电站

（1）美国新月沙丘（Crescent Dunes）光热电站位于内华达州托诺帕附近，距拉斯维加斯西北部 225km，总占地面积为 1600 英亩，为全球已建成的最大的塔式熔盐电站，装机规模达 110MW，集热塔高约 200m，配 10h 储热系统。该电站首次在百兆瓦级规模上成功验证了塔式熔盐技术的可行性，而成为光热发电发展史上重要的里程碑。

（2）智利阿塔卡玛（Atacama）塔式熔盐光热电站是拉丁美洲首个光热发电项目，占地面积超过 700 公顷。其采用熔盐传热储热技术，储热时长达 17.5h，可实现全天 24h 持续不间断发电。

（3）摩洛哥努奥三期光热电站，装机容量 150MW，占地 100 万 m²。单台定日镜的反射面积为 178m²，是目前商业化塔式电站中单体镜面最大的定日镜。该电站不仅创下了太阳能塔式光热电站规模的世界纪录，同时光热塔的高度也是全球最高，整体高度达到 248m。

（4）以色列阿沙利姆（Ashalim）光热电站位于以色列内盖夫沙漠北部。单塔装机 121MW，项目总投资约 7.5 亿美元，采用水工质技术，无储能系统，占地面积 3.15km²，反射面积 1.05 百万 m²，塔高（含吸热器）250m，可以供以色列用电需求峰值的 1%。

三、太阳能发电行业发展状况

1. 光伏发电行业发展状况

早在 1958 年左右，中国就开始光伏发电技术的研究，但直到 2000 年仍没有在关键技术领域形成话语权。

2000 年以前，中国光伏发电项目主要是些小型验证分布式项目，用于微波中继站、部队通信系统、小型户用系统等，累计装机容量不到 20MW。2002 年，受到国家计委"送电到乡"工程等的带动，装机容量新增了 20MW。2003 年，光伏累计装机容量达到 55MW。2003 年后，受国内蓬勃发展的产业形势带动，相关技术研发投入加大，太阳能光伏电池及组件的生产能力迅速扩大。2004—2005 年，光伏装机新增容量有所回落，年新增装机量不过 5MW 左右。

"十五"时期国家组织实施的"送电到乡"工程和国际市场对光伏电池需求的快速增长，促进了我国太阳能光伏电池及组件生产能力的迅速扩大，年生产能力超过 50 万 kW。2006 年，中国《可再生能源法》颁布实施，一定程度上刺激了光伏装机量的增长。

为优化光伏发电投资开发环境，督促各地区为光伏发电降成本、增效益创造有利条件，引导光伏发电开发企业理性投资，促进光伏产业持续健康发展，国家能源局 2017 年还下发了《关于建立市场环境监测评价机制引导光伏产业健康有序发展的通知》（简称《通知》），《通知》中提出建立由竞争力和风险两类评价指标组成的市场环境监测评价体系，采取综合评价与约束性指标判定相结合的方式进行评价分级。评价结果分为绿色、橙色和红色三个等级，绿色表示市场环境较好，橙色表示市场环境一般，红色表示市场环境较差。竞争力评价指标包括土地条件、地方政府服务、电网企业服务、国家度电补贴强度、竞争性配置项目补贴平均降幅和地方政府补贴力度六项。风险评价指标包括弃光程度、市场消纳风险和全额保障性收购政策落实程度三项。评价指标着重于营商环境、降低成本和发展质量，评价结果不仅是服务企业投资，也是国家能源局年度新增建设规模管理的重要依据。在完善国家光伏行业管理政策、引导企业投资、促进地方改善营商环境、提高光伏产业发展质量等方面，通过科学的评价指标以及基于评价结果相配套的管理措施，市场环境监测评价机制发挥着重要作用。

光伏发电上网标杆电价和分布式光伏度电补贴是推动我国光伏发电规模化发展、促进光伏产业技术进步和降低光伏发电成本的重要政策工具。我国逐步形成了规划、电价、财税、土地、金融、并网、技术标准以及产业引导等多层次的太阳能光伏发电政策体系。得益于光伏发电相关政策，我国光伏发电在应用规模、产业技术进步和成本下降等方面都取得了长足的发展。光伏发电政策体系的目标是促进光伏产业健康、可持续发展，推动光伏发电平价上网，培育光伏发电市场竞争力。

"十二五"期间中国年均装机增长率超过 50%。进入"十三五"时期，光伏发电建设速度进一步加快，年平均装机增长率约 75%。

中国已成为全球最大的光伏应用市场。作为全球最大的光伏产品制造国和出口国，中国光伏发电装机量、发电量已连续多年位列全球首位。2019 年我国光伏发电市场发展的特点：一是新增和累计光伏装机容量仍继续保持全球第一；二是光伏发电市场由西向东发展步伐稳步推进；三是分布式光伏全面爆发，集中式光伏新增装机同比减少 22.9%，分布式光伏新增装机同比增长 41.3%；四是弃光量和弃光率双降，弃光电量为 46 亿 kW·h，弃光率降至 2%，提前一年实现了《清洁能源消纳行动计划（2018—2020 年）》确立的光伏发电利用率高于 95%，弃光率低于 5%的目标。2019 年我国年新增光伏装机容量达到 30.11GW，年总发电量达到 2243 亿 kW·h，占到全国发电总量的 3.05%（见图 5.3-2 和图 5.3-3）。由图 5.3-2 可见，光伏发电装机容量自 2013 年开始进入快速增长期。2019 年，全国光伏发电平均利用小时数 1169h，同比增加 54h。

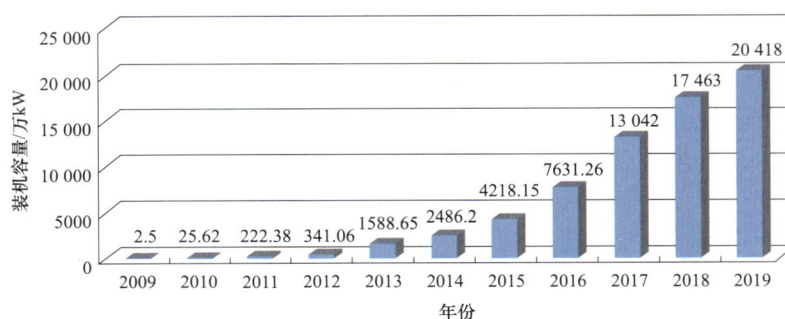

图 5.3-2　中国历年光伏发电装机容量变化趋势

2013—2019 年期间，全国光伏发电新增装机容量如图 5.3-4 所示。尽管在 2019 年我国光伏应用市场有所下滑，但是新增和累计光伏装机容量仍继续保持全球第一。2019 年全国新增光伏装机容量占全国

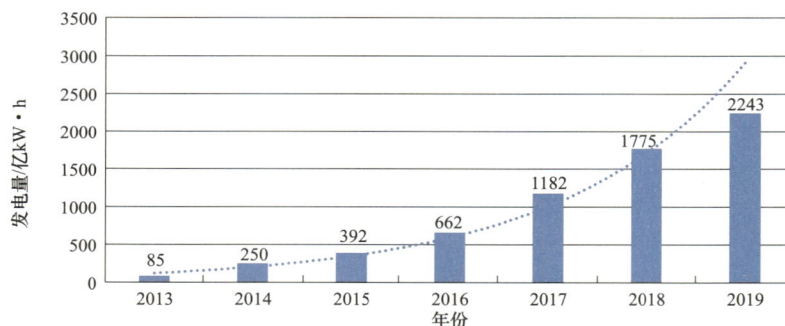

图 5.3-3 2013—2019 年中国光伏发电量情况

年度全部新增电力装机容量的 28.7%。

2019 年，全国光伏发电弃光电量 46kW·h，同比减少 8.9 亿 kW·h；弃光率 2%，同比下降 1 个百分点，实现弃光电量和弃光率"双降"。从重点区域看，光伏消纳问题主要出现在西北地区，其弃光电量占全国的 87%，弃光率同比下降 2.3 个百分点至 5.9%。华北、东北、华南地区弃光率分别为 0.8%、0.4%、0.2%，华东、华中无弃光。从重点省份看，西藏、新疆、甘肃弃光率分别为 24.1%、7.4%、4.0%，同比下降 19.5 个、8.2 个和 5.6 个百分点；青海受新能源装机大幅增加、负荷下降等因素影响，弃光率提高至 7.2%，同比提高 2.5 个百分点。

图 5.3-4 2013—2019 年全国光伏发电新增装机容量
（数据来源：国家可再生能源中心）

中国是世界上太阳能晶体硅及电池的主要生产国家。2019 年，我国多晶硅产量超过 34.4 万 t，同比增长 34%（见图 5.3-5）；硅片产量约为 134.7GW，同比增长 23.4%；电池片产量约为 108.6GW，同比增长 24.5%；组件产量达到 98.7GW，同比增长 15.2%，并连续 13 年位居世界第一位。2019 年，中国光伏龙头企业凭借着其晶硅技术及成本控制方面的优势，持续加码产能，全球光伏产业重心进一步向中国大陆集中，中国多晶硅、硅片、电池片和组件的产能在全球占比分别提升至 69.0%、93.7%、77.7% 和 69.2%，分别增长了 7.4%、2.9%、4.0% 和 0.9%。在产品效率方面，2019 年电池片效率较 2018 年有了一定提升，规模化生产的单多晶电池平均转换效率分别为 22.3% 和 19.3%。单晶电池均采用了 PERC

技术，平均转换效率较 2018 年提高 0.5 个百分点。异质结电池平均转换效率为 23.0%，已有部分企业投入量产。

图 5.3-5　2011—2019 年中国多晶硅产能和产量

从 2018 年年底到 2019 年年初，大型多晶硅生产商——通威永祥乐山、包头工厂，保利协鑫新疆工厂，大全新能源，亚洲硅业（青海）通过升级或扩建计划发布新产能，生产成本比沿海地区或海外低 30%～40%。随着中国西北地区低成本产能的释放，多晶硅的整体价格逐渐下降，市场集中度上升。

2. 光热发电行业发展状况

由于光热发电自身技术问题及政策调整，进入 20 世纪 90 年代后的十多年时间里，全球没有商业化的光热发电站投入运行。

2007—2013 年，国际光热发电市场重启，进入新的黄金发展期。这一阶段市场集中度甚高，新增装机以西班牙和美国为主。2014 年以后，新兴市场出现且表现活跃，光热发电从集中市场转为多个区域市场。由于西班牙电价补贴政策在 2012 年停止，其后西班牙光热发展处于停滞阶段。美国则继续引领世界光热发电市场发展；南非、北非、中东、南美、东亚、东南亚、南亚等新兴市场表现活跃，印度、摩洛哥、南非都有 5 万 kW 及以上的大型光热电站投运，阿联酋、埃及、伊朗、意大利、以色列、智利、泰国、阿曼、沙特、科威特等国家和地区也有大型光热电站在建或筹备中。到 2019 年年底，全球光热项目累计装机 690 万 kW。

与风电和光伏相比，光热发电在全球电力系统的占比还不高。光热发电的主要优势在于可与熔盐储能结合使用，可在晚间需求高峰时段输出甚至整个晚上作为基荷电源。无论是项目设计还是目前的产业结构，光热技术都缺乏标准化，并且成本仍很高。但在阳光充足的地区，光热发电对于开展深度脱碳是很有吸引力的选择，尤其是混合发电项目。

与国际光热发电市场处于商业化应用阶段相比，国内光热发电市场刚刚起步，尚处于商业化运营的初级阶段。国内陆续建设的光热发电示范系统涵盖了塔式、槽式、菲涅尔式、碟式等多种技术形式，各大类技术中的具体技术方案也有一定差别，在技术层面进行了多样化探索。

2019 年中国新增 20 万 kW 光热装机，并网成功四座光热电站，分别是鲁能海西格尔木 50MW 塔式光热电站、中电建青海共和 50MW 塔式光热电站、中电工程哈密 50MW 塔式光热电站和兰州大成敦煌 50MW 菲涅尔式光热电站。

在技术进步和制造业发展方面，国内科研机构和高等院校对光热发电从理论到实践进行了十余年的研究，掌握了技术特性，为工程应用奠定了基础。2010 年后，国内光热发电制造业在聚光、高温光热转换、高温蓄热、电站系统设计集成等方面不断取得进展；以国内自然和气候条件为依据的自主研发关键技术取得一定突破；对于槽式、塔式、菲涅尔式等技术主要部件，多家企业拥有生产线并具备产能；光热发电设备和材料的国产化率可达 90%以上。在技术和制造能力方面已具备支撑百万千瓦光热发电示范项目的条件。目前，我国光热发电行业中，国电集团、首航节能、华能集团和哈纳斯新能源位列市场前五强，市场占有率共计超过 60%。

我国支持光热发电发展的政策体系正在建立和形成。2015 年 9 月国家能源局发布《关于组织太阳能热发电示范项目建设的通知》，启动光热发电示范项目工作。文件明确提出希望通过示范项目扩大光热产业规模，形成国内产业链，并培育系统集成商；同年 11 月，数十家企业共申报 100 多个项目，通过初选的项目有 101 个，总装机容量达到 850 万 kW；2016 年 9 月，国家能源局确定并公布了首批示范项目名单，共 20 个项目，装机 134.9 万 kW，分布在河北、内蒙古、甘肃、新疆、青海 5 个省（区），采用塔式、槽式、菲涅尔 3 种主流技术，技术方案和电站集成将来自国内 12 家单位。首批百万千瓦规模的光热发电示范项目建设，其示范性将体现在多个方面：

（1）在国内不同地区、不同应用领域对各类光热电站的适用性进行技术示范，探索适合于不同地区的太阳能、水、土地等资源条件，以及电力系统特性和需求的光热发电应用模式。

（2）通过示范，培育一定规模的国内市场，从而带动产业成长，尤其是自主创新技术和装备的产业化。目前数十家制造企业看好首批示范项目市场，整装待发，若示范项目顺利实施则可大浪淘沙，使真正有技术实力和能力的制造企业得到培育和成长。可借鉴国内风电制造业的发展路径，希望光热发电产业能复制风电的成功路径。

（3）以示范项目解决产业和政策互相等待的问题。通过竞争性比选，发现电价需求，确定示范电价水平，并在优惠信贷政策、并网和调度运行政策、土地政策多个方面进行政策示范和创新机制探索。

（4）标杆电价是促进光热发电产业发展的基石性政策。作为尚处于起步和成长中的光热发电产业和市场，需要有效的政策支持和驱动。政策支持体系由电价、并网、消纳、金融、土地、税收等政策组成，其中电价是这一支持体系的基石性政策。光热发电的成本相对于化石能源发电成本较高，在不考虑煤电的外部性成本的情况下，目前我国光热发电成本约为煤电成本的 3~4 倍。因此，没有明确的电价政策作为基础，单靠配套其他政策难以支撑光热发电发展。

第四节　政策与法规助力太阳能发电强国的崛起

一、我国光热发电政策发展历程

光热发电在 20 世纪 80 年代形成了建设热潮，之后由于技术和政策障碍出现停滞；近十年来，随着技术的进步、产业的发展、成本的下降和对清洁能源需求的增加，光热发电在直接太阳能辐射资源丰富的多个国家和地区再次成为新能源领域的热点之一。太阳能光热发电技术在系统效率、建设规模、负荷稳定性等方面具有独特的优势，成为清洁能源发展最快的行业之一。

国家对太阳能光热发电的支持，主要是通过科技部支持太阳能光热发电技术和产品的研发。2010 年，国家能源局为内蒙古鄂尔多斯 50MW 槽式太阳能光热发电项目实施了一次特许权项目招标工作，国家能源局希望能通过几轮特许权项目的招标工作，摸清太阳能光热发电的合理上网电价，制定实施太阳能光热发电的上网电价。

2014 年 9 月，青海中控德令哈光热发电项目上网电价核定（含税）为 1.2 元/（kW·h），这是我国太阳能光热发电项目首次获得正式的上网电价。

2015 年 9 月，国家能源局公布《关于组织太阳能热发电示范项目建设的通知》，以规模示范的方式推进光热发电市场起步。

2016 年下半年，国家发展改革委、国家能源局相继发布了《电力发展"十三五"规划》《可再生能源发展"十三五"规划》和《太阳能发展"十三五"规划》，其中明确阐述了"十三五"光热发电发展的指导方针、发展目标、重点任务和保障措施。为保障太阳能热发电项目的技术先进性和产业化发展，避免盲目投资和低水平重复建设，在"十三五"时期，太阳能热发电项目均纳入国家能源局组织的国家太阳能热发电示范项目统一管理，且只有纳入示范项目名单的项目才可以享受国家电价补贴。

2016 年 9 月，国家发展改革委颁布了《关于太阳能热发电标杆上网电价政策的通知》，核定全国统一的光热发电（含 4h 以上储热功能）标杆上网电价为 1.15 元/（kW·h）（含税），并明确电价仅适用于纳入国家能源局 2016 年组织实施的光热发电示范范围的项目，且必须在 2018 年年底前建成投运。太阳能光热发电标杆电价政策的出台，以及首批示范项目清单的落地，标志着我国光热发电示范和推广进入了实质性实施阶段。但与已成熟的风电、光伏发电等可再生能源产业相比，光热发电技术、制造、市场、政策环境等方面都有待发展与完善，示范项目的实施和未来进一步的规模发展仍面临多方面机遇和挑战。

2016 年 9 月 14 日，国家能源局正式发布了《国家能源局关于建设太阳能热发电示范项目的通知》，共 20 个项目入选中国首批光热发电示范项目名单，总装机约 1.35GW，包括 9 个塔式电站，7 个槽式电站和 4 个菲涅尔电站。

2018 年后，国家能源局在推动光热发电发展方面组织开展了一些前期工作，对十个省区进行了光热风电项目场址调查，初步确定了近 700 万 kW 的光热发电建设场址。2018 年 5 月国家能源局发布《关于推进太阳能热发电示范项目建设有关事项的通知》，多措并举，着力构建项目推进机制。

光热发电应用领域广泛，具体技术类型多样，各地区光热资源和其他条件也有较大差别，除电价外的政策条件也有一定的不确定性，这些因素使各光热发电项目的实际成本有较大差距。尽管如此，不分技术类型和地区的统一标杆电价政策仍可给予光热发电项目开发企业明确的价格、经济性和投资回收预期，能够吸引制造企业投入、开发企业投资。企业可以对项目投资自行判断和选择。统一的电价水平能使有竞争力、技术较为先进和相对成熟的项目推出，有利于优势项目先期开发。

二、我国光伏发电政策与法规体系组成

21 世纪，光伏太阳能产业以令世人惊叹的速度向前发展。中国 2005 年发布《可再生能源法》，2006 年 1 月 1 日生效实施。根据《可再生能源法》，自 2006 年开始征收"可再生能源电价附加"，用于可再生能源电价补贴，支持可再生能源发电。2006 年征收标准为 0.1 分/（kW·h），12 年来调整过 5 次，2016 年开始征收标准提高到 1.9 分/（kW·h），每年可征集到大约 700 亿元人民币。截至 2019 年年底，通过可再生能源电价附加征集到的资金已经超过 5000 亿元（见表 5.3-4）。

表 5.3-4　　中国可再生能源电价附加的演进（2006—2019 年）

年份	2006	2007	2008	2009	2010
电价附加/[元/（kW·h）]	0.001	0.001	0.002	0.004	0.004
年征收总额/亿元	40	40	80	200	200
征收范围	全体电力用户				

年份	2011	2012	2013	2014	2015	2016	2017	2018	2019
电价附加/[元/（kW·h）]	0.008	0.008	0.015	0.015	0.015	0.019	0.019	0.019	0.019
年征收总额/亿元	300	300	600	600	600	650	700	700	830
征收范围	4 厘以上增加征收部分不包括居民生活和农业生产用电								

中国学习德国经验，自 2008 年开始实施上网电价法。2011 年出台全国统一的上网电价。2013 年开始，光伏发电实施分区电价。上网电价法根据当年的成本，确定"成本+合理利润"的电价，享受 20 年不变待遇。这一方案的实施，为中国光伏电站吸引了大量的投资，对于中国光伏市场的扩大起到了关键作用。中国光伏发电上网电价的演进见表 5.3－5。

2009 年 3 月财政部联合住房和城乡建设部发布了《太阳能光电建筑应用财政补助资金管理暂行办法》《关于加快推进太阳能光电建筑应用的实施意见》，支持开展光电建筑应用示范，实施"太阳能屋顶计划"，城市光电建筑一体化应用。2009 年 7 月，财政部、科技部、国家能源局联合发布了《关于实施金太阳示范工程的通知》，加快了国内光伏发电的产业化和规模化发展。

表 5.3－5　　　　　　　　　　　中国光伏发电上网电价的演进（2008—2018 年）

年份	资源分区	上网电价		备　注
2008	上海、内蒙古	4 元/（kW·h）		特批电价：上海崇明岛 1MW 并网光伏建筑项目和内蒙古鄂尔多斯 205kW 低倍聚光光伏
2009	敦煌	最低价：0.69 元/（kW·h） 执行价：1.092 8 元/（kW·h）		敦煌 10MW 光伏电站特许权招标，批准 2 家中标，建设 2 座 10MW 光伏电站
2010	西部 6 省：新疆、青海、甘肃、内蒙古、宁夏、陕西	最低中标价：0.728 8 元/（kW·h） 最高中标价：0.990 7 元/（kW·h）		13 座光伏电站特许权招标，合计：280MW
2011—2012	全国	7 月 1 日以前核准，12 月 31 日以前并网的项目：1.15 元/（kW·h）； 7 月 1 日及以后核准或 12 月 31 日以后并网的项目：1.00 元/（kW·h）		西藏 2012 年仍然执行 1.15 元/（kW·h）电价
2013—2015	资源区	全额上网	自发自用	发改价格〔2013〕1651 号适用于 2013 年 9 月 1 日以后备案的项目
	Ⅰ	0.90 元/（kW·h）	0.42 元/（kW·h）	
	Ⅱ	0.95 元/（kW·h）		
	Ⅲ	1.00 元/（kW·h）		
2016	资源区	全额上网	自发自用	发改价格〔2015〕3044 号适用于 2016 年 1 月 1 日及以后备案项目
	Ⅰ	0.80 元/（kW·h）	0.42 元/（kW·h）	
	Ⅱ	0.88 元/（kW·h）		
	Ⅲ	0.98 元/（kW·h）		
2017	资源区	全额上网	自发自用	发改价格〔2016〕2729 号适用于 2017 年 1 月 1 日及以后备案项目
	Ⅰ	0.65 元/（kW·h）	0.42 元/（kW·h）	
	Ⅱ	0.75 元/（kW·h）		
	Ⅲ	0.85 元/（kW·h）		

年份	资源分区	上网电价		备　注
	资源区	全额上网	自发自用	
2018	Ⅰ	0.55 元/(kW·h)		发改价格〔2017〕2196 号，适用于 2018 年 1 月 1 日及以后备案项目
	Ⅱ	0.65 元/(kW·h)	0.37 元/(kW·h)	
	Ⅲ	0.75 元/(kW·h)		
	资源区	全额上网	自发自用	
2018 年 5 月 31 日之后	Ⅰ	0.50 元/(kW·h)		国家发展改革委　财政部　国家能源局关于 2018 年光伏发电有关事项的通知（发改能源〔2018〕823 号）5 月 31 日之后生效
	Ⅱ	0.60 元/(kW·h)	0.32 元/(kW·h)	
	Ⅲ	0.70 元/(kW·h)		

2012 年，科技部制定出台了《太阳能发电科技发展"十二五"专项规划》，启动了若干项支持太阳能电池研发及产业化的"973 计划"和"863 计划"，进行关键领域的技术攻关，同时还依托英利集团和天合光能分别成立了光伏材料与技术国家重点实验室和光伏科学与技术国家重点实验室，行业研发能力大为增强。

2013 年，以《国务院关于促进光伏产业健康发展的若干意见》为代表的光伏产业支持政策密集出台，配套措施迅速落实，我国掀起光伏电站装机热潮。在国家政策支持和各方共同努力下，我国太阳能光伏发电取得了举世瞩目的成就，已成长为产业化占有竞争优势的产业，在推动能源转型中发挥了重要作用。

2013 年，《可再生能源发展"十二五"规划》发布，提出到"十二五"末要完成 21GW 的光伏装机目标。为此，国家又分别实施了《分布式光伏发电项目补贴办法》和"光伏扶贫"计划，加快了中国光伏装机规模的崛起。

光伏发电"领跑者"计划自 2016 年第一次实施以来效果明显，招标电价较同地区标杆电价水平显著下降，挤出了地方和部门加在光伏发电项目上的不规范、不合理额外费用。国家能源局等也在不断完善光伏"领跑者"计划，将第三批领跑者基地分为应用领跑基地和技术领跑基地。2017 年国家能源局下发了《国家能源局关于推进光伏发电"领跑者"计划实施和 2017 年领跑基地建设有关要求的通知》，新的"领跑者"计划在提高技术标准要求之外，还扩展增加了光伏发电技术领跑基地。技术领跑基地通过给光伏制造企业自主创新研发、可推广应用但尚未批量制造的前沿技术和突破性技术产品提供试验示范和依托工程，以加速科技研发成果应用转化，带动和引领光伏发电技术进步和市场应用；应用领跑基地通过为已实现批量制造且在市场上处于技术领先水平的光伏产品提供市场支持，加速市场推广、整体产业水平提升和发电成本下降，提高光伏发电市场竞争力。

2017 年，国家能源主管部门根据光伏产业发展情况，主要围绕去补贴、有序发展、降低发电成本、推动先进技术应用和营造光伏发电市场环境出台了一系列政策。

2017 年，国家发展改革委下达《关于 2018 年光伏发电项目价格政策的通知》，自 2018 年 1 月 1 日之后投运的光伏电站标杆上网电价，Ⅰ类、Ⅱ类、Ⅲ类资源区分别调整为 0.55 元/（kW·h）、0.65 元/（kW·h）、0.75 元/（kW·h）（含税），分布式光伏度电补贴标准调整为 0.32 元/（kW·h）（含税），光伏扶贫项目标杆电价保持不变。此次调整是 2013 年出台标杆上网电价以来第三次下调，上网电价比 2013 年下降了39%。相关政策的一个重要变化是自 2019 年起，纳入财政补贴年度规模管理的光伏发电项目全部按投运时间执行对应的标杆电价，解决了历年由于光伏发电在次年 6 月 30 日前并网，可享受上一年度标杆电价的政策所带来的项目集中在 6 月并网（即所谓抢 6 月 30 日）以及由此引起的光伏组件市场价格波动和电站质量隐患。

2018 年 5 月 31 日，国家发展改革委、财政部、国家能源局发布的《关于 2018 年光伏发电有关事项的通知》指出，新投运的光伏电站标杆上网电价统一降低 0.05 元/（kW·h），Ⅰ类、Ⅱ类、Ⅲ类资源区标杆上网电价分别调整为 0.5 元/（kW·h）、0.6 元/（kW·h）、0.7 元/（kW·h）（含税）。新投运的、采用"自发自用、余电上网"模式的分布式光伏发电项目，全电量补贴标准降低 0.05 元/（kW·h），即补贴标准调整为 0.32 元/（kW·h）（含税）。同时规定符合国家政策的村级光伏扶贫电站（0.5MW 及以下）标杆电价保持不变。此通知被业界称为"5·31"光伏新政，意在加快光伏发电电价退坡。光伏电站发电量平价上网是大势所趋。

2018 年，国家能源局印发了《关于减轻可再生能源领域企业负担有关事项的通知》，对减轻光伏企业非技术成本将有重要作用。

2019 年 4 月，国家发展改革委下发《关于完善光伏发电上网电价机制有关问题的通知》（发改价〔2019〕761 号），将集中式光伏电站标杆上网电价改为指导价。纳入国家财政补贴范围的Ⅰ～Ⅲ类资源区新增集中式光伏电站指导价分别确定为每千瓦时 0.40 元、0.45 元、0.55 元。户用分布式光伏全发电量补贴标准调整为每千瓦时 0.18 元。纳入 2019 年财政补贴规模，采用"自发自用、余量上网"模式的工商业分布式（即除户用以外的分布式）光伏发电项目，全发电量补贴标准调整为每千瓦时 0.10 元。该新政策自 2019 年 7 月 1 日起执行。

2020 年 4 月，国家发展改革委印发《关于 2020 年光伏发电上网电价政策有关事项的通知》规定，从 2020 年 6 月 1 日起，Ⅰ～Ⅲ类资源区新增集中式光伏电站指导价分别为每千瓦时 0.35 元（含税，下同）、0.4 元、0.49 元；"自发自用、余电上网"模式的工商业分布式光伏项目补贴标准为每千瓦时 0.05 元；户用分布式光伏补贴标准调整为每千瓦时 0.08 元。相较于 2019 年的光伏上网电价和补贴政策，2020 年Ⅰ～Ⅲ类资源区指导价分别每千瓦时下调 0.05 元、0.05 元、0.06 元，降幅分别为 12.5%、11.1% 和 10.9%。"自发自用、余电上网"模式的分布式光伏项目的补贴标准每千瓦时下调 0.05 元，降幅为 50%；户用分布式光伏补贴标准下调 0.1 元，降幅为 55.5%。

在光伏产业发展的过程中，国家产业政策体系扮演了积极角色。在引导产业健康、可持续发展方面贡献巨大。总的来看，中国光伏产业政策体系包括规划政策、扶持政策和督导政策等几个部分。

1. 规划政策

规划政策直接影响着产业的发展方向和效率。为规划国内光伏产业的发展，国家发展改革委、科技部等主管部门在2005—2017年间制定出台了多部光伏产业相关规划，从指导思想、发展目标、重点任务和保障措施等方面对中长期光伏产业的相关发展计划进行明确和部署，以期引导好中国光伏产业的发展。

2. 扶持政策

要维持中国光伏产业的生存竞争力和发展动能，不被国际市场环境的变化所裹挟和左右，需要配套相应的产业扶持政策。2006年以来，国家有关主管部门制定出台了一系列电价政策、项目政策和财税管理政策，力图解决产业发展中的共性瓶颈问题，以助力产业突破成本制约，提升业界信心，促进投资与技术创新，增强中国光伏产业的整体竞争力。

在电价政策方面，国家发展改革委等参考欧盟的发展经验，根据各个时期的实际情况制定出台一些政策，形成递减的上网电价机制。在稳定项目主体投资收益预期、带动行业投资热情的同时，也产生价格倒逼作用，加速行业的技术和管理革新，促使行业总体成本不断下降。

在项目政策方面，财政部、自然资源部和国家能源局等根据国家绿色发展与和谐发展等的需要，制定出台了一系列政策，助力国内光伏装机市场的兴起，以降低产业的整体对外依存度，解决中国光伏产业"两头在外"的历史问题。

在财税政策方面，财政部、国家发展改革委等按照"量入而出"的原则，根据产业发展实际情况，制定和完善了若干财税资金管理规定，通过调整可再生能源电价附加、减免项目税费和鼓励社会资金配套等方式，为国内光伏产业的发展提供较为友好的财税环境。

3. 督导政策

21世纪初，欧洲市场的旺盛需求带动了中国光伏产业的兴起。2005年，无锡尚德在纽约股票交易所成功上市，极大地激发了国内新能源行业的投资热情，促使中国光伏产业出现爆发式增长。在2011—2013年间，受欧美"双反"调查等影响，中国光伏产业一度艰难，大量企业停产倒闭。2014年受国家分布式光伏发电政策和"领跑者"计划等的带动，光伏产业整体复苏。2018年，受"5·31"光伏新政等国家宏观政策调控的影响，产业进入供给侧结构性改革的深化阶段。

第四章

新能源发电展望

第一节　新能源发电迈向世界先进行列的驱动力

一、社会发展的驱动力

新能源产业的发展既是整个能源供应系统的有效补充手段，也是环境治理和生态保护的重要措施。在哥本哈根气候变化大会上，我国曾向世界作出两项庄严的承诺：一是到 2020 年，非化石能源占一次能源消费的比重达到 15%左右；二是到 2020 年，单位 GDP 二氧化碳排放强度比 2005 年下降 40%～45%。而能否实现这样的减排目标，能源结构的调整是关键。按单位热当量燃料燃烧后排放的二氧化碳计算，煤炭是石油的 1.3 倍、天然气的 1.7 倍，核电、水电和其他可再生能源低排放或者零排放。调整能源消费结构的目的就是为了降低碳排放、实现低碳发展。

在气候变化和环境保护的大背景下，2015 年 12 月 12 日在巴黎气候变化大会上通过的《巴黎气候变化协定》为 2020 年后全球应对气候变化行动作出安排。中国全国人大常委会于 2016 年 9 月 3 日批准中国加入《巴黎气候变化协定》，并向全世界作出庄严的碳减排承诺。发展新能源，是履行中国承诺的重要途径。

中国的能源转型目标如下：

（1）2020 年将非化石能源占一次能源消费比重 15%，2030 年实现 25%左右。

（2）中国二氧化碳排放力争于 2030 年前达到峰值，努力争取 2060 年前实现碳中和。

（3）2030 年风电、太阳能发电总装机容量将达到 12 亿 kW 以上。

在 2021 年 3 月 15 日召开的中央财经委员会第九次会议上，强调要把碳达峰、碳中和纳入生态文明建设整体布局，要构建清洁低碳安全高效的能源体系，控制化石能源总量，着力提高利用效能，实施可再生能源替代行动，深化电力体制改革，构建以新能源为主体的新型电力系统。

从国际上看，国际能源格局在进行重大调整，围绕能源市场和创新变革的国际竞争仍然激烈，世界能源低碳化进程进一步加快，天然气和洁净能源成为世界能源发展的主要方向。

在可再生能源领域，欧盟一直是世界级的领跑者，欧盟可再生能源消费比重已经达到 15%。20 世纪末，德国、法国、意大利和其他一些欧盟国家已开始大力发展太阳能和风能等可再生能源。欧盟国家陆续推出了可再生能源支持政策。例如，德国的《可再生能源法》规定，经营太阳能、风电等可再生能源的企业可被保证获得 20 年的固定电价，消费者则必须支付可再生能源的部分成本，以填补固定电价和市场价格之间的差距。迄今全球已有 50 多个国家实施了类似的补贴政策，其中 16 个是欧盟成员国。但现在欧洲呼吁政策制定者结束对风能、太阳能等可再生能源的补贴的声音日益高涨。在经济不景气的当下，大多数欧盟国家已无力像从前那样大手笔支持可再生能源，削减补贴正成为集体选择。

从国内来看，能源发展呈现以下五个趋势：

（1）在经济增速趋缓、结构转型升级加快等因素共同作用下，能源消费增速明显回落。

（2）能源结构双重更替加快。煤炭消费比重将进一步降低，非化石能源和天然气消费比重将显著提高，我国主体能源由油气替代煤炭、非化石能源替代化石能源的双重更替进程在加快推进。

（3）能源发展动力加快能源结构转换。能源发展正在由主要依靠资源投入向创新驱动转变，科技、体制和发展模式创新将进一步推动能源清洁化、智能化发展，培育形成新产业和新业态。

（4）能源供需形态深刻变化。随着智能电网、分布式能源、低风速风电、太阳能新材料等技术的突破和商业化应用，能源供需方式和系统形态正在发生深刻变化。"因地制宜、就地取材"的分布式供能系统将越来越多地满足新增用能需求，风能、太阳能、生物质能和地热能在新城镇、新农村能源供应体系中的作用将更加凸显。

（5）能源国际合作迈向更高水平。"一带一路"建设和国际产能合作的深入实施，推动能源领域更大范围、更高水平和更深层次的开放交融，有利于全方面加强能源国际合作，形成开放条件下的能源安全新格局。

我国能源发展进入创新驱动的新阶段，科技创新迈上新台阶。在新能源发展过程中，应把握如下基本原则：

（1）创新发展。把能源革命作为能源发展的核心任务，把创新作为引领能源发展的第一动力。加快技术创新、体制机制创新、商业模式创新，充分发挥市场配置资源的决定性作用，增强发展活力，促进能源持续健康发展。

（2）协调发展。坚持节约资源的基本国策，推行国际先进能效标准和节能制度。以智能高效为目标，加强能源系统统筹协调和集成优化，推动各类能源协同协调发展，大幅提升系统效率。

（3）绿色发展。把发展清洁、低碳能源作为调整能源结构的主攻方向，坚持发展非化石能源与清洁高效利用化石能源并举。优化能源生产布局和结构，促进生态文明建设，使中国的新能源发电迈向世界先进行列。

二、可再生能源电力配额制的驱动力

中国可再生能源经过粗放式的快速发展，从上游制造到下游应用，无论是技术创新数量还是产业规模，都已达到全球领先地位。但制约我国新能源发展的几大难题仍然存在。为化解新能源发展中的问题，2018 年 11 月 13 日，国家能源局发布《关于实行可再生能源电力配额制的通知（征求意见稿）》。此前，国家能源局综合司、国家发展改革委办公厅已于 2018 年 3 月和 9 月两度就《可再生能源电力配额及考核办法》征求了意见。第三版征求意见稿是在研究论证各方面意见基础上经过反复修改，在保持配额机制和政策基本一致的前提下形成的。第三版征求意见稿公示了各省（区、市）非水电可再生能源电力配额指标（见表 5.4－1），分为约束性指标和激励性指标。按照要求，各省级行政区域依据国家能源发展战略和可再生能源发展相关规划，结合该地区实际用电增长情况，考虑各地区实际可消纳本地和区外可再生能源电力的能力，确定区域最低配额指标（约束性指标），各地区均应逐年提升配额指标或至少不降低。

能源局要求各省级行政区域均把可再生能源电力消纳作为重要工作目标，电力净输出地区应做到本地消纳达到全国先进水平，电力净输入地区应做到本地充分消纳和区外最大能力消纳。根据各地区可再生能源重大项目和跨省跨区输电通道建设进展，按年度动态调整各省级行政区域配额指标。

表 5.4－1　　各省（区、市）非水电可再生能源电力配额指标

省（区、市）	2018 年约束性指标	2018 年激励性指标	2020 年约束性指标	2020 年激励性指标
北京	10.5%	11.6%	15.0%	16.5%
天津	10.5%	11.6%	15.0%	16.5%
河北	10.5%	11.6%	15.0%	16.5%
山西	12.5%	13.8%	14.5%	16.0%
内蒙古	18.0%	19.8%	18.0%	19.8%
辽宁	10.0%	11.0%	10.5%	11.6%
吉林	15.0%	16.0%	16.5%	18.2%
黑龙江	15.0%	16.5%	20.5%	22.6%
上海	2.5%	2.8%	3.0%	3.3%
江苏	5.5%	6.1%	7.5%	8.3%
浙江	5.0%	5.5%	7.5%	8.3%
安徽	9.5%	10.5%	11.5%	12.7%
福建	4.5%	5.0%	6.0%	6.6%
江西	6.5%	7.2%	8.0%	8.8%

续表

省（区、市）	2018 年约束性指标	2018 年激励性指标	2020 年约束性指标	2020 年激励性指标
山东	9.0%	9.9%	10.5%	11.6%
河南	9.0%	9.9%	10.5%	11.6%
湖北	7.5%	8.3%	10.0%	11.0%
湖南	9.0%	9.9%	13.0%	14.3%
广东	3.5%	3.9%	4.0%	4.4%
广西	4.0%	4.4%	5.0%	5.5%
海南	4.5%	5.0%	5.0%	5.5%
重庆	2.0%	2.2%	2.5%	2.8%
四川	3.5%	3.9%	3.5%	3.9%
贵州	4.5%	5.0%	5.0%	5.5%
云南	11.5%	12.7%	11.5%	12.7%
西藏	不考核	不考核	不考核	不考核
陕西	9.0%	9.9%	12.0%	13.2%
甘肃	15.5%	17.1%	19.0%	20.9%
青海	19.0%	20.9%	25.0%	27.5%
宁夏	18.0%	19.8%	20.0%	22.0%
新疆	14.5%	16.0%	16.0%	17.6%

　　表 5.4-1 中 2020 年指标为指导性指标，根据可再生能源资源情况、跨省跨区通道输送可再生能源情况进行动态调整。

　　国家能源局要求各省级能源主管部门会同电力运行管理部门在国家电网公司、南方电网公司所属省级电力公司和省属地方电网企业技术支持下，测算并提出本省级行政区域当年可再生能源电力配额约束性指标建议报告，于每年 1 月底前报送国务院能源主管部门。报告应包含分品种的可再生能源电源预测并网装机容量、预测发电量、各跨省跨区通道计划输送可再生能源电量和比重、预测全社会用电量等数据。

　　国务院能源主管部门组织第三方机构对各省级行政区域年度可再生能源电力配额指标进行评估，在此基础上将拟确定的两类配额指标（约束性和激励性）征求各省级能源主管部门以及国家电网公司、南方电网公司的意见，综合论证后于每年 3 月底前向各省级行政区域下达当年可再生能源电力配额指标。按年度对承担配额义务的市场主体进行考核，对未按期完成整改的市场主体依法依规予以处罚，将其列入不良信用记录，予以联合惩戒。

　　对于实际完成配额超过本区域激励性配额指标的省级行政区域，超出激励性配额指标部分的可再生能源消费量不纳入该地区能耗"双控"考核。对纳入能耗考核的企业，超额完成省级配额实施方案对其确定的应完成配额的电量折算的能源消费量不计入其能耗考核。

配额制的实施将加速可再生能源的市场化交易，有效地降低弃风率和弃光率。

第二节　中国新能源发电发展前景展望

一、风力发电产业发展前景展望

1. 风能资源情况和风电规划远景

20 世纪 70 年代末，中国气象局首次对我国风能资源做出总体计算和区划，此后又做了数次全国性普查。随着中国风电市场的扩大，有关风能资源评价工作得到进一步加强。依据中国气象局风能太阳能资源中心公布的"全国风能资源评估成果（2014）"给出的我国近 30 年风能资源评估成果：中国陆地 70m 高度风功率密度达到 150W/m² 以上的风能资源技术可开发量为 72 亿 kW，风功率密度达到 200W/m² 以上的风能资源技术可开发量为 50 亿 kW，风功率密度达到 300W/m² 以上的风能资源技术可开发量为 26 亿 kW。从 70m 高度风能资源技术可开发量来看，内蒙古量值最大，期次为新疆和甘肃。80m 高度风功率密度达到 150W/m² 以上的风能资源技术可开发量为 102 亿 kW，风功率密度达到 200W/m² 以上的风能资源技术可开发量为 75 亿 kW。主要分布在东北、华北、西北地区，"三北"地区风能资源量占全国 90% 以上。中部内陆地区的山脊、台地、江湖河岸等特殊地形也有较好的风能资源，适宜建设较小规模的风电场和分散式开发利用。

随着我国风电整机技术的不断进步，陆地 5m/s 以上风速已成为可开发利用的风能资源。据国家气象局评估，中东南部风速在 5m/s 以上达到经济开发价值的风能资源有 10 亿 kW，足可以满足未来的开发需求。并且这个资源储量是具备技术开发条件的，并不存在开发空间受限的问题。

我国近海风能资源最丰富区为台湾海峡，其次是广东东部、浙江近海和渤海湾中北部，相对来说近海风能资源较少的区域分布在北部湾、海南岛西北、南部和东南的近海海域。在近海 100m 高度内，水深在 5～25m 范围内的风电技术可开发量可以达到约 1.9 亿 kW，水深 25～50m 范围内的风电技术可开发量约 3.2 亿 kW。山东半岛沿海地区的年平均风速为 7m/s 以上，江苏沿海区域海上年平均风速在 7～8m/s，离海岸线较远的区域风速更大，福建、浙江沿海区域其平均风速达到 9m/s 以上。

根据《中国可再生能源发展路线图 2050》所提出的展望，在风电发展规划上，根据项目研究，在基本情景下预计到 2030 年底累计装机 4 亿 kW，2050 年底累计装机 10 亿 kW；在积极情景下预计到 2030

年底累计装机 12 亿 kW，2050 年底累计装机 20 亿 kW。

2. 风电发展"十三五"规划前瞻

《风电发展"十三五"规划》提出的风电发展目标是，到 2020 年底，风电累计并网装机容量确保达到 2.1 亿 kW 以上，其中海上风电并网装机容量达到 500 万 kW 以上；风电年发电量确保达到 4200 亿 kW 时，约占全国总发电量的 6%。

《风电发展"十三五"规划》提出的消纳利用目标是，到 2020 年，有效解决弃风问题，"三北"地区全面达到最低保障性收购利用小时数的要求。

《风电发展"十三五"规划》提出的产业发展目标是，风电设备制造水平和研发能力不断提高，3~5 家设备制造企业全面达到国际先进水平，市场份额明显提升。

在风电开发建设布局方面，《风电发展"十三五"规划》提出要加快开发中东部和南方地区陆上风能资源，有序推进"三北"地区风电就地消纳利用，利用跨省跨区输电通道优化资源配置，并积极稳妥推进海上风电建设。

"十三五"期间，风电累计新增装机容量 8000 万 kW 以上，其中海上风电新增容量 400 万 kW 以上。按照陆上风电投资 7500 元/kW、海上风电投资 16 000 元/kW 测算，"十三五"期间风电建设总投资将达到 6600 亿元左右。上述目标均已实现。

"十三五"时期，我国风电产业将加速"市场化、规模化、国际化"的发展进程，并呈现出六方面的发展趋势：

（1）空间布局将加快优化。从国家层面来看，将出台科学合理的产业布局规划，促进就近并网、当地消纳，缓解弃风限电难题，逐步开放"红六省"（风电开发投资预警结果为红色的六个省）；从跨区域层面来看，通过跨区域合作和上下游配套，形成一批区域性合作、产业链完善、创新能力强的风电产业集聚区；从区域层面来看，基于各区域的区位优势、资源优势、产业优势和科技优势，优先发展本区域最有基础、最具优势条件、能够取得率先突破的细分产业，形成一批产业链完善、创新能力强的风电产业基地。其中，北方地区将重点推进红色预警区域以外的大型现代风电基地；南方和中东部地区将以分散式风电和海上风电项目开发为主。

（2）发展模式将加快转变。随着供给侧结构性改革以及新一轮电力体制改革的深化，我国风电产业将进入相对平缓、稳中提质的增长区间，发展模式将进行深度调整。首先，产业发展将立足用电市场的拓展和用户需求的培育，推进装备制造和发电侧的结构性调整和定向性调整，满足终端用户多样化、个性化的服务需求；其次，产业发展向规划引导、龙头企业带动、市场配置资源的发展模式转变，注重技术研发、装备制造、电力利用过程的服务支持。

（3）产业格局将加快重塑。一方面，分布式风电可以直接并网发电，既经济又可靠，而且对电网的冲击性较小，我国将大力发展分布式风电，分布式项目将在风电产业中占据越来越多的市场份额；另一方面，由于海上风电具有资源优质、不占用土地、不消耗水资源和适宜大规模开发的特点，我国将加快海上风电项目的建设步伐。

（4）行业主体将加快优化。随着产业的深度调整和企业的兼并重组，规模化、创新型企业成为风电产业的中坚力量。一方面，上游零部件生产和中游整机制造业将进行深度的兼并重组，风电产业集中度将进一步提高，淘汰一批资产规模较小、经济效益较差的中小企业，并形成一批资产规模较大、核心竞争力较强、具备区域整合能力的行业龙头企业；另一方面，创新驱动作用将更加显著，科技型、创新型企业将发挥越来越重要的作用。

（5）技术创新将加快推进。"互联网+风电"成为发展趋势，我国风电产业的智能化水平进一步提高。借助互联网、大数据、云计算等新兴信息技术和手段，加快发展拥有核心技术和自主知识产权的风电产业链条，优先发展附加值高、带动性强、在未来能够形成庞大产业规模和应用市场的细分产业。"十三五"时期，变流器、主轴轴承、控制系统等关键零部件、低风速风电机组、大功率风电机组、风电并网技术、海上风电机组等将是我国风电产业技术创新发展的重点领域。

（6）海外市场将加快拓展。通过加强关键技术的研发及引进、消化、吸收、再创新，提升核心技术竞争力和开发能力，我国风电产业的国际分工地位将实现中低端向高端的转移。随着"一带一路"倡议的实施，沿线国家和地区将成为我国风电产业的发展承接地和新的利润增长点，并形成"优势互补、资源共享"的产业合作格局，进而推动风电产业的良性发展。

3. 电网消纳能力建设举措

在执行层面上，国家电网公司提出 20 项促进新能源消纳的具体措施，涉及电网建设、调峰能力建设、统一规划研究、关键技术研究等。国网公司已经明确相关责任部门，提出力争 2017—2018 年弃风弃光矛盾得到有效缓解，到 2020 年根本解决新能源消纳问题，弃风弃光率控制在 5% 以内。措施如下：

（1）加快跨区跨省电网建设，扩大新能源配置范围。

（2）加强调峰能力建设，提高新能源消纳比重。

（3）突破电网核心技术，提升大电网平衡能力。

（4）着力打破省间壁垒，构建全国电力市场。

（5）学习国际先进经验，加强技术与政策研究。

（6）加强组织领导，积极汇报沟通。

4. 未来五年风电产业情况预测

2019 年，我国风电场弃风限电形势进一步好转，弃风率 5% 的目标提前实现，这对于"三北"地区大型风电场项目的审批、开工建设十分有利。

据业内专家预测，随着竞价、平价上网政策等多项规定的发布实施，受后补贴时代即将到来形势和新政策等基本面的影响，2019—2020 年，我国风电产业将处于快速增长期。风电场建设加速将再现"抢装潮"，但受到大型叶片等零部件供货不及时、海上施工设备不足等因素的影响，风电场建设速度将受到一定程度的制约。

综合宏观和微观因素，根据历年来风电机组装机容量的变化规律，对未来我国风电机组装机容量预测如下：

到 2023 年我国风电累计并网装机容量将接近 3 亿 kW，我国海上风电累计并网装机容量将接近 1400 万 kW。

预计风电制造产业集中化将进一步提高，优势企业通过产品高质量、大批量生产和强有力的售后服务保障措施，将进一步做大做强。到 2023 年，风电机组整机制造企业数量将从 2018 年的 22 家逐步减少到 15 家左右，叶片、发电机、齿轮箱、变流器和塔架等部件制造企业的数量也会相应减少。新增风电机组的平均单机容量将会逐年增大，从 2018 年的 2.2MW 逐步增加到 2023 年的 3.0MW。

由于弃风限电得到有效控制，从"三北"地区向中南部地区的超高压输电线路陆续建成，我国陆上风电场的建设重心将重回"三北"地区，新建风电场的规模将逐步扩大，大于 50 万 kW 的风电场不断出现。由于海上风电机组的可靠性和性能质量逐步提高，6～8MW 及以上功率的大型海上发电机组将批量进入海上风电场建设，同时由于海上安装船等施工设备的完善和增强，到 2023 年，海上风电场的新增装机容量将有望提高到每年 300 万 kW 以上。

国家发展改革委能源研究所发布《中国风电发展路线图 2050》预测：风电装机 2030 年超过 4 亿 kW，2050 年超过 10 亿 kW。我国风电产业在今后几十年都将具有广阔的发展前景。

二、太阳能光伏发电产业发展前景展望

表 5.4－2 是国家可再生能源中心发布的《中国可再生能源展望 2018》基本情景中光伏发电的发展目标。

表 5.4－2　　　　　　　　中国电力和光伏发电的发展目标（展望）

年份	电力总装机/GW	总发电量/(TW·h)	光伏累计装机/GW	光伏年发电量/(TW·h)
2017	1746	6313	130（7.4%）	151（2.4%）
2020	2122	8065	227（10.7%）	285（3.5%）
2035	4256	11 824	1486（34.9%）	1836（15.5%）
2050	5626	13 848	2157（38.3%）	2672（19.3%）

资料来源：国家发展改革委能源所/国家可再生能源中心，中国可再生能源展望 2018，2018 年 7 月。

光伏发电将实行传统集中式与分散式并重发展的方针。今后每栋高楼大厦、每个厂房、每个家庭、每辆汽车都可以成为一个小型发电站。光伏发电市场增长新动能转换明显，分布式光伏和"光伏+"应用增长迅猛。"十三五"期间，在市场环境监测评价机制以及规模管理等政策引导下，装机分布地域转移特征明显，发展布局更加平衡。

政府补贴退坡政策是从产业培育到逐步成熟退出的必然过程。退坡幅度和频度的确定需要紧密结合市场变化。从光伏应用规模以及产业产能发展来看，补贴退坡的幅度和频度将会逐渐加大。随着新一轮"领跑者"计划实施，光伏发电成本将进一步降低，最终实现平价上网；先进技术得到更多市场应用，促进产业进步。

未来会加快产业政策转型，推进供给侧结构性改革，扩充资金融汇渠道，强化创新驱动作用，引导市场理性发展，提升市场契合度，增强产业自主活力，降低非技术成本制约，实现提质增效、创新驱动、协调健全和绿色低碳。通过市场支持和试验示范，以点带面，加速技术成果向市场应用转化，淘汰落后技术和产能，实现中国光伏产业的高质量发展。

三、太阳能光热发电产业发展前景展望

目前，我国已形成了光热发电全产业链，设备和材料国产化率达 90%以上，具备了光热发电规模化发展的条件。光热发电是战略性的可再生能源技术，虽然当前尚有一些技术、产业和经济性问题需要解决，但发展光热发电并不存在不可逾越的障碍。相对于其他电源，太阳能光热发电具有如下独特的优势：

（1）大规模发展光热发电有助于推动可再生能源的整体发展和电力供应结构转型。我国政府提出要推动能源生产和消费革命，发展可再生能源是不可或缺的途径之一。由于大规模光伏发电和风电难以存储，已呈现出严重的限制出力问题。而光热发电可通过技术可行、成本相对低廉的储热装置实现按电力调度需求发电，既可作为基础支撑电源，也具备较为灵活的调峰能力。大规模开发光热发电可缓解西部和北部的风电、光伏限制出力情况，并共同组成清洁发电系统，大幅提高可再生能源在电源结构中的比例。

（2）发展光热发电对经济和相关产业的拉动作用显著。光伏和光热发电的产业链均很长，但与光伏产业链不同的是，光热发电产业链的绝大部分环节为传统制造业，如太阳集热岛所需的大量钢材、玻璃、水泥、镀膜、储热材料等，1 个 50MW 装机配 4～8h 储热的光热发电系统，需要钢材、玻璃、混凝土都在万吨级，发展光热发电可适度缓解我国钢铁、玻璃、水泥等产能过剩问题；此外，汽轮机、发电机也是我国的传统优势产业，光热发电系统集成、运行控制则有潜力成为新兴产业。

因此，光热发电不仅是提供一种清洁能源供应方案，更为重要的是，其可拉动经济和多项传统、新兴产业的发展。

（3）光热发电发展潜力巨大。光热发电市场面广，未来发展可着眼于两大类市场：一方面是建设配备储能装置的大规模光热电站，以及建设光热天然气联合电站、光热煤电联合电站、20万kW及以下煤电机组改造光热电站等；另一方面是光热发电的分布式应用，包括在海岛、偏远地区利用光热发电实现供电、供热和海水淡化，在有工业用热需求的地区推广建设光热热电联产、光热工业蒸汽等。从中长期发展角度，我国政府已提出2030年非化石能源占一次能源比例达到25%左右的目标。光热发电贡献度将取决于未来5年内的技术成熟度、产业规模和经济竞争力。

在三种太阳能光热发电系统中，槽式热发电系统相比较而言最成熟，也是已达到商业化发展的技术，塔式热发电系统的成熟度目前不如抛物面槽式热发电系统，而配以斯特林发电机的碟式太阳能光热发电系统虽然有比较优良的性能指标，但目前主要还是用于边远地区的小型独立供电，大规模应用成熟度则稍逊一筹。槽式、塔式和碟式太阳能光热发电技术同样受到世界各国的重视，并正在积极开展工作。

国内光热发电系统集成和运维技术尚需要大型电站长期运行验证。光热发电关键设备、系统集成、电站运行等技术要求高。虽然近年来我国在集热、反射镜、聚光器、储热等核心装备上的技术水平有了长足进步，但万千瓦级电站连续运行的经验不足，对于技术种类多样化的光热发电来说，在技术可行性、集成技术适用性和长期运行可靠性方面仍存在潜在风险。

依据国内实际需求，创新光热发电技术是必然。我国的自然和气候条件对光热发电技术提出了不同于国外光热发电市场地区（美国南部、西班牙、南非、北非等）的要求，如"三北"地区风沙大、温差大、污染重，聚光系统及其跟踪部件需要有很强的抗风、防沙、防尘能力，集热、传热和储能系统需要适应大温差和温度的快速变化等。集热、传热、储热、系统集成、电站运行技术方面的创新是必须解决的问题。制造业必须注重自主技术的创新，基于本土环境和条件研发技术并进行产业链建设，一方面要适应我国特殊的条件，更重要的是要避免走国内某些制造业曾经经历的大量引进技术和生产线、多环节简单重复、恶性竞争、贸易纷争不断的老路，建立真正自主的光热发电产业。因此，完全照搬国外技术、直接使用国外部件和产品集成、套用国外商业化运行的光热电站的运行模式，在我国应用可能会遇到较多的问题，可能会使我国的光热发电发展走弯路。示范项目推进为我国光热发电产业提供了自主技术发展和技术进步的契机，通过示范项目，可积累项目建设运行经验，验证国产化设备和材料的可靠性、性能指标，推动形成核心设备自主知识产权，培育系统集成能力，真正掌握核心和关键技术。

光热发电的经济性和竞争力尚有待提升。随着技术的进步，光热发电的成本已实现了较大幅度的下降，国外新投运光热电站电价水平已从2010年的30～35美分/（kW·h）降低到2015年的15美分/

（kW·h）左右，2016 年智利招标项目中，光热发电的投标价更低至 6.3 美分/（kW·h）。我国光热发电成本也下降显著，2010 年到 2016 年降低了近 60%。但与其他电源相比，光热发电成本仍偏高，目前光热发电电价约是煤电的 3.3 倍，是风电的 2.3 倍，是光伏发电的 1.3 倍。太阳能光热发电产业发展面临的最大挑战是太阳能光热发电的度电成本远高于其他可再生能源发电。

培育市场带动国内产业发展，通过产业发展推动技术进步、规模提升，进而实现成本下降，是光热发电适宜的发展路径。光热发电成本降低潜力大。许多国际机构对光热发电成本竞争力有较好预期，主要基于光热发电设备制造、效率提升及系统集成技术、运行技术方面的进步潜力。经过 5 年左右的培育期，随着国内光热制造业成熟，我国光热发电成本也有望在目前的基础上降低。

在电价政策出台后，并网消纳、金融、土地、税收等政策对光热发电发展也至关重要，应结合光热发电产业自身特点积极探索完善政策体系。在税收方面，目前国家对大部分可再生能源实行增值税优惠政策，如风电享受增值税 50% 即征即退，农林废弃物发电和垃圾发电等增值税 100% 即征即退，光伏发电在 2013—2018 年也享受增值税 50% 即征即退等。金融政策方面，对于光热发电示范项目，可考虑专门的贷款安排。用地政策方面，可借鉴并申请与光伏发电同等的土地政策，即利用荒漠土地且不涉及专用，不占用土地年度计划指标，考虑采用划拨或租赁的形式获得用地。

经过十多年的研究，我国掌握了光热发电的技术特性，为工程应用奠定了基础。国内多家公司开发了专有技术和产品，已建成多个光热发电试验装置和试验工程。当前，在光资源条件较好的地区，地方政府部门积极组织编制了光热发电基地规划。例如，甘肃玉门花海百万千瓦级光热发电基地规划总装机规模达 5.6GW；内蒙古阿拉善盟阿拉善左旗太阳能光热发电示范基地规划总装机规模达 16GW；新疆哈密市中长期光热开发规划总装机规模 20GW 等。我国已形成了光热发电全产业链，设备和材料国产化率达 90% 以上，具备了光热发电规模化发展的条件。

我国已经建成光热电站近十座，大多为示范性质。整体系统设计能力和集成技术、太阳能光热发电系统模拟及仿真技术也刚刚起步，产业服务体系也刚开始建立。但随着示范项目的建设投运，系统的集成能力、运维能力及产业服务能力将得到快速发展。

我国光热发电市场已经启动，在技术储备、制造业方面已经具备能力。根据国际光热发电发展经验、国内风电和光伏等其他可再生能源发展经验，以及我国发展光热发电的基础条件和需求，经过若干年的项目示范期，光热发电预期将成为继风电、光伏之后的又一可再生能源的重要应用领域，并成为推进能源供应转型的重要力量。

未来太阳能光热发电发展的重点是推动商业化、规模化的太阳能光热发电站建设和运营，带动太阳能光热发电度电成本的降低，着力消化存量，促进示范项目建设，优化发展增量。新建大型基地或项目应提前落实市场空间，提升我国太阳能光热发电站产业的国际竞争力，促进太阳能光热发电产业健康有序发展，为太阳能光热发电技术的规模化应用奠定基础。

参 考 文 献

［1］国家可再生能源中心，国家发改委能源研究所可再生能源发展中心. 中国可再生能源产业发展报告（2018）［M］. 北京：中国经济出版社，2018.

［2］李雷，郭焱. 中国光伏产业高质量发展路径思考［J］. 中外能源，2018，23（10）：9-23.

［3］王天坤. 中国光伏产业崛起中的外部因素——以欧盟对华光伏"双反"为例［J］. 新材料产业，2018（10）：51-54.

［4］费有静. 我国太阳能电池材料的发展路径［J］. 新材料产业，2018（10）：55-58.

［5］张正刚. 从太阳能发电行业再思考石油公司发展新能源的探索［J］. 国际石油经济，2018，26（10）：86-97.

［6］时璟丽. 我国光热发电发展面临的机遇和挑战［J］. 太阳能，2016（11）：5-9.

［7］魏昭峰. 积极推进中国光热发电产业规模化发展［J］. 中国电力企业管理，2016（12）：16-18.

［8］王晓锋，李睿. 关于我国光热发电发展的思考［J］. 华北电力技术，2016（6）：67-70.

［9］苏娟. 太阳能光热发电产业经济性分析及发展政策研究［D］. 北京：华北电力大学硕士论文，2017.3.

［10］罗德智. 关于风电技术和光伏发电技术探析［J］. 低碳技术，2017（12）：70-71.

［11］史立山. "十三五"海上风电不需要全面开花［N］. 中国能源报，2016-6-27（1）.

第六篇

输变电设备

主　笔　梁维宏

主　审　侯平印　张万荣　刘　杰　程述一

编写人员

西安西电变压器有限责任公司

　　宓传龙　黄建华　王子春　王　涛　孙战库　席卫华

特变电工沈阳变压器集团有限公司

　　钟俊涛　安　振　阎新钰　彭　娜　薛静梅　刘世平

西安西电高压套管有限公司

　　韩晓东　蔡水利　田　毅

南京电气（集团）有限责任公司

　　赵新生

西安高压电器研究院有限责任公司

　　姚斯立　刘浩军　刘　平　王培人　黄　实　梁维宏　赵　倩　刘　忱

西安西电开关电气有限公司

　　李心一　程　立　吕军玲　秦翠萍

中国电力科学研究院有限公司

　　费　烨　赵　欢　陈江波　张鹏飞　陈　允　赵晓宇

平高集团有限公司

　　钟建英　郭煜敬　金光耀

南方电网科学研究院有限责任公司

　　饶　宏　李　岩　许树楷　黄　莹　赵晓斌　卢毓欣　侯　婷　魏　伟　杨　煜
　　邱　伟　陈　俊　周月宾　郭　龙　何智鹏

西安电力电子技术研究所

　　白继彬

西安西电电力系统有限公司

　　苟锐锋　张万荣　马元社　李　琳　张艳梅　田　方　王何飞

南京南瑞继保电气有限公司

　　邵震霞　沈　刚　王杨正　焦鑫艳　王　宇　米高祥　张　磊　侍乔明　陈远俊
　　漫自强

许继集团有限公司

　　姚为正　张爱玲　胡四全　范彩云　曹　森　董朝阳　韩　坤　常忠廷　康建爽
　　肖　晋　戴国安　刘　堃

第一章

概　　述

输变电设备是指将电能从电源处输送至配电系统和用户的设备。它包括输电设备和变电设备两部分，在输电网中的输电线、杆塔、绝缘子串、架空线路等为输电设备；而在变电站内的电力变压器、断路器、隔离开关、接地开关、避雷器、电抗器、电力电容器、电压（流）互感器等设备为变电设备。

在新中国成立初期，我国输变电设备制造业的基础是非常薄弱的。在"一五"计划期间，随着苏联援建的"156 项工程"陆续开工建成，我国输变电设备的制造初具规模，满足了当时国民经济发展的需要。但在此后的 20 年里，我国与世界先进水平之间已经缩小的差距又再次被拉大了。改革开放前，我国虽然自主开发制造了 330kV 和 500kV 交流成套输变电设备，但鉴于当时技术水平、试验研究能力和整体工业发展水平的限制，产品技术水平和技术经济指标都与当时的国际水平有很大差距。

1978 年 12 月，党的十一届三中全会召开。这次会议确定了"解放思想、实事求是、团结一致向前看"的指导方针，做出了把党和国家的工作中心转移到经济建设上来、实行改革开放的历史性决策。输变电设备制造业迎来了发展的大好机遇。

在国家政策的支持下，输变电设备制造业的骨干企业通过引进技术或合作生产，相继引进了国际上先进的交流输变电设备以及直流输电设备制造技术和装备，实现了跨越式发展，完成了三峡工程所需输变电设备的国产化制造，彻底结束了重大输变电设备依赖进口的历史。

进入 21 世纪，为满足国民经济高速发展的需要，特高压输电工程建设问题提上了议事日程。截至2020 年末，我国已建成"13 交 16 直"特高压工程，年输送电量已经超过 4500 亿 kW·h，已建成特高压输电线路和正在建设的特高压输电线路总长约 3.8 万 km，可远距离输送功率约 1.5 亿 kW 以上。

目前，我国已基本实现全国区域性联网，并进一步推进国内联网，通过特高压输电方式向我国负荷中心——中部和东部输送电量，大大增加了远距离输电的比例。特高压工程累计输送电量超过1.6 万亿 kW·h，远距离输送功率 2 亿 kW 以上。

一、特高压交流输变电设备

2006 年 8 月 9 日国家发展改革委下发《关于晋东南至荆门特高压交流试验示范工程项目核准的批复》，正式核准了晋东南—南阳—荆门 1000kV 特高压交流试验示范工程。承担设备研制任务的国内装备

制造企业采用以我为主、开放式自主创新的技术路线，进行了大规模的技术改造，实现了特高压交流试验示范工程成套设备的自主开发、设计、制造、试验和安装调试，形成了特高压变压器与电抗器设备、开关设备、避雷器、套管、绝缘子设备的批量生产能力，加工工艺和试验条件已步入世界前列；全面掌握了特高压交流输变电设备的核心技术，形成了完整的技术标准和试验规范，具有自主知识产权，工程设备综合国产化率达到90%；培养了一批技术和管理人才，实现了产业升级和跨越式发展，显著提升了全行业核心竞争力。

2009年1月6日，我国首个特高压交流试验示范工程投入商业化运行，标志着我国在远距离、大容量、低损耗的特高压输电核心技术和设备国产化上取得重大突破，是世界电力发展史上的重要里程碑。

截至2020年年底，已投运1000kV特高压交流工程一览表见表6.1-1。

表6.1-1 　　　　　　　　　　　已投运1000kV特高压交流工程一览表

工程名称	电压等级	工程名称	电压等级
晋东南—南阳—荆门特高压交流工程	1000kV	锡盟—胜利特高压交流工程	1000kV
淮南—浙北—上海特高压交流工程	1000kV	北京西—石家庄特高压交流工程	1000kV
浙北—福州特高压交流工程	1000kV	山东—河北环网特高压交流工程	1000kV
淮南—南京—上海特高压交流工程	1000kV	蒙西—晋中特高压交流工程	1000kV
锡盟—山东特高压交流工程	1000kV	驻马店—南阳特高压交流工程	1000kV
蒙西—天津南特高压交流工程	1000kV	张北—雄安特高压交流工程	1000kV
榆横—潍坊特高压交流工程	1000kV		

特高压交流试验示范工程主要产品的设计、制造和试验能力，均达到了世界领先水平，创造了多项世界第一。

（1）在世界上首次研制成功额定电压1000kV、额定容量1000MVA的特高压电力变压器，性能指标国际领先。

（2）在世界上首次研制成功额定电压1000kV、额定容量320Mvar的特高压并联电抗器，性能指标国际领先。

（3）成功研制了额定电压1100kV、额定开断电流50kA的气体绝缘金属封闭组合电器，代表了世界同类产品的最高水平。

（4）在世界上首次研制成功特高压瓷外套避雷器，性能指标国际领先。

（5）在世界上首次研制成功特高压棒形悬式复合绝缘子、复合空心绝缘子及套管，以及用于中等和重污秽地区的特高压支柱绝缘子、电容式电压互感器、接地开关（敞开式）和油纸绝缘瓷套管，性能指标国际领先。

（6）在世界上首次研制成功特高压工程用全套数字型控制保护系统，性能指标国际领先。

（7）建成了世界一流的特高压交流试验基地和高电压强电流试验检测中心，综合研究试验能力已跃居国际同行前列，为进一步推进特高压设备的应用和提高基础研究水平奠定了坚实的基础。

依托后续工程建设，2011 年我国在世界上首次研制成功特高压串补装置，以及 63kA 气体绝缘金属封闭组合电器，并在晋东南（长治）—南阳—荆门特高压交流试验示范工程扩建工程投入运行；2010 年我国在世界上首次研制成功 1000kV 特高压交流升压变压器，并在平圩电厂三期送出工程投入运行，发电机组直接升压接入特高压电网，机组与电网更加紧密；2019 年我国在世界上首次研制成功特高压 GIL，并在苏通 GIL 综合管廊工程投入运行，开创了一种新的越江输电方式，为未来跨江越海等复杂地理条件下的输电工程提供了新的解决方案。

2012 年 12 月 19 日，由国家电网公司、中国西电电气股份有限公司等共同申报的"特高压交流输电关键技术、成套设备及工程应用"项目荣获国家科学技术进步特等奖，这是电工领域到目前为止在国家级科技奖项上获得的最高奖项（见图 6.1–1）。

图 6.1–1 国家科学技术进步特等奖证书（一）

二、特高压直流输电设备

20 世纪 80 年代，由国家计委、国家科委批准兴建舟山直流输电工业性试验工程，开创了中国高压直流输电的先河。1990 年，中国第一个 ±500kV 直流输电工程葛洲坝—上海（葛上）输电线路全面建成投运。又经过十余年的等待，三峡工程的建设为我国高压直流输电技术的发展提供了极好的机遇，经过三峡系列直流输电工程的技术引进、科技攻关、消化吸收和技术改造，国内制造企业通过独立设计、掌握核心技术和自主创新，成功地实现了"经过 3～5 年的努力，使直流输电设备能够基本实现国产化""国内直流输电技术和设备制造从以国外为主转向以国内为主"的目标。

从宝鸡—德阳和呼伦贝尔—辽阳 ±500kV 超高压直流输电工程开始，国内制造企业独立投标、独立设计、独立制造，开创了直流输电设备国产化的崭新局面。

在具备自主建设高压、超高压直流输电工程的成熟条件下，向更高电压等级直流输电工程进军就成为新的目标。2006 年、2007 年，世界首批 ±800kV 特高压直流输电工程——云广特高压直流输电工程和向上特高压直流输电工程相继开工建设。

我国坚持自主创新，通过工程建设在系统研究、成套设计、工程设计、设备制造、调试安装和调试运行等各个方面在世界上率先全面掌握特高压直流输电核心技术，并在此基础上制定了 ±800kV 特高压直流输电完整的标准和规范，在世界范围内掌握特高压直流输电工程的话语权。

云南—广东及向家坝—上海±800kV 特高压直流输电工程的建设和投运，使我国的直流输电工程和设备制造水平逐步踏上了世界直流输电技术的顶峰。截至 2020 年，已投运±800kV 及±1100kV 直流特高压工程一览表见表 6.1－2。

表 6.1－2　　　　　　　　已投运±800kV 及±1100kV 直流特高压工程一览表

工程名称	电压/电流等级	工程名称	电压/电流等级
云南—广东直流输电工程	±800kV/3125A	锡盟—泰州直流输电工程	±800kV/6250A
向家坝—上海直流输电工程	±800kV/4000A	上海庙—山东直流输电工程	±800kV/6250A
糯扎渡电站送电广东直流输电工程	±800kV/3125A	扎鲁特—青州直流输电工程	±800kV/6250A
锦屏—苏南直流输电工程	±800kV/4500A	昌吉—古泉直流输电工程	±1100kV/5500A
哈密—郑州直流输电工程	±800kV/5000A	巴西美丽山直流输电工程一期	±800kV/3125A
溪洛渡—浙江直流输电工程	±800kV/5000A	巴西美丽山直流输电工程二期	±800kV/3125A
山西—江苏直流输电工程	±800kV/5000A	陕北—武汉直流输电工程	±800kV/5000A
酒泉—湖南直流输电工程	±800kV/5000A	青海—河南直流输电工程	±800kV/5000A
滇西北直流输电工程	±800kV/3125A	乌东德混合直流输电工程	±800kV

图 6.1－2　国家科学进步
特等奖证书（二）

经过数十年的发展，国内制造企业的直流输电技术和制造能力实现了以下六大步的跨越：

第一步：引进技术、合作生产、批量组装、重在参与；

第二步：外方为主、联合设计、独立制造、掌握技术；

第三步：联合设计、联合投标、独立制造、扩大份额；

第四步：中方为主、外方支持、独立设计、全面制造；

第五步：独立设计、独立投标、独立成套、完善补齐；

第六步：自主创新、勇于探索、创造奇迹、世界领先。

2017 年，由国家电网有限公司、中国南方电网公司、中国西电集团公司（以下简称西电集团）等单位完成的特高压±800kV 直流输电工程获国家科学技术进步特等奖（见图 6.1－2）。

第二章
特高压交流输变电设备制造

在交流领域，特高压是指 1000kV 及以上的电压。

为什么要建设特高压电网，这是根据电网传输的特点和社会发展对电网的需求决定的。

由于环境保护和能源消耗两大问题，发电厂通常都建在远离负荷中心（用户）的煤矿坑口、集运港口及大河沿岸。在我国，煤炭资源 80% 以上分布在西部和北部，水电资源 80% 以上分布在西部，而我国能源需求和电力消费 70% 以上集中在东部和中部，主要能源基地距离负荷中心 800～3000km。要将发电厂发出的电能输送到用户手中，就需要架设远距离、大容量的输电线路。但在电压等级不变的情况下，输电距离越远，线路的电能损耗就越大。要想降低远距离输电的电能损耗，就必须提高输电电压。在我国电力需求长期保持较快增长趋势的情况下，我国电网骨干网架标称电压为交流 500kV（西北采用 750kV），难以满足对电力持续增长的需求。从理论上讲，输电线路的输电电压每提高一倍，输送功率的能力将提高 4 倍。按照国际上电网发展规律，当系统容量翻两番时，需要考虑引入一个新的电压等级。我国自 1982 年第一条 500kV 输变电工程投运以来，至 2006 年已有 24 年历史，装机容量从 1982 年的 7236 万 kW 发展到 2005 年的 5.1 亿 kW，是 1982 年的 7 倍。随着西部大水电和北方煤炭基地坑口电站的开发建设，远距离、大容量输电的市场前景广阔，再仅依靠交流 500kV 输电，从技术和经济两方面来看均是不行的，即使采用同塔并架紧凑型技术，输电距离一旦超过 700km，受暂态稳定限制，其实际输电能力低于静态稳定极限功率。因此，我国采用交流 1000kV 输电技术是基于国际上电网发展的实践经验，特别是结合中国国情所做出的战略选择。

另外，输电线路和变电站还会对生态环境造成影响。特高压输电和建设特高压电网，不但可提高输电能力，还能减少建设更多超高压输电线路，从而解决因环境保护限制输电线路建设的矛盾。

我国特高压发展要从 1993 年 11 月在湖北宜昌召开的"中国电机工程学会电力系统与电网技术综合学术年会"讲起。大会发布了具有发展方向指导性的《关于着手开展特高压输电前期科研的建议》文章，为我国输电系统及电网技术发展指明了方向，吸引了电力系统规划、设计、设备制造人士对特高压输电技术的高度关注。

1994 年，在武汉高压研究所建成了中国第一条百万伏特级特高压输电研究线段。

2004 年，国家电网公司提出了"建设以特高压电网为骨干网架，各级电网协调发展的坚强国家电网"

战略目标，全面开展了特高压输电前期研究以及特高压试验示范工程建设的准备工作，按照"科学论证、示范先行、自主创新、扎实推进"的原则，决定率先建设试验示范工程。

2006 年 6 月 20 日，国家发展改革委下发《国家发展改革委办公厅关于开展交流 1000kV、直流 ±800kV 特高压输电试验、示范工程前期工作的通知》，开启了我国特高压输变电设备研制的序幕。2006 年 8 月 9 日国家发展改革委下发《关于晋东南至荆门特高压交流试验示范工程项目核准的批复》（发改能源〔2006〕1585 号），正式核准了晋东南—南阳—荆门 1000kV 特高压交流试验示范工程。国家发展改革委在文件中明确指出：晋东南—荆门 1000kV 特高压交流试验示范工程是中国特高压设备自主化的依托工程，需要通过试验示范工程，形成设备设计、试验、制造等方面的自主化能力，要坚持自主创新为核心目标，掌握核心技术，形成自主知识产权，试验工程应体现国内自主设计、自主成套、自主建设和自主运营，主要设备立足于国内制造，国产化率不低于 70%。

图 6.2 - 1　1000kV 晋东南—南阳—
荆门特高压交流输电示范工程线路

晋东南—南阳—荆门 1000kV 特高压交流输电示范工程线路如图 6.2 - 1 所示。该工程包括三站两线，起于山西省晋东南变电站，经河南省南阳开关站，止于湖北省荆门变电站。工程全线单回路架设，全长 640km，先后跨越黄河和汉江。采用 1000kV、3×1000MVA 特大容量变压器，变电容量 6000MVA，采用 1100kV 气体绝缘全封闭组合电器，三站均采用双断路器接线。工程额定电压 1000kV，最高运行电压 1100kV。该工程是中国发展特高压输电的起步工程，中国电网发展方式转变的标志性工程，引领国际高压输电技术进步的领跑工程。

晋东南—南阳—荆门 1000kV 特高压交流试验示范工程于 2006 年年底开工建设，2008 年 12 月 30 日 22 时，投入 168h 试运行；2009 年 1 月 6 日 22 时，我国首个特高压交流试验示范工程投入商业化运行，标志着我国在远距离、大容量、低损耗的特高压输电核心技术和设备国产化上取得重大突破，是世界电力发展史上的重要里程碑。

第一节　变压器设备研制

在国家相关部门的指导和支持下，依托特高压交流试验示范工程，国家电网有限公司组织产学研用联合攻关，国内特变电工沈阳变压器集团有限公司（简称特变沈变）、天威保变电气股份有限公司（简称保变电气）积极响应国家的政策，投入优势资源，全面开展 1000kV 交流特高压变压器研制工作，大幅提升了研发、制造和试验能力，形成了高端产品的核心竞争力。经过艰苦努力，自主研制成功了特高压交流试验示范工程用 1000kV 变压器，掌握了成套设备技术，使我国输变电设备制造的技术水平和能力达到国际先进或领先水平，实现了技术水平从追赶到开始领先的跨越。之后西安西电变压器有限责任公司（简称西电西变）、山东电力设备有限公司（简称山东电工）、特变电工衡阳变压器有限公司（简称特变衡变）、重庆 ABB 有限公司（简称重庆 ABB）等厂家也先后成功研制出特高压变压器，并在工程中应用。同时，设备的核心部件、关键材料的国产化研发方面也取得进展，完善了产业链，促进了行业健康发展。

截至 2020 年，国内企业先后为晋东南—南阳—荆门 1000kV 特高压交流试验示范工程及其扩建工程、皖电东送（淮南—浙北—上海）工程、浙北—福州特高压交流输变电工程、淮南—南京—上海 1000kV 特高压交流工程、蒙西—天津南 1000kV 特高压交流工程、锡盟—山东 1000kV 特高压交流工程、榆横—潍坊 1000kV 特高压交流工程、锡盟—胜利 1000kV 变电站交流工程、1000kV 潍坊变电站扩建工程、1000kV 临沂变电站扩建工程、1000kV 泰州变电站扩建工程、1000kV 苏州变电站扩建工程、潍坊—临沂—枣庄—菏泽—石家庄 1000kV 特高压交流工程、驻马店—南阳 1000kV 特高压交流工程、张北—雄安 1000kV 特高压交流工程、1000kV 东吴变电站扩建工程、1000kV 芜湖变电站扩建工程等提供特高压变压器。

通过特高压项目的建设，国内企业的国际竞争力、技术创新能力、管理创新能力均得到大幅度提升，树立了国产重大装备自主制造的成功典范。

一、变压器设备整机研制

特高压电力变压器是特高压电网中最关键的主设备，技术难度大、可靠性要求高，制造难度极大。

1. 特变沈变特高压变压器设备整机研制

特变沈变的特高压、特大容量变压器 ODFPS－1000MVA/1000kV 是在总结企业多年来设计、研发超高压变压器的经验，依靠自主技术，并适当借鉴国内外同行经验、教训的基础上研发而成，具有完全的自主知识产权。

特高压 ODFPS－1000MVA/1000kV 变压器为单相自耦特高压变压器，电压水平极高，解决产品的绝缘问题是产品研发的重中之重。因此，在进行产品技术设计和验证的同时，也进行了一些针对特高压产品绝缘特性的模型试验研究，如线圈冲击爬电模型、主绝缘电场模型等，为产品的设计和绝缘验证取得了重要的判据，确保产品主纵绝缘的可靠性。特高压电力变压器第一次审查会如图 6.2－2 所示。

图 6.2-2　2007 年 3 月特高压电力变压器第一次审查会

特高压设备的容量极大，漏磁和局部过热、温升、运输等问题也是本产品的设计难点，因此特变沈变在产品设计时采取了独特的漏磁控制措施，解决了特大容量产品的局部过热问题，降低产品的损耗；采取了幅向油道和轴向油道相结合的冷却结构，保证绕组的温升满足要求；对运输强度和运输路线进行了详细的验算和考察，确保了运输的可行性。

2008 年 7 月，特变沈变为晋东南—南阳—荆门 1000kV 特高压交流试验示范工程荆门变电站设计、生产的世界首台特高压 1000kV/1000MVA 主变压器终于通过了全部例行试验、型式试验和相关特殊试验项目，试验方法和结果符合国家标准和产品技术协议要求，产品各项性能合格。2008 年 11 月底按照国家电网公司的要求圆满完成了现场交接试验。

2009 年 1 月 6 日，晋东南—南阳—荆门 1000kV 特高压交流试验示范工程正式投入商业化运行，设备始终运行平稳，特高压变压器的温升、噪声等指标完全符合技术协议要求，表现出良好的技术指标稳定性，全面试验验证了产品的技术可行性、设备可靠性、设计和施工方案的先进性以及环境友好性，达到了预期目的（见图 6.2-3）。

图 6.2-3　晋东南—南阳—荆门 1000kV 特高压交流试验示范工程第一阶段系统调试

626

该产品于 2009 年 2 月通过了机械工业联合会样机鉴定，鉴定结论为：产品主要技术指标达到国际领先水平，填补国内空白。

2. 保变电气特高压变压器设备整机研制

保变电气极早就意识到特高压输电技术和相应的设备制造技术是世界电力科技领域和电工设备制造领域的前沿技术，发展特高压电网可以解决中国现有 500kV 电网输送能力不足、土地资源紧张等问题，是解决输电效率、投资成本、环境压力等的最好途径，符合中国国情，是纳入国家中长期科技发展规划和振兴装备制造业的重大攻关项目。随着晋东南—南阳—荆门 1000kV 特高压交流试验示范工程的开工建设，保变电气开始了 1000kV 特高压变压器设备研制工作，完成了多种结构形式的1000kV 变压器技术方案的设计，最终提出了可行的技术方案，即采用主变压器＋调压变压器结构（见图 6.2－4）。

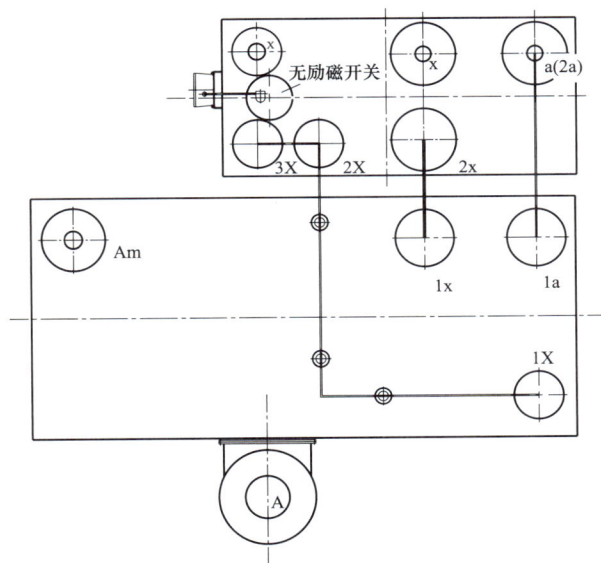

图 6.2－4　主变压器＋调压变压器结构

保变电气研制的 1000MVA/1000kV 单相特高压交流变压器采用三主柱结构。由于该产品运输尺寸受到严格限制，因此必须在有限尺寸内确保足够的电气绝缘安全裕度，解决漏磁及局部过热控制、制造、试验及运输等一系列难题，研制工作极具挑战性。

在产品研发过程中，保变电气采用了先进的设计技术，运用最先进的三维磁场计算软件，对变压器线圈以及铁心、油箱钢结构件中的漏磁和涡流损耗分布进行了详细的分析计算，运用先进的电场计算软件对变压器主绝缘及局部电场进行了详尽的计算分析，掌握了特高压大容量变压器主纵绝缘布置、线圈漏磁分布的控制、线圈温升的控制等关键技术，使产品具有损耗小、噪声低、体积小、抗短路能力强、无局部过热等显著优势，能保证产品长期安全稳定运行。

通过不懈的努力，2008 年 7 月由保变电气为晋东南—南阳—荆门 1000kV 特高压交流试验示范工程长治变电站设计、生产的，具有完全自主知识产权和核心技术的最高电压等级 ODFPS-1000000/1000 特高压交流变压器顺利通过所有试验。本产品最终照片如图 6.2－5 所示。

图 6.2－5　保变电气 ODFDS-1000000/1000 特高压交流变压器产品照片

首个工程 1000kV/1000MVA 单相自耦特高压变压器的研制、试验、投运成功，为后续 2012 年淮南 1000kV 特高压站、2013 年浙南 1000kV 特高压站等工程特高压变压器的研制奠定了基础。

3. 西电西变特高压变压器设备整机研制

西电西变于 2006 年开始进行 1000kV 特高压大容量自耦变压器相关科研课题的研究。在这一过程中西电西变科研人员经过艰苦的关键技术攻关，完成三十多个方案设计、十多个相关试验模型的研究，经过细致分析研究保证了特高压产品的安全可靠性；同时制订了特高压产品的工艺方案和工艺文件，并购置先进的生产设备和工装，从而保证特高压产品生产制造满足质量控制及工艺控制的要求。

应用前期研究成果，西电西变又开发出目前世界上单柱容量最大、可直接投入商业运行的 1000kV 1000MVA 双柱并联结构特高压电力变压器样机。该样机为世界首台单柱容量达到 500MVA 的变压器产品且一次性通过全部试验项目，在特高压变压器制造领域尚属首次；同时在该样机的研制过程中，应用了西电西变多年研究积累的成熟技术及科研成果，技术先进、性能可靠。该样机采用双柱并联结构，与三柱并联结构主变压器相比，单柱容量增大，每柱漏磁通增加，因此对产品的漏磁控制、温升控制、抗短路能力及生产制造技术等提出了更高的要求。西电西变针对变压器耐受短路能力、绕组热点温升、局部过热、绝缘可靠性、限制噪声、油箱强度等问题进行了深入细致的研究，通过方案反复优化和精心设计图纸，有效提高了产品的安全可靠性，有效减小了变压器的体积，降低了产品的运输难度。为保证产品运行的安全可靠性，西电西变通过精心设计，从电场计算到分析优化主、从绝缘结构，从磁场计算到研究控制损耗、发热和机械力的措施，进行了各种不同方案的分析和比对，选择最优方案，在保证产品安全可靠性的基础上，力求经济环保性良好。

2011 年西电西变为晋东南—南阳—荆门特高压交流试验示范工程扩建工程南阳变电站成功设计、制造的 4 台 1000kV/1000MVA 特高压无励磁调压电力变压器，在国家电网西电西变专家组的见证下均一次性通过全部试验的考核，性能优良。该项目用主体变压器采用两柱并联结构，单柱容量达到 500MVA，是世界上单柱容量最大的产品，证明西电西变 1000kV 变压器设计、制造能力已处于国际领先水平。变压器在特高压示范工程南阳变电站全部投入运行，运行情况良好（见图 6.2 – 6）。

图 6.2 – 6　1000kV/1000MVA 特高压自耦变压器

在上述研究成果的基础上，通过企业自主技术攻关，完成了关键技术的研究，形成了有工程应用价值的科研成果，并将其应用在试验示范工程设备的开发和研制中。

二、关键原材料/组部件国产化研制

2009 年特高压示范工程中特高压变压器的高中压套管、出线装置、分接开关、绝缘纸板/成型件、硅钢片均依赖进口产品，其他原材料组部件均为国内生产供货。按照单台变压器使用原材料组部件价格与变压器总价对比，估算国产化率约 68.5%。2013 年皖电东送工程中实现了出线装置的国产化，国产化率提升到 70.1%。2014 年浙北—福州工程中实现了硅钢片的国产化，国产化率提升到 83.2%。2016 年蒙西—天津南工程中实现了高压套管的国产化，国产化率提升到 89%。2017 年榆横—潍坊工程中实现了中压套管的国产化，国产化率提升到 90.2%。随着特高压工程的发展，绝缘材料实现了部分国产化（低压区域和部分中压区域），国产化率提升到 92.6%，晋北扩工程（在建未投运）中实现了分接开关的国产化，国产化率提升到 93.8%。

1. 国产变压器用取向硅钢片的应用

变压器作为电力装备中的重大装备之一，其核心导磁材料硅钢片的用量非常大。由于硅钢片生产工艺复杂，各道工序控制精度严、成本高、生产难度大，前期工程中特高压变压器产品的硅钢片材料都采用进口新日铁硅钢片。随着特高压工程的大规模建设，为响应国家推进国产化的产业政策且考虑到进口原材料的供货周期不能满足我国电力快速建设的需要，推进特高压变压器产品组部件和原材料国产化进程，提升大宗关键核心原材料的国产化使用率成为发展趋势。随着我国科学技术不断进步，生产设备及制造能力不断提高，国产硅钢片的性能和质量也得到了快速提升。

（1）国产硅钢片与进口硅钢片材料性能比较。常用冷轧取向电工硅钢片国产及各国牌号的性能对照见表6.2－1。

表6.2－1　　　　　　　　　　　常用冷轧取向电工硅钢片国产及各国牌号的性能对照

厂家	公称厚度/mm	宽度/mm	牌号	最大铁损/（W/kg）	最小磁感应强度/T	最小叠片系数（%）
武钢 GB/T 2521.2	0.30	900～1200	30Q140	1.40	1.78	96
			30Q120	1.20	1.78	96
			30QG120	1.20	1.85	96
			30QG110	1.10	1.88	96
			30RK100	1.00	1.88	96
	0.27		27QG110	1.10	1.88	95
			27QG105	1.05	1.88	95
			27QG100	1.00	1.88	95
			27RK100	1.00	1.88	95
			27RK090	0.90	1.89	95
	0.23		23RK085	0.85	1.89	94.5
			23RK080	0.8	1.89	94.5
宝钢 GB/T 2521.2	0.30	960～1050	B30G130	1.30	1.80	96
			B30P120	1.20	1.88	96
	0.27		B27P100	1.00	1.88	95
			B27R090	0.90	1.87	95
			B27R085	0.85	1.87	95
	0.23		B23R085	0.85	1.87	94.5
			B23R080	0.80	1.87	94.5

续表

厂家	公称厚度/mm	宽度/mm	牌号	最大铁损/（W/kg）	最小磁感应强度/T	最小叠片系数（%）
韩国浦项	0.3	1000	30PH105	1.05	1.88	95.5
			30PH100	1.00	1.88	95.5
	0.27		27PH095	0.95	1.88	95
			27PH100	1.00	1.88	95
			27PHD090	0.90	1.88	95
	0.23	950	23PHD085	0.85	1.88	94.5
			23PHD080	0.8	1.88	94.5
日本新日铁 JIS C2552—1996	0.30	960	30Z140	1.40	1.80	95.5
			30ZH120	1.20	1.88	95.5
	0.27		27ZH110	1.10	1.88	95
			27ZH100	1.00	1.88	95
			27ZDKH90	0.90	1.88	95
			27ZDKH85	0.85	1.88	95

通过表 6.2－1 可看出国产硅钢片的最大铁损、最小磁感应强度以及最小叠片系数等技术参数与进口同类硅钢片材料的技术参数相当。

（2）国产硅钢片在典型产品上的应用。近年来，在加速国有相关产业可持续发展理念下，国内企业不断推进国产化使用率，降低设备制造成本，在多个特高压交、直流工程变压器的投标中选用国产硅钢片，以期得到企业和用户的双赢效益。西电西变部分采用国产硅钢片的典型产品见表 6.2－2。

表 6.2－2 国产硅钢片的典型产品

变压器类型	用户	产品型号	台数
交流变压器	淮南—南京—泰州—苏州—上海特高压交流工程南京站	ODFPS－1000000/1000	1
	蒙西—天津南 1000kV 特高压交流工程蒙西站	ODFPS－1000000/1000	3
	新疆信友奇台电厂 800kV 主变压器	SFP－750000/750	2
	750kV 兰州东扩建工程	ODFPS－500000/750	3

经过多年的研究和使用，宝钢、武钢、首钢国产硅钢片的性能和质量已经得到快速提升，大量用于国内及出口常规交流变压器和部分换流变压器产品中，其中交流变压器电压最高 1000kV，换流变压器最高电压±800kV。通过大量产品测试结果对比分析，国产硅钢片的性能和质量水平已经达到同等级进口硅钢片水平，具备大批量推广使用的条件（见图 6.2－7）。国产化硅钢片在浙北—福州工程中首次使用并逐步推广，目前已实现全部国产化。

图 6.2－7 800kV 变压器铁心起吊工序——采用宝钢 B27P100 硅钢片

2. 1100kV 油纸电容式变压器套管研制与应用

1100kV 油纸电容式套管是交流 1000kV 变压器或电抗器配套的关键部件之一，对变压器起支撑、绝缘、通流的作用。特高压变压器套管的制造是我国输变电行业发展的一个瓶颈，在国际上其制造技术仅掌握在国外几家制造厂商手里，产品价格昂贵。试验示范工程中高压中压套管全部使用进口产品。为了实现超高压、特高压变压器套管的国产化生产，近年来，国内相关企业一直致力于超高压、特高压套管的研制工作。

国产化特高压套管在蒙西—天津南特高压工程中首次使用，南昌—长沙工程共使用 10 支国产化套管。东吴、芜湖、晋北、晋中扩建工程中共 12 台变压器使用了 5 支国产套管，国产化率达到42%。

2008 年 2 月，西安西电高压套管有限公司（简称西电套管）自主化研制的 1100kV 油纸电容式套管样机一次性通过了所有型式试验（见图 6.2－8）。通过与 ABB 公司 1000kV/2500A 套管、英国雷诺尔 1100kV/800A 套管及全苏电瓷厂 1150kV/1250A 套管的主要性能参数进行对比（见表 6.2－3），西电套管研制的 1100kV 套管与国外套管的技术性能基本一致。

图 6.2－8　1100kV 特高压变压器套管在进行试验

表 6.2－3 国内外厂家套管主要技术参数

性能指标	国外 A 公司 1000kV 套管	国外 B 公司 1100kV 套管	国外 C 公司 1150kV 套管	西电套管 1100kV 套管	
套管类别	油浸纸（OIP）	油浸纸（OIP）	油浸纸（OIP）	油浸纸（OIP）	油浸纸（OIP）
额定电压 U_r/kV	1000	1100	1200	1100	1100
最高运行相电压 U_r/kV	580	635	694	635	635
额定电流 I_r/A	2500	2000	1250	2000	2500
雷电冲击耐受电压 全波/kV 截波/kV	2400 2760	2400 2760	2700 —	2400 2760	2400 2760
操作冲击耐受电压/kV	1950（干/湿）	1960/1800	1900	1960/1800（干/湿）	1950（干/湿）
工频耐受电压/kV	1200（50Hz，5min）	1200（干/湿）	1150	1200（干/湿）（50Hz，5min）	1200（干/湿）（50Hz，5min）
弯曲耐受负荷/N	5000（1min）	5000	2500	5000	11 000
安装角度与垂直方向最大角度（°）	30	15	—	30	30
公称爬电距离/mm	33 000	27 600	18 000	27 000	33 000
TA 长度/mm	505	300	800	300	505
其他性能 局部放电量/pC	≤10	≤10（953kV 下）	—	≤10（1100kV 下）	≤10（1100kV 下）
测量抽头耐受电压/kV	3	3	2	3	3
套管密封试验压力/MPa	—	—	—	0.2	0.2

　　该项目的研制和试验成功，标志着西电集团百万伏变压器套管的制造和试验能力达到国际领先水平，打破了跨国公司在该领域的技术垄断。

西电套管研制的 1100kV 特高压交流套管在蒙西—天津南特高压工程成功应用到特高压变压器中，根据使用情况来看，西电套管的 1100kV 油纸电容式套管各项性能稳定，运行情况良好。

之后，沈阳和新完成 1100kV 油纸电容式变压器套管的研制工作，并在工程中被采用。相信随着国产特高压变压器套管工程应用经验的不断积累，国产 1100kV 特高压变压器套管必将得到广泛的应用，为国家特高压电网设备国产化做出重要贡献。

3. 出线装置国产化研制与应用

作为变压器类设备的关键部件，出线装置承担着将线圈端部与出线套管连接的重要作用，正常运行状态下承受很高的电压，并长期承受电、磁、热和机械等多应力共同作用，对结构设计、材料选用和工艺质量稳定性有很高要求，国产化研制极具挑战性。为解决这一问题，国家电网有限公司组织对其中技术难度最大的 1000kV 特高压交流出线装置完成了自主化研制，两套样机随同特高压电抗器先后于 2009 年 12 月 27 日、2010 年 6 月 30 日一次性通过全套型式试验考核，随后两套样机先后完成了严格的机械振动和电气绝缘裕度试验，结果良好，具备了工程使用条件。

试验示范工程中出线装置全部采用瑞士魏德曼产品。国产出线装置在皖电东送工程中首次使用，晋北、晋中扩建工程已有 18 套用于特高压变压器。东吴、芜湖、晋北、晋中扩建工程中共 12 台变压器使用了两台套国产出线装置，国产化率达到了 17%。

4. 电磁线国产化研制与应用

在试验示范工程及扩建工程中，特高压变压器/高抗用电磁线全部为上海杨行铜材有限公司供货。为满足电磁线供货数量大、质量要求高的要求，需要扩大电磁线供货来源。为确保电磁线质量，加强对特高压变压器用电磁线潜在供应商及其生产电磁线性能水平的了解，保证高质量的电磁线应用及扩大供货来源、保证供货，中国电力科学研究院有限公司（简称中国电科院）牵头开展了专项研究工作。

通过基本性能、电气性能、机械性能和特殊性能四个方面的综合评价，确认沈阳宏远、天威线材、无锡统力均已达到制造特高压产品用电磁线的要求，并在皖电东送及后续工程中得到了成功应用。

第二节　电抗器设备研制

并联电抗器是超高压、远距离输电网络中不可缺少的重要设备，它主要被用来补偿线路上的充电电流，消弱电容效应，限制系统工频电压升高，还可以起到消除同步发电机带空载长线时产生的自励磁现象。并联电抗器长年接入电网并满负荷运行，是高电压输变电系统中极为重要的设备。

与特高压变压器相似，依托特高压交流试验示范工程，国内西电西变、特变衡变积极响应国家的政策，开展 1000kV 交流特高压并联电抗器设备研制工作，自主研制成功了电压为 1000kV，容量分别为 200Mvar、240Mvar、320Mvar 特高压电抗器，掌握了成套设备技术，使我国输变电设备制造的技术水平和能力达到国际先进或领先水平，实现了技术水平从追赶到开始领先的跨越。同时，输变电设备的核心部件、关键材料的配套研发方面也取得进展，完善了产业链。之后特变沈变、保变电气、山东电工等厂家也成功研制出特高压电抗器，形成 160Mvar、200Mvar、240Mvar、280Mvar、320Mvar 容量系列，并在工程中应用。

一、1000kV 并联电抗器整机研制

特高压大容量并联电抗器在电、磁、热、机械方面的问题非常突出，这也是该产品在实施过程中需要解决的技术难点。在电场方面，需要解决高电压下的电场控制，包括局部放电电场控制、外部空间电场的分析控制以及对周围生态环境的影响；在磁场方面，需要解决漏磁控制和消除局部过热、由电磁力产生的振动和噪声问题；在发热方面，需要控制好产品的热点温升，保证产品长期可靠安全运行；在机械方面，需要解决好振动、噪声以及液压机械强度和运输问题。

1. 西电西变 1000kV 并联电抗器整机研制

为了严谨而审慎地研制出大容量 1000kV 并联电抗器，西电西变从设计、试验和现场安装等方面做了大量、全面的研究工作。通过技术攻关完成了关键技术的研究，形成了有工程应用价值的科研成果，并将其应用在试验示范工程设备的开发和研制中。这些科研成果填补了国内空白，具有国际领先水平，在特高压并联电抗器领域实现重大技术突破和创新。

2007 年 3～6 月，西电西变通过六次企业内部设计评审，确定了特高压大容量并联电抗器双心柱先并后串的整体技术方案。该技术方案于 2007 年 3 月 12～14 日通过了国内专家的审查（见图 6.2-9）。

图 6.2-9　西电西变 BKDFYT-200000/1000 特高压单相有级可控并联电抗器

西电西变成功地完成了 1000kV 特高压并联电抗器样机的研制，积累了丰富的设计和制造经验，确保了其承担的特高压交流试验示范工程 11 台并联电抗器产品在厂内均一次性通过全部试验（见图 6.2－10）。

图 6.2－10　西电西变 1000kV、200Mvar 并联电抗器试验场景

2008 年，西电西变为试验示范工程长治变电站研制的 4 台 1000kV、320Mvar 和为南阳变电站提供的 7 台 1000kV、240Mvar 均一次安装完成，并顺利通过 168h 和 1 个月的试运行，经受了线路实际运行的考验（见图 6.2－11）。

图 6.2－11　西电西变 1000kV 特高压并联电抗器现场

2008 年 11 月 1 日，产品通过国家级技术鉴定。鉴定意见为：产品主要技术指标达到国际领先水平。

该产品的研制成功，标志着国内企业已经掌握了 1000kV 并联电抗器设计、制造的关键技术，具有了批量生产能力，为中国 1000kV 输变电线路的发展提供了有力的技术保障。

2. 特变衡变 1000kV 并联电抗器整机研制

特变衡变为晋东南—南阳—荆门特高压示范工程荆门站研制了容量 200Mvar 及 320Mvar，电压等级 1100kV 的特高压、特大容量并联电抗器产品。其中容量 200Mvar、电压等级为 1100kV 电抗器为世界首台 BKD-200000/1100 并联电抗器，它的成功研制，使产品的结构形式、制造的工艺标准以及试验的方法和原则等，成为我国同类产品生产制造的行业标准，起到指导性的作用。

特变衡变成功研制出采用双器身和单器身两种技术路线 1000kV 电抗器产品。考虑到特高压电抗器漏磁大、噪声振动问题突出的特性，特变衡变针对两种器身结构分别开展了减振降噪措施研究，从器身结构、铁心饼真空压力浇注工艺、器身定位、螺栓放松等方面开展大量研究，彻底解决振动噪声超标问题。

2008 年 5 月特变衡变为试验示范工程荆门变电站研制的第一台 BKD-200000/1100 双器身结构并联电抗器产品顺利通过全部耐压试验，各项指标均高于国家电网有限公司的性能要求。2008 年 8 月产品发往荆门变电站，并顺利通过全部现场试验及电网系统测试，产品已于 2009 年 1 月投入现场运行，至今运行质量良好。

2009 年 6 月特变衡变为试验示范工程扩建工程生产的第一台 BKD-320000/1100 单器身结构并联电抗器产品顺利通过全部耐压试验，各项指标均高于国家电网有限公司的性能要求，设备投运后运行良好。

二、关键原材料/组部件国产化研制

特高压电抗器用关键原材料/组部件国产化研制情况与特高压变压器基本相同。

硅钢片方面，浙北—福州工程中特高压电抗器首次使用了国产化硅钢片，之后国产化所占比例逐渐增高，目前已实现全部国产化。

高压套管方面，在皖电东送工程中首次使用了国产化套管，目前已有 28 支国产化套管得到成功应用，约占已投运特高压电抗器的 10%。

出线装置方面，在皖电东送工程中首次使用了国产化出线装置，目前已有 33 台套国产化出线装置得到成功应用，约占已投运特高压电抗器的 11%。

第三节　气体绝缘金属封闭开关设备
（GIS）研制

一、试验基地建设

由于高压开关的开断过程涉及热力学、流体力学、化学等领域，开断过程非常复杂，高压开关设备的设计结构参数和开断能力等主要技术指标难以进行定量计算，必须通过大容量试验才能加以确定。因此，试验设施及其试验能力就成为制约高压开关产品发展的决定因素。

随着我国电力装备制造业突飞猛进的发展，作为全国具有高电压大容量试验系统并具有国家认可资质条件的单位，西高院的大容量试验系统无论是功能还是试验能力均远不能满足需求，在许多试验参数方面无法满足特高压等级产品试验检测的需要。

1. 大容量试验室改造

2003 年 8 月，依托西北 750kV 工程建设，国家发展改革委批复了西高院提出的特高压断路器大容量试验系统技术改造建设方案。西高院在已经完成的第三期工程建设基础上，再增加一台同规格的端头 6500MVA 短路发电机和与之配套的 3 台短路试验变压器及 1 台升压变压器以及配套的一次、二次回路设备。项目总投资 26 000 万元。

项目建成后，在两台发电机并联运行的情况下，西安高压电器研究院有限责任公司（简称西高院）大容量试验能力得到大幅提高，成为国内唯一能够进行百万伏级断路器合成开断和关合能力试验的单位，同时西高院也是国内唯一能够进行百万千瓦级发电机配套的发电机出口保护断路器、大容量隔离开关和封闭母线进行全套型式试验的单位。

两台大型短路发电机并联后试验能力可达到：

（1）直接试验。3 相 14kV，200kA；40.5kV、50kA。

（2）合成试验。1100kV，120kA。

（3）短时电流试验。600kA 峰值，动稳定试验；200kA 有效值，2s，热稳定试验（见图 6.2－12 和图 6.2－13）。

在该项目改造完成之前，国内开关设备制造企业的超（特）高压断路器的大容量试验需要在国外试验室进行，费用高昂，而且在技术上还被设置限制。试验室技术改造完成后，满足了国内超（特）高压断路器的大容量试验需要，为国内制造企业节约大量研发费用，并在国产 800kV 和 1100kV 开关设备的研制方面发挥了巨大作用（见图 6.2 - 14）。

图 6.2 - 12 14.7kV/6500MVA 短路发电机

图 6.2 - 13 14kV/252kV/1500MVA 短路变压器

图 6.2 - 14 1000kV × 2/7.5MJ 合成试验回路

2. 特高压试验室建设

为了满足特高压交流 1100kV 和特高压直流±1100kV 设备的绝缘试验要求，西高院于 2006—2011 年完成了特高压大厅建设。特高压大厅建设主要是新建 78m×48m×48m（净空）特高压大厅，新增气垫可移的 1800kV/4A、1200kV/2A 工频电压试验系统、±4800kV/720kJ 冲击电压试验系统、±2000kV/500mA 直流电压试验系统（见图 6.2-15）。

图 6.2-15　特高压大厅

2009 年 4 月，特高压大厅完成全部施工内容，6 月竣工验收。工频试验系统、冲击试验系统、直流试验系统及其辅助设备设施全部完成，满足了特高压交流 1100kV 和特高压直流±1100kV 设备的绝缘试验要求（见图 6.2-16 和图 6.2-17）。

图 6.2-16　特高压 1100kV 隔离开关开合小电流试验

通过一系列的试验能力建设及管理水平的提高，国家高压电器质量监督检验中心先后创造了一系列国际第一的佳绩：

图 6.2-17 特高压 1100kV GIS 绝缘试验

（1）合成试验能力国际第一。

（2）国际首次成功完成了 1100kV GIS 的全套型式试验，试验参数达国际最高水平，创造了世界第一。

（3）国际首次采用双边加压的切长线方法对特高压断路器实施了开合试验。

（4）国际首次采用三回路电流引入法成功实施了特高压断路器的 T100s 开断试验。

（5）国际首次成功完成国际最高参数的特高压断路器整极开断试验（见图 6.2-29）。

国家高压电器质量监督检验中心已具备交流 1100kV、直流±800kV 及以下交直流设备高电压、大容量的试验能力，特高压试验技术已处于国际领先水平，成为国际上在特高压大容量试验领域功能最完备的专业实验室，为我国交直流超特高压开关设备的自主研发提供了良好的条件。

二、1100kV GIS 开关设备研制

通过多年中外合作和自身能力的不断提高，国内开关设备主要制造厂包括新东北电气、西安西电开关电气有限公司（简称西开电气）、平高电气等先后具备了 500kV、750kV GIS 和 AIS 设备的批量生产能力。在消化国外技术的同时，国内厂商大胆创新，已较熟练地掌握了开关设备的设计、试验和生产技术，具备了自主开发特高压 AIS 开关的能力。但由于国内 500kV GIS 的制造刚刚起步，在特高压 GIS 开关设备的研发能力和制造水平与国际一流企业差距较大。依托特高压交流试验示范工程，采用"中外合作、产权共享、国内制造"模式，河南平高电气股份有限公司（简称平高电气）成功研制特高压 GIS，西开电气和新东北电气成功研制特高压 HGIS，并向工程供货，2009 年 1 月投运。后续工程中，平高电气、西开电气、新东北电气和山东电工日立是特高压交流输电工程特高压 GIS 的四家供货商。

（一）平高电气 1100kV GIS 设备研制

平高电气与日本东芝公司合作生产开发完成 ZF27-1100 型 1100kV 气体绝缘金属封闭开关设备。2008 年 6 月 2 日，平高电气为晋东南—南阳—荆门 1000kV 交流特高压试验示范工程长治变电站研制的 GIS 通过型式试验。平高电气自特高压交流试验示范工程中开始供货特高压 GIS（HGIS）产品，晋东南平高电气供货的 1100 kV GIS 采用与日本东芝公司联合研发设计、合作生产制造的方式。

为实现特高压 GIS 开关设备的完全国产化，有力支撑我国后续特高压工程建设，平高电气将引进的百万伏 GIS 核心技术消化吸收再创新，实现百万伏 GIS 关键技术、关键零部件的国产化。该产品于 2011 年 1 月 7 日完成研制，2011 年 8 月 7 日通过中国机械工业联合会组织的科学技术成果鉴定。产品由平高电气自主研制，具有自主知识产权，达到国际领先水平，额定通流 6300A，额定短时耐受电流 63kA，额定峰值耐受电流 171kA，机械寿命 5000 次。目前该产品率先在试验示范工程扩建工程应用，有力地支撑了我国交流特高压电网建设。

为打破国外技术垄断、全面掌握特高压 GIS 核心技术，持续支撑国家特高压电网建设，平高电气于 2009 年启动百万伏自主化 GIS 研制。项目团队先后攻克特高压双断口断路器大容量开断、特高压隔离开关母线转换电流息弧、大功率液压机构设计、充气复合套管研制等技术难题，于 2012 年 9 月 14 日完成特高压自主化断路器研制，是国内首台基于自主技术路线的特高压双断口断路器，2013 年 12 月 19 日完成自主化 GIS 整体研制。自主化断路器于 2012 年 10 月 18 日通过国家能源局组织的国家级能源科学技术成果鉴定，产品具有完全自主知识产权，达到国际领先水平；自主化 GIS［ZF55-1100（L）型］整体于 2015 年 5 月 17 日通过中国机械工业联合会组织的新产品新技术鉴定，主要技术参数和性能达到国际领先水平。产品额定短时耐受电流 63kA，额定峰值耐受电流 171kA，机械寿命 5000 次，额定通流 6300/8000A。产品率先应用于皖电东送交流特高压工程。

平高电气研制 GIS 断路器为罐式双断口结构，如图 6.2–18 所示。断口上装有并联电容器，保证断口的电压分布均匀，设置并联合闸电阻（600Ω）来降低合闸操作过电压，与灭弧室在同一罐体中，灭弧室采用双动混合压气式设计。每极断路器主要由以下部件构成：金属壳体、灭弧室、绝缘支撑座、传动

图 6.2–18　ZF27-1100 型 GIS 断路器

系统、操动机构等。液压操动机构采用整体模块式构造，在罐体下方与本体组成一个完整的包装单元，电流互感器设置在断路器两侧，采用穿心式结构，绕组采取捆扎形式。断路器重心低，罐体直接安装在断路器长方形钢体结构的底架上，具有优异的抗震性能。

（二）西开电气 1100kV GIS 设备研制

2005 年 7 月，西开电气与 ABB 公司签署了关于特高压 1100kV GIS 合作开发与生产的协议书。协议书包括：试验示范工程项目西开电气为主承包方，ABB 公司为分包方；西开电气与 ABB 公司共同设计开发 1100kV GIS，双方同时拥有 100% 的知识产权；西开电气参加开发、设计、试验，西开电气制造所有的样机并进行相关的型式试验，以验证 1100kV 产品的可靠性并掌握制造技术；ABB 公司负责技术开发和开发性试验，西开电气全过程参与；ABB 公司支持西开电气进行工程项目的组织、生产和产品质量评价，确保为工程提供优质产品。

（1）断路器。利用 ABB 公司的 ELK4 型产品，其设计额定电压为 800~1100kV。对 ELK4 型产品的断路器、快速接地开关等进行改进完善。用 SP 新型灭弧室进行开发研究试验，断路器操动机构采用新型液压蝶簧操动机构 HMB-16。

（2）隔离开关在现有 ELK4-T 型隔离开关的基础上进行开合容性小电流的研究性试验。

（3）ELK4EM 型接地开关的结构形式不变。在配用机构方面，对 ELK3 型产品 DH9 型电动机构进行改进设计，满足大的触头行程要求。

2008 年 8 月西开电气为晋东南—南阳—荆门 1000kV 特高压交流试验示范工程荆门变电站研制的 1100kV HGIS 在西高院通过了短路容量试验，短路电流 50kA，为国际上首次进行的最高电压等级的容量试验，用户和专家现场见证了试验过程。特高压断路器整极验证试验如图 6.2-19 所示。2007~2008 年在西高院通过了最严酷条件下的绝缘试验（见图 6.2-20），ABB、KEMA 和国家电网公司的专家在现场见证了试验。西开电气与国家电网公司签署供货协议如图 6.2-21 所示。

图 6.2-19 特高压断路器整极验证试验

图 6.2-20 绝缘试验

西开电气共为 1000kV 特高压交流试验示范工程荆门变电站提供了两个间隔的 1100kV HGIS，2009 年 1 月正式投入运行（见图 6.2-22）。

图 6.2-21　西开电气与国家电网公司签署供货协议

图 6.2-22　西开电气生产的 1100kV HGIS 运行在荆门变电站

随着特高压电网系统规模扩大，为了满足后续特高压工程对大容量开关设备的需要，促进和实现中国重大装备关键设备技术与装备的国产化，西开电气从 2009 年起开始自主研制额定电流 6300A、额定短路开断电流 63kA 的 ZF17A-1100 特高压大容量 GIS 产品。

2010 年西开电气研制出世界上首台特高压 1100kV、63kA、6300A 的 GIS 设备，并在西高院高压电器试验室通过了全套型式试验，表明我国在特高压大容量开关设备制造领域取得了重大突破。ZF17A-1100 型 GIS 是西开电气自主研发的拥有自主知识产权的产品，技术参数达到了世界领先水平。

2011 年西开电气向特高压交流试验示范工程扩建工程荆门变电站提供了 3 个间隔的 1100kV、63kA 大容量特高压 HGIS。2013 年又向皖电东送皖南变电站提供了 9 个间隔 GIS 产品，在后续工程中广泛应用。

西开电气研制成功的特高压 1100kV、63kA、6300A GIS 标志着在国际上率先掌握了特高压 GIS 研究、制造、试验等核心技术，为中国后续特高压工程建设提供了设备保障。西开电气坚持自主创新，产品拥有自主知识产权，技术领先于国际水平，使中国高压开关设备技术走在世界前列，在国际特高压输变电领域获得技术优势和竞争优势。

（三）新东北电气 1100kV GIS 研制

新东北电气为应对我国特高压输变电工程的开展，于 2006 年开始分别采用了两种不同的技术路线，分别如下：① 与日本日立公司（原日本 AE 公司）合作开发完成了 ZF6 型两断口断路器，2008 年 4 月 8 日通过型式试验，后续通过了国家能源局的产品鉴定，该类型产品率先应用于晋东南—南阳—荆门 1000kV 特高压交流试验示范工程南阳变电站；② 新东北电气在 363kV、550kV、800kV GIS 技术基础上，自主研制开发完成了 ZF15 型四断口断路器，2011 年 11 月 18 日通过了型式试验，后续通过了国家能源局的产品鉴定，该类型产品首次应用于皖电东送工程浙北站；③ 其他元件，如隔离开关、快速接地开关、检修接地开关、电流互感器、母线等，在新东北电气 363kV、550kV、800kV 设备技术基础上自主研制开发完成了结构设计、样机制造、型式试验，并通过了国家能源局的产品鉴定。

与日立合作生产的 ZF6 型两断口断路器采用双断口结构，实现额定电压 1100kV；直流分量时间常数在 120ms 下，额定短路开断电流 63kA，电寿命 20 次。为了限制系统操作过电压，设置与主断口同步运动的合闸电阻装置，结构简单可靠。采用氮气储能液压操动机构，各阀体的连接采用了无配管的阀体直接连接方式，不易发生漏油。除了控制阀之外全部阀门都收纳至外部箱体中。此外液压操动机构具有机械式防跳跃功能，断路器外观及试验照片如图 6.2-23 所示。

图 6.2-23 新东北电气两断口断路器外观及试验照片

ZF15 型自主化四断口断路器采用低位布置,可满足抗震性能;由于采用小型化灭弧室结构设计,断路器与操动机构采用直线传动,最大限度减少了传动环节,使配置蝶簧储能液压操动机构成为可能。合闸电阻设置在单独气室中,使合闸电阻热容量裕度及绝缘裕度进一步提高。由于合闸电阻断口采用瞬时脱扣设计,断路器运行更为可靠。配置了蝶簧储能液压操动机构,避免了环境温度对断路器特性的影响,运行更为可靠,由于采用高度集成和紧凑结构设计,最大限度避免机构渗漏油发生。本四断口断路器具有较强的开断性能,T100s 短燃弧时间为 7.5ms,燃弧区间足够大,在 2 天内完成 18 次电寿命试验、4 天内完成 LC、OP2 和串补特殊试验,16 天完成全部开断试验。为考核断路器机械操作可靠性,在满足机械寿命试验 5000 次操作后,继续操作至 8500 次。同时为进一步考核断路器机械操作可靠性,试品重新完成了 10 000 次机械寿命试验考核,断路器外观及试验照片如图 6.2-24 所示。

图 6.2-24　新东北电气四断口断路器及试验照片

三、关键组部件国产化研制

特高压交流试验示范工程中开关设备综合国产化率达 71.5%(以合同额计),但操动机构、盆式绝缘子、绝缘拉杆、均压电容、合闸电阻等关键组部件依赖进口。

随着特高压工程建设,国产整机设备和组部件的国产化率逐步提升。统计 2017 年全年,特高压 GIS 国产化率达到 80%;统计 2018 年全年,特高压 GIS 的国产化率达到了 90%。

盆式绝缘子方面,试验示范工程时期 100%依赖进口,在皖电东送工程时期实现了国产化,国产化率约 40%且逐步提升，当前国产化用量已经达到 90%以上，个别变电站已经实现 100%。

操动机构方面，试验示范工程时期 100%依赖进口，在皖电东送工程时期实现了国产化并试用了国产化操动机构以来，陆续扩大使用量，在近期工程中用量占比已超过 30%。

GIS 套管方面，截至目前，瓷套全部采用日本 NGK，复合套管全部采用江苏神马供货，试验示范工程时期的国产化率 11%，目前工程国产化率可达 100%。

（一）盆式绝缘子

国内开关制造商盆式绝缘子的制造始于 20 世纪 90 年代初期，当时引进国外 GIS 制造技术（主要是图纸），盆式绝缘子的制造工艺一般是国内企业自行开发的。随着特高压工程的推进，国内制造厂开始研发特高压盆式绝缘子的制造技术。特高压盆式绝缘子质量、体积更大，其热力学与机械性能的不足凸显，因此在设计和工艺方面都难度较大，相关性能检测的理论和标准仍待完善。

试验示范工程开关设备盆式绝缘子全部采用进口，运行中暴露出可靠性不够的问题。特高压工程推动了国内制造厂对于特高压 GIS 用盆式绝缘子的研制，2011 年试验示范工程扩建工程中首次试用了国产的特高压盆式绝缘子，然而在厂内质检和运行过程中均暴露出一些技术问题和缺陷且各制造商检测标准缺乏完善性和统一性。随着特高压交流工程即将进入规模化建设阶段，盆式绝缘子用量将大幅增加，工期要求将更加紧张。以皖电东送特高压交流输电工程为例，采用 33 个间隔特高压 GIS，共计约 2400 支特高压盆式绝缘子。在这种形势下，亟须开展特高压 GIS 用盆式绝缘子质量控制研究，以提高其质量水平，确保电网运行安全，全面实现产品的国产化。

为此，国家电网公司决定开展"特高压盆式绝缘子质量控制重大专项活动"。2012 年 1 月中国电科院联合平高电气、西开电气和新东北电气三家 GIS 厂商开展了特高压 GIS 用盆式绝缘子的技术攻关。从盆式绝缘子的结构设计、原材料配方、制造工艺、试验方法等方面开展系统研究，以提高国产绝缘件的制造水平，实现特高压 GIS 用盆式绝缘子的国产化。

在中国电科院的牵头组织下，平高电气、西开电气和新东北电气于当年相继完成了特高压盆式绝缘子的研制工作，经过反复的工艺优化和设计改进，最终通过了型式试验的验证，并在皖电东送特高压交流工程中开始应用。国产盆式绝缘子价格仅为进口盆式绝缘子价格的 50%，大幅节省了工程造价，并有利于工期进度的保证。后续特高压工程中，国产盆式绝缘子的比例逐渐提升，在山东—河北环网工程三大开关厂的盆式绝缘子国产化率已经接近 100%，截至目前，服役年限最长的国产化盆式绝缘子已经超过 7 年，整体运行情况良好。

研制出的国产化盆式绝缘子综合性能达到了国际先进水平。电气强度满足工频电压 1100kV/5min（GIS 标准为 1min）试验以及 1210kV/1min 的工频裕度试验，国外试验通常为 1100kV/1min 且没有进行裕度试验考核。机械强度也达到了国际先进水平，水压破坏均值达到 4.0MPa，达到了东芝和 AE Power

（日立）的水平且尺寸、质量比日立的产品小得多。盆式绝缘子在经过-40～105℃升降10个循环后依然性能良好，通过了抗弯试验、操作冲击（1800kV、250/2500μs）、雷电冲击（2400kV、1.2/50μs）、工频电压（1100kV/5min）以及水压破坏等一系列严酷试验的考核，充分体现了国产盆式绝缘子的技术优势。国产与进口盆式绝缘子技术指标对比见表6.2-4。

表6.2-4　　　　　　　　　　国产与进口盆式绝缘子技术指标对比

比较内容	国产产品技术指标	进口产品技术指标
电气性能	工频耐压 1100kV/5min	通常为 1100kV/1min
	工频裕度试验 1210kV/1min	无
热机械性能	水压破坏均值达到 4.0MPa 以上	日立、东芝 4.0MPa 以上
	-40~105℃10 个冷热循环后通过抗弯、绝缘及水压破坏等一系列严酷试验	未见报道
技术规范	型式试验系统、全面，包括振动、密封、着色、电性能、热性能、抗弯、压力破坏等项目	仅有热性能和压力破坏试验
	抽样试验和片析检查试验，抽样破坏值不低于历史平均值的80%	无
	完善的材料试样试验，涵盖电气、机械和理化性能	无

（二）断路器操动机构

操动机构是断路器的重要核心部件，结构复杂、零件多，并且要求操作功大、可靠性高。1100kV特高压断路器均采用液压操动机构，运动质量大、响应要求快、速度要求高，这就对液压机构的操作功、控制阀的响应速度、工作缸的缓冲特性提出了更高的要求。

自皖电东送工程起试用了国产化操动机构以来，陆续扩大使用量，在近期工程中用量占比已达到约30%。我国1100kV特高压断路器操动机构相关参数要求见表6.2-5，其动作时间、速度和强度、寿命等要求极高，需具备满足两周波开断的高频响大流量液压快动控制阀系统、良好的缓冲系统以及可靠的动静密封防渗漏技术。

表6.2-5　　　　　　　　我国1100kV特高压断路器操动机构相关参数要求

参数		单位	数值
额定短路开断电流	交流分量有效值	kA	50/63
	时间常数	ms	120
	开断次数	次	≥16
	首相开断系数		1.3

参数		单位	数值
额定短路关合电流		kA	135/170
额定短时耐受电流及持续时间		kA/s	50/2、63/2
额定峰值耐受电流		kA	135/170
开断时间		ms	≤50
合分时间		ms	≤50
分闸时间		ms	≤30
合闸时间		ms	≤120
重合闸无电流间隙时间		ms	300 及以上可调
分、合闸速度	分闸速度	m／s	8.5~14.0
	合闸速度		3.0~5.0
机械稳定性		次	≥5000
额定操作顺序			O‑0.3s‑CO‑180s‑CO
液压机构	重合闸闭锁压力时允许的操作		O‑0.3s‑CO 或 CO‑180s‑CO
	24h 打压次数	次	≤2

目前，平高电气、西开电气和新东北电气均实现了操动机构的国产化。西开电气和新东北电气的国产化机构为配四断口断路器的液压蝶簧储能机构，平高电气的国产化机构为配双断口断路器的液压氮气储能机构。

（三）套管

GIS 用 SF$_6$ 套管按照所采用的绝缘子不同可分为瓷套管和复合套管。瓷套管全部由日本 NGK 生产供货，国产化的套管采用复合方式，自首个特高压交流试验示范工程荆门变电站起，即已研发应用了国产化特高压 GIS 用复合套管，至今已经安全运行超过 10 年，后续工程中陆续扩大使用量，并且通过了水平加速度 0.5g 的真型地震试验以及−40℃低温环境的应用经验，工程中用量占比已达到 60%以上。

套管装配主要包括顶部均压环、接线端子、绝缘外套、中心导体、内屏蔽、吸附剂、支撑筒等元件，特高压试验示范工程 GIS/HGIS 采用 SF$_6$ 充气式瓷套管和复合套管两种，如图 6.2−25 和图 6.2−26 所示。瓷套管长约 12m，自重 7t；复合套管长约 12m，自重 4.5t，在荆门站使用了三支，属世界上首次研制使用。

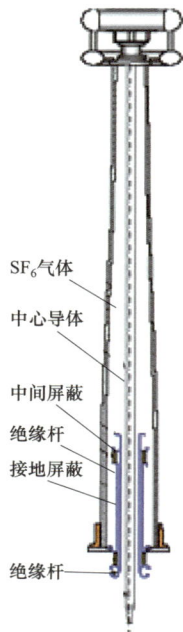

图 6.2-25　瓷套管外形及内部结构图

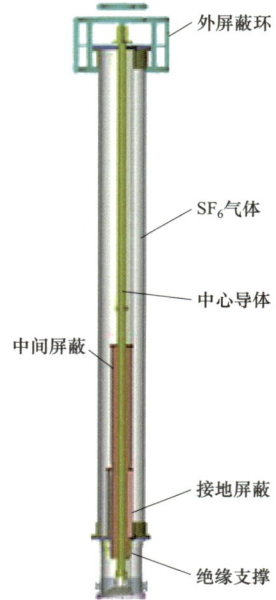

图中标注：SF$_6$气体、中心导体、中间屏蔽、绝缘杆、接地屏蔽、绝缘杆

图 6.2-26　复合套管外形及内部结构图

图中标注：外屏蔽环、SF$_6$气体、中心导体、中间屏蔽、接地屏蔽、绝缘支撑

第四节　特高压气体绝缘金属封闭母线（GIL）的研制

气体绝缘金属封闭母线（GIL）是一种采用 SF$_6$、SF$_6$/N$_2$ 或其他气体绝缘外壳与导体同轴布置的高电压、大电流、长距离电力传输设备，其结构如图 6.2-27 所示。由于 GIL 设备具有输电容量大、占地少、维护量小、寿命长、环境影响小等显著优点，逐渐成为特殊环境下替代架空线的首选方案，已经广泛应用于大型水电站、核电站、抽水蓄能电站、城市高压变电站的进出线。

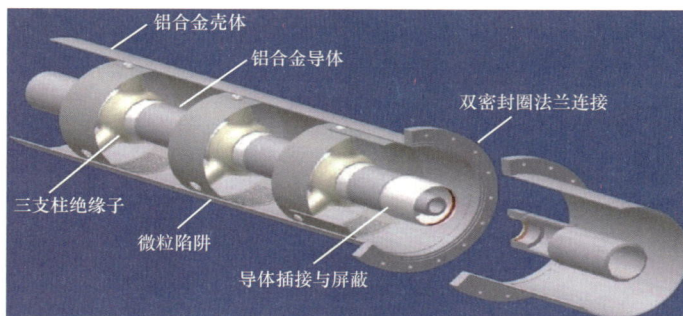

图中标注：铝合金壳体、铝合金导体、双密封圈法兰连接、三支柱绝缘子、微粒陷阱、导体插接与屏蔽

图 6.2-27　GIL 典型结构

为解决苏通 1000kV 交流特高压 GIL 综合管廊工程江底隧道输电难题，国家电网公司组织产学研用联合攻关，带领平高电气和山东电工日立成功研制特高压 GIL，世界上率先掌握特高压 GIL 输电的设计、制造、施工和试验的全套技术。在我国特高压 GIL 研制之前，世界上高压 GIL 技术基本为西门子、美国 AZZ 等欧美大公司所掌握，而我国自主研制的 GIL 产品处于空白状态，已运行如黄河拉西瓦水电站的 800kV GIL，溪洛渡水电站、锦屏水电站等 550kV GIL 全部采用国外产品。世界范围内敷设的 GIL 累计长度见表 6.2－6。

表 6.2－6　　　　　　　　　世界范围内敷设的 GIL 累计长度

电压等级/kV	累计长度/km	电压等级/kV	累计长度/km
80，115，121，123，138，145，172	26	550	265
230，242，275	215	750	16
345，362	70	总计	757
400～420	165		

淮南—南京—上海 1000kV 交流特高压输变电工程跨越长江，原计划采用铁塔架空方式输电，但江中需竖立两基巨塔，塔高 455m，每个塔基达 3 个足球场大，影响长江通航和生态且静态投资由 18.9 亿元增至 44.7 亿元。电缆输电容量有限且当时最高仅到 500kV，同样不适合用于特高压线路输电。2016 年 1 月 6 日，国家电网公司召开专家研讨会，认为江底管廊的 GIL 方案具备工程应用可行性，同意过江方案由长江大跨越改为 GIL 综合管廊。2016 年 7 月 29 日，苏通 GIL 综合管廊工程获国家发展改革委核准，同年 8 月 16 日开工建设，2019 年 9 月 26 日建成投运，如图 6.2-28 和图 6.2-29 所示。

图 6.2-28　"卓越号"盾构机

图 6.2-29　2017 年 6 月 28 日，"卓越号"盾构机始发掘进

该工程采用过江隧道装设 GIL 的方式实现输电，是华东特高压交流环网合环运行的关键节点，也是世界上首次在重要输电通道中采用特高压交流 GIL 设备。它是我国特高压交流输电工程的一项重大举措和创新，是世界上电压等级最高、输送容量最大、技术水平最高的超长距离气体绝缘金属封闭输电线路创新工程，工程中所采用的特高压 GIL 全部采用国产产品（见图 6.2-30 和图 6.2-31）。

图 6.2-30 工程位置

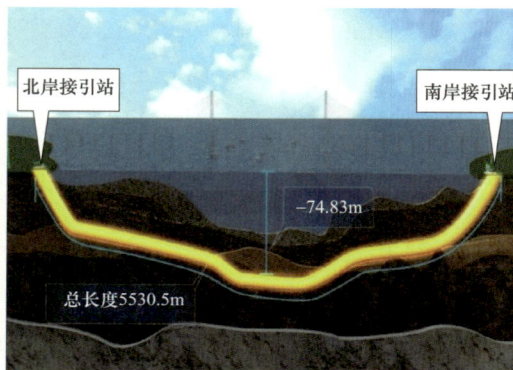

图 6.2-31 综合管廊工程示意图

苏通工程位于 G15 沈海高速苏通长江大桥上游附近，南、北岸各设置一个永久占地的地面引接站。隧道线位总长 5530.5m，其中盾构段长度约 5468.5m，GIL 管线单相长度约 5700m，6 相合计总长 34 200m，隧道内径 10.5m，外径 11.6m，其隧道截面图如图 6.2-32 所示。

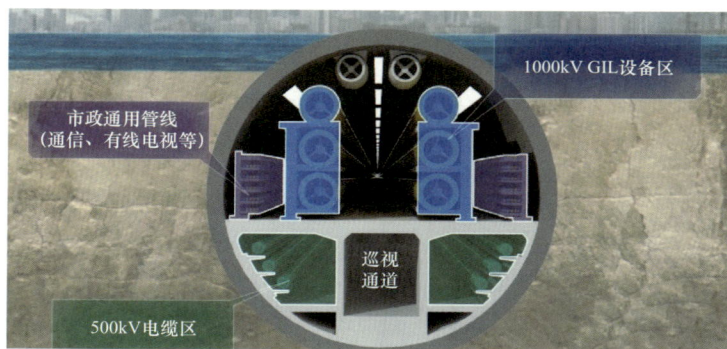

图 6.2-32 苏通 GIL 综合管廊工程隧道截面图

一、GIL 产品设计关键技术

复杂地理环境和地质条件下，GIL 是长距离、大容量输电的可靠方式，GIL 研制包括设计、制造、现场安装、运行维护等关键技术。

国内企业开展 GIL 研制时间较短，早期均以 GIS 母线替代 GIL 使用。随着大型水电站城市综合管廊建设的不断推进，GIL 应用逐渐广泛，国内企业加大了对 GIL 的研发力度（见图 6.2-33）。

2016 年 1 月，特高压 GIL 技术规范书启动编制。经数十次会议研讨，逐设备、逐部件确定关键技术参数，于 2017 年 1 月最终审定通过。苏通 GIL 综合管廊工程采取国内公开招标方式，允许国内厂商通过"联合设计、技术共享、国内出厂"模式进行中外技术合作，平高电气和山东电工作为中标企业，根据苏通工程特殊要求，自主研制了 1100kV 特高压 GIL（见图 6.2-34）。

图 6.2-33　糯扎渡普洱换流站西开电气 550kV GIL

图 6.2-34　一次成型的螺旋焊管加工

经过反复研讨,2017 年 8 月国家电网公司组织相关单位和专家完成 GIL 整机型式试验方案以及伸缩节、绝缘子、外壳等关键组部件试验方案的编制工作,并通过专家组审查。2017 年 12 月,西高院完成试验设施改造升级,具备开展型式试验条件。2018 年 3 月平高电气和山东电工日立 GIL 样机顺利通过型式试验,成功研制出首台套产品（见图 6.2-35～图 6.2-38）。

图 6.2-35　绝缘试验

图 6.2-36　温升及短时耐受、峰值耐受电流试验

图 6.2-37　密封试验

图 6.2-38　触头和绝缘子机械寿命试验

2018 年 7 月～2019 年 1 月，为验证 GIL 设备的长期运行可靠性，发现可能存在的缺陷，对特高压 GIL 进行了长期带电考核试验，如图 6.2-39 和图 6.2-40 所示。经过 184 天考核，设备总体运行情况良好，未发生放电、过热、泄漏等异常现象，完全满足设计和工程使用要求。

图 6.2-39　第一期特高压交流 GIL 试验线段

图 6.2-40 第二期苏通工程带电考核 GIL

为满足生产需要，平高集团投资 4000 万元建设了 GIL 生产线，具有 252～1100kV GIL 共线生产能力（见图 6.2-41）。山东电工集团新建了扬州生产基地，专用于生产苏通综合管廊工程的特高压 GIL 产品，装配能力、试验能力和仓储能力均达到较高水平。2018 年 6 月完成了工厂设备、环境条件、质量体系、组部件供货、制造计划、试验方案等 GIL 生产开工检查，具备生产条件。

图 6.2-41 GIL 装配厂房

2020 年，平高电气和山东电工研制的 1100kV GIL 分别通过中国工业机械联合会新产品鉴定，鉴定意见给出了国际领先的高度评价。

目前国内主要 GIL 生产制造企业有平高电气、西电集团、山东电工、新东北电气等，通过直接参与苏通管廊工程，或间接借鉴苏通工程成功经验，国内企业均具备了 252～1100kV GIL 的研发、制造能力。整体的 GIL 产品研制和工程设计能力均达到了世界先进水平（见图 6.2-42）。

图 6.2-42　苏通 GIL 综合管廊工程现场

二、关键组部件国产化研制

目前 1100kV GIL 已实现自主化设计、制造、安装和试验。除高容差触头外，GIL 组部件基本实现国产化，其中绝缘子、伸缩节和外壳是 GIL 主要组部件，其生产制造均已实现全面国产化。

（一）绝缘子

绝缘子是 GIL 绝缘系统的主要部件，其性能优劣对于 GIL 运行质量影响巨大。国外设计方案无论从成本角度还是性能角度，均无法达到苏通工程要求。同时，我国具有丰富的 1100kV GIS 绝缘子生产经验，可为 1100kV GIL 绝缘子的生产制造提供充分借鉴。

对于盆式绝缘子，在 GIS 盆式绝缘子的基础上，综合苏通管廊工程特殊技术要求，成功研制了 GIL 盆式绝缘子，其结构与 GIS 盆式绝缘子较为接近。

三支柱绝缘子是 GIL 独有的，为了满足电气绝缘和支撑导体的需求，GIL 中大量采用了三柱式支撑绝缘子作为主绝缘结构。与 GIS 中的盆式绝缘子相类似，三柱式支撑绝缘子是整个 GIL 中的薄弱环节，其电气性能的好坏关系到整个 GIL 绝缘强度的高低。国外无成熟产品，需要自主研发。

图 6.2-43　GIL 三支柱绝缘子

三支柱绝缘子分为支腿与腹部两个部分，由三个支腿内的金属嵌件进行定位，在 GIL 中起到支撑导体和绝缘的作用，GIL 导电杆穿过三支柱绝缘子中心套筒导通电流。支腿端部的金属嵌件与微粒陷阱和壳体内壁相接，并以一定方式接地，如图 6.2-43 所示。

656

研制工作包括探明绝缘子结构对绝缘强度的影响规律，研制出高参数轻量化三支柱绝缘子，质量减轻 48.8%，绝缘能力达标准要求的 1.1 倍以上；同时发明了三支柱绝缘子与导体压接连接、三支柱绝缘子与壳体弹性接地连接结构，解决了传统连接方式带来的电场分布不均匀、壳体易损伤等难题。研发的三支柱绝缘子通过了高参数绝缘、机械强度等苛刻性能试验验证，其中，0～100℃冷热冲击循环耐受能力试验和 15 000 次滑动触头的特殊机械试验属国际首次通过，是当今世界上绝缘耐受能力最强的三支柱绝缘子。国内外技术三支柱绝缘子场强对比见表 6.2－7。

表 6.2–7　　　　　　　　　　国内外技术三支柱绝缘子场强对比

相关技术	表面切向场强	表面合成场强	嵌件表面场强
国外技术	11.1kV/mm	17.9kV/mm	13.7kV/mm
国产化技术	9.1kV/mm	17.6kV/mm	9.1kV/mm

目前我国平高电气、西电集团和新东北电气均研制出了 1100kV GIL 三支柱绝缘子产品，成功应用于苏通 GIL 综合管廊工程，淮南—南京—上海特高压交流工程南京变电站、泰州变电站、苏州变电站，驻马店—南阳特高压交流工程南阳变电站和武汉特高压交流试验基地的试验线段等，取得了显著的经济和社会效益。

（二）压力自平衡型伸缩节

苏通 GIL 综合管廊分为南岸部分、管廊部分和北岸部分，管廊平面由两段直线段和中间弧线段组成，弧线段长度约 1320m，半径为 3000m。管廊纵断面由 8 个坡段组成，包括 5 个直线段。每两个坡段之间由曲线弧段过渡，半径为 2000m，即管廊内共有 7 个 R2000m 圆弧段，其中水平方向 R3000m 圆弧段中包含 4 段 R2000m 圆弧段。

因此苏通管廊在三维方向上呈现复杂的蜿蜒曲折走向，其冷热补偿工况非常复杂。

此外由于苏通管廊工程主体结构为管片连接成型，地基强度远不如地面预埋结构，导致 GIL 支架因基础强度较低，无法承受过大盲板力，完全需要伸缩节吸收。考虑到苏通工程长达 72m 单个补偿段和极限最大环境温差，伸缩节需具备较大补偿量。再考虑管廊空间的限制，以及由此带来的高度密封要求，伸缩节的设计加工难度极大。本工程使用近 500 个压力自平衡型伸缩节，全部为国产化自主设计生产（见图 6.2－44）。

为此，国内企业潜心研发了一种薄壁多层、分体压缩结构的压力平衡型伸缩节，其轴向补偿量高达 ±55mm，地基水平方向载荷降低 70%。由此建立了苏通工程全管系特高压 GIL 的轴向、径向、角向补偿体系，实现了 GIL 设备在温升、基础沉降、地震等工况下的形变补偿。由于国外尚无特高压 GIL 产品，因此采用与特高压 GIS 进行性能参数对比，见表 6.2－8。

图 6.2-44　GIL 压力自平衡型伸缩节

表 6.2-8　　　　　　　　　　　国内外技术三支柱绝缘子场强对比

相关产品	壁厚×层数	补偿量	轴向刚度	疲劳寿命
特高压 GIS 伸缩节	0.8mm×4	±35mm	2075N/mm	15 000 次（40 年）
特高压 GIL 伸缩节	0.5mm×7	±55mm	995N/mm	30 000 次（80 年）

目前我国沈阳汇博、沈阳晨光弗泰和江苏恒高均研制出了 1100kV GIL 用压力自平衡伸缩节产品，成功应用于苏通 GIL 综合管廊工程且同时掌握了机械胀压成型和液压一次成型两种成型工艺，仍将在后续的特高压工程中发挥更大作用。

（三）特高压大尺寸螺旋焊管

GIL 外壳内径 880mm，壳体壁厚 10mm，挤压成型管无法满足要求。又由于单一壳体长达 18m，如采用常规的直缝焊管，长度、圆度和直线度均难以满足要求。确定特高压 GIL 壳体主要采用螺旋焊结构。

外壳两端法兰为锻造法兰，需设计复杂结构实现绝缘子的内置，减少密封面数量。为保证法兰两端的平行度和壳体直线度，法兰与焊管焊接后应对法兰进行机加工，确保壳体各项尺寸要求。采用高精度壳体顶弯技术，可实现焊管偏转角度达 0.1°，或采用高精度切角法兰加工技术，可设计出满足工程需求的不同角度的弯段单元。

采用螺旋焊管开发出了 GIL 标准直线单元、小角度转角单元、直角单元及隔离单元壳体，其电导率控制值 22ms/m，圆度偏差 ±1mm，内焊缝余高小于或等于 0.5mm，同时引入了氦检漏检测密封性能和相控阵检测技术检测焊接质量，产品质量达到国际领先。

目前我国扬州金鑫和江苏恒高均研制出了 1100kV GIL 用螺旋焊管产品，成功应用于苏通 GIL 综合管廊工程（见图 6.2－45）。

图 6.2-45 螺旋焊工艺成型焊管实物图

第五节　特高压串联补偿装置的研制

长距离交流输电线路的线路感抗远大于线路电阻，是影响线路输送能力的关键因素。在交流线路中加装串联补偿装置（简称串补），利用电容器的容抗抵消线路感抗，可经济有效地大幅提高线路输送能力，是充分挖掘既有电网输送潜力的重要手段。随着我国特高压输电线路大规模建设的开展，特高压串补需求迫切，但国内外尚无研制先例。

一、整机研制

串联补偿装置是一种高电压、大容量、强弱电设备紧密耦合的复杂系统。其外观和组成如图 6.2-46、图 6.2-47 所示。火花间隙、限压器、阻尼装置等主设备与串联电容器组并联，安装在与输电线路相同电位的串补平台上。正常时，串补电容器组串入线路起补偿作用；线路短路故障时，电容器组电压快速升高，限压器自动将电容器电压限制在保护水平，即电容器组的第一级保护。但限压器能量吸收能力极为有限，需要火花间隙在1ms内快速触发导通，电容器通过火花间隙、阻尼装置形成放电回路，使电容器及限压器电压迅速降低，即第二级保护。50ms内旁路断路器合闸实现金属性旁路，火花间隙电弧熄灭，绝缘开始恢复；700ms时旁路开关分闸、线路带串补重新投入，恢复正常运行。旁路隔离开关是串补带电投入与退出的关键设备。光纤柱是串补平台上测控装置与地面控制保护小室之间唯一的光信息与能量传输通道。

当线路短路故障时，串补保护动作过程中，旁路回路流经幅值和频率极高的暂态电流，不仅要求火花间隙、阻尼装置等保护设备具有极强的电流耐受能力，也在串补内部各处产生幅值极高的特快速暂态过电压和强度极大的电磁干扰，还对线路短路特性造成极大干扰，使线路开断短路电流存在极高瞬态恢复电压和短路电流长延迟过零等问题。因此，该过程决定了串补设备的主要技术参数、平台设计和线路开断保护策略，是串补研制过程中必须解决的关键问题。

图 6.2-46　特高压串补装置

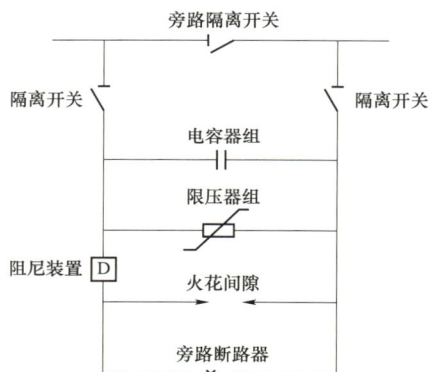

图 6.2-47　串补装置主拓扑结构

目前在国外仅有 ABB、SIMENS、GE 等几家公司掌握了超高压串补核心技术。中国电科院于 2000 年开始超高压串补关键设备研制，2004 年 12 月国产第一套 220kV 甘肃碧口电厂至成县变电站可控串补装置投入运行；2006 年 7 月，在东明开关站到江苏徐州三堡变电站第 3 回 500kV 线路的三堡变电站国产 500kV 串补装置；2007 年 10 月，在东北伊敏到冯屯双回 500kV 线路的冯屯变电站投运国产第一套 500kV 可控串补装置。2009 年中国电科院牵头开展特高压串补技术研究和关键设备研制。与超高压串补相比，特高压串补不是关键设备额定参数的简单提升。由于其串联在千万千瓦级电源外送通道或网间联络通道上，是影响整个电网可靠性的重要因素之一，可靠性指标远高于超高压串补。特高压串补技术研究与应用在国际上尚属首次，需要对串补与系统的相互影响、关键设备的极限性能、特殊工况下的暂态过程、弱电设备在高电位及强电磁干扰环境下的电磁兼容性能等技术难题进行全面深入的研究。

特高压串补研发团队历时三年攻克关键技术，完成产品研发。2011 年 11 月，世界上第一套电压等级最高的 1000kV 特高压串补装置在 1000kV 晋东南（长治）—南阳—荆门特高压交流线路南阳变电站和长治变电站成功投入运行。特高压串补装置提升输电容量 25%，为实现特高压单回输电线路稳定输送 500 万 kW 的目标发挥了重大作用，安全稳定运行至今。2016 年，世界上第二套 1000kV 特高压串补在承德建成。

晋东南—南阳—长治特高压串补主要技术参数见表6.2-9。

表 6.2-9　　　　　　　　晋东南—南阳—长治特高压串补主要技术参数

串补基本额定参数	长南 I 线		南荆 I 线（单段）
	长治站	南阳站	
额定电流/A（rms）	5080	5080	5080
额定阻抗/（Ω/相）	19.38	19.38	14.77
三相额定容量/Mvar	1500	1500	1144
额定电压/kV（rms）	98.4	98.4	75.0
补偿度（%）	20	20	20
过电压保护水平	2.3	2.3	2.3

二、关键组部件研制

1. 电容器组

串补用电容器组是实现串补功能的基本物理元件，是串补装置的关键设备之一。单套特高压串补电容器数量多达 2500 台，为 500kV 串补的 3～4 倍，面临大补偿容量下电容器单元的大量串并联难题。国内提出了双 H 桥保护方案，结合花式接线技术，解决了电容器不平衡电流检测灵敏性和注入能量控制之间的配合难题，同时解决了串联电容器组可能群爆的技术难题，串补用电容器组的实体图和接线原理图如图 6.2-48 所示。

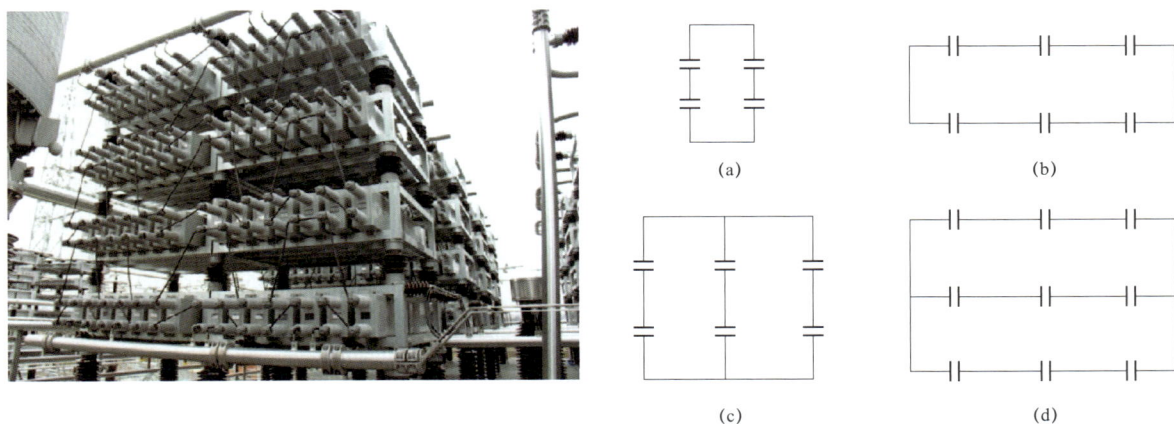

图 6.2-48　特高压串补电容器组及电容器组接线方式
（a）两串两并；（b）三串两并；（c）两串三并；（d）三串三并

2. 大容量金属氧化物限压器

金属氧化物限压器简称限压器，并联连接在串联补偿电容器组两端，用于限制因电力系统故障在电容器组上产生的过电压保护装置。限压器内部的核心工作部件是非线性金属氧化物电阻片，外套分为瓷外套和复合外套，与避雷器结构类似。大容量限压器技术包括限压器的设计制造技术、电阻片均流配片技术、限压器压力释放技术。

针对特高压串补提出极为苛刻的可靠性要求，提出了专门的电阻片挑片方法，优化了电阻片的配片方法，实现了特高压串补用限压器每相近百柱电阻片柱并联（每个电阻片柱由 30 片电阻片串联）后柱间分流系数从超高压串补的 1.10 降至 1.03。采用特殊设计的压力释放结构，在瓷外套限压器单元高度达 2.2 m、内部无隔弧筒的情况下，压力释放能力达到了 63kA/0.2s，如图 6.2－49 所示。

图 6.2－49　特高压串补用限压器

3. 火花间隙

以串补用火花间隙技术为代表的快速旁路技术，可实现 1ms 内快速旁路，以限制大容量电容器组过电压水平，防止设备损坏。火花间隙由主间隙和间隙触发系统构成，两者之间并联连接。主间隙是放电电流的主要通道，包括金属外壳、球—板电极结构为主的羊角形闪络间隙和带导流槽的续流间隙。间隙触发系统控制主间隙的触发导通，主要触发元件是双极触发的密封间隙，还有实现其双极触发所配置的低压和高压脉冲变压器、限流电阻器和触发控制箱等其他元件组成。火花间隙快速旁路技术是一系列核心技术的总成，包含火花间隙密封级联触发技术、强通流及高能电弧控制技术、微秒级触发控制技术、绝缘快速恢复技术、高电位自取能技术、紧密布置的复杂多导体系统暂态过电压分析与控制技术、高电位电子电路抗电磁干扰设计技术、激光取能技术、激光触发技术、密封间隙设计制造技术、高压脉冲变压器设计制造技术、限流电阻器设计制造技术等。

特高压串补用火花间隙额定电压达到 120kV，远高于超高压串补用火花间隙的 80kV；电流承载能力达到 63kA/0.5s（峰值 170kA），是超高压串补间隙的 2.5 倍。特高压串补用火花间隙具有精确、可控、稳定的触发放电电压以及足够的故障电流承载能力（63kA，0.5s），百微秒级触发放电时延，主绝缘快速恢复能力（在通过 50 kA/60ms 电流后，间隔 650ms 时恢复电压标幺值达 2.17）、强抗电磁干扰能力等性能，如图 6.2－50 所示。

图 6.2－50　特高压串补人工接地短路试验时火花间隙准确动作放电照片

4. 串补平台

设计了紧凑化、大载荷、高抗震等级的特高压串补平台，形成了国际独有的特高压串补真型试验研究能力；建立了复杂多设备三维力学和场强分析模型，提出了一体化、大包围结构的 3 段母线式平台设备紧凑化布置和支撑方案，解决了超重平台（200 t）的抗震、绝缘配合及电磁环境控制等难题；建设了特高压串补真型试验平台，形成了串补平台大尺度外绝缘配合、电晕及空间场强、平台上弱电设备电磁兼容等试验能力，填补了特高压串补试验研究的空白，如图 6.2－51 所示。

5. 旁路断路器和旁路隔离开关

研制了大容量灭弧室和高速操动机构，解决了 10m 超长绝缘拉杆在高速动作下的导向和机械强度难题，研制出首台 T 型结构 SF_6 瓷柱式旁路断路器，额定电流达 6300A，合闸时间≤30ms，机械寿命 10 000 次，如图 6.2－52 所示。

图 6.2-51　特高压串补全尺寸真型试验平台

提出了主触头加装辅助真空断路器，由主导电杆操作开合转换电流的方法，研制出首台敞开式旁路隔离开关，转换电流开合能力大幅提升至 7 kV/6300A，如图 6.2-53 所示。

图 6.2-52　特高压串补旁路开关

图 6.2-53　特高压串补旁路隔离开关

6. 光纤柱

光纤柱又称光纤绝缘子，是一种可实现高、低压电位之间光信号和光能量传输的高压设备，由绝缘外套、光纤和端部金具构成。光纤柱技术采用管状结构的绝缘子作为受力主体，内部穿有自由松弛状态的光纤，并填充绝缘膏体，两端密封。光纤柱具有单节和多节串联结构。

特高压光纤柱设备最高电压 1100kV，内置光纤数量最高可达上百根，光纤光损小于 0.6dB，具有良好的密封性能，通过水煮、陡波电压等试验考核，如图 6.2－54 所示。

7. 电流互感器

串补用电流互感器采用穿心结构，一次绕组为母线，额定电压 3.6kV。采用环形铁心，二次绕组密绕，铸铝外壳，环氧填充，同时具有测量级 0.2 和保护级 5P40 两种准确级，一次电流可高达 6000A，如图 6.2－55 所示。

8. 高电位平台上暂态过电压及电磁干扰抑制技术

提出 T 型部分单元等效电路分析方法及平台电位突变等试验方法，建立了高电位平台上大尺度多导体系统的电路分析模型，揭示平台特快速暂态过电压和电磁干扰分布规律，提出了三段母线式平台结构，研制了高可靠性平台测控装置，并在关键区域加装阻容限压装置，解决了平台上特快速暂态过电压及电磁干扰抑制难题，平台敏感区域的暂态过电压降至 1/7，平台测控装置的抗扰度大幅提高，如图 6.2－56 所示。

图 6.2－54 特高压串补用光纤柱

图 6.2－55 特高压串补用电流互感器

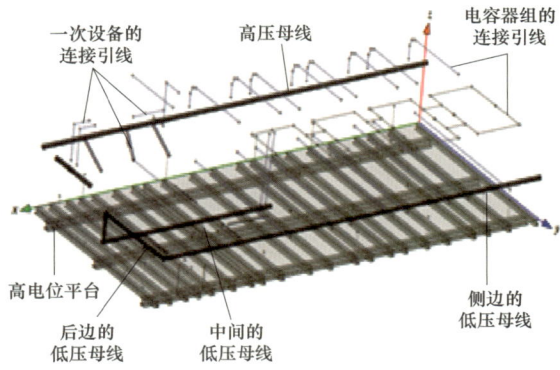

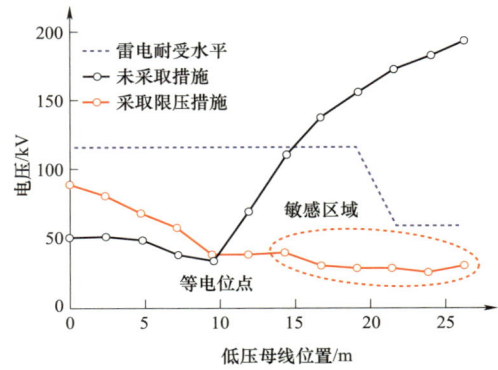

图 6.2－56　大尺度多导体模型和平台暂态过电压抑制效果

第三章

特高压直流输电设备研制

在直流领域，特高压是指±800kV及以上的电压。

高压直流输电具有线路输电能力强、损耗小、两侧交流系统不需要同步运行、发生故障时对电网造成的损失小等优点，在当代世界电力系统大区联网和长距离输电中起着十分重要的作用，展现出广阔的应用前景。

中国的直流输电是在1958年考虑长江三峡水利资源的开发以及三峡水电站的电力外送问题时提出的。但是由于多种原因，20世纪70年代以前工作进展不大。

20世纪70年代以后，高压直流输电被正式提到议事日程。

20世纪80年代，由国家计委、国家科委联合发出通知，批准兴建舟山直流输电工业性试验工程。西电集团协同西安电力电子技术研究所（简称西安电力电子所）利用舟山直流输电工业性试验工程这个契机，开始了高压直流输电换流站成套设备的研制和工程应用，成功地完成了我国高压直流输电换流站设备的起步，开创了中国高压直流输电的先河。

又经过十余年的等待，三峡工程的建设为我国高压直流输电技术的发展提供了极好的机遇，经过三峡系列直流输电工程的技术引进、科技攻关、消化吸收和技术改造，国内制造企业通过独立设计、掌握核心技术和自主创新，成功地实现了"经过3~5年的努力，使直流输电设备能够基本实现国产化""国内直流输电技术和设备制造从以国外为主转向以国内为主"的目标。

从宝鸡—德阳和呼伦贝尔—辽阳±500kV超高压直流输电工程开始，实现了国内制造企业独立投标、设计和制造，开创了直流输电设备国产化的崭新局面。

我国在具备了自主建设高压、超高压直流输电工程的成熟条件下，向更高电压等级直流输电工程进军就成为新的目标。2004年国家电网公司和南方电网公司提出我国发展特高压输电技术的需求。

2005年2月国家发展改革委下发《关于开展1000kV级交流、±800kV级直流输电技术前期研究工作的通知》（发改办能源〔2005〕282号），标志着特高压输电工程前期研究进入实质性阶段。根据国家发展改革委要求，必须通过特高压示范工程，实现在设备设计、试验、制造等方面形成自主化能力。

第一节　系统研究和成套设计

　　直流输电系统成套设计技术是直流输电的核心技术，开展成套设计工作是实施直流工程的必要前提。与传统的交流输电技术相比，直流输电系统技术复杂，所涉及的技术面广；同时直流输电设备种类繁多，对设备的要求与直流系统的相关性大，不能按照标准规格生产，作为单机直流设备没有使用价值，只有按系统研究要求组成成套设备，才能发挥其使用性能。因此，只有掌握了直流输电系统研究与成套设计技术，才能进行设备的研发、工程的总体设计、系统的试验调试等，才能实现直流输电工程的总承包。由此可见，直流输电系统研究与成套设计是直流输电工程设备研制及安全可靠运行的技术支撑，是保障直流输电工程顺利建成和稳定运行的"主心骨"。

　　直流输电系统研究与成套设计范围主要涉及研究交直流系统的相互作用，确定直流系统的性能指标和系统主回路方案；确定直流系统的合理运行方式，确定换流站各主设备的形式和参数，制定二次系统的控制保护方案；确定各主设备之间、主设备与辅助设备之间、主设备与控制保护设备之间以及控制保护设备之间的接口要求和规范，编制换流站各主设备的设备采购规范等。

　　我国高压直流输电系统研究和成套设计的发展与成熟是一个艰苦、曲折、复杂的过程，其中包含着独立自主的初心、追求真理的精神、埋头苦干的作风和攻坚克难的意志。

　　21 世纪初，通过三常、三广、贵广、灵宝、三沪等直流工程的经验积累，我国已完全具备独立建设大规模直流工程能力。国内设计单位、直流设备制造企业已经通过常规高压直流输电工程的技术引进和消化吸收，掌握了常规直流输电系统研究和成套设计的核心技术，已成功实现了我国高压、超高压直流工程系统研究与成套设计技术的全面自主与创新。

　　在具备自主建设高压、超高压直流工程的成熟条件下，2005 年 2 月国家发展改革委下发《关于开展 1000kV 级交流、±800kV 级直流输电技术前期研究工作的通知》（发改办能源〔2005〕282 号），我国高压直流输电工程正式迈入特高压阶段。更高电压等级的提出，对高压直流设备的设计和制造、系统稳定运行条件等都提出了前所未有的挑战，而扎实的系统研究和成套设计是保证工程能顺利实施、系统稳定可靠运行的前提。

　　在系统研究与成套设计方面，我国特高玉直流工程主要在以下几方面进行了创新：

　　（1）提出了特高压直流系统过电压与绝缘配合的步骤、方法和原则，避雷器设置与设备的配合关系，避雷器完整的选型方法。

　　（2）确定了换流站内关键设备和关键位置的绝缘耐受水平，操作冲击电压为 1600kV，雷电冲击电压分别为 1800kV（阀厅侧）和 1950kV（线路侧），使当时技术水平下特高压设备的研制成为可能。

（3）提出了采用干式平波电抗器在极线和中性线平衡布置的主接线方式，有效降低了高电位换流变压器阀侧的过电压水平。

（4）根据特高压直流复合绝缘子全尺寸人工污秽试验结果，在世界上首次验证了复合绝缘子的污闪电压与绝缘子长度满足线性关系。

（5）提出了特高压直流线路绝缘子的配置原则。

（6）提出了特高压直流线路电磁环境限值要求，制定了特高压直流线路电磁环境限值电力行业标准，在世界上率先掌握了特高压直流电磁环境的关键指标。

（7）确定了特高压直流线路对各级无线台站的防护间距。

（8）详细分析了换流站内传导和辐射电磁干扰传播规律，提出了特高压换流站阀厅屏蔽效能应不小于40dB，以及各类二次设备抗扰度的要求。

（9）提出了特高压直流系统的可靠性建议指标，对于建立高压直流输电技术指标体系，保证电网的安全稳定运行和控制造价具有重要意义。

（10）提出了特高压直流工程关键设备，如高端换流变压器、换流阀组、平波电抗器、旁路开关、隔离开关的主要技术指标，并组织研制出全套特高压直流国产化设备。

（11）提出特高压直流对安稳控制系统的要求，制定了特高压直流的安稳控制策略。

（12）提出了双12脉动阀组串联的特高压直流基本拓扑，研制出特高压直流控制保护系统，确定了其与安稳控制系统间的接口技术标准。

第二节 大功率晶闸管研制

一、大功率晶闸管在特高压直流输电中的核心作用和技术特点

大功率晶闸管是换流站的心脏，在整个直流输电过程中发挥着关键作用。特高压直流输电工程的输电容量直接取决于大功率晶闸管的电流等级，对输电容量影响很大。大功率晶闸管不仅具有反向阻断能力，并且在受触发开通之前具有正向闭锁电流的能力。因此给大功率晶闸管控制极通一很小的电流，就能使它在较低的正向电压下开通，并在阴极-阳极间通过巨大的电流，从而实现了电流的整流和逆变。

特高压直流输电换流阀是由多个晶闸管串联而成的。它与一般工业用晶闸管的要求不同，有两个最显著的技术特点：第一，要求一个换流阀臂上的器件要同时开通和同时关断，因此对每个器件参数的一

致性要求很高；第二，换流阀一般处于长期运行状态，对每个器件的长期可靠性要求很高。为此，特高压直流输电换流阀用晶闸管的制造工艺必须保证特高压直流输电用晶闸管的苛刻参数，要求一致性好、可靠性高。为此，需要制造工艺稳定，以及工艺设备的自动化程度高，从而避免人为操作失误，同时测试和试验条件也非常严格，这样才能保证元件的高质量。

二、我国直流输电用大功率晶闸管核心技术的发展历程

1982 年我国独立自主建设了第一条直流输电工程——舟山直流输电工程（±100kV，5 万 kW），机械部西安整流器研究所（现为西安电力电子所）经过攻关，自主研发了 2in（1in＝2.54cm），500A/2500V 的晶闸管器件，每个换流阀串联 240 只晶闸管。

20 世纪 90 年代，世界瞩目的三峡工程上马，三峡水电站 50%的电力要用直流方式送出，而超大功率晶闸管是直流输电工程中要解决的三项核心技术之一。为了提升我国特高压直流输电的水平，缩短与国外先进技术的差距，在国家发展改革委、国务院三峡办和国家电力公司的部署与支持下，决定通过引进国外先进技术，缩短我国自行开发时间，在高起点上同国际先进产品和技术水平接轨，达到国际同类产品的先进制造水平，逐步实现国产化。

西安电力电子所作为国内唯一从事大功率半导体器件研制及技术归口单位，被国家计委和国家电力公司指定为直流输电用大功率晶闸管技术承接方，承接了 ABB 半导体公司特高压直流输电用大功率晶闸管制造技术，芯片直径 5in、通态电流 3000A、阻断电压 7200V，这是当时世界用于直流输电工程最大功率的电力电子器件，具有世界最高水平。

西安电力电子所科技人员通过三年攻关，在合作、消化、吸收的基础上再创新，摸索出一套适合我国的工艺技术路线和生产线，制造出了与国外同类产品相当的超大功率晶闸管产品。从 1998 年起，产品成功应用于三峡直流输电的三峡—常州、三峡—广东、三峡—上海和呼伦贝尔—辽宁、宝鸡—德阳、青海—西藏等超特高压直流输电工程，同时也应用于大区直流联网的灵宝、高岭、黑河等"背靠背"直流联网工程。国产制造的超大功率晶闸管质量稳定可靠，换流阀运行状况良好，为我国迅速发展长距离输电做出了突出贡献。

超大功率晶闸管的国产化，使西安电力电子所成为世界上第三个能制造如此大容量、大电流高电压晶闸管的厂家，跨入世界功率半导体器件先进制造商行列，改变了我国直流输电换流阀核心器件一直受外国人控制的局面。2001 年时任全国人民代表大会常务委员会委员长吴邦国在视察西安电力电子所时给予了高度评价，超大功率晶闸管是我国直流输电引进消化吸收再创新的典型事例（见图 6.3－1 和图 6.3－2）。

图 6.3－1　芯片工艺生产车间

图 6.3－2　三峡工程用 5in 晶闸管

三、 特高压直流输电核心器件——6in 大功率晶闸管

研究和开发 6in 晶闸管对±800kV、600 万 kW 等级的直流输电技术经济性能影响重大。6in 晶闸管可提供更高的短路电流能力，有利于直流系统的优化设计；具有更大的过负荷能力，具有适当的安全裕度，有利于提高直流系统的动态性能和多条直流并联运行的稳定性、可靠性和安全性；减少晶闸管的数量、简化阀结构，有利于提高抗震能力；降低阀的损耗，而且提供更大的散热面积，有利于冷却系统的设计。

为了适应我国经济发展对电力的强烈需要，2005 年国家发展改革委和国家电网公司、南方电网公司提出了发展我国±800kV 特高压直流输电的设想。国家决定在 5in 晶闸管的基础上自主研发 6in 特大功率晶闸管，将其通态电流增加到 4000A，阻断电压 8500V，以满足我国建设±800kV 特高直流输电工程的需要，为"西电东送"奠定坚实的基础。

图 6.3-3　6in 4000A、8500V 晶闸管

在国家发展改革委和国家电网公司的大力支持下，我国先于 ABB 和西门子公司研制出具有自主知识产权的世界第一只 6in 特大功率晶闸管。西安电力电子所在西安高新区新建一条具有世界先进水平且是世界第一条的 6in 大功率晶闸管生产线，并于 2008 年投产。西安电力电子所研制出具有自主知识产权的 6in 大功率晶闸管（4000A/8500V 见图 6.3-3），成功应用于当时世界电压等级最高、输送距离最远、输送容量最大的特高压直流输电工程向家坝—上海特高压直流输电工程，运行 8 年来工作状态良好，时任国务院副总理曾培炎在西安听取了 6in 晶闸管的研发汇报。灵宝背靠背换流站扩建工程 2008 年开工，2009 年 12 月建成投运，工程中使用了西安电力电子所和中车株洲电力机车研究所有限公司（简称中车株洲）研制的 6in 4500A 大功率晶闸管。

应用于特高压直流输电的还有一种电力电子器件——大功率光控晶闸管。由于光控晶闸管的触发为光信号，特别适用于特高压场合，但技术更为复杂。2005 年国家发展改革委印发了《关于开展±800kV 特高压直流输电技术前期研究工作的通知》，为此，南方电网公司提出了将光控晶闸管应用于±800kV 特高压直流输电的设想。西安电力电子所经过两年奋斗，将国产化的 5in（3125A/8000V）光控晶闸管成功应用于云南昭通—广东惠东（云广一回）±800kV 特高压直流输电工程，为世界上第一条特高压直流输电工程发挥自己的光和热。接着，"云广二回"、糯扎渡—广东、滇西北—广东等特高压直流输电工程全部采用了西安电力电子所的大功率光控晶闸管（见图 6.3-4），为"西电东送"的国家战略实施起到不可或缺的支撑作用，也使得西安电力电子所成为我国唯一掌握这种大功率光控晶闸管技术的单位（国外只有西门子公司掌握这种技术），为我国特高压直流输电的长足发展奠定了坚实的技术基础。

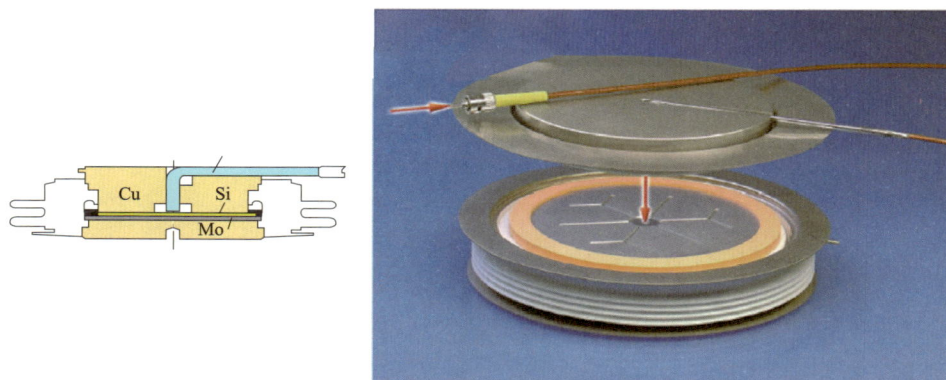

图 6.3-4　大功率光控晶闸管

四、与时俱进的大功率晶闸管

为了输送更大容量的电力，国家电网公司计划将原来特高压直流输电的一条线路 800 万 kW 的输送能力提高到 1000 万 kW，这就要求晶闸管的电流容量将 4000A 提高到 6250A。我国又一次创新研发出这一具有世界高度的特大功率晶闸管器件，并成功应用于内蒙古锡盟—江苏泰州、内蒙古上海庙—山东临沂、扎鲁特—山东青州等特高压直流输电工程（见图 6.3−5）。

图 6.3−5　西安电力电子所新区

第三节 换 流 阀 研 制

换流阀在高压直流输电系统中，发挥着交流变直流、直流变交流的转换作用，是高压直流输电系统的关键设备，它包括阀本体和阀控系统。阀本体由晶闸管器件及其相应的电子电路、阻尼回路以及组装成阀组件/阀层所需的阳极电抗器、均压元件构成。阀控系统接收直流控制保护系统指令，实现对阀组晶闸管的触发控制、保护和运行状态监视，由阀控中央单元和晶闸管控制单元组成（见图 6.3－6 和图 6.3－7）。

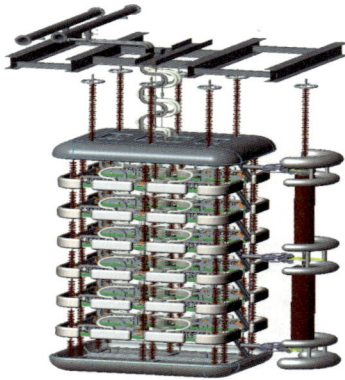

图 6.3－6 悬吊式二重阀塔

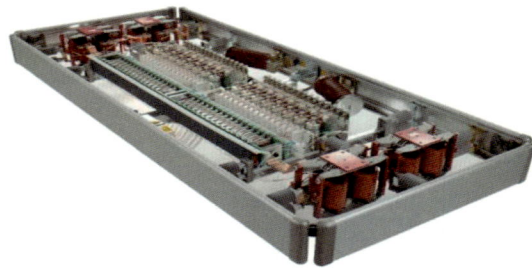

图 6.3－7 阀层

历经 30 多年的发展，到 21 世纪初，我国已具备了自主建设高压、超高压直流输电工程的能力。在此基础上，发展更高电压等级、更大容量的±800kV 特高压直流输电技术，不仅可满足我国经济建设快速发展所带来的用电增长需求，还能进一步带动和提升我国装备制造业自主创新能力和整体技术水平，实现我国交、直流输电设备制造业技术升级，提高行业的国际竞争力。

±800kV 代表着当时世界直流输电商业应用领域的从未有过的最高电压、最大输送容量，就像一条电力"高速公路"。

一、云广特高压直流输电工程换流阀研制

云广特高压直流输电工程楚雄换流站换流阀设备由西安西电电力系统有限公司（简称西电电力系统）研制，穗东换流站换流阀设备由许继集团有限公司（简称许继集团）研制。

2007 年西电电力系统与南方电网公司、西安电力电子所、许继集团共同承担"十一五"国家科技支撑计划《特高压输变电系统开发与示范项目 26——±800kV 直流输电工程 5in 晶闸管器件及换流阀

的开发研究》课题，负责对 5in（1in=2.54cm）晶闸管器件和±800kV 换流阀进行研究开发，使其拥有自主知识产权，并能满足云广特高压直流输电工程要求。研究课题由西电电力系统总负责，具体分工如下：

（1）西电电力系统：±800kV/3125A 特高压换流阀 LTT 晶闸管组件的研制、±800kV/3125A 特高压换流阀 LTT 晶闸管换流阀的设计、±800kV/3125A 特高压换流阀的型式试验。

（2）许继集团：优化±800kV 特高压换流阀阀塔机械设计、确定最优的悬吊式四重阀或双重阀设计、换流阀电压应力及电压分布的研究、高电位的接线结构设计及屏蔽设计。

（3）西安电力电子所：±800kV/3125A 晶闸管器件的研发。

（4）南方电网公司研究中心：确定最优的悬吊式四重阀或双重阀设计方案和±800kV/3125A 特高压换流阀的型式试验。

云广工程换流阀采用空气绝缘、悬吊式双重阀塔结构（见图 6.3-8）。

图 6.3-8　大组件换流阀低端阀塔（左）与高端阀塔（右）

西电电力系统承接的楚雄换流站换流阀采用 5in 光触发晶闸管，通过阀基电子设备发射光信号直接控制晶闸管触发，称为光控大组件换流阀。由于光控换流阀各阀段的触发光信号由阀基电子设备统一发出，再经光分配器平均分配给阀段内的每个晶闸管，因此，光控换流阀具有更好的触发一致性（见图 6.3-9）。另外，由于不需进行光电信号转换，光控换流阀有效避免了电磁干扰问题。

云广工程楚雄站换流阀（现场安装见图 6.3-10）以及后续糯扎渡—广东±800kV/3125A 直流输电工程普洱站换流阀，是世界范围内实际在运行的电压等级最高、输送容量最大的光控大组件换流阀，代表了世界高压直流输电领域光控技术的最高水平。

2009 年，云广工程单极投产。2010 年 6 月，世界上第一个±800kV 特高压直流输电工程——云广工程正式竣工投产。自此，直流特高压工程向商业化运营迈出了成功的第一步。

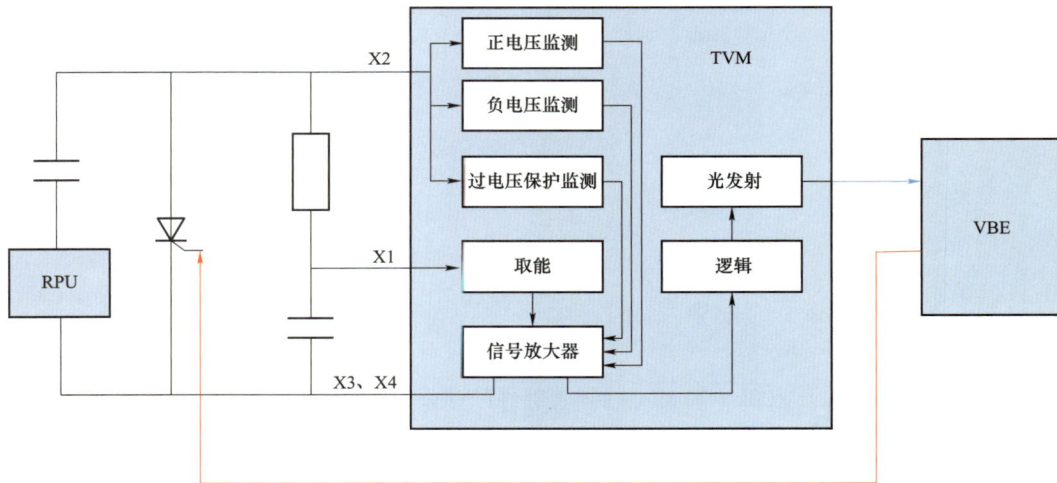

图 6.3-9　光控大组件换流阀控制框图
TVM—晶闸管电压监测单元；RPU—反向恢复期保护单元；VBE—阀基电子设备

图 6.3-10　云广工程楚雄换流站换流阀现场安装

二、向上特高压直流输电工程换流阀

　　向上特高压直流输电工程是金沙江首个送出工程，根据向上特高压直流输电工程总体技术经济分析和研究，国家电网公司确定了换流阀采用双 12 脉动换流桥串联，即 400kV+400kV 方案，额定直流电压 ±800kV，额定直流电流 4kA，额定容量 640 万 kW，送电距离 2071km。该工程是当时世界上电压等级最高、输送容量最大、输送距离最远、技术难度最复杂的工程，该工程的成功建设，对于我国能源发展战略和电网建设具有技术创新的示范效应。

　　向上特高压直流输电工程是世界上首次采用额定电流为 4000A 的 6in 晶闸管项目。国内三家直流换流阀制造企业同时开展了换流阀的研制工作，其中西电电力系统研制大组件结构的换流阀，许继集团研制小组件结构的换流阀。

2007 年中国电科院、西安西电电力系统有限公司、西安电力电子所、株洲中车时代电气股份有限公司、许继集团共同承担了"十一五"国家科技支撑计划《特高压输变电系统开发与示范》项目课题 27 任务，研究《±800kV 直流输电工程 6in 晶闸管器件及换流阀的开发研究》课题。

共同开展 6in 晶闸管器件和 ±800kV 换流阀进行研究开发，使其拥有自主知识产权，在基于 6in 晶闸管特高压直流换流阀研制的基础上，设计制造出能满足向上特高压直流输电工程要求，为工程提供换流阀设备。

西电电力系统研制的向上工程复龙换流站换流阀在结构设计上与云广工程大致相同，均为大组件结构，采用 6in 电触发晶闸管，称为电控大组件换流阀（见图 6.3 - 11）。

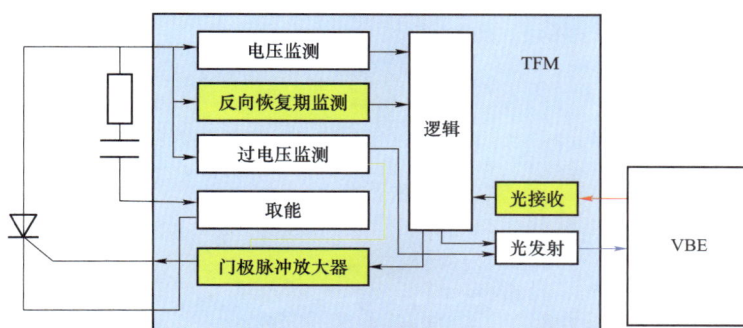

图 6.3 - 11 电控大组件换流阀控制框图
TFM—晶闸管触发和监测单元；VBE—阀基电子设备

西电电力系统基于 6in 晶闸管器件的技术参数，完成了换流阀成套电气与结构设计、关键零部件研制、触发监控技术开发、集成与试验技术研发，并于 2010 年通过所有相关设备的例行试验和型式试验，向上特高压直流输电工程换流阀的例行试验和型式试验是第一次在国内进行（见图 6.3 - 12 和图 6.3 - 13）。

图 6.3 - 12 特高压换流阀在西高院试验大厅进行试验

2010年7月8日，向上±800kV/4000A特高压直流输电工程建成，实现双极成功投运。该工程由我国自主研发、自主设计和自主建设，是我国能源建设领域取得的世界级创新成果，代表了当时世界高压直流输电技术的最高水平（见图6.3-14和图6.3-15）。

图6.3-13　向上工程复龙站换流阀现场安装

图6.3-14　±800kV特高压直流输电工程换流阀国家级新产品鉴定会

图6.3-15　锦屏—苏南±800kV特高压直流输电工程换流阀阀塔

三、换流阀试验

换流阀在高压直流输电系统长期、连续的运行中，要经受各种各样的工况，既有在额定电压、额定电流和/或额定功率下的长期稳态连续运行工况，还要经受暂态运行工况（包括遭受操作、雷击产生过电压冲击）及故障运行工况。而试验是验证换流阀性能的重要手段，没有通过试验验证的换流阀会危及高压直流输电系统的安全性而不能投入工程使用。

在三沪直流输电工程之前的葛上、天广、三常、三广、贵广±500kV 直流输电工程中，换流阀的试验均是在国外实施的。中国作为全球高压直流输电工程建设蓬勃发展的国家，前期由于不具备对换流阀实施试验的条件，一直依赖国外，这极大地制约了我国重大装备制造业的振兴和关键设备的国产化。因此，研究换流阀试验的回路和试验方法，建立一套高压直流换流阀运行试验的条件，对保证电力系统的可靠性和安全性，推动我国高压直流输电关键设备制造产业的发展，具有十分重要的意义。

从灵宝背靠背一期工程开始，西高院实质性地开展了换流阀的绝缘试验并初步掌握了换流阀试验的核心关键技术，于 2004 年 2～9 月，成功完成了灵宝背靠背一期工程 120kV 光控阀（LTT）及电控阀（ETT）绝缘试验（见图 6.3－16）。以上两个换流阀绝缘试验的成功完成，打破了 ABB、西门子两家公司在换流阀绝缘试验领域的垄断局面，同时为后续实施三沪直流输电工程换流阀试验打下了坚实的基础。

(a)　　　　　　　　　　　(b)

图 6.3－16　灵宝背靠背直流输电工程换流阀绝缘试验
(a) LTT 阀；(b) ETT 阀

2005 年 5 月 16 日至 8 月 6 日，三沪直流输电工程用±500kV 换流阀绝缘试验在西高院成功完成。该试验完成的意义不仅在于考核了换流阀的设计及四重阀结构换流阀的绝缘水平，还在于实现了

±500kV 换流阀绝缘试验技术的完全国产化。西高院和中国电科院靠自主研发完全掌握了光控阀和电控阀绝缘试验的核心关键技术，为进一步制定直流换流阀试验国家标准提供了试验数据，也为后续开展±800kV 及±1100kV 换流阀绝缘试验积累了经验，意义重大。该试验的完成填补了我国在该领域的空白，标志着我国换流阀绝缘试验技术已达到国际先进水平（见图 6.3－17）。

2009 年 5 月 16 日至 9 月 14 日，在西高院特高压大厅，中国国内首例±800kV 换流阀的绝缘型式试验——向上特高压直流输电工程用换流阀绝缘型式试验成功完成。正式试验阶段由荷兰 KEMA 公司、国网北京网联公司监造代表全程进行试验监理工作。此次试验也是世界上首例高压阀、低压阀同时安装的±800kV 换流阀绝缘型式试验（见图 6.3－18）。

图 6.3－17　三沪直流输电工程用±500kV 换流阀在试验中

图 6.3－18　向上特高压直流输电工程用±800kV 换流阀在试验中

在完成此试验的过程中，西高院实验室着力于全方位的创新与提升，首次对单阀实施非对称交流电压试验，中国首次对±800kV ETT换流阀实施全套绝缘型式试验，中国首次对±800kV、4000A晶闸管换流阀实施全套绝缘型式试验，世界首次对高压、低压阀厅4个阀塔的完整结构实施绝缘型式试验。

西高院实验室在完成±800kV换流阀型式试验的基础上，于2012年4月2日完成世界首例±1100kV直流输电换流阀全套绝缘型式试验。试验各项参数均达到国际领先水平：直流耐压达到了±1795kV，雷电冲击电压达到了±2388kV，操作冲击电压达到了±2126kV，同时也验证了此方法在±1100kV换流阀多重阀单元绝缘试验中的可行性。至此，西高院换流阀绝缘试验技术能力和技术水平已经达到了世界最高水平。

四、技术创新及能力建设

通过不断的技术创新和工程实践，国内设备制造企业取得了一系列的创新成果，建立了换流阀研制设计平台、仿真平台和试验检测平台等，实现了换流阀标准化和数字化设计。

（1）许继集团于2012年度成立国家高压直流输变电设备工程技术研究中心，成为国际领先的高压直流输变电装备技术研究、产品开发、系统集成、成果转化和技术推广的基地，建成了世界上综合试验效率最高（运行电流7kA、短路电流65kA）的换流阀合成试验系统（见图6.3-19）。

建成特高压绝缘试验平台，支撑世界最高电压等级的±1100kV换流阀及量测设备试验（见图6.3-20和图6.3-21）。

图6.3-19 换流阀合成试验系统

图 6.3-20　特高压绝缘试验平台

图 6.3-21　±800kV/6250A 特高压扎鲁特换流站换流阀（许继集团）

（2）西电电力系统通过自主研发的基于 MATHCAD 为后台的换流阀设计计算平台完成对大、小组件换流阀电气参数的计算；运用 SolidWorks 软件，进行换流阀组件三维设计（见图 6.3-22）；运用 PSCAD/EMTDC 软件，完成换流阀电压应力仿真计算；运用 Anysys 软件完成换流阀散热器温度、冷却水水温及水路流线速度等参数的仿真计算（见图 6.3-23 和图 6.3-24）。

自主研发±20kV/50A 背靠背物理试验系统，填补了国际空白，实现了晶闸管控制单元、阀基电子设备及极控设备在实际工况下的性能验证（见图 6.3-25）。

（3）南瑞继保电气有限公司（简称南瑞继保）研发的 PCS-8600 特高压直流输电换流阀，立足自主创新，在结构设计、参数优化、仿真分析和试验技术等各个方面获得了突破性成果，实现一系列创新成果。

1）提出了 U 形平层结构、下沉式专用检修通道、基于晶闸管串联小组件的换流阀紧凑结构设计方案，方便进行现场整层安装与运行维护。

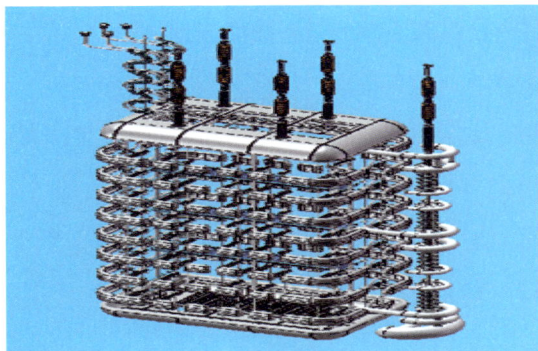

图 6.3-22　换流阀组件三维模型

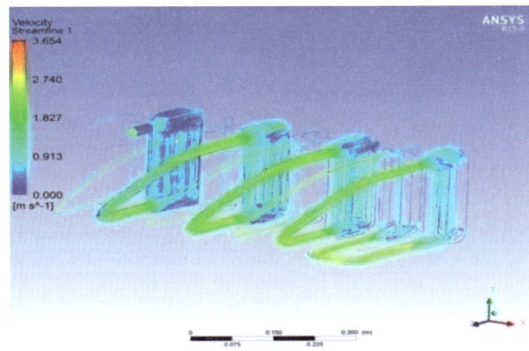

图 6.3-23　Anysys 软件流体仿真计算

图 6.3-24　RTDS 实时仿真实验室

图 6.3-25　±20kV/50A 背靠背物理试验系统

2）研制了基于参数优化的阻尼回路、具有螺旋扰流水道结构的低热阻散热器、单绝缘柱式间接水冷阻尼棒电阻、具有可变脉宽功能的晶闸管控制单元，提出了适用于阀塔和阀组件的水电分离设计方案。

3）建立了多物理场仿真分析平台和换流阀宽频等效模型。

4）基于高性能直流控制保护系统平台，开发了具有换流阀回馈信号一致性统计分析的算法，研发了具有多通道防静电光纤耦合器和内置高速录波模块的换流阀控制单元。

5）研发了具有多源协调技术、无须外置辅助电源的黑启动控制策略、拓扑重构功能的结构简洁的大容量合成试验回路。

南瑞继保自主研制了世界上最大容量的换流阀合成试验回路，可满足±1100kV/6250A 及以下容量的高压直流换流阀运行试验需要（见图 6.3-26 和图 6.3-27）。

图 6.3-26　合成回路试验室

图 6.3-27　绝缘试验大厅

五、再攀高峰——±800kV/6250A 小组件换流阀

为了扩展我国特高压换流阀产品种类储备，满足市场多样化需求，继续提高我国企业在换流阀领域的技术实力和知名度。国内设备制造企业于 2016 年开始了"±800kV/6250A 特高压直流输电光控换流阀研制"，到 2017 年年底，成功研制一台采用 6in 光触发晶闸管的特高压直流输电换流阀组件并通过试验验证（见图 6.3-28 和图 6.3-29）。

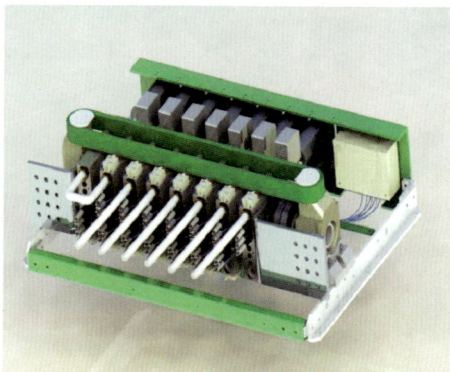

图 6.3-28　光控小组件换流阀模型

图 6.3-29　光控小组件换流阀晶闸管电压监测板

±800kV/6250A 光控小组件换流阀中采用了具有高耐压水平的新型 6in 光触发晶闸管，将单阀晶闸管串联数量由锡盟±800kV/6250A 工程的 72 只减少为 56 只，单阀损耗降低约 9%，阀冷系统的冷却容量也可相应降低，具有较高的经济性。

另外，6in 光触发晶闸管本身集成了反向恢复期保护功能，使光控小组件换流阀的保护电路设计大幅精简，换流阀可靠性更高，技术上更先进。

±800kV/6250A 光控小组件换流阀的研制，较好地解决了以往工程中光控大组件换流阀出现的电极结垢、直流均压电阻发热、散热器漏水及铁心下沉等问题（见图 6.3－30 和图 6.3－31）。

图 6.3－30　世界最大电流直流输电工程——上海庙—山东±800kV 特高压直流工程用换流阀

图 6.3－31　南瑞继保参与的首个海外特高压直流工程——巴西美丽山Ⅱ期换流阀试验

六、±1100kV 特高压换流阀设备创新探索

随着我国国民经济和电力建设事业的发展，特高压直流输电技术的优势日益突出，国内外高压直流输电技术发展趋向于更高电压等级、更大输送容量。因此，研究开发更高等级的特高压直流输电技术和

设备势在必行。

采用 5000A/±1100kV 特高压直流输电，可节约输电通道走廊和建设资金；同时，使我国电网的联网方式、联网规模、输送能力得到提高，满足大电源集中开发，实现远距离、大容量输送的要求。建设 5000A/±1100kV 特高压直流输电工程就是在这个背景下提出来的。5000A/±1100kV 特高压换流阀技术的研究，将对我国电网的跨越式发展和全国电力联网格局的形成具有重要意义（见图 6.3-32）。

图 6.3-32　5000A/±1100kV 直流输电工程电控阀研发试品

国内制造企业依据国家电网公司 2011 年 5 月发布的准东至重庆±1100kV 特高压直流输电工程换流阀设备研制技术规范，在国家有关部委、国家电网公司和南方电网公司的大力支持下，开展了 5000A/±1100kV 特高压直流输电换流阀的研究，先后攻克了：

（1）特高直流电压、特大电流下换流阀多物理场协调控制及集成难题。

（2）换流阀杂散电容电感在不同激励源下的非受控电场动态均压控制难题。

（3）通流能力增大带来的晶闸管深结、变掺杂工艺技术难题。

（4）批量晶闸管器件电气参数一致性控制难题等。

成功研制了代表当今世界最高水平的±1100kV 换流阀，铸造了我国输变电领域的又一大国重器（见图 6.3-33～图 6.3-36）。

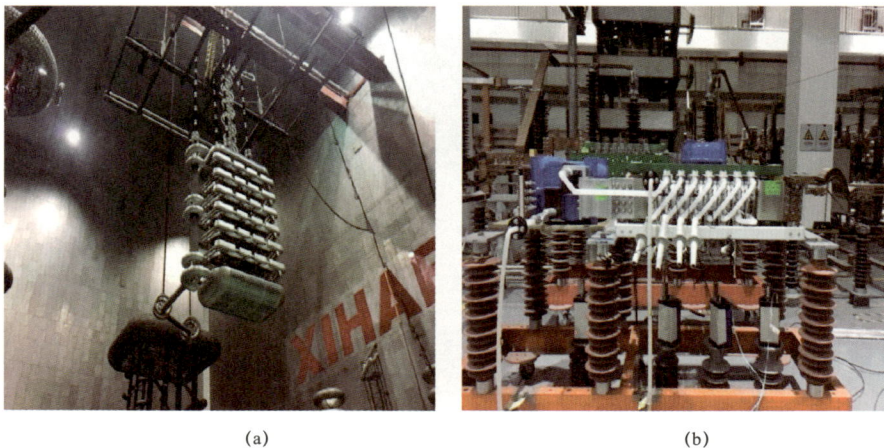

图 6.3-33　昌吉—古泉±1100kV 直流输电工程换流阀
（a）绝缘试验；（b）运行试验

图 6.3－34　昌吉—古泉±1100kV 直流输电工程用换流阀试验准备中

图 6.3－35　±1100kV 直流输电工程换流阀国家级新产品技术鉴定会

图 6.3－36　±1100kV 古泉换流站西电电力系统换流阀安装现场

2018 年 5 月 31 日，昌吉—古泉±1100kV 直流输电工程全线贯通，2019 年 9 月 7 日工程成功启动，全压送电。

第四节　换流变压器与平波电抗器研制

直流输电系统中换流器所包含的变压器称为换流变压器，换流变压器是直流输电系统中的关键设备之一。在整流换流器中换流变压器为换流设备提供交流电能，换流器将交流电能转换为直流电能并通过直流输电线路传输。在逆变换流器中换流变压器接受逆变换流器将直流电能转换为交流的电能，并将其输送到其他交流供电网络中。

换流变压器的内部结构和普通电力变压器类似，包括铁心、绕组、器身及引线四个主要部分；外部由油箱和必要的组件（如网侧套管、阀侧套管、储油柜、冷却装置、测量装置、控制和保护仪表等）组成。

平波电抗器也称为直流电抗器，一般串接在换流阀与直流输电线路之间，或串接在整流阀与逆变阀之间，是直流输电网络中不可缺少的重要设备。主要作用有：

（1）限制直流系统发生事故时直流电流的上升率，其限流作用能避免事故的扩大。

（2）抑制直流电流中高次谐波所导致的电流波动，为谐波电流提供高阻抗，降低线路损耗，提高输电质量，并减少对邻近通信系统的干扰。

（3）防止低直流负荷时直流电流间断，吸收由此引起的过电压。

（4）抑制线路电容和换流站直流端容性设备通过换流阀的放电电流，抑制从直流线路侧入侵到换流站的过电压。

一、±800kV 换流变压器、干式平波电抗器核心技术的研究

2007 年，特变沈变、西电西变、保变电气等单位承担了国家"十一五"国家科技支撑计划重大项目《特高压输变电系统开发与示范》中《±800kV 换流变压器的研究开发》和《±800kV 干式平波电抗器的研究开发》的课题研究工作，研制了±800kV 直流输电工程用换流变压器、干式平波电抗器样机，2009 年 12 月两课题均通过国家验收。

1. ±800kV 换流变压器核心技术研究

（1）云广特高压直流输电工程。云广特高压直流输电工程换流变压器具有绝缘水平高、运输限界小、结构复杂的技术特点。相关研究工作主要集中在产品的结构形式、产品的主绝缘结构、阀侧出线及直流套管的

配合、产品运输等方面。±800kV 换流变压器的其他技术特点还包括过励磁和过负载特性、冷却方案、换流变压器承受短路的能力、换流变压器耐地震的能力、直流偏磁电流对换流变压器设计的影响等（见图 6.3－37 和图 6.3－38 ）。

图 6.3－37　特变沈变云广特高压输电工程用换流变压器

图 6.3－38　西电西变云广特高压输电工程用换流变压器

根据依托工程特点，主要开展以下研究工作：

1 ）±800kV 换流变压器制造全过程的工艺措施、工艺保障及质量控制的研究。

2 ）交直流复合电场作用下局部放电发生机理及预防措施的研究。

3 ）直流运行中产生的陡波对绕组纵绝缘的作用和影响的研究。

4 ）特高压直流电压作用下，绝缘特性、主绝缘结构的研究。

5 ）抗短路能力的研究。

6 ）阀侧出线装置的研究。

7 ）冷却结构的研究。

8 ）高强度紧凑型油箱结构的研究。

9）试验方法的研究。

通过科研攻关，解决了器身绝缘结构的布置、关键装配尺寸的控制、杂散损耗和局部过热控制、绕组热点温升的控制等技术难题，掌握了核心技术；培养了大批设计、验证、工艺、制造和试验等方面的特高压直流输电设备的专业人才，研制出世界首条±800kV直流输电工程用换流变压器，并成功应用于工程中，通过新产品国家级鉴定，达到国际领先水平（见图6.3-39）。

图6.3-39　保变电气为云广工程研制的±800kV换流变压器

（2）向家坝—上海特高压工程。按照业主合同，向家坝—上海±800kV特高压直流输电工程换流变压器采取与国外知名公司合作生产方式，西电西变、保变电气与西门子公司，特变沈变与ABB公司合作生产。

为确保工程设备的技术性能和质量，根据外方提供的资料，三家国内企业对换流变压器的设计方案进行了设计验证；同时，为达到通过工程实践掌握核心技术，提高国内企业的研究和技术开发水平的目的，进行了换流变压器阀侧线圈的耐受电压、换流变压器阀侧线圈的稳态电压分布、换流变压器阀侧线圈的瞬态电压分布、换流变压器阀侧线圈的交直流电场计算验证、换流变压器阀侧出线的交直流电场计算等相关技术研究（见图6.3-40～图6.3-42）。

图6.3-40　西电西变为向上工程提供的±800kV换流变压器在试验中

图 6.3-41　特变沈变±800kV 换流变压器试验中

图 6.3-42　保变电气±800kV 换流变压器试验中

2. ±800kV 干式平波电抗器核心技术研究

±800kV 干式平波电抗器在电场、损耗、温升、噪声、抗震方面的问题比较突出，这也是该产品在实施过程中需要解决的技术创新点。在电场方面，需解决高电压下的电场控制，包括匝间场强、包封绝缘、金属结构件电场控制等；在损耗方面，主要是采取合理的导线结构，降低谐波电流所引起的涡流损耗；在温升方面，解决线圈热点温升、漏磁引起的金属部件局部过热问题；在噪声方面，采取措施控制好产品的噪声问题；在抗震方面，采取合理的支撑结构，提高产品的抗震能力，保证产品长期可靠安全运行。

国内企业主要开展了以下研究工作：

（1）平波电抗器在交直流共同作用下的发热计算方法，以及大型线圈的温升纵向分布规律的研究。

（2）一种适用于特高压平波电抗器的绕组导线——H 级轻型换位电缆的研究。

（3）两台平波电抗器串联时电压分布规律的研究。

（4）支撑体系方案，特别是风载荷地震下的机械强度、安装工艺过程和方法的研究。

（5）研究开发一种新型金属端架，以减小高次谐波电流在金属架内部产生的涡流。

通过研究，开发了可有效降低谐波涡流损耗的全绝缘新型导线、新型 F 级电抗器用环氧胶、星形架新结构形式、新型电抗器用防雨罩、线圈绕制的新工艺、电抗器新的支撑结构、新的均压环结构等，解决了产品在电、磁、热、机械方面的关键问题。在电气方面，解决了高电压下的绝缘可靠性以及电场控制问题，包括局放电场控制、电抗器外部空间电场的分析控制，以及对周围生态环境的影响；在磁场方面，解决了由漏磁引起的局部过热、由电磁力产生的振动和噪声问题；在发热方面，解决了产品的热点温升问题，保证产品长期可靠安全运行；在机械方面，解决了支撑抗震问题；在节能方面，由于降低了产品的总体损耗，对节省能源，提高系统输送效率具有重大意义；在环保方面，产品振动、噪声的降低，减少了对环境的污染，对于环保提供了有力的保障。

特变沈变研制出云广±800kV 特高压直流输电工程额定直流电流 3125A 的干式平波电抗器（见图 6.3-43、图 6.3-44）。西电西变按照向家坝—上海±800kV 高压直流输电工程技术规范研制出 4000A 干式平波电抗器，均通过国家新产品技术鉴定，达到国际领先水平（见图 6.3-45）。

图 6.3-43 特变沈变±800kV/-3125A-75 干式平波电抗器

图 6.3-44 云广±800kV 特高压直流输电工程干式平波电抗器现场图

图 6.3-45 西电西变±800kV/-4000A-75 干式平波电抗器

二、±1100kV 换流变压器、干式平波电抗器的研制

±1100kV 直流换流变压器绝缘水平高、容量大。设备研制首先要解决高电压下的出线问题，不仅要考虑冲击电压分布，还要考虑直流电压耐受、交流电压耐受和极性反转电场；其次，随着电压等级的提升，换流变压器的套管长度已十分接近目前套管绕制的极限，套管的自重也会有较大增加，如何对套管进行优化设计至关重要。±1100kV 换流变压器阀侧电压较±800kV 提高了 37.5%，绝缘大幅提高，需要研制出世界上绝缘能力最强的整套换流变压器绝缘系统，而换流变压器的自重和尺寸已经接近铁路和

公路的运输极限，需要研究换流变压器现场组装技术，在现场有限空间和设备条件下，达到与工厂组装同等质量水平。

西电西变、特变沈变、保变电气针对±1100kV 特高压直流输电工程用换流变压器的技术难点，重点开展了一系列科研攻关。

1. 研制±1100kV 换流变压器需要攻克的关键技术

（1）由于电压升高而带来的绝缘技术研究。±1100kV 特高压直流输电工程是目前世界上容量最大、电压等级最高的直流输电工程，这对换流变压器阀绕组的主、纵绝缘设计带来了极大的挑战。

（2）换流变压器的运输研究。对传统换流变压器的结构形式进行创新性的研究，以满足运输要求。

（3）阀侧套管和出线装置问题。高端阀侧套管的设计与制造是制约换流变压器能否研制成功的瓶颈因素，如何处理好阀套管与阀绕组连接部位的绝缘是±1100kV 换流变压器研制过程中的一项关键技术。

（4）冷却方式的研究。需对各种冷却方式进行研究以解决发热问题。

2. 设计方面需要解决的主要技术问题

（1）直流套管和出线装置的开发。目前国际上可批量生产制造用于±800kV 换流变压器的阀侧套管厂商只有 ABB 和 HSP 两家公司，而 ABB 公司的直流套管不向 ABB 公司以外的厂家提供，因此，对国内厂家来说，套管供应商只有 HSP 公司一家。

为此国内企业需进行直流套管的研制工作。国内有实力的企业都加大了科技投入，国家电网公司、中国电科院、西安交通大学等也参加了相关研究工作，已成功研制出±200kV、±400kV、±600kV、±800kV 换流变压器阀侧套管，正在推广应用阶段。2017 年西电套管和平高电气研制成功±1100kV 阀厅穿墙套管，西电套管和特变沈变均在加紧研制±1100kV 换流变压器阀侧套管。

直流出线装置的设计需要和套管设计同步进行，目前，与 HSP 公司套管配合的主要是由 WEIDMANN 公司生产的直流出线装置。与 HSP 公司相比，WEIDMANN 公司的生产任务更为饱和。因此，必须考虑套管和出线装置的开发对±1100kV 特高压直流输电工程换流变压器设计可能带来的影响，同时，中国电科院、西安交通大学、西电集团等单位也联合开展相关研究与研制工作。

（2）产品运输限制对产品设计带来的影响。在方案制定和结构设计中，必须对运输问题做深入研究，以制定最优化的方案。

（3）新型组件的研制。由于±1100kV 特高压直流输电工程换流变压器所配置的主要组件，包括套管、开关以及冷却器都需重新进行特殊设计。

3. 产品开发情况

国内企业开展±1100kV 换流变压器产品的科研攻关工作，计划依托准东—皖南±1100kV 特高压直流输电示范工程完成样机制造。

±1100kV 现场组装式换流变压器研究工作如下：

（1）完成了±1100kV 换流变压器绝缘结构等相关课题的研究。

（2）完成了"采用现场组装结构的工艺方法研究"和"建设现场组装厂房的相关技术研究"两个课题的研究。

±1100kV 换流变压器可在制造厂内制造部件，分散运输，在现场进行组装，换流变压器将分解为若干运输单元：绕组堆、铁心堆、引线堆、油箱、外部附件、出线绝缘单元等，以降低运输质量。

（3）设计了全新的适用于交流侧 750kV 的端部出线结构，并通过制作试验模型进行验证，该模型试验研究工作已在 2012 年 1 月完成。

（4）±1100kV 换流变压器试验及现场试验技术研究，完成专项课题《±1100kV 换流变压器试验方法研究》。

对于±1100kV 干式平波电抗器而言，其主要技术与±800kV 干式平波电抗器的基本相同，外形尺寸、自重也基本相同。目前现有设备，包括绕线机、烘房、喷沙房等已满足研制要求，只需对试验电源进行升级改造，完全能满足昌吉—古泉±1100kV 直流输电工程用平波电抗器的制造和试验要求。

国内企业通过与 ABB、西门子公司的合作，采取独立制造、试验的方式，先后为我国云广和向上等 13 条±800kV 特高压直流输电工程提供了换流变压器产品，其技术性能处于国际领先水平，已完全掌握±800kV 换流变压器、干式平波电抗器产品的设计制造技术，培养了研究制造±1100kV 换流变压器的科研人才队伍。

在生产条件方面，国内企业在近几年已经针对±1100kV 换流变压器制造，投入巨资进行装备制造、试验设备升级改造。西电西变、新疆特变还新建了±1100kV 换流变压器生产线和试验大厅，生产条件、生产和试验能力可完全满足±1100kV 换流变压器、平波电抗器的研制和批量生产以及试验要求，并已经在"昌吉—古泉"±1100kV 特高压直流输电工程用换流变压器制造与试验中得到验证（见图 6.3-46）。

2016 年 6 月西电西变签订了 7 台 ZZDFPZ-607500/500-825 换流变压器和 7 台 ZZDFPZ-607500/500-1100 换流变压器供货合同，为国际首条±1100kV 特高压直流输电工程提供了国产化设备。

通过开展±1100kV 特高压直流成套设备研制和示范工程应用，使我国拥有±1100kV 及以下特高压直流输电设备的核心技术，拥有自主知识产权，对打破国外在高端直流输电技术领域的垄断具有重大意义。

图 6.3－46 西电西变 ZZDFPZ－607500/500－1100 换流变压器试验中

2020 年 10 月，西电集团成功自主研制出国内首支±800kV 阀侧套管和首支±800kV 穿墙套管（见图 6.3－47～图 6.3－50），并应用于青海—河南±800kV 特高压直流输电工程，使我国制造企业完整掌握了换流变压器及其关键零部件的制造技术。这是西电集团直流工程用系列套管的历史性突破，对于掌握高端套管关键技术，提升我国输变电重大设备制造水平具有重要意义。

2020 年 12 月 26 日，由中国机械工业联合会组织的西电套管国家级新产品技术鉴定会在西安顺利召开。鉴定委员会由国家能源局、中国机械工业联合会以及陈维江院士、邱爱慈院士等多位业内专家组成。西电套管研制的 7 项套管新产品（包括 BRFGZ－±1100/6250A 胶浸纸电容式换流变压器套管）顺利通过了新产品技术鉴定。

图 6.3－47 ±800kV 阀侧套管试验中

图 6.3－48 ±800kV 穿墙试验中

图 6.3-49 生产现场

图 6.3-50 换流变压器阀侧套管安装

第五节 控制保护设备研制

直流控制保护系统是直流输电系统的大脑，完成对直流输电系统及换流站所有设备的监视、控制和保护功能。由运行人员控制系统、直流控制系统、直流保护系统和交流控制系统等子系统构成，其结构示意图如图 6.3-51 所示。

直流控制保护系统是直流输电的核心技术，直流控制保护系统的国产化工作是实现整个直流输电工程国产化目标的关键。在吸收引进技术的优点，采用最新计算机和电子技术的成果，开发具有高可靠性、高性能的硬件平台，界面清晰、调试维护方便的新一代直流控制保护系统软件平台的需求十分迫切。

在具备直流控制保护系统独立设计、制造和试验能力的基础上，通过不断的技术进步，完全独立自主地设计、开发新一代具备国际先进水平的直流控制保护系统，是提高直流输电技术国际竞争力、确保直流输电技术国产化的迫切需要，也将为国内后续的直流输电工程提供更加安全、可靠、运行维护方便的直流控制保护系统。

南瑞继保针对我国和世界范围内特高压直流输电工程需求，依托该公司在直流输电领域多年的技术积累，开发了具有完全自主知识产权的特高压直流输电控制保护系统，实现了技术突破与创新。

1. 平台技术创新

南瑞继保开发的 PCS-9550 特高压直流输电控制保护系统（见图 6.3-52）实现如下技术创新：

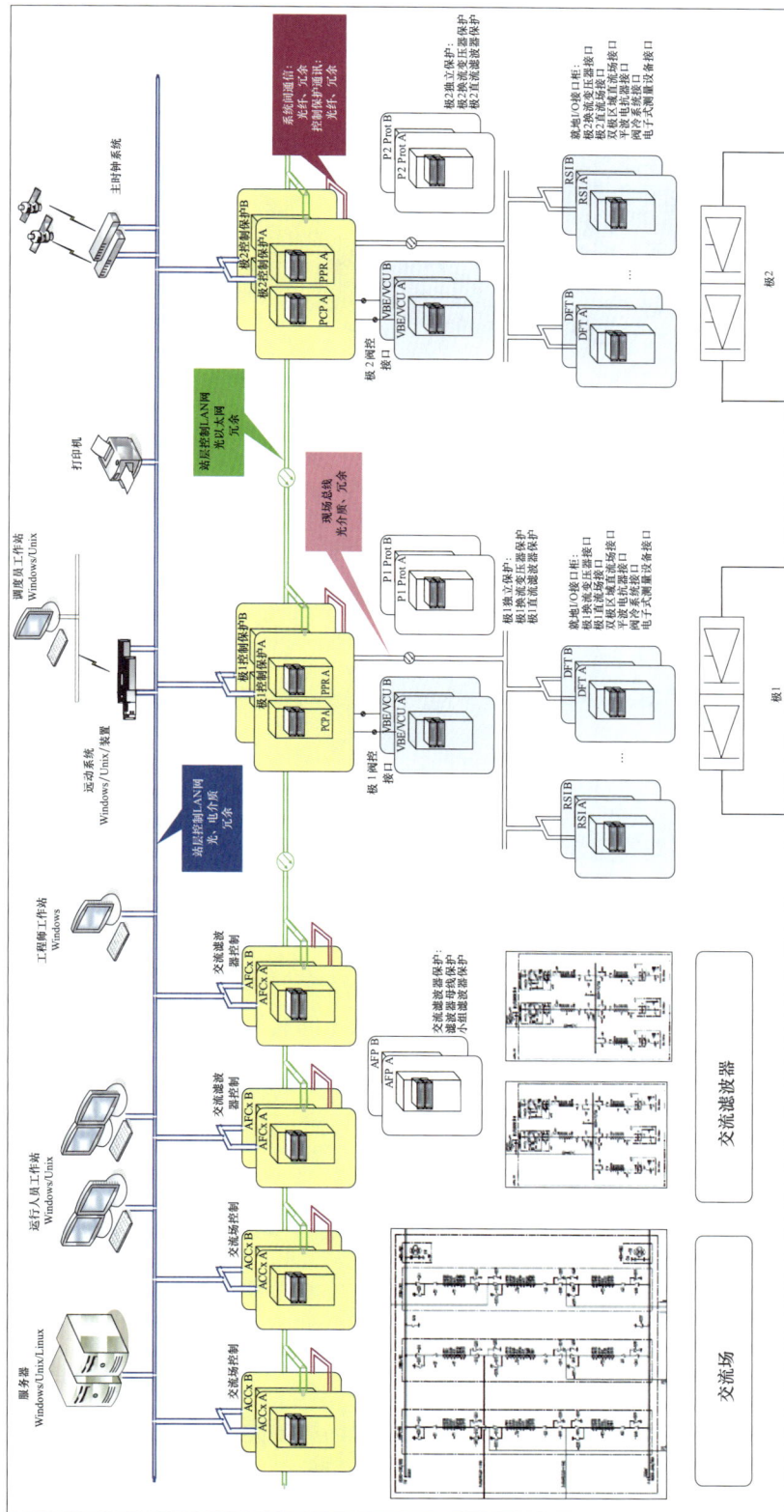

图 6.3-51 直流输电控制保护系统基本结构示意图

图 6.3-52　PCS-9550 特高压直流控制单元

（1）高速同步串行 HTM 总线构架。实现分布式并行计算和处理能力、可靠性的最优化配置。

（2）高可靠性的无操作系统架构。灵活的可视化软件开发环境，采用嵌入式硬件技术，核心控制保护功能运行在无操作系统板卡上，解决了以往操作系统调度导致的优先级逆转、死机的问题。

（3）全实时光纤以太网技术。通信速率大幅提升，实现数据的实时交换，保证了特高压直流的快速调节。

PCS-9550 特高压直流输电控制保护系统在平台技术、系统配置与策略方向获得多项技术突破，整体技术水平处于国际领先水平。

截至 2018 年 8 月，PCS-9550 特高压直流输电控制保护系统共申请发明专利 87 件，其中 37 件发明专利获得授权，授权实用新型 5 件。

2. 系统配置与控制保护策略创新

（1）根据特高压直流采用串联 12 脉动换流器的特点，采用在物理上独立的换流器控制和保护单元。即使在冗余极层控制单元都发生故障时，阀组层控制单元仍然能维持直流系统按照当前运行状态继续运行，解决了以往特高压直流必须停运的难题，有效降低了直流停运次数，提高了能量可利用率，如图 6.3-53 所示。

（2）创新交流谐波电压制动的直流谐波保护原理，通过检测交流系统不同频率的正序电压，当满足条件时，将直流谐波保护动作延时加长，解决了直流谐波保护动作早于交流系统切除或异常恢复时间，造成双极闭锁的问题。

（3）针对特高压直流孤岛运行中存在的系统稳定和过电压问题，提出了详细的稳定控制策略以及双极闭锁条件下的孤岛过电压控制策略，有效地解决了特高压直流孤岛系统运行的稳定性问题。

（4）创新提出新一代频率控制功能，解决直流工程弱送端或弱受端复杂运行方式下的交流电网稳定问题。

南瑞继保目前已具备如下创新能力：

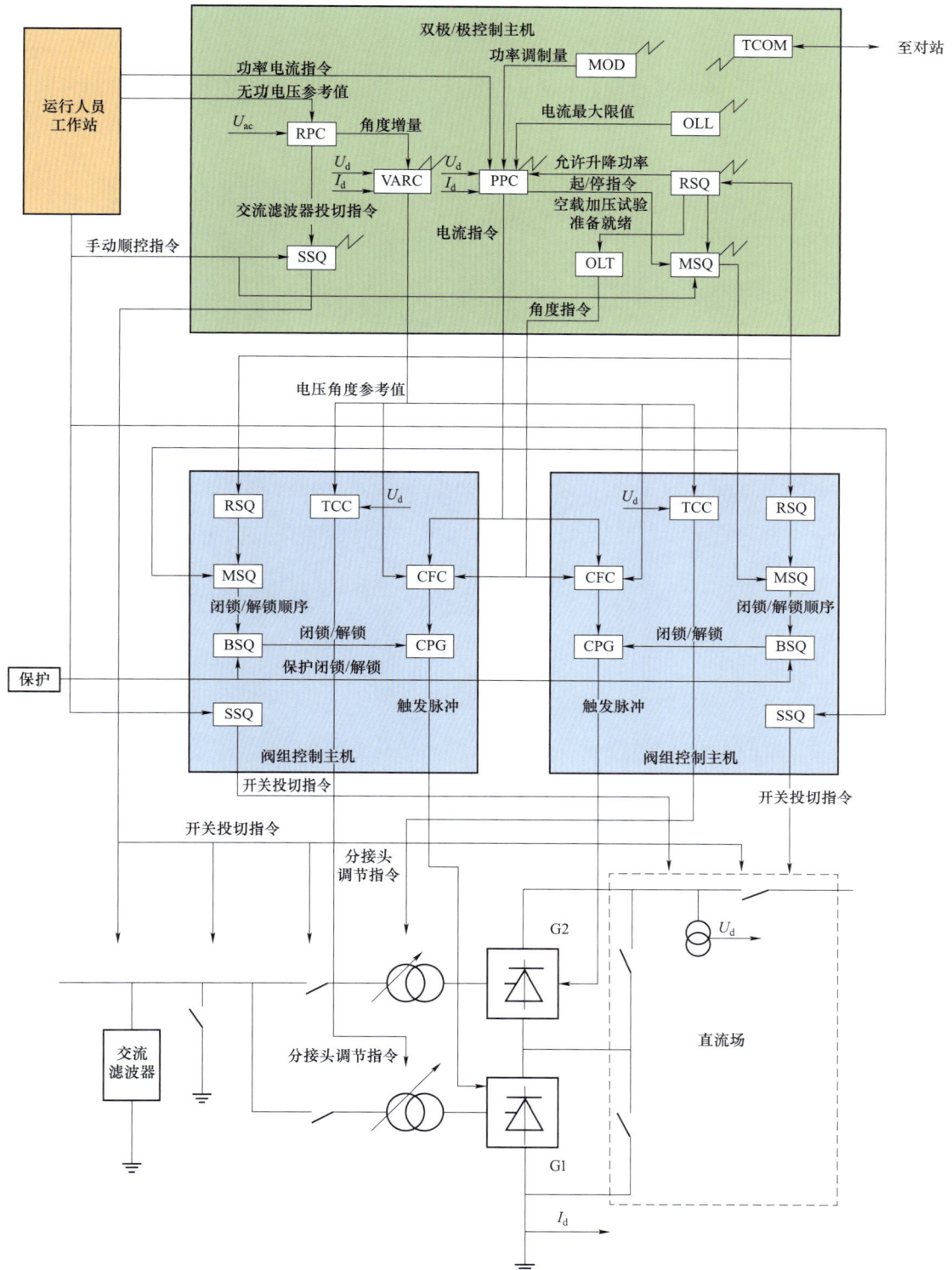

图 6.3－53　极层、阀组层功能分布示意图

（1）特高压交直流混合动模试验。动模试验是保证研究开发和工程应用成功的最有效手段。为此，南瑞继保建成了世界上第一个高电压等级的±800kV直流动模，可用于特高压直流控制保护系统的试验验证，含±500kV直流、±800kV直流、柔性直流等设备模型，可进行工程设备的出厂试验以及相关研究工作（见图6.3-54）。

图 6.3-54　交直流互联动模试验室

（2）RTDS仿真试验。RTDS是一个全数字化的电力系统电磁暂态模拟系统，可与特高压直流输电控制保护系统连接，构成闭环试验系统，完成系统分析、研究、设备研发和工程测试等工作。

南瑞继保RTDS仿真试验室拥有24个RACK的RTDS仿真规模，具备交直流电力系统控制保护设备及柔性输电控制器的闭环实时仿真测试能力，满足对各种实际工程控制保护系统硬件和软件的验证需要。

具有最大3400节点的网络仿真能力，超过7600个开关量输入、输出通道，超过2660个模拟量输出通道，最大支持12个MMC换流站。RTDS仿真试验室如图6.3-55所示。

图 6.3-55　RTDS仿真试验室

2005 年 8 月，南瑞继保完成了世界上第一套±800kV 直流控制保护系统样机制造。与此同时，南瑞继保还在 RTDS 仿真试验装置中建立了±800kV 直流输电模型，用于直流控制保护系统样机的软件开发、调试和功能试验。2006 年 1 月，±800kV 直流控制保护系统样机在 RTDS 上完成了详细的试验，成为世界上第一套完成试验验证的±800kV 直流控制保护系统样机（见图 6.3－56 和图 6.3－57）。

图 6.3－56　世界第一套±800kV 直流控制保护系统样机进行测试

图 6.3－57　±800kV 直流控制保护系统样机进行试验

南瑞继保在掌握±800kV 直流控制保护系统设备生产制造技术后，陆续参与了一系列±800kV 特高压直流输电工程控制保护系统的建设，包括向上、锦苏、哈郑、灵绍、酒湖、上山、滇西北、昌古、巴西美丽山Ⅱ期等工程，使我国特高压直流输电控制保护技术在世界范围内持续保持着领先地位。

第四章

柔性直流输变电设备研制

随着能源可持续发展思想逐步成为国际社会的共识，可再生能源的开发利用也日益受到世界各国的高度重视。我国已将可再生能源发展作为改善能源结构、保障能源供应安全、减少环境污染和实现可持续发展的重要措施。为解决陆地可再生能源并网、海上风电集群、能源资源共享等问题，迫切需要直流输电（柔性直流输电）及直流电网的建设与发展。

随着电网规模的不断扩大和新能源占比的不断上升，交流电网的短路电流超标、失稳风险增加和远距离消纳新能源困难等问题凸显；而常规直流输电由于采用半控型晶闸管器件，必须依赖电网进行换相，且换相失败的风险极大，这些都限制了常规直流输电的发展。

随着功率半导体器件技术的进步、大功率绝缘栅双极型晶体管的出现以及脉宽调制技术和多电平控制技术的发展，采用自换相电压源换流器的柔性直流输电技术得到迅速发展。与常规直流输电技术相比，柔性直流输电技术具有无功和有功可独立控制、无须滤波及无功补偿设备、可向无源负荷供电、潮流翻转时电压极性不改变等优势，更适合于构建多端直流输电及直流电网，近年来得到快速发展并成为重要的技术发展方向。目前，高压柔性直流输电主要应用于交流电网的柔性互联与分区、大规模远距离新能源送出、构建全球能源互联。

我国的柔性直流输电研究虽然起步较晚，但发展迅速。随着研究水平的不断提高和制造工艺的日趋成熟，我国的柔性直流输电技术正向着高电压、大容量的方向稳步迈进。国内近年来已建成和正在规划的柔性直流输电工程见表 6.4－1。

表 6.4－1　　　　　　　　国内近年已建成和正在规划的柔性直流输电工程

序号	工程名称	投运时间	功率/MW	直流电压/kV	拓扑
1	上海南汇工程	2011	20	±30	MMC
2	南澳工程	2013	200	±160	MMC
3	舟山工程	2014	400	±200	MMC
4	鲁西背靠背	2016	1000	±350	MMC
5	厦门工程	2015	1000	±320	MMC
6	渝鄂工程	建设中	1250×4	±420	MMC
7	张北四端直流电网	建设中	3000/1500	±500	MMC
8	乌东德混合直流工程	2020	8000/5000/3000	±800	LCC＋MMC

第一节 系统研究和成套设计

一、南澳多端柔性直流输电工程

世界上第一个投运的多端柔性直流输电工程——南澳多端柔性直流输电工程，其电压等级为±160kV，输送容量为200MW，具有4个换流站，一期在汕头南澳岛上建设2个送端换流站（金牛站和青澳站），在澄海区塑城站近区建设1个受端换流站（塑城站），同期建设直流侧、交流侧的线路以及相关变电站的配套扩建设施，主要用于青澳、牛头岭、云澳和塔屿风电场的风电资源送出。远期规划的塔屿风电场投产后将建成4端柔性直流输电系统，如图6.4-1所示。

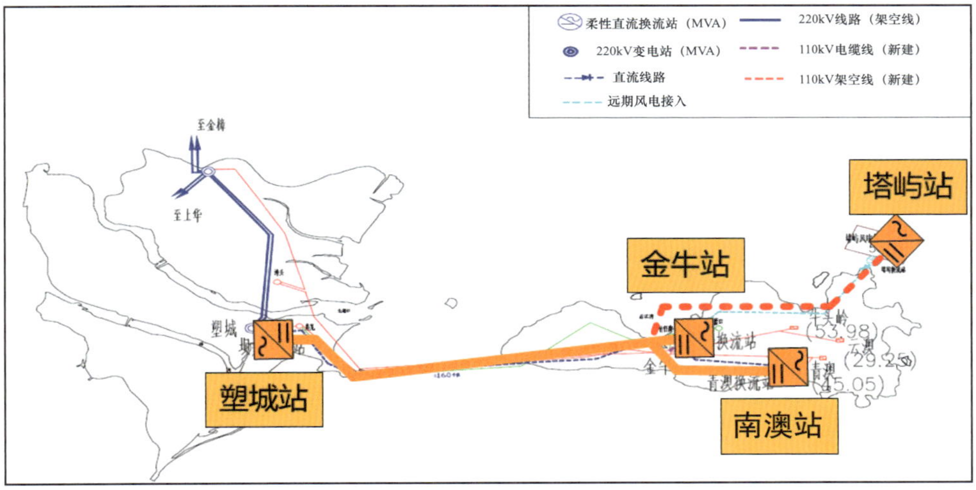

图6.4-1 南澳多端柔性直流输电工程概貌

南澳多端柔性直流输电示范工程，其示范作用不仅在于工程技术起点高，工程现场自然环境复杂，新技术、新设备、新材料、新工艺和新方法的应用多，更在于该工程以自主创新为核心目标，通过示范工程建设，使我国能掌握大型风电柔性直流接入相关技术，同时在系统研究、保护控制、成套设计、工程设计、设备制造、工程实施和调试运行等各个方面均全面掌握多端柔性直流输电的核心技术，并在此基础上制定多端柔性直流的工程设计标准和控制保护规范，为我国在多端柔性直流输电领域的发展奠定了工程应用基础，如图6.4-2所示。

图 6.4－2　南澳柔直青澳换流站阀厅外景图

在该工程中，南方电网科学研究院在系统研究与成套设计方面，主要在以下几方面进行了创新：

（1）提出多端柔性直流系统各换流站设计计算方法、换流站双极对称运行情况下的设计计算方法，计算了各站正常运行时有如下特性：输出有功功率及无功功率的范围、不同调制策略下的交直流谐波特性、不同调制策略下的主要损耗特性。

（2）针对换流阀功率模块充电耐受时间的要求，配合启动电阻、旁路开关选型要求，对各种启动方式下的控制保护启动策略进行了优化。

（3）通过分析换流站采用不同接地方式的优缺点，提出了连接变压器 DYn 接法＋阀侧中性点接地电阻的接地方式。

（4）深入研究了合闸空载连接变压器、合闸空载线路及换流站交流母线单相/三相短路故障等情况下的过电压，得出换流站交流侧过电压水平及限制措施。

（5）针对 MMC 结构特点和本工程主接线方式及设备参数，开展直流暂态过电压研究。

（6）针对本工程直流线路既有电缆又有架空线路的现状，开展可能承受雷电侵入波的金牛站和青澳站，以及架空线和电缆连接处的雷电绕击及反击进入波过电压，提出直流场设备的最大雷电侵入波过电压和设备绝缘水平。

（7）确定过电压保护方案、避雷器配置方式、避雷器参数以及避雷器能量吸收能力要求与直流保护定值、延迟时间的配合关系。

（8）结合柔性直流工程设备特点，选择了合适的绝缘裕度，提出柔性直流工程换流站设备和电缆设备绝缘水平。

（9）结合本工程实际情况，考虑成本、占地等因素，提出采用单换流器单极对称主接线形式，换流器采用 MMC 拓扑结构，并提出开关器件和测量元件的配置要求。

（10）针对换流站一次系统的传导电磁骚扰和电磁辐射骚扰问题，分析评估了换流站通信系统可能受到的电磁干扰、阀厅边界位置的低频电磁场和阀厅外的无线电干扰水平，提出阀厅与户内直流场的电磁屏蔽指标和设计方法。

（11）根据换流站噪声治理方案的预测仿真，提出换流站各主要噪声设备的噪声限值要求。

（12）提出一种模块化多电平换流器中桥臂功率模块数量优化的设计方案，通过理论分析与样机试验，论证了优化设计方案的合理性和可行性。

（13）提出了南澳柔性直流输电示范工程换流阀的形式和例行试验的试验目的、试验对象、试验方法和具体试验参数要求。试验内容涵盖了换流阀的运行试验和绝缘试验，较为全面地考核了基于 MMC 拓扑结构的换流阀及其相关电路设计的正确性。

（14）基于模块化多电平换流器的拓扑结构，对换流站换流阀、连接变压器、阀电抗器、直流电抗器以及辅助设备和站用电等主要设备损耗进行了计算、实测和评估，统计和分析了换流站的总损耗及损耗率，提出降低开关频率、采用优质冷却设备及节能设备等降损措施。

（15）通过对直流侧隔离开关的仿真计算结果，提出采用操作直流侧隔离开关实现第三端再并列的措施。

（16）针对柔性直流输电系统的多模式运行工况，提出在没有直流断路器条件下完成多端柔性直流输电系统的启停控制，利用基于广域控制的潮流自动控制策略优化并联运行的交直流系统潮流分布，减少线路损耗。

（17）根据柔性直流输电系统快速功率响应的特点，设计在不同运行方式下的故障穿越方法，避免直流系统过电压及风机脱网。

（18）根据工程控制保护系统分级的特点，完成换流器级控制保护策略的设计。

（19）针对工程 MMC 拓扑结构及控制保护分级的特点，制定阀级控制保护系统的主要功能，完成阀级控制保护策略的设计。

（20）在相关保护研究的基础上，完成了多端柔性直流输电保护功能配置及配合策略的制定，并在工程中得到验证。

（21）完成柔性直流输电与交流电网的交直流保护配合研究，提出柔性直流系统投运后原交流电网保护优化方案及柔性直流输电系统保护配置方案。

（22）对多端柔性直流输电系统停运故障模式进行分析，研究风电间歇性对柔性直流输电系统可靠性评估的影响，完成南澳多端柔性直流输电工程可靠性评估。

（23）结合本工程接入的交流系统运行方式，提出南澳柔性直流输电工程目前可能采用的 14 种运行方式及其运行的合理性、经济性、安全性和可靠性。

（24）提出多端柔性直流输电系统解锁/闭锁、稳态运行、有功/无功功率升降、功率阶跃、直流电压阶跃、电流阶跃以及交流系统故障和换流阀桥臂冗余模块投切等多种工况下的系统性能要求。

（25）首次实现了超高电平的多端 MMC–HVDC 系统实时仿真，应用 MMC 模型等效方法，实现高速仿真并消除不连续引起数值振荡。

（26）应用 RT－LAB 仿真平台，完成主回路参数及换流站技术指标研究、启动回路研究、柔性直流输电单独接入风电场研究等 15 项基础理论研究的验证，解决多端柔性直流网络、风电组网、柔性直流输电换流站控制模式切换等技术难题。

（27）结合南澳风电场实际情况，对柔性直流输电单独接入风电场时并网冲击问题、系统故障穿越问题和控制模式切换问题进行了分析仿真，提出了柔性直流输电适应单独接入风电的控制策略。

（28）首次完成多端柔性直流的系统研究，制定设备规范、试验标准，形成总体设计方案。

（29）制定了世界上首套多端柔性直流设备规范书。

（30）世界上首次采用直流海缆、陆缆与架空线混合接线技术的柔性直流输电工程。

（31）首次实现多端柔直的整体技术集成，制定了不同技术路线的换流阀与控制保护的接口规范。

南澳多端柔性直流输电工程是全世界第一条成功建成投运的多端柔直输电工程，是世界上首次采用架空线、直流海缆、直流陆缆混合连接的柔性直流输电线路，同时也是世界上首次实现三端柔性直流输电系统集控系统以及站间 SCADA 信息共享技术，实现不同换流站设备供应商的技术集成，建成 3 个换流站连接的多端柔性直流输电系统。

南澳多端柔性直流输电工程所有核心设备均为国内首次研发，实现 100%自主国产化，所有技术均为国内自主攻关完成，打破了国外的技术和价格垄断，标志着我国已占领了多端柔性直流输电的制高点。

二、鲁西背靠背异步联网直流工程

鲁西背靠背异步联网直流工程位于云南省曲靖市罗平县，电压等级为±350kV，分别建设 2 个额定输送功率 1000MW 的常规直流背靠背换流单元和 1 个额定输送功率 1000MW 的柔性直流背靠背换流单元。工程建设旨在规避南方电网安全稳定运行风险，将云南电网与南方电网主网异步联网，有效化解了交直流功率转移引起的电网安全稳定问题，简化复杂故障下电网安全稳定控制策略，避免了大面积停电风险，如图 6.4－3 所示。

南方电网科学研究院在该工程中主要在以下几方面进行了创新：

（1）首次研发常规直流单元与柔性直流单元系统设计。

（2）首次研发常规直流单元与柔性直流单元控制保护协调控制策略。

（3）首次研发±350kV/1000MW 级柔性直流换流阀设备。

（4）首次采用 Yn/Yn－R 的柔性直流接地方式。

（5）研究了包含常规直流单元和柔性直流单元的混合直流输电工程附加控制阻尼次同步振荡的原理和方法，并设计了相应的次同步振荡阻尼控制器且效果明显。

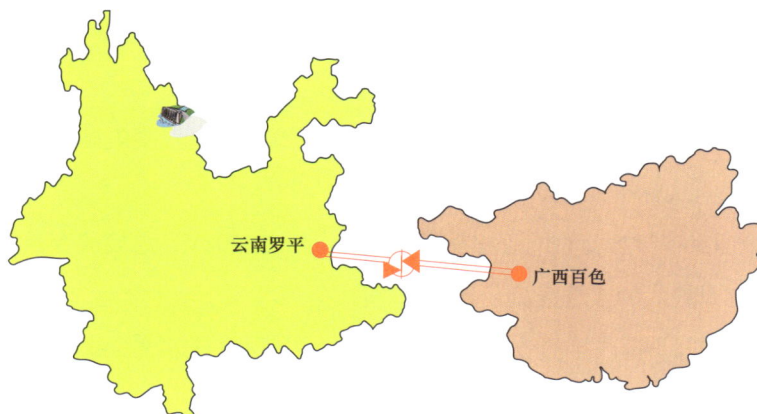

图 6.4-3　鲁西背靠背异步联网直流工程示意图

（6）国内外首次提出柔性直流换流单元布置方案，使整个区域功能分区清晰合理，接线简洁美观，节省占地，背靠背直流阀厅示意图如图 6.4-4 所示。

图 6.4-4　背靠背直流阀厅示意图

鲁西背靠背异步联网直流工程是国内第一个既包括常规直流又包括柔性直流的背靠背直流输电工程，该工程以自主创新为核心目标，要求通过工程建设，在系统研究、成套设计、工程设计、设备制造、调试安装和调试运行等各个方面均全面掌握核心技术。

三、渝鄂直流背靠背联网工程

渝鄂直流背靠背联网工程在南、北通道分别建设 1 座 ±420kV 柔性直流换流站，每站包含两个背靠背换流单元，单个单元直流额定功率 1250MW，总换流容量 5000MW，工程示意图如图 6.4-5 所示。

北通道换流站湖北侧直接接入龙泉换流站，重庆侧接入 500kV 九盘变电站；南通道换流站湖北侧接入 500kV 恩施变电站，重庆侧接入 500kV 张家坝变电站。

2019 年 6 月，渝鄂直流背靠背联网工程投产，额定电压 ±420kV，总换流容量 500 万 kW，为当时电压等级最高、换流容量最大的柔性直流工程。

工程投产以来，换流阀子模块年失效率为 0.3%，达到了国际先进水平，我国柔性直流运行可靠性首次进入世界前列，达到与常规直流相当的水平。

渝鄂直流背靠背联网工程投产后，消除了三大直流故障后电网潮流大范围窜动风险，安稳策略大幅简化，减少切机量 170 万 kW，大幅提升抵御直流故障的能力；西南水电外送不再受华北—华中大区暂态稳定约束，克服了白鹤滩等巨型水电站开发外送的关键障碍。

柔直换流阀高可靠性设计、柔性直流系统构建及复杂场景友好接入控制等关键技术在渝鄂直流背靠背联网工程中得到了全方位验证，有力证明了项目创新成果的有效性，为后续柔性直流的大规模推广应用奠定了基础。

提出了柔性直流换流阀二次板卡软硬件设计导则和多厂家、多设备通用接口标准，构建了器件、组件、阀塔多功能复合试验技术体系，提出了提升柔性直流可靠性的 152 项通用要求和 64 项强制要求，形成了 20 项标准化指导文件，支撑了渝鄂直流背靠背联网工程和后续柔性直流的建设运行。

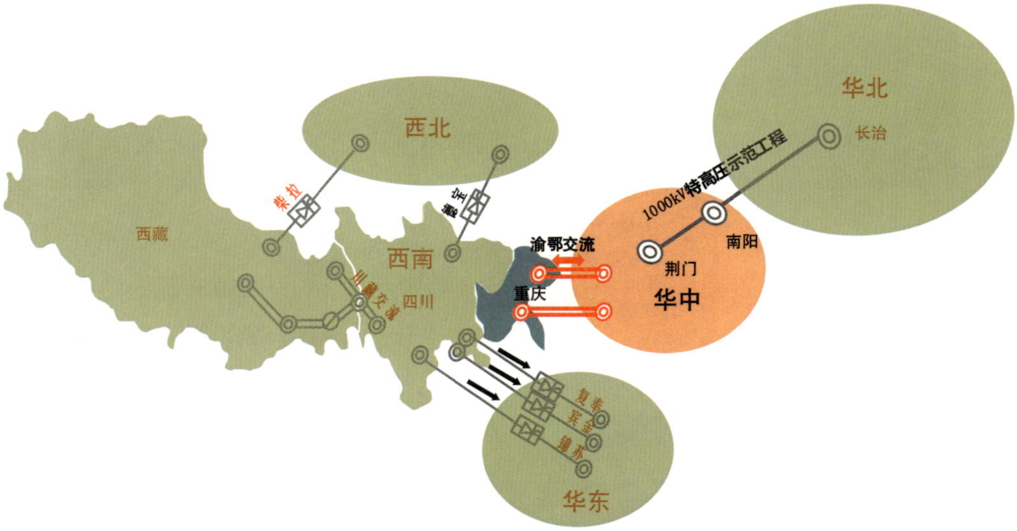

图 6.4-5　渝鄂背靠背异步联网工程示意图

四、世界首个直流电网工程——张北柔性直流电网试验示范工程

张北柔性直流电网试验示范工程于 2017 年 12 月获得国家核准，是国家《能源技术革命创新行动计划（2016—2030 年）》重点研发项目、《中国制造 2025》重大标志性项目。该工程是世界上首个柔性直流电网工程，送端汇集张家口地区大规模风电、光伏，调节端接入抽水蓄能，受端供给北京，本期建设 4 端系统，预留扩展为 7 端系统的可能，工程示意图如图 6.4-6 所示。

1）世界上具有网络特性的直流电网工程。

2）世界上首个实现风、光、储多能互补的柔性直流工程。

3）世界上新能源孤岛并网容量最大的柔性直流工程（300 万 kW）。

4）世界上首个架空线柔性直流电网工程。

5）世界上电压等级最高的柔性直流工程（±500kV）。

6）世界上输送容量最大的柔性直流电网工程（300 万 kW）。

7）世界上最高功率全控可关断器件（4.5kV、3000A 大功率 IGBT）。

8）世界上最高电压等级和最大换流容量柔性直流换流阀（500kV、3000MW）。

9）世界上最高电压等级开断能力最强的直流断路器（535kV、25kA、3ms）。

10）世界上首个微秒级超高速直流电网控制保护系统。

11）世界上首个大容量交流耗能装置（8×375MW）。

12）世界上最高电压等级最大输送能力直流电缆（500kV、3000A）。

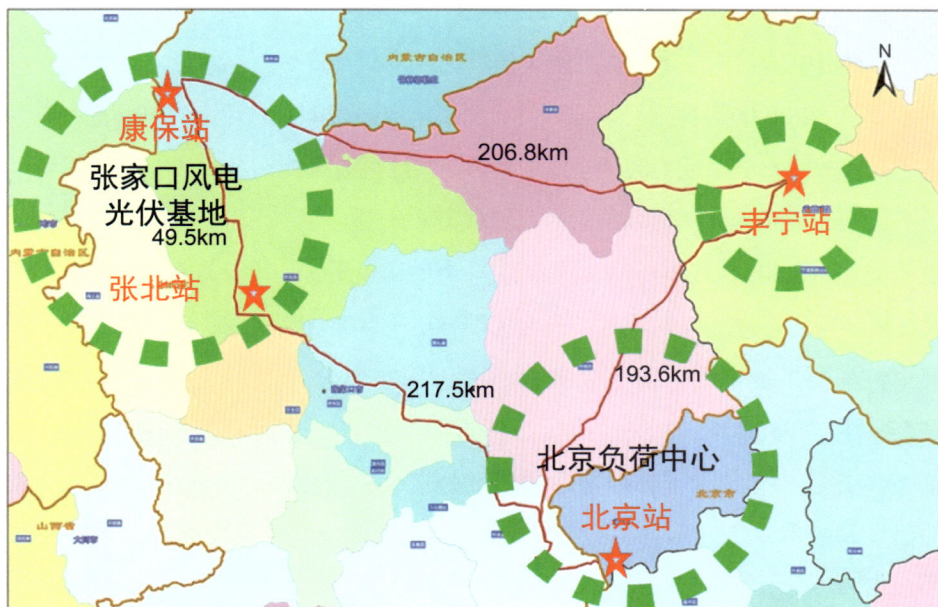

图 6.4-6 张北柔性直流试验示范工程示意图

五、世界首个±800kV 特高压混合直流输电工程——乌东德水电站送电广东、广西（昆柳龙直流）输电工程

昆柳龙直流输电工程拟建设为特高压三端直流，其中，送端云南建设±800kV、8000MW 常规直流换流站，受端广西建设±800kV、3000MW 柔性直流换流站，受端广东建设±800kV、5000MW 柔性直流换流站，如图 6.4－7 所示。

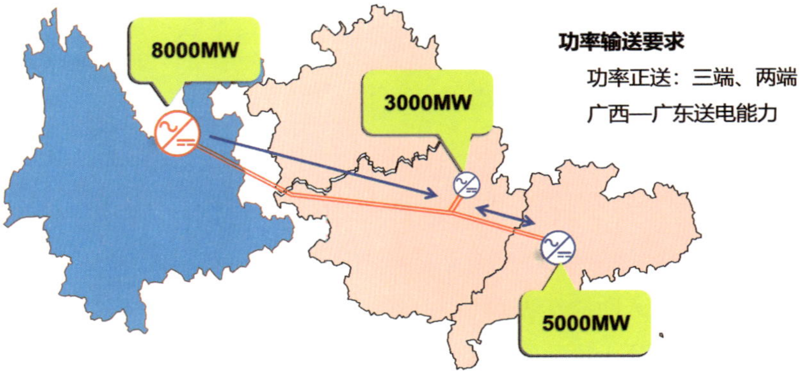

图 6.4－7 乌东德水电站送电广东、广西直流输电工程规划示意图

南方电网科学研究院主要在以下几方面进行了创新：

（1）首次提出了送端为常规直流换流站、受端为两个柔性直流换流站的多端混合直流输电方案。

（2）提出了多直流馈入系统稳定评估的电磁暂态与机电暂态交叉互补验证技术。

（3）开发了基于 DSP 的含三端混合直流的机电暂态模型以及基于 EMTDC 的电磁暂态仿真模型，实现了面向超大规模电网的机电—电磁暂态混合仿真。

（4）开发了基于 PSS/E 的特高压三端混合直流的机电暂态模型，并对南方电网进行全系统仿真。

（5）提出了具有故障自清除能力的"全桥＋半桥"柔性直流换流阀混合拓扑结构。

（6）实现了±800kV/5000MW 特高压柔性直流换流阀研制。

（7）形成了全套的±800kV/5000MW 柔性直流输电关键设备选型设计方案。

（8）首次在可研阶段搭建完整的实时仿真与物理样机平台验证新技术关键功能。

本工程采用特高压多端混合直流创新技术，将云南水电分送广东、广西，有助于发挥多个受端电网在消纳能力、调峰能力、系统运行灵活性方面的优势，从而确保水电资源的可靠消纳。作为示范工程，对未来西南水电及北方新能源的开发外送也有积极的示范作用。同时，通过特高压柔性直流技术的研发和应用，有助于改善多直流集中落点带来的受端电网安全稳定风险问题，有助于直流输电技术的创新和发展。

第二节 换 流 阀 研 制

换流阀是柔性直流输电系统的核心设备，包括换流阀阀组和高速阀控系统，其中阀组的最小单位是子模块，若干子模块组合成为阀段和阀塔，柔性直流输电换流阀结构示意图如图 6.4－8 所示。

图 6.4－8 柔性直流输电换流阀结构示意图

高速阀控系统是控制保护系统和换流阀之间的接口，从控制保护系统接收各个桥臂的子模块导通个数及其他指令，向换流阀下发控制命令，实现对换流阀各桥臂的子模块投切控制，同时完成对所有子模块运行状态的监视。

我国全球能源互联网研究院、中电普瑞、许继集团、南瑞继保、荣信汇科、西电电力系统、特变电工等公司均掌握了高压大容量柔性直流换流阀的研制，并实现了广泛的工程应用。依托渝鄂直流背靠背联网工程，我国换流阀运行可靠性达到国际领先水平。以下以部分厂家的产品为例，说明换流阀的技术特点和研制历程。

一、换流阀研制

（1）许继集团凭借成熟的常规特高压直流输电换流阀技术与大功率电力电子技术为基础，全面攻克了高压柔性直流输电换流阀技术、阀控技术及试验技术等，研制出具有自主知识产权的±800kV/5000MW、±500kV/1500MW、±320kV/1000MW、±200kV/400MW、±200kV/100MW 柔性直流换流阀及阀控设备，打破了国外垄断，如图 6.4－9～图 6.4－11 所示。

（2）南瑞继保自 2006 年开始柔性直流输电工程技术攻关，在电压源型换流阀领域，多年来攻克了几十项难题，成功研制世界领先的±500kV 和±800kV 换流阀。

图 6.4-9 舟山 IGBT 换流阀阀厅

图 6.4-10 ±420kV/1250MW IGBT 换流阀型式试验现场

取得的核心技术突破包括：

1）攻克换流阀低电感紧凑结构设计和大容量低损耗 IGBT 驱动控制技术，成功研制具有自主知识产权的低损耗、高可靠性大容量 VSC 换流阀。

图 6.4-11 ±800kV/5000MW IGBT 换流阀样机

全面解决了换流阀的强度、抗震、散热、防爆、电磁兼容、高电压和大电流下的可靠性等问题；提出了换流阀低电感紧凑结构设计方法，配合模块低损耗驱动控制、VBC 低开关频率算法，保证了换流阀整体损耗小于0.8%；建立了准确的系统杂散参数宽频模型，分析了换流阀内部过电压问题，提出了优化的结构设计；功率模块采用组合积木式设计及抽屉导轨式的固定机构，既保证了性能，又方便了调试、维护。

采用自主研发的适用于高压大容量换流阀的 IGBT

数字驱动技术，优化了 IGBT 开通关断微过程，实现了子模块、阀控、控制保护的多级电压电流保护配合，提高了换流阀的安全裕度和运行可靠性，将 535kV 电压源型换流阀短路耐受电流提升到 37.3kA，如图 6.4-12 所示。

图 6.4-12 南瑞继保 535kV 电压源型换流阀

2）创新双列多分段支撑式阀塔结构和分区屏蔽、多级分离的子模块方案。

提出了基于多物理场综合优化的高压大容量柔性直流换流阀方案，研制了双列多分段支撑式阀塔，满足了全桥、半桥子模块灵活混合配置需求，开发了阀塔的抗震模型，优化了阀塔的结构设计，通过了真型地震台试验验证，满足 9 级烈度地震要求。

提出了分区屏蔽和多级分离的高压大容量柔性直流换流阀子模块方案，研制了高可靠、易维护的子模块，功率组件与控制组件分区布置、控制组件全屏蔽、控制板卡/功率组件/子模块整体三层逐级分离设计，解决了换流阀强电磁干扰问题，提高了换流阀运行可靠性且易于维护。

3）首创高精度的电压平衡算法、二倍频环流分量抑制算法，基于自主软硬件平台的高速总线、FPGA 应用技术研制了高速、高集成度、支持热插拔的换流阀控制系统（VBC）。

单个换流阀控制系统能实现 224 个换流阀模块的控制并可无延时平行扩展，提出了高精度的电压平衡算法、二倍频环流分量抑制算法，使换流阀电容电压不平衡度小于 5%，桥臂二倍频电流分量小于 1%，提高了换流阀的安全裕度。

4）攻克换流阀、阀控、控制保护整体优化技术，有效提升了安全裕度和故障穿越能力。综合研究换流阀、阀控、控制保护、高速测量等关键设备，进行整体优化。提出了模块过电压保护、换流阀控制系统过电压保护和系统过电压保护的整体协调配合策略，在确保 IGBT 安全的同时提高了换流阀的电压安全裕度；将自主研制的 IGBT 数字驱动与换流阀控制系统高速闭锁控制策略、电流矢量控制叠加负序电压控制策略相结合，提升了换流阀的故障穿越能力。

5）攻克直流电网直流侧故障抑制配合设计技术，提高了系统安全性。提出了直流电网中与嵌入式桥臂阻尼、直流断路器等关键设备协同工作的换流阀设计技术；提出了分桥臂临时性闭锁换流阀保护策略和延时解锁的故障穿越策略，实现了直流短路故障下换流阀不闭锁穿越及故障快速恢复；提出的桥臂全桥、半桥子模块混合布置的充电电压均衡及损耗平衡控制方法，改善了模块间充电电压、全桥子模块中器件损耗的不平衡，提高了换流阀传输容量和经济效益，南瑞继保800kV电压源型换流阀如图6.4－13所示。

图6.4－13　南瑞继保800kV电压源型换流阀

截至2018年8月，PCS－8100高压大容量柔性直流输电换流阀共申请发明专利48件，其中10件发明专利获得授权，获实用新型专利13件。

（3）西电电力系统在此前承担了多条柔性直流输电工程供货任务，在积累了丰富柔性直流输电工程经验的基础上，研制了±800kV/5000MW特高压柔性直流输电换流阀（见图6.4－14和图6.4－15），形成以下关键技术：

图6.4－14　西电电力系统鲁西工程广西侧柔性直流换流阀

图 6.4-15 西电电力系统±800kV 特高压柔性直流换流阀阀塔

1）换流阀低损耗与高功率循环寿命关键技术。

2）多物理场强耦合特高压柔性直流换流阀结构优化设计。

3）具有直流故障清除能力的紧凑化、低损耗特高压柔性直流换流阀样机研制技术。

4）阀控系统方案设计以及计及高电位功率模块控制板卡的仿真装置研制。

5）大容量柔性直流换流阀自主化技术研究。

6）试验方法及换流阀短路试验等装置研制技术。

二、研发能力建设

为了完成特高压柔性直流换流阀的研制，近年来国内企业投入大量资金，建立并完善了研发及试验手段。

（1）西电电力系统通过最新一代 NovaCor 平台的 RTDS 实时仿真系统具备开展±800kV 多端混合直流输电系统实时数字仿真研究和相关控制保护设备联合调试；采用 ANSYS 多物理场仿真软件和 SCAD/EMTDC 电磁暂态仿真软件建立了各种工况下的电压应力、换流阀关键元器件的开关特性分析、换流阀损耗、电压分布、绝缘配合、机械应力、短路电流能力研究模型，开展相关技术研究，如图 6.4-16 所示。

（2）南瑞继保自主研制并建设了全面的试验验证系统，可进行 IGBT、高速开关等基础器件测试，换流阀模块测试，换流阀高电压、大电流运行测试，控制保护系统测试以及全系统的闭环验证，为系统研究、设备研制和工程实施提供了验证手段。

搭建高压大容量柔性直流输电全系统试验平台（见图 6.4-17），额定参数高达 36kV/2000A，可进行含换流阀、阀控和控制保护的完整全功率试验，真实反映了实际设备运行情况；可进行直流故障试验、交流故障试验，完整检验设备实际故障承受能力；满足工程设备批量出厂试验的要求，真正意义上将工程实施会遇到的问题解决在出厂前。

图 6.4-16　基于 NovaCor 平台的 RTDS 仿真系统

南瑞继保 PCS-8100 柔性直流输电电压源型换流阀先后应用于：我国首个多端柔性直流输电工程——广东南澳柔性直流输电工程，世界首个五端工程——浙江舟山柔性直流输电工程，世界首个柔性直流电网、最高电压等级柔性直流工程——张北柔性直流电网试验示范。

图 6.4-17　高压大容量柔性直流输电全系统试验平台

高压大容量柔性直流换流阀关键技术的突破，一方面单位输电容量成本的降低将显著提高柔性直流输电的技术经济性，有利于柔性直流输电技术的推广应用；另一方面可与现有常规直流输电技术结合，通过多个 VSC 换流站与少量 LCC 换流站的组合应用，构建多端混合直流输电系统，充分发挥 LCC 容量大和 VSC 控制灵活优势，克服 LCC 依赖电网换相和 VSC 容量小缺点，进一步降低混合直流输电系统成本，显著提高直流输电的技术经济性。

高压柔性直流换流阀的研制及应用，将有利于减少新能源弃风和弃光，进一步提升新能源接入系统的技术经济性，为我国加快构建绿色环保型能源社会提供重要的柔性直流输电装备支撑；同时带动智能电网领域高端装备技术水平向世界级跨越式迈进，打破国外垄断，占领世界电力科技制高点，促进上游产业优化升级，为我国坚强智能电网的发展奠定坚实的技术和装备基础。

第三节　直流断路器研制

直流断路器是构建直流电网的核心设备，它可切合系统空载电流和负荷电流，在系统发生故障时能自动、快速切断过负荷电流和短路电流，具有系统控制和保护双重作用。然而，直流电流无自然过零点，如何开断故障直流电流，快速分断高压直流故障线路，是限制直流电网技术发展的重大技术难题。因此，迫切需要攻克高压直流断路器关键技术，推进装备研制、产业化及工程应用，为直流电网建设提供装备技术支撑，从而有力促进高端电力装备制造业的发展，是国家实现战略新兴产业的需要。

直流电流因缺乏自然过零点，实现其可靠分断需要人工创造零点以及吸收系统感性元件存储巨大能量，大大增大了直流分断技术难度。100 多年以来，直流分断难题成为阻碍直流组网的最大技术瓶颈，针对该问题，国内工程界和学术界展开了大量的基础性研究工作，随着电力电子器件的发展以及应用技术的成熟，高压直流断路器研制从最早传统谐振机械式技术路线，经历了基于电力电子器件的固态式技术路线，发展到现今主流的组合式技术路线。

截至目前，直流断路器的主要技术路线包括固态直流断路器、机械式直流断路器（见图 6.4-18）和混合式直流断路器。而结合机械开关和半导体器件的混合式断路器，符合柔性直流网络电压等级、保护选择、分断速度和分断能力等多方面要求，成为研制直流断路器的主要技术路径。

全球能源互联网研究院、中电普瑞、许继集团率先完成 200kV 高压直流断路器的研制工作，在舟山 5 端柔性直流输电工程中完成应用，实现了国际首创。张北工程中示范了混合式、机械式、负压耦合式等 3 种技术路线，全球能源互联网研究院、中电普瑞、许继集团、南瑞继保、北电总厂、思源电气等多个厂家 500kV 直流断路器。下面以部分厂家的产品为例进行说明。

一、200kV 高压直流断路器研制

2016 年 12 月 29 日，许继集团研制的 200kV 高压直流断路器在舟山柔性直流系统中顺利完成 168h

试运行，正式投入运行。

图 6.4-18　160kV 机械式高压直流断路器

许继集团研制的 200kV 直流断路器是全球首台高压直流断路器，基于超高压机械开关和级联全桥模块混合，可实现双向故障电流的快速断开，整体控制简单，可靠性强，可在 3ms 内断开一条 200kV 高压直流输电线路产生的高达 15kA 的直流短路电流，开断能力堪称世界之最，攻克了高压直流输电电流难以快速断开的世界级技术难题，实现了直流输电核心装备研发和制造领域的重大突破，将推动直流输电由"线"到"网"的飞跃，具有重大示范意义。

舟山工程 200kV 高压直流断路器作为全球首个投入工程应用的高压直流断路器，整体技术水平达到国际领先。工程的成功投运不仅是我国在直流输电领域持续创新的重要里程碑，也是许继集团在直流输电装备领域的又一重大突破。标志着我国在高压直流断路器的研制、工程应用及运行等方面走在世界前列，并将为 ±500kV 高压直流断路器研制和张北直流电网项目的实施提供技术支撑。混合式直流断路器拓扑结构如图 6.4-19 所示，舟山工程 200kV 高压直流断路器如图 6.4-20 所示。

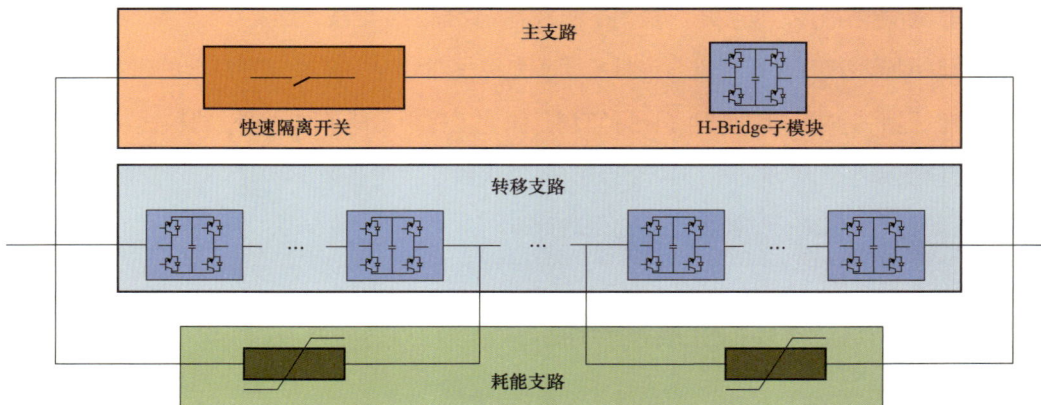

图 6.4-19　混合式直流断路器拓扑结构

二、500kV 高压直流断路器

许继集团柔性输电系统公司着眼于国家能源发展战略目标，以张北±500kV 柔性直流电网实际工程为依托，开展相关直流断路器的研发，产品各项性能参数均满足张北±500kV 柔性直流电网需求。许继集团所研制产品，子模块单元额定电压 50kV，级联后可构成 500kV 甚至更高电压等级，额定电流 3kA，最大分断电流 20kA，分断时间 3ms。突破并掌握了以下关键技术：

（1）500kV 混合式直流断路器大规模半导体组件动态串联均压技术。

图 6.4－20　舟山工程 200kV 高压直流断路器

（2）500kV 混合式直流断路器瞬变电场均衡控制与电磁屏蔽技术。

图 6.4－21　南瑞继保 535kV 高压直流断路器

（3）500kV 混合式高压直流断路器高电位供能技术。

（4）500kV 混合式高压直流断路器快速故障检测技术。

南瑞继保研制的 535kV 高压直流断路器采用创新技术的桥式整流型混合拓扑，由主通流支路、转移支路和耗能支路组成，如图 6.4－21 所示。

PCS－8300 高压直流断路器取得的技术突破与创新有：

（1）突破混合式高压直流断路器拓扑技术，打破了国外专利壁垒。

提出基于自主知识产权的桥式整流型混合式高压直流断路器拓扑，采用可关断器件和桥式换向相结合的技术实现双向电流开断，显著降低了全控型功率半导体器件的数量，具备重合闸功能，具有良好的经济性和可靠性。

（2）突破 IGBT 极限关断能力提升技术，满足了 500kV 高压大容量柔性直流输电需求。

（3）突破快速机械开关关键技术，解决了直流断流器高速机械开断难题。提出断口与机构高压等电位的电磁斥力技术，显著降低了运动部件的质量，提高了动作速度；提出多断口串联复合均压等技术，解决了多断口开关串联电压分布不均难题。

（4）解决直流断路器绝缘及结构设计难题。提出多级变压器串联耦合技术，采用多介质绝缘的一体

式套管结构，并联均压措施，压缩设备体积，提高绝缘强度，解决了高压供能对地隔离的难题。

提出主通流支路和转移支路的分区布置设计，解决强电磁耦合干扰问题；提出大容量阀组、快速机械开关、供能及辅助设备等一体化塔式集成方案，结构紧凑，具有 9 级烈度抗震能力；提出的字形电气连接方法，减小回路长度，降低杂散电感。

（5）突破直流断路器控制难题。成功研制了基于大容量 FPGA 和多通道高速并行总线技术的高速高集成度控制系统，解决了多断口高速机械开关和大规模半导体器件的控制和同步问题。提出基于多级转移支路子单元逐级投入的分级合闸控制策略，消除合闸操作引起的过电压和系统振荡。

截至 2018 年 8 月，PCS-8300 高压直流断路器共申请发明专利 17 件，其中 8 件发明专利获得授权，获实用新型专利 2 件。

高压直流断路器是直流电网安全、经济运行的保障，直流电网是国家智能电网和全球能源互联建设的基础。直流断路器的研制及示范应用，为更大规模直流电网的建设扫清技术障碍，极大地促进了国家智能电网和全球能源互联网的快速发展。

高压直流断路器关键技术的突破及产品研制应用，从根本上解决了柔性直流输电无法清除直流侧故障的技术难题，大大提高了直流电网的可靠性、灵活性及经济性，必将进一步推进高压大容量柔性直流输电技术的推广及应用，将在大规模分布式新能源发电接入、城市电网改造、孤岛供电、常规高压直流输电技术升级改造等领域充分发挥其技术优势，为直流输电装备产业技术升级提供强有力的支撑。

第四节　控制保护设备

柔性直流输电控制保护系统是柔性直流输电系统的大脑，完成对柔性直流输电系统及换流站所有设备的监视、控制和保护功能，由运行人员控制系统、柔性直流控制保护系统和交流控制系统等子系统构成，其系统配置图如图 6.4-22 所示。

1. 运行人员控制系统

该系统是整个柔性直流控制保护系统的监控平台和数据处理中心，并负责全站对时、与远方调度中心/集控中心通信接口等相关功能。

2. 柔性直流控制保护系统

该系统是换流站控制的核心，主要功能是通过对 VSC 换流阀输出电压相位和幅值进行调节，实现系统要求的有功功率和无功功率独立解耦输出，同时实现交流场区保护、变压器保护、阀区保护和直流场区保护功能。

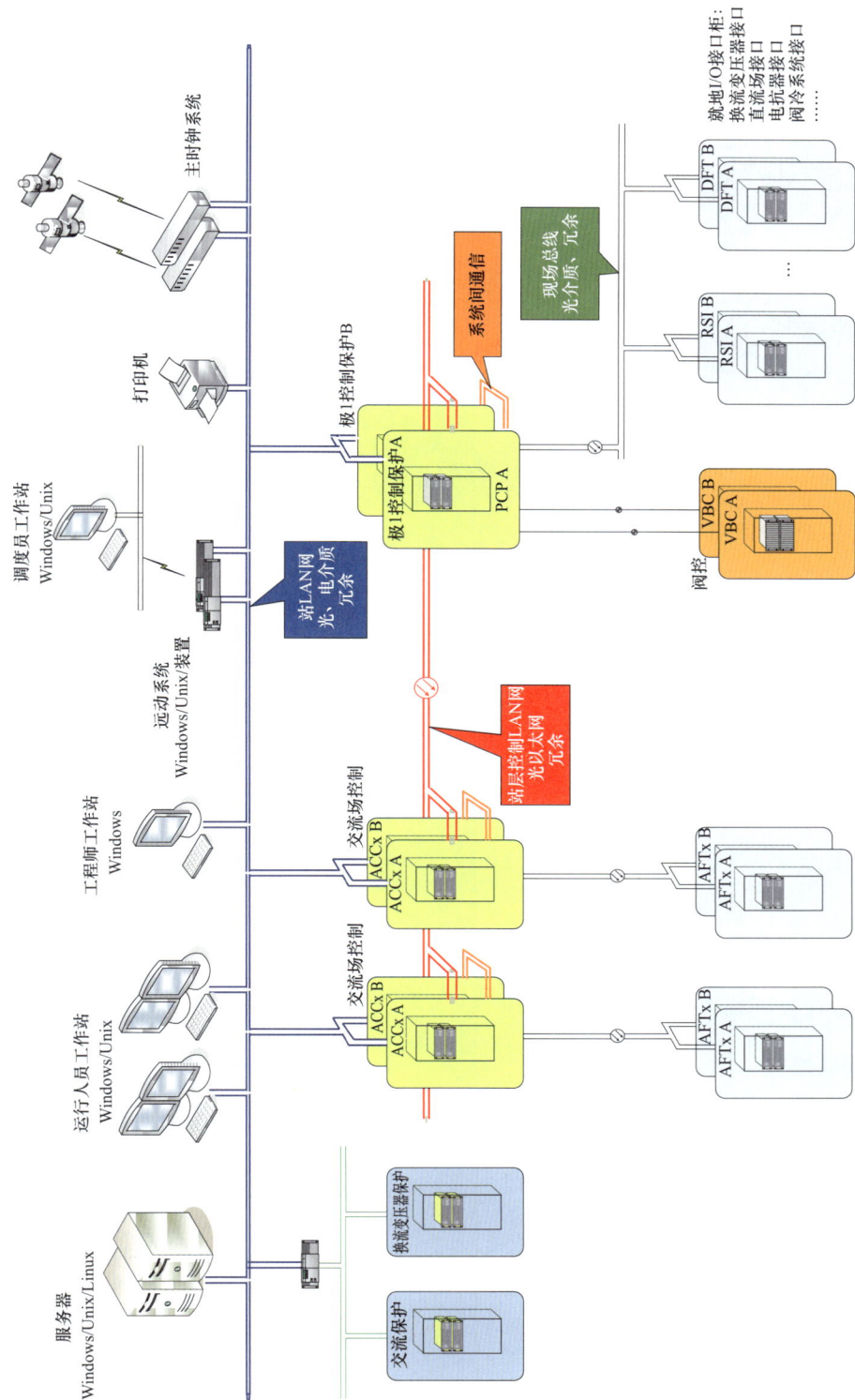

图 6.4－22　柔性直流控制保护系统配置图

3. 交流控制系统

交流控制系统完成换流站内交流场、站用电等交流设备的监视与控制功能。

一、技术突破与创新

从两端到多端，我国柔性输电控制保护系统起步略晚于国外，但一开始便坚持自主创新道路，自主知识产权柔性直流输电控制保护系统不断实现突破；从放射型到直流电网，经过多年发展，我国柔性直流输电控制保护系统已经实现国际领先。

南瑞继保PCS－9520柔性直流输电控制保护系统是我国首个应用在电网中的柔性直流输电控制保护系统，见证了我国柔性直流输电工程技术发展历程。

1. 系统构架突破

研制了嵌入式、高性能、平台化、高可靠性的多端柔性直流输电控制保护系统。

2. 控制策略突破

创新提出了无偏差接管的多端协调控制策略，故障站退出后健全系统仍可保持在额定电压运行，并可实现多级接管。

创新提出了基于电压裕度优化下垂控制技术，提出了分组裕度下垂控制与上层电压控制相结合的柔性直流电网电压协调控制方法，实现了柔性直流电网协调控制和独立控制的相互配合，改善了柔性直流电网运行特性。

创新提出了交流侧无源启动充电控制策略，实现了无源启动无冲击；创新提出了电压前馈自适应加速和交流低压限流控制策略，提高了故障穿越能力。

3. 保护策略突破

（1）创新提出了基于直流电压不平衡保护方法检测单极接地故障和直流欠电压、过电流保护方法检测双极短路故障的同时，利用电流方向判断故障线路。

（2）创新提出了基于电压源换流器在故障过程中快速放电的暂态电流分量，实现了行波保护出口时间不大于3ms。

（3）创新提出了基于电流斜率的直流断路器失灵保护检测方法，实现了直流断路器失灵的快速保护。

（4）创新提出了采用直流断路器子单元逐级投切策略的直流线路重合闸方案，有效降低了重合闸过程对系统的冲击。

722

截至 2018 年 8 月，PCS-9520 柔性直流输电控制保护系统共申请发明专利 112 件，其中 27 件发明专利获得授权，获得实用新型专利 7 件。

二、 研发能力与制造水平

柔性直流输电系统研究目前有数字仿真和动模试验两大手段。南瑞继保先后搭建了多端数模混合闭环实时仿真系统和可重构多端动态模拟实验系统，与控制保护样机组成闭环试验环境，进行全面的仿真及实验研究，全面掌握直流配电网的运行特性和控制保护技术。

1. 多端数模混合闭环实时仿真系统

（1）基于 RTDS 的仿真研究。
（2）基于 RT-LAB 的仿真研究。

2. 可重构多端动态模拟实验系统

针对直流电网应用场景，多端直流动模系统包括负荷供电端、交直流变流器端以及风光储端、直流断路器、DC/DC 变压器、模拟直流线路、电抗器、真实 TV/TA 设备，构成与工程一致的动态模拟试验平台，可重构多端动态模拟试验系统如图 6.4-23 所示。

南瑞继保 PCS-9520 已成功应用于舟山 5 端柔性直流工程、厦门柔性直流输电工程、上海南汇风电场柔直接入工程，即将应用于张北柔性直流电网示范工程。

柔性直流输电技术，它是继交流、常规直流之后，以电压源换流器为核心的新一代直流输电技术，是当代世界上可控性最高、适应性最好的输电技术。

图 6.4-23 可重构多端动态模拟试验系统

国内制造企业采用独立自主研发，完全依靠国内技术力量，完成了基础理论、关键技术、系统设计、装置开发及试验平台研制等方面研究，构建了系统仿真、设备研制、试验测试完整的技术体系，取得了

原创性成果，实现了全面突破，研制了世界上电压等级最高、容量最大且具有完全自主知识产权的±800kV 特高压柔性直流输电装备。

±800kV 特高压柔性直流输电装备的成功研制，标志着我国已具备了自主设计、制造±800kV 特高压柔性直流输电装备的能力，将对促进我国柔性直流输电技术的发展，提高可再生能源的利用，有效减少雾霾、改善大气环境质量，拉动内需和经济增长，带动电力装备制造业转型升级具有重大意义。

第五章

发电机断路器研制

发电机断路器是安装于发电机出口与变压器之间的低电压、大电流断路器，主要用于保护发电机和变压器。发电机出口设置断路器能提高系统的安全性、简化运行方式、方便调试维护，并且能产生明显的经济效益，发电机断路器作用简图如图 6.5-1 所示。

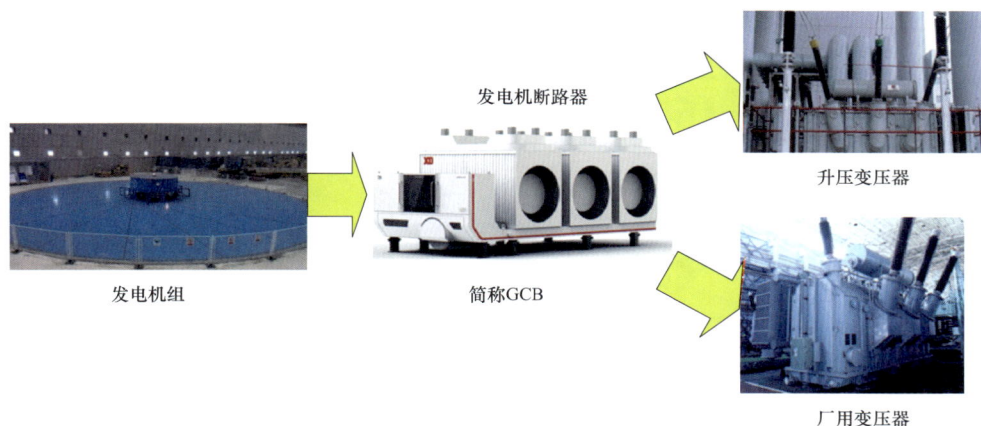

发电机断路器

升压变压器

发电机组   简称GCB   厂用变压器

图 6.5-1 发电机断路器作用简图

近年来，随着电力需求的增大，我国的电网规模也在不断增大，大型和特大型发电机组的开发和应用得到了迅猛的发展。单机容量的增大，不但使得单个机组与电网之间的相互影响更加显著，而且对于电厂自身的安全性和经济性的影响也相应增大。在发电机与升压变压器之间配置发电机断路器是提高机组的可用率以及提高系统的安全性和稳定性的重要手段。

发电机断路器这样的高端设备制造技术长期以来一直由国外企业所垄断，我国每年需要花费大量的外汇进口。对于中资企业的一些对外项目，由于受到国外企业的附加限制，无法采购到发电机断路器成品用于这些项目，严重制约了中资企业的对外扩展。在三峡工程中，部分左、右岸的发电机组均预留了装设发电机断路器的位置，但由于进口产品价格高，考虑到前期投资等因素，目前只有部分机组装设了发电机断路器。长江上游（金沙江）准备筹划建设的水电站中，如向家坝、溪洛渡、乌东德、白鹤滩等水电站中，单台机组的容量均在 700MW 以上，最大容量将达到 1000MW，初期方案中也考虑了装设发电机断路器的运行方案。核电机组为确保厂用电的可靠性，也必须采用断路器方案。为此，急需研制国产发电机断路器，以满足我国电力工业发展的需要。

第一节 研 发 历 程

2008 年 3 月，西电集团决定自主研发用于单台发电机容量在 600～800MW 的发电机断路器。2009 年 7 月三峡集团与西电集团签订了课题名称为大容量发电机 SF$_6$ 断路器及成套装置研制的科研合作项目。三峡集团主要负责技术指导、工程化应用研究、项目进程管理、资金支持等；西电集团主要负责产品的设计、制造、试验和试验方法研究等，如图 6.5-2 所示。

图 6.5-2 西电集团与三峡集团签署合作研发合同

大容量发电机断路器是西开电气第一次研发，在没有任何设计经验的情况下，项目组成员对电弧性能、灭弧机理、额定短时耐受能力、动稳定电流下的机械强度等问题做了深入研究，攻克了大容量开断、大电流通流技术方面的难题，创新设计出异动双速自能灭弧室。

短路电流超过 80kA 的 SF$_6$ 灭弧室设计在我国尚属空白，本项目依托产品设计建立基于大容量灭弧室的气流场设计、温度场设计及传动设计的仿真平台，对灭弧室开断关合性能的研究、大功率操动机构的研制、大电流长期载流结构及其辅助散热装置的设计与研究，为我国发电机断路器系列化发展奠定了基础，设计仿真平台如图 6.5-3 所示。

大容量发电机断路器技术难度大，考虑到成本、技术精益性、可靠性等诸多要求后，在设计过程中对零部件工艺及装配等环节提出了超高要求，为此对很多零部件在材料、工艺上都进行了深入研究。

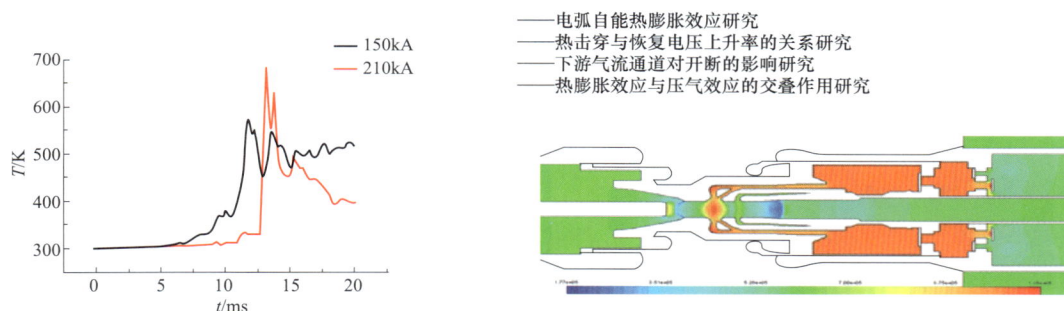

图 6.5－3　设计仿真平台

1. 大型耐热绝缘子的浇注工艺研究

由于大容量发电机断路器长期耐受极大的额定电流（21 000A 以上），温度极高，开发既能耐受高温，又能保证内部机械强度的绝缘子是难点之一。通过电镜分析和试验验证，多次修正材料配方，最终研制出绝缘材料的耐高温工艺新配方，在不降低绝缘材料机械强度的情况下，提高了绝缘子的玻璃化转变温度，解决了耐高温大型绝缘子机械强度低的难题，耐高温绝缘子力学试验和电镜分析如图 6.5－4 所示。

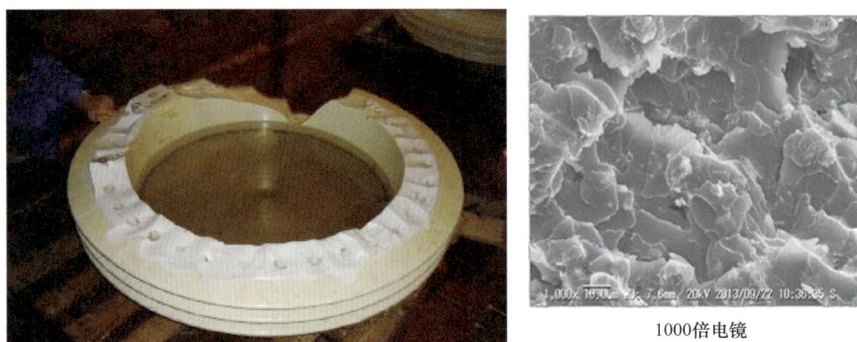

1000倍电镜

图 6.5－4　耐高温绝缘子力学试验和电镜分析

2. 高载流能力铸铝合金的研究与制造

大容量发电机断路器载流外壳是由铸铝合金材料构成，传统铸铝合金壳体不载流，故没有电导率的要求，若直接按照原配方制造，体积偏大，严重影响整机的经济性，而电导率提高，铸铝合金的机械强度会下降，为此进行了专项攻关，研制出全新配方的铸铝合金，将壳体电导率提高了20%，而机械强度没有下降。

3. 大型焊接壳体和底架的加工工艺研究与强度分析

针对大型薄壁壳体和大型底架的加工工艺进行研究，采取调整焊接的先后顺序、制作工装及焊后校正等有效的工艺方法，解决了零件尺寸大、焊接变形大的难题；同时为承受产品操动机构对底架和箱体的冲击，对底架和箱体进行力学仿真，校核其不同部位在机构操作过程中的应力变化情况，为焊接结构和焊接方式提供依据，发电机断路器装配厂房如图 6.5-5 所示。

图 6.5-5 发电机断路器装配厂房

通过上述研究，研制出了耐高温高强度绝缘材料、高电导率铸铝合金配方，同时研究了新的浇注工艺，解决了发电机断路器的耐高温、高电导率的新材料及铸造、焊接等制造难题。

第二节 试 验 技 术

发电机断路器开断站内短路电流过程中，除了短路电流有效值很大，非对称分量很高外，还必须承受很严酷的瞬态恢复电压。为满足大容量发电机断路器的试验需求，需要提升试验能力，研究试验方法，创建满足大容量发电机断路器检测的试验平台，发电机断路器试验方案研究如图 6.5-6 所示。在该项目实施前，国内大容量发电机断路器的试验条件和试验技术都不具备。

图 6.5-6 发电机断路器试验方案研究

一、试验技术研究

为保证项目的顺利实施，西高院进行了试验室建设与试验技术研究。根据试验参数要求，采用四种首开极及后开极条件下的系统配置，设计了一种新的大容量合成试验回路。通过双机并联运行的方式来提供所需的试验电流，试验电流可以达到 210kA，仍然采用短路变压器反接降压的方式提供试验电压，其试验原理如图 6.5－7 所示。

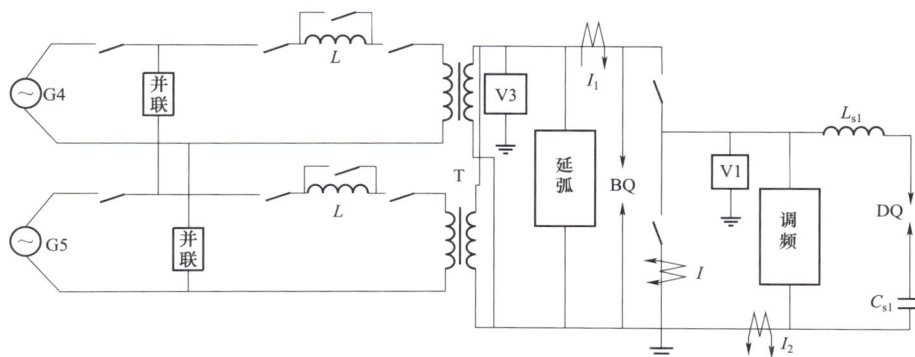

图 6.5－7　并机合成满容量开断试验原理图

二、试验能力建设

根据试验技术的研究结果，按照试验参数和回路要求，增加发电机组，添加试验设备，改造原有试验回路，建成了具有两台 6500MVA 冲击发电机组同步并机的大容量短路试验系统，具备了 210kA 短路电流开断的试验能力，并将本项目按最新版 IEC 要求成功实施了全套型式试验，西高院新增 5 号冲击发电机组如图 6.5－8 所示。

图 6.5－8　西高院新增 5 号冲击发电机组

设项目的完成使西高院实验室具备了大容量发电机断路器的型式试验能力,运行试验电流达210kA,可以在此基础上进一步开发更大容量的发电机断路器（250kA）的试验回路,满足国内外相关厂家的试验需求,如图6.5-9和图6.5-10所示。

图 6.5-9　发电机断路器绝缘试验

图 6.5-10　负荷电流试验

2011年12月5日,西开电气产品在国家质量检测中心完成130kA大容量发电机断路器全部型式试验。

第三节　工　程　应　用

西开电气从2008年开始,历经5年,成功研制了130kA和160kA发电机断路器。2011年12月25日,130kA发电机断路器通过了由国家能源局组织的鉴定（见图6.5-11）。鉴定委员会认为：该产品为我国自主研发的大容量六氟化硫发电机断路器成套装置，研制单位在设计、制造、试验检测等方面进行了多项技术攻关，它的研制成功使我国开关制造行业迈入了大型发电机组用大容量保护断路器的制造领域，打破了国外企业的垄断，使我国成为国际少数该类高端设备生产国家之一。

图 6.5-11　130kA 发电机断路器国家级鉴定会

2013 年 5 月首台（套）发电机断路器完成工厂装配调试，西开电气具备了大容量发电机断路器加工制造能力（见图 6.5-12）。

图 6.5-12 首台（套）130kA 发电机断路器出厂

2013 年 10 月，该产品首台套成功在向家坝左岸电厂投运（见图 6.5-13），至此标志着我国已经掌握大容量发电机断路器相关技术并具有了运行业绩，打破了国外技术垄断，为国产化大容量发电机断路器进入市场铺平道路，为我国重大装备国产化又增添了新篇章。

图 6.5-13 首台 130kA GCB 在向家坝左岸电厂投运

2013—2014 年，西开电气为向家坝水电站提供了 4 台 130kA 发电机断路器产品，2014 年为溪洛渡水电站提供了 2 台 160kA 发电机断路器产品，所有产品已全部投入运行并运行良好。2016 年签订赵庄金光火电厂 2 台，新疆五彩湾北一电厂 2 台供货合同；2017 年签订三峡左岸电厂改造 4 台，乌东德电厂 12 台供货合同；2018 年签订内蒙古朱家坪火电厂 2 台供货合同。

为实现产品系列化，在现有的技术基础上，西开电气从 2014 年开始着手研发用于单台发电机容量在 1000MW 的 210kA 发电机断路器，目前已取得突破性进展，相信在不久的将来，可具备为各类大型发电机提供配套保护断路器的供货能力。

目前国内已建、在建以及待建的核电站有 30 余座，600MW 以上核电机组超过 50 台；在水电项目中，大型水电站均采用大容量发电机断路器。根据国家能源规划，目前在建的乌东德、白鹤滩等特大型水电站，共需要 600MW 以上发电机组 35 台，本产品将为该大型水利枢纽工程的建设提供强有力的支持；在未来几年的火电站建设项目中，老厂改造和新厂建设将有 150～300 台的使用量，未来发电机断路器有着非常广阔的市场。

大容量发电机断路器成套装置的研发成功，填补了国内空白，综合技术水平达到国际先进水平，实现了重大装备的国产化，产品国产化率达到 99%，打破了国外垄断。大容量发电机断路器成套装置的成功研制，使我国不仅在特高压输变电设备制造领域处于国际领先地位，而且在大电流控制保护设备领域也走在了世界前列，使我国成为国际上少数几个掌握该类高端设备生产技术的国家之一，填补了我国电工装备产业链上的断点，对保障我国电力系统安全、可靠运行具有重要意义。

第七篇

低压配电设备

主　笔　季慧玉

主　审　尹天文

编写与审稿人员

上海电器科学研究院（集团）有限公司

　季慧玉　张玉青　顾惠民　柴　熠　黄兢业　孙吉升

　张　扬

　　本篇编写过程中，提供资料的单位有常熟开关制造有限公司、浙江正泰电器股份有限公司、大全集团有限公司、厦门宏发电声股份有限公司、上海良信电器股份有限公司、上海电器股份公司人民电器厂、北京人民电器有限公司、江苏洛凯机电股份有限公司、苏州未来电器有限公司、上海电器设备检测所有限公司、苏州电器科学研究股份有限公司。

第一章

概　述

第一节　低压配电设备在电力系统中的地位与作用

低压配电设备（也称用户端电器设备）处于电力系统末端，是连接输变电系统与用电设备之间的桥梁，电能是通过低压配电系统传输到终端用电设备，同时，低压配电设备对低压线路提供保护、对用电设备进行保护和控制。据统计，发电设备发出的电能 85%以上是通过低压配电系统传输并由终端用电设备消耗。低压配电系统主要由低压开关设备和控制设备（通常称为低压电器）组成，凡是用电的地方都离不开低压电器。低压配电设备是机械工业重要的基础元器件之一，也是电力系统不可或缺的重要设备。

根据低压配电设备在电气线路中的作用可分为配电电器、控制电器和终端电器等，配电电器主要包括断路器、开关、隔离器、隔离开关及熔断器组合电器、转换开关电器、低压熔断器等。其涉及的关键技术主要包括多种故障检测与保护技术、大电流分断技术、短时耐受能力技术（包括耐受电流与短延时时间）、转换控制技术、选择性保护技术等。控制电器主要有接触器、起动器、控制与保护电器、继电器、控制电路电器、主令电器等，其涉及的关键技术包括长寿命高可靠技术、节能技术等。终端电器主要有小型断路器、剩余电流动作保护器、电弧故障保护器、模数化熔断器组合电器、终端组合电器、低压浪涌保护器等，其涉及的关键技术包括过电流保护技术、剩余电流检测与保护技术、电弧故障检测与保护技术、过电压保护技术、产品小体积与安全性技术等。

城乡电网和大型工矿企业配电系统往往由上千台配电设备组成，它既需要每台设备的可靠运行，也需要设备之间的特性配合。每一台配电设备的可靠性与性能一致性是电力系统安全、可靠运行的重要保证。居民终端用电系统中大量采用小型断路器和剩余电流动作保护器等终端电器，这些产品的可靠性直接影响亿万人民可靠用电乃至生命财产安全。

进入 21 世纪以来，通过不断创新发展，配电设备的功能已从原来以保护为主，发展为故障保护、能效管理、质量治理三大重要功能，因此，配电设备在电力系统中的地位与作用更显重要。

在当今电气化、智能化、信息化时代，一个国家的配电系统与设备具有自主知识产权，掌握关键核心技术，生产制造不受外国制约，不仅对电力系统安全，对国家安全亦至关重要。

基于低压配电设备的重要性，我国对大部分配电设备产品实行强制认证。

第二节　行　业　概　况

我国低压配电设备生产企业近 2000 家，产品品种超过 1000 个系列，行业年销售收入超 800 亿元人民币，从业人员约 45 万人。

经过 60 多年的发展和几代人的不懈努力，特别是进入 21 世纪以来，低压配电设备的行业形势发生了重大变化，已形成了较完整的生产体系，无论从品种、规格，还是产品的技术指标、生产规模，都已基本满足我国各行各业的需要。

随着我国电力设施及基础设施的不断建设和快速发展，相关配套的低压配电装备市场也进一步扩大，有力推动着行业的稳步发展。行业经过 21 世纪初的快速发展，现在已进入平稳发展态势，但竞争也日趋激烈。行业中国内企业占 90%以上，部分优秀企业体现出快速发展的势头，但整体以中小企业为主，行业集中度不高，自主创新能力与国外大企业相比还有差距，高端市场竞争力不足，中低端产品生产能力过剩。

第三节　低压配电设备创新重点及其成果

一、低压电器全面更新换代，第三代、第四代产品相继开发成功

改革开放以后，1978—1990 年我国低压电器进行了全面更新换代，共计 125 项。其中自行设计 56 项，引进国外制造技术 34 项，夺标攻关 35 项。更新换代完成后，我国低压电器水平从原有的 20 世纪 60 年代初水平提升了 20 年。

1991—2003 年在更新换代基础上开展了第三代低压电器研发工作，代表产品为上海电器科学研究所（集团）有限公司（以下简称上海电科所）负责研制的 DW45、DW450 智能型万能式断路器，常熟开关制造有限公司（以下简称常熟开关）研发的 CM1、CM3 塑壳断路器。由于第三代低压电器产品的性能与可靠性明显提高，很快被用户认可，是新中国成立以来产品影响力最广、推广最成功的两大系列产品。目前我国第三代低压电器产品销售额已超过低压电器总销售额 70%以上。初步实现了我国低压电器从中、低端向中、高端过渡。

根据我国配电系统快速发展需要，以及国外优秀制造商新产品、新技术的发展，特别是国外新一代低压电器向智能化、网络化发展等情况，我国 2005—2010 年开发了第四代低压电器产品，包括新一代

高性能、小型化万能式断路器，高限流、高分断、小体积塑壳断路器，新一代多功能、小型化控制与保护开关电器，带选择性保护小断路器四大系列产品。第四代产品通过新技术与结构创新，运用现代设计方法使产品性能、功能又一次实现飞跃。由行业著名专家组成的鉴定委员会以及参会的原机械部副部长陆燕荪对第四代低压电器开发给予高度评价，一致认为第四代产品总体水平达到国际先进水平，部分主要性能国际领先。产品自主创新，具有自主知识产权，是低压电器发展史上新的里程碑，进一步缩小了我国与发达国家低压电器技术水平的差距。

常熟开关于 2020 年完成了 CW6 系列万能式断路器和 CM6 系列塑壳断路器的研发。这两个产品均为该公司自主化创新设计的全新一代产品。经专家鉴定，产品总体技术处于国际领先水平。这两个产品的推出也大大提高了我国低压电器的技术水平。

二、外资企业全面进入中国，国内外企业和产品共同发展

从 20 世纪 80 年代末至 90 年代，法国、德国、美国、日本等几乎所有配电设备优秀制造商相继在我国建厂，并逐步实现属地化生产。国外新产品全面进入中国市场，虽然给国内企业带来了竞争压力，同时也带来了新产品、新技术、新装备和先进的企业管理、市场开拓理念。最具代表的天津梅兰日兰公司创办于 1987 年，由天津 105 厂与法国梅兰日兰公司（现在的施耐德公司）合资创办，经过 6 年中国、法国双方的共同努力，该公司主要产品 C45 小型断路器获得市场认可，产量迅速上升并取得良好经济效益，是低压电器中外合资企业成功的范例。其他国外优秀制造商快速、全面地进入中国市场与天津梅兰日兰公司的成功有密切的关系。而天津梅兰日兰公司产品在中国推广也得益于上海电科所广泛宣传与标准化工作的支持。

以德国施耐德、ABB、西门子公司，日本三菱、富士公司，美国伊顿、GE 公司为代表的产品已在我国配电设备高端市场广泛应用。它们已经成为我国优秀企业追赶的标杆，对我国配电设备高质量发展与技术进步起了有益的拉动作用。

三、开展低压电器可靠性提升工程，取得明显成效

进入 21 世纪以后，随着新一代产品不断推出，我国低压电器主要产品的技术性能与国外差距已明显缩小。但由于制造技术与装备相对落后，产品的可靠性与国外优秀企业仍存在一定差距。为此，低压电器行业广泛开展产品可靠性提升工程。重点对塑壳断路器、交流接触器、热继电器、小型断路器、剩余电流动作保护器五大类量大面广的产品开展工作。首先，上海电科所与河北工业大学负责，联合行业有关企业制定上述五类产品可靠性试验方法标准。然后每一类产品选择 1～2 个主导企业进行产品可靠

性试验，对试验中出现的问题及可靠性失效机理进行深入研究，并分析可靠性失效的原因。在此基础上，从产品结构设计、材料选用、制造工艺提出改进意见，实现可靠性增长。通过这项工作，我国低压电器可靠性有了明显提高，试点单位产品可靠性等级提高 1～2 个等级。

四、开展配电系统智能化、网络化研究，实现低压电器可通信

根据国外新产品、新技术发展动向以及智能型低压电器自身功能发展需要，上海电科所从 2000 年开始率先对可通信低压电器与网络化技术进行研究，包括低压电器通信接口、现场总线技术、配电系统网络化典型架构研究等。使我国低压电器主要产品实现可通信，能与多种现场总线系统无缝连接，同时研究成功 3S−Net 智能化、网络化典型配电系统，并在许多企业配电系统中获得应用。

2008 年随着美国、日本、欧洲发达国家提出了建设智能电网的要求，我国也随之提出由国家电网公司牵头建设智能电网，并根据我国电力系统的特点提出我国智能电网建设的重点是以超高压、特高压为核心的输变电系统。上海电科所根据美国、日本、欧洲等发达国家智能电网发展重点，认为我国智能电网建设用电侧系统智能化也是重点之一。为此，提出了智能电网"用户端"概念，通过专家多方论证得到有关领导和国家电网公司的认可，用户端电器概念的提出以及智能电网的实施扩展了低压电器范围及其功能。首先，智能型低压断路器对系统中可能出现的各类故障实现全覆盖，其中故障预警技术的突破与应用将避免某些重大故障的发生。其次，智能型低压断路器具有检测并显示系统中各种电量参数的功能，以取代低压成套装置中各种显示仪表。更为重要的是新一代智能低压断路器具有"能效管理"功能，能指导用户合理、高效用电，对电力系统用电量"削峰填谷"，为实现平稳用电打下基础，对降低电力系统运行成本以及用户使用成本具有重大的经济效益和社会效益。另外，随着新能源系统不断发展，电网中出现的谐波分量、电压闪变、电压波动、三相不平衡等将对许多用电设备，特别是高精度电子设备造成危害，据专家预测，电网质量造成的经济损失每年高达数千亿元之多。新一代智能断路器将在电网质量治理中起到关键的监控作用，使低压电器在电力系统中的地位和作用更为重要。根据低压电器的功能转变，上海电科所创办五十多年的《低压电器》杂志更名为《电器与能效管理》，这也是适应技术与市场发展的需要。

五、开展新能源系统用电器设备研究

进入 21 世纪以后，随着气候环境变化，人类对"排放"提出了新的要求，世界各国提高了新能源的发展速度，我国风电与光伏发电也获得快速发展。由于新能源系统的结构、容量、电压等级、电压稳定性、系统保护要求、使用环境等，与传统电力系统差异甚大，所以对电器设备提出了一系列新的

要求。它给配电设备行业与制造商带来新的发展机遇。相关企业对新能源系统及电器设备进行了深入研究，包括逆变器、变流器、充电桩、储能系统及新能源系统电器设备等，其中我国研制的逆变器转换效率从原有的 92% 提高到 98% 以上，达到世界领先水平。新能源系统用低压电器通过适应性关键技术攻关已基本满足新能源系统配套要求，为我国新能源系统快速发展创造了有利条件。上海电科所创建了中国电器工业协会新能源产业联盟，为有关制造企业与用户之间搭建了技术交流与技术合作的平台。

六、开展智能制造技术与装备研究

进入 21 世纪以后，随着发电设备不断增长，配电设备也获得快速发展。以低压电器为例，我国主要产品生产总量已处于世界前列，是名副其实的低压电器制造大国。根据国家的总体要求，上海电科所与有关企业开展大量前期研究与准备工作，并多次向国家有关领导汇报与沟通，将用户端电器列入工信部智能制造发展指南，为我国低压电器优秀企业争取国家项目创造了条件。

在此基础上，上海电科所深入开展低压电器智能制造项目可行性研究，并引导企业开展智能制造的研究和工程实施。在行业的共同努力下，已争取到 6 个工信部智能制造专项支持，浙江正泰电器股份有限公司（以下简称正泰电器）、常熟开关、北京人民电器厂有限公司（以下简称北京人民电器）都已完成项目建设。其中正泰电器已经完成的小型断路器自动生产线及数字化车间建设，总体达到国际先进水平。常熟开关已经完成的塑壳断路器自动生产线和万能式断路器、塑壳断路器数字化车间建设，技术水平已接近或达到国际先进水平。更为重要的是，它们设计制造的智能制造装备不是照搬国外自动生产线，而是结合企业自身特点与生产要求，具有自主知识产权及中国特色，使企业获得了"两提升、两降低和一缩短"，即生产效率提升、能源利用率提升；运营成本降低、产品不良率降低；产品研制周期缩短。北京人民电器建设了高端精密钣金、低压元件、关键零部件的数字化车间及自动化生产线，特别是完成了万能式断路器数字化自动化生产线建设，实现了智能化产品的智能化制造。这些项目的实施在提高制造水平的同时解决了劳动力短缺等问题，尤其是对小断路器年产量达 6 亿极之多的正泰电器显得更为重要，也为低压电器产品可靠性和一致性提供了可靠保证。

在工信部智能制造专项带动下，低压电器行业智能制造将在更广的范围内开展，为低压电器行业快速进入世界强国的行列创造了更有利的条件。

第四节　关键核心技术自主创新

配电设备种类繁多，涉及的技术领域十分广泛。据不完全统计，获国家级科技进步奖、发明奖 7 项，部省级科技进步奖 100 多项，其中一等奖十多项。进入 21 世纪以后，知识产权意识不断加强，共获专利近 5 万项，其中发明专利超过 1.5 万项，已授权 8000 余项。

一、现代设计技术与测试技术

配电设备大部分为开关电器设备，由于许多设计尚未能达到精确计算的程度，企业往往采用经验设计加试验验证。在这种情况下，更多采用仿制而缺乏自主创新能力。

21 世纪初，我国第四代低压电器开始研发，提出必须自主创新并具有自主知识产权。为此，对开关设备设计技术与测试技术开展了深入研究，运用现代仿真软件结合开关电器自身特点进行仿真系统二次开发，包括电弧产生与熄灭过程、电磁系统仿真、机构运动与受力分析、电器发热分布等并结合现代测试技术，摆脱了长期以来采用以仿为主的传统设计方法，走出了一条开关电器自主创新的新路，并在第四代低压产品研发中获得应用。目前，我国已掌握配电设备现代设计与测试技术，为我国配电设备自主创新铺平了道路。

二、配电系统短路分断与选择性保护技术

随着配电系统容量不断扩大，系统短路故障电流也越来越大，它要求配电系统主保护开关——低压断路器具有很高的分断能力。断路器分断能力提高涉及电弧快速转移、电弧电压快速提升，电弧电流过零后游离气体迅速扩散，同时将飞弧距离控制在最小范围等一系列关键技术。通过第三代、第四代低压断路器研发，分断能力从 50kA 提高到 150kA。

另外，配电系统发生短路故障时，选择性保护是确保系统故障影响范围控制在最小区域的必备条件。在第四代产品开发以前，我国配电系统短路保护均为局部选择性保护，有可能使故障区域扩大。通过过电流保护新技术研究和低压断路器短时耐受电流大幅度提高，我国第四代低压电器实现了配电系统全选择性保护。即配电系统任何地点、发生任何大小短路电流都能实现选择性保护，使系统故障影响控制在最小范围。它使配电系统运行更安全、更可靠，该项技术达到国际先进水平。

三、配电设备智能化、可通信技术

配电设备实现智能化、可通信以后，其功能发生了质的变化，它涉及以下关键技术：

（1）系统各种故障检测与保护技术，故障记录与显示，故障报警和故障预警技术，配电设备内部故障自诊等新技术。

（2）系统正常运行时各种电参数的高精度测量与传输技术。

（3）配电设备寿命指示技术。

（4）通信接口一致性、互操作性技术。

（5）通信规约标准的研究与制定。

（6）各种可通信电器设备接入与互通技术。

我国配电设备智能化、可通信、网络化技术已跟上世界发展水平。以上这些技术具有自主知识产权，能满足我国智能电网建设要求。

四、低压电器主要部件、附件及关键材料配套能力

在低压电器第三代产品研发过程中形成的部件、附件专业化生产企业，如江苏洛凯机电股份有限公司（以下简称江苏洛凯）、苏州未来电器股份有限公司（以下简称苏州未来电器）等，自进入 21 世纪以来对其主要生产设备进行了全面改造，生产能力与产品质量显著提升。他们不仅满足了国内企业配套要求，还承担了国外著名企业如 ABB、西门子、施耐德、GE 等公司生产的部件附件加工任务。

江苏洛凯专业从事断路器操作机构、抽（框）架及其部附件生产，为我国断路器生产企业提供高质量的配套产品，通用产品市场占有率超过 50%；也为国外大公司提供定制化的配套产品，在行业内具有良好的影响力。

苏州未来电器自 20 世纪 80 年代至今专业生产断路器各类附件，是我国低压断路器附件的领先企业。"十二五"启动了 MCB 各附件模块的研发，通过各种附件模块可实现更多的扩展保护、控制、监控、通信及网络化，提升了电器产品的功能。通过对终端电器附件模块的开发，使产品增加如电能表全自动费控、过（欠）电压保护、漏电保护、远程控制、电能计量、电弧故障保护、自动重合闸等功能，并适用于通信领域、光伏并网、安防、轨道交通、消防等各种无人值守领域的控制与保护。同时，可以将断路器各种工况和各种故障信号传递返回到控制系统。随着"坚强智能电网""泛在电力物联网"的加速推进，终端电器附件将起到更重要的作用，市场需求将快速增长。其各种断路器附件覆盖了国内主流断路器，多项技术攻破国外垄断，填补了国内空白。小附件做出了大市场，为低压电器行业技术进步、转型

升级做出了贡献。

另外，低压电器关键材料，如触头材料、双金属片材料、磁性材料、工程塑料等已较好地满足低压电器新产品开发要求，我国低压电器新产品开发与生产所需要的关键部附件与材料不会受制于外国。

五、变流设备转换效率与新能源系统电器设备特殊性研究

为了配合光伏发电需要，我国对光伏系统主要电器设备开展了深入研究，目前逆变器转换效率已达到98%以上，处于国际领先地位。光伏系统用低压电器涉及直流分断、高电压等级等，有较高技术含量。另外，风电、光伏系统由于使用环境条件相对恶劣，使用不当容易发生故障。通过一系列关键技术与产品结构的研究与创新，我国的产品已基本满足了光伏系统发展要求。前几年曾发生过风电系统使用的低压断路器因发热过高而被烧破坏的情况，研究人员通过深入研究，提出了各种解决方案，并制定了国内外首创的风电系统用电侧断路器标准补充要求，使这些问题获得圆满解决。目前，我国新能源系统电器设备完全具备了自配套能力，某些设备已达到国际领先水平。

六、低压电器制造工艺与智能制造核心技术

低压电器量大面广，对产品的可靠性与一致性要求很高。生产几台合格的低压电器门槛不高，但成批生产的低压电器，为保证其可靠性，特别是参数与性能一致性就极不容易。长期以来，可靠性与一致性是我国低压电器与国外产品的主要差距之一。进入 21 世纪以来，通过生产设备的改造与更新，工艺水平不断提高。特别是近年来通过工信部智能制造专项的支持，一批优秀企业如常熟开关、正泰电器、厦门宏发电声股份有限公司（简称厦门宏发）等创建了一批适合自身特点的自动化生产线与数字化车间，提高了产品质量，从本质上大幅度提高了产品性价比。

低压电器智能制造不仅是自动生产线与数字化车间、数字化工厂建设，还涉及以下关键技术：

（1）自动化生产线、数字化车间等智能制造相关标准的研究与制定。

（2）低压电器零件设计与制造精度如何满足自动生产线要求。

（3）为确保产品质量，自动生产线质量监控点与检测点的研究与制定。

（4）自动生产线在线检测技术与高水平检测装置的研制。

通过正泰电器、常熟开关智能制造项目的实施，我国的企业已基本上掌握了以上关键技术，为我国智能制造进一步推广创造了条件。

七、标准化工作引领我国配电设备的创新发展

改革开放以来，配电设备行业十分重视标准化工作研究。从 20 世纪 80 年代中期开始，我国配电设备标准全面采用 IEC 标准，为配电设备进出口创造了有利条件。随着配电设备相关新技术的不断发展，以上海电科所牵头对各类新型电器（如过电压保护器、电弧故障保护器）、智能型和可通信电器标准、智能电网用户端标准、新能源系统用电器设备标准、智能制造有关标准、可靠性标准等进行深入研究，创造性制定一批适合我国国情的有关标准，对我国配电设备新产品、新技术的快速发展起了引领和推进作用。

第五节　低压配电设备的民族品牌建设

配电设备由于品种繁多，进入门槛"不高"等原因，大部分生产企业为中、小企业。改革开放以后，温州柳市地区一大批民营低压电器厂纷纷涌现，最多时企业数量达 1000 多家。江苏扬中地区形成一大批高、低压成套设备制造厂。这批民营企业借助机制灵活和企业家勤奋创业精神在 20 世纪 90 年代得到快速发展。而计划经济年代形成的一批国有企业，如低压电器五大生产基地，由于缺乏市场竞争力，逐步萎缩，后经改制或被并购。就在这段时期，国家实行开放政策，一批国外配电设备制造商在各地建立了独资或合资企业，他们借助于产品与技术优势、品牌优势很快占领了我国配电设备高端市场。而我国一大批中、小企业由于产品同质化现象严重，在中、低端市场竞争十分激烈。通过 20 多年竞争与创新发展，一批优秀民族企业脱颖而出，目前国内品牌中年产 10 亿元的企业有十多家，他们在各自的优势领域具有良好的竞争力。其中常熟开关、正泰电器、江苏大全集团有限公司（以下简称江苏大全）、厦门宏发、上海良信、上海电器股份有限公司人民电器厂（以下简称上海人民）等具有不同特色，是我国民族企业的优秀代表。

常熟开关制造有限公司（见图 7.1 – 1）创建于 20 世纪 70 年代初，计划经济年代发展缓慢，改革开放初期已处于倒闭的边缘。1991 年在企业发展极端困难的条件下，通过产品与技术创新、新产品开发模式创新，研制成功行业内著名的 CM1 塑壳断路器系列产品。同时企业领导运用先进的理念、正确的工作方法和勤奋的工作作风，通过营销模式与策略创新、质量管理创新等一系列措施使 CM1、CM3、CM5 系列很快成为我国低压电器著名产品。短短十年时间从即将倒闭的企业，一跃成为我国低压电器行业的优秀企业。企业效益优异，已成为我国低压电器行业标杆企业，并且得到国内外同行和用户的高度认可，是我国配电设备优秀民族品牌之一，也是企业创新发展的成功典范。

图 7.1-1　常熟开关制造有限公司

　　浙江正泰电器股份有限公司（见图 7.1-2）前身为求精开关厂，创办于 1984 年。创业者运用他们的聪明才智、创业精神和勤奋工作，在众多温州企业中脱颖而出。20 世纪 90 年代通过企业兼并、资产重组、人才引进、技术改造、新产品研制、销售模式创新等一系列措施，使正泰电器获得快速发展。进入 21 世纪以后，又创办了输变电公司，生产高、低压成套设备和高压开关设备，成为我国最为齐全的高低压开关电器、高低压开关成套设备制造商，也是输变电领域主要制造商。在新技术快速发展和新的工业革命来临之际，正泰电器又创办了杭州太阳能公司，通过几年努力，已具备太阳能电站成套设备制造能力。近年来，拓展了储能技术与装备制造领域，成为我国新能源领域主要制造商之一。在当今产品同质化与价格竞争十分严峻的形势下，正泰电器通过新产品不断发展、上下游供应链模式创新、内部生产精益化管理，使产品制造成本控制达到极致，产品性价比优势明显。近年来在工信部智能制造专项支持下，在智能制造领域又迈出了新的步伐，已经研制成功并投入生产的小型断路器全自动生产线，不仅具有先进性，更具实用性。对促进我国低压电器制造工艺提升、产品质量与生产效率提高，进而推动我国低压电器行业技术进步具有十分重要的意义。正泰电器产品不仅畅销国内，在国际市场开拓方面也取得了明显

图 7.1-2　浙江正泰电器股份有限公司（一）

图 7.1-2　浙江正泰电器股份有限公司（二）

进展，是我国配电设备最具影响力的民族品牌之一。

江苏大全集团有限公司（见图 7.1-3）创建于 20 世纪 80 年代，位于江苏镇江扬中市，最初产品为低压成套装置。通过与多家国外优秀企业合资，吸收国外在成套装置领域先进理念与技术，同时在经营理念上不断更新，使企业不断发展壮大。从单一低压成套装置，发展到高低压成套装置和高低压开关设备。在与国外优秀企业合作中既吸收国外先进技术又不依赖外资企业，闯出了一条成套装置企业发展新路子，是我国高低压开关成套装置柜型最齐全、最先进的企业，并为我国舰艇等提供了性能安全可靠的开关成套装置。近十年来，在光伏发电领域，具有较为齐全的配套能力，包括

图 7.1-3　江苏大全集团有限公司（一）

图 7.1-3　江苏大全集团有限公司（二）

多晶硅、硅片、太阳能电池组件、光伏电池板、光伏发电系统主要电器设备等。目前大全集团在开关成套装置行业最具影响力，也是国外优秀电器制造商优选的合作伙伴，是改革开放以后苏南发展模式的成功范例。大全集团坚持创新发展、智能发展、绿色发展，走新型工业化发展道路，成为专业从事智能电气设备、军用电气设备、轨道交通电气设备及光伏新材料的研发和制造商。

厦门宏发电声股份有限公司（见图 7.1-4）成立于 1984 年，是专业从事继电器开发、生产与销售的企业。公司创办初期，由于方向不明，发展缓慢。1987 年，公司重新确立了以继电器为主营产品，把公司建成以出口为主的外向型企业，并明确"以质取胜"的经营方针。根据以上目标，从模具制作到零件加工均选购最先进的设备，确保了零部件与产品质量。由于继电器生产数量很大，对产品可靠性与一致性要求更高。厦门宏发最早在国内继电器制造行业采用了全自动生产，而且自动生产线由厦门宏发全资子公司自行设计制造。厦门宏发继电器产量逐年增长，是我国继电器行业产量最大、品质最优秀的企业，并拥有覆盖全产业链的研发创新能力和国际先进水平的自动化装备研发

图 7.1-4　厦门宏发电声股份有限公司（一）

图 7.1-4　厦门宏发电声股份有限公司（二）

设计制造能力。最近十年来，厦门宏发又创建了低压开关电器制造公司，在国际市场上有一定影响力。2017 年厦门宏发的继电器产量全球第一，是我国电器行业为数极少既大又强的企业，在国内外享有较高声誉。

上海良信电器股份有限公司（见图 7.1-5）成立于 1999 年，位于上海市张江科学城。致力于中高端低压电器研发、生产和销售，以本土企业的成本提供跨国公司质量水平的产品和服务。在经营理念上坚持以客户为中心，聚焦信息通信、新能源、建筑、电力等行业，通过 B2B 端到端的服务模式，提供差异化批量定制产品和系统化解决方案服务。公司不断提升研发创新能力和智能制造水平，紧抓数字化转型机遇，投资建立智能型低压电器研发和制造基地，进一步提升智能制造水平，并增强公司软件开发和系统集成能力，提升公司智能化低压电气系统解决方案能力。上海良信已成为我国低压电器领域快速发展的典范。

图 7.1-5　上海良信电器股份有限公司

上海电器股份有限公司人民电器厂（见图 7.1-6）是国内历史最悠久的低压电器元件制造企业，始建于 1914 年，拥有百年专业制造的历史，被誉为我国低压电器摇篮，是行业国有企业的优秀代表。上海人民奉行"自我加压，开拓创新"的精神，以"选择上联，选择放心"为企业的经营理念。将"诚信打造上联品牌，持续追求用户满意"作为企业的使命。近年来本着创新、突破、与时俱进的理念，加快智能制造和信息化技术的应用，加大实施品牌战略力度，成为优秀的中、低压电器制造商和配电方案的服务商。

图 7.1-6　上海电器股份有限公司人民电器厂

第六节　我国配电设备创新发展综合评价

改革开放以后，配电设备市场是电力装备中最早全面放开的行业，也是最早向国外开放的行业，困难很多，机遇也多。在行业的共同努力下，产品水平逐步从中、低端迈向中、高端，主要产品主要技术性能已达到国际先进水平。制造工艺、装备与技术通过智能制造不断推进，与发达国家先进水平差距已明显缩小。设计技术与手段也接近国际先进水平，完全有能力自主创新开发并生产具有自主知识产权的各类配电设备，满足国民经济不断发展的需要。配电设备生产所需的关键材料和器件不受制于外国企业。

上述成就的取得，得益于 2000 年以后企业成为科技主战场这一历史性转变，同时也得益于以上海电科所为代表的研究机构在新技术与标准化工作中的引领。

第二章
用户端电器设备创新技术与产品

第一节 配 电 电 器

配电电器设备通常指交流至 1000V（1140V）、直流至 1500V 及以下配电和控制系统中的电器设备，是低压配电系统（见图 7.2－1）的主要组成设备，对电能的输送、分配起开关、保护、控制、调节、检测及显示等作用。配电电器设备是量大面广的电工行业基础性元件，对低压电网运行的安全性、可靠性、连续性至关重要。

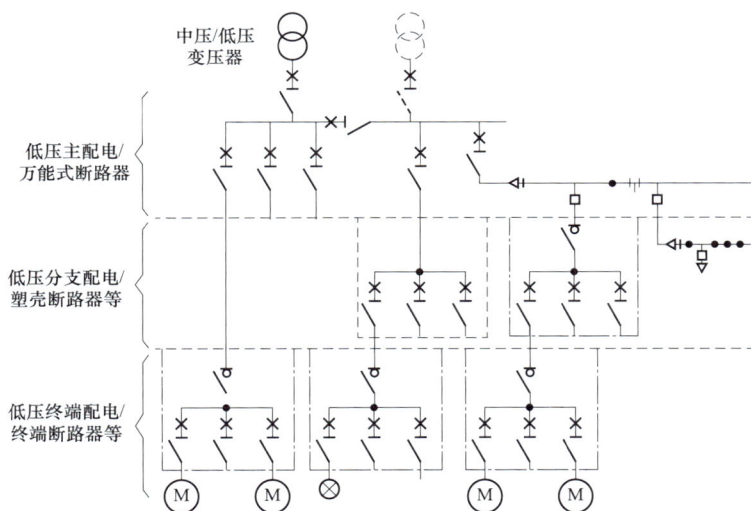

图 7.2－1 低压配电系统示意图

一、新一代智能化万能式断路器（ACB）

万能式断路器额定电流 200～8000A，额定工作电压 400～1000V，主要用作电源总开关和母联开关及支路电源开关。万能式断路器是低压电器"大家庭"中结构最复杂、技术含量最高、在配电系统中地位最重要、经济价值最大的产品。万能式断路器的研发、制造、生产、质量水平及其销售情况，一定程度上反映了我国低压电器产品综合技术水平。

20世纪80年代至90年代中期，上海电科所联合行业骨干企业开发了以DW45/DW450/DW50为代表的万能式断路器产品，无论从新技术应用、产品结构与功能等方面都有了明显突破，微处理技术开始在低压电器中应用。从品种、规格、体积、技术指标和生产规模，都已基本满足当时我国国民经济发展的需要，产品从1997年开始投产并很快被市场接受，产量迅速增长，自然发展为我国第三代万能式断路器，并迅速替代了当时占我国万能式断路器市场最多的国外知名产品ME系列。

随着经济发展水平的飞速增长，现代低压配电系统越来越体现出配电系统容量快速增长、网络间的连接越来越复杂和配电负载的性质多元化，用户对电力系统可靠性、稳定性的需求不断提高等新特点。国外低压电器主要制造商从20世纪90年代中期开始陆续推出新一代产品，在结构型式、性能与功能、智能化水平等方面又有了新的提升。

面对需求和挑战，上海电科所2005年联合常熟开关、天津百利特精电气股份有限公司研发新一代智能化高性能万能式断路器产品——VW60系列；常熟开关于2012年成功开发了CW3系列万能式断路器，共同形成了我国第四代万能式断路器产品（见图7.2-2）。

我国第四代万能式断路器产品在技术性能、控制器功能及可靠性指标较老一代产品有大幅提高，具有以下特点：

（1）结构创新。首次在国内万能式断路器中采用双断点触头灭弧系统，通过电动力补偿与多触头并联相结合方式大幅度提高了极限、运行短路分断能力和短时耐受电流指标，实现了极限短路分断能力（I_{cu}）＝运行短路分断能力（I_{cs}）＝短时耐受电流（I_{cw}）。并创新设计了适应双断点触头系统的新型操作机构，解决了短时耐受电流产生的电动力与闭合力相互制约的技术难题，既提高了断路器的短路性能，又提高了机械与电气寿命操作可靠性。

（2）采用区域选择性联锁技术，首次在国内实现了低压配电系统全电流范围选择性保护，避免了短路故障时上、下级断路器同时跳闸或越级跳闸，确保短路故障限制在最小范围，对提高配电系统运行可靠性具有重要意义。

（3）创新的断路器智能化控制器比第三代产品功能更丰富、性能更先进。

1）基本保护。过载长延时保护（含热记忆）、短路短延时保护、短路瞬动保护、接地故障保护，矢量和接地故障保护或变压器中心点接地故障，多种负载曲线保护。

2）附加保护。中性极保护、过载预报警、电流不平衡保护、断相保护、需用电流保护、过电压保护、低电压保护、电压不平衡保护、相序保护、电流卸载、区域选择性联锁、方向性区域选择性联锁、MCR功能。

3）测量。电流、电压、功率、频率、电能、谐波、波形捕捉、需用值、相序、电流不平衡、电压不平衡，测量精度可满足电能参数计量与监测级要求。

4）运维功能。开关寿命（触头磨损当量、机械操作次数）、校正、三相相电压、漏电流，附件监测。

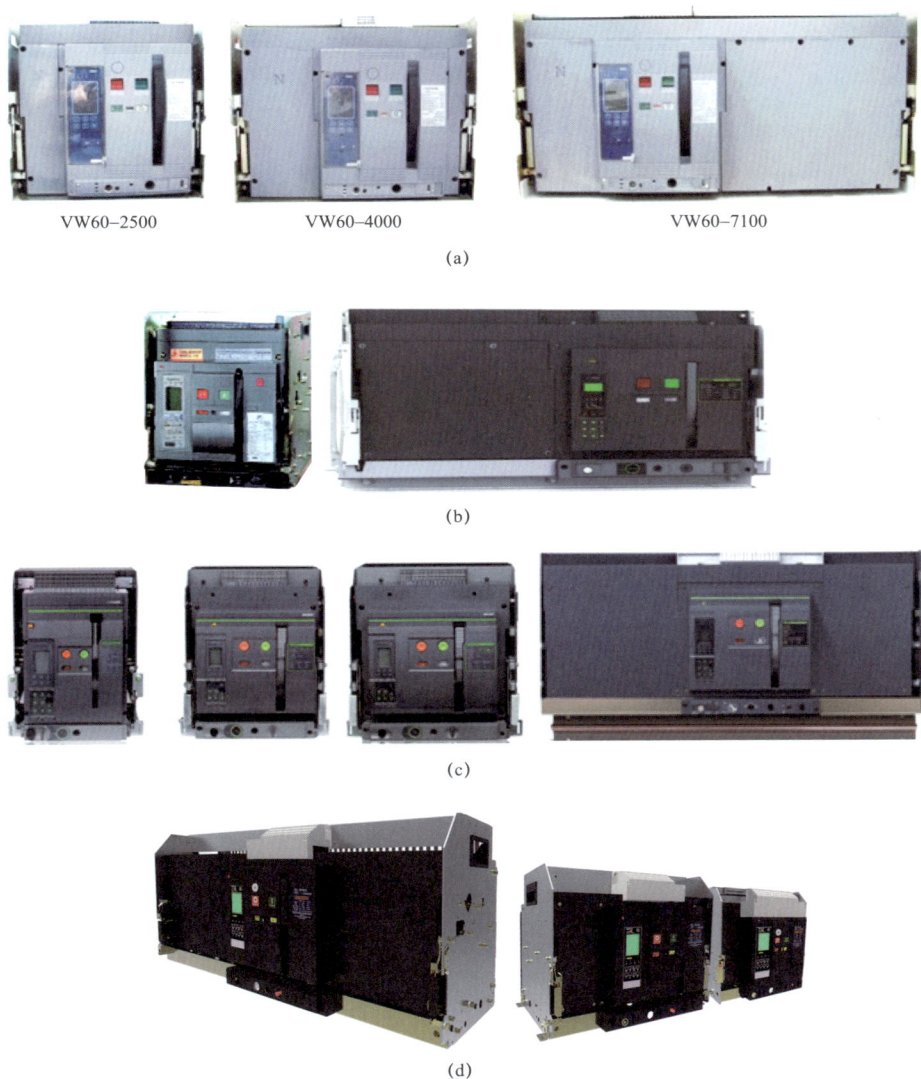

图 7.2－2　我国第四代万能式断路器

（a）VW60 系列；（b）CW3 系列；（c）Ex9A 系列；（d）RMW3 系列

5）历史记录。历史最大、最小电流，历史最大、最小电压，需用电流最大值，脱扣、报警、峰值需用功率，功率因数最大最小值，频率最大、最小值，故障录波。

6）自诊断与自检。处理器各测试点参数及磁通变换器、电流互感器断线等；断路器内部温度、附件、本体及抽屉座运行状态的实时监测，实现连接点在线超温报警。

7）数据记录。脱扣报警时间原因、脱扣报警电流、脱扣报警电压、故障脱扣时间、故障录波等。

8）显示功能。控制器就地显示、通信显示。

（4）内置通信模块可与多种现场总线系统（Modbus、Profibus、Device Net）连接，实现不同协议之间的转换，也可以与工业以太网、GPRS 短信等多种方式组网，方式灵活多样，可以实时广域通信，实现断路器故障脱扣或报警信息无线监视，采用内部总线可连接断路器内外部智能化附件。

（5）创新发展了超大容量框架断路器产品，最大额定电流从 6300A 发展到 8000A，可满足 4000kVA 超大容量变压器低压侧额定电流需要。

（6）适应风力、光伏发电等新能源系统需要，派生了专用领域产品，如直流断路器、低频断路器和隔离开关等。

随着低压配电系统的智能化和物联网的发展，常熟开关于 2020 年研制完成了全新一代 CW6 系列智能型万能式断路器（见图 7.2－3），这也是我国完全自主化创新的典型产品。该产品从机构、智能控制器、触头灭弧系统、附件到外观进行了全新设计，具有独特的外形特征，致力于打造真正的低压配电系统"中国芯"。该产品有以下特点：

（1）以模块化、数字化、自动化为设计理念，智能控制器通过测量和保护采用独立的微处理器，保证了保护可靠性和功能完备性。各数字化模块采用 CAN 内部总线交换数据，可扩展，即插即用，如 I/O、通信、健康诊断、NB-IoT 物联模块、智能控制等模块，充分满足用户智能化、物联网和电能管理自动化需求。

（2）采用人工智能技术的电能预测方法，断路器集成系统化电能管理模块，通过智能电能管理实现对多回路能效的管控，使断路器转变成电能管理单元。

（3）机构设计改变了传统的立体交叉式储能机构和自由脱扣机构，开发了独特的纵向独立式，并采用肘节直驱合闸方式，大大提高了机构效率和能量利用率，有效提高了产品的机械寿命和短耐指标。

（4）采用新型传感单元和多微处理器，集成采集 20 多个健康诊断信号，采用智能算法，提供与断路器关键功能相关的运维提醒。

（5）应用高精度测量技术，进一步拓展功能，可使计量与保护一体化，优化了电气系统配置，简便实现了配电系统的能效管理。

（6）具有小型化、高性能、易用化特征，体积减小了 20%，短耐指标提高了 20%（2000A、5000A），采用真有效值算法，MCR 可关闭，实现配电系统全过程工作的完全选择性。

图 7.2－3　CW6 系列智能型万能式断路器

二、新一代智能化高性能塑壳断路器（MCCB）

塑料外壳式断路器（MCCB）额定电流为 16~1600A，额定工作电压为 400~690V，主要用作分支配电开关及 1000kVA 以下变压器电源开关；也可用作笼型或绕线转子异步电动机的供电回路。加装剩余电流保护装置后，可以提供间接接触保护，额定剩余电流不超过 30mA 的剩余电流动作保护断路器可用作对直接接触起附加保护，也可以对由于过电流保护装置不能检测出的而长期存在的接地故障可能引起火灾危险和其他危险提供附加保护。剩余电流动作保护断路器已大量应用于我国农村低压配电网，可派生为各种专业领域的特殊应用，如用于电厂辅助电源、配电站操作电源、电信基站电源及电动汽车快速充电站的直流电系统、光伏发电系统直流侧（高电压）的控制与保护，是低压电器"大家庭"中应用领域最广泛的量大面广的重要基础元件。

20 世纪 80 年代末至 90 年代初，上海电科所联合行业骨干企业开发了 S、SA、CM1 等系列塑料外壳式断路器，产品体积、性能指标等都较上一代产品有明显提高，迅速淘汰了老产品，发展成为我国第三代塑壳断路器产品。

随着我国经济发展水平飞速增长，配电系统容量快速增长、配电负载的性质多元化以及国外新型产品的挑战，急需研发我国新一代 MCCB 产品。

2006—2010 年上海电科所联合上海人民、杭州之江开关股份有限公司等行业骨干企业开发了 VM60 系列新一代智能化高性能塑壳断路器，以及我国低压电器制造骨干企业正泰的 NM8、Ex9M 系列，常熟开关的 CM5 系列塑壳断路器，共同形成了我国第四代高性能智能化塑壳断路器产品（见图 7.2-4）。

我国第四代塑壳断路器产品主要创新点：

（1）产品结构创新。

1）采用全封闭旋转双断点触头与灭弧系统，以双倍的电动斥力和电弧电压来提高限流能力，极大提高了短路分断能力，交流 400V 的运行和极限短路分断能力相等，达到 150kA，交流 690V 限短路分断能力达到前所未有的 80kA；采用旋转双断点触头灭弧系统，在机械结构上避免了软连接或可转动的导电连接，提高了产品可靠性，大幅度提高了产品操作寿命。

2）首次实现产品完全模块化结构，各类脱扣器互换方便，有利于工厂标准化管理和生产，提高生产效率，符合现代企业大批量、大规模生产发展方向。

（2）通过限流分断技术的深入研究，首次实现了限流短路分断选择性保护。极快的分断速度和极佳的限流特性能够极大程度上限制故障短路电流的电弧能量，从而减小对供电系统的动、热效应损伤，有助于节约配电系统的电缆等设备投资。

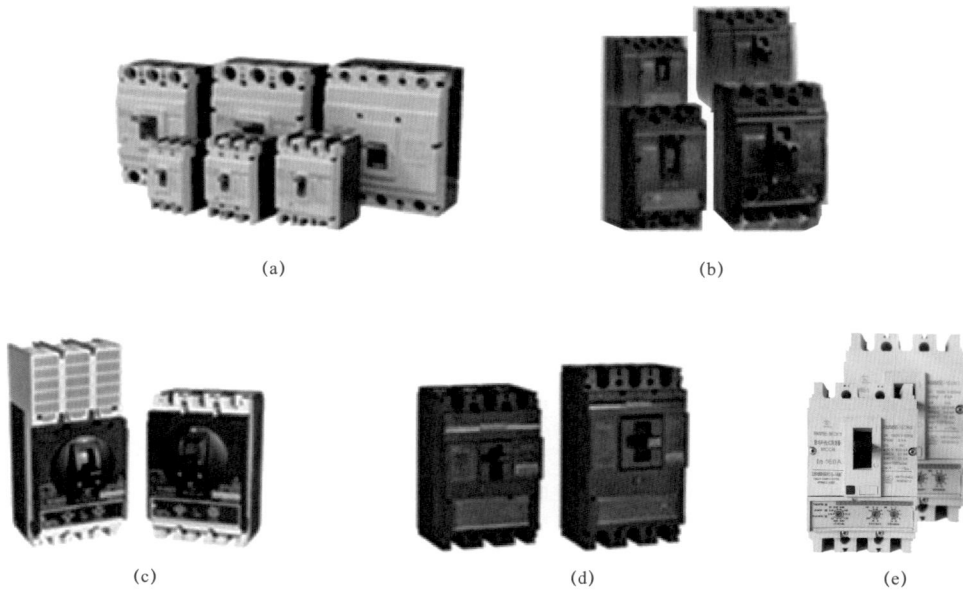

图 7.2－4　我国第四代高性能塑壳断路器
（a）VM60；（b）Ex9M；（c）CM5；（d）NDM5；（e）RMM5

（3）产品体积大幅度缩小，实现了小体积和高性能的极佳协调，有利于配电系统与成套装置进一步小型化，节材节能；产品主要结构件应用绿色环保新材料，也取得重大突破。

（4）内外部附件齐全，首次实现全系列产品内部附件通用。新型的剩余电流动作保护模块功能多样化，额定工作电压范围宽，A 型剩余电流动作特性填补了国内空白。

（5）控制器功能不断扩展。

1）基本过电流保护。过载长延时 I_r 可调、短路短延时 I_{sd} 可调、瞬动 I_i 可调三段式保护，接地故障保护等，过电流保护精度显著提高。

2）测量。电流、电压、功率、频率、电量、电流与功率需量等各参数。

3）显示。通过控制器液晶（数码管）显示、配电柜柜门显示，PC 人机界面访问控制器的所有信息。

4）运维管理。指示、报警和历史日志、诊断与维护指示。

5）扩展功能。自诊断、故障预警、区域选择性保护、方向选择性保护、内部现场总线。

6）通信。Modbus、DeviceNet、Profibus－DP 等总线协议，可通过适配器实现不同协议之间的转换；还可与工业以太网或局域网、GPRS 短信等多种方式组网，实现可靠、实时、冗余、广域通信和监控。

（6）研发了适应光伏发电系统需要的高电压直流塑壳断路器、高电压交流塑壳断路器。

（7）适应光伏、风力发电等新能源系统需要，研发了高性能、小体积、大容量（1600A）塑框一体化断路器（见图 7.2 – 5），该产品特点如下：

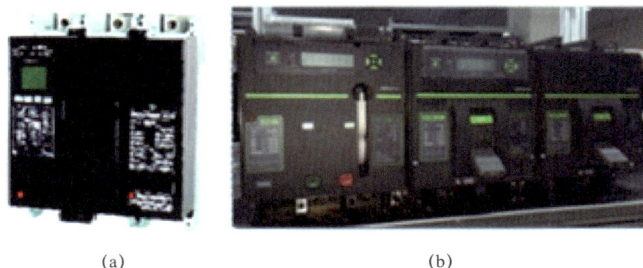

(a)　　　　　　　　　　　(b)

图 7.2 – 5　1600A 塑壳断路器产品

（a）CM5 – 1600 手操；（b）Ex9M6 – 1600 电操、手操

1）储能式电操与手动式操作机构互换，明显降低了电操产品的厚度，为缩小配电柜厚度创造条件（电操机构同框架断路器，称为塑框一体化断路器）。

2）大幅度提高短路分断和短时耐受电流指标，与下级产品有明显梯度，提高选择性保护。

3）产品体积大幅度缩小，尤其产品高度由老产品的 406mm 降低为 268mm，电操断路器厚度由老产品的 330mm 降低为 164mm，有利于配电系统与成套装置进一步小型化。

（8）成功研发了小体积塑壳断路器系列产品。应用仿真分析技术，优化导电系统电流密度分布及散热效果，采用扁平形静导电回路、小型化操作机构等技术措施。

1）体积明显缩小。125A 相间距从原 30mm 缩小为 25mm，630A 相间距从原 70mm 缩小为 47mm；产品深度从 86mm、103mm（H 型）缩小为 60mm 或 68mm。

2）短路分断能力指标可满足大部分使用场合需要（适用于二、三级配电）。

3）优化零部件结构，减少零部件数量。

4）可派生内置式（孪生式）剩余电流动作保护断路器。

630A 及以下壳架产品占塑壳断路器销量 70%以上，对于节约耗材，降低成本效果明显，还可进一步缩小配电柜体积，特别适用于薄型配电柜。

随着新能源、通信、数据中心、充电桩等新兴领域的快速发展，对塑壳断路器功能、性能、体积等方面提出了新的要求。常熟开关于 2020 年完成了全新一代 CM6 系列塑壳断路器（见图 7.2 – 6）的开发，该产品完全自主化创新设计，满足新的功能需求，并通过独特的单断点灭弧新技术、机构创新设计等提高产品性能。产品具有以下特点：

（1）通过气流场压力分布测试与计算、延长型多重强增磁引弧与气吹复合技术，实现小型化、高分断、可倒进线，体积减小 25%～40%，同时降低短路分断时允通能量 I^2t 约 20%。

（2）突破了单跳扣双锁扣技术，开发了独特的机构，确保高机械寿命，同一设计平台机构附件可通用。

（3）采用模块化设计，实现了同一壳架的功能扩展，可扩展热磁、热磁可调、剩余电流保护型、智能型、剩余电流保护与智能型一体化等不同功能产品，极大满足了不同用户的需求。

（4）具有很高的易用性，内部附件可视化，附件数量大大增加，增强了隔离功能和智能化功能，并具有运行与维护管理功能，可对相关电量运行监测，精度比上代产品有了很大提高。

（5）智能控制采用内部总线，可方便地外扩各类数字模块，实现更多的电能控制和管理，并具有智能互联功能，可实现本地互联、远程互联和云端互联。

图 7.2-6　CM6 系列塑料外壳式断路器

三、新一代自动转换开关电器（ATSE）

按照我国建筑设计规范要求，一、二级用电负载应采用两路或两路以上电源供电。自 20 世纪 90 年代中期开始，自动转换开关（见图 7.2-7）迅速发展，目前已广泛应用于医疗、金融、通信、商务大楼、机场、体育场、军事设施等重要供电场所以及建筑消防供配电领域，确保主要负荷供电的连续性和可靠性。额定电流 20～6300A，额定工作电压 230/400V。按其结构与性能分为 PC 类和 CB 类。

PC 类：能够接通和承载，但不用于分断短路电流。

CB 类：配备过电流脱扣器，它的主触头能够接通并用于分断短路电流。

随着智能电网的建设和供电要求的提高，该产品技术和市场都有着快速的发展：

（1）电源级。向大电流（4000～6300A）发展，额定短时耐受电流（I_{cw}）不小于电路预期短路电流，短耐时间不小于同级万能式断路器的短延时时间（0.4s），短路接通能力（I_{cm}）不小于 6～10 倍额定工作电流（I_e）。

758

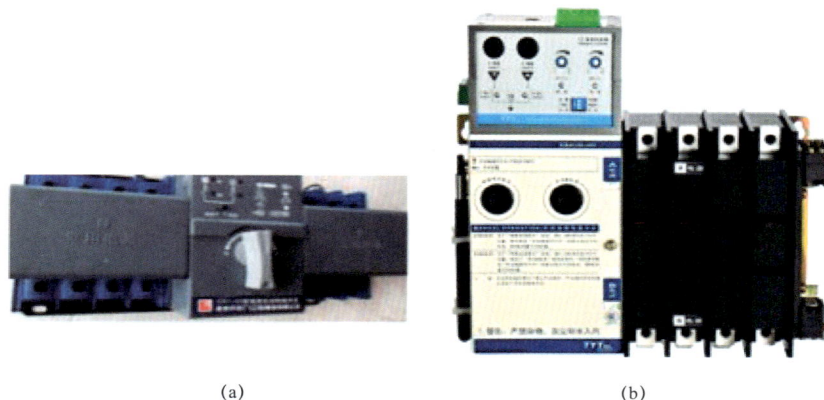

图 7.2－7 自动电源转换开关
（a）CB 类双电源转换开关；（b）PC 类双电源转换开关

（2）配电级。向高额定限制短路电流（I_q）发展，额定限制短路电流不小于电路预期短路电流，I^2t 大于同级短路保护电器的 I^2t，具有隔离功能。

（3）负载级。向高机械/电气寿命发展，高于同级 MCB 的机械/电气寿命值，适用范围广，满足各种负载操作性能。

（4）开发静态或混合型快速转换开关。适用于通信设备、轨道交通、机场及军事设施等重要领域，转换速度快，负载断电时间不大于 2ms。

（5）均可带有智能控制模块和通信模块。

围绕工业/建筑、移动通信、数据中心、智能电网等最新需求，常熟开关于 2020 年完成了全新一代高性能 PC 级自动转换开关电器 CAP3（见图 7.2－8）的研制。该系列产品采用自主创新设计，具有二位置型、三位置型、中性极重叠转换型、抽出式及抽出式旁路型等适应不同应用要求的产品，形成了全新产品系列，全面满足各类用户对高端自动转换开关产品的需求，产品具有以下特点：

（1）首创对称互联式电磁机构与嵌入式模块相结合的技术，研制了集小型化、快速转换、二三位置通用、无关人（动）力操作于一体的新型电磁操作机构，实现了产品小型化、高寿命、毫秒级转换和二三位灵活变换，同时也实现了紧急情况下可手动带载操作及其操作安全。

（2）采用全新触头材料配对，优化设计了 Y 型单刀双掷灭弧分离的触头灭弧系统，极大提高了接通分断能力和额定限制短路电流能力，使用类别高达 AC—33A，通过与断路器配合，额定限制短路电流高达 85kA，可靠性大大提高。

（3）采用全新结构设计，整体模块化、积木式拼装结构，组装便捷，维护方便。二、三位置产品外形及安装尺寸一致，灵活满足用户对转换开关位置数的需求，同时也提高了用户安装维护的便利性。

（4）控制器、功能单元均采用模块化设计，功能单元与控制器之间采用内部总线进行数据交换，扩展灵活，满足不同场合、不同工况的要求，并可满足不同协议通信的需求，实现云平台互联，远程参数实时监测，满足智能电网、泛在电力物联网等双向互动要求。

（5）基于多参量的自身健康诊断单元，具备机械、电参量、处理器、线圈等状态感知，实现自身健康状态自诊断，提高设备和系统可靠性，降低运维难度，满足物联网对状态感知的要求。

图 7.2－8　CAP3 系列自动转换开关电器

第二节　控制与保护开关电器

一、新一代控制与保护开关电器（CPS）

新一代控制与保护开关电器（CPS）集成高性能接触器、断路器、起动器等多种电器产品的功能，是 21 世纪新发展起来的配电与控制集成化的新型低压电器产品。其主要控制对象是电动机，也可用于控制如电热器、照明设备、电焊机、电容器组等其他电力负载，可实现远距离频繁操作。额定电流为 125A 及以下，额定工作电压为 400V、690V。

由上海电科所联合行业内骨干企业开发了 VK60 新一代控制与保护开关电器，随后常熟开关、正泰电器也开发了控制与保护开关电器（见图 7.2－9）。它们具有如下特点：

（1）将高性能小体积断路器、接触器、电动机起动器以及隔离器的功能与结构集合在一个壳体内，将保护、控制、检测、通信等功能集中于一体，解决了各电器之间的协调配合问题，极大地缩小了占有空间，具有集成化、模块化、小型化、高性能、长寿命和安装调试方便等特色。

（2）以微电子技术为基础，智能化控制器具有短路瞬时、短延时、过载反时限保护特性，并具有接地故障、断相、三相电流不平衡、漏电、堵转、阻塞、起动超时等多项保护功能，加装专用模块可实现可逆控制、双向控制功能，还具有检测、监控、显示等功能。

图 7.2-9　控制与保护开关电器

（3）高性能、长寿命。AC400V 短路分断能力高达 65kA，且分断短路电流后无须维护即可继续使用；机械寿命 1 千万次，电寿命 3 万次。

（4）具有通信功能，通过适配器可与 Modbus、Profibus、DeviceNet 等多种现场总线和工业以太网连接，适合自动化集中控制系统和基于现场总线的分布式控制系统。

（5）新技术、新工艺、新材料的应用方面有突破，保证了产品的小型化、多功能、高性能，产品采用了大量绿色环保可回收材料制成。

二、新一代接触器（CTT）

接触器是量大面广的控制电器，主要用于频繁接通或分断主电路和大容量的控制电路，可实现远距离频繁操作，与继电器配合使用可实现多种控制及保护功能，如延时操作、联锁控制、定量控制和失电压及欠电压保护，被广泛应用于控制电路。作为具有超过百年历史的传统产品，接触器也受到新技术、新应用的影响，新一代接触器产品（见图 7.2-10）向小体积、智能化、高性能方向发展。

（1）额定电流范围宽（6.3～2000A）。小电流产品（6.3～100A），结构上与新一代电动机保护断路器、热继电器、电子式过载继电器吻合，便于发展组合电器，解决了长期以来传统电动机起动器因分立器件尺寸不协调带来的组装、接线等问题；105～800A 产品，采用节能型磁系统，缩小飞弧距离，产品小型化；1000～2000A 产品主要用于新能源投切，额定工作电压提高至 690V。

图 7.2-10　新一代接触器

（2）新一代接触器性能与功能上主要特征。

1）少壳架、多规格，底座与各种规格触头模块具有可互换性，有利于工厂标准化管理和生产，符合现代企业大批量生产发展方向。

2）小型化、模块化、多功能。

3）新型电磁系统技术。智能动态控制技术，实时检测线圈电流，判断吸合时刻并提前调节电流以达到减缓电磁铁碰撞，以提高机电寿命，并实现节能。

4）新型触头灭弧系统技术。采用真空或充气灭弧系统，提高灭弧能力。

5）具有寿命指示功能。

6）可带多种智能模块和通信功能。

三、新一代软起动器

软起动器是一种集电动机软起动、软停车、轻载节能和多种保护功能于一体的新颖电动机控制装置，不仅实现在整个起动过程中无冲击而平滑的起动电动机，而且可根据电动机负载的特性来调节起动过程中的参数，还具有多种对电动机的保护功能，从根本上解决了传统的降压起动的诸多弊端。在电动机运行负载功率 80%以上时，选用软起动器是最好、最实用、最经济的方案。

软起动器的额定电流 30～1250A，额定工作电压 400V、690V；控制功率 15～710kW（400V 常规起动外接/脱扣级别 10）、25～1200kW（690V 常规起动外接/脱扣级别 10）。

新一代软起动器（见图 7.2-11）具有以下特点：

（1）多组电机参数逻辑可编程选择，采用双 CPU 结构，提高数据处理能力。

（2）实现精准控制，提高检测回路控制精准度和采样响应速度。

（3）实时精准的电流、电压检测采样和负荷快速运算，根据负荷进行节能控制。

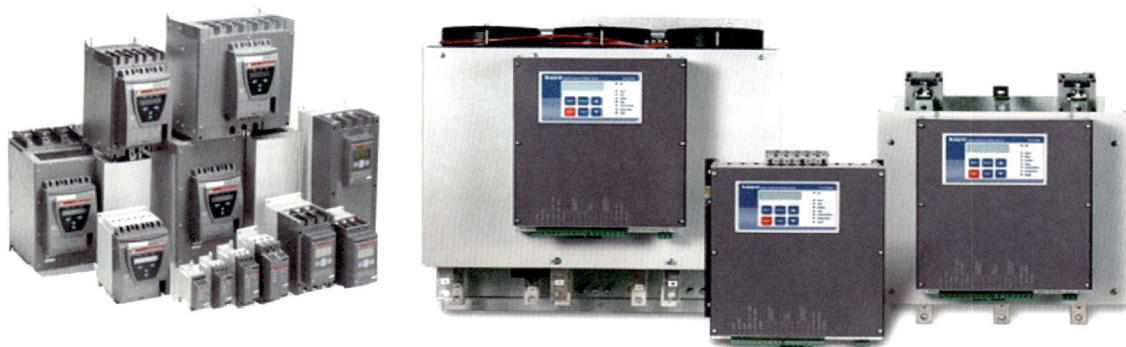

图 7.2－11 新一代软起动器

（4）开关电源适应电压宽、可靠性高，对外骚扰低、抗外部干扰强。

（5）接口防呆设计，提高工艺水平，提高抗干扰能力。

（6）电路转换完成后有旁路接触器接通电路，以降低晶闸管的热损耗，延长软起动器的使用寿命，避免了谐波污染。

第三节 终 端 电 器

一、家用及类似场所用带选择性保护的主断路器（SMCB）

目前大量应用于低压配电系统终端的小型断路器（MCB）不具有选择性保护功能，当故障电流稍大，能量超过一定值就会越级跳闸，影响最终电力用户的供电连续性与稳定性。带选择性保护的主断路器（SMCB）不仅提升电力终端用户的用电安全和可靠性，而且对促进行业重点产品升级换代具有重要意义。

2006 年上海电科所联合上海电器陶瓷厂、法泰电器（江苏）股份公司开发了带选择性保护的主断路器（见图 7.2－12），填补了我国该领域的空白。产品特点如下：

（1）首次在微型断路器中采用主电路和辅助电路的叠层式双回路结构，通过电流转换达到限制电路能量，有效解决了动热稳定与延时分断、限流分断与选择性分断矛盾，突破了家用及类似用途断路器不能实现选择性保护的技术难题。

（2）多功能、模数化、高可靠、材料绿色环保。通过操作机构、电

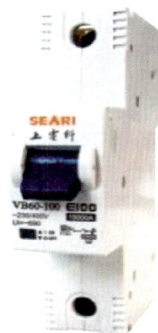

图 7.2－12 带选择性保护的
主断路器（SMCB）

磁斥力转换机构、灭弧系统、脱扣装置等多项结构创新设计，提高了短路分断能力和短延时脱扣稳定性，产品体积在国际同类产品中最小。

（3）采用智能控制、通信接口、回路电流检测等技术，使我国终端断路器首次实现网络化控制，为智能电网用户端提供了一种新型智能化终端电器。

二、小型断路器（MCB）

家用及类似场所用小型断路器（MCB，见图 7.2-13）是指安装在终端配电线路的保护电器，适用于交流 50Hz 或 60Hz，额定电压 230/400V，额定电流不超过 125A，主要用于线路和电器设备的过载和短路保护。在 MCB 基础上派生剩余电流动作断路器，主要用于对人体进行间接接触保护，可对由于过电流保护装置不能检测出而长期存在的接地故障可能引起的火灾危险和其他危险提供保护。

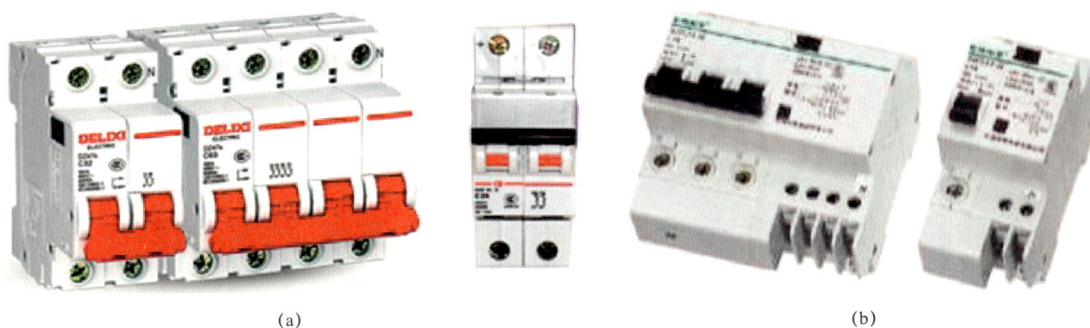

图 7.2-13 小型断路器系列
（a）小型断路器；（b）带剩余电流保护的小型断路器

随着用电量的持续增长，智能家居、清洁能源、信息技术、安防监控、远程自动控制等技术领域不断发展，对终端小型断路器也提出了新的要求。

（1）产品体积向小型化、高性能发展。通过机构和灭弧系统优化，短路分断能力从 4.5kA 提高至 6kA、10kA；操作寿命从 4000 次提高到 10 000 次以上；产品体积大幅缩小，不但降低耗材与成本，而且可缩小终端配电箱体积。

（2）远程控制电动操作 MCB 发展。随着智能电网及光伏发电的快速发展，需要大量远程控制的小型断路器 MCB、小型剩余电流保护断路器产品。侧装式小型化内轴传动电操机构实现远程控制功能，并可降低待机功耗。目前已广泛应用于自动计费智能终端的远程控制（见图 7.2-14）、分布式光伏发电系统的交流侧并网控制与保护（见图 7.2-15）等领域。

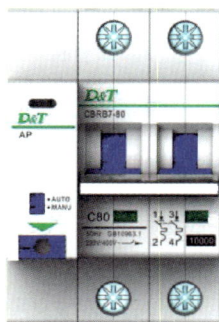

图 7.2－14　自动计费远程控制小型断路器

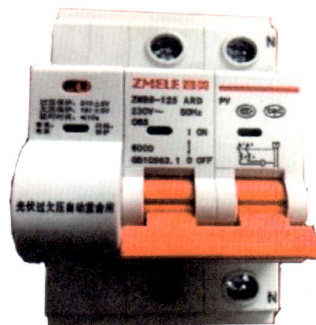

图 7.2－15　分布式光伏发电交流侧并网小型断路器

三、B 型剩余电流保护断路器（RCBO）

三相交流整流器、逆变器、UPS 等装置的广泛使用，特别是电动汽车的发展，使充电桩的应用发展迅猛。这些负载回路的故障产生的剩余电流不仅有交流分量，还有直流分量、多频及平滑直流等不同类型。普通的交流（AC）型或脉动直流（A）型剩余电流动作特性不能起到全面的保护，需要具有平滑直流保护的 B 型剩余电流动作特性的产品（见图 7.2－16）进行保护。

正泰电器开发的 B 型剩余电流动作保护器（RCBO），在电动汽车充电桩、UPS 系统、医疗设备中得到应用，并有部分产品出口到欧洲市场。

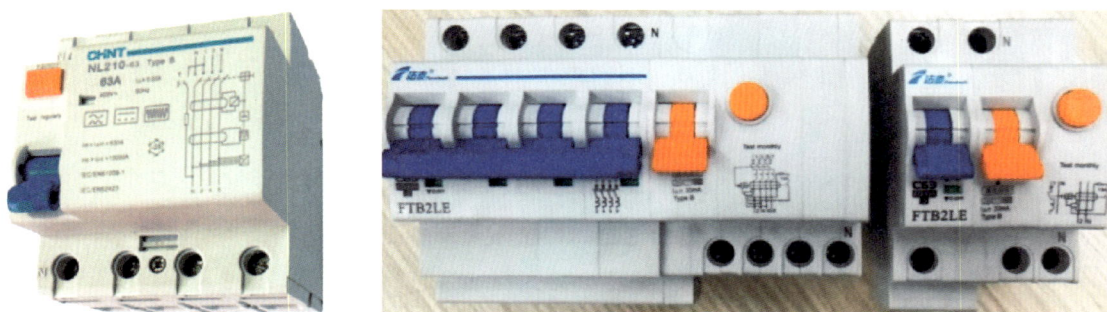

图 7.2－16　B 型剩余电流动作保护断路器

四、电涌保护器（SPD）

电涌保护器（SPD）主要用于低压配电系统的电源线及信号传输线中瞬态过电压的防护，在电力、电子设备以及新能源系统、电信等行业具有重要的保护作用。传统电涌保护器的保护元件压敏电阻或放

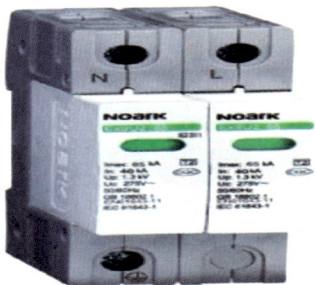

图 7.2-17　新型电涌保护器

电管存在易老化、寄生电容大等缺陷，造成短路或开路损坏概率较高，存在安全隐患。

上海电科所开展了续流遮断技术以及过电流、过电压一体化技术研究，可靠性技术研究，产品短路故障下安全性、放电管（GDT）的劣化脱扣、无弧焰外泄等安全特性研究。

新型过电流、过电压一体化保护的 SPD 产品（见图 7.2-17），是将过电流后备保护功能集合在过电压保护器中，使用时不需要配备过电流后备保护电器与之配合，该产品填补了国内空白。

五、电弧故障保护电器（AFDD）

据消防部门统计，30%以上的火灾由电气故障引发，其中 70%的电气火灾由电弧故障引发。线路接触不良、绝缘老化极易发生电弧故障，电弧高温会引燃周围的易燃易爆品，造成火灾。原有的断路器和剩余电流动作保护断路器对电弧故障无法提供全面的保护。电弧故障保护电器（AFDD，见图 7.2-18）是应用新技术研制的新型防火灾保护电器，当检测到负载端有害电弧时，在设定的短时间内切断电源，可以避免电气火灾发生。不同于

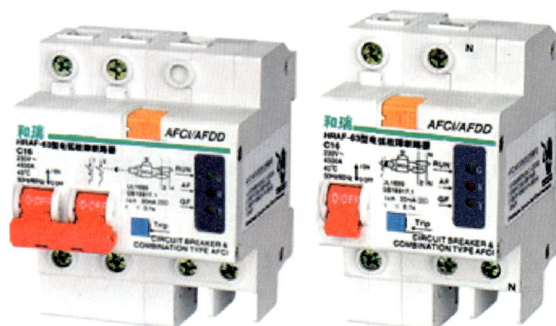

图 7.2-18　电弧故障保护断路器

烟雾报警器等火灾后补救措施，电弧故障保护电器可弥补用电保护漏洞，防患于未然。

上海电科所在分析和研究国外产品的基础上，进行了电弧故障保护电器关键技术研究：

（1）电弧检测方法研究、电弧故障发生器及其控制系统等电弧故障检测设备研制。

（2）大量检测、收集各种负载条件下串并联故障电弧的电弧电压、电流波形，建立正常负载波形、电弧故障波形数据库。

（3）通过仿真分析，提取各种波形特征，识别正常电弧与故障电弧。

（4）研究数据处理技术方案、算法，解决"拒动"和"误动"。

（5）提出产品方案，将电弧故障、漏电故障、过电流保护等多种保护功能灵活组合，缩小体积。

上海电科所在研发产品的同时开发了电弧故障保护电器检测试验设备，为我国专业检测机构及生产企业提供用于电弧故障保护电器研发实验和产品检测的试验设备。

第四节　研发平台的创建

一、产品设计方法重大创新与发展

产品设计全面采用基于虚拟样机技术和仿真技术的现代设计方法。运用计算机辅助设计进行零部件及产品三维立体数字化建模与自动生成二维平面图纸；运用多体动力学仿真软件进行机械系统运动学和动力学仿真分析，构件强度、应力计算及动作速度计算与优化；运用综合仿真软件进行热传导、流体流动、电磁学有限元分析，产品温升及动热稳定分析与计算，脱扣器动作特性分析计算等；运用软件进行电弧燃烧及灭弧室开断电弧性能分析研究等。

二、创建低压电器研发实验室

上海电科所在新一代产品研发过程中，建立了我国第一个不同于一般第三方试验站的低压电器研发实验室：

（1）大电流过电流保护特性试验装置。波形和稳流精度好、响应速度快、抗干扰强、晶闸管选相合闸。

（2）高速摄像技术应用。试验电流和高速摄像仪同步触发拍摄、试验电流波形时间轴和照片同步回放。

（3）合成试验回路装置（见图7.2-19）。由一套电压较低而能供给大电流的LC振荡电源（电流源）用来供给电流过零前流过断路器弧隙的电流，另一套电流较小而电压较高的电源（电压源）用来供给电流过零后加在弧隙两端的恢复电压。试验能力：为AC 415V第一个波大于或等于85kA。该设备由于试验能量较小，被试电器开断失败时不致发生破坏性损坏，试品可反复进行试验研究，并可控制合闸相位。

（4）冲击电力变压器短路试验装置。交直流415V 20kA，690V 10kA，可选相合闸。

合成试验回路或冲击电力变压器短路试验装置与高速摄像组合，可直接观察电器产品电弧的生成、走向及熄灭的全过程，开展电弧机理及灭弧措施的研究，提高产品短路分断能力；过电流保护特性试验装置与高速摄像仪结合，进行电器产品机构运动速度的研究及闭合过程中触头弹跳的研究，以提高产品操作寿命。

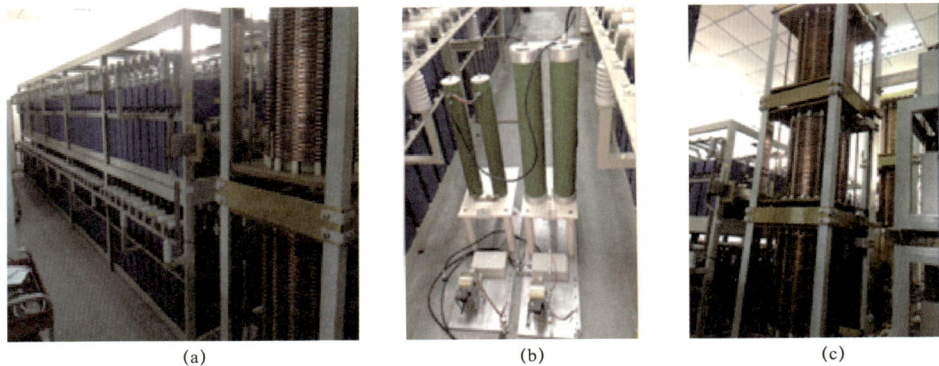

图 7.2-19　合成试验回路装置
（a）电流源电容器组；（b）电容器组接地保护装置；（c）电流源主电感

（5）多回路多工位可靠性试验设备。6～16 台产品可同时进行电操作试验；实时操作系统，一体化编程，数据记录与实时通信，进行试验数据分析、自动生成概率分布曲线，如威布尔分布曲线。

（6）浪涌保护试验室。包括 8/20μs、12/350μs 冲击电流发生器，暂态过电压发生器，组合波发生器，模拟绝缘失效模式试验仪，热稳定测试仪等。可以进行Ⅰ、Ⅱ、Ⅲ类 SPD 主要性能研究性试验。

（7）电磁兼容性试验室。进行电磁抗干扰能力及发射性能试验。

低压电器研发实验室为提高产品研发水平、缩短产品研发周期发挥了重要作用。上海电科所致力于行业研发能力的提高，为企业提供研发实验室的规划、设计与建设。

三、数据库平台建设与应用

建立低压电器产品、企业信息数据库，标准数据库，知识产权、科技文献数据库，材料、电子元器件数据库等，为产品研发提供技术信息。

四、关键核心技术的自主创新

（1）新一代高性能、智能化低压电器产品通过技术创新和结构创新等，在触头灭弧系统、快速动作机构、智能脱扣器等多个领域取得重大突破，形成多项核心专利技术，产品综合性能达到世界先进水平。

（2）新一代万能式断路器大幅度提高短路耐受能力，实现 $I_{cu} = I_{cs} = I_{cw}$，首创采用选择性区域联锁技术；新一代塑壳断路器通过短路快速检测技术、区域联锁及提高限流性能，实现了限流选择性保护；家用及类似场所用带选择性保护主断路器首次采用双回路结构，实现了终端配电系统选择性保护，标志着配电系统过电流保护技术有了重大突破，对提高配电系统特别是智能电网运行可靠性与安全性具有重大意义。

（3）新一代控制与保护电器在超小体积中集控制与保护功能为一体，首创研制的高速传输连接组件、新型灭弧系统、节能磁系统等，使产品具有高分断能力和高寿命。突破的控制与保护优化匹配集成技术使其电流体积比达到国际领先水平。

（4）新一代低压电器产品具有双向高速通信和智能控制等功能，能极大地满足智能电网坚强、自愈、兼容、互动、优化、集成等多重需求，尤其是能全面实现智能电网用户端的智能配电与控制。

（5）新一代智能低压电器所具有高性能、多功能、小体积、高可靠、绿色环保、节能节材等显著特点。

（6）在新一代智能低压电器产品研制过程中应用现代设计技术和测试技术，创建的低压电器研发试验室为新一代智能电器关键技术突破创新创造了良好条件；研制的产品具有完全自主知识产权，综合性能达到了国际先进水平，多项技术填补了国内空白，是信息化与工业化融合在低压电器领域实践的成果。从整体上实现了我国低压电器研发从仿制设计到自主创新设计的跨越，对推动我国低压电器自主创新、更新换代和可持续发展具有里程碑意义。

第五节　用户端电器设备的发展趋势

（1）开展低压电器基础技术和共性技术、3D 辅助设计与数字仿真技术、直流保护技术、多端口有源网络故障检测与保护技术、新型数字化智能控制器技术、特殊环境低压电器产品的适应性与可靠性、新材料新工艺应用等多项研究，加快推进提升我国低压电器产品性能水平与质量水平。

（2）随着我国电网改造重点向低压配电侧及用户端转移，电力互联网建设以及新能源快速发展、5G 通信技术等新技术应用，对电器产品与系统提出新要求，必将进一步促进新型电器的快速发展。近期将重点研发：

1）新型多功能、数字化配电与控制电器产品。高性能、多功能、高可靠性，实时、广域通信，适应新型智能电网、大数据、云计算和互联网、5G 通信要求。

2）直流 B 型剩余电流保护断路器。适应直流微电网、直流快速充电设备等直流侧保护需要。

3）直流电弧故障保护电器 AFDD（或 AFCI）。适应分布式（屋顶）光伏发电光伏组串保护需要。

4）新型 SPD 浪涌保护器。满足风力发电、光伏发电及电动汽车等需求。

第三章

智能配电系统与智能电网用户端系统

第一节 智能配电系统与智能电网用户端
系统发展背景

随着电力电子技术的快速发展，传统低压电器得益于电力电子器件的高速发展及广泛应用，智能电器的蓬勃兴起，使传统的低压配电电器具备智能化功能，但智能电器许多功能的功效要能得到最大限度的发挥，必须借助系统的智能化与网络化，因此，智能化的终端电器对配电系统的网络化提出了新要求。

从 2000 年起，结合产业需求与技术发展，低压电器行业开展对智能化技术的研究。以网络化和高可靠性为主要目标的新一代低压电器产品将微处理器、电力电子、传感器、网络、通信等技术与过电流、过电压保护技术进行有机融合，使其具备适应智能电网要求的功能与性能。

智能电网用户端系统（见图 7.3-1）主要包括智能配电系统、电能管理系统、智能楼宇电气设备与控制系统和双向互动服务系统，是构建坚强智能电网的重要组成部分。用户端系统位于电力输送"高速公路"的最后"一公里"，直接体现着智能电网建设带来的成效和收益，是智能电网能否取得广泛成效的关键。

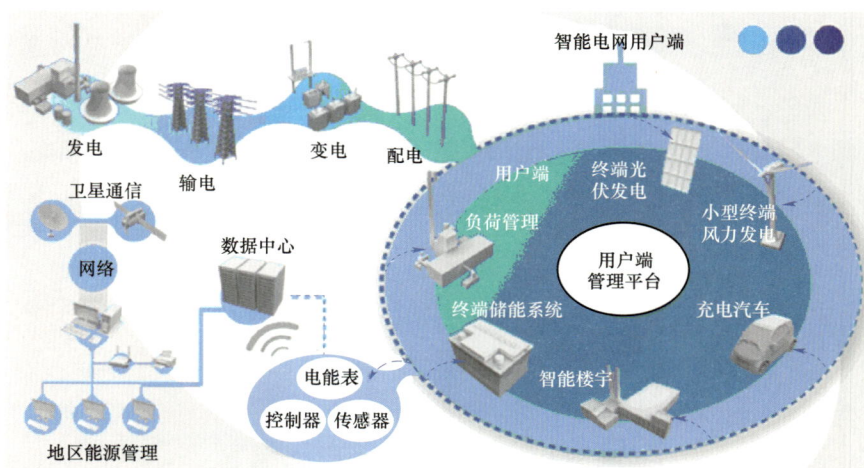

图 7.3-1 智能电网用户端系统

第二节 智能配电系统与智能电网用户端系统开发重点及其成果

一、智能配电系统与智能电网用户端系统开展的重点工作

1. 制定智能化低压电器技术标准

结合智能化性能和要求，完善标准体系，为智能电器的研发和应用打下基础。

2. 规范低压电器通信规约

确定我国智能化低压电器的通信协议、通信模型和通信规约。确定接入通信网络的设备模型，规定了接入智能电网用户端的智能化配电系统通用模型框架，并提供一个独立于所用网络的模板。确定电器设备通用的通信数据格式，形成统一的平台与标准。

3. 实现早期预警、快速安全恢复和自愈等功能

应用网络信息技术和量测技术实现系统的寿命管理、故障快速定位、双向通信、电能质量监控等功能。应用于智能配电网的电器设备信号采集实现数字化，对事件进行早期评估和通过对实时数据的分析进行故障早期预警；通过网络监测快速定位故障点；通过优化网络运行及配网故障时的故障隔离和非故障区域的自动恢复供电，实现配电网的快速安全恢复和自愈，从而全面满足用户端系统的保护与控制要求。

4. 开发了具有智能化、网络化功能配电设备，实现用户端可再生能源发电系统的接入

开发了具有双向通信、双向计量、能源管理等网络化的低压电器产品及系统，促进低压电器及系统向智能化、网络化方向快速发展，实现了分布式可再生能源的接入与应用。

二、城市智能配电系统与乡村电气化建设取得的成效

1. 城市智能配电系统

智能电网用户端网络建设是构建高效互动的智能电网一个核心内容，在推广和应用过程中各项技术水平将得到快速提高和完善，形成可复制推广的系统解决方案。取得的具体成效体现在：

（1）城市变电站与配电自动化。我国数字化变电站及智能配电系统的建设领先于世界，大量使用国产化的电子式互感器、光纤等先进的测量装置和现场总线、工业以太网等通信设备及系统。在变电站继电综合保护、自动电压控制、配电系统智能化开关电器、通信实时性和故障在线诊断等方面达到了国际先进水平。

（2）用户端智能电器。用户端智能电器与配电系统是构成用户端智能配电网络乃至整个低压配电网的基础。用户端智能电器与配电系统具有双向通信、故障预判和预警、负载监控、全电流范围选择性保护、电能质量监控等核心特征，能实现区域联锁并可快速安全恢复等功能的高度智能化电器设备及系统。

（3）用户端电能管理系统。可根据用户的不同用电需求，制定个性化用电方案，对用户端电能消纳进行管理，已具有双向通信、负荷调节、能源系统分析、分布式可再生能源接入、分布式用户端储能充电、双向电量计费、节能管理等功能。

（4）智能楼宇电气设备与控制系统。智能楼宇或家居智能化管理系统主要包括节能型照明和空调管理、火灾预警与报警、防入侵和防盗、电梯管理、车库管理、电动汽车充放电管理等系统。

（5）双向互动服务系统。在电力公司与用户之间采用信息和通信技术、智能化软件，实现电力信息及数据交互，电力交易和费用结算，电力系统负荷管理等电力服务的系统，具有双向电能计量和电力买卖，系统运行监测和控制，企业、楼宇和家庭等用户负荷监测和控制，用户用电量预测、需量控制、用电分析和需求响应等功能。

2. 乡村电网电气化建设

（1）农村电网的普及。20世纪90年代以来，通过实施"八七"扶贫攻坚计划、光明工程计划和电力扶贫共富工程，农村无电地区通电问题解决速度明显加快。到2000年，全国乡通电率已达98.45%，村通电率达到98.23%，户通电率达到98.03%，在世界上已处于领先水平。自2010年9月国家启动新一轮农网改造升级工程以来，按照国家能源局部署，电网企业加快推进农村电网改造升级，着力满足农村经济发展和农民生活改善的用电需求，对拉动农村经济、增加农民收入起到了重要推动作用。

（2）满足乡村电网容量的增长。国家实施了大规模的农村电网建设与改造，一、二期已基本完成，农村电网建设与改造工作已经取得显著成效，供电能力、质量和可靠性明显提高。但总体来看，农村电网结构还比较薄弱，还不能满足农村地区快速增长的用电需求。继续完善农村电网，加强农村电网建设是一项长期任务。

（3）提高乡村电网供电的连续性和可靠性。随着国家不断深入推进社会主义新农村建设和城乡一体化发展，对乡村供电可靠性、供电质量、优质服务提出更高要求。乡村电网的发展充分考虑城乡一体化

772

布局下的农村地区发展特点，针对乡村电网科技发展需求和各类用户的用电新需求，充分利用已有建设基础，加快建设乡村坚强供电网络，以提高智能化水平为目标，不断完善信息化、自动化、互动化功能，着力提高农网运行控制自动化水平。灵活互动、透明开放、满足多元化需求的用电服务是体现农网智能化水平的重要方向，同时也是满足城乡一体化的必然要求。智能用电服务应以高级量测及终端技术为核心，以需求侧智能响应及互动化为发展方向，以多渠道缴费等为提升服务水平的手段，以智能用电小区为应用载体，以适合乡村电网多点分散特点的低成本、高可靠混合通信技术为支撑，实现适合城乡一体化布局下的乡村电网智能用电服务技术体系和建设模式。

第三节 智能配电系统实现途径与方式

一、智能配电系统实现架构与途径

智能电网用户端系统的总体架构如图 7.3－2 所示。

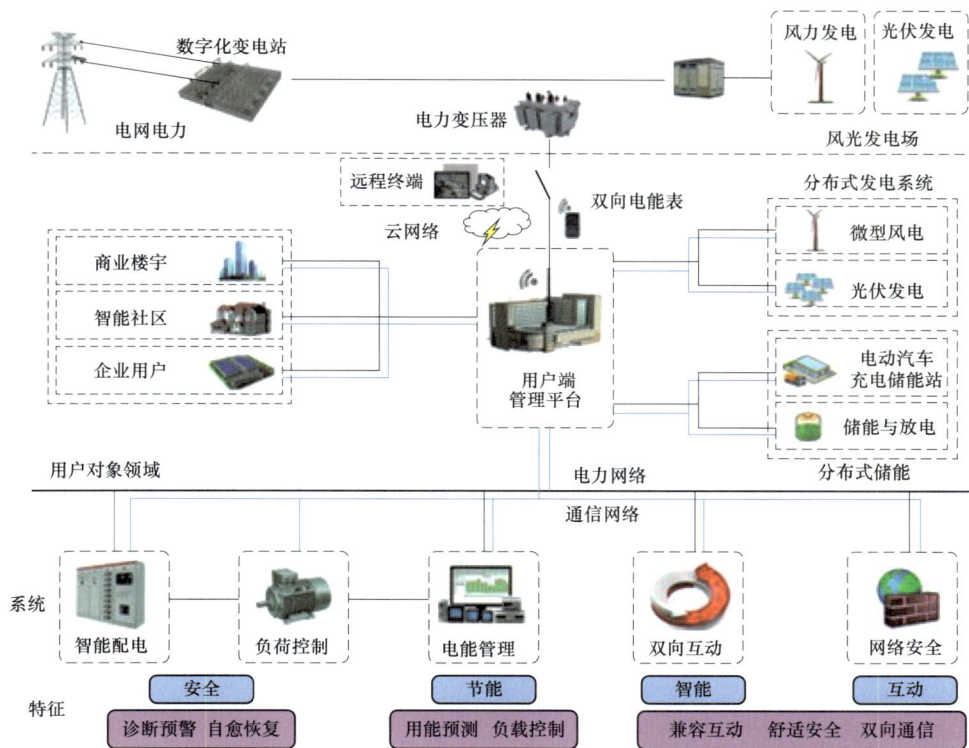

图 7.3－2 智能电网用户端系统的总体架构

智能电网用户端系统主要包括智能配电、负荷控制、电能管理，双向互动和网络安全以及分布式发电系统，是构建坚强智能电网的重要组成部分。智能电网用户端系统的使用对象主要有企业用户（大企业）、楼宇用户（商业楼宇）和家庭用户（智能社区）。

二、智能电网用户端系统总体特征

1. 用户端智能电器与系统的智能控制与保护、自愈、安全防御能力

由智能电器单元与中央控制单元组成的智能配电系统与传统的配电系统相比，能够自动合理安排运行方式，协调各级用于保护作用的智能终端设备，根据配电网络运行情况确定运行参数；具有在线安全稳定分析能力，能快速对自身状态进行评估，明确网络中安全稳定的薄弱环节并自动提出解决方案；有快速的反应能力，确保电力系统安全可靠运行。

2. 用户端电能管理系统的可再生能源接入的兼容、高效运营管理能力

智能电网用户端网络的可再生能源系统接入，根据用户需求采用灵活配置的方式，促进用户参与电网运行和管理，平衡用户电力需求，满足其需求与供电能力之间的供求关系，减少或转移高峰电能需求，进一步提高电网节能效果和电网供电可靠性，从而最大限度地节约资源和保护环境。

3. 智能楼宇电气设备控制系统和双向互动服务系统的舒适、友好、互动服务能力

智能电网用户端网络的配电和用电双向互动可实现用户端与供电方之间的双向计量、数据传输、远程监控、信息存储、自动负荷控制、数据远程读取、电网请求应答、双向信息交互等功能。

三、智能电网用户端系统实现方式

智能配电系统是一套完整的软、硬件产品体系，包括一系列具备自动化功能的工业级配电元件以及完整的上位机软件、网络布线方案，支持各种通信总线的连接，包括 Modbus、Modbus－TCP、Profibus－DP、DeviceNet 等，也支持不同厂商具有标准协议的可通信元件。通过高效率的数据采集，用户可以在任何时间、任何地点实时掌控整个配电系统的运行情况。

用户端智能配电系统采用分层、分布式结构设计，按间隔单元划分、模块化设计，整个系统可分为管理层、通信网络层、智能设备层。

（1）管理层。由系统监控软件、工作站、数据采集及处理服务器、数据库服务器、数据磁盘阵列、Web 服务器，以及网络设备等组成。通过计算机软件实现系统管理功能，提供用户界面、系统组态、

数据储存管理、报警提示、故障记录等功能，是整个监控系统的核心。

（2）通信网络层。提供底层智能元件和上位监控主机之间的连接，进行数据传输，包括通信协议的转换。

（3）智能设备层。现场安装的智能电器、智能仪表和各类装置，各类现场智能设备负责智能化保护、底层信息采集和现场智能控制，数据通信接口和通信总线提供给管理层，是整个智能配电系统的基础。

四、乡村电网电气化实现方式

目前，乡村配电自动化建设模式主要包括简易型、实用型、标准型、集成型、智能型等多种技术方案。县城/乡镇开发区具有负荷相对集中、对电网安全可靠性和运行管理水平要求较高的特点，而对更大范围的农村线路而言，一般具有供电范围大、运行环境严酷、故障率相对较高等问题，限于运行环境、信道、资金等技术和经济条件的限制，不同于城区建设模式。应综合考虑居民用电需求、建筑布局、气候环境、经济条件等因素，提出适合不同条件地区的新农村智能用电小区建设模式，实现功能和技术解决方案，开发应用智能用电小区综合展示和管理支持系统以及适用于不同建设模式的智能用电交换终端设备，建设不同模式的新乡村智能用电小区示范点。

第四节　智能配电系统与智能电网用户端系统工程应用

一、上海浦东机场智能配电与能源管理系统工程

上海浦东机场 T1 航站楼改造项目自 2012 年底开工，于 2016 年上半年全面投入使用。该项目新增建筑面积约 6.8 万 m²，对现有出发、到达联检区及流程进行重新布局。

项目完成多层次的能耗采集体系、数字逻辑处理单元应用、基于视频以及红外的融合人流检测方法、协调新风和暖通的智能控制策略建模仿真、智能配电与智能能源管理平台上形成五大创新亮点，集中攻关多层次网络通信架构与能源采集技术，基于人工神经算法和基于多级能耗模型的能耗分析算法，大空间节能控制策略优化技术，搭建了机场航站楼智能配电与能源管理平台，对航站楼部分区域实行了精细化能耗计量、人流监控，实现集中管理技术，进行合理的数据分析和统计，提高了设备管理水平，同时实现综合节能 15%。

二、天津中新生态城智能电网用户端系统工程

天津中新生态城智能电网覆盖区域 31km²，2020 年常住人口规模在 35 万人左右，不仅风力发电、光伏发电等可再生能源利用比率达到 20% 以上，而且电网应用光纤复合低压电缆技术实现与有线电视、IP 电话、互联网的融合，遥控、遥测、信息反馈的智能化能力做到从居民生活到公共设施，再到工业生产的全涵盖。

1. 多种分布式可再生能源发电系统接入

天津中新生态城的总体建设规划，区域内由风力发电、光伏发电和生物质发电等可再生能源构成多样化分布式电源。

按照建设规划，到 2020 年，该生态城将全部采用清洁能源，建筑物全部实现绿色节能，可再生能源利用率达到 20%。人均能耗比国内城市人均水平降低 20% 以上。

2. 多电源协调供电

生态城内的诸多分布式电源投运后，既可独立于公共电网直接为用户提供电能，又可将其接入配电网，将电能输送至公共电网。

在天津中新生态城智能电网营业厅楼顶率先实现分布式电源的应用，为发电机组专门配备了容量为 60kW·h 的储能电池。储能电池可以将室外的风能和光能收集存储，并使电能更稳定地释放。

3. 新型电力服务模式

智能电网营业厅面积约 800m²，是目前国内软硬件设施水平最高的电力营业厅。营业厅两侧设有多种智能服务终端，通过这些先进的服务设施，办理业务更加便捷，对柜台服务的依赖性大大减弱，更加凸显了绿色节能的理念。

三、北京延庆生态园智能微电网混合能源供电系统

北京延庆生态园智能微电网混合能源供电系统由市电、光伏发电、风力发电和沼气发电等组成，项目于 2014 年完成。光伏发电系统一期建设规模为 8.02MW（落地太阳能），终期建设规模为 10.51MW（落地太阳能 8.02MW，屋顶太阳能 2.49MW）。风力发电系统由 40 台 2kW 风力发电机组组成，沼气发电系统采用 1 台 500kW 沼气发电机，另外，园区还安装了 320 盏风光互补路灯。项目年均发电量为 952.91 万 kW·h。

第五节 智能配电系统与智能电网用户端系统发展与展望

一、通信网络技术的未来发展

通信网络是智能电网用户端的"神经系统"。充分利用智能电网多元、海量的信息，可增强智能分析和科学决策能力，实现信息化与电网的高度融合。智能电网用户端将采用统一的通信技术标准，确保智能设备的互通互联和互操作性。同时，随着新技术的发展，多元化的通信技术将在智能电网用户端系统中得以广泛应用。

二、物联网技术在未来智能配电系统与智能电网用户端系统的应用

智能电网的数据获取、保护和控制都需要强大的通信系统来支持，建立高速、双向、实时、集成的通信系统是实现智能电网的基础。

1. 物联网通信技术在未来智能配电系统的应用

新一代移动配电终端应用采用蓝牙、NFC 等技术，通过控制器上的蓝牙接口，可在智能手机上显示系统的保护、测量、诊断和维护信息，并进行配置；低功耗无线通信与自组网技术应用，实现快速、灵活、强壮的智能配电与能效管理网络；结合 IPv6 技术，支撑海量设备接入与独立访问，为大数据、云计算服务提供海量数据支撑。

2. 新一代大数据/云计算/边缘计算技术在智能电网用户端系统的应用

通过工业以太网，将各种电器设备的信息传送到云平台，云平台可对多站点同步实时监测，开展大数据分析，优化配电使用，实现全生命周期管理与预测性维护。

通过邮件、短信等方式对运维人员实现实时提醒与报警，用户也可随时随地通过智能手机、平板电脑或计算机实现远程监测状态。

在云端，通过联合应用人工智能等手段，实现设备状态智能监控/预测性维护，通过数据驱动的模式，对海量物联网数据进行高效挖掘，分析其中的关键特征，实现对设备的高效管理。

三、未来配电系统对终端电器设备的新要求

1. 有远程执行/被执行功能

终端电器具有更小体积，可远程操作的新型机构部件，以及新型动力元件或电力电子开关器件，具有更低的成本、更高的性价比。

2. 数据处理能力

信息类型的多元化，如保护信息、电网状态信息、维护信息等。

3. 通信能力

针对 OPC UA 等新一代工业网络，需要进行协议的适配；针对 5G、WiFi、Zigbee、蓝牙、NFC、RFID 等多样化无线通信技术，需要研究不同的应用场合，开展通信模块集成。

第四章

新 能 源 电 器

第一节　新能源电器发展的必要性

新能源电器作为新能源发电系统中的核心保护元件，由于使用环境与运行条件相比传统配电系统更加严酷，对其保护功能、安全性和可靠性等方面均提出了新的要求。如何使保护电器更好地适应新能源系统，成为全球主流企业技术研发和应用拓展的共同关注点。

新能源系统由于复杂的环境，如高低温、风沙、湿热等，以及谐波、过电压、高低电压穿越等变化多端的工况，原有配电系统保护产品在功能和保护特性方面都无法完全满足应用的需求。新能源的发展对关键元件的需求日趋增长，新能源电器的发展也已成为我国电器行业发展的良好机遇。

第二节　新能源电器主要产品的创新与发展

一、逆变器

在光伏发电系统中，均需要将光伏直流电转化成稳定的交流或直流电。目前 DC/AC 应用最为广泛，逆变器是其中最重要的核心部件，其性能直接影响到了光伏发电的状况。目前主要有集中式逆变器（见图 7.4-1）和组串式逆变器（见图 7.4-2），其中集中式逆变器以大功率为主，一般在 500kW 以上；组串式逆变器以中小功率为主，主要在 100kW 以下，以 10～50kW 最为集中。

（1）以阳光电源为代表的集中式逆变器性能不断提高，功能不断优化。阳光电源光伏逆变器涵盖 3～6250kW 功率范围，转换效率全线突破 99%，全面满足各种类型光伏组件和电网并网要求，广泛应用于德国、意大利、西班牙、美国、澳大利亚等 50 多个国家和地区，截至 2017 年底，逆变设备在全球累计装机 60GW。集中式光伏逆变器产品转化效率高，性能安全可靠，能适应高寒、低温、高海拔等多种环境，广泛应用于荒漠、高原、商业屋顶等大、中型光伏发电系统。

图 7.4-1　集中式逆变器　　　　　　　　图 7.4-2　组串式逆变器

（2）以华为为代表的组串式逆变器转换效率和性能都得到不断提高，其中转换效率达到 98.49%～99%，单机最大输出功率 75kW。

阳光电源和华为是我国最大的逆变器供应商，目前两者之和超过全球市场份额的 35%，其他一些逆变器制造企业也迅猛发展。

二、变流器

在风力发电机组中，变流器是其中最重要的核心部件，是将不稳定的风能转换成稳定电能的关键装置，其性能直接影响风力发电的效率和安全。为了使风机获得有效的最佳风能捕获，风电机组中采用变速恒频技术。目前大多采用双馈变流器和全功率变流器实现风力并网发电。

我国变流器制造商在引进国外先进技术的基础上，针对我国风资源的特点进行了适应性应用的开发，自主研发的机型也取得了一定成果。但在控制策略、算法及设计理念等方面均与国际先进制造商有一定的差距，正在加强研发力度，赶上世界先进水平。双馈型发电成本较低，但是需要庞大的变速箱，变速箱的可靠性直接影响了运行可靠性；全功率变流的永磁直驱风力发电机正成为市场的主流，由于没有变速箱，加上全功率变流后能够更好地适应电网网侧的要求，所以永磁直驱正在逐步发展成主流。我国以金风科技为代表的永磁直驱技术达到了世界先进水平，目前产品占全球市场近 26% 的份额。

国内从事变流器生产的厂家有 20 多家，已逐渐形成了一个国产自主品牌风能变流器产品的制造群体。阳光电源 WindPlus＋系列风能变流器产品是集电力电子、现代控制理论及新能源应用技术于一体的电能变换装置，变流器涵盖 1500～10 000kW 功率等级，电压等级 690V、3300V，包括全功率风能变流器和双馈风能变流器，全面覆盖国内主流风机机型。

三、旋转式隔离开关

旋转式隔离开关主要应用在组串式光伏逆变器内部，起隔离保护功能。在组串式发电系统中大量使用，随着分布式用户光伏的发展，该类元件需求量进一步增长。

图7.4-3 GHX5-32P系列旋转式隔离开关

北京人民电器生产的 GHX5-32P 系列旋转式隔离开关（见图7.4-3）具有体积小、燃弧时间短、多组触头同时操作等优点，适用于额定电压至 DC 1500V，额定电流 16～40A 的光伏系统中。该产品有 2P、3P、4P、6P、8P 等多个品种；采用磁吹、"回"型墙增加爬电距离、超声波焊接等技术，在同种接线方式下额定工作电压和电流高于同类型产品，达到国际先进水平。

常熟开关生产的 CGD3-32 系列旋转式直流高电压隔离开关采用旋转式双断点设计，静触头具有导弧结构，采用多极直穿式联动结构，实现了引弧快速、灭弧时间短、高同步性，达到了 DC1250V，DC-21B 的使用类别下的性能要求，达到国际先进水平。

四、熔断器式隔离开关

GHR1-20P 系列熔断器式隔离开关（见图7.4-4）是北京人民电器自主研发的一款光伏专用熔断器,适用于电压 DC 1000V 及以下，电流 20A 及以下的光伏发电厂或类似的直流回路，起到过载、短路保护的作用。产品采用上下叠加的形式，在一个底座内上下布置两个熔断体，大大节省了熔断器在汇流箱内的占用空间;通过增加断口数实现了高电压分断，领先同行业同类产品水平。

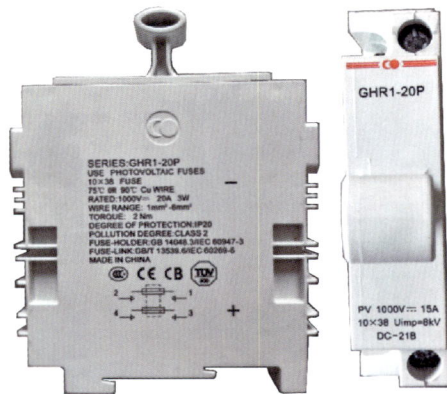

图7.4-4 GHR1-20P系列熔断器式隔离开关

五、断路器

1. 直流断路器

对于集中式光伏发电系统，直流侧的汇流箱及逆变器前端的直流线路需要大量的直流塑壳断路器进行保护。以 250A 为典型壳架，国外各大公司如 ABB、西门子、LS 等公司为了满足此需要，开发了直流高电压产品。我国光伏专用高电压直流断路器发展很快，北京人民电器率先研发了小体积、高电压直流塑壳断路器，两极额定工作电压高达 DC 1000V，三极额定工作电压高达 DC 1500V。随后研发了 GM51 塑壳断路器（见图 7.4-5），具有体积小、功耗低、分断能力高，可提供多种接线方式，运用电压为 DC 250～1500V，额定电流为 10～1600A；热磁脱扣特性可调，环境温度运用范围为 -40～70℃，且 50℃不降容。此产品综合运用了多项先进技术，如机构大开距技术，反向力恒定的卡住结构、电弧防反喷技术等。上述产品的性能指标领先于行业同类产品，性能达到国际先进水平。厦门宏发开发的 UEM5 系列直流塑壳断路器（见图 7.4-6），壳架为 250A、630A，分断能力可达 40kA（DC 1000V，$T_{0.63}$：15ms）、15kA（DC 1500V，$T_{0.63}$：3ms），产品有多种不同串接方案可匹配不同种类的直流接地系统，具有国际先进水平。正泰电器、常熟开关、环宇电器等也研发了类似产品。上海良信开发了高电压直流 ACB（见图 7.4-7），四极额定工作电压最高达 DC 1500V，具有高分断、高寿命、零飞弧，满足临界直流负载无极性，可满足光伏 PV2 级隔离需求，并可通过通信接口实现通信和远程控制功能。

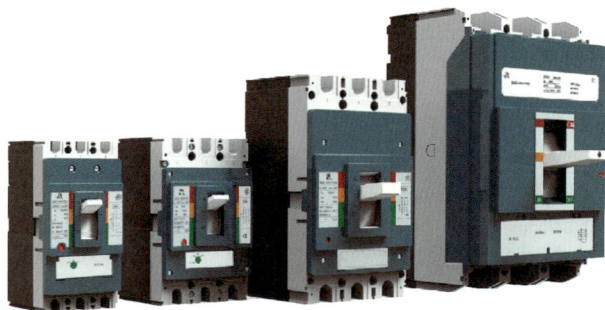

图 7.4-5　GM51 直流 MCCB

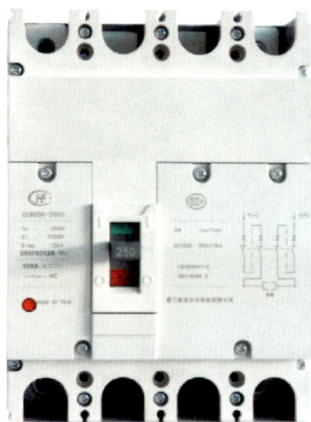

图 7.4-6　UEM5-250A 直流 MCCB

图 7.4-7　DNW3Z-2500 直流 ACB

2. 机侧断路器（ACB）

常熟开关 CW3F 系列 ACB（见图 7.4-8）是风力发电系统专用产品，满足全功率型机侧应用。该产品采用 2500 壳架，额定电流为 630～2500A，额定工作电压为 1000V 及以下，可以在 10～200Hz 正常工作，工作温度为 -40℃～70℃。该产品达到国际先进水平，为目前国内仅有的一款机侧宽频保护断路器产品，填补了国内机侧 ACB 的空白。

3. 网侧交流断路器（MCCB&ACB）

对于组串式光伏发电系统，交流侧需要大量的专用断路器进行保护。光伏逆变器的交流侧的额定电压一般为 230V、400V、480V、520V、

图 7.4-8　CW3F-2500 机侧 ACB

690V，我国原有断路器在针对光伏系统的使用环境进行改进后一般均可适用。但随着光伏电站直流侧电压提升至 DC 1500V，交流侧的额定电压也随之提高至 800V，甚至到 900V 以上，交流侧汇流箱内的塑壳断路器额定工作电压提高到 AC 800V、AC 1000V 或更高。

GM8i 塑壳断路器（见图 7.4-9）是北京人民电器最新研制开发的新一代智能型产品，具有体积小、功耗低、分断能力高，运用电压为 AC 400～1000V，额定电流为 10～1600A；热磁脱扣特性可调，环境温度运用范围为 -40℃～70℃，且 50℃不降容；产品性能指标领先于行业同类产品，达到国际先进水平。

常熟开关于 2017 年初推出了 CM3-HU、CM5-HU 系列高电压交流塑壳断路器（见图 7.4-10），额定工作电压 AC 800V、AC 1000V，额定工作电流到 630A，分断能力高达 AC 1000V，35kA，为国际先进水平。

图 7.4-9　GM8i 系列高电压交流断路器　　图 7.4-10　CM3-HU、CM5-HU 系列高电压交流塑壳断路器

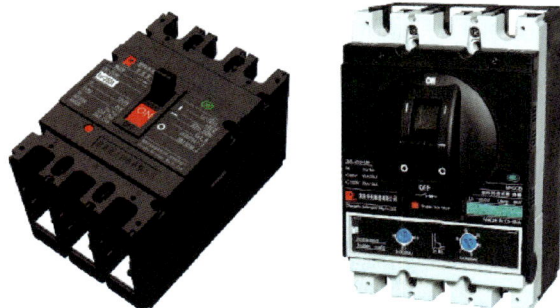

在集中式逆变器的交流侧，由于额定电流较大（超过 800A），而且安装体积较小，往往需要紧

凑型的 1600A MCCB 产品。上海诺雅克自主设计的 Ex9M6 1600A 大容量塑壳断路器（见图 7.4 – 11），具有手动、电动，电子、热磁等多种规格，高电压 690V 分断指标达到了 $I_{cu} = I_{cs} = 30kA$，达到国际先进水平。

常熟开关开发了 CM5/Z – 1600 大容量 MCCB（见图 7.4 – 12），该产品在 AC 690V 条件下分断指标达到 $I_{cu} = 50kA$，$I_{cs} = 42kA$，达到国际先进水平。

北京人民电器于 2018 年发布了新款 GM8i – 1600 MCCB，在 AC 800V 下分断 30kA，为当前该壳架的最高电压。

常熟开关 CW3R – 2500 适用风电网侧的框架断路器（见图 7.4 – 13），该产品是基于 CW3 派生的增强型产品，AC 690V 条件下 $I_{cu} = I_{cs} = I_{cw} = 65kA$，机械寿命达到 30 000 次，电气寿命达到 10 000 次，寿命指标为世界领先水平。具有高环境适应性（高低温 –25℃～70℃、高海拔 4500m、抗振动），温升低，控制器可工作于 –40℃～70℃，可以满足风力发电系统如 1.5MW/2MW/2.5MW 双馈型风机的使用需求。

图 7.4 – 11　Ex9M6 – 1600A 大容量塑壳断路器

图 7.4 – 12　CM5/Z – 1600 大容量 MCCB

图 7.4 – 13　CW3R – 2500R 型增强型 ACB

4. 直流小型断路器（MCB）

随着在数据中心容量的不断增大,采用 HVDC 技术（高电压直流技术,主要电压为 DC 240V 和 DC 336V）大幅度提升数据中心的效率,直流小型断路器是该系统中必不可少的保护器件。

GM5－40P 系列光伏直流顺、逆流双向保护小型断路器（见图 7.4－14）,是北京人民电器最新开发的 MCB 产品,采用双断点及直流电弧无涡流快速扩散技术,为模块和线路提供可靠保护。其额定工作电压可达到 DC 1000V/DC 1500V,额定工作电流可至 40A,不仅能够满足数据中心的需要,同时也能够满足光伏高电压的应用,性能达到国际先进水平。

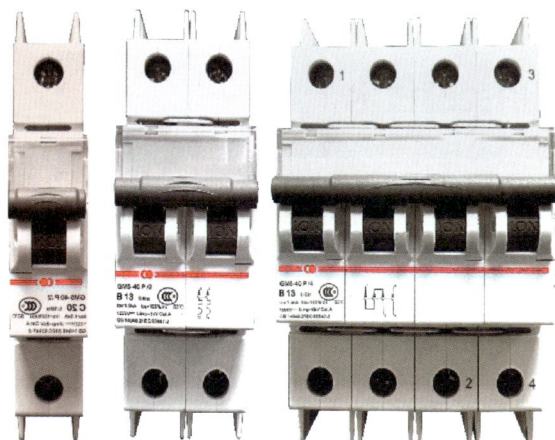

图 7.4－14　GM5－40P 系列 DC MCB

六、高电压直流接触器

随着直流充电技术的快速发展,直流侧的控制电器也发生了较大变化,最为典型的需求是应用电压高达 DC 1000V,电流近 300A。

厦门宏发研发的 HFE 18V 系列高电压直流接触器（见图 7.4－15）具有小体积、大负载、节能环保、安全可靠的特点,负载能力涵盖 10～1000A、DC12～1000V。通过运用陶瓷钎焊密封技术、还原气体保护技术、双重绝缘技术、强磁吹弧技术、低电阻设计技术、抗短路电流设计技术、静音消噪设计技术,实现 IP67 防护等级,

图 7.4－15　HFE 18V－300A
高电压直流接触器

785

有效防止触头氧化烧损、无电弧泄漏风险。产品具备防尘、防水、防氧化、高可靠性、长寿命等特点，性能指标达到国际先进水平。抗短路电流能力（12 000A/2ms）、极限分断能力（3000A/800V DC）、接触电阻（低至 0.08mΩ）等性能指标具有国际领先优势。该接触器已成功应用于上汽、吉利、北汽、大众、奔驰、保时捷、奥迪等国内外高端汽车制造厂。

第三节 新能源电器关键核心技术的自主创新

一、光伏直流侧保护关键技术

常熟开关、北京人民电器、上海良信等对直流高电压灭弧技术进行了研究，技术要点主要集中在触头大开距、窄缝增压、栅片布置、串联技术、温升等。目前已实现 DC 1500V 时间常数 $T=5ms$ 10kA 的分断能力，满足了光伏发展的需要。近年来，上海电科所联合光伏龙头企业开展了光伏直流侧保护的研究工作，确定光伏直流侧保护的关键技术要求，如时间常数要求、二次接地故障保护要求等，为开发安全、可靠的直流保护电器提供了指导。

二、光伏交流侧保护关键技术

交流侧的关键技术主要为交流高电压灭弧技术，技术实现方式主要集中在单断点 MCCB 的高电压灭弧技术，以常熟开关为例，CM3HU 和 CM5HU 系列断路器可达 AC 1000V，CW3HU 系列 ACB 可达 AC 1140V。

三、风电机侧低频保护技术

永磁直驱型（低速）风力发电机组的发电机侧主电路运行频率范围为 4~19Hz 低频，永磁高速型风力发电机组的发电机侧主电路的运行频率为 30~125Hz 宽频。因此，安装在发电机侧的断路器灭弧系统应进行特殊设计，保证高低频短路分断能力；智能控制器也应保证可靠的低频或宽频信号采样和处理能力。目前国内以 CW3F-2500A 为代表，基本达到了国际先进水平。

四、环境适应性技术

在风电、光伏和充电桩等应用领域，环境适应性主要表现为高低温（−40℃～70℃）、高海拔、盐雾、湿热及综合工况等环境。2015年，上海电科所牵头联合多家行业企业在充分技术调研的基础上，完成了风电系统用万能式断路器发热及环境适应性方面的研究，相关研究成果获得了广泛的运用和推广，促进了该类产品在风电系统中运行的可靠性和安全性。

第四节　新能源电器发展趋势

一、高电压化

随着组件效率、逆变效率的提升，以及光伏电站的成本进一步降低，高电压化是一个必然的发展趋势。在直流侧，DC 1500V/AC 800V 1140V逐渐将成为市场的主流，因此，低压电器需要加强此领域的研究，开发安全可靠的高电压产品，包括断路器、熔断器、隔离开关等保护电器。

二、户用光伏的大幅度发展将促进小功率电器的发展

随着光伏扶贫工程的实施，小功率10kW以下的光伏发电系统将有进一步发展，该系统内的小型断路器、隔离开关及远程操作的MCB产品应用将出现大幅度增长。

三、新型光伏电器将得到进一步发展

随着光伏产业的发展，用于光伏发电系统的专用保护电器得到快速的发展，如直流故障电弧保护电器（AFDD）、光伏系统用直流浪涌保护器及后备保护电器等。

四、大规模风电并网技术、智能电网技术以及海上风电建设成为行业发展的主要研究方向

随着风电装机容量的持续增大，大规模风电并网技术、智能电网技术以及海上风电建设成为行业发

展的主要研究方向。对于海上风电的广阔前景，要求电器具有盐雾、湿热等综合环境适应能力，并要求高可靠性及自身状态的诊断功能，为海上风电维护提供信息支持。

五、高压直流继电器

作为新能源汽车中关键的安全器件——高压直流继电器，需具备耐高压、耐负载、抗冲击、灭弧能力强和分断能力强的基本功能。新能源汽车的高压直流继电器将朝着轻量化、节能、智能化、低成本方向发展。

第五章
新标准体系与试验、认证

随着我国加入 WTO 及市场全球化，标准在提升我国产品的国际竞争力，促进国际贸易以及合理保护我国市场等方面起着举足轻重的作用。低压电器标准体系自 20 世纪 80 年代起逐步与国际标准（IEC）接轨，21 世纪以来在采用国家标准的基础上根据我国实际应用要求与产业需要，建立了较为完善的新技术标准体系，已形成国家基础标准、行业产品标准、企业标准等多级标准。目前标准技术要求与国际标准基本相同，部分要求高于国际标准，大部分国家标准、行业标准被我国强制认证、自愿认证所采用，通过标准与认证相结合的方式，大力推进了标准的实施，促进产品技术和质量的提升。

随着标准化改革的深入，低压电器行业面临着新的机遇和挑战，标准化也应在新常态下稳中求进，落实新举措，建立多层次项协调的新型标准体系。

第一节　新标准体系开发

我国低压电器的标准基本满足了市场发展需求，同时促进了低压电器产品与技术的发展。低压电器行业开展了一系列的技术和标准研究，探索政府主导制定的标准体系和市场自主制定的标准协调发展新思路，加强各技术领域的标准制定，开展智能电网用户端、系统节能、低压直流系统及产品评估应用、新能源领域产品应用、智能制造、网络安全技术等重点领域标准化工作，不断提高标准水平。

一、用户端电器设备标准体系

智能电网用户端电器设备分布于国民经济的各个领域和社会生活的千家万户，结合智能电器技术发展及应用需求，完善智能电网用户端电器设备标准体系（见图 7.5－1）。

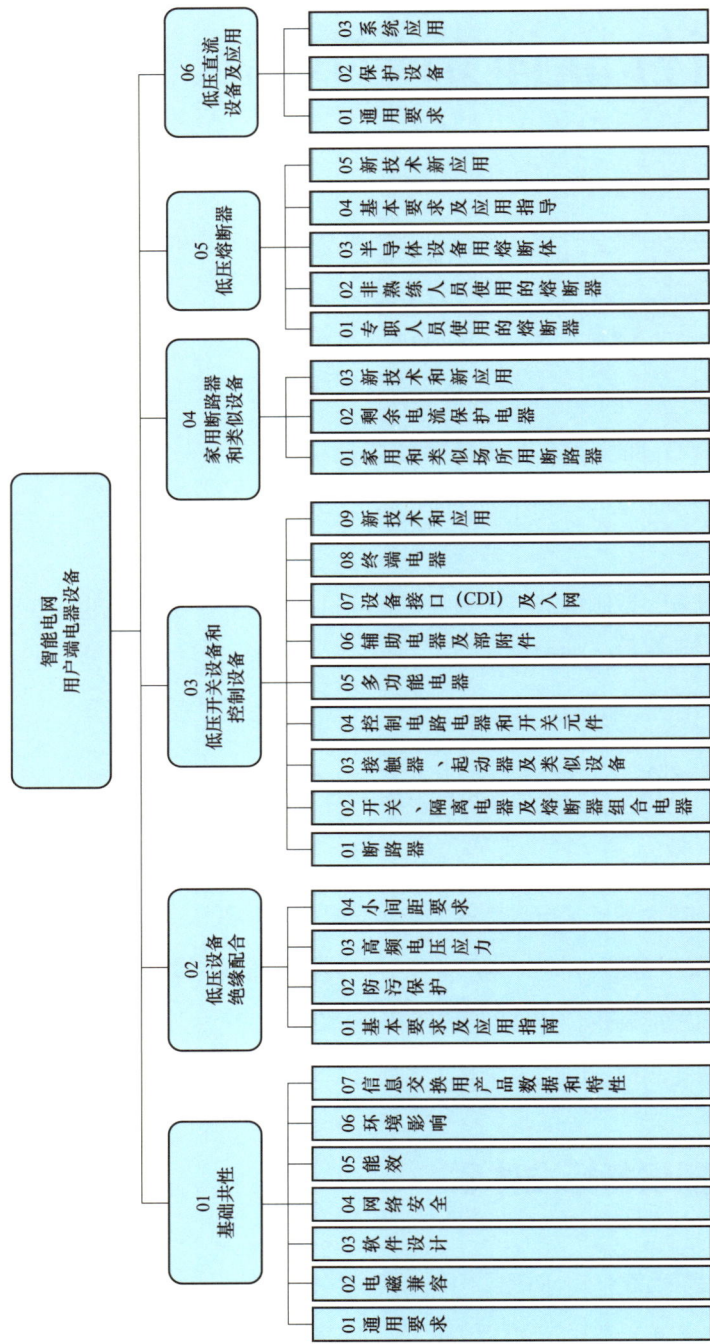

图 7.5－1　用户端电器设备标准体系框图

二、可靠性标准体系

低压电器是量大面广的重要基础元件，其产品运行可靠性直接影响用电质量和安全。由于我国低压电器行业以中小企业为主，整体在产品研发、制造和工艺等方面与国外公司仍存在较大差距，产品的可靠性和一致性与国外产品相比有明显差距。为了提高整体可靠性水平，我国开展了可靠性工程，并编制完成了一系列低压电器产品的可靠性试验方法标准，形成低压电器可靠性标准体系（见图 7.5－2），以指导企业开展可靠性工作，提高产品的可靠性水平。

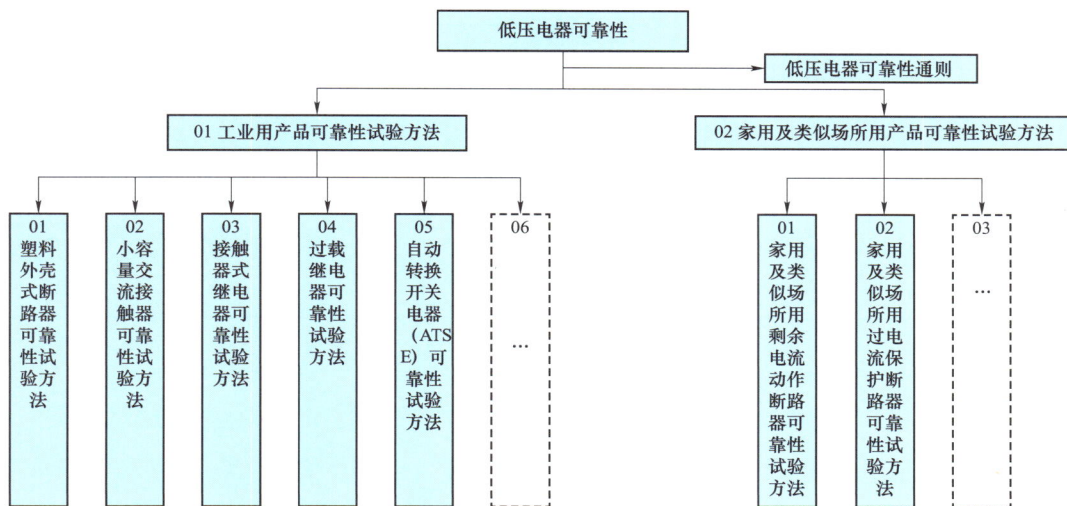

图 7.5－2 低压电器可靠性标准体系框图

三、用户端电器智能制造领域标准体系

用户端电器设备作为国民经济电力系统基础性元件，21 世纪以来一直保持高速增长，我国已成为用户端电器制造大国，产量居世界第一，但制造水平与国际先进企业仍存在较大差距，为此将用户端电器列入国家"智能制造发展规划"。为了实施国家战略，同时提高我国制造水平，需开展智能制造建设，制定相应的标准，形成行业智能电器领域智能制造标准体系（见图 7.5－3），指导行业实施智能制造工程，实现制造大国的战略目标。

用户端电器设备智能制造分为用户端电器设备智能工厂、用户端电器设备数字化车间和用户端电器设备自动化生产线三个层级，同时，智能服务也是用户端电器设备智能制造中不可或缺的分支。

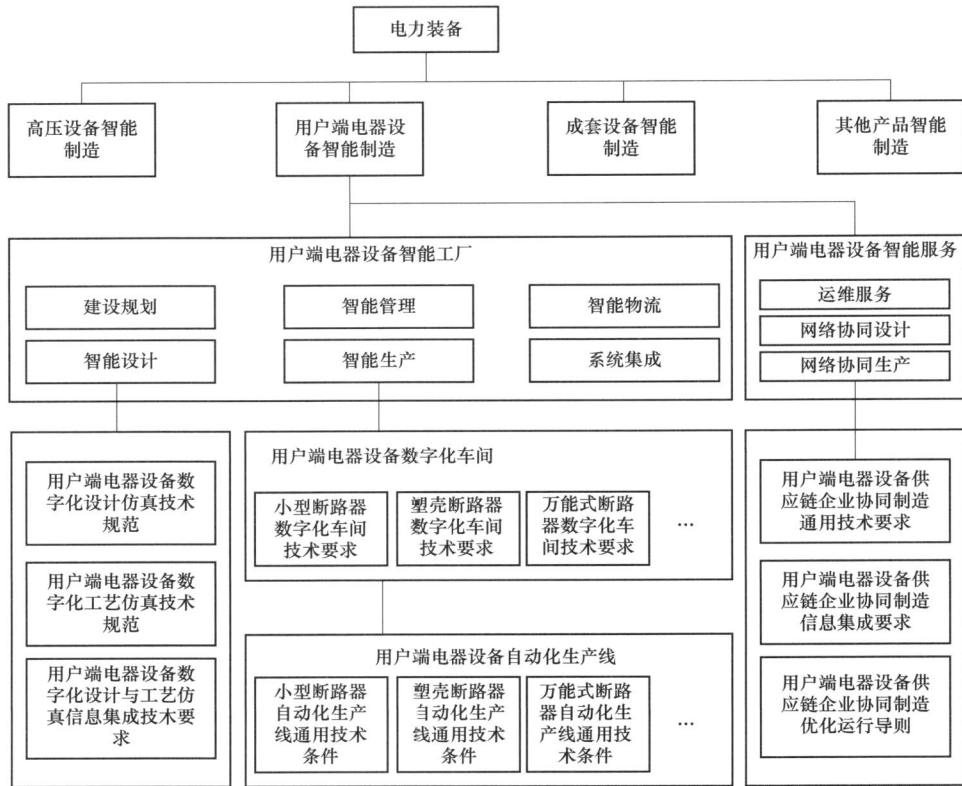

图 7.5－3　用户端电器智能制造领域标准体系框图

在数字化车间层级，通过选取用户端电器典型元件——小型断路器制定数字化车间的相应标准，逐步拓展到配电和控制等其他用户端电器领域；在智能设计方面，通过制定数字化设计及工艺仿真等标准，打通产品设计、工艺到生产制造的全过程；在智能服务方面，开展网络协同生产等智能制造关键技术研究，制定供应链协同制造标准，从而提高用户端电器领域智能制造的服务水平。

第二节　实验测试能力建设

我国已建立了较为完整的标准体系，同时也建立了较为完善的试验检测、认证体系。建立了以国家中心、省市实验室等近 30 个试验监督检测机构，为行业提供了良好的实验、检测服务。目前我国最高实验能力已达到交流 500kA，直流 320kA，是世界上低压分断容量最高的国家。

（1）上海电器设备检测所有限公司（STIEE，见图 7.5－4）作为上海电科所的子公司，是我国首个国家建立的低压电器领域实验室，集检测、认证、计量、检验、能力认证为一体的综合性技术服务机构。目前交流 230kA 通断试验系统和直流 200kA 通断试验系统覆盖全部低压成套开关设备、控制设备、保护电器等低压电器元件产品。上海电器设备检测所是首个参加国际电工委员会 IECEE-CB 互认体系，先后成为我国低压电器、中小电机、智能电网和机器人领域的首个国家质量监督检验中心。开展低压电器、中小型电机、新能源汽车、汽车电子、机器人等产品检测与认证。其电磁兼容专业实验室是我国电磁兼容领域规模最大、最综合的实验室之一，可靠性与绝缘实验室是国内第一个绝缘系统专业实验室，并逐步发展为电工产品环境适应性、可靠性专业实验室。

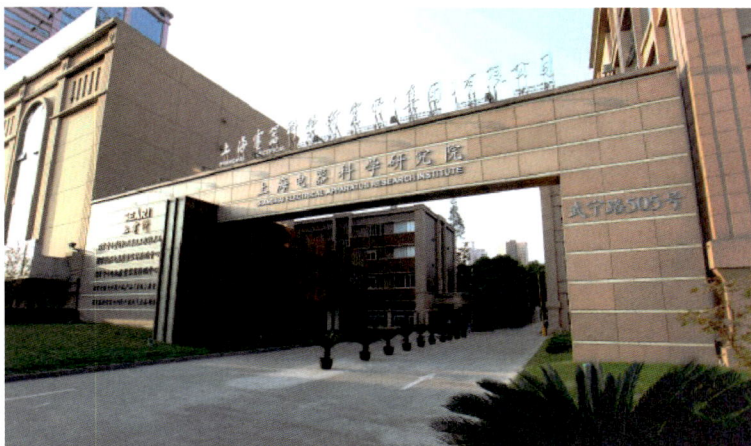

图 7.5-4　上海电器设备检测所有限公司

随着我国新能源技术的发展，上海电器设备检测所自 2010 年开展新能源领域的测试技术研究和业务拓展工作，涉及光伏、储能、电动汽车充电设施等行业，目前已建成新能源产品测试试验室——630kW 综合测试平台，服务于光伏并网逆变器、光伏汇流箱、储能变流器、电动汽车充电设备等产品的检测。

（2）苏州电器科学研究院股份有限公司（见图 7.5-5）是我国首个成功上市的电工领域试验机构，利用其雄厚的资本大力投入试验装备，并开展试验技术研究，拥有一批具有自主知识产权的核心试验技术。低压（元件及成套）主要试验能力已达到短路能力交流 50Hz 420V/500kA/1s 和 60Hz 420V/100kA/1s，

图 7.5-5　苏州电器科学研究院股份有限公司

直流 440V/320kA/100ms 和 1850V /120kA/100ms，均为世界之最。温升试验长期试验电流 35kA，短时试验电流 120kA。通过采用新型特殊结构绝缘子，使系统电气间隙、爬电距离增大，并能够承受巨大的电动力；试验回路阻抗采用两级阻抗的调节方式，粗调和细调相结合，提高了电流调节精度；独特的选相合闸方式，解决了世界上大电流选相合闸难的问题。

　　苏州电器科学研究院具有输变电装备、核电设备抗震性能试验系统，可通过地震波再现实现地震模拟振动试验。利用多台面刚性连接地震模拟振动台，形成大台面振动台对大型电器设备进行抗震试验或利用双台对特定的电器设备进行多台阵抗震试验；采用蜂窝刚性结构台面，极大地减小了台面本身质量，配备多台液压动力泵，为系统提供足够的峰值流量，以保证获得高加速度；解决抗震试验中受试设备带电技术问题和要解决输电线路与地震模拟振动台间的安全隔离问题，从而满足 550kV 及以下各类装备可以带电进行抗震试验，保障试验系统的安全可靠运行。

苏州电器科学研究院建立了复杂气候环境试验系统，采用主体钢筋水泥罐体，提供一个较大的可以密封承压的试验空间，真空管道和阀门与真空机组连接，再利用真空机组把罐体内的气体抽出来，以实现模拟海拔和降低气压的要求。极端环境气候厅直径为 30m，高 40m，能够模拟海拔 8000m 低气压状态、−55℃～80℃的试验环境，可进行高温试验、低温试验、湿热试验、低气压、覆冰、盐雾、日照、雷击、人工降雨等环境试验，是目前世界上环境综合试验能力最强的实验室，可有效地解决装备环境适应性测试试验周期长、成本高、环境达不到实验要求等问题，为大型装备及系统的研发和试验提供技术支撑。

（3）认证体系。我国的认证种类主要有产品、体系和服务认证，并由国家市场监督管理总局统一管理。其中产品认证有强制产品认证（CCC）和自愿性产品认证。强制性产品认证（CCC）制度的建立与中国加入 WTO 紧密相关，该制度于 2001 年 12 月 7 日正式发布，标志着我国统一的认证认可制度建立，也标志着中国加入 WTO 承诺的兑现。

强制性产品认证制度，是政府为保护广大消费者人身和动植物生命安全，保护环境、保护国家安全，依照法律法规实施的一种产品合格评定制度，它要求产品必须符合国家标准和技术法规，对列入《强制性产品认证目录》中的产品实施强制性检测和审核。凡列入强制性产品认证目录内的产品，没有获得指定认证机构的认证证书，没有按规定加施认证标志，一律不得进口、不得出厂销售和在经营服务场所使用。

低压电器设备绝大部分产品被列入 2001 年发布的第一批《强制性产品认证目录》。低压元器件被分为低压开关、继电器、其他保护装置、其他开关、剩余电流动作保护器、断路器、熔断器、其他电路保护装置 8 小类，具体包括隔离器、隔离开关、熔断器式组合电器、继电器、信号灯、接触器、过载继电器、电动器起动器/控制器、软起动器、各种控制开关、接近开关、自动转换开关电器、剩余电流保护继电器、移动式剩余电流保护器、工业用和家用场所用低压断路器、低压熔断器等产品。成套低压开关设备和控制设备单独为一小类，具体包括成套电力开关设备（PSC）、母线干线系统（母线槽）、配电板、建筑工地用成套设备（ACS）、公用电网动力配电成套设备、低压成套无功功率补偿装置等产品。

经过十几年强制性产品认证的实施，我国的低压电器产品质量、标准的符合性有了明显的提高。开展强制性产品认证以来，我国累计颁发低压元器件证书近 10 万张，成套低压开关设备和控制设备超过 13 万张，CCC 认证证书作为低压电器产品投放市场的基础准入要求，在国内外用户和制造商中具有很大的影响力。为了满足市场需求，对于未列入强制性目录的产品及具有个性化需求的产品，中国质量认证中心（CQC）陆续对工业用接线端子排、浪涌保护器、电弧故障断路器、自复式过（欠）电压保护器、电能表外置断路器等产品基本安全性能以及低压断路器、低压开关、低压熔断器产品在太阳能光伏系统

中、低压成套开关和控制设备中等特殊和常规应用环境中的性能开展 CQC 标志认证，一方面规范和提高低压电器产品的质量，另一方面也加强了产品性能与应用需求的准确对接。

低压电器设备 CCC 认证最初采用"型式试验＋初始工厂检查＋获证后监督"，2013—2014 年，CCC 认证实施规则改革，引入了企业分类管理和基本认证模式（型式试验＋获证后监督）的新概念，认证机构可根据企业分类管理的结果和产品风险高低选择采取相应的认证模式。2018 年对《强制性产品认证目录》引入动态管理，2018 年 6 月市场监管总局和国家认监委联合发布《关于改革调整强制性产品认证目录及实施方式的公告》，将建筑工地用成套设备（ACS）、公用电网动力配电成套设备不再列入 CCC 认证目录，成套电力开关设备、母线干线系统（母线槽）、配电板、低压成套无功功率补偿装置等产品可采取"指定实验室型式试验＋自我声明"的方式获得 CCC 认证证书、施加 CCC 认证标志。

中国是 IECEE－CB 组织的成员之一，IEC 中国国家委员会代表我国承诺，在中国政府推行的强制性合格评定活动中，认可 IECEE－CB 成员组织出具的我国加入的标准目录内的 CB 证书（EMC 除外），同时我国出具的 CB 证书也被成员国所认可。

另外，我国与新西兰、韩国、蒙古国等国家签署了相关合作协定，简化互换准入证书或互认。认证机构和相关实验室也与相关国家官方机构及实验室签署了互认或结果互换协定，为我国产品走出去提供认证服务，有力地促进了我国产品走向国际市场，特别是有利于我国"一带一路"倡议的实施。

第六章

智 能 制 造

第一节　用户端电器设备制造面临的机遇与挑战

一、用户端电器产品质量提升的需要

用户端电器品种繁多、结构复杂，其零部件制造精度及装配的一致性，生产管理精细化、数字化、智能化对产品可靠性及质量的稳定性有着重大的影响。

目前，国内主要用户端电器制造商普遍采用的是零部件外协加工、半自动化生产的劳动密集型模式，产品主要零部件由第三方专业供应商提供，经过流水线手工装配与自动化检测包装完成产品生产。在生产过程中，由于外协零部件质量较难控制、装配人员操作不稳定、设计工艺及生产的信息无法集成与追溯，导致行业产品质量的一致性、可靠性在生产源头上就处于中低水平，与国际一线品牌存在较大差距，极大制约了产品向高端市场的发展。

因此，采用智能制造设备、自动化装配和检测设备的集成，引入先进的智能生产管理体系，开展智能工厂及数字化车间的建设，实现用户端电器产品的自动化制造、装配、在线检测和全生命周期管理，从而大幅度提高了产品质量和可靠性，已成为我国用户端电器产业发展的趋势与方向。

二、用户端电器生产成本降低的需要

用户端电器的原材料主要是铜、银、钢材和塑料，通常占产品成本40%～50%。近年来原材料价格的普遍上涨，以用量最大的铜为例，2016—2018年国内铜价已上涨50%以上。主要原材料大幅度涨价，产品成本随之快速上涨，造成产品利润明显下降。

近10年我国制造业平均工资保持8%左右的名义增长率，同时在IT、信息等新兴产业带动下，将在一段时间内保持较高增速。随着我国人口红利的逐步消退，劳动力成本的提高也将对我国用户端电器行

業带来较大冲击。

智能制造的实施不仅可提高生产效率、降低生产运营成本、提高能源综合利用率、缩短产品研制周期，并可弥补不断上涨的生产成本。

三、缩小国内外用户端电器水平差距的需要

国外用户端电器优秀制造商早在 20 年前已实现产品的全自动化装配，产品主要零部件采用了自动化、高精度、高效率制造专机，实现了多个零件冷冲、攻螺纹、铆接、焊接等工艺集成在一台专用设备上全自动完成，每分钟生产数量达到 200 件之多，使原有分散零件自动装配生产线进一步简化，并极大提高了生产效率。进入 20 世纪后，ABB 等跨国龙头企业向"工业 4.0"不断发展，目前已完成数字化车间建设，通过 MES、WMS、QIS、ERP、PLM 等系统的应用，实现了零库存、全制程自动化与产品全生命周期管理。国内用户端电器行业企业普遍应用半自动化的生产模式，未能实现冲压焊接等零部件加工工艺的高效集成，装配环节以手工为主，自动化应用主要集中在整机检测与包装环节。信息化方面，国内企业普遍未实现系统间生产信息的互联互通，数据呈现孤岛化的特征，无法高效管理与利用。

因此，缩小国内外用户端电器水平差距，提升我国用户端电器行业竞争力，是当前行业实施智能制造最为重要的目标。

四、行业转型升级发展的需要

随着国家供给侧结构性改革的深入，传统制造业稳步增长、淘汰落后产能、市场向高端化智能化转型升级的需求日益突出。

行业以低质低价产品为主的发展模式急需改变，而行业现有的以劳动密集型为主要特点的生产、运营模式已无法实现生产效益与效能的大幅提升，根据国内外相似行业的发展经验，实施智能制造是实现行业转型升级的最佳手段与机遇。

随着网络协同制造、柔性制造、定制化生产、远程运维等制造新模式的出现与应用，也对传统行业的制造能力提出新的要求。行业也必须应用智能制造中的诸多手段适应新型制造业的发展。

在国外龙头企业不断向"工业 4.0"目标迈进，同时国内部分优秀企业已开展智能制造先行探索的双重压力驱动下，未来数年行业智能制造将进入高速发展，行业转型升级加速。

798

第二节 智能制造发展规划与实施方案

用户端电器行业智能制造的发展获得了国家高度重视，2015 年、2017 年"智能电网用户端设备"两次列入电力装备重要发展方向，涵盖了智能配电电器、智能控制电器、成套装置、系统解决方案等行业主要设备与系统。同时，行业协会、相关院所编制确定了行业智能制造发展规划、路线图与实施重点，有效地指导了行业智能制造的发展。

一、行业智能制造发展规划

行业紧跟《智能制造发展规划（2016—2020 年）》等国家战略与规划，有针对性地开展用户端电器产业数字化车间、自动化生产线、标准体系等规划与建设工作，目标是从根本上改变产业长期存在的工艺水平落后、产品一致性可靠性差、低端产品同质化竞争等问题，实现产业转型升级。规划重点方向包括：

1. 开展两化融合在用户端电器行业中的应用

两化融合是信息化和工业化的高层次深度结合，是指以信息化带动工业化、以工业化促进信息化，走新型工业化道路。通过在用户端电器行业开展两化融合工作，可以实现企业的供应链整合；构建信息协同平台，提升企业生产力；助推管理创新，协同产业链业务。

通过在用户端电器行业实施 PDM（产品数据管理）、ERP（企业资源计划）、MES（制造执行系统）、SCM（供应链管理）等信息化系统，优化企业设计、制造、供应、销售、财务管理体系，提升了管理水平。

2. 建立基于物联网与能效管理的用户端电器产品的数字化工厂

数字化车间/工厂是企业数字化辅助工程新的发展阶段，包括产品开发数字化、生产准备数字化、制造数字化、管理数字化、营销数字化。除了要对产品开发过程进行建模与仿真外，还要根据产品的变化对生产系统的重组和运行进行仿真，使生产系统在投入运行前就了解系统的使用性能，分析其可靠性、经济性、质量、工期等，为生产过程优化和网络制造提供支持。

数字化车间/工厂的集成，将不同复杂层次之间以及不同运作功能领域之间的实际数据和模块进行联合使用，实现布局规划与仿真、布局确认与优化、零件流的静态分析与动态仿真、装配过程平衡、复杂的物流操作仿真、机器人及复杂运动仿真、零件加工仿真、人力资源仿真、人机工效仿真、生产物流系统仿真、控制软件测试仿真、生产动作控制仿真等。具体工作包括：

（1）研制基于信息化的电器元件及关键部件自动化生产、检测等智能制造设备。

（2）建立基于物联网的，集设备全生命周期管理、远程运行维护、实时能效管理等智慧车间/工厂管理系统。

（3）建立基于网络的集研发设计、制造过程、市场营销、物流仓储、售后服务等数字化工厂系统。

3. 开展用户端电器智能制造装备与关键工艺研究

研究并实施从设计、制造、市场、物流、服务体系全数字化，并有针对性地完成电器元件柔性全自动化生产线的研制。具体工作包括：

（1）自主研发整机装配与在线检测设备。

（2）自主研发复杂部件全自动化生产专机等重大装备。

二、行业智能制造实施重点与方案

1. 设计工艺仿真技术的研究与应用

在企业现有仿真技术基础上，重点推进多物理场耦合等高端设计仿真、产品工艺仿真及仿真技术在数字化车间中的数据集成。在自动化装备"硬设施"建设的同时，从设计源头做起，开展面向制造的设计技术（Design for Manufacture，DFM）的"软设施"建设，为产品设计端重要支撑的仿真技术，建立能综合考虑机加工、装配、材料等制造因素影响的，与制造实物更为贴近的仿真模型，实现仿真在智能制造中的综合评估。

2. 研制基于信息化的电器元件及关键部件自动化生产、检测等智能制造装备

突破产业自动化生产、检测中的关键技术，研制符合元件/关键部件需求的生产专机，节拍、精度等指标达到国际先进水平，设备单元均全面数字化、信息化，可实现生产线与 MES 系统的无缝衔接。在此基础上，建设拥有自主知识产权，运用机器人控制、冲焊组装一体化等新技术和工艺的小型断路器、交流接触器、连接器等产品的全制程自动化生产线。

3. 智能工厂/数字化车间建设

在产业中推广骨干企业承担工信部智能制造新模式项目形成的数字化车间建设经验，逐步提升产业全制造过程数字化率。同时，与相关供应企业合作，开发适用于本产业的数字化车间管理系统，提高适合用户端电器产业的 MES、WMS 等关键系统的国产化率，形成可复制推广的成熟解决方案。

4. 标准体系的建设

大力推进标准的建设，以急用先行为原则，率先制定小型断路器等具备智能制造条件的关键产品的智能制造相关标准，逐步建立行业智能制造标准体系。

第三节　智能制造重大进展与成果

近几年，我国部分优秀企业正在研究和实施智能制造工程，并获得国家智能制造相关专项支持，极大地推动了智能制造在产业内的发展进程。小型断路器、接触器等产品自动生产线正在研制，将很快投入运行；数字化生产车间也已开始研究和实施。随着国家智能制造推进力度的不断加大，行业已在核心技术与装备、知识产权、示范应用、标准化等方面取得一系列重大成果。可以预见，我国用户端电器的智能制造水平在 2025 年前还将有快速提升。

一、核心技术与装备的进展与成果

1. 适应智能制造的产品数字化设计与仿真

行业开展了适应智能制造的产品设计改型工程。针对零部件结构工艺（冲压、注塑、磁材料、弹簧、机加工）、功能部件（PCB、机构、灭弧室等）等方面提出要求，并结合万能式断路器、塑壳断路器等产品联合开展改型设计。

在产品研发过程中，应用设计仿真与工艺仿真等手段，综合采用结构仿真、热仿真、电磁仿真、装配仿真、公差仿真等手段，大大缩短了产品的研发改进周期。

2. 具有自主知识产权的自动化装备的设计与实施

近年来，行业对于具体产品的生产线工位装备，自主研发了装配自动化设备、检测自动化设备、包装自动化设备等一系列解决方案，已能基本满足产品从整机装配到包装出厂的半自动化生产。检测自动化设备基本实现了产品全流程、全参数的在线检测，检测单元逐步与装配单元结合，形成同步检测。包装自动化设备主要实现全自动化包装和信息化追溯。

3. 满足行业需要的信息化系统开发与实施

行业多家企业已与专业的信息化软件开发商合作，开发适用于用户端电器行业的 MES、ERP、PLM 等信息化系统。根据行业需要，编制相应的业务流程，并在行业中推广。行业组织了数字化车间信息互

联互通技术的联合攻关，建立具有行业特色的统一信息集成架构、信息流图和数据字典，明确数字化车间各系统间传输的数据内容。

二、示范应用与成果

目前，正泰电器、常熟开关、北京人民电器、厦门宏发、上海良信等产业领头企业已逐步开展用户端电器智能制造的示范应用，投入较大力量提升制造能力和水平。

正泰电器于 2015 年起开展小型断路器全制程自动化生产线、交流接触器全制程自动化生产线、工厂信息化系统建设，应用大量行业最新的智能制造技术，于 2018 年全面建成。项目实现了国内首条自主设计、制造的交流接触器小型断路器全制程自动化生产线，单线小时产能达 600 台（6s/台），单线节省人力 24 人，生产效率提升 150%，产品不良品率降低 32%；国内首条自主设计、制造的全制程自动化生产线，单线节拍 1.4s/极，实现了从带材输入的高速（160 个/min）连续冲焊一体化加工，极大地提高了关键部件一致性，生产效率提升了 300%，产品不良品率降低了 71%。建成的数字化车间总体运营成本降低 43.11%，设计数字化率达到 100%，极大提高了生产效率与质量。

常熟开关于 2016 年起开展"基于工业互联网平台的用户端电器智能制造系统的研制与应用"项目的建设工作，并于 2018 年底全面建成投产。该项目通过数字化、信息化技术与生产自动化、智能化技术的导入，以覆盖厂区的工业互联网为基础，完成了 CW 万能式断路器数字化生产车间、CM 塑壳断路器数字化生产车间以及断路器关键部件控制器和关键零部件数字化生产车间的建设，自主研制了"CM3－100C 塑壳断路器自动装配线"等 22 台（套）自动化信息化生产装备，并实现了与 MES 系统、PLM 系统和 ERP 系统的互联互通，综合技术性能指标达到国内领先、国际先进水平，部分设备填补了国内用户端电器行业的空白。CM 系列塑壳断路器和 CW 系列万能式断路器生产效率分别提高 38.6%和 45%，产品不良品率分别降低 47.2%和 23.3%，能源利用率提高 15.1%，打造出用户端电器产品"响应快、效率高、质量好、能耗低"的智能制造新模式。

第四节　智能制造的未来展望

行业将紧跟"国家智能制造"等发展规划，从自动化、数字化、网络化等方面不断突破，最终实现生产全过程的智能化，实现信息系统间的互联互通、生产效率的极大提升、能耗大幅降低等。争取在 2025 年与国际先进水平齐头并进，部分制造技术与装备达到国际领先水平。

行业有望在零部件冲—铆—焊一体化制造专机、软连接自动化焊接专机、机器视觉在线检测设备等重大自动化生产装备上得到突破，彻底实现整线从原料输入至包装的全制造自动化与国产化。

建立行业自主的工业互联网平台，并开发各项专有化应用 App，形成生态体系，实现基于大数据与人工智能的预测性维护、工厂与产品的远程运行维护、智能供应链管理、工厂数字孪生镜像等先进应用案例，实现智能工厂的愿景。为国家电网有限公司建设世界一流能源互联网提供技术支撑。

参 考 文 献

[1] 史料编委会. 飞鸿踏雪泥：中国仪表和自动化产业发展 60 年史料 [M]. 北京：化学工业出版社，2013.

[2] 李子连. 火电厂自动化与仪器仪表发展综述 [J]. 中国仪器仪表，2006，11.

[3] 侯子良. 中国火电厂自动化发展趋势及对策 [J]. 中国电力，1999，10.

[4] 刘吉臻. 协调控制与给水全程控制 [M]. 北京：中国电力出版社，1995.

[5] 吕崇德，任挺进，姜学智，等. 大型火电机组系统仿真与建模 [M]. 北京：清华大学出版社，2002.

[6] 王常力，罗安. 分布式控制系统（DCS）设计与应用实例 [M]. 北京：电子工业出版社，2016.

[7] 刘吉臻，胡勇，曾德良，等. 智能发电厂的架构及特征 [J]. 中国电机工程学报，2017，22.

[8] 高鹏. 中国输变电设备制造 [M]. 北京：中国电力出版社，2015.